Hoyos/Frey (Hrsg.)

Arbeits- und Organisationspsychologie

Angewandte Psychologie

herausgegeben von
Dieter Frey
Carl Graf Hoyos
Dagmar Stahlberg

Band I:
Arbeits- und
Organisationspsychologie

Carl Graf Hoyos/ Dieter Frey (Hrsg.)

Arbeits- und Organisations- psychologie

Ein Lehrbuch

BELTZ

PsychologieVerlagsUnion

Anschriften der Herausgeber:
Prof. Dr. Carl Graf Hoyos
Anwänden 5
82067 Ebenhausen

Prof. Dr. Dieter Frey
Institut für Psychologie
Sozialpsychologie
Ludwig-Maximilians-Universität München
Leopoldstr. 13
80802 München

Besuchen Sie uns im Internet:
http.//www.beltz.de

Umschlaggestaltung: Dieter Vollendorf, München
Druck und Bindung: Druckhaus Beltz, Hemsbach

© 1999 Psychologie Verlags Union, Weinheim

ISBN 3-621-27432-4

Inhaltsverzeichnis

Grundlagen

Interventionen

Allgemeine Themen

Ausblicke

Vorwort

Als wir 1988 ein Lehrbuch „Angewandte Psychologie" bei der Psychologie
Verlags Union herausgeben konnten, haben wir uns von der Zielsetzung leiten
lassen, „... einen kompakten Überblick über Anwendungen von Psychologie zu
bieten." (Frey, Hoyos & Stahlberg, 1988, S. Vii) Dieses Ziel ist – mit dem damals
schon ausgesprochenen Verzicht auf die „Klinische Psychologie" und die „Pädagogische Psychologie" – erreicht worden. Indessen hatten wir damals bereits
festgestellt, die „Angewandte Psychologie" könne keineswegs als ein homogenes
Gebiet der Psychologie behandelt werden. Vielmehr müsse man Angewandte
Psychologie als eine mehr oder weniger lockere Ansammlung eher heterogener
Gebiete verstehen, denen aber die „Anwendung von Psychologie" gemeinsam ist.
Dieser Satz gilt in mehrfacher Hinsicht:
- die Felder, in denen Psychologie zur Lösung dort auftretender Probleme ange-
  wandt wird, sind außerordentlich heterogen und reichen von der Mensch-
  Computer-Interaktion bis zu Sport oder Tourismus.
- Welche Erkenntnisse der Psychologie – aus der Grundlagenforschung und aus
  der Angewandten Forschung – man „anwendet", variiert notwendigerweise von
  Anwendungsfeld zu Anwendungsfeld.
- Die Praxis der Psychologie, die allerdings nur z.T. der Gliederung der Angewandten Psychologie folgt, hat sich Laufe der letzten Jahrzehnte stark differenziert.

Wenn man diese zentrifugalen Tendenzen zur Kenntnis nimmt, ist die Absicht des
Verlegers zu begrüßen, das Gesamt der Angewandten Psychologie aufzuspalten
und in mehreren Bänden neu zu verlegen. So sollte nach einem Vorschlag der
Psychologie Verlags Union zunächst ein „Lehrbuch der Arbeits- und Organisationspsychologie" vorbereitet werden. Die Herausgeber der „Angewandten Psycho-
logie" von 1988, die auch für die Neuherausgabe verantwortlich zeichnen, haben
diesen Plan gern aufgegriffen, da er den aktuellen Tendenzen gerecht wird. Weitere
Bände der „Angewandten Psychologie" sollen die Bereiche „Wirtschaft" sowie
„Gesellschaft und Kultur" behandeln.
   Wie sich bei der Planung eines Bandes „Arbeits- und Organisationspsychologie" bald herausstellte, war es unerläßlich, den Altbestand aus dem Hauptteil
„Arbeit und Beruf" neu zu ordnen und mit anderen konzeptionellen Vorstellungen
erheblich zu erweitern. Herkömmliche Lehrbücher gehen u.E. zu wenig von den
arbeits- und organisationspsychologischen Fragestellungen aus, wie sie sich aus
der Sicht der *Betriebspraxis* darstellen, auf die entsprechende Lehrtexte eigentlich
zugeschnitten sein sollten. Wir haben daher einen Hauptteil mit dem Titel

„Betriebsbezogene Zielbereiche" gebildet (Teil I). Wir konnten Autoren gewinnen, die Probleme des Verhaltens und Erlebens aus der Betriebspraxis behandeln, d.h. psychologisches Wissen so aufarbeiten, daß Antworten zu Problemen in wichtigen Feldern der Aktivität eines Unternehmens gegeben werden können. Dabei werden notwendigerweise bestimmte Facetten des Verhaltens und Erlebens der Akteure mehrfach aufgegriffen. Eine Wiederholung von Themen war aber erwünscht.

In den Kapiteln der 1. Auflage wird nicht zwischen Grundlagen und Interventionen (Maßnahmen, Gestaltung) unterschieden. Dies erscheint aber notwendig, da Interventionsverfahren und -techniken meist für verschiedene Zielsetzungen und in verschiedenen Kontexten eingesetzt werden. In Teil II des neuen Bandes sollen die *theoretischen Grundlagen* der Arbeits- und Organisationspsychologie behandelt werden. Es handelt sich um einen Bestand an Erkenntnissen, der – um es pragmatisch zu formulieren – den Inhalt der meisten Lehrtexte zur Arbeits- und Organisationspsychologie ausmacht. In diesem Kontext sollte vor allem auf Grundlagen aus der Allgemeinen Psychologie und der Sozialpsychologie zurückgegriffen werden sowie selbstverständlich die umfangreichen Erkenntnisbestände der Arbeits- und Organisationspsychologie selbst einbezogen werden. In einem III. Teil werden die bekannten und notwendigen *Interventionsverfahren und -techniken* dargestellt. Dieser Teil repräsentiert in besonderer Weise das Potential der Psychologie zur Lösung betrieblicher Probleme. Interventionsabsichten richten sich dabei notwendigerweise auf Verhalten *und* Verhältnisse. Die genannten drei Teile werden ergänzt durch einige allgemeine Themen, wie z.B. rechtliche Fragen. Wie bei der Herausgabe der 1. Auflage haben wir wieder einige ausgewiesene Fachvertreter gebeten, die Arbeits- und Organisationspsychologie oder bestimmte Aspekte dieser Anwendungsdisziplin zu kommentieren und ihre „Visionen" von der Entwicklung des Faches darzulegen. Sie haben dies mit großem Enthusiasmus getan und Kritik an ihrem Fach nicht zurückgehalten. Man könnte dem Leser fast raten, sich zuerst mit diesen Kommentaren zu befassen.

Ein Lehrbuch größeren Umfanges wird niemand in einem Zuge von Anfang bis zum Ende durcharbeiten wollen. Der Aufbau des Buches ermutigt die Leserinnen und Leser indessen, sie oder ihn besonders interessierende Themen herauszugreifen. Die Lektüre eines Kapitels setzt i.Allg. keine Kenntnis anderer Kapitel voraus. Wie allerdings den Leserinnen und Lesern schnell klar werden wird, lassen sich z.B. Ausführungen zu bestimmten Interventionen ohne Bezüge zum betrieblichen Kontext kaum nutzen, wie auch die Grundlagen ohne diese Bezüge eher „trocken" bleiben.

Wer soll dieses Buch oder in diesem Buch lesen? Wie es nicht anders sein kann, denken wir in erster Linie an die *Arbeits- und Organisationspsychologen* selbst – einbegriffen die Studierenden, die dieses Fach vertieft studieren wollen; die engen Beziehungen der Arbeits- und Organisationspsychologie zur *Betriebswirtschaft* und auch zu den *Ingenieurwissenschaften*, die in diesem Buch an vielen Stellen dokumentiert sind, werden, so hoffen wir, auch Vertreter dieser Fächer animieren, zu diesem Buch zu greifen, da sie Probleme des Verhaltens in ihren Arbeitsbereichen kaum mehr übersehen können. Ein interessiertes Publikum geht über diese Gruppen von Lesern hinaus; es ist eingeladen, dieses interessante und sich rasch entwickelnde Fach näher kennenzulernen.

Wie bei vielen Lehrtexten hätte es die Textverständlichkeit erheblich beeinträchtigt, wenn durchgängig männliche und weibliche Formen, wie z.B. Psychologinnen und Psychologen, Auftraggeberinnen und Auftraggeber, verwendet worden wären. Wir bitten daher die – hoffentlich zahlreichen – Leserinnen dieses Buches um Verständnis für die Praxis, die herkömmliche männliche Form für agierende Personen zu verwenden.

Ein so umfangreiches Werk hat viele Gestalter und Mitgestalter – ihnen wollen wir herzlich danken: an erster Stelle den *Autoren*, die ihre Themen mit Enthusiasmus bearbeitet haben und sich durch Nörgeleien der Herausgeber nicht verdrießen ließen; den professionellen *Herstellern* der druckfertigen Vorlage, Frau Silvia Rehder und Herr Gerd Wenninger; dem *Verleger*, besonders dem *Lektor*, Herrn Gerhard Tinger, der die Initiative zu dieser Neuherausgabe ergriffen und Fortgang der Arbeit nachhaltig gefördert hat. Die gesamte Korrespondenz mit den Autoren und mit dem Verlag – vom Beginn bis zum Ende der Arbeit – wie auch redaktionelle Überarbeitungen lagen in den Händen von Dipl.-Psych. Albrecht Schnabel, dem wir ebenfalls sehr danken.

Carl Graf Hoyos
Dieter Frey

1 Einführung

Carl Graf Hoyos und *Dieter Frey*

1 Arbeits- und Organisationspsychologie: Reichweite und Grenzen

Die Wortverbindung „Arbeits- und Organisationspsychologie" ist den Psychologen in unserem Land geläufig. Viele haben aber noch die Diskussion der letzten 20 Jahre im Ohr, in der um die Abgrenzung oder Fusion von Arbeitspsychologie und Organisationspsychologie gerungen wurde, wobei auch die extremen Positionen vertreten wurden, die Organisationspsychologie als Teil der Arbeitspsychologie oder die Arbeitspsychologie als Teil der Organisationspsychologie zu verstehen.

Ein Gang durch die Bibliothek eines Instituts für Psychologie läßt erkennen: In den letzten Jahren sind in etwa gleicher Zahl Lehrbücher der Arbeitspsychologie und Lehrbücher der Organisationspsychologie erschienen; es gibt aber bereits auch Texte zur „Arbeits- und Organisationspsychologie". In englischsprachigen Ländern finden wir Bücher, wie z.B. „Industrial and Organizational Psychology" (Dunnette & Hough, 1990-92) oder „Work and Organizational Psychology" (Drenth, Thierry, Willems & de Wolff, 1984).

Dem Selbstverständnis der „Fachgruppe Arbeits- und Organisationspsychologie" in der Deutschen Gesellschaft für Psychologie folgend und in deren Namen haben Greif und Bamberg (1994) *ein* Gebiet „Arbeits- und Organisationspsychologie" mit der folgenden Rahmendefinition auf den begrifflichen Punkt gebracht: „Zentraler Gegenstand der Arbeits- und Organisationspsychologie ist die menschliche Arbeit und ihre Organisation" (Greif & Bamberg, 1994, S. 18), d.h., die Arbeit muß *organisiert* und überwiegend in *Organisationen* geleistet werden. Wir schließen uns dieser Argumentation an und betrachten es als sachlich nicht mehr gerechtfertigt, ein Anwendungsgebiet, das sich mit der menschlichen Arbeit beschäftigt, in die Gebiete „Arbeitspsychologie" und „Organisationspsychologie" aufzuteilen. Ein kritischer Blick in dieses Lehrbuch wird die Leserin oder den Leser, so hoffen wir, von der Tragfähigkeit dieses Konzept überzeugen.

Der Versuch, den *Gegenstandsbereich* der Arbeits- und Organisationspsychologie in der einen oder anderen Weise *abzugrenzen*, ist zum Scheitern verurteilt. Wenn man von den Problemen mit verhaltenswissenschaftlicher Akzentuierung in den „Arbeitsstätten" ausgeht, ist die Arbeits- und Organisationspsychologie eine „grenzenlose Wissenschaft", denn den aktuellen Themen in der Arbeitswelt sind ebensowenig Grenzen gesetzt, wie der Phantasie der Wissenschaftler. Ihre Kompetenzen reichen dabei so weit, wie ihre Problemlösekapazität trägt. Diese Reichweite wird zwar jeder Fachvertreter zum gegenwärtigen Zeit- punkt noch als ungenügend betrachten, gleichzeitig aber die Einsicht in die Grenzen seines Könnens als Herausforderung erleben.

Nicht ungeläufig in der Fachliteratur und in der Praxis ist – seit Münsterberg (1912) – die Gebietsbezeichnung „Wirtschaftspsychologie". Nach dem Konzept von Hoyos, Kroeber-Riel, v. Rosenstiel und Strümpel (1987) wäre *Wirtschafts- psychologie* das umfassendere Gebiet, in dem neben Arbeitspsychologie und Organisationspsychologie auch die *Psychologie gesamtwirtschaftlicher Prozesse* und die *Marktpsychologie* behandelt werden. Die Bezeichnung „Wirtschafts- psychologie" taucht, um nur ein Beispiel zu nennen, im Zusammenhang mit der Konstituierung eines FH-Studienganges „Wirtschaftspsychologie" neuerlich auf (Günther, 1998). Unter Organisationen sind auch „Non-Profit-Einrichtungen" zu verstehen, deren „Organisation" auch ähnliche psychologische Probleme aufwirft, wie sie aus Arbeitsorganisationen bekannt sind, und die aus diesem Grunde in zunehmendem Maße das Interesse der Arbeits- und Organisationspsychologen finden.

2 Arbeits- und Organisationspsychologie als Angewandte Psychologie

2.1 Gegenstand der Anwendung

Die Herausgeber dieses Bandes fassen die Arbeits- und Organisationspsychologie – wie schon in dem Vorläuferband „Angewandte Psychologie" (Frey, Hoyos & Stahlberg, 1988) – als eine angewandte Wissenschaft auf, die das Ziel verfolgt, *praktische Probleme* zu lösen. „Praktische Probleme" entstehen in der Regel nicht durch die Weiterentwicklung der wissenschaftlichen Forschung, sondern werden von außen an ein Fach herangetragen. Im Falle der Arbeits- und Organisations- psychologie handelt es sich um Probleme in der „Welt der Arbeit", in denen menschliches Verhalten eine Schlüsselrolle spielt. Beispiele aus der Geschichte der Angewandten Psychologie machen verständlich, wie „damals" vorgegangen wur- de, d.h. wie noch begrenztes Wissen und neue Einsichten zu einer Teildisziplin amalgamiert wurden (Kasten 1).

Viele praktische Probleme wurden auf diese Weise schon gelöst, aber viele neue sind entstanden, denn den aktuellen Themen in der Arbeitswelt sind, wie schon gesagt, keine Grenzen gesetzt. Um dies zu zeigen, werden in Teil I dieses Bandes *betriebsbezogene Zielbereiche* zusammengestellt, die durchaus eine repräsentative Auswahl darstellen, aber nicht den Anspruch auf Vollständigkeit erheben können.

Kasten 1

Anstöße zur Entwicklung von Teildisziplinen der Angewandten Psychologie

In der Geschichte der Angewandte Psychologie läßt sich ein immer wiederkehrendes Muster erkennen: Zuerst gab es Anfragen an die Psychologie, zur Lösung eines Problems einen sachkundigen Rat zu geben. Solche Anfragen initiierten dann oft angewandte Forschung, die häufig in eine breiter angelegte Disziplin einmündete.

Im 2. Weltkrieg kam es nicht nur zu einer Fülle neuer naturwissenschaftlich-technischer Erkenntnisse, sondern auch zur Entwicklung neuer Typen von Anlagen, Geräten und Ausrüstungen für militärische und zivile Zwecke, wie z.B. schnellere Flugzeuge oder Radar. In vielen Fällen jedoch blieb die Effektivität dieser Innovationen hinter den Erwartungen zurück, obwohl das Bedienungspersonal gut ausgebildet war: Flugzeuge havarierten ohne ersichtliche mechanische Mängel; auch hoch motivierte Beobachter verfehlten auf dem Rardarschirm Feindkontakte. Wissenschaftler begannen daraufhin, die Mensch-Maschine-Schnittstelle zu untersuchen, zu beobachtende Fehler zu analysieren und Empfehlungen zu einer Optimierung solcher Systeme auszuarbeiten. Aus dieser Problemlage heraus entstanden dann die Ingenieurpsychologie und das Konzept der Mensch-Maschine-Systeme (Gärtner, Stein & Widdel, 1994; Hoyos & Zimolong, 1990; Wickens, 1984). Ein Beispiel neueren Datums sind die Bemühungen, Menschen zum sparsameren Umgang mit Energie anzuregen (Dennis, Soderstrom, Koncinski & Cavanaugh, 1990; Wortmann, Stahlberg & Frey, 1988; Prose, Clases & Schulz-Hardt, in diesem Band).

Die Autoren haben sich bemüht, den Leser in die Lage eines Betriebspraktikers, z.B. einer Fachkraft für Arbeitssicherheit, zu versetzen, der in seinem Bereich eine Aufgabe lösen soll, z.B. einen befriedigenden Arbeits- und Gesundheitsschutz in einer neuen Anlage oder Betriebsabteilung sicherzustellen. Dazu gibt es ein breites Spektrum an Normen, technischen Lösungen, organisatorischen Maßnahmen, die für seine Arbeit in Frage kommen. Der Betriebspraktiker sollte aber auch in der Lage sein zu erkennen, wie sehr sein Bemühen in verschiedener Weise vom eigenen Verhalten, etwa im Sinne seiner Kooperationsfähigkeit, und vom Verhalten anderer Akteure abhängt, z.B. von der notwendigen Mobilisierung präventiver Handlungen im Umgang mit Gefahren. Umso wichtiger ist es, gerade die Betriebspraktiker auch in Menschenführung auszubilden; und hierbei ist der Arbeits- und Organisationspsychologe der Experte, der gelernt hat, wie Menschen denken und handeln, unter welchen Bedingungen sie motiviert und demotiviert sind, unter welchen Bedingungen sie bereit sind, für Prozeß-, Produkt- und Serviceinnovationen einzutreten, oder wann sie sie blockieren.

2.2 Was wird angewandt?

Grundlagen. – Der Satz, Angewandte Psychologie sei eine Wissenschaft, die das Ziel verfolge, praktische Probleme zu lösen, führt möglicherweise zu dem Mißverständnis, es gehe im Sinne von Herrmann (1993, S. 168) „in diesem Praxisfeld (um) nicht-forschende (gleichwohl wissenschaftlich fundierte) Praxis." So ist es unserer Meinung nach nicht: Psychologie wird auf die Analyse und Lösung praktischer Probleme angewandt, die aber forschendes Bemühen einschließen und voraussetzen. Somit ist Arbeits- und Organisationspsychologie eine *forschende Wissenschaft*, die versucht, Verhalten und Erleben in der Arbeitswelt zu beschreiben, zu erklären oder vorherzusagen; zudem will sie wissenschaftlich fundierte Interventionen zum Erreichen gewisser Zielzustände definieren, initiieren und evaluieren.

So verfügt sie heute bereits über ein beachtliches Wissen, das aus Kategorien, Methoden und Ergebnissen der Grundlagendisziplinen und aus den Ergebnissen der Angewandten Forschung – hier Forschung in der Welt der Arbeit – gewonnen wurde. Teil II dieses Bandes gibt dazu einen Überblick.

Man wagt es kaum zu sagen, aber es sind nun mal die Grundkategorien der Psychologie, wie *Wahrnehmen, Urteilen, Denken, Fühlen, Bewegen*, basale psychophysikalische Funktionen, wie *Sinnesschwellen* oder *Skalierungen, Kapazitäten des Menschen zur Informationsverarbeitung*, mit denen auch ein Arbeits- und Organisationspsychologe seinen Gegenstand, das Verhalten bei der Arbeit, analysieren und beschreiben wird. Ein so gründlich experimentell untersuchtes Konzept wie die *Verteilung der Aufmerksamkeit* wird selbstverständlich behilflich sein, das Agieren eines Piloten im Flugzeugcockpit oder eines Anästhesisten während einer Operation zu verstehen und damit wiederum den Kenntnisstand über das Phänomen „Aufmerksamkeit" zu erweitern. Aber auch die klassischen *sozialen Kontexte*, in denen sich Verhalten und Erleben vollzieht, wie zwischenmenschliche Beziehungen oder Gruppen, bilden eine ideale grundlagenwissenschaftliche Basis, um Verhalten in Organisationen als Kommunikation und Interaktion, soziale Wahrnehmung, Konflikte, Machtbeziehungen usw. zu beschreiben.

Erklärungen. – Erklärungen von Phänomenen, die „vor Ort" beobachtet wurden, gewinnen wir aus einer vielfältigen Kooperation von *Grundlagenforschung* und *angewandter Forschung* (Kasten 2).

Kasten 2
Zum Verhältnis von Grundlagenforschung und angewandter Forschung

Grundlagenforschung und angewandte Forschung verfolgen bekanntlich unterschiedliche Ziele mit unterschiedlichen Vorgehensweisen. Grundlagenforschung dient im wesentlichen der Entwicklung präziser, verfeinerter, grundlegender Theorien (Wahrheitskriterium). Grundlagenforschung beschäftigt sich mit Prozessen und Funktionseinheiten aus reinem Erkenntnisinteresse – ohne Blick auf eine mögliche Anwendung; das Resultat ist (hoffentlich) eine theoretische Weiterentwicklung. Die untersuchten Gegenstände können dabei kleinste Mosaiksteinchen sein (z.B. ein bestimmter Gedächtnisprozeß, eine bestimmte Funktionseinheit der Handlungsregulation), aber auch recht komplexe, alltagsnähere Phänomene wie z.B. „Aggression".

Angewandte Forschung dient dagegen im wesentlichen der Anpassung von Theorien für spezifische Anwendungsbereiche (Nützlichkeitskriterium) Dabei werden Theorien praktisch handhabbarer gemacht und spezifischen Situationen und Randbedingungen angepaßt, gelegentlich erweitert, manchmal auch eigens für „praktische Probleme" entwickelt, wie an einigen Beispielen gezeigt werden soll. Dieser Vorgang kann dann wieder zur Stimulation der Grundlagenforschung führen. Angewandte Forschung beschäftigt sich also mit Fragestellungen, die aus der Praxis kommen bzw. die Forscher in einem Anwendungsfeld aufgegriffen haben (s. 2.1). Zwischen Grundlagenforschung und angewandter Forschung soll ein Theorieaustausch stattfinden. Zwar sagt man, Theorien aus der Grundlagenforschung seien allgemeiner und insgesamt weniger zeit- und kulturgebunden, während Theorien aus der angewandten Forschung *domänenspezifischer* seien. Letztlich aber sind die Übergänge fließend; streng genommen werden an Theorien immer gleiche Anforderungen der Wissenschaftlichkeit gestellt (Rook, Irle & Frey, 1993).

Manche Grundlagentheorien haben sich als ziemlich universell erwiesen.

Die Theorie der *kognizierten Kontrolle* (Osnabrügge, Stahlberg & Frey, 1985) postuliert: Personen sind bestrebt, Ereignisse *aller Art* zu erklären, vorauszusagen und zu beeinflussen. Daraus kann man ableiten: Menschen sind eher bereit, Opfer zu bringen, Probleme zu bewältigen, dazuzulernen, wenn ihnen diese Kontroll-kognitionen gegeben werden – wenn sie also wissen, warum etwas gemacht werden soll (Erlebbarkeit); wenn sie vorhersehen können, wie lange der Prozeß dauert (Vorhersehbarkeit), und in den Prozeß mit einbezogen werden (Beeinflußbarkeit).

Eine in der Sozialpsychologie seit langem bewährte Theorie, die der *Kausalattribution*, erfreut sich in der Psychologie der Arbeitssicherheit großer Beliebtheit (DeJoy, 1994).

Andere Theorien müssen den Feldbedingungen angepaßt werden, indem man die Theorie *erweitert, Randbedingungen berücksichtigt*, ggf. *mehrere Theorien* für einen Problemfall heranzieht oder selbst Theorien *entwickelt*. Kleinbeck hat in der 1988er Ausgabe dieses Werkes beschrieben, wie eine bewährte Motivationstheorie durch *Erweiterung* um einige Variablen zu einer Theorie der *Arbeitsmotivation* modifiziert wurde (Kasten 3).

Kasten 3
Arbeitsmotivation (nach Kleinbeck, 1988)

Die Motivationspsychologie als reine Grundlagenwissenschaft hat z.B. die Bedingungen für die Bevorzugung bestimmter Handlungen in Leistungssituationen verständlich gemacht (Atkinson, 1964; Heckhausen, 1980). Danach wählen Personen mit einem stark erfolgsorientierten Leistungsmotiv häufiger Aufgaben mit mittlerem Schwierigkeitsgrad, während solche mit eher mißerfolgsängstlicher Motivausprägung die Aufgaben mit niedriger oder ganz hoher Schwierigkeit bevorzugen.

Die experimentell belegten Theorien leistungsthematischer Handlungsbevorzugungen konnten sich jedoch in der reinen Form nicht bei der Lösung praktischer Probleme bewähren. Sie mußten erst verändert bzw. ergänzt werden, um z.b. zu einem besseren Verständnis sozialer Prozesse, wie Führung in Organisationen, Berufswahl oder Präferenzen von Arbeitstätigkeiten beitragen zu können. Wie z.B. Kleinbeck und Schmidt zeigen konnten, erlaubt dieses Modell nur dann gültige Vorhersagen in einer Arbeitssituation (hier: Aufgabenbevorzugungen von Auszubildenden in der Automobilindustrie), wenn man auch berücksichtigt, wie eine Entscheidung den konkreten Arbeitserfolg beeinflusst, d.h., für ihn *instrumentell* ist. Wird die von Vroom entwikkelte Variable *Instrumentalität* nicht einbezogen, verliert das „reine" Forschungsmodell in der Praxis seine im Labor nachgewiesene Erklärungskraft (Literatur im Original).

Theorien gehen selbst den „Weg" von einer Grundlagendisziplin in die Angewandte Psychologie durch Einbeziehen von Bedingungen der Arbeitsumgebung. Ein instruktives Beispiel bildet die Theorie der Zielsetzung von Locke und Latham (1990) (Kasten 4).

Kasten 4
Die Theorie der Zielsetzung von Locke und Latham (1990)

Wie Locke und seine Mitarbeiter in mehr als 400 Labor- und Feldstudien – besonders in Arbeitssituationen – bestätigen konnten, wird eine erbrachte Leistung von der Art der Zielsetzung beeinflußt: Die Leistungen sind in jedem Fall besser, wenn konkrete Ziele gesetzt werden, die die Handlung auch auslösen, als wenn nur allgemein intensives Bemühen gefordert wird (Tun Sie Ihr Bestes!), d.h. die Ziele und Leistungen standen in linearer Beziehung, vorausgesetzt, die Ziele waren erreichbar. Darüber hinaus waren Leistungen bei anspruchsvoller Zielsetzung besser als bei bescheidenen Zielen. Diese Studien ließen auch die motivierende und informierende Wirkung von Rückmeldungen besser erkennen. Wie Locke und seine Mitarbeiter zeigen konnten, bewirken Kenntnisse der Leistungsergebnisse besonders dann eine Leistungsverbesserung, wenn sie mit konkreten Zielsetzungen verbunden werden.
  Der Zusammenhang von Zielsetzung und Leistung wird nicht nur durch Rückmeldungen, sondern auch durch verschiedene Einflüsse, im Falle von beruflichen Leistungen durch organisationale Einflüsse, wie z.B. Unternehmensziele, Führungsstil, moderiert. Zielsetzungen können von verschiedenen Personen und Instanzen ausgehen: Leitungsorgane, Kollegen und der Handelnde selbst. Im Zuge von Partizipationsbemühungen hat die Frage stark intersssiert, ob es besser ist, wenn die Mitarbeiter die Ziele selbst aufstellen oder wenn die Ziele von außen vorgegeben werden. Partizipation in der Zielsetzung gilt als vorteilhaft, die Vorsetzten sollten aber Unterstützung geben. (s.a. Hoyos, 1993; Kleinbeck, 1996).

„Praktische Probleme" sind oft so speziell und zugleich komplex, daß sie kaum durch *eine* Theorie *allein* erklärt werden können. Die meisten, empirisch überprüfbaren Theorien in der Psychologie beanspruchen nicht, menschliches Verhalten in seiner Gesamtheit zu erklären. Vielmehr liefern sie Erklärungen und Voraussagen für Teilbereiche menschlichen Verhaltens; sie wollen und können sich also nur auf einen bestimmten Ausschnitt aus der Realität beziehen. Diese Ausschnitte sind allerdings selten mit dem konkreten Problemfeld deckungsgleich, das sich der angewandt-psychologischen Forschung stellt.

Beispiele: Breites Forschungsinteresse haben „Warninformationen" gefunden, die den Benutzer von Produkten und Geräten auf evtl. Gefahren und Gefährdungen hinweisen wollen, die von diesen Produkten und Geräten ausgehen können. Die Forscher greifen dabei auf elementare Kenntnisse der Form- und Farbwahrnehmung, auf spezifische Merkmale optischer oder akustischer Signalisierung zurück, stützen sich auf Wissen über das Erkennen von Schriftzeichen und Bildern, integrieren die Wahrnehmung von Risiken, die z.B. von Hinweisen auf mögliche Verletzungen stimuliert wird. „Das Arbeitsgebiet 'Warninformation/warnings' expandiert, es bemüht sich zu definieren und differenzieren ..., es könnte zu einem Angelpunkt einer umfassender verstandenen *Sicherheitskommunikation* werden." (Erke, 1996, S. 351). Zahlreiche experimentelle Studien wurden von Laughery, Wogalter und Young (1994) zusammengestellt; „Ergonomics" widmete den Warninformationen ein Themenheft (38 (11), 1995).
Von welchen Faktoren ist der Genesungsprozeß nach schweren Unfällen abhängig? Von welchen Faktoren ist die Güte eines Vorschlages abhängig, und wie kann man diese steigern? Wie schon angedeutet, muß man für die Lösung solcher Probleme mehrere Theorien der Grundlagendisziplinen heranziehen. Für die genannten Fragen kommen Bausteine der Kontrolltheorie, der Motivationstheorien, der Selbstwerttheorie, der Lerntheorien oder der Theorie der Bezugsgruppen in Frage.

Methodisches Vorgehen. – Eine ähnliche Entwicklung läßt sich auch im methodischen Vorgehen beobachten: Die Forschungstätigkeit bewegt sich – ausgehend von einfachen Experimenten – hin zur Erforschung des Verhaltens in komplexen Systemen, wie es auch der Angewandten Psychologie aufgegeben ist. Man könnte dies eine „Anwendungsorientierung" der Grundlagenforschung nennen.

Ein anschauliches Beispiel liefert die *Entscheidungsforschung*. Noch in den 60er und 70er Jahren dominierten Untersuchungen von „papierenen" Wetten und ähnlichen Vorlagen. In den folgenden Jahren wandten sich die Forscher mehrheitlich realen Entscheidungen zu – in simulierten und in natürlichen Umgebungen – und machten sich von den üblichen normativen Entscheidungsmodellen frei. Gegenwärtig wird nachdrücklich gefordert, Entscheidungen in komplexen, realen Umgebungen zu studieren (Salas & Cannon-Bowers, 1996). In der Beschäftigung mit einer „naturalistischen" Perspektive in der Erforschung von Entscheidungen anstelle einer „klassischen" Richtung sehen Cannon-Bowers, Salas und Pruitt (1996) sogar einen „Paradigmenwechsel".

In allen Anwendungsfeldern müssen Handelnde unter *feldspezifischen Bedingungen* wahrnehmen, urteilen, reagieren, die im „normalen" Leben nicht vorkommen und sich auch schwer experimentell nachbilden lassen, sondern im Feld untersucht werden müssen. Viele Aufgaben sind z.B. in begrenzter Zeit zu erledigen, z.B. Flugmanöver durch einen Piloten; höhere Zeitbedarfe können unabsehbare Konsequenzen haben. Der Arbeits- und Organisationspsychologe kann aber für die Fundierung seiner Feldversuche in den Lehrbüchern nachlesen, welche Zeitbedarfe für bestimmte psychische Prozesse anzusetzen sind, welche Grenzwerte für die Informationsspeicherung in Frage kommen, welche absoluten Schwellen und Unterschiedsschwellen bei der Benutzung von Instrumenten eine Rolle spielen können usw.

Das Führen von Kraftfahrzeugen verlangt vom Fahrer eine Reihe von wichtigen Schätzaufgaben. So muß er den Abstand zu einem vorausfahren Fahrzeug schätzen; das gelingt ihm im allgemeinen recht gut auf der Basis der Änderung des Sehwinkels; Schwierigkeiten bereitet dagegen, Geschwindigkeitsänderungen in bezug auf einen „Vordermann", d.h. die relative Geschwindigkeit, zu schätzen, kann sich aber auf das Bestimmen von Unterschiedsschwellen stützen (Mortimer, 1997). Diese Leistung kann durch eine genormte Plazierung von Rückleuchten unterstützt werden, was sich durch Fahrversuche verifizieren läßt.

Auf der anderen Seite hat man die Reaktion auf ein Produkt der technisierten Umwelt, den *Lärm* erfolgreich im Laboratorium untersuchen können. Man konfrontiert Personen kontrolliert mit vorhersehbarem vs. nicht vorhersehbarem sowie mit beeinflußbarem vs. nicht beeinflußbarem Lärm. Wie verhalten sich Versuchspersonen unter diesen Bedinungen während der Lärmphase und danach? Lärm hat vor allem dann nachteilige Wirkungen (kognitive, wie auch affektive Reaktionen), wenn er weder beeinflußbar noch vorhersehbar war. Man muß wohl, wie diese Beispiele zeigen, von einem Kontinuum experimenteller Überprüfbarkeit ausgehen: Manche Bedingungen aus dem Feld lassen sich unproblematisch im Labor nachbilden und können so Gegenstand intensiver Forschungen über Kausalfaktoren, vermittelnde Mechanismen usw. sein. Andere Bedingungen lassen sich dagegen in ihrer Komplexität nur schwer im Labor nachbilden.

Interventionen. – Praktische Probleme lösen heißt meistens auch, in bestehende Verhältnisse einzugreifen – sehr oft mit dem Ziel, Prozesse zu optimieren und effektiver zu gestalten, also besser zu werden hinsichtlich Qualität, Produktivität und Innovation, immer aber wertgeleitet (s.u.). So richten sich die Erwartungen unserer „Kunden" auf unser „know how" in Gestaltungsfragen. Die Herausgeber dieses Bandes wollen diesen Erwartungen entgegenkommen, indem sie Teil III dieses Bandes für *Interventionen* vorgesehen haben. Er repräsentiert in besonderer Weise das Potential der Psychologie zur Lösung betrieblicher Probleme. Man wird ein gewisses Übergewicht von personenbezogenen Verfahren erkennen, aber die Gestaltung der „Verhältnisse" besitzt einen gleichrangigen Stellenwert. Wie man heute nicht mehr eigens betonen muß, kann und darf eine Intervention nicht über die Köpfe Betroffener hinweg und schon gar nicht gegen ihren Willen erfolgen. *Partizipation* ist daher das Schlüsselwort für eine partnerschaftliche Intervention. Dies ergibt sich schon aufgrund des *Wertewandels:* Menschen sind heute viel stärker als früher bestrebt, Autonomie zu erreichen, haben also vermehrt Autonomiebedürfnisse. Werden diese Bedürfnisse nicht berücksichtigt, kann man kaum Loyalität bzw. Identifikation mit Änderungsmaßnahmen erwarten. Insofern ist Partizipation nicht nur ein Aspekt humanitärer Art, sondern geht auch Hand in Hand mit kaufmännischen und betriebswirtschaftlichen Erwägungen (Frey, 1994, 1996).

In bestehende Verhältnisse intervenieren heißt, direkt durch Verhaltensmodifikation oder indirekt durch Bedingungsmodifikation das Verhalten von Menschen in eine bestimmte Richtung zu lenken. Aber in welche Richtung? Die Art der Veränderungen, die Psychologen herbeiführen wollen, ist schon in unserem Kulturkreis nicht immer und überall konsensfähig; schon gar nicht gibt es Veränderungsziele und -richtungen, die sich über verschiedene Kulturen hinweg unterschiedslos anwenden lassen. In die hierzu notwendigen Entscheidungen gehen einmal ethische Erwägungen ein, auf die wir weiter unten noch hinweisen, zum anderen eine gründliche Auseinandersetzung mit kulturell bedingten Verschiedenheiten im Arbeitsverhalten.

Die behandelten Verfahren sind nicht durchweg ein Privileg der Psychologen, wie etwa Gesprächsführung und Konfliktlösung, sondern repräsentieren eine *kooperative Vorgehensweise.* Man wird selten Psychologen als alleinige Arbeitsgestalter finden, aber der Betriebsingenieur wäre gut beraten, wenn er sich der Mitarbeit eines Psychologen versichern würde, um Signalgeber oder Bildschirmmasken menschengerecht zu gestalten. Ähnliches gilt für Planungstätigkeiten. Daß Planungen auch menschliches Verhalten programmieren, wird selten gesehen; so sollten Planungstätigkeiten in geeigneter Weise durch psychologische Expertise ergänzt werden. Kooperatives Vorgehen der angedeuteten Art muß wohl überhaupt erst installiert und geübt werden. Arbeitsrestrukturierungen sind dafür ein geeigneter Anwendungsfall.

So kann man die Arbeits- und Organisationspsychologie als eine Wissenschaft bezeichnen, die sowohl unter Rückgriff auf die Grundlagendisziplinen als auch durch eigene Theorienbildung und empirische Forschung Erkenntnisse über die Realität in bestimmten Situationen gewinnen möchte und die auf der Basis dieser Erkenntnisse versucht, zu Empfehlungen für die Lösung von Problemen bzw. für die Optimierung von Maßnahmen zu kommen.

Interdisziplinäres Vorgehen. – Um menschliche Arbeit und ihre Organisation kümmern sich viele Fachdisziplinen, deren Kooperation längst Wirklichkeit ist. Das wird sehr anschaulich in der zeitgenössischen „Arbeitswissenschaft" (z.B. Luczak, 1993), aber auch in der Betriebswirtschaftslehre (z.B. Picot, Reichwald & Wigand, 1996). Auch die Arbeits- und Organisationspsychologie wendet nicht nur *psychologisches* Wissen auf praktische Probleme an, sondern auch Wissen aus anderen Disziplinen, z.B. aus den *Wirtschaftswissenschaften* oder den *Ingenieurwissenschaften.* So wird die Restrukturierung von Arbeitssystemen nur dann erfolgreich sein, wenn Organisationslehre und Psychologie in geeigneter Weise zusammenwirken.

Gruppenarbeit, um nur ein Beispiel zu nennen, muß selbstverständlich organisiert werden, aber erst die Förderung von gegenseitiger Wertschätzung, das Entstehen von Wir-Gefühl oder positiver Kommunikation lassen erkennen, welch produktives Element teilautonome Gruppen im Produktionsprozeß spielen können.

Analoge Überlegungen lassen sich für zahlreiche Themen, wie Qualitätssicherung, Telekooperation, Sicherheitsmanagement u.v.a.m. anstellen. So sollten die Psychologen ebenso mutig auf andere Disziplinen zugehen, wie andere Fachvertreter auf die Psychologie zugehen (oder sie einzuvernehmen suchen).

Wertgeleitetes Handeln. – Die Arbeits- und Organisationspsychologie hätte ihre Problemlösekapazität nicht aufbauen können, wenn sie nicht versucht hätte, ihre Aufgaben wertgeleitet zu lösen (s.a. Blickle, 1997; Hoyos in diesem Band). Das Schutzziel, das *Arbeitsleid* Erwerbstätiger zu lindern, kann als oberstes Ziel arbeits- und organisationspsychologischer Forschung und Praxis genannt werden; es hat intensive Anstrengungen ausgelöst, Belastungen abzubauen und Arbeit erträglicher zu machen – Anstrengungen, die das Fach gemeinsam mit anderen Disziplinen investiert. Hierzu hat die Psychologie aber wesentliche Grundlagen aus der Belastungsforschung, der Motivationsforschung oder der Handlungspsychologie beigetragen. In den Zielen zur *Humanisierung des Arbeitslebens,* insbesondere sich für Schädigungslosigkeit und Beeinträchtigungslosigkeit einzusetzen, sind diese Bemühungen zu einem festen Bestandteil arbeits- und organisationspsychologischer Gestaltungspraxis geworden; die Arbeits- und Organisationspsychologie wäre schlecht beraten, wenn sie dieses Ziel aufgeben würde.

In gleicher Weise steht die *Entwicklung der Persönlichkeit* als leitendes ethisches Prinzip für eine Fülle arbeits- und organisationspsychologischer Interventionen. Mit der *Beteiligung* der Arbeitenden an der Gestaltung ihrer Arbeit im weitesten Sinne wird ein drittes Feld der Verantwortung unseres Faches genannt, das wohl in Zukunft mehr und mehr die Arbeit der Arbeits- und Organisationspsychologie dominieren wird. In vielen Bereichen und an vielen Orten geht es vordringlich darum, den „Nutzer" – im weitesten Sinne – einzubeziehen, ihn zum Partner und Mitgestalter zu machen, d.h., seine Erfahrungen zu aktivieren und für eine humane Arbeitsgestaltung fruchtbar zu machen.

Die genannten Ziele sind auf die arbeitenden Menschen zentriert. Ihnen den Vorrang zu geben, hat immer zum Selbstverständnis der Arbeits- und Organisationspsychologie gehört. Zu nennen sind aber auch die Bemühungen der Psychologie um *wirtschaftliche Prosperität* und *allgemeine Wohlfahrt.* Nicht immer waren diese Ziele in den Fachkreisen wohlgelitten und werden auch heute z.T. noch kontrovers diskutiert. Ohne Zweifel aber sind hier Werte, ethische Verpflichtungen und Verantwortung im Spiel. Diese Verantwortung müssen die Psychologen auf ihrem ureigensten Gebiet wahrnehmen: die Wert- und Zielbildung besser verstehen, *Wertewandel* konstatieren und interpretieren.

3 Herausforderungen

Problemlösung „vor Ort". – Angewandte Psychologie muß, wie schon gesagt, nach ihrem Selbstverständnis stets von den Problemen „vor Ort" ausgehen. „Vor Ort" ist immer dort, wo Arbeit unter bestimmten Bedingungen verrichtet wird. Probleme in den Arbeitsstätten orientieren sich allerdings selten an einer Systematik der Psychologie, sondern entstehen eher aus den *Schwachstellen eines Arbeitssystems*, das nach organisatorischen und technologischen Grundsätzen, nicht aber unbedingt nach Prinzipien menschengerechter Arbeitsgestaltung aufgebaut ist. Schwachstellen lassen sich aber oft als eine Funktion des Verhaltens der einen oder anderen Gruppe von Akteuren im Arbeitssystem verstehen und sollten die Mitarbeit von Psychologen begründen. Dieser Auftrag wird indessen nicht immer klar erkennbar sein; erst im Dialog aller beteiligten Akteure wird man den möglichen Beitrag der einzelnen Fachdisziplinen erkennen.

Kaum ein Problemkreis hat dies deutlicher gemacht als die unselige Debatte um die *Lohnfortzahlung im Krankheitsfalle.* Besser bekannt unter dem Begriff der „Fehlzeiten" haben wir hier ein typisch multifaktorielles Problem vor uns, das von Faktoren wie Arbeitsbedingungen, Standort eines Unternehmens, allgemeine Beschäftigungslage, „innere Kündigung", Führungsqualitäten, Arbeitsmotivation determiniert wird. Zahlreiche Studien, die kürzlich in einem Themenheft der *Zeitschrift für Arbeits- und Organisationspsychologie* (1996, Heft 4) diskutiert wurden, haben die Bedeutung der Verhaltenswissenschaften für den Umgang mit dem Problem der Fehlzeiten hinreichend deutlich gemacht. Aber kaum eine andere Bürde für Unternehmen aller Art läßt so gut erkennen: Auch eine Interpretation, die allein psychologische Tatbestände, z.B. Probleme der Motivierung, berücksichtigt, greift in jedem Falle zu kurz.

Eine gute Strategie, solche Problemlösungen voranzutreiben, ist, die Beteiligten zu ermuntern, den Kern der Probleme zu benennen. Dann kann unter Anleitung des Psychologen erarbeitet werden, wie geeignete Maßnahmen in Absprache mit den Betroffenen aussehen könnten, wobei *pro* und *contra* diskutiert werden. Ebenso können Spielregeln vereinbart werden, die die Interaktion betreffen, sowie individuelle Verpflichtungen der Teilnehmer formuliert werden.

Beispiel: Man stellt als Problem fest, in einem Unternehmen herrsche extremer Ressortegoismus, die Abteilungen kooperierten nicht miteinander. Es gibt nun keine einzelne Theorie, aus der man ableiten kann, was konkret zu tun ist. Es gibt aber sehr wohl eine Vielzahl psychologisch fundierter Möglichkeiten, dieses Problem anzugehen – etwa: Abteilungen stellen sich vor; mehr Rotation von Mitarbeitern und Führungskräften von Abteilung zu Abteilung; Schnupperkurse der Mitarbeiter in der anderen Abteilung; außerbetriebliche Aktivitäten der Mitarbeiter verschiedener Abteilungen. Durch die Beschäftigung mit solchen Alternativen können *Maßnahmen* verabschiedet, *Spielregeln* des Umgangs bestimmt sowie *individuelle Verpflichtungen* formuliert werden.

Die Arbeitswelt. – Probleme „vor Ort" zu identifizieren und zu analysieren, heißt aber nicht nur, einzelne Arbeitsplätze und Fertigungsbereiche, bestimmte organisatorische Einheiten, wie eine Sicherheitsabteilung, oder bestimmte Fertigungsbereiche zu beobachten, sondern auch auf die globalen Veränderungen in der Arbeitswelt („Megatrends", Klauder, 1997) einzugehen, die wir gegenwärtig beobachten können.

Die Tendenz, Hierarchien abzubauen und kleinere Organisationseinheiten zu bilden, das Wachsen des Dienstleistungssektors, der Einfluß der Informationstechnologie, die Globalisierung des Wirtschaftens, die Abkehr von dauerhaften, definierten beruflichen Positionen zugunsten von flexiblen, an wechselnden Projektaufgaben innerhalb einer Organisation orientierten Tätigkeiten, der enorme Bedarf an Fort- und Weiterbildung („lebenslanges Lernen"), der „Wertewandel", die Alterung der Industriegesellschaft sind nur einige Stichworte aus der aktuellen Diskussion des wirtschaftlichen Wandels (Cascio, 1995; v. Rosenstiel, Nerdinger, Spieß & Stengel, 1989; Ulich, 1988).

Kaum eine andere „Bewegung" hat Diskussionen in so großer Fülle angeregt und Aktionen initiiert, wie das *Lean Management*, dessen Rezepturen jedoch zunehmend kritisch gesehen werden (Bungard, 1995a). Das Lean Management wurde als ein organisationales Konzept in die Wirtschaft eingeführt, war in seinem Ursprung auf die Automobilindustrie zugeschnitten, wird inzwischen aber auch für ganz andere Bereiche propagiert, z.B. für die öffentliche Verwaltung (Metzen, 1995) Im Prinzip zielt es auf ein viel stärker mitarbeiterorientiertes Management ab (Winnes, 1996). Daß gegenüber lautstark propagierten „neuen" Produktionskonzepten auch aus arbeitspsychologischer Sicht – besonders wegen der Überforderung der Mitarbeiter – Vorsicht und Skepsis gefordert sind, hat Ulich (1996) eindringlich betont. Die Psychologen wollen aber auch in diesem Szenario auf ihren „Errungenschaften" bestehen, z.B. auf den langjährigen, zeitweilig sehr vernachlässigten Erfahrungen mit teilautonomen Arbeitsgruppen (Antoni, 1995; Ulich, 1995).

Den Rang eines Themas von überragender Bedeutung für alle Bereiche der Güterproduktion und Dienstleistungen hat die *Qualitätssicherung* gewonnen, nicht zuletzt gefördert durch die Normengruppe ISO 9000. Die Kehrseite der Medaille sind *Fehler* auf allen Ebenen und in allen Phasen der Wertschöpfung. Für die Mehrzahl aller vorkommenden Fehler werden – zu Recht oder zu Unrecht –

Menschen verantwortlich gemacht. So konnte die Tendenz verständlich erscheinen, den Menschen aus der Produktion zu verdrängen, da er eben dort viele, z.T. auch sehr konsequenzenreiche Fehler macht. Dieser Wunsch ist natürlich nicht realisierbar; deshalb sind diese Tendenzen folgenden Einsichten gewichen: Fehler sind in „menschengemachter" Realität generell nicht zu vermeiden; sie haben für den Arbeitsvollzug und für das Verständnis der Arbeitstätigkeit einen unschätzbaren heuristischen Wert, und sie stimulieren die Entwicklung fehler- und lernfreundlicher Systeme (Dörner, 1990; Mehl, 1996; Rasmussen & Vicente, 1989; Wehner, 1992) im Rahmen eines *Total Quality Management.*

Neue Technologien. – Die Unternehmensleitungen werden auch durch *technologische Entwicklungen* umgetrieben, die man nicht anders als atemberaubend nennen kann. Nutzer aller Art, vom Laien bis zum Vorstandsmitglied, können in „virtuellen Umgebungen" agieren, z.B. in einem virtuellen Konferenzraum (Schuler & Namioka, 1993; Snow, Kies, Neale & Williges, 1996), ein interessantes Arbeitsfeld für Arbeitspsychologen mit einem Schwerpunkt in der Wahrnehmungspsychologie. Wie kaum ein anderes Instrumentarium bietet gerade diese Technik die Möglichkeit, einen Nutzer in die Entwicklung eines Produktes oder Verfahrens einzubeziehen (usability labs!, Holz auf der Heide, Kaiser & Hoyos, in Druck).

Die immer weiter reichenden Möglichkeiten der *Datenfernübertragung* tragen dazu bei, die zeitlichen und räumlichen Grenzen von Unternehmen unscharf werden zu lassen, ja, die „grenzenlose Unternehmung" wird am Horizont sichtbar (Picot, Reichwald & Wiegand, 1996): Mitarbeiter eines Unternehmens müssen nicht mehr an einem Ort versammelt sein; dank der Informations- und Kommunikations (IuK)-Techniken kann ihr Arbeitsplatz „irgendwo" sein, in vielen Fällen „zu Hause". Diese – zweifellos rasanten – Veränderungen werfen eine Fülle psychologischer Probleme auf, die unter dem Begriff der „Telekooperation" fokussieren. Telekooperation hat besondere sozialpolitische und damit auch sozialpsychologische Brisanz, wirft aber auch arbeits- und organisationspsychologische Fragen auf: Welche Aufgaben können einem Telearbeiter sinnvoll übertragen werden? Welche Anreize gibt es in der „standortverteilten Organisation"? Ist der Handlungsspielraum größer oder kleiner je nach dem Ort der Aufgabenerledigung? Wie verläuft die Interaktion des Telearbeiters mit der Zentrale?

Computer sind mittlerweile massenhaft verbreitet. Die bei ihrer Verwendung dominierende Textverarbeitung ist jedoch auch heute noch nicht und nicht überall optimal gestaltet (Holz auf der Heide, Kaiser & Hoyos, in Druck). Eine ungünstigere Situation besteht jedoch z.B. im Bereich der *CAD-Anwendungen* (Frieling, Pfitzmann & Hammer, 1996), unter der die Anwender zu leiden haben. Benutzungsfreundlichkeit – und verschiedene andere Kriterien – werden allerorten angestrebt – Aufgabegebiet der Software-Ergonomie.

Gesetze und Vorschriften. – Ob man dies begrüßen oder beklagen soll, die Arbeitswelt ist inzwischen einer Flut von *Gesetzen, Regeln* und *Normen* unterworfen, die im Prinzip beachtet werden sollten, oft aber nicht beachtet werden, da es an Hilfen für eine adäquate Umsetzung fehlt, abgesehen davon, daß es schon schwerfällt, in der Kenntnis der zutreffenden Normen überhaupt auf dem laufenden zu bleiben.

Arbeits-, Gesundheits- und Umweltschutz. – *Arbeitsschutz, Gesundheitsschutz,* neuerdings auch der *Umweltschutz,* beanspruchen ein gewaltiges Potential an Forschung, Expertise, Administration und Aufsicht. Wie mehr und mehr akzeptiert wird, ist das Erreichen der genannten Schutzziele auch und nicht zuletzt eine Sache des Verhaltens beteiligter Akteure, insbesondere das *Verhalten in gefährlichen Situationen*, aber auch der Gestaltung sicherheits- und gesundheitsförderlicher Bedingungen. Verhalten in gefährlichen Situationen vollzieht sich im Blick auf das Ziel *Kontrolle der Gefahr* und damit Herstellen von Sicherheit. Gefährliche Situationen sind solche Situationen, in denen Menschen bedrohende Zustände erkennen und bedrohliche Folgen erwarten können. Gegenwärtig wird der Schadensbegriff weiter gefaßt und im Sinne eines integrierten Arbeits-, Gesundheits- und Umweltschutzes nicht nur auf Schäden der arbeitenden Person, sondern auch auf Sachschäden oder Schädigungen von Umweltressourcen, wie Luft, Wasser und andere natürliche Lebensgrundlagen bezogen (Hoyos & Wenninger, 1995; Wenninger & Hoyos, 1996).

Wenn die Arbeits- und Organisationspsychologie den Gesundheitsschutz als ein Praxisfeld von fundamentaler Bedeutung für sich – selbstverständlich nicht allein für sich – reklamiert, so wird der Blick fast zwangsläufig auf das *Gesundheitswesen* im weiteren Sinne und damit auf die Dienstleister in diesem Bereich gelenkt: Ärzte, Krankenhäuser, Pharmazeuten, dem *Human Factors* kürzlich ein Themenheft gewidmet hat (*38* (4), 1996). Wie in kaum einem anderen Feld werden „Neue Technologien" so intensiv angewendet wie in der Chirurgie.

Anästhesisten als eine „Säule" des Operationsteams haben es heute mit einer Fülle von Meßinstrumenten und technischen Vorrichtungen zu tun und sollen dabei den Blick auf den Patienten nicht verlieren – soweit er ihnen sichtbar ist. Der Arbeitsbereich der Anästhesisten reflektiere die „Liebesaffaire der modernen Gesellschaft mit der Hochtechnologie" (Bogner, 1996). Wer einmal einen diesbezüglichen Einblick gewinnen konnte, dem mußten sich die arbeitspsychologischen Fragestellungen der Verarbeitung von Signalen, der Reiz-Reiz- und Reiz-Reaktions-Kompatibilität, der Aufmerksamkeitsverteilung, neuerdings der „situation awareness" (Gaba, Howard & Small, 1995) förmlich aufdrängen; wissenschaftliche Untersuchungen zu diesem Thema sind jedoch denkbar rar.

Der Arbeitsplatz der Anästhesisten ist aber nur *ein* Thema; man denke an die Arbeit auf Intensivstationen und in der Notfallmedizin (Lasogga & Gasch, 1997), aber auch an die Nutzung medizinischer Geräte im weitesten Sinne. Die Art und Weise, wie Medikamente an Patienten abgegeben werden (Verpackung, Beschriftung, Packungsbeilage) erinnert wieder an die psychologischen Probleme von Instruktionen und Warnungen.

4 Die Antwort der Psychologen

4.1 Gestalten, Fördern und Entwickeln

Arbeitsgestaltung. – Für Arbeit, die sich in überaus raschem Tempo durch technische und organisatorische Neuerungen verändert, besteht nach wie vor ein erheblicher Bedarf an humaner Gestaltung, eine der vornehmsten Aufgaben für Arbeits- und Organisationspsychologen, die sie in Zusammenarbeit mit Ingenieuren, Ergonomen, soweit sie nicht Psychologen sind, Arbeitsmedizinern zu leisten haben. Stimuliert durch das große Ziel „Humanisierung des Arbeitslebens" sind sie in dem Bemühen vereint, die Auswüchse der früheren Phasen der Industrialisierung einzudämmen; *Arbeitsbereicherung, Autonomie, Handlungsspielraum, Sicherheit, Zufriedenheit* und andere Ziele sollten erreicht werden und konnten in der Tat auch vielfach erreicht werden. Gerade der internationale Wettbewerbsdruck bewirkt, den Mitarbeitern aus kaufmännischen Gründen mehr Autonomie und Handlungsspielraum zu gewähren, weil eine so gewonnene Aktivierung des Humankapitals letztlich den entscheidenden Faktor für innovative Prozesse darstellt. Die Umsetzung humanitärer und ökonomischer Aspekte geht somit Hand in Hand – oder sollte dies dringend tun.

Durch die internationale Verflechtung wirtschaftlicher Aktivitäten müssen auch die Arbeits- und Organisationspsychologen vermehrt über Gestaltungsziele nachdenken, die nicht einfach von einem Land auf ein anderes, insbesondere z.B. nicht von industrialisierten Ländern auf Entwicklungsländer übertragen werden können. Bei der Formulierung von Gestaltungszielen wird mehr und mehr auch die *Schonung natürlicher Ressourcen* wachsende Bedeutung erlangen (Moray, 1995).

Hier, wie in anderen Bereichen, gilt jedoch: Arbeits- und Organisationspsychologen werden selten in frühen Phasen einer Produktentwicklung, der Restrukturierung eines Arbeitssystems oder der Entwicklung einer Software hinzugezogen und geraten deshalb trotz aller Begeisterung für Prävention und Optimierung von Anfang an in die Rolle von Fachleuten, die an Symptomen herumkurieren. Hier neue Prioritäten zu schaffen, ist eine fachpolitische Aufgabe allereresten Ranges.

Gesundheitsförderung. – Gesundheitsförderung besitzt auch bei Psychologen einen hohen Stellenwert und expandiert als Anwendungsfeld psychologischer Arbeit lebhaft (Fastenmeier, Stadler & Strobel, 1993; Rieländer, Hertel & Kaupert, 1995). Allerdings denkt man in diesem Zusammenhang häufig eher an einen

Reparaturdienst an einer durch das Wirtschaftssystem „geschundenen" menschlichen Arbeitskraft und nicht so so sehr an eine primäre humanitäre Bemühung. In der Tat aber verwirklicht sich in einer mitarbeiterorientierten Gesundheitsförderung ein Grundprinzip aller arbeits- und organisationspsychologischen Intervention: reaktives Verhalten und korrigierende Maßnahmen nach Möglichkeit in Prävention und präventives Verhalten umwandeln. Das gilt selbstverständlich auch für alle anderen Schutzziele, die die Psychologen in Kooperation mit Vertretern weiterer Disziplinen verfolgen.

Personalentwicklung. – Man wird mit Recht erwarten, Psychologen sollten Konzepte für eine zeitgemäße *Personalauswahl* und für die *Entwicklung von Teamfähigkeit und sozialer Kompetenz* entwickeln und anbieten – sicher eine schöne, aber eher vernachlässigte Aufgabe für Psychologen (Sternberg & Lubart, 1996). Reichwald (1992) sowie Picot, Reichwald und Wigand (1996, S. 443) sind sogar der Meinung, die menschliche Arbeit müsse als primäre Unternehmensressource *wiederentdeckt* werden (Hervorh.d.Verf.). Zukünftig wird diese Aufgabe in verstärktem Maße zu vielfältigen Aktivitäten der Aus-, Fort- und Weiterbildung führen. Zum Nutzen des Unternehmens und der Gesellschaft als ganzer, aber vor allem des einzelnen Menschen darf keine Mühe gescheut werden, den Potentialen der Mitarbeiter an Innovationsfähigkeit und Kreativität zu verbesserter Realisierung zu verhelfen.

Die Aufgabe der Personalentwicklung lenkt notwendigerweise den Blick auf die Personen, denen Maßnahmen der Personalentwicklung zugute kommen sollen. Man denkt in diesem Zusammenhang gern an *Führungskräfte* und andere *Verantwortungsträger*. Selbstverständlich aber sollen Mitarbeiter aller Ebenen und Bereiche je nach Bedarf und Lage gefördert werden. – Personalentwicklung kann und muß auch heißen, *Benachteiligungen* auszugleichen und aufzuheben. Betroffen von Benachteiligungen sind immer noch in großem Umfange Frauen. Die damit angesprochenen Probleme sind bislang weder aufgearbeitet, noch hinreichend wissenschaftlich erforscht.

Revitalisierung von Leistungspotentialen. – Die Psychologen sollten aber auch und vielleicht stärker als bisher auf ihre Befähigung hinweisen, das Leistungspotential derjenigen zu revitalisieren, deren aktuellen Leistungsmöglichkeiten sich gewandelt haben, etwa durch *Krankheit, Alterung* oder *Arbeitslosigkeit*. Es erscheint fast schon überflüssig zu betonen, daß Menschen in höherem Alter die höchste Aufmerksamkeit der Psychologen verdienen, um deren Ressourcen für den Arbeitsprozeß, aber auch für ihre häuslichen Verrichtungen zu bewahren. Nicht zuletzt müssen Psychologen helfen, den Mythos von der abnehmenden Leistungsfähigkeit „älterer Mitarbeiter" zu bekämpfen – wobei mitunter schon Personen ab dem 40. Lebensjahr als „ältere Mitarbeiter" gelten (Lehr, 1997).

Innovationen. – Man liest es in allen Zeitungen: Innovationen müssen angeregt und realisiert werden, wenn Deutschland den Anschluß an den Weltmarkt nicht verlieren soll bzw. in etlichen Sektoren wiedergewinnen will; es bestehe sogar eine *Innovationskrise* (H.J. Warnecke im „Rheinischen Merkur" vom 31.10.1997). Zahlreiche Ursachen für die bestehenden Defizite werden diskutiert: fehlgeleitete Forschungsmittel, Überregulation, Technikfeindlichkeit, Mangel an Risikokapital und schließlich auch mangelnde Bereitschaft der „führenden Köpfe" zu Innovationen. Mut und Entscheidungsfreudigkeit auf allen Ebenen sind gefordert, aber auch Modifikationen in zahlreichen Sektoren menschlichen Handelns: Blockaden müssen aufgelöst, Ideen belohnt, Teamarbeit begünstigt und verbessert werden, der Informationsfluß in Organisationen optimiert und noch andere Maßnahmen ergriffen werden, für die Psychologen wertvolle Hilfestellung leisten können.

Globaler Personalmarkt. – Konnte man bislang auf einer nationalen Ebene von einem homogenen und auch stabilen Umfeld für Organisationsmitglieder ausgehen, deren individuelle Eigenart deshalb die dominierende Varianzquelle für Personalbeurteilungen aller Art darstellte, so haben wir es heute mit einer *Varianz der Situationen* in einem bisher kaum bekannten Ausmaß zu tun. Kurzum: Personalarbeit im globalen (Personal-)Markt ist eine neue Herausforderung. Beim Thema *Arbeitsmotivation* z.B. müssen der Personalsachbearbeiter und die Führungskraft sehr deutlich unterscheiden, ob die Wertewelt eines Gesprächspartners eher auf seinen eigenen, individuellen Werten basiert oder mehr vom Kollektiv geprägt (Erez, 1990; Thomas, 1996).

4.2 Gegensteuern

Arbeits- und Organisationspsychologen haben nicht nur die Aufgabe, Potentiale zu entwickeln und zu fördern; ihnen ist auch aufgegeben, dort gegenzusteuern, ja auch zu protestieren, wo gegen Grundsätze humaner Arbeitsgestaltung verstoßen wird. Möglicherweise findet ihre Stimme in diesen Fällen eher Gehör, als wenn sie „im Strom" mitschwimmen.

Arbeits- und Organisationspsychologen müssen dort gegensteuern, wo Beschäftigte organisationsbedingt in neue Konflikte hineingezogen werden und wo ihnen *Belastungen* und *Fehlbeanspruchungen* in neuen Varianten aufgebürdet werden. Nicht alle Konzepte der Unternehmensführung, die heute *en vogue* sind, erfüllen die Kriterien humaner Arbeit, wie besonders eindrucksvoll die Diskussion des „Lean Management" gezeigt hat.

Psychologen müssen auch gegensteuern – und sie müssen dazu wirkungsvolle Allianzen bilden –, wenn Menschen „auf Biegen oder Brechen" aus dem Arbeitsprozeß eliminiert werden sollen, falls eine unter humanen Gesichtspunkten akzeptable Arbeitsaufgabe durch eine Gerät *oder* – gleichermaßen erfolgreich – durch einen Menschen erledigt werden kann. „Wie man die Aufgaben (in einem Mensch-Maschine-System) ... verteilt, wird von der Verfügbarkeit technischer Lösungen, von sozialen und organisatorischen Bedingungen, nicht zuletzt von den Präferenzen des Nutzers abhängen, d.h. ob er selbst agieren möchte oder eine Maschine agieren läßt." (Hoyos, 1990, S. 17).

Im Sinne von Wettbewerbsfähigkeit fordern viele Unternehmen permanente Spitzenleistungen. Jeder Mensch hat aber ein Anrecht auf „Auszeit" – z.B. bei Trennung/Scheidung, Tod des Partners oder in anderen schweren Lebenskrisen. Es muß also nicht nur eine Leistungskultur, sondern auch eine *Rekreationskultur* geschaffen werden.

Das Lob auf die neue Kommunikationstechnik übertönt, wie Weis (1994, S. 30) betont, „feine Mißklänge": Kommunikationstechnik ersetze keine menschliche Beziehung, sondern ermögliche lediglich Informationsaustausch. Zu zeigen, wie unerläßlich und psychohygienisch der unmittelbare Kontakt zwischen Führungskräften und Mitarbeitern, Mitarbeitern und Mitarbeitern, Lehrern und Schülern, Geschäftpartnern für die Psychohygiene ist, sind wohl Psychologen in besonderer Weise legitimiert.

Gegensteuern müssen die Arbeits- und Organisationspsychologen natürlich auch dort, wo das Topmanagement Lippenbekenntnisse formuliert, wenn zwar von Verantwortung und Autonomie am Arbeitsplatz geredet wird, de facto diese Werte aber nicht umgesetzt und die entsprechenden Strukturen nicht gewährleistet werden. So stößt man in vielen Firmen auf Doppelmoral, Heuchelei, Machtspiele. Häufig verhindern auch geheime Spielregeln, daß die offiziell formulierten Zielvorstellungen realisiert werden.

Verschwinden die wahrgenommenen Unterschiede zwischen Mensch und Computer? Ja, so mag es sein: „Wo Kinder sich als Artgenossen den Computer näher als den Säugetieren verwandt fühlen und wo Computern menschliche Züge attribuiert werden, sie also 'menscheln' dürfen, da schwinden die Unterschiede." (Weis, 1994, S. 29). Was Arbeits- und Organisationspsychologen besonders umtreiben muß, ist die Frage, ob Menschen ihre Denkgewohnheiten den Abläufen in einem PC angleichen, so „denken" wie ein Computer und dann eines Tages als menschliche Arbeitskraft eben auch gut durch einen Computer ersetzt werden können, wie Volpert (1985) eindrucksvoll gezeigt hat.

4.3 Sich einmischen

Wie Stellungnahmen zur gesetzlichen Regelung des Arbeitsschutzes (Gros, 1994) oder die Kritik am Lean Management (s.o.) zeigen, sind die Arbeits- und Organisationspsychologen durchaus bereit, sich einzumischen. Nach Dachler (1995) dominiere in der Arbeits- und Organisationspsychologie jedoch ein eher unpolitisches Verhalten: Neue Perspektiven, Werte und Interessen würden meist von außen an das Fach herangetragen, das wiederum von einem wissenschaftlichen Standpunkt aus die Dinge „objektiv" zu betrachten versuche. Aber haben die Arbeits- und Organisationspsychologen, besonders solche in der Bundesrepublik Deutschland, die Erfahrung und den Praxisbezug, der ihnen ein Mitwirken an den genannten und anderen Zielen gestattet? Das Bild ist widersprüchlich. Bungard (1995b) beklagte, die Arbeits- und Organisationspsychologen seien an der Diskussion über das Lean Management nur marginal beteiligt. Hoyos (1994) konstatiert in den Tagungs- und Zeitschriftenbeiträgen von Arbeits- und Organisationspsychologen der Jahre 1983-91 eine erhebliche Dominanz der Themen *Personal* und *Organisation*, Defizite in Bereichen *technischer Innovationen* und in *produktions*nahen Bereichen. Hier sind Korrekturen sicherlich notwendig, aber auch schon Veränderungen zu beobachten.

Die Rolle und Position der Arbeits- und Organisationspsychologen muß sich nicht nur im innerdisziplinären Dialog festigen, was immer noch ein eher mühseliges Unterfangen ist; Arbeits- und Organisationspsychologen müssen sich auch im interdisziplinären Dialog behaupten, ein Ziel, das nach eigenen Erfahrungen eigentlich gute Aussichten auf Erfolg hat, aber auch in der Öffentlichkeit verdeutlicht werden muß. Indessen haben nur wenige Fachvertreter den Weg in die Öffentlichkeit und dort auch Gehör gefunden. So besteht gerade auf diesem Feld beträchtlicher Handlungsbedarf.

Literatur

Antoni, C.H. (1995). Gruppenarbeits-Konzepte im Rahmen von Lean Management: Erfahrungen und Konsequenzen für die Einführung. In W. Bungard (Hrsg.), *Lean Management auf dem Prüfstand* (S. 93-112). Weinheim: Psychologie Verlags Union.

Blickle, G. (Hrsg.). (1997). *Ethik in Organisationen*. Göttingen: Verlag für Angewandte Psychologie.

Bogner, M.S. (1996). Health care: Special section preface. *Human Factors, 38,* 551-555.

Bungard, W. (Hrsg.). (1995a). *Lean Management auf dem Prüfstand*. Weinheim: Beltz, Psychologie Verlags Union.

Bungard, W. (1995b). Lean Management – Ein Thema der Arbeits- und Organisationspsychologie? In W. Bungard (Hrsg.), *Lean Management auf dem Prüfstand* (S. 7-22). Weinheim: Psychologie Verlags Union.

Cannon-Bowers, J.A., Salas, E. & Pruitt, J.S. (1996). Establishing the boundaries of a paradigm for decision-making research. *Human Factors, 38,* 193-205.

Cascio, W.F. (1995). Wither industrial and organizational psychology in a changing world of work? *American Psychologist, 50,* 928-939.

Dachler, H.P. (1995). Crucial issues in the field of work and organizational psychology: Overlooked, forgotten, neglected. *Newsletter of the International Association of Applied Psychology, 7,* No 2, 4-12.

DeJoy, D.M. (1994). Managing safety in the workplace: An attribution theory analysis and model. *Journal of Safety Research, 25,* 3-17.

Dennis, M.L., Soderstrom, E.J., Koncinski, W.S. & Cavanaugh, B. (1990). Effective dissemination of energy-related information. *American Psychologist, 45,* 1109-1117.

Dörner, D. (1990). The logic of failure. In D.E. Broadbent, J. Reason & A. Baddeley (Eds.), *Human factors in harzardous situations* (pp. 15-25). Oxford: Clarendon Press.

Drenth, P.J.D., Thierry, H., Willems, P.J. & de Wolff, C.J. (Eds.). (1984). *Handbook of work and organizational psychology* (2 Vols). Chichester: Wiley.

Dunnette, M.D. & Hough, L.M. (Eds.). (1990-92). *Handbook of industrial and organizational psychology* (2nd Edition). Palo Alto, CA: Consulting Psychologists Press.

Erez, M. (1990). *Work motivation - what's new in a competitive global market?* A keynote address, pres. at the 22nd Intern. Congress of Applied Psychology, Kyoto, July, 1990.

Erke, H. (1996). Warninformation. In G. Wenninger & C. Graf Hoyos (Hrsg.), *Arbeits-, Gesundheits- und Umweltschutz. Handwörterbuch verhaltenswissenschaftlicher Grundbegriffe* (S. 344-353). Heidelberg: Asanger.

Fastenmeier, W., Stadler, P. & Strobel, G. (Hrsg.). (1993). *Neue Wege der präventiven Gesundheitsarbeit im Betrieb.* Bremerhaven: Wirtschaftsverlag NW.

Frey, D. (1994). Bedingungen für ein Center of Excellence. *IBM Nachrichten – Das Magazin für Technologie und Lösungen, 44,* 319, 50-57

Frey, D. (1996). Psychologisches Know-how für eine Gesellschaft im Umbruch - Spitzenunternehmen der Wirtschaft als Vorbild. In C. Honegger, J.M. Gabriel, R. Hirsig, J. Pfaff-Czarnecka & E. Poglia (Hrsg.), *Gesellschaften im Umbau. Identitäten, Konflikte, Differenzen* (S. 75-98). Zürich: Seismo-Verlag.

Frey, D., Hoyos, C. Graf & Stahlberg, D. (Hrsg.). (1988). *Angewandte Psychologie. Ein Lehrbuch.* München: Psychologie Verlags Union.

Frieling, E., Pfitzmann, J. & Hammer, H. (1996). *Softwaregestaltung. Modellhafte Entwicklung einer CAD-Benutzungsoberfläche für den Architekturbereich.* Stuttgart: IRB Verlag.

Gaba, D.M., Howard, St.K., & Small, St.G. (1995). Situation awareness in anesthesiology. *Human Factors, 37,* 20-31.

Gärtner, K.-P., Stein, W. & Widdel, H. (Hrsg.). (1994). *Mensch-Maschine-Systeme und Neue Informationstechnologien.* Wachtberg: Forschungsinstitut für Anthro-potechnik.

Greif, S. & Bamberg, E. (Hrsg.). (1994). *Die Arbeits- und Organisationspsychologie. Gegenstand und Aufgabenfelder – Lehre und Forschung – Fort- und Weiterbildung.* Göttingen: Hogrefe.

Gros, E. (1994). Offizielle Stellungnahme der Sektion Arbeits-, Betriebs- und Organisationspsychologie zum Arbeitsschutzrahmengesetz (ArbSchRg). *Zeitschrift für Arbeits- und Organisationspsychologie, 38,* 131-133.

Günther, U. (1998). Fachhochschulstudiengang Wirtschaftspsychologie: Berufsperspektiven, hochschulpolitischer Standort, Theorie-Praxis-Verhältnis. *Psychologische Rundschau, 49,* 31-40.

Herrmann, Th. (1993). Zum Grundlagenwissenschaftsproblem der A.O.-Psychologie. In W. Bungard & Th. Herrmann (Hrsg.), *Arbeits- und Organisationspsychologie im Spannungsfeld zwischen Grundlagenorientierung und Anwendung* (S. 167-194). Bern: Huber.

Holz auf der Heide, B., Kaiser, F. & Hoyos, C. Graf (in Druck). Entwicklung und Bewertung benutzerfreundlicher Dialogsysteme. München: Oldenbourg.

Hoyos, C. Graf (1990). Menschliches Handeln in technischen Systemen. In C. Graf Hoyos & B. Zimolong (Hrsg.), *Ingenieurpsychologie* (Enzyklopädie der Psychologie, Band D,III,2, S. 1-30). Göttingen: Hogrefe.

Hoyos, C. Graf (1993). Motivation. In H. Schmidtke (Hrsg.), *Ergonomie* (S. 92-109). München: Hanser.

Hoyos, C. Graf (1994). Arbeits- und Organisationspsychologie: Anwendung wovon, wofür und nach welchen Normen? *Zeitschrift für Arbeits- und Organisationspsychologie, 38* (N.F. 12), 169-174.

Hoyos, C. Graf, Kroeber-Riel, W., Rosenstiel, L.v. & Strümpel, B. (Hrsg.). (1987). *Wirtschaftspsychologie in Grundbegriffen* (2. Aufl.). München-Weinheim: PVU.

Hoyos, C. Graf & Wenninger, G. (Hrsg.). (1995). *Arbeitssicherheit und Gesundheitsschutz in Organisationen* (Beiträge zur Organisationspsychologie, Band 11). Göttingen: Verlag für Angewandte Psychologie.

Hoyos, C. Graf & Zimolong, B. (Hrsg.). (1990). *Ingenieurpsychologie* (Enzyklopädie der Psychologie, Band D,III,2). Göttingen: Hogrefe.

Klauder, W. (1997). Der Arbeitsmarkt ab dem Jahr 2000 – Chancen und Probleme. *Report Psychologie, 22,* 275-285.

Kleinbeck, U. (1988). Grundlagenforschung und Anwendung – ein Spannungsfeld zum Nutzen der Psychologie? In D. Frey, C. Graf Hoyos & D. Stahlberg (Hrsg.), *Angewandte Psychologie. Ein Lehrbuch* (S. 607-623). München: Psychologie Verlags Union.

Kleinbeck, U. (1996). *Arbeitsmotivation. Entstehung, Wirkung und Förderung.* Weinheim und München: Juventa.

Lasogga, F. & Gasch, B. (1997). *Psychische Erste Hilfe bei Unfällen.* Edewecht: Stumpf & Kossendey.

Laughery, K.R., Wogalter, M.S. & Young, St.L. (1994). *Human factors perspectives on warnings.* Santa Monica: Human Factors and Ergonomics Society.

Lehr, U. (1997). Demographischer Wandel. Herausforderungen einer alternden Gesellschaft. *Forschung & Lehre, Jg. 1997,* 63-67.

Locke, E.A. & Latham, G.P. (1990). *A theory of goal setting and task performance.* Englewood Cliffs, NJ: Prentice Hall.

Luczak, H. (1993). *Arbeitswissenschaft.* Berlin: Springer.

Mehl, K. (1996). Fehler und Fehlverhalten. In G. Wenninger & C. Graf Hoyos (Hrsg.), *Arbeits-, Gesundheits- und Umweltschutz. Handwörterbuch verhaltenswissenschaftlicher Grundbegriffe* (S. 387-396). Heidelberg: Asanger.

Metzen, H. (1995). Lean Public Administration – Die schlanke Verwaltung: kein historischer Treppen- und auch kein zynischer Beamtenwitz, sondern die wichtigste und zukunftsträchtigste Standortaufgabe für das 21. Jahrhundert. In W. Bungard (Hrsg.). *Lean Management auf dem Prüfstand* (S. 67-91). Weinheim: Psychologie Verlags Union.

Mohr, W. (1996). Rechtliche Grundlagen. In G. Wenninger & C. Graf Hoyos (Hrsg.), *Arbeits-, Gesundheits- und Umweltschutz. Handwörterbuch verhaltenswissenschaftlicher Grundbegriffe* (S. 57-65). Heidelberg: Asanger.

Moray, N. (1995). Ergonomics and the global problems of the twenty-first century. *Ergonomics, 38,* 1691-1707.

Münsterberg, H. (1912). *Psychologie und Wirtschaftsleben.* Leipzig: Barth.

Osnabrügge, G., Stahlberg, D. & Frey, D. (1985). Die Theorie der kognizierten Kontrolle. In D. Frey & M. Irle (Hrsg.), *Theorien der Spzialpsychologie. Band III. Motivations- und Informationsverarbeitungstheorien* (S. 127-172). Bern: Huber.

Picot, A., Reichwald, R. & Wigand, R.T. (1996). *Die grenzenlose Unternehmung. Information, Organisation und Management.* Wiesbaden: Gabler.

Rasmussen, J. & Vicente, K.J. (1989). Coping with human errors through system design: Implications for ecological interface design. *International Journal of Man-Machine Studies, 31,* 517-534.

Reichwald, R. (1992). Die Wiederentdeckung der menschlichen Arbeit als primärer Produktionsfaktor für eine marktnahe Produktion. In R. Reichwald (Hrsg.), *Marktnahe Produktion. Lean Production – Leistungstiefe – Time to Market – Vernetzung – Qualifikation* (S. 3-18). Wiesbaden: Gabler.

Rieländer, M., Hertel, L. & Kaupert, A. (Hrsg.). (1995). *Psychologische Gesundheitsförderung als zukunftsorientiertes Berufsfeld.* Bonn: Deutscher Psychologen Verlag.

Rook, M., Irle, M. & Frey, D. (1993). Wissenschaftstheoretische Grundlagen sozialpsychologischer Theorien. In D. Frey & M. Irle (Hrsg.), *Theorien der Sozialpsychologie. Band 1: Kognitive Theorien* (S. 13-47). Bern: Huber.

Rosenstiel, L.v., Nerdinger, F.W., Spieß, E. & Stengel, M. (1989). *Führungsnachwuchs im Unternehmen. Wertkonflikte zwischen Individuum und Organisation.* München: Beck.

Salas, E. & Cannon-Bowers, J.A. (1996). Special section preface (Decision-making in complex environments). *Human Factors, 38,* 191-192.

Schuler, D. & Namioka, A. (1993). *Participatory design.* Hillsdale, NJ: Erlbaum.

Snow, M.P., Kies, J.K., Neale, D.C. & Williges, R.C. (1996). Participatory design. *Ergonomics in Design, 4,* No 2, 18-24.

Sternberg, R.L. & Lubart, T.I. (1996). Investing in creativity. *American Psychologist, 51,* 677-688.

Thomas, A. (Hrsg.). (1996). *Psychologie und multikulturelle Gesellschaft.* Göttingen: Verlag für Angewandte Psychologie.

Ulich, E. (1988). Quo vadis – Arbeitspsychologie? In D. Frey, C. Graf Hoyos & D. Stahlberg (Hrsg.), *Angewandte Psychologie. Ein Lehrbuch* (S. 668-669). München: Psychologie Verlags Union.

Ulich, E. (1995). Lean Production – aus arbeitspsychologischer Sicht. In W. Bungard (Hrsg.). *Lean Management auf dem Prüfstand* (S. 23-35). Weinheim: Psychologie Verlags Union.

Ulich, E. (1996). Neue Produktionskonzepte – ein kritischer Diskussionsbeitrag. *Zeitschrift für Arbeitswissenschaft, 50* (22 NF), 193-198.

Volpert, W. (1985). *Zauberlehrlinge. Die gefährliche Liebe zum Computer.* Weinheim: Beltz.

Wehner, Th. (Hrsg.). (1992). *Sicherheit als Fehlerfreundlichkeit.* Opladen: Westdeutscher Verlag.

Wenninger, G. & Hoyos, C. Graf (1996). (Hrsg.). *Arbeits-, Gesundheits- und Umweltschutz. Hand-wörterbuch verhaltenswissenschaftlicher Grundbegriffe.* Heidelberg: Asanger.

Weis, K. (1994). Die Informationsgesellschaft: Zum Wandel der Menschenbilder unter neuen Technologien. In M.-Th. Tinnefeld, L. Philipps & K. Weis (Hrsg.), *Institutionen und Einzelne im Zeitalter der Informationstechnik: Machtpositionen und Rechte* (S. 25-38). München: Oldenbourg.

Wickens, Ch.D. (1984). *Engineering psychology and human performance.* Columbus, Ohio: Charles E. Merrill.

Winnes, R. (1996). Führungskompetenz im Wandel der Zeit. In J. Becker, G. Bol, Th. Christ & J. Wallacher (Hrsg.), *Ethik in der Wirtschaft* (S. 84-98). Stuttgart: Kohlhammer.

Wortmann, K., Stahlberg, D. & Frey, D. (1988). Energiesparen. In D. Frey, C. Graf Hoyos & D. Stahlberg (Hrsg.), *Angewandte Psychologie. Ein Lehrbuch* (S. 298-316). München: Psychologie Verlags Union.

Betriebsbezogene Zielbereiche

2 Organisation: Strukturen und Gestaltung

Ralf Reichwald und *Kathrin Möslein*

1 Grundfragen der Organisation

1.1 Das Organisationsproblem

Organisation begegnet uns auf Schritt und Tritt; denn Organisation ist immer dann notwendig, wenn Aufgaben zu bewältigen sind, die nicht von einer Person in einem Schritt erledigt werden können. Die meisten Aufgaben, mit denen Menschen konfrontiert werden, überschreiten die begrenzte Kapazität eines einzelnen Individuums. Ihre Bewältigung verlangt folglich nach Organisation und bedingt eine Herausbildung arbeitsteiliger Leistungssysteme. Organisation bedeutet dann ein Zweifaches: erstens, die Aufgabe geeignet aufzuteilen, und zweitens, die Einzelaktivitäten zusammenzuführen, also die Durchführung der Einzelaktivitäten zu koordinieren. Da in realen Systemen die Ressourcen, die für eine Aufgabenbewältigung zur Verfügung stehen, zudem stets beschränkt sind, sind Leistungssysteme dann im Vorteil, wenn es ihnen gelingt, Kapazitätsgrenzen zu überwinden und zugleich eine Verschwendung knapper Ressourcen zu vermeiden.

Organisationen bzw. Organisationsstrukturen dienen somit der Koordination arbeitsteiliger Aufgabenerfüllung. Organisation – als Wechselspiel von *Aufgabenteilung* und *Koordination* – zielt auf eine ökonomische Gestaltung arbeitsteiliger Leistungssysteme. Es geht darum, knappe Ressourcen so einzusetzen, daß das angestrebte Ziel erreicht wird (Effektivität) und dabei möglichst wenig Ressourcen verzehrt werden (Effizienz). Im Wettbewerb um knappe Ressourcen setzt sich letztlich die Organisationsform durch, die eine möglichst reibungslose Abwicklung arbeitsteiliger Leistungsprozesse erlaubt (Picot, Dietl & Franck, 1997). Die Frage nach der geeigneten Zerlegung einer Gesamtaufgabe in Teilaufgaben und deren zielorientierter Abstimmung bildet das grundlegende *Organisationsproblem*. Dieses Problem und seine Lösung stehen im Zentrum der Organisationswissenschaft.

Unsere gesamte Wirtschaft basiert auf dem Prinzip arbeitsteiliger Aufgabenbewältigung – einer Arbeitsteilung zwischen Einzelpersonen (*interpersonelle Arbeitsteilung*), zwischen Institutionen (*inter-institutionelle Arbeitsteilung*) und Nationen (*internationale Arbeitsteilung*). Die Organisationslehre konzentriert sich traditionell auf Fragen *interpersoneller Arbeitsteilung innerhalb von Unternehmen*. Sie fragt nach Konzepten und Prinzipien zur Strukturierung von Unternehmen, identifiziert typische Unternehmensstrukturen, analysiert Strukturvariablen,

Bedingungsfaktoren und Effizienzkriterien für die Gestaltung von Unternehmens-
organisationen und entwickelt Ansätze und Methoden zur (Re-)Organisation der
Gebilde- und Prozeßstruktur von Unternehmen (hierzu beispielsweise Bleicher,
1991; Frese, 1995; Grochla, 1978; Kieser & Kubicek, 1992; Kosiol, 1962;
Mintzberg, 1979; Picot, 1993; Schreyögg, 1996).

Doch nicht nur Unternehmen, auch Märkte koordinieren arbeitsteiliges Handeln. Im
Spektrum zwischen Unternehmung und Markt existiert eine Vielzahl alternativer organisatorischer Kooperations- und Einbindungsformen, die heute in Theorie und Praxis zunehmend an Bedeutung gewinnen (hierzu beispielsweise Coase, 1937; Milgrom & Roberts,
1992; Ouchi, 1980; Williamson, 1975, 1985). Mit der Öffnung der Unternehmung zum
Markt und der tendenziellen Auflösung der Unternehmung im klassischen Sinne des
integrierten, klar abgrenzbaren Ganzen öffnet sich heute auch die Organisationslehre
verstärkt Fragen der *inter-institutionellen Arbeitsteilung zwischen Unternehmen* sowie
Fragen einer wettbewerbsstrategischen Restrukturierung von Unternehmensorganisatio-
nen vor dem Hintergrund von *internationaler Arbeitsteilung* und globalem Standortwettbewerb (hierzu beispielsweise Picot, Dietl & Franck, 1997; Picot & Reichwald, 1994;
Picot, Reichwald & Wigand, 1996).

Im Rahmen des vorliegenden Beitrags skizziert Teil 1 zunächst in knapper Form
die elementaren Grundfragen organisatorischer Gestaltung, bevor in Teil 2 aktuelle
Organisationsstrategien vor dem Hintergrund veränderter Rahmenbedingungen
ausführlicher diskutiert werden.

1.2 Sichtweisen der Organisationstheorie

Vor einer näheren Auseinandersetzung mit Grundfragen der Organisation sind
zunächst zwei grundsätzlich unterschiedliche Organisationsbegriffe gegeneinan-
der abzugrenzen:
- der *instrumentelle Organisationsbegriff* („Die Unternehmung hat eine Organisation.") und
- der *institutionelle Organisationsbegriff* („Die Unternehmung ist eine Organisation.").

Unter Organisation im Sinne des instrumentellen Organisationsbegriffs wird „die
Gesamtheit der auf die Erreichung von Zwecken und Zielen gerichteten Maßnahmen verstanden (...), durch die ein soziales System strukturiert wird und die
Aktivitäten der zum System gehörenden Menschen, der Einsatz von Mitteln und
die Verarbeitung von Informationen geordnet werden"(Hill, Fehlbaum & Ulrich,
1989, S. 17): Organisation also als Mittel zur Zielerreichung sozialer Systeme.
Dieser Organisationsbegriff ist insbesondere in der betriebswirtschaftlichen Organisationslehre des deutschen Sprachraums vorherrschend. Demgegenüber baut die

Entwicklungslinien der Organisationstheorie		
Ansatz:	*Hauptvertreter:*	*Leitidee:*
Klassische Organisationsansätze:		
„Scientific Management" (Taylorismus)	F. W. Taylor (1913)	„Wissenschaftliche Betriebsführung" als technisch-rationale, produktivitätsorientierte Organisationsgestaltung
Administrativer Ansatz	Henry Fayol (1916)	„Administration Industrielle et Générale": Generelle Organisationsprinzipien als Handlungsanleitung für das Management
Bürokratie-Ansatz	Max Weber (1921)	„Wirtschaft und Gesellschaft": die Bürokratie als „formal rationalste Form der Herrschaftsausübung"
Humanorientierte Ansätze:		
Motivationsorientierte Ansätze: - *Human-Relations-Ansatz,* - *Human-Resources-Ansatz*	- Mayo (1933); Roethlisberger / Dickson (1939); - Mc Gregor (1960); Likert (1961), Argyris (1964), Herzberg (1966)	- Hawthorne-Experimente verweisen auf die Rolle sozialer Bedürfnisse in Organisationen - Zielsetzung einer Vereinbarkeit von individueller Bedürfnisbefriedigung und ökonomischer Zielerreichung
Verhaltenswissenschaftlich orientierte Ansätze	Barnard, Ch. (1938) Simon, H.A. (1945) March / Simon (1958) Cyert / March (1963)	verhaltenswissenschaftliche Öffnung der Organisationslehre; menschliche Entscheidungsprozesse stehen im Zentrum
Systemorientierte Ansätze:		
Systemtheoretische Ansätze	Ackoff (1960) Thompson (1967) Lawrence/Lorsch (1967) Luhmann (1964)	Organisationen als kybernetische Regel-kreise; Organisationen als offene Systeme; Org. als selbstorganisierende Systeme
Evolutionstheoretische Ansätze	Hannan/Freeman (1977) Aldrich (1979) Malik/Probst (1981)	Evolutionäre Prozesse als Leitbild für die Erklärung und Gestaltung organisatorischen Wandels
Institutionenökonomische Ansätze:		
Property-Rights-Theorie	Coase, (1960) Alchian/Demsetz (1972)	Org. als Spezifizierung und Verteilung von Handlungs- und Verfügungsrechten
Transaktionskostentheorie	Coase, R. (1937) Williamson (1975)	Organisation als Auswahl der transaktions-kostenminimalen Koordinationsform
Principal-Agent-Theorie	Jensen/Meckling (1976) Pratt/Zeckhauser (1985)	Organisation als optimales Vertragsdesign zwischen Auftraggeber und Auftragnehmer
Wettbewerbsstrategische Ansätze:		
Theorie der Kernkompetenzen	Prahalad, C.K. / Hamel, G. (1990)	Leitidee der Konzentration auf Kernkompetenzen
„Business Process Reengineering"	Hammer, M. / Champy, J. (1993)	Leitidee der radikalen Prozeßoptimierung
„Mass Customization"	Pine II, B.J. (1993)	Leitidee der individualisierten Massenfertigung

Abbildung 1: Entwicklungslinien der Organisationstheorie

angloamerikanische Organisationslehre i.d.R. auf einem institutionellen Verständnis von Organisation auf. Die Organisation wird dort verstanden als ein soziales Gebilde, das dauerhaft ein Ziel verfolgt (spezifische Zweckorientierung), eine formale Struktur besitzt, durch die die Aktivitäten der Mitglieder auf das verfolgte Ziel hin ausgerichtet werden sollen (geregelte Arbeitsteilung und Koordination), und beständige Grenzen aufweist zwischen organisatorischer Innenwelt und Außenwelt.

Wie es die Mehrdeutigkeit des Organisationsbegriffs bereits nahelegt, gibt es erwartungsgemäß nicht eine homogene Theorie der Organisation. Vielmehr existiert eine Vielzahl von Ansätzen und Entwicklungslinien der Organisationstheorie (Abbildung 1; Kasten 1).

Kasten 1
Entwicklungslinien der Organisationstheorie

Klassische Ansätze: Der Managementansatz von Frederick W. Taylor (1856-1915), der administrative Organisationsansatz von Henry Fayol (1841-1925) und der Bürokratie-Ansatz Max Webers (1864-1920) gelten als die Wegbereiter der heutigen Organisations- und Managementlehre. Entstanden zu Beginn dieses Jahrhunderts als Antwort auf die Herausbildung der ersten großen Industrie- und Verwaltungsorganisationen zielen sie – wenngleich mit ganz unterschiedlicher Schwerpunktsetzung – gleichermaßen auf eine technisch-rationale Optimierung formaler Organisationsstrukturen: auf einen „one best way"organisatorischer Gestaltung. Ihre konsequente Ausrichtung an der Leitidee der Rationalisierung bescherte der tayloristischen Industrieorganisation ebenso wie der administrativ-bürokratischen Verwaltungsorganisation in der Praxis bis heute beachtliche Erfolge. Die Effizienz der nach diesen Ansätzen gestalteten Organisationen beruht jedoch im wesentlichen auf ihren mechanistischen Funktionsprinzipien und deren Anwendung auf eine weitgehend stabile, wenig komplexe Aufgabenwelt. Soziale Bedürfnisse, zwischenmenschliche Beziehungen sowie individuelle Kreativitäts- und Innovationspotentiale bleiben zugunsten einer rein technisch-rationalen Organisationsoptimierung ausgeblendet.
Humanorientierte Ansätze: Humanorientierte Ansätze versuchen, die engen Grenzen einer rein technisch-instrumentellen Rationalität in vielfacher Weise zu überwinden. Sie verweisen auf die Rolle sozialer Bedürfnisse, zwischenmenschlicher Beziehungen und informeller Strukturen und Prozesse (*motivationsorientierte Ansätze*) und machen menschliche Entscheidungsprozesse und Verhaltensmuster zu einem zentralen Betrachtungsobjekt (*verhaltenswissenschaftliche Ansätze*). Ein wichtiges Verdienst dieser Ansätze ist die Abkehr vom mechanistischen Menschenbild und die Einbeziehung sozio-emotionaler Rationalität in Organisationen. Mit der Öffnung der Organisationslehre für sozialpsychologische Erkenntnisse haben sie neuere Organisationsansätze bis hin zur aktuellen Managementlehre nachhaltig beeinflußt.
Systemorientierte Ansätze: Systemorientierte Ansätze bauen auf Erkenntnisse der Kybernetik, der Systemtheorie und des Konstruktivismus (systemtheoretische Ansätze) oder orientieren sich an evolutionären Prozessen als Leitbild für die Erklärung und

Gestaltung organisatorischen Wandels (evolutionstheoretische Ansätze). Sie wenden sich ab von der klassisch impliziten Annahme stabiler Rahmenbedingungen organisatorischen Handelns. Ihr stellen sie ein Organisationsverständnis entgegen, das Unternehmen im wesentlichen als evolvierende Systeme zur Bewältigung komplexer Aufgabenstellungen in einer turbulenten Umwelt begreift.

Institutionenökonomische Ansätze: Ausgehend von der Markt-Hierarchie-Dichotomie sprengen institutionenökonomische Ansätze die Innenorientierung organisatorischer Gestaltung. Sie betrachten Institutionen im gesamten Spektrum zwischen Markt und Hierarchie als alternative Koordinationsformen der Leistungserstellung und fokussieren dabei alternativ auf eine situationsgerechte Spezifizierung und Verteilung von Handlungs- und Verfügungsrechten (*Property-Rights-Theorie*), eine aufgabenbezogene Minimierung von Koordinationskosten (*Transaktionskostentheorie*) oder ein möglichst optimales Vertragsdesign zwischen Auftraggeber und Auftragnehmer (*Principal-Agent-Theorie*).

Wettbewerbsstrategische Ansätze: Für die praktische Organisationsgestaltung hat in jüngster Zeit eine Reihe moderner wettbewerbsstrategischer Ansätze erhebliche Bedeutung erlangt. Ausgehend von der aktuellen Wettbewerbssituation bieten sie pragmatische Gestaltungskonzepte für die organisatorische Neuausrichtung von Unternehmen im internationalen Standortwettbewerb. Die gelieferten Restrukturierungsempfehlungen orientieren sich dabei insbesondere am Leitbild einer Konzentration auf Kernkompetenzen („Core Competencies"), an der Leitidee der radikalen Prozeßoptimierung („Business Process Reengineering") oder der Zielvorstellung einer individualisierten Massenproduktion („Mass Customization").

Die vorgenommene Überblicksdarstellung bleibt zwangsläufig lückenhaft. Für eine weiterführende Behandlung unterschiedlicher Entwicklungsphasen und Entwicklungsrichtungen der Organisationswissenschaft sei beispielsweise auf die Darstellungen von Robbins (1990), Hill, Fehlbaum & Ulrich (1992), Scott (1992), Kieser (1993), Schreyögg (1996) und Morgan (1997) verwiesen. Prägnante Kurzdarstellungen zu allen zentralen Aspekten der Organisationswissenschaft finden sich in Frese (1992).

1.3 Ebenen organisatorischer Gestaltung

Organisatorische Gestaltung kann auf unterschiedlichen Ebenen ansetzen: Sie kann sich auf der Mikroebene arbeitsorganisatorischen Fragen der Arbeitsplatz- und Geschäftsprozeßgestaltung zuwenden; sie kann auf der Makroebene der Organisationsgestaltung institutionenübergreifende Wertschöpfungsprozesse strukturieren und im Zwischenbereich der Mesoebene die Gebilde- und Prozeßstruktur von Unternehmen ins Blickfeld nehmen (Abbildung 2).

Ebene	Betrachtungsobjekt	Gestaltungskonzepte
Makroebene	Wertschöpfungskette	z.B. Kooperationen, Allianzenbildung, Outsourcing, Lizenzvergabe
Mesoebene	Unternehmensstruktur	z.B. Bildung von Matrix strukturen, Divisionen, Zentralbereichen, ...
Mikroebene	Arbeitsorganisation	z.B. Aufgabenintegration, Gruppenkonzepte, Geschäfts- prozeßoptimierung

Abbildung 2
Ebenen organisatorischer Gestaltung (in Anlehnung an Picot, 1994)

Auf allen gezeigten Ebenen stellen sich bei der Organisationsgestaltung spezifische Fragen der Aufgabenteilung und Koordination. Sie bedingen Entscheidungen über

- die Abgrenzung von Aufgaben (Gesamtaufgabe, Teilaufgabe) und organisatorischen Einheiten der Aufgabenbewältigung (Arbeitsplatz, Gruppe, Institution),
- die Kopplung von Einheiten und Gestaltung von Schnittstellen,
- die Verteilung von Handlungs-, Weisungs- und Entscheidungsrechten (Zentralisierung, Dezentralisierung),
- die Generalisierbarkeit und den Anwendungsbereich von Regelungen (Spezialisierung, Generalisierung),
- die Ausgestaltung von Führungs-, Anreiz- und Controllingsystemen,
- Wertorientierungen und gemeinsame Wertmaßstäbe,
- Infrastrukturen der Informations- und Kommunikation,
- Effizienzkriterien zur Erfolgsbewertung der Organisationslösung,
- ...

Für alle betrachteten Ebenen stellt die Organisationslehre heute ein weites Spektrum theoretischer Erklärungsmodelle und praktischer Gestaltungskonzepte bereit. Sofern sich die skizzierten Entscheidungsprobleme auf den innerorganisatorischen Bereich relativ stabiler, integrierter Gebildestrukturen beziehen, stehen Ansätze zu ihrer Lösung seit langem im Fokus der organisatorischen Analyse, Gestaltung und Bewertung. Für das Feld organisationsübergreifender Gestaltungsfragen der Makroebene bieten insbesondere die institutionenökonomischen Organisationsansätze sowie die wettbewerbsstrategischen Organisationskonzepte bereits heute wertvolle Erklärungs- und Gestaltungshinweise (beispielsweise: Albach, 1989; Picot, Reichwald & Wigand, 1996).

Im folgenden soll für die Organisationsbetrachtung die heute vorherrschende *situative Sichtweise* zugrunde gelegt werden: Es gibt keine universell effiziente Organisationsform, sondern abhängig von der jeweils vorliegenden Situation sind unterschiedliche Formen der Organisation von Leistungsprozessen erkennbar bzw. vorteilhaft (beispielsweise Hill, Fehlbaum & Ulrich, 1989, 1992; Kieser & Kubicek, 1992; Kieser, 1993; Picot, 1993 sowie Staehle, 1994).

1.4 Organisation und Aufgabe

Jede Arbeitsteilung verlangt Koordination (im Sinne von Abstimmung und Motivation), was in aller Regel einen bestimmten Aufwand verursacht. Für die Erfüllung einer Aufgabe ist diejenige Organisationsform vorzuziehen, die die geringsten Reibungsverluste im organisatorischen Zusammenwirken verursacht. Eine generell optimale Organisationslösung gibt es jedoch nicht. Vielmehr hängt die Antwort auf die Frage, welche Struktur den Abstimmungsaufwand minimiert, von den jeweils vorliegenden *Eigenschaften der zu organisierenden Aufgabe* ab. Die Aufgabe legt das Handlungsprogramm einer Unternehmung fest und bestimmt damit die Anforderungen, die sich an die personelle, organisatorische und technische Struktur der Unternehmung stellen, so beispielsweise kognitive Anforderungen an die Menschen, strukturelle Anforderungen an die Organisation oder Leistungsanforderungen an die Technik.

Sowohl für die analytische Durchdringung der Aufgabe als auch für ihre praktische Bewältigung kommt der Aufgabengliederung und Aufgabenklassifikation eine entscheidende Rolle zu. Die Gliederung erfolgt i.d.R. als Auflösung einer Gesamtaufgabe und Bildung von Teilaufgaben in hierarchischer Dekomposition. Bei der Gliederung und Klassifikation von Aufgaben finden vielfältige Kriterien Anwendung. Ihre Eignung hängt ab von der Zielsetzung des Analyseprozesses. Weiteste Verbreitung haben die *Kriterien zur Aufgabengliederung* nach E. Kosiol (1962) gefunden. Er unterscheidet Aufgaben nach der *Verrichtung* (z.B. Input, Transformation, Output), dem *Objekt* (z.B. Produkt), dem *Rang* (z.B. Entscheidungs-, Ausführungsaufgaben), der *Phase* (z.B. Planung, Realisierung, Kontrolle) und dem *Zweckbezug* (primäre, sekundäre Aufgaben).

Ökonomische Klassifikationsansätze präferieren eine Bildung von Analysekriterien im Hinblick auf das *Anforderungsprofil von Aufgaben*. Sie unterscheiden u.a. Aufgabenschwierigkeit, Aufgabenvariabilität, Aufgabeninterdependenz, Aufgabenspezifität, Aufgabenneuigkeit, Aufgabenkomplexität und Aufgabenstrukturiertheit (vgl. auch Staehle, 1994). Eine derart anforderungsorientierte Aufgabenklassifikation eröffnet Möglichkeiten zu einer Ableitung organisatorischer Gestaltungsvorschläge für jeweils unterschiedliche Aufgabentypen. Die Ausprägung relevanter Aufgabenmerkmale gibt Hinweise darauf, welche organisatorischen Gebilde- und Prozeßstrukturen dazu geeignet sind, die „Reibungsverluste" bei der Aufgabenbewältigung gering zu halten. Ändern sich die Merkmalsausprägungen für konkrete Aufgaben, dann sind auch neue Lösungswege für das Organisationsproblem erforderlich. Die Unsicherheit der Märkte als Charakteristikum des Aufgabenkontexts und die Produktkomplexität als inhaltliches Aufgabenmerkmal sind hier von zentraler Bedeutung als Determinanten der Organisationsgestaltung (Reichwald & Dietel, 1991; Reichwald, Möslein, Sachenbacher, Englberger & Oldenburg, 1998).

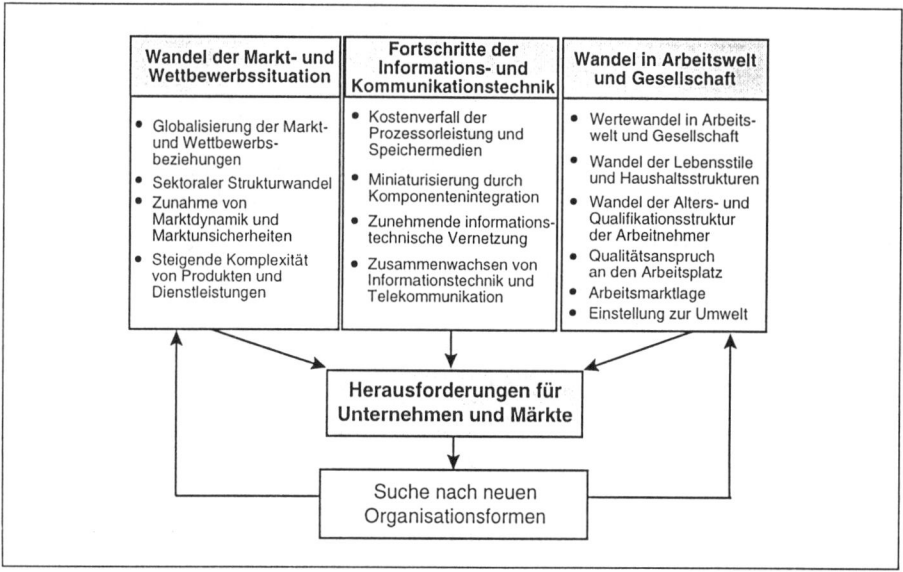

Abbildung 3
Veränderte Wettbewerbssituation und neue Anforderungen (nach Reichwald, 1996)

Vor dem Hintergrund veränderter Wettbewerbsbedingungen, gewandelter Wertesysteme und neuer, leistungsfähiger Infrastrukturen haben sich insbesondere in den Industrienationen für viele Institutionen heute die Aufgabenschwerpunkte verlagert. Um den neuen Aufgaben gerecht zu werden, müssen daher auch neue organisatorische Strukturen gefunden werden, die eine adäquate Anwort auf die veränderten Anforderungen bieten (Abbildung 3). Das folgende Kapitel zeigt anhand grundlegender Entwicklungstendenzen der Unternehmensorganisation, in welcher Form sich die Erfolgskoordinaten der Aufgabenbewältigung verschoben haben und mit welchen organisatorischen Gestaltungsmaßnahmen Unternehmen (re-) agieren, um in der neuen Aufgabensituation erfolgreich zu sein.

2 Entwicklungstendenzen der Unternehmensorganisation

2.1 Produkte, Märkte, Organisationen: Unternehmen im Wandel

Für eine Vielzahl von Unternehmen läßt sich heute eine tiefgreifende Veränderung der Wettbewerbsbedingungen feststellen. Dieser Wandel der Wettbewerbsbedingungen verlangt von den Unternehmen neue Leitbilder: Flexibilität und Innovationsfähigkeit treten an die Stelle des traditionellen Leitgedankens einer Produktivitätssteigerung im Sinne klassischer Rationalisierungsstrategien und fordern Unternehmen zu einer Neugestaltung von Unternehmensorganisation und Unternehmensführung heraus. Vor diesem Hintergrund sind von Unternehmen neue Fähigkeiten zu entwickeln, die Flexibilität und Innovation erst ermöglichen, wie

– die Fähigkeit zu Anpassung und Veränderung sowie zu rascher und permanenter Marktorientierung im Inneren von Organisationen,
– die Fähigkeit zur Vernetzung durch neue Kooperationsformen in und zwischen Unternehmen sowie
– die Fähigkeit zur Entwicklung und Ausschöpfung der Mitarbeiterpotentiale als Schlüssel zur Leistungssteigerung.

Abbildung 4 zeigt alternative Organisationsformen, die unter jeweils unterschiedlichen Wettbewerbsbedingungen erfolgreich sind. Die Produktkomplexität und die Marktunsicherheit charakterisieren dabei als dominierende Aufgabenmerkmale, welche Entwicklungsrichtungen für ein Unternehmen situationsbedingt von besonderer Wettbewerbswirksamkeit sind.

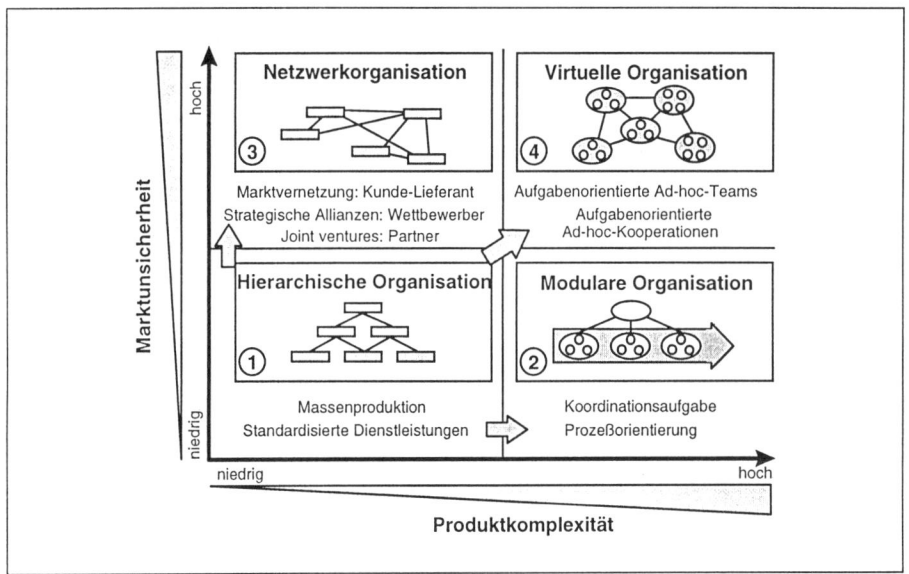

Abbildung 4
Wettbewerbsbedingungen und Organisationsstrategien (nach Pribilla, Reichwald & Goecke, 1996)

Solange auf den Märkten weitgehend stabile Bedingungen vorherrschten und relativ einfache Produkte, die in hoher Stückzahl produziert wurden, das Leistungsangebot der Unternehmen dominierten, bildete die hierarchische Organisation tayloristischer Prägung eine effiziente Organisationslösung. Die dominierenden Gestaltungsprinzipien dieser tayloristischen Organisationslehre sind:

- die personelle Trennung von geistiger Arbeit und ausführender Arbeit,
- die räumliche Ausgliederung aller geistigen, d.h. konzeptionellen, steuernden und überwachenden Arbeitsinhalte aus dem Bereich der Fertigung und
- die Konzentration der Arbeitsmethodik auf eine weitestgehende Arbeitszerlegung.

Bis heute beherrscht das Erfahrungsgut dieser traditionellen, industriellen Arbeitsorganisation in weiten Bereichen das Handeln im Unternehmensalltag (Feld 1). Die stabilen Verhältnisse auf den Märkten, die Langlebigkeit der Produkte und die hohe Produktivität gaben diesem Typ von Industrieorganisation bis in die späten siebziger Jahre seine Rechtfertigung (Reichwald, 1989; Reichwald, Höfer & Weichselbaumer, 1996). Heute sind jedoch (zumindest in den Industrienationen) neue Wege zu beschreiten, die unter den veränderten Rahmenbedingungen der Märkte und der internen Leistungssituation im Wettbewerb Erfolg versprechen. Drei Grundstrategien organisatorischer Innovation sind dabei zu unterscheiden:

- die *Modularisierung* der Geschäftsprozesse und Unternehmensstrukturen, die im wesentlichen ein Aufbrechen klassischer Grenzziehungen im Inneren von Unternehmen betrifft (Feld 2),
- die *Netzwerkbildung* zwischen Unternehmen durch die Herausbildung unternehmensübergreifender Kooperationen und Wertschöpfungspartnerschaften, die in erster Linie die Auflösung der Grenzen zwischen Unternehmen betrifft (Feld 3) und
- die *Virtualisierung* von Organisationen als dynamische Vernetzung modularer Organisationseinheiten in und zwischen Unternehmen (Feld 4).

Eine bedeutsame Unterstützung erfahren diese Strategien durch die heutigen Möglichkeiten mediengestützter Zusammenarbeit – der *Telekooperation*. Indem neue Technologien der Information und Kommunikation die Kosten raumübergreifender Koordination senken, wirken sie als Verstärker für Strategien organisatorischer Dezentralisierung (Modularisierung, Vernetzung, Virtualisierung; Reichwald & Möslein 1996b, 1997; Reichwald et al., 1998).

2.2 Modularisierung als Organisationsstrategie

2.2.1 Grundgedanke der Modularisierung

Der gemeinsame Grundgedanke einer Reorganisation der Wertschöpfungskette durch Bildung von „Modulen", „Segmenten"oder „Fraktalen", läßt sich wie folgt zusammenfassen: *Modularisierung* bedeutet eine *Restrukturierung der Unternehmensorganisation* auf der Basis *integrierter, kundenorientierter Prozesse* in relativ *kleine, überschaubare Einheiten (Module)*. Diese zeichnen sich durch *dezentrale Entscheidungskompetenz und Ergebnisverantwortung* aus, wobei die Koordination zwischen den Modulen verstärkt durch *nicht-hierarchische Koordinationsformen* erfolgt. Dieser Grundgedanke der Modularisierungskonzepte kommt auf verschiedenen Unternehmensebenen zur Anwendung: von der Modularisierung auf Ebene der Arbeitsorganisation durch Bildung autonomer Gruppen bis zur Aufgliederung des Gesamtunternehmens in weitgehend unabhängige Profit-Center. Die Aufgliederung der Unternehmung in Module zielt darauf ab, die Komplexität der Leistungserstellung zu reduzieren und die Nähe zum Markt zu erhöhen. Das modularisierte Unternehmen soll damit schneller und flexibler auf Marktveränderungen, Kundenwünsche und Aktionen der Wettbewerber reagieren können. Die wesentlichen Merkmale der obigen Definition sind im folgenden näher zu betrachten.

Restrukturierung der Unternehmensorganisation: Die Modularisierung ist eine intraorganisationale Reorganisationsform. Damit unterscheidet sie sich von Organisationsformen, die Kooperationsbeziehungen zwischen verschiedenen Unternehmen bzw. -einheiten betrachten (interorganisationale Perspektive).

Prozeßorientierung: Die Ausrichtung von Organisationseinheiten an Prozessen, d.h. an Ketten zusammenhängender Aktivitäten zur Erstellung eines Produkts oder einer Dienstleistung, steht vor allem im Gegensatz zur überwiegend funktionalen bzw. verrichtungsorientierten Arbeitsteilung bisheriger Organisationskonzepte, die primär auf eine Produktivitätsoptimierung der einzelnen Unternehmensbereiche durch Spezialisierung abzielen (Picot & Franck, 1995). Vorrangiges Ziel der prozeßorientierten Ansätze ist die Reduktion organisatorischer Schnittstellen im Leistungsprozeß. Schnittstellenprobleme, wie z.B. Kommunikationsbarrieren, Zielkonflikte oder Liegezeiten an den Grenzen zwischen Funktionalabteilungen sind in den letzten Jahren als eine der wichtigsten organisatorischen Ursachen für mangelhafte Wettbewerbsfähigkeit von Unternehmen erkannt worden (Reichwald & Sachenbacher, 1996).

Kundenorientierung: Mit der durchgängigen Ausrichtung der Module auf die Zielobjekte der betrieblichen Aktivitäten – interne wie externe Produkte – ist untrennbar eine Betonung der Kundenorientierung verbunden. Diese ergibt sich aus der zentralen Rolle des Abnehmers bei der Definition der Anforderungen an die Leistung und damit an den Prozeß. Durch die Erweiterung der Perspektive auf interne Produkte und Prozesse ergibt sich eine Ausweitung des Kundenbegriffes auch auf interne Abnehmer von Zwischenleistungen.

Integriertheit der Aufgaben: Direkt verbunden mit der Prozeß- und Kundenorientierung ist die Forderung nach einer weitgehenden Integriertheit bzw. Abgeschlossenheit der in einem Modul zusammengefaßten Aufgaben. Diese Forderung ergibt sich unmittelbar aus dem Ansatz der Prozeßorientierung, möglichst alle zusammengehörigen Aktivitäten zur Erstellung eines (Zwischen-)Produkts in einer Organisationseinheit zu integrieren. Die Mindestgröße eines Moduls ergibt sich damit aus den Prozeßschritten für ein klar definierbares Zwischenprodukt.

Bildung kleiner Einheiten: Die Bildung kleiner Organisationseinheiten kann als der eigentliche Kerngedanke der Modularisierung bezeichnet werden. Zielsetzung ist es dabei, die Organisationstruktur an die Problemlösungskapazität des Menschen bzw. einer kleinen, überschaubaren Gruppe von Menschen anzupassen. Der Umfang und die Komplexität der einem Modul zugeordneten Aufgaben muß also den Möglichkeiten des Menschen (bzw. der Gruppe) als dispositivem und ausführendem Faktor entsprechen.

Dezentrale Entscheidungskompetenz und Ergebnisverantwortung: Eine weitere charakteristische Gemeinsamkeit der Modularisierungskonzepte ist die Verlagerung von Entscheidungskompetenz und Ergebnisverantwortung in die Module. Grundsätzlich wird dabei das Subsidiaritätsprinzip als Richtlinie für die Dezentralisierung von Managementfunktionen befolgt (Picot, 1991): Entscheidungskompetenz und Ergebnisverantwortung sollen in der Hierarchie so niedrig wie möglich (also möglichst nahe am eigentlichen Wertschöpfungsprozeß) gelagert sein. Ziel ist auch hier die Verbesserung der Prozeßeffizienz im Sinne der heutigen Marktanforderungen. So bedeutet beispielsweise die prozeßnahe Entscheidungskompetenz eine deutlich höhere Flexibilität der Unternehmung und den Wegfall langer und fehleranfälliger Entscheidungswege. Gleichzeitig soll die Motivation der Mitarbeiter durch ganzheitliche Aufgabenerfüllung erhöht und der Anreiz zu marktgerechtem Handeln verstärkt werden.

Nicht-hierarchische Koordinationsformen zwischen Modulen: Zur Koordination von weitgehend autonomen Organisationseinheiten kommen in letzter Zeit insbesondere in Großunternehmen neben der „Fremdsteuerung"der Organisationsmitglieder durch das Management innerhalb der Hierarchie verstärkt auch Koordinationsmechanismen der „Selbststeuerung"zum Einsatz (z.B. Frese, 1995). Derartige Instrumente, wie beispielsweise interne marktorientierte Verrechnungspreise, sollen die „invisible hand"des Marktes im innerbetrieblichen Leistungsaustausch wirksam werden lassen. Hinzu treten Maßnahmen wie die Entwicklung einer ausgeprägten Unternehmenskultur als weitere Alternativen zur hierarchischen Koordination (vgl. z.B. Wilkens & Ouchi, 1983). Die Frage der Koordination der modularen Organisationseinheiten im Hinblick auf die Ziele des Gesamtunternehmens stellt hierbei das zentrale Koordinationsproblem dar.

2.2.2 Gestaltungsformen und Grenzen der Modularisierung

Reorganisationskonzepte, die den beschriebenen Grundprinzipien der Modularisierung entsprechen, sind für alle Ebenen der Unternehmensorganisation vorgeschlagen worden. Obwohl in ihren Grundprinzipien ähnlich, zeichnen sich die

Modularisierungsansätze auf den verschiedenen Ebenen durch unterschiedliche Ausrichtungen aus. Auf der Unternehmensebene erfolgt die Modulbildung orientiert an wettbewerbsrelevanten Oberzielen wie Marktnähe oder Technologieführerschaft, auf der Prozeßebene an zusammenhängenden Aufgabenketten, auf der Ebene der Arbeitsorganisation vor allem orientiert an den Mitarbeitern und den zu ihrer Unterstützung verfügbaren Informations- und Kommunikationstechnologien (Abbildung 5; weiterführend Picot, Reichwald & Wigand, 1996).

Das Spektrum organisatorischer Modularisierungskonzepte	
Modularisierung auf der Ebene des Unternehmens	⟨ Bildung von Profit-Center-Strukturen mit zentralen und dezentralen Modulen ⟨ Modularisierung nach Geschäftsbereichen und Produkten ⟨ Modularisierung nach Kernkompetenzen ⟨ Modularisierung nach Regionen und lokalen Einzelmärkten
Modularisierung auf der Ebene der Prozeßketten	⟨ Institutionalisierung von Geschäftsprozessen ⟨ Bildung von Produktinseln und Fertigungssegmenten
Modularisierung auf der Ebene der Arbeitsorganisation	⟨ Bildung vollintegrierter Arbeitsplätze (Autarkiemodell) ⟨ Bildung teilautonomer Gruppen (Kooperationsmodell)

Abbildung 5
Das Spektrum organisatorischer Modularisierungskonzepte

Die Modularisierung von Organisationen ist mit dem jüngst in Organisationstheorie und -praxis wieder verstärkt beachteten Prozeßdenken eng verknüpft. Durch die nachdrückliche Ausrichtung der Unternehmensorganisation an den kundenrelevanten Prozessen im Zuge der Modularisierung und die verstärkte Delegation von Entscheidungsbefugnissen in diese kundennahen Module hinein rückt die *Marktorientierung* in den Mittelpunkt der Organisationsgestaltung. Die *operative Flexibilität* des Unternehmens – z.B. im Hinblick auf neue Kundenwünsche – wird durch Vermeidung von Schnittstellen bei den kundenrelevanten Prozessen, durch kurze Kommunikationswege in den Modulen sowie durch flache Hierarchien deutlich erhöht. Gleichzeitig bietet die modulare Unternehmensstruktur durch die Möglichkeit eines relativ einfachen Aufbaues bzw. Abbaues einzelner Module auch eine hohe *strukturelle Anpassungsfähigkeit* an dynamische Marktbedingungen. Die heute erforderliche *hohe Innovationsfähigkeit* im gesamten Unternehmen wird schließlich durch die unmittelbare Marktnähe der Module, die motivationssteigernde ganzheitliche Aufgabenstruktur sowie durch direkte und informelle Kommunikationsmöglichkeiten gefördert.

Doch sind der Modularisierung von Organisationen auch Grenzen gesetzt. Sie ergeben sich beispielsweise aus möglichen Inkompatibilitäten unterschiedlicher Modularisierungsansätze, aus potentiellen Zielkonflikten zwischen den Zielsetzungen einzelner Module und den Zielen des Gesamtunternehmens sowie aus aufgabenbezogenen Effizienzvorteilen alternativer Organisationsformen (Reichwald & Koller, 1996).

2.3 Netzwerkbildung als Organisationsstrategie

Auf die sich zusehends verschärfende Dynamik der Märkte und die erhöhten Unsicherheiten reagieren die Unternehmen mit Strategien der Absicherung und Aufteilung von Risiken. Sie treten ein in unternehmensübergreifende Kooperationsverbindungen, sie bilden Wertschöpfungspartnerschaften, Joint Ventures und strategische Allianzen. Traditionelle Unternehmensstrukturen und Unternehmensgrenzen lösen sich dadurch tendenziell auf zugunsten symbiotischer Unternehmensverbindungen mit externen Partnern.

Der Grundgedanke der Netzwerkbildung kann wie folgt skizziert werden: Ein Unternehmen geht eine intensive Verbindung mit anderen, rechtlich selbständigen Unternehmen ein, indem es diese in die Erfüllung seiner Aufgaben einbezieht. Je nach Intensität und Art der Einbindung externer Partner entstehen so Kooperationsverbindungen, die sowohl negative (Abhängigkeiten) als auch positive (Synergieeffekte) Auswirkungen haben können. Zur Vermeidung oder Eingrenzung der opportunistischen Ausnutzung von Abhängigkeiten durch einen Partner sind solche Netzwerke im allgemeinen langfristig angelegt. Sie streben eine enge Verbindung zwischen den Partnern an und basieren auf gegenseitigem Vertrauen.

Kasten 2
Gestaltungsformen von Unternehmensnetzwerken und Kooperationen

Gestaltungsformen von Unternehmensnetzwerken und Kooperationen lassen sich nach verschiedenen Gesichtspunkten systematisieren. Bezüglich der Richtung der Zusammenarbeit lassen sich vertikale, horizontale und diagonale Kooperationen unterscheiden. *Vertikale Kooperationen* erstrecken sich auf Unternehmen aufeinanderfolgender Stufen der Wertschöpfungskette (Kunde und Lieferant). Derartige Kooperationsformen werden häufig als Wertschöpfungspartnerschaften bezeichnet (z.B.

enge Kooperation zwischen Hersteller und Handel). Bei *horizontalen Kooperationen* arbeiten Unternehmen der gleichen Branche sowie der gleichen Wertschöpfungsstufe zusammen (z.B. Forschungs- und Entwicklungskooperationen). Diagonale Kooperationen werden zwischen Unternehmen unterschiedlicher Branchen geschlossen.

Kooperationen können sich desweiteren auf das gesamte Unternehmen oder auf einzelne Funktionsbereiche beziehen. Betrifft die Zusammenarbeit einzelne Funktionsbereiche, lassen sich funktionale Kooperationen weiter differenzieren. *Logistische Kooperationen* beschreiben beispielsweise eine Form der Zusammenarbeit, bei der Unternehmen eine enge und langfristige vertragliche Abstimmung der Ein- bzw. Ausgangslogistik vereinbaren. *Marketing-Kooperationen* beziehen sich auf die Zusammenarbeit von Unternehmen hinsichtlich Vertrieb, Marketing oder Kundendienst. *Technologiekooperationen* liegen vor, wenn Unternehmen insbesondere im Forschungs- und Entwicklungsbereich zusammenarbeiten, um gemeinsam neue Technologien zu erforschen und zu entwickeln bzw. technologische Weiterentwicklungen gemeinsam zu betreiben. Weitere Systematisierungsmöglichkeiten beziehen sich auf die geographische Reichweite der Kooperation (regional, national, international), die Dauer der Kooperation (temporär, dauerhaft), den Grad telekommunikativer Unterstützung sowie der zugrundeliegenden gegenseitigen wirtschaftlichen Abhängigkeit.

Es gibt eine Vielzahl verschiedener Formen unternehmensübergreifender Netzwerkbeziehungen (Kasten 2; weiterführend auch Jarillo, 1993; Schrader, 1993; Sydow, 1992). Es stellt sich daher die Frage, unter welchen Bedingungen, in welchem Ausmaß und in welche Formen ein Unternehmen in Netzwerke eintritt und welche ökonomischen Vor- und Nachteile damit verbunden sind. Die Gestaltungsziele der Netzwerkbildung können in einer Erweiterung der dem Unternehmen zur Verfügung stehenden Ressourcen (insbesondere Kapital und Know-how) gesehen werden, wenn die Netzwerkpartner diese Ressourcen in die Zusammenarbeit einbringen. Da Unternehmensnetzwerke nicht auf den nationalen Bereich beschränkt sind, sondern zunehmend auch staatenübergreifend verwirklicht werden, eröffnen sie die Chance, daß regionale und globale Potentiale flexibel ausgeschöpft und Vorteile der internationalen Arbeitsteilung genutzt werden können. Internationale Unternehmensnetzwerke zielen nicht zuletzt auf die Nutzung von international bestehenden Lohndifferenzen, von Know-how-Gefällen und von Unterschieden in den nationalen Rechtsordnungen. Netzwerkbildungen auf internationaler Ebene verwischen damit nicht nur die Unternehmensgrenzen sondern bewirken auch, daß staatliche Grenzen für die internationalen Aktivitäten von Unternehmen zunehmend unbedeutender werden.

2.4 Virtualisierung als Organisationsstrategie

2.4.1 Grundgedanke der Virtualisierung

Virtuelle Unternehmen sind flüchtige Gebilde. Sie entstehen durch die aufgabenbezogene Vernetzung verteilter Organisationseinheiten, die an einem koordinierten arbeitsteiligen Wertschöpfungsprozeß beteiligt sind. Ein Beispiel bildet ein Übersetzungsbüro, das mit anderen rechtlich und wirtschaftlich selbständigen Übersetzungsbüros und freiberuflichen Übersetzern weltweit „vernetzt" ist. Als offene Verbundorganisation bilden sie ein virtuelles Unternehmen, das weltweit agiert. Es kann Übersetzungsleistungen in (fast) jeder Sprache und (fast) jedem Fachgebiet durch qualifizierte Fachübersetzer anbieten. Jeder einzelne Auftrag nimmt dabei nur einen bestimmten Teilausschnitt des Gesamtverbundes in Anspruch. Dieser Ausschnitt ist die „Organisation", die sich auftragsbezogen konfiguriert und nach Beendigung der Auftragsausführung wieder auflöst. Jeder Akteur trägt sein spezifisches Leistungs- und Qualifikationsprofil zu dieser virtuellen Unternehmung bei. Er kann Mitglied unterschiedlicher, völlig unabhängiger Unternehmen sein. Aufgabenbewältigung findet also nicht in statischen, vordefinierten Strukturen statt, sondern als problembezogene, dynamische Verknüpfung realer Ressourcen zur Bewältigung konkreter Aufgabenstellungen.

Eine virtuelle Organisation verfügt also über sehr viel mehr Kapazität, als sie in ihrem Kernbereich aufgrund der dort verfügbaren menschlichen, technischen, infrastrukturellen oder finanziellen Ressourcen besitzt. Sie stellt sich dar als dynamisches Organisationsnetzwerk. Netzknoten können gleichermaßen durch einzelne Aufgabenträger, modulare Organisationseinheiten oder Organisationen gebildet werden. Die Verknüpfungen zwischen den Netzknoten konfigurieren sich dynamisch und problembezogen. Die resultierende Struktur ist prozeßorientiert und von temporärem Bestand. Die individuelle Aufgabe determiniert damit zu jedem Zeitpunkt die Struktur einer virtuellen Unternehmung.

2.4.2 Gestaltungsprinzipien und Grenzen der Virtualisierung

Trotz ihrer Flüchtigkeit ist diese Organisationsstruktur jedoch nicht konturlos, denn Leistungssteigerung durch Virtualisierung ist in einem System nur erzielbar, wenn die konstituierenden Komponenten und die Vernetzungsbeziehungen zwischen ihnen bestimmten Grundanforderungen genügen. Heute ist es zu früh, um praktische Realisierungsformen organisatorischer Virtualisierung zu systematisieren. Doch lassen sich auch für die virtuelle Unternehmung handfeste Charakteristika und Gestaltungsprinzipien isolieren, die für eine Zielerreichung unabdingbar sind (Abbildung 6):

Charakteristika:	Gestaltungsprinzipien:
– Modularität	– Offen-Geschlossen-Prinzip
– Heterogenität	– Komplementaritätsprinzip
– räumliche und zeitliche Verteiltheit	– Transparenzprinzip

Abbildung 6
Charakteristika und Gestaltungsprinzipien virtueller Organisation (Reichwald & Möslein, 1996a)

Modularität: Die Grundbausteine der virtuellen Unternehmung sind modulare Einheiten, also relativ kleine, überschaubare Systeme mit dezentraler Entscheidungskompetenz und Ergebnisverantwortung. Sie bilden die Basis für eine flexible Anpassung des virtuellen Unternehmens an die jeweiligen Anforderungen der Aufgabe. Aufgrund ihres modularen Aufbaus kann die virtuelle Unternehmung ein geschlossenes Auftreten am Markt bei gleichzeitig offenen, dynamischen Strukturen realisieren. Der Kunde erteilt seinen Auftrag einem Unternehmen seines Vertrauens, das auf seine speziellen Anforderungen optimal zugeschnitten scheint. Die für ihn sichtbare „Hülle" präsentiert sich als geschlossenes Ganzes. Die tatsächlich „maßgeschneiderte" Organisation zur Abwicklung des Auftrags strukturiert sich jedoch erst im Prozeß der Auftragsbewältigung. Die innere Struktur („der Inhalt der Hülle") bildet ein offenes System. Die *Modularität* der virtuellen Unternehmung erlaubt ihr Geschlossenheit im Auftreten bei gleichzeitiger Offenheit durch klare Schnittstellen (*Offen-Geschlossen-Prinzip*).

Heterogenität: Die Grundbausteine der virtuellen Unternehmung weisen unterschiedliche Leistungsprofile hinsichtlich ihrer Kompetenzen auf. Dadurch, daß sich jeder Teilnehmer gezielt auf seine Kernkompetenzen beschränkt, werden die Voraussetzungen für den Aufbau eines symbiotischen Beziehungsgeflechts geschaffen. Ohne die qualitative Unterschiedlichkeit der Komponenten beschränkt sich die dynamische Rekonfiguration des Systems auf eine rein quantitative Größenanpassung. Die Möglichkeiten einer Realisierung weitergehender Leistungsziele, beispielsweise in bezug auf Qualität und Flexibilität, gehen verloren. Damit wäre aber auch die Vorteilhaftigkeit gegenüber anderen Organisationsformen fraglich. Erst die *Heterogenität* der die virtuelle Unternehmung konstituierenden Netzknoten erlaubt die Ergänzung komplementärer Kompetenzen im Sinne symbiotischer Organisationskonfigurationen (*Komplementaritätsprinzip*).

Räumliche und zeitliche Verteiltheit: Die Grundbausteine der virtuellen Unternehmung sind räumlich verteilt. Doch die raum-zeitliche Verteiltheit einer virtuellen Unternehmung sowie der konkrete Ort der Leistungserbringung sind für den Kunden irrelevant. Trotz bzw. gerade durch eine permanente Rekonfiguration wirkt die virtuelle Unternehmung für ihn zu jedem Zeitpunkt wie speziell auf seine Bedürfnisse zugeschnitten. Aus Sicht des Kunden erscheint die Unternehmung also als „black box": Er sieht von außen nur die „Hülle". Diese sogenannte „Transparenz" wird durch die Möglichkeiten telekooperativer Aufgabenbewältigung über die Grenzen von Raum und Zeit hinweg erst ermöglicht (*Transparenzprinzip*).

Durch die Auflösung von Orts- und Zeitgrenzen in Verbindung mit einer Lösung von klassischen Unternehmensgrenzen und -strukturen ist der virtuellen Organisation die Realisierung eines sehr hohen Flexibilitätsgrades möglich. Die Bedingungen, unter denen eine derartige Flexibilisierung sinnvollerweise zum Einsatz kommt, werden aus dem in Abbildung 4 dargestellten Zusammenhang von

Wettbewerbssituation und Organisationsstrategien deutlich. Selbstverständlich sind jedoch auch der virtuellen Organisation Grenzen gesetzt: Es sind die Grenzen der technischen Infrastruktur; sie bildet das Nervensystem der Unternehmung und entscheidet über Möglichkeiten der Teilnahme. Es sind aber auch Grenzen, die der Funktionsfähigkeit von Institutionen durch menschliche Verhaltensmuster gesetzt werden, wie sie in den folgenden Kapiteln, besonders in Teil II dargestellt werden (s. a. v. Benda, in diesem Band).

2.5 Hybridstrategien organisatorischer Gestaltung

Mit der Modularisierung, der Netzwerkbildung und Virtualisierung wurden im Verlauf dieses Beitrags drei Grundstrategien organisatorischer Gestaltung vorgestellt, die Unternehmen heute verfolgen, um den neuen Anforderungen des Wettbewerbs gerecht zu werden. Sie stehen für übergreifende Entwicklungstendenzen einer Auflösung von Unternehmensgrenzen in und zwischen Organisationen. Solche Auflösungstendenzen zeigen sich im einzelnen auf der *Mikroebene* der Arbeitsorganisation (z.b. durch Aufgabenintegration), der *Mesoebene* der Unternehmensorganisation (z.b. durch Bildung von Matrixstrukturen) sowie auf der *Makroebene* der unternehmensübergreifenden Wertschöpfungsprozesse (z.b. durch Allianzenbildung und Kooperationen).

Da die veränderten Wettbewerbsanforderungen auf den unterschiedlichen Unternehmensebenen nicht einheitlich wirken, kommen die Grundformen organisatorischer Gestaltungskonzepte in der Realität der Wirtschaftspraxis heute vielfach als Hybridlösungen zum Einsatz. Dies ist beispielsweise der Fall, wenn

– *Modularisierungslösungen* auf der Ebene der Arbeits- und Unternehmensorganisation (z.b. Einführung von Gruppenarbeitskonzepten, Bildung von Produktinseln) kombiniert werden mit unternehmensübergreifenden Vernetzungsstrategien (z.b. Wertschöpfungspartnerschaften, Joint Ventures);
– funktionsbereichsbezogene Vernetzungslösungen (z.b. Marketingkooperationen) einhergehen mit einer Modularisierung auf der Ebene der Gesamtorganisation (z.b. Modularisierung nach Regionen und lokalen Einzelmärkten) oder
– Virtualisierungslösungen auf Teilbereiche einer Unternehmung angewendet werden (z.b. virtuelle Entwicklerteams), ohne dabei die Vorteile aufzugeben, die eine stabile Rahmenorganisation bieten kann.

Die Vorteile derartiger Hybridstrategien liegen auf der Hand: Mit der zunehmenden Mehrdeutigkeit marktlicher Anforderungen sind eindeutigen „Entweder-oder-Lösungen" klare Grenzen gesetzt. Unternehmen versuchen daher, mit hybriden Lösungsstrategien diese Grenzen zu überwinden. Die Frage, unter welchen Bedingungen welche Hybridlösungen organisatorischer Gestaltung dabei aus ökonomischer Sicht besonders vorteilhaft bzw. empfehlenswert sind, bildet für die Organisationstheorie eine Herausforderung für die Zukunft.

Literatur

Ackoff, R.L. (1960). Systems, organizations and interdisciplinary research. In D.P. Eckmann (Ed.), *Systems: Research and design* (pp. 26-42). New York, London.

Albach, H. (Hrsg., 1989). *Organisation: Mikroökonomische Theorie und ihre Anwendungen.* Wiesbaden: Gabler.

Alchian, A. & Demsetz, H. (1972). Production, information costs, and economic organization. *The American Economic Review, 62*, 777-795.

Aldrich, H.E. (1979). *Organizations and environments.* Englewood Cliffs, NJ: Prentice-Hall.

Argyris, C. (1964). *Integrating the individual and the organization.* New York: Wiley.

Barnard, C.I. (1938). *The functions of the executive.* Cambridge, MA: Harvard Univ. Press.

Bleicher, K. (1991). *Organisation: Strategien – Strukturen – Kulturen* (2. Aufl.). Wiesbaden: Gabler.

Coase, R. (1937). The nature of the firm. *Economica, 4*, 386-405.

Coase, R. (1960). The problem of social cost. *Journal of Law & Economics, 3*, 1-44.

Cyert, R.M. & March, J.G. (1963). *A behavioral theory of the firm.* Englewood Cliffs, NJ: Prentice-Hall.

Fayol, H. (1916). *Administration industrielle et générale.* Paris.

Frese, E. (Hrsg., 1992). *Handwörterbuch der Organisation* (3. Aufl.). Stuttgart: Schäffer-Poeschel.

Frese, E. (1995). *Grundlagen der Organisation: Konzept – Prinzipien – Strukturen.* (6. Aufl.) Wiesbaden: Gabler.

Grochla, E. (1978). *Einführung in die Organisationstheorie.* Stuttgart: Poeschel.

Hammer, M. & Champy, J. (1993). *Reengineering the corporation: A manifesto for business revolution.* New York: Harper Collins.

Hannan, M.T. & Freeman, J.H. (1977). The population ecology approach of organizations. *American Journal of Sociology, 82*, 929-964.

Herzberg, F. (1966). *Work and the nature of man.* Cleveland: The World Publishing Company.

Hill, W., Fehlbaum, R. & Ulrich, P. (1989). *Organisationslehre* (Bd. 1, 4. Aufl.) Bern, Stuttgart: Haupt.

Hill, W., Fehlbaum, R. & Ulrich, P. (1992). *Organisationslehre* (Bd. 2, 4. Aufl.) Bern, Stuttgart: Haupt.

Jarillo, J.C. (1993). *Strategic Networks: Creating the borderless organization.* Oxford: Butterworth-Heinemann.

Jensen, M.C. & Meckling, W.H. (1976). Theory of the firm. Managerial behavior, agency costs and ownership structure. *Journal of Financial Economics, 3*, 305-360.

Kieser, A. (Hrsg.).(1993). *Organisationstheorien.* Stuttgart u.a.: Kohlhammer.

Kieser, A. (1993). Der Situative Ansatz. In A. Kieser (Hrsg.), *Organisationstheorien* (S. 161-191). Stuttgart u.a.: Kohlhammer.

Kieser, A. & Kubicek, H. (1992). *Organisation* (3. Aufl.). Berlin, New York: Gruyter.

Kosiol, E. (1962). *Organisation der Unternehmung.* Wiesbaden: Gabler.

Lawrence, P.R. & Lorsch, J.W. (1967). *Organization and environment.* Boston MA: Harvard Univ. Press.

Likert, R. (1961). *New patterns of management.* New York: McGraw-Hill.

Luhmann, N. (1964). *Funktionen und Folgen formaler Organisation.* Berlin: Duncker & Humblot.

Malik, F. & Probst, G.J.B. (1981). Evolutionäres Management. *Die Unternehmung, 35,* 121-140.

March, J.G. & Simon, H.A. (1958). *Organizations.* New York u.a.: Wiley.

Mayo, E. (1933). *The human problems of an industrial civilization.* Boston MA: Macmillan.

McGregor, D. (1960). *The human side of enterprise.* New York: McGraw-Hill.

Milgrom, P. & Roberts, J. (1992). *Economics, organization and management.* Englewood Cliffs NJ: Prentice-Hall.

Mintzberg, H. (1979). *The structuring of organizations.* Englewood Cliffs NJ: Prentice-Hall.

Morgan, G. (1997). *Images of organization.* Newbury Park, London: Sage.

Ouchi, W.G. (1980). Markets, bureaucracies, and clans. *Administrative Science Quarterly, 25,* 129-141.

Picot, A. (1991). Subsidiaritätsprinzip und ökonomische Theorie der Organisation. In P. Faller & D. Witt (Hrsg.), *Erwerbsprinzip und Dienstprinzip in öffentlicher Wirtschaft und Verkehrswirtschaft* (S. 102-116). Baden-Baden: Nomos.

Picot, A. (1993). Organisation. In M. Bitz, K. Dellmann, M. Domsch & H. Egner (Hrsg.), *Vahlens Kompendium der Betriebswirtschaftslehre* (Bd. 2, 3. Aufl., S. 101-174). München: Vahlen.

Picot, A. (1994). *Effizienz im Spannungsfeld zwischen Zentralismus und Dezentralismus.* Vortrag auf der 32. Kooperationstagung der Ev. Akademie Tutzing mit der Allianz AG, 18.1.1994.

Picot, A., Dietl, H. & Franck, E. (1997). *Organisation: Eine ökonomische Perspektive.* Stuttgart: Schäffer-Poeschel.

Picot, A. & Franck, E. (1995). Prozeßorganisation: Eine Bewertung der neuen Ansätze aus Sicht der Organisationslehre. In A. Picot & M. Nippa (Hrsg.), *Prozeßmanagement und Reengineering. Die Praxis im deutschsprachigen Raum* (S. 13-38). Frankfurt: Campus.

Picot, A. & Reichwald, R. (1994). Auflösung der Unternehmung? Vom Einfluß der IuK-Technik auf Organisationsstrukturen und Kooperationsformen. *Zeitschrift für Betriebswirtschaft, 64,* 5, 547-570.

Picot, A., Reichwald, R. & Wigand, R. (1996). *Die grenzenlose Unternehmung.* (2. Aufl.) Wiesbaden: Gabler.

Pine II, B.J. (1993). *Mass customization. The new frontier in business competition.* Boston MA: Harvard Business School Press.

Prahalad, C.K. & Hamel, G. (1990). The core competence of the corporation. *Harvard Business Review, May/June,* 79-91.

Pratt, J.W. & Zeckhauser, R.J. (Eds.).(1985). *Principals and agents: The structure of business.* Boston MA: Harvard Business School Press.

Pribilla, P., Reichwald, R. & Goecke, R. (1996). *Telekommunikation im Management – Strategien für den globalen Wettbewerb.* Stuttgart: Schäffer-Poeschel.

Reichwald, R. (1989). Die Entwicklung der Arbeitsteilung unter dem Einfluß von Technik-einsatz im Industriebetrieb – Ein Beitrag zum betriebswirtschaftlichen Rationalisie-rungsverständnis. In W. Kirsch & A. Picot (Hrsg.), *Die Betriebswirtschaftslehre im Spannungsfeld zwischen Generalisierung und Spezialisierung* (S. 299-322). Wiesba-den: Gabler.

Reichwald, R. (1996). Neue Arbeitsformen in der vernetzten Unternehmung: Flexibilität und Controlling. In A. Picot (Hrsg.), *Information als Wettbewerbsfaktor* (S. 233-263). Stuttgart: Schäffer-Poeschel.

Reichwald, R. & Dietel, B. (1991). Produktionswirtschaft. In E. Heinen (Hrsg.), *Industriebetriebslehre* (S. 395-622). 9. Aufl. Wiesbaden: Gabler.

Reichwald, R., Höfer, C. & Weichselbaumer, J. (1996). *Erfolg von Reorganisationsprozessen.* Stuttgart: Schäffer-Poeschel.

Reichwald, R. & Koller, H. (1996). Integration und Dezentralisierung von Unternehmensstrukturen. In B. Lutz, M. Hartmann, & H. Hirsch-Kreinsen (Hrsg.), *Produzieren im 21. Jahrhundert – Herausforderungen für die deutsche Industrie* (S. 225-294). München: Campus.

Reichwald, R. & Möslein, K. (1996a). Auf dem Weg zur virtuellen Organisation: Wie Telekooperation Unternehmen verändert. In G. Müller, U. Kohl & R. Strauß (Hrsg.), *Zukunftsperspektiven der digitalen Vernetzung* (S. 209-233). Heidelberg: dpunkt.

Reichwald, R. & Möslein, K. (1996b). Telearbeit und Telekooperation. In H.-J. Bullinger & H.J. Warnecke (Hrsg.), *Die neue Unternehmensorganisation – Ein Handbuch für das moderne Management* (S. 691-708). Berlin u.a.: Springer.

Reichwald, R. & Möslein, K. (1997). Chancen und Herausforderungen für neue unternehmerische Strukturen und Handlungsspielräume in der Informationsgesellschaft. In A. Picot (Hrsg.), *Telekooperation und virtuelle Unternehmen – Auf dem Weg zu neuen Arbeitsformen* (S. 1-37). Heidelberg: R.v.Decker's.

Reichwald, R., Möslein, K., Sachenbacher, H., Englberger, H. & Oldenburg, S. (1998). *Telekooperation: Verteilte Arbeits- und Organisationsformen.* Heidelberg: Springer.

Reichwald, R. & Sachenbacher, H. (1996). Organisation in Verwaltung, Büro und Öffentlichem Dienst. In H. Luczak u.a. (Hrsg.), *Handbuch Arbeitswissenschaft* (S. 754-758). Stuttgart: Schäffer-Poeschel.

Robbins, S.P. (1990). *Organization theory. Structure, design, and applications* (3rd ed.). Englewood Cliffs NJ: Prentice-Hall.

Roethlisberger, F.J. & Dickson, W.J. (1939). *Management and the worker.* Cambridge MA: Harvard Univ. Press.

Schrader, S. (1993). Kooperation. In J. Hauschildt & O. Grün (Hrsg.), *Ergebnisse empirischer betriebswirtschaftlicher Forschung – Zu einer Realtheorie der Unternehmung, Festschrift für E. Witte* (S. 221-254). Stuttgart: Schäffer-Pöschel.

Schreyögg, G. (1996). *Organisation: Grundlagen moderner Organisationsgestaltung.* Wiesbaden: Gabler.

Scott, W.R. (1992): *Organizations: Rational, natural, and open systems* (3rd ed.). Englewood Cliffs NJ: Prentice-Hall.

Simon, H.A. (1945). *Administrative Behavior.* New York: Macmillan (4th ed. 1997: Free Press).

Staehle, W.H. (1994). *Management. Eine verhaltenswissenschaftliche Perspektive* (7. Aufl.) München: Vahlen.

Sydow, J. (1992). *Strategische Netzwerke. Evolution und Organisation.* Wiesbaden: Gabler.

Taylor, F.W. (1913). *Die Grundsätze wissenschaftlicher Betriebsführung.* München, Berlin: Oldenbourg (amerikanische Originalausgabe 1911).

Thompson, J.D. (1967). *Organizations in action.* New York: McGraw-Hill.

Weber, M. (1921). *Wirtschaft und Gesellschaft.* Tübingen: Mohr.

Wilkens, A. & Ouchi, W. (1983). Efficient cultures: Exploring the relationship between culture and organizational performance. *Administrative Science Quarterly, 28,* 468-481.

Williamson, O.E. (1975). *Markets and hierarchies: Analysis and antitrust implications.* New York: The Free Press.

Williamson, O.E. (1985). *The economic institutions of capitalism: Firms, markets, relational contracting.* New York: Free Press.

3 Eintritt, Verbleib und Aufstieg in Organisationen

Günter W. Maier und *Gabriele Rappensperger*

1 Problemfelder

In der Zeit von der Suche der ersten Arbeitsstelle bis hin zum Ausstieg aus dem Beruf ergeben sich vielfältige kritische Ereignisse, die vor allem im Rahmen der organisationalen Sozialisationsforschung behandelt werden. Unter der *organisationalen Sozialisation* versteht man den Lernprozeß, bei dem Fertigkeiten, Fähigkeiten, Einstellungen und soziale Normen in der Auseinandersetzung mit der Arbeitstätigkeit erworben werden (z.b. Heinz, 1991). *Teilaspekte dieses Lernprozesses* werden in unterschiedlichen Forschungsansätzen hervorgehoben: Aus der Sicht der Arbeitspsychologie werden die langfristigen Auswirkungen der Arbeitstätigkeit auf die Persönlichkeit untersucht (z.b. Semmer & Udris, 1995). Die Entwicklungs- oder Berufspsychologie stellt Zusammenhänge her zwischen der individuellen Entwicklung und Berufsverläufen (z.b. Schein, 1978). In der Organisationspsychologie liegt häufig das Schwergewicht auf der erfolgreichen Bewältigung des Stellenantritts im Zusammenhang mit dem jeweils voraus- und nachfolgenden Zeitraum (z.b. Wanous, 1992). Dieser letzte Ansatz wird im Mittelpunkt dieses Beitrags stehen.

In einer Vielzahl von Phasenmodellen wurde der Sozialisationsprozeß in eine Abfolge von der Stellensuche meist bis hin zur vollwertigen Mitgliedschaft in einer Organisation gegliedert (im Überblick: Fisher, 1986; Rappensperger, 1996). Ein gemeinsamer Nenner besteht in einer *dreistufigen Phasenabfolge*: In Phase 1 findet die Vorbereitung auf den Organisationseintritt mit der Stellensuche und der Stellenwahl statt. Phase 2 beginnt mit dem Eintritt in eine Organisation und behandelt die Zeit der Einarbeitung neuer Mitarbeiterinnen und Mitarbeiter. Phase 3 umfaßt den Übergang vom Status des neuen Mitarbeiters zum vollwertigen Organisationsmitglied sowie die weitere berufliche Entwicklung. Implizit wird in den Phasenmodellen angenommen, daß die Phasen bei jedem Organisations- oder auch Stellenwechsel durchlaufen werden.

Zur Analyse der Phasen können drei Zugänge gewählt werden (Taylor & Giannantonio, 1993): die Perspektive des Individuums (z.B. Wahrnehmung der Auswahlsituation), die der Organisation (z.B. Eignungsdiagnostik) oder ein interaktionistischer Ansatz, der meist als Fit-Modell formuliert wird (z.B. Passung zwischen individuellen Ansprüchen und organisationalen Angeboten). Da die Perspektive der Organisation in gesonderten Beiträgen zur Eignungsdiagnostik (Phase 1) und der Personalentwicklung (Phase 2 und 3) (Staufenbiel & Rösler in diesem Band) in diesem Band behandelt wird, liegt das Schwergewicht dieses Beitrags hier auf der Perspektive des Individuums und den Fit-Modellen.

2 Der Weg in Organisationen

2.1 Bewerbungswege und Stellensuche

Die Stellensuche von Bewerbern erfolgt auf qualitativ sehr unterschiedlichen Wegen. Man unterscheidet zwischen formellen (z.b. Stellenanzeigen), informellen (persönliche Kontakte) und freien Bewerbungswegen (Blindbewerbungen ohne Vorliegen einer Ausschreibung; z.b. Wanous, 1992). Die verschiedenen Arten von Bewerbungswegen sagen den Erfolg der Stellensuche und die Bewältigung des Berufseintritts unterschiedlich gut vorher. So stehen informelle im Vergleich zu anderen Bewerbungswegen in Zusammenhang mit einer besseren Integration neuer Mitarbeiter, was sich z.b. in niedrigeren Fluktuationsraten, einer höheren Leistung der neuen Mitarbeiter (Williams, Labig & Stone, 1993) sowie positiveren Arbeitseinstellungen wie z.b. höhere Arbeitszufriedenheit (Moser, 1995) niederschlägt.

Die Überlegenheit informeller im Vergleich zu formellen Bewerbungswegen wird mit zwei Hypothesen erklärt (Rynes, 1991; Wanous & Colella, 1989): Zum einen nimmt man an, daß Stellensuchende auf informellen Bewerbungswegen realistischere Informationen erhalten und ihnen deshalb ihre spätere Integration in die Organisation leichter fällt. Oder aber bestimmte Personen, nämlich besser qualifizierte, wählen bevorzugt diese Bewerbungswege.

2.2 Die Auswahlsituation

In der Auswahlsituation, also im Interview mit Personalverantwortlichen oder beim Bearbeiten von Testaufgaben, haben die Stellensuchenden zum ersten Mal einen persönlichen Kontakt mit den Unternehmensvertretern. Diese soziale Situation erhält eine zunehmende Beachtung, weil eignungsdiagnostische Situationen häufig unter geringer Akzeptanz leiden. Gerade für die Akzeptanz vermutete man jedoch einen Einfluß auf die Einstellungen und das Entscheidungsverhalten der Bewerber während ihrer Stellensuche (Schuler & Stehle, 1983; Wanous & Colella, 1989).

Schuler und Stehle (1983) entwarfen mit dem Konzept der sozialen Validität einen theoretischen Rahmen für die Einordnung und Bewertung erlebniskritischer Merkmale diagnostischer Situationen, die diese für Bewerber zu einer sozial akzeptablen Situation werden lassen. *Information, Partizipation, Transparenz* und *Urteilskommunikation* sind hier die bestimmenden Elemente. Zutreffende *Infor-*

mation erhalten Bewerber im Rahmen des Vorstellungsgesprächs über die realistische Tätigkeitsvorschau (RTV). Bei der RTV werden Bewerber sowohl über positive als auch über negative Aspekte einer Tätigkeit in der Organisation informiert. Wie über 40 Studien und Meta-Analysen (z.B. Wanous & Colella, 1989) zur RTV zeigen, senken realistische Informationen zu hohe Erwartungen (Porter & Steers, 1973) und verbessern die Selbstselektion (Premack & Wanous, 1985) sowie die Coping-Fähigkeiten der Kandidaten (Wanous, 1992). Bereits zu Beginn einer Tätigkeit konnten bei den realistisch informierten Kandidaten höhere Arbeitszufriedenheit und eine stärkere organisationale Bindung sowie eine niedrigere Kündigungsrate festgestellt werden (McEvoy & Cascio, 1985; Wanous & Colella, 1989).

Partizipation und *Transparenz* sind nach Schuler (1994) Schlüsselvariablen zur Förderung von Einsicht und Situationskontrolle. Sie vermindern das Gefühl der einseitigen Machtausübung im diagnostischen Prozeß. Die Art des verwendeten diagnostischen Verfahrens (Fruhner, Schuler, Funke & Moser, 1991) und das ihre Durchführung begleitende Umfeld (Köchling & Körner, 1996) sind hier entscheidende Einflußgrößen. Testverfahren werden dabei weniger positiv bewertet als herkömmliche Vorstellungsgepräche oder Verfahren, die augenscheinlichen Bezug zum Arbeitsplatz haben (z.B. Arbeitsproben; Fruhner et al., 1991). Im Zusammenhang mit der *Urteilskommunikation* betont Schuler (1996) die Information über das verwendete diagnostische Verfahren sowie die Bedeutung inhaltlicher (z.B. Offenheit, Wahrheitsgehalt) und formaler Aspekte (z.B. Verständlichkeit, Rücksichtnahme) bei der Rückmeldung der Ergebnisse.

Neben der sozialen Validität wurden Merkmalen und Verhaltensweisen der Interviewer Einflüsse auf die Einstellungsbildung und Entscheidungsfindung der Bewerber zugeschrieben (Rynes, 1991). Im Gegensatz zu Ergebnissen von Schmitt und Coyle (1976) beeinflußt allerdings in den meisten Studien das Interviewerverhalten letztendlich kaum die Stellenwahl der Bewerber (Wanous & Colella, 1989), vor allem dann nicht mehr, wenn man Arbeitsplatzmerkmale berücksichtigt (z.B. Powell, 1984). Die Bedeutung des Interviewerverhaltens nimmt zudem desto mehr ab, je näher der Zeitpunkt der Entscheidung beim Stellenbewerber rückt bzw. je weiter die Bewerber im Bewerbungsprozeß voranschreiten (Taylor & Bergmann, 1987).

2.3 Die Stellenwahl: Wahlmodelle und inhaltliche Bewertung

Ein zentrales Element, das verschiedene Erklärungsansätze zum Wahlverhalten von Bewerbern miteinander verbindet, ist die Frage der *Passung* zwischen Merkmalen der Bewerber (z.B. den beruflichen Werten, Persönlichkeitseigenschaften, beruflichen Zielen oder spezifischen inhaltlichen Kriterien) und der jeweiligen Stelle bzw. dem Unternehmen (z.B. Davis & Lofquist, 1984). Danach ist im Sinne der sogenannten Fit-Modelle jenes Unternehmen für einen Bewerber das attraktivste, bei dem die höchste Übereinstimmung zwischen seinen persönlichen Eigenschaften, Interessen und Zielen einerseits und dem wahrgenommenen Bild der Organisation andererseits besteht. Insgesamt wird die Entscheidung für eine Stelle bei einem Bewerber dann begünstigt, wenn die Werte, die in einer Organisation gelebt und kommuniziert werden, mit den persönlichen Wertorientierungen in Einklang gebracht werden können (Judge & Bretz, 1992). Herrscht eine Übereinstimmung zwischen den Wertorientierungen von Mitarbeitern und den Werten der Organisation, steht dies auch in positivem Zusammenhang mit der Arbeitszufriedenheit der Mitarbeiter (Posner, 1992).

Ein zweiter zentraler Erklärungsansatz für die Wahlprozesse ist die *VIE-Theorie* (Valenz-mal-Instrumentalitäts-mal-Erwartungs-Theorie) nach Vroom (1964). Es handelt sich hier um einen rationalen Wahlprozeß. Bewerber entscheiden sich für eine Arbeitsstelle, wenn die Summe aus den Produkten von Valenzen der Arbeitsplatzmerkmale und Instrumentalität des jeweiligen Arbeitsplatzes multipliziert mit der Wahrscheinlichkeit, diesen Arbeitsplatz zu erhalten, höher ist als bei alternativen Stellenangeboten (Schuler & Moser, 1993). Wie Ergebnisse einer neueren Meta-Analyse allerdings zeigen, kann der Wahlprozeß nicht angemessen durch die VIE-Theorie erklärt werden (van Eerde & Thierry, 1996).

Im Gegensatz zu diesen Prozeßmodellen zur Stellenwahl beschäftigt sich ein anderer Forschungsstrang mit der Frage, nach welchen *inhaltlichen Kriterien* Bewerber eine Stelle auswählen. Entscheidungsrelevante Kriterien sind in erster Linie – so konnte vor allem im angloamerikanischen Sprachraum gezeigt werden – materieller Art, wie etwa das Gehaltsniveau (z.B. Cable & Judge, 1994). Wenn bei den materiellen Kriterien allerdings minimale Standards nicht unterschritten werden, dann wird zwischen Stellenalternativen nach immateriellen Kriterien entschieden (Rynes, Schwab & Heneman, 1983). Zentrale immaterielle Kriterien sind berufliche Entwicklungsmöglichkeiten und die Art der Tätigkeit (Rynes, Schwab & Heneman, 1983; Schwaab, 1993).

3 Die erste Zeit in der Organisation: Einarbeitung und Sozialisation

Mit dem Erfolg bei der Stellensuche beginnt die nächste Phase der organisationalen Sozialisation: die Einarbeitung. Mit dem Antritt einer neuen Arbeitsstelle ergeben sich für neue Mitarbeiter unterschiedliche *Lernanforderungen* (Chao, O'Leary-Kelly, Wolf, Klein & Gardner, 1994). Die für eine erfolgreiche Einarbeitung nötigen Lerninhalte beziehen sich auf die Leistung und Aufgabenerfüllung, die sozialen Kontakte (z.B. Aufbau von Arbeitsbeziehungen, Kennenlernen der Zuständigkeitsbereiche von Personen), die Unternehmenspolitik (z.B. formelle und informelle Beziehungen und Machtstrukturen der Organisation), die organisationsspezifische Sprache (z.b. Gebrauch fachlicher Begriffe, Jargon oder Slang in der Organisation), die organisationalen Ziele und Werte sowie die Geschichte der Organisation (z.B. Kennenlernen der Organisationsmythen und -rituale).

In einem weiteren Sinn bedeutet der Eintritt in eine fremde Umgebung in manchen Fällen auch, daß Mitarbeiter Unbekanntes an ihrer eigenen Person entdecken oder Bekanntes anders einschätzen lernen. Durch die Auseinandersetzung mit den neuen Arbeitsaufgaben wird oft klarer, welche persönlichen Stärken und Schwächen vorhanden sind, ob die eigenen Fähigkeiten ausreichen, um die Aufgabe erfolgreich zu meistern, und an welchen Stellen noch Qualifikationsbedarf besteht (Feldman, 1981).

Außerdem entwickeln die neuen Mitarbeiter im neuen Kontext ihre Rollenidentität. Je geringer dabei die Diskrepanz zwischen den Rollenerwar-tungen der neuen Mitarbeiter und den Rollenvorstellungen der Organisation ist, umso weniger belastend wird die erste Zeit in der Organisation erlebt (Katz, 1985).

Wie meistern die neuen Mitarbeiter dieses Bündel an Lernanforderungen? Aus der Perspektive der neuen Mitarbeiter wurden die kognitiven Bewältigungsprozesse und die affektiven Reaktionen von Mitarbeitern bei der Bewältigung der neuen organisationalen Umwelt untersucht (z.B. Feldman & Brett, 1983). Vor allem drei *kognitive Erklärungsansätze* für Phänomene in der Zeit der Einarbeitung erreichten bisher größere Aufmerksamkeit: Die Bewältigung von Nachentscheidungskonflikten (Vandenberg & Seo, 1992), die Abfolge von Überraschung und Sinnstiftung (Louis, 1980) und die Streßbewältigungsperspektive (z.B. Katz, 1985).

Das Ausmaß, in dem mit der Stellenwahl *Nachentscheidungskonflikte* auftreten, bildet ein Verbindungsglied zwischen den Erfahrungen bei der Stellenwahl, ersten Arbeitserfahrungen und einer gelungenen Eingliederung (Vandenberg & Seo, 1992). Die Nachentscheidungskonflikte sind um so geringer, je mehr Entscheidungsfreiheit bei der Stellenwahl bestand (z.B. Salancik, 1977) und je mehr intrinsische Gründe für die Wahl der Stelle vorlagen (Pfeffer & Lawler, 1980). Je geringer die Nachentscheidungskonflikte ausfallen, desto höher ist beispielsweise die spätere Arbeitszufriedenheit und desto stärker ist die organisationale Bindung (z.B. O'Reilly & Caldwell, 1981).

Louis (1980) beschrieb die kognitiven Bewältigungsprozesse bei der Eingliederung neuer Mitarbeiter als die Abfolge von *Überraschung und Sinnstiftung*. Die Überraschung ergibt sich für die neuen Mitarbeiter aus dem Kontrast zwischen ihren vorherigen Erwartungen und ihren nachfolgenden Erfahrungen in der neuen Umgebung. Je größer die Überraschung ausfällt, desto höher ist der Bedarf der Person, sich die übertroffenen oder enttäuschten Erwartungen zu erklären, ihnen Sinn zu geben. Erfahrene Mitarbeiter erleben im Gegensatz zu neuen Mitarbeitern weniger Überraschungen, weil sie realistischere Erwartungen haben, einen größeren Erfahrungshintergrund besitzen und in höherem Maß über informelle Netzwerke verfügen, über die sie nützliche Informationen beziehen.

Verschiedentlich wird der Eintritt in eine Organisation auch als belastendes und kritisches Ereignis beschrieben, wobei hier die (kognitive) *Streßbewältigungsperspektive* betont wird (z.B. Nelson, 1987), die in der Charakterisierung von Erfahrungen aus der ersten Zeit im Unternehmen als „Praxisschock" (Müller-Fohrbrodt, Cloetta & Dann, 1978) zum Ausdruck kommt. Die erste Zeit im Unternehmen wird dann als belastend erlebt, wenn vorhandene Unsicherheiten nicht reduziert werden können (Katz, 1985). Die Schwierigkeit neuer Mitarbeiter bei der Bewältigung der Belastungen besteht vor allem darin, daß ihre bisherigen Erfahrungen (z.B. aus der Schule, der Universität oder einem anderen Unternehmen) ihnen wenig bei der Interpretation von Situationen in einer für sie neuen Organisation nützen. Meist können sie nur in der sozialen Interaktion die vielfältigen organisationalen Geschehnisse und Anforderungen verstehen (Katz, 1985). Das bestätigen auch Studien, die die Wichtigkeit der sozialen Unterstützung für neue Mitarbeiter belegen (z.B. Maier, 1998). Systematische Einarbeitungsprogramme, bei denen neuen Mitarbeitern Ansprechpartner zur Verfügung gestellt werden (Paten- oder Mentorensysteme), können hier hilfreich bei der Bewältigung der neuen Situation sein (z.B. Kieser, Nagel, Krüger & Hippler, 1990).

Einige neuere Arbeiten ergänzen die bisherige Sicht, die neue Mitarbeiter nur in einer passiven Rolle gesehen haben: So sind neue Mitarbeiter auch *aktive Gestalter* bei der Einarbeitung und Sozialisation. Neue Mitarbeiter tragen durch selbstinitiierte Aktivitäten zum Gelingen der Eingliederung bei – etwa indem sie notwendige Informationen selbst einholen (Ashford & Black, 1996; Morrison, 1993), und sie verfolgen auch nach ihrem Stellenantritt noch eigene Ziele in der Arbeitstätigkeit. Je weiter sie ihre Ziele realisieren können, desto besser gelingt auch ihre Eingliederung in die Organisation (Maier, 1996; Rappensperger, Maier & Wittmann, 1998).

4 Verbleib und Aufstieg in der Organisation

Gelingt die Integration der neuen Mitarbeiter, so eröffnen sich ihnen weitere Entwicklungsperspektiven in dieser Organisation. Schein (1978) unterscheidet für die weitere berufliche Entwicklung in einer Organisation drei Dimensionen: Die horizontale, die vertikale und die Entwicklung zum engeren Kreis in der Organisation. Als *horizontale Entwicklung* wird der Wechsel einer Person von einer funktionalen Einheit (z.B. Einkauf) in eine andere Einheit derselben Organisation bezeichnet (z.B. Marketing). Bei der *vertikalen Entwicklung* handelt es sich um den (hierarchischen) Aufstieg einer Person. Durch die in Organisationen immer häufiger anzutreffende Unterscheidung in Fach- und Führungslaufbahnen ist mit dem hierarchischen Aufstieg einer Person nicht gleichzeitig auch die Übernahme von Führungsverantwortung gekoppelt. Prognostisch bedeutsam für den hierarchischen Aufstieg sind sowohl persönliche als auch situationale Faktoren. Als ein wichtiger persönlicher Faktor, der zum hierarchischen Aufstieg in nicht-technischen Bereichen beiträgt, zählt beispielsweise ein hohes Machtmotiv, weil Personen mit einer solchen Motivausprägung Interesse daran haben, Einfluß auf Entscheidungen und über Personen auszuüben (McClelland & Boyatzis, 1982; Winter 1991). Daneben existiert eine Vielzahl von Listen zu Fähigkeiten und Persönlichkeitseigenschaften, die erfolgsrelevante Faktoren aufzählen. Diese Aufzählungen unterscheiden sich vielfach beträchtlich (Sowarka & Sarges, 1995), da die erfolgreiche Bewältigung unterschiedlicher situativer Anforderungen jeweils andere Personmerkmale notwendig erscheinen lassen und weil die Prämissen den Inhalt der Forschung maßgeblich beeinflussen (z.B. Unterschiede zwischen Grundlagenforschung und Angewandter Forschung; unterschiedliche Managementphilosophien etc.). Zu den situationalen Faktoren, die förderlich für beruflichen Aufstieg sind, zählt etwa die Verfügbarbeit von Weiterbildungsmaßnahmen (Tharenou & Conroy, 1994). Bislang wenig Berücksichtigung fanden interaktionistische Ansätze, die der Frage nachgehen, welche Personen in welchen Organisationen aufsteigen. Eine Ausnahme stellt hier die Studie von Andrews (1967) dar: Je nach den Evaluationsstandards in Unternehmen (individuelles Leistungsverhalten vs. Akzeptanz und Einordnung in die Hierarchie) gelingt eher leistungs- oder eher machtmotivierten Personen der berufliche Aufstieg.

Bei der *Entwicklung zum engeren Kreis in der Organisation* hat eine Person durch ihre verdienstvolle Mitgliedschaft in einer Organisation zunehmend mehr Teil an vertraulichen Unternehmensinformationen. Diese Teilhabe kann sich ausdrücken in einer Tätigkeit mit „geheimen" Technologien, im zunehmenden Wissen über die informellen Regeln in der Organisation (im Gegensatz zu den formellen Regeln, die neue Mitarbeiter erlernen müssen) oder im vermehrten Wissen über die Hintergründe historisch bedeutsamer Organisationsentscheidungen.

Von diesen deskriptiven Entwicklungsdimensionen können die externen und internen Erfolgskriterien für berufliche Entwicklung unterschieden werden (Van Maanen & Schein, 1977). *Externe Indikatoren* beziehen sich auf alle mehr oder weniger objektiven Kriterien beruflichen Erfolgs, wie eine horizontale (z.B. höhere Bezahlung, höhere Sicherheit des Arbeitsplatzes) oder vertikale berufliche Entwicklung (z.B. höhere Führungsspanne). Unter den *internen Indikatoren* versteht man die individuellen Ansprüche und Ziele an die eigene Laufbahnentwicklung. Diese beiden Indikatoren der Laufbahnentwicklung können – müssen aber nicht – miteinander in einem Zusammenhang stehen. Sie können durch dieselben oder durch unterschiedliche Faktoren beeinflußt werden. Ein höheres Gehalt beispielsweise – ein externer Indikator – wird erreicht, je besser die Art der Ausbildung ist (z.B. graduate degree, Abschlußnote, Abschluß an einer prestigereichen Universität: Judge, Cable, Boudreau & Bretz, 1995) oder je höher das Leistungsmotiv ausgeprägt ist (McClelland & Franz, 1992). Die Untersuchung von internen Indikatoren beruflichen Erfolgs leidet demgegenüber an einer bisweilen unklaren Operationalisierung der Konzepte: Vermischt werden hierbei oftmals Kennwerte über die Realisierung beruflicher Ansprüche und Ziele mit affektiven Einstellungen zur Laufbahnentwicklung (z.b. Arbeits- oder Berufszufriedenheit: Judge et al., 1995). Bereits Bruggemann, Groskurth und Ulich (1975) hatten darauf aufmerksam gemacht, daß zwischen der Realisierung von Ansprüchen und Zufriedenheitsaussagen theoretisch unterschieden werden muß.

5 Vorzeitiger Ausstieg aus der Organisation – Fluktuation

Wie die beschriebene Phasenabfolge nahelegt, vollzieht sich die individuelle berufliche Entwicklung nur in einer Organisation. Tatsächlich kommt es aber immer wieder zu freiwilligen Kündigungen durch die Mitarbeiter. Eine besondere theoretische und empirische Aufmerksamkeit erlangt die freiwillige Fluktuation wegen der hohen Kosten für eine Organisation (Wanous, 1992), denn es müssen erneut Mitarbeiter gesucht, ausgewählt und eingearbeitet werden. Im deutschsprachigen Raum können die Kündigungsraten für den Zeitraum von einem Jahr für höher qualifizierte Personen bei nahezu 23 Prozent liegen (Semmer, Baillod, Stadler & Gail, 1996).

Unberücksichtigt bei den in der Literatur erwähnten drohenden Kosten für Unternehmen bleibt oftmals die Frage, ob die freiwillige Fluktuation aus der Sicht der Organisation tatsächlich unerwünscht oder nicht doch eher erwünscht ist. Verlassen nämlich eher leistungsschwache Mitarbeiter freiwillig das Unternehmen, kann das aus der Sicht des Unternehmens sehr wohl erwünscht sein. Die Ergebnisse der Meta-Analyse von Williams und Livingstone (1994) auf der Grundlage von 55 Studien zeigen – zumindest für den anglo-amerikanischen Sprachraum – einen schwachen negativen Zusammenhang zwischen Leistung der Mitarbeiter und freiwilliger Fluktuation: Leistungsschwache Personen kündigen eher freiwillig im Vergleich zu Personen mit höherer Leistung. In derselben Meta-Analyse konnte allerdings auch ein Hinweis auf einen U-förmigen Zusammenhang zwischen Leistung und freiwilliger Kündigung gefunden werden. Demnach kann es sowohl einen positiven als auch einen negativen Zusammenhang zwischen Leistung und freiwilliger Kündigung geben, abhängig vom Leistungsniveau der Personen. Personen mit geringer Leistung wird von den Unternehmen nahegelegt zu kündigen, Personen auf mittlerem Leistungsniveau bleiben eher im Unternehmen, da sie weder gedrängt werden zu kündigen, noch haben sie es auf dem Arbeitsmarkt besonders leicht. Personen mit überdurchschnittlicher Leistung schließlich kündigen häufiger freiwillig, weil sie es auf dem Arbeitsmarkt sehr leicht haben, sich durch einen Arbeitgeberwechsel zu verbessern.

Wie läßt sich nun das Entstehen freiwilliger Fluktuation erklären? In Abbildung 1 ist ein vereinfachtes Modell zur freiwilligen Fluktuation wiedergegeben. Als unmittelbare Vorläufer der freiwilligen Kündigung werden Rückzugsgedanken (*withdrawal cognitions*) angenommen, wie die Gedanken an eine Kündigung, die Entscheidung zur Stellensuche oder auch die Kündigungsabsicht (z.B. Hom, Caranikas-Walker, Prussia & Griffeth, 1992). Entsprechend dem Modell der „reasoned action" (z.B. Ajzen, 1988) gilt darunter die Kündigungsabsicht als der beste Prädiktor für die freiwillige Kündigung (Steel & Ovalle, 1984). Eine weitere prozeßhafte Unterscheidung zwischen den einzelnen Rückzugsgedanken wird zwar theoretisch postuliert (z.B. Mobley, 1977), ist aber empirisch kaum geprüft worden. Die Schwierigkeit der empirischen Analyse der einzelnen Rückzugsgedanken liegt darin, daß die Untersuchungsteilnehmer meist nur zu einem Zeitpunkt befragt werden und zu einem weit späteren Zeitpunkt das Kündigungsverhalten erhoben wird (Semmer & Baillod, 1993). D.h., die bisherige Überprüfung der genauen Sequenz der Rückzugsgedanken beruht demnach mehrheitlich auf nicht angemessenen querschnittlichen Analysen, statt Erhebungen in kurz aufeinanderfolgenden Untersuchungszeitpunkten vorzunehmen.

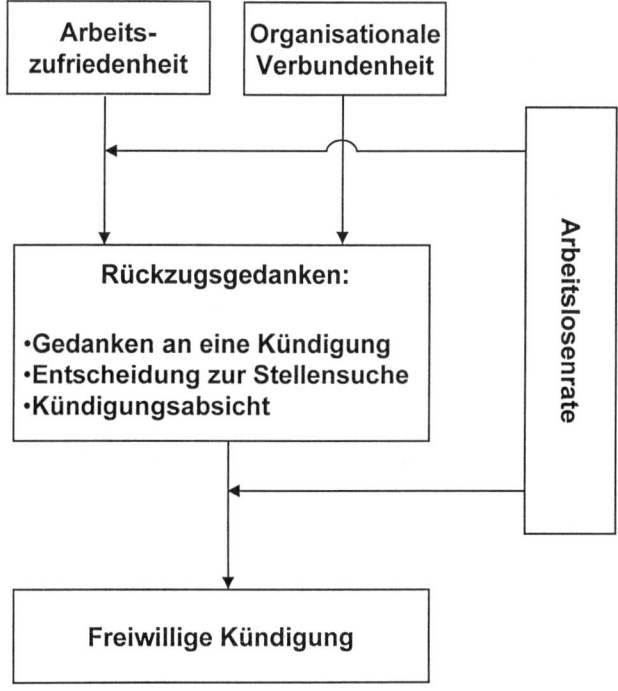

Abbildung 1
Der Ablaufprozeß der freiwilligen Kündigung

Die Rückzugsgedanken sind meist das Resultat von Arbeitseinstellungen, insbesondere der organisationalen Verbundenheit und der Arbeitszufriedenheit. Hinter der organisationalen Verbundenheit verbergen sich im einzelnen oftmals ganz unterschiedliche Konzeptionen (Moser, 1996). Im Zusammenhang mit der freiwilligen Kündigung bzw. den Rückzugsgedanken wurde am häufigsten die affektive organisationale Verbundenheit untersucht. Sie bezieht sich auf eine emotionale Bindung an ein Unternehmen, die Identifikation mit dem Unternehmen sowie die Involviertheit in die Belange des Unternehmens (Mowday, Porter & Steers, 1982). Der Zusammenhang zwischen affektiver, einstellungsbezogener Verbundenheit und Kündigungsabsichten ist mit $r \geq .52$ sowie zwischen Arbeitszufriedenheit und Kündigungsabsichten mit $r \geq .58$ nach vorliegenden Meta-Analysen sehr hoch (z.B. Mathieu & Zajac, 1990). Beide Einstellungen wirken sich voneinander unabhängig negativ auf Rückzugsgedanken und freiwillige Kündigungen aus (Tett & Meyer 1993).

Ungünstige arbeitsbezogene Einstellungen drücken sich nicht unter allen Umständen sofort in Rückzugsgedanken aus, ebensowenig wie Rückzugsgedanken unmittelbar in freiwillige Kündigungen münden. In theoretischen Modellen über den Kündigungsprozeß wird stattdessen vielfach angenommen, daß der Prozeßablauf sich dann eher vollzieht, wenn die Arbeitsmarktlage bzw. die Aussicht auf eine alternative Arbeitsstelle günstig eingeschätzt werden (z.B. Mobley, Griffeth, Hand & Meglino, 1979; Muchinsky & Morrow, 1980). Meta-Analysen konnten die Mediatorfunktion der Arbeitsmarktlage weitgehend bestätigen (z.B. Carsten & Spector, 1987; Hom et al., 1992).

6 Ausblick

Die bislang vorgestellten Befunde und Konzepte zur organisationalen Sozialisation beziehen sich meist auf herkömmliche tayloristische Organisationsformen mit hoher Arbeitsteilung und sehr differenzierten Hierarchien. Doch diese Strukturen sind im Wandel begriffen, hin zu flachen Hierarchien, die Flexibilität und Innovation ermöglichen sowie die Kundenorientierung erleichtern sollen (Friedel-Howe, 1994; v. Rosenstiel & Nerdinger, 1998). Flexiblere Organisationsformen werden durch zeitlich begrenzte Projekte erreicht, was zu neuen Aufgaben in der organisationalen Sozialisation führt: Rollen müssen nicht nur beim Eintritt in eine Organisation neu ausgehandelt werden, sondern bei jedem Projektübergang. Durch die häufigen Veränderungen in der unmittelbaren Arbeitssituation wird die Eigeninitiative der Mitarbeiter bei der Bewältigung von Sozialisationsaufgaben noch bedeutsamer werden. Externe Karriereindikatoren werden sich möglicherweise nicht mehr im Titel der aktuellen Position widerspiegeln, sondern in der Mitarbeit und Verantwortung in unterschiedlichen Projekten. Und schließlich mag sich auch das Objekt der Bindung ändern: Möglicherweise binden sich Mitarbeiter nicht mehr an „die" Organisation – soweit es sie noch geben mag, sondern nur noch an ihre aktuellen Projekte.

Literatur

Ajzen, I. (1988). *Attitudes, personality, and behavior*. Chicago: Dorsey Press.

Andrews, J. D. W. (1967). The achievement motive and advancement in two types of organizations. *Journal of Personality and Social Psychology, 6*, 163-168.

Ashford, S. J. & Black, J. S. (1996). Proactivity during organizational entry: The role of desire for control. *Journal of Applied Psychology, 2*, 199-214.

Bruggemann, A., Groskurth, P. & Ulich, E. (1975). *Arbeitszufriedenheit*. Bern: Huber.

Cable, D. M. & Judge, T. A. (1994). Pay preferences and job search decisions: A person-environment fit perspective. *Personnel Psychology, 47*, 317-348.

Carsten, J. M. & Spector, P. E. (1987). Unemployment, job satisfaction, and employee turnover: A meta-analytic test of the Muchinsky model. *Journal of Applied Psychology, 72*, 374-381.

Chao, G. T., O'Leary-Kelly, A. M., Wolf, S., Klein, H. J. & Gardner, P. D. (1994). Organizational socialization: Its content and consequences. *Journal of Applied Psychology, 79*, 730-743.

Davis, R. V. & Lofquist, L. H. (1984). *A psychological theory of work adjustment*. Minneapolis: University Minnesota Press.

Feldman, D. C. (1981). The multiple socialization of organizational members. *Academy of Management Review, 6*, 309-318.

Feldman, D. C. & Brett, J. M. (1983). Coping with new jobs: A comparative study of new hires and job changers. *Academy of Management Journal, 26*, 258-272.

Fisher, C. D. (1986). Organizational socialization: An integrative review. *Research in Personnel and Human Resource Management, 4*, 101-145.

Friedel-Howe, H. (1994). Neue Organisationskonzepte. In L. von Rosenstiel, C. M. Hockel & W. Molt (Hrsg.), *Handbuch der Angewandten Psychologie: Grundlagen, Methoden, Praxis* (Kap. VI - 4.1, S. 1-20). Landsberg: Ecomed.

Fruhner, R., Schuler, H., Funke, U. & Moser, K. (1991). Einige Determinanten der Bewertung von Personalauswahlverfahren. *Zeitschrift für Arbeits- und Organisationspsychologie, 35*, 170-178.

Heinz, W. R. (1991). Berufliche und betriebliche Sozialisation. In K. Hurrelman & D. Ulich (Hrsg.), *Neues Handbuch der Sozialisationsforschung* (4. Aufl., S. 397-415). Weinheim: Beltz.

Hom, P. W., Caranikas-Walker, F., Prussia, G. E. & Griffeth, R. W. (1992). A meta-analytical structural equations analysis of a model of employee turnover. *Journal of Applied Psychology, 77*, 890-909.

Judge, T. A. & Bretz, R. D. (1992). Effects of work values on job choice decisions. *Journal of Applied Psychology, 77*, 261-271.

Judge, T. A., Cable, D. M., Boudreau, J. W. & Bretz, R. D. (1995). An empirical investigation of the predictors of executive career success. *Personnel Psychology, 48*, 485-519.

Katz, R. (1985). Organizational stress and early socialization experiences. In T. A. Beehr & R. S. Bhagat (Eds.), *Human stress and cognition in organizations* (pp. 117-139). New York: Wiley.

Kieser, A., Nagel, R., Krüger, K.-H. & Hippler, G. (1990). *Die Einführung neuer Mitarbeiter in das Unternehmen*. Neuwied: Kommentator Verlag.

Köchling, A. C. & Körner, S. (1996). Personalauswahl aus der Sicht der Betroffenen: Zur bewerberorientierten Gestaltung von Beurteilungssituationen, *Zeitschrift für Arbeits- und Organisationspsychologie, 40*, 22-37.

Louis, M. R. (1980). Surprise and sense making: What newcomers experience in entering unfamiliar organizational settings. *Administrative Science Quarterly, 25*, 226-251.

Maier, G. W. (1996). *Persönliche Ziele im Unternehmen: Ergebnisse einer Längsschnittstudie*. Unveröffentlichte Dissertation, Ludwig-Maximilians-Universität, München.

Maier, G. W. (1998). Die erfolgreiche Eingliederung neuer Mitarbeiter: Das Ergebnis von Stellensuche und Einarbeitung. In L. v. Rosenstiel, F. W. Nerdinger & E. Spieß (Hrsg.), *Von der Hochschule in den Beruf – Wechsel der Welten in Ost und West* (S. 99 – 114). Göttingen: Verlag für Angewandte Psychologie.

Mathieu, J. E. & Zajac, D. M. (1990). A review and meta-analysis of the antecedents, correlates, and consequences of organizational commitment. *Psychological Bulletin, 108*, 171-194.

McClelland, D. C. & Boyatzis, R. E. (1982). Leadership motive pattern and long-term success in management. *Journal of Applied Psychology, 67*, 737-743.

McClelland, D. C. & Franz, C. E. (1992). Motivational and other sources of work accomplishment in mid-life: A longitudinal study. *Journal of Personality, 60*, 679-707.

McEvoy, G. M. & Cascio, W. F. (1985). Strategies for reducing employee turnover: A meta-analysis. *Journal of Applied Psychology, 70*, 342-353.

Mobley, W. H. (1977). Intermediate linkages in the relationship between job satisfaction and employee turnover. *Journal of Applied Psychology, 62*, 237-240.

Mobley, W. H., Griffeth, R. W., Hand, H. H. & Meglino, B. M. (1979). Review and conceptual analysis of the employee turnover process. *Psychological Review, 86*, 493-522

Morrison, E. W. (1993). Longitudinal study of the effects of information seeking on newcomer socialization. *Journal of Applied Psychology, 78*, 173-183.

Moser, K. (1995). Vergleich unterschiedlicher Wege der Gewinnung neuer Mitarbeiter. *Zeitschrift für Arbeits- und Organisationspsychologie, 39*, 105-114.

Moser, K. (1996). *Commitment in Organisationen*. Bern: Huber.

Mowday, R. T., Porter, L. W. & Steers, R. M. (1982). *Employee-organization linkages: The psychology of commitment, absenteeism, and turnover*. New York: Academic Press.

Muchinsky, P. M. & Morrow, P. C. (1980). A multidisciplinary model of voluntary employee turnover. *Journal of Vocational Behavior, 17*, 263-290.

Müller-Fohrbrodt, G., Cloetta, B. & Dann, H. D. (1978). *Der Praxisschock bei jungen Lehrern: Formen, Ursachen, Folgerungen*. Stuttgart: Klett.

Nelson, D. L. (1987). Organizational socialization: A stress perspective. *Journal of Occupational Behavior, 8*, 311-324.

O'Reilly, C. A. & Caldwell, D. F. (1981). The commitment and job tenure of new employees: Some evidence of postdecisional justification. *Administrative Science Quarterly, 26*, 597-616.

Pfeffer, J. & Lawler, J. (1980). Effects of job rewards, and behavioral commitment on attitude toward the organization: A field test of the insufficient justification paradigm. *Administrative Science Quarterly, 25*, 38-56.

Porter, L. W. & Steers, R. M. (1973). Organizational, work, and personal factors in employee turnover and absenteeism. *Psychological Bulletin, 80*, 151-176.

Posner, B. Z. (1992). Person-organization values congruence: No support for individual differences as a moderating influence. *Human Relations, 45*, 351-361.

Powell, G. N. (1984). Effects of job attributes and recruiting practices on applicant decisions: A comparison. *Personnel Psychology, 37*, 721-732.

Premack, S. L. & Wanous, J. P. (1985). A meta-analysis of realistic job preview experiments. *Journal of Applied Psychology, 70*, 706-719.

Rappensperger, G. (1996). *Berufseinstieg und Integration von Führungsnachwuchskräften: Eine Längsschnittstudie unter besonderer Berücksichtigung geschlechtsspezifischer Aspekte.* Unveröff. Dissertation, Ludwig-Maximilians-Universität, München.

Rappensperger, G., Maier, G. W. & Wittmann, A. (1998). Integration neuer Mitarbeiter - Ein lang vernachlässigtes Thema der Personalarbeit. In L. von Rosenstiel, F. W. Nerdinger & E. Spieß (Hrsg.), *Von der Hochschule in den Beruf - Wechsel der Welten in Ost und West* (S. 115 – 126). Göttingen: Verlag für Angewandte Psychologie.

Rosenstiel, L. v. & Nerdinger, F. W. (1998). Gesellschaft - Organisation - Individuum. In L. von Rosenstiel, F. W. Nerdinger & E. Spieß (Hrsg.), *Von der Hochschule in den Beruf – Wechsel der Welten in Ost und West* (S. 9 – 24). Göttingen: Verlag für Angewandte Psychologie.

Rynes, S. L. (1991). Recruitment, job choice, and post-hire consequences: A call for new research directions. In M. D. Dunnette & L. M. Hough (Eds.), *Handbook of industrial and organizational psychology* (2nd ed., Vol. 2, pp. 399-444). Palo Alto: Consulting Psychologists Press.

Rynes, S. L., Schwab, D. P. & Heneman, H. G. III. (1983). The role of pay and market pay variability in job application decisions. *Organizational Behavior and Human Performance, 31*, 353-364.

Salancik, G. R. (1977). Commitment and the control of organizational behavior and beliefs. In B. M. Shaw & G. R. Salancik (Eds.), *New directions in organizational behavior* (pp. 1-54). Chicago: St. Claire Press.

Schein, E. H. (1978). *Career dynamics: Matching individual and organizational needs.* Reading: Addison-Wesley.

Schmitt, N. & Coyle, B. W. (1976). Applicant decisions in the employment interview. *Journal of Applied Psychology, 61*, 184-192.

Schuler, H. (1994). Selektion und Selbstselektion durch das Multimodale Interview. In L. von Rosenstiel, T. Lang & E. Sigl (Hrsg.), *Führungsnachwuchs finden und fördern* (S. 97-113). Stuttgart: Schäffer-Poeschel.

Schuler, H. (1996). *Psychologische Personalauswahl.* Göttingen: Verlag für Angewandte Psychologie.

Schuler, H. & Moser, K. (1993). Entscheidung von Bewerbern. In K. Moser, W. Stehle & H. Schuler (Hrsg.), *Personalmarketing* (S. 51-77). Göttingen: Hogrefe.

Schuler, H. & Stehle, W. (1983). Neuere Entwicklungen des Assessment-Center-Ansatzes – beurteilt unter dem Aspekt der sozialen Validität. *Psychologie und Praxis. Zeitschrift für Arbeits- und Organisationspsychologie, 27*, 33-34.

Schwaab, M.-O. (1993). Erwartungen an einen Arbeitgeber. In K. Moser, W. Stehle & H. Schuler (Hrsg.), *Personalmarketing* (S. 19-39). Göttingen: Verlag für Angewandte Psychologie.

Semmer, N. & Baillod, J. (1993). Korrelate und Prädiktoren von Fluktuation: Zum Stand der Forschung. *Zeitschrift für Arbeitswissenschaft, 47,* 179-186.

Semmer, N., Baillod, J., Stadler, R. & Gail, K. (1996). Fluktuation bei Computerfachleuten: Eine follow-up Studie. *Zeitschrift für Arbeits- und Organisationspsychologie, 40,* 190-199.

Semmer, N. & Udris, I. (1995). Bedeutung und Wirkung von Arbeit. In H. Schuler (Hrsg.), *Lehrbuch Organisationspsychologie* (2. Aufl., S. 133-165). Bern: Huber.

Sowarka, B. H. & Sarges, W. (1995). Psychologische Konstrukte für Eignungsprädiktoren. In W. Sarges (Hrsg.), *Management-Diagnostik* (2. Aufl., S. 207-218). Göttingen: Hogrefe.

Steel, R. P. & Ovalle, N. K. (1984). A review and meta-analysis of research on the relationship between behavioral intentions and employee turnover. *Journal of Applied Psychology, 69,* 673-686.

Taylor, M. S. & Bergmann, T. J. (1987). Organizational recruitment activities and applicants' reactions at the different stages of the recruitment process. *Personnel Psychology, 40,* 261-185.

Taylor, M. S. & Giannantonio, C. M. (1993). Forming, adapting, and terminating the employment relationship: A review of the literature from individual, organizational, & interactionist perspective. *Journal of Management, 19,* 461-515.

Tett, R. P. & Meyer, J. P. (1993). Job satisfaction, organizational commitment, turnover intention, and turnover: Path analyses based on metaanalytic findings. *Personnel Psychology, 46,* 259-293.

Tharenou, P. & Conroy, D. (1994). Men and women managers' advancement: Personal or situational determinants? *Applied Psychology: An International Review, 43,* 5-31.

Van Eerde, W. & Thierry, H. (1996). Vroom's expectancy models and work-related criteria: A meta-analysis. *Journal of Applied Psychology, 81,* 575-586.

Van Maanen, J. & Schein, E. H. (1977). Career development. In J. R. Hackman & J. L. Suttle (Eds.), *Improving life at work: Behavioral science approaches to organizational change* (pp. 30-95). Santa Monica: Goodyear.

Vandenberg, R. J. & Seo, J. H. (1992). Placing recruiting effectiveness in perspective: A cognitive explication of the job-choice and organizational-entry period. *Human Resource Management Review, 2,* 239-273.

Vroom, V. H. (1964). *Work and motivation.* New York: Wiley.

Wanous, J. P. (1992). *Organizational Entry: Recruitment, selection, orientation and socialization of newcomers (2nd Ed.).* Reading: Addison-Wesley.

Wanous, J. P. & Colella, A. (1989). Organizational entry research: Current status and future directions. *Research in Personnel and Human Resources Management, 7,* 59-120.

Williams, C. R., Labig, C. R. Jr. & Stone, T. H. (1993). Recruitment sources and posthire outcomes for job applicants and new hires: A test of two hypothesis. *Journal of Applied Psychology, 78,* 163-172.

Williams, C. R. & Livingstone, L. P. (1994). Another look at the relationship between performance and voluntary turnover. *Academy of Management Journal, 37,* 269-298.

Winter, D. G. (1991). A motivational model of leadership: Predicting long-term management success from TAT measures of power motivation and responsibility. *Leadership Quarterly, 2,* 67-80.

4 Verhalten in Organisationen

Michael Kastner und *Sunniva Kreissel*

1 Einleitung

Wohl kaum eine psychologische Disziplin bekommt den gesellschaftlichen und wirtschaftlichen Wandel und die damit verbundenen (Mode)Begrifflichkeiten so schnell zu spüren wie die Arbeits- und Organisationspsychologie. Dies liegt an der Zunahme der Komplexität und Dynamik in Bereichen der Produktion, der Technik, der wirtschaftlichen Zusammenhänge, der verschiedenen Märkte u.a., die immer schnellere Verhaltensänderungen in Organisationen und von Organisationen verlangen. *Verhalten in Organisationen* kann aus unterschiedlichen Perspektiven betrachtet werden. Aus einer sozialpsychologischen Perspektive betrachten wir unter dem Stichwort *Organisationsentwicklung (OE)* (z.B. Becker & Langosch, 1984; French & Bell, 1990; Glasl, 1987) kollektive Verhaltensprozesse wie z.b. organisatorisches Lernen, Effizienz und Qualifizienz (s.u.), Mikropolitik, Prozeß-optimierung und Kundenorientierung. In einer eher individuellen Sichtweise geht es unter dem Stichwort *Personalentwicklung (PE)* (z.B. Neuberger, 1994; Sonntag, 1992) um die ständige Förderung von Fach-, Management- und Sozialkompetenz, d.h. um Kommunikations-, Führungs-, Leistungs-, Entscheidungsverhalten, soziale Wahrnehmung und Aktivierung, Motivation, Einstellungen und Attributionen, Emotionen, Identifikationen (corporate identity) etc. Im Grunde sind dabei alle Disziplinen der Psychologie innerhalb einer definierten Organisation relevant. Im Bereich zwischen OE und PE sind Gruppenprozesse in Teams, Projektgruppen und alle Arten von Zirkeln (Qualitäts-, Gesundheits-, Sicherheits-, Innovationszirkel, Lernstatt etc.) anzusiedeln (s.a. Brodbeck & Frey sowie Antoni in diesem Band). Den Förderungs- und Entwicklungsaspekten im Rahmen von OE und PE stehen die Probleme des Bewahrens der Mitarbeiter aus der Perspektive der *Personalpflege (PP)* (Kastner, 1990, 1994) zur Seite. Personalpflege befaßt sich mit der Bedeutung von sozialer Unterstützung, den Auswirkungen von Mobbing, den Phänomenen des Burn-out, dem Typ-A-Verhalten, durch die Arbeitstätigkeit ausgelöste psychosomatische Erkrankungen, Suchtverhalten in Organisationen etc. Dabei steht die Frage im Vordergrund, wie möglichst präventiv vermieden werden kann, daß Mitarbeiter innerlich emigrieren, sich gegenseitig mobben, krank werden oder zur Konkurrenz abwandern.

Es bedarf der ständigen Veränderung und Optimierung von Verhalten in Organisationen, um mit zunehmenden Turbulenzen, Unvorhersagbarkeiten, Instabilitäten, Unsicherheiten (z.B. Arbeitslosigkeit), Intransparenzen und Desorientierung bei gleichzeitig steigenden Anforderungen umgehen zu können, handlungsfähig zu sein und Prozesse in Organisationen zu optimieren.

2 Verhalten in Organisationen und Organisationsentwicklung

In Konzepten des „change management" (Doppler & Lauterburg, 1994), „business reengineering" (Hammer & Champy, 1994) oder „Prozeßoptimierung" werden Verhaltensweisen angesprochen, die den Umgang mit der Veränderung der Organisation selbst betreffen. Im Rahmen der *Systemverträglichen Organisationsentwicklung* (Kastner, 1991, 1995a, 1995b) werden beispielsweise Klärungen (unternehmens-)ethischer und -kultureller Standpunkte, Visionen, Zielsysteme, Verhaltensgrundsätze, Interventionen, Präventionen und Innovationen systematisch abgehandelt.

2.1 Verhaltensveränderung

Unabhängig von der jeweiligen Bezeichnung des Organisationsentwicklungsansatzes muß die Verhaltensoptimierung und damit *Veränderung von Verhalten in Organisationen* einer *Beobachtung* zugänglich gemacht werden. Hierzu müssen zunächst Kriterien entwickelt werden, die eine prozeßbezogene Leistungsveränderungsmessung ermöglichen. Ziel dabei ist, durch ein kontinuierliches Feedback in bezug auf definierte Kriterien (z.B. Kundenzufriedenheit) Leistungssteigerungen im Sinne höherer Effizienz zu erreichen. In Zeiten zunehmender Komplexität und Dynamik spielt Qualität an der richtigen Stelle unter Beachtung von Kosten-Nutzen-Gesichtspunkten eine besondere Rolle. Das optimale Verhältnis von Qualität und Effizienz kann abkürzend mit dem Begriff „Qualifizienz" umschrieben werden. Qualifizienz bedeutet dabei nicht, daß das Maximum notwendigerweise das Optimum sein muß.

In manchen Bereichen – etwa im Vertrieb – mag beispielsweise das Pareto-Prinzip gelten, d.h. hier können in relativ kurzer Zeit mit 20% des Energieaufwandes 80% des Erfolges erzielt werden. Das Optimum ist somit kleiner als das Maximum. In Bereichen, in denen Sicherheitsverhalten von großer Bedeutung ist (z.B. bei einem Herzchirurgen, im Bereich der Flugsicherung), sollte das Maximum das Optimum sein. *Maximale Sicherheit* ist allerdings teuer, und unter zunehmendem Kostendruck wird sicherheitswidriges Verhalten provoziert. So führt z.B. der Preiskampf im Luftverkehr und im LKW-Gütertransport dazu, daß Sicherheitsrisiken in Kauf genommen werden. In anderen Verhaltensbereichen hingegen ist „Mut zur Lücke" durchaus sinnvoll. Ein Börsenmakler beispielsweise muß schnelle Entscheidung unter großer Unsicherheit treffen, um erfolgreich zu sein.

Grundlegend wichtig für Veränderungen auf der Verhaltensebene ist das Lernen. *Lernverhalten in Organisationen* ist kognitiv vermittelt, hoch komplex, ganzheitlich und vereinfacht zugleich, in den Köpfen der Mitglieder repräsentiert (kognitive Landkarten), beeinflußt sich jeweils wechselseitig und wandelt sich ständig in unterschiedlich schnellen Veränderungsprozessen.

Das Organisations-Lernen erfolgt nach Argyris und Schön (1978) auf drei Niveau-Ebenen:

- Beim *Einfachschleifen-Lernen* - ein Fehler wird korrigiert - verändert sich die Organisation nicht. Dem entspricht die Aufgabenlösung bei Dörner (1987).
- Beim *Doppelschleifen-Lernen* ändert sich die Organisation bzw. wird verändert. Bestehende Regelungen werden hinterfragt, und neue Problemlösungen werden gesucht. Hier müssen im Sinne der Problembewältigung neue Wege (vgl. Heuristiken bei Dörner, 1989) gefunden werden. Damit können auch Ziele und Normen verändert werden. In einer sich schnell wandelnden Umwelt kommt dem Doppelschleifen-Lernen und damit der Verhaltensmodifikation der Mitglieder einer Organisation eine wichtige Rolle zu.
- Beim *Deutero-Lernen* wird das Lernen gelernt (Metalernen). Ein- und Doppelschleifen-Lernen werden in der Organisation gelehrt.

Das Lernen als Verhaltenskomponente in Organisationen muß natürlich organisiert werden. Dies geschieht z.B. im Rahmen von Organisationsentwicklungsmaßnahmen.

2.2 Verhaltensbeobachtung und Verhaltensmessung

Als ein Beispiel für Verhaltensbeobachtung und -messung in Organisationen wird auf die Methoden der Leistungsmessung eingegangen. Schuler (1989) unterscheidet folgende methodische Verfahren der Leistungsmessung: *die freie Eindrucksschilderung, Einstufungsverfahren, Kennzeichnungs- und Auswahlverfahren, Rangordnungsverfahren, Zielsetzungsverfahren und Assessment Center.*

Zur Erhöhung der Akzeptanz von leistungsbezogenen Beurteilungsverfahren in der betrieblichen Praxis werden besonders bei den gruppenbezogenen Beurteilungsverfahren die Kriterien zur Leistungsmessung gemeinsam mit den zu beurteilenden Personen entwickelt (z.B. Zielsetzungsverfahren, Partizipatives Produktivitätsmanagement (PPM, Qualitätszirkel). Ein Muster zur Klassifizierung von Leistungsbeurteilungen wurde von Campbell, Dunnette, Lawler & Weick (1970) vorgeschlagen (Tabelle 1).

Tabelle 1
Methoden der Leistungsbeurteilung nach Campbell, Dunnette, Lawler & Weick (1970)

Ebene	personenbezogen	verhaltensbezogen	ergebnisbezogen
WAS?	Potential, Eigenschaften, Fähigkeiten	Prozeß	Produkte
WODURCH?	- Intelligenztests - Schul- und Berufseignungstests - personenbezogene Potentialanalysen - Arbeitsanalysemethoden	- Prozeßanalyse - (Prozeßoptimierung durch Schnittstellenanalysen) - Assessment Center verhaltensbezogene Einstufungsskalen (BARS: behaviour anchored rating scales) - Mitarbeitergespräch - Total Quality Management (TQM), Kaizen bzw. kontinuierlicher Verbesserungsprozeß (KVP) - Data-Survey-Feedback als OE-Maßnahme	- Quantität und Qualität eines Produktes - Zielvereinbarungssysteme

Grundsätzlich kann Verhalten in Organisationen nur optimiert werden, wenn es anhand definierter Kriterien beobachtbar ist und damit gemessen werden kann. Ohne *valide* und *reliable* Messung ist Verhalten in Organisationen nicht modifizierbar. Leistungsmessungen in Form von Vorgesetzten-, Kollegen- und als Selbstbeurteilung haben Stärken und Schwächen im Hinblick auf Validität und Reliabilität (Schuler, 1989). So kann beispielsweise die Selbstbeurteilung im Rahmen einer Bedarfsplanung für Personalentwicklungsmaßnahmen sehr wertvoll sein, reicht aber als Basis für die Entscheidung über die Einstellung einer Person keinesfalls aus. Derzeit sind bei modernen Unternehmen „360-Grad-Beurteilungen" (von oben nach unten, umgekehrt und horizontal) im Trend. Leider entstehen bei dieser Form von gegenseitiger Einschätzung (und damit auch Beurteilung) vielfach unnötige Widerstände. Das gilt umso mehr, je weniger die Mitarbeiter über den Sinn solcher Beurteilungsformen aufgeklärt sind und bei der Entwicklung mitgewirkt haben (Kastner, 1996b). Die Kriterien zur Messung von Leistung werden im Idealfall partizipativ und an den Anforderungen einer bestimmten Aufgabe (eines bestimmten Arbeitsplatzes) in einer Organisation entwickelt.

Eine verhaltensbezogene Leistungsmessung kann sich auf verschiedene Aspekte, z.B. der *Kommunikation*, der *Beanspruchung*, der *Optimierung* der Schnittstellen in der Kette interner und externer Kunden-Lieferanten-Beziehungen etc.

beziehen. Die eigenschaftsbezogenen Kriterien hatten bislang trotz geringer wissenschaftlicher Fundierung die weiteste Verbreitung (Schuler, 1989). In den letzten Jahren ist ein wachsender Trend hin zu verhaltensbezogenen Leistungseinschätzungen (z.B. Assessment Center, verhaltensverankerte Einstufungsskalen) zu beobachten. Eine Kombination aus Bewertungskriterien verschiedener Beschreibungsebenen wird zu einer genaueren Leistungseinschätzung führen als die Bewertung auf einer Ebene.

Wenn Leistungen nicht gemessen und kontrolliert werden und zusätzlich Prozesse wichtiger werden, ist in besonderer Weise *Eigen- und Prozeßverantwortung* gefragt. Je weniger klar strukturiert und abgegrenzt die Tätigkeiten sind – ebenfalls ein zunehmender Trend in Zeiten wachsender Komplexität und Dynamik –, umso mehr gelten Prinzipien der *Selbstverantwortung* (Sprenger, 1995), des adäquaten *Selbstmanagements* (Kastner, 1994) und der *Selbstorganisationskompetenz* (Greif & Kurtz, 1996).

Am Beispiel der Arbeitszeiterfassung als Maß für die Arbeitsleistung läßt sich das Problem der Verhaltenswirksamkeit inadäquater Meßmethoden darstellen (s.a. Kleinmann in diesem Band). *Arbeitszeiterfassungssysteme* erfassen die Zeit der Anwesenheit eines Mitarbeiters in einer Organisation und nicht die Leistung des Arbeitstätigen. Damit greifen sie als leistungsrelevantes Kriterium zu kurz. Nur wenn nachvollziehbare, von allen anerkannte und eindeutige Kriterien zur Leistungsmessung herangezogen werden, kann von gerechtem Lohn gesprochen werden. Es hängt von der Unternehmensethik ab, ob derjenige, der die beste Qualität liefert, das meiste arbeitet, die größte Verantwortung übernimmt, das höchste Risiko trägt, am besten qualifiziert und am höchsten beansprucht ist, die höchste Belohnung erhält, oder ob diese Kriterien unwichtig sind. Zahllose Organisationen machen hier erhebliche Fehler und belohnen gewollt oder ungewollt das falsche Verhalten.

3 Verhalten unter dem Personalentwicklungsaspekt

Im Unterschied zu Maßnahmen der Organisationsentwicklung beziehen sich konkrete Personalentwicklungsmaßnahmen auf das *individuelle Verhalten*. Unter dem Etikett „Personalentwicklung" werden erwünschte Verhaltensfacetten (z.B. sozial kompetentes Verhalten, Teamverhalten, Kommunikationsverhalten) durch alle möglichen Arten von Schulungen, Trainings, Workshops, Planspielen, Rollenspielen, Fallmethoden, Urlaubsvertretungen, Job-rotation etc. angeregt und erfahren (Neuberger, 1994; Remer, 1978; Staehle, 1989). Abgesehen von den Wissensveränderungen der Individuen können auf der Ebene der Organisation gleichzeitig Auswirkungen auf die Unternehmenskultur beobachtet werden. Diese fallen dann in den Rahmen von Organisationsentwicklung. Hier zeigt sich die Schwierigkeit der Abgrenzung von Personal- und Organisationsentwicklungsmaßnahmen. Nach Deal und Kennedy (1982) muß es dem Management gelingen, Kulturelemente wie

Mythen, Helden (Symbolfiguren und Vorbilder), Werte (Glaubenssätze), Riten, Rituale (symbolische Handlungen) und ganze kulturelle Netzwerke (Geschichtenerzähler, Spione, Gurus und Cliquen) zu fördern und an die Organisationsumwelt anzupassen, um Erfolg zu haben. Kollektive Verhaltensweisen im Rahmen von Personalentwicklung wurden beispielsweise von Peters und Waterman (1984) mit einer weiten Verbreitung vermittelt. Demnach sollen folgende Grundtugenden erfolgreicher Unternehmen zu dem erwünschten Verhalten führen (a.a.O., S. 235 ff.): Primat des Handelns, Nähe zum Kunden, Freiraum für Unternehmertum, Produktivität durch Menschen, sichtbar gelebtes Wertesystem, Bindung an das angestammte Geschäft, einfacher und flexibler Aufbau, und straff-lockere Führung.

4 Verhalten in Organisationen unter dem Personalpflegeaspekt

Personalpflege bezieht sich auf das *Bewahren von Mitarbeitern* als Pendant zur Förderung und Entwicklung. Bezogen auf das Verhalten in (Arbeits-)Organisationen sind folgende Verhaltensfacetten für die Personalpflege bedeutsam: *Kommunikationsverhalten, Risiko- und Sicherheitsverhalten, Gesundheitsverhalten, Beanspruchungsverhalten, Führungs- und Fürsorgeverhalten, Unterstützungsverhalten, Bewältigungsverhalten etc.*

Im Sinne des Personalpflegekonzeptes ist Verhalten von Individuen oder Gruppen in Organisationen immer vor dem Hintergrund der jeweiligen organisationalen Besonderheiten und sonstiger, relevanter Umgebungsmerkmale zu bewerten.

	Gesundheitsförderung					an die Organisation bindende Maßnahmen (Verhalten)	
	indirekte Gesundheitsbeeinflussung		direkte Gesundheitsbeeinflussung				
	Arbeitsaufgaben	psycholog. Umgebung	physikal. Umgebung	Beratungen	Lehren Training	Organisat. kultur	Unternehm.-ethik
Was?	Zielsetzung Circard. Rhythmus	Kultur Komm.- Muster	Building-Sickness Noxen	Drogen Verschuldung	Kreislauf Immunsystem	Corporate Identity Klima	Def. des erwünschten Verhaltens
Wodurch?	Arbeitsgestaltung Lernstatt	Team-entwicklung	Klima-anlagen Büromöbel	Coaching	Herz-Kreisl.- Progr.	Mails & Events	Vision Mission Leitlinien
Wer?	Führungskräfte Mitarbeiter	Führungskräfte Mitarbeiter	Werksarzt Sich.-Ing.	Sucht-berater	Ärzte Psychologen	„angeschoben" von Managem.	Führungskräfte Managem.

Abbildung 1
Personalpflegekonzept (Kastner, 1994)

Merkmale der *Arbeitsumgebung* und Merkmale der *Arbeitsaufgabe* (Spalte 1 in Abbildung 1) und der Arbeitstätigkeit sind wichtige Aspekte für die Personalpflege. Ulich (1992) nennt z.b. die Ganzheitlichkeit einer Arbeitsaufgabe, die Anforderungsvielfalt, Möglichkeiten zur sozialen Interaktion, Autonomie sowie Lern- und Entwicklungsmöglichkeiten (siehe die psychologische Umgebung in Abbildung 1) als Merkmale, die das Entstehen einer Aufgabenorientierung begünstigen.

In Zukunft wird sich diese Form von regelmäßiger Aufgabenbearbeitung massiv verändern. Mit der Zunahme von Telearbeitsplätzen (s.a. Büssing in diesem Band), der Veränderung der Arbeitsinhalte (Zunahme von Kontroll- und Organisationsaufgaben) und der weiter fortschreitenden Verknappung von Ressourcen werden immer weniger hochqualifizierte Menschen den verbleibenden Arbeitsmarkt unter sich aufteilen. Das Primat der Arbeitsaufgabe (Hacker, 1986) bekommt in diesem Zusammenhang eine neue psychologische Relevanz. Die Gestaltungsmerkmale *Ganzheitlichkeit* einer Arbeitsaufgabe, *Anforderungsvielfalt*, Möglichkeiten zur *sozialen Interaktion, Autonomie,* sowie *Lern- und Entwicklungsmöglichkeiten* müssen vor dem Hintergrund der schnellen Veränderungen in der Arbeitswelt ständig neu betrachtet, untersucht und optimiert werden. Die Bewertungskriterien verändern sich wahrscheinlich weniger schnell als die Arbeitsprozesse. Die schnellen Veränderungen von Arbeitsorganisationen ziehen die Notwendigkeit schneller Verhaltensveränderungen nach sich.

Baitsch (1993) beschreibt in Anlehnung an Maturana und Varela (1987) die Auseinandersetzung eines Menschen mit einer Aufgabe als eine Geschichte „wechselseitiger Strukturveränderungen". Der arbeitende Mensch ist offen für strukturelle Veränderungen, und durch die Veränderung der Wahrnehmung der Aufgabe verändert sich die Aufgabe (Interaktion zwischen Mensch und Aufgabe). Verhaltensveränderungen können ebenso als Lernprozesse in der Interaktion mit der Umwelt bezeichnet werden. Hier entstehen u.U. Überforderungen, die zu *psychosomatischen Krankheiten, Burnout, Hilflosigkeit, Erleben von Kontrollverlust* etc. führen können (Burisch, 1989; Leymann, 1993; Büssing in diesem Band). So verlangt die zukünftig denkbare Organisation von Arbeitsaufgaben viel von den arbeitstätigen Menschen. Man denke etwa an Wanderarbeiter im Internet, virtuelle Unternehmer und Leiharbeiter, sowie „Selbstangestellte" (Fischer, 1995). Die damit verbundene Unsicherheit und Beanspruchung dürften die Notwendigkeit der Personalpflege erhöhen und zugleich ihre Organisation erschweren.

5 Schlußfolgerungen und zukünftiges Verhalten in Organisationen

Verhalten in Organisationen ändert sich mit zunehmenden Turbulenzen im Kontext des gesamten gesellschaftlichen Wandels (technisch v.a. durch andere Produktions-, Kommunikations- und Reisetechnologien, sozial durch veränderte Konkurrenzbedingungen, internationale Verflechtungen und Wertvorstellungen). Anforderungen, Vorhersagbarkeiten und Stabilitäten ändern sich u.a. in der Weise, daß in Zukunft jeder Beruf mehrere Male neu erlernt bzw. verschiedene Berufe ergriffen werden müssen. Mehr Mobilität, andere Identifikationsmuster mit den jeweiligen Organisationen und unabdingbare Schlüsselqualifikationen für wirtschaftlichen Erfolg. Im Sinne des „change managements" (etwa Doppler & Lauterburg, 1994) ergeben sich andere Orientierungen, z.B. von der Hierarchie zum Prozeß (Bleicher, 1992) oder zu vernetzten Organisationen (Vetter & Wiesenbauer, 1995), in denen verstärkt projektorientiert gearbeitet wird. In einem Großteil der marktorientierten Organisationen hat man keine Zeit, steht unter Kostendruck, muß die wesentlichen Muster erfassen und ist wenig motiviert, sich auf hochspezialisierte akademische Fragestellungen einzulassen. Verhalten in Organisationen soll effizient, „qualifizient", kundenorientiert, schnell, kostenorientiert, konkurrenzfähig sein. *Muße, Kontemplation, ethisches Reflektieren* sind allenfalls als Streßausgleich gefragt und gehören nicht in den Arbeitsbereich. Hier stellt sich die Frage, ob dies nicht auf Dauer entsprechend negative Auswirkungen auf die Gesundheit und das Wohlbefinden der Mitarbeiter hat.

Aus der Perspektive der Organisationsentwicklung wird Verhalten in Organisationen „optimiert", meist nach Qualitäts- und Kostengesichtspunkten. Einerseits werden Strukturen verändert, die erwünschtes Verhalten ermöglichen und fördern sollen. Beispielsweise werden Belohnungssysteme zur Förderung von Leistung (Schuler, 1991), Verkauf oder auch der Gesundheit (Lawler, 1990; Maier, 1988) konzipiert. Arbeitsgestaltung und Begünstigung partizipativer Gruppenarbeiten sollen Komplexität reduzieren helfen und vor allem die Prozesse ohne Widerstände fließen lassen. Allerdings ist der Erfolg partizipativer Verfahren abhängig von der Reife der Mitarbeiter und Führungskräfte, d.h. ihrer Fähigkeit zur *Selbstorganisation* und *Selbstverantwortung* (z.B. bei der Arbeitszeit), zu *gemeinsamem Lernen*, ihrer gegenseitigen *Toleranz* von Verschiedenheit und natürlich der *Arbeitszufriedenheit* (Antoni, 1994; Erez & Earley, 1993; Kanfer, 1992; Pritchard, 1995).

Zukünftig brauchen Mitarbeiter noch stärker als früher Fähigkeiten zum *Moderieren, Sinnstiften, Integrieren, Kommunizieren, Visionieren, Innovieren* und *Aufbauen von Netzwerken*. Derartige Inhalte werden in verschiedenen PE-Konzepten unterschiedlich strukturiert. Bei Mentzel (1980) stehen die individuellen beruflichen Interessen und die für die zukünftigen Aufgaben erforderlichen Qualifikationen im Vordergrund. Bei Oechsler (1987) werden Fähigkeiten in den Vordergrund gestellt, die auf das Erkennen und adäquate Reagieren auf Änderungsprozesse abheben.

Im Rahmen der Personalentwickung wird zukünftiges Verhalten von Rieckmann (1988) in 20 Thesen zusammengefaßt, deren wichtigste sich folgendermaßen skizzieren lassen: Gestalten komplexer Systeme, Mitarbeiter fördern und zum unternehmerischen Denken entwickeln, Selbstregulation ermöglichen und zu Selbstverantwortung erziehen, Managementtechniken und Controllinginstrumente beherrschen, gut kommunizieren und Empathie zeigen, Ziele vereinbaren, entscheiden, Aufgaben und Verantwortung delegieren, permanent lernen und andere coachen.

In der Perspektive der Personalpflege sollte sich zumindest Verhalten in einer Weise verändern, die auf *präventives Selbstmanagement* abzielt.

Um nur ein Beispiel aus vielen anderen verhaltensrelevanten, zukünftig noch wachsenden Problemen aufgrund zunehmender Intransparenz und Komplexität zu nennen, sei das *Suchtverhalten* genannt (s.a. Thiel in diesem Band). Sucht im Betrieb stellt ein erhebliches, oft tabuisiertes Thema dar. Alkoholiker fehlen durch „Blaumachen" ca. 16mal häufiger und durch die Alkoholfolgeerkrankungen 2,5 mal häufiger als andere Mitarbeiter (Ziegler, 1991). Hier geht es nicht nur um individuelle Fehlverhaltensweisen, neben situationalen Bedingungen kann auch das Verhalten der Umwelt fördernd wirken, etwa in Form der Co-Abhängigkeit von Kollegen und Vorgesetzten (Mühlbauer, 1990). In diesem Problemfeld zeigt sich besonders deutlich, wie sich Verhalten in Organisationen auf andere Lebensbereiche auswirkt. Beispielsweise findet in Alkoholikerfamilien selten eine erwünschte Form der Kindererziehung statt. Dies kann im ungünstigen Fall im Erwachsenenleben zu weniger Selbstachtung, Selbstsicherheit und Durchsetzungsfähigkeit führen (Woititz, 1990).

In Zeiten zunehmender Anforderungen aufgrund von schnelleren Veränderungszyklen in Organisationen dürften *gesundheitserhaltende* und *-fördernde Verhaltensweisen* vermittelt durch Streßbewältigungsseminare über Schuldnerberatungen bis zum „Anti-Mobbing" und Konfliktmanagement immer stärker gefragt sein. Burn-out-Phänomene (Burisch, 1989) und psychosomatische Erkrankungen durch Fehlverhalten in Organisationen können wir uns immer weniger leisten. Aus betriebswirtschaftlicher Sicht „rechnet sich" das Bewahren von Mitarbeitern langfristig, da ansonsten wertvolles Know-how verloren geht. Darüber hinaus sollten Organisationen im Sinne einer humanistischen Ethik so geschaffen sein, daß Menschen gesund bleiben und sich weiterentwickeln können. Die Verantwortung für die eigene Gesundheit und das Wohlergehen der Organisation sollte nicht allein an die in Organisationen tätigen Menschen delegiert werden. Arbeitsorganisatorische Maßnahmen, die gesundheits- und persönlichkeitsförderliche Verhaltensweisen begünstigen und ermöglichen, sind notwendige Voraussetzung, um das Ziel des gesunden Mitarbeiters in einer gesunden Organisation zu erreichen.

Die Arbeits- und Organisationspsychologie bewegt sich mit ihren Aufgaben und ihrem Handeln in Wirtschaft und Verwaltung in einem interessanten Spannungsfeld zwischen den Anforderungen einer kostenorientierten, betriebswirtschaftlichen und denen einer mitarbeiterorientierten, humanistischen Sichtweise. In dieser Spannung liegen aber gerade das Potential und die Bedeutung der Disziplin.

Literatur

Antoni, C. (1996). *Teilautonome Arbeitsgruppen.* Weinheim: Psychologie Verlag Union.

Argyris, Ch. & Schön, D. (1978). *Organizational learning. A theory of action perspective.* Reading, Mass.: Addison-Wesley.

Baitsch, Ch. (1993). *Was bewegt Organisationen? Selbstorganisation aus psychologischer Perspektive.* Frankfurt: Campus.

Becker, H. & Langosch, I. (1984). *Produktivität und Menschlichkeit.* Stuttgart: Enke.

Bleicher, K. (1992). *Das Konzept „Integriertes Management".* Frankfurt: Campus.

Burisch, M. (1989) *Das Burn-Out-Syndrom.* Berlin: Springer.

Campbell, J.P., Dunnette, M.D., Lawler, E.E., R.D. & Weick, K.E. (1970). *Managerial behavior, performance and effectiveness.* New York: McGraw-Hill.

Deal, T.E. & Kennedy, A.A. (1982) *Corporate culture. The rites and rituals of corporate life.* Reading, Mass.: Addison-Wesley.

Dörner, D. (1979). *Problemlösen als Informationsverarbeitung.* Stuttgart: Kohlhammer.

Dörner, D. (1989). *Die Logik des Mißlingens.* Reinbek: Rowohlt.

Doppler, K. & Lauterburg, Chr. (1994) *Change management. Den Unternehmenswandel gestalten.* Campus: Frankfurt.

Erez, M. & Earley, P.C.(1993). *Culture, self-identity, and work.* New York: Oxford University Press.

Fischer, P. (1995). *Die Selbständigen von morgen – Unternehmer oder Tagelöhner?* Frankfurt: Campus.

French, W.L. & Bell, C.H. (1990). *Organisationsentwicklung.* Stuttgart: UTB Paul Haupt.

Glasl, F. (1987). Der anthroposophische Ansatz – Organisationsentwicklung nach dem Konzept des NPI. In L. v. Rosenstiel, H. Einsiedler, R. Streich & S. Rau (Hrsg.), *Motivation durch Mitwirkung* (S. 85-100). Stuttgart: Schäffer-Poeschel.

Greif, S. & J. Kurtz (1996). *Handbuch Selbstorganisiertes Lernen.* Göttingen: Verlag für Angewandte Psychologie.

Hacker, W. (1986). Aspekte einer gesundheitsstabilisierenden und -fördernden Arbeitsgestaltung. *Zeitschrift für Arbeits- und Organisationspsychologie, 35,* 48-58.

Hammer, M. & J. Champy (1994). *Business Reengineering. Die Radikalkur für das Unternehmen.* Frankfurt: Campus.

Kanfer, R. (1992). Work motivation: New directions in theory and research. In C.L. Cooper & I.T. Robertson (Eds.), *International Review of Industrial and Organizational Psychology* (Vol. 7, pp 1-53). London : Wiley.

Kastner, M. (1990). *Personalmanagement heute.* Landsberg: verlag moderne industrie.

Kastner, M. (1991). Systemverträgliche Organisationsentwicklung. Blutauffrischung für die Organisation. *Gablers Magazin,* Nr. 10. S. 51-57,

Kastner, M. (1994). *Personalpflege – Der gesunde Mitarbeiter in einer gesunden Organisation.* München: Quintessenz.

Kastner, M. (1995a). Wie wir Veränderungen meistern können. *Gablers Magazin*, Nr. 9, S. 17-24.

Kastner, M. (1995b). Auf dem Weg zur schlanken Organisation in Staat und Wirtschaft. In B. Baumeister, M. Kastner & M. Wissmann (Hrsg.) *Wirtschaft trifft Politik. Aktuelle Fragen der Politik, 31*, S. 29-97. Konrad Adenauer Stiftung.

Kastner, M. (1996a). Den Wandel managen gegen und mit Hilfe von Widerständen. In M. Kastner (Hrsg.). *Auf dem Weg zum schlanken Staat – Der konstruktive Umgang mit Widerständen*. Herdecke: Maori.

Kastner, M. (1996b). *Sozialkompetenz*. München: Süddeutscher Verlag

Lawler, E.E. (1990). *Strategic pay: Aligning organizational strategies and pay systems*. San Francisco: Jossey-Bass.

Leymann, H. (1993). Mobbing and Psychological Terror at Workplaces. *Violence and Victims, 5*, 119-126.

Maier, W. (1988). *Arbeitsanalyse und Lohngestaltung*. Stuttgart: Enke.

Maturana, H. & Varela, F. (1987). *Der Baum der Erkenntnis*. München: Scherz.

Mentzel, W. (1980). *Personalentwicklung – Handbuch zur Förderung und Weiterbildung der Mitarbeiter*. Freiburg: Hauf.

Mühlbauer, H. (1990). *Kollege Alkohol, Betreuung gefährdeter Mitarbeiter*. München: Kösel.

Neuberger, O. (1994). *Personalentwicklung*. Stuttgart: Enke.

Oechsler, W. A. (1987). *Personalbeurteilung: Neue Wege der Leistungs- und Verhaltensbewertung*. Bamberg: Bayerische Verlagsanstalt.

Peters, T.J. & Waterman, R.H. (1984). *Auf der Suche nach Spitzenleistungen*. Landsberg: verlag moderne industrie.

Pritchard, R.D. (1995). *Productivity measurement and improvement*. Westport: Praeger.

Probst, G.J.B. (1987). *Selbstorganisation*. Berlin: Paul Parey.

Remer, A. (1978). *Personalmanagement - Mitarbeiterorientierte Organisation und Führung von Unternehmungen*. New York: De Gruyter.

Rieckmann, H.J. (1988). 20 Thesen zur zukünftigen Managemententwicklung in der Wirtschaft. In M. Kastner & B. Gerstenberg (Hrsg.), *Neue Trends im Personalwesen* (S. 49-62). Landsberg: verlag moderne industrie.

Schuler, H. (1989). Leistungsbeurteilung. In E. Roth (Hrsg.) *Organisationspsychologie* (Enzyklopädie der Psychologie, Band D, III, 4, S. 399-429). Göttingen: Hogrefe.

Schuler, H. (1991). Leistungsbeurteilung – Funktionen, Formen und Wirkungen. In H. Schuler (Hrsg.), *Beurteilung und Förderung beruflicher Leistung* (Beiträge zur Organisationspsychologie, Bd. 4, S. 11-40). Stuttgart: Verlag für Angewandte Psychologie.

Sonntag, K. (1992). *Personalentwicklung in Organisationen*. Göttingen: Hogrefe

Sprenger, R. (1995). *Das Prinzip Selbstverantwortung – Wege zur Motivation*. Frankfurt: Campus.

Staehle, W.H. (1989). *Management – Eine verhaltenswissenschaftliche Perspektive*. München: Vahlen.

Ulich, E. (1992). *Arbeitspsychologie*. Stuttgart: Schäffer-Poeschel.

Vetter, R. & Wiesenbauer, L. (1995). *Vernetzte Organisationen*. Wiesbaden: Gabler.

Woititz, J.G. (1990). *Um die Kindheit betrogen. Hoffnung auf Heilung für erwachsene Kinder von Suchtkranken*. München: Kösel.

Ziegler, H. (1991). Suchtprobleme am Arbeitsplatz. In: W. Geisbühl (Hrsg.), *Alkohol- und Medikamentenprobleme am Arbeitsplatz* (S. 9-27). Geesthacht: Neuland.

5 Planung

Rudolf Aichner und *Werner Kannheiser*

1 Planung als zentrales Element betrieblicher Praxis

Das Verständnis betrieblicher Planungsprozesse hat sich seit Taylors wissenschaftlicher Betriebsführung und Webers Bürokratiemodell über systemtheoretische Modelle hin zu Selbstorganisationsansätzen grundlegend gewandelt. Die Ordnung in Organisationen wird heute nicht mehr ausschließlich als Ergebnis des bewußten Planens und Steuerns von exklusiv dafür zuständigen Instanzen gesehen. Sie wird gleichermaßen als Resultante der Eigendynamik der einzelnen Bestandteile der Organisation, z.b. der Abteilungen und Mitarbeiter und deren Zusammenwirken (Warnecke, 1995) betrachtet. Aber auch für sich selbstorganisierende Prozesse müssen Rahmenbedingungen und Voraussetzungen bewußt geschaffen und erhalten werden. Dies bedeutet konkret: *Planung zählt neben Leitung, Organisation und Kontrolle weiterhin zu den zentralen Aufgaben der Betriebsführung.* Aufgaben und aktuelle Probleme betrieblicher Planung sowie Ansatzpunkte für ihre Unterstützung durch die Psychologie werden im folgenden exemplarisch beschrieben.

Planung wird als eine zielgerichtete und systematische Informationsgewinnung und -verarbeitung zur Formulierung von Vorgehensentwürfen betrachtet. Geplant wird, um Ziele zu erreichen, die aufgrund von Unsicherheit, Komplexität oder begrenzten Ressourcen sonst nicht zu erreichen wären. In der Regel sind Planungsmodelle, -methoden und eine Planungsorganisation erforderlich, durch die Kompetenzen, Mittel und Abläufe geregelt werden. Betriebliche Planungsprozesse setzen somit bereits Planung voraus.

Planung kann im Unternehmen mit einem *Businessplan* beginnen, in dem eine neue Geschäftsidee formuliert wird, um Geldgeber oder Geschäftspartner zu gewinnen. Daraufhin müssen die konkrete Organisation und erforderliche Arbeitsprozesse definiert werden. Festzulegen ist dabei z.B. der Standort einer Produktionsstätte, die betriebliche und überbetriebliche Logistik, die Fertigungsverfahren und das strukturelle Zusammenspiel aller Produktionsfaktoren.

Um Marktentwicklungen und Veränderungen von Rahmenbedingungen, z.B. der Umweltgesetzgebung, entsprechen zu können, müssen Organisationen als lern- und anpassungsfähige Systeme geplant und gestaltet werden. Dies erfordert eine *systemische* Planung von Steuerungsgrößen, Informationsflüssen, Ressourcen und Verantwortungsbereichen, unterstützt durch aussagefähige Ziel- und Controllingsysteme. Auf diese Weise können flexible Organisationseinheiten entstehen, die weitgehend selbständig ihre Leistungsprozesse organisieren (Beisel, 1996).

Mit der *strategischen Unternehmensplanung* werden mittel- und langfristige Ziele entwickelt und die dafür geeignet erscheinenden Strategien festgelegt. Inhalt dieser Planungen kann der Aufbau neuer Geschäftsfelder sein, aber auch die Veränderung der Geschäftspolitik oder die Gestaltung von Kooperationen und Allianzen (Weber, Hamprecht & Goeldel, 1997). Wenn ein Unternehmen z.B. Total Quality Management (TQM) erfolgreich einführen will, müssen die bestehenden Unternehmensziele und viele Einzelmaßnahmen geprüft und angepaßt werden. Akkordentlohnung, die nur Stückzahlen honoriert, paßt nicht zu TQM und muß durch eine Regelung ersetzt werden, die besser paßt. Auch die Eigenständigkeit organisatorischer Einheiten, z.B. von Profitcentern, muß berücksichtigt werden, wenn Widerstände oder dysfunktionale Veränderungen vermieden werden sollen (Klimecki & Gmür, 1997).

Die genannten Aufgaben erfordern eine *Planungsorganisation*, die weitgehend mit der Führungsorganisation des Unternehmens identisch ist, da es sich um genuine Aufgaben der Unternehmensführung handelt. Für viele andere Planungsaufgaben sind betrieblicherseits spezielle, sachlogisch definierte Prozesse und Abläufe festgelegt. Dies ist möglich, weil sich Aufgaben in ähnlicher Form wiederholen und ihre Lösungen nach festen Regeln generiert und bewertet werden können. Damit lassen sich *Informationsverarbeitungsprozesse* auf einen konkreten Zweck hin optimieren. Z. B. wird in der laufenden *Programmplanung* bis hin zur *operativen Feinplanung* (Werkstattplanung, Personaleinsatzplanung) festgelegt, welche Produkte und Dienstleistungen wie und zu welchem Zeitpunkt bereitgestellt werden müssen. Hierbei wird auf Produktionsplanungs- und -steuerungssysteme (PPS) gesetzt, da die entsprechenden Abläufe informationstechnisch gut abzubilden und nur so noch wirtschaftlich beherrschbar sind. Je nach Optimierungskriterium kann z.B. die Reihenfolgeplanung dann auf die schnelle Reaktion der Fertigung hin oder alternativ auf die gleichmäßige Auslastung der vorhandenen Kapazitäten hin ausgerichtet werden.

Eine zunehmend steigende Zahl betrieblicher Vorhaben läßt sich aber nicht auf die letztgenannte Art optimieren. Soll ein kundenspezifischer Großauftrag abgewickelt, ein Produkt neu entworfen, eine Zertifizierung oder gar das Reengineering des Planungssystem (Franssen & Müller, 1996) durchgeführt werden, so sind dies im wesentlichen komplexe, einmalige Prozesse. Aufgrund der fehlenden Transparenz und Zugänglichkeit vieler für derartige Planungen wichtiger Informationen, der notwendigen Einbindung unterschiedlicher Menschen und Perspektiven in die Planungs- und Umsetzungsprozesse können diese Planungen nicht allein als wohlgeordnete Informationsverarbeitungsprozesse von Fachabteilungen mittels standardisierter Abläufe abgewickelt werden können. Für ihre wirtschaftlich vertretbare Durchführung können nur gewisse *Regeln* und *Ablaufmuster* angeboten werden (s. Abschnitt 2).

Parallel zu den genannten Planungsaufgaben erfolgt die eigenständig von den Mitarbeitern vorzunehmende individuelle Arbeitsplanung. Dabei zeigen sich die Freiheitsgrade, die Mitarbeiter für ihre Tätigkeit haben (Hacker, 1998). Diese Freiheitsgrade bieten Lernchancen und Anreize zur persönlichen Entwicklung. Hierdurch werden langfristig Handlungskompetenzen aufgebaut, um Aufgaben flexibel bewältigen und Schwachstellen selbständig beheben zu können.

Die Psychologie bietet zur Unterstützung betrieblicher Planungsprozesse zum einen Planungsmodelle an. Zum anderen können wichtige Beiträge zu inhaltlichen Fragestellungen, wie etwa der *Personalplanung* oder der *Gestaltung von Arbeitssystemen* geleistet werden. Diese Planungsfelder sind deswegen von besonderer Bedeutung, da in ihnen langfristig wirkende Voraussetzungen für die Effizienz von Unternehmen geschaffen werden.

2 Ein psychologisches Planungsmodell

Das im folgenden exemplarisch dargestellte Planungsmodell ist eine *Heuristik*, um im obigen Sinne nicht standardisierte, spezifische Planungsprojekte durchzuführen. Der Planungsprozeß wird entsprechend den Phasen des Problemlöseprozesses gegliedert (Kannheiser, 1990) und durch ein interdisziplinär besetztes Projektteam gesteuert (Kannheiser, Hormel & Aichner, 1997). Das Modell wird ergänzt durch Wissens- und Handlungsbausteine, u.a. Sach- und Prozeßwissen über *psychologische Arbeits- und Systemgestaltung, teamorientierte Projektarbeit* oder *Methoden*, mit denen Einzelaufgaben gelöst werden können, z.B. Belastungsanalysen (Aichner, Kannheiser & Hormel, 1993).

Das Planungsmodell läßt sich durch die folgenden zentralen Aufgaben und aus psychologischer Sicht wichtigen Gesichtspunkte charakterisieren:
(1) *Vorbereitung der Planung*: In der „Planung der Planung" wird die Problemstellung in Form eines Projektauftrags konkretisiert und durch die Klärung von Aufgaben, Zuständigkeiten und Kompetenzen eine geeignete Projektorganisation aufgebaut. Da Planungen das soziale System Unternehmen verändern, stellt sich hier auch die Frage nach der Organisation von *Planung als sozialem Prozeß*: Wie können die betroffenen Bereiche und Mitarbeiter in den Planungsprozeß eingebunden und dafür qualifiziert werden? Wie werden Gruppenprozesse innerhalb der Planung unterstützt? Welche Machtbasis hat das Projekt in der Gesamtorganisation und wie können Ziele und Vorgehensweisen der Planung in die Ziele und Werte der Organisation eingebettet werden (v. Rosenstiel, 1992; Schulz-Hardt, 1997)?
(2) *Zielanalyse*: Aus dem Projektauftrag werden in einem nächsten Schritt konkrete, überprüfbare Teilziele und Kriterien abgeleitet. Diese steuern die nachfolgenden Projektphasen, indem sie eine gemeinsame Zielorientierung ermöglichen und die notwendigen Bewertungs- und Suchprozesse transparent machen. Da die Ziele

selbstverständlich erscheinen, wird diese Phase in der Praxis häufig übersprungen. Dies kann aber problematisch sein, da beispielsweise verschiedene Bereiche wie Konstruktion oder Montage, Vertrieb oder Controlling mitunter selbst unter den gleichen Begriffen Verschiedenes verstehen und sich überwiegend am Optimum für den eigenen Bereich orientieren. Durch eine *systemische Zielanalyse* können diese Sprachbarrieren und -unterschiede überwunden werden. Es werden dabei auch organisatorische oder personalbezogene Ziele relevant, die – aus nur einer Perspektive betrachtet – unwichtig erschienen wären. Zudem können Zusammenhänge und Wechselwirkungen zwischen Zielen, aber auch unerwünschte Nebenwirkungen frühzeitig erkannt und damit besser kontrolliert werden.

(3) *Ist-Analyse*: In dieser Phase werden die Stärken und Schwächen der Ausgangssituation präzisiert. Dazu werden Probleme beschrieben und analysiert, Rahmenbedingungen für die Problemlösung festgelegt und Anforderungen an sie definiert. Es ist darauf zu achten, daß die Problemanalyse nicht *vorschnell* abgebrochen wird, die Betroffenen ausreichend zu Wort kommen und mitarbeiterbezogene Aspekte der Arbeitsorganisation oder des Betriebsklimas beachtet werden. Eine Vielzahl u.a. auch arbeits- und organisationspsychologischer Verfahren sind geeignet, entsprechende Informationen zu erheben (Kannheiser, 1990; v. Rosenstiel, 1992; Ulich, 1994).

(4) *Lösungssuche/Alternativenentwicklung*: Hier wird erarbeitet, wie die Projektziele unter den gegebenen Bedingungen realisiert werden können. Selbst wenn der Lösungsweg vorgegeben scheint, kann es sich lohnen, Zeit in die Entwicklung *alternativer Konzepte* zu investieren. Nur so sind eingefahrene, notwendige Veränderungsprozesse hemmende Vorgehens- und Sichtweisen zu überwinden. In den Lösungsvorschlägen sollen außerdem möglichst frühzeitig Fragen der Organisation und der Qualifikation bedacht werden. Dadurch lassen sich viele Probleme bei der Umsetzung der Lösung vermeiden.

(5) *Bewertung und Auswahl*: Die erarbeiteten Lösungsvorschläge werden mit Hilfe der in der Zielanalyse entwickelten Kriterien und den in der Ist-Analyse festgelegten Anforderungen und Rahmenbedingungen bewertet. Die am meisten zielführende und wirtschaftlich darstellbare Alternative wird ausgewählt. Die Qualität dieser Entscheidung hängt ganz wesentlich davon ab, wie *ganzheitlich* der Planungsprozeß bisher verlief, ob die Betroffenen im Projekt mitarbeiten konnten und ob die erarbeiteten Ziele auch wirklich gemeinsam verfolgt wurden.

(6) *Detailplanung*: Hier werden die technischen, organisatorischen und personalbezogenen Feinabstimmungen des ausgewählten Lösungsansatzes vorgenommen. Fragen der konkreten Arbeitsorganisation, der notwendigen Qualifikation und Art des Einführungsprozesses werden mit den von den beabsichtigten Veränderungen Betroffenen *direkt* diskutiert. Die Lösung wird dadurch realitätsnäher und ist vor Ort schneller umzusetzen.

(7) *Realisierung*: Die Planungsergebnisse werden umgesetzt. Die Verantwortung dafür sollte nicht – zumindest nicht völlig – delegiert werden, da die Mitglieder des Planungsteams engagierter an der Umsetzung arbeiten und die notwendigen Feinabstimmungen im Sinne der ursprünglichen Ziele vornehmen können.

(8) *Evaluation*: Nach der Anlaufphase werden Planungsprozeß und -ergebnis bewertet. Dadurch ergeben sich Chancen, Planungsprozesse zu verbessern und die Organisation insgesamt lernfähiger zu machen (ein Anwendungsbeispiel s. in Kasten 1).

Kasten 1
Planung einer flexiblen Fertigungszelle (FFZ) in einem mittelständischen Betrieb

Der Betrieb hatte bei der Herstellung eines seiner umsatzstärksten Produkte, einer Armatur für großtechnische Anlagen, Kapazitätsprobleme. Zudem mußte aufgrund sicherheits- und umwelttechnischer Mängel mittelfristig Ersatz für die bestehenden Anlagen geschaffen werden. Ein Projektteam mit Vertretern der betroffenen betrieblichen Funktionen Fertigung (technischer Leiter und ein Meister), Finanzplanung, Fertigungsplanung sowie Instandhaltung bekam von der Geschäftsführung den Auftrag zur Planung einer neuen Anlage. Der Zeithorizont und das Investitionsvolumen waren weitgehend vorgegeben. Die Planung orientierte sich methodisch am Planungskonzept Technik-Arbeit-Innovation (Kannheiser, Hormel & Aichner, 1997) und wurde extern moderiert.

Zuerst wurden die Ziele für das Projekt und die zu erwartenden Anforderungen bzgl. Technik und Produktion im Team analysiert. Nach einer regen Diskussion legte sich das Planungsteam auf mehrere Ziel- und damit Bewertungsgrößen fest und gewichtete diese. Anschließend wurden sie nach ihren Auswirkungen auf die jeweiligen anderen Ziele analysiert. Daraus ergab sich, daß folgende Ziele vordringlich angegangen werden sollten: Reduzierung von Rüstzeiten, Reduzierung der Bearbeitungszeiten und Abbau von Monotonie. Um Anregungen und Ideen für die Zielerreichung zu gewinnen, wurden mehrere Sitzungen mit Kreativitätstechniken veranstaltet. Parallel dazu wurden technische Details und Produktionsdaten aufbereitet.

Einzelne Projektmitglieder entwickelten daraufhin erste Gestaltungsvorschläge. Diese wurden anhand der Kriterien bewertet und noch einmal modifiziert, bevor die Entscheidung für folgende Lösung fiel: zwei identische Linien mit Komplettbearbeitung, Roboter zum Be- und Entladen sowie dem Entgraten und Polieren, PPS-Anbindung der FFZ, zwei gleichwertig qualifizierte Mitarbeiter je Schicht. Dieser Stand wurde der Geschäftsleitung vorgestellt und von dieser bestätigt.

Somit konnte das Pflichtenheft für die technische Ausstattung erstellt werden. Dann wurde erörtert, welche Funktionen im System anfallen oder von den jeweiligen Fachabteilungen oder dem PPS übernommen werden sollten. Innerhalb der FFZ wurde wiederum zugeordnet, welche Funktion entweder die Bediener, der Meister oder die Roboter übernehmen sollten. Wesentliche Kriterien für die Zuordnung der Aufgaben zu den Bedienern waren – aufgrund der dezidierten Zielanalysen – die Stärken der menschlichen Akteure im Vergleich zur Maschine, die Ausgewogenheit der Anforderungen und die zeitliche Realisierbarkeit ihrer Ausführung. Nach eingehender Diskussion wurde eine Funktionsverteilung festgelegt, wonach die technischen Anforderungen weiter präzisiert und erste Angebote eingeholt werden konnten.

Dann folgten die organisatorische Feinabstimmung und die Qualifizierungsplanung. Dabei band man die betroffenen Mitarbeiter zunehmend stärker in den Planungsprozeß ein. Parallel zur Beschaffung wurde so ein ausgereiftes Gesamtkonzept erarbeitet und notwendige Vorarbeiten konnten durchgeführt werden.

3 Spezielle Planungsfelder: Personalplanung und Planung von Arbeitssystemen

Die Produktivität von Wirtschaftsorganisationen wird auch in Zukunft primär von der menschlichen Arbeitsleistung abhängen. Gerade der *Produktionsfaktor Personal* kann mit Hilfe psychologischer Modelle und Methoden besser geplant, beschafft, organisiert, disponiert, aufrechterhalten und entwickelt werden (v. Rosenstiel, Regnet & Domsch, 1995). In der Praxis bleiben Entwicklungsnotwendigkeiten und -potentiale im Qualifikationsbereich oft unklar. Der Qualifikationstand wird vor allem über konkrete fachliche Abschlüsse und bestehende Stellenbeschreibungen definiert, die sich verändernden Qualifikationsanforderungen sind schwer faßbar und dienen kaum zur Orientierung. Entwicklungsorientierte Planungskonzepte (s.o.) können hier wichtige Beiträge liefern. Als Resultat derartiger dynamischer Planungen können statt genormter Qualifizierungspakete *aufgabenspezifische*, methodisch fundiertere Qualifikationsprofile entwickelt, und auch die Mitarbeiter als Kunden der Personalplanung wahrgenommen werden. Damit kommen die individuellen Lern- und Qualifikationsvoraussetzungen in den Blick und führen zu einer individualisierten Qualifikationsplanung. Die hier verstärkt zum Einsatz kommenden Methoden der Personalentwicklung wie Projektarbeit, computer-based learning oder coaching zielen dabei insbesondere auf selbstorganisiertes Lernen ab (Greif & Kurtz, 1996).

Ein weiterer wichtiger Bereich betrieblicher Planung ist die *Gestaltung von Arbeitssystemen*. Nicht nur soziotechnische Modellvorstellungen, sondern konkrete Erfahrungen in Projekten verdeutlichen die Erfordernis, Humanressourcen frühzeitig und intensiv bei betrieblichen Veränderungen bzw. entsprechenden Planungen zu berücksichtigen: Die Anlaufzeiten neuer technischer Systeme können durch frühzeitige und umfassende Planung, insbesondere im Qualifizierungsbereich wesentlich verkürzt werden. Ziel betrieblicher Planungen sollten aus psychologischer Sicht ganzheitliche und aus betrieblicher Sicht flexible Arbeitssysteme sein. Die darin anfallenden Arbeitstätigkeiten sollten dabei im arbeitspsychologischen Sinne *vollständig* sein, d.h.

– ausreichende aktivierende Tätigkeitsanforderungen,
– Kooperationsmöglichkeiten,
– individuelle und kollektive Zielstellungs- und Entscheidungsmöglichkeiten mit der Möglichkeit zur Verantwortungsübernahme,
– produktive Denkanforderungen und
– Lernanforderungen (Hacker, 1998) enthalten.

Sind Lernanforderungen und generell potentialorientierte Personalarbeit in der konkreten Tätigkeit integriert, werden wesentliche Voraussetzungen für eine *lernende und damit künftige Planungsaufgaben optimierende Organisation* geschaffen. Für Planung wie für jede andere betriebliche Leistung gilt: Das einzig Konstante ist die Veränderung.

Literatur

Aichner, R., Kannheiser, W. & Hormel, R. (1993). *Planung im Projektteam. Band. 2: Checklisten und Verfahren des P-TAI.* München und Mering: Hampp.

Beisel, R. (1996). *Synergetik und Organisationsentwicklung. Eine Synthese auf der Basis einer Fallstudie aus der Automobilindustrie* (2. Aufl.). München und Mering: Hampp.

Duell, W. & Frei, F. (1986). *Leitfaden für qualifizierende Arbeitsgestaltung.* Köln: Verlag TÜV Rheinland.

Franssen, M. & Müller, U. (1996). Reengineering von Planungsprozessen. *Zeitschrift für Führung und Organisation, 65,* 149-152.

Greif, S. & Kurtz, H.-J. (Hrsg.).(1996). *Handbuch Selbstorganisiertes Lernen.* Göttingen: Verlag für Angewandte Psychologie.

Hacker, W. (1998). *Allgemeine Arbeitspsychologie. Psychische Regulation von Arbeitstätigkeiten.* Bern: Hans Huber.

Kannheiser, W. (1990). Methoden der Ingenieurpsychologie. In C. Graf Hoyos & B. Zimolong (Hrsg.), *Ingenieurpsychologie* (Enzyklopädie der Psychologie, Band D, III, 2, S. 55-91). Göttingen: Hogrefe.

Kannheiser, W., Hormel, R. & Aichner, R. (1997). *Planung im Projektteam. Band. 1: Handbuch zum Planungskonzept Technik-Arbeit-Innovation (P-TAI)* (2. Aufl.). München und Mering: Hampp.

Klimecki, R.G. & Gmür, M. (1997). Strategie und Flexibilität. Wenn Erfolgspotentiale zu Risikopotentialen werden. *Zeitschrift für Führung und Organisation, 66,* 206-212.

Rosenstiel, L.v. (1992). Grundlagen der Organisationspsychologie (3. Aufl.). Stuttgart: Poeschel.

Rosenstiel, L.v., Regnet, E. & Domsch, M. (Hrsg.).(1995). *Führung von Mitarbeitern. Handbuch für erfolgreiches Personalmanagement* (3. Aufl.). Stuttgart: Schäffer-Poeschel.

Schulz-Hardt, S. (1997). *Realitätsflucht in Entscheidungsprozessen. Von Groupthink zum Entscheidungsautismus.* Bern: Hans Huber.

Ulich, E. (1994). *Arbeitspsychologie* (3. Aufl.). Stuttgart: Schäffer-Poeschel.

Warnecke, H.-J. (1995). Selbstorganisation im Produktionsbetrieb. Wie soll man der zunehmenden Komplexität begegnen? *Technische Rundschau, 87* (4), 10-13.

Weber, J., Hamprecht, M. & Goeldel, H. (1997). Integrierte Planung – nur ein Mythos? *Harvard Business Manager, 19* (3), 9-13.

6 Wissen und Entscheidungshilfen

Bernhard Zimolong und *Barbara Majonica*

1 Entscheiden in Organisationen

Entscheidungen in Organisationen haben nicht selten weitreichende Auswirkungen für die Organisation und ihr Umfeld, für die Betroffenen und den Entscheidungsträger selbst. Anknüpfend an die Erkenntnisse über die Defizite und Schwächen organisatorischer Entscheidungen (Cyert & March, 1963), insbesondere aber der „begrenzten Rationalität" menschlichen Entscheidungsverhaltens (Simon, 1960) ergibt sich die Notwendigkeit zur Verbesserung der Entscheidungsprozesse und des Entscheidungsverhaltens. Dazu sind zunächst Kenntnisse über das Problemlösen und Entscheiden notwendig.

Aufgrund komplexer Umwelt- und Lebensbeziehungen müssen Menschen ständig – auf der Basis des erworbenen Wissens und ihrer Erfahrungen – urteilen und entscheiden, um Probleme zu lösen. Was ist mit solchen Begriffen gemeint?

Situationen, in denen das verfügbare Wissen nicht genügt, um ein angestrebtes Ziel zu erreichen, werden als *Probleme* bezeichnet (Kluwe, 1990). Beim Lösen von Problemen geht es darum, Mittel zur Zielerreichung zu finden und einzusetzen. Problemlösungen sollen einen unbefriedigenden Ausgangszustand in einen angestrebten Zielzustand „transformieren". Die Forschung zum Problemlösen befaßt sich deshalb mit dem Suchen und Nutzen von Erkenntnissen und Handlungsmöglichkeiten; die Bewertung und Selektion von Handlungsmöglichkeiten wiederum ist ein zentraler Aspekt der *Entscheidungsforschung*. Voraussetzungen für problemlösendes Verhalten sind Zielbewußtsein, die Fähigkeit, Ziele in Teilziele und -aufgaben zerlegen zu können und Operatoren auszuwählen.

Verschiedene Phasen von Problemlöseprozessen sind durch die Notwendigkeit gekennzeichnet, *Entscheidungen* zu treffen. Entscheiden heißt, angesichts von Zielvorstellungen zwischen mehreren Alternativen auszuwählen und dabei deren mögliche Konsequenzen zu berücksichtigen. Problemlöse- und Entscheidungsprozesse werden maßgeblich davon bestimmt, ob und wieviel Wissen über den jeweiligen Problembereich vorhanden ist (Rothe & Schindler, 1996). Mit dem Begriff Wissen werden deklarative und prozedurale Aspekte angesprochen: *Deklaratives Wissen* läßt sich mit dem Wissen über Tatsachen und Gegenstände beschreiben. Im Vergleich dazu bezieht sich *prozedurales Wissen* auf die Art, wie kognitive Prozesse ausgeführt und Probleme gelöst werden. Dies setzt das Wissen über bestimmte Sachverhalte und heuristische Kompetenz voraus, d.h. die Fähigkeit, Regeln abzuleiten und anzuwenden.

Das Lösen von Problemen – einschließlich der Entwicklung von Handlungs-möglichkeiten, ihrer Bewertung und der Entscheidungsfindung – stellt erhebliche *Anforderungen an die menschliche Informationsverarbeitung.* Das Leistungsver-mögen des Menschen ist jedoch bei diesen Prozessen beschränkt; es kann beispiels-weise überfordert sein, weil die benötigte Information schwer aufzufinden ist, die zu speichernde Informationsmenge zu groß ist, die Gewichtung der Bedeutung von Teilinformationen schwerfällt oder die angemessene Informationsverknüpfung zu einem Gesamturteil nicht gelingt (Newell & Simon, 1972).

Hohe Anforderungen an die Informationsverarbeitung liegen auch dann vor, wenn komplexe, vernetzte Ziele miteinander zu vereinbaren sind, viele Handlungs-alternativen denkbar und Konsequenzen im Hinblick auf zahlreiche Dimensionen abzuwägen sind. Zusätzlich kann die mangelnde Transparenz und die Dynamik von Sachverhalten die Problemlösung erschweren (Dörner, 1976; Reason, 1990). Experten und Anfänger unterscheiden sich deutlich in der Strukturierung und der Qualität ihrer internen Abbilder von Problembereichen: So erfolgt zum Beispiel die Lösungssuche bei Experten in größeren Einheiten, wobei jede Einheit wiederum aus eng verknüpften Schrittfolgen bestehen kann. Anfänger gehen dagegen das Problem in zahlreichen kleinen Schritten an (Larkin, McDermott, Simon & Simon, 1980) oder verwenden bereits am Anfang zeit- und ressourcenintensive Strategien bei der Störungsdiagnose in der Fertigung (Konradt, 1995).

In Urteils- und Entscheidungssituationen bedienen sich Menschen oft sogenann-ter Urteilsheuristiken, die den Erkenntnisgewinn erleichtern (Kahnemann, Slovic & Tversky, 1982). Polya (1973) hat heuristische Regeln als Imperative formuliert, deren Anwendung beim Lösen von Problemen hilfreich sein kann. Menschliche Urteilsfehler sind intensiv erforscht worden (Nisbett & Ross, 1980). Außer inadäquaten Heuristiken treten folgende Fehler häufig auf: Verzerrungen geringer und hoher Wahrscheinlichkeiten, unzureichendes Revidieren von Urteilen, Über-bewertung von zuerst oder zuletzt einkommenden Informationen (Primacy/Recency-Effekte), die Unterschätzung beruflicher Verletzungs- und Gesundheits-risiken.

Außerdem hat die Einkleidung und Etikettierung („framing") von Entschei-dungsproblemen starken Einfluß auf die Entscheidungsfindung. Wie Reason (1987) in seinem GEMS-Modell zeigt, lassen sich einzelne Fehlerarten verschie-denen Kontroll- und Steuerungsstufen zuordnen: Auf der sensorisch-motorischen Ebene kommt es zu Versehen und Verwechslungen, auf der Regel- und der Wissensebene zu Irrtümern oder Mißverständnissen (Zimolong, 1990). Die kom-plexen, psychischen Anforderungen und die nicht selten für die eigene Person und die Umwelt wichtigen Konsequenzen solcher Entscheidungen legen den Einsatz von Entscheidungshilfen (EH) nahe; allerdings schließt eine Anwendung von EH die genannten Urteilsfehler keineswegs aus, denn Entscheidungen sind ohne subjektive Beurteilungsprozesse nicht möglich.

2 Entscheidungshilfen

2.1 Kontextfreie Entscheidungshilfen

Als eine grundlegende Unterteilung von EH kann die Unterscheidung in kontextfreie EH und bereichsspezifische, wissensbasierte Verfahren gelten. Kontextfreie EH sind allgemeine – zunächst inhaltsfreie – Problembearbeitungsstrategien, die vorrangig auf den Vergleich, die Bewertung und die Wahl von Handlungsalternativen abzielen. Grundlage ist ein strukturierter Vergleich der *verfügbaren Optionen*. Zu den kontextfreien EH mit Bezug auf unterschiedliche Phasen des Problemlöseprozesses zählen Verfahren wie die Delphi-Technik, Brainstorming-Methoden, die Szenario- und die Planspiel-Technik (Wottawa & Thierau, 1990), aber auch computergestützte Verfahren wie MAUD (Humphreys & Wisudha, 1980). Einen Überblick über Entscheidungshilfen geben Zimolong und Rohrmann (1988). Im folgenden geht es um kontextfreie EH, die einen Entscheider beim systematischen Vergleich und Bewerten mehrerer komplexer Handlungsalternativen unterstützen und eine begründete Wahl der besten Option ermöglichen sollen.

Wissenschaftlicher Ausgangspunkt der meisten Verfahren zur Entscheidungshilfe ist die – mehr oder minder strikt ausgelegte – präskriptive Entscheidungstheorie, wobei der subjektiv erwartete Nutzen („SEU" = subjective expected utility) als Schlüsselkriterium für die Bewertung von Alternativen dient. Ausführliche Darstellungen geben v. Winterfeldt und Edwards (1986). Grundsätzlich wird dabei ein Entscheidungsproblem so konzeptualisiert:
– Alternativen haben Konsequenzen, die mit bestimmter Wahrscheinlichkeit eintreten,
– Entscheider präferieren bestimmte Konsequenzen, können Alternativen also nach Günstigkeit bewerten,
– mit einer (u. U. mehrdimensionalen) Präferenzfunktion lassen sich die Alternativen nach ihrem Nutzen ordnen,
– die beste Alternative ist jene, für die der Erwartungswert des (subjektiven) Nutzens ein Maximum erreicht.

Für diese Aufgaben – die einerseits Wissensprobleme, andererseits Bewertungsprobleme aufwerfen – sind vielfältige und verschieden weit reichende Hilfsmittel bzw. Technologien (Edwards 1983, spricht von „Psychotechnologien") entwickelt worden. Wesentliche Merkmale von kontextfreien EH und einige typische Verfahren enthält Kasten 1. Der Kasten 2 zeigt den Ablauf einer Entscheidungsanalyse auf der Basis des Programms „MAUD 4".

2.2 Wissensbasierte Entscheidungshilfen

Wissensbasierte EH sind Computerprogramme, in denen vorhandenes Expertenwissen so aufbereitet ist, daß sie Probleme eigenständig oder zusammen mit den

Benutzern lösen können. Expertensysteme (ES) treffen Entscheidungen auf dem Kenntnis- und Wissensstand von Fachleuten (Coy & Bonsiepen, 1989). Entsprechend unterscheiden Engel und Zimolong (1997) zwischen modellgestützten oder automatisierten und benutzerorientierten Systemen. Modellgestützte Systeme z.B. für die Instandhaltung in der Fertigung haben die Grundidee, die Diagnoseaufgaben soweit wie möglich ohne Einbezug der Benutzer nur vermittelt durch die Sensortechnik auszuführen. Lediglich in Fällen, in denen das System versagt und keine Lösung bestimmen kann, muß der Benutzer eingreifen. Ein typisches Bei-

---

Kasten 1

Merkmale von kontextfreien Entscheidungshilfen

In der Regel handelt es sich um einen Beratungsvorgang, in dem ein Entscheidungsberater (Experte) eine entscheidungsanalytische Prozedur zusammen mit dem Entscheider (Klient) durcharbeitet. Solche EH sind z. B.: multiattributive Entscheidungsanalysen, Bilanzbogenverfahren nach Janis und Mann (1977), das Entscheidungsstrukturierungsprogramm von Humphreys und Wishuda (1980). Allerdings erfordern nicht alle Verfahren den Einsatz eines professionellen Entscheidungsanalytikers. Gegenstand der EH können das Entscheidungsproblem als Ganzes oder aber einzelne Phasen oder Komponenten sein, wie z. B. die Zielstrukturierung, die Nutzenmessung, die Bestimmung von Wahrscheinlichkeiten und die Anwendung von Entscheidungsregeln.

Der Formalisierungsgrad von EH ist unterschiedlich und reicht von der axiomatisch begründeten Entscheidungsanalyse mit vollständiger Quantifizierung der relevanten Größen über vereinfachte Ansätze wie z. B. „SMART" (Edwards, 1977) oder „P/G-%-Analysis" (Nagel & Long, 1985) bis zu vorwiegend qualitativen Verfahren der Entscheidungsberatung (z. B. Janis & Mann, 1977).

Eine Reihe von Verfahren liegt als Computerprogramm vor, wobei der Rechner einerseits den Dialog mit dem Klienten und andererseits die in der jeweiligen EH erforderlichen logischen Operationen und mathematischen Berechnungen übernimmt. Beispiele sind „MAUD" (Multi-attribute utility decomposition, Humphreys und Wishuda, 1980), von dem auch eine deutsche Version verfügbar ist, „GODDESS" (Pearl, Leal & Salch, 1980), „REASON" (Engemann, Radtke & Sachs, 1984) und „DM" (Decision Maker; Pauker, 1982).

---

spiel ist das Expertensystem MOLTKE (Pfeifer & Richter, 1993). Auch in benutzerorientierten Systemen, die Dialoge mit dem Benutzer vorsehen, liegt die Problemlösung im wesentlichen beim System. Der Benutzer muß nur die benötigten Daten eingeben oder übernimmt Restfunktionen. Die meisten der für den Bereich der Störungsdiagnose entwickelten Systeme sind diesem Ansatz zuzuordnen, z.B. die Systeme HYDIAS (Noe, 1991) und DESIS (Storr & Wiedmann, 1990).

Expertensysteme (ES) stammen aus dem Forschungsbereich der „Künstlichen Intelligenz" und ermöglichen das Lösen spezieller Aufgaben durch das Zusammenwirken von Wissensspeicherung und Schlußfolgerungsprozessen (Puppe, 1991). Sie sind für eng umschriebene Problemstellungen gedacht, z.B. für die Diagnostik von Infektionen oder für die geologische Erkundung von Erdölfeldern. ES können sich nur zögerlich durchsetzen. Ihr Einsatz beispielsweise in der Produktion ist relativ selten und stößt auf eine Reihe von Akzeptanzproblemen seitens des Betriebes und der Belegschaft (Hofmann, 1990).

Kasten 2
Ablauf des Entscheidungshilfe-Programms „MAUD 4" (nach Zimolong & Rohrmann, 1988)

Programm	Klient
– fragt nach Entscheidungsproblem	– gibt eine Benennung
– erfragt Entscheidungsalternativen	– nennt sie (mindestens 4)
– gibt Triaden von Alternativen vor	– muß Ähnlichkeiten/Unterschiede bedenken und Dimensionen benennen
– erfragt Bewertung der Alternativen auf diesen Skalen und Idealwerte	– gibt Einschätzungen
– bestimmt Nutzenwerte (gemäß „unfolding"-Ansatz)	– nimmt sie zur Kenntnis
– fragt direkt nach weiteren Attributen und Urteilen dazu	– nennt sie; gibt Einschätzungen
– überprüft, ob formale Modellanforderungen verletzt sind	– muß ggf. modifizieren
– stellt ggf. Rückfragen	– gibt Bewertungen
– erfragt Urteile für Gewichtung der Attribute	– nimmt sie zur Kenntnis
– errechnet Gesamtnutzen je Alternative gemäß Aggregationsmodell	– kann zurückgehen und Urteile revidieren sowie weitere Attribute einführen
– präsentiert Gesamtbewertungen und Ausgangsdaten	

Die Abfolge der Schritte ist teils variabel, bzw. vorangegangene Schritte können wiederholt werden, bis das Ergebnis akzeptiert wird.

Prinzipielle Zweifel an dem Sinn solcher den Experten ersetzende Systeme wurden von verschiedenen Autoren geäußert, u.a. von Malsch et al. (1993). Als Kritikpunkte werden vor allem die Begrenztheit der Wissensrepräsentation, die geringe Flexibilität der Systeme bei nicht vorhersehbaren Aufgaben und der Wissensverlust des Bedienpersonals genannt.

2.3 Entscheidungsunterstützungssysteme

Bei diesen Verfahren handelt es sich um Informations- und Wissenssysteme, die komplexe, schlecht strukturierte und unspezifizierte Problembereiche erschließen helfen sollen, für die bislang keine Algorithmen zur Verfügung stehen (Simon, 1960). Übergeordnetes Ziel solcher Systeme ist es, Entscheidungsträgern Informationen zur Verfügung zu stellen, die sie zum Verständnis des Problems und möglicher Lösungen benötigen. Sie sollen dem Benutzer interaktiv und adaptiv bei der Wahrnehmung, Analyse und Strukturierung von Problemen, der Informationsverarbeitung, der Hypothesen- und Urteilsbildung und der Bestimmung geeigneter Maßnahmen helfen. Außerdem sollen Entscheidungsunterstützungssysteme (EUS) die Urteilsbildung und die Entscheidungsfindung zum Beispiel durch Fakten, Trenddaten und Vorhersagen unterstützen, aber auch „intuitive" Entscheidungsprozesse fördern. Häufig findet sich eine Abgrenzung nach der Art des Einsatzbereichs: Im Management-Bereich werden EUS als Managerial Support Systems bezeichnet und können auf der Basis ihres hauptsächlichen Einsatzgebietes in Systeme für eine Einzelunterstützung und eine Gruppenunterstützung unterteilt werden.

Die einfachste Form einer Unterstützung ist die Versorgung mit Informationen: das System stellt die benötigte Information z.B. in Form eines elektronischen Handbuchs bereit, welches mit einem Suchalgorithmus gekoppelt ist. Das können Suchmaschinen oder intelligente Assistenzsysteme zum Auffinden von Informationen, Kunden oder Märkten im Internet sein. Den weitreichendsten Ansatz stellen benutzerorientierte EUS dar, die den Anwender bei der Aufgabenbearbeitung entsprechend seinen persönlichen Präferenzen adaptiv unterstützen.

Der Entwurf eines solchen Systems setzt die Analyse der individuellen Vorgehensweisen voraus. Beispielsweise unterscheiden sich erfahrene Instandhalter und Anfänger deutlich hinsichtlich ihrer Strategien, mit denen sie eine Störungsdiagnose beginnen (Konradt, 1995). Entsprechend unterschiedlich sind ihre Informationsbedarfe. Die Bochumer Arbeitsgruppe (Konradt, Majonica, Engel & Zimolong, 1996) hat ein benutzerorientiertes und adaptives EUS für Maschinenbediener und Instandhalter entwickelt und evaluiert. Dieses System unterstützt die unterschiedlichen Strategien von Anfängern und erfahrenen Instandhaltern, erlaubt assoziative Problemlösungen und fördert durch multimediale Unterstützung den arbeitsimmanenten Qualifizierungsprozeß. Realisiert wurde das Programm auf der Grundlage der Verbindung von Elementen eines Hypertext- und Expertensystems (Engel, 1996).

3 Ausblick

In Zukunft werden wissensbasierte Systeme mit benutzerorientierten Eigenschaften, die auf den Kompetenzen der jeweiligen Mitarbeiter aufbauen und diese unterstützen und fördern, stärker gefordert werden. Solche Entwicklungen gewinnen deshalb an Bedeutung, weil die Eigenverantwortlichkeit von Mitarbeitern und die Transparenz von Prozessen in dezentralen Organisationsstrukturen einen zunehmend höheren Stellenwert erhalten. Bislang stehen aber keine gebrauchstauglichen Entwicklungswerkzeuge für den Informatiker oder Ingenieur zur Verfügung, mit denen benutzerorientierte Systeme entworfen und gestaltet werden können (Konradt, 1996). Es fehlen kognitiv orientierte Verfahren für die Anforderungsanalyse, um aus diesen Ergebnissen eine direkte Verknüpfung beispielsweise mit den Objekten des Systementwurfs vornehmen zu können. Einen ersten Ansatz liefert die von der Bochumer Arbeitsgruppe vorgestellte psychologische Entwurfsmethodik. Neben einer stärkeren Berücksichtigung von Eigenschaften und Informationsbedürfnissen von Nutzern, zugrundeliegenden mentalen Modellen (Rothe & Timpe, 1997) und Akzeptanzfragen rückt aber auch die Auslegung der Systeme für multipersonale Entscheidungssituationen in den Vordergrund (Computer Supported Cooperative Work; Elke, Konradt, Majonica & Zimolong, 1993; Oberquelle, 1991).

Die Ausweitung von Dienstleistungen und ihr globales Angebot in den weltumspannenden Informationsnetzen wird die Arbeit mit elektronischen Medien dramatisch intensivieren und beschleunigen. Das erzeugt nicht nur Bedarfe nach Hilfe und Unterstützung beim Suchen, Finden und Integrieren von Informationen, sondern auch bei der Filterung von Information. Die virtuelle Zusammenarbeit, basierend auf einer räumlichen und zeitlichen Entkopplung von Personen, muß auf neue, flexibel aushandelbare Geschäftsgrundlagen gestellt werden, die bei anderen Gelegenheiten und für andere virtuelle Arbeitsgruppen jederzeit übertragbar und veränderbar sein müssen. So werden beispielsweise der Zugriff auf Informationen, das Recht, Veränderungen durchzuführen und die Informationsweitergabe bestimmende Parameter für die virtuelle Zusammenarbeit sein, die ohne wissensbasierte und benutzerorientierte Entscheidungshilfen nicht mehr auskommen wird.

Literatur

Coy, W. & Bonsiepen, L. (1989). Erfahrung und Berechnung: Kritik der Expertensystemtechnik. *Informatik Fachberichte 229*. Berlin: Springer.

Cyert, R.M. & March, J.G. (1963). *A behavioral theory of the firm*. Englewood Cliffs, N.J.: Prentice Hall.

Dörner, D. (1976). *Problemlösen als Informationsverarbeitung*. Stuttgart: Kohlhammer.

Elke, G., Konradt, U., Majonica, B. & Zimolong, B. (1993). Problemfelder und Perspektiven kooperationsfördernder Software. In U. Konradt & L. Drisis (Hg.), *Software-Ergonomie in der Gruppenarbeit* (S. 9-22). Opladen: Leske & Budrich.

Edwards, W. (1977). How to use multiattribute utility measurement for social decision making. *IEEE Transaction on Systems, Man, and Cybernetics, 7*, 326-340.

Edwards, W. (1983). Decision analysis – A non-psychological psychotechnology. In V. Sarris & A. Parducci (Eds.), *Perspectives in psychological experimentation – Towards the year 2000* (S. 341-351). London: Earlbaum.

Engel, J. (1996). *Entwicklung eines wissensbasierten Informationssystems zur Unterstützung der Störungsdiagnose.* Düsseldorf: VDI-Verlag.

Engel, J. & Zimolong, B. (1997). Wissensbasierte Unterstützungssysteme zur Störungsdiagnose in der flexiblen Fertigung. In K.H. Sonntag & N. Schaper (Hrsg.), *Störungsmanagement und Diagnosekompetenz.* Zürich: vdf Hochschulverlag an der ETH Zürich.

Engemann, A., Radtke, M. & Sachs, S. (1984). Simulation von Verhaltensintentionen mit „REASON". *Psychologische Beiträge, 26*, 185-201.

Hofman, P. (1990). *Fehlerbehandlung in Flexiblen Fertigungssystemen.* München: Oldenbourg.

Humphreys, P. & Wisudha, A. (1980). *Multi-attribute utility decomposition, MAUD. Decision Analysis Unit,* Brunel University, Technical Report, 79-2/2. London.

Janis, F.L. & Mann, L. (1977). *Decision making, a psychological analysis of conflict, choice and commitment.* New York: The Free Press.

Kahnemann, D., Slovic, P. & Tversky, A. (Eds.). (1982). *Judgement under uncertainty.* New York: Cambridge University Press.

Kluwe, R.H. (1990). Problemlösen, Entscheiden und Denkfehler. In C. Graf Hoyos & B. Zimolong (Hrsg.), *Ingenieurpsychologie* (Enzyklopädie der Psychologie, D, III, 2 S. 121-147). Göttingen: Hogrefe.

Konradt, U. (1995). Strategies of failure diagnosis in computer-controlled manufacturing systems: Empirical analysis and implications for the design of adaptive decision support systems. *International Journal of Human-Computer Studies, 43*, 503-521.

Konradt, U. (1996). *Gestaltung gebrauchstauglicher Anwendungssysteme.* Wiesbaden: Deutscher Universitäts-Verlag.

Konradt, U., Majonica, B., Engel, J. & Zimolong, B. (1996). Jetzt helfen wir uns selbst! Entwicklung eines flexiblen Diagnosesystems. In B. Zimolong (Hrsg.), *Kooperationsnetze, flexible Fertigungsstrukturen und Gruppenarbeit* (S. 248-276). Opladen: Leske + Budrich.

Larkin, J.H., McDermott, J., Simon, D.P. & Simon, H.A. (1980). Expert and novice performance solving physics problems. *Cognitive Science, 11*, 65-100.

Malsch, T., Bachmann, R., Jonas, M., Mill, U. & Ziegeler, S. (1993). *Expertensysteme in der Abseitsfalle? Fallstudien aus der industriellen Praxis.* Berlin: Sigma.

Nagel, S. & Long, J. (1985). *P/G% Analysis – An evaluation-aiding program. Evaluation Review.*

Newell, A. & Simon, H.A. (1972). *Human problem solving.* Englewood Cliffs, N.J.: Prentice-Hall.

Nisbett, R. & Ross, L. (1980). *Human inference.* Englewood Cliffs, N.J.: Prentice-Hall.

Noe, T. (1991). *Rechnergestützter Wissenserwerb zur Erstellung von Überwachungs- und Diagnoseexpertensystemen für hydraulische Anlagen.* Karlsruhe: Institut für Werkzeugmaschinen und Betriebstechnik der Universität Karlsruhe.

Oberquelle, H. (1991). *Kooperative Arbeit und Computerunterstützung. Stand und Perspektiven*. Göttingen: Verlag für Angewandte Psychologie.

Pauker, S.D. (1982). *Decision-Maker*. Boston: Tuft University School of Medicine.

Pearl, J., Leal, A. & Salch, J. (1980). *GODDESS: A goal-directed decision structuring system*. UCLA-ENGCSI 8034, School of Engineering and Applied Science, Los Angeles: University of California.

Pfeifer, T. & Richter, M.M. (Hrsg.). (1993). *Diagnose von technischen Systemen*. Wiesbaden: Deutscher Universitätsverlag.

Polya, G. (1973). *How to solve it*. Princeton, N.J.: Princeton University Press.

Puppe, F. (1991). *Einführung in Expertensysteme*. Berlin: Springer.

Reason, J. T. (1987). Generic error-modelling system (GEMS): A cognitive framework for locating common human error forms. In K. D. Rasmussen & J. Leplat (Hrsg.), *New Technology and Human Error* (pp. 63-83). New York: Wiley & Sons.

Reason, J. T. (1990). *Human error*. Cambridge: University Press.

Rothe, H. J. & Schindler, M. (1996). Expertise und Wissen. In Gruber, H. & A. Ziegler (Hrsg.), *Expertiseforschung. Theoretische und methodische Grundlagen* (S. 35-57). Opladen: Westdeutscher Verlag.

Rothe, H. J. & Timpe, K. P. (1997). Wissensanforderungen bei der Störungsdiagnose an CNC-Werkzeugmaschinen. In Kh. Sonntag & N. Schaper (Hrsg.), *Störungsmanagement und Diagnosekompetenz* (S. 137-154). Zürich: vdf Hochschulverlag.

Simon, H.A. (1960). *The new science of management decision*. New York: Harper.

Storr, A. & Wiedmann, H. (1990). DESIS – Eine Expertensystemshell für die technische Diagnose. In H. Krallmann (Hrsg.), *CIM Expertensysteme für die Praxis* (S. 380-394). München: Oldenbourg.

Winterfeldt, D.v. & Edwards, W. (1986). *Decision analysis and behavioral research*. New York: Cambridge University Press.

Wottawa, H. & Thierau, H. (1990). *Evaluation*. Bern: Huber.

Zimolong, B. (1990). Fehler und Zuverlässigkeit. In C. Graf Hoyos & B. Zimolong (Hrsg.), *Ingenieurpsychologie* (Enzyklopädie der Psychologie, D, III, 2, S. 313-345). Göttingen: Hogrefe.

Zimolong, B. & Rohrmann, B. (1988). Entscheidungshilfetechnologien. In D. Frey, C. Graf Hoyos & D. Stahlberg (Hrsg.), *Angewandte Psychologie* (S. 624-646). München: Urban & Schwarzenberg.

7 Qualitätssicherung und Qualitätsmanagement

Jürgen Schultz-Gambard, Kristina Lauche und *Jeanette Hron*

1 Einleitung

Die Bedeutung von Qualität als Wettbewerbsfaktor hat in den letzten Jahren deutlich zugenommen: Sowohl die Ansprüche der Kunden vor allem hinsichtlich Liefertermin und Service als auch die der Arbeitnehmer/innen an die Entfaltungs-möglichkeiten bei der Arbeit sind gestiegen, während gleichzeitig der Wettbewerb auf den international umkämpften Märkten immer härter wird (Schildknecht, 1992). In dieser Situation stellt Total Quality Management (TQM) ein umfassendes Konzept zur Überprüfung und Reorganisation betrieblicher Strukturen mit dem Ziel kunden- und wettbewerbsorientierter Qualitätsverbesserungen dar. Die Pro-zesse im Unternehmen werden dabei vollständig auf die präventive Sicherung der Qualität im Sinne des Kundennutzens ausgerichtet.

2 Entwicklung eines umfassenden Qualitätsmanagementkonzepts

Die Entstehung von TQM wird im folgenden als Entwicklung in Reifephasen dargestellt, nicht als historische Abfolge: Während in Japan bereits in den 50er Jahren TQM propagiert wurde, hatte zu dem Zeitpunkt in Europa die zweite Phase der Qualitätssicherung über Normen kaum begonnen.

1. Phase: Qualitätskontrollen als Endprüfung. – Während bei handwerklicher Arbeit die Überprüfung der Qualität integraler Bestandteil der Arbeitstätigkeit war, wurde Fehlerentdeckung im Zuge der industriellen Massenfertigung und der Taylorisierung der Arbeitstätigkeit zu einer Spezialistenaufgabe. Eine spezielle Fachabteilung kontrollierte die Arbeitsausführung der Produktion, um zu ver-hindern, daß fehlerhafte Teile an den Kunden ausgeliefert wurden. Eine End-prüfung korrigiert und reagiert, setzt aber nicht bei den Ursachen an. Nach der Zehnerregel der Fehlerkosten verzehnfachen sich die Kosten für die Nichtbeseiti-gung eines Fehlers von einem Produktionsschritt zum nächsten (Reichard, 1994), d.h. eine Qualitätssicherung per Endkontrolle ist kostenintensiv. Deswegen gingen die Überlegungen dahin, die Zuverlässigkeit und Qualitätsfähigkeit der Prozesse zu verbessern, um das Auftreten von Fehlern zu verhindern.

2. Phase: Qualitätssicherung über Normvergaben. – Fortschritte in der Meß-technik und der statistischen Fehleranalyse ermöglichten es, Vorgaben für einzelne Teilschritte in Form von akzeptablen Qualitätsniveaus (AQL) zu definieren. „Qualitätssicherungssysteme" beschrieben die Anforderungen an die gesamte Organisation. Vorreiter waren hochsicherheitsgefährdete Bereiche, bei denen Funktionsprüfungen aufwendig oder problematisch waren: Raumfahrt, Rüstung und Atomenergie. Mit dem Übergang zu geplanten und systematischen Maßnah-men wuchs der Anteil der Planungsebene. Die jeweiligen Vorgaben zur Qualitäts-sicherung wurden international vereinheitlicht. Resultat dieser Entwicklung ist die *Normenreihe ISO 9000 ff.* Diese Nachweisform für ein Qualitätssicherungssystem enthält Vorgaben zur Rückverfolgbarkeit und systematischen Korrektur von Fehlern bei Auftragsannahme, Entwicklung, Einkauf, Produktion, Lagerung und Versand. Das Zertifikat über die Einhaltung der Vorgaben wurde zum Marketing-instrument und Markterschließungsmechanismus; es entstand ein eigener Markt an Beratern und Zertifizierungsgesellschaften. Doch im Vergleich zum TQM-Kon-zept kommen in der ISO-Normenreihe sowohl die Ausrichtung an Wettbewerb und Kunden als auch die Mitarbeiterorientierung zu kurz.

3. Phase: Umfassendes Qualitätsmanagement. – Im Rahmen eines umfassenden Qualitätsmanagements (TQM) übernimmt nach der Planungsebene nun auch die Managementebene Verpflichtungen für Qualität. Die drei konstituierenden Prinzi-pien „Kundenorientierung", „Prozeßorientierung" und „Mitarbeiterorientierung" lassen den zugrundeliegenden Qualitätsbegriff erkennen: Entgegen dem traditio-nellen Verständnis von Qualität als technischer Perfektion orientiert sich TQM nicht am denkbar Besten, sondern zielt auf die realen Wünsche der potentiellen Käufer ab. Das alte marktwirtschaftliche Gebot „Der Kunde ist König" wird ergänzt durch die Ausrichtung auf Prozesse; d.h. die Verbesserungen setzen nicht nur am Produkt an, sondern beziehen die Zuverlässigkeit und Effizienz der Abläufe ein. Durch diese Kombination wird gewährleistet, daß der Kundennutzen nicht auf unwirtschaftliche Weise erzielt wird. Das Prinzip Mitarbeiterorientierung schließ-lich betont, daß die Ausrichtung eines ganzen Unternehmens auf Qualität in diesem Sinne nur unter Einbeziehung aller Mitarbeiter/innen geschehen kann.

Während in Europa die ersten Vorstöße zu TQM unternommen wurden, als sich abzeichnete, daß die Zertifizierung nach ISO 9000 ff. allein noch nicht zur Wettbewerbsfähigkeit beiträgt, gibt es japanische Vorläufer bereits in den 50er Jahren. Unter dem Einfluß beratender amerikanischer Qualitätsexperten (Deming, 1986; Feigenbaum, 1991; Juran, Grynz & Bingham, 1951) entstand in Zusammen-arbeit mit der Japanese Union of Scientists and Engineers (JUSE) ein nationales Qualitätsprogramm zur Sicherung der Wettbewerbsfähigkeit, das auch maßgeb-lich von Japanern wie Taguchi (1986) und Ishikawa (1985) mitbestimmt wurde (für eine ausführliche Einführung: Dale, 1994; Schildknecht, 1992). Kennzeichnend für das japanische Qualitätsverständnis ist die langfristige, strategische Orientierung mit einer programmatischen Null-Fehler-Vorgabe (Crosby, 1979), bei der Qualitätssicherung stets mit Vermeidung von „Verschwendung" (jap. *muda*) verbunden ist. Ziel ist dabei nicht, etappenweise eine bestimmte Qualitätsnorm zu erreichen, sondern in einen Prozeß der ständigen Verbesserung einzutreten (jap. *Kaizen*, Imai, 1992).

Dieses Konzept fand in den westlichen Industrienationen seinen Niederschlag im Modell für den European Quality Award. Der Preis wird von der European Foundation for Quality Management (EFQM) seit 1992 vergeben (Abbildung 1).

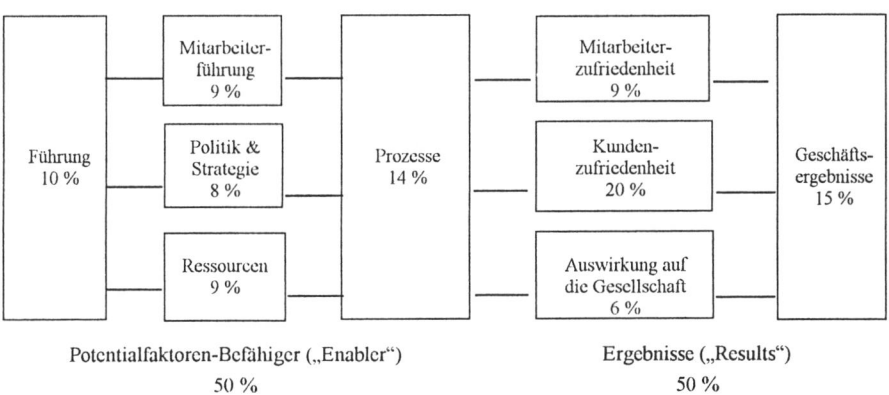

Abbildung 1
EFQM-Modell (European Foundation for Quality Management, 1995, S. 2)

Der Preisvergabe liegt ein Kriterienmodell zugrunde, in dem bei den Voraussetzungen und Ergebnissen eines erfolgreichen Qualitätsmanagements maßgeblich nichttechnische, managementbezogene Aspekte berücksichtigt werden. So sind die Implikationen für Mitarbeiter/innen und Gesellschaft ebenfalls Gegenstand der Bewertung. Das Kriterium der Mitarbeiterzufriedenheit steht neben Kundenzufriedenheit, gesellschaftlicher Verantwortung und Geschäftsergebnissen unter „Ergebnisse" und geht mit 9 % in die Gesamtwertung ein (Zink, 1992).

3 Psychologie im Qualitätsmanagement

Die psychologischen Implikationen des Qualitätsmanagement werden bisher nicht explizit thematisiert: Fragen nach Beteiligung, Motivation, Handlungsspielräumen etc. werden zwar implizit behandelt, jedoch ohne sie als psychologische Themen zu begreifen (z.B. Bühner 1992; Seghezzi, 1996). Die Psychologie hat ihrerseits TQM nicht als wichtigen Forschungsgegenstand erkannt, obwohl TQM bekannte Ansätze zu Führung, Arbeitsgestaltung und Personalentwicklung aufgreift und in ein umfassendes, unternehmensweites Managementkonzept integriert.

3.1 Konzepte und Strategien

Der Erfolg einer TQM-Implementierung hängt wesentlich vom umfassenden Charakter der Umsetzung ab. Kasten 1 gibt einen Überblick zu arbeits- und organisationspsychologischen Voraussetzungen für ein Gelingen von TQM (Walker, 1992).

Kasten 1
Voraussetzungen für eine erfolgreiche TQM-Implementierung

1. Verbindliche Unterstützung der Leitung bei der Gewährung zeitlicher, räumlicher und personeller Ressourcen, Modellfunktion der Leitung.
2. Entscheidung und Koordination, um die Bemühungen nicht auf den produktiven Sektor zu beschränken und die Orientierung am Markt zu gewährleisten.
3. Information und Kommunikation als kognitive und motivationale Voraussetzung für qualitätsbewußtes Handeln der Mitarbeiter.
4. Prozeßorientierte Integration von Aufgaben durch Etablierung interner Kunden-Lieferanten-Beziehungen und einen höheren Handlungs- und Gestaltungsspielraum zu mehr Verantwortung und Eigenbeteiligung.
5. Einsatz von Gruppen und Teams zur Bearbeitung von Problemen und zur Verbesserung der Prozeßqualität.
6. Umfassende Qualifizierung zu fachlichen, methodischen und sozialen Aspekten von Qualitätsmanagement.
7. Nachvollziehbares Belohnungssystem zur unbürokratischen Förderung von Eigeninitiative hinsichtlich Qualitätsverbesserung.

Im folgenden wird diskutiert, wie psychologische Konzepte zur Führung, Arbeitsgestaltung und Personalentwicklung dabei Eingang finden.

3.1.1 Führung

Für ein umfassendes Qualitätsmanagement muß im gesamten Unternehmen eine grundlegend andere Einstellung zu Fehlern, Qualität und Verantwortung für Qualität als bisher entwickelt werden (Morgan, Frost & Pondy, 1983). Häufig wird der Fehler gemacht, TQM ohne Veränderung der überkommenen Führungspraxis nur durch Übernahme von Qualitätsmethoden und -techniken umsetzen zu wollen (s. 3.2.2). Dagegen fordert TQM eine Mitarbeiterführung, die die klassischen Organisationsprinzipien wie Aufgabenteilung und Spezialisierung durch Aufgabenintegration, Entscheidungsdelegation und Selbststeuerung ersetzt. Aufgaben der Führung sind es, das Arbeitsumfeld und die Prozeßabläufe optimal zu gestalten (s. 3.1.2.), auf Qualität ausgerichtete Normen, Werte und Ziele zu setzen, die Mitarbeiter dafür zu motivieren, zu qualifizieren (s. 3.1.2.) und bei der Umsetzung des TQM-Konzepts zu unterstützen (Frehr, 1993; Kreuter, 1995; Zink, 1992). Erfüllt werden diese Aufgaben nach Wunderer (1996) zu einem großen Teil durch strukturelle Führung, d.h. Steuerung durch das Schaffen von Strukturen. Diese wird ergänzt durch direkte Führung mit den Funktionen Entscheidung und Koordination, Information und Kommunikation, Unterstützung sowie symbolische Führung durch das TQM-Engagement der Leitung (s. Bühner & Horn, 1995).

Entscheidung und Koordination. – Durch die Erweiterung und Dezentralisierung von Entscheidungen und die damit einhergehende vergrößerte Autonomie der Mitarbeiter wird für die Führung das Spektrum der zu koordinierenden Aufgaben größer. Ziele müssen genau definiert, Prioritäten eindeutig gesetzt und Synergie- und Einsparungspotentiale genutzt werden. Durch Zielvereinbarungen auf individueller und Gruppenebene wird die Selbststcuerung verstärkt, und die Mitarbeiter werden vermehrt in Planungsprozesse einbezogen (s.a. Kleinbeck sowie Antoni in diesem Band).

Information und Kommunikation. – Durch die oben beschriebene Erweiterung des Aufgabenspektrums benötigen die Mitarbeiter auf allen Ebenen sowohl mehr arbeitsbezogene als auch bereichsübergreifende Informationen. Die Informationen haben zwei Funktionen: Erstens sind sie erforderlich für die Erbringung der qualitätssichernden Arbeitshandlungen; zweitens werden durch diese Informationen qualitätsbezogene Einstellungen und Werte geändert mit dem Ziel, eine neue *Qualitätskultur* im Unternehmen zu schaffen. Dabei finden psychologische Methoden und Techniken der Einstellungs- und Verhaltensänderng direkte Anwendung (s.a. Bohner, Stahlberg und Frey in diesem Band). Aufgabe der Führung ist es, derartige Informationen zu kompilieren und verfügbar zu machen.

Die Qualität von Kommunikation und Koordination ist nach Bühner und Horn (1995) ein entscheidender Faktor für den TQM-Erfolg. Die sich dabei stellenden

Kommunikationsanforderungen sind am besten mit einem mitarbeiterorientierten, partizipativen Führungsstil kompatibel (s.a. Ruppert in diesem Band).

Unterstützung. – Die Unterstützung der Mitarbeiter bei ihren qualitätsbezogenen Aufgaben wird zur zentralen Führungsfunktion. Neben der schon beschriebenen Informations- und Koordinationsfunktion betrifft die Unterstützung die Rückmeldung von Arbeitsergebnissen, die Mobilisierung von Gruppenprozessen, die Schaffung von Entscheidungsfreiräumen, materiellen Ressourcen und zeitlichen Freiräumen und die Verteidigung dieser Freiräume gegen Eingriffe von außen, z.b. durch Zentralbereiche.

Engagement der Leitung. – Die beschriebenen Unterstützungsfunktionen sollten nicht nur vom operativen Management, sondern gerade von der Geschäftsleitung und den oberen Führungskräften wahrgenommen werden. Deren wahrnehmbares Engagement entscheidet über den Erfolg einer TQM-Einführung und -Umsetzung (z.B. Berry, 1991; Feigenbaum, 1991). Wie auch Specht und Schmelzer (1992) empirisch belegen können, war bei einer Untersuchung von Forschungs- und Entwicklungsabteilungen die qualitätsbezogene Motivation der Mitarbeiter hauptsächlich vom persönlichen Engagement der oberen Führungskräfte und deren Investition in den TQM-Prozeß in Form von Zeit und Ressourcen abhängig. Das Engagement des Top-Managements hat erstens die Funktion, die notwendige Infrastruktur für den TQM-Prozeß sicherzustellen. Zweitens wird eine Modellfunktion ausgeübt, indem das Top-Management z.B. durch die Teilnahme an Qualitätsschulungen im Sinne symbolischer Führung (Neuberger, 1989) die Bedeutung des TQM-Prozesses signalisiert und normative Vorgaben setzt.

3.1.2 Arbeitsgestaltung

TQM beschränkt sich nach Zink (1995) nicht nur auf Führung, sondern wird ergänzt durch die Gestaltung der organisatorischen und technischen Rahmenbedingungen. Ziel dieser Maßnahmen ist einerseits die *Integration von Aufgaben* entlang der Prozeßkette; andererseits werden indirekte Aufgaben, wie z.B. Maschinenwartung im Rahmen von „Total Productive Maintenance" integriert. Häufigste Gestaltungsmaßnahme ist die Einführung einer Selbstprüfung durch die ausführende Person mit dem Ziel der Arbeitsanreicherung und eines aufgabenimmanenten Feedback. Nach Hackman und Oldham (1976) trägt eine derartige, durch *Anforderungsvielfalt und Autonomie* gekennzeichnete Tätigkeit auch in stärkerem Maße dazu bei, die intrinsische Motivation und die erlebte Verantwortung für Qualität zu steigern. Dieser Prozeß der Dezentralisierung von Verantwortung erfordert *technische Unterstützung* z.B. in Form eines Netzwerkes, mit dessen Hilfe Ist- und Soll-Werte aus Kundenbefragungen und Fehleranalysen sowie

Prüfmechanismen und Rückmeldealgorithmen dezentral verfügbar gehalten werden (Wildemann, 1996).

Weitere Gestaltungsmerkmale im Rahmen von TQM sind *prozeßübergreifende Strukturen* und der *Einsatz von Teams und Gruppen*. Dazu gehören Entwicklungsteams im Sinne von „Simulteanous Engineering" und Workshops mit internen Kunden und Lieferanten, in denen entlang der Prozeßkette Anforderungen und Erfüllungsbedingungen wechselseitig abgeglichen werden. Diese Schnittstellenworkshops können aus psychologischer Perspektive ein mentales Modell prozeßhafter Qualität ermöglichen und damit die erlebte Bedeutsamkeit der Aufgabe erhöhen. In *Qualitätszirkeln* und KVP (Kontinuierlicher Verbesserungsprozeß)-Gruppen haben die Mitarbeiter die Möglichkeit, Qualitätsprobleme aus ihrer Perspektive zu besprechen und Lösungsvorschläge zu entwickeln (s. 3.2.1).

3.1.3 Personalentwicklung (PE)

Die Implementierung von TQM erfordert *Qualifizierungsmaßnahmen*, denn nur wenn der Ausbildungsstand der Mitarbeiter den Anforderungen entspricht, können neue anspruchsvolle Aufgaben und ein erweitertes Rollenverständnis übernommen werden (Schildknecht, 1992). Ziele der PE-Maßnahmen sind die arbeitsplatzbezogene und bereichsübergreifende Qualifizierung der Mitarbeiter, die Steigerung ihrer Motivation für den kontinuierlichen Verbesserungsprozeß und der innerbetrieblichen Akzeptanz von TQM und die Befähigung zu Teamarbeit (Stauss & Neuhaus, 1995).

Eine Bedarfsanalyse ermittelt den Qualifizierungsbedarf entsprechend den Kundenanforderungen des Unternehmens und auch des einzelnen Mitarbeiters. Durch Methoden wie der „Organisations-FMEA" (s. QM-Techniken) wird erfaßt, in welcher Hinsicht ein erweiterter Tätigkeitsspielraum und die Integration indirekter Tätigkeiten neue Kenntnisse und Fähigkeiten erfordern (Luczak, Otzipka, Flachsenberg & Krings, 1995). Die umfassende Qualifizierung aller Ebenen inklusive des Top-Managements (Top-Down-Ansatz) schließt die Vermittlung fachlicher (Material- und Prozeßkenntnisse), methodischer (QM-Techniken) und sozialer Kompetenzen (z.B. Teamarbeit) ein. Im Sinne umfassender Qualifizierung spielt auch die Vermittlung bereichsübergreifender Kenntnisse (z.B. ökonomischer Zusammenhänge) eine wichtige Rolle.

Als weitere unterstützende PE-Maßnahme bei der Implementierung von TQM sollte ein geeignetes, nachvollziehbares *Belohnungssystem* die Qualifizierung der Mitarbeiter ergänzen, indem sie zusätzlich zu mehr Eigeninitiative motiviert werden und die Akzeptanz von TQM gesteigert wird. Nicht nur tatsächliche Leistungen oder Einsparungen, sondern auch eine erfolgreiche Qualifizierung oder die Realisierung von Zielen (z. B. im Rahmen von Zielvereinbarungen) können auf diese Weise belohnt werden.

3.2 Maßnahmen und Werkzeuge

Im Rahmen der praktischen Qualitätsmanagementarbeit wurde eine ganze Palette eigener Techniken und Maßnahmen zur Qualitätsverbesserung im Sinne von Werkzeugen (QM-tools) entwickelt, deren Einsatzmöglichkeiten z.T. weit über das Qualitätsmanagement hinausgehen und auch in verwandten Anwendungsbereichen eingesetzt werden. Die genannten Konzepte zur Psychologie im Qualitätsmanagement werden deshalb hier anhand einiger QM-Techniken konkretisiert.

Qualitätszirkel und KVP-Gruppen. – Qualitätszirkel waren die ersten japanischen Managementtechniken, die in den westlichen Industrienationen übernommen wurden, und finden bis heute die weiteste Verbreitung. Qualitätszirkel werden definiert als Gesprächsrunden von fünf bis zehn Mitarbeitern aus unteren Hierachieebenen eines Arbeitsbereiches, die außerhalb der eigentlichen Arbeit auf freiwilliger Basis regelmäßig arbeits- und qualitätsbezogene Probleme besprechen und eigenverantwortlich zu lösen versuchen (Antoni, 1990 und in diesem Band; Bungard, 1992). Der Schwerpunkt liegt weniger auf Beseitigung zentraler technischer Probleme als auf der Aktivierung des Problemlösepotentials der Linienmitarbeiter für Verbesserungen der Arbeitsbedingungen. Dadurch werden einerseits die Prozesse optimiert, andererseits die Mitarbeiter/innen durch die dabei entstehenden Handlungsspielräume motiviert. Von beiden Funktionen erwartet man sich eine Verbesserung der Qualität der Arbeitsergebnisse.

Mit der Etablierung von Qualitätsmanagement und speziell dem Konzept der ständigen Verbesserung (*Kaizen*) in den operativen Einheiten sind die Qualitätszirkel zunehmend von KVP-Gruppen abgelöst worden. KVP-Gruppen haben eine ähnliche problemlösende, qualitätsverbessernde Funktion wie Qualitätszirkel, sind aber nicht als ständige Einrichtung parallel zur Linienorganisation konzipiert, sondern bilden sich spontan in der Linie, um ein bestimmtes Problem zu behandeln und lösen sich danach wieder auf. Sie stellen quasi eine Mischform von Qualitätszirkeln und Projektgruppen dar (Imai, 1992).

Qualitätszirkel und KVP-Gruppen haben ihrerseits Einfluß auf das betriebliche *Vorschlagswesen* genommen. So können in KVP-Gruppen und Q-Zirkeln erarbeitete Lösungen eingereicht und im Rahmen des betrieblichen Vorschlagswesens honoriert werden. Außerdem hat man sich aufgrund von Erfahrungen mit Qualitätszirkeln bemüht, das betriebliche Vorschlagswesen zu entbürokratisieren und zu einem dynamischen, innovativen Ideenmanagement umzugestalten (Frey, Fischer & Winzer, 1996, sowie Frey, Brodbeck und Schultz-Hardt in diesem Band).

QM-Techniken und Werkzeuge. – Die Techniken oder „Werkzeuge", die im Rahmen von TQM zum Einsatz kommen, reichen von einfachen *Problemlöse-*

techniken in der Arbeit mit KVP-Gruppen oder Qualitätszirkeln über *Qualitätscontrolling* zu *Analyseinstrumenten* für komplexe Zusammenhänge und Versuchsplanung. Die geforderten Kompetenzen gehen häufig über arbeitsplatzspezifische, fachliche Kenntnisse hinaus (Bowen & Lawler, 1992). Der Einsatz sollte daher genau auf den Bedarf abgestimmt sein und den Mitarbeitern die konzeptuellen Überlegungen sowie die geübte Handhabung vermittelt werden.

Da Darstellungsformen wie Histogramm, Korrelations- oder Baumdiagramm sowie Versuchsplanung auch Gegenstand der psychologischen Methodenausbildung sind, werden hier nur exemplarisch einige QM-typische Techniken vorgestellt (Tabelle 1). Detailliertere Angaben zu Art und Anwendung der Techniken finden sich z.B. bei Kamiske und Brauer (1995) oder GOAL/QPL (1987).

Tabelle 1
Übersicht über TQM-Instrumente und Qualitätstechniken

einfache Problemlöse-werkzeuge	Dokumentationstechniken / Qualitätscontrolling	Analyseinstrumente für komplexe Zusammen-hänge	Versuchsmethodik und statistische Methoden
Sieben „Qualitäts-werkzeuge" • Brainstorming • Pareto-Analyse • Ishikawa-Diagramm • Histogramm • Qualitätsregelkarte • Korrelationsdiagramm • Fehlersammelliste	*Managementwerkzeuge* • Affinitätsdiagramm • Relationendiagramm • Baumdiagramm • Matrixdiagramm • Matrix-Daten-Analyse • Problem-Entscheidungs-plan • Netzplan *Qualitätscontrolling* • Prozeßkosten-rechnung • Zielkostenrechnung • Wertanalyse (WA)/Value Engineering (VE) • Zero-Base-Budgeting (ZBB)	*FMEA - Fehlermöglichkeit und Einflußanalyse* *QFD-Hierarchie (Quality-Function-Deployment)*	*Design of Experiments (DOE)* • Versuchmethodik nach Taguchi (Quality Loss Function (QLF)) • Versuchsplanung nach Fisher und Box • Versuchsplanung nach Shainin *Statistische Prozeß-kontrolle (SPC)*

Beispiele für TQM-Techniken. – Das *Pareto-Diagramm* stellt eine allgemeine empirische Methode zur Erkennung und Bewertung von Problemen anhand von Fehlerhäufigkeiten und Kosten dar. Sie dient bei der Auswahl geeigneter Optimierungsvorschläge als Entscheidungshilfe. Auf der Basis von Fehlersammellisten, Kundenbeschwerden o.ä. wird ein Säulendiagramm erstellt. Das Pareto-Prinzip, auch „20-80-Regel" genannt, besagt: Aus 20 % der möglichen Ursachen resultieren 80 % der Wirkungen. Diese Probleme sollten deswegen bevorzugt angegangen werden. Das *Ursache-Wirkungsdiagramm* nach Ishikawa zerlegt die möglichen Ursachen eines Problems in die „fünf M's" Mensch, Maschine, Methode, Material und Milieu (Umfeld), die graphisch als Fischgräten-Diagramm angeordnet werden. Über ein Brainstorming werden Einzelursachen gesucht, gemeinsam bewertet und Lösungen ausgearbeitet. Die *FMEA* (Fehlermöglichkeits- und Einflußanalyse) ist eine formalisierte Methode, um mögliche Probleme und deren Risiken und Konsequenzen systematisch bereits vor deren Entstehung zu erfassen. Dazu wird ein bereichsübergreifendes Team aus Planern und gewerblichen Mitarbeiter/innen gebildet, das die Erfahrungen der Mitglieder systematisch zur Fehleranalyse nutzt und sich nach dem Erreichen des Qualitätsziels wieder auflöst. Bei der *statistischen Prozeßkontrolle* (SPC) wird mittels Regelkarten geprüft, ob Streuungen im Prozeß auf zufällige Schwankungen zurückzuführen sind oder ob der Prozeß außer Kontrolle geraten und damit ein Eingreifen erforderlich ist. Dazu werden Stichprobenwerte erfaßt und in die Regelkarte eingetragen.

Überprüfung von Maßnahmen. – Fester Bestandteil von TQM ist die Überprüfung der Wirksamkeit einer Maßnahme in Sinne eines Regelkreises: Ist die angestrebte Zielgröße erreicht worden? Falls nicht, sind weitere Maßnahmen zu treffen. Dieser Gedanke wohnt bereits dem „Deming-Kreis" inne: PLAN-DO-CHECK-ACTION (Deming, 1986). Dazu gehört zunächst die Planung und Durchführung einer Maßnahme z.B. zur Fehlerkostensenkung; dann wird ihre Wirksamkeit überprüft, und ggf. werden weitere Maßnahmen ergriffen. Im weiteren wird diese Überprüfung auf das gesamte QS-System in Form von „Audits" ausgedehnt, die zunächst firmenintern, dann von einer Zertifizierungsgesellschaft durchgeführt werden. Dabei prüfen speziell qualifizierte Auditoren vornehmlich durch Dokumentenanalyse, aber auch durch Befragung der Mitarbeiter, ob die geplanten und von der Norm ISO 9001-3 geforderten Anordnungen erfüllt werden, und bewerten die Wirksamkeit des QS-Systems bezüglich der Organisationsstrukturen, Arbeitsprozesse, Produkte und Dokumentationen (DIN EN ISO 9004).

4 Ausblick

Abschließend soll die Zukunft des TQM-Konzepts einerseits aus der Perspektive neuer Anwendungsfelder, andererseits aus dem Blickwinkel der Forschung beurteilt werden.

4.1 Qualitätsmanagement in nicht-technischen Bereichen

TQM löst sich zunehmend von der Bindung an technische Bereiche: Einerseits werden auch die *Dienstleistungsbereiche* der Produktionsunternehmen wie z.B.

Logistik oder Vertrieb sowie die Personalabteilung in die unternehmensweiten Kunden-Lieferanten-Beziehungen eingebunden. Parallel dazu übernehmen auch größere Dienstleistungsorganisationen wie z.b. Banken und Versicherungen, aber auch der Gesundheitsbereich, die Qualitätsmanagement-Idee; derzeit wird TQM in diesen Branchen intensiver diskutiert als im Produktionsbereich (z.b. Bruhn, 1996; Dickens, 1995). Dabei können nicht unbedacht Methoden und Programme aus dem Produktionsbereich übernommen werden: Dienstleistungen werden prinzipiell für jeden Kunden individuell neu erstellt, und ihre Qualität kann auch erst nach der Inanspruchnahme bestimmt werden (s.a. Nerdinger in diesem Band). Der Kunde und seine subjektive Bewertung stehen damit noch mehr im Mittelpunkt; die *kommunikativen und sozialen Kompetenzen* der Mitarbeiter sind stärker gefordert als im Produktionsbereich.

Dienstleistungsqualität wird zunehmend an Bedeutung gewinnen, da sich einerseits unsere wirtschaftliche Struktur zu einer Dienstleistungsgesellschaft verändert (Meyer & Meyer 1990) und andererseits Bereiche wie Krankenpflege und Weiterbildung, deren Qualitätsverständnis bisher absoluten, ethischen Standards verpflichtet war, sich zunehmend an Marktgesetzen und Kunden ausrichten müssen. Der Gedanke, mit der Vermeidung von Fehlern ließen sich Kosten sparen und gleichzeitig die Qualität verbessern, ist derzeit im Dienstleistungsbereich ebensowenig vorstellbar, wie er es in den 60er Jahren in der Automobilbranche war.

4.2 Empirische Untersuchungen und Perspektiven für die Forschung

Die Diskussion um die Wirksamkeit und Akzeptanz des TQM-Konzepts ist in der fachlichen Auseinandersetzung weitgehend von Erfahrungsberichten über sehr unterschiedliche Umsetzungen geprägt. Am eingehendsten untersucht wurden *Qualitätszirkel*, wenngleich Van Fleet und Griffin (1989) hier wie in anderen Bereichen die methodische Qualität der Publikationen bemängeln. Wie Griffin (1988) in einer der wenigen kontrollierten Langzeitstudien aufzeigen konnte, können über Qualitätszirkel die arbeitsbezogenen Einstellungen und Verhaltensweisen der Mitarbeiter sowie die Effektivität der Produktion verbessert werden; nach einiger Zeit erstarren Qualitätszirkel jedoch zu Ritualen, sind nicht mehr wirklich effizient und lösen sich häufig auf.

Als eine der wenigen theoretischen Erklärungen formulieren Schultz-Gambard und Bungard (1992) kontrolltheore-tische Überlegungen zur Wirkung von Qualitätszirkeln. Bungard (1988) diskutierte die Funktion von Qualitätszirkeln als Werkzeug der Personalentwicklung; aber auch diese Überlegungen werden nicht empirisch gestützt.

Als problematisch bei der Einführung von TQM erwiesen sich die folgenden Umstände:

- Anfänglichen Erwartungen waren zu hoch und mußten notwendigerweise enttäuscht werden (Doyle, 1992).
- Zu viele Probleme wurden gleichzeitig angegangen (Wilkinson & Witcher, 1991). Wildemann (1992) empfiehlt wegen der Komplexität des Prozesses eine die Bereiche sukzessiv einbeziehende Umsetzung.
- Die TQM-Prinzipien wurden nicht konsequent umgesetzt (Schultz-Gambard, Fischer & Becker, 1993; Zink, 1992). So werden z.B. Kundenreklamationen zu einem hohen Prozentsatz erfaßt, aber kaum weitergehend analysiert und zu Prozeßverbesserungen herangezogen; oder Qualität wird zwar als wichtig erachtet, aber nur bei einem Fünftel der Unternehmen werden obere Führungskräfte in TQM geschult.

Sowohl wirtschaftlich als auch arbeitspsychologisch kann die Anwendung von TQM-Methoden zu *Verbesserungen*, aber auch zu *Verschlechterungen* führen: Lam (1995) fand bei einer Befragung von unteren Führungskräften in Hongkong zwar eine Steigerung der Verantwortung für Ergebnisse, der Kenntnis der Arbeitsleistung und der Beziehungen zu Kollegen, aber auch eine Zunahme der Arbeitsbelastung verbunden mit einer Abnahme von wahrgenommener Autonomie, Arbeitszufriedenheit und persönlicher Effektivität. *Hemmende Faktoren* für den TQM-Einführungsprozeß sind aufgrund einer Analyse der QM-Praxis in deutschen mittelständischen und Großunternehmen (Schultz-Gambard et al., 1993) vor allem mangelnde Information der Mitarbeiter, mangelnde Akzeptanz und Umsetzungsmotivation bei den mittleren Führungskräften, mangelnde Unterstützung durch das Top-Management, zu wenig Qualifikationsangebote auf allen Ebenen und eine inkonsequente Einführung z.B. durch die ungenügende Bereitstellung notwendiger Ressourcen. Insgesamt hängen Erfolg und Mißerfolg von TQM weniger von technischen Aspekten ab, sondern vor allem davon, wie eindeutig sich das Management in dem TQM-Prozeß engagiert und Ressourcen für Personalentwicklungs- und Arbeitsgestaltungsmaßnahmen zur Verfügung stellt.

Aufgaben für die psychologische Forschung liegen primär darin, die methodischen Kenntnisse des Faches sowie das Wissen über Veränderungsprozesse in Organisationen und im individuellen Verhalten in den interdisziplinären TQM-Diskurs einzubringen. Dafür sind insbesondere quasiexperimentelle Untersuchungen wichtig, bei denen verschiedene Formen der Umsetzung vor und nach einer Intervention miteinander verglichen werden.

Literatur

Antoni, C. (1990). *Qualitätszirkel als Modell partizipativer Gruppenarbeit*. Bern: Huber.
Berry, T.H. (1991). *Managing the total quality transformation*. New York: Mc Graw-Hill.

Bowen, D. E. & Lawler, E. (1992). Total quality-oriented human resources management. *Organizational Dynamics, 20 (4)*, 29-41.

Bruhn, M. (1996). *Qualitätsmanagement für Dienstleistungen – Grundlagen, Konzepte, Methode*. Berlin: Springer.

Bühner, R. (1992). *Der Mitarbeiter im Total Quality Management*. Stuttgart: Schäffer-Poeschel.

Bühner, R. & Horn, P. (1995). Mitarbeiterführung im Total Quality Management. In M. Bruhn (Hrsg.), *Internes Marketing*. Wiesbaden: Gabler.

Bungard, W. (1988). Arbeitsplatzorientiertes Lernen durch Qualitätszirkel. In P. Meyer-Dohmen, E. Tuchtfeldt & E. Wesener (Hrsg.), *Der Mensch im Unternehmen*. Bern/Stuttgart: Paul Haupt.

Bungard, W. (Hrsg.). (1992). *Qualitätszirkel in der Arbeitswelt*. Stuttgart: Verlag für Angewandte Psychologie.

Crosby, P.B. (1979). *Quality is free*. New York: Mc Graw-Hill.

Dale, B. G. (1994). Managing quality. In H. G. Dale (Ed.), *Managing Quality* (pp. 591-603). New York: Prentice Hall.

Deming, W.E. (1986). *Quality, productivity and competitive position*. Boston: MIT Press.

Dickens, P. (1995). *Quality and excellence in human services* (2nd Ed.). Chichester: Wiley.

DIN EN ISO 9004-1 (1994). *Qualitätsmanagement und Elemente eines Qualitätsmangementsystems*. Berlin: Beuth Verlag.

Doyle, K. (1992). Whoís killing Total Quality? *Incentive, 6*, 12-19.

EFQM (European Foundation for Quality Management) (1995). *Richtlinien für die Selbstbewertung*. Eindhoven.

Esser, M. & Kobayashi, K. (Hrsg.). (1994). *Kaishain. Personalmanagement in Japan*. Göttingen: Verlag für Angewandte Psychologie.

Feigenbaum, A.V. (1991). *Total Quality Control* (4th Ed.). New York: Mc Graw-Hill.

Frehr, H.-U. (1993). *Total quality management: unternehmensweite Qualitätsverbesserung*. München: Hanser.

Frey, D., Fischer, R. & Winzer, O. (1996). *Mitdenken lohnt sich – für alle! Ideenmanagement durch Vorschlagswesen in Wirtschaft und Verwaltung*. München: Bayerisches Staatsministerium für Arbeit und Sozialordnung, Familie, Frauen und Gesundheit.

GOAL/QPC (1987). *Der Memory-Jogger*. Methuen: GOAL/QPC.

Griffin, R.W. (1988). A longitudinal assessment of the consequences of quality circles in an industrial setting. *Academy of Management Journal, 31*, 338-358.

Hackman, R. J. & Oldham, G.R. (1976). Motivation through the design of work: test of a theory. *Organizational Behavior and Human Performance, 16*, 250 - 279.

Imai, M. (1992). *Kaizen*. München: Langen-Müller.

Ischikawa, U. (1985). *What is Total Quality Control?* Englewood Cliffs: Prentice Hall.

Juran, J.M., Grynz, F.M. & Bingham, R.S. (Ed.). (1951). *Quality Control Handbook*. New York: Mc Graw-Hill.

Kamiske, G. F. & Brauer, J.-P. (1995). *Qualitätsmanagement von A bis Z: Erläuterungen moderner Begriffe des Qualitätsmanagements*. München: Hanser.

Kreuter, A. (1995). Qualitätsmanagement als Führungsaufgabe. In A. Kieser, G. Reber & R. Wunderer (Hrsg.), *Handwörterbuch der Führung* (2. Aufl.). Stuttgart: Schäffer-Poeschel.

Lam, S.S.U. (1995). The impact of Total Quality Management on front-line supervisors and their work. *Total Quality Management, 6*, 15-50.

Luczak, H., Otzipka, J., Flachsenberg, U. & Krings, K. (1995). Qualitätsmanagement und Personalentwicklung. *Zeitschrift für Arbeitswissenschaft, 49*, 149-156.

Meyer, P.W. & Meyer, A. (1990). Dienstleistungen – die große Hoffnung für Wirtschaft und Wirtschaftswissenschaften in den neunziger Jahren? *Jahrbuch der Absatz- und Verbrauchsforschung, 36*, 124-139.

Morgan, G., Frost, P.J. & Pondy, L.R. (1983). Organizational symbolism. In L. Pondy et al. (Eds.), *Organizational symbolism* (pp. 3-35). Greenwich: Jai Press.

Neuberger, O. (1989) Symbolische vs. situative Führung. *Wist-Wirtschaftswissenschaftliches Studium, 6*, 452-457

Reichard, A. (1994). *Fertigungstechnik 1*. Hamburg: Handwerk und Technik.

Schildknecht, R. (1992). *Total Quality Management: Konzeption und state of the art.* Frankfurt: Campus.

Schultz-Gambard, J. & Bungard, W. (1992). Qualitätszirkel aus kontrolltheoretischer Perspektive. In W. Bungard (Hrsg.), *Qualitätszirkel in der Arbeitswelt* (S. 51-70). Stuttgart: Verlag für Angewandte Psychologie.

Schultz-Gambard, J., Fischer, T. & Becker, G. (1993). Qualitätsmanagement in deutschen Großunternehmen: Anspruch und Wirklichkeit. In A. Gebert & W. Hacker (Hrsg.), *Arbeits- und Organisationspsychologie 1991 in Dresden* (S. 196-202). Bonn: Deutscher Psychologen Verlag.

Seghezzi, H. D. (1996). *Integriertes Qualitätsmanagement: das St. Galler Konzept.* München, Wien: Hanser.

Specht, G. & Schmelzer, H.J. (1992). *Qualitätsmanagement in der Produktentwicklung.* Stuttgart: Poeschel

Stauss, B. & Neuhaus, P. (1995), Interne Kundenzufriedenheit als Zielgröße des Total Quality Management: Dargestellt am Beispiel einer Abteilung Personalmanagement. In M. Bruhn (Hrsg.), *Internes Marketing: Integration der Kunden- und Mitarbeiterorientierung* (S. 576-609). Wiesbaden: Gabler.

Taguchi, G. (1986). *Introduction to quality engineering.* New York: Asian Productivity Organization.

Van Fleet, D.D. & Griffin, R.W. (1989). Quality circles: A review and suggested future directions. In C.L. Cooper & I. Robertson (Hrsg.), *International Review of Industrial and Organizational Psychology*, 4, 213-223.

Walker, T. (1992). Creating total quality improvement that lasts. *National Productivity Review, 11*, 473-478.

Wildemann, H. (1992). Qualitätsentwicklung in Forschung und Entwicklung, Produktion und Logistik. *Zeitschrift für Betriebswirtschaft, 62*, 17-41.

Wildemann, H. (1996). Qualitätsorganisation neu gestalten. *Qualität und Zuverlässigkeit, 41*, 1393-1400.

Wilkinson, A. & Witcher, B. (1991). Fitness for use? Barriers to full TQM in the UK. *Management Decision, 29*, 46-51.

Wunderer, R. (1996). Führung und Qualiätsmanagement. *Personalwirtschaft, 3*, 39-45.

Zink, K.J. (1992). Total Quality Management. In K.J. Zink (Hrsg.), *Qualität als Managementaufgabe* (2. Aufl., S. 9-52). Landsberg: Moderne Industrie.

Zink, K. J. (1995). Arbeitswissenschaftliche Inhalte internationaler Quality Assessment Konzepte – eine Chance für die Umsetzung. *Zeitschrift für Arbeitswissenschaft, 49*, 131-137.

8 Arbeits-, Gesundheits- und Umweltschutz

Gerd Wenninger

1 Arbeits-, Gesundheits- und Umweltschutz als gemeinsame Aufgabe

Integration von Schutzzielen. – Traditionelles Ziel des Arbeits-, Gesundheits- und Umweltschutzes (AGU) ist, *schädigende Auswirkungen der Arbeit innerhalb und außerhalb einer Organisation* zu vermeiden. Der betriebliche Umweltschutz, z.T. auch der Werkschutz, hat sich seit etwa zehn Jahren zum Arbeits- und Gesundheitsschutz „gesellt". Damit wird ein erweiterter Schutzgedanke propagiert, der sich in den USA schon vor geraumer Zeit als „safety, health & environment" etabliert hat. In Großbetrieben wurden die Abteilungen „Arbeitsschutz" oder „Arbeits- und Gesundheitsschutz" erweitert und in „Arbeits- und Umweltschutz" oder „Arbeits-, Gesundheits- und Umweltschutz" umbenannt. Vor allem auch aufgrund gesetzlicher Bestimmungen hat der Umweltschutz inzwischen auch in Deutschland in vielen Betrieben neben Wirtschaftlichkeit, Qualität und Sicherheit einen gleichrangigen Stellenwert erlangt und ist in Unternehmensrichtlinien verankert (Adams & Eidam, 1993; Birke & Schwarz, 1994; Wolf, 1996). Ein gutes Beispiel dafür sind die „Grundsätze der Deutsche Shell AG für die Bereiche Qualität, Gesundheitsschutz, Arbeitssicherheit und Umweltschutz" (Kasten 1).

Kasten 1
„Grundsätze der Deutschen Shell AG für die Bereiche Qualität, Gesundheitsschutz, Arbeitssicherheit und Umweltschutz" (August 1997)

Aus der bisherigen „HSE-Politik" (Health, Safety, Environment) ist ein „QHSE-Management-System" (Quality, Health, Safety, Environment) entstanden. Die Grundsätze lauten:
„1. Gesundheitsschutz, Arbeitssicherheit und Umweltschutz sind wesentliche Bausteine für den Geschäftserfolg unseres Unternehmens. Es handelt sich hierbei um eine Gemeinschaftsaufgabe, die von Mitarbeitern, Kontraktoren und Lieferanten wahrgenommen werden muß. Sie ist untrennbar mit den Zielen eines erweiterten Qualitätssicherungssystems verbunden.
2. Sicherheit und Gesundheit von Mitarbeitern, Kontraktoren, Partnern und Kunden stehen für uns an erster Stelle. Gleichzeitig sind wir bestrebt, die Belastung der Umwelt durch unsere Aktivitäten und den Einsatz unserer Produkte auf ein Minimum zu reduzieren sowie die Qualität unserer Produkte entsprechend den Anforderungen unserer Kunden laufend zu verbessern.
3. Jeder einzelne ist für die Erreichung der QHSE-Ziele des Unternehmens mitverantwortlich. Vorgesetzte sollen ihren Mitarbeitern ein Vorbild sein.
4. Zur QHSE-Arbeit gehören Zielsetzung, Planung und Bewertung."

Schnittstellen und Zielkonflikte. – Ursachen, die zu Umweltschäden führen, ähneln denen, die zu Unfällen mit kurz- und langfristigen Gesundheitsschädigungen führen: z.B. Nichteinhalten von Vorschriften, Bedienungsfehler, organisatorische Mängel. Sie sollen sich mit Hilfe von traditionellen Arbeits- und Gesundheitsschutzvorschriften, in denen sich bereits Regelungen zum Schutz der Umwelt finden, und durch traditionelle Umweltschutzvorschriften mit darin enthaltenen Regelungen zum Schutz der Beschäftigten vermeiden lassen (Mohr, 1996a). Inhaltlich bestehen z.T. enge Verknüpfungen zwischen den Zielen dieser Bereiche (drei Beispiele für *Schnittstellen* s. Kasten 2).

Kasten 2
Drei Beispiele für Schnittstellen im Arbeits-, Gesundheits- und Umweltschutz (Gill, 1996; Helms, 1996, S. 560 ff.; Konradt, 1996, S. 572 ff.)

1. *Gefahrstoffe* können bei fehlendem Körper- oder technischem Schutz sowohl den Beschäftigten schädigen und kurzfristig zu Verätzungen, langfristig zu Krebserkrankungen führen, als auch in unzulässiger Konzentration in die Umwelt gelangen und außerhalb des Betriebes gesundheitsschädigend wirken.
2. *Produktionslärm* schädigt zum einen den in unmittelbarer Nähe Beschäftigten, zum anderen aber auch Anwohner außerhalb der Produktionsstätte.
3. Auch die Kontrolle von *radioaktiven Strahlen und Mikroorganismen* (Viren, Bakterien) sind sowohl ein Thema des Arbeits- und Gesundheitsschutzes als auch des Umweltschutzes.

Zielkonflikte sind nicht zu vermeiden. Das inzwischen weitgehende Verbot der Herstellung von FCKW führte zum Rückgriff auf das traditionelle Butan-Gas und damit zu größeren Explosionsgefahren. Chemische Freianlagen sind aus der Sicht des Explosionsschutzes durch den Verdünnungseffekt vorteilhafter als eingebaute Anlagen, führen aber durch den Austritt toxischer Stoffe zu stärkeren Gefährdungen der Umwelt. Die betrieblichen Sicherheitsexperten werden zunehmend mit Umweltfragen konfrontiert, zusätzlich zu ihren genuinen Sicherheits- und Gesundheitsaufgaben. In manchen Branchen, v.a. in der Chemischen Industrie, stehen nicht mehr vorrangig Arbeitsunfälle (mit Schädigungen der Mitarbeiter) im Vordergrund, sondern Störfälle mit gravierenden Schädigungen der Umwelt sowie Energie- und Abfallprobleme. Es wird nicht zu Unrecht befürchtet, betrieblicher Umweltschutz würde auf Kosten des Arbeits- und Gesundheitsschutzes durchgeführt werden (Wenninger, 1991, S. 26-28).

Ein funktionierender AGU dient somit der Gesundheit *und* der Umwelt und verhindert im einzelnen
– *berufsbedingte Unfallgefahren* (akute Schädigungen der Gesundheit durch z.B. Abstürze, Schnittverletzungen),
– *Berufskrankheiten* (chronische bzw. Verschleiß-Schäden, wie z.B. durch dauerhafte Überforderungen und Arbeitshetze, bei hohem Lärmpegel),

– *Schädigungen der betrieblichen Umwelt* (d.h. von Mensch und Natur außerhalb einer Organisation z.B. als Folge von Ressourcenverschwendung, Vergiftung von Wasser).

2 Sicherheit, Gesundheit und intakte Umwelt als primäre Ziele von Führungskräften und Sicherheitsexperten

Traditionelle und neue Sichtweisen. – Bei dieser – traditionellen – Sicht der Aufgaben des AGU, die in der betrieblichen Praxis immer noch vorherrscht, stehen die negativen Folgen im Vordergrund, seien es Unfälle, Berufskrankheiten, Frühinvalidität oder für die Umwelt schädliche Emissionen (Lageberichte dazu s. Kasten 3, 4, 5). Aufgrund der Folgen und den damit verbundenen Kosten gehen oft erst die Initiativen für Interventionen zur Verbesserung des AGU aus. Damit haftet dem AGU immer noch eine „Verhütungsmentalität" an. Doch besteht kein Zweifel mehr an der Notwendigkeit, im AGU verstärkt präventiv tätig zu werden. Dazu bedarf es aber einer Sichtweise, die *Sicherheit, Gesundheit und intakte Umwelt als primäre Ziele* sieht und Unfälle, Berufskrankheiten und Umweltschädigungen als Folge von Defiziten im Bereich dieser zu schützenden Zustände bzw. Ziele. Mit anderen Worten: Sicherheit ist mehr als Unfallverhütung, Gesundheitsschutz mehr als Krankheitsvorsorge und Umweltschutz mehr als Schadensverhütung. Die Frage ist natürlich: Wie erreichen wir Sicherheit, Gesundheit und intakte Umwelt?

Kasten 3
Lagebericht über Unfälle und Arbeitssicherheit in Deutschland

In der Bundesrepublik Deutschland liegt seit gut 10 Jahren die Anzahl der *meldepflichtigen Arbeits- und Wegeunfälle* (= mehr als drei Ausfalltage) bei den Mitgliedsunternehmen der insgesamt 35 gewerblichen Berufsgenossenschaften bei etwa 50 je 1000 Vollarbeiter („Tausendmannquote" = TMQ) über alle Wirtschaftszweige hinweg. Die TMQ hatte 1960 immerhin 126.7 betragen, 1995 nur noch 46.7 (Reiss, 1996, S. 548 f.). Freilich müssen wir von einer *hohen Dunkelziffer* ausgehen, die z.B. durch Vertuschen und Schonarbeitsplätze zustandekommt.
  Die Beschränkung auf nationale Zahlen erfolgt, weil die Versuche, mit anderen Staaten zu vergleichen bzw. die Zahlen auf europäischer (hochindustrialisierter) Ebene zusammenzufassen, bislang stets an den nationalen Besonderheiten bei der Datenerhebung, Anzeigenpflicht, Definition, Klassifizierung, Qualität der Daten und Umfang der Nichtmeldung gescheitert sind (Hoffmann, 1996)
  Gemessen an der TMQ steht die *Forstwirtschaft* mit jährlich etwa 300 meldepflichtigen Arbeitsunfällen (v.a. Windwurfaufarbeitung) pro 1000 Beschäftigten deutlich an der Spitze, die wiederum entscheidend zur hohen Zahl von Frühinvalidität beitragen. Nach wie vor lauern auch *im Bergbau* viele Gefahren, z.B. bei der Fahrung, beim Be- und Entladen von Transportwannen. Sehr stark haben Unfälle in der *Holzwirtschaft* (TMQ ca. 100) zugenommen, v.a Unfälle an Kreissägen und Fräsma-

schinen (vorhandene Sicherheitsvorkehrungen an den Maschinen werden nicht benutzt). Auch Unfälle in *Privathaushalten* sind durch fehlerhafte oder mangelhaft gewartete Werkzeuge sowie Nichtbeachten von Verhaltensregeln stark gestiegen (s. jeweilige Beiträge in Wenninger & Hoyos, 1996).

Kasten 4
Lagebericht zu Berufskrankheiten und Gesundheitsschutz

Die *langfristigen Schädigungen der Gesundheit* eines Mitarbeiters sind in den alljährlich erstellten Statistiken über Berufskrankheiten dokumentiert. Damit eine vom Mitarbeiter angezeigte Erkrankung als Berufskrankheit anerkannt wird, muß die versicherte Tätigkeit die alleinige Ursache für die schädigende Einwirkung sein, und die Einwirkung wiederum muß ursächlich für die Erkrankung sein. Der weitaus geringere Teil der Anzeigen führt zu Frühverrentungen (zu dieser Problematik s. Reiss, 1996, S. 555). Es ist seit geraumer Zeit eine beträchtliche Zunahme von Anzeigen wie auch Frühverrentungen zu verzeichnen: 1960 waren es 31.502, 1990 immerhin schon 51.105 Anzeigen, inzwischen etwa 90.000 Anzeigen pro Jahr.

Bei den *Pflegeberufen* liegt der Anteil von als Berufskrankheit anerkannten Infektionskrankheiten bei Krankenschwestern bei 61,1 pro 10.000 Beschäftigte, bei anerkannten Hauterkrankungen bei 12,3 pro 10.000 Beschäftigten. *Handel und Dienstleistung*, in dem annähernd acht Millionen Beschäftigte zu finden sind, zeichnen sich nicht nur durch vielfältige Unfallgefahren (v.a. Staplerunfälle im innerbetrieblichen Transport) aus, sondern auch durch starke gesundheitliche Belastungen vor allem an Datensichtgeräten oder Kassenarbeitsplätzen. Auch in der *Holzwirtschaft* lassen sich viele Gesundheitsgefahren feststellen, die mit der Oberflächenbehandlung des Holzes (Holzstaub, organische Lösungsmittel) zusammenhängen. In der *Nahrungs- und Genußmittelindustrie* schließlich mit besonders vielen Handarbeitsplätzen (Umgang mit Wasser, Allergenen, Handtransport) stehen an der Spitze der Berufskrankheiten das Bronchialasthma (Bäckerasthma), Erkrankungen der Haut und der Wirbelsäule (s. jeweilige Beiträge in Wenninger & Hoyos, 1996).

Kasten 5
Ressourcenverschwendung und Umweltschutz

Mit einer Fülle von Maßnahmen wird versucht, eine ökologische Erneuerung der Industriegesellschaft einzuleiten, und zwar zunehmend auch durch Maßnahmen in den Organisationen. Es werden „tiefgreifende ökologische Erneuerungen" als „Motor eines neuen Wirtschaftsaufschwungs" mit Vehemenz gefordert. Unter dem Schlagwort „Sustainable Development" sollen nicht-erneuerbare Ressourcen wie Mineralien oder fossile Brennstoffe nur noch in dem Maße abgebaut werden, wie Ersatz an erneuerbaren Materialien zur Verfügung steht. Etwa 700.000 Menschen verdanken inzwischen allein in Deutschland ihren Arbeitsplatz dem Umweltschutz, etwa 8.500 Unternehmen stellen umwelttechnische Produkte her. Immer mehr Unternehmen praktizieren auch bereits eine *umweltorientierte Betriebsführung*, die nicht nur die Einhaltung von gesetzlichen Vorschriften, sondern freiwillige kontinuierliche Verbesserungen im Umweltschutz vorsieht; sie haben sich zum Bundesdeutschen Arbeitskreis für Umweltbewußtes Management (B.A.U.M.) mit inzwischen ca. 450 Unternehmen oder zum weltweiten Unternehmensverband International Network for Environmental Management (INEM) aus 21 Ländern zusammengeschlossen.

Gemessen an den Umweltgefährdungen liegen grundsätzlich die *kleinen und mittleren Unternehmen* an der Spitze. Von ihnen stammt der überwiegende Teil der Schadstoffbelastung – als Folge ihrer großen Zahl und der noch unzureichenden Verbreitung betriebsökologischer Führungsmethoden. In einigen Wirtschaftszweigen und Berufen sind spezifische Umweltprobleme zu verzeichnen: im *Baugewerbe* durch unsachgemäße Entsorgung und Handhabung von Alt- und Schalölen, Löse- und Reinigungsmitteln, Klebereisten; in der *Kraftfahrzeuginstandsetzung* durch unsachgemäße Entsorgung, Lagerung und Handhabung von Lacken, Brems- und Kühlflüssigkeiten, Transportgebinden; im *Krankenhaus- und Pflegebereich* durch infektiöses Material (s. jeweilige Beiträge in Wenninger & Hoyos, 1996).

Zum einen gibt es eine Fülle von *Schutznormen und Gesetzen* (Mohr, 1996a), die für einen organisatorischen Handlungsrahmen mit Mindestvorschriften sorgen, die den AGU gewährleisten sollen. Vor allem die in den letzten Jahren verabschiedeten EU-Richtlinien setzen z.T. richtungsweisende Akzente bei der differenzierten Suche nach Bedingungen, die „Gesundheit, Sicherheit, Umweltschutz und Verbraucherschutz auf einem hohen Schutzniveau" sicherstellen sollen, wie z.B. durch die Erweiterung des Arbeitsschutzbegriffs auf „Verhütung arbeitsbedingter Gesundheitsgefahren".

So müssen dadurch z.B. Analyse und Beurteilung der Gefahren in Betrieben mit mehr als zehn Beschäftigten dokumentiert werden; die Berufsgenossenschaften – möglicherweise bzw. hoffentlich auch in Zusammenarbeit mit Psychologen – werden insbesondere kleineren und mittleren Betrieben Hilfen bei *Gefährdungsanalysen* anbieten müssen (Aurig & Mierdel, 1996).

Um Sicherheit, Gesundheit und intakte Umwelt zu erreichen, müssen sich vor allem aber auch das Verhalten der Akteure *und* die Verhaltensbedingungen ändern. Damit rücken Verfahren der *indirekten Personalführung und Verhaltensmodifikation* in den Vordergrund. DIN-ISO 9000-9004- bzw. EN 29000-29004-Normen bieten Anhaltspunkte für eine organisatorische Neubestimmung der Anforderungen an eine qualifizierte AGU-Arbeit. Notwendigkeit und Schwierigkeiten, ein integriertes Managementsystem für die klassischen Abteilungen Qualitätssicherung, AGU und Brandschutz aufzubauen, sind im einzelnen von Schubert (1996a, 1996b) ausgeführt (s.auch Wenninger & Gstalter, 1995).

Verantwortung und Akteure. – Für den AGU trägt grundsätzlich der Unternehmer die *Verantwortung*, die er aber auf die Verantwortlichen in der Linie – auf die Führungskräfte – übertragen kann. Unterstützt werden die Führungskräfte innerbetrieblich vor allem von den Sicherheitsfachkräften, Betriebs-/Personalräten, Betriebsärzten, Sicherheits- und Umweltbeauftragten sowie Ausbildern. Die Technischen Aufsichtsbeamten der Berufsgenossenschaften und die Beamten der Gewerbeaufsicht beraten „von außen" bei der Entwicklung von Maßnahmen im AGU und kontrollieren das Einhalten von Vorschriften. In Großbetrieben wird der AGU zunehmend als Dienstleistungsbereich gesehen, der sich den Anforderungen eines *Qualitätssicherungs-/Qualitätsmanagementsystems* unterordnen muß, statt wie bisher einer weitgehend unabhängig arbeitenden Stabsstelle zugeordnet und direkt Vorstand oder Geschäftsleitung verantwortlich zu sein (Schubert, 1996a, S. 334).

Führungskräften und internen/externen Sicherheitsexperten wird neben technisch-organisatorischem Sachverstand auch *psychologisches Handlungswissen* abverlangt. Beim Ermitteln der ursächlichen Bedingungen, z.B. für kritische Situationen, beim Festlegen von Schutzzielen und Durchführen von Maßnahmen sowie beim Vergleich des erreichten Zustands mit den gesetzten Zielen steht immer auch das sicherheits-, gesundheits- und umweltbezogene Verhalten im Mittelpunkt. Gemeint ist sowohl das Verhalten der Mitarbeiter als Hauptakteure des betrieblichen Geschehens als auch der Sicherheitsexperten und Führungskräfte, die auf die Mitarbeiter einwirken bzw. die technisch-organisatorischen Rahmenbedingungen im AGU schaffen sollen. Kenntnisse von psychologischen Unfalltheorien und Methoden der Verhaltensbeeinflussung sind unabdingbar.

Kasten 6
Eingriffs- und Wirkungsmöglichkeiten der Psychologie im Arbeits-, Gesundheits- und Umweltschutz

– bei *Anforderungsanalysen* und *Eignungsuntersuchungen* (v.a. bei besonderen Gefährdungen und Risikoarbeitsplätzen), um Belastungen als mögliche Ursachen für für vorschriftenwidriges Arbeiten zu identifizieren (Richter & Fritsche, 1996);
– bei *Arbeitsplatzgestaltung* und *Arbeitsstrukturierung* (z.B. ergonomische Gestaltung von Informationsmitteln, Organisation von Arbeitszeiten und -pausen), um Möglichkeiten und Grenzen der menschlichen Leistungsabgabe gerecht zu werden (Colin, 1996);
– bei Entwicklung und Durchführung von *Schulungs- und Trainingsmaßnahmen* (v.a. für Führungskräfte: König, Kirschstein & Walter, 1995; Wenninger & Nold, 1995), Sicherheitsunterweisungen und -training (Lindell, 1994; Ludborzs, 1996), betrieblichen AGU-Aktionen und Werbemaßnahmen (Hoheisel, 1995; Strobel, 1996), partizipativen Methoden (Packebusch, 1995; Ritter, 1996);
– bei der Entwicklung von *verhaltensregelnden Richtlinien und Grundsätzen* zum AGU für die gesamte Organisation im Sinne von Systemsicherheit, Sicherheitskultur und -management (Schubert, 1996b; Zimolong, 1995, 1996).

Obwohl der (Sicherheits-, Gesundheits- Umwelt-) Psychologie allgemein ein wichtiger Stellenwert im AGU zukommt (Schubert, 1995), sind Psychologen weder im (alten) Arbeitssicherheitsgesetz (aus dem Jahre 1993) noch im neuen Arbeitsschutzgesetz (seit 1.1.1997; dazu Coenen & Waldeck, 1996) ausdrücklich als Akteure erwähnt. Dennoch sind deren *Eingriffsmöglichkeiten* vielfältig. Sie können bei der Lösung aller AGU-Probleme (Norm-, Erhebungs- und Interventionsprobleme; Mohr, 1996c), bei allen präventiven und reaktiven Maßnahmen mitwirken, die auf Änderungen im individuellen und organisationalen Handeln gerichtet sind (s. Kasten 6)

3 Forschungsschwerpunkte

Menschliches Versagen versus Systemfehler. – In der betrieblichen Praxis wie auch psychologischen Unfallforschung, die in Deutschland um 1920 ihren Anfang nahm, richtete sich die Suche nach Ursachen für Stör- und Unfälle lange Zeit an den Maßnahmen aus, die sich am *kostengünstigsten* durchführen lassen. Der „Faktor Mensch", d.h. sicherheits-, gesundheits- und umweltschädliches Verhalten, Leichtsinn beim Umgang mit Betriebsmitteln, „Nicht-Wollen", „Nicht-Wissen", „Nicht-Können", wurden häufig als Hauptursache für Fehler, Störungen und Unfälle gesehen und mit Motivations-, Unterweisungs- und Traingsmaßnahmen „bekämpft": Personbezogene Maßnahmen zu entwickeln und durchzuführen ist meist billiger als technisch-organisatorische Änderungen an Arbeitsplätzen oder Maschinen, wodurch sich Gefahren grundsätzlich beseitigen oder der Mensch vor der Gefahr abschirmen ließe.

Der Versuch, den *Menschen mit seiner Persönlichkeit* für Unfälle verantwortlich zu machen, kulminierte im Begriff der „Unfallneigung". Demnach soll es Menschen („Unfäller") geben, die sich in bestimmten Situationen für Handlungen entscheiden, die zu Unfällen führen – an denen sie daher hauptsächlich selbst schuld sind. In einer Vielzahl von theoretischen und empirischen Arbeiten finden sich Ergebnisse und Diskussionen zu dieser monokausalen Betrachtung der Unfallverursachung (im Überblick z.B. Hoyos, 1980; Hoyos & Zimolong, 1988; Wenninger, 1988, S. 153 f.). Wir können zusammenfassend festhalten: Das klassische Konzept des „Unfällers" mit stabilen, kaum veränderbaren Persönlichkeitsmerkmalen, die stabil und unabhängig von der Situation wirken, ist nicht haltbar.

In den USA vollzog sich die Abkehr von der personorientierten, differentialpsychologischen hin zur *situations-/bedingungs-/systemorientierten Betrachtung* des Unfallgeschehens während des Zweiten Weltkrieges, als Arbeitspsychologen zunehmend haarsträubende Mängel in der ergonomischen Gestaltung der militärischen Ausrüstung für Fehlleistungen der Operateure ausfindig machten (Anordnung von Geräten im Cockpit, Größe und Form von Anzeigegeräten u.a.m.). In Europa und in Deutschland wurde von Psychologen die differentialpsychologische Sicht erst etwa ab 1965 in Frage gestellt. Die Suche nach „unfallträchtigen" Personen wurde zuerst vereinzelt, inzwischen insgesamt von der verstärkten Suche nach den unfallauslösenden Bedingungen der Arbeitsumgebung, nach den vielfältigen Wechselwirkungen von Person und Umwelt, ja insgesamt nach Mängeln im Arbeitssystem, abgelöst (Wenninger & Gstalter, 1995, S. 109 ff.).

Statt vorrangig nach individuellem Fehlverhalten zu suchen, wurden und werden nun vermehrt Systembetrachtungen angestellt, um neben dem technischen System auch das organisationale System mit seinen Teilkomponenten Mensch, Gruppe, Organisation, Verfahren und Prozesse zu erfassen. Das Auftreten von Störungen, Schadensfällen und Unfällen mit Verletzungsfolgen ist aus Systemsicht das Ergebnis eines „komplexen, oft nicht sehr gut verstandenen Zusammenwirkens von organisatorischen, technischen und menschlichen Faktoren" (Zimolong, 1996, S. 26). Um der Dynamik des Störfall- und Unfallgeschehens besser gerecht zu werden, sind Arbeitsablauf und -organisation, Sicherheitspolitik und -philosophie eines Unternehmens u.a.m. in ihren komplexen zeitlichen und systemischen Wechselwirkungen in die Analyse einzubeziehen. Der Mensch und Operateur und seine etwaigen Fehlhandlungen werden nicht mehr monokausal, sondern multikausal analysiert. Diese Systemsicht hat sich inzwischen in einer ganzen Reihe von *methodischen Ansatzpunkten* zur prospektiven und retrospektiven Analyse von Systemfehlern niedergeschlagen. Sie sollen (präventiv) zum Einsatz gelangen, noch bevor es zu kritischen Ereignissen bzw. Unfällen gekommen ist, lassen sich freilich auch retrospektiv verwenden (Kasten 7).

Kasten 7
Beispiele für methodische Ansatzpunkte zur Analyse von AGU-Mängeln in Arbeitssystemen

— *Unfallschwerpunktanalysen* zur systematischen Erfassung von Daten über einen längeren Zeitraum hinweg bei bestimmten Arbeitsplätzen oder Tätigkeitssequenzen (Burkardt, 1985).
— Umfassende Betrachtungen des möglichen Zusammentreffens von Mensch und Gefahr und der Dysfunktionen in Mensch-Maschine-Umwelt-Systemen anhand von *Prüf- und Checklisten, Gefahren- und Ablaufstudien, Ausfalleffektanalysen* sowie *Störfallablauf- und Fehlerbaumanalysen* (Ruppert, 1996; Zimolong, 1996).
— Analyse von Handlungsfehlern, z.B. anhand der INRS-Methode, des DEPOSE-Modells, des Fischgräten- oder ISHIKAWA-Modells (Wenninger & Gstalter, 1995, S. 109 ff.).
— *Sicherheitsanalysen bzw. -diagnosen* (Hoyos & Ruppert, 1993), die ebenfalls das Verhalten des Menschen in den Mittelpunkt von Analyse und Diagnose stellen und sich für einen retrospektiven und prospektiven Einsatz eignen.

– Mit *Audit-System*en ist es möglich, strukturelle und prozessuale Aspekte der Sicherheits-, Gesundheits- und Umweltorganisation oder von Teilen davon einer Revision zu unterziehen (Bayerisches Staatsministerium für Landesentwicklung und Umweltfragen, 1995; Wagenaar, Groeneweg, Hudson & Reason, 1994).

Prävention durch Gefahrenkognition und sicheres Verhalten. – Die Konzentration auf die „Unfallneigung" und die Suche nach menschlichen Unfallursachen haben lange Zeit den Blick für vorausschauendes, präventives und sicherheitsförderndes Verhalten verstellt. Sicheres Verhalten hat die Kontrolle von Gefährdungen von Mensch und Umwelt als gemeinsames Ziel (Hoyos, 1987; 1996). Um dem Postulat „Sicherheit ist mehr als Unfallverhütung" zu genügen, ist das rechtzeitige und richtige Wahrnehmen und Erkennen von Gefahren und Gefahrensignalen (*Gefahrenkognition*) eine notwendige Voraussetzung dafür, um

– erst gar nicht in den Einwirkbereich von Gefahren (z.B. in die Nähe von Transportfahrzeuge) zu geraten und
– Gefahren kontrollieren und in kritischen Situationen adäquat reagieren zu können, so daß keine Gefahren für Mensch und Umwelt entstehen.

Aber nicht alle Gefahren sind „sensorisch wirksam" und mahnen zur Vorsicht, wie offenes Feuer oder tiefe Abgründe. Andere Gefahren (z.B. Dioxin-/Asbestemissionen mit latenter Wirksamkeit) sind nur mit Meßgeräten wahrnehmbar. *Qualifikation und Wissen, langjährige Erfahrungsbildung* und *Lernvorgänge* spielen eine entscheidende Rolle, ob es gelingt, Risiken richtig einzuschätzen und Gefahren zu kontrollieren. Qualifizierte Personen entwickeln außerdem eine sensible Wahrnehmung und subjektive Erwartungshaltung für spezielle Gefahrensignalmuster: „Sensorik-Superzeichen".

Der erfahrene Maurerpolier hat Merkmale wie „Nässe auf einem Gerüstbelag", „fehlender Seitenschutz", „offene Klappe eines Gerüsteinstiegs" zu dem Superzeichen „Absturzgefährdung" zusammengefaßt, d.h., er „sieht" die Absturzgefahr unmittelbar, sobald er diese Signale entdeckt, ohne lange überlegen und bewerten zu müssen. Er hat im Gedächtnis ein „inneres Gefahrenmodell" als Abbild möglicher Situationen mit „Gefahr in Verzug" gespeichert.

Wenn Unfallgefahren, Gesundheits- und Umweltbelastungen nicht oder zu spät wahrgenommen werden, dann liegen die Ursachen dafür somit auf der einen Seite in den ganz unterschiedlich bedingten Grenzen der menschlichen Wahrnehmungs- und Bewertungsfähigkeit und Tendenzen zum riskanten Verhalten.

So neigen wir dazu, *Heuristiken* (einfache kognitive Modelle, Faust- und Daumenregeln) anzuwenden, die uns eine zuverlässige Orientierung in der Umwelt erlauben sollen, indem wir das Eintreffen zukünftiger Ereignisse schätzen.Die Verfügbarkeitsheuristik beispielsweise besagt, daß wir Routinetätigkeiten und Gefahren, denen wir oft ausgesetzt sind, in ihren Risiken zu unterschätzen (im einzelnen s. Zimolong, 1990). Vor allem dann, wenn z.b. Störungen und Defekte in technischen Anlagen auftreten, bieten Faustregeln meist keine geeignete Basis mehr für die Fehlerdiagnose und Problemlösung und erweisen sich schnell als „unrealistischer Optimismus" und „illusionäre Gefahrenkontrolle" wie sich bei ausführlichen Analysen von einzelnen Katastrophen immer wieder nachvollziehen läßt (Perrow, 1987; Reason, 1987, 1990).

Nach Wildes (1982) Modellvorstellungen orientieren wir uns beim Handeln außerdem an einem „akzeptierten Risikoniveau" bzw. an einem „inneren Sollwert", mit dem wir gegebene Gefahren vergleichen. Wir passen unser Verhalten dem (subjektiv) wahrgenommenen Risiko an. Demnach soll beispielsweise die Höhe des wahrgenommenen Risikos minus die Anstrengungen eines Autofahres, sein subjektives Risiko zu verringern (= dem Ausmaß an Vorsicht), eine Konstante sein. Es ist somit nicht ausgeschlossen, daß zusätzliche Sicherheit durch sicherheitstechnische Verbesserungen (z.B. wirksamere Bremsen – ABS) durch riskantes Verhalten (schnelleres Fahren) wieder aufgehoben wird und wir „unsichere" Situationen aufsuchen, wenn wir uns sicher fühlen. Hierbei spielt möglicherweise auch die *Illusion der eigenen Unverletzbarkeit* eine Rolle, die durch Gruppenprozesse verstärkt werden kann.

Individuelles Risikoverhalten und Gefahrenexposition hängen außerdem stark davon ab, welche *sozialen und materiellen Folgen* sicherheits-, gesundheits- und umweltschädigenden Verhaltens wir antizipieren. So spart riskantes Verhalten im Betrieb oft Zeit, erhöht damit die „bezahlte" Leistung und den persönlichen Gewinn und zieht meist sehr lange, jedenfalls bis zum Unfall, keine negative Folgen nach sich. Nach Trimpop (1996, S. 451) zeigen Schätzungen, daß aus ca. 250.000 (!) sicherheitswidrigen Handlungen lediglich ein einziger Unfall resultiert. Sicherheits-, gesundheits- und umweltorientiertes Verhalten hingegen hat nicht selten den Spott von Arbeitskollegen zur Folge, wird von Vorgesetzten nicht bzw. viel zu selten belohnt und bietet zu wenig finanzielle Anreize.

Auf der anderen Seite freilich tragen auch die ungünstige ergonomische Gestaltung von Arbeitsplatz und -umgebung, schlechte Signal- und Warnsysteme ihren Teil dazu bei, daß die Gefahrenwahrnehmung nicht gelingt (Kasten 8).

Kasten 8
Umgebungsbedingte Ursachen für mangelhafte Gefahrenwahrnehmung (Colin, 1996; Erke, 1996; Laughery, Wogalter & Young, 1994)

– Erhöhen der Sehschwelle durch starke akustische Reize, Mindern der Sehschärfe durch unangenehm riechende Substanzen, Herabsetzen der visuellen Empfindlichkeit für die Farben Rot und Gelb durch akustische Reize;
– Überhören von Gefahrensignalen bei zusätzlichen Reizen durch ihre Nähe an den Wahrnehmungsschwellen;
– Belastungsgrößen wie z.B. hohe Temperaturen, mechanische Schwingungen, Zugluft, Wechselschicht;
– Wahrnehmungstäuschungen in bezug auf Größe, Form, Bewegung, Farbe und Gewicht;

- Informationsmaskierung und -verzerrung von Warnsignalen durch Störsignale (Blendung, Spiegelung) bzw. auch durch Tragen des Körperschutzes (Handschuhe, die das Tastvermögen herabsetzen).
- Nachlassen der kognitiven Leistungen bei Daueraufmerksamkeit oder monotonen Aufgaben.

4 Interventionen

Um den neuen Herausforderungen durch die Integration des AGU in die betriebliche Aufbau- und Ablaufstrukturen zu genügen, wird vielfach eine organisations- und systembezogene Steuerung der Interventionen gefordert, kurz: Sicherheits-, Gesundheits- und Umweltmanagement (s. allgemein Hale, Heming, Carthey & Kirwan, 1995; Ridley, 1994). Dies bedeutet in Anlehnung an die EU-Rahmenrichtlinie 89/391 EWG eine umfassende Umsetzung des AGU auf allen Unternehmensebenen, die Berücksichtigung aller Aspekte von Arbeit und aller betrieblichen Akteure, die Integration des AGU in Planungs- und Kontrollprozesse sowie eine präventive und kooperative Ausrichtung (z.B. Stadler, 1996). Es muß Organisationsentwicklung (OE) betrieben, also eine Strategie zur systematischen, langfristig angelegten und organisationsumfassenden Veränderung im Unternehmen verfolgt werden (Elke, 1996, und in diesem Band). Dazu gehören v.a. eine gründliche *Organisationsanalyse* (z.B. durch Beobachtungen bei Betriebsrundgängen, Analyse der Anreizsysteme) sowie natürlich *Interventionen* auf der Verhaltens- und Organisationsebene. Die angestrebten Veränderungen im AGU lassen sich mit ganz unterschiedlichen Techniken und Vorgehensweisen erreichen. Entscheidend für die Auswahl der jeweiligen Interventionen (Beispiele für Rückmeldungs- und Anreizsysteme s. Kasten 9) sind die betrieblichen Rahmenbedingungen, d.h. die wechselseitigen Abhängigkeiten zwischen dem Verhalten der einzelnen Akteure und den sozialen, technischen und organisationalen Bedingungen.

Kasten 9
Beispiele für personbezogene Interventionen: Rückmeldung und Anreizsysteme

Die Wirksamkeit von v.a. *Rückmeldungen* (*positive Verstärkung*) ist im Sicherheits- und Gesundheitsbereich schon vielfach bestätigt worden; die Anteile sicherer Verhaltensweisen – das Tragen von Atemmasken, Schutzbrillen – ließen sich durch Rückmeldung der Tragequoten z.B. auf Schautafeln oder unmittelbar durch Vorgesetzte in kurzer Zeit auf 100% steigern, und die Verletzungsquote ging ebenfalls stark zurück (Komaki, Barwick & Scott, 1978; Smith, Anger & Uslan, 1978). Auch im Umweltbereich, beim Energiesparen und Abfallvermeiden, sind Verbrauchsrückmeldungen notwendige Voraussetzungen, um zu erwünschten Verhaltensänderungen zu gelangen, wie z.B. im Rahmen des ABC-Modells von Geller (1989) oder im Verhaltensmodell von Fietkau und Kessel (1981; s.a. Wortmann, Stahlberg & Frey, 1988, S. 306 f.; Wenninger, 1996b, S. 258 ff.).

Monetäre Anreize: Prämien und Wettbewerbe mit Gewinnchancen beruhen auf dem Lernprinzip, wonach nur ein Verhalten, das Erfolg zeitigt, dazu tendiert, wiederholt zu werden: Einzel- und Gruppenprämien, Geld- und Sachprämien für z.B. stetes Tragen der Schutzkleidung oder bei Unfallfreiheit in einem definierten Zeitraum, Wettbewerbe als „indirekte" Prämienverfahren (Gruppe gegen Gruppe) oder auch Fragebogenaktionen, Gruppenquiz, Preisausschreiben. Diese Anreize haben in der Praxis sehr unterschiedliche kurz- wie langfristige Erfolge gezeitigt; es ist eine Reihe von Leitfragen und Gestaltungsgrundsätzen zu befolgen, damit sie nicht wirkungslos verpuffen (Fritsche, 1996).

Soziale Anreizsysteme beruhen auf der Annahme von motivierenden Wirkungen sozialer Beziehungen durch Gruppenzugehörigkeit und Art der Gruppenbeziehungen. Das Vorbildverhalten der Führungskräfte ist eine besonders wirkungsvolle Orientierung (*Lernen am Modell*). Darüber hinaus nehmen Führungskräfte auch Einfluß über schriftliche Informationen und Medien, wie z.B. in Form von Betriebsanweisungen, Arbeitssicherheitsplakaten, Faltblätter, Bildgestützte Kurzinformationen, Audio- und Videokassetten; mündliche Information findet in Form von Sicherheitsunterweisung, als Sicherheitsgespräch am Arbeitsplatz und in der Arbeitsgruppe statt.

Partizipative Anreizsysteme sollen unserem Bedürfnis nach Selbstentfaltung und Autonomie Rechnung tragen. Den Charakter der Partizipation haben gruppenorientierte Verfahren wie z.B. Gesundheits-, Sicherheits- und Umweltzirkel. Auch das betriebliche Vorschlagswesen eröffnet die Möglichkeit, das Erfahrungswissen aller Mitarbeiter in die Gestaltung des Arbeitsprozesses einfließen zu lassen. Auch für diese beiden Anreizsysteme lassen sich inzwischen viele in der Praxis erfolgreiche Beispiele finden (s. spezifische Beiträge in Hoyos & Wenninger, 1995; Wenninger & Hoyos, 1996; Kleinbeck in diesem Band).

Bei allen Interventionen, die sich nach Zielgruppe, Reichweite, Lerninhalten, Didaktik, Qualität und Spezifität erheblich unterscheiden und sich ganz unterschiedlich einteilen lassen, bedarf es notwendigerweise des Rückgriffs auf *lern- und motivationspsychologische Ergebnisse.* Die Interventionen sind selbstverständlich nicht ausschließlich von Psychologen, sondern möglichst gemeinsam mit Führungskräften und Sicherheitsexperten zu entwickeln. Insbesondere sind die Gegebenheiten eines einzelnen Betriebes ausschlaggebend für Erfolge der Interventionen. Beispielsweise wird bei partizipativ-orientierten Interventionen (Sicherheits-, Gesundheits- und Umweltzirkel) ein besserer AGU nur dann zu erreichen sein, wenn tatsächlich möglichst alle Betroffenen und Akteure in den Veränderungsprozeß einbezogen werden (s.a. Antoni in diesem Band). Alle Mitarbeiter zu beteiligen, setzt wiederum profunde Kenntnisse der Gruppendynamik und des Konfliktmanagements, der Moderation von Gruppengesprächen und der Ergebnisbewertung voraus (s.a. Wenninger in diesem Band). Subjektive psychologische Theorien, Zeitknappheit und Desinteresse einzelner Beteiligter und strukturelle Bestimmungsfaktoren lassen nicht selten anderswo erfolgreiche Interventionen und Programme im Einzelfall scheitern.

5 Ausblick

Personalführung und Motivieren zum sicheren, gesundheits- und umweltbewußten Arbeiten eröffnen Psychologen – auch in Verbindung mit Motivieren zu qualitätsbewußtem Arbeiten – neue Beschäftigungsmöglichkeiten in Verwaltung und Industrie. Interventionen im AGU, wie im Überblick kurz dargestellt, sind allerdings *keine Patentrezepte*, sondern sind kombiniert mit anderen Maßnahmen langfristig und konsequent anzuwendende Methoden. Ihre Entwicklung und ihr Einsatz sind abhängig von der jeweiligen *Gesundheits-, Sicherheits- und Umweltproblematik in den einzelnen Wirtschaftsbereichen und Berufen* und den *spezifischen Zielsetzungen eines Unternehmens.* Je nach dort vorherrschender Problematik und vorzufindenden Problemgruppen (z.B. Leiharbeiter, Alkoholgefährdete), vor allem auch abhängig vom Problembewußtsein der Führungskräfte, kann es sinnvoll sein, sich zuerst für einen Kontrollansatz (z.B. nach Dupont) zu entscheiden und erst bei Erreichen eines bestimmten Sicherheitsniveaus anreizorientierte oder partizipative Verfahren (z.B.Sicherheitswettbewerbe, Gesundheitszirkel) einzusetzen.

Interventionen werden selbstverständlich nicht ausschließlich von Psychologen entwickelt und durchgeführt, sondern maßgeblich (auch) von Ingenieur- und Betriebswirtschaftlern sowie Führungskräften (v.a. Audits oder Unterweisung und Training sowie – für den Gesamtbetrieb – Sicherheitsmanagement und Organisationsentwicklung). Alle Interventionen beruhen aber auf verhaltenswissenschaftlichen Prinzipien und machen den differenzierten Einsatz von Methoden der Personalführung nötig. Andernfalls sind die Interventionen kurz- oder langfristig zum Scheitern verurteilt.

Integrierte Managementsysteme gewinnen dabei in mittleren und großen Unternehmen zunehmend an Bedeutung. Sie sollen der Qualitätssicherung und dem AGU dienen, das Unternehmen insgesamt effizienter machen und zu lernfähigen internen Regelkreisläufen führen. Diese Entwicklung wurde insbesondere durch die DIN EN ISO Normen zum Qualitätsmanagement forciert; die darin enthaltenen Gestaltungskriterien werden inzwischen zunehmend auch auf die anderen Managementbereiche wie auf den AGU übertragen. Um Synergieeffekte zu nutzen, müssen allerdings die einzelnen Managementsysteme eines Unternehmens zueinander kompatibel, also nach einheitlichen Kriterien aufgebaut sein – was aber bislang häufig noch nicht der Fall ist und eine voneinander abgekoppelte Papier- und Dokumentationsflut sowie Doppelarbeiten nach sich zieht. Dennoch stimmt die Entwicklung insgesamt hoffnungsvoll, die sich in der fortschreitenden

Auditierung nicht nur des Qualitäts-, sondern auch des Sicherheits- und Umweltmanagements Betriebe aller Größenordnung zum Ausdruck kommt.

Literatur

Adams, H.W. & Eidam,G. (Hrsg.). (1993). *Die Organisation des betrieblichen Umweltschutzes*. Frankfurt am Main: Frankfurter Allgemeine Zeitung.

Aurig, U. & Mierdel, B. (1996). Erkennen und Handhaben arbeitsbedingter psychischer Belastungen ... eine Herausforderung für Unternehmer und Ingenieure? *Die BG*, August, S. 534- 537.

Bayerisches Staatsministerium für Landesentwicklung und Umweltfragen (Hrsg.). (1995). *Das EG-Öko-Audit in der Praxis. Ein Leitfaden zur freiwilligen Beteiligung gewerblicher Unternehmen am Gemeinschaftssystem für das Umweltmanagament und die Umweltbetriebsprüfung*. München.

Birke, M. & Schwarz, M. (1994). *Umweltschutz im Betriebsalltag. Praxis und Erfahrungen ökologischer Arbeitspolitik*. Opladen: Westdeutscher Verlag.

Burkardt, F. (1981). *Information und Motivation zur Arbeitssicherheit*. Wiesbaden: Universum.

Coenen, W. & Waldeck, D. (1996). Die neue Arbeitsschutzgesetzgebung aus der Sicht der gewerblichen Berufsgenossenschaften. *Die BG*, Sepember, S. 574-580.

Colin, I. (1996). Ergonomie und Arbeitsgestaltung. In G. Wenninger & C. Graf Hoyos (Hrsg.), *Arbeits-, Gesundheits- und Umweltschutz* (S.525-535). Heidelberg: Asanger.

Deutsche Shell Aktiengesellschaft (1997). *Qualität, Gesundheitsschutz, Arbeitssicherheit und Umweltschutz*. Hamburg: Deutsche Shell AG.

Elke, G. (1996). Organisationsentwicklung. In G. Wenninger & C. Graf Hoyos (Hrsg.), *Arbeits-, Gesundheits- und Umweltschutz* (S. 565-576). Heidelberg: Asanger.

Erke, H. (1996). Warninformation. In G. Wenninger & C. Graf Hoyos (Hrsg.), *Arbeits-, Gesundheits- und Umweltschutz* (S. 344-354). Heidelberg: Asanger.

Fietkau, H.J. & Kessel, H. (Hrsg.). (1981). *Umweltlernen*. Königstein: Hain.

Fritsche, B. (1996). Anreizsysteme. In G. Wenninger & C. Graf Hoyos (Hrsg.), *Arbeits-, Gesundheits- und Umweltschutz* (S. 505-515). Heidelberg: Asanger.

Geller, E.S. (1989). Applied behavior analysis and social marketing: an integration for environmental preservation. *Journal of Social Issues, 45*, 17-36.

Gill, B. (1996). Risikokontrolle in Forschungsorganisationen am Beispiel der Genforschung. In B. Ludborzs, H. Nold & B. Rüttinger (Hrsg.), *Psychologie der Arbeitssicherheit. 8. Workshop 1995* (S. 591-609). Heidelberg: Asanger.

Hale, A.R., Heming, B., Carthey, J. & Kirwan, B. (1995). *Modelling of safety management systems*. Delft: University of Technology.

Helms, U. (1996). Schnittstellen im Arbeits- und Gesundheitsschutz. In B. Ludborzs, H. Nold & B. Rüttinger (Hrsg.), *Psychologie der Arbeitssicherheit. 8. Workshop 1995* (S.559-566). Heidelberg: Asanger.

Hoffmann, B. (1996). Europäische Arbeitsunfallstatistik: Quo vadis? *Die BG*, Februar, S. 186-187.

Hoheisel, D. (1995). Maßnahmen zur Verbesserung der Arbeitssicherheit im Betriebsvergleich. In C. Graf Hoyos & G. Wenninger (Hrsg.), *Arbeitssicherheit und Gesundheitsschutz in Organisationen* (S.63-78). Göttingen: Verl. für Angewandte Psychologie.

Hoyos, C. Graf (1980). *Psychologische Unfall- und Sicherheitsforschung.* Stuttgart: Kohlhammer.

Hoyos, C.Graf (1987). Verhalten in gefährlichen Situationen. In U. Kleinbeck & J. Rutenfranz (Hrsg.), *Arbeitspsychologie* (Enzyklopädie der Psychologie, Band D, III, 1, S. 577-627). Göttingen: Hogrefe.

Hoyos, C.Graf (1996). Sicheres Verhalten. In G. Wenninger & C. Graf Hoyos (Hrsg.), *Arbeits-, Gesundheits- und Umweltschutz* (S. 459- 467). Heidelberg: Asanger.

Hoyos, C. Graf & Ruppert, F. (1993). *Der Fragebogen zur Sicherheitsdiagnose (FSD).* Bern: Huber.

Hoyos, C. Graf & Wenninger, G. (Hrsg.). (1995). *Arbeitssicherheit und Gesundheitsschutz in Organisationen.* Göttingen: Verlag für Angewandte Psychologie.

Hoyos, C. Graf & Zimolong, B. (1988). *Occupational safety and accident prevention. Behavioral strategies and methods.* Amsterdam: Elsevier.

König, C. Kirschstein, G. & Walter, J. (1995). Arbeitssicherheit als Führungsaufgabe – ein praxisorientiertes Beratungskonzept. In C. Graf Hoyos & G. Wenninger (Hrsg.), *Arbeitssicherheit und Gesundheitsschutz in Organisationen* (S. 179-196). Göttingen: Verlag für Angewandte Psychologie.

Komacki, J. Barwick, K.D. & Scott, L.R. (1978). A bevahioral approach to occupational safety: Pinpointing and reinforcing safe performance in a food manufactoring plant. *Journal of Applied Psychology, 63,* 434-445.

Konradt, U. (1996). Betriebliches Umweltmanagement in der metallverarbeitenden Industrie. In B. Ludborzs, H. Nold & B. Rüttinger (Hrsg.), *Psychologie der Arbeitssicherheit. 8. Workshop 1995* (S. 567-583). Heidelberg: Asanger.

Laughery, K.R., Wogalter, M.S. & Young, S.L. (Eds.). (1994). *Human factors perspectives on warning.* Santa Monica, CA.: Human Factors and Ergonomics Society.

Lindell, M. (1994). Motivational and organizational factors affecting implementation of worker safety training. In M. Colligan (Ed.), *Occupational safety and health training* (pp. 211-240). Philadelphia: Hanley & Belfus.

Ludborzs, B. (1996). Unterweisung und Training. In G. Wenninger & C. Graf Hoyos (Hrsg.), *Arbeits-, Gesundheits- und Umweltschutz* (S. 618-625). Heidelberg: Asanger.

Mohr, W. (1996a). Kontrollorgane. In G. Wenninger & C. Graf Hoyos (Hrsg.), *Arbeits-, Gesundheits- und Umweltschutz* (S. 94-102). Heidelberg: Asanger.

Mohr, W. (1996b). Rechtliche Grundlagen. In G. Wenninger & C. Graf Hoyos (Hrsg.), *Arbeits-, Gesundheits- und Umweltschutz* (S. 57-66). Heidelberg: Asanger.

Mohr, W. (1996c). Moderation und Bericht zum Arbeitskreis 4 „Gesundheitsschutz". In B. Ludborzs, H. Nold & B. Rüttinger (Hrsg.), *Psychologie der Arbeitssicherheit. 8. Workshop 1995* (S. 278-284). Heidelberg: Asanger.

Packebusch, L. (1995). Gruppenbezogene Methoden in der Sicherheits- und Gesundheitsarbeit. In C. Graf Hoyos & G. Wenninger (Hrsg.), *Arbeitssicherheit und Gesundheitsschutz in Organisationen* (S. 197-218). Göttingen: Verlag für Angewandte Psychologie.

Perrow, Ch. (1987). *Normale Katatstrophen. Die unvermeidbaren Risiken der Großtechnik.* Frankfurt: Campus.

Reason, J. (1987). The Chernobyl errors. *Bulletin of the British Pschological Society,* 40, 201-206.

Reason, J. (1990). *Human errors.* New York: Cambridge University Press.

Reiss, S. (1996). Umfang der Versicherung, Unfälle und Berufskrankheiten sowie Leistungsaufwendungen bei den gewerblichen Berufsgenossenschaften im Jahre 1995. *Die BG,* August, 545-562.

Richter, G. & Fritsche, B. (1996). Partizipative Arbeitstätigkeitsanalyse mit dem Ziel der Gesundheitsförderung. In B. Ludborzs, H. Nold & B. Rüttinger (Hrsg.), *Psychologie der Arbeitssicherheit. 8. Workshop 1995* (S. 323-337). Heidelberg: Asanger.

Ridley,J. (Ed.). (1994). *Safety at work.* Oxford: Butterworth-Heineman.

Ritter, A. (1996). Mitarbeiterbeteiligung. In G. Wenninger & C. Graf Hoyos (Hrsg.), *Arbeits-, Gesundheits- und Umweltschutz* (S. 553-564). Heidelberg: Asanger.

Ruppert, F. (1996). Sicherheitsdiagnose. In G. Wenninger & C. Graf Hoyos (Hrsg.), *Arbeits-, Gesundheits- und Umweltschutz* (S. 589-598). Heidelberg: Asanger.

Schubert, K. (1995) Arbeitssicherheit und Gesundheitsschutz als Arbeitsfeld für beratende Psychologen. In C. Graf Hoyos & G. Wenninger (Hrsg.), *Arbeitssicherheit und Gesundheitsschutz in Organisationen* (S. 149-178). Göttingen: Verlag für Angewandte Psychologie.

Schubert, K. (1996a). Qualitätssicherung In G. Wenninger & C. Graf Hoyos (Hrsg.), *Arbeits-, Gesundheits- und Umweltschutz* (S. 334-443). Heidelberg: Asanger.

Schubert, K. (1996b). Sicherheitsmanagement. In G. Wenninger & C. Graf Hoyos (Hrsg.), *Arbeits-, Gesundheits- und Umweltschutz* (S. 607-617). Heidelberg: Asanger.

Smith, M.J., Anger, W.K. & Uslan, S.S. (1978). Behavior modification applied to occupational safety. *Journal of Safety Research, 10,* 87-88

Stadler, P. (1996). Planung. In G. Wenninger & C. Graf Hoyos (Hrsg.), *Arbeits-, Gesundheits- und Umweltschutz* (S. 311-321). Heidelberg: Asanger.

Strobel, G. (1996). Persönliche Schutzausrüstung. In G. Wenninger & C. Graf Hoyos (Hrsg.), *Arbeits-, Gesundheits- und Umweltschutz* (S. 301-310). Heidelberg: Asanger.

Trimpop, R. (1996). Motivation. In G. Wenninger & C. Graf Hoyos (Hrsg.), *Arbeits-, Gesundheits- und Umweltschutz* (S. 449-458). Heidelberg: Asanger.

Wagenaar, W.A., Groeneweg, J., Hudson, P.T. & Reason, J.T. (1994). Promoting safety in the oil industry. *Ergonomics, 37,* 1999-2013.

Wenninger, G. (1988). Arbeitsschutz. In D. Frey, C. Graf Hoyos & D. Stahlberg (Hrsg.), *Angewandte Psychologie. Ein Lehrbuch* (S.147-168). München: Psychologie Verlags Union.

Wenninger, G. (1991). *Arbeitssicherheit und Gesundheit. Psychologisches Grundwissen für betriebliche Sicherheitsexperten und Führungskräfte.* Heidelberg: Asanger.

Wenninger, G. (1996a). Organisation von Sicherheit. In G. Wenninger & C. Graf Hoyos (Hrsg.), *Arbeits-, Gesundheits- und Umweltschutz* (S. 35-47). Heidelberg: Asanger.

Wenninger, G. (1996b). Energiesparen und Abfallvermeidung. In G. Wenninger & C. Graf Hoyos (Hrsg.), *Arbeits-, Gesundheits- und Umweltschutz* (S. 253-263). Heidelberg: Asanger.

Wenninger, G. & Gstalter, H. (1995). Organisatorische Bedingungen für sicheres, gesundheits- und umweltbewußtes Arbeiten. In C. Graf Hoyos & G. Wenninger (Hrsg.), *Arbeitssicherheit und Gesundheitsschutz in Organisationen* (S. 107-148). Göttingen: Verlag für Angewandte Psychologie.

Wenninger, G. & Hoyos, C. Graf (Hrsg.). (1996). *Arbeits-, Gesundheits- und Umweltschutz. Handwörterbuch verhaltenswissenschaftlicher Grundbegriffe.* Heidelberg: Asanger.

Wenninger, G. & Nold, H. (1995). Psychologie der Arbeitssicherheit: ein Weiterbildungskonzept für Führungskräfte. In C. Graf Hoyos & G. Wenninger (Hrsg.), *Arbeitssicherheit und Gesundheitsschutz in Organisationen* (S. 241-268). Göttingen: Verlag für Angewandte Psychologie.

Wilde, G.J.S. (1982). The theory of risk homeostasis: implications for safety and health. *Risk Analysis, 2*, 209-258.

Wolf, H. (1996). Betriebshandbücher – Instrumente zur Integration des Arbeits-, Gesundheits- und Umweltschutzes in die Unternehmensstrategie. In B. Ludborzs, H. Nold & B. Rüttinger (Hrsg.), *Psychologie der Arbeitssicherheit. 8. Workshop 1995* (S. 584-590). Heidelberg: Asanger.

Wortmann, K., Stahlberg, D. & Frey, D. (1988). Energiesparen. In D. Frey, C. Graf Hoyos & D. Stahlberg (Hrsg.), *Angewandte Psychologie. Ein Lehrbuch* (S. 298-316). München: Psychologie Verlags Union.

Zimolong, B. (1990). Fehler und Zuverlässigkeit. In C. Graf Hoyos & B. Zimolong (Hrsg.), *Ingenieurpsychologie.* (Enzyklopädie der Psychologie, Band D, III, 2, S. 313-345). Göttingen: Hogrefe.

Zimolong, B. (1995). Neue Perspektiven im Arbeits-, Gesundheits- und Umweltschutz: Rechtliche, arbeits- und organisationspsychologische Aspekte. In C. Graf Hoyos & G. Wenninger (Hrsg.), *Arbeitssicherheit und Gesundheitsschutz in Organisationen* (S. 17-40). Göttingen: Verlag für Angewandte Psychologie.

Zimolong, B. (1996). Systemsicherheit und Sicherheitskultur. In G. Wenninger & C. Graf Hoyos (Hrsg.), *Arbeits-, Gesundheits- und Umweltschutz* (S. 24-34). Heidelberg: Asanger.

9 Ideenfindung und Innovation

Dieter Frey, Felix C. Brodbeck und *Stefan Schulz-Hardt*

1 Einleitung

In jedem modernen Unternehmen geht es darum, neue Ideen zu kreieren, transparent zu machen sowie in Prozeß-, Produkt- und Serviceinnovationen umzusetzen. Durch neue Ideen sollen Abläufe effizienter gestaltet und vor allem Infrastrukturen bereitgestellt werden, in denen solche neuen Ideen und deren Umsetzung optimal gefördert können. Thom (1991) unterscheidet zwischen Produkt- und Dienstleistungsinnovation, Sozialinnovation (z.B. Partizipationsprozesse) und Verfahrensinnovation (= Prozeßinnovation). Diese drei Innovationsarten sind wechselhaft verschränkt; meistens gehen mit der Idee für ein neues Produkt auch Veränderungen der Aufbau- und Ablauforganisation respektive der sozialen Beziehungen einher. Dieser verschiedentlich als Ideen- und Innovationsmanagement bezeichnete Prozeß beginnt mit einer noch unausgegorenen, vielleicht auch verwegen anmutenden Idee und endet mit der erfolgreichen Implementierung einer Innovation (Frey & Schmook 1995, S. 116). Nach Hentze, Kammel und Schwager (in Druck) umfaßt er folgende Aufgaben:

– Voraussetzungen der Ideengenerierung schaffen;
– Problemstellungen, die einer Lösung bedürfen, identifizieren;
– Ideen in betriebliche Zusammenhänge einordnen;
– Verbesserungsvorschläge konzipieren und bewerten;
– als nutzbringend bewertete Vorschläge in das betriebliche System umsetzen.

Ideen- und Innovationsmanagement sind unseres Erachtens hervorragend geeignet, bestehendes Know-how der Psychologie anzuwenden. Wie können die Kreativität der Mitarbeiter auf allen Ebenen und in allen Bereichen gefördert und wie die durch diese Kreativität entstandenen Ideen unter Beteiligung der Mitarbeiter effizient umgesetzt werden (zur Kreativitätsforschung: Amabile, 1996; Bollinger & Greif, 1983)? Wir werden uns in diesem Beitrag mit der Frage auseinandersetzen, wie die Prozesse der Innovations- und Ideenfindung optimiert werden können. Konkreter: Welche Institutionen bestehen in Firmen, um Ideen und Verbesserungsprozesse zu generieren? Welches sind die wichtigsten Blockaden für Veränderungsprozesse? Was ist ein günstiges Führungs- und Unternehmensklima, um Ideen zu generieren sowie Innovationen voranzutreiben? Welche Techniken werden verwendet, um neue Ideen und Verbesserungsprozesse zu initiieren? Wir beginnen mit Verfahren zur Ideenfindung und Innovation.

2 Verfahren und Mittel zur Ideenfindung und Innovation

2.1 Traditionelles und modernes Vorschlagswesen

Das traditionelle betriebliche Vorschlagswesen (BVW) hat eine über 100jährige Geschichte: Es war bereits bei den Gründern der Firmen Siemens und Bosch ein zentraler Bestandteil der Unternehmenskultur und gliedert sich im wesentlichen in fünf Teilschritte:

- Der Mitarbeiter hat eine Idee/einen Verbesserungsvorschlag.
- Der schriftliche Verbesserungsvorschlag wird anonym oder über den direkten Vorgesetzten einem Komitee (meist interdisziplinär besetzt durch Mitarbeiter, Führungskraft, Betriebsrat und Geschäftsführung) zugeführt.
- Es wird ein Gutachter bestimmt, der die Idee bewertet.
- Das Komitee entscheidet nach Gutachteranhörung, ob der Vorschlag angenommen und umgesetzt wird.
- Das Komitee setzt eine Prämie fest - in Abhängigkeit davon, ob der Vorschlag generell angenommen wird, gleich oder später umgesetzt wird. Die Prämie entspricht in etwa 10-20% der durch Vorschlag erzielten Einsparungen innerhalb eines Jahres.

Im betrieblichen Alltag führt diese Art der Handhabung des Vorschlagswesens zum Ignorieren von Humankapital – insbesondere, weil das traditionelle Vorschlagswesen in vielen Firmen folgende *Schwachstellen* aufweist (Frey & Schmook, 1995):

- Der bürokratische Weg, den ein Vorschlag durch viele Instanzen zu gehen hatte, schreckt ab und demotiviert alle Beteiligten.
- Die unüberschaubare, langwierige, mitarbeiterferne Organisation führt dazu, Ideenfindung und Innovation als Arbeitsaufgabe nicht ernst zu nehmen.
- Der Zwang zum schriftlichen Einreichen eines Vorschlages behindert die Anfangsphase der Ideenfindung, den spielerischen, kreativen Faktor, besonders.
- Wegen zu geringer Information und Kommunikation fehlt dem Vorschlagswesen das allgemeine Interesse.
- Das fehlende Mitwirken der Einreichenden führt zu Reibungsverlusten bei der Umsetzung vor Ort.
- Schleppende Umsetzung und verzögertes Rückmelden von Entscheidungen und Prämien demotiviert die einreichenden Personen und damit indirekt auch deren Kollegen.

Mehr Ideen werden generiert, wenn die folgenden Strukturbedingungen gegeben sind (Frey, Fischer & Winzer, 1996):

- In einer Zielvereinbarung wird die Führungskraft verantwortlich gemacht, dass ihre Mitarbeiter pro Monat eine bestimmte Zahl an Verbesserungsideen bringen und auch umsetzen (z.B. bei Porsche und Audi in der Produktion 1-2 pro Monat und Mitarbeiter).

- Jede Idee wird honoriert – egal, ob sie umgesetzt wird, zum Beispiel mit 10.-, 20.- oder 50.- DM.
- Wer für das Verbesserungswesen verantwortlich zeichnet, ist allen Mitarbeitern bekannt.
- Es gibt Umsetzungsbeauftragte (pro 300 Mitarbeiter etwa ein Umsetzungsbeauftragter), die sich darum kümmern, daß Ideen generiert und schnell umgesetzt werden.
- Es gilt als zentrale Führungsaufgabe, für kontinuierliche Verbesserungen zu sorgen sowie ein Höchstmaß an Partizipation, Delegation und eine Politik der „offenen Tür"-Politik zu garantieren.
- Die Idee wird vom einreichenden Mitarbeiter/Team dezentral umgesetzt.
- Beschleunigte Bearbeitung der Vorschläge wird zum Beispiel durch Honorieren der Gutachter für rasche Stellungnahmen erreicht.
- Transparenz und Visualisierung der Verbesserungsideen.

Die Umsetzung dieser Vorschläge erhöht die Anzahlen der eingegangenen Vorschläge um ein Vielfaches und begründet neues Vertrauen in die Institution „Vorschlagswesen". Viele Firmen haben daher die traditionelle Form des Vorschlagswesens von Grund auf modernisiert. Einen Überblick über entsprechende Firmen wie 3M, Hewlett Packard, Siemens oder Porsche geben Frey und Schulz-Hardt (in Druck).

2.2 Der kontinuierliche Verbesserungsprozeß (KVP) und Kaizen

Beim Vorschlagswesen (s.a. Antoni in diesem Band), ob traditionell oder modernisiert aufgebaut, beurteilt i.allg. ein zentrales Organ aufgrund von Gutachterempfehlungen, wie Vorschläge zu handhaben sind. Beim KVP wird dagegen von vornherein dezentralisiert vorgegangen, d.h., ausgehend von konkreten Problemen werden Problemlösungen vor Ort – einzeln oder im Team – initiiert und sofort umgesetzt. KVP geht auf die Philosophie des „Kaizen", sinngemäß „Wandel zum Besseren", zurück und ist je nach Firma unter verschiedenen Namen bekannt – bei VW beispielsweise als „KVP²", bei Siemens als „Top" (Time optimizing process), oder auch als „Fit for Customer" bzw. als „Noch-besser-Prozeß" etc. bekannt.

Laut Yasuda (1994) setzt sich der japanische Begriff „Kaizen" aus den beiden Silben Kai (= Veränderung) und Zen (= das Gute zum Besseren) zusammen, und heißt übersetzt „ständige Verbesserung" – oder, in einer etwas freieren Übersetzung „langsame, nie endende Verkollkommnung in allen Bereichen des Lebens" oder „Ersatz des Guten durch das Bessere". Gemeint ist ein Streben nach Perfektion und strikter Prozeßorientierung im eigenen Bereich: Jeder fühlt sich in seinem Bereich dafür verantwortlich, sich ständig zu verbessern: Alle Prozesse sind nach Faktoren wie externe und interne Kundenorientierung, systematische Problemlösung, Qualitätskontrolle, Vermeidung von Verschwendung, Null-Fehler-Strategie, Just-in-time-Prozeßstandardisierung, vertrauensvolle Arbeitgeber-Arbeitnehmer-Beziehung usw. ausgerichtet, wobei die ganzheitliche Sicht Priorität hat. Letztlich soll sich die Prozeßgestaltung am Dreieck „Kosten-Qualität-Zeit" und am Motto „einfach, schnell und effektiv" orientieren. Dabei gilt es, bürokratische Barrieren abzubauen.

Der Verbesserungsprozeß zielt im wesentlichen auf die ständige Optimierung der mit dem unmittelbaren eigenen Arbeitsumfeld verbundenen Prozesse ab. Sämtliche Teilschritte des KVP, insbesondere die Umsetzung und die Prämierung, erfolgen dezentral. KVP ist ein Instrument aller Mitarbeiter und führt, sofern es richtig umgesetzt wird, „automatisch" zur Integration einer Verbesserungskultur. Wie Biehler (in Druck) betont, ist die bloße Übernahme irgendwelcher Instrumente, z.B. von Kaizeninstrumenten, zum Scheitern verurteilt, wenn versäumt wird, die erforderlichen Organisationsentwicklungsprozesse (inklusive Teamentwicklung) einzuleiten.

Kasten 1 und 2 illustrieren den KVP-Prozeß anhand der Grundphilosophien zweier zentraler Vertreter, nämlich Tominaga und Imai.

Kasten 1
Tominagas pragmatische Kaizen-Ratschläge (Tominaga, 1995)

– „Beleuchten Sie die aktuelle Situation kritisch. Lassen Sie keine Ausreden zu."
– „Wenn Fehler gefunden werden, drängen Sie auf sofortige Änderung."
– „Was gut ist, sofort anfangen. Was schlecht ist, sofort ändern."
– „Verzichten Sie auf Perfektionsismus. Führen Sie Verbesserungsmaßnahmen sofort durch, auch wenn nur 30% des Problems gelöst werden."
– „Fragen Sie nach den wahren Gründen der Fehler. Fragen Sie lieber fünfmal warum." „Hinterfragen Sie herkömmliche Methoden. Suchen Sie neue."
– „Machen Sie sich auf die Suche nach Problemlösungen. Lassen Sie sich nicht mit einem 'nicht machbar' abspeisen."
– „Eine gute Idee kommt nicht von alleine. Befassen Sie sich immer wieder mit dem Problem." „Kleine Vorschläge von zehn Leuten sind mehr wert als eine Idee eines Genies."

Durch die Einsetzung von KVP-Beteiligten und KVP-Teams kann die Verantwortung für Verbesserungsprozesse an bestimmte Personen oder Teams geknüpft werden, die ihrerseits wiederum die Mitarbeiter motivieren, Vorschläge für Verbesserungen zu machen. Sowohl das betriebliche Vorschlagswesen als auch Kaizen und KVP sind also konkrete Instrumente zur Verbesserung.

Kasten 2
Kerngedanken ständiger Verbesserung (Imai 1996)

- „Sei bereit, Dein herkömmliches Denken aufzugeben".
- „Denke darüber nach, wie etwas gemacht werden kann, und überlege nicht, warum etwas nicht gemacht werden kann; statt zu sagen 'Es geht nicht', sage also, unter welchen Bedingungen es geht."
- „Keine 'Ausreden'. Stelle alles bisherige in Frage."
- „Eine 70%-Lösung ist meist besser als eine kaum zu erreichende 100%-Lösung."
- „Behebe Fehler sofort."
- „Bilde zunächst Maßnahmen, die wenig Geld kosten."
- „Die Fähigkeit zur Problemlösung entwickelt sich erst durch die Probleme selbst."
- „Finde die wahre Problemursache heraus (Fünf Warum-Fragen)."
- „Ein Team aus mehreren Personen löst Probleme oft besser als ein einzelner Spezialist."
- „Die Kreativitätsoffensive hat kein Ende."

2.3 KVP und seine Beziehung zum betrieblichen Vorschlagswesen

Viele Firmen, wie z.B. der TÜV-Rheinland (Simonis, in Druck), haben das traditionelle Vorschlagswesen und KVP integriert. Alle KVP-Ideen werden automatisch an das traditionelle Vorschlagswesen weitergeleitet, damit von dort die Prämienregulierung stattfindet. Dadurch entstehen Vorteile, wenn es später um Differenzen bei den Prämien von Vorschlagswesen und KVP geht. Der KVP-Koordinator kann an diesen Sitzungen teilnehmen. Umgekehrt können natürlich auch alle BVW-Vorschläge vom BVW-Beauftragten direkt an das KVP-Koordinationsteam geleitet werden.

Man kann aber auch das KVP als Methode des BVW betrachten, d.h., über KVP werden Vorschläge schneller aktualisiert und umgesetzt. Ideal wäre allerdings die Integration beider Systeme in Richtung eines *Ideenmanagements* mit dem Ziel, Verbesserungsvorschläge in jedem Fall durch ein paritätisch besetztes Lenkungs-team dezentral abzuwickeln. Das Lenkungsteam tagt in regelmäßigen Abständen und überprüft die Ideen im Hinblick auf ihre BVW/KVP-Fähigkeit. Auf BVW/KVP-Informationsbrettern sollten die eingereichten und umgesetzten Ideen ausgehängt werden.

2.4 Total Quality Management (TQM)

Ein weiteres Mittel, Ideenfindung und Innovation voranzutreiben, ist das TQM (s.a. Schultz-Gambard, Lauche und Hahn in diesem Band). Als eine grundsätzliche Führungsphilosophie ist es der Qualität im weitesten Sinne verpflichtet. Ziel des TQM-Ansatzes ist der zufriedene oder besser noch der begeisterte Kunde. Sämtliche Prozesse, auch solche der Ideenfindung und Innovation, sollen dabei auf den Kunden ausgerichtet werden, und zwar unabhängig von der Funktion des einzelnen Mitarbeiters. Gegenstand dieser Kundenorientierung sind vor allem Auftrags-akquisition und Auftragsabwicklung. TQM ist dabei ausgerichtet auf eine ständige Prozeßverbesserung in beiden Bereichen, unabhängig davon, ob es sich bei dem Prozeßergebnis um ein materielles Produkt oder um eine Dienstleistung handelt. Schließlich sollen Prozesse in der Entwicklung und Produktion eines Unternehmens genauso wie in der Verwaltung, dem Vertrieb oder dem externen Kunden-dienst hinsichtlich Zeit, Kosten, Fehlerfreiheit optimiert werden; die Betrachtungs-weise ist immer gleich. Von der Philosophie her ähnelt TQM dem Prozeß kontinu-ierlicher Verbesserung (KVP), was die sieben TQM-Fragen im Kasten 3 verdeut-lichen. Allerdings ist TQM noch mehr auf den externen und internen Kunden ausgerichtet.

Kasten 3
Die Sieben TQM-Fragen nach Imai (1996)

Wer ist mein Kunde (intern/extern)?
Was sind seine Bedürfnisse und Erwartungen?
Wie mißt der Kunde den Erfüllungsgrad seiner Erwartungen?
Was ist mein Produkt und meine Dienstleistung, um diese Erwartungen zu erfüllen?
Treffen mein Produkt und meine Dienstleistung diese Erwartungen?
Was ist mein Vorgehen, um das Produkt bzw. die Dienstleistung zu erbringen?
Wie kann ich mein Vorgehen ändern/verbessern, um die Kundenerwartungen zu erfüllen oder zu übertreffen?

Bei Hewlett Packard, wie bei vielen anderen Spitzenunternehmen, wird TQM als übergeordnete Institution zu Ideenmanagement und KVP gesehen (Frahnert, 1999).

2.5 Weitere Techniken zur Ideenfindung: Wie findet man neue Ideen? Wie identifiziert man Probleme?

Unabhängig von oder in Ergänzung zu den herkömmlichen Institutionen zur Ideenfindung und Innovation gibt es eine Vielzahl von Möglichkeiten, wie Füh-rungskräfte und Mitarbeiter dazu gebracht werden können, Ideen zu generieren, um in bezug auf Zeit, Kosten, Produktivität und Qualität besser zu werden (Frey, Fischer & Winzer, 1996):

Tages-, Wochen- und Monatsreflexion: Mitarbeiter und Führungskräfte werden angehal-ten, repräsentative Tage, Wochen und Monate Revue passieren zu lassen und zu überlegen, ob sie den Tag, die Woche, den Monat nochmal genauso wiederholen würden, welche Fehler passiert sind, wo sie noch Optimierungspotential sehen.

Einführung einer Mängelliste: Mitarbeiter und Führungskräfte sollen Mängel wie Doppelarbeit, Zeiträuber, Fehlkommunikation registrieren. Es wird dann pro Woche eine halbe bis eine ganze Stunde dafür verwandt, die aufgetretenen Mängel, Defizite und Verbesserungsideen in entsprechende Maßnahmen umzusetzen.

Meisteinreicher-Treffen: Besonders kreative Personen treffen sich während der Arbeitszeit (oder danach), um für konkrete Probleme Lösungsvorschläge zu erarbeiten (z.b. Schnittstellenprobleme).

Idee der „grünen Wiese": Besonders kreative Mitarbeiter und Führungskräfte haben die Aufgabe, eine neue Abteilung oder eine neue Firma „auf der grünen Wiese" aufzubauen – möglichst mit 30% weniger Ressourcen und Manpower; anschließend werden Mosaiksteinchen dieser „Träume" sofort umgesetzt.

Fünf Warum-Fragen bei Defiziten und Fehlern: Durch Warum-Fragen kommt man weg von Symptomen und erkennt die tieferliegenden Ursachen von Fehlern, was dann wieder Ausgangspunkt von Verbesserungen wird. Beispiel: Warum gab es diese Kundenbeschwerde? Weil der Kunde vom Sachbearbeiter nicht informiert worden ist. Warum ist er nicht informiert worden? Weil der Sachbearbeiter im Urlaub war. Warum hat dessen Stellvertreter diese Aufgabe nicht übernommen? Weil dieser nicht wußte, daß dieses in seinen Zuständigkeitsbereich fällt. Warum war er sich darüber nicht im klaren? Weil die beiden (der eigentliche Sachbearbeiter und sein Stellvertreter) nicht gut miteinander kommunizieren. Warum kommunizieren diese beiden Mitarbeiter nicht gut miteinander? Weil Verletzungen, die vor ca. zwei Jahren bei einer Beförderung entstanden sind, noch nicht geklärt worden sind.

Einführung von Kunden-, Lieferanten- und Wissenschaftsforen, um Verbesserungsideen auszutauschen und zu besprechen.

Aufdecken geheimer Spielregeln, die Verbesserungsprozesse blockieren. Solche destruktiven geheimen Spielregeln sind beispielsweise „Mische Dich nicht in die Fehler anderer ein!", „Widersprece Deinem Vorgesetzten nicht!", „Bringe keine neuen Ideen rein, denn in den Augen der Vorgesetzten wird das nur als Unruhe interpretiert..."

Alle Mitarbeiter und Führungskräfte sollen diese Techniken kennen und beherrschen, um dadurch zu neuen Ideen bzw. Innovationen zu gelangen. Die Techniken können darüber hinaus auch dazu angewandt werden, die Implementierung bereits vorhandener Ideen zu unterstützen.

Entscheidend ist, bei all den genannten Techniken einen zentralen Aspekt der Kreativitätsforschung hinsichtlich Brainstorming und Brainwriting zu berücksichtigen: Es sollte immer zunächst einzeln und erst dann in der Gruppe überlegt werden (Rogelberg, Bamess-Fawell & Lowe, 1992). Außerdem sollten die Ideen nicht gleich bewertet werden, sondern man sollte möglichst „wild" Ideen produzieren und sammeln, diese aber erst in einer anschließenden – späteren – Phase bewerten.

3 Organisationale Erfolgsfaktoren

Die bis hierhin dargestellten Instrumente garantieren aber noch nicht den Erfolg von Ideenfindung und Innovation im Unternehmen. Hierfür ist vielmehr entscheidend, ob für diese Instrumente im Unternehmen ein geeigneter „Nährboden" bereitsteht.

3.1 Führungsstrukturen, die Autonomie und Selbständigkeit fördern

Ideenmanagement, betriebliches Vorschlagswesen und kontinuierlicher Verbesserungsprozeß werden nur mit einem Menschenbild adäquat funktionieren, das sich in einem entsprechenden Anforderungsprofil an Führungskraft und Mitarbeiter widerspiegelt: Der Mitarbeiter muß als selbstverantwortlicher, selbstbewußter und mündiger Mitarbeiter gesehen werden (diese Aspekte gilt es zu fordern, wie zu fördern); die Führungskraft muß sich als Mentor, Trainer und Coach definieren. Nur unter diesen Voraussetzungen ist der Mitarbeiter bereit ist, auch unbequeme Fragen zu stellen und traditionelle Ablaufprozesse kritisch zu hinterfragen; und nur auf dieser Basis wird sich auch die Führungskraft nicht durch Verbesserungsideen bedroht fühlen.

Solche Ideen sind in einem Modell des Erstautors und seiner Mitarbeiter zusammengefaßt, das sie „Prinzipienmodell der Führung" nennen und das als Grundlage für Ideenmanagement dienen kann (Frey, 1994; 1998). In diesem Modell werden auch Erkenntnisse anderer Theorien der Sozial- und Organisationspsychologie integriert, so z.B. die Ansätze von Hackman und Oldham (1980) (Kasten 4). Ebenso sind sowohl die Ansätze zur intrinsischen Motivation von Deci und Ryan (1985) als auch das Flow-Konzept von Csikszentmihalyi (1979) und das Interessenskonzept von Prenzel, Krapp und Schiefele (1986) relevant.

Kasten 4
Das Prinzipienmodell der Führung von Frey

Prinzip der Sinn- und Visionsvermittlung,
Prinzip der Transparenz (Information und Kommunikation),
Prinzip der Autonomie und Partizipation,
Prinzip der optimalen Stimulation durch Zielvereinbarung (Meßlatte),
Prinzip der konstruktiven Rückmeldung (Lob und Korrektur/Kritik),
Prinzip der positiven persönlichen Wertschätzung,
Prinzip der fachlichen und sozialen Einbindung,
Prinzip des persönlichen Wachstums (Kompetenzerweiterung, Karriere),
Prinzip der Passung und Eignung,
Prinzip der situativen Führung und des androgynen Führungsstils,
Prinzip des Vorbildes der Führungsperson (menschlich und fachlich),
Prinzip der fairen materiellen Vergütung.

Das Engagement, die Motivation, das Vertrauen in die Führungskraft und die Bereitschaft, für Prozeß- und Produktinnovationen einzutreten, sind umso höher, je mehr diese Prinzipien in Firmen verwirklicht werden (Frey, Schulz-Hardt, Lüthgens & Schmook, 1995; Frey & Schuster, 1996). Je weniger diese umgesetzt werden, umso geringer ist die Bereitschaft, über neue Problemlösungen nachzudenken, und umso größer ist auch der Widerstand bei Veränderungen.

Nach einer Studie von Nickel und Krems (1998) machten Bandarbeiter eines Unternehmens der Automobilbranche dort mehr Verbesserungsvorschläge, wo der Führungsstil durch Wertschätzung, konstruktive Rückmeldung und Partizipation geprägt war.

Konkret auf die Institutionen zur Generierung neuer Ideen (Vorschlagswesen, KVP, TQM) bezogen, ist es natürlich notwendig, allen Beteiligten zu vermitteln, warum man neue Ideen braucht (Sinnfrage), Transparenz darüber herzustellen, welche Verfahren es gibt, den Mitarbeiter für neue Ideen zu belohnen, ihn an der Umsetzung partizipieren zu lassen und per Zielvereinbarung zu erreichen, daß jeder Mitarbeiter eine bestimmte Anzahl von Ideen pro Jahr produziert.

3.2 Organisation und Lernen

Aufgrund der Analyse einer Vielzahl von Spitzenunternehmen fördert neben den oben genannten Führungsprinzipien die Existenz wichtiger Center-of-Excellence-Kulturen das Ideenmanagement. „Centers of Excellence" sind Kompetenzzentren, in denen das Bestreben herrscht, Spitze zu sein (Frey 1994; 1996 a, b). Zu diesen Kulturen gehören die Kundenorientierungskultur, die Konkurrenzorientierungskultur (benchmarking), die Wertschöpfungskultur, die Problemlösekultur, eine konstruktive Fehlerkultur, eine Streit-und-Konfliktkultur sowie eine Innovationskultur. Senge (1996, S. 375 ff.) sowie Robbins (1996) haben ganz ähnliche Faktoren zur Förderung des organisationalen Lernens hervorgehoben, die allesamt neue Ideen und Innovationen fördern (s.a. Damanpour 1987, 1992) (Kasten 5).

Kasten 5
Faktoren zur Förderung des organisationalen Lernens

Innovationsförderliche Faktoren nach Senge
geteilte Visionen;
vernetzt denken;
offene Kommunikation ohne Angst, Kritik und Bestrafung;
eigene Interessen hintanstellen;
in Herausforderungen denken, alte Wege überdenken.

Innovationsförderliche Faktoren nach Robbins (1996)
organische (nicht-hierarchische) Unternehmensstrukturen;
langlebiges Management (legitimiert, erfahren in der Organisation);

ungebundene Ressourcen;
übergreifende Abteilungskommunikation;
Kulturen, die verbunden sind mit Experimentieren;
Belohnung von Erfolg und Mißerfolg;
Fehler „feiern";
Risikobereitschaft fördern;
Human Resource Management (Mitarbeiter aktiv zu Weiterbildung anhalten);
hohe Arbeitsplatzsicherheit;
Belohnung für „champions of change";
Autonomie in der Arbeitsbeschreibung.

Auch Simon (1998) erläutert in seiner Analyse der „hidden champions" ganz ähnliche Ausgangsbedingungen der Weltmarktführer, wie wir sie zuvor in den Führungsprinzipien und Unternehmenskulturen beschrieben haben.

3.3 Teamklima und Innovation

Nach West (1990) beeinflußt das Teamklima die Innovationskraft in Organisationen. Unter Teamklima sind sozial geteilte Wahrnehmungen von organisationalen Praktiken, Prozeduren und Werten zu verstehen (Reichers & Schneider, 1990). West (1990) unterscheidet vier Faktoren des Teamklima, die per Fragebogen meßbar sind (Anderson & West, 1994, 1996; deutsche Fassung Brodbeck, 1998):

Vision: das Ausmaß, in dem übergeordnete Ziele eines Teams als motivierend, klar, verständlich, erreichbar und von den Teammitgliedern geteilt wahrgenommen werden.

Partizipative Sicherheit: das Ausmaß, in dem die Mitwirkung bei Entscheidungsfindung und anderen kollektiven Aktivitäten als motivierend, belohnend und sozial unbefangen empfunden wird.

Aufgaben- und Leistungsorientierung: das Ausmaß, in dem man sich hoher Qualität und Leistung (excellence) verpflichtet fühlt und dies in Form von Rückmeldungs-, Kontroll- und Bewertungsinstrumenten umsetzt.

Unterstützung von Innovation: das Ausmaß, in dem soziale Normen und Erwartungen über die tatkräftige Unterstützung bei der Einführung neuer Praktiken innerhalb des Teams und für das organisationale Umfeld wahrgenommen werden.

In einem Prozeßmodell von Innovation, ebenfalls von West (1990) entwickelt, wird die Wirkung der zuvor unterschiedenen Teamklima-Faktoren auf den Innovationsprozeß deutlich:

Erkennen: Innovative Ideen resultieren meistens aus wahrgenommenen Defiziten, antizipierten Problemstellungen oder der wahrgenommenen Brauchbarkeit von Neuerungen aus dem Umfeld. Der Faktor „Vision" beeinflußt diese Phase in besonderem Maße. Motivierende, klare und qualitätsbezogene Kriterien ermöglichen bzw. lenken die Aufmerksamkeit auf das Erkennen von Defiziten, das Wahrnehmen der Brauchbarkeit und das Antizipieren unbekannter Problemstellungen.

Initiation: Das Übermitteln von Ideen an andere, Reaktionen von anderen, sowie Modifikation und Weiterentwicklung von Ideen bzw. deren Ablehnung stehen hier im Vordergrund. Der Faktor „Partizipative Sicherheit" fördert insbesondere diese Phase, da Mitwirkung und Rückmeldung Innovationen schneller reifen lassen. Hier entscheidet sich, ob innovative Ideen auch in Zukunft vorgeschlagen und diskutiert werden.

Implementierung: Bei der Umsetzung zeigen sich erstmals Effekte, zum einen in den Arbeitstätigkeiten und Abläufen, zum anderen im sozialen Miteinander, z.b. Koalitionsbildung, Konflikte bis hin zu Widerstand. In dieser Phase sind soziale Normen der Unterstützung, seitens der Teammitglieder und seitens des Umfeldes, von besonderer Bedeutung.

Stabilisierung: Innovation wird zu Routine und kann zunehmend standardisierten Kontrollprozessen zugeführt werden. Etabliert sich keine Stabilisierung, folgen entweder weitere Modifikationen (siehe Initiationsphase) oder klare Ablehnung (siehe Erkennensphase). Auch ein ambivalentes Aussitzen ist möglich. Letzteres blockiert allerdings kontinuierliche Innovation, da es mit Reaktanz und Demotivation einhergeht. In dieser Phase ist der Faktor „Aufgaben- und Leistungsorientierung" von besonderer Bedeutung. Wird Innovation als „echte" Aufgabe betrachtet, dann greifen auch jene Rückmeldungs-, Kontroll- und Bewertungsinstrumente, die für die eigentlichen Arbeitsaufgaben eingesetzt werden.

Innovation ist als *stetiger Prozeß* zu sehen. Mehrere Innovationsvorhaben können gleichzeitig ablaufen, teilweise parallel, teilweise auch ineinander übergehend. Aus diesen Gründen sind alle Komponenten des Vier-Faktoren Modells für Innovation wichtig. Ihre Zuordnung zu den Phasen der Innovation ist von heuristischem Wert. Beispielsweise sind spezifische suboptimale Voraussetzungen im Teamklima an Innovationsphasen erkennbar, in denen besonders häufig Probleme auftreten.

4 Veränderung und Akzeptanz

Angenommen, ein Mitarbeiter hat eine erfolgversprechende Idee. Damit ist die Idee aber noch nicht umgesetzt. Dazu gibt es mehrere Möglichkeiten: Bezieht sich die Idee nur auf einen engen Bereich, so kann sie sofort dezentral von Mitarbeitern, Führungskräften bzw. dem Team realisiert werden. Bezieht sich die Idee auch auf andere Abteilungen, bedarf es meistens eines abteilungsübergreifenden Kreises (z.B. Lenkungsteam), der zunächst grundsätzlich entscheiden muß, ob die Idee umgesetzt wird. Ein Lenkungsteam oder ein Umsetzungsteam oder Umsetzungsbeauftragte können anschließend die Idee umsetzen. Eine weitere Möglichkeit sind konkrete Projektgruppen, die übergreifende Ideen umsetzen. Umsetzung bedeutet meistens, bisherige Strukturen und Verhaltensweisen ändern bzw. neue Strukturen und Verhaltensweisen aufbauen zu müssen. Dieser Aspekt führt oft zu Angst. Deshalb stoßen Wandlungsprozesse aufgrund neuer Ideen auf Widerstand, sie werden sabotiert. Es muß eine „Implementierungskultur" vorhanden sein, damit Innovationen erfolgreich sind. Wie wir aus den Befunden der Change-Management bzw. Änderungsmanagement-Forschung sowie auf der Basis wichtiger sozialpsychologischer Theorien wissen, haben innovative Veränderungen nur unter folgenden Bedingungen eine Chance für Akzeptanz (Frey & Schnabel, in Druck):

Prinzip Sinn und Erklärbarkeit: Es muß eine Einsicht vorhanden sein, damit eine Veränderung als sinnvoll erachtet wird (zum Sinnprinzip Schulz-Hardt & Frey, 1997); alternativ muß ein Leidensdruck bestehen, da dieser ebenfalls Sinn/Erklärbarkeit bzw. die Notwendigkeit von Veränderungen vermittelt.

Prinzip Vorhersehbarkeit und Transparenz: Den Mitarbeitern muß klar sein, in welche Richtung die Veränderung geht, wo quasi der Horizont liegt. Probleme entstehen häufig dadurch, daß viele Mitarbeiter die Erwartung haben, der Innovationsprozeß verlaufe linear. Veränderungsprozesse ereignen sich aber ganz selten linear; sie verlaufen vielmehr oft chaotisch und sind von hoher Komplexität geprägt.

Prinzip Beeinflußbarkeit: Es geht darum, möglichst sämtliche Betroffene einer Innovation einzubinden. Sogenannte „Bombenwurfstrategien" führen nur zu geringer Akzeptanz. Auch wenn die Veränderungen also gegen die Interessen und Einstellungen der Betroffenen erfolgen bzw. solche Elemente enthalten, bewirkt das Einbeziehen aller Betroffenen in frühen Phasen erhöhte Identifikation mit dem Wandel (Deci & Ryan, 1985).

Den Nutzen aufzeigen: Sieht der Betroffene den Nutzen eines Veränderungsprozesses nicht, wird er blockieren. Dies zeigt sich auch schon beim Finden und Artikulieren neuer Ideen. Fürchtet der Mitarbeiter um seinen Arbeitsplatz oder um den seiner Kollegen, wird er neue Ideen der Optimierung nicht aufzeigen. Wichtig ist deshalb, den langfristigen Nutzen von Veränderungs- und Innovationsprozessen für den Mitarbeiter aufzuzeigen – zum Beispiel den Aspekt der Arbeitsplatzsicherheit.

Aufzeigen eines klaren neuen Anforderungsprofils: Oft sind mit Innovationen oder Verbesserungsprozessen auch neue Anforderungsprofile an die Mitarbeiter verbunden – etwa selbst für hohe Kundenorientierung verantwortlich zu sein, d.h., als Führungskraft Coach und Mentor zu sein und zu lernen, quasi wie ein Detektiv Fragen zu stellen. Wichtig ist deshalb, dem Mitarbeiter zu vermitteln, welche Erwartungen an ihn gestellt werden und auch klar zu machen, was man nicht mehr von ihm erwartet.

Mit der Generierung einer Idee bzw. der konzeptionellen Planung einer Innovation ist es also noch nicht getan; entscheidend ist die Umsetzung. Dafür gibt es mehrere Möglichkeiten. Ganz wichtig ist, ob es Promotoren (v.a. Machtpromotoren) gibt, die die Generierung und Umsetzung von Ideen zu ihrer Aufgabe machen und das Ideenmanagement vorantreiben. Diese Promotoren müssen über Macht verfügen bzw. mit den Mitteln ausgestattet werden, Änderungsprozesse sofort umzusetzen (Witte, Hauschildt & Grün, 1988). Beim Treffen einer Entscheidung sind nondirektive Führung und Heterogenität gefragt; beim Umsetzen einer Entscheidung sind direkte Führung und Homogenität wesentlich.

5 Fazit

Konkrete Erfolgsfaktoren und Voraussetzungen für ein leistungsfähiges Ideen-
und Innovationsmanagement lassen sich auf wenige Kernerkenntnisse zusammenfassen: Im Management wird mehr Verantwortung für das Innovationsgeschehen
verankert. Auf den Führungsebenen ist der kontinuierliche Verbesserungsprozeß
ein Bestandteil der Zielvereinbarung. Auf Mitarbeiterebene wird der Verbesserungsprozeß besser bekannt gemacht; man beschränkt sich nicht nur auf monetäre Anreize. Methoden und Standards zur Förderung des Ideenpotentials stehen
bereit. Um Höchstleistungen bei Innovation zu erzielen, geht es einerseits um
Personenvariablen, um bestimmte Techniken zur Beschleunigung von Kreativität
und Innovation, andererseits aber auch um günstige situative und organisationale
Ausgangsbedingungen. Es zeigt sich, daß Bedingungen vorgegeben sein müssen,
die große Handlungsspielräume (Aufgabenvielfalt, Entscheidungs-, Kontakt- und
Qualifikationsmöglichkeiten) zulassen sowie Autonomie, Partizipation, Initiative,
Sicherheit und intrinsische Motivation gewährleisten bzw. ermöglichen.

Professionelle Mitarbeiterführung und professionelle Unternehmensführung
haben automatisch Konsequenzen für das Ideenmanagement – und umgekehrt hat
ein funktionierendes Ideenmanagement positive Auswirkungen auf die Mitarbeiterführung und die Unternehmensführung. Wo Mitarbeiterführung defizitär ist, wo
schlechte Kommunikation herrscht, wo unklare Zielvereinbarungen bestehen,
schlechtes Feedback gegeben wird und schlechtes Betriebsklima herrscht, werden
auch Ideenfindung und Innovation unbefriedigend sein. Aufgabe der Psychologie
wird in Zukunft sein, vor allem Längsschnittuntersuchungen zu initiieren, die
erforschen, unter welchen personalen, situationalen und strukturellen Konstellatio-
nen Ideenfindung und Innovation in Organisationen abhängt. Viele der derzeit
vorliegenden Arbeiten beschränken sich dagegen auf Querschnittuntersuchungen
ohne mehrere Meßzeitpunkte.

Literatur

Amabile, T. M. (1996). *Creativity in context. Update to the cocial psychology of creativity.*
   Boulder: Westview.
Anderson, N. R. & West, M. A. (1994). *The Team Climate Inventory: Manual and user's
   guide, Assessment Services for Employment.* Windsor, UK: NFER-Nelson Publishing
   Company.
Anderson, N. R. & West, M. A. (1996). The Team Climate Inventory: The development of
   the TCI and its applications in team building for innovativeness. *European Journal of
   Work and Organizational Psychology, 5,* 53-66.
Bain, P. G., West, M. A., Unsworth, K., Parker, L. & Robinson, D. (1998). *The Structure
   of the Team Climate Inventory.* Sheffield, UK: Institute of Work Psychology.
Berth, R. (1998). *Der Große Innovationstest.* Düsseldorf: Econ.

Biehler, B. (in Druck). GROWTTH – eine zielgerichtete, teamorientierte, incentivefreie Verbesserungskultur. In D. Frey & S. Schulz-Hardt (Hrsg.), *Vom Vorschlagswesen zum Ideenmanagement*. Göttingen: Hogrefe.

Bollinger, G. & Greif, S. (1983). Innovationsprozesse: Fördernde und hemmende Einflüsse auf kreatives Verhalten. In M. Irle (Hrsg.), *Handbuch der Psychologie* (Band 12/2, S. 396-482). Göttingen: Hogrefe.

Brodbeck, F. C. (1998). *Das Team Klima Inventar (TKI). Deutsche Übersetzung des TCI von Anderson & West*. München: Institut für Psychologie.

Csikszentmihalyi, M. (1979). The concept of flow. In B. Sutton-Smith (Ed.). *Play and learning* (pp. 257-274). New York: Gardner

Damanpour, F. (1987). The adoption of technological, administrative, and ancillary innovations: Impact of organizational factors. *Journal of Management, 13*, 675-688.

Damanpour, F. (1992). Organizational innovation: A meta-analysis of effects of determinants and moderators. *Academy of Management Journal, 34*, 555-590.

Deci, E. L., & Ryan, R. M. (1985). *Intrinsic motivation and self-determination in human behavior*. New York: Plenum Press.

Frahnert, T. (in Druck). Nutzen des Ideenpotentials durch gelebte Qualitätskultur bei HP. In D. Frey & S. Schulz-Hardt (Hrsg), *Vom Vorschlagswesen zum Ideenmanagement*. Göttingen: Hogrefe.

Frey, D. (1994). Bedingungen für ein Center of Excellence. *IBM Nachrichten – Das Magazin für Technologie und Lösungen, 44*, 319, 50-57.

Frey, D. (1996a). Psychologisches Know-how für eine Gesellschaft im Umbruch – Spitzenunter-nehmen der Wirtschaft als Vorbild. In C. Honegger, J. M. Gabriel, R. Hirsig, J. Pfaff-Czarnecka & E. Poglia (Hrsg.), *Gesellschaften im Umbau. Identitäten, Konflikte, Differenzen* (S. 75-98). Zürich: Seismo-Verlag.

Frey, D. (1996b). Notwendige Bedingungen für dauerhafte Spitzenleistungen in der Wirtschaft und ihm Sport: Parallelen zwischen Mannschaftssport und kommerziellen Unternehmen. In A. Conzelmann, H. Gabler & W. Schlicht (Hrsg.). *Soziale Interaktionen und Gruppen im Sport* (S. 75-98). Köln: bps-Verlag.

Frey, D. (1998). Center of Excellence - ein Weg zu Spitzenleistungen. In P. Weber (Hrsg.), *Leistungsorientiertes Management: Leistungen steigern statt Kosten senken* (S. 199-203). Frankfurt: Campus.

Frey, D., Fischer, R. & Winzer, O. (1996). *Mitdenken lohnt sich – für alle! Ideenmanagement durch Vorschlagswesen in Wirtschaft und Verwaltung*. München: Bayerisches Staatsministerium für Arbeit und Sozialordnung, Familie, Frauen und Gesundheit.

Frey, D. & Schmook, R. (1995). Zükünftiges Ideenmanagement: Strategien zur Optimierung und Aktivierung des betrieblichen Vorschlagswesens. *Personalführung, 2*, 116-125.

Frey, D., & Schnabel, A. (in Druck). Change Management – der Mensch im Mittelpunkt. *Die Bank – Zeitschrift für Bankpolitik und Bankpraxis*.

Frey, D.; Schulz-Hardt, S.; Lüthgens, C. & Schmook, R. (1995). Psychologische Aspekte der Strukturkrise der deutschen Wirtschaft. In K. Pawlik (Hrsg.), *Bericht über den 39. Kongreß der Deutschen Gesellschaft für Psychologie in Hamburg 1994* (S. 557-562). Göttingen: Hogrefe.

Frey, D. & Schulz-Hardt, S. (in Druck). Zentrale Führungsprinzipien und Center-of-Excellence-Kulturen als notwendige Bedingung für ein funktionierendes Ideenmanagement. In D. Frey & S. Schulz-Hardt (Hrsg.), *Vom Vorschlagswesen zum Ideenmanagement*. Göttingen: Hogrefe.

Frey, D. & Schuster, B. (1996). Innovative Unternehmenskulturen: Wege zum Center of Excellence. *Absatzwirtschaft – Zeitschrift für Marketing, 2*, 42-46.

Hackman, J. R. & Oldham, G. R. (1980). *Work redesign*. Reading MA: Addison-Wesley.

Hentze, J., Kammel, A. & Schwager, M. (in Druck). Ideenmanagement als kontinuierlicher Verbesserungsprozeß. In D. Frey & S. Schulz-Hardt (Hrsg), *Vom Vorschlagswesen zum Ideenmanagement*. Göttingen: Hogrefe.

Imai, M. (1996). *Kaizen: Der Schlüssel zum Erfolg der Japaner im Wettbewerb*. Frankfurt: Ullstein.

Nickel, T. M. & Krems, J. F. (1998). Führungsverhalten und Mitarbeiterkreativität - eine empirische Untersuchung zum betrieblichen Vorschlagswesen. *Zeitschrift für Arbeits- und Organisationspsychologie, 42*, 27-32.

Prenzel, M., Krapp, A., & Schiefele, H. (1986). Grundzüge einer pädagogischen Interessen- theorie. *Zeitschrift für Pädagogik, 32*, 163-173.

Reichers, A.E. & Schneider, B. (1990). Climate and culture: An evolution of constructs. In B. Schneider (Ed.), *Organizational Climate and Culture*. San Francisco: Jossey Bass.

Robbins, S. P. (1996). *Organizational Behavior*. London: Prentice-Hall.

Rogelberg, S.G., Bamess-Fawell, J. L. & Lowe, C.A. (1992). The stepladder technique: An alternative group structure facilitating effective group decision making. *Journal of Applied Psychology, 77*, 730-737.

Schulz-Hardt, S. & Frey, D. (1997). Das Sinnprinzip: Ein Standbein des homo psychologicus. In H. Mandl (Hrsg), *Bericht über den 40. Kongreß der Deutschen Gesellschaft für Psychologie* (S. 870-876). Göttingen: Hogrefe.

Senge, P. M. (1996). *Die fünfte Disziplin: Kunst und Praxis der lernenden Organisation*. Stuttgart: Klett-Cotta.

Simon, H. (1998). *Die heimlichen Gewinner: Die Erfolgsstrategien unbekannter Welt- marktführer*. München: Heyne.

Simonis, W. (in Druck). KVP – ein neues Ideenmanagement als Instrument einer geänder- ten Verbesserungskultur am Beispiel des TÜV Rheinland. In D. Frey & S. Schulz-Hardt (Hrsg.), *Vom Vorschlagswesen zum Ideenmanagement*. Göttingen: Hogrefe.

Thom, N. (1991). *Betriebliches Vorschlagswesen. Ein Instrument der Betriebsführung*. Bern: Peter Lang.

Tominaga, M. (1995). Mit kleinen Schritten zum Erfolg. *acquisa, 6*, 53-55.

West, M. A. (1990). The social psychology of innovation in groups. In M. A. West & J. L. Farr (Eds.). *Innovation and Creativity at Work: Psychological and Organizational Strategies* (pp. 4-36, 303-333). Chichester: Wiley.

Witte, E., Hauschildt, J. & Grün, O. (Hrsg.). (1988). *Innovative Entscheidungsprozesse*. Tübingen: Mohr.

Yasuda, Y. (1994). *Mitarbeiterkreativität in Japan. So nutzt Toyota das betriebliche Vorschlagswesen*. Landsberg: Verlag Moderne Industrie.

10 Dienstleistung

Friedemann W. Nerdinger

1 Besonderheiten von Dienstleistungen

Legt man die Sektorengliederung der Volkswirtschaft zugrunde, dann nimmt die Beschäftigung im primären Sektor der Urproduktion (Landwirtschaft, Fischerei etc.) und im sekundären Sektor der industriellen Produktion seit Mitte dieses Jahrhunderts konstant ab. Im tertiären Sektor, in dem alle Dienstleistungen zusammengefaßt werden, steigt dagegen die Zahl der Beschäftigten kontinuierlich an. Mittlerweile arbeiten in der Bundesrepubik Deutschland über 60% aller Beschäftigten im Dienstleistungsbereich – mit weiter steigender Tendenz (Nerdinger, 1994).

Trotz dieser enormen ökonomischen Bedeutung wurde bis zum heutigen Tag keine allgemein akzeptierte Definition für Dienstleistungen entwickelt. Die Wirtschaftswissenschaften haben bislang lediglich Merkmale herausgearbeitet, in denen sich der Dienstleistungs- vom Produktionsbereich unterscheidet (vgl. dazu Stauss, 1991). Am häufigsten wird die *Intangibilität* genannt – Dienstleistungen sind ein abstraktes, materiell nicht greifbares Gut. Zwar können materielle Güter in unterschiedlichem Ausmaß in die Dienstleistung integriert werden (z.B. die Füllungen, die ein Zahnarzt anbringt), die eigentliche Leistung besteht aber in den Handlungen des Dienstleisters.

Aus der Sicht der Bedienten ergibt sich aus der Intangibilität von Dienstleistungen vor allem das Problem der Qualitätsbeurteilung: Letztlich kann erst nach der Inanspruchnahme einer Dienstleistung deren Qualität eingeschätzt werden, und dabei sind die Bedienten häufig auf ihren subjektiven Eindruck verwiesen, da sie gewöhnlich keine Experten in den behandelten Problemen sind. Aus dieser Unsicherheit in der Qualitätsbeurteilung folgt u.a., daß Bediente dem Unternehmen, mit deren Leistungen sie einmal zufrieden waren, besonders treu bleiben (Zeithaml, Parasuraman & Berry, 1992). Da mittlerweile der Konkurrenzkampf in den meisten Dienstleistungsbereichen ein erhebliches Ausmaß angenommen hat, können sich die Unternehmen nur noch über die Qualität der angebotenen Dienstleistung positionieren und langfristig ihr Überleben sichern. Die meisten Unternehmen versuchen daher, durch verstärkte Kundenorientierung die Zufriedenheit ihrer Kunden zu erhöhen und sie an sich zu binden.

2 Kundenorientierung als Richtlinie der Unternehmensführung

Unter Kundenorientierung wird der Grad verstanden, in dem die Unternehmensführung an den Bedürfnissen der Kunden orientiert ist und in dem diese Orientierung in konkrete Handlungen umgesetzt wird (Wahren & Bälder, 1994). Dieses Konzept umfaßt zwei Dimensionen: Zum einen ist die Organisation auf die zentrale Aufgabe, die Befriedigung der Kundenbedürfnisse, konsequent auszurichten. Zum anderen soll das Kundenkontaktpersonal, d.h. die Mitarbeiter und Mitarbeiterinnen, die von Angesicht zu Angesicht mit den Bedienten interagieren, kundenorientiert handeln. Das Kundenkontaktpersonal bildet die Nahtstelle zum Kunden, es kennt die Bedürfnisse der Kunden, in Dienstleistungsunternehmen ist es seine Aufgabe, deren Bedürfnisse zu befriedigen und gleichzeitig das Unternehmen zu repräsentieren (Nerdinger, 1994).

Zu diesem Zweck müssen Dienstleister und Dienstleisterinnen über zwei fundamentale Kompetenzen verfügen: Funktionale und soziale. Die Lösung der Probleme der Kunden erfordert *funktionale Kompetenz*, z.B. das Wissen des Kundenberaters einer Bank über Kreditbedingungen, die diagnostischen und therapeutischen Fähigkeiten einer Psychologin etc. Da aber die Problemlösung in Interaktion mit den Kunden erfolgt, müssen Dienstleister und Dienstleisterinnen auch über *soziale Kompetenzen* verfügen. Diese umfassen u.a. die Diagnose der Bedürfnisse des Kunden, die Kontrolle der Interaktion, die Fähigkeit, Vertrauen zu gewinnen, allgemein: die Fähigkeit, im Kunden Gefühle hervorzurufen, die der Situation angemessen sind (Hochschild, 1990). In hart umkämpften Märkten sind die sozialen Kompetenzen des Kundenkontaktpersonals entscheidend für die Zufriedenheit der Kunden. Darin liegt der wesentliche Unterschied zur Arbeit im produktiven Bereich und der Grund für eine eigenständige psychologische Erforschung von Dienstleistungen.

Aufgrund dieser Eigenart von Dienstleistungstätigkeiten kommt der Arbeits- und Organisationspsychologie zentrale Bedeutung bei der Realisierung von Kundenorientierung zu, wobei zunächst an das Personal zu denken ist. Zwei wesentliche, unmittelbar personalbezogene Aufgaben sind zu nennen: *Entwicklung von Selektionsinstrumenten*, die es ermöglichen, kundenorientiertes Personal auszuwählen, und *Training des Kundenkontaktpersonals*. Solche personalorientierten Maßnahmen dürfen allerdings nicht unabhängig von der *Organisationspolitik* gesehen werden. In Untersuchungen an Schalterangestellten einer Sparkasse zeigte sich, daß kundenorientiertes Personal in bürokratisch orientierten Organisationen ganz besonders von Burnout bedroht ist (Nerdinger, 1992). Dagegen hat eine kundenorientierte Organisation positiveAuswirkungen sowohl auf die Mitarbeiter mit Kundenkontakt als auch auf die Wahrnehmung der Qualität von Dienstleistungen durch Kunden (Schmit & Allscheid, 1995). Daher sollten sich Psychologen auch in der Gestaltung der Organisationspolitik, genauer des Dienstleistungsklimas in der Organisation engagieren.

3 Arbeits- und Organisationspsychologische Interventionen

3.1 Selektion

Das grundlegende Schema der *Eignungsdiagnostik* (Kompa, 1989) konstruiert die Zuordnung von Personen zu Arbeitsplätzen im wesentlichen in zwei Schritten: Im Rahmen einer Tätigkeitsanalyse werden die spezifischen Anforderungen, die eine Arbeit an die Person stellt, abgeleitet. Dann wird über Testverfahren gemessen, ob die Bewerber und Bewerberinnen über Merkmale verfügen, die den Anforderungen entsprechen. Zwei Aspekte sind für die Selektion kundenorientierter Dienstleister und Dienstleisterinnen zentral: Die *Analyse der Anforderungen* und die *Instrumente zur Erfassung der Personmerkmale*.

3.1.1 Analyse dienstleistungsspezifischer Anforderungen

Die gängigen Verfahren der *Tätigkeitsanalyse* (vgl. z.B. Ulich, 1995) zergliedern Handlungen in konkret beobachtbare Verhaltenseinheiten, um daraus isolierte Anforderungen abzuleiten. Ein solches Vorgehen ist den funktionellen, auf Objekte gerichteten Handlungen angemessen, die in industriellen Tätigkeiten dominieren. Für Dienstleistungen ist aber das Merkmal der Interaktion mit anderen Menschen entscheidend, die eine je spezifische Konfiguration aufeinander abgestimmter Handlungen zweier Subjekte darstellt. Daher konnten z.B. Schuler und Diemand (1991) bei Kundenkontaktpersonal im Kreditbereich mit den Anforderungen, die über ein Standardinstrument – den „Fragebogen zur Arbeitsanalyse" (FAA; Frieling & Hoyos, 1978) – ermittelt wurden, keinen eigenständigen Beitrag zur Erklärung der Arbeitsleistung nachweisen.

Da aufgrund der am isolierten Individuum ansetzenden arbeitspsychologischen Forschung für Dienstleistungstätigkeiten keine einfach anzuwendenden, standardisierten Verfahren der Anforderungsanalyse vorliegen, rekurrieren die wenigen veröffentlichten Tätigkeitsanalysen aus dem Dienstleistungsbereich auf die *Befragung von Vorgesetzten* (Experten) bzw. von Dienstleistern und Dienstleisterinnen, die bereits in Stellen tätig sind, die den zu besetzenden ähnlich sind. Auf diesem Wege werden gewöhnlich mehr oder weniger unsystematische Produkte der Alltagspsychologie gewonnen, z.B. Erscheinung und Auftreten, kommunikative Fähigkeiten und Überzeugungsgabe, aber auch Persönlichkeitseigenschaften wie Extraversion, Empathie, Selbstvertrauen usw. (Stauss, 1991). Letztlich handelt es sich dabei um Aufzählungen von Merkmalen, die plausiblerweise mit erfolgreichem Verhalten in sozialen Situationen in Verbindung gebracht werden.

Einen systematischeren Zugang, der den Befragten keine psychologischen Deutungen abfordert, bildet die Methode der *kritischen Ereignisse* (Flanagan, 1954; s. Kasten 1). Ein Nachteil der Methode kritischer Ereignisse liegt allerdings darin, daß Untersuchungen an Kundenkontaktpersonal und Kunden nur zu teilweise überlappenden Ergebnissen führen (Mohr & Bitner, 1991). Vorfälle, in denen das Verhalten des Dienstleisters/der Dienstleisterin Ursache negativer Ereignisse darstellt, werden von ihnen selbst nur sehr selten berichtet. Eine zuverlässige Erhebung von Anforderungsdimensionen würde es daher stets erfordern, kritische Ereignisse bei beiden Interaktionspartnern zu erheben. Über solche Anforderungsdimensionen kann das für die je spezifische Dienstleistung erforderliche Verhalten operationalisisert und als Selektionskriterium verwendet werden.

Kasten 1
Die Erhebung kritischer Ereignisse im Dienstleistungsbereich

Das adäquate Vorgehen bei der Erhebung kritischer Ereignisse sei exemplarisch anhand einer Untersuchung von Schuler und Diemand (1991) im Bankbereich verdeutlicht, in der Anforderungen an das Kundenkontaktpersonal ermittelt wurden. Ausgehend von Schätzungen, wonach die Tätigkeit im kreditwirtschaftlichen Bereich zu rund 70% aus der Kommunikation mit Kunden und Kollegen besteht, wurde die zentrale Anforderung als „soziale Kompetenz" im Sinne der Fähigkeit zur Kommunikation und Kooperation definiert. Zur differenzierten Erfassung der damit umschriebenen Anforderungen führten die Autoren Workshops mit ca. 80 Mitarbeitern und Mitarbeiterinnen mit Kundenkontakt und ihren Vorgesetzten durch. Die Teilnehmer wurden gebeten, erfolgskritische Ereignisse zu den Bereichen „Kontakt zu Kunden" und „Kontakt zu Kollegen" zu formulieren, z.B.:
„Ein Kunde kommt zu einem Mitarbeiter an den Schalter und beklagt sich über die falsche Beratung eines Kollegen, der nicht anwesend ist. Der Mitarbeiter bittet den Kunden, ihm den Fall genau zu schildern, stellt den richtigen Sachverhalt dar und beruhigt den Kunden. Er verspricht, eventuelle Schäden sofort zu beheben."
Über mehrere Zwischenschritte wurden die so ermittelten 845 Ereignisse in neun Verhaltensdimensionen klassifiziert (u.a. *Expressivität; Unterstützung; Umgang mit Fehlern; Umgang mit Beschwerden; Gelassenheit; Kontaktfähigkeit*), die als Grundlage der Entwicklung von standardisierten situativen Fragen dienten.

3.1.2 Selektionsverfahren

Bei der Selektion von Dienstleistern und Dienstleisterinnen werden im wesentlichen vier Verfahren eingesetzt: biographische Fragebögen, Assessment Center (AC) bzw. einzelne situative Tests und Rollenspiele aus ACs und – wohl mit Abstand die gängigste Methode – das Einstellungsinterview. Eine neue Selektionsvariante stellen schließlich video- bzw. filmgestützte Verfahren dar.

Die Testdiagnostik ist im Dienstleistungsbereich dagegen noch weitgehend unterentwickelt: Hogan, Hogan und Busch (1984) haben einen Test zur Erfassung der Dienstleistungsorientierung im Sinne eines Persönlichkeitsmerkmals entwickelt, Haßelmann (1991) konstruierte einen handlungspsychologisch fundierten Test zur Erfassung der Kundenorientierung von Schalterangestellten der Bundesbahn.

Biografische Fragebögen wurden speziell im amerikanischen Versicherungswesen entwickelt und in Deutschland von Schuler und Stehle (1986) bekannt gemacht. Erfaßt werden mit solchen Fragebögen gewöhnlich demographische Variablen, Einstellungen, Interessen, bisherige Berufserfahrungen und Handlungspräferenzen mit dem Ziel, die Merkmale herauszufinden, in denen sich erfolgreiche von weniger erfolgreichen Verkäufern unterscheiden. Für biographische Fragebögen werden in der Regel brauchbare Validitätskoeffizienten berichtet (Schuler & Stehle, 1986), was auf die Validität früheren Verhaltens für die Prognose künftigen Verhaltens zurückzuführen ist. Den relativ aufwendigen Konstruktionsweg eines biografischen Fragebogens können sich nur solche Unternehmen leisten, die eine hinlänglich große Zahl von Dienstleistern und Dienstleisterinnen einstellen und ihnen auch die entsprechende Bedeutung für den Unternehmenserfolg beimessen. Dasselbe gilt für das Instrument des *Assessment Centers* bzw. spezieller situativer Tests, die in erster Linie von Banken und Versicherungen eingesetzt werden. Im Dienstleistungsbereich verwendete Verfahren unterscheiden sich nicht prinzipiell von den herkömmlichen AC-Übungen, mit denen soziale Kompetenzen erfaßt werden (dazu Fisseni & Fennekels, 1995).

Das am häufigsten eingesetzte Selektionsinstrument ist das *Einstellungsinterview*. Diese Methode stellt allgemein das beliebteste Selektionsinstrument dar, obwohl seine prognostische Validität sehr gering ist (Schuler & Funke, 1995). Außerhalb des Dienstleistungsbereichs wird die Validität aber durch die Korrelation der Ergebnisse von Einstellungsinterviews mit Kriterien des Arbeitserfolgs, die nicht sozialer Natur sind, errechnet. Dagegen kommen Hunter und Hirsh (1987) im Rahmen ihrer Diskussion vorliegender Meta-Analysen zur Validität von Einstellungsinterviews zu dem Schluß, mit diesem Instrument würden in erster Linie soziale Fertigkeiten erfaßt – mit zufriedenstellenden Validitäten. Was für industrielle Tätigkeiten die Erfassung eines nicht-arbeitsbezogenen Kriteriums bedeutet und damit die Korrelation mit beruflichem Erfolg senkt, bildet im Dienstleistungsbereich ein zentrales Erfolgskriterium. Daher erscheint das Einstellungsinterview als diagnostisch akzeptables Instrument für die Besetzung von Dienstleistungspositionen.

Eine interessante neue Variante der Selektion bieten schließlich *video- bzw. filmgestützte Verfahren*. Schuler, Diemand und Moser (1993) haben im Rahmen der bereits erwähnten Studie im Bankbereich ein neues Verfahren zur Diagnose spezifischer Aspekte sozialer Kompetenz entwickelt, das die Reaktionen von Bewerbern und Bewerberinnen auf soziales Verhalten erfaßt, das in Filmszenen dargeboten wird (s. Kasten 2). Erste Befunde belegen hinlängliche Item- und Skalencharakteristika sowie befriedigende Konstruktvalidität (soziale Urteilskompetenz mit deutlichen kognitiven Anteilen) des Verfahrens (Schuler et al., 1993).

Kasten 2

Selektion im Dienstleistungsbereich durch Filmszenen

Aus einer Reihe von Filmen, die für Trainingszwecke produziert wurden, haben Schuler et al. (1993) elf Ausschnitte ausgewählt. In Anschluß an jede Filmszene erscheint für 1,5 Minuten ein Standbild mit zwei Fragen, die von den Probanden zu beantworten sind. Zur Erfassung von „Kundenorientierung" wird z.b. folgende Szene gezeigt:

„Ein etwas unkonventionell gekleideter junger Mann will von einer Kundenberaterin nähere Informationen haben, um einen Kredit für seinen Urlaub aufnehmen zu können. Die Beraterin reagiert hierauf zunächst erstaunt, berät aber dann den Kunden. Im Anschluß erscheinen zwei Fragen am Bildschirm: 'Beschreiben Sie das Verhalten der Beraterin!' und 'Wie könnte sich die Beraterin besser verhalten?'" (Schuler et al., 1993, S. 6).

Durch die erste Frage kann die Kompetenz in der Dekodierung sozialer Hinweisreize erfaßt werden, von der zweiten Frage erhoffen sich die Autoren Rückschlüsse auf das reale Verhalten der Antwortenden bzw. auf deren soziale Handlungskompetenz. Die Antworten werden über ein Checklistenformat ausgewertet, d.h. die einzelnen Filmszenen werden in die beobacht- bzw. bewertbaren Verhaltenssequenzen zergliedert und die Antworten auf die Nennung dieser Elemente geprüft.

3.2 Training

Durch Selektion wird versucht, eine Zuordnung von Personen zu Arbeitstätigkeiten nach Maßgabe der erhofften Leistungsfähigkeit zu erzielen. Gewöhnlich gelingen solche Zuordnungen nicht vollständig; darüber hinaus müssen den Neulingen die spezifischen Anforderungen des Arbeitsplatzes und die zu ihrer Bewältigung notwendigen Fähigkeiten vermittelt werden. Damit wird wiederum ein arbeits- und organisationspsychologisches Feld betreten: Das Training erforderlicher Fähigkeiten. Prinzipiell lassen sich zwei Wege des Dienstleistungstrainings unterscheiden: Für einfache, hochstandardisierte Dienstleistungen werden in der Regel nur kurze *Instruktionen* eingesetzt – gelegentlich in Form von Videos, in denen die grundlegenden Fertigkeiten dargestellt und die Botschaft „Der Kunde ist König" in verschiedenen Variationen vermittelt wird (Rafaeli & Sutton, 1989). Bei komplexeren Tätigkeiten setzt die Ausbildung dagegen an *sozialen Schlüsselqualifikationen* an.

Tätigkeiten in einfachen, hochstandardisierten Dienstleistungen werden häufig in sogenannten „script-based"-Trainings eingeübt (s. Kasten 3). Solche Trainings setzen natürlich entsprechende Arbeitsplätze voraus, die auf mechanische Interaktionsformen reduziert wurden. Komplexere Tätigkeiten erfordern dagegen „off-the-job-Trainings". Mehrere psychologisch fundierte Trainingsprogramme sozialer Fähigkeiten – speziell auch für Dienstleistungstätigkeiten – sind entwickelt und evaluiert worden (z.B. Packebusch, 1987). Nach den vorliegenden Befunden lassen sich zumindest kurzfristig die intendierten Wirkungen erzielen, besonders eine Steigerung der Sensibilität für soziale Hinweisreize und eigene Reaktionen sowie der Fähigkeit zur Rollenübernahme. In der Praxis sehr beliebt sind auch Trainings auf der Basis der Transaktionsanalyse (Schulze, 1991), über deren Wirkungen bislang allerdings kaum wissenschaftlich fundierte Evaluationen vorliegen.

Kasten 3

„Script-based"-Training im Dienstleistungsbereich

Das Counter-Personal der Firma „McDonalds" wird nach folgendem Konzept trainiert: „Das Training umfaßt einen Prozeß einzelner Schritte, die ein Mitarbeiter an der Theke einhalten muß, wenn er einen Kunden bedient. Mitarbeiter werden gelehrt, wie sie 1. Kunden begrüßen und 2. nach ihrer Bestellung fragen müssen (dazu gehört auch ein Skript, wie man zusätzliche Produkte empfiehlt). Es folgt eine standardisierte Prozedur wie 3. die Bestellung abzuarbeiten ist (z.B. kalte Getränke zuerst, dann heiße), 4. wie die verschiedenen Produkte auf dem Tablett zu plazieren sind und 5. für die Positionierung des Tabletts, damit der Kunde es nicht erreichen kann. Es folgt 6. ein Skript und eine Prozedur, wie das Geld zu kassieren ist und wie man Wechselgeld herausgibt. Schließlich gibt es 7. ein Skript, wie man 'danke' sagt und den Kunden bittet, wiederzukommen" (Tansik, 1990, S. 164). Videounterstützt werden die einzelnen Schritte solange geübt, bis ein stabiles kognitives Skript des Verhaltensablaufs ausgebildet wurde, das eine weitgehend automatisierte Abwicklung der Interaktion ermöglicht.

3.3 Entwicklung eines Dienstleistungsklimas

Das Dienstleistungsklima ist als spezielle Form des Organisationsklimas zu verstehen. *Organisationsklima* wird als Qualität der inneren Umwelt der Organisation definiert, die durch ihre Mitglieder erlebt wird, ihr Verhalten beeinflußt und durch bestimmte Merkmale der Organisation beschreibbar ist (Nerdinger, 1994). Das Konzept „Dienstleistungsklima" erfaßt, inwiefern sich das Unternehmensziel „Kundenorientierung" in der Wahrnehmung der Organisation durch die Dienstleister niederschlägt. Von entscheidender Bedeutung ist, ob die Organisation in ihren konkret erlebbaren Strukturen von den Mitarbeitern als kundenorientiert wahrgenommen wird: Eine solche Wahrnehmung reflektiert sich im Verhalten des Kundenkontaktpersonals und beeinflußt damit das Erleben der Bedienten.

Nach Schneider, Wheeler und Cox (1992) korreliert die Einschätzung der Organisation als kundenorientiert mit der Wahrnehmung des angebotenen Service und den Human-Resource-Praktiken korreliert. Demnach erlebt das Kundenkontaktpersonal seine Organisation dann als kundenorientiert, wenn die Wünsche der Kunden vom Management berücksichtigt werden und wenn die Praktiken und Prozeduren der Organisation auf die Verrichtung der Dienstleistung ausgerichtet sind. Über den Service-Aspekt hinaus korrelieren die wahrgenommenen Rekrutierungs- und Selektionspraktiken, Rückmeldungen über das (Dienstleistungs-) Verhalten der Mitarbeiter, gerechte Vergütung und Training mit einer solchen Wahrnehmung.

Das Dienstleistungsklima folgt aus der Wahrnehmung der für die Funktion einer Organisation wesentlichen Subsysteme im Sinne von Katz und Kahn (1978). Organisationen erfüllen fünf Grundfunktionen, die jeweils an Subsysteme delegiert werden: *Produktion, Unterstützung, Anpassung, Aufrechterhaltung* und *Leitung*. Zur Beeinflussung eines Dienstleistungsklimas müssen alle fünf Subsysteme gezielt gestaltet werden (Nerdinger, 1994).

Das *Produktionssystem* sollte so funktionieren, daß Bediente möglichst rasch und unter optimalen Bedingungen ihre Dienstleistungsbedürfnisse befriedigen können. Die *Unterstützungssysteme* müssen für die notwendigen Informationen und Ressourcen sorgen, damit sich die Dienstleistung richtig ausführen läßt. Die *Anpassungssysteme* haben die Funktion, künftige Entwicklungen vorwegzunehmen und die größere Umwelt der Organisation zu explorieren. Das ist eine klassische Marketingfunktion, wobei im Dienstleistungsbereich dem Kundenkontaktpersonal eine besondere Bedeutung zukommt. Im Rahmen partizipativer Entscheidungen sollte ihr Wissen stärker in die Anpassungssysteme integriert werden. Als spezieller Fall wäre hier die Implementation von Qualitätszirkeln (Antoni, 1990) zu nennen. Dem *Leitungssystem* kommt zentrale Bedeutung zu, da von diesem die Subsysteme so zu koordinieren sind, daß durch reibungslose Zusammenarbeit optimale Bedingungen für das Kontaktpersonal ermöglicht werden. Dabei müssen vor allem die Ziele der Arbeit eindeutig kundenorientiert formuliert werden. Die Koordination ist so zu erfüllen, daß die propagierten Ziele tatsächlich handlungsleitend sind. Schließlich muß das *System zur Aufrechterhaltung der Dienstleistung*, das in erster Linie die Leistungen der Personalabteilung umfaßt, entsprechend gestaltet werden. Durch Rekrutierung, Selektion und Training des Kundenkontaktpersonals sind die nötigen Fähigkeiten und Fertigkeiten auf seiten der Dienstleister zu sichern, durch Gestaltung der Beurteilungs- und Anreizsysteme in Einklang mit dem Ziel der Kundenorientierung wird das gewünschte Verhalten unterstützt.

Selektion und Training von Kundenkontaktpersonal in Dienstleistungsunternehmen können nicht unabhängig von der Gestaltung eines Dienstleistungsklimas gesehen werden: Es sind die dienstleistungsorientierten Mitarbeiter, die besonders unter einem bürokratischen Klima im Unternehmen leiden, da sie ein solches Klima als Behinderung bei der Realisierung ihrer Arbeitseinstellung erleben (Nerdinger, 1992). Demnach genügt nicht allein die Selektion der „Richtigen" bzw.

das Training des Personals in dienstleistungsorientiertem Verhalten, vielmehr müssen alle Subsysteme der Organisation auf das Kundenkontaktpersonal abgestimmt werden. Nach dem aktuellen Kenntnisstand ist ein partizipativer Organisationsentwicklungsprozeß, der an den Wahrnehmungen und Bedürfnissen des Kundenkontaktpersonals ansetzt, der erfolgversprechendste Weg zur Gestaltung einer kundenorientierten Organisation (Nerdinger & von Rosenstiel, 1995).

Literatur

Antoni, C. H. (1990). *Qualitätszirkel als Modell partizipativer Gruppenarbeit*. Bern: Huber.

Fisseni, H.-J. & Fennekels, G. P. (1995). *Das Assessment Center*. Göttingen: Verlag für Angewandte Psychologie.

Flanagan, J. G. (1954). The critical incident technique. *Psychological Bulletin, 52*, 327-358.

Frieling, E. & Hoyos, C. Graf (1978). *Fragebogen zur Arbeitsanalyse (FAA)*. Bern: Huber.

Haßelmann, U. (1991). *Die Dimensionalität des Begriffs Serviceorientierung, dargestellt am Beispiel eines Verkehrsunternehmens*. Ruhruniversität Bochum: Unveröffentlichte Dissertation.

Hochschild, A. R. (1990). *Das verkaufte Herz*. Frankfurt/M.: Campus.

Hogan, J., Hogan, R. & Busch, C. M. (1984). How to measure service orientation. *Journal of Applied Psychology, 69*, 167-173.

Hunter, J. E. & Hirsh, H. (1987). Applications of meta-analysis. In C. L. Cooper & I. T. Robertson (Eds.), *International Review of Industrial and Organizational Psychology* (pp. 321-357). Chichester: Wiley.

Katz, D. & Kahn, R. L. (1978). *The Social Psychology of Organizations*. New York: Wiley.

Kompa, A. (1989). *Personalplanung und Personalauswahl*. Stuttgart: Enke.

Mohr, L. A. & Bitner, M. J. (1991). Mutual understanding between customers and employees in service encounters. *Advances in Consumer Research, 18*, 611-617.

Nerdinger, F. W. (1992). Bedingungen und Folgen von Burnout bei Schalterangestellten einer Sparkasse. *Zeitschrift für Arbeitswissenschaft, 46*, 77-84.

Nerdinger, F. W. (1994). *Zur Psychologie der Dienstleistung*. Stuttgart: Schäffer-Poeschel.

Nerdinger, F. W. & von Rosenstiel, L. (1995). Die Umgestaltung der Führungsstrukturen im Rahmen der Implementierung des Internen Marketing. In M. Bruhn (Hrsg.), *Internes Marketing* (S. 114-128). Wiesbaden: Gabler.

Packebusch, L. (1987). *Teilnehmerorientierung in der betrieblichen Weiterbildung*. Frankfurt/M.: Lang.

Rafaeli, A. & Sutton, R. I. (1989). The expression of emotion in organizational life. *Research in Organizational Behavior, 11*, 623-637.

Schmit, M. J. & Allscheid, St. P. (1995). Employee attitudes and customer satisfaction: Making theoretical and empirical connections. *Personnel Psychology, 48*, 521-536.

Schneider, B., Wheeler, J. K. & Cox, J. F. (1992). A passion for service: Using content analysis to explicate service climate themes. *Journal of Applied Psychology, 77*, 705-716.

Schuler, H. & Diemand, A. (1991). Anforderungsanalyse für teilstandardisierte Einstellungsgespräche mit Bewerbern als Bankkaufmann/-frau. *Sparkasse, 108*, 90-94.

Schuler, H., Diemand, A. & Moser, K. (1993). Filmszenen. Entwicklung und Konstruktvalidierung eines neuen eignungsdiagnostischen Verfahrens. *Zeitschrift für Arbeits- und Organisationspsychologie, 37*, 3-9.

Schuler, H. & Funke, U. (1995). Diagnose beruflicher Eignung und Leistung. In H. Schuler (Hrsg.), *Lehrbuch Organisationspsychologie* (S. 235-284). Bern: Huber.

Schuler, H. & Stehle, W. (1986). *Biographische Fragebogen als Methode der Personalauswahl.* Stuttgart: Verlag für Angewandte Psychologie.

Schulze, H. S. (1991). Transaktionsanalyse als Instrument dienstleistungsorientierter Personalschulung. In M. Bruhn & B. Stauss (Hrsg.), *Dienstleistungsqualität* (S. 283-307). Wiesbaden: Gabler.

Stauss, B. (1991). Internes Marketing als personalorientierte Qualitätspolitik. In M. Bruhn & B. Stauss (Hrsg.), *Dienstleistungsqualität* (S. 227-246). Wiesbaden: Gabler.

Tansik, D. A. (1990). Managing Human Ressource Issues for High-Contact Service Personnel. In D. E. Bowen, R. B. Chase, Th. G. Cummings & Ass. (Eds.), *Service Management Effectiveness.* (S. 152-176). San Francisco: Jossey Bass.

Ulich, E. (1995). *Arbeitspsychologie.* Stuttgart: Schäffer-Poeschel.

Wahren, H.-K. & Bälder, K.-H. (1994). *Kundenorientierte Dienstleistungsqualität.* Eschborn: RKW.

Zeithaml, V. A., Parasuraman, A. & Berry, L. L. (1992). *Qualitätsservice.* Frankfurt/M.: Campus.

11 Umweltbewußtes und ressourcenschonendes Verhalten in Organisationen

Friedemann Prose, Christoph Clases und *Stefan Schulz-Hardt*

1 Unternehmerische Umsetzungslücken im Umweltschutz

Umweltveränderungen haben ihre Ursachen zum großen Teil im Verhalten menschlicher Systeme (Kruse, 1995; Stern, 1992). So sind die globale Erderwärmung und der zusätzliche Treibhauseffekt wesentlich auf den Verbrauch fossiler Energieträger (Kohle, Erdöl, Gas) und die dadurch verursachten Emissionen des Treibhausgases Kohlendioxyd zurückzuführen. Maßnahmen zur *Steigerung der Energieeffizienz* bzw. zur rationellen Energienutzung (REN) haben daher für den Umweltschutz einen hohen Stellenwert. Dies gilt wie für andere Endverbrauchsbereiche auch für Unternehmen.

Die technischen Möglichkeiten des betrieblichen Umweltschutzes sind für zentrale Bereiche (Energiesparen, Energie-Effizienz, Einsatz erneuerbarer Energien, Abfall- und Wasserwirtschaft) weitgehend bekannt (s.a. Wenninger, 1996). Die mit ihnen erschließbare Energieeinsparung bewegt sich nach Feststellungen der Enquête-Kommission „Schutz der Erdatmosphäre" (1995) über verschiedene Industriebranchen hinweg zwischen 25 und 48 % (Textilbranche). Aus Sicht der Unternehmen ist nicht alles, was technisch machbar wäre, zugleich auch ökonomisch vertretbar.

Entsprechenden Untersuchungen zufolge ist sowohl im Bereich der Industrie als auch in kleinen und mittleren Unternehmen (KMU) ein breites Spektrum an sogenannten „no-regret Optionen", d.h. wirtschaftlichen Möglichkeiten, zur Senkung des Energieverbrauchs und damit der CO_2-Emissionen vorhanden (Enquête Kommission, 1995; Hofer & Schnitzer, 1992; Wuppertal Institut & Öko-Institut, 1997).

Zwischen den technisch machbaren und auch ökonomisch sinnvollen Möglichkeiten und der Unternehmenspraxis besteht jedoch eine Implementierungslücke. Wie Unternehmensbefragungen und -fallstudien dokumentieren, sind die *ökologischen Reorganisationspotentiale* innerhalb von Organisationen bei weitem nicht ausgeschöpft; der Weg hin zu nachhaltigem Umweltschutz und Management ist zum Teil noch sehr weit (z.B. Birke & Schwarz, 1994; Freimann & Hildebrandt, 1995; Minsch, Eberle, Meier & Schneidewind, 1996; Umweltbundesamt 1991). Die Umsetzungslücke dürfte nicht das Ergebnis genereller unternehmerischer Ablehnung von Umweltschutzmaßnahmen sein. In einer Befragung von Managern in über 500 deutschen und österreichischen Unternehmen (Wieselhuber & Stadelbauer, 1992) ließen sich nur 11% der befragten Betriebe einer Kategorie der umweltbezogenen Opposition („verweigern", „umgehen", „verzögern") zuordnen. Vergleichbare Ergebnisse finden sich bei Hammerl (1994) sowie Schülein, Brunner und Reiger (1994). Weiter verbreitet scheint gemäß der Studie von Wieselhuber und Stadelbauer (1992) vielmehr ein defensives Umweltmanagement („Mindeststandards erfüllen"; 42 %) zu sein. Immerhin 47% der befragten Unternehmen zeigten sich bereit zu einem offensiven und präventiven Umweltmanagement.

Einer der wesentlichen Gründe für die *Umsetzungslücke*: Umweltakteure im Wirtschaftsbereich haben oft eine eingeengte Perspektive hinsichtlich der für einen Wandel erforderlichen wirksamen Maßnahmen. Bei den politischen wie betrieblichen Entscheidungsträgern stehen technische, ökonomische und ordnungspolitische Instrumente der Umsetzung umweltrelevanter Veränderungen im Vordergrund (Konradt, 1996). 82,3 % der Unternehmen begegnen Umweltrisiken in erster Linie durch technische Maßnahmen. Organisatorische und personelle Maßnahmen folgen erst mit weitem Abstand (Umweltbundesamt 1991).

Dieser Ansatz greift jedoch zu kurz, wie z.B. Untersuchungen von Birke und Schwarz (1994) am Beispiel von *Klein- und Mittelbetrieben* (KMU) zeigen. Der Erfolg oder Mißerfolg ökologischer Reorganisationsprozesse hing in diesen Betrieben weniger von ökonomischen oder technischen Aspekten ab, sondern vielmehr von psychologischen Faktoren wie z.B. personeller Überforderung, internen Widerständen oder Interessenkonflikten. Leitbilder, Fachkompetenzen, Durchsetzungsvermögen und Koalitionen der Verantwortlichen in den Betrieben sind entscheidend dafür, welche (Umwelt-)Innovationen Erfolg haben. Bei kleinen und mittleren Unternehmen als Energieverbrauchern bestehen die Gründe für unzureichende Einsparaktivitäten häufig auch in einem Mangel an Information, spezifischer Motivation und know-how (DeCanio, 1993; Enquête Kommission, 1995; Gruber & Brand, 1991; Sanstadt & Howarth, 1994). Zu ähnlichen Ergebnissen kommen Gellrich, Luig und Pfriem (1997) in einer Studie, in der sie Fallbeispiele sogenannter „ökologischer Vorreiterfirmen" qualitativ analysierten. Die befragten Unternehmensvertreter bewerteten dort die Bereiche Motivation, Zielsetzung und Kommunikation als besonders relevant für den Erfolg betrieblicher Umweltschutzaktivitäten.

Die zur Ausschöpfung vorhandener *Effizienz-Potentiale* erforderlichen Änderungen des Handelns von Unternehmen können ohne eine fundierte Generierung und Anwendung (sozial-) psychologischen Veränderungswissens kaum erreicht werden (Burschel, 1996; Dwyer, Leeming, Cobern, Porter & Jackson, 1993; Fietkau & Kessel, 1981; Prose, 1995).

2 Analyse von Erfolgsmodellen der Umsetzung von Umweltschutz in Unternehmen

InterSEE ist eine empirische Untersuchung von Fallbeispielen erfolgreicher Umsetzung von Maßnahmen zur Steigerung der *Energie-Effizienz* in kleinen und mittleren Unternehmen. Eine breitgestreute Vielfalt von sektoralen und technischen Merkmalen kennzeichnet die Erfolgsbeispiele der 33 ausgewählten Industrie- und Gewerbeunternehmen aus Dänemark, Deutschland, Österreich und der Schweiz. Die KMU gehören elf verschiedenen Branchen vom produzierenden Gewerbe bis hin zum Fremdenverkehr an. Die durchgeführten Energie-Effizienz-Maßnahmen sind sowohl technischen (z.B. Beleuchtung, Wärme, regenerative Energien) als auch organisatorischen (z.b. Energie-Management, Logistik) Kategorien zuzuordnen.

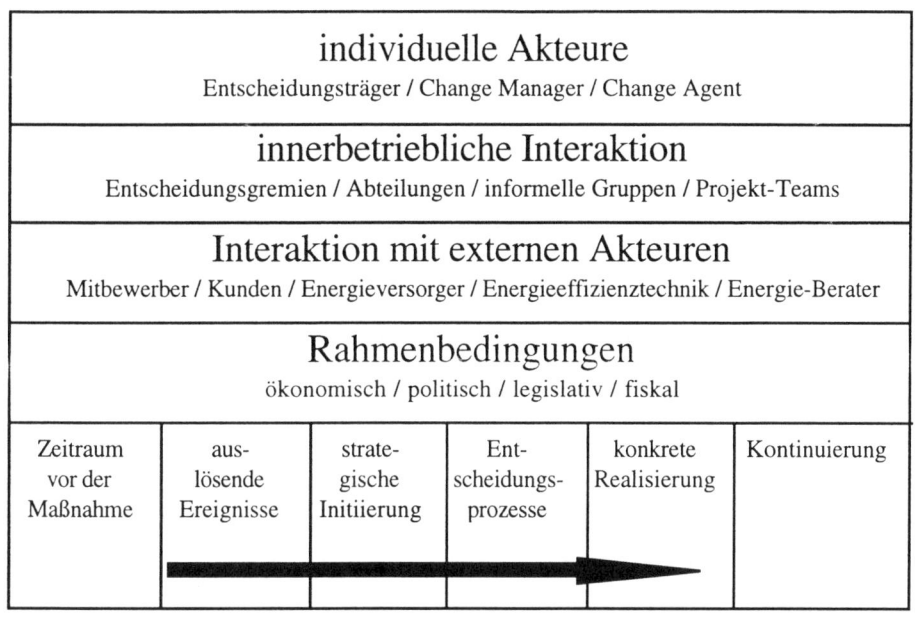

Abbildung 1
Analyserahmen für Erfolgsfaktoren und Hemmnisse bei der Initiierung und Umsetzung von Maßnahmen zur rationellen Energienutzung (REN) in Unternehmen

Für die meisten KMU stellt die Verwirklichung von Energieeffizienz eine Innovation dar, d.h. sie bedeutet neue Denk- und Verhaltensmuster, neue Produkte oder neue Verfahren innerhalb des Unternehmens. Gegenstand von InterSEE ist daher die Adoption und Diffusion von REN -Innovationen in Unternehmen. Zur Strukturierung des Analyserahmens bietet sich eine Dimensionierung nach Abschnitten auf einer Zeitachse und nach der Ebene der beteiligten Akteure an (Abbildung 1).

Die Zeitachse: Die *horizontale Dimension* stellt betriebliche Umweltschutzaktivitäten als einen Prozeßverlauf in der Zeit dar, innerhalb dessen vier Phasen unterschieden werden: Der *Zeitraum vor der Maßnahme* inklusive der *auslösenden Ereignisse*, die *strategische Initiierung* (z.B. Überprüfung inner- und außerbetrieblicher Ressourcen) inklusive des *Entscheidungsprozesses* über die geplante Maßnahme, die *konkrete Realisierung* dieser Maßnahme und schließlich die *Kontinuierung* (d.h. Feedback über den Erfolg, Modifikation der Maßnahme usw.).

Akteursebenen: Die *vertikale Dimension* unterscheidet verschiedene Akteursebenen, bei denen die oberen beiden betriebs*intern* und die unteren beiden betriebs*extern* sind. Bezüglich der betriebsinternen Akteure differenzieren wir zwischen individuellen Akteuren und Akteursgruppen (innerbetriebliche Interaktion). Zu den *individuellen Akteuren* zählen wir zunächst die *formalen Entscheidungsträger* und diejenigen, die offiziell mit der Organisation der konkreten Umsetzung einer Umweltschutzmaßnahme betraut werden. Dies könnte z.B. der Umweltbeauftragte des Betriebes sein (Berker 1996). Nachhaltige betriebliche Veränderungsprozesse können jedoch nicht auf die Beteiligung von Akteuren verzichten, die – angeregt durch die offizielle Ebene oder selbstorganisiert auf informeller Ebene – bestimmte Aspekte der Innovation übernehmen, auf operativer Ebene vorantreiben und aufgrund ihrer Prozeßerfahrungen die notwendigen Anpassungen der geplanten Maßnahmen an die konkret vorliegenden Situationen und Problemlagen vornehmen. Diese Personen bezeichnen wir als *Veränderungsagenten* (Rogers & Shoemaker 1971).

Akteursgruppen: Fördernde bzw. hinderliche Faktoren für Umweltschutzaktivitäten innerhalb eines Betriebs müssen aber nicht auf Ebene der einzelnen Akteure selbst liegen, sondern können auch in deren Interaktion zu finden sein. Hier sind *Entscheidungsgremien, Abteilungen, informelle Gruppen* und *Projekt-Teams* von Bedeutung.

Unternehmensumfeld und Rahmenbedingungen: Was die beiden betriebsexternen Ebenen betrifft, so unterscheiden wir zwischen der *Interaktion mit externen Akteuren* und den *Rahmenbedingungen*. Externe Akteure, die in die Analyse von Erfolgsfaktoren einzubeziehen sind, sind insbesondere *Mitbewerber, Dienstleister und Berater, Kunden* sowie *mögliche Kooperationspartner*. Rahmenbedingungen sind in *ökonomischer, politischer, legislativer und fiskalischer* Hinsicht zu berücksichtigen.

3 Ergebnisse: Fördernde Faktoren

Aufbauend auf den Kernaussagen aus Interviews mit betrieblichen Akteuren wurden die für die Umsetzung von Energieeffizienzmaßnahmen wichtigsten positiven Impulse („fördernde Faktoren") herausgearbeitet.

3.1 Prozesse innerhalb des Unternehmens

Die so identifizierten und geordneten Merkmale einer erfolgreichen Umsetzung von Energieeffizienz in KMU werden anhand von vier Prozeßphasen beschrieben: *Kultur, Geschichte und auslösendes Ereignis, Initiative und Entscheidung, Konzeption und Umsetzung* sowie *Evaluation und Kontinuität* (Abbildung 2).

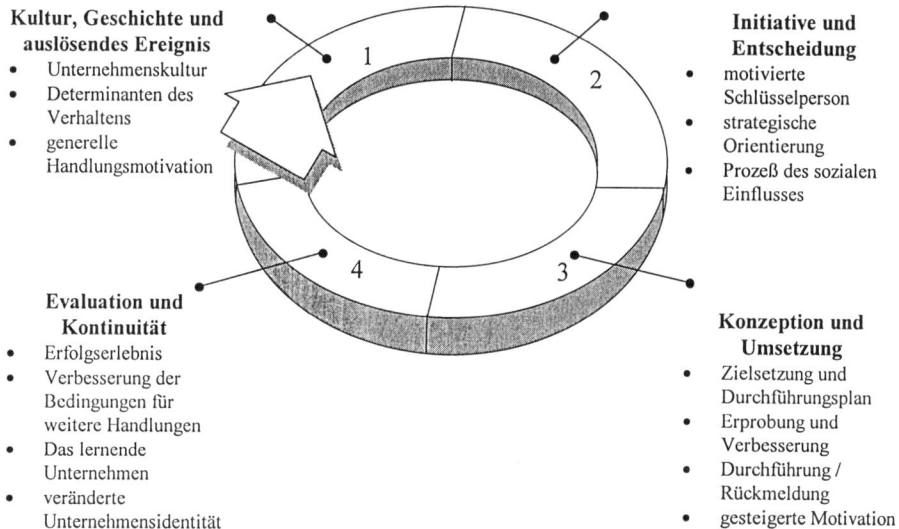

Kultur, Geschichte und auslösendes Ereignis
- Unternehmenskultur
- Determinanten des Verhaltens
- generelle Handlungsmotivation

Initiative und Entscheidung
- motivierte Schlüsselperson
- strategische Orientierung
- Prozeß des sozialen Einflusses

Evaluation und Kontinuität
- Erfolgserlebnis
- Verbesserung der Bedingungen für weitere Handlungen
- Das lernende Unternehmen
- veränderte Unternehmensidentität

Konzeption und Umsetzung
- Zielsetzung und Durchführungsplan
- Erprobung und Verbesserung
- Durchführung / Rückmeldung
- gesteigerte Motivation

Abbildung 2
Exemplarische Erfolgsfaktoren für REN-Maßnahmen, zugeordnet zu den unterschiedlichen Prozeßphasen

Unternehmenskultur, situative und psychosoziale Bedingungen. – Die Aufgeschlossenheit für REN-Maßnahmen und eine *Anfangsbereitschaft* zu ihrer Umsetzung werden nach den Untersuchungsergebnissen durch die historisch gewachsene *Unternehmenskultur* sowie durch *spezifische Verhaltensvoraussetzungen* der Organisation und der betrieblichen Akteure begünstigt. Eine förderliche Unternehmenskultur scheint durch einen hohen Stellenwert von Effizienz, Innovation und Pioniergeist sowie durch eine Struktur mit eher flachen Hierarchien, Partizipation und positiven Kommunikationsmustern gekennzeichnet zu sein.

Zu den spezifischen Verhaltensvoraussetzungen gehören aktuelle situative Faktoren sowie umweltrelevante psychische Dispositionen wichtiger Akteure. Die auslösenden situativen Faktoren werden als *Probleme* oder als *Chancen* für das Unternehmen wahrgenommen. Probleme sind z.B. hohe Energiekosten oder technische Schwierigkeiten der Energieversorgung, aber auch allgemeinere Produktionsprobleme (Maschinenausfälle, Qualitätsprobleme, Wettbewerbsdruck, Versorgungsengpässe etc.). Als Chancen werden Umstrukturierungen im Unternehmen, Neubauten und personelle Veränderungen im Management, aber auch fällige Ersatzinvestitionen genannt. Sie eröffnen als „Neubeginn" gleichzeitig die Möglichkeit von REN-Maßnahmen. Probleme und Chancen müssen allerdings in ihrer Wechselwirkung mit der subjektiven Wahrnehmung relevanter Akteure im Unternehmen gesehen werden. Hier sind vorhandene positive *Einstellungen* gegenüber dem Umweltschutz und speziell der Energie-Effizienz wichtig, aber auch die subjektive *Selbstwirksamkeit* (self efficacy), d.h. das Zutrauen in die eigenen Umsetzungsmöglichkeiten.

Schlüsselakteure, Strategie und sozialer Einfluß, Entscheidung. – Unternehmenskultur, situative Bedingungen und psychosoziale Faktoren beeinflussen das „Klima", d.h. ob eine Innovation auf ein positives Umfeld oder eher auf Widerstand im Unternehmen trifft. Der konkrete Umsetzungsimpuls geht jedoch entscheidend von engagierten *Schlüsselakteuren* im Unternehmen aus. Sie betätigen sich als Initiatoren, Multiplikatoren oder *Veränderungsagenten*.

Der Erfolg der Schlüsselakteure bei der Einleitung von REN-Maßnahmen wird sowohl durch Attribute wie Status und Selbstverantwortlichkeit als auch durch ihre Handlungskompetenz mitbedingt. Damit ist nicht nur die fachlich-technische Kompetenz gemeint, sondern auch die kommunikative Kompetenz, mit der Schlüsselakteure einen strategischen Prozeß des *sozialen Einflusses* für REN-Maßnahmen im Unternehmen einleiten. Die Schlüsselakteure arbeiten darauf hin, daß die Entscheidungsträger des Unternehmens eine positive *Einstellung* gegenüber einem vorgeschlagenen REN-Konzept entwickeln und von seiner *Machbarkeit* überzeugt sind (*Selbstwirksamkeit*).

Der Prozeß des *sozialen Einflusses* ist zumeist nicht durch ein einfaches unidirektionales Sender-Empfänger Modell zu beschreiben. Er kann vielmehr komplexe gruppendynamische Interaktionsbeziehungen bzw. „Mikropolitik", d.h. den Aufbau von Koalitions- und Kooperationsbeziehungen verschiedener Akteure und das Entstehen einer Lobby für Energieeffizienz im Management und in Teilen der Belegschaft einschließen.

Die Umsetzung der geplanten Innovation ist ein komplexer Prozeß des Managements eines Unternehmenswandels, in dem die *Schlüsselakteure* bzw. *Veränderungsagenten* weiterhin eine wichtige Rolle spielen. Dabei geht es nicht nur um energietechnische Aspekte, sondern wesentlich um die Aktivierung des Humankapitals des Unternehmens. *Teamarbeit, Kompetenzerweiterung, Dialog* und *Partizipation* sind die zentralen Instrumente in diesem Zusammenhang. Hinzu kommen ein systematisches *Monitoring* des Veränderungsprozesses sowie ein entsprechendes *Feedback* an die Akteure.

Die Bildung von Arbeitsgruppen und Teamarbeit sind mit organisatorischen Maßnahmen, mit Umstrukturierung und Dezentralisierung im Unternehmen verbunden. Die Kompetenzerweiterung kann durch zusätzliche personelle Resourcen (Einstellung einer Energie-Fachkraft), den Aufbau von know-how durch Trainingsmaßnahmen für die Belegschaft sowie die Beteiligung der Belegschaft an der konkreten Umsetzung („learning by doing") erfolgen. Unternehmen, die REN-Maßnahmen erfolgreich umgesetzt haben, fördern die Beteiligung der Mitarbeiterschaft darüber hinaus durch gezielte Information, Kommunikation und Diskussion in Hinblick auf die Maßnahmen (Dialogstil) sowie durch die Stimulierung von Verbesserungsvorschlägen. So findet Energieeffizienz bei wesentlichen Teilen der Belegschaft soziale Unterstüzung und bietet Möglichkeiten, sich handelnd einzubringen.

Auf der Basis einer detaillierten Überwachung der Umsetzung durch Installierung von Verbrauchszählern, Messungen und andere Monitoringinstrumente wird es möglich, die Entwicklung des Projektes zu kontrollieren und zu dokumentieren. Die anschauliche Präsentation von positiven (Zwischen-) Ergebnissen als Feedback erwies sich als erfolgreiches Mittel, um die Motivation der Akteure zur Fortführung der REN-Maßnahme aufrechtzuerhalten oder zu erhöhen.

Erfolg und Nachhaltigkeit der Aktivitäten. – Da REN-Maßnahmen zumeist nicht isoliert durchgeführt werden, liegt ihr Erfolg nicht ausschließlich in der *Einsparung von Energie,* sondern auch in *Kostenreduktionen* und oft ebenfalls in *Qualitätsverbesserungen* hinsichtlich von Produkten und Arbeitsbedingungen. Über die bereits erwähnte Rückmeldung kann ein *Erfolgserlebnis* bei den betrieblichen Akteuren aufgebaut werden. Erfolgreich umgesetzte Maßnahmen bewirken darüber hinaus verbesserte Ausgangsbedingungen für weitere REN- und Umweltschutzmaßnahmen. Im betrieblichen Alltagshandeln gibt es neue *Verhaltensregeln* im Umgang mit Energie, ein verändertes *Energie- und Umweltbewußtsein* und entsprechende *Einstellungen,* mehr *Wissen und Fertigkeiten* hinsichtlich REN (Selbstwirksamkeit) sowie verbesserte *(Team-)Arbeits- und Verantwortungsstrukturen.* Unter dem Gesichtspunkt der Dauerhaftigkeit der eingeleiteten Veränderungen ist damit die Wahrscheinlichkeit gestiegen, daß der Prozeß des Wandels fortgesetzt wird und das *nachhaltiges Wirtschaften* im Umgang mit Resourcen zu einem integralen Bestandteil der „*corporate identity"* wird.

3.2 Wechselwirkungen mit dem Akteursumfeld

Besonders während der Periode, die der Entscheidung für REN-Maßnahmen und deren Umsetzung im Unternehmen vorangeht, sind vielfältige Einflüsse von Außen- und Wechselwirkungen mit externen Partnern festzustellen. Schlüsselakteure verfügen oft über entsprechende soziale Kontakte und Aktivitäten über die Unternehmensgrenzen hinaus, die besondere Resourcen für die Umsetzung von REN-Maßnahmen für das Unternehmen zugänglich machen können.

Sozialer Druck und externe Anforderungen. – Die Unternehmen erfahren in der Phase vor der Einführung von REN-Maßnahmen zum Teil öffentlichen Druck. Sie haben z.B. Probleme mit der örtlichen sozialen Umwelt (Lärm, Geruch etc.), erhalten durch die kommunalen bzw. regionalen Behörden Auflagen oder werden mit den Beschwerden und Erwartungen von Kunden konfrontiert. Der Druck kann auch ökonomischer Art sein, etwa wenn das regionale Energieversorgungsunternehmen einen neuen (höheren) Tarif fordert.

Austausch, sozialer Vergleich. – Neben dem Handlungsdruck aus dem sozialen Umfeld des Unternehmens gibt es Prozesse des Austausches und des sozialen Vergleichs, die eher unterstützenden Charakter für das Unternehmen haben. Dazu gehört z.B. der unternehmensübergreifende fachliche Austausch von Technikern (z.B. aus dem Elektrobereich) und Ingenieuren innerhalb ihrer Berufsgruppen. Von großer Bedeutung ist die Kommunikation zwischen Unternehmen. Über zumeist persönliche Kontakte erfolgt ein Austausch von Erfahrungen, der Vergleich von Vorgehensweisen und Ergebnissen verschiedener Unternehmen. Andere Unternehmen können den Verbreitungsprozeß durch ihre Funktion als positive Modelle voranbringen.

Experten-Kontakte. – Im Zusammenhang mit den unterstützenden firmenexternen Kontakten haben gute Kontakte mit Experten im Energiebereich (z.B. Ingenieure, Technikausrüster, Energieversorger) einen hohen Stellenwert. Eine wichtige Funktion der Schlüsselpersonen besteht darin, solche Kontakte einzubringen oder herzustellen und damit externe Resourcen für das Unternehmen zu erschließen.

Unterstützender Input. – Durch Austausch- und Vergleichsprozesse sowie über die Kontakte mit Experten ist die Möglichkeit für einen hilfreichen Input in das Unternehmen gegeben. Dieser Input kann z.B. in Ideen und Vorschlägen (z.B. zu einem Energie- oder Umwelt-Audit, Ludborzs, 1996) bestehen, die von Ingenieuren, technischen Organisationen und Energieversorgern an das Unternehmen herangebracht werden. Als förderlich wird ein vorhandenes Angebot für die Unternehmen, sich an (regionalen) Energieprogrammen und Modell-Projekten

(Pilotprojekte, Forschungsprojekte) zu beteiligen, genannt. Darüber hinaus werden Elemente des unterstützenden Input genannt, die besonders geeignet sind, die Selbst-Effizienz der Akteure in Bezug auf REN zu steigern. Sie können die Wahrscheinlichkeit, daß entsprechende Maßnahmen im Unternehmen ergriffen werden, erhöhen (z.B. Zugriff auf *Ressourcen* wie kostenfreies Energie-Audit; *Information, Beratung und Kooperationen* mit Energieversorgern und Forschungsinstituten in Bereichen wie Quality Management, Umweltaudit).

Modellverhalten und soziale Diffusion. – Erfolgreiche Unternehmen können durch Kommunikation der eigenen positiven Erfahrungen und Demonstration praktischer Beispiele ein positives Image aufbauen und selbst als überzeugendes Modell zu Ausgangspunkten für die Diffusion von REN-Innovationen in andere Betriebe hinein werden. Dabei dienen informelle und persönliche Kontakte zwischen Vertretern verschiedener Unternehmen, aber z.T. auch eine gezielte Öffentlichkeitsarbeit als Kanäle der Verbreitung von Ideen, Anregungen und Hilfestellungen.

Vernetzung mit den Interessengruppen (stakeholder) des Unternehmens. – Das Unternehmen steht im Zentrum eines Netzwerks von externen Beziehungen zu Lieferfirmen u.a. Geschäftspartnern, Kunden, Behörden, das Energieeffizienzaktivitäten fördern kann. In vielen erfolgreichen Beispielen gab es eine gute Zusammenarbeit zwischen verschiedenen Gruppen (z.B. Lieferfirmen, Handwerk und Berater), die die Implementierung der REN-Maßnahmen unterstützte.

Vernetzung von Unternehmen. – Besteht ein *regelmäßiger Erfahrungsaustausch* mit anderen Unternehmen, so dienen ihre Treffen oder Workshops als Chance, die Vorteile von Energieeffizienz als sektorübergreifende Frage zu vermitteln, auch bei anderen Unternehmen den Anreiz und das Modell für Einspar-Maßnahmen zu schaffen und somit effizient zur Diffusion von REN-Innovationen beizutragen. Über Vertrauensbildung und Identifikationsprozesse haben sich in den von uns untersuchten Fällen z.T. festere *Kooperationsbeziehungen*, etwa als (regionale) Workshops, aufgebaut. *Umweltinformationssysteme* speziell für KMU und Branchen sowie *regionale Netze von Unternehmen*, die vereinzelt in den Fallbeispielen genannt werden, können sich zu wichtigen Instrumenten der nachhaltigen Umsetzung von REN-Maßnahmen entwickeln.

4 Betrieblicher Umweltschutz als geplanter technischer und sozialer Wandel

Meffert (1991) weist für den Unternehmensbereich auf den positiven Zusammenhang ökologischer Maßnahmen mit langfristiger Gewinnerzielung und der Sicherung der Wettbewerbsfähigkeit hin. Auch aus ökonomischer Sicht ist es daher sinnvoll, einen effizienten Umweltschutz in Unternehmen voranzubringen. Die in diesem Artikel referierten Forschungsergebnisse liefern Hinweise in bezug auf die Richtung, in der sich Unternehmen auf einem nachhaltigen Entwicklungsweg verändern können. Der Veränderungsprozeß kann auf drei Ebenen parallel organisiert werden:

- als Lernprozess des Unternehmens sowohl in technischer als auch psychosozialer Hinsicht (Wenninger, 1996);
- als gezielte soziale Diffusion der betrieblichen REN-Innovationen;
- als Aktivierung von Netzwerken mit dem Akteursumfeld des Unternehmens zum Informations- und Erfahrungsaustausch sowie zur Kooperation.

Wir wollen einige Leitlinien vorschlagen, deren Realisierung die Wahrscheinlichkeit erhöhen kann, daß sich der betriebliche Umweltschutz als sich selbst verstärkender und nachhaltiger Prozeß entwickelt.

Umweltschutz betrifft die Zukunft des gesamten Unternehmens. – Betrieblicher Umweltschutz sollte als umfassender langfristiger Umgestaltungsprozeß des gesamten Unternehmens gesehen werden. Es geht darum, den Umweltschutz mit einer neuen Vision für die Entwicklung des Unternehmens zu verbinden und diese in den Unternehmenszielen, der Unternehmenskultur und der „corporate identity" zu verankern. Umweltschutz wird dadurch für das Unternehmen sinnvoll und wichtig. Er erhält darüber hinaus Legitimation, indem der relative Vorteil von Öko-Effizienz für die Positionierung des Unternehmens im Markt und zur Wahrung und Verbesserung des Unternehmensimage herausgearbeitet wird. Für eine darauf aufbauende „Kultur des Wandels" ist es wichtig, daß die Unternehmensleitung und das Management hinter der Implementierung der Umweltschutzmaßnahmen stehen, diese aktiv voranbringen und die jeweils getroffenen Entscheidungen (mit)tragen (Endruweit, 1996).

Partizipation sichert den nachhaltigen Wandel. – Partizipation, d.h. die offene Diskussion mit Experten aus den einzelnen Abteilungen des Unternehmens sowie die Suche nach sinnvollen und praktischen Lösungsmöglichkeiten unter bestmöglicher Beteiligung der Mitarbeiter (Ritter, 1996), erhöht die Wahrscheinlichkeit, daß die vorhandenen menschlichen Ressourcen optimal genutzt werden (s.a. den Beitrag von Frey, Brodbeck & Schulz-Hardt in diesem Band). Zudem sichert Partizipation die Akzeptanz und die schnelle Korrektur bei Fehlern und Schwierigkeiten. Die Beteiligten identifizieren sich eher mit den Maßnahmen. „bottom up"-Prozesse werden angeregt und ergänzen bzw. ersetzen die „top down"-Wege. Der Realismus und die Machbarkeit der Umweltschutz-Maßnahmen werden gesteigert.

Modellverhalten und Kommunikation sind Motoren der Veränderung. – Innovationen verbreiten sich, wie in Abschnitt 3 gezeigt, durch Kommunikation und Modellverhalten, also durch sozialen Einfluß (Moscovici, 1979, Rogers & Shoemaker, 1971). Für die innerbetriebliche Kommunikation ist es daher wichtig, Meinungsführer zu identifizieren und sie für die aktive Partizipation an den Maßnahmen zu gewinnen, damit sie in ihren Gruppen zu wichtigen Veränderungsagenten werden. So könnten die Mitglieder des Umweltausschusses (s.o.) aufgrund ihrer Nähe zu verschiedenen Mitarbeitergruppen wirksam weitere Meinungsführer gewinnen. Sie müssen dazu über entsprechende soziale und kommunikative Kompetenzen verfügen bzw. diese durch Trainings erwerben. Die Kommunikationslinien könnten z.B. auf folgende Inhalte zielen: *Abbau von Sorglosigkeit und Schaffung eines Problembewußtseins* (Schulz-Hardt & Frey, 1997), *Sinnvermittlung, Begründung der Effizienz der Maßnahmen, Selbst-Effizienz, Förderung konkreter Handlungsabsichten und –pläne, Erfolgsrückmeldung.* Die gezielte Kommunikation über den betrieblichen Umweltschutz sollte durch die ebenso gezielte Sichtbarmachung und Hervorhebung von positiven (Verhaltens-) Modellen sowie durch Demonstrationsbeispiele für die Umsetzung z.B. in Abteilungen ergänzt werden.

Austausch und Kooperation zwischen Unternehmen unterstützen den Wandel. – Die Diffusion von Innovationen erfolgt auch im betrieblichen Bereich wesentlich über Modellverhalten von Vergleichsunternehmen und Kommunikation in sozialen Netzwerken. Der Aufbau eines Netzes von Umwelt-Akteuren aus verschiedenen Unternehmen (siehe hierzu auch Wehner, Raeithel, Clases & Endres 1996) kann dazu beitragen, daß ein unterstützendes Umfeld für den betrieblichen Umweltschutz entsteht. Das Netz kann, etwa in Form moderierter Gruppen, den Austausch von Erfahrungen und Know-how sichern, eine gewisse Effizienzkontrolle der verschiedenen Ansätze ermöglichen und vor allem „best practice"-Fälle und Erfolgsbeispiele als Modelle für Veränderung verarbeiten sowie deren Multiplikation gezielt betreiben.

Literatur

Berker, R. (1996). Umweltschutzbeauftragte. In G. Wenninger & C. Graf Hoyos (Hrsg.), *Arbeits-, Gesundheits- und Umweltschutz* (S. 113-119). Heidelberg: Asanger.

Birke, M. & Schwarz, M. (1994). *Umweltschutz im Betriebsalltag. Praxis und Perspektiven ökologischer Arbeitspolitik.* Opladen: Westdeutscher Verlag.

Burschel, C. (1996). *Umweltschutz als sozialer Prozeß. Die Organisation des Umweltschutzes und die Implementierung von Umwelttechnik im Betrieb.* Opladen: Westdeutscher Verlag.

DeCanio, S. (1993). Barriers within firms to energy-efficient investments. *Energy Policy, 21,* 906-914.

Dwyer, W.O., Leeming, F. C., Cobern, M. K., Porter, B. E., & Jackson, J. M. (1993). Critical review of behavioral interventions to preserve the environment: research since 1980. *Environment and Behavior, 3,* 275-321.

Endruweit, G. (1996). Unternehmensleitung. In G. Wenninger & C. Graf Hoyos (Hrsg.), *Arbeits-, Gesundheits- und Umweltschutz* (S. 120-126). Heidelberg: Asanger.

Enquête-Kommission „Schutz der Erdatmosphäre" des 12. Deutschen Bundestages (1995). *Schlußbericht.* Bonn: Economica.

Fietkau, H.-J. & Kessel, H. (1981). *Umweltlernen.* Königstein/Taunus: Hain.

Freimann, J. & Hildebrandt, E. (Hrsg.), 1995: *Praxis der betrieblichen Umweltpolitik. Forschungsergebnisse und Perspektiven.* Wiesbaden: Gabler.

Gellrich, C., Luig, A. & Pfriem, R. (1997). Ökologische Unternehmenspolitik: von der Implementation zur Fähigkeitsentwicklung. In M. Birke, C. Burschel & M. Schwarz (Hrsg.), *Handbuch Umweltschutz und Organisation. Ökologisierung-Organisationswandel-Mikropolitik* (S. 523-562). München: Oldenbourg.

Gruber, E. & Brand, M. (1991). Promoting energy conservation in small and medium-sized companies. *Energy Policy, 19,* 279-287.

Hammerl, B. M. (1994). *Umweltbewußtsein in Unternehmen. Eine empirische Analyse des Umweltbewußtseins im Rahmen der Unternehmenskultur.* Frankfurt a. M: Lang.

Hofer, M. & Schnitzer, H. (1992). *Energiesparen in Österreichs Industrie und Gewerbe – eine empirische Untersuchung.* Graz: Technische Universität.

InterSEE – Interdisciplinary Analysis of Successful Implementation of Energy Efficiency in the Industrial, Commercial and Service Sector (1998): *Endbericht aus dem von der Europäischen Gemeinschaft im Joule-Programm geförderten Forschungsprojekt.* Wuppertal/Karlsruhe/Kiel.

Konradt, U. (1996). Betriebliches Umweltmanagement in der metallverarbeitenden Industrie. In B. Ludborzs, H. Nold & B. Rüttinger (Hrsg.), *Psychologie der Arbeitssicherheit* (S. 567-583). Heidelberg: Asanger.

Kruse, L. (1995). Globale Umweltveränderungen: Eine Herausforderung für die Psychologie. *Psychologische Rundschau, 46,* 81-92.

Ludborzs, B. (1996). Audits. In G. Wenninger & C. Graf Hoyos (Hrsg.), *Arbeits-, Gesundheits- und Umweltschutz* (S. 516-524). Heidelberg: Asanger.

Meffert, H. (1991). Strategisches Ökologie-Management. In A. G. Coenenberg, E. Weise & K. Eckrich (Hrsg.), *Ökologie-Management als strategischer Wettbewerbsfaktor* (S. 7-32) Stuttgart: Schäffer.

Minsch, J., Eberle, A, Meier, B & Schneidewind, U. (1996). *Mut zum ökologischen Umbau. Innovationsstrategien für Unternehmen, Politik und Akteursnetze.* Basel: Birhaeuser.

Moscovici, S. (1979). *Sozialer Wandel durch Minoritäten.* München: Urban & Schwarzenberg.

Prose, F. (1995). Ansätze zur Veränderung von Umweltbewußtsein und Umweltverhalten aus sozialpsychologischer Perspektive. *Materialien zur Energiepolitik in Berlin, 16,* 14-23.

Ritter, A. (1996). Mitarbeiterbeteiligung. In G. Wenninger & C. Graf Hoyos (Hrsg.), *Arbeits-, Gesundheits- und Umweltschutz* (S. 553-564). Heidelberg: Asanger.

Rogers, E. & Shoemaker, F. (1971). *Communication of innovations: a cross cultural approach.* New York: Free Press.

Sanstadt, A. H. & Howarth, R. B. (1994). „Normal markets" – market imperfections and energy efficiency. *Energy Policy, 22,* 811-818.

Schulz-Hardt, S. & Frey, D. (1997). Gelernte Sorglosigkeit und umweltbewußtes Verhalten am Beispiel Müllvermeidung. In M. Kessler, J. Haisch & R. Weitkunat (Hrsg.), *Public Health und Gesundheitspsychologie* (S. 399-410). Bern: Huber.

Schülein, J. A., Brunner, K.-M. & Reiger, H. (1994*). Manager und Ökologie. Zum Umweltbewußtsein von Industriemanagern.* Opladen: Westdeutscher Verlag.

Stern, P. C. (1992). Psychological dimensions of global environmental change. *Annual Review of Psychology, 43,* 269-302.

Umweltbundesamt (Hrsg.).(1991). *Umweltorientierte Unternehmensführung: Möglichkeiten zur Kostensenkung und Erlössteigerung – Modellverhalten und Kongreß, Berichte 11.* Berlin: Schmidt.

Wehner, T., Raeithel, A., Clases, C. & Endres, E. (1996). Von der Mühe und den Wegen der Zusammenarbeit. Theorie und Empirie eines arbeitspsychologischen Kooperationsmodells. In E. Endres & T. Wehner. (Hrsg.), *Zwischenbetriebliche Kooperation: Die Gestaltung von Lieferbeziehungen* (S. 39-58). Weinheim: Beltz.

Wenninger, G. (1996). Energiesparen und Abfallvermeidung. In G. Wenninger & C. Graf Hoyos (Hrsg.), *Arbeits-, Gesundheits- und Umweltschutz* (S. 253-263). Heidelberg: Asanger.

Wieselhuber, N. & Stadelbauer, W. J. (1992*). Ökologie-Management als strategischer Erfolgsfaktor.* München: Oldenbourg.

Wuppertal-Institut & Öko-Institut (1997). *Die LCP-Fallstudie der Stadtwerke Heidelberg AG und der Stadtwerke Saarbrücken AG in mittelgroßen Unternehmen sowie im öffentlichen Sektor.* Wuppertal und Freiburg.

12 Fremdfirmen und Leiharbeit

Wieland Wettberg

Vorbemerkung. – *Die folgenden Ausführungen sind vor dem Hintergrund einer komplexen und im Fluß befindlichen Entwicklung auf dem Gebiet von Sicherheit und Gesundheitsschutz einzuordnen. Gerade im Bereich der Arbeitnehmer-überlassung oder in Folge der am 1. Juli 1998 in Kraft getretenen Verordnung über Sicherheit und Gesundheitsschutz auf Baustellen (Baustellen-Verordnung) kann zwar auf neue gesetzliche Regelungen zurückgegriffen werden, allerdings mangelt es noch an den erforderlichen Erkenntnissen und Erfahrungen in der Umsetzung, die eine entsprechende Auswertung zulassen würden.*

1 Aufgaben und Ziele

Heute engagieren sich immer mehr Firmen aus verschiedenen Gründen für die Sicherheit ihrer Subunternehmer. Einerseits beeinflussen deren Unfallkosten letztlich die Höhe ihrer Rechnungen, andererseits schwächt eine sicherheitswidrige Arbeitsweise von Fremdfirmen das Sicherheitsmanagement-System des eigenen Betriebes und gefährdet die eigenen Mitarbeiter. Zudem können Drittpersonen bei Fremdfirmen-Unfällen in Mitleidenschaft gezogen und Anlagen oder Gebäude beschädigt werden. Zunehmend sind daher Unternehmen im Rahmen von „Responsible-Care"-Programmen bemüht, ihre moralische Verantwortung für alle Menschen in ihrem Einflußbereich zu zeigen.

Ein kurzer Rückblick auf die Entwicklung von Leiharbeit: Bereits 1948 wurden im Ursprungsland der Leiharbeit, den USA, die ersten Unternehmen zur Überlassung von Arbeitsleistungen an andere Unternehmen gegründet. Eine entsprechende Entwicklung in Westeuropa setzte zehn Jahre später ein.

Zu Beginn der 60er Jahre kam es dann auch in der Bundesrepublik Deutschland zu ersten Gründungen von Leiharbeitsunternehmen. Über 400 Leiharbeitsunternehmen haben sich bis heute im Bundesverband Zeitarbeit, Dienstleistungen e.V. (BZA) mit Sitz in Bonn zusammengeschlossen. Täglich werben diese Leistungsunternehmen um Arbeitskräfte, die sie bei Festanstellung anderen Unternehmen zur Arbeitsbewältigung auf Zeit überlassen – mehr als eine halbe Million mal! Dabei wechseln die Leiharbeitnehmer ihren Arbeitsplatz im Durchschnitt vier bis sechsmal im Jahr.

Gerade in Zeiten von „lean production" und „schlanken Dienstleistungsunternehmen" gehen viele Unternehmen verstärkt dazu über, ihre Aufgaben nicht mehr durch den Einsatz eigenen Personals und eigener Sachmittel zu bewältigen, sondern über Fremdpersonal, insbesondere zur Überbrückung von personellen Engpässen, die sich aus Produktionsspitzen, Krankheit, Urlaub, Mutterschutz; Termindruck, saisonbedingter Mehrarbeit, ungeplanten Arbeiten, Spezialaufgaben etc. ergeben. Leiharbeit hat damit gerade in den letzten Jahren bei Arbeitgebern und Arbeitnehmern an Attraktivität gewonnen und ist zu einem volkswirtschaftlich bedeutenden Faktor geworden. Hinzu kommen rechtliche Aspekte: Im Sommer des Jahres 1996 haben Bundestag und Bundesrat zwei Gesetze beschlossen, die den Schutz der Arbeitnehmer vor arbeitsbedingten Gefahren betreffen. Zum einen handelt es sich um das Gesetz zur Umsetzung der *EG-Rahmenrichtlinie Arbeitsschutz* und weiterer *Arbeitsschutz-Richtlinien*, dessen wesentlicher Bestandteil das Gesetz über die Durchführung von Maßnahmen des Arbeitsschutzes zur Verbesserung der Sicherheit und des Gesundheitsschutzes der Beschäftigten bei der Arbeit ist, kurz *Arbeitsschutzgesetz* (ArbSchG). Zum anderen ist es das Gesetz zur Einordnung des Rechtes der gesetzlichen Unfallversicherung in das Sozialgesetzbuch VII, kurz *Unfallversicherungseinordnungsgesetz* (UVEG) im allgemeinen Sprachgebrauch *Sozialgesetzbuch* VII (SGB VII). Die wichtigsten Rechtsgrundlagen für die Leiharbeit bilden das *Arbeitnehmerüberlassungsgesetz* (AÜG) vom 7. August 1972 in der Fassung der Bekanntmachung vom 14. Juni 1985, geändert durch das *zweite Gesetz zur Bekämpfung der Wirtschaftskriminalität* (2WiKG) vom 25. Mai 1986, sowie die *Gewerbeordnung* (GewO), das *Bürgerliche Gesetzbuch* (BGB), das *Handelsgesetzbuch* (HGB), das *Ordungswidrigkeitengesetz* (OWiG) und das *Arbeitssicherheitsgesetz* (ASiG). Ferner die *Unfallverhütungsvorschrift Allgemeine Vorschriften* (VBG 1).

Als Verleiher wird der Arbeitgeber des Leiharbeitnehmers bezeichnet, als Entleiher die Beschäftigungsfirma, die Leiharbeitnehmer einsetzt. Leiharbeitnehmer ist der ausgeliehene Beschäftigte. Als Auftraggeber fungiert die Auftragsfirma oder der Besteller (Unternehmer/Entleiher), als Auftragnehmer die Fremdfirma oder der Werksunternehmer (Verleiher). Ein sogenannter Koordinator ist ein Beauftragter bei gegenseitiger Gefährdung, die sich aus dem Tätigwerden der Auftragsfirma im Unternehmen des Auftraggebers ergeben kann (auf diese Problematik wird noch näher einzugehen sein). Nach §16 Abs. 2 SGB VII können auch ausländische Unternehmen, die in Deutschland tätig sind, durch die Berufsgenossenschaft überwacht werden. Obwohl diese Unternehmen keine Mitgliedsbetriebe der Berufsgenossenschaft sind, gelten die Unfallverhütungsvorschriften für sie gleichermaßen. Nach §17 SGB VII können gegenüber diesen Unternehmen auch Anordnungen erlassen werden. Diese beiden Regelungen sind für den Arbeitsschutz Zugewinn, der insbesondere die Berufsgenossenschaften der Bauwirtschaft berührt (Coenen & Waldeck, 1996, S. 574 ff.).

2 Verhaltensaspekte

Leiharbeitnehmer sehen sich – gegenüber anderen Arbeitnehmern – mit häufig wechselnden Arbeitsbedingungen, unbekannter Umgebung, nicht bekannten Betriebsgefahren, Verständigungs- und Koordinationsproblemen, unzureichender Arbeitsvorbereitung und mangelnder Unterstützung zur Lösung plötzlich auftretender Problemsituationen während ihrer Tätigkeit konfrontiert. Ihre Situation ist die von Betriebsneulingen. Hieraus ergeben sich die spezifischen Probleme von Sicherheit und Gesundheitsschutz. „Als Folge davon ist die Unfallhäufigkeit in Unternehmen, die auch Zeitarbeitnehmer beschäftigen, mehr als dreimal so hoch wie in Unternehmen mit ausschließlich festem Arbeitnehmerstamm" (o.V.; 1992, S. 7). Problemverstärkend wirkt, wenn für den Arbeitnehmer für die Erledigung des jeweiligen Arbeitsauftrags nur ein kurzer Zeitraum zur Verfügung steht und er sich deshalb häufiger und in kurzen Zeitabständen auf neue technische, organisatorische und betriebsspezifische Verhältnisse einstellen muß. Hinzu tritt eine weitere Problemvariante: Fremdes Personal, das kurzzeitig in einem an sich sonst geschlossenen Betriebssystem arbeitet, bringt unter Umständen Unzulänglichkeiten mit in den Betrieb hinein, die auch zu einer Gefährdung der eigenen Mitarbeiter führen können. Den dargelegten Problemen wird in der betrieblichen Praxis oft wenig Beachtung geschenkt.

Vor dem Hintergrund der geschilderten Problematik ist es notwendig, das Gefahrenpotential, dem sich Leiharbeiter selbst wie Unternehmen, die Leiharbeiter beschäftigen, gegenübersehen, durch vorbeugende Maßnahmen erheblich zu verringern. Ihre Zielsetzungen liegen in der vertraglichen Gestaltung und dem Tätigwerden der betrieblichen Arbeitsschutzorganisation. Vorangestellt sei: Verantwortlich für die Arbeitssicherheit der Arbeitnehmer des Verleihers ist der Verleiher. Er hat also die gleiche Verpflichtung, die für den Unternehmer gegenüber seinen Arbeitnehmern besteht. Dies gilt grundsätzlich, muß aber, ohne auf Einzelheiten der Rechtsprechung eingehen zu können, insoweit eingeschränkt werden, als unterschiedliche Vertragsformen wie Werkvertrag (§§ 631 ff. BGB) und Arbeitnehmerüberlassungsvertrag (§ 1 AÜG) zu berücksichtigen sind.

Durch das Gesetz zur Umsetzung der EG-Rahmenrichtlinie Arbeitsschutz und weiterer Arbeitsschutz-Richtlinien vom 7. August 1996 (Bundesgesetzblatt I S. 1246) haben sich Neuerungen auch hinsichtlich der Arbeitnehmerüberlassung ergeben. Artikel 5 diese Gesetzes besagt: „Artikel 1 des Arbeitnehmerüberlassungsgesetzes in der Fassung der Bekanntmachung vom 3. Februar 1995 (Bundesgesetzblatt I S. 158), das durch Artikel 2 des Gesetzes vom 20. Juli 1995 (Bundesgesetzblatt I S. 946) geändert worden ist, wird wie folgt geändert:
1. § 11 wird wie folgt geändert:
    a) In Absatz 1, Satz 2, Nr.3 werden nach dem Wort „Art" die Wörter „und besondere Merkmale" und nach dem Wort „Tätigkeit" ein Komma und die

Wörter „dafür erforderliche Qualifikationen" eingefügt.

b) Dem Absatz 6 werden folgende Sätze angefügt:

„Insbesondere hat der Entleiher den Leiharbeitnehmer vor Beginn der Beschäftigung und bei Veränderungen in seinem Arbeitsbereich über Gefahren für Sicherheit und Gesundheit, denen er bei der Arbeit ausgesetzt sein kann, sowie über die Maßnahmen und Einrichtungen zur Abwendung dieser Gefahren zu unterrichten. Der Entleiher hat den Leiharbeitnehmer zusätzlich über die Notwendigkeit besonderer Qualifikationen oder beruflicher Fähigkeiten oder einer besonderen Überwachung sowie über erhöhte besondere Gefahren des Arbeitsplatzes zu unterrichten."

2. Dem § 12, Abs. 1 wird folgender Satz angefügt:

„Der Entleiher hat in der Urkunde zu erklären, welche besonderen Merkmale, die für den Leiharbeitnehmer vorgesehene Tätigkeit hat und welche berufliche Qualifikation dafür erforderlich ist." (Bundesministerium für Arbeit und Sozialordnung: 1996)

Somit ist der der europäischen Arbeitsschutzgesetzgebung zu Grunde liegende *Präventionsgedanke* nunmehr auch für den Bereich der Arbeit-nehmerüberlassung systematisch und konsequent anzuwenden. Bei den Schutzmaßnahmen müssen allgemeine Grundsätze der Gefahrenverhütung beachtet werden, wie beispielsweise das Gebot der Gefährdungsminimierung, die Gefahrenbekämpfung an der Quelle, die Berücksichtigung des Standes der Technik, die Planung der Maßnahmen unter Berücksichtigung der gesamten Arbeitsumgebung oder der Vorrang kollektiver Schutzmaßnahmen vor individuellen. Bei den für Fremdfirmen und Leiharbeitnehmern wichtigen Zusammenarbeitspflichten mehrerer Arbeitgeber im Arbeitsschutz, deren Beschäftigte gemeinsam tätig werden, sind Maßnahmen und Vorkehrungen für besonders gefährliche Arbeitsbereiche und Arbeitssituationen, Vorsorgemaßnahmen zur Ersten Hilfe, Brandbekämpfung und Evakuierung, Ermöglichung arbeitsmedizinischer Untersuchungen auf begründeten Wunsch von Beschäftigten zu tragen. Anders ausgedrückt: Es darf in einem Unternehmen, das Fremdfirmen beschäftigt, nicht zwei unterschiedliche Sicherheitsstandards geben. Damit wird der Gefahr vorgebeugt, daß sich ein möglicher niedrigerer Sicherheitsstandard von Fremdfirmen in das auftraggebende Unternehmen „einschleicht" und die gesamte *Sicherheitskultur* eines Unternehmens durch eine mangelhafte Fremdfirmen – Sicherheit unterlaufen wird.

3 Lösungen für die Praxis

Die betriebliche Arbeitsschutzorganisation des Verleih- wie Entleihungsunternehmens muß (je nach Größe) mit ihren Akteuren Fachkräfte für Arbeitssicherheit, Betriebsärzte, Sicherheitsbeauftragte, Ersthelfer, Betriebs-/Personalrat, darauf hinwirken, daß Leiharbeitnehmer ausreichend ein- und unterwiesen werden, die erforderlichen arbeitsmedizischen Vorsorgeuntersuchungen durchgeführt und persönliche Arbeitsschutzausrüstungen zur Verfügung gestellt werden und ein Einsatz der Leiharbeitnehmer nach den Bestimmungen des Arbeitsschutzes erfolgt. Hilfreich ist in jedem Falle der Abschluß einer *Arbeitsschutzvereinbarung* als Bestandteil des Arbeitnehmerüberlassungsvertrages. Wenn es dennoch zu einem meldepflichtigen Arbeitsunfall kommt, hat der Entleiher nach § 1553 RVO diesen sowohl bei der für ihn zuständigen Berufsgenossenschaft als auch bei der für den Verleiher zuständigen Berufsgenossenschaft zu melden. Ferner muß der Entleiher eine entsprechende Meldung an den Verleiher abgeben.

Vor dem Hintergrund des Erfordernisses einer immer ausgeprägteren arbeitsteiligen Zusammenarbeit im Produktions- wie Dienstleistungsbereich, ist die „Koordinierung von Arbeiten" (§ 6 VBG 1 Abs. 1) von besonderer Bedeutung für Sicherheit und Gesundheit der Arbeitnehmer. Vergibt der Unternehmer Arbeiten an andere Unternehmer, dann hat er, soweit dieses zur Vermeidung einer möglichen gegenseitigen Gefährdung erforderlich ist, eine Person zu bestimmen, die die Arbeiten aufeinander abstimmt. Er hat dafür zu sorgen, daß diese Person *Weisungsbefugnis* gegenüber seinen Auftragnehmern und deren Beschäftigten hat. Dieser *Koordinator* muß von einem Unternehmer, der in seinem Bereich arbeiten läßt, bestellt werden, wenn eine gegenseitige Gefährdung der Mitarbeiter gegeben ist. Wirkungsvoll arbeiten kann dieser Koordinator jedoch nur, wenn er gleichzeitig entsprechende Weisungsbefugnis gegenüber dem eigenen Unternehmen hat.

Eine schriftlich fixierte Bestellung des Koordinators sollte neben der Regelung der Weisungsbefugnisse zum Ausdruck bringen, daß sich der/die Mitarbeiter von Beginn der Arbeit mit dem Koordinator in Verbindung zu setzen hat/haben und auch während der Durchführung der Arbeiten mit dem Koordinator Kontakt zu halten ist und alles zu tun ist, um eine Gefährdung anderer Mitarbeiter zu vermeiden. Aber nicht nur der auftragerteilende Unternehmer ist verpflichtet, sich um die Koordination der Arbeiten zu kümmern; es müssen alle Fremdfirmen entsprechend mitwirken (§ VBG 1, Abs. 2). Die Fremdfirma muß sich vor Arbeitsaufnahme darüber informieren, ob Beschäftigte des Auftraggebers arbeiten (z.B. bei Bauarbeiten, Instandsetzungsarbeiten oder Montagen) und ob ein Koordinator bestellt ist. Für die Arbeit des Koordinators ist ein zeitlich gegliederter *Arbeitsablaufplan* erforderlich mit Arbeitsumfang, -beginn und -ende, Arbeitsweise und Personen der beteiligten Firmen. Die Koordination vor Ort und die Bestellung eines Koordinators sind Mittel, einen reibungslosen Arbeitsablauf mit anderen Unternehmen sicherzustellen, was nicht zuletzt aus wirtschaftlichen Gründen sinnvoll ist, gleichzeitig aber auch gegenseitige Gefährdungen zu vermeiden, was im Sinne eines präventiv ausgerichteten Arbeits- und Gesundheitsschutzes liegt.

Wie eingangs bereits erwähnt wurde, setzen zahlreiche Unternehmen „Responsible -Care"-Programme für die Sicherheit ihrer Beschäftigten ein. Die Firma Du Pont de Nemours ist dafür bekannt, nicht nur was die eigenen Mitarbeiter, sondern auch gleichermaßen ihre Subunternehmer anbelangt. „Daher legt Du Pont bereits vor Auftragsvergabe größten Wert auf eine gute Sicherheitskultur des Anbieters: Die Sicherheitsleistungen sowie das Arbeitssicherheitsmanagement-System des jeweiligen Anbieters werden einer genauen Prüfung unterzogen. Bei der Überprüfung der bestehenden Sicherheitsleistungen achtet Du Pont selbstverständlich darauf, ob die Anbieter diese belegen können." (Hill, 1996, S. 2) Die beauftragten Fremdfirmen erhalten jeweils eine gründliche Einführung in die spezifischen Sicherheitsanforderungen des Auftrags sowie eine Sicherheitsschulung, die ggf. bis auf Arbeitsplatzebene reicht, und werden während der Ausführung der Arbeiten regelmäßig überprüft, ob vorschriftsmäßig gearbeitet wird. Durch die Umsetzung dieser Grundsätze hat die Firma Du Pont eine hohe Fremdfirmen-Sicherheit erreicht, die konkret belegbar ist.

4 Schlußfolgerungen

Die neue Gesetzgebung ergänzt das Arbeitnehmerüberlassungsgesetz zur vollständigen Umsetzung der europäischen Leiharbeitnehmerrichtlinie. Es werden besondere Unterrichtungspflichten des Entleihers über Gesundheitsgefährdungen und Schutzmaßnahmen sowie über erforderliche besondere Qualifikationen des Leiharbeitnehmers aufgenommen, die es zukünftig in der betrieblichen Praxis auszufüllen und umzusetzen gilt.

Leiharbeiter ist in puncto Sicherheit und Gesundheitsschutz daher ein Thema, das die dafür zuständigen Akteure im betrieblichen und überbetrieblichen Arbeitsschutzsystem weiter beschäftigen wird. Der Verantwortung der *Führungskräfte* wird es in besonderem Maße obliegen, Kommunikation, Koordination wie gleichermaßen Kooperation in geeigneter Weise zu verbessern, um „fremde" Leiharbeitnehmer organisatorisch reibungsloser und damit effizienter in die Unternehmen zeitlich befristet integrieren zu können. Dabei wird man der *Schnittstellenproblematik* zwischen Organisation und Individuum sowie zwischen Arbeitsaufgabe und sicherheits- und gesundheitsfördernder Arbeitsgestaltung eine höhere Aufmerksamkeit schenken müssen.

Literatur

Coenen, W. & Waldeck, D. (1996). Die neue Arbeitsschutzgesetzgebung aus der Sicht der Berufsgenossenschaften. *Die Berufsgenossenschaft*, Nr.9/1996.

O.V. (1992). Arbeitssicherheit in der Zeitarbeit. *Sicherheitsreport Verwaltungs-Berufsgenossenschaft*, Ausgabe 1/1992.

Bundesministerium für Arbeit und Sozialordnung (Hrsg.). (1996). *Das neue Arbeitsschutzgesetz*. Bonn.

Hill, D. St. (1996). Sicherheitsmanagement für Fremdfirmen – Eine Herausforderung für die Unternehmenskultur. *Du Pont-Pressedienst*.

13 Multikulturelle Organisationen und Beziehungen

Alexander Thomas

1 Einleitung

Während noch vor sechzig Jahren in Deutschland wirtschaftliche Autarkie angestrebt wurde, in der trügerischen Hoffnung, die Unabhängigkeit von Importen wie Rohstoffen und Grundversorgungsgütern könnte einen nachhaltigen Machtfaktor darstellen, ist die Zeit seit dem Ende des II. Weltkrieges und besonders zum Ende dieses Jahrhunderts geprägt von einer rasanten Internationalisierung aller Gesellschaftsbereiche. Die politische, wirtschaftliche und militärische Verflechtung zwischen Staaten und Völkern wird immer enger; UN, NATO, EU, NAFTA, ASEAN sind dafür Beispiele. Vom Auslandstourismus über internationalen Jugend-, Schüler- und Studentenaustausch bis hin zu berufsbedingten Arbeitseinsätzen im Ausland, als Manager oder Mitarbeiter eines multinationalen Konzerns oder als Entwicklungsexperte, reicht die Spannbreite der auslandsbezogenen Aktivitäten. Hinzu kommen die vielfältigen Formen der Zusammenarbeit und des Zusammenlebens mit Ausländern in Deutschland. Eine realistische Analyse der gesellschaftspolitischen Entwicklungen in Deutschland läßt nur den Schluß zu, daß sich Deutschland längst zu einer multikulturellen Gesellschaft hin entwickelt (Thomas, 1996a) bzw. entwickelt hat.

Für die Psychologie stellen diese Entwicklungen neue Aufgaben und Anforderungen, die auf zweierlei Weise gemeistert werden können. Einmal wäre eine stärkere theoretische und empirische Fokussierung auf eine *interkulturelle Psychologie*, die sich mit den psychologisch relevanten Prozessen zu befassen hätte, die dann entstehen, wenn Menschen aus unterschiedlichen Kulturen miteinander kommunizieren, kooperieren und wechselseitige Anpassungsleistungen erbringen müssen (*Akkulturation*). Zum anderen sollte das in dieser Disziplin bereits vorhandene Wissen über psychologisch relevante Bedingungen, Verlaufsprozesse und Wirkungen menschlichen Verhaltens und Erlebens auf die spezifischen Sonder- und Grenzsituationen interkultureller Begegnung angewandt werden. So können wissenschaftliche Erkenntnisse zu Themen wie Attribution, Einstellung und Einstellungsänderung, Gruppenverhalten und Leistungseffektivität in Gruppen sowie Forschungsergebnisse zum Intergruppenverhalten wichtige Anregungen zur Hypothesengenerierung und Hilfestellungen bei der Entwicklung geeigneter Forschungsmethoden liefern. Dies gilt besonders dann, wenn es darum geht, die *Leistungseffektivität* international bzw. plurikulturell zusammengesetzter Gruppen zu analysieren und zu optimieren (Matsumoto, 1996; Thomas, 1996b).

2 Das Problemfeld multikultureller Organisationen und der in ihnen tätigen Mitarbeiter

An drei Beispielfällen von deutsch-amerikanischen und deutsch-chinesischen Begegnungen aus dem Bereich des internationalen Managements wird in die Thematik eingeführt.

Beispiel 1:
Ein deutscher Unternehmer und ein amerikanischer Trainer berichten: „Ich habe zunächst drei Jahre in Ostasien gearbeitet und wurde dann in die USA versetzt. In Asien überfällt einen die Fremdheit gleich am ersten Tag, man spürt sie wie einen Hammerschlag. Es dauert Monate, bis man beginnt, hinter der Fremdheit hier und da auch Vertrautes zu entdecken. In den USA habe ich es umgekehrt erlebt. Manche Äußerlichkeit mutet zwar zunächst auch fremd an, beispielsweise die Architektur der Städte, aber doch nicht so fremd wie in Asien. Mit den Menschen kam ich in den USA zunächst sehr gut zurecht: 'Leute wie Du und ich', dachte ich. Aber je länger ich da war, desto fremder wurden sie mir – und dies in vielen Bereichen. Aus der heutigen Distanz betrachtet, würde ich immer noch sagen, daß die Unterschiede insgesamt viel geringer sind als die zu meinen ostasiatischen Partnern, aber es gab in den USA Momente, da war ich mir dessen gar nicht mehr so sicher, und zwar deshalb, weil wenig so lief, wie ich es erwartet hatte. Aber ein wichtiger Unterschied lag auch in meiner Herangehensweise an die beiden Kulturen: In Asien habe ich Fremdheit erwartet und dann manche Gemeinsamkeit gefunden. In Amerika habe ich Gemeinsamkeit erwartet und bin auf viel Fremdes gestoßen."

Beispiel 2:
„Die meisten Deutschen unterschätzen die Unterschiede zwischen den USA und Deutschland. Umgekehrt ist es etwas anders: Deutschland ist bei uns in den Medien, überhaupt in unserem Alltag, viel weniger präsent. Aber natürlich haben wir ein ganzes Bündel von Klischees im Kopf, wenn wir an Deutschland denken. Unsere Manager, die nach Deutschland geschickt werden, fallen jedenfalls gelegentlich auf den Bauch, schon deshalb, weil sie denken, sie selbst seien schlicht und einfach besser als die Deutschen – technisch und natürlich erst recht moralisch. Weiterhin ist festzustellen, daß einige bedeutende deutsche Unternehmen in den letzten Jahren große Schwierigkeiten auf dem amerikanischen Markt hatten. Eine Weile haben sie die Ursachen dafür vor allem in den Wechselkursschwankungen und ähnlichen 'Schicksalsschlägen' gesehen. Aber inzwischen hat man sich zu der Erkenntnis durchgerungen, daß falsches Auftreten ihrer Repräsentanten in den USA einen viel bedeutsameren Anteil an den Mißerfolgen hatte."

Folgende psychologisch relevanten Problemstellungen deuten sich an:
– Auswahl und Vorbereitung für einen *multinationalen Personaleinsatz* sowohl im Ausland wie im Inland. Dies gilt insbesondere für global operierende Unternehmen, die über Joint Venture, Firmenfusionen und internationale Ent-

wicklungs-, Produktions- oder Vertriebskooperationen notgedrungen mit Personal aus sehr unterschiedlichen Kulturen arbeiten müssen (Bergemann & Sourisseaux, 1996; Bittner, 1996; Kühlmann, 1995).

– Erkennen und Bewältigen von *Akkulturationsprozessen* und *Kulturschockproblemen* des deutschen Stammpersonals im Ausland und der ausländischen Mitarbeiter in Deutschland (Berry et al., 1992; Furnham & Bochner, 1986; Nahawandi & Malekzadeh, 1993; Thomas, 1989).

– Bewältigung und produktiver Umgang mit *Fremdheitserfahrungen* im Spannungsfeld zwischen den gewohnten und als richtig und funktional erfahrenen eigenkulturellen Orientierungs- und Handlungssystemen und der unausweichlichen Konfrontation mit dem Fremden (Adler, 1991; Brislin, 1990; Gudykunst, 1991; Landis & Bhagat, 1996; Mead, 1990; Wiseman & Shuter, 1994).

– Umgang mit *kulturellen Divergenzen* und daraus resultierenden Konflikten (Ronen, 1986).

– Sensibilisierung für *Managementprobleme*, die aus der Wirksamkeit unterschiedlicher kultureller Orientierungssysteme und Kulturstandards der beteiligten Partner resultieren; Entwicklung einer interkulturellen Handlungskompetenz bei Managern und Mitarbeitern (Brislin, 1990; Krewer, 1996; Thomas, 1991, 1995).

Beispiel 3:
Bereits 1900 stellte der deutsche Übersetzer im Vorwort zu dem von Arthur Smith verfaßten Buch „Chinesische Charakterzüge" die Frage: „Können Europäer Chinesen verstehen?" und beantwortete sie folgendermaßen: (Viele Chinareisende betonen immer wieder) „... die enormen Schwierigkeiten, welche sich uns Westländern bieten, sobald wir uns ein Urteil über den Charakter der Chinesen zu bilden versuchen. Es wird darauf hingewiesen, daß man gerade auf immer größere Widersprüche stößt, je länger man mit der 'bezopften' Rasse verkehrt und je gründlicher die Kenntnisse der Sprache und Sitten dieses fernen Landes sind. Ganz genau so äußert sich auch Sir Robert Hart, der Generaldirektor des chinesischen Zolldienstes, der länger als vier Jahrzehnte im Reich der Mitte gelebt hat. 'China ist wirklich ein schwer zu verstehendes Land. Vor ein paar Jahren glaubte ich, endlich so weit gekommen zu sein, etwas von seinen Angelegenheiten zu wissen, und ich versuchte, meine Ansichten darüber zu Papier zu bringen. Heute komme ich mir wieder wie ein vollkommener Neuling vor. Wenn ich jetzt aufgefordert würde, drei oder vier Seiten über China zu schreiben, würde ich nicht recht wissen, wie ich dies anfangen soll. Nur eins habe ich gelernt: In meinem Vaterlande heißt es gewöhnlich: Laß Dich nicht biegen, und wenn es dabei auch zum Bruche kommt! In China dagegen gerade umgekehrt: Laß Dich biegen, aber laß es nicht zum Bruche kommen!'"

Folgende psychologisch relevante Problemstellungen deuten sich an:
– Es wird immer wieder behauptet, vermehrte Auslandserfahrung erhöhe die Fähigkeit zur *fremdkulturellen Anpassung*, eventuell auch zum Ertragen von

Fremdheit und zur Gewöhnung an eine andersartige Lebensweise. Führt dies auch gleichsam automatisch zu einem effektiven interkulturellen Lernen und zum interkulturellen Verstehen?

– Die Vielfalt kultureller Divergenzen erschließt sich erst dem Kenner der fremden Kultur in seiner vollen Komplexität. Hieraus ergeben sich bislang ungelöste Probleme der kontext- und personabhängigen Verarbeitung *kulturbedingter Divergenzen*.

– Offensichtlich haben Kulturstandards bzw. kulturspezifische Regeln des Zusammenlebens und der Bewältigung von Lebensproblemen große Bedeutung für ein erfolgreiches Handeln unter fremdkulturellen Bedingungen (Thomas, 1996b).

3 Psychologische Probleme multikulturell tätiger Organisationen

Nach Heenan & Perlmutter (1979) lassen sich vier unterschiedliche Strategien internationaler Unternehmenstätigkeit unterscheiden: ethnozentrisches, polyzentrisches, regiozentrisches und geozentrisches Vorgehen (Abbildung 1).

ethnozentrisch	polyzentrisch	regiozentrisch	geozentrisch
- Entscheidungskompetenz beim Stammhaus - einseitiger Informationsfluß vom Stammhaus zu den Auslandsgesellschaften - alle Schlüsselpositionen von Führungskräften aus dem Stammland besetzt	- Entscheidungskompetenzen bei den Auslandsgesellschaften - gastlandspezifische Orientierungssysteme und Verfahren werden eingesetzt - zwischen Stammhaus und Auslandsgesellschaften relativ geringer Informationsfluß - Schlüsselpositionen von Führungskräften aus dem Gastland besetzt	- Auslandsgesellschaften einer bestimmten Region pflegen intensive Beziehungen - regionale Zentren besitzen Entscheidungskompetenzen - relativ geringer Informationsaustausch zwischen Stammhaus und Auslandsgesellschaften - Schlüsselpositionen von Fach- und Führungskräften der Region besetzt	- Entscheidungskompetenzen mal beim Stammhaus und mal bei den Auslandsgesellschaften - Unternehmenstätigkeit nach weltweit einheitlichen Verfahren - weltweit intensiver Informationsaustausch - Besetzung von Schlüsselpositionen nach einheitlichen Effizienzkriterien

Abbildung 1
Strategien internationaler Unternehmenstätigkeit

Eine Entscheidung für die eine oder andere Managementstrategie hat weitreichende Folgen für alle Bereiche der Arbeit und der Organisation, sowie die Handlungsspielräume und Handlungsgrenzen jedes einzelnen Mitarbeiters. Auf der Organisationsebene und besonders im Bezug zum Personalmanagement haben diese vier Unternehmensstrategien Vorteile, aber auch Nachteile, besonders bezüglich der Bewältigung psychologischer Anforderungen im internationalen Management. Aus der bisher verfügbaren Literatur zum internationalen Management (Engelhard, 1997; Harris & Moran, 1996; Ronen, 1986; Wiseman & Shutter, 1994; Wolf, 1994) und interkulturell orientierter, organisationspsychologischer Forschungen (Brislin, 1990; Dunette & Hough, 1992; Landis & Bhagat, 1996; Thomas, 1996b) ergibt sich folgende Gegenüberstellung von Vor- und Nachteilen der spezifischen Unternehmensstrategien (Abbildung 2).

---

1. Ethnozentrische Managementstrategie

Vorteile:	Nachteile:
1. Firmeninteressen werden gewahrt	1. Fremdheitseffekte
2. Vertrautheit mit der eigenen Organisation, dem deutschen Stammhaus	2. Kulturell bedingte Mißverständnisse mit einheimischem Personal und Partnern
3. Deutsche Firmenrepräsentanz im Ausland	3. Mangelnde Ressourcennutzung im Gastland
4. Vertrautheit mit der Stammhauskultur	4. Barriereeffekte, erschwerte Zugangsmöglichkeiten im Gastland
5. Kontakt zu anderen Deutschen im Ausland	5. Mangelnde Sprachkenntnisse
6. Leichte Verständigung mit und unter Deutschen	6. Hohe Personalkosten
	7. Persönliche, soziale und familiäre Probleme, bedingt durch ein Leben im Gastland
	8. Reintegrationsprobleme

---

2. Polyzentrische Strategie

Vorteile:	Nachteile:
1. Hoher Integrationsgrad des Unternehmens in das Gastland	1. Mangelnde Identifikation mit Stammhaus
2. Keine Sprach- und Verstehensprobleme	2. Probleme mit Know-How-, Unternehmensphilosophie und Unternehmenskulturtransfer
3. Reichhaltige Kenntnis der Infrastruktur	3. Erschwerte Kommunikation und Verständigung mit den Führungskräften im Stammhaus
4. Produktive Ressourcennutzung	4. Schnittstellenprobleme zwischen Stammhaus und ausländischen Tochterunternehmen
5. Keine Entsende- u. Reintegrationsprobleme	5. Mangel an Gemeinsamkeit und Identität
6. Preiswerter Personaleinsatz	6. Gefahr der Entwicklung eines „Eigenlebens"

Abbildung 2
Vor- und Nachteile internationaler Unternehmensstrategien

3. Regiozentrische Strategie

Vorteile:	Nachteile:
1. Großes Reservoir an qualifizierten Mitarbeitern 2. Informationspool über regionale Infrastruktur 3. Gezielte Ressourcenaktivierung in der Region 4. Einsatz von Führungskräften aus dritten Kulturen als Schlichter	1. Hohe Personalkosten 2. Verstärkte Widerstände gegen Stammhausdominanz 3. Nationale und kulturell bedingte Rivalitäten zwischen Führungskräften innerhalb der Region 4. Weniger genaue Gastlandkenntnisse 5. Sprach- und Verstehensprobleme 6. In modifizierter Form alle Nachteile wie bei der ethnozentrischen Strategie

4. Geozentrische Strategie

Vorteile:	Nachteile:
1. Großes Reservoir an hochqualifizierten Führungskräften, die weltweit gesucht werden können 2. Vorteile des Drittpartners als Schlichter 3. Zugänglichkeit zu weltweiten informellen Informationsnetzen 4. Weltweite Ressourcenaktivierung	1. Extrem hohe Personalkosten 2. Sprach- und Verstehensprobleme 3. Entfremdungstendenzen 4. Widerstände gegen Dominanz des Stammhauses 5. Mangelnde Sensibilität für die spezifischen Gastlandprobleme 6. In modifizierter Form alle Nachteile, wie sie bei der ethnozentristischen Strategie auftreten

noch Abbildung 2
Vor- und Nachteile internationaler Unternehmensstrategien

Schnittstellenprobleme zeigen sich vor allen Dingen in folgenden organisations-psychologisch bedeutsamen Merkmalskonfigurationen:

Asymmetrische Beziehungs- und Machtstrukturen: Derjenige Partner, der begehrte und knappe Güter, wie Geld, Know-How und qualifiziertes Personal investieren kann, dominiert den anderen.

Identitäts-Loyalitätsdefizite: Einheimische Mitarbeiter geraten in Identitätskonflikte und Loyalitätskonflikte, wenn sie sich zwischen Werten, Normen, Verhaltensregeln etc. ihrer eigenen Kultur und denen der ausländischen Firma entscheiden müssen. Wie können sie ihre eigenkulturelle Identität bei gleichzeitiger Anpassung erhalten? Antworten auf diese Frage sind von Ergebnissen psychologischer und soziologischer Forschungen zur personalen und sozialen Identität, besonders der Entwicklung und Veränderung kultureller Identität, zu erwarten (Krewer, 1996).

Partizipation: Wieviel Entscheidungsmacht, Mitspracherecht und Teilhabe an wichtigen Entscheidungen, die das gesamte Unternehmen und damit auch die deutsche Firmenpolitik betreffen, wird dem ausländischen Tochterunternehmen eingeräumt? Welcher Grad an Partizipation ist erwünscht und wird gefordert bzw. ist zur Entwicklung einer Identifikation mit dem Mutterunternehmen notwendig?

Zu oft wird maximale Partizipation gefordert, ohne die kulturspezifischen Sozialisationsbedingungen und Lebenserfahrungen der Mitarbeiter, z.B. im Umgang mit mächtigen, hierarchisch höher gestellten oder älteren Personen, zu berücksichtigen. Mangelnde Bereitschaft, den angebotenen Partizipationsspielraum auszuschöpfen, hat mehr mit kulturbedingten, autokratisch orientierten Denk- und Verhaltensgewohnheiten zu tun als mit personspezifischer Unfähigkeit oder Unwilligkeit.

Informations-, Wissens- und Unternehmenskulturtransfer: Wie kann ein möglichst reibungsloser Wissens- und Informationstransfer zwischen Stammhaus und ausländischen Tochterunternehmen und umgekehrt garantiert werden? Wie sensibel und qualifiziert können die beteiligten Personen im Stammhaus und in den Tochterunternehmen mit kulturbedingten Kommunikations- und Interaktionsproblemen, Mißverständnissen und Konflikten umgehen? Wie hoch ist der bei den Mitarbeitern im Stammhaus und im ausländischen Tochterunternehmen verbreitete Grad an Ambiguitätstoleranz, interkultureller Lernfähigkeit und interkulturellen Handlungskompetenzen (Kühlmann, 1995; Bergemann & Sourisseaux, 1996; Landis & Bhagat, 1996)?

Machtmißbrauch, Korruption und Vetternwirtschaft: Welches Maß an Günstlingswirtschaft, Bestechung und Machtmißbrauch zum eigenen Vorteil ist in der Kultur des Stammhauses und in der Kultur des Tochterunternehmens verbreitet, tolerierbar oder inakzeptabel? Wie groß sind die Divergenzen in den Erscheinungsformen und funktionalen Bedeutungen entsprechender Verhaltensweisen zwischen Stammhauskultur und Tochterunternehmen?

Qualitätsstandard von Produktion und Dienstleistung: Welche Unterschiede und Gemeinsamkeiten bestehen in den Merkmalen Produktqualität, Dienstleistungsqualität und Kundenorientiertheit? Welche Formen beruflicher Qualifizierung, Arten der Ausbildung und Fertigkeitsmerkmale weist der Personalbestand des Tochterunternehmens auf, um den geforderten Produktivitätszielen, Qualitätsmaßstäben etc. gerecht zu werden? Die aus dem monokulturellen Kontext hinlänglich bekannten Qualitätsmanagementprobleme verstärken sich in der internationalen Zusammenarbeit durch kulturbedingte Divergenzen in den Bezugssystemen für die Qualitätsmessung und -beurteilung und in den Methoden der Qualitätssicherung.

Interkulturelle Kompetenz/Inkompetenz: Wie hoch ist der Grad an Bereitschaft und Fähigkeit zum gegenseitigen interkulturellen Verstehen, interkulturellen Lernen und kompetenten Umgang miteinander, damit eigenes Verhalten auf die kulturspezifischen Besonderheiten des Partners abgestimmt wird?

4 Forderungen an die Psychologie

Erst allmählich wird die Komplexität der Kulturgebundenheit wirtschaftlichen, aber auch wissenschaftlichen und gesellschaftlichen Handelns bewußt, und zwar nicht durch Nachdenken oder Intuition, sondern durch leidvolle Erfahrungen mit und in der internationalen Wirtschaftskooperation. Die Entwicklung eines neuen Bauteils, das sich gegen weltweite Marktkonkurrenz durchsetzen und nach den Wünschen einer weltweiten Kundschaft modifizierbar sein muß, bedarf des Einsatzes eines hohen Maßes an *interkultureller Sensibilität* und *Handlungskompetenz.* Wie aber können interkulturelle Sensibilität und Handlungskompetenz, z.B. in plurinational zusammengesetzten Arbeitsgruppen (Kopper, 1996; Schnapper, 1996) bzw. Organisationen, erreicht werden? Für welche kulturgebundenen kognitiven Prozesse, emotionalen Reaktionen, Attributions- und Stereotypisierungsvorgänge, Verhaltensreaktionen und Interaktionsepisoden sollen sie wie sensibilisiert und handlungskompetent sein? Zur Beantwortung dieser Frage stellt die Psychologie ein reichhaltiges Theorien-, Methoden- und Begriffsinventar zur Verfügung, das aber, von Ausnahmen abgesehen (Mann, 1980) kaum zur Lösung der „besonderen" Problematik plurikulturell zusammengesetzter Arbeitsgruppen angewandt wurde. Die psychologische Gruppenforschung könnte, bei aller gebotenen Vorsicht – wegen der unausweichlichen kulturspezifischen Einseitigkeiten – das Gerüst und die Modelle zur Identifikation von Problemursachen (Diagnoseaspekt), zur Entwicklung möglicher Problemlösungsverfahren (Interventionsaspekt) und zur Überprüfung erzielter Wirkungen (Evaluationsaspekt) liefern.

5 Interkulturelles Training

Wie viele Untersuchungen, vor allem betriebswirtschaftlich orientierte, aber auch psychologische Forschungsarbeiten (Landis & Bhagat, 1996) gezeigt haben, ist neben einer sorgfältigen Auswahl der ins Ausland zu entsendenden Mitarbeiter ein einsatzland- und auftragsorientiertes, vorbereitendes Training zur Entwicklung einer Sensibilisierung für die fremde Kultur, zur Förderung *interkulturellen Lernens und Verstehens* sowie zur Entwicklung einer *interkulturellen Handlungskompetenz* wichtig. Solche Trainings sowohl in Form allgemeiner, kulturunspezifischer (culture general) Sensibilisierungstrainings für die Wahrnehmung und Reflexion kulturell bedingter Determinanten des Handelns (Cushner & Brislin, 1996) als auch spezifisch auf die Zielkultur zugeschnittener Orientierungstrainings (s. Überblick bei Bergemann & Sourisseaux, 1996; Kühlmann, 1995; Thomas, 1995, 1996b; Landis & Brislin, 1996; s. spezielle Trainings bei Brüch & Thomas, 1995; Markowsky & Thomas, 1995; Müller & Thomas, 1995) und einer den Auslandseinsatz begleitenden Supervision- oder Coachingmaßnahme nehmen in der internationalen Managementpraxis an Bedeutung zu. Die volle Nutzung der in Abbildung 3 dargestellten Trainingsmaßnahmen zur Vorbereitung, Einsatzbegleitung und Reintegration von Auslandsmitarbeitern ist als ideal-typisch anzusehen. Im Bereich des internationalen Managements resp. der Auslandsentsendung von Fach- und Führungskräften besteht eine Konzentration auf die Bereiche *Personalauswahl* und *Orientierungstraining* vor der Ausreise. Ein *Einarbeitungs-* und *Begleittraining* findet selten statt. Reintegrationsmaßnahmen sind in der internationalen Entwicklungszusammenarbeit sehr verbreitet, aber nur wenig im Bereich der Wirtschaft. *Auslandserfahrungen zurückgekehrter Mitarbeiter* bleiben in der Regel ungenutzt. Sie werden, wenn überhaupt, allenfalls sporadisch abgefragt, aber weder gespeichert noch aufbereitet an Nachfolger weitergegeben. Zur Evaluation solcher Trainings, die über eine reine Zufriedenheitsabfrage und das Trainingsende hinausgeht, existieren bislang erstaunlich wenige Arbeiten (Kinast, 1998).

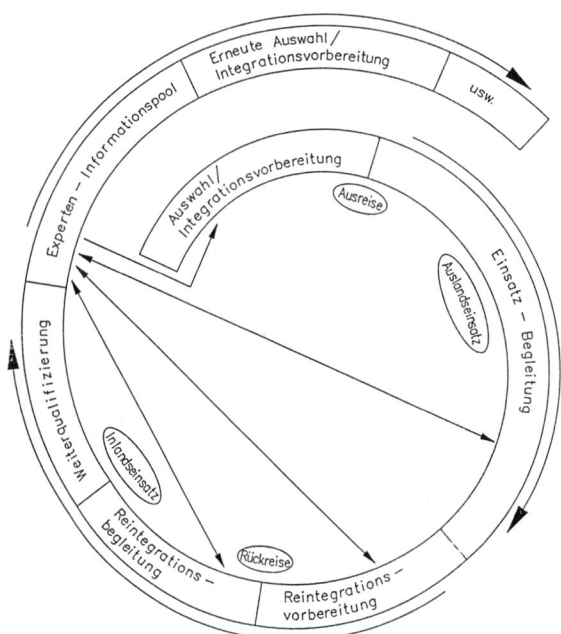

Abbildung 3
Spiralmodell interkultureller Personalentwicklung

Ein solches Konzept aufeinander abgestimmter Trainings- und Beratungsmaßnahmen, in dem die jeweiligen Arbeits- und Organisationsbedingungen, die Merkmale der Zielgruppe sowie des konkreten Handlungs- und sozialen Interaktionsfeldes berücksichtigt sind, ermöglicht erst den Aufbau einer wirksamen und produktiven interkulturellen Handlungskompetenz (Bergemann & Sourisseaux, 1996; Kühlmann, 1995).

Eine Sensibilisierung für kulturell bedingte Probleme und Konflikte ist auch für das im Stammhaus verbleibende, aber mit dem Auslandsgeschäft befaßte Personal wichtig. Nur wer weiß, welche kulturspezifischen Probleme beim Auslandseinsatz auftreten können, kann das im Ausland tätige Personal adäquat führen und beraten (Thomas, 1996b; Kühlmann, 1995; Wirth, 1996). Das gleiche gilt für Mitarbeiter, die im Inland mit ausländischen Kollegen und Geschäftspartnern zu tun haben. Firmenbesuche, Betriebsbesichtigungen, Kurzzeitpraktika u.a. von Ausländern in Deutschland sind hoch komplexe und aus Gründen der Eindrucksbildung hoch brisante interkulturelle Überschneidungssituationen. Den deutschen Kulturstandards „Regelorientiertheit" und „Sachlichkeit" folgend wird einem möglichst perfekten Besichtigungs- und Tagungsmanagement nach deutschen Effizienzkriterien viel Aufmerksamkeit geschenkt, ohne sich mit gleicher Intensität um die Wünsche, Erwartungen, Wahrnehmungs- und Verhaltensgewohnheiten der ausländischen Gäste zu kümmern.

Vergleichbares gilt für die Führung und Zusammenarbeit mit ausländischen Mitarbeitern sowie das *Management plurinational zusammengesetzter Arbeitsgruppen*, die an Zahl und Bedeutung merklich zunehmen werden (Harris & Moran, 1996). Eine auf vielen Gebieten und über lange Zeit hin kulturspezifisch (eurozentrisch, nordamerikanisch, individuumzentriert, leistungsorientiert) betriebene Psychologie, die aber mit universellem Geltungsanspruch versehen worden war (Berry et al., 1992; Segall et al., 1990; Thomas, 1993), wird auch im Bereich der Arbeits- und Organisationspsychologie zukünftig den kulturell bedingten Unterschieden in den psychischen Grundlagen, Verlaufsprozessen und Wirkungen menschlichen Handelns und Erlebens viel mehr Aufmerksamkeit schenken müssen als bisher (Thomas, 1996b; Erez, 1994).

Literatur

Adler, N.J. (1991). *International dimensions of organizational behavior.* Boston: Kent.

Bergemann, N.J. & Sourisseaux, A.L.J. (Hrsg.). (1996). *Interkulturelles Management.* (2. Auflage). Heidelberg: Physica.

Berry, J.W., Poortinga, Y.H., Segall, M.H. & Dasen, P.R. (1992). *Cross-cultural psychology.* New York: Cambridge University Press.

Bhagat, R.S., Kedia, B.L., Crawford, S.E. & Kaplan, M.R. (1990). *Cross-cultural psychology* (pp. 232-253). Newsbury Park: Sage.

Bittner, A. (1996). Psychologische Aspekte der Vorbereitung und des Trainings von Fach- und Führungskräften auf einen Auslandseinsatz. In A. Thomas (Hrsg.), *Psychologie interkulturellen Handelns* (S. 317-339). Göttingen: Verlag für Angewandte Psychologie.

Brislin, R.W. (Ed.). (1990). *Applied cross-cultural psychology.* London: Sage.

Brüch, A. & Thomas, A. (1995). *Beruflich in Südkorea. Interkulturelles Orientierungstraining für Manager, Fach- und Führungskräfte.* Heidelberg: Asanger.

Cushner, K. & Brislin, R.W. (1996). *Intercultural interactions*. London: Sage.

Dunette, M.O. & Hough, L.M. (Eds.). (1992). *Handbook of Industrial and Organizational Psychology* (Vol. 3). Palo Alto: Consulting Psychologists Press.

Engelhard, J. (Hrsg.). (1997). *Interkulturelles Management*. Wiesbaden: Gabler.

Erez, M. (1994). Toward a Model of Cross-cultural Industrial and Organizational Psychology. In H.C. Triandis, M.D. Dunnette & L.M. Hough (Eds.), *Handbook of industrial and organizational psychology* (Vol. 4). Palo Alto: Consulting Psychologists Press.

Furnham, A. & Bochner, S. (1986). *Culture shock*. London: Methuen.

Gudykunst, W.B. (1991). *Bridging differences*. London: Sage.

Harris, P.R. & Moran, R.T. (1996). *Managing cultural differences* (4th Ed.). Houston: Gulf Publishing Comp.

Heenan, D.A. & Perlmutter, H.V. (1979). *Multinational organisational development. A social architectural perspective*. Reading, MA: Addison-Wesley.

Kinast, E.-U. (1998). *Evaluation interkultureller Trainings*. Lengerich: Pabst (in Druck).

Kopper, E. (1996). Multicultural workgroups and project teams. In N. Bergemann & A.L.J. Sourisseaux (Hrsg.), *Interkulturelles Management* (S.229-252). Heidelberg: Physica.

Krewer, B. (1996). Kulturstandards als Mittel der Selbst- und Fremdreflexion in interkulturellen Begegnungen. In A. Thomas (Hrsg.), *Psychologie interkulturellen Handelns* (S. 147-164). Göttingen: Verlag für Angewandte Psychologie.

Kühlmann, T.M. (Hrsg.). (1995). *Mitarbeiterentsendung ins Ausland*. Göttingen: Hogrefe.

Landis, D. & Bhagat, R.S. (1996). *Handbook of intercultural training* (2. Auflage). Thousand Oaks, CA: Sage.

Mann, L. (1980). Cross-cultural studies of small groups. In H.C. Triandis & R.W. Brislin (Eds.), *Handbook of cross-cultural psychology* (Vol. 5, pp. 155-209). Boston, MA: Allyn and Bacon.

Markowsky, R. & Thomas, A. (1995). *Studienhalber in Deutschland. Interkulturelles Orientierungstraining für amerikanische Studenten, Schüler und Praktikanten*. Heidelberg: Asanger.

Matsumoto, D. (1996). *Culture and Psychology*. Pacific Grove: Brooks/Cole.

Mead, R. (1990). *Cross-cultural management communication*. New York: Wiley.

Müller, A. & Thomas, A. (1995). *Studienhalber in den USA. Interkulturelles Orientierungstraining für deutsche Studenten, Schüler und Praktikanten*. Heidelberg: Asanger.

Nahawandi, A. & Malekzadeh, A.R. (1993). *Organizational culture in the management of mergers*. Westport, Conn.: Quorum Books.

Ronen, S. (1986). *Comparative and multinational management*. New York: Wiley.

Schnapper, (1996). Multicultural/multinational teambuilding after international mergers and acquisitions. In N. Bergemann & A.L.J. Sourisseaux (Hrsg.), *Interkulturelles Management* (S. 269-283). Heidelberg: Physica.

Segall, M.H., Dasen, P.R., Berry, J.W. & Poortinga, Y.H. (1990). *Human behavior in global perspective*. New York: Pergamon.

Smith, A.H. (1900). *Chinesische Charakterzüge*. Würzburg: Stuber.

Thomas, A. (1989). Sozialisationsprobleme im Akkulturationsprozeß. In G. Trommsdorf (Hrsg.), *Sozialisation im Kulturvergleich* (S. 174-195). Stuttgart: Enke.

Thomas, A. (Hrsg.). (1991). *Kulturstandards in der internationalen Begegnung* (SSIP-Bulletin Nr. 61). Saarbrücken: Breitenbach.

Thomas, A. (Hrsg.). (1993). *Kulturvergleichende Psychologie – Eine Einführung*. Hogrefe: Göttingen.

Thomas, A. (1995). Die Vorbereitung von Mitarbeitern für den Auslandseinsatz: Wissenschaftliche Grundlagen. In T.M. Kühlmann (Hrsg.), *Mitarbeiterentsendung ins Ausland* (S. 85-118). Göttingen: Verlag für Angewandte Psychologie.

Thomas, A. (Hrsg.). (1996a). *Psychologie und multikulturelle Gesellschaft – Problemanalysen und Problemlösungen* (2. Auflage). Göttingen: Hogrefe.

Thomas, A. (Hrsg.). (1996b). *Psychologie interkulturellen Handelns.* Göttingen: Hogrefe.

Wirth, E. (1996). International orientierte Personalentwicklung. In N. Bergemann & A.L.J. Sourisseaux (Hrsg.), *Interkulturelles Management* (S. 201-228). Heidelberg: Physica.

Wiseman, R.L. & Shutter, R. (Eds.). (1994). *Communicating in multinational organization.* Thousand Oaks, CA: Sage.

Wolf, J. (1994). *Internationales Personalmanagement. Kontext, Koordination, Erfolg.* Wiesbaden: Gabler.

14 Arbeitszeitmanagement

Martin Kleinmann

1 Einführung

Der Begriff Arbeitszeitmanagement ist mit zwei Bedeutungen besetzt. Zum einen wird unter Arbeitszeitmanagement die Gestaltung des betrieblichen Arbeitszeitspektrums subsumiert, also die Klärung dessen, wann wer wie lange in einem Betrieb arbeitet. Es geht somit konkret um die Frage, zu welcher Zeit menschliche Arbeitskraft in welchem Umfang für betriebliche Zielsetzungen zur Verfügung steht. Zum anderen wird dieser Begriff zur Kennzeichnung des persönlichen Managements der eigenen Arbeitszeit (innerhalb der betrieblichen Möglichkeiten) verwandt. Zielsetzung hierbei ist die Klärung, welcher Tätigkeit welche zeitliche Priorität zugeordnet werden sollte. Dabei sollen persönliche Ressourcen und betriebliche Notwendigkeiten bei der individuellen Arbeitszeitplanung optimiert werden. Dieser Beitrag beschäftigt sich nun mit dem ersten der oben genannten Punkte, nämlich dem mit dem betrieblichen Arbeitszeitmanagement. Ein Überblick zum persönlichen Arbeitszeitmanagement findet sich bei (Seiwert, (1992). Nach einer Klärung der Begriffe, werden psychologische Erkenntnisse zur Gestaltung des Arbeitszeitmanagements aufgeführt und abschließend Beispiele der Umsetzung genannt.

Begriffe wie Teilzeitarbeit, Leiharbeit, variable Arbeitszeit, Job-Sharing-Modelle, Lebensarbeitszeit, gleitender Übergang in den Ruhestand usf. werden vielerorts, teils sehr kontrovers diskutiert (Göbel, 1995; Seifert, 1995). Neben diesen „neuen" Formen der Arbeitszeitgestaltung werden Schichtarbeit, Nachtarbeit und Wochenendarbeit seit langem als gesellschaftlich notwendige Formen des Arbeitszeitmanagements akzeptiert bzw. geduldet.

Zwei Dimensionen spielen bei der Arbeitszeitgestaltung eine zentrale Rolle. Zum einen kann die Dauer (*Chronometrie*) und zum anderen die Lage (*Chronologie*) der Arbeitszeit verändert werden. Die Gestaltungsmöglichkeiten der Dauer und Lage von Arbeitszeit befinden sich ihrerseits wiederum in einem Spannungsfeld ökonomischer, psychologischer und sozialer Kriterien. Unter *chronometrischer Arbeitszeitvariation* wird die Abweichung von der üblichen Form der Vollbeschäftigung verstanden. Diese Chronometrische Variationsform der Arbeitszeit weirden hauptsächlich in Form von Teilzeitarbeitsplätzen genutzt, mit fester Anwesenheit an jedem Arbeitstag. Die *chronologische Arbeitszeitvariation* ermöglicht eine variable Verteilung für eine bestimmte Arbeitszeit. Bei ausschließlich chronologischer Arbeitszeitvariation werden lediglich die Arbeitszeiten vari-

Kasten 1

Arbeitszeitmodelle (nach Hummel, 1995; S. 103)

Insgesamt 15 Modelle werden im Zusammenhang mit einer Flexibilisierung der Arbeitszeit diskutiert:

Gleitende Arbeiszeit: Eines der ersten Modelle. Die Arbeitszeit wird unterteilt in eine Kernzeit, während der Anwesenheitspflicht besteht, und eine Gleitzeit, über die der Mitarbeiter bestimmen kann.

Kapazitätsorientierte variable Arbeitszeit (Kapovaz): Die Normalarbeitszeit ist je nach Arbeitsanfall variabel. Die Zeitsouveränität liegt jedoch beim Arbeitgeber, die Mitarbeiter leben in Abrufbereitschaft.

Teilzeitarbeit: Die traditionelle Teilzeit entspricht einer Arbeitszeitverkürzung, bei der flexiblen Teilzeit sind Dauer und Lage der Arbeitszeit variabel zu handhaben.

Job-Sharing: Ein Arbeitsplatz wird unter zwei oder mehreren Mitarbeitern aufgeteilt.

Jahresarbeitszeit: Die effektive Jahresarbeitszeit wird je nach Arbeitsanfall gleichmäßig auf das gesamte Jahr verteilt, die Mitarbeiter erhalten jedoch jeden Monat das gleiche Gehalt.

Bandbreiten-Modell: Die wöchentliche Arbeitszeit von zum Beispiel 40 Stunden ist viertel-, halbjährlich oder jährlich in einer Bandbreite von 38 bis 42 wählbar.

Baukastensystem: Einzelne Mitarbeiter oder auch Gruppen können ihre Zeit-Module individuell zusammenstellen. Möglich sind tägliche, wöchentliche, monatliche oder jährliche Module. Dieses Modell ist allerdings nicht sehr verbreitet.

Lebensarbeitszeit: Das Unternehmen legt eine Gesamtlebensarbeitszeit fest, die flexibel abzuleisten ist. Das Modell ermöglicht eine gleitende Eintrittsphase ins Erwerbsleben mit Unterbrechungen bis hin zur flexiblen Pensionierung. Während der Erwerbsphase können Pausen zum Beispiel für Weiterbildung eingelegt werden.

Gleitende und flexible Pensionierung: Unter gleitender Pensionierung versteht man das sukzessive Ausscheiden aus dem Erwerbsleben. Flexible Pensionierung bedeutet eine Flexibilisierung zwischen den Altersgrenzen 60 und 70. Lage und Dauer der Arbeitszeit können ebenfalls variabel gestaltet werden.

Variable Arbeitszeit: Der Mitarbeiter kann über Dauer und Lage seiner Arbeitszeit selbst bestimmen. Kernzeiten existieren nicht.

Schicht- und Nachtarbeit: Hier existiert eine Vielzahl von unterschiedlichen Regelungen. Wichtigstes Kriterium: Die Lage der Arbeitszeit weicht von der normalen tageszeitlichen Lage ab.

Sabbatical: Langzeiturlaub, der zur freien Verfügung, für Weiterbildung oder für Austauschprogramme genutzt werden kann.

Cafeteria-Systeme: Ein Mitarbeiter kann innerhalb eines bestimmten Budgets zwischen verschiedenen Leistungsangeboten wie Gewinnbeteiligung, zusätzlichen Versicherungen o.ä. wählen.

Rollierendes System: Zum Beispiel fünf Mitarbeiter besetzen vier Arbeitsplätze in einer Sechs-Tage-Woche, wobei sich für jeden Mitarbeiter eine Fünf-Tage-Woche ergibt.

Tele- oder Heimarbeit: Der Mitarbeiter kann ganz oder teilweise zu Hause arbeiten, es besteht die Möglichkeit, durch Informationstechnologien mit dem Unternehmen verbunden zu sein.

iert. Das bekannteste Beispiel ist die Schichtarbeit, bei der zur Erhöhung der Maschinenauslastung die individuellen Arbeitszeiten in einem festen Rhythmus gegenüber der normalen Arbeitszeit versetzt werden.

Die *chronometrische und chronologische Arbeitszeitvariation* eröffnet Abweichungen der Arbeitszeit sowohl in der Menge als auch in der Verteilung. Diese
Form des Arbeitszeitmanagements wird zukünftig sicherlich einen sehr viel
größeren Bereich einnehmen als derzeit. Ein Beispiel hierfür sind Gleitarbeits-
zeitmodelle. Diese drei Grundtypen der Arbeitszeitvariation können nun auf
unterschiedliche zeitliche Bezugsebenen (Tag, Woche, Monat, Jahr, Leben) angewandt werden. Einen Überblick über die derzeit momentan bekanntesten und am
häufigsten genutzten Arbeitszeitmodelle bietet Kasten 1.

So variabel die einzelnen Formen des Arbeitszeitmanagements theoretisch auch
sein mögen, im betrieblichen Alltag sind der Gestaltung der Arbeitszeiten aus
mindestens zweierlei Sicht Grenzen gesetzt: Zum einen aufgrund rechtlicher
Rahmenbedingungen und zum anderen aufgrund der physiologischen, psychologischen und sozialen Möglichkeiten und Bedürfnisse der Mitarbeiter und Mitarbeiterinnen.

2 Rechtliche Rahmenbedingungen

Gesetzliche Vorschriften, deren Kenntnis für Psychologen unumgänglich ist,
finden sich insbesondere in der seit Juli 1994 geltenden neuen *Arbeitszeitordnung*,
dem *Beschäftigungsförderungsgesetz*, dem *Mutterschutzgesetz* sowie dem
Jugendarbeitsschutzgesetz. Neben diesen nationalen Verordnungen sind in den
nächsten Jahren EUG-weite Gesetzesvorhaben zu erwarten, um die unterschiedlichen nationalen Arbeitszeitordnungen zu harmonisieren.

Grundsätzlich gilt in Deutschland nach § 3 AZO als höchstzulässige tägliche
Arbeitszeit der Acht-Stundentag. Die Arbeitszeit kann jedoch auf bis zu zehn
Stunden täglich erhöht werden, allerdings nur, wenn innerhalb von sechs Monaten
die durchschnittliche werktägliche Arbeitszeit acht Stunden nicht überschreitet (§
3 Satz 2 ArbZG). Dort gibt es allerdings Ausnahmen für bestimmte Arten von
Dienstleistungsunternehmen (z.B. Kliniken). Neben den Arbeitszeiten werden
auch Ruhepausen innerhalb der Arbeitszeit und Ruhezeiten zwischen den einzelnen Arbeitstagen geregelt. Die Dauer von *Schicht-* und *Nachtarbeit* ist analog zur
sonstigen Arbeitszeitordnung. Allerdings muß der Zeitausgleich bei Zehn-Stun-
den-Schichten innerhalb von vier Wochen vollzogen sein. (§ 6 Abs. 2 ArbZG).
Psychologischen und medizinischen Erkenntnissen muß bei der Organisation der
Schichtarbeit Rechnung getragen werden. So muß nach § 6 Abs. 1 ArbZG die
Organisation von Schicht- und Nachtarbeit den gesicherten arbeitswissenschaftlichen Erkenntnissen über die menschengerechte Gestaltung der Arbeit entsprechen.
Durch das Beschäftigungsförderungsgesetz werden neue Formen der Gestaltung
von Arbeitszeit gesetzlich in ihren Rahmenbedingungen geregelt. Es beschäftigt
sich unter anderem mit Job-Sharing, Teilzeitarbeit und der Anpassung der Arbeit

an den Arbeitsanfall. Wichtig ist die in diesem Gesetz verankerte arbeitsrechtliche Gleichbehandlung zwischen Teilzeit- und Vollzeitarbeit. Besondere Arbeitszeitschutzbedingungen für bestimmte Bevölkerungsgruppen sind schließlich noch im Mutterschutzgesetz und im Jugendarbeitsschutzgesetz zu finden. Die konkrete Ausgestaltung dieser gesetzlichen Vorgaben erfolgen für die Betriebe durch die Tarifvertragsparteien und über Betriebsvereinbarungen. Durch die Schaffung sogenannter „Arbeitszeitkorridore" in Tarifabschlüssen der letzten Jahre (vgl. Göbel, 1995) ist eine Verlagerung auf betriebliche Vereinbarungen gewollt und deutlich erkennbar und bietet damit Freiraum für eine betriebsspezifische Gestaltung des Arbeitszeitmanagements.

3 Zielsetzungen eines Arbeitszeitmanagements

Nach Grawert (1995b) und Marr (1987) gibt es in Unternehmen aus betrieblicher und Arbeitnehmersicht die unterschiedlichsten Ziele, die durch ein Arbeitszeitmanagement erreicht werden sollen. Beispielsweise sollen aus der Sicht betriebswirtschaftlicher Interessicht die *Lohnkosten* für Personal und Mehrarbeitskosten möglichst niedrig gehalten werden, die *Produktivität* der Anlagen durch eine Erhöhung des Auslastungsgrades der Anlagen gesteigert werden und der Arbeitskostenanteil pro Leistungsanteil minimiert werden. Darüber hinaus sollen die internen *Planungs- und Koordinationsprozesse* für das Arbeitszeitmanagement möglichst einfach zu handhaben sein und die Zahl der Konflikte zwischen Vorgesetzten und Mitarbeitern bzw. zwischen den Mitarbeitern untereinander möglichst gering und lösbar sein. Die *Durchlaufzeiten* für Produkte sollten möglichst kurz bzw. sehr variabel sein, um auch auf wechselnde Nachfrage möglichst flexibel reagieren zu können. Ein gelungenes Arbeitszeitmanagement sollte weiterhin die Fluktuations- und Absentismusquote möglichst niedrig halten.

Dieser Vielzahl an Wünschen von seiten des Betriebes stehen auf der anderen Seite die *Wünsche der Mitarbeiterinnen und Mitarbeiter* entgegen. Gesundheitsschädigende Wirkungen durch Schichtarbeit, speziell durch Nachtschichten sollten ebenso wie Wochenendarbeit vermieden werden, außerdem sollte der Handlungsspielraum für die eigene Arbeitszeit möglichst groß sein, sowohl für die Lage der Arbeitszeit als auch für die Dauer der Tätigkeit. Bei der eigenen Arbeitszeit wird es als angenehm empfunden, möglichst viele Wahloptionen für den Anfang und das Ende zu haben, um eigene Bedürfnisse mit denen des Betriebes koordinieren zu können. Darüber hinaus werden Arbeitszeiten eher als sozial verträglich wahrgenommen, wenn die Nutzungsmöglichkeiten für soziale Kontakte, Familie, außerbetriebliche Bildungsangebote und Freizeitangebote gut sind. Ebenfalls nicht unwichtig ist der effektive Zeitgewinn (unter Berücksichtigung der Wegezeiten), den ein verändertes Arbeitszeitmodell für den einzelnen Mitarbeiter bedeutet. Die

Ziele sind häufig kontradiktorisch. Sie angemessen umzusetzen, die Interessen des Betriebes zu berücksichtigen, die der Gewerkschaften und des Betriebsrates ,sowie der beteiligten Mitarbeiter und Führungskräfte ist gewiß keine leichte Aufgabe. Psychologen können als *Verhaltensexperten* bei der Gestaltung des Arbeitszeitmanagements auf vielen Ebenen hilfreiche Anregungen geben, sei dies bei der Implementierung flexibler und individueller Arbeitszeiten im Betrieb im Sinne von Organisationsentwicklung (Grawert, 1995a), bei der Gestaltung von Schichtplänen (Knauth, 1993, 1997), der Untergliederung der Arbeitszeit durch Pausen (Bokranz, 1997; Knauth & Rutenfranz, 1987), der Durchführung von Mitarbeiterbefragungen zu den Arbeitszeitwünschen (Borg, 1994; Grawert, 1995b), der Schulung von Vorgesetzten zur Handhabung von innovativen Arbeitszeitkonzepten im Führungsalltag (Hummel, 1995), der Gestaltung des Übergangs in den „Ruhestand" (Kadel & Weitbrecht, 1997; Kleinmann, 1996) sowie der Einschätzung von Arbeitszeitmodellen in ihren Folgen für Absentismus und Fluktuation (Wagner, 1995).

4 Beispiele für innovatives Arbeitszeitmanagement

Zwei dieser Aktionsfelder, die Gestaltung von Schichtarbeitsplänen nach psychologischen Gesichtspunkten (vgl. § 6 Abs. 1 ArbZG) und mögliche die Konsequenzen von Arbeitszeitmodellen auf *Absentismus* und *Fehlzeiten* werden im folgenden dargestellt. Zum einen geschieht dies anhand empirischer Daten bzw. theoretischer Überlegungen und zum zweiten anhand ausgewählter Beispiele.

4.1 Schichtarbeit

Zahlreiche Untersuchungen zur Beanspruchung bei Schichtarbeit finden sich bei Knauth &und Rutenfranz (1987) sowie bei Knauth (1993, 1997). Befragungen von Schichtarbeitern ergaben hierbei immer wieder ein ähnliches Bild. So gaben insgesamt 18.352 Personen in einer Studie von Rutenfranz, Knauth und Angersbach (1980) bzw. Knauth (1983) an, daß sie insbesondere an Schlafstörungen leiden. Dies betrifft sowohl die Quantität als auch die Qualität des Schlafes. Insbesondere eine Verringerung des wichtigen REM-Schlafes ist zu beobachten (Knauth & Rutenfranz, 1987). Auch Appetitstörungen sowie Magen-Darm-Erkrankungen und Herz-Kreislauf-Erkrankungen sind vor allem insbesondere bei Nachtschichtarbeitern häufig anzutreffen. Durch Nachtschicht- bzw. Spätschichtarbeit leidet auch naturgemäß das Familienleben und verringert sich die Möglichkeit zu regelmäßigen Sozialkontakten. Der Grund für die Beeinträchtigung des Wohlbefindens und die Gesundheitsstörungen ist die ausgeprägte, physiologisch bedingte Circadianrhythmik des Menschen. Selbst eine einwöchige Nachtschicht reicht nicht aus, den Körper an eine veränderte Rhythmik anzupassen. Je geringer die zeitliche Abweichung von der Tagesrhythmik ausfällt, also beispielsweise kurze Nachtschichtperioden, desto besser ist die Anpassung. Zwar gibt es intervenierende Variablen wie Alter, Morgen- bzw. Abendtyp, physiologische Anpassungsfähigkeit und häusliche Umstände, dennoch kann es als wissenschaftlich gesichert gelten, daß Nachtarbeit als ernstzunehmender Risikofaktor für die Gesundheit zu betrachten ist. Um die schädigenden Wirkungen von Schichtarbeit möglichst gering zu halten, gibt es aufgrund einer Vielzahl an Studien konkrete Empfehlungen (vgl. Knauth, 1993, 1997): So sollte die Anzahl an aufeinanderfolgendern Nachtschichten möglichst klein sein, auch Früh- und Spätschichten sollten in ihrer Abfolge schnell wechseln, um die Abweichung von der Circadianrhythmik möglichst gering zu halten, freie Tage sollten möglichst am Stück genommengeblockt werden, um den Körperrhythmus zu entlasten. Bei den Schichtenfolgen hat sich aufgrund umfangreicher Befragungen ein Vorwärtswechsel als günstiger herausgestellt, eine größere Anzahl ununterbrochener Arbeitstage ist zu vermeiden, da dann der Erholungsaufwand ungleich höher ausfällt, und der Schichtplan sollte übersichtlich und vorhersehbar sein, um die Sozialkontakte möglichst konfliktfrei gestalten zu können.

Ein Beispiel (Kasten 2) für die Umsetzung dieser arbeitswissenschaftlichen Empfehlungen ist das „Regensburger Modell" der BMW AG – ausführlich beschrieben bei Bihl, Berghahn und Theunert (1995).

Kasten 2
„Regensburger Modell" zur Schichtarbeit

Ein zentrales Kennzeichen dieses Modells ist die Entkoppelung der persönlichen und betrieblichen Arbeitszeiten. Das Ziel einer maximalen Kapazitätsauslastung wurde durch ein 2-Schichtmodell erreicht, das eine insgesamt um 35% höhere Betriebskapazität als herkömmliche 2-Schichtsysteme ermöglicht. Damit ist die Produktivität dieses Systems fast so hoch wie bei einem 3-Schichtsystem, ohne jedoch die gesundheitsgefährdenden Nachteile in Kauf zu nehmen. Dies wurde realisiert durch eine Neun-Stunden-Früh- und -Spätschicht. Darüber hinaus wird an sechs Tagen in der Woche produziert. Neben diesen festen Bestandteilen der Betriebskapazität kann diese durch flexible Bestandteile zusätzlich ergänzt werden, um den Flexibilitätsspielraum zu erhöhen. So kann bei Bedarf die kollektive Brotzeitpause entfallen, in der in der Regel nicht produziert wird, und durch eine individuelle Pause ersetzt werden. Auch kann die bisherige dreiwöchige Produktionsunterbrechung im Sommer zur Fertigung genutzt werden sowie bisweilen Samstags-Spätschichten.

Ausgangspunkt der personalpolitischen Überlegungen war der Neubau eines Werkes in Regensburg mit einem Investitionsvolumen von 1,7 Mrd. DM und die absehbare Einführung der 35-Stunden-Woche. Drei Zielsetzungen standen für das

Arbeitszeitmanagement im Vordergrund. Zum einen sollte die Kapazitätsauslastung möglichst groß sein, zum zweiten sollte ein Flexibilitätsspielraum für die
Produktion bestehen, und zum dritten sollten die persönlichen Arbeitszeiten
sozialverträglich und entsprechend arbeitswissenschaftlicher Kenntnisse gestaltet
werden. Weitere Zielsetzungen und deren Umsetzung sind bei Bihl et al. (1995)
beschrieben.

Aus Mitarbeitersicht bietet dieses „Regensburger Modell" gegenüber anderen
Schichtsystemen ebenfalls eine Reihe von Vorteilen. Zum einen entfällt die mit
großen Nachteilen verbundene Nachtschicht. Darüber hinaus sind die Spätschicht-
blöcke maximal drei Tage lang und damit kürzer als die Frühschichtblöcke. Nach
jedem Spätschichtblock erfolgt eine mindestens zweitägige arbeitsfreie Zeit. Kein
Arbeitsblock ist länger als vier Tage. All diese Maßnahmen sind aus psychologischer Sicht sinnvoll, da sie eine weitgehende Konstanz der individuellen Circadianrhythmik ermöglichen. Der Schichtplan ist auf einen dreiwöchigen Rhythmus
verteilt und vorhersehbar. Innerhalb dieser 21 Tage wird an elf Arbeitstagen neun
Stunden pro Tag gearbeitet, was eine wöchentliche Arbeitszeit von 33 Stunden
ergibt. Die etwas höhere tägliche Arbeitsbelastung wird durch eine entsprechend
höhere vermehrte Anzahl freier Tage ausgeglichen, d.h., in keiner Woche wird an
mehr als vier Tagen gearbeitet. Zum Ausgleich für die 35-Stunden-Wochen werden
Ausgleichsschichten geleistet, die nach Absprache erfolgen. Dies ermöglicht eine
psychologisch akzeptable Gestaltung, da individuelle Wünsche berücksichtigt
werden können.

Laut Biehl et al. (1995) hat sich dieses Modell bewährt. Die Produktion konnte
gesteigert werden, Flexibilität für Produktionsengpässe ist gegeben, und die
Mitarbeiter akzeptieren weitgehend das neue Modell. Lediglich die Samstags-
schichten sind weiterhin eher ungeliebt. Ein nicht unerheblicher Nebeneffekt
dieses Modells für den regionalen Arbeitsmarkt: Durch die Arbeitszeitverkürzung
bei gleichzeitiger Produktivitätssteigerung liegt die Anzahl beschäftigter Mitarbeiter um 2500 höher als ursprünglich geplant.

4.2 Arbeitszeitmanagement und Absentismus

Marr (1987, S. 349) nennt explizit als eine Zielgröße für Arbeitszeitmodelle die
Minimierung der *Fluktuations-* und *Absentismusquote*. Psychologische Modelle
der Arbeitsmotivation und Arbeitszufriedenheit versuchen ebenfalls diese Ziel-
größen vorherzusagen bzw. zu beeinflussen. So nimmt beispielsweise das empirisch (z.B. Idaszak, Bottom & Drasgow, 1988) in vielen Studien für verschiedene
Berufsgruppen bestätigte „Job Characteristic Model" von Hackman und Oldham
(1975) an, daß das Motivationspotential einer Arbeit von fünf Beschreibungsgrößen der Arbeitssituation abhängig ist, die ihrerseits wiederum über die Wahrnehmung der Arbeit auf harte Daten wie Fluktuation und Absentismus einwirken

können. Allerdings gehen weder dieses Modell noch andere Modelle explizit auf die Bedeutung von Arbeitszeit als eine zentrale Größe für Arbeitszufriedenheit bzw. Arbeitsmotivation ein. Dabei legen die Modellannahmen nahe, daß Arbeitszeitmodelle sehr wohl einen Einfluß auf das Motivationspotential der Arbeit und damit auch auf Absentismus und Fluktuation haben. Beispielsweise zwei der fünf Beschreibungsgrößen dieses Modells, die vorhandene Autonomie und die Identifikation mit der Aufgabe, können in ihrer Ausprägung auch von der Gestaltung des Arbeitszeitmanagements zentral abhängen. Beim Bestehen starr festgelegter Arbeitszeiten ohne Ausnahmeregelungen, zeitlich fixierten Pausen, dem Vorhandensein von Stechuhren und dem Verfall von Resturlaub im kommenden Jahr wird die wahrgenommene Identifikation mit der Arbeit und die Autonomie innerhalb der Arbeit sicherlich als gering wahrgenommen. Konsequenzen für Absentismus und Fluktuationsquote sind denkbar. Dieser Wunsch nach einer größeren Autonomie bei den Arbeitszeiten wird von einem Großteil der Belegschaften geteilt.

So gaben in einer Untersuchung des BAT-Freizeitforschungsinstitutes (Opa-schowski, 1987) 21% der Befragten an, sie wünschten sich flexiblere Arbeitszeiten. Auf die Arbeitsverhältnisse in Deutschland hochgerechnet, sind dies insgesamt über fünf Millionen Arbeitnehmer, die sich mehr Flexibilität bei der Arbeitszeitgestaltung wünschen.

Ein Unternehmen, das schon relativ früh innovative Arbeitszeitkonzepte entwickelte, die Hewlett-Packard GmbH (HP), setzt daher konsequent auf eine flexiblere Arbeitszeitgestaltung, um Fluktuation und Absentismus zu reduzieren und die Identifikation mit dem Unternehmen zu erhöhen (Pfander, 1995). Weitere Ziele aus betrieblicher Sicht sind der Erhalt der Betriebsnutzungszeit von 40 Stunden pro Woche, Flexibilität in wirtschaftlich schwierigen Zeiten sowie die Kostenneutralität eines Arbeitszeitmodells. Das derzeitige HP-Arbeitszeitmodell ist eine Folge des Einstiegs in die 35-Stunden-Woche Mitte der 80er Jahre. Grundgedanke des Modells ist: Die Mitarbeiter arbeiten weiterhin 40 Stunden pro Woche, und die zuviel gearbeitete Zeit kann angespart werden kann. Pro Jahr können bis zu neun Tagen vorgearbeitet werden. Die Mitarbeiter ihrerseits können nun entscheiden, welche Art der Freizeitentnahme sie präferieren. Sie können einzelne Stunden, halbe oder ganze Tage freinehmen oder das Wochenende verlängern. Sie können sich jedoch auch für eine Urlaubsverlängerung oder eine verkürzte Lebensarbeitszeit entscheiden. Alternativ zu der Zeitentnahme aus dem Zeitkonto kann jeder Mitarbeiter auch einen Wertausgleich für die zuviel gearbeitete Zeit wählen. Nicht genommener Jahresurlaub verfällt nicht. Selbstverständlich gibt es auch Gleitzeit. Zeitgutschriften können nach Absprache mit dem Vorgesetzten eingelöst werden. HP als Arbeitgeber hat wiederum das Recht, bei wirtschaftlichen Engpässen die zu leistende Arbeitszeit auf das vereinbarte Soll zu reduzieren. Konsequent zu Ende gedacht ist dieses Modell insofern, als daß die beabsichtigte Autonomie und Identifikation mit der Aufgabe (dem Arbeitgeber) durch die Art der Zeiterfassung unterstützt wird. Die Zeiterfassung ist ausschließlich in der Verantwortung des

Mitarbeiters. Stechuhren existieren nicht, auch nicht in der Fertigung. Die Verantwortung des Mitarbeiters wird stark aufgewertet. Dies gilt für die Erfassung der
Zeit, die betrieblichen Absprachen zur Entnahme von Zeitguthaben und die
Möglichkeit zu eigener Zeitsouveränität. Dementsprechend ist es auch nicht
verwunderlich, daß dieses Arbeitzeitmodell bei Mitarbeiterbefragungen sehr
geschätzt wird (Pfander, 1995, S. 178). Ermutigend ist weiterhin, daß HP beispielsweise im Jahr 1995 eine Krankheitsrate von nur 2,4 % aufweist. – Betriebliches
Arbeitszeitmanagement wird in Zukunft neben den bereits erwähnten Zielsetzungen weitere, betriebsübergreifende Veränderungen berücksichtigen müssen, sei
dies die zunehmende Verbreitung von Tele-Arbeitsplätzen, die gesellschaftliche
Notwendigkeit, die vorhandene Arbeit auf mehr Schultern zu verteilen, oder die
notwendige zeitliche Entzerrung betrieblicher Nutzungszeiten, um verkehrspoliti-
sche Kollapse zu vermeiden. Somit wird zukünftig die Flexibilisierung und
Individualisierung der Arbeitszeit weiter zunehmen. Bei der Entwicklung und
Umsetzung des Arbeitszeitmanagements ist auch in Zukunft psychologisches
Know-how gefragt. Hierbei sind insbesondere Forschungsarbeiten zur Wirkung
neuer Arbeitszeitformen auf Produktivität, Fehlzeiten und Belastung der Mitarbeiter nötig.

Literatur

Bihl, G., Berghahn, A. & Theunert, M. (1995). Das Arbeitszeitmodell BMW – Werk Re-
  gensburg. In D. Wagner (Hrsg.), *Arbeitszeitmodelle* (S. 183-205). Göttingen: Hogrefe.
Bokranz, R. (1997). Pausengestaltung. In H. Luczak & W. Volpert (Hrsg.), *Handbuch
  Arbeitswissenschaft* (S. 946-952). Stuttgart: Schäffer-Poeschel.
Borg, I. (1994). *Mitarbeiterbefragungen*. Göttingen: Hogrefe.
Göbel, J. (1995). Flexible Arbeitszeiten – Tarifvertragliche Entwicklung und betriebliche
  Ausgestaltung. In D. Wagner (Hrsg.), *Arbeitszeitmodelle* (S. 73-91). Göttingen: Hogre-
  fe.
Grawert, A. (1995a). Implementation flexibler und individueller Arbeitszeiten. In D.
  Wagner (Hrsg.), *Arbeitszeitmodelle* (S. 15-31). Göttingen: Hogrefe.
Grawert, A. (1995b). Flexibilisierung und Individualisierung der Arbeitszeit. In D. Wagner
  (Hrsg.), *Arbeitszeitmodelle* (S. 111-124). Göttingen: Hogrefe.
Hackman, J.R. & Oldham, G.R. (1975). Development of the Job Diagnostic Survey.
  Journal of Applied Psychology, 60, 159-170.
Hummel, T.R. (1995). Flexibilisierung und Individualisierung der Arbeitszeit aus der Sicht
  der Führungskräfte. In D. Wagner (Hrsg.), *Arbeitszeitmodelle* (S. 101-110). Göttingen:
  Hogrefe.
Idaszak, J.R., Bottom, W.P. & Drasgow, F. (1988). A test of the equivalence of the revised
  Job Diagnostic Survey: Past problems and current solutions. *Journal of Applied
  Psychology, 73*, 647-656.
Kadel, P. & Weitbrecht, H. (1997). Lebensarbeitszeit. In H. Luczak & W. Volpert (Hrsg.),
  Handbuch Arbeitswissenschaft (S. 924-927). Stuttgart: Schäffer-Poeschel.

Kleinmann, M. (1996). Vorbereitung auf den Übergang vom Erwerbsleben in den Ruhestand: Eine Analyse des Status quo in Großunternehmen. *ABOaktuell, 3*, 2-6.

Knauth, P. (1983). *Ergonomische Beiträge zu Sicherheitsaspekten der Arbeitszeitorganisation.* Düsseldorf: VDI.

Knauth, P. (1993). The design of shift systems. *Ergonomics, 36*, 15-28.

Knauth, P. (1997). Nacht- und Schichtarbeit. In H. Luczak & W. Volpert (Hrsg.), *Handbuch Arbeitswissenschaft* (S. 938-942). Stuttgart: Schäffer-Poeschel.

Knauth, P. & Rutenfranz, J. (1987). Arbeitszeitgestaltung. In U. Kleinbeck & J. Rutenfranz (Hrsg.), *Arbeitspsychologie* (Enzyklopädie der Psychologie, Band D, III, 1, S. 533-576). Göttingen: Hogrefe.

Marr, R. (Hrsg.). (1987). *Arbeitszeitmanagement.* Berlin: Erich Schmidt.

Opaschowski, H.W. (1987). Von der Geldkultur zur Zeitkultur. Neue Formen der Arbeitsmotivation für zukunftsorientiertes Management. In G. Schanz (Hrsg.), *Handbuch Anreizsysteme in Wirtschaft und Verwaltung* (S. 32-52). Stuttgart: Schäffer-Poeschel.

Pfander, W. (1995). Das Hewlett-Packard Arbeitszeitansparmodell. In D. Wagner (Hrsg.), *Arbeitszeitmodelle* (S. 173-182). Göttingen: Hogrefe.

Rutenfranz, J., Knauth, P. & Angersbach, D. (1980). Arbeitsmedizinische Feststellungen zu Befindlichkeitsstörungen und Erkrankungen bei Schichtarbeit. *Arbeitsmedizin, Sozialmedizin, Präventivmedizin, 15*, 32-40.

Seifert, H. (1995). Arbeitnehmerorientierte Arbeitszeitgestaltung: Mehr Beschäftigung, mehr Sozialverträglichkeit und mehr Zeitautonomie. In D. Wagner (Hrsg.), *Arbeitszeitmodelle* (S. 61-71). Göttingen: Hogrefe.

Seiwert, L.J. (1992). Zeitmanagement heute. *Personal, 44*, 549-555.

Wagner, D. (1995). *Arbeitszeitmodelle.* Göttingen: Hogrefe.

15 Sexuelle Belästigung und Mobbing am Arbeitsplatz

Beate Schuster, Sabine Sczesny und *Dagmar Stahlberg*

1 Einleitung und Definition

In der Arbeits- und Organisationspsychologie wird schon seit langem der Frage nachgegangen, welche Faktoren die Zufriedenheit, Motivation und Produktivität von Mitarbeiterinnen und Mitarbeitern beeinflussen. Neben intrinsischen Merkmalen der Arbeitstätigkeit wie etwa monotone Aufgabenbedingungen und Merkmalen der Arbeitsplatzumgebung wie etwa Lärm wurde schon früh (s. z.B. die klassische Hawthornestudien; s. Greif, 1993) die zentrale Bedeutung der sozialen Umwelt erkannt. In den späten 70er Jahren wurde dann als eine Untergruppe solcher sozialer Faktoren *sexuelle Belästigung* identifiziert (z.B. Farley, 1978), und Anfang der 90er kamen weitere Aspekte belästigenden Verhaltens ins Visier: schikanöse Attacken der Arbeitsgruppenmitglieder – *Mobbing* genannt (Leymann, 1993a).

Der von der „Equal Employment Opportunity Commission" (EEOC) 1980 vorgelegten und vielseits aufgegriffenen Definition von *sexueller Belästigung* am Arbeitsplatz zufolge ist diese definiert durch unerwünschte sexuelle Annäherungsversuche, Wunsch nach sexuellen Gefälligkeiten und anderweitiges verbales oder körperliches Verhalten sexueller Art, wenn 1. das Befolgen dieser Wünsche durch die so belästigte Person explizit und/oder implizit Bedingung für ihre Beschäftigung ist, 2. das Befolgen oder die Zurückweisung solcher Wünsche oder Forderungen als Entscheidungsgrundlage für sonstige betriebliche Entscheidungen, die die belästigte Person betreffen, genutzt werden (z.B. Aufstieg, Versetzung, Gehaltserhöhungen) oder 3. solches Verhalten darauf zielt, die Arbeitsleistung zu beeinträchtigen oder eine einschüchternde, feindselige oder beleidigende Arbeitsumgebung herzustellen (zit. nach Popovich, 1988).

Mobbing dagegen wird folgendermaßen definiert: „Der Begriff Mobbing beschreibt negative kommunikative Handlungen, die gegen eine Person gerichtet sind (von einer oder mehreren anderen) und die sehr oft und über einen längeren Zeitraum hinaus vorkommen (...)." (Leymann, 1993a, S. 21). Und weiter: „Die (...) Handlungen sind dadurch gekennzeichnet, daß hinter ihnen negative Absichten stecken und/oder daß sie als negativ empfunden werden" (Leymann, 1993b, S. 272).

Berührungspunkte zwischen den Definitionen zeigen sich somit im Aspekt des Herstellens einer feindseligen Arbeitsumgebung; das Mobbing-Konzept ist aber einerseits breiter, da es mehr Handlungen als das Konzept sexueller Belästigung umfaßt, und andererseits restriktiver, als die negativen Handlungen wiederholt, über einen längeren Zeitraum sowie in negativer, schädigender Absicht erfolgen müssen (vgl. das ursprüngliche Konzept von Olweus, 1978). Von sexueller Belästigung spricht man dagegen auch schon bei einem einzigen Übergriff, der nicht als schädigend intendiert bzw. negativ wahrgenommen wurde.

2 Operationalisierung und subjektive Wahrnehmung von Belästigung durch Betroffene

Das Ausmaß an sexueller Belästigung wird typischerweise erfaßt, indem den Untersuchungsteilnehmerinnen konkrete Verhaltensbeschreibungen wie z.B. „sexistische Witze in Ihrer Gegenwart" oder „Versuche, Sie zu berühren" vorgegeben werden, und die Probandinnen geben an, ob sie dieses Verhalten schon einmal erlebt hatten (s. z.B. das „Inventory of Sexual Harassment – ISH", Gruber, 1992). In manchen Studien wurden darüber hinaus betroffene Personengruppen auch befragt, welche Verhaltensweisen sie als sexuelle Belästigung definieren würden. So wurden etwa in einer in Deutschland durchgeführten Studie (Holzbecher, Braszeit, Müller & Plogstedt, 1990) anzügliche Witze, taxierende Blicke oder „zufällige" Körperberührungen mehrheitlich als nicht sexuell belästigend gewertet – im Gegensatz etwa zu pornographischen Bildern am Arbeitsplatz, anzüglichen Bemerkungen über die Figur oder dem Erzwingen sexueller Handlungen. Während in frühen Studien hierbei Frauen im Vergleich zu Männern mehr Verhaltensweisen als sexuell belästigend einstuften (vgl. Popovich, Gehlauf, Jolton, Somers & Godinho, 1992), kommt Gutek (1995) nach einer Durchsicht von neueren Arbeiten zu dem Schluß, daß sich Frauen und Männer im allgemeinen nicht in ihren Definitionen von sexueller Belästigung unterscheiden – etwa zu findende Unterschiede sind sehr situationsabhängig und von geringer Größe.

Bei der Operationalisierung von Mobbing findet sich ebenfalls die Methode, von den Autoren vorab als Belästigung klassifizierte, *konkrete Handlungen* abzufragen. So werden etwa in dem weithin eingesetzten LIPT (Leymann Inventory of Psychological Terrorization; Leymann, 1993a) 45 konkrete Handlungen aufgelistet, wie z.B. „Man spricht nicht mehr mit dem/der Betroffenen", „man verbreitet Gerüchte", „man weist dem Betroffenen keine Arbeitsaufgaben zu" (S. 33/34); die Befragten geben an, welche Handlung ihnen wie häufig widerfahren ist. Neben dieser Vorgehensweise wird inbesondere in der skandinavischen Forschung (in Anlehnung an das Olweus' [z.B. 1978] Forschungsprogramm zu dem analogen Phänomen bei Kindern; zu Parallelen, s. Schuster, 1996) eine *umgangssprachliche Beschreibung der Definition* von Mobbing vorgegeben (z.B. Einarsen & Skogstad, 1996), und die Befragten geben an, ob und gegebenenfalls wie häufig/lang ihnen das so definierte Mobbing widerfahren ist.

Im Gegensatz zu den Arbeiten zu sexueller Belästigung gibt es allerdings noch keine Studien, die direkt überprüfen, ob Frauen andere Verhaltensweisen als Mobbing definieren als Männer, aber Hinweise auf Geschlechtseffekte (s.u.).

3 Auftretenshäufigkeiten

Die *Auftretenshäufigkeiten*, die für sexuelle Belästigung berichtet werden, schwanken erheblich – so etwa von 28 % bis 75 % in einem von Gruber, Smith und Kauppinen-Toropainen (1996) vorgelegten Überblick, wobei die Varianz in den berichteten Raten u.a. auf die jeweiligs zugrundegelegte Definition von sexueller Belästigung zurückgeht und auf den Zeitraum, auf den sich die Angaben beziehen (z.B. „im bisherigen Leben" vs. „im vergangenen Jahr", Koen, 1989). Danach ist von sexueller Belästigung keineswegs nur eine verschwindend kleine Minderheit von Beschäftigten betroffen. Das Belästigungsrisiko steigt für manche Beschäftigten außerdem, wenn sie an bestimmten Arbeitsplätzen auch von außerhalb erfolgen kann. Prädisponiert hierfür sind etwa Telefonarbeitsplätze. Wie Sczesny und Stahlberg (1993) beispielsweise bei Beschäftigten der Deutschen Telekom in Auskunfts- und Störungsannahmestellen (ca. 90 % weibliches Personal) fanden, hatten drei Viertel der befragten Frauen sexuelle Belästigung am Telefon erlebt, und ca. jede sechste Frau erlebte diese Erfahrung als ziemlich oder außerordentlich belastend.

Auch Mobbing wird nicht nur von einer kleinen Minderheit erlebt. Über die gesamte Arbeitszeit rechnet etwa Leymann (1993a) hoch, daß 25 % aller Beschäftigten irgendwann einmal Mobbing ausgesetzt sind. Allerdings erleben zu einem gegebenen Zeitraum deutlich weniger Personen Mobbing als dies für sexuelle Belästigung berichtet wird, nämlich 3,5 % einer als repräsentativ bezeichneten Stichprobe (Leymann, 1993a), anderen Studien zufolge zwischen etwa 1,2 % (wöchentlich; Einarsen & Skogstad, 1996, S. 191) und 10,1 % (Vartia, 1996; ohne Angabe der Häufigkeit).

Die niedrigere Auftretensrate von Mobbing im Vergleich zu sexueller Belästigung erstaunt vor dem Hintergrund, daß letztere als eine Untergruppe von Mobbing betrachtet werden kann (so heißt etwa eines der 45 Items im Leymann'schen Katalog „sexuelle Handgreiflichkeiten" (Leymann, 1993a, S. 34). Andererseits ist dieser Befund konsistent damit, daß das Mobbing-Konzept durch die Forderung nach Wiederholung (1-2 mal pro Woche) und Dauer (mindestens ein halbes Jahr) restriktiver ist als das Konzept der sexuellen Belästigung. Häufigkeit und Dauer ist aber in der Forschung zu sexueller Belästigung empirisch weit weniger erforscht als in der Mobbing-Forschung, so daß hier ein Vergleich noch aussteht.

4 Formen von Belästigung

Sowohl bei sexueller Belästigung wie auch bei Mobbing werden ganz *verschiedene Verhaltensformen* unter den Oberbegriff subsumiert. So berichteten etwa bei Holzbecher et al. (1990) 3 % der befragten Frauen das Erzwingen sexueller Handlungen, 5 % die Androhung beruflicher Nachteile, 7 % das Versprechen beruflicher Vorteile, 12 % die Aufforderung zum sexuellen Verkehr, 14 % Telefongespräche oder Briefe mit sexuellen Anspielungen, 22 % das unerwartete Berühren der Brust, 33 % pornographische Bilder am Arbeitsplatz, 34 % Po-Kneifen sowie 56 % anzügliche Bemerkungen über die Figur. Viele dieser Übergriffe stellten hierbei kein Einzelereignis dar, sondern wurden wiederholt vorgenommen. So hatten in der Studie von Holzbecher et al. (1990) 84 % der belästigten Frauen anzügliche Bemerkungen über ihre Figur mehrfach erlebt, 47 % war mehrfach unerwartet an ihre Brust gegriffen worden, und ca. jede vierte Frau war wiederholt zu sexuellen Handlungen gezwungen worden.

Auch für Mobbing gibt es typische Verhaltensweisen, die sehr häufig gezeigt werden und Verhaltensweisen, die eher selten vorkommen. So erfaßten Knorz und Zapf (1996) die Häufigkeit der verschiedenen im oben besprochenen „Leymann Inventory of Psychological Terrorization" (LIPT) aufgeführten Mobbing-Handlungen. Danach werden subtile Mobbinghandlungen wie „hinter dem Rücken schlecht über jemanden sprechen" mit 96 % oder „abwertende Blicke oder Gesten" mit 86 % am häufigsten genannt, während Ausübung (6 %) oder Androhung (4 %) von körperlicher Gewalt seltener im Rahmen von Mobbing-Verläufen vorkommt. Interessanterweise werden in diesem Kontext „sexuelle Handgreiflichkeiten" niemals genannt (0 %). Die eingesetzten bzw. erlebten Mobbing-Formen sind im übrigen von Kontextfaktoren abhängig; so erleben Frauen z.B. eher von Leymann als „gehässig" charakterisierte Formen (z.B. jemanden lächerlich machen oder falsche Gerüchte verbreiten), während Männer eher Angriffen auf ihre Arbeitssituation ausgesetzt sind (werden z.B. an einem von anderen isolierten Arbeitsplatz eingesetzt oder gezwungen, kränkende Arbeiten auszuführen).

5 Moderierende Faktoren bzw. Ursachen von Belästigung

Eine Reihe von Faktoren moderieren bzw. mediieren sowohl die Auftretenshäufigkeit von sexueller Belästigung wie auch von Mobbing. Eine besondere Rolle für beide Formen von Belästigung spielt der *Status einer Person* in einer Organisation: Während etwa die Belästigenden in der Regel schon lange im Betrieb arbeiten, gehören die Opfer von sexueller Belästigung diesem meist erst sei kurzer Zeit an, wie insbesondere Auszubildende (Müller & Holzbecher, 1992). Eine ähnliche Bedeutung des betrieblichen Status findet man auch bei Mobbing: Nur im verschwindend kleinen Teil der Fälle (9 %) attackieren Untergebene eine/n Vorgesetzte/n, ansonsten wird entweder von oben nach unten oder auf der gleichen Hierarchieebene angegriffen: In 37 % der Fälle wird Mobbing von Statushöheren (Vorgesetzten) allein und in 10 % von Vorgesetzten gemeinsam mit Kollegen/ Kolleginnen des gleichen Niveaus durchgeführt (Leymann, 1993a).

Die Belästigung – schikanös (Mobbing) oder sexuell – findet demnach aus einer abgesicherten Position heraus statt und trifft auf ein Opfer in einer weniger gesicherten Situation. Im Arbeits- und Ausbildungsbereich vieler Institutionen sind Frauen gegenüber Männern in untergeordneten Positionen. Mit dieser Nachrangigkeit steigt die Möglichkeit einer sexuelle Belästigung ebenso wie die von Mobbing. In 90 bis 95 % aller berichteten Vorfälle von sexueller Belästigung am Arbeitsplatz waren in der Tat Frauen das Opfer (Terpstra & Cook, 1985, zit. nach Koen, 1989; wobei zu beachten ist, daß auch außerhalb des Arbeitsplatzes Frauen häufiger von sexuellen Übergriffen betroffen sind.) Ein analoger Befund bei Mobbing findet sich aber nicht: Die Prävalenz von Mobbing (gemessen anhand des Leymann'schen Inventars) unterschied sich absolut nicht zwischen Männern und Frauen. Jedoch waren Frauen deutlich häufiger Opfer von Mobbing durch Männer (allein oder diese im Verbund mit Frauen) als Männer Opfer von Mobbing durch Frauen: Nur 3 % der Männer wurden ausschließlich von Frauen angegriffen (Leymann, 1993a).

Auch die *relative Schwäche* einer Person stellt ein großes Risiko dar, Mobbingopfer zu werden: So berichtet beispielsweise Leymann (1993a, S. 98), daß 22% der Behinderten in einer gemeinnützigen Organisation Mobbing ausgesetzt waren – im Vergleich zu 4 % der Nicht-Behinderten in derselben Stichprobe. Zu einer solchen relativen Schwäche mag auch die *Andersartigkeit der Opfer* beitragen. Nach Lindroth und Leymann (1993; zitiert in Leymann, 1993a), waren männliche Kindergärtner im Vergleich zu ihren weiblichen Kolleginnen doppelt so häufig Mobbing ausgesetzt. Analog dazu zeigte sich auch bei sexueller Belästigung ein gesteigertes Risiko, wenn die Frauen am Arbeitsplatz in einer Minderheitenposition sind: Während ca. die Hälfte aller berufstätigen Frauen eine oder mehrere Formen sexueller Belästigug erlebt haben, sind es in von Männern dominierten Arbeitsfeldern, also solchen, in denen die Frauen einen Minoritätenstatus haben (oder wo die höhere Anzahl potentieller Täter die Wahrscheinlichkeit von Übergriffen erhöht), ca. drei Viertel der befragten Frauen (Lafontaine & Tredeau, 1986).

Obwohl die empirischen Studien am meisten Evidenz für diese personalen Faktoren (Schwäche, Andersartigkeit) erbracht haben, fokussiert die Mobbing-Diskussion auf institutionellen Faktoren als Ursachen für das Entstehen oder Ausufern von Mobbing-Prozessen. Die Ursachen von Mobbing sind Leymann (1993b, 1996a, b) zufolge meistens in der Arbeitsumgebung selbst zu suchen, nämlich in einer Arbeitsumgebung, die durch „große Defizite bei der Organisation und Leitung der Arbeit sowie der Aufgabengestaltung" charakterisiert sei. Die

Folge hiervon sei Streß; daraus resultierten wiederum Konflikte, die vom Management nicht richtig gehandhabt würden. Direkte empirische Evidenz liegt aber zur angenommenen großen Bedeutung institutioneller Faktoren noch nicht vor. Erste, noch vorläufige, Studien scheinen aber die Position zu bestätigen. So berichtet z.b. Vartia (1996), daß sie Hinweise auf die Bedeutsamkeit von Führungsstil und Informationsfluß und ähnlichen Variablen habe. Deutlichere bzw. besser abgesicherte Zusammenhänge in bezug auf institutionelle Faktoren sind für den – älteren – Forschungsbereich zu sexueller Belästigung dokumentiert: So berichten z.b. Frauen, die ihr Unternehmen in der Umsetzung von Chancengleichheit gering einschätzten, mehr von sexueller Belästigung als Frauen, die hier eine positive Einschätzung vornehmen.

Da solche organisationalen Merkmale allein nicht ausreichen, die große Anzahl der von Frauen erfahrenen Belästigungen zu erklären (s. Fitzgerald & Shullmann, 1993), werden häufig Faktoren auf der Makroebene zur Erklärung des Phänomens mit herangezogen: So werden z.b. die Geschlechtsrollenverteilung in der Gesellschaft und bestehende sozioökonomische Ungleichheiten betont (s. Terpstra & Bakär, 1986) – analoge Diskussionen zu Mobbing stehen in der wissenschaftlichen Literatur noch aus.

Zusammenfassend gesagt: Es wird eher eine Person belästigt, die sich in einer untergeordneten oder schwachen Position befindet oder die in zentralen Dimensionen von den anderen abweicht, somit also in einer Minderheitenposition ist. Organisationale Merkmale wie etwa Führungsstil oder Organisationspolitik tragen ebenfalls dazu bei, in welchem Umfang beide Formen von Belästigung auftreten.

6 Auswirkungen und Bewältigung

Belästigung – ob sexuell oder schikanös – hat schwerwiegende, lange Zeit unterschätzte Folgen sowohl für das *betroffene Individuum* als auch für den *Betrieb*. Zahlreiche Studien zu den Auswirkungen sexueller Belästigung am Arbeitsplatz (Überblick in Stockdale, 1996) weisen z.T. gravierende Konsequenzen für die betroffenen Individuen nach, die sich in unterschiedlichen Befindlichkeitsstörungen und allgemeinen Streßsymptomen von Anspannung und Nervosität bis hin zu Angst äußern (vgl. z.B. Terpstra & Baker 1991). Auch für die betroffenen Unternehmen entstehen durch Fehlzeiten, Motivationsverlust und Kündigungen Produktivitätsverluste und relativ hohe Kosten (vgl. Gutek & Koss, 1993). Vergleichbare Auswirkungen werden von Mobbing berichtet: So zeigen zahlreiche Studien niedrigeren Selbstwert und erhöhte Depressivitätsraten bei Mobbing-Opfern (z.B. Knorz & Zapf, 1996; Leymann, 1993a; Niedl, 1995). Das Reaktionssyndrom betroffener Opfer faßt Leymann (1993; Leymann & Gustafsson, 1996) als „Posttraumatic Stress Disorder" (PTSD) auf – mit typischen Symptomen wie

Gedankenterror und schwerwiegenden psychosomatischen Folgen für das Opfer. Auch für die Betrebe entstehen erhebliche, allerdings schwer genau zu kalkulierende Kosten (Neuberger, 1994).

Wie versuchen nun betroffene Personen, das Erleben von Belästigung zu bewältigen? Im Fall von weniger schweren Formen sexueller Belästigung wurden am häufigsten Ignorieren/Passivität, positive oder negative verbale Konfrontation, Vermeidungsverhalten und Veränderungen an sich selbst oder der Umgebung berichtet; bei schweren Formen dagegen körperliche Gegenwehr sowie das Feld verlassen (schätzungsweise 16 % aller sexuell belästigten Frauen haben deshalb eine Stelle gekündigt; s. Terpstra & Baker, 1991). Die meisten Bewältigungsstrategien bauen jedoch nicht auf (gemeinsame) Gegenwehr auf, sondern auf individuelle Anpassung. Ein großes Hindernis für eine erfolgreiche Bewältigung der sexuellen Belästigung ist gerade in dieser Individualisierung des Problems zu sehen (Brandstedt, Elke & Schambortski, 1992). Darüber hinaus erfolgt sexuelle Belästigung am Arbeitsplatz in der Mehrzahl der Fälle ohne Zeugen/Zeuginnen (Müller & Holzbecher, 1992); daher ist eine Dokumentation der Belästigung durch die betroffene Person von großer Bedeutung.

Ganz ähnliche Strategien verwenden auch Mobbing-Opfer: Passive Strategien wie „Ausweichen" (mit 56 %) oder „Ignorieren" (mit 50 %) waren sehr häufig. „Häufigeres Fehlen" (24 %) oder „längerfristige Krankschreibung" (24 %) als ebenfalls ausweichende und individuelle Strategie war immer noch recht häufig – ebenso wie 14 % der Betroffenen auf eigenen Wunsch kündigten. Allerdings gab es auch aktive Versuche, etwas an der eigenen Situation zu verbessern: 66% versuchten zumindest, „Gespräche mit den Angreifern" zu führen, und 20 % schalteten die Gewerkschaft ein. Offensichtlich waren all diese Strategien aber nicht sehr erfolgreich (bei der selbst-selegierten Stichprobe von Personen zumindest, die sich auf Zeitungsannoncen hin gemeldet hatten, die Mobbing-Opfer suchten), da es nur 4 (von 21 bzw. 50) der Interviewpartner gelungen war, „ihre Situation am gleichen Arbeitsplatz wieder in Griff zu bekommen" (S. 18). Bei diesen vier Personen waren neben Anstrengungen, sich persönlich zu stabilisieren, u.a. arbeitsorganisatorische Veränderungen eingeleitet worden.

Zusammenfassend kann man also für beide Formen von Belästigung gleichermaßen festhalten: Die meisten Personen sind im wesentlichen in ihren Versuchen, die Angriffe abzuwehren, auf sich allein gestellt; Belästigungserfahrungen ziehen deutliche Befindlichkeitsbeeinträchtigungen bis hin zu psychosomatischen Reaktionen nach sich, die dann auch Fehlzeiten und Produktivitätseinbußen zur Folge haben – und in 14 % (Mobbing) bzw. 16 % (sexuelle Belästigung) der Fälle den „freiwilligen" Verlust des Arbeitsplatzes bedeuten.

7 Interventions- und Präventionsstrategien

Sowohl für die Intervention als auch die Prävention von sexueller Belästigung und von Mobbing am Arbeitsplatz liegen eine Reihe von Vorschlägen vor, allerdings sind die meisten nur sehr vage theoretisch fundiert und selten durch Evaluationsstudien abgesichert. Im Kasten 1 werden in Anlehnung an Livingston (1982) exemplarisch *betriebliche Strategien* zur Intervention und Prävention bei sexueller Belästigung dargestellt.

Kasten 1
Betriebliche Strategien zur Intervention und Prävention von sexueller Belästigung (Livingston, 1982)

Informationen an alle Beschäftigten in bezug auf die
- Definition (Beshreibung des Verhaltens, das der Betrieb nicht duldet),
- negativen Konsequenzen solchen Verhaltens,
- Mißbilligung solchen Verhaltens durch den Betrieb,
- Beschwerdewege,
- Gegenmaßnahmen des Betriebes.

Etablierung interner Beschwerdeverfahren
- formeller Beschwerdeweg (Einrichten entsprechender Anlaufstellen, z.B. offizielle Beschwerdekommission)
- informelle Beschwerdewege (Vermittlung durch neutrale, dritte Parteien, z.B. Ombudsperson/Gleichstellungsbeauftragte)

Weiterbildungs- und Trainingsangebote für alle Beschäftigten
- zur Sensibilisierung und Handlungskompetenzerweiterung bei Führungskräften
- Streßbewältigungs- und Selbstbehauptungstrainings für (potentielle) Betroffene
- Anbieten von Beratungsdiensten für Opfer und Täter/Täterinnen

---

Wie auch Maßnahmen gegen sexuelle Belästigung, sind die Vorschläge gegen Mobbing bislang noch wenig fundiert bzw. deren Wirksamkeit evaluiert. Es liegen allerdings erste Vorschläge aus der betrieblichen Praxis vor (z.B. Leymann, 1993a, 1996a; Walter, 1993). So wird etwa angeregt, informelle Arbeitsgruppen einzurichten, die sich dem Thema widmen, pädagogisches Material zu erstellen oder formale Klauseln in den Arbeitsvertrag aufzunehmen. Zu dem analogen Phänomen bei Kindern, nämlich Bullying in Schulen (als Überblick und Analyse zu den Gemeinsamkeiten und Unterschieden zu Mobbing am Arbeitsplatz s. Schuster, 1996) liegen aber bereits groß angelegte Interventionsprogramme vor (s. Olweus, 1992, 1993), die auf *Schul-, Klassen- und auch auf der individuellen (Täter-, Opfer-) Ebene* ansetzen (Kasten 2) – und als sehr erfolgreich gelten (s. Olweus 1993a).

Kasten 2
Strategien zur Intervention und Prävention von Mobbing – am Beispiel Schule
(Olweus, 1996; S. 69/70; Auszüge) sowie Übertragung auf den Betrieb

Maßnahmen auf der Schulebene/betriebliche Ebene
- Pädagogischer Tag,
- Verabschiedung des Schulprogamms Gewaltprävention/Betriebsvereinbarung,
- Bessere Aufsicht/Erhöhte Wachsamkeit von Führungskräften
- Schönerer Schulhof/Arbeitsplatzgestaltung,
- Kontakttelefon,
- Kooperation Lehrkräfte – Eltern/bessere Einbindung des sozialen Netzes,
- Lehrer- und Lehrerinnengruppen zur Entwicklungs des sozialen Milieus/
  Einrichtung von entsprechenden Arbeitsgruppen

Maßnahmen auf Klassenebene/Abteilungsebene
- Regeln gegen Gewalt,
- Regelmäßige Klassengespräche/Gruppengespräche,
- Rollenspiele, Literatur,
- Kooperatives Lernen/Arbeiten,
- Gemeinsame positive Aktivitäten.

Maßnahmen auf der persönlichen Ebene
- ernsthafte Gespräche mit den Gewalttätern und -opfern,
- ernsthafte Gespräche mit den Eltern/Partnern beteiligter Schüler/Mitarbeiter,
- Hilfe von neutralen Schülern/Paten,
- Diskussionsgruppen für Eltern/Selbsthilfegruppe für Angehörige,
- Klassen- und Schulwechsel/betriebsinterne Versetzungen.

Ähnlich wie die Parallelen zwischen Mobbing und Bullying es ermöglichen, Interventionsanregungen für Mobbing aus dem Bereich „Bullying in der Schule" abzuleiten (Schuster, 1996), ermöglichen es die oben dargestellten weitreichenden Parallelen bei den beteiligten Faktoren bei sexueller und schikanöser Belästigung (z.B. in der Rolle der relativen Stärke der Person, oder in den Unterschieden im Status in der betrieblichen Hierarchie) ebenfalls, einige der oben berichteten Maßnahmen für das Problem der sexuellen Belästigung auch auf das Phänomen Mobbing zu übertragen.

7 Abschließende Gegenüberstellung und Ausblick

Zwei markante, klar unterscheidbare Formen von Belästigung am Arbeitsplatz wurden behandelt – sexuelle Belästigung und Mobbing. Ihr zentraler Unterschied ist: Bei sexueller Belästigung, nicht aber bei Mobbing, sind vorwiegend Frauen die

Opfer. Ein weiterer, für Ursachenzuschreibungen und emotionale Konsequenzen bei den Betroffenen sehr zentraler Unterschied kann in folgendem Umstand gesehen werden: Die schikanöse Belästigung (Mobbing) wird von einer oder mehreren Personen durchgeführt, meist aber nur auf eine einzelne Person gerichtet, während sexuelle Belästigung in der Regel von einer einzelnen Person auf eine oder mehrere Personen zielt. Dieser zentrale Unterschied ist allerdings bislang empirisch noch nicht untersucht worden – dies wäre aus unserer Sicht eine interessante, offene Frage für zukünftige Forschung, die sich den Unterschieden zwischen den beiden Phänomenen widmet.

Neben diesen Unterschieden gibt es auch weitreichende Parallelen. Sowohl das Auftreten als auch die persönlichen und betriebswirtschaftlichen Folgen von beiden Formen von Belästigung am Arbeitsplatz wurden lange Zeit unterschätzt. Nach neuerer Forschung wird ein vergleichsweise großer Prozentsatz von Beschäftigten solchen Angriffen ausgesetzt – und leidet darunter. Typische Folgen von Belästigung – seien es sexuelle Übergriffe oder schikanöse, ausgrenzende Angriffe von Kollegen und Kolleginnen – führen bei den meisten Opfern zu Befindlichkeitsstörungen, psychosomatischen Reaktionen und z.T. zu Arbeitsausfällen und Produktivitätseinbußen. So ist Belästigung nicht mehr nur ein individuelles Problem. Nichtsdestotrotz stellt sich die Problematik für die meisten Opfer als eine individuelle dar, da sie bei ihren Abwehrversuchen meist allein stehen. Daß diese individuell vorgenomenen Abwehrversuche nicht sehr erfolgreich sein können, liegt an der Dynamik der Angriffe. Angreifer scheinen sich bevorzugt solche Opfer auszuwählen, die in einer Position der Schwäche sind – Schwäche bedingt durch persönliche Probleme wie etwa eine Behinderung oder aber durch betriebliche soziale Normen, die eine effektive Gegenwehr erschweren. Gerade dieses Merkmal von Belästigungsgeschehen macht es erforderlich, von außen zu intervenieren. Betriebsvereinbarungen und Interventionen von seiten Dritter, Stärkerer, müssen die Opfer schützen. Erste Schritte zu solchen Interventionen werden sowohl im Bereich der sexuellen Belästigung gemacht, wo zum Beispiel schon entsprechende Betriebsvereinbarungen im öffentlichen Dienst vorliegen (z.B. SZ vom 4.4.1997; zu Behandlungen von sexueller Belästigung im deutschen Straf- und Arbeitsrecht s. Meschkutat, Holzbecher & Richter, 1993) als auch im Bereich von Mobbing, wo nun auch deutsche Firmen und Organisationen beginnen, Betriebsvereinbarungen gegen Mobbing abzuschließen. In skandinavischen Ländern hat dies bereits Eingang in die Rechtssprechung gefunden (Leymann, 1996a).

Auch aus den weitreichenden Parallelen zwischen den beiden Phänomenen eröffnen sich fruchtbare Perspektiven für zukünftige Forschung: Möglicherweise ist es sinnvoll, Mobbing, sexuelle Belästigung und andere verwandte Phänomene wie etwa Bossing nicht nur in ihrer Eigentümlichkeit zu betrachten, sondern auch aus der generelleren Perspektive, daß es sich jeweils um ein Beispiel für aggressives Handeln handelt. Dies ermöglicht für die Theoriebildung, nicht nur auf spezifische Befunde und Überlegungen zu dem Einzelphänomen, sondern auf generellere Forschungstraditionen wie etwa die Aggressionsforschung zurückzugreifen.

Literatur

Brandstedt, U., Elke, G. & Schambortski, H. (1992). Sexuelle Belästigung am Arbeitsplatz – Wahrnehmung und Bewältigungsstrategien berufstätiger Frauen. *Institut Frau und Gesellschaft: Frauenforschung, 1-2*, 84-104.

Einarsen, S. & Skogstad, A. (1996). Bullying at work: Epidemiological findings in public and private organisations. *European Journal of Work and Organizational Psychology, 5*, 185-202.

Farley, L. (1978). *Sexual shakedown. The sexual harassment of women on the job*. New York: McGraw-Hill.

Fitzgerald, L. F. & Shullman, S. L. (1993). Sexual harassment: A research analysis and agenda for the 1990s. *Journal of Vocational Behavior, 42*, 5-27.

Greif, S. (1993). Geschichte der Organisationspsychologie. In H. Schuler (Hrsg.), *Lehrbuch der Organisationspsychologie* (S. 15-48). Bern: Huber.

Gruber, J. E. (1992). A typology of personal and environmental sexual harassment: Research and policy implications for the 1990s. *Sex Roles, 26*, 447-464.

Gruber, J. E., Smith, M. & Kauppinen-Toropainen, K. (1996a). Sexual harassment types and severity: Linking research and policy. In M. S. Stockdale (Ed.). *Sexual harassment in the workplace. Perspectives, frontiers, and response strategies* (pp. 151-173). Thousand Oaks, CA: Sage.

Gutek, B. A. (1995). How subjective is sexual harassment? An examination of rater effects. *Basic and Applied Social Psychology, 17*, 447-468.

Gutek, B. A. & Koss, M. P. (1993). Changed women and changed organizations: Consequences of and coping with sexual harassment. *Journal of Vocational Behavior, 42*, 28-48.

Holzbecher, M., Braszeit, A., Müller, U. & Plogstedt, S. (1990). *Sexuelle Belästigung am Arbeitsplatz*. Stuttgart: Kohlhammer.

Koen, C. M. (1989). Sexual harassment: Criteria for defining hostile environment. *Employee Responsibilities & Rights Journal, 2*, 289-301.

Knorz, C. & Zapf, D. (1996). Mobbing – eine extreme Form sozialer Stressoren am Arbeitsplatz. *Zeitschrift für Arbeits- und Organisationspsychologie, 40*, 12-21.

Lafontaine, E. & Tredeau. L. (1986). The frequency, sources, and correlates of sexual harassment among women in traditional male occupations. *Sex Roles, 15*, 433-442.

Leymann, H. (1996a) (Hrsg.). *Der neue Mobbing-Bericht: Erfahrungen und Initiativen, Auswege und Hilfsangebote*. Reinbek: Rowohlt.

Leymann, H. (1996b). The content and development of mobbing at work. *European Journal of Work and Organizational Psychology, 5*, 165-184.

Leymann, H. (1993a). *Mobbing: Psychoterror am Arbeitsplatz und wie man sich dagegen wehren kann*. Reinbek: Rowohlt.

Leymann, H. (1993b). Ätiologie und Häufigkeit von Mobbing am Arbeitsplatz – eine Übersicht über die bisherige Forschung. *Zeitschrift für Personalforschung, 2*, 271-284.

Leymann, H. & Gustafsson, A. (1996). Mobbing at work and the development of post-traumatic stress disorders. *European Journal of Work and Organizational Psychology*, 5, 251-276.

Livingston, J. A. (1982). Responses to sexual harassment on the job: Legal, organizational and individual actions. *Journal of Social Issues, 38*, 5-22.

Meschkutat, B. Holzbecher, M. & Richter, G. (1993). *Strategien gegen sexuelle Belästigung am Arbeitsplatz: Konzeption – Materialien – Handlungshilfen*. Köln: Bund-Verlag

Müller, U. & Holzbecher, M. (1992). Sexuelle Belästigung – eine unsichtbare Dimension von Belastung am Arbeitsplatz. *Arbeit, 1*, 25-44.

Neuberger, O. (1994). *Mobbing. Übel mitspielen in Organisationen*. München, Mering: Rainer Hampp.

Niedl K. (1995). *Mobbing/Bullying am Arbeitsplatz*. München, Mering: Rainer Hampp.

Olweus, D. (1978). *Aggression in the schools: Bullies and whipping boys*. Washington, DC: Hemisphere Publishing Corporation.

Olweus, D. (1992). Victimization among school children: Intervention and prävention. In G. W. Albee, L. A. ond & T. V. Cook Monsey (Eds.) *Improving children's lives. Global-perspectives on prevention.* (pp. 279-295). Newbury Park: Sage Publications.

Olweus, D. (1993). Bullying at school: What we know and what we can do. Oxford: Blackwell Publishers.

Popovich, P. M. (1988). Sexual harassment in organizations. *Employee Responsibilities and Rights Journal, 1*, 273-282.

Popovich, P. M., Gehlauf, D. N., Jolton, J. A., Somers, J. M. & Godinho, R. M. (1992). Perceptions of sexual harassment as a function of sex of rater and incident form and consequence. *Sex Roles, 27*, 609-625.

Schuster, B. (1996). Rejection, Exclusion, and Harrassment at Work and in Schools: AnIntegration of Results from Research on Mobbing, Bullying, and Peer Rejection, *European Psychologist, 1*, 293-317.

Sczesny, S. & Stahlberg, D. (1993). *Sexuelle Belästigung am Telefon im Dienst.* Unveröffentl. Studie im Auftrag der Deutschen Telekom.

Stockdale, M. S. (Ed.). (1996). *Sexual harassment in the workplace. Perspectives, frontiers, and response strategies.* Thousand Oaks, CA: Sage.

Terpstra, D. E. & Cook, S. E. (1985). Complainant characteristics and reported behaviors and consequences associated with formal sexual harassment charges. *Personnel Psychology, 38*, 559-574.

Terpstra, D. E. & Baker, D. D. (1986). A framework for the study of sexual harassment. *Basic and Applied Social Psychology, 7*, 17-34.

Terpstra, D. E. & Baker, D. D. (1991). Sexual harassment at work: The psychosocial issues. In M. J. Davidson & J. Earnshaw (Ed.), *Vulnerable Workers: Psychosocial and Legal Issues* (pp. 179-201). Chichester: Wiley.

Vartia, M. (1996). The sources of bullying – psychological work environment and organizational climate. *European Journal of Work and Organizational Psychology, 5*, 203-214.

Walter, H. (1993). *Mobbing: Kleinkrieg am Arbeitsplatz. Konflikte erkennen, offenlegen und lösen*. Frankfurt (Main): Campus.

16 Psychopathologie der Arbeit

André Büssing

1 Einleitung und Begriffe

Der Begriff „Psychopathologie" stammt aus der Psychiatrie und bezeichnet dort die Lehre von den psychischen Erkrankungen. Diese stellt kein einheitliches Gebilde dar, vielmehr hat sie sich in verschiedenen Schulen entwickelt, die psychische Störungen individuell, dynamisch-interaktionell oder als systemisch in den Bezügen der Menschen in Beruf, Familie, sozialen Gruppen und Gesellschaft verursachte Krankheiten begreifen (Dörner & Plog, 1994).

An diesem systemischen Verständnis setzt die Psychopathologie der Arbeit an. In einer der frühen Studie zum „Mental health of the industrial worker" weist Kornhauser (1965) auf die Verwobenheit des für die Psychopathologie der Arbeit wesentlichen Begriffes der „mental health" zwischen Person, Arbeit und sozialer Umwelt hin:

„Mental health is not so much a freedom from specific frustrations as it is an overall balance relationship to the world, which permits a person to maintain a realistic, positive belief in himself and his purposeful activities. And so far as his entire job and life situation facilitate and support such feelings of adequacy, in a security and meaningfulness of his existence, it can be presumed that his mental health will tend to be good" (Kornhauser 1965).

Mit der „Industriellen Psychopathologie" haben Frese, Greif und Semmer (1978) den Begriff im deutschsprachigen Raum eingeführt. Danach handelt es sich um die Gesamtheit möglicher psychischer und psychosomatischer Störungen sowie Krankheiten, deren Ursachen zumindest teilweise in den Arbeitsbedingungen verankert sind. Nicht nur psychiatrische und psychosomatische Erkrankungen, sondern auch Beeinträchtigungen der psychischen Gesundheit – also Zustände von Erschöpfung, Gereiztheit, psychosomatischer Irritation, Depressivität, Angst usw. – fallen darunter. Dieses weit gefaßte Verständnis von Psychopathologie entspricht nicht nur der Definition von Gesundheit in der Ottawa-Charta der WHO von 1986, sondern es ist auch zweckmäßig, da bereits psychische Störungen, deren medizinischer Krankheitswert im engeren Sinne umstritten sein mag, zu nennenswerten individuellen, betrieblichen und gesellschaftlichen Kosten führen können (z.B. Green & Baker, 1991; Schabracq, Winnubst & Cooper, 1996).

Mit der Psychopathologie der Arbeit ist die Humanisierung der Arbeit zu nennen, die als Programm der Bundesregierung zur „Humanisierung des Arbeitslebens" (kurz HdA) wesentlich die Forschung und Praxis in den 1970er und 1980er Jahren bestimmt hat. Dieses Programm war auch eine Antwort auf die in den ersten

Nachkriegsjahrzehnten schlechten und produktivitätshemmenden Arbeitsbedingungen vor allem in Teilen der Industrie (z.B. BMFT, 1987). Im Kontext dieser Forschung sind verschiedentlich Kriterien für die Bewertung von Arbeitstätigkeiten – auch als Kriterien humaner Arbeit bezeichnet – formuliert worden. Nach Ulich (1994) sind dies etwa Schädigungsfreiheit, Beeinträchtigungslosigkeit, Persönlichkeitsförderlichkeit und Zumutbarkeit.

2 Modelle der Genese

Die Psychopathologie der Arbeit wurde und wird häufig mit einem der folgenden fünf Modelle untersucht, die aus der Streßforschung stammen.

Belastungs-Beanspruchungs-Konzept. – Danach werden psychische Belastungen verstanden als die Gesamtheit der faßbaren Einflüsse, die von außen auf den Menschen zukommen und auf ihn psychisch einwirken; demgegenüber sind psychische Beanspruchungen die individuelle, zeitlich unmittelbare und nicht langfristige Auswirkung der psychischen Belastung im Menschen in Abhängigkeit von seinen individuellen Voraussetzungen und seinem Zustand. Objektiven Belastungen folgt demnach subjektive Beanspruchung in Abhängigkeit von individuellen Unterschieden zwischen Personen (interindividuelle Unterschiede, z.B. Fertigkeiten oder Fähigkeiten wie Intelligenz, Körperkraft) und in Abhängigkeit von den sich mit der Zeit ändernden individuellen Voraussetzungen (intraindividuelle Unterschiede, z.B. altersbedingte Leistungsvoraussetzungen). Das Konzept berücksichtigt nicht die aktive Auseinandersetzung von Personen mit der Arbeitsumwelt bei der Entstehung psychischer Störungen (Luczak & Rohmert, 1997).

Transaktionales Streßmodell. – Hier setzt das von Lazarus und Mitarbeitern entwickelte Streßmodell an, indem es Wechselwirkungen zwischen Person und Umwelt sowie die Bewertungsprozesse von Personen in den Mittelpunkt stellt. Wird ein Ereignis/eine Situation als Bedrohung oder als Schädigung/Verlust bewertet, so hängt es letztlich von der Einschätzung der Bewältigungsfähigkeiten (z.B. Qualifikation, Gesundheitszustand, Flexibilität) und den Bewältigungsmöglichkeiten (z.B. Handlungsspielraum, soziale Unterstützung, zeitliche Autonomie) ab, ob das Ereignis bzw. die Situation als stressend erlebt werden (z.B. Lazarus & Launier, 1981). Es sind aber nicht nur einschneidende Bedingungen, Situationen oder Ereignisse, sondern nicht zuletzt die ständigen, alltäglichen Arbeitsprobleme, wie kleine Mißgeschicke und Pannen, die den Nerv rauben und letztlich die Gesundheit beeinträchtigen. Das ebenfalls aus der Lazarus-Gruppe stammende Konzept der „daily hassles" betont die Bedeutung, die die Kumulation vieler kleiner, immer wiederkehrender Alltagsprobleme für die Gesundheit etwa im Sinne psychosomatischer Symptome hat (Lazarus & Folkman, 1989).

Person-Environment(P-E)-Fit-Modelle. – Psychischer Streß entsteht ursächlich nicht unabhängig von der Person *oder* der Umwelt, sondern entwickelt sich im Verhältnis von Person *und* Umwelt. Die mangelnde Passung zwischen beiden kann in unterschiedlicher Gestalt auftreten: zum einen in der fehlenden Passung zwischen den Werten/Bedürfnissen einer Person und den Bedingungen in der Umwelt zur Erfüllung dieser Werte (z.B. Bedürfnis nach sozialen Kontakten versus Einzelarbeitsplatz), zum anderen in der mangelnden Passung zwischen den Anforderungen aus der Umwelt und den Fähigkeiten einer Person (z.b. hohe Leistung versus fehlende Qualifikation), um diese zu bewältigen (z.b. Edwards, 1996).

Ressourcen-Konzept von Streß. – Im Vordergrund stehen hier die Mittel, die einer Person zur Verfügung stehen müssen, um Belastungen zu bewältigen. Psychischer Streß stellt sich ein, wenn wichtige Ressourcen fehlen und ein Mißverhältnis von Ressourcen und Belastungen vorliegt. Als Belastungen werden rollenbezogene Belastungen, Arbeitsmenge, Arbeitsdruck und schlechte Ergonomie, als Ressourcen soziale Unterstützung, Autonomie, Partizipation, Handlungsspielräume, Qualifikationsanforderungen („job enhancement opportunities") und Belohnung und Bestrafung („reinforcement contingencies") genannt (z.B. Hobfoll, 1989).

Regulationsbehinderungen in der Arbeit. – Streß ist hier eine Folge von Behinderungen der Handlungsregulation in der Arbeit und liegt nicht in den Anforderungen der Arbeit selbst begründet, sofern die notwendigen Qualifikationen für die Ausführung einer Arbeitstätigkeit bei den Arbeitenden vorhanden sind. Behinderungen können in motorischen und informationellen Bedingungen liegen, diese stören als Unterbrechungen und Blockaden den Handlungsablauf und erfordern zusätzliches, intensiveres (v.a. objektive Belastungen durch Zusatzaufwand) oder gar riskantes Arbeiten (v.a. Arbeitssicherheit, Unfallgefahr), um die Hindernisse zu überwinden. Infolge dieses notwendigen zusätzlichen, intensiveren und riskanten Arbeitens kommt es dann zu psychischem Streß (Leitner, Lüders, Greiner, Ducki, Niedermeier & Volpert, 1993).

Mit Ausnahme des Belastungs-Beanspruchungs-Konzepts ist den Modellen das handelnde Individuum, das bei der Entstehung von Streß und Psychopathologie in der Arbeit in einer aktiven Wechselwirkung mit seiner Umwelt steht, gemeinsam. Das Konzept der Regulationsbehinderungen in der Arbeit unterscheidet darüber hinaus klar zwischen positiven, förderlichen Anforderungen und negativen, eben die Regulation dieser Anforderungen behindernden Belastungen. Schließlich, und dies gilt für alle zuvor genannten Modelle, wird von individuellen Differenzen bei der Entstehung von psychischen Störungen und gesundheitlichen Beeinträchtigungen ausgegangen. Zu wichtigen individuellen Unterschieden zählen z.B. Commitment (in bezug auf Arbeit und Organisation), Kontrollüberzeugungen, Selbstwirksamkeit, Optimismus und Selbstwertüberzeugungen (z.B. Cooper & Payne, 1991; Semmer, 1996).

3 Bedingungen, Wirkungen und Folgen

Geben die Modelle darüber Auskunft, wie sich psychopathologische Störungen in der Arbeit entwickeln können, sollen im folgenden Bedingungen für solche Entwicklungen und deren psychische Wirkungen sowie Folgen dargestellt werden.

3.1 Bedingungen von Psychopathologie in der Arbeit

Arbeitsbedingungen. – Negative Bedingungen in der Arbeit führen nicht zwangsläufig zu psychopathologischen Wirkungen. Die Modelle zeigen, daß dabei ebenso individuelle Unterschiede eine Rolle spielen wie Bewältigungsmöglichkeiten und -fähigkeiten, notwendiger Zusatzwand, riskantes Handeln usw. Es gibt Arbeitsbedingungen, die können gemeistert werden, und es existieren solche, die müssen ertragen werden.

Umgebungsbedingungen physikalisch-chemischer Art wie z.B. Klima, Beleuchtung und Farbe, Lärm, Schwingungen, gefährliche Arbeitsstoffe können selten bewältigt und müssen in aller Regel ertragen werden. Überschreiten sie Grenzwerte bzw. maximal zulässige Konzentrationen am Arbeitsplatz, so führen sie bei längerer Exposition nicht selten zu psychophysiologischen Schäden und im Extremfall zu anerkannten berufsbedingten Erkrankungen (z.B. Asbestose, Lärmschwerhörigkeit). In solchen Fällen liegt der Sachverhalt klar auf der Hand, und die entsprechende psychopathologische Wirkung von Arbeit ist eindeutig.

Anders ist es für die Vielzahl von Arbeitsbedingungen, deren Mitwirkung an der Psychopathologie von Arbeit oftmals weniger klar ausfällt. In der Produktion spielen dabei zum Teil andere Bedingungen eine Rolle als in der Dienstleistung im Büro, im Handel oder in der Gesundheitsversorgung etc. Räumliche Bedingungen der Arbeitsplatzgestaltung (z.B. enge Verkehrsflächen, lange Wege, Gestaltung der Arbeitsumgebung) zählen ebenso wie Bedingungen der Arbeits in Mensch-Maschine- oder Montage-Systemen in der Industrie oder im Hinblick auf die Gestaltung von EDV-Arbeitsplätzen im Büro und Verwaltung als mögliche Ursachen für Beeinträchtigungen der psychischen Gesundheit (dazu ausführlich Luczak & Volpert, 1997). Des weiteren sind zahlreiche organisatorische Bedingungen bekannt, deren Bedeutung für psychischen Streß in der Arbeit belegt ist (z.B. Lohngestaltung, Leistungsbewertung). Eine besondere Rolle unter den organisationalen Bedingungen spielt die Arbeitszeit im Hinblick auf die Dauer, Lage und Verteilung. Neben der Dauer haben mit der Absenkung der wöchentlichen Arbeitszeit vor allem die Lage und die Verteilung für die gesundheitlichen und sozialen Beeinträchtigungen eine immer wichtiger werdende Funktion erlangt: Belegt sind vor allem die gravierenden negativen psychophysischen Wirkungen von Nachtarbeit, teilweise aber auch von sogenannten Nicht-Standard-Arbeitszeiten wie sie nicht planbare gehäufte Überstunden sowie Wochenend-, Feiertags- und Schichtarbeit darstellen (z.B. Baillod, Holenweger, Ley & Saxenhofer, 1993; Büssing & Seifert, 1995; Kleinmann in diesem Band).

Zunehmend ins Blickfeld geraten die sozialen Bedingungen. Hier sind das Verhältnis zu Kolleginnen und Kollegen, zu Vorgesetzten, das Betriebsklima ganz allgemein bzw. umgekehrt soziale Stressoren als Ursachen psychischer Befindensbeeinträchtigungen bekannt. Als eine Extremform sozialer Stressoren ist das Mobbing im Gespräch; darunter wird ein systematischer, stigmatisierender Prozeß psychischen Terrors gegenüber einzelnen am Arbeitsplatz verstanden (auch Schuster, Szcessny und Stahlberg in diesem Band).

Neben den Bedingungen in der Arbeit sind Arbeitsmittel zur Bewältigung von Arbeitsaufgaben als Quellen von Psychopathologie in der Arbeit in Betracht zu ziehen. Eine wesentliche Rolle spielt heute die Gestaltung der Arbeitsmittel zur Informationsdarstellung und Informationsverarbeitung, so z.B. Signal- und Anzeigesysteme, Bildschirme und Computer sowie computergestützte Geräte. In diesem Zusammenhang hat sich die Mensch-Computer-Interaktion als wesentliches Feld zur gesundheitsgerechten Gestaltung von Arbeit etabliert (von Benda sowie Timpe in diesem Band).

Arbeitsinhalte und Arbeitsanforderungen. – Unumstritten spielen die Inhalte und Anforderungen von Arbeitstätigkeiten eine maßgebliche Rolle für die Förderung bzw. Beeinträchtigung von Gesundheit. Unter Bezug auf die frühen Arbeiten etwa von Maslow, Herzberg, McGregor, Argyris oder Hackman und Oldham (zum Überblick z.B. von Rosenstiel, 1992) und auf der Grundlage der psychologischen Tätigkeits- und Handlungsregulationstheorie hat sich im deutschsprachigen Raum der Arbeitsinhalt zu einem Kristallisationspunkt für die Gestaltung gesundheitsfördernder Arbeit entwickelt. Im Mittelpunkt steht dabei das Konzept der *vollständigen Tätigkeit*, das sowohl für die Industrie und die sächliche Dienstleistungsproduktion (Hacker, 1997, und in diesem Band; Ulich, 1994) als auch in bezug auf die Humandienstleistung (Büssing, 1992) die Inhalte und Anforderungen von Arbeit in den Mittelpunkt stellen, und das in zweierlei Hinsicht: Arbeitsanforderungen sollen nach dem Konzept der vollständigen Tätigkeit sequentiell vollständig sein, d.h. Vorbereitungs-, Durchführungs- und Kontrollfunktionen umfassen; sie sollen darüber hinaus im Sinne einer hierarchischen Vollständigkeit ausreichende Tätigkeitserfordernisse, Möglichkeiten zur Kooperation, zur selbständigen Zielfindung, Zielstellung und Entscheidung sowie Lern- und Übertragungsmöglichkeiten von Leistungsvoraussetzungen auf andere Tätigkeiten in der Arbeit oder Freizeit enthalten, damit sie Gesundheit fördern. *Unzureichende,* *einseitige oder widersprüchliche Arbeitsanforderungen* können zu einer Vielzahl unterschiedlicher Belastungen und in deren Folge zum Erleben von Überforderung und psychischem Streß führen (Glaser & Büssing, 1996; Leitner et al., 1993).

Mit den Arbeitsanforderungen steht zumeist die kognitive Seite von Arbeit im Mittelpunkt. In Dienstleistungsberufen und vor allem in der personenbezogenen Dienstleistung haben jedoch Anforderungen an die *Interaktion* und *Kommunikation* für die Bewältigung der Arbeitsaufgaben große Bedeutung. Die emotionale Überforderung, die durch die notwendige intensive und direkte Interaktion und Kommunikation mit Kunden, Klienten oder Patienten hervorgerufen werden kann, führt zum Interaktionsstreß und kann sich, wenn die Überforderungen aus der Interaktion und Kommunikation hoch und langandauernd sind, schließlich zu psychopathologischen Symptomen der emotionalen Erschöpfung und Entpersönlichung im Umgang zwischen Arbeitenden und Leistungsempfängern, also zum Burnout entwickeln (z.B. Büssing, 1996a; Burisch, 1994; Morris & Feldman, 1996; Schaufeli, Maslach & Marek, 1993).

3.2 Wirkungen und Folgen der Psychopathologie von Arbeit

Wirkungen. – Diese umfassen neben kurzfristigen, aktuell auftretenden Wirkungen auch mittel- bis langfristige Reaktionen. Neben der Unterscheidung im Hinblick auf die Dauer der Wirkungen lassen sich unterschiedliche Formen differenzieren, so die psychophysiologischen und psychischen Wirkungen im Erleben und die psychischen Wirkungen, die sich im individuellen Verhalten oder im sozialen Kontext zeigen.

Mit den kurzfristigen, häufig unmittelbaren, *vegetativen* und *psychophysiologischen* Wirkungen sind etwa Reaktionen im Herz- und Kreislaufgeschehen als Veränderungen von Herzrhythmus und Blutdruck angesprochen; daneben treten elektrodermale Veränderungen im Hautwiderstand, Veränderungen im Muskeltonus und die vielfältigen Reaktionen im hormonellen Bereich für psychophysiologische Reaktionen auf (z.B. Freude & Ullsperger, 1997). Auf der *psychischen Ebene* des Erlebens sind eine Fülle von kurzfristigen Wirkungen anzutreffen: Anspannung, Ärger, Gefühle von Ermüdung, Monotonie und Sättigung, Gereiztheit und Belastetheit und vieles andere mehr. Im individuellen Verhalten zeigen sich als kurzfristige Wirkungen Leistungsschwankungen, Konzentrationsschwächen, reduzierte Koordination, Fehlhandlungen; auf der sozialen Ebene des Verhaltens können verstärkt Konflikte, Streitereien und Aggressionen sowie vermehrter Rückzug beobachtet werden. Diese Veränderungen im sozialen Verhalten treten sowohl kurzfristig als auch in Form von chronischen Reaktionen auf.

In die Gruppe der mittel- bis langfristigen Wirkungen auf der psychophysiologischen Ebene und des psychischen Erlebens sind *psychosomatische Beschwerden* und *Erkrankungen*, Reaktionen der Hoffnungslosigkeit, der Resignation und

Depressivität sowie Symptome des Burnout, wie insbesondere emotionale Erschöpfung und depersonalisierter Umgang mit anderen einzuordnen. Auf der Ebene des individuellen Verhaltens zeigen sich mittel- bis langfristige Wirkungen nicht zuletzt im vermehrten *Nikotin-, Alkohol- und Tablettenkonsum* (zu den Wirkungen der Psychopathologie von Arbeit z.b. Greif, Bamberg & Semmer, 1991; Karasek & Theorell, 1990; Schabracq et al., 1996; Thiel sowie Udris in diesem Band).

Folgen. – Die Folgen psychopathologischer Wirkungen von Arbeit, die häufig von den Betroffenen als solche zunächst gar nicht erkannt werden, sind für sie jedoch oftmals schwerwiegender als die kurz-, mittel- und langfristigen Reaktionen. Folgen zeigen sich anfänglich oft in *Fehlzeiten* und *Krankheitstagen* sowie in *verminderter Arbeitsqualität*. Ein wichtiger Bereich von Folgen liegt in der sozialen Interaktion am Arbeitsplatz; so können Konflikte und Streitereien, so kann Aggression gegen andere zu einem vermehrten Rückzug, zu einer sozialen Isolation und Abkapselung am Arbeitsplatz und zu Störungen in Teams und Arbeitsgruppen führen (Antoni, 1994). Auch der schon beschriebene entpersonalisierte Umgang mit Kunden, Klienten und Patienten wird als Folge der kurz- bis langfristigen Reaktionen auf eine Psychopathologie in der Arbeit zurückgeführt (Büssing, 1996a). Seit langem bekannt sind die negativen Folgen im Bereich der *Arbeitssicherheit* bis hin zu Unfällen, mit Schäden sowohl für die Betroffenen als auch für das Arbeitssystem (Hoyos & Wenninger, 1995). Schließlich, und diesem Bereich wird in den vergangenen Jahren zunehmend Beachtung geschenkt, sind die Folgen über den Arbeitsplatz hinaus, also die Folgen in den *Beziehungen zwischen Arbeit, Familie und Freizeit* in Betracht zu ziehen. Bekannte Beispiele sind die Generalisierung von in der Arbeit gelagerten Problemen wie Ärger, Frustration oder Konflikte in den familiären Bereich, aber auch die Kompensation von durch die Arbeit bedingten psychopathologischen Reaktionen im außerberuflichen Lebensbereich, zum Beispiel durch verstärkten Konsum von Sucht- oder Genußmitteln in der Freizeit, durch ein verändertes Sozialverhalten in Form von Rückzug und Isolation. Die Psychopathologie der Arbeit wirft ihre Schatten auf die anderen Lebensbereiche; die Rückwirkungen und die Wechselwirkungen zwischen den Lebensbereichen können die psychopathologischen Wirkungen und Folgen von Arbeit verstärken (z.B. Eckenrode & Gore, 1990; Zedeck, 1992).

4 Diagnose, Intervention und Bewältigung

Diagnose. – Welches sind nun die praktischen Konsequenzen, um den psychopathologischen Wirkungen und Folgen von Arbeit zu begegnen? Die Arbeits- und Organisationspsychologie hat zahlreiche Instrumente und Methoden zu deren

Diagnose entwickelt, denn eine systematische, valide und zuverlässige Diagnose ist unerläßlich, um gezielte Intervention zu betreiben (zum Überblick Büssing, 1993; Dunckel, 1998; Quick, Murphy & Hurrell, 1992).

Es wird zwischen zwei Diagnosestrategien unterschieden. Die *personenbezogene* Diagnose, die sich auf die individuellen und spezifischen Eigenarten psychopathologischer Ursachen, Bedingungen, Wirkungen und Folgen von Arbeit richtet, und die *bedingungsbezogene* Strategie, die von diesen individuell spezifischen Eigenarten abstrahiert und Ursachen, Bedingungen, Wirkungen und Folgen losgelöst von den einzelnen betroffenen Arbeitenden in den Arbeitsbedingungen sowie in den Charakteristika der Arbeitstätigkeit zu ermitteln versucht. Zu der Gruppe der *personenbezogenen Verfahren* zählen vor allem Instrumente und Methoden zur Messung von Beanspruchung auf psychophysiologischer oder auf psychischer Ebene. Beanspruchungsmessung auf psychischer Ebene wird beispielsweise mit Fragebogen und Skalen zur Gereiztheit/Belastetheit, zu psychosomatischen Beschwerden, zur Hoffnungslosigkeit und Depressivität, zur Ermüdung, Monotonie und Sättigung oder zum Burnout durchgeführt (Büssing & Perrar, 1992; Crandall & PerrewÈ, 1995; Greif et al., 1991 Richter & Hacker, 1998). Für eine *bedingungsbezogene Diagnosestrategie* kommen bevorzugt Beobachtungsinterviews am Arbeitsplatz durch betriebserfahrene Experten in Betracht, die sowohl die Ursachen und Bedingungen etwa in Form von Regulationshindernissen und Regulationsüberforderungen als auch die damit verbundenen objektiven Arbeitsbelastungen und Risiken zuverlässig erfassen lassen (z.B. Dunckel, 1998). Zahlreiche Methoden aus den anderen Arbeitswissenschaften – beispielsweise aus der Ergonomie, der Arbeitsmedizin und Arbeitsphysiologie – stehen zur Diagnose physikalisch-chemischer, technischer und psychophysiologischer Bedingungen und Wirkungen zur Verfügung (z.B. Freude & Ullsperger, 1997; Luzcak & Volpert, 1997).

Intervention und Bewältigung. – Entsprechend der Einteilung in personenbezogene und bedingungsbezogene Diagnosestrategien können die Strategien zur Intervention unterteilt werden. Personenbezogene Maßnahmen der Intervention zielen darauf ab, individuelle, psychopathologische Wirkungen und Folgen abzubauen. Im Vordergrund stehen dabei *Streßmanagement, Streßimmunisierung, Entspannungs-* und *Selbstkontrollmaßnahmen*, Methoden der *Selbstorganisation* usw. Diese Interventionen sollen die individuellen Bewältigungsfähigkeiten im Umgang mit belastenden Momenten in der Arbeit verbessern; da sie nicht an den Ursachen und Bedingungen der Psychopathologie von Arbeit selbst ansetzen, sind sie zur eigentlichen Lösung nur begrenzt in der Lage. An den Ursachen und Bedingungen setzen vielmehr die bedingungsbezogenen Interventionsmaßnahmen an; dabei geht es zum einen um die *Korrektur von Arbeitsbelastungen*, z.B. im Sinne von Störungsvermeidung, Schichtplanoptimierung, Lärmreduktion,

Unfallschutz, Reduktion sozialer Stressoren bei Konflikten oder Mobbing usw. Die bedingungsbezogenen Arbeitsgestaltungs- und Organisationsmaßnahmen sind dann besonders effektiv, wenn sie die Voraussetzungen und die individuellen Unterschiede der einzelnen Arbeitenden im Sinne einer differentiellen Arbeitsgestaltung (Ulich, 1994) mit berücksichtigen.

Neben der Beseitigung von Ursachen und Bedingungen spielt die Bereitstellung von Ressourcen für die Intervention eine ebenso bedeutende Rolle. So hat sich gezeigt, daß die positiven Effekte von Ressourcen auf den Umgang mit Arbeitsbelastungen eine Größenordnung erreichen können, die dem Abbau der Arbeitsbelastungen entsprechen (z.B. Karasek & Theorell, 1990). Die Stärkung von Ressourcen durch die Verbesserung von Spielräumen, von Kontrollmöglichkeiten, von sozialer Unterstützung am Arbeitsplatz usw. verbessert den Einsatz von Kompetenzen und Fähigkeiten der Betroffenen (z.B. Büssing, 1996b; Sauter, Hurrell & Cooper, 1989), und das vor allem in Situationen, in denen ein Abbau von Arbeitsbelastungen nicht oder nur eingeschränkt möglich ist wie z.B. bei notwendiger Nachtarbeit in der Industrie (Chemie, Stahl usw.) oder Gesundheitsversorgung (zu Interventionsmaßnahmen und Gesundheitsförderung z.B. Brandenburg, Kuhn, Marschall & Verkoyen, 1996; Murphy, Hurrell, Sauter & Keita, 1995; Pelikan, Demmer & Hurrelmann, 1993; Schabracq et al., 1996).

5 Psychopathologie der Arbeit versus Salutogenese?

Die „Psychopathologie der Arbeit" trägt deutlich negative Züge. Aus diesem Blickwinkel werden die gesundheitsbeeinträchtigenden bzw. gesundheitsgefährdenden Aspekte von Arbeit beleuchtet, etwa im Sinne der Frage „Macht Arbeit krank?" Diese Frage ist jedoch einseitig, denn Arbeit ist auch Grundlage und Impulsgeber für eine nachhaltige Förderung der Gesundheit. Der Psychopathologie von Arbeit steht die Salutogenese in der Arbeit gegenüber; ihr geht es um die Frage, wie Krankheit präventiv zu verhindern und Gesundheit zu fördern ist (Antonovsky, 1987).

Wie sich bei genauerer Betrachtung jedoch zeigt, widerspricht die traditionelle pathogenetische Fragestellung der jüngeren salutogenetischen gar nicht, sondern es handelt sich hier vielmehr um zwei Seiten ein und derselben Medaille. Diese zwei Seiten fallen im Hinblick auf eine Reihe von Variablen unmittelbar ins Auge, so etwa bei der Funktion von Kontrollmöglichkeiten versus Kontrollverlusten oder dem Vorhandensein bzw. dem Nicht-Vorhandensein von sozialer Unterstützung am Arbeitsplatz, beide – sowohl Kontrolle als auch soziale Unterstützung am Arbeitsplatz – können, wie wir wissen, pathogenetische wie auch salutogenetische Einflüsse ausüben. So hilft der salutogenetische Ansatz nicht nur die Psychopathologie von Arbeit besser verstehen zu lernen, sondern er fördert auch die

Entwicklung von geeigneten Interventionsmaßnahmen zur Prävention von Krankheit und Förderung von Gesundheit am Arbeitsplatz.

Wie eminent wichtig die zwei Seiten von Arbeit sind und welch bedeutende psychosoziale und psychohygienische Funktion die Erwerbsarbeit im Leben von Menschen übernimmt, ist kein neuer Gedanke; vielmehr hat die Arbeitslosigkeitsforschung der 1930er Jahre und hier vor allem die Studie zu den Arbeitslosen von Marienthal (Jahoda, 1983) gezeigt, daß Erwerbsarbeit eine salutogenetische Funktion in bezug auf Aktivität und Kompetenz, Zeitstrukturierung, Kooperation und Kontakt, soziale Anerkennung und persönliche Identität von Menschen hat. Die Frage von Jahoda (1983) „Wieviel Arbeit braucht der Mensch?" hat daher – gerade angesichts hoher Erwerbslosigkeit – sowohl aus der Perspektive der Psychopathologie der Arbeit als auch aus der Perspektive der salutogenetischen Funktion von Arbeit ungebrochene Bedeutung.

Literatur

Antonovsky, A. (1987). *Unraveling the mystery of health.* London: Jossey-Bass.

Antoni, C. (Hrsg.). (1994). *Gruppenarbeit in Unternehmen.* Weinheim: Psychologie Verlags Union.

Baillod, J., Holenweger, T., Ley, K. & Saxenhofer, P. (1993). *Handbuch Arbeitszeit* (2.Aufl.). Zürich: Verlag der Fachvereine.

Brandenburg, U., Kuhn, K., Marschall, B. & Verkoyen, C. (Hrsg.). (1996). *Gesundheitsförderung im Betrieb.* Bremerhaven: Wirtschaftsverlag NW.

Büssing, A. (1992). *Organisationsstruktur, Tätigkeit und Individuum. Untersuchungen am Beispiel der Pflegetätigkeit.* Bern: Huber

Büssing, A. (1993). Organisationsdiagnose. In H. Schuler (Hrsg.), *Lehrbuch der Organisationspsychologie* (S. 445-480). Bern: Huber.

Büssing, A. (1996a). Burnout at modern workplaces: Current state and future directions. In Bundesanstalt für Arbeitsmedizin Berlin (Ed.), *Occupational Health and Safety Aspects of Stress at Modern Workplaces* (pp. 47-61). Bremerhaven: Verlag für neue Wissenschaft GmbH.

Büssing, A. (1996b). Zur Rolle von Tätigkeitsspielräumen und Kontrolle am Arbeitsplatz für die Gesundheitsförderung. In U. Brandenburg, K. Kuhn, B. Marschall & C. Verkoyen (Hrsg.), *Gesundheitsförderung im Betrieb* (S. 53-77). Bremerhaven: Wirtschaftsverlag NW.

Büssing, A. & Perrar, K.M. (1992). Die Messung von Burnout. Untersuchung einer Deutschen Fassung des Maslach Burnout Inventory (MBI-D). *Diagnostica, 38,* 328-353.

Büssing, A. & Seifert, H. (Hrsg.). (1995). *Sozialverträgliche Arbeitszeitgestaltung.* München: Hampp.

Bundesministerium für Forschung und Technologie (BMFT) (1987). *Forschung zur Humanisierung des Arbeitslebens: Dokumentation.* Bonn: BMFT.

Burisch, M. (1994). *Das Burnout-Syndrom. Theorie der inneren Erschöpfung.* Berlin: Springer.

Cooper, C. L. & Payne, R. (Eds.). (1991). *Personality and stress – Individual differences in the stress process.* Chichester: Wiley.

Crandall, R. & Perrewé, P.L. (Eds.). (1995). *Occupational stress – A handbook.* Washington: Taylor & Francis.

Dörner, K. & Plog, U. (1994). *Irren ist menschlich. Lehrbuch der Psychiatrie/Psychotherapie.* Bonn: Psychiatrie-Verlag.

Dunckel, H. (Hrsg.). (1998). *Handbuch psychologischer Arbeitsanalyseverfahren.* Zürich: vdf.

Eckenrode, J. & Gore, S. (Eds.). (1990). *Stress between work and family.* New York: Plenum Press.

Edwards, J.R. (1996). An examination of competing versions of the person-environment-fit approach to stress. *Academy of Management Journal, 39*, 292-338.

Frese, M., Greif, S. & Semmer, N. (Hrsg.). (1978). *Industrielle Psychopathologie.* Bern: Huber.

Freude, G. & Ullsperger, P. (1997). *Analyse psychischer Beanspruchung anhand von Parametern der bioelektrischen Hirnaktivität.* Bremerhaven: NW.

Glaser, J. & Büssing, A. (1996). Widersprüchliche Anforderungen in der Arbeitstätigkeit, Zusatzaufwand und psychischer Streß. Konzepte und Überprüfung eines Vermittlungsmodells. *Zeitschrift für Arbeits- und Organisationspsychologie, 40*, 87-91.

Greif, S., Bamberg, E. & Semmer, N. (Hrsg.). (1991). *Psychischer Streß am Arbeitsplatz.* Göttingen: Hogrefe.

Green , G.M. & Baker, F. (1991). *Work, health, and productivity.* New York: Oxford.

Hacker, W. (1997). *Arbeitspsychologie. Psychische Regulation von Arbeitstätigkeiten.* Bern: Huber.

Hobfoll, S.E. (1989). Conservation of resources: A new attempt at conceptualizing stress. *American Psychologist, 44*, 513-524.

Hoyos, C. Graf & Wenninger, G. (Hrsg.). (1995). *Arbeitssicherheit und Gesundheitsschutz in Organisationen.* Göttingen: Verlag für Angewandte Psychologie.

Jahoda, M. (1983). *Wieviel Arbeit braucht der Mensch?* Weinheim: Beltz.

Karasek, R.A. & Theorell, T. (1990). *Healthy work.* New York: Basic Books.

Kornhauser, A. (1965). *Mental health of the industrial worker: A Detroit study.* New York: Wiley.

Lazarus, R.S. & Folkman, S. (1989). *Hassles and uplifts scales.* Palo Alto, CA: Consulting Psychologists Press.

Lazarus, R.S. & Launier, R. (1981). Streßbezogene Transaktionen zwischen Person und Umwelt. In J.R. Nitsch (Hrsg.), *Streß* (S. 213-259). Bern: Huber.

Leitner, K., Lüders, E., Greiner, B., Ducki, A., Niedermeier, R. & Volpert, W. (1993). *Analyse psychischer Anforderungen und Belastungen in der Büroarbeit. Das RHIA/VERA-Büro-Verfahren.* Hogrefe: Göttingen.

Luczak, H. & Rohmert, W. (1997). Belastungs-Beanspruchungs-Konzepte. In H. Luczak & W. Volpert (Hrsg.), *Handbuch Arbeitswissenschaft* (S. 326-331). Stuttgart: Schaeffer-Poeschel.

Luczak, H. & Volpert, W. (Hrsg.). (1997). *Handbuch Arbeitswissenschaft.* Stuttgart: Schaeffer-Poeschel.

Morris, J.A. & Feldman, D.C. (1996). The dimensions, antecedents, and consequences of emotional labor. *Academy of Management Review, 21*, 986-1010.

Murphy, L.R., Hurrell, J.J., Sauter, S.L. & Keita, G.P. (Eds.). (1995). *Job stress interventions.* London: APA.

Pelikan, J.M., Demmer, H. & Hurrelmann, K. (Hrsg.). (1993). *Gesundheitsförderung durch Organisationsentwicklung.* Weinheim: Juventa.

Quick, J.C., Murphy, L.R. & Hurrell, J.J. (Eds.). (1992). *Stress and well-being at work - Assessments and interventions for occupational mental health.* London: APA.

Richter, P. & Hacker, W. (1998). *Belastung und Beanspruchung: Streß, Ermüdung und Burnout im Arbeitsleben.* Heidelberg: Asanger.

Rosenstiel, L. von (1992). *Grundlagen der Organisationspsychologie.* Stuttgart: Schaeffer-Poeschel.

Sauter, S.L., Hurrell, J.J. & Cooper, C.L. (Eds.). (1989). *Job control and worker health.* Chichester: Wiley.

Schabracq, M.J., Winnubst, J.A.M. & Cooper, C.L. (Eds.). (1996). *Handbook of work and health psychology.* Chichester: Wiley.

Schaufeli, W.B., Maslach, C. & Marek, T. (Eds.). (1993). *Professional burnout: Recent developments in theory and research.* New York: Taylor & Francis.

Semmer, N. (1996). Individual differences, work stress and health. In M.J. Schabracq, J.A.M. Winnubst & C.L. Cooper (Eds.), *Handbook of work and health psychology* (pp. 51-86). Chichester: Wiley.

Ulich, E. (1994). *Arbeitspsychologie.* Stuttgart: Schäffer-Poeschel.

Zedeck, S. (Ed.). (1992). *Work, families, and organizations.* San Francisco: Jossey-Bass.

17 Alkohol, Medikamente und Drogen am Arbeitsplatz

Barbara Thiel

1 Drogenkonsum in der Arbeitswelt

Was sind Drogen? – Drogen sind Substanzen, die unmittelbar verändernd auf die Funktionen des Zentralnervensystems einwirken. Sie verändern die psychische Befindlichkeit, das heißt sie greifen in die natürlichen Abläufe des Körpers ein und beeinflussen Stimmungen, Gefühle und Wahrnehmungen. Deshalb werden sie auch als *psychotrope Substanzen* bezeichnet. Der Begriff der *„Drogen"* umfaßt sowohl bestimmte Medikamente (z.b. Schmerzmittel, Schlafmittel, Neuroleptika, Antidepressiva, Benzodiazepine) als auch Alkohol und Rauschmittel (z.b. Heroin, Kokain, Haschisch, LSD und Extasy).

Es ist zwischen *legalen und illegalen Drogen* zu unterscheiden. Zu den *legalen „Alltagsdrogen"*, die im folgenden näher ausgeführt werden, gehören Alkohol, Medikamente, Nikotin und Coffein. Nikotin und Coffein sind in ihrer Wirkungsweise und der Art der mit ihrem Mißbrauch zusammenhängenden Probleme sehr verschieden gegenüber den vorgenannten Drogen und werden in diesem Beitrag nicht behandelt.

Illegale Drogen sind jene Substanzen, deren Besitz, Herstellung und die Weitergabe in der Bundesrepublik durch das Betäubungsmittelgesetz verboten ist. Zu den illegalen Drogen gehören nach dem Betäubungsmittelgesetz weit über 100 Stoffe und Zubereitungen, die überwiegend pflanzlichen Ursprungs sind. In den letzten Jahren werden jedoch immer mehr Rauschgifte synthetisch hergestellt wie Amphetamine und Designerdrogen. Viele Drogenkonsumenten verhalten sich *polyvalent*, d.h. es werden gleichzeitig verschiedene illegale Drogen genommen oder mit legalen Drogen wie Alkohol und/oder Medikamenten zusammen konsumiert.

Cannabisprodukte wie Haschisch und Marihuana sind in Westeuropa und in der Bundesrepublik Deutschland die meistkonsumierten illegalen Drogen. Der Konsum verteilt sich auf alle sozialen Schichten und Altersgruppen. Auch Kokain spielt in der Drogenszene eine immer größere Rolle, ebenso auch die Synthetischen Drogen, die „designer drugs"(Amphetamin, LSD, MDA, Exstasy).

Der Spitzenreiter unter den Suchtstoffen ist in der Bundesrepublik noch immer der Alkohol. Die geschätzte Zahl der Alkoholkranken beträgt 2,5 Mio. gegenüber 800.000 Medikamentenabhängigen und ca. 100.000 Abhängigen illegaler Drogen.

Deswegen ist es nicht verwunderlich, daß der Schwerpunkt bei betrieblichen Konzepten zur Suchtproblematik am Arbeitsplatz beim Thema „Alkohol" liegt.

Alkohol bei der Arbeit. – In unserer Gesellschaft ist der Konsum von Alkohol ein sozial akzeptiertes, bei bestimmten Anlässen oft sogar erwünschtes Verhalten, das auch am Arbeitsplatz eine Rolle spielt. Denn es besteht häufig eine stillschweigende Übereinkunft, die gesellschaftliche Norm, „kein Alkohol während der Arbeitszeit", mit informellen Trinknormen zu umgehen. *Trinkanlässe* wie z.b. Geschäftsabschlüsse, Geburtstage, Jubiläen, Beförderungen, sind im betrieblichen Alltag ausreichend vorhanden.

Nicht alle Mitarbeiter im Betrieb sind in gleicher Weise durch den Alkohol betroffen. Nach übereinstimmender Einschätzung von Experten ergeben sich im Durchschnitt etwa folgende Konsumgruppen: 80 % Kulturtrinker, 10 % Gefährdete, 5 % Alkoholkranke, 5 % Nichttrinker. Bei den gefährdeten Arbeitnehmern liegt regelmäßiger Alkoholkonsum vor. Die Grenzen zur Krankeit sind dabei fließend. Störungen im Verhalten, in der Gesundheit und der Leistung treten bereits auf. Der Altersschwerpunkt der Alkoholabhängigen liegt zwischen 30 und 50 Jahren. Etwa 65 % der Alkoholabhängigen sind Männer, 35 % sind Frauen.

Medikamente in der Arbeitswelt. – Gegenüber der Alkoholproblematik stellt sich im Betrieb weit unauffälliger die Situation des *Medikamentenkonsums* dar. Es existieren nur allgemeine Schätzungen für die Verbreitung von Medikamentenabhängigkeit erwerbstätiger Personen. Etwa 1,3 % bis 2 % seien betroffen (Kastner 1990, S. 344). Wie eine im Auftrag der Bundeszentrale für gesundheitliche Aufklärung durchgeführte repräsentative Bevölkerungsbefragung zeigte, verwenden regelmäßig bzw. täglich 25 % der befragten Männer und 27 % der befragten Frauen während oder vor der Arbeitszeit Kombinationsschmerzmittel (Analgetika) mit leicht anregenden Bestandteilen wie Coffein, Codein, Ergotamin und/oder Barbiturate. Bei den Psychopharmaka-Verordnungen sind die benzodiazepinhaltigen Schlaf- und Beruhigungsmittel führend.

Illegale Drogen und Betrieb. – Im Gegensatz zu den USA sind die *illegalen Drogen* wie Haschisch, Kokain oder Heroin in Deutschland bis jetzt noch eher ohne große Bedeutung für die Arbeitswelt. Vor allem im quantitativen Vergleich zur Alkoholproblematik spielen sie eher eine untergeordnete Rolle. Inzwischen gibt es aber immer mehr Hinweise, daß es in Betrieben mit vielen Jugendlichen bzw. jungen Arbeitnehmern durchaus zum Drogengebrauch kommen kann.

2   Mögliche Auswirkungen von Suchtmittelkonsum auf den Betrieb

2.1 Ökonomische Auswirkungen

Daten zur Errechnung der durch Suchtmittelkonsum und deren Abhängigkeit verursachten Kosten am Arbeitsplatz sind spärlich. Vor allem für die Bundesrepublik Deutschland liegen kaum Zahlen vor; daher muß u.a. auf ausländische Quellen zurückgegriffen werden.

Ein *Produktivätsverlust* von 30,1 Mrd. US$ aufgrund von Suchtmittelmißbrauch wurde von Sloan, Gruman und Allegrante (1987, S. 10) veranschlagt. Dabei sind die Behandlungs- und Ersatzkosten für den betroffen Arbeitnehmer nicht enthalten. Eine Erhebung aus Großbritannien benennt den Produktionsverlust in der Industrie aufgrund von Alkoholproblemen mit 350 Mio. Pfund im Jahr. Auf der Grundlage von Unternehmensbefragungen wurde eine Faustformel entwickelt, nach der der Produktivitätsverlust von Alkoholkranken im Betrieb berechnet werden kann. Nach dieser Formel kann ein Alkoholkranker nur noch etwa 75 % seines Gehalts an Gegenleistung erbringen. Damit gehen 25 % der auf ihn entfallenen Personalkosten durch Minderleistung verloren (Rußland, 1988, S. 137).

Krankheitsbedingte Fehlzeiten stellen eines der dringlichsten Managementprobleme dar. In Großbetrieben waren Beschäftigte mit Alkoholproblemen, zweieinhalb mal so oft krank wie Nichtabhängige (Seidl, 1989, S. 28). Nach Aufzeichnungen einer deutschen Betriebskrankenkasse hatten neun alkoholabhängige Beschäftigte, bei einer Gesamtarbeitszeit von 16.425 Tagen eine Anzahl von 2.724 Fehltagen; diese Fehltage lagen signifikant über dem betrieblichen Durchschnitt.

2.2 Auswirkungen auf die Arbeitssicherheit

Die Sicherheit am Arbeitsplatz und auf der Straße beginnt nicht erst beim Mißbrauch von Suchtmitteln, sondern schon beim Gebrauch. Bei der Diskussion um Suchtmittel und Arbeitssicherheit wird häufig die Gefahr unterschätzt, die durch Restalkohol bzw. Restmedikamente und Drogen entstehen kann.

Die *Unfallgefährdung im Straßenverkehr* steigt mit zunehmendem Promillegehalt überdurchschnittlich. Schon bei 0,5 Promille Alkohol erhöht sich das Unfallrisiko auf das zweifache, bei 0,8 Promille auf das vierfache und bei 1,3 Promille sogar auf das zwölffache Risiko eines nüchternen Autofahrers. Diese Erfahrungswerte aus dem Unfallgeschehen im Straßenverkehr sind auf die *Arbeitssicherheit im Betrieb* übertragbar. Am Arbeitsplatz ist das Unfallrisiko von der Art der Tätigkeit abhängig. Arbeiten sind dann gefahrengeneigt, wenn hohe Konzentration und Aufmerksamkeit gefordert sind und wenn es auf schnelle Reaktionen ankommt. Bei 0,2 Promille kommt es bereits zu mehr Fehlern bei sensumotorischen

Aufgaben und zu Störungen des Gleichgewichtssystems. Die *Reaktionsfähigkeit* z.B. unter Alkoholeinfluß verringert sich bei 0,5 Promille um mindestens 5 % und bei 0,8 Promille bereits um 35 bis 50 %. Die *Sehfähigkeit* geht um ca. 25 % zurück und es kommt zur Blickfeldverengung (Tunnelblick). Eine ausgeprägte *Konzentrationsschwäche* tritt auf, Euphorie setzt ein, und die Enthemmung nimmt zu. Es kommt zur Selbstüberschätzung.

Abbildung 1
Unfallgefährdung durch Alkohol (nach Fuchs & Resch, 1996, S. 37)

Ebenso haben viele *Medikamente* in üblichen Dosierungen Wirkungen, die bereits eine Unfallgefährdung darstellen. Sie wirken auf das zentrale Nervensystem und beeinträchtigen deshalb die Konzentrationsfähigkeit und das Reaktionsvermögen. Erhöhte Blendfähigkeit, Gesichtsfeldeinschränkungen, Reduzierung des Hörvermögens oder Gleichgewichtsstörungen wurden ebenso beobachtet wie Bewußtseinsstörungen und beschleunigte Ermüdung (Fuchs & Resch, 1996, S. 32). Mit Recht zeigen einige Erhebungen daher die erhöhte Unfallgefahr auf, die im Zusammenhang mit Alkohol- und Medikamentenkonsum steht (Abbildung 1). Nach Schätzungen der Verwaltungsberufsgenossenschaft sind 10 bis 30 % der Arbeitsunfälle alkoholbedingt (Endruweit & Steinert, 1989, S. 135). Diese große Spanne ergibt sich, weil niemand genau weiß, bei welchem Unfall der Alkohol der Auslöser war. Alkoholkranke Beschäftigte sind von Arbeitsunfällen dreieinhalbmal so häufig betroffen wie andere Mitarbeiter. Vorgesetzte gaben in einer Befragung an, bei alkoholkranken Mitarbeitern liege in 70 % der Fälle eine größere Unfallgefährdung vor (Dommaschk-Rump & Wohlfarth, 1991, S. 171).

2.3 Auswirkungen auf das Arbeitsverhalten und Co-Abhängigkeit

Der Alkoholismus ist eine progressive Krankheit. Daher ist es wichtig, die Anzeichen für eine Alkoholgefährdung bzw. Alkoholabhängigkeit zu erkennen, um möglichst früh eingreifen zu können.

Stadium I: Das Arbeitsverhalten des Alkoholikers ist sprung- und wechselhaft. Durch den Alkoholkonsum kommt es zu nachlassender Produktiviät. Der Alkoholiker weicht Gesprächen über seinen Zustand geschickt aus. Er nimmt jede Trinkgelegenheit wahr und läßt keine betriebliche Feier aus. Zu den wirtschaftlichen Problemen kommen familiäre Spannungen.

Stadium II: Der Alkoholiker meidet jedes Zusammentreffen mit dem Vorgesetzten. Unpünktlichkeit und Überziehen der Mittagspause stellen sich ein. Der Alkoholkranke, der sich während der Pause durch Alkoholzufuhr stimulieren konnte, ist nach der Pause für kurze Zeit aktiv. Im weiteren Verlauf der Krankheit fällt der Alkoholiker durch frühzeitiges Verlassen des Arbeitsplatzes und gehäufte Fehlzeiten, verteilt über die Woche, auf.

Stadium III: Spätestens zu diesem Zeitpunkt wird der Alkoholiker wegen seines Trinkens auffällig. Der Alkoholiker leidet unter Schweißausbrüchen, zunehmender Unruhe und Gereiztheit. Dadurch kommt es häufiger zu Auseinandersetzungen mit Kollegen, was zu mündlichen und schriftlichen Verwarnungen führt.

Das Konzept der „Co-Abhängigkeit" beschreibt die spezifische Dynamik zwischen Abhängigem, dem Partner, Freunden, den Kollegen, dem Vorgesetzten. Mit dem Begriff „Co-Abhängiger" bezeichnet man all die Personen, die einen Abhängigen dabei unterstützen, seine Sucht aufrechtzuerhalten, z.B. Termine übernehmen, Lügen (Abbildung 2). Abhängigkeit und Co-Abhängigkeit entwickeln sich parallel in Phasen, d.h. es werden bis zur Eskalation die gleichen Verhaltensweisen ausgetauscht. Die Verhaltensweisen können als symmetrische Konkurrenzbeziehung bezeichnet werden (Bateson, 1981). So tolerieren z.B. die Kollegen in der *Beschützer- und Erklärungsphase* den Suchtmittelkonsum, das Trinkverhalten wird entschuldigt. Der Unmut wächst in der Gruppe, da Fehler ausgebessert werden müssen und Arbeit für den Betroffenen mit übernommen werden muß. Wenn sich das Trinkverhalten nicht ändert, kommt es verstärkt zu Kontrollen durch die Kollegen (*Kontrollphase*). Es erfolgen Schuldzuweisungen, man distanziert sich vom Kranken und erwartet vom Vorgesetzten eine „schnelle Lösung" des Problems. In diesem Stadium werden oft Arbeitszeiten damit verbracht, den Betroffenen zu beobachten und zu verfolgen und über ihn zu reden (*Anklage- und Ausgrenzungsphase*). Offensichtlich kann ein derart durch Ablehnung und Angst geprägtes Gruppenklima nicht als positiv bezeichnet werden und damit keine effektive Zusammenarbeit zulassen.

Dem Vorgesetzten kommt eine wichtige Rolle zu, dieses suchtverlängernde System zu unterbrechen und langfristig eine positive Veränderung herbeizuführen. Gründe für das Co-Alkoholikerverhalten sind oft: Hemmungen vor einem Konfliktgespräch, fehlende Kompetenz in der Durchführung einer konsequenten Intervention, Ängste vor Disharmonie und Konflikte in der Arbeitsgruppe (Ziegler, 1991).

Co-Alkoholikerverhalten

Umfeld		Abhängige
Erklärungs-/	*Appelle*	- verneinen
Beschützerphase:	versprechen	- abstreiten
- decken		- abstinente
- verschleiern		Phasen
		Rückfall
Kontrollphase:	*Drohungen*	- erklären
- verbergen	versprechen	- heiml. Trinken
- tabuisieren		- zurückziehen
- kontrollieren		**Rückfall**
Anklagephase:		zunehmender Verfall
- Aggressionen		
- Haß		

Abbildung 2
Co-Alkoholikerverhalten (nach Wilke & Ziegler, 1989, S. 17)

2.4 Auswirkungen der Arbeit auf den Alkoholkonsum

Umfangreichere empirische Untersuchungen, die sich mit dem Einfluß von Arbeitsbedingungen auf den Suchtmittelkonsum beschäftigen, gibt es kaum. Meist ist der Zusammenhang zwischen Arbeitssituation und Problemtrinken nicht deutlich nachweisbar und im starken Maße abhängig von dem jeweils zugrundegelegten Streß- oder Belastungskonzept und den Meßinstrumenten. In ihrer nationalen Längsschnittstudie fanden Mensch und Kandel (1988) die Tendenz, daß hohe Belastungen bei geringer Kontrolle mit gesteigerter Menge und Häufigkeit des Alkoholkonsums einhergehen. Faßt man aus den wenigen Untersuchungen (z. B. Donath & Hülke, 1981; Mensch & Kandel, 1988; Weiss, 1980) die wichtigsten Ergebnisse zusammen, dann kristallisieren sich folgende, das *Konsumrisiko erhöhende Arbeitstätigkeitsmerkmale* heraus:

- Schlechte ergonomische Arbeitsbedingungen (z.B. Staub, Temperatur, Licht, Lärm),
- schwere körperliche Arbeit, z.B. Akkordarbeit,
- alle monoton-repetitiv bewertete Arbeitstätigkeiten mit hohem Zeitdruck,
- qualitative Unterforderung mit der Folge von Unzufriedenheit und Spannung,
- mangelnde soziale Anerkennung; Fehlen von Kooperations- und Kommunikationsbeziehungen am Arbeitsplatz,
- das Gefühl von geringer Kontrolle über wenig Einflußmöglichkeiten auf die Arbeitssituation,
- geringe Störanfälligkeit des Arbeitsablaufes durch Alkohol.

Folgende betriebliche *Umfeldfaktoren* haben Auswirkungen auf einen problematischen Umgang mit Suchtmitteln:
- hohe Verfügbarkeit,
- problematisches Konsumklima: negative Modelle, suchtmittelfreudiges Image, wenig Mißbrauchskontrolle,
- hohe betriebliche Belastungen,
- geringes Anforderungsniveau,
- schlechte Bewältigungsbedingungen im Betrieb,
- wenig Unterstützung durch Vorgesetzte,
- geringe lebensgeschichtlich erworbene Kompetenz im Umgang mit Suchtmitteln und mit Belastungen,
- problematische außerberufliche Lebenssituation,
- soziale und emotionale Bedingungen,
- leichte Ansprechbarkeit auf Suchtmittel (Polli, 1988).

3 Betriebliche Strategien und Lösungsmöglichkeiten

3.1 Handlungsalternativen für den Betrieb

Dem Unternehmen stehen in der Regel *drei Handlungsalternativen* für die Lösung von Alkoholproblemen bzw. Problemen mit Suchtmitteln zur Verfügung:
1. Die Hinnahme des suchtbedingten Verhaltens des Mitarbeiters bis zur „Kündigungsreife".
2. Ein generelles Alkoholverbot.
3. Ein Präventions- und Interventionskonzept mit einheitlichen und gezielten Maßnahmen zur Begrenzung des Schadens; Unterstützung und Wiedererlangung der Arbeitsfähigkeit des Betroffenen; Förderung des Gesundheitsbewußtseins und Reduktion des Gefährdungspotentials.

Die *Hinnahme des Alkohol- bzw. Suchtmittelproblems* erfordert angesichts des langfristigen Krankheitsverlaufes die Akzeptierung der Kosten durch Minderleistung, Fehlzeiten, des Risikos der Imagebeeinträchtigung und die Übertragung der Verantwortung für einen nicht kostenkalkulierbaren Haftungsfall auf die jeweiligen Vorgesetzten. Da es sich bei Alkoholismus, Medikamenten- und Drogensucht um eine Krankheit i.S. der RVO handelt, ist die Kündigung im Endstadium durch die Rechtsprechung ohne vorherige Maßnahmen des Arbeitgebers erschwert.

Der Alkoholkonsum erhöht im Betrieb zweifellos das Unfallrisiko – umso mehr, wenn es sich um gefahrengeneigte Arbeitsplätze handelt. Deshalb ist auch an bestimmten Arbeitsplätzen ein *Alkoholverbot* notwendig. Der Alkoholabhängige richtet aber sein Hauptaugenmerk darauf, dieses Verbot zu umgehen, da es sich um eine Suchtkrankheit handelt. Betroffene und auch ihr Umfeld werden die Verheimlichung und Verdrängung perfektionieren. Eine Einhaltung des Alkoholverbots ist aber auch nie lückenlos kontrollierbar. Ein Alkoholverbot als alleinige Maßnahme ist daher nicht positiv zu bewerten. Die Annahme, man könne sich bei Verstößen von den Suchtkranken trennen, ist meist falsch. Hier gelten arbeitsrechtlich die Kriterien der krankheitsbedingten Kündigung, d.h., das Unternehmen muß nachweisen, daß dem Mitarbeiter adäquate Hilfen angeboten wurden, die Prognose bezüglich der „Heilung" des Betroffenen negativ ist und dem Unternehmen ein erheblicher wirtschaftlicher Schaden durch die Krankheit entstanden ist.

Um eine Einstellungsänderung (Trinkkultur) zum Alkohol zu erreichen, ist eine Einbettung in ein langfristiges Präventionskonzept erforderlich. Damit steht das Alkoholverbot am Ende einer längerfristigen, betrieblichen Entwicklung mit der Chance, von allen Arbeitnehmern als freiwillige (weil notwendige) Selbstbeschränkung gesehen zu werden.

Bei dem *Präventions- und Interventionskonzept* mit gezielten Maßnahmen handelt es sich um kein „Therapiemodell", sondern um ein *Präventionsprogramm* mit *Beratungs-Konzeption*. Die Prävention hat dabei das Ziel, als Teil einer verbesserten Unternehmenskultur einen verantwortungsbewußten Umgang mit Alkohol (*Trinkkultur*) und anderen Suchtmitteln anzustreben und das Abgleiten in normabweichenden Suchtmittelkonsum zu verhindern. Dies soll durch umfassende und kontunierliche Information und Sensibilisierung der Führungskräfte und aller Mitabeiter geschehen (*kommunikative Primärprävention*). Die betrieblichen Bedingungen, die diesen Zielen widersprechen, sind nach einer Diagnose soweit wie möglich zu beseitigen. Weiterhin geht es um die Analyse und Beseitigung risikofördernder und damit verhaltensbestimmender Faktoren (*strukturelle Primärprävention*). Die *Intervention* (Hilfe) hat zum Ziel, Arbeitnehmer mit normabweichendem Suchtmittelkonsum zur Veränderung ihres Konsumverhaltens zu motivieren bis hin zur Vermittlung von Hilfen (therapeutische Maßnahmen) im

Sinne des Arbeitsplatzerhaltes. Dabei soll erreicht werden, möglichst früh Arbeitnehmer mit auffälligem Verhalten zu erfassen bzw. bereits Erkrankte so früh wie möglich einer Behandlung zuzuführen und nach erfolgter Therapie wiedereinzugliedern und Rückfälle zu verhindern (*Tertiäre Prävention*). Voraussetzung ist die Schaffung einer formalen Struktur der Hilfsangebote (*Leitlinie*) durch Einführung einer Interventionskette. Weitere Voraussetzungen sind die Einführung von Maßnahmen zur Früherkennung und zum Gesundheitsschutz (*Sekundäre Prävention*).

3.2 Betriebliche Programme

Inzwischen gibt es in Deutschland schätzungsweise 1.500 bis 2.000 betriebliche Suchtpräventionsprogramme, die in verschiedenen Variationen mehr oder minder die Forderung nach Prävention und Intervention erfüllen. Diese Programme lassen sich in zwei Kategorien einteilen:

– Programme mit gezielten Interventionen ausschließlich zur Suchtproblematik am Arbeitsplatz, wie z.B. Suchtpräventions- und Alkoholpräventionsprogramme;
– Umfassendere Programme, wie z.B. Gesundheitspräventionsprogramme (Wellness oder Health Promotion Program) und Mitarbeiter-Beratungsprogramme (Employee Assistance Program, kurz EAP genannt, oder Employee Enhancement Program, EEP).

Die *Programme zur Alkoholismus- bzw. Suchtprävention* haben das Ziel, alkoholgefährdete Arbeitnehmer so früh wie möglich zu identifizieren und einer entsprechenden Behandlung zuzuführen. Weiteres Ziel ist die Aufklärung der Führungskräfte und Mitarbeiter über die Gefahren des Alkoholkonsums sowie über die Problematik des Co-Alkoholismus. Zur Durchführung dieser Programme werden oft ehrenamtliche Suchthelfer (Laienberater, die meist ehemalige Betroffene sind) eingesetzt. Die Anleitung, Überwachung und Koordination der Laienberater erfolgt meistens durch Psychologen, Sozialpädagogen oder Betriebsärzte. Ein institutionalisierter Arbeitskreis „Sucht" formuliert die Ziele, entscheidet über die Einführung von Maßnahmen und initiiert die Öffentlichkeitsarbeit.

Bei den *Gesundheitsförderungsprogrammen (Wellness- oder health promotion program)* sind die Zielgruppen die gesunden bzw. nahezu gesunden Mitarbeiter. Durch die betrieblichen Maßnahmen sollen die Mitarbeiter Verantwortung für ihre persönliche Gesundheit übernehmen und durch einen entsprechenden „gesunden Lebensstil" ihre Gesundheit erhalten und damit Krankheiten vorbeugen. Die *Mitarbeiter-Beratungsprogramme (Employee Assistance Program, Employee Enhancement Program)* zielen darauf ab, akute psychosoziale Krisen zu behandeln. Eine Weiterentwicklung der EAP's sind die „Employee Enhancement Programs" (EEP). Über die betriebliche Suchtprävention hinaus bieten sie auf der

Basis eines ganzheitlichen Gesundheitskonzepts Hilfeleistungen (anonyme Beratungen, Diagnose, Überweisung, Kurzzeitinterventionen) für alle Führungskräfte, Mitarbeiter und deren Familienangehörigen durch eigene oder unternehmensfremde Einrichtungen an. Im Rahmen dieser unterschiedlichen Formen betrieblicher Programme (s. Kasten 1) werden keine Laienhelfer, sondern fachlich geschulte Berater eingesetzt.

Kasten 1
Beispiel eines Alkoholpräventionsprogramms (Santa-Barbara, 1984)

Das „*referral agent-model*" ist primär darauf ausgerichtet, alkoholgefährdete Mitarbeiter in Unternehmen frühzeitig zu identifizieren, sie zur Beratung und Weiterbehandlung aber an externe Einrichtungen weiterzuleiten. Diese Programme sind sehr kostengünstig, da für das interne Vorgehen lediglich Laien eingesetzt werden müssen. Nachteil dieses Modells ist: Laien verweisen potentielle Patienten an Einrichtungen außerhalb der Firma. Genaue Absprachen zwischen Fachpersonal z.B. einer Klinik und dem firmeninternen Berater sind oft schwierig.

Das „*direct counseling model*" verfügt über eigene firmeninterne, installierte Beratungs- und Behandlungsrichtlinien. Der Vorteil liegt hier in der unmittelbaren und situationsangemessenen Zugangsmöglichkeit zum gefährdeten und kranken Mitarbeiter. Die Berater sind bei diesem Model fachspezifisch ausgebildet. Durch die höhere berufliche Qualifikation entstehen aber natürlich höhere Personalkosten. Eine Mischform zwischen diesen beiden Modellen stellt das „*case management model*" dar. Es werden hier innerbetriebliche Krisenberatungen, Kurzzeitinterventionen und rehabilitierende Maßnahmen angeboten. Zur Behandlung aber werden die Beschäftigten an geeignete externe Einrichtungen weitervermittelt.

3.5 Bewertung bisheriger betrieblicher Programme

Um sich als Betrieb für einen Programmtyp entscheiden zu können ist eine kurze Reflexion über die Erfahrungen der bisherigen Alkohol- und Suchtpräventionsprogramme hilfreich. In den letzten 15 Jahren wurden vor allem in größeren Organisationen Vorgehensweisen entwickelt, die einen betrieblich geregelten Umgang mit Suchtkranken ermöglichen. Dazu werden oft Betriebsvereinbarungen abgeschlossen. In Klein- und Mittelbetrieben besteht gegenüber diesem Problembereich oft noch eine große Hilflosigkeit (Hauptverband der Gewerblichen Berufsgenossenschaften, 1995; Rußland, 1988; Rußland & Plogstedt, 1986).

Die meisten Programme der deutschen Unternehmen laufen unter dem Begriff „Alkoholprogramm/Alkoholprävention". Sie konzentrieren sich überwiegend auf das Handling von Alkoholproblemen. Andere Suchtstoffe werden kaum problematisiert. Bei den bestehenden Programmen erfolgt ein Eingriff erst, wenn der Mitarbeiter bereits stark beeinträchtigt oder schon suchtkrank ist und der Betriebsablauf erheblich gestört wird. Die Sekundärprävention (Früherkennung) bezieht sich immer nur auf die geschätzten 5 % der Mitarbeiter, die alkoholkrank sind. Strenggenommen kann man sagen: Eine Suchtprävention findet in der Arbeitswelt nicht statt. D.h., die meisten betrieblichen Programme begreifen den Präventionsbegriff nur im Sinne einer Verhaltensänderung der Menschen (oft nur der Suchtkranken). Primärprävention bedeutet dabei in der Praxis oft nur die Veränderung der innerbetrieblichen Verfügbarkeit von alkoholischen Getränken und die Einflußnahme auf das individuelle Trinkverhalten (Rußland, 1992, S. 68-71). Leider gibt es noch viel zu wenige Evaluationsstudien, um eine abschließende Bewertung aller Aktivitäten vornehmen zu können.

4　Neuorientierung betrieblicher Suchtprävention

Suchtprävention als Organisationsentwicklungsmaßnahme. – Soll das Problem Sucht am Arbeitsplatz langfristig wirkungsvoll angegangen werden, darf die Suchtproblematik nicht allein als Aspekt der Persönlichkeit des Individuums gesehen werden. Auch die Arbeitsumwelt spielt als möglicher Mitverursacher eine Rolle. Erst die Betrachtung der gesamten psychischen, physischen und sozialen Situation des Betroffenen ermöglicht eine adäquate Reaktion. Somit bedarf es also eines integrierten, umfassenden Präventionskonzeptes im Sinne einer Organisationsentwicklungsmaßnahme.

Welches Programm ist nun das effektivste? – Will ein Betrieb das Thema „Suchtprävention" angehen, so ist ein betriebliches *Suchtpräventions- und Interventionsprogramm*, das die genannten Ebenen enthält, sicherlich ein erfolgsversprechender Weg. Startet ein Betrieb mit einem Suchtpräventionsprogramm, ist dieses sicherlich zu einem späteren Zeitpunkt in ein Gesundheitspräventionsprogramm integrierbar. Umgekehrt ist es aber auch möglich, ein Gesundheitsförderungsprogramm zu entwickeln, in dessen Rahmen auch ein Konzept zur Suchtprävention enthalten ist. Bei ganzheitlicher Betrachtung der Problematik, wie dargestellt, werden die dort genannten Zielvorstellungen auf der individuellen und institutionellen Ebene durch ein Programm, das *Gesundheitsförderung und Mitarbeiter-Beratung (EAP)* kombiniert, am besten abgedeckt.

　　Bei aller Unterschiedlichkeit in den Ansätzen der betrieblichen Programme haben sich folgende *Bausteine* als wichtig für ein Gesamtprogramm herausgestellt:
– Bildung eines *Arbeitskreises „Sucht oder Gesundheit"* als zentrale Steuerungsinstanz mit klarem Arbeitsauftrag und Entscheidungsträgern zur Erarbeitung und Koordinierung der langfristig anzulegenden Einzelmaßnahmen;
– *Schulungen, Training und Beratung von Führungskräften* aller Hierachieebenen und Mitgliedern der Arbeitnehmervertretungen;

- Einführung einer *Leitlinie* als Handlungsorientierung. Die konkrete Art und Weise des Umgangs mit suchtgefährdeten und -kranken Mitarbeitern wird in einer Verfahrensregelung mit dem Prinzip der abgestuften Interventionskette festgelegt;
- Aufbau eines *innerbetrieblichen Hilfsnetzes* (Beratungsangebot) mit haupt- und nebenamtlichen Sucht- und Sozialberatern;
- *Vernetzung mit den außerbetrieblichen Hilfesystemen* (Regionale Beratungs- und Behandlungsstellen);
- *Präventive Maßnahmen und Informationsstrategien* (Veränderung von gesundheitsschädigenden und belastenden Arbeitsbedingungen, Veränderungen der innerbetrieblichen Trinkkultur);
- Interne und externe Öffentlichkeitsarbeit;
- Formulierung einer verbindlichen „Firmenpolitik" im Umgang mit Suchtmittelproblemen am Arbeitsplatz

(nach Fuchs & Resch, 1996, S. 123).

Schwierigkeiten und Widerstände bei der Ein- und Durchführung von Präventions- und Interventionsprogrammen. – Bei der Ein- und Durchführung von Präventionskonzepten muß man bei folgenden Gruppen mit Widerständen rechnen: Die *Unternehmensleitung* kann befürchten, ein Suchtpräventionsprogramm werde dem Image des Betriebes schaden. Die Einbeziehung der *Arbeitnehmervertreter* bei Maßnahmen, die den Suchtmittelkonsum senken, ist schwierig, weil sie Widerstände aus der Belegschaft fürchten und u.U. selbst betroffen sind. Widerstände von *Vorgesetzten* können auftreten, weil befürchtet wird, die Offenlegung von Alkoholproblemen in ihrem Bereich wirke sich negativ auf die Stellung des Arbeitsbereichs im Betrieb aus. Außerdem könnten Schwierigkeiten mit Mitarbeitern mit Suchtproblemen als mangelndes Führungsverhalten verstanden werden. *Betriebsärzte* könnten den Anstrengungen um ein Suchtpräventionsprogramm entgegenwirken, weil sie befürchten, ihre Kompetenz im Bereich des betrieblichen Gesundheitsschutzes würde eingeschränkt. Betriebsärztliches Verständnis von Hilfe oder Prävention stimmt oft nicht mit dem Verständnis der Psychologen und Sozialpädagogen überein. Die Tätigkeit des *Sozialpädagogen* berührt das Selbstverständnis der Arbeitnehmervertretung. Das Konzept der Co-Abhängigkeit wird von den *Beteiligten* nicht angenommen, da sie nicht akzeptieren wollen, daß das bisherige Verhalten falsch gewesen sein soll.

Möglichkeiten kleinerer und mittlerer Betriebe. – Auch kleinere und mittlere Betriebe müssen nicht auf Hilfsmaßnahmen verzichten. Ausgebildete ehrenamtliche Suchthelfer leiten die Maßnahmen ein und vermitteln an externe Suchtberatungsstellen. Eine andere Möglichkeit bietet ein Modell „überbetrieblicher Suchthilfe". Hier schließen sich auf regionaler Ebene mehrere Betriebe zusammen und finanzieren gemeinsam eine Suchtberatungsstelle. Für die Organisation und Koordination der überbetrieblichen Maßnahmen, wie für die Sucht- bzw. Sozialberatung, wird ein Vertrag mit einem ausgebildeten Suchtberater (Psychologe oder Sozialpädagoge) abgeschlossen. Empfehlenswert wäre außerdem die Kooperation mit einer psychosozialen Beratungsstelle, Suchtberatungsstelle, psychologischen Praxis, freien Wohlfahrtsverbänden oder einer Klinik. Auch die Krankenkassen bieten den Betrieben Serviceleistungen im Rahmen der Gesundheitsprävention an und sind an einer Kooperation interessiert.

Literatur

Bateson, G. (1981). Die Kybernetik des Selbst: Eine Theorie des Alkoholismus. In G. Bateson, *Ökologie des Geistes*. Frankfurt.

Dommaschk-Rump, C.& Wohlfarht, U. (1991). Alkohol am Arbeitsplatz – Vorgesetzte nehmen Stellung. *Sucht, 37*, 167-174.

Donath, R. & Hülke, B. (1981). *Projekt „Alkohol im Betrieb". Projektinformation (Zwischenbericht)*. Unveröff. Manuskript.

Endruweit, G. & Steinert, T. (1989). Alkohol im Betrieb. In B. Ludborzs (Hrsg.), *Psychologie der Arbeitssicherheit. 4. Workshop 1988* (S. 135-140). Heidelberg: Asanger.

Fuchs, R. & Resch, M. (1996). *Alkohol und Arbeitssicherheit*. Göttingen: Hogrefe.

Hauptverband der Gewerblichen Berufsgenossenschaften (Hrsg.). (1995). *Alkohol im Betrieb*. Sankt Augustin: Hauptverband der Gewerblichen Berufsgenossenschaften.

Kastner, M. (1990). *Organisationskultur. Über den Stand der Forschung heute*. Landsberg am Lech: Verlag moderne Industrie.

Mensch, B.S. & Kandel, D.B. (1988). Do job conditions influence the use of drugs? *Journal of Health and Social Behaviour, 29*, 169-184.

Polli, E. (1988). *Betriebliche Sekundärprophylaxe*. Schweizerischer Verband von Fachleuten für Alkoholgefährdeten- und Suchtkrankenhilfe. Kreuzlingen: VSFA.

Rußland R. (1988). *Suchtverhalten und Arbeitswelt. Vorbeugen, Aufklären, Helfen*. Frankfurt: Fischer.

Rußland R. (1992). Suchtprävention findet in der Arbeitswelt nicht statt. *Partner. Heft 1*. 68-69.

Rußland R. & Plogstedt S. (1986). *Sucht. Alkohol und Medikamente in der Arbeitswelt*. Frankfurt a. M.: Fischer.

Santa-Barbara, J. (1984). Employee assistance program: An alternative resource for mental health service delivery. *Canada's Mental Health, 33*, 35-38.

Seidl, C. (1989). *Alkohol im Betrieb*. Wien: Personalwirtschaftliche Reihe. Band 2. Wien: Wirtschaftsuniversität.

Sloan, R. & Gruman, J. & Allegrante, J. (1987). *Investing in employee health. A guide to effective health promotion in the workplace*. San Francisco. Jossey-Bass.

Weiss, W. (1980). *Beruf, Arbeitssituation und exzessiver Konsum von Alkohol*. Lausanne: Schweizerische Fachstelle für Alkoholprobleme, Forschungsabteilung.

Wilke K.-H. & Ziegler H. (1989). *Probleme mit dem Alkohol. Eine Fibel für den Betrieb* (4. erw. Aufl.). Köln: Deutscher Instituts Verlag.

Ziegler, H. (1991). Co-Abhängigkeit am Arbeitsplatz. *Guttempler. Nr. 4*.

18 Telearbeit

André Büssing

1 Telearbeit: Formen, Verbreitung und Potential[1]

Bereits Ende der 70er Jahre fanden sich Vorreiter der Telearbeit, so die ersten Telecommuter in den USA, Telearbeiter in der Druckindustrie oder in Nachbarschaftsbüros etwa in Skandinavien. Doch stieß Telearbeit in den 80er Jahren insgesamt noch auf Ablehnung; mit ihr wurden vielfach Arbeitsverhältnisse im Sinne einfacher Heimarbeit, „Tagelöhnerie" o.ä. verbunden.

Warum befindet sich die Telearbeit heute im Aufwind? Der Anstieg an Informationsarbeit verbunden mit der rasanten Entwicklung in punkto Leistung, Vernetzung und Kostenverfall der Technologien erlaubt neue Qualitäten von Telearbeit (z.B. Andriessen & Roe, 1994). Globalisierung, Verschärfung der internationalen Konkurrenz und ein kundenorientierterer Markt verlangen neue, flexible Organisationsstrukturen (modulare, verteilte, virtuelle Strukturen; flexible Arbeitszeitmodelle), in die sich Telearbeit als orts- und zeitflexible Arbeitsform gut einzupassen scheint (z.B. Reichwald, in diesem Band). Neue gesellschaftliche Lebensformen (Auflösung von Kernfamilien, Zunahme weiblicher Erwerbstätigkeit, Individualisierung der Lebensläufe, etc.) lassen die Vereinbarung von Familie, Arbeit und Freizeit zum betrieblichen Gestaltungsfeld werden und folglich Telearbeit an Aktualität gewinnen.

1.1 Formen von Telearbeit

Unter Telearbeit werden kommunikations- und informationstechnische Einrichtungen räumlich entfernt vom Auftraggeber genutzt; es liegt eine räumliche Distanz zwischen Arbeits- und Verwendungsort vor, die mittels elektronischer Kommunikationstechnik überbrückt wird. Telearbeit ist wesentlicher Teil einer fortschreitenden *Telekooperation*, also der mediengestützten, arbeitsteiligen Leistungserstellung zwischen standortverteilten Aufgabenträgern, Organisationseinheiten und Organisationen (Reichwald, Möslein, Sachenbacher, Englberger & Oldenburg, 1998). Neben der Telearbeit umfaßt die Telekooperation das *Telemanagement* als mediendisloziierte Aufgabenkoordination und die *Teleservices* (z.B. Teleberatung, -medizin, -lernen, -überwachung, -engineering, -banking, -shopping).

Formen der Telearbeit werden zumeist nach ihrer räumlichen, zeitlichen, vertraglichen und technischen Regelung differenziert (z.B. Kordey & Korte,

1996). Die *räumliche Gestaltung* bestimmt den Ort der Telearbeit, zu Hause, in Gemein-schaftsbüros oder unterwegs. Wird überwiegend am häuslichen Arbeits-platz gearbeitet, spricht man von *Teleheimarbeit*. Findet ein Wechsel zwischen dezentralem (z.b. häuslicher Arbeitsplatz) und zentralem Arbeitsplatz statt, wird von *alternierender Telearbeit* gesprochen. In *mobilen Telearbeitsverhältnissen* kann der Arbeitsort durch Nutzung mobiler Kommunikationstechnologien völlig oder weitgehend ortsungebunden sein (z.b. in Außendienstberufen, im Manage-ment oder Handwerk). Unter *kollektiver* Telearbeit versteht man Telearbeitsplätze in Gemeinschaftsbüros wie Satelliten- oder Nachbarschaftsbüros, Teleservice-center, Telezentren usw. (Büssing & Aumann, 1997a). Der zeitliche Umfang bestimmt, ob permanent Telearbeit verrichtet wird (z.b. Teleheimarbeit) oder ob Telearbeit und Tätigkeiten in der Organisationszentrale etwa unter alternierender Telearbeit abwechseln. Vertraglich wird Telearbeit im Arbeitnehmerstatus, unter dem Heimarbeitsgesetz, mit Werk- oder freiem Dienstvertrag sowie in der Selb-ständigkeit verrichtet. Die technische Anbindung erfolgt im on-line (z.b. über ISDN) oder im off-line Betrieb.

1.2 Verbreitung und Potential von Telearbeit

Telearbeit ist weit verbreitet, es bestehen jedoch länderspezifische Eigenarten in ihrer Organisation aufgrund von kulturellen, gesellschaftlichen, geographischen und wirtschaftlichen Zusammenhängen. Die Angaben zur Verbreitung variieren beträchtlich; Schwierigkeiten, verdeckte Erscheinungsformen von Telearbeit zu erfassen, und begriffliche Vielfalt erschweren eine verläßliche Schätzung (EITO, 1996; Empirica, 1994; Godehardt, 1994; IAO, 1997; Rane, 1995; ZVEI/VDMA, 1995).

Die USA gelten als das Geburtsland der Telearbeit und führen mit 3 bis 20 Mio. geschätzten Telearbeitern die Spitze in der Verbreitung an. Für *Europa* reichen die Schätzungen von 1.25 Mio. bis 17 Mio., wobei *Großbritannien* mit 250.000 bis zu 1.5 Mio. vorne liegt und die südeuropäischen Länder *Spanien* und *Italien* mit jeweils geschätzten 100.000 Telearbeitsplätzen zurückliegen. Für *Deutschland* hielt eine Expertengruppe in 1996 höchstens 10.000 häusliche und alternierende Telearbeitsplätze für realistisch (Witte, 1996; zit. nach Reichwald, Möslein, Sachenbacher & Englberger, 1997). Diesen Angaben stehen die Zahlen vom Fraunhofer Institut für Arbeitswirtschaft und Organisation gegen-über, die von 500.000 mobilen, 350.000 alternierenden, 22.000 häuslichen und 3.500 kollektiven (Satelliten-, Nachbarschaftbüros) Telearbeitsplätzen ausgehen. Darüber hin-aus sollen weitere ca. 135.000 Unternehmen und Behörden Telearbeit anbieten und rund 225.000 Telearbeit planen (IAO, 1997).

Die *Entwicklungspotentiale* werden in Europa sehr unterschiedlich eingeschätzt. Während die European Commission (1994) rd. 10 Mio. Telearbeitsplätze für die EU und der ZVEI/VDMA (1995) rd. 800.000 für Deutschland bis zum Jahre 2000 erwarten, zeigen Schätzungen in den Unternehmen und in der Bevölkerung unterschiedliche Potentiale an. Empirica (1994) kommt für das Jahr 2000 zu Zahlen, die bei 2,48 Mio. für Deutschland und bei 10 Mio. Telearbeitsplätzen für Europa liegen.

2 Telearbeit: Aufgaben, Eignung, Nutzen und Kosten

2.1 Aufgaben unter Telearbeit

Telearbeit ist Informationsarbeit und wird heute überwiegend von Fachkräften und „Wissensarbeitern" verrichtet. Das war nicht immer so; in den 80er Jahren standen gering qualifizierte Daten- und Texterfassungsarbeiten im Vordergrund. Mittlerweile werden vor allem Programmier- und Managementaufgaben in Telearbeit ausgeübt, während Texterfassung und -bearbeitung inzwischen weniger verbreitet sind (Godehardt, 1994). Einen geringen Anteil nehmen Sekretariats- und Unterstützungsarbeiten ein, was auf deren hohen Abstimmungsbedarf zurückzuführen ist. Besser für Telearbeit sind Aufgaben geeignet, die wenig regelmäßige Kooperation und wenig spontane persönliche Kommunikation mit der Zentrale verlangen. In der Zukunft haben Tätigkeiten mit mittlerem bis hohem Qualifikationsniveau in der qualifizierten Sachbearbeitung sowie Fach- und Führungsaufgaben (z.B. Buchhaltung, Planungstätigkeiten, Vorbereitung von Schulungen/Seminaren, Antragsbearbeitung) gute Verbreitungschancen (Godehardt, 1994; TA Telearbeit GmbH, 1997).

2.2 Eignung zur Telearbeit

Telearbeit als orts- und zeitflexible Arbeitsform erhöht die Anforderungen an die intrinsische Motivation der Beschäftigten (z.B. Chapman, Sheehy, Heywood, Dooley & Collins, 1995). Diese erwächst aber nicht zuletzt aus dem sozialen Kontext von zentral verrichteter Arbeit, etwa durch das Betriebsklima, die persönliche Anerkennung und die soziale Unterstützung durch Kollegen und Vorgesetzte. Van Sell und Jacobs (1994) schreiben Telearbeits- gegenüber Büroarbeitsinteressierten eine unterschiedliche Arbeitsorientierung zu, d.h. arbeitszufriedene Telearbeiter haben ein intrinsisches Interesse an der Arbeit und ihrer sachlichen Herausforderung, während „office programmers derived most of their satisfaction from managing others and from having status in the office hierarchy" (p. 85). Motivationsproblemen unter Telearbeit könnte durch einen genügend umfangreichen zeitlichen Anteil an zentraler Arbeit vorgebeugt werden (Glaser & Glaser, 1995).

Nilles (1994) spricht von Selbstdisziplin als einem wichtigen Schlüssel zur erfolgreichen Telearbeit. Der Schritt weg von der direkten Führung fordert die Fähigkeiten der Telearbeiter/-innen zur Selbstorganisation. Mangelnde Eignung und Kompetenzen zur Selbstorganisation können zu Zeitdruck, Streß, Überforderung und reduzierter Arbeitsqualität führen. Selbstorganisation bedeutet unter zeitflexibler Telearbeit verstärkt Zeitverantwortung, die der gewonnenen Zeitsouveränität mit ihren positiven Wirkungen auf die soziale Teilhabe und den Umgang mit Belastungen als Zwang gegenübersteht (Büssing & Aumann, 1996a). Denn mit der Aufgabe von mehr oder minder festen Arbeitszeiten und der definierten Lage von Arbeit und Freizeit unter Telearbeit werden gleichzeitig organisationale Regelsysteme aufgegeben, die auch entlastende Momente bieten.

2.3 Nutzen und Kosten der Telearbeit

Aus der Sicht der Unternehmen kann Telearbeit durch die Erhöhung der Produktivität zur Steigerung der Wettbewerbskraft beitragen; in den USA wird von Produktivitätssteigerungen von 40% bis zu 70% ausgegangen (z.b. Caudron, 1992; Gray, Hodson & Gordon, 1993), Kreilkamp (1994) spricht von 20 bis 30%, Godehardt (1994) von bis zu 50%. Telearbeit vereinigt vielfältige Kosten- und Nutzenvorteile. *Kostenvorteile* ergeben sich etwa durch Raumeinsparung, standortbedingt geringere Miet- und Heizkosten, geringere Personalkosten über den Zugriff auf Gebiete mit niedrigerem Lohnniveau, geringere Aufwendungen für Sozialleistungen, weniger Überstunden-/Schichtzuschläge etc. Schwieriger zu messen sind die Nutzenpotentiale von Telearbeit. Hier ist erstens die Steigerung der Arbeitseffizienz durch zeitflexible und autonome Arbeitsorganisation, durch konzentriertere Arbeit, durch einen schnellen Zugriff auf elektronische Ressourcen sowie durch ungestörtere Arbeitsabläufe zu nennen (z.B. Sproull & Kiesler, 1991). Als wirtschaftlich relevant werden die erhöhte Kundennähe und -orientierung unter Telearbeit angesehen. Darüber hinaus erwarten die Unternehmen eine verbesserte Nutzung des *Humankapitals*. Nach amerikanischen Erfahrungen liegen Motivation, Arbeitszufriedenheit und Wohlbefinden der Telearbeiter deutlich höher als zuvor, was sich in einer Steigerung der persönlichen Produktivität, in geringeren Fehlzeiten und Fluktuationsraten niederschlägt (z.B. Wheeler & Zackin, 1994). Schließlich gilt Telearbeit als probates Mittel zur Bindung qualifizierter Mitarbeiter/-innen bei familiären Anforderungen oder bei Wohnortwechsel. *Kosten* durch Telearbeit auf Seiten der Unternehmen entstehen vor allem als Transaktionskosten in Form von erhöhtem Koordinationsbedarf und neuen Formen des Personalmanagements, nicht selten als doppelte Kosten für Hard- und Software (im Betrieb und dezentral), als Telekommunikationskosten oder durch Nutzungsentgelte für Strom, Heizung, Wohnraum etc. an die Telearbeiter/-innen (Büssing & Aumann, 1997b).

Aus der Sicht der Arbeitnehmer/-innen ermöglicht die raum-zeitliche Unabhängigkeit durch Telearbeit, die Erwerbsarbeit besser in private Lebenszusam-
menhänge einzubinden. Zu denken ist hier zunächst an Personen, die durch
familiäre Verpflichtungen, eigene Behinderung oder Pflege anderer Menschen in
ihrer Mobilität und Flexibilität eingeschränkt sind und die bislang entweder gar
nicht oder nur bedingt, etwa über Teilzeitarbeit oder Nebentätigkeit, am Erwerbsleben teilnehmen konnten (z.B. Fischer, Späker & Weißbach, 1993). Telearbeit
gewinnt auch an Attraktivität bei Personen, deren Lebenszusammenhang einen
traditionellen Arbeitsplatz erlauben würde, und zwar wegen der autonomen
Arbeitsorganisation und der individuellen Arbeitsplatzgestaltung, der Verbesserung des persönlichen Zeitmanagements, der Reduzierung von Streß durch
verringerten Berufsverkehr und der Erhöhung der Familienzufriedenheit (Büssing
& Aumann, 1996b; Garhammer, 1995; Glaser & Glaser, 1995). Als weiterer
Vorteil der Telearbeit wird die Zunahme von Umfang und Qualität der Freizeit
gesehen. Der geringe Zeitverlust beim Wechsel zwischen Berufs- und Privatleben
und die Steigerung der persönlichen Arbeitseffektivität unter Telearbeit erhöhen
die tatsächlich verfügbare private Zeit. Und die höhere Autonomie in der
Arbeitszeitgestaltung ermöglicht Zeit für Privates zum richtigen Zeitpunkt. Für die
Telearbeiter ergeben sich neben diesen Nutzenaspekten auch eine Reihe von
möglichen Kosten, so z.B. durch Abgrenzungsprobleme zwischen den Lebensbereichen, verstärkte Inanspruchnahme von Seiten der Familie, Verlust an
organisationaler Transparenz und innerbetrieblichen sächlichen Ressourcen wie
z.B. Sekretariatsdienstleistungen, Fachbibliotheken und innerbetrieblichen
personalen Ressourcen wie z.B. kollegiale Unterstützung.

3 Telearbeit: Qualifikation, Organisation und Privatleben

Die Forschung zur Telearbeit konzentrierte sich bislang auf die Ebene der Gesellschaft (z.B. Verkehrsaufkommen) und der Organisation (z.B. Wirtschaftlichkeit). Hingegen wurden die Telearbeitenden selten untersucht, obwohl gerade ihr
Erleben und *Verhalten* wesentlich für die erfolgreiche Umsetzung ist (z.B.
Mokhtarian & Salomon, 1996).

3.1 Qualifikationsanforderungen und berufliche Qualifizierung unter Telearbeit

Telearbeit scheint Aufgaben mit wenig Kooperations- und Kommunikations-
bedarf, in sich geschlossene, abgrenz-, zuteil- und gut kontrollierbare Aufgaben
sowie eine Entmischung und Zergliederung mit eher geringen Anforderungen
nahezulegen (z.B. Dateneingabe, Textverarbeitung). Wie neuere Untersuchungen

zeigen, sind die Qualifikationen unter Telearbeit keineswegs auf geringe Anforderungen festgelegt, sondern hängen von der Aufgabengestaltung (z.b. Bedarf an Zusammenarbeit), der Unternehmensstruktur, dem Personalmanagement, der Unternehmenskultur (z.B. Formen der Kommunikation) sowie von dem Qualifikationspotential und den persönlichen Präferenzen der Telearbeiter/-innen ab (Dostal, 1995; Krausz, 1996; Wagner & Kompast, 1996).

So ermitteln etwa Wagner und Kompast (1996) einen „project-based organisation" Typ von Telearbeit, d.h. die Telearbeiter/-innen sind in mehreren Projekten in unterschiedlichen Rollen (z.B. Berater, Trainer, Verkäufer, Informationsmanager) tätig und müssen ganz verschiedene Fähigkeiten einsetzen. Eine Analyse von Tätigkeitscharakteristika von Krausz (1996) bestätigt, daß Telearbeitstätigkeiten unterschiedliche Konfigurationen von Anforderungsvielfalt, Autonomie und auch von Qualifikationsanforderungen aufweisen, die von hoher „work fragmentation" und Fremdkontrolle bis hin zu vollständigen Telearbeitstätigkeiten mit einem hohen Grad an „Arbeitserweiterung" und „Arbeitsbereicherung" sowie einem hohen Niveau an Autonomie und Selbstbestimmung reichen. Aus Sicht der Arbeitspsychologie sind gerade Aufgaben mit genügend Aktivität, Zielsetzungs- und Entscheidungsmöglichkeiten, kognitive Anforderungen, Kooperationsmöglichkeiten sowie Lern- und Übertragungsmöglichkeiten auf andere Tätigkeiten von besonderer Bedeutung (z.B. Hacker, 1997). Diesen Anforderungen an *vollständige Arbeitstätigkeiten* scheinen die Aufgaben unter Telearbeit, wie wir sie derzeit kennen, jedoch nicht immer zu entsprechen (Büssing & Aumann, 1996b).

Nicht nur der Anstieg von Qualifikationsanforderungen sondern bereits der Erhalt von Qualifikationen unter Telearbeit kann von Bedeutung sein. Denken wir etwa an die notwendige Betreuung von Kindern oder an die Pflege alter Menschen, die betreuende/pflegende Personen häufig eng an die Wohnung bindet und ihnen daher keine Teilnahme am Arbeitsleben erlaubt. Für diesen Personenkreis geht es vordringlich um die Verringerung von Dequalifizierungsrisiken infolge einer Unterbrechung der Erwerbstätigkeit durch das immer schneller voranschreitende Veralten von Qualifikationen und beruflichen Erfahrungswissens. Telearbeit kann hier zur Verringerung der individuellen Kosten von Familienarbeit im Sinne von Dequalifizierung, Karrierenachteilen, Verlust an Vertrauen in die beruflichen Fähigkeiten und Fertigkeiten und Arbeitsplatzverlust sowie zur Reduzierung betrieblicher Kosten (z.B. Fluktuationskosten, Einbuße an Erfahrungswissen) beitragen.

Eine Studie von Erziehungsurlauberinnen aus der Versicherungswirtschaft von Büssing, Kunst und Michel (in Büssing & Aumann, 1996c) macht das deutlich: Teleheimarbeit hilft beim Erhalt von Basisqualifikationen, jedoch die berufliche Qualifikation vermag sie nicht zu steigern. Denn Qualifikationen und Kompetenzen zur Entscheidungs- und Verantwortungsübernahme, für arbeitsprozeßbegleitende Formen der Zusammenarbeit sowie für Spezialwissen und Kompetenzen zur Projektleitung liegen brach. Für die Frauen standen weniger Qualifizierung und Kompetenzentwicklung sondern eine Brückenfunktion der Teleheimarbeit für den beruflichen Wiedereinstieg in die Zentrale im Vordergrund.

3.2 Wandel im Personalmanagement unter Telearbeit

Veränderungen betreffen nicht nur die Telearbeiter, sondern auch das Personalmanagement (Büssing & Aumann, 1996d). Die Interessen und Besitzstände der Führungskräfte etwa in puncto Verantwortungsbereich, Kontrolle, Karrierepfade und die „starren" Rahmenbedingungen für Arbeit, Bezahlung und Soziallohn für die Mitarbeiter/-innen werden in die Ära der Informationsarbeit kaum übertragbar sein. Denn Telearbeit wird den Trend zum ständigen Lernen und Qualifizieren von Fach- und Sozialkompetenz verstärken sowie weitere Flexibilität und Mobilität verlangen. Für die Führungskräfte sind nicht nur die Hierarchien geglättet und die klassischen Aufstiegspfade zunehmend versperrt, ein Zustand, der bei zentraler Arbeit bereits vielfach Wirklichkeit ist; das Management von lose gekoppelten Organisationseinheiten, geringer Arbeitsteilung sowie hoher Markt- und Kundennähe unter Telearbeit fordert zudem Kompetenzen und Einstellungen von Führungskräften wie soziale und kommunikative Kompetenzen, Fähigkeiten zur Vertrauensbildung, Integrationsfähigkeit, Identifizierung mit der Rolle als Berater und „Ressourcenmanager", die häufig nicht vorhanden sind.

Für das Telearbeit wird das „management by objectives" (Führung durch Zielvereinbarung; z.B. Staehle, 1994, S. 805 ff.) als das zentrale Führungsinstrument angesehen (z.B. Chapman et al., 1995; Godehardt, 1994; Kordey & Korte, 1996; TA Telearbeit GmbH, 1997). Führungskräfte werden stärker gezwungen sein, sich über Zielsetzungen Rechenschaft abzulegen (z.B. detailliertere und verbindlichere Terminplanung) und ihre Kommunikation aufgaben- und ergebnisorientierter auszurichten. So schreibt ein Personalchef der Southern New England Telephone in New Haven: „I define assignments more clearly now, both for the telecommuter and for the employees who remain in the office. I'm also much better at discussing my expectations" (nach Caudron, 1992, p. 46). Zudem müssen die Führungskräfte den Telearbeitern einen Teil ihrer Aufgaben überlassen (z.B. Koordination von Terminen, Anforderung von Besprechungen, Beschaffung von Informationen). Dieser Schritt weg von der Führung hin zum *Selbstmanagement* führt zur Entlastung der Führungskräfte, allerdings verlieren diese an Einfluß, und dieser Verlust führt zu mangelnder Bereitschaft und nicht selten zu *Reaktanz* gegenüber der Einführung von Telearbeit (z.B. Caudron, 1992; Godehardt, 1994; Hönicke, 1995).

3.3 Telearbeit und Privatleben

Die Einbindung in und die *Bindung an das Unternehmen* werden unter Telearbeit zu einem zentralen Thema (Krausz, 1996), denn mit der Verlagerung des Arbeitsplatzes in den häuslichen Bereich oder in mobile, ständig wechselnde Arbeitsumfelder wird die soziale Umgebung des Unternehmens mit den informationalen, instrumentellen und emotionalen Beziehungsgeflechten verlassen, und es werden damit förderliche Momente für Arbeitsmotivation, -zufriedenheit, „corporate identity" etc. aufgegeben (z.B. Riordan & Griffeth, 1995). Und umgekehrt: Welche neuen Bedingungen werden durch Telearbeit in bezug auf Familie, Partnerschaft und Freizeit geschaffen? Zwei zentrale Aspekte in diesem Spannungsfeld sind einerseits der Gewinn an Zeitsouveränität und andererseits neue Belastungs-formen, die mit der Auflösung von Grenzen zwischen den beiden Lebenswelten resultieren können (ausführlich Büssing & Aumann, 1996c).

Bessere Vereinbarkeit durch mehr Zeitsouveränität. – Wie die Ergebnisse von Glaser und Glaser (1995) zeigen, wird unter Telearbeit insgesamt nicht mehr Zeit für die Familie und Partnerschaft sowie das Privatleben aufgebracht, allerdings können sich die Telearbeiter/-innen zum richtigen Zeitpunkt der Familie widmen und verstärkt am Leben der Kinder teilhaben. In der Studie von Garhammer (1995) hatten die Teleheimarbeiter die geringste Zeitnot und den höchsten Anteil an familial verbrachter Zeit im Vergleich zu anderen Arbeitszeitgruppen bei jedoch gleichzeitig höchstem Zeitverbrauch für Obligationen in der häuslichen Umge-bung. Die Gruppe der Telearbeiter äußerte sich am zufriedensten in bezug auf die Teilnahme am öffentlichen Leben, im Hinblick auf den häuslichen Alltag und die Kinder. Die Zeitsouveränität der Telearbeiter scheint eine individuelle Lebens-gestaltung zu ermöglichen, d.h. Freizeitaktivitäten finden nicht mehr nur zwischen 18 Uhr und 24 Uhr statt, vielmehr ergibt sich eine stärkere Gleichverteilung der privaten Aktivitäten im Tagesverlauf.

In der Studie von Garhammer (1995) ist überwiegend eine Passung von Beruf und Familie und eine Belastungsreduktion gegeben. Vor allem von Müttern mit schulpflichtigen Kindern wird die Telearbeit positiv gewertet, denn sie erlaubt z.B. eine bessere Koordination der familiären Aktivitäten mit schulischen und betrieb-lichen Zeitplänen. Die Telearbeiterinnen aus der Versicherungswirtschaft, von denen Büssing und Aumann (1996c) berichten, konnten deutlich leichter als zwei Vergleichsgruppen eine Passung zwischen häuslichen/familiären Notwendigkei-ten und den Arbeitsanforderungen herstellen. Es gelingt ihnen, sowohl die Anfor-derungen der Arbeit an individuelle und familiäre Bedürfnisse anzupassen als auch umgekehrt; sie gestalten ihre Arbeitstätigkeit häufig gegenläufig zu der ihrer Ehemänner und richten sich nach den Gegebenheiten in ihren Familien, so daß Mehrfachbelastungen besser vermieden werden konnten. Allerdings vermissen viele Telearbeiter/-innen Möglichkeiten zur klar abgrenzbaren Arbeitsumgebung und Arbeitseinteilung unter häuslicher, zeitflexibler Telearbeit.

Schlechtere Vereinbarkeit durch Auflösung von Grenzen zwischen den Lebenswelten. – In der IBM-Studie von Glaser und Glaser (1995) werden von den Telearbeitern immer wieder die Übertragung von beruflichem Streß in das Privatleben, Störungen durch die Familie und damit verbundene *Rollenkonflikte*, die Verwicklung in Streitereien der Kinder und die Notwendigkeit genannt, Kinder dazu erziehen zu müssen, zu bestimmten Zeiten nicht zu stören; zudem vermissen die wohnungszentrierten Telearbeiter eine Erholung von der Familie im Betrieb. Teilweise ist ein Abschalten von der Arbeit in der häuslichen Umgebung erschwert, so daß es zu einer Vernachlässigung der Familie und Partnerschaft oder einer Vernachlässigung privater Kontakte und Hobbies kommt. Viele Telearbeiter geben an, sie seien bei der Arbeit durch Familienmitglieder gestört oder durch spontan anfallende Aufträge der Familie – die sog. „Ach, kannst du mal eben schnell-Aufträge" – unterbrochen worden (Glaser & Glaser, 1995). Häusliche Telearbeit hat auch zur Folge, daß vermehrt beruflicher Streß in die Familie und die Partnerschaft getragen wird, was jedoch gleichzeitig zu mehr Verständnis der Familie für die Arbeit führen kann.

4 Zukunft der Telearbeit

Die Zukunft der Telearbeit hängt maßgeblich sowohl von der Technik/Technologie, von der Art der Tätigkeiten sowie der Bereitschaft der Unternehmen, als auch von der Bereitschaft sowie den Bedürfnissen der potentiellen Telearbeiter/-innen ab (z.B. Handy & Mokhtarian, 1996). Auch wenn Bedarf und Bereitschaft zu steigen scheinen, so sind die konkreten Faktoren zur Gestaltung der Telearbeitsformen, die diese Trends fördern können, weitgehend unbekannt.

Dies gilt erstens für die *individuelle* versus *kollektive* Gestaltung von Telearbeit; mit der anforderungsgerechten kollektiven Telearbeit in Satelliten-, Nachbarschaftsbüros oder Telezentren lassen sich nämlich wesentliche arbeitspsychologische Nachteile eher verhindern bzw. einschränken, so z.B. unvollständige Arbeitsvollzüge, soziale Isolation, Kooperations- und Kommunikationsdefizite, ohne daß dies zwangsläufig mit Einbußen in allen Vorzügen einer sehr wohnortnahen, flexiblen Tätigkeit einhergeht (Büssing & Aumann, 1997a; Stanek & Mokhtarian, 1998). Zweitens fehlt uns ebenso Wissen zur *Interaktion* und *Kommunikation* unter Telearbeit mit ihren Einflüssen auf die Vertrauensbeziehungen zu Kollegen, Vorgesetzten und Kunden sowie auf die persönliche Eignung zur Telearbeit. Und drittens weiß man nicht, inwieweit es zu einer Neuorientierung *familialer* und *beruflicher* Werte, *Haltungen* und *Einstellungen* kommt? Denn gerade Telearbeit zu Hause führt nicht nur zur Aufgabe der faktischen sondern auch zu einer Auflösung der symbolischen Grenzen zwischen den Lebensbereichen mit all ihren – nicht selten widersprüchlichen – Implikationen für Leistung, Anerkennung, Konkurrenz auf der einen Seite und Entspannung, soziale Nähe und Geborgenheit auf der anderen Seite (Büssing, 1998; Mirchandani, 1996).

Telearbeit sind in der Verbreitung Grenzen gesetzt, da die koordinativen Kosten ihren Einsatz irgendwann unwirtschaftlich machen; sie wird daher als Baustein komplexer telekooperativer Netzwerke ihren Platz finden und verstärkt als selbständige Unternehmenseinheit fungieren. Diese telekooperative Einbettung von Telearbeit bringt neue Herausforderungen sowohl für die betriebliche Planung, Steuerung und Kontrolle als auch für Interaktion, Kommunikation, Unternehmenskultur usw. mit sich, mit denen sich auch die Arbeits- und Organisationspsychologie befassen muß.

Literatur

Andriessen, J.H.E & Roe, R.A. (Eds.). (1994). *Telematics and work.* Hillsdale: Erlbaum.

Büssing, A. (1998). Teleworking and quality of life. In P. Jackson & J. van der Wielen (Eds.), *From telecommuting to the virtual organization* (pp. 78-97). London: Routledge.

Büssing, A. & Aumann, S. (1996a). Telearbeit und Arbeitszeitgestaltung. *WSI-Mitteilungen, 49,* 450-458.

Büssing, A. & Aumann, S. (1996b). Telearbeit aus arbeitspsychologischer Sicht. Untersuchung von Telearbeit anhand von Kriterien humaner Arbeit. *Arbeit. Zeitschrift für Arbeitsforschung, Arbeitsgestaltung und Arbeitspolitik, 5,* 133-153.

Büssing, A. & Aumann, S. (1996c). Telearbeit und das Verhältnis von Betrieb, Familie und Freizeit: Eine aktuelle Bestandsaufnahme. *Zeitschrift für Arbeitswissenschaft, 50,* 225-232.

Büssing, A. & Aumann, S. (1996d). Telearbeit im Spannungsfeld der Interessen betrieblicher Akteure: Implikationen für das Personalmanagement. *Zeitschrift für Personalforschung, 10,* 223-239.

Büssing, A. & Aumann, S. (1997a). Telezentren – die bessere Form der Telearbeit? *Zeitschrift für Arbeitswissenschaft* (Themenheft „Telearbeit und Telekooperation - Interdisziplinäre Perspektiven", Hrsg. A. Büssing), *51,* 240-250.

Büssing, A. & Aumann, S. (1997b). Die Organisation von Telearbeit. Formen, Erfolgsbedingungen und Konsequenzen. *Zeitschrift für betriebswirtschaftliche Forschung, 49,* 67-82.

Caudron, S. (1992). Working at home pays off. *Personnel Journal, 71* (11), 40-49.

Chapman, A.J., Sheehy, N.P., Heywood, S., Dooley, B. & Collins, S.C. (1995). The organizational implications of teleworking. In C.L. Cooper & I.T. Robertson (Eds.), *International Review of Industrial and Organizational Psychology.* Vol. 10 (pp. 229-248). Chichester: Wiley.

Dostal, W. (1995). Wandel der Arbeits- und Berufswelt. Telearbeit im Cyberspace. UNI-Magazin. *Perspektiven für Beruf und Arbeitsmarkt, 19* (6), 21-25.

EITO [European Information Technology Observatory] (1996). Mainz: Eggebrecht.

Empirica (1994). *Pan-Europäische Befragung zur Telearbeit.* Bonn.

European Commission (1994). *Telework stimulation.* Brüssel.

Fischer, U., Späker, G. & Weißbach, H.-J. sowie unter Mitarbeit von J. Beyer (1993). *Neue Entwicklungen bei der sozialen Gestaltung von Telearbeit* (Informationen zur Technologiepolitik und zur Humanisierung der Arbeit Nr. 18). Düsseldorf: DGB-Bundesvorstand.

Garhammer, M. (1995). Flexible Arbeitszeiten - familienfreundliche Arbeitszeiten? Was heißt „flexibel"? Die „Bamberger Studie". In A. Habisch (Hrsg.), *Familienorientierte Unternehmensstrategie. Beiträge zu einem zukunftsorientierten Programm* (S. 67-88). München: Hampp.

Glaser, W.R. & Glaser, M. (1995). *Telearbeit in der Praxis. Psychologische Erfahrungen mit außerbetrieblichen Arbeitsstätten bei der IBM Deutschland GmbH.* Berlin: Luchterhand.

Godehardt, B. (1994). *Telearbeit. Rahmenbedingungen und Potentiale.* Opladen: Westdeutscher Verlag.

Gray, M., Hodson, N. & Gordon, G. (1993). *Teleworking explained.* Chichester: Wiley.

Handy, S.L. & Mokhtarian, P.L. (1996). The future of telecommuting. *Futures, 28,* 227-240.

Hacker, W. (1997). *Arbeitspsychologie. Psychische Regulation von Arbeitstätigkeiten.* Bern: Huber.

Hönicke, I. (1995). Berührungsängste vor Outsourcing sinken. Telearbeit wird sich durchsetzen. *Computerwoche, Nr. 3,* 32-33.

IAO (Fraunhofer Institut für Arbeitswissenschaft und Organisation) (1997). *Telearbeit auf dem Vormarsch.* Presseinformation Extra 09/97. Stuttgart: IAO.

Kordey, N. & Korte, W.B. (1996). *Telearbeit erfolgreich realisieren.* Wiesbaden: Vieweg.

Krausz, M. (1996). Technological and psychological telework. In P. Jackson & J. van der Wielen (Eds.), *New international perspectives on telework: From telecommuting to the virtual organization* (pp. 222-230). Tilburg: Tilburg University Press.

Kreilkamp, P. (1994). Wirtschaftsstandort Dorf. *Business Computing* (9), 81-83.

Mirchandani, K. (1996). „Real work": Professional telework and its challenge to the public-private dichotomie. In P. Jackson & J. van der Wielen (Eds.), *New international perspectives on telework: From telecommuting to the virtual organization* (pp. 279-291). Tilburg: Tilburg University Press.

Mokhtarian, P.L. & Salomon, I. (1996). Modelling the desire to telecommute: The importance of attitudinal factors in behavioral models. *Transportation Research - A, 31,* 35-50.

Nilles, J.M (1994). *Making Telecommuting happen. A guide for telemanagers and telecommuters.* New York: Van Nostrand Reinhold.

Rane, A. (1995). *Home office market update.* Link Resources Corp: New York.

Reichwald, R., Möslein, K., Sachenbacher, H. & Englberger, H. (1997). Telearbeit & Telekooperation. Bedingungen und Strategien erfolgreicher Realisierung. *Zeitschrift für Arbeitswissenschaft* (Themenheft „Telearbeit und Telekooperation – Interdisziplinäre Perspektiven", Hrsg. A. Büssing), 51 (4).

Reichwald, R., Möslein, K., Sachenbacher, H., Englberger, H. & Oldenburg, S. (1998). *Telekooperation.* Berlin: Springer.

Riordan, C.M. & Griffeth, R.W. (1995). The opportunity for friendship in the workplace: An underexplored construct. *Business and Psychology, 10,* 141-155.

Sproull, L. & Kiesler, S. (1991). *Connections. New ways of working in the networked organizations.* Cambridge: MIT Press.

Staehle, W. (1994). *Management.* München: Vahlen.

Stanek, D.M. & Mokhtarian, P.L. (1998). Developing models of preference for home-based and center-based telecommuting: findings and forecasts. *Technological Forecasting and Social Change, 57,* 53-74.

TA Telearbeit GmbH (1997). *Telearbeit, Telekooperation, Teleteaching. Studie zu Akzeptanz, Bedarf, Nachfrage und Qualifizierung.* Düsseldorf: MAGS.

Van Sell, M. & Jacobs, S.M. (1994). Telecommuting and quality of life: A review of the literature and model for research. *Telematics and Informatics, 11*, 81-95.

Wagner, I. & Kompast, M. (1996). Telework: Managing spatial, temporal and cultural boundaries. In P. Jackson & J. van der Wielen (Eds.), *New international perspectives on telework: From telecommuting to the virtual organization* (pp. 433-448). Tilburg: Tilburg University Press.

Wheeler, M. & Zackin, D. (1994). Telecommuting. *Work-Family Roundtable Nr. 4* (1). New York.

Witte, E. (1996). Telearbeit. Protokoll zum Fachgespräch des Bundesministerium für Bildung, Wissenschaft, Forschung und Technologie am 16. Juli 1996 im Wissenschaftszentrum Bonn/Bad Godesberg. München.

Zentralverband Elektrotechnik- und Elektronikindustrie e.V. und Verband Deutscher Maschinen- und Anlagenbau e.V. (ZVEI-VDMA). (1995). *Informationsgesellschaft.* Frankfurt.

Anmerkung:

[1] Weitere Informationen zur Telearbeit vermittelt das Forum für Telekooperation e.V. unter http://www. telekooperation.de bzw. http://www.psychologie.wiso.tu-muenchen.de.

19 Probleme der Mensch-Computer-Interaktion

Helmut von Benda

1 Einführung

Das Zusammenwirken von Mensch und Rechner als Spezialfall eines Mensch-Maschine-Systems war noch vor fünfzehn Jahren einem relativ kleinen Kreis von Spezialisten vorbehalten. Inzwischen ist die Arbeit vor dem Bildschirm bei nahezu allen beruflichen Tätigkeiten zur Regel geworden. Aber auch außerhalb der Arbeit wird *Computertechnik* zum *Bestandteil des täglichen Lebens*. So ist z.b. in nahezu allen höherwertigen Gebrauchsgütern ein Chip enthalten. Die Interaktion mit Computersystemen wird somit eine Anforderung an nahezu alle Anghörigen einer Gesellschaft. Mit zunehmender Reife der Technik wird die Qualität der Interaktion immer mehr zum entscheidenden Kriterium für den Nutzwert (und Kauf) von Geräten mit ihrer Software. Wie noch im einzelnen zu zeigen ist, kann aus arbeitswissenschaftlicher Sicht der bislang erreichte Stand der Mensch-Computer-Interaktion allenfalls als befriedigend bezeichnet werden.

2 Computergestützte Arbeit

Unter Bildschirm-Arbeitsplatz werden nicht nur der Bildschirm, sondern auch die Umgebungsbedingungen (Beleuchtung, Lärm, Raumklima) und das Arbeits-mobiliar (Computertisch) verstanden.

Zur *Hardware* zählen der Bildschirm als Haupt-Medium der Informationsausgabe, die Tastatur und Maus für die Eingabe und etwaige sonstige Geräte zur Ein/Ausgabe (z.B. Drucker, Modem). In Ergänzung zu dieser Standard-Hardware werden zunehmend Verfahren angeboten, die das große Spektrum der menschlichen Motorik vor allem für die Eingabe (durch Zeigen, Handschrift, Sprechen, Blicken ('Blickmaus'), Zeichen) für die Eingabe nutzen. Neben dem dominierenden optischen Kanal bei der Ausgabe über den Bildschirm erlangen Techniken, die andere Sinneskanäle nutzen (z.B. akustische (Sprach-)Ausgabe, haptische Ausgabe über Braille-Schrift), für besondere Aufgaben und Personengruppen (Sehbehinderte) mit zunehmender Reife der Technik an Bedeutung. Weiterhin gehören zur Hardware periphere Geräte wie Drucker und Modem.

Die *Schnittstelle zwischen Mensch und Computer* kann nach dem IFIP-Modell (Dzida, 1984) in vier Ebenen aufgeteilt werden (Kasten 1).

Kasten 1
Ebenen der Mensch-Computer-Schnittstelle nach Dzida (1984)

1. *Ein-/Ausgabeschnittstelle*: Hier geht es um die Gestaltung der Hardware (Hardware-Ergonomie) entsprechend der Wahrnehmung, der Motorik und den anthropometrischen Gegebenheiten des Menschen.
2. *Dialog-Schnittstelle*: Die Software-Ergonomie hat sich auf diesen Bereich konzentriert und sich mit der Optimierung von softwaregesteuerten Interaktionstechniken wie Menü, Maske, Fenster, graphischen Objekten, räumlichen Metaphern beschäftigt.
3. *Werkzeug-Schnittstelle*: Bei ihr geht es darum, die Software-Funktionen, die zur Erledigung von Arbeitsaufgaben eingesetzt werden, an die (kognitiven) Strukturen des Arbeitshandelns anzupassen. Dieser Bereich ist bisher vernachlässigt worden, ist aber für den effizienten Einsatz von Software-Werkzeugen entscheidend. Kognitive Prozesse und Konzepte, wie mentale Modelle (Dutke, 1993), räumliche Metaphern für abstrakte Inhalte, das Lösen von Problemen und Navigieren in komplexen Wissensstrukturen werden immer bedeutsamer.
4. *Organisations-Schnittstelle*: Auf dieser Ebene fallen die wichtigsten Entscheidungen darüber, welche Anforderungen bei der Arbeit mit dem Computer an den Menschen gestellt werden. Frage der Mensch-Computer-Arbeitsteilung, des Handlungsspielraums und der Qualifizierung müssen unter Beachtung normativer Kriterien der Arbeits- und Organisationsgestaltung gelöst werden.

Im Rahmen der Software-Ergonomie sind vor allem Aspekte der *Dialog-Schnittstelle* untersucht worden (Zusammenfassend: Balzert et al., 1988; Eberleh, 1994; Fähnrich, 1987; Frese, Ulich & Dzida, 1987; Shneiderman, 1992; Wandmacher, 1993). Software-Gestaltung bedeutet immer auch *Arbeitsgestaltung* (Hacker, 1994). Die durch den Einsatz von Software-Systemen veränderten oder neu geschaffenen Arbeitstätigkeiten müssen nach den Kriterien humaner Arbeitsgestaltung beurteilt werden (Baitsch, Katz, Spinas & Ulich, 1991; Frese & Brodbeck, 1989; Spinas, Troy & Ulich, 1983).

Bei der *technischen Entwicklung* zeichnen sich einige Trends ab – bei immer kürzeren Innovationszyklen und einem Preisverfall insbesondere für die Hardware. Die Integration früher getrennt angebotener Funktionen in einem Gerät schreitet fort: Der PC enthält neben der Office-Standardsoftware und sonstigen Anwendungsprogrammen, Funktionen der Telekommunikation (Telefon, FAX, Electronic Mail, Internet) und neuerdings der Unterhaltungselektronik (Fernsehen, Video, CD, Spiele) sowie eine Druck- und Kopierfunktion. Weiterhin ist hervorzuheben die (Breitband-) Vernetzung, mit ihrer Tendenz, die räumliche und zeitliche Bindung von Arbeitstätigkeiten aufzulockern (mobile Computer, Telearbeit, computerunterstütze Gruppenarbeit), mit neuen Fragen an die Software-Ergonomie (Friedrich & Rödiger, 1991; Konradt & Drisis, 1993).

3 Probleme der Bildschirmarbeit

Arbeit sollte die Gesundheit nicht schädigen und das Befinden nicht beeinträchtigen. Es verwundert vielleicht, daß bei einer so modernen Arbeitsform diese elementaren *arbeitswissenschaftlichen Kriterien* überhaupt noch zu prüfen sind; wie aber noch zu zeigen ist, hat die Hardware-Ergonomie keineswegs sämtliche Belastungsfaktoren auf ein ungefährliches Maß reduziert. Die Hauptursache für noch bestehende Probleme liegt offenbar in der – weitgehend ausgereizten – Technik der Braun'schen Röhre, die für Bildschirme eingesetzt wird. Dainoff (1990) vermutet sogar, selbst bei idealer Erfüllung aller hardware-ergonomischer Forderungen blieben gesundheitsgefährdende Belastungen bestehen. Ein echter Fortschritt kann durch die breite Einführung des – im Augenblick noch teuren – Bildschirms auf Basis der Flüssigkristall-Technik (LCD) erwartet werden.

3.1 Visuelle Beschwerden

Im Vergleich zu traditioneller Büroarbeit treten visuelle Beschwerden bei der Arbeit vor dem Bildschirm verstärkt auf. Die Symptome sind Augenbrennen, Augen- und Kopfschmerzen, verschwommenes Sehen, Doppelbilder, trockene, tränende oder gerötete Augen. Sie treten nach zahlreichen Feldstudien bei 50-70% der Beschäftigten auf, der Tendenz nach umso häufiger, je länger die tägliche Arbeitszeit am Bildschirm ist (Nibel, 1995). Als mögliche Ursachen wurden ergonomische Mängel (unscharfe Zeichen, Flimmern, hoher Kontrast, Blendung, unzureichende Beleuchtung) und Störungen visueller Funktionen (Vergenz, Akkomodation, Pupillenregelung, Adaption, Farbsehen, Reduzierung des Tränenfilms auf der Bindehaut bei Reduzierung des Lidschlags) untersucht, allerdings wurden – wenn überhaupt – nur leichtere, durch eine Pause zu behebende Beeinträchtigungen von Sehfunktionen beobachtet; daher ist nach dem jetzigen Stand der Forschung nicht mit dauerhaften visuellen Störungen zu rechnen.

Die intensive visuelle Beanspruchung im Nahbereich kann dazu führen, daß leichte Sehmängel (beginnende Kurzsichtigkeit, leichte Schielstellung (Heterophonie) der Augen, Astigmatismus), die normalerweise nicht bemerkt werden, zu Beschwerden führen. Daher wird empfohlen, vor der Aufnahme der Arbeit am Bildschirm eine eingehende augenärztlichen Untersuchung vorzunehmen, die z.B. zu der Verschreibung einer an die Arbeitsaufgabe angepaßten „Bildschirmbrille" (z.B. an 60-90 cm Sehdistanz) führen kann. Entsprechende Empfehlungen werden z.B. in dem „Berufsgenossenschaftlichen Grundsatz für arbeitsmedizinische Vorsorgeuntersuchungen Bildschirm-Arbeitsplätze" (G37) ausgesprochen.

3.2 Muskel- und Skelettbeschwerden

Nach zahlreichen Erhebungen sind muskulo-skelettale Beschwerden weit verbreitet. Je nach Stichprobe werden für Hals-, Nacken- und Schulterschmerzen 50-75 %, Rückenschmerzen 40-50 %, Beschwerden in Arm und Hand 30-40 % Betroffene genannt. Der Tendenz nach treten diese Beschwerden umso häufiger auf, je länger die tägliche Arbeitszeit vor dem Bildschirm, je monotoner die zu verrichtende Tätigkeit und je stärker der Zeitdruck ist. Frauen sind dementsprechend deutlich stärker betroffen, da sie in den untersuchten Gruppen vorwiegend in repetitiven, wenig abwechslungsreichen, mit langen, nicht durch Pausen unterbrochenen Arbeitszeiten am Bildschirm angetroffen wurden. Diese Symptome sind zumeist – zumindestens in der Anfangsphase – medizinisch nicht objektivierbar und tendieren zur Chronifizierung, die eine zeitweilige oder dauernde Berufsunfähigkeit zur Folge haben kann. Allerdings wird RSI in Deutschland bislang nicht als Berufskrankheit anerkannt.

Als Ursache für die Beschwerden im Bereich von Schulter, Nacken und Rücken wird in erster Linie die *statische Haltungsarbeit* angesehen, die von der Konfiguration Bildschirm und (suboptimales) Arbeitsmobiliar gefordert wird. Auch nur (leichte) Zwangshaltungen dieser Art (Neigung bzw. Drehen des Kopfes, seitliche Neigung der Hände bei der Eingabe über die Tastatur, permanente Schwebehaltung der Hände bei fehlender Möglichkeit, den Handballen abzustützen) können schon nach kurzer Zeit zu unangenehmen Schmerzempfindungen führen (Schwaninger et al., 1989).

Insgesamt muß das gesundheitliche Risiko durch die beschriebene statische Haltungsarbeit und RSI als erheblich eingeschätzt werden; daher kommt der Beachtung der entsprechenden Vorschriften besondere Bedeutung zu.

3.3 Emissionen

Das Bildschirmgerät auf der Basis der Braun'schen Röhre emittiert elektromagnetische Wellen und Felder. Da diese in verschiedener Weise biologisch wirksam sein können, stellt sich die Frage, inwieweit gesundheitliche Risiken bestehen. In zahlreichen Studien konnten weder für Röntgen-, ultraviolette, infrarote Strahlung, Mikrowellen und Radiowellen derartige Effekte nachgewiesen werden; in allen Bereichen lag die gemessene Strahlung deutlich unterhalb der zulässigen Grenzwerte. Auch für Hautreizungen im Gesicht, Augentrübungen (Katarakte) und Beeinträchtigung der Schwangerschaft ließ sich in z.T. sehr viele Personen umfassenden epidemiologischen Studien kein Zusammenhang mit der Bildschirmarbeit belegen. Das gleiche gilt für die schwachen niederfrequenten elektromagnetischen Felder.

Insgesamt ist sich die Fachwelt einig, daß von elektromagnetischen Strahlen und Feldern kein Gesundheitsrisiko ausgeht (Schmid, 1995). Allerdings lassen sich mögliche Langzeiteffekte noch nicht vollständig abschätzen; so sind im Sinne eines präventiven Gesundheitsschutzes diese Emissionen, soweit technisch möglich, auf eine Minimum zu reduzieren (Östberg, 1993).

3.4 Streß

Psychosomatische Symptome im Sinne von Herz- und Kreislaufbeschwerden, Angst- und Depressivitätszuständen, Schlafstörungen, übermäßiger Ermüdung sowie Streßempfindungen (Monotonie, Unzufriedenheit mit der Arbeitssituation, reduziertes Selbstbewußtsein) sind in Studien zur Bildschirmarbeit gehäuft registriert worden, anscheinend mit zunehmender Tendenz (Korunka, Weiss, Huemer & Karetta, 1995).

Die meisten Stressoren, die bisher untersucht wurden, lassen sich in zwei Klassen einordnen: Erstens Regulationshindernisse, die die Erledigung der Arbeitsaufgaben erschweren, und zweitens Mängel der Arbeitsgestaltung. In die erste Gruppe fallen Probleme, die bei der Gestaltung der Dialogschnittstelle auftreten können:

– Zu kurze, zu lange und variable Antwortzeiten des Computersystems erzeugen Streß (Boucsein, 1988).

– Das gleiche gilt für die Bewältigung von Fehlern. Ihre Korrektur, die z.T. erst durch unzureichend gestaltete Schnittstellen notwendig wird, kann einen erheblichen Anteil an der Arbeitszeit am Bildschirm ausmachen (Frese & Zapf, 1991).

– Kritisch zu betrachten sind auch die häufigen „Updates" und sonstigen Änderungen, die meist für die eigene Arbeitsaufgabe ohne Belang sind, aber die Weiterführung mühsam erworbener, entlastender kognitiver und motorischer Routinen erschweren.

– Die Komplexität der Anwendungsprogramme ist groß und nimmt weiter zu – ablesbar an der Zahl der zur Verfügung stehenden Funktionen, dem Umfang des Handbuches, des Tutorials etc. Der Aufwand für die Entwicklung und Programmierung der Dialog-Schnittstelle ist inzwischen in vielen Fällen so groß wie der für die eigentliche Funktionalität und erfordert eigene Subsysteme („Agenten", „Assistenten", „User Interface Management System") zur Unterstützung des Nutzers bei der Interaktion. Die Belastung des Gedächtnisses durch mit lediglich für die Interaktion zu merkenden Inhalten wie syntaktische Regeln, Kommandos usw. kann die produktive Arbeit erschweren. Die Komplexität behindert auch das Erlernen der Interaktion, daher kann der Zeitaufwand für die sichere Beherrschung bei manchen Systemen in der subjektiven Kosten-Nutzen-Rechnung in einem ungünstigen Verhältnis zum Nutzen stehen. Deshalb sind die suboptimale, fehlerbehaftete, ja irrationale Nutzung eines kleinen Teils der angebotenen Funktionalität – nicht nur bei unerfahrenen oder gelegentlichen Benutzern – eher die Regel als die Ausnahme (Hamborg, 1996).

– Ein Ausweg aus diesem Dilemma könnte in dem „Zuschneiden" bzw. „Zurück schneiden" der Systeme auf das von den Arbeitsaufgaben und persönlichen Voraussetzungen eines Arbeitnehmers her ableitbare Minimum liegen. Die ersten Schritte in diese Richtung, z.B. anpaßbare (Haaks, 1992; Oppermann, 1994) bzw. das aktive, selbständige Lernen fördernde Systeme (Greif & Keller, 1990) haben noch keinen breiten Eingang in die Praxis gefunden. Bei der Komplexität heutiger Anwendungssysteme ist auch der erfahrene Benutzer mit der Aufgabe überfordert, sich die geeigneten Funktionen für seine Bedürfnisse auszusuchen und zuzuschneiden. Daher besteht die Gefahr, daß suboptimale und irrationale Vorgehensweisen zur Routine werden und später nur mit Schwierigkeiten verbessert werden können.

In ihrer Summe wirken diese Faktoren wie eine Zugangsbarriere, die die effektive, entspannte Nutzung eines mächtigen Arbeitsmittels be- wenn nicht gar verhindert.

Wichtiger noch als diese Interaktionsbarriere sind die immer wieder festzustellenden Mängel in der *Arbeitsgestaltung*. Streßsymptome treten umso häufiger auf, je länger die tägliche Arbeitszeit am Bildschirm und je eintöniger die Tätigkeit ist. Da diese Tätigkeitsmerkmale typisch für viele „Frauenarbeitsplätze" sind, verwundert die größere Häufigkeit von Beschwerden bei Frauen nicht. Personen, die eine interessante Aufgabe bewältigen wie Programmierer oder Journalisten, die meist auch einen hohen Grad an Autonomie und Kontrolle über ihre Arbeitssituation besitzen, sind in deutlich geringerem Ausmaß betroffen. Auch Partizipation am Entwicklungs- und Einführungsprozeß als eine Form der individuellen und kollektiven Kontrolle senkt die Rate späterer Beschwerden. Die Streßfaktoren können unter ungünstigen Bedingungen (z.B. Arbeitsverdichtung, Zeitdruck) zu einer dauerhaften, für die Gesundheit riskanten Erhöhung des Beanspruchungsniveaus führen.

4 Neue Interaktionsformen

Mit „Multimedia" und „Virtueller Realität" in Verbindung mit dem weltweiten Zugang zu Informationsquellen (Internet, Online-Dienste) werden zur Zeit große Hoffnungen auf neue Märkte und Dienstleistungen bis hin zu neuen politischen und künstlerischen Ausdrucksformen verbunden. Diese Euphorie – verknüpft mit oft sehr grundsätzlichen Bedenken – ist aus der Technikgeschichte als Begleiterscheinung fast jeder technischen Neuerung bekannt und weicht erst allmählich einer realistischeren Einschätzung. Es mangelt bisher noch an Evaluationsstudien, die den tatsächlichen Nutzen im Arbeitszusammenhang aufzeigen.

4.1 Multimedia

Für Multimedia (Hypertext, Hypermedia) ist charakteristisch, daß verschiedene Datenformen (Text, Grafik, Stand- und Bewegtbild, Ton, Simulationen) angeboten und durch elektronische Querverweise (links) miteinander verknüpft werden können und damit ein Potential für attraktive interaktive und multimodale Präsentationstechniken geschaffen wird. Mit ihrem Einsatz für Lehr- und Lernzwecke wird z.b die Hoffnung verbunden, neben Kosteneinsparungen ein besseres und schnelleres Lernen zu ermöglichen, die (Lern-)Motivation zu steigern, eine bessere Behaltensleistung zu erzielen und eigenverantwortliches Lernen (Selbststudium) zu fördern (Edwards & Holland, 1994).

Die ersten Versuche einer kritischen Evaluation sind allerdings durchweg ernüchternd ausgefallen (Issing & Klimsa, 1995; Hasebrook, 1995). Neben zahlreichen praktischen Problemen bei ihrem Einsatz stellen sich neue Fragen beim Design der Schnittstellen für Hypermedia (Blattner & Dannenbert, 1992; Schuler, Hannemann & Streitz, 1995).

Die Komplexität und Fülle ansprechend dargebotener Informationen ist kein Garant für erfolgreiches Handeln. Die zu beantwortenden Fragen betreffen in erster Linie kognitive Prozesse: Wie sind die Verbindungen zu gestalten, damit sie der mentalen Repräsentation im Gedächtnis des Benutzers – die immer auch aufgaben- und situationsabhängig ist – entsprechen? Wie vermeide ich das „Verlorengehen" in der (ablenkenden) Datenfülle? Welche Hilfsmittel sollten angeboten werden, um in den Datenräumen zu „navigieren"? Ohne Lösung dieser Fragen laufen Multimedia-Systeme Gefahr, als neue und interessante Modeerscheinung eine zeitlang Beachtung zu finden, dann aber mangels eines echten Nutzens in Vergessenheit zu geraten, wie so viele Systeme vor ihnen (Riehm & Wingert, 1995).

4.2 Virtuelle Realität

Die virtuelle Realität (virtual reality, cyberspace) ist gekennzeichnet durch einen computergenerierte dreidimensionalen Raum und die Möglichkeit, mit virtuellen Objekten in diesem Raum zu interagieren und in ihm zu navigieren.

Die virtuelle Realität ermöglicht *neue Formen der Interaktion mit dem Computer*, die dem „natürlichen" (Arbeits-) Handeln entsprechen: Wahrnehmungs- und Aktionsraum fallen zusammen, das Feedback eigener Aktivität wird unmittelbar über mehrere Sinneskanäle (optisch, akustisch, taktil, kinästhetisch) erlebbar und erzeugt ein als an- und aufregend erlebtes Eintauchen (Immersion) in eine neuartige Realität. Diese Mensch-Computer Interaktion kommt dem Kriterium der „direkten Manipulation" (Shneiderman, 1989) recht nahe. So können die angeborenen Mechanismen der räumlichen Wahrnehmung und der Orientierung im Raum genutzt, auch kann der Reichtum der Körpermotorik an Bewegungsmöglichkeiten wenigstens ansatzweise ausgeschöpft werden, der sich beim Bildschirmgerät auf ganz wenige, stereotype Bewegungen beschränkt.

Vorläufig ist diese Technik wegen der *hohen Kosten*, der Gebundenheit an eine stationäre Einrichtung, der für „fotorealistische" Bewegtbilder noch zu geringe Rechenkapazität und der beschränkten Möglichkeiten des (taktilen) Feedbacks nur begrenzt einsetzbar. Ein Transfer des Trainings in virtueller Realität auf eine reale Steuerungsaufgabe ist z.b. noch fraglich. Auch müssen die Fehlerquellen behoben werden, die bei einem beträchtlichen Teil der Personen zu Übelkeit, Kopfschmerzen, Augenbeschwerden und Störung des binokularen Sehens führen.

Über die bereits bekannten *Einsatzgebiete* (Simulation, Training, Robotersteuerung, Architektur, räumliche Darstellung medizinischer Daten, Computerspiele) hinaus sind zahlreiche weitere Anwendungen in der Entwicklung und Erprobung (Bullinger & Bauer, 1994). So können z.b. große Mengen von Informationen (Hypertext) als dreidimensionale, virtuelle Umgebung repräsentiert werden, in der eine Orientierung und Suche analog der in einer realen Bibliothek möglich ist. Das Hauptproblem ist hier die Desorientierung („lost in hyperspace"), die auf eine Überforderung des Gedächtnisses verweist. Hier müssen noch Such- und Orientierungshilfen entwickelt werden, die die Wissensstruktur und die Wünsche des Benutzers berücksichtigen.

5 Normen

Ausgehend von der Europäischen Gemeinschaft sind in den letzten Jahren relativ strenge Anforderungen an die Bildschirmarbeit erlassen worden, die inzwischen weitgehend in nationale Gesetze und Regelungen umgesetzt wurden (Kasten 2).

Kasten 2
Die wichtigsten Regelungen zur Bildschirmarbeit

- Rahmenrichtlinie über die Durchführung von Maßnahmen zur Verbesserung der Sicherheit und des Gesundheitsschutzes der Arbeitnehmer bei der Arbeit (89/391/EWG)
- Richtlinie über die Mindestvorschriften bezüglich der Sicherheit und des Gesundheitsschutzes bei der Arbeit an Bildschirmgeräten (90/270/EWG)
- Arbeitsschutzgesetz von 1996 (ArbSchG)
- Bildschirmarbeitsverordnung von 1996 (BildscharbV)
- Unfall-Verhütungsvorschrift „Arbeit an Bildschirmgeräten" (VBG 104) Entwurf der Verwaltungs-Berufsgenossenschaft, 1996
- Ergonomische Anforderungen für Bürotätigkeiten mit Bildschirmgeräten (17 Teile) (DIN EN ISO 9241), 1995

Die vielfach in Betrieben und Verwaltungen bestehenden Betriebsvereinbarungen zur Bildschirmarbeit, in denen typischweise Fragen der Arbeits- und Pausengestaltung, der augenärztlichen Untersuchung, der Freistellung von Schwangeren und der Leistungs- und Verhaltenskontrolle geregelt werden, sind inzwischen weitgehend an die Vorgaben der EU-Bildschirmrichtlinie angepaßt worden. Sie gilt – bis auf wenige Ausnahmen – für alle Arbeitsplätze, an denen Bildschirme eingesetzt werden. Neu und zukunftsweisend ist, daß auch normative Vorgaben zum Arbeitsinhalt gemacht werden, da jeder Arbeitgeber verpflichtet wird, eventuelle psychische und physische Belastungen zu analysieren und ggf. Abhilfe zu schaffen (Art 3). Da die Arbeit am Bildschirm mehr und mehr für den Großteil der Arbeitnehmer zum Standard wird, ist nahezu jede Organisation bzw. jeder Betrieb gezwungen, sich mit dieser Problematik auseinanderzusetzen. Dies könnte dazu beitragen, neben den notwendigen korrektiven Maßnahmen vor allem die präventive Arbeitsgestaltung zu fördern. Der Analyse und Bewertung psychischer Arbeitsanforderungen kommt dabei eine Schlüsselrolle zu (Hacker, 1995).

Wie und von wem die Prüfung von Soft- und Hardware und von Arbeitsplätzen auf Konformität vorgenommen werden soll, ist noch unklar. Die relativ abstrakten Bewertungskriterien zur Schnittstellengestaltung aus der ISO-Norm 9241, Teil 10-17, sind nicht einfach zu operationalisieren und zu evaluieren.

Im Verbundprojekt „Sicherheit und Gesundheitsschutz bei der Arbeit an Bildschirmen auf der Basis internationaler Normen und Standards" (SANUS) – gefördert vom Bundesministerium für Bildung, Wissenschaft, Forschung und Technologie (BMBF) – wird beispielhaft versucht, Hilfestellung bei der Umsetzung der europäischen Regelwerke zu geben (z.B. Wieland-Eckelmann et al., 1996).

6 Ausblick

Mensch-Maschine-Systeme müssen nach der Effektivität des Gesamtsystems beurteilt werden. Dies gilt auch für die Mensch-Computer-Interaktion: Noch so mächtige Programmsysteme werden kaum akzeptiert und unproduktiv eingesetzt, wenn sie nicht an die relativ unveränderlichen Eigenschaften des Menschen und an seine Arbeitsaufgaben angepaßt werden. Der rasante Fortschritt in der Informations- und Kommunikationstechnik bietet nahezu unbegrenzte Optionen für die Gestaltung des technischen Teilsystems; so rücken Fragen der *Arbeits- und Aufgabengestaltung* ins Zentrum des Interesses (Rödiger, 1993). Eine noch so gute Dialog-Schnittstelle kann Mängel bei einer persönlichkeitsförderlichen Arbeitsgestaltung nicht ausgleichen. Die notwendige Integration arbeitspsychologischer Konzepte und Analyseverfahren in den Prozeß der Software-Entwicklung („Arbeitsinformatik", Volpert, 1993) hat begonnen, trifft aber in der Praxis noch auf zahlreichen Schwierigkeiten (Dzida & Konradt, 1995). Als – leider noch viel zu selten begangener – Königsweg zur Lösung vieler dieser Probleme hat sich die frühzeitige *Einbindung der Nutzer* unter Berücksichtigung arbeitswissenschaftlicher Kriterien in den Software-Entwicklungsprozeß bewährt (Brödner, Simonis & Paul, 1991; Rauterberg et al., 1994). Diese Form der Partizipation führt in der Regel auch betriebswirtschaftlich zu günstigeren Lösungen als der vielfach noch technikzentrierte top down Ansatz in der Software-Entwicklung.

Allgemein müssen die Systeme an eine vergrößerte Spielbreite an inter- und intraindividuellen Differenzen, z.b. bedingt durch das Alter (v. Benda, 1997) oder Behinderungen als auch an sich ändernde Aufgaben angepaßt werden können. Fortschritte werden dabei nur durch intensivere Berücksichtigung kognitiver Prozesse (cognitive ergonomics) zu erreichen sein (Eason, 1991). Hier besteht noch – wie es sich gerade bei den Multimedia-Systemen gezeigt hat – ein großer Bedarf an interdisziplinär ausgerichteter Forschung, die in der Psychologie auf einem beträchtlichen Fundus an Wissen über arbeitsrelevante Eigenschaften, kognitive Prozesse und soziale Verhaltensweisen zurückgreifen kann. Es wird noch eines längeren Weges kultureller Evolution bedürfen, bei der auch die Veränderung des Denkens und der Sprache durch die Arbeit am Computer, die Neubestimmung der Privatheit, neue Formen der sozialen Kontrolle (z.B. im Internet), die Ästhetik eine Rolle spielen werden, ehe die Interaktionsbarrieren beim Einsatz computergestützer Arbeitsmittel soweit abgebaut sind, daß sie genau so selbstverständlich, situationsunabhängig und effizient genutzt werden können wie traditionelle Kulturgüter, z.B. das Buch.

Literatur

ArbSchG (1996). *Umsetzung der EG-Rahmenrichtlinie Arbeitsschutz und weiterer Arbeitsschutz-Richtlinien (ArbSchG)*. BGBL I, 1996, S. 1246.

BildschArbV (1996). *Verordnung über Sicherheit und Gesundheitsschutz bei der Arbeit an Bildschirmgeräten (BildschArbV)*.

Baitsch, C., Katz, C., Spinas, P. & Ulich, E. (1991). *Computerunterstützte Büroarbeit*. Zürich: Verlag der Fachvereine.

Balzert, H., Hoppe, H.V., Oppermann, R., Reschke, H., Rohr, G. & Streitz, N.A. (Hrsg.). (1988). *Einführung in die Software-Ergonomie*. Berlin: de Gruyter.

Benda, H. v. (1997). Alter. In H. Luczak & W. Volpert (Hrsg.), *Handbuch Arbeitswissenschaft* (S. 290-295). Stuttgart: Schäffer-Poeschel.

Blattner, M. & Dannenbert, R. (Eds.). (1992). *Multimedia interface design*. New York: ACM Press.

Boucsein, W. (1988). Wartezeiten am Rechner – Erholung oder Streß? *Zeitschrift für Arbeitswissenschaft, 42* (14 NF), 222-225.

Brödner, P., Simonis, H. & Paul, H. (Hrsg.). (1991). *Arbeitsgestaltung und partizipative Systementwicklung*. Opladen: Leske & Budrich.

Bullinger, H.-J. & Bauer, W. (1994). Strategische Dimensionen der Virtual Reality. In H.-J. Warnecke & H.-J. Bullinger (Hrsg.), *Virtual Reality. Anwendungen und Trends* (S. 13-26). Berlin: Springer.

Dainoff, M.J. (1990). Ergonomic improvements in VDT workstations: health and performance effect. In S. Sauter, M. J. Dainoff & M. J. Smith (Eds.), *Promoting health and productivity in the computerized office* (pp. 49-67). London: Taylor & Francis.

DIN EN ISO 9241 (1995). *Ergonomische Anforderungen für Büroarbeiten mit Bildschirmgeräten.* Genf: ISO.

Dutke, S. (1993). *Mentale Modelle. Konstrukte des Wissens und Verstehens.* Göttingen: Verlag für Angewandte Psychologie.

Dzida, W. (1984). Das IFIP-Modell für Benutzerschnittstellen. *Office-Management, Sonderheft Software-Ergonomie, 31,* 6-8.

Dzida, W. & Konradt, U. (Hrsg.). (1995). *Psychologie des Software-Entwurfs.* Göttingen: Verlag für Angewandte Psychologie.

Eason, K. D. (1991). Ergonomic perspectives on advances in human-computer interaction. *Ergonomics, 34* (6), 721-741.

Eberleh, E. (Hrsg.). (1994). *Einführung in die Software-Ergonomie.* Berlin: de Gruyter.

Edwards, A.D.N. & Holland, S. (Eds.). (1994). *Multimedia interface design in education.* New York: Springer.

Europäische Union (1989). *Rahmenrichtlinie über die Durchführung von Maßnahmen zur Verbesserung der Sicherheit und des Gesundheitsschutzes der Arbeitnehmer bei der Arbeit (89/391/EWG).*

Europäische Union (1990). *Richtlinie über die Mindestvorschriften bezüglich der Sicherheit und des Gesundheitsschutzes bei der Arbeit an Bildschirmgeräten (90/270/EWG).*

Fähnrich, K.-P. (Hrsg.). (1987). *Software-Ergonomie.* München: Oldenbourg.

Frese, M. & Brodbeck, F.C. (1989). *Computer in Büro und Verwaltung.* Berlin: Springer.

Frese, M., Ulich, E. & Dzida, W. (Eds.). (1987). *Psychological issues of human-computer interaction in the work place.* Amsterdam: Elsevier.

Frese, M. & Zapf, D. (1991). *Fehler bei der Arbeit mit dem Computer.* Bern: Huber.

Friedrich, J. & Rödiger, K.-H. (1991). *Computergestützte Gruppenarbeit (CSCW).* Stuttgart: Teubner.

Greif, S. & Keller, H. (1990). Innovation and the design of work and learning environments: the concept of exploration in human-computer interaction. In M.A. West & J.L. Farr (Eds.), *Innovation and creativity at work* (pp. 231-249). New York: Wiley.

Haaks, D. (1992). *Anpaßbare Informationssysteme.* Göttingen: Verlag für Angewandte Psychologie.

Hacker, W. (1994). Arbeits- und organisationspsychologische Grundlagen der Software-Ergonomie. In E. Eberleh, H. Oberquelle & R. Oppermann (Hrsg.), *Einführung in die Software-Ergonomie. Gestaltung graphisch-interaktiver Systeme: Prinzipien, Werkzeuge, Lösungen* (S. 53-94). Berlin: de Gruyter.

Hamborg, K.-C. (1996). Zum Einfluß der Komplexität von Software-Systemen auf Fehler bei Computernovizen und Experten. *Zeitschrift für Arbeits- und Organisationspsychologie, 40,* 3-11.

Hasebrook, J. (1995). *Multimedia-Psychologie.* Heidelberg: Spektrum Akademischer Verlag.

Issing, L.J. & Klimsa, P. (Hrsg.). (1995). *Information und Lernen mit Multimedia.* Weinheim: Beltz.

Konradt, U. & Drisis, L. (Hrsg.). (1993). *Software-Ergonomie in der Gruppenarbeit.* Opladen: Leske & Budrich.

Korunka, C., Weiss, A., Huemer, K.-H. & Karetta, B. (1995). The effect of new technologies on job satisfaction and psychosomatic complaints. *Applied Psychology: An International Review, 44* (2), 123-142.

Nibel, H. (1995). *Augenermüdung und Beanspruchung.* Bern: Europäischer Verlag der Wissenschaften.

Östberg, O. (1993). Electric and magnetic sanitation of the VDV office: the ALARA principle (as low as reasonable achievable). In H. Luczak, A.C. Cakir & G. Cakir (Eds.), *Work with display units* (pp. 120-128). Stuttgart: Teubner.

Oppermann, R. (1988). *Evaluation von Dialogsystemen*. Berlin: de Gruyter.

Oppermann, R. (Eds.). (1994). *Adaptive user support*. Hillsdale, NJ.: Erlbaum.

Rauterberg, M., Spinas, P., Strohm, O., Ulich, E. & Waeber, D. (1994). *Benutzerorientierte Software-Entwicklung. Konzepte, Methoden und Vorgehen zur Benutzerbeteiligung.* Stuttgart: Teubner.

Riehm, U. & Wingert, B. (1995). *Multimedia – Mythen, Chancen, Herausforderungen. Arbeitsbericht 33*. Bonn: Büro für Technikfolgen-Abschätzung beim Deutschen Bundestag.

Rödiger, K.-H. (Hrsg.). (1993). *Software-Ergonomie '93. Von der Benutzeroberfläche zur Arbeitsgestaltung*. Stuttgart: Teubner.

Schmid, H. (1995). *Computer und Gesundheit*. Münster: Waxmann.

Schuler, W., Hannemann, J. & Streitz, N. (Hrsg.). (1995). *Designing user interfaces for hypermedia*. Berlin: Springer.

Schwaninger, U., Thomas, C., Nibel, H., Menozzi, M., Läubli, T. & Krueger, H. (1989). *Auswirkungen der Bildschirmarbeit auf Augen sowie Stütz- und Bewegungsapparat.* Forschungsbericht 601 der Bundesanstalt für Arbeitsschutz. Bremerhaven: Wirtschaftsverlag NW.

Shneiderman, B. (1989). Direct manipulation: A step beyond programming languages. *IEEE Computers*, 57-69.

Shneiderman, B. (1992). *Designing the user interface*. Reading, MA: Addison-Wesley.

Spinas, P., Troy, N. & Ulich, E. (1983). *Leitfaden zur Einführung und Gestaltung von Arbeit mit Bildschirmsystemen*. Zürich: Duttweiler-Institut.

Verwaltungs-Berufsgenossenschaft (Hrsg.). (1996). *Unfallverhütungsvorschrift „Arbeit an Bildschirmgeräten"*. Entwurf (VBG 104). Hamburg: VBG.

Volpert, W. (1993). Von der Software-Ergonomie zur Arbeitsinformatik. In K.-H. Rödiger, (Hrsg.), *Software-Ergonomie '93* (S. 51-65). Stuttgart: Teubner.

Wandmacher, J. (1993). *Software-Ergonomie*. Berlin: de Gruyter.

Wieland-Eckelmann, R., Baggen, R., Saßmannshausen, A., Schwarz, R., Schmitz, U., Ademmer, C. & Rose, M. (1966). *Gestaltung beanspruchungsoptimaler Bildschirmarbeit*. Bremerhaven: Wirtschaftsverlag NW.

Grundlagen

20 Kognitive Prozesse: Aufnahme und Verarbeitung von Informationen

Klaus-Peter Muthig

1 Einleitung

Bei der Bearbeitung arbeits- und organisationspsychologischer Fragestellungen greift man oft auf Annahmen über kognitive Prozesse und kognitive Leistungen des Menschen zurück, also etwa darüber, wie oder was Menschen wahrnehmen und behalten (können) und wie sie dies für ihr Handeln nutzen. Solche Annahmen werden z.b. dann zugrundegelegt, wenn Maßnahmen zur Gestaltung und Verbesserung der betrieblichen Abläufe oder der Arbeitsbedingungen getroffen werden sollen, wenn technische Systeme an Fähigkeiten und Grenzen des Menschen anzupassen sind oder wenn die Auswirkungen der entsprechenden Maßnahmen zur Erreichung übergeordneter Ziele wie z.b. Sicherheit oder Beherrschbarkeit abgeschätzt werden sollen. Viele dieser Annahmen entstammen der Kognitiven Psychologie (hierzu z.b. Anderson 1995/1996, Neisser 1967/1974), jener psychologischen Teildisziplin, in der ja die Identifikation und Analyse solcher bewußten oder unbewußten Vorgänge im Vordergrund steht, die etwas mit der Entstehung von Erkenntnis, von Wissen zu tun haben (z.B. wahrnehmen, behalten, erinnern, denken, verstehen oder urteilen). Da der konzeptuelle und forschungsmethodische Hintergrund dieser Annahmen im konkreten arbeits- und organisationspsychologischen Anwendungskontext nur selten dargelegt werden kann, werden nachfolgend einige Grundansätze der Kognitiven Psychologie kurz vorgestellt, um eine bessere Bewertung der jeweiligen Annahmen zu ermöglichen. Vor diesem Hintergrund wird dann auch ein allgemeines Rahmenmodell vorgestellt, das zur Berücksichtigung und Analyse kognitiver Prozesse im Rahmen arbeits- und organisationspsychologischer Fragestellungen nützlich sein kann.

2 Grundansätze zur Analyse kognitiver Prozesse

Innerhalb der Psychologie gab und gibt es unterschiedliche Auffassungen darüber, welcher theoretische und methodische Zugang zur Analyse kognitiver Prozesse angemessen ist (z.B. Bindra, 1984; Knapp & Robertson, 1986). Der Ansatz, der seit der „kognitiven Wende" den theoretisch-methodischen Zugang der Kognitiven Psychologie im wesentlichen bestimmt hat und der auch heute noch als weitgehend akzeptierter Rahmen zur Analyse kognitiver Prozesse gilt, ist der *Informations-verarbeitungsansatz.*

2.1 Der Informationsverarbeitungsansatz

Mit anderen Ansätzen zur Analyse kognitiver Prozesse teilt der Informations-verarbeitungsansatz die Auffassung, menschliches Erleben und Verhalten sei nur auf der Grundlage von Annahmen über interne (kognitive, mentale) Strukturen und Prozesse zu erklären. Nach Newell und Simon (1972, S. 20 ff.) besteht ein informationsverarbeitendes System (IVS) in seiner Grundform aus einem sensorischen System (Rezeptorsystem), einem Antwortgenerator (Effektorsystem), einem Gedächtnis und einem zentralen Prozessor (Abbildung 1).

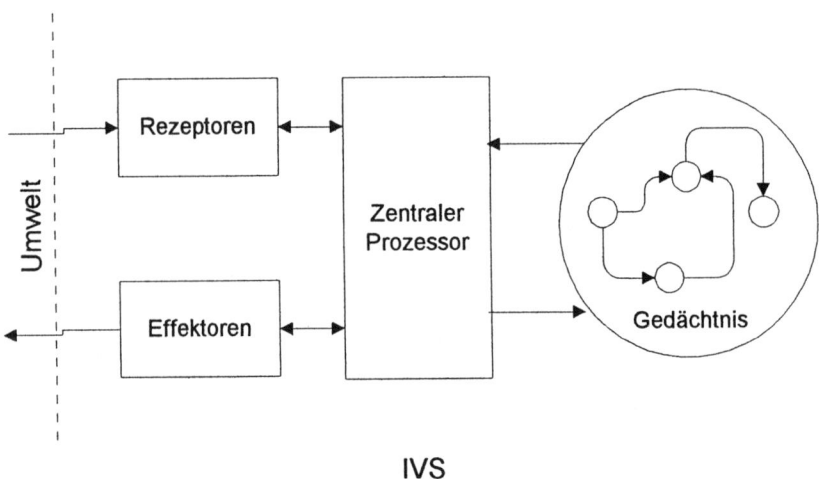

IVS

Abbildung 1

Zu den charakteristischen Eigenschaften eines IVS gehört die Fähigkeit, Objekte, Ereignisse oder Sachverhalte, die der Außenwelt oder dem eigenen Operationsbereich zugehören können, symbolisch zu repräsentieren und diese symbolischen Repräsentationen (regelgeleitet) zu manipulieren, d.h. auf der Basis symbolischer Repräsentationen und elementarer Informationsverarbeitungsprozesse (z.B. zuweisen, lesen, schreiben) neue Symbolstrukturen (im Gedächtnis) zu schaffen (ausführlich z.B. Newell, 1980; Newell & Simon, 1972; Simon & Newell, 1964). Nach dieser Auffassung kann der Mensch, ähnlich wie ein von-Neumann-Computer, als ein informationsverarbeitendes System betrachtet werden, dessen Verhalten sich durch eine Sequenz von elementaren Informationsverarbeitungsprozessen beschreiben läßt. Folgerichtig sucht man im Rahmen dieses Ansatzes, menschliches Verhalten und menschliche Leistungen unter Rückgriff auf Annahmen über den internen Informationsfluß im menschlichen IVS zu erklären.

Der theoretisch-methodische Zugang erfolgt dabei vor dem Hintergrund der folgenden Postulate (vgl. Palmer & Kimchi, 1986, S. 39 ff.):

(1) *Informationelle Beschreibung*: Kognitive Vorgänge lassen sich funktional als Informationsverarbeitungsprozesse beschreiben. Ein Informationsverarbeitungsprozeß kann als eine Sequenz von „Input", „Operation" und „Output" beschrieben werden, wobei der „Output" vollständig durch den „Input" sowie die auf ihm arbeitende Operation bestimmt ist; (2) *Rekursive Zerlegung*: Komplexe Informationsverarbeitungsprozesse können in einfachere (elementare) Komponenten zerlegt werden, die selbst wieder Informationsverarbeitungsprozesse darstellen. Die zeitlichen Relationen zwischen diesen Prozessen legen den „Informationsfluß" durch das System fest; (3) *Kontinuität des Informationsflusses*: Der gesamte „Input" einer Prozeßstufe muß in dem „Output" der ihm zeitlich vorgeordneten Prozesse enthalten sein; (4) *Zeitliche Steuerung des Informationsflusses*: Eine Operation kann erst dann durchgeführt werden, wenn Input für sie verfügbar ist; jede Operation benötigt für ihre Durchführung einen bestimmten Zeitbetrag; (5) *Physikalische Verankerung*: In dem physischen System, dessen Verhalten beschrieben wird, stellen die jeweiligen Zustände des Systems die materiellen Träger der Information (symbolische Repräsentationen) dar, die Zustandsänderungen stellen die materiellen Träger der Operationen (Prozesse) dar (Abbildung 2).

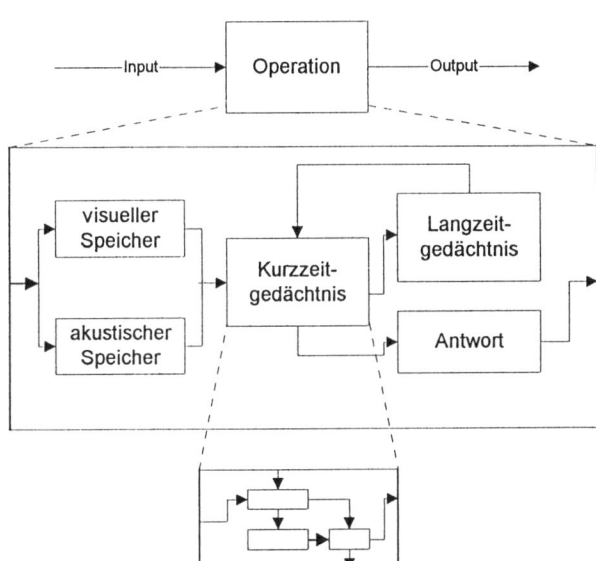

Der im Rahmen des Informationsverarbeitungsansatzes verfolgte Zugang zur Analyse kognitiver Prozesse hat sich theoretisch und empirisch als außerordentlich fruchtbar erwiesen. Zu welchen neuen Methoden, experimentellen Paradigmen,

Modellvorstellungen und Befunden dies im einzelnen geführt hat, kann und soll hier nicht nachgezeichnet werden.

Entsprechende Hinweise finden sich in praktisch jedem Standardwerk zur Kognitiven Psychologie (z.B. Anderson, 1995/1996; Gardner, 1985/1989; Posner, 1989; Spada, 1990; s. auch die einschlägigen Bände der Enzyklopädie der Psychologie) und zur Arbeits- und Ingenieurpsychologie (z.B. Dunette & Hough, 1990; Hoyos & Zimolong, 1990; Johannsen, 1993; Ulich, 1991).

2.2 Alternativen zum Informationsverarbeitungsansatz

Die für den Informationsverarbeitungsansatz zentrale Computeranalogie hat nicht nur die Sichtweise von Kognition, sondern auch den Zugang zum Gegenstandsbereich der Kognitiven Psychologie entscheidend beeinflußt. So wurde unter Verwendung dieser Analogie der Gegenstandsbereich nahezu vollständig in der Begrifflichkeit von Symbolstrukturen und regelgeleiteter Symbolverarbeitung konzeptualisiert. Unter Rückgriff auf die theoretisch-methodischen Postulate wurde zudem eine ganz bestimmte Forschungsstrategie zur Analyse regelgeleiteter Symbolverarbeitung kodifiziert, nämlich, die als situations-, kontext- und inhaltsinvariant angesehenen (elementaren) Informationsverarbeitungsprozesse und „mentalen Mechanismen" unter laborexperimentellen Bedingungen zu untersuchen und nicht in dem Handlungszusammenhang, in dem sie normalerweise auftreten (Lachman, Lachman & Butterfield, 1979, S. 124). Es sind dann auch diese beiden Merkmale (ausschließliche Konzeptualisierung auf der Ebene der Symbolverarbeitung und ausschließlicher Rekurs auf eine ganz bestimmte Forschungsstrategie), gegen die die in jüngerer Zeit formulierten Alternativen zum Informationsverarbeitungsansatz Position beziehen.

2.2.1 Der „ökologisch-praktische" Ansatz

Anknüpfend an die Arbeiten von Gibson (z.B. 1966, 1979/1982) und die hierdurch angestoßene Diskussion um einen ökologischen Ansatz in der Psychologie (hierzu z.B. Barker, 1965, 1968; Graumann, 1978; Kaminski, 1978; Mace, 1977) war es insbesondere Neisser, der der Forderung nach einer forschungsstrategischen Neuorientierung Ausdruck verlieh. So gab Neisser, der gut zehn Jahre vorher den am Informationsverarbeitungsparadigma orientierten Ansatz unter dem Namen „Kognitive Psychologie" bekannt gemacht hatte, schon 1976 zu bedenken, ein Ansatz, der alltägliche Erfahrungen und Phänomene nicht deuten könne, ignoriere nahezu die gesamte Breite seines eigentlichen Gegenstandsbereiches (Neisser 1976/1979, S. 15). Kognitive Phänomene, kognitive Anforderungen und kognitive Funktionen dürften, so Neisser (1976/1979, S. 16 ff.)nicht ausschließlich im psychologischen Labor analysiert werden, sondern müßten unter solchen Bedingungen untersucht werden, die im Sinne Brunswiks (1956) „repräsentativ" sind. Erforderlich sei ein Zugang, der auf das Verständnis kognitiver Phänomene und Leistungen in alltäglichen Umgebungen und im Kontext natürlicher Handlungen abzielt und der den Gegebenheiten und Bedingungen der realen Welt Rechnung trägt, in der die Menschen leben und auf die hin sich menschliche Kognition entwickelt hat. In diesem Zusammenhang forderte Neisser explizit eine stärkere Orientierung am methodischen Vorgehen der *Ethologie* (Beobachtung und Analyse des Verhaltens unter natürlichen Bedingungen) sowie eine auf den jeweiligen Menschen bezogene Beschreibung der jeweiligen *Umweltbedingungen* und (kognitiven) *Anforderungen*.

Angestoßen durch Neisser nahm der „ökologisch-praktische Ansatz" in den folgenden Jahren schnell Gestalt an, wenn auch nicht als ethologisch-ökologischer Zugang im engeren Sinne. Im Rahmen dieses Ansatzes wurden jedoch durchgängig Themen aufgegriffen, die innerhalb des herkömmlichen Laborforschungsansatzes gar nicht oder nicht so behandelt worden wären (z.B. Gruneberg, Morris & Sykes, 1988; Neisser, 1985; Neisser & Winograd, 1988). Zudem wurde das Augenmerk darauf gelenkt, daß „kognitive Prozesse" und „kognitive Leistungen" genuin relationale Konzepte darstellen. Sie verweisen also nicht auf Eigenschaften oder Funktionen, die einem Organismus alleine zugeschrieben werden können, sondern auf das jeweilige Zusammenspiel von Organismus, situativen Gegebenheiten, Aufgabenanforderungen und verfügbaren Hilfsmitteln. Für Art, Inhalt und Form der kognitiven Leistungen und Prozesse einer Person sind somit z.B. ihr spezifischer soziokultureller Hintergrund, ihre ontogenetische Entwicklung oder die Kulturtechniken, die sie sich angeeignet hat, ebenso entscheidend wie die Existenz und Verfügbarkeit von materiellen und intellektuellen Werkzeugen im jeweiligen situativen Kontext (ausführlicher hierzu z.B. Johnston, 1985; Miller, 1985; Muthig, 1993; Schleidt, 1985).

2.2.2 Der Neokonnektionistische Ansatz

Eine theoretisch-konzeptuelle Alternative zum Informationsverarbeitungsansatz, die heute starke Beachtung erfährt, ist der neokonnektionistische Ansatz (auch als „Konnektionismus", „PDP (Parallel Distributed Processing)" oder „neuronale Netzwerke" bezeichnet; z.B. Feldman & Ballard, 1982; Fodor & Pylyshyn, 1988; Gardner, 1985/1989; Grossberg, 1987; Kemke, 1988; McClelland & Rumelhart, 1986; Rumelhart & McClelland, 1986; Strube, 1990; Varela, 1988/1990). Zwar wird auch hier am Konzept der „Informationsverarbeitung" festgehalten sowie daran, daß Informationsverarbeitung auf dem Aufbau und der Veränderung interner Repräsentationen basiert; es wird jedoch bezweifelt, daß die Ebene der Symbolverarbeitung die adäquate Ebene für kognitionspsychologische Erklärungen darstellt. Wichtige Randbedingungen für die zu modellierenden kognitiven Strukturen und Prozesse würden durch neuronale Architektur des Gehirns gesetzt. So beruhe z.B. die Effizienz menschlicher Informationsverarbeitung eben genau darauf, daß das Gehirn, anders als ein von-Neumann-Rechner, ein massiv parallel arbeitendes, hochvernetztes System aus einfachen Komponenten (Neuronen) darstellt (ca. 10^{10} bis 10^{11} Neuronen, jedes mit ca. 10^4 anderen Neuronen in Verbindung stehend; vgl. hierzu z.B. Ballard, 1986; Rumelhart & McClelland, 1986).

Entsprechend unterscheidet sich auch die Grundarchitektur neokonnektionistischer Modelle beträchtlich von den Symbolverarbeitungsmodellen des Informationsverarbeitungsansatzes. Sie besteht im wesentlichen aus einer Menge einfacher neuronenähnlicher Verarbeitungseinheiten („units"), die über gerichtete und gewichtete exzitatorische und inhibitorische Verbindungen („connections") miteinander und mit der Umgebung interagieren. Jede „unit" innerhalb dieser Netzwerkstruktur kann als ein parallel und ausschließlich lokal (d.h. ohne übergeordnete Kontrolle) arbeitender Prozessor angesehen werden, der in Abhängigkeit von seinem Aktivierungszustand und dem jeweiligen Input aus vorgeschalteten „units" seinen neuen Aktivierungszustand bestimmt und einen Output an nachgeschaltete „units" weiterleitet. Da jede einzelne „unit" nur eine einfache Kombination ihrer Inputs (z.B. Multiplikation, Addition) sowie eine einfache, i.d.R. nichtlineare Transformation dieses Inputs in einen Output leistet, beruht Informationsverarbeitung in neokonnektionistischen Modellen wesentlich auf der dynamischen Interaktion der im Netzwerk verknüpften elementaren Verarbeitungseinheiten.

Informationsverarbeitung ist nach dieser Auffassung also keine Funktion diskreter Operationen oder Informationsverarbeitungsstufen, sondern eine emergente Funktion des gesamten Netzwerks von Verarbeitungseinheiten und Verbindungen.

3 Ein Rahmenmodell menschlicher Informationsaufnahme und Informationsverarbeitung

Leider lassen sich die aus den verschiedenen Ansätzen gewonnenen Hinweise nicht ohne weiteres aufeinander beziehen und für die Anwendung in konkreten arbeits- und organisationspsychologischen Kontexten nutzbar machen. Nicht nur, weil der Auflösungsgrad der jeweiligen Modelle für praktische Fragestellungen zumeist zu feinkörnig ist, sondern auch, weil die jeweiligen Ergebnisse oft von den Charakteristika der zugrundegelegten Ansätze, experimentellen Paradigmen, Situationen und zu bewältigenden Aufgaben geprägt sind. Für die konkrete Anwendung nützlich wäre dagegen ein Modell, das die wesentlichen Erkenntnisse und Hinweise aus den einzelnen Ansätzen enthält und diese unter einer einheitlichen Sicht auf einem Auflösungsniveau darstellt, das für die Analyse und Beschreibung kognitiver Prozesse in (komplexen) Anwendungskontexten geeignet ist. Ein Modell, das diese Anforderungen recht gut erfüllt und daher im folgenden kurz vorgestellt werden soll, stammt von Rasmussen (1986).

3.1 Allgemeine Struktur

Nach diesem Modell wirken bei der menschlichen Informationsaufnahme und Informationsverarbeitung *zwei Verarbeitungssysteme* zusammen: Als primäres Verarbeitungssystem fungiert ein *verteiltes, parallel arbeitendes System* mit hoher Verarbeitungskapazität. Dieses System leitet die Wahrnehmung, richtet sie aus, und leistet auf der Basis von Wahrnehmungsinhalten und einem internen Weltmodell eine kontinuierliche dynamische Simulation der Umgebung sowie der Befindlichkeit des eigenen Körpers in dieser Umgebung. Die in diesem Verarbeitungssystem ablaufenden (sensumotorischen) Prozesse werden selbst nicht bewußt; die Prozeßergebnisse können jedoch in gewissem Umfang durch das mit diesem System gekoppelte zweite Verarbeitungssystem überwacht und kontrolliert werden (Abbildung 3).

Das zweite System ist durch einen *sequentiell arbeitenden Prozessor* begrenzter Kapazität und Schnelligkeit gekennzeichnet. In informationeller Kopplung mit einem Kurzzeitspeicher und einem Langzeitgedächtnis kontrolliert er die Ebene und die Aufmerksamkeitsausrichtung der Wahrnehmungsaktivitäten, die Zielbildung für den gesamten Verarbeitungsprozeß sowie die Handlungen. Dieses System wird vor allem in solchen Situationen aktiviert, die Improvisationen, logische Schlußfolgerungen oder symbolisches Denken verlangen. Durch dieses System wird auch die Arbeitsweise des primären Verarbeitungssystems in gewissem Umfang koordiniert und kontrolliert (z.B. nach Entdeckung einer Inkongruenz zwischen Wahrnehmungsdaten und Simulationsergebnis).

Durch die Koppelung zweier Verarbeitungssysteme mit unterschiedlichen Charakteristika und unterschiedlichen Funktionen kann dieses Modell einem breiten Spektrum kognitiver Prozesse und Leistungen Rechnung zu tragen. Es ist zudem sehr flexibel. Dies rührt nicht zuletzt daher, daß das sekundäre System („System der bewußten Informationsverarbeitung") in seiner Grundstruktur und seinen Charakteristika einem IVS im Informationsverarbeitungsansatz entspricht, das primäre Verarbeitungssystem („System der nicht bewußten Verarbeitung") jedoch Züge des ökologischen Ansatzes von Gibson sowie neokonnektionistischer Modellvorstellungen aufweist. Anders als im Informationsverarbeitungsansatz stand bei diesem Modell nicht der von-Neumann-Computer Pate, sondern ein komplexes Computerzentrum, das durch ein multivariables, kontinuierliches Überwachungs- und Steuerungssystem mit einer dynamisch sich verändernden Außenwelt verbunden ist (Rasmussen, 1986, S. 75).

3.2 Ausgewählte Einzelaspekte

Einige wesentliche Aspekte menschlicher Informationsaufnahme und Informationsverarbeitung sollen unter Bezug auf das von Rasmussen (1986) vorgeschlagene

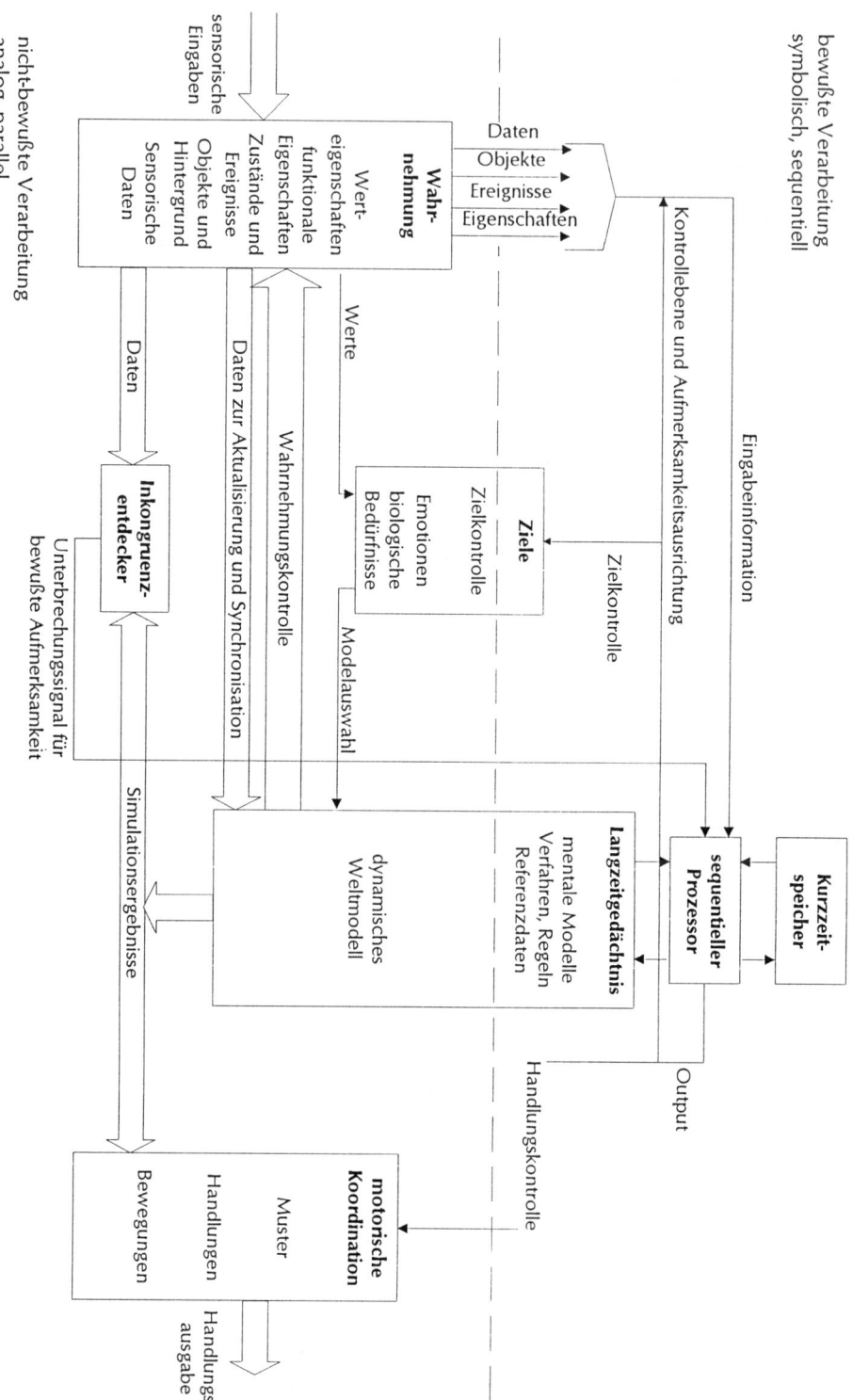

Modell im folgenden kurz erläutert werden (ausführlicher dazu z.B. Johannsen, 1993; Muthig, 1990).

3.2.1 Wahrnehmen und Handeln

Welche Information der Mensch überhaupt aufnehmen kann, ist von der Sensitivität seiner Sinnessysteme gegenüber unterschiedlichen Formen der Umgebungsenergie abhängig (z.B. Intensität und Wellenlänge elektromagnetischer Schwingungen; vgl. z.B. Goldstein, 1989). Evolutionsgeschichtlich trägt die dabei erreichte Sensitivität der Orientierungsfunktion der Wahrnehmungssysteme (Sinnessysteme *inklusive* ihrer Anpassungsleistungen) Rechnung; ausführlich hierzu z.B. Gibson (1966), Muthig (1990). Da die Sinnessysteme schon bei den einfachsten Wahrnehmungsaktivitäten zusammenwirken (z.B. hören und sehen), hängt es vom aktuellen Handlungskontext und der gewohnheitsmäßigen Aufmerksamkeitsausrichtung ab, welche sensorische Informationsquelle dabei bevorzugt ausgewertet wird bzw. auf welche der verfügbaren Informationsquellen (zur Handlungssteuerung) Bezug genommen wird.

Durch das interne dynamische Weltmodell werden die Wahrnehmungssysteme auf die Quelle der Information sowie auf das Generalisierungsniveau ausgerichtet, auf dem (zielbezogen) relevante Veränderungen erwartet werden bzw. Unsicherheiten in der Umweltmodellierung bestehen. Umgekehrt liefern die Wahrnehmungssysteme die Informationen zu kontinuierlichen *Synchronisation* und *Aktualisierung* des Weltmodells. Durch diese wechselseitige Verschränkung wird die Informationsverarbeitung ganzheitlich auf solche invarianten Umgebungsmerkmale ausgerichtet, die im aktuellen Ziel- und Handlungskontext relevant sind. Diese ganzheitliche Ausgerichtetheit manifestiert sich z.B. in Situationen, in denen erwartete Ereignisse nicht auftreten (z.B. Ausbleiben normaler prozeßbegleitender Geräusche), in denen Ereignisse oder Objekte in ungewohntem Kontext auftreten oder aber komplexe Antworten auf „einfache" Signale erfolgen (z.B. Verhalten bei Ertönen eines Warnsignals).

Da das interne dynamische Weltmodell nicht aus der passiven Verarbeitung wahrgenommener Information entsteht, sondern aus der aktiven Wechselwirkung mit der Umgebung resultiert, sind *Wahrnehmung* und *Handlung* hoch integriert. Entsprechend sind motorische Prozesse bei der Identifikation von Informationsquellen und der Entnahme invarianter Information beteiligt (z.B. Kopf- bzw. Körperbewegungen bei der Ablesung von Instrumenten). Da das dynamische Weltmodell aber nicht nur das (erwartete) Verhalten der Umgebung, sondern auch den eigenen Körpers in dieser Umgebung simuliert, liefert es auch die Grundlage für die Manipulation von Objekten, Werkzeugen und Symbolen sowie für die antizipatorische Kontrolle und Steuerung schneller Handlungssequenzen (vgl. hierzu auch Yates, 1985).

3.2.2 Bewußte Informationsverarbeitung und mentale Modelle

Während die *direkte* Interaktion mit der Umgebung im wesentlichen über das System der nicht bewußten Informationsverarbeitung erfolgt, erfolgt eine bewußte Kontrolle dieser Interaktion dann, wenn eine *Diskrepanz* zwischen Wahrnehmungsergebnissen und dem Simulationsoutput des internen dynamischen Weltmodells entdeckt wird (z.B. „merkwürdige", d.h. nicht erwartete Geräusche an einer Maschine; schlecht lesbare Zeichen auf einem Display oder auf einem Blatt Papier). Bei Entdeckung solcher Inkongruenzen wird der sequentielle Prozessor zur bewußten Verarbeitung der im jeweiligen Kontext relevanten (d.h. Inkongruenz auslösenden) Wahrnehmungsinhalte aktiviert.

Die Verarbeitungskapazität des sequentiellen Prozessors ist begrenzt, wobei diese Begrenzung im wesentlichen aus den Begrenzungen der Speicherkapazität und der Speicherdauer des Kurzzeitspeichers resultiert (Card, Moran & Newell, 1986). Durch diese Begrenzungen werden Wahrnehmungs- und Gedächtnisinhalte selektiv verarbeitet, d.h. zu einem bestimmten Zeitpunkt kann immer nur einzelnen Aspekten Rechnung getragen werden bzw. verschiedene, zeitlich überlappende Verarbeitungsanforderungen (z.B. Doppelaufgaben) können nur im *Time-sharing* bewältigt werden (Neumann & Sanders, 1996). Da in neuen oder wenig vertrauten Situationen zunächst viele Wahrnehmungsergebnisse in Diskrepanz zum Simulationsoutput des internen dynamischen Weltmodells stehen können, kann die Selektivität der Verarbeitung hier zu Problemen führen (z.B. Verarbeitung hervorstechender statt relevanter Aspekte der Umgebungsinformation). Übersteigen die Verarbeitungsanforderungen die Verarbeitungsmöglichkeiten, so wird relevante Umweltinformation nicht mehr adäquat verarbeitet und es kommt zu *Fehlern*, deren Konsequenzen je nach Art und Zustand des involvierten Umweltsystems beträchtlich sein können (Reason, 1990.

Trotz dieser Begrenzungen ist die Effizienz des sequentiellen Prozessors hoch, da die betreffenden Wahrnehmungsergebnisse als abstrakte Informationscodes (Zeichen, Symbole) interpretiert und verarbeitet werden. Auf der Ebene der *Zeichen* (die auf Situationen oder erworbene Handlungsmuster verweisen) können über die Selektion oder Änderung von gespeicherten Regeln bestehende sensumotorische Handlungsmuster (Zustände des internen dynamischen Weltmodells) aktiviert oder moduliert werden. Auf der Ebene der *Symbole* (die auf intern repräsentierte Konzepte und deren funktionale Eigenschaften verweisen) können z.B. funktionale Schlüsse gezogen, neue Regeln generiert oder Ereignisse in der Umgebung durch planendes symbolisches Probehandeln antizipiert werden („Problemlösung" i.w.S.). Hierdurch lassen sich indirekt wiederum die Zustände des internen dynamischen Weltmodells ändern (Rasmussen, 1986, S. 82 ff., S. 103 ff.).

Da es in den verschiedenen Operationsmodi des sequentiellen Prozessors zur Interaktion mit dem System der nicht-bewußten Informationsverarbeitung kommt, liefert das interne dynamische Weltmodell somit auch den „Kontext" für das

System der bewußten Informationsverarbeitung, d.h. es leitet die Beobachtungen und legt die Betrachtungsebene fest, auf der eine Prüfung auf invariante Merkmale erfolgt. Aktualisierungsgrad und Synchronisation dieses Modells bestimmen somit auch die Ebene und die Effizienz der bewußten Informationsverarbeitungsstrategien.

Das *Langzeitgedächtnis*, zu dem im vorliegenden Modell auch das interne dynamische Weltmodell zu zählen ist, dient der überdauernden Speicherung des gesamten Wissens des Organismus. Zwar gibt es unterschiedliche Auffassungen dazu, wie dieses Wissen repräsentiert ist (z.B. Anderson, 1995/1996; Dörner & van der Meer, 1996, Klix & Spada, 1997), es wird jedoch überwiegend angenommen, daß Wissen nicht explizit gespeichert werden muß, sondern Wissensstrukturen situations- und inhaltsspezifisch konstruiert werden.

In der Interaktion mit technischen Systemen kommt dem Langzeitgedächtnis eine besondere Bedeutung zu. Um effizient zu sein, muß diese Interaktion auf einem geordneten System von Annahmen über den Zustand des Systems und dessen Verhalten auf Eingriffe beruhen, d.h. auf einem „Transformationsmodell", das die funktionalen Eigenschaften des technischen Systems abbildet (Rasmussen, 1986, Kapitel 4). Derartige Transformationsmodelle können ausschließlich intern, im Langzeitgedächtnis, repräsentiert sein („mentale Modelle", Gentner & Stevens, 1983; Johnson-Laird, 1983) oder aber (partiell) externalisiert vorliegen („externe Modelle"; Schaltpläne, Diagramme, Gleichungssysteme; Muthig, 1993).

Während die Simulationsergebnisse des internen dynamischen Weltmodells direkt durch die jeweilige Struktur und die Elemente des Modells bestimmt werden, sind für die bewußte (sequentielle) Informationsverarbeitung und deren Kontrolle und somit auch für die Nutzung mentaler oder externer Modelle Prozeßregeln bzw. Strategien notwendig. Auf welche dieser im Langzeitgedächtnis verfügbaren Prozeßregeln und Strategien durch den sequentiellen Prozessor zugegriffen wird, wird stark durch die Kontextbedingungen und somit durch das interne dynamische Weltmodell bestimmt.

Zusätzliche Randbedingungen ergeben sich allerdings auch aus den Transformationsmodellen selbst, da sie Veränderungen in der bewußten Informationsverarbeitung (etwa bei der Fehlersuche) bewirken. Die Art der Veränderung ist z.B. abhängig davon, ob für bestimmte Phasen bzw. Ebenen der Interaktion mit dem jeweiligen technischen System überhaupt Transformationsmodelle existieren, in welcher Form diese Modelle vorliegen („mentale Modelle", „externe Modelle"), auf welcher Abstraktionsebene sie angesiedelt sind (z.B. Abbildung physikalischer vs. abstrakter Funktionen; Rasmussen, 1986, Kap. 4) und wie vollständig sie sind. Da aus diesen Veränderungen wiederum unterschiedliche Anforderungen an den sequentiellen Prozessor resultieren (z.B. Kapazität, Time-sharing) sollte darauf geachtet werden, daß die aufgabenabhängige Informationsdarbietung sowie das Angebot externer Modelle auf einer Ebene erfolgt, die mit der symbolischen Ebene

der internen Informationsverarbeitung kompatibel ist. Daher sollten aufgabenabhängig vorrangig funktionale Zusammenhänge statt physikalischer Indikatoren
von Systemzuständen dar- bzw. angeboten werden.

4 Schlußbemerkungen

Das von Rasmussen (1986) vorgestellte Modell ermöglicht die Beschreibung von
Grundaspekten menschlicher Informationsaufnahme und Informationsverarbeitung in einem breiten Spektrum von Verhaltens- und Leistungsbereichen. Attraktiv
erscheint zudem, daß es auf einer detaillierten Analyse menschlicher Leistungsmöglichkeiten und -grenzen in einem komplexen Anwendungsfeld beruht (Über-
wachungs- und Kontrolltätigkeiten in verfahrens- und fertigungstechnischen Anlagen). Die empirische Grundlage für die Modellbildung erfüllt damit recht gut die
von den Vertretern des „ökologisch-praktischen" Ansatzes erhobene Forderung
nach einer Untersuchung von kognitiven Prozessen und kognitiven Leistungen
unter „repräsentativen Bedingungen". Darüber hinaus wurden die im Modell
postulierter Verarbeitungsstufen und -prozesse nicht danach ausgewählt, ob für sie
bereits ausgearbeitete Teilmodelle existieren. Das Modell stellt somit eine heuristisch fruchtbare Integration der vorher skizzierten Ansätze in der kognitiven
Psychologie dar, die sich mehr oder weniger stark an Konzepten und Vorgehensweisen aus der künstlichen Intelligenz, den Computerwissenschaften oder den
Neurowissenschaften orientieren (und so indirekt den jeweiligen Stand der Imple-
mentierungsmöglichkeiten wiedergeben). Zum dritten ist der Auflösungsgrad des
Modells hinreichend fein, um charakteristische Merkmale menschlicher Informationsaufnahme und Informationsverarbeitung lokalisieren und beschreiben zu
können, dabei jedoch grob genug, um die z.T. beträchtlichen Unterschiede in den
Modellvarianten zwischen verschiedenen Ansätzen und verschiedenen Autoren
innerhalb der einzelnen Ansätze zu verdecken. Das Modell bietet damit sowohl
einen nützlichen Orientierungsrahmen als auch ein geeignetes Analyse-Instrument
für die praktische Anwendung in arbeits- und organisationswissenschaftlichen
Kontexten.

Literatur

Anderson, J. R. (1996). *Kognitive Psychologie* (Original 1995). Heidelberg: Spektrum
    Akademischer Verlag.
Ballard, D. H. (1986). Cortical connections and parallel processing: Structure and function.
    The Behavioural and Brain Sciences, 9, 67-120.
Barker, R. G. (1965). Explorations in ecological psychology. *American Psychologist, 20*,
    1-14.

Barker, R. G. (1968). *Ecological psychology.* Stanford: Stanford University Press.

Bindra, D. (1984). Cognition: Its origin and future in psychology. In J.R. Royce & L.P. Mos (Eds.), *Annals of Theoretical Psychology* (Vol. 1, pp. 1-29). New York: Plenum Press.

Brunswik, E. (1956). *Perception and the representative design of psychological experiments.* Berkeley: University of California Press.

Card, S., Moran, T.P. & Newell, A. (1986). The model human processor: An engineering model of human performance. In K.R,. Boff, L. Kaufman & J.P. Thomas (Eds.), *Handbook of perception and human performance* (Vol. II, pp. 45/1-45/35). New York: Wiley.

Dörner, D. & van der Meer, E. (Hrsg.). (1996). *Das Gedächtnis.* Göttingen: Hogrefe.

Dunnette, M.D. & Hough, L.M. (Eds.). (1990). *Handbook of industrial and organizational psychology* (2nd ed.). Palo Alto: Consulting Psychologists Press.

Feldman, J. A. & Ballard, D. H. (1982). Connectionist models and their properties. *Cognitive Science, 6,* 205-254.

Fodor, J.A. & Pylyshyn, Z.W. (1988). Connectionism and cognitive architecture: a critical analysis. *Cognition, 28,* 3-71.

Gardner, H. (1989). *Dem Denken auf der Spur* (Original 1985). Stuttgart: Klett-Cotta.

Gentner, D., & Stevens, A. L. (1983). *Mental models.* Hillsdale: Erlbaum.

Gibson, J. J. (1966). *The senses considered as perceptual systems.* Boston: Houghton-Mifflin.

Gibson, J. J. (1982). *Wahrnehmung und Umwelt* (Original 1979). München: Urban & Schwarzenberg.

Goldstein, E.B. (1989). *Sensation and perception.* Belmond: Wadsworth.

Graumann, C. F. (Hrsg.). (1978). *Ökologische Perspektiven in der Psychologie.* Bern: Huber.

Grossberg, S. (Ed.). (1987). *The adaptive brain.* Amsterdam: North-Holland.

Gruneberg, M. M., Morris, P. E. & Sykes, R. N. (Eds.). (1988). *Practical aspects of memory: Current research and issues* (2 Vols.). Chichester: Wiley.

Hoyos, C. & Zimolong, B. (Hrsg.). (1990). *Ingenieurpsychologie* (Enzyklopädie der Psychologie, D/III/2). Göttingen: Hogrefe.

Johannsen, G. (1993). *Mensch-Maschine-Systeme.* Heidelberg: Springer.

Johnson-Laird, P. N. (1983). *Mental models.* Cambridge: Cambridge University Press.

Kaminski, G. (1978). Behavior and environment: Ökologische Fragestellung in der Allgemeinen Psychologie. In C.F. Graumann (Hrsg.), *Ökologische Perspektiven in der Psychologie* (pp. 83-97). Bern: Huber.

Kemke, C. (1988). Der neuere Konnektionismus. Ein Überblick. *Informatik Spektrum, 11,* 143-162

Klix, F. & Spada, H. (Hrsg.). (1997). *Wissenspsychologie* (Enzyklopädie der Psychologie, C/II/6). Göttingen: Hogrefe.

Knapp, J., & Robertson, L. C. (Eds.). (1986). *Approaches to cognition: Contrasts and controversies.* Hillsdale: Erlbaum.

Lachman, R., Lachman, J. L. & Butterfield, E. C. (1979). *Cognitive psychology and information processing.* Hillsdale: Erlbaum.

Mace, W. M. (1977). James J. Gibson's strategy for perceiving: Ask not what's inside your head but what your head's inside of. In R. Shaw & J. Bransford (Eds.), *Perceiving, acting, and knowing* (pp. 43-66). Hillsdale: Erlbaum.

Marr, D. (1982). *Vision.* San Francisco: Freeman.

McClelland, J. L. & Rumelhart, D. E. (Eds.). (1986). *Parallel distributed processing* (Vol. II). Cambridge: MIT Press.

Muthig, K.P. (1990). Informationsaufnahme und Informationsverarbeitung. In C. Graf Hoyos & B. Zimolong, B. (Hrsg.), *Ingenieurpsychologie* (Enzyklopädie der Psychologie, D/III/2, S. 92-120). Göttingen: Hogrefe.

Muthig, K.P. (1993). *Gedächtnis und extrapersonal vermitteltes Behalten und Erinnern.* Habilitationsschrift. Universität Bremen.

Neisser, U. (1974). *Kognitive Psychologie* (Original 1967). Stuttgart: Klett.

Neisser, U. (1979). *Kognition und Wirklichkeit. Prinzipien und Implikationen der kognitiven Psychologie* (Original 1976). Stuttgart: Klett-Cotta.

Neisser, U. (1985). Toward an ecologically oriented cognitive science. In T.M. Shlechter & M.P. Toglia (Eds.), *New directions in cognitive science* (pp. 17-32). Norwood: Ablex.

Neisser, U. & Winograd, E. (Eds.). (1988). *Remembering reconsidered. Ecological and traditional approaches to the study of memory.* Cambridge: Cambridge University Press.

Newell, A. (1980). Physical symbol systems. *Cognitive Science, 4*, 135-183.

Newell, A. & Simon, H. A. (1972). *Human problem solving.* Englewood Cliffs: Prentice Hall.

Neumann, O. & Sanders, A.F. (Hrsg.). (1996). *Aufmerksamkeit* (Enzyklopädie der Psychologie, C/II/2). Göttingen: Hogrefe.

Palmer, S. E. & Kimchi, R. (1986). The information processing approach to cognition. In T.J. Knapp & L.C. Robertson (Eds.), *Approaches to cognition: Contrasts and controversies* (pp. 37-77). Hillsdale: Erlbaum.

Posner, M.I. (Ed.). (1989). *Foundations of cognitive science.* Cambridge: MIT Press.

Rasmussen, J. (1986). *Information processing and human-machine interaction. An approach to cognitive engineering.* New York: Elsevier.

Reason, R. (1990). *Human error.* New York: Cambridge University Press.

Rumelhart, D. E. & McClelland, J. L. (Eds.). (1986). *Parallel distributed processing: Explorations in the microstructure of cognition* (Vol. 1). Cambridge: MIT Press.

Rumelhart, D. E., Hinton, G. E. & McClelland, J. L. (1986). A general framework for parallel distributed processing. In D.E. Rumelhart & J.L. McClelland (Eds.), *Parallel distributed processing: Explorations in the microstructure of cognition* (Vol. 1, pp. 45-76). Cambridge: MIT Press.

Simon, H. A. & Newell, A. (1964). *Information processing in computer and man.* American Scientist, 53, 281-300.

Spada, H. (Hrsg.). (1990). *Lehrbuch Allgemeine Psychologie.* Bern: Huber.

Sternberg, S. (1969). The discovery of processing stages: Extensions of Donders' method. *Acta Psychologica, 30*, 276-315.

Strube, G. (1990). Neokonnektionismus: Eine neue Basis für die Theorie und Modellierung menschlicher Kognition? *Psychologische Rundschau, 41*, 129-143.

Suchman, L. (1987). *Plans and situated action: The problem of human-machine communication.* New York: Cambridge University Press.

Ulich, E. (1991). *Arbeitspsychologie.* Stuttgart: Poeschel.

Varela, F. J. (1990). *Kognitionswissenschaft – Kognitionstechnik. Eine Skizze aktueller Perspektiven* (Original 1988). Frankfurt: Suhrkamp.

Yates, J. (1985). The content of awareness is a model of the world. *Psychological Review, 92*, 249-284.

21 Soziale Wahrnehmung und Informationsverarbeitung in Organisationen

Klaus Fiedler und *Michaela Wänke*

1 Von der Sozialen Wahrnehmung zur Sozialen Kognition

Der Teilbereich der Sozialpsychologie, der in älteren Lehrbüchern als „Soziale Wahrnehmung" oder „Personenwahrnehmung" bezeichnet wurde, hat sich heute unter dem Namen „Soziale Kognition" (Fiske & Taylor, 1991) zu einer eigenständigen Disziplin entwickelt, die sich mit Prozessen und Produkten der Informationsverarbeitung im sozialen Kontext beschäftigt. Soziale Kognition spielt nicht nur in der Theoriebildung und empirischen Forschung der Sozialpsychologie eine innovative Rolle, sondern hat auch zahlreiche Schnittstellen zur Kognitiven Psychologie sowie zur *Angewandten Psychologie in Organisationen, Arbeitsgruppen, Entscheidungsgremien, Marketing, Schule und Politik* etc. Hat sich die traditionelle kognitive Forschung weitgehend auf kleine, leicht kontrollierbare Untersuchungseinheiten (Wörter, Silben, Einzelbilder) im individualpsychologischen Experiment beschränkt, so zeigen moderne Ansätze der Kognitionsforschung und der Künstlichen Intelligenz mehr und mehr Mut zu größeren, bedeutungsvollen Einheiten (Texte, Skripten, Prototypen) und sozialen Ansätzen jenseits einzelner Individuen (Logik der Konversation, Expertensysteme). Insofern nähert sich die Kognitive Psychologie ebenso der Sozialen Kognition an, wie umgekehrt die heutige Sozialpsychologie in weiten Bereichen von kognitiven Theorien bestimmt wird. Betrachten wir am Beispiel eines *Bewerbungsinterviews*, wie vielfältig die Fragen sind, auf die sich die Inhalte der Sozialen Kognition beziehen.

Kasten 1

Ein Bewerbungsinterview

Ob die Bewerberin überzeugend wirkt und den erwünschten Einfluß auf den Personalmanager erzielt, hängt unter anderem ab von der Aufmerksamkeit des Interviewers, wie effektiv die Kommunikation übertragen wird, ob die entscheidenden Aussagen wahrgenommen und im Gedächtnis enkodiert werden, welche Inhalte leicht wieder vergessen werden und wie gut die Aussagen mit dem Vorwissen, oder auch eventuell den Stereotypen, des Interviewers vereinbar sind.

Abgesehen von diesen traditionellen Themen der Kognitiven Psychologie berücksichtigt die Soziale Kognition eine Vielzahl weiterer Faktoren. So kommt es nicht nur darauf an, welche Information die Bewerberin liefert, sondern wie diese Information attribuiert wird und welche positiven und negativen Reaktionen im Interviewer hervorgerufen werden. Wie wir heute wissen, wird die persuasive Wirkung einer Botschaft nicht so sehr vom Gedächtnis für die Argumente bestimmt als vielmehr von den affektiven Reaktionen der Zustimmung und Ablehnung im Empfänger der Botschaft (McGuire, 1968). Eine wichtige Rolle spielt dabei auch, wie geschickt die Bewerberin mit subtilen Regeln der Konversation umgeht (Grice, 1975), welche sprachlichen Ausdrücke sie verwendet (Semin & Fiedler, 1988; Maass, Salvi, Arcuri, & Semin, 1989) und in welcher emotionalen Verfassung sich der Interviewer befindet (Bless, Bohner, Schwarz & Strack, 1990). Schließlich kann der Gesprächspartner durch die Auswahl seiner Fragen den Eindruck, der von der Bewerberin entsteht, ganz entscheidend mitbestimmen.

2 Zentrale Forschungsgebiete

Dementsprechend befassen sich die folgenden Abschnitte sowohl mit bekannten Themen der Kognitiven Psychologie, wie *Aufmerksamkeit* und *Gedächtnis*, als auch mit genuin sozialen Phänomenen wie *Sympathie, Attribution, emotionalen Einflüssen* und *sprachlicher Interaktion*. Zuvor seien jedoch die wichtigsten Themen und Anwendungsfelder der Sozialen Kognition in Übersicht mit Hinweisen auf vertiefende Literatur zu den einzelnen Themen in Tabelle 1 zusammengestellt. Einen Gesamtüberblick bieten Wyer und Srull (1994; Bd. 1 über Grundlagen, Bd. 2 über Anwendung).

Tabelle 1

Übersicht der wichtigsten Forschungsthemen der Sozialen Kognition und ihrer Anwendungsgebiete sowie empfohlene Literatur

Forschungsthemen	Anwendungsfelder (Beispiele)	Empfohlene Literatur
Einstellungen	Politik, Konsum, Ethik	Eagly & Chaiken (1993)
Urteilsbildung	Werbung, Leistungbeurteilung	Martin & Tesser (1992)
Personwahrnehmung	Personalauswahl	Wyer & Srull (1989)
Entscheidungen	Management, Investitionen, Medizin, Politik	Plous (1993), Kahneman et al. (1982)
Persuasion	Gerichtssaal, Werbung, Wahlkampf	Perloff (1993), Cialdini (1993)
Attribution	Organisationen, Gesundheit Pädagogik	Hewstone (1989)
Hypothesentesten	Stereotypisierung, Problemlösen	Macrae et al. (1996)
Emotion, Kognition und Handeln	Arbeitsleistung, Kooperation, Risikoverhalten	Clore et al. (1994)

2.1 Einstellungen

Historisch betrachtet hat vor allem die Einstellungsforschung (s. Bohner, Stahlberg & Frey in diesem Band) die Disziplin der Sozialen Kognition geprägt, besonders durch das aus der Gestalt-Tradition stammende Prinzip der Konsistenz (Abelson, Aronson, McGuire, Newcomb, Rosenberg, & Tannenbaum, 1968). Demnach sind Individuen bestrebt, ihr Netz von Einstellungen, Überzeugungen und Werten logisch und affektiv konsistent zu halten. Widersprüchliche Bewußtseinsinhalte würden auf Dauer Unsicherheit, Unbehagen und Konflikte hervorrufen. Hat eine Person P ein positives Image von einer Marke X, und ist ein Produkt x mit Marke X assoziiert, dann entsteht ein konsistentes, balanciertes Gefüge (Heider, 1958), indem P auch positiv über Produkt x denkt. Wie schon DeSoto (1960) früh demonstriert hat, werden in diesem Sinne konsistente Strukturen besser gelernt werden als inkonsistente, die häufig fehlerhaft als konsistent reproduziert werden.

Das Streben nach kognitiver Konsistenz trägt auch zur Aufrechterhaltung vieler Stereotypen bei. Wenn die Beobachtungen über eine soziale Gruppe mit unserer stereotypen Erwartung nicht übereinstimmen (z.B. wenn Frauen bessere Führungs-eigenschaften zeigen als Männer), dann werden diese inkonsistenten Beobachtun-gen leicht vergessen (Hamilton, 1981) oder uminterpretiert (z.B. Kunda & Oleson, 1995) (so werden gelegentlich effektive Führerinnen als maskuline Typen von der Gruppe der Frauen abgespalten). Diesen Prozeß des Abspaltens bezeichnet man als „Sub-Typing".

2.2 Soziale Wahrnehmung und Urteilsbildung

Nach dem Konsistenzprinzip ist die Bedeutung einer Personeneigenschaft von ihren übrigen Eigenschaften abhängig (s. Kasten 2).

Kasten 2
Soziale Eindrucksbildung

In einem „klassischen" Experiment zur sozialen Eindrucksbildung ließ Asch (1946) die Versuchsteilnehmer eine Person beurteilen, die durch verschiedene Eigenschaften beschrieben war. In zwei Bedingungen lauteten die Eigenschaften intelligent, beschla-gen, fleißig, *warm*, bestimmt, praktisch, vorsichtig (Liste A) oder aber intelligent, beschlagen, fleißig, *kalt*, bestimmt, praktisch, vorsichtig (Liste B). Beide Listen unterschieden sich lediglich in dem einen Merkmal „warm" versus „kalt". Dennoch entstanden ganz unterschiedliche Eindrücke. 91 % der Teilnehmer, die Liste A (warm) erhielten, nahmen Person als großzügig wahr und 90 % als glücklich. Hingegen sahen Teilnehmer mit Liste B (kalt) die Person nur zu 8 % großzügig und zu 34 % glücklich.

Wie das Experiment von Asch (Kasten 2) zeigt, erhielten die übrigen Eigenschaften je nach Kontextbegriff (warm oder kalt) eine völlig unterschiedliche Bedeutung.

Gestaltpsychologisch gewendet: Das Ganze ist mehr als die Summe seiner Teile. Nach dem Konsistenzprinzip gleichen sich die Bedeutungen verschiedener Eigenschaften derselben Person einander an. In der modernen Urteilsforschung nennt man dies einen *Assimilationseffekt*: Urteile (z.b. „großzügig" und „glücklich") werden in Richtung auf eine Kontext-Information („warm") verschoben. Ein Konsumprodukt kommt besser an, wenn die Marke ein gutes Image hat, ein Bewerber wirkt besser wenn er von einer guten Universität kommt. Manchmal tritt jedoch das Gegenteil ein, nämlich ein *Kontrasteffekt*: eine schlechte Arbeitsleistung wiegt schwerer, wenn jemand zuvor gute Leistung zeigte, als wenn auch zuvor schlechte Leistung gezeigt wurde (Murphy, Balzer, Lockhart & Eisenman, 1985; zum Überblick s. Feldman, 1994).

Welche Faktoren entscheiden darüber, wann Assimilations- oder aber Kontrasteffekte auftreten? Verschiedene Ansätze sahen die Ursache in der Distanz zwischen dem Urteilsobjekt und einem Kontextstimulus. Herr, Sherman und Fazio (1983) fanden z.B. Assimilationseffekte nach der Aktivierung vergleichsweise moderater Kontextstimuli, aber Kontrasteffekte nach der Aktivierung extremer Stimuli. Demzufolge sollte ein mittelmäßiger Bewerber von einem etwas besseren Konkurrenten profitieren, aber gegenüber einem sehr viel qualifizierteren Konkurrenten besonders schlecht abschneiden. Dieser Zusammenhang wird damit begründet, daß bei genügend großer Merkmalsüberlappung, also wenn der Kontextreiz nicht extrem weit entfernt ist, der zu beurteilende Reiz und der Kontextreiz in dieselbe Kategorie eingeordnet werden, aus der die Beurteilung abgeleitet wird.

In diesem Erklärungsansatz sind *Assimilation* und *Kontrast* durch stimulusinhärente Merkmale, die Extremität der Stimuli, determiniert. Eine gemeinsame Kategorisierung ist jedoch nicht unbedingt von der Merkmalsüberlappung abhängig, sondern stellt eine aktive Entscheidung des Urteilers dar, wie die Untersuchung in Kasten 3 illustriert.

Kasten 3
Assimilation und Kontrast

Nach Schwarz und Bless (1992) schlug sich die Aktivierung des sehr angesehenen CDU-Politikers Richard v. Weizsäcker sowohl in Assimilations- als auch in Kontrasteffekten bei der Beurteilung der CDU nieder. Beantworteten Befragte vor der Beurteilung der CDU die Frage „In welcher Partei ist R.v.W. seit über 20 Jahren Mitglied?", beurteilten sie die CDU positiver als eine Kontrollgruppe, der diese Frage nicht gestellt wurde. Der positiv bewertete v. Weizsäcker färbt demnach auf seine Partei ab. Allerdings führte die Aktivierung v. Weizsäckers durch die Frage „Welches politische Amt stellt R.v.W. über die Parteienpolitik?" zu einer negativeren Bewertung der CDU als in der Kontrollgruppe. Da R.v.W. hier in seiner Rolle als Bundespräsident eingeführt wird, wird er aus der Repräsentation der CDU exkludiert und daher nicht assimiliert. Indessen kann er nun den Vergleichsstandard für die Bewertung der übrigen Partei heraufsetzen, so daß die Bewertung negativer ausfällt.

Entsprechend diesem Beispiel läßt sich auch denken, wie z.b. bei der Leistungsbeurteilung von Mitarbeitern ein starkes Team zum Vor- oder zum Nachteil ge-
reicht, je nachdem ob der Vorgesetzte eine Inklusion oder Exklusion vornimmt.

2.3 Entscheidungen

Personen und Objekte werden also nicht absolut bewertet, sondern stets relativ zu
Standard- oder Vergleichsreizen. Viele Entscheidungen mit teilweise wichtigen
Konsequenzen können dadurch beeinflußt werden. Bei der Personalauswahl kann
ein weniger qualifizierter Bewerber angenommen werden, weil er unmittelbar nach
einem sehr unfähigen Bewerber erschienen ist und somit von einem Kontrasteffekt
profitiert hat. Oder eine Partei profitiert bei der Wahl vom Charisma ihres Spitzen-
politikers (Assimilation). In den letzten beiden Jahrzehnten wurde eine Vielzahl
von weiteren Urteilstendenzen und -verzerrungen aufgedeckt, die zu irrationalen
Entscheidungen beitragen können.

    Entscheidungen hängen nicht unerheblich davon ab, wie Probleme formuliert
werden („framing") (Tversky & Kahneman, 1981). Die generelle Tendenz, Gewinn anzustreben und Verlust zu vermeiden, kann dazu führen, daß eine Entscheidungsalternative (z.b. über eine Restrukturierungmaßnahme) eher gewählt wird,
wenn die Formulierung auf den Gewinn fokussiert (200 von 600 Mitarbeitern
werden übernommen) als wenn auf den Verlust fokussiert wird (400 von 600
Mitarbeitern werden entlassen). Auch die Wortwahl kann Entscheidungen beeinflussen. Befragte sprachen sich mehrheitlich dagegen aus, daß antidemokratische
Reden *erlaubt* sein sollen, aber andererseits fand sich keine Mehrheit für ein *Verbot*
(zum Überblick s. Schuman & Presser, 1981). Asymmetrie findet sich auch bei
Vergleichsurteilen. So hing z.b. bei einem Vergleich zweier Bewerber oder von
Serviceleistungen zweier Kaufhäuser die Beurteilung davon ab, ob Bewerber
(Kaufhaus) A mit Bewerber (Kaufhaus) B verglichen wurde oder umgekehrt B mit
A (Wänke, Schwarz & Noelle-Neumann, 1995).

    Menschliche Informationsverarbeitung verläuft somit selten nach den Gesetzen
formaler Logik und berücksichtigt nicht alle verfügbare Information (s.a. Nisbett
& Ross, 1980). Für einen großen Teil unserer Urteile und Entscheidungen bedienen
wir uns *mentaler Vereinfachungen* oder *Faustregeln*, sogenannter *Heuristiken*
(Kahneman, Slovic, & Tversky, 1982). Wir stützen Häufigkeits- oder Wahr-
scheinlichkeitsschätzungen auf die Leichtigkeit, mit der uns relevante Beispiele
einfallen (Tversky & Kahneman, 1973). So wird beipielsweise das Auftreten von
spektakulären aber seltenen Todesursachen wie z.b. Botulismus oder Tornados
überschätzt (Combs & Slovic, 1979), weil darüber in den Medien überproportional
viel berichtet wird und sie deshalb im Gedächtnis leicht verfügbar sind (*Verfügbarkeitsheuristik*). Aus dem gleichem Grund kann beispielsweise eine Unterneh-
merin den Bedarf an kindgerechten Produkten in einer spontanen Kalkulation

unterschätzen (überschätzen), wenn in ihrem Umfeld Familien mit Kindern unterrepräsentiert (überrepräsentiert) sind. Wie neuere Arbeiten nahelegen, reicht auch die bloße Vorstellung aus, man könnte leicht (oder schwer) entsprechende Beispiele finden, obwohl tatsächlich gar keine Information generiert wird. Die erfahrene oder vorgestellte Leichtigkeit, mit der relevante Information in den Sinn kommt, beeinflußt nicht nur Häufigkeitsurteile, sondern auch Einstellungsurteile (Wänke, Bohner & Jurkowitsch, 1997).

Weiterhin kann bei der Einschätzung von Wahrscheinlichkeiten die subjektiv wahrgenommene Repräsentativität eines Ereignisses für eine Grundgesamtheit als Hilfe bei solchen Urteilen herangezogen werden. Durch die *Repräsentativitätsheuristik* kann die Konjunktion zweier Aussagen, z.B. daß es zu einem unbeabsichtigten nuklearen Krieg zwischen den USA und Rußland kommen wird, der durch ein drittes Land wie Irak, Libyen, Israel oder Pakistan ausgelöst wird, als wahrscheinlicher beurteilt werden als das Einzelereignis, daß es zu einem nuklearen Krieg zwischen den USA und Rußland kommen wird (Plous, 1993). Logisch ist es unmöglich, daß das Einzelereignis weniger wahrscheinlich ist als die Kombination mehrerer Ereignisse, aber die spezifische Kombination ist leichter vorstellbar oder leichter mental simulierbar (*Simulationsheuristik*) und erscheint deshalb wahrscheinlicher (Tversky & Kahneman, 1982). Risiken werden deshalb oft unterschätzt, wenn sie allgemein beschrieben werden, während sie bei spezifischen, detailreichen Szenarien oft überschätzt werden.

Die *Heuristik des „Verankerns und Anpassens"* beschreibt die Tendenz, Urteile in Richtung auf einen Anfangsanker zu verzerren. Northcraft und Neale (1987) ließen Immobilienmakler den Wert von Häusern bestimmen, aber boten für ein und dasselbe Haus unterschiedliche Listenpreise dar. Obwohl alle Experten das Objekt eingehend geprüft hatten, hing ihre Preisschätzung ganz entscheidend von dem dargebotenen Listenpreis ab.

2.4 Persuasion

Urteilsbildung und Handlungsentscheidungen vollziehen sich in Wirklichkeit selten innerhalb einer einzelnen Person, sondern in Kommunikation mit anderen Menschen (oder auch Medien). Daraus ergibt sich die Frage, wie eine überzeugende Kommunikation aussehen muß. Sollte sie eher mit starken Argumenten und sachlicher Information operieren oder aber mit Gefühlen und Suggestion? Generell unterscheiden die meisten modernen sozialpsychologischen Urteilstheorien zwischen einer aufwendigen und einer weniger aufwendigen Art der Informationsverarbeitung (s.a. 2.7). So unterscheidet man auch in der Persuasionsforschung zwischen zwei „Routen" der Beeinflussung: einer zentralen Route, in der die Argumente entsprechend ihrer Qualität systematisch verarbeitet werden, sowie einer peripheren Route, in der mit heuristischen und gefühlsmäßigen Reizen operiert wird (Chaiken, 1987; Petty & Cacioppo, 1986). So stimmten Studenten eher der Einführung bestimmter Prüfungen zu, wenn dafür stichhaltige Argumente präsentiert wurden als wenn wenig stichhaltige Gründe präsentiert waren (zentral). Unabhängig von der Qualität der Argumente stimmten sie aber auch eher zu, wenn die Botschaft von einer attraktiven Person ausging (Petty, Cacioppo & Goldman, 1981). Hier wirkte die *Attraktivität der Quelle* als peripherer Hinweisreiz.

Ob eine Kommunikation in der zentralen (argumentativen) oder der peripheren (heuristischen) Route erfolgreicher ist, hängt von mehreren Faktoren ab. In dem obigen Beispiel differenzierten solche Studierenden, die selbst von der Angelegenheit betroffen waren, mehr zwischen starken und schwachen Argumenten als solche, die nicht betroffen waren. Dagegen hatte der periphere Hinweisreiz größeren Einfluß auf die nicht involvierten Studierenden. Neben der *Motivation*, wie der persönlichen Betroffenheit, entscheidet hauptsächlich die zur Verfügung stehende *Kapazität*, ob in eine systematische Verarbeitung eingetreten wird oder das Urteil auf der peripheren Route zustande kommt. Auf überzeugende Argumente sollte man deshalb (etwa in der Werbung) eher dann achten, wenn die Zielgruppe gut informiert und stark motiviert ist, nicht abgelenkt wird und die Botschaft gründlich verarbeitet. Hingegen sind verführerische Schlüsselreize dann wichtig, wenn die Zielpersonen unmotiviert, abgelenkt und schlecht informiert sind. Daneben beeinflussen noch weitere Variablen die Tiefe der Informationsverarbeitung (s. 2.7).

Persuasive Kommunikation ist jedoch keine Einbahnstraße. Inhalt und Tendenz einer Botschaft können auf den Sprecher (oder Schreiber) selbst zurückwirken. Wer (entgegen der wirklichen Überzeugung) einen Standpunkt kommuniziert, verschiebt seine eigene Meinung und Gedächtnisinhalte oft in Richtung der Kommunikation. Dieses Phänomen wurde von Festinger (1957) durch *kognitive Dissonanz* erklärt; die Dissonanz zwischen dem wirklichen und dem vertretenen Standpunkt erzeugt ein Unbehagen, das dadurch reduziert wird, daß die vertretene Meinung wirklich angenommen wird.

2.5 Attribution

Der Begriff Attribution bezieht sich ganz allgemein auf die Interpretation und Erklärung von Verhalten, wobei die Unterscheidung von interner und externer Attribution im Vordergrund steht. Intern attribuieren heißt, ein Verhalten den Absichten und persönlichen Dispositionen des Handelnden zuzuschreiben. Dagegen bedeutet externe Attribution, das Verhalten auf äußere Gegebenheiten und situative Bedingungen zurückzuführen. So hängt die Bewertung einer guten Arbeitsleistung davon ab, ob die Vorgesetzte sie durch die Fähigkeit des Mitarbeiters (intern, stabil) oder durch dessen hohe Anstrengung (intern, labil) erklärt oder aber durch die Leichtigkeit der Aufgabe (extern, stabil) oder Glück und Zufall (extern, labil). Bei interner stabiler Attribution wird die gleiche Leistung eher zur

Beförderung führen als bei intern labiler oder gar externer Attribution. Fatalerweise bestimmen oft stereotype Erwartungen die Art der Attribution, wie z.B. der Erfolg von Frauen bei stereotyp männlichen Aufgaben eher auf Glück oder Anstrengung als auf Fähigkeit attribuiert wird (Heilman & Stopeck, 1985). Wie man selbst eigene Leistung attribuiert, bestimmt nicht nur Gefühle wie Stolz, Freude, oder Schuld, sondern auch die Leistungserwartung für die Zukunft (Weiner, 1986; s.a. Brandstätter in diesem Band).

Interne Attribution erfolgt nach dem *Kovariationsmodell* von Kelley (1967), wenn das Verhalten der Person über verschiedene Situationen hinweg auftritt (geringe Distinktivität) und auch über die Zeit hinweg gleich bleibt (hohe Konsistenz), aber von wenigen anderen Personen gezeigt wird (geringer Konsensus). Umgekehrt wird konsensuelles (von vielen Personen geteiltes), distinktives (an Situationen gebundenes) Verhalten extern attribuiert, besonders wenn es zeitlich stabil (konsistent) auftritt. Neben der intern-extern-Dimension und der zeitlichen Stabilität spielt vor allem die Dimension der *Kontrollierbarkeit* eine wichtige Rolle, gerade wenn (etwa in der Rechtsprechung) nach Absicht gefragt ist (Jones & Davis, 1965). Besonders schwer wiegt ein Verbrechen, wenn es einer internen, kontrollierbaren Ursache zugeschrieben wird (vorsätzlicher Mord). Die Attribution an eine externe unkontrollierbare Ursache (Notwehr, Reflex auf Provokation) bedeutet hingegen eine Entschuldigung.

Attribution wird, wie oben bereits erwähnt, jedoch nicht nur von logischen Prinzipien (wie die Kovariation eines Verhaltens mit Situationen oder Personen) bestimmt, sondern auch von der subjektiven Perspektive und den Motiven des Attribuierenden. Konflikte können etwa dadurch entstehen, daß Beobachter eines Verhaltens eher eine Tendenz zur internen Attribution haben, während die handelnden Personen selbst eher externe Attributionen vornehmen (Jones & Nisbett, 1972). Im übrigen werden Attributionen bevorzugt, die eigenen Wünschen entgegenkommen; eigene Erfolge werden eher intern attribuiert als Mißerfolge (Zuckerman, 1979).

2.6 Hypothesentesten in der sozialen Interaktion

Attributionen sind bei vielen Urteilen und Entscheidungen beteiligt: über die Schuld eines Angeklagten, die Eignung eines Bewerbers oder über die Ursache eines Unfalls. Meist geht das Individuum jedoch nicht frei von Erwartungen und eigenen Interessen an solche Probleme heran, sondern nimmt von Anfang an eine bestimmte Perspektive ein; es hat eine Anfangshypothese. Während der Staatsanwalt von der Hypothese der Schuld ausgeht, ist der Verteidiger auf die Unschuld des Angeklagten fokussiert. Wie viele Befunde zeigen, beeinflussen diese Ausgangshypothesen das Urteil entscheidend (s.a. 2.3 „Verankern und Anpassen"). Hypothesen haben sozusagen eine „eingebaute Fähigkeit", sich selbst zu bestätigen, also zu hypothesenkonformen Urteilen zu führen. Beispielsweise versuchten Interviewer, die glaubten, ein Bewerber sei nicht geeignet, im Bewerbungsgespräch eher negative (also hypothesenbestätigende) Information zu erhalten (Binning, Goldstein, Garcia, & Scatteregia, 1988). Fragen, die zur Überprüfung einer Hypothese gestellt werden, zielen meist auf diejenigen Inhalte ab, die in der Hypothese bezeichnet werden. Lautet die Hypothese, die Zielperson sei extravertiert, so wird vorwiegend nach Verhalten in extravertierten Situationen gefragt (Parties, Witze erzählen, Freunde kennen) und selten nach introvertierten Situationen (Bücher lesen, alleine Musik hören). Diese einseitige Fragestrategie wird als „positive testing" bezeichnet (Klayman & Ha, 1987). Eine positive Teststrategie allein könnte noch keine Hypothesenbestätigung erklären, denn die Fragen könnten ja verneint werden. Aber es gibt verschiedene Gründe, warum die soziale Umwelt eher mit „ja" als mit „nein" antwortet. Aus der Umfrageforschung ist der sogenannte „acquiescence effect" bekannt (Zuckerman, Knee, Hodgins, & Miyake, 1995), wonach Ja-Antworten im allgemeinen wahrscheinlicher sind als Nein-Antworten. Das heißt zum Beispiel, wenn die Ja-Rate auf die Frage „Sind Sie für die Europäische Union?" 70 % beträgt, dann liegt die Ja-Rate auf die umgekehrte Frage „Sind Sie gegen die EU?" vermutlich höher als 30 %. Aber selbst wenn gar keine hypothesenbestätigende Information vorliegt, kann es zu künstlicher Hypothesenbestätigung kommen (s. Kasten 4).

Kasten 4
Hypothesentesten

In einem Experiment von Swann, Giuliano & Wegner (1982) bekamen die Versuchsteilnehmer ein Interview vorgespielt, bei dem der Interviewer durch selbst ausgewählte Fragen die Hypothese testen sollte, ob der Interview-Partner (je nach Bedingung) extravertiert oder aber introvertiert ist. Im ersteren Fall entstand im Betrachter eher der Eindruck einer extravertierten Person, während im letzteren Fall (entsprechend der Hypothesenrichtung) die Person eher introvertiert erschien. Dieser Effekt trat jedoch unabhängig davon auf, ob die Betrachter die gesamten Interviews sahen (Fragen und Antworten) oder nur die Interview-Antworten oder aber nur die Fragen! Selbst wenn die Zielperson also gar keine Evidenz für die Hypothese lieferte, führte allein die Fragerichtung schon zu einer Selbstbestätigung der Hypothese.

Wie wir aus zahlreichen anderen Untersuchungen wissen, führt allein das Denken in Richtung auf eine bestimmte Hypothese (z.B. „mere thinking" über die Notwendigkeit einer Selbstbeteiligung bei Krankheitskosten) auch dann zu einem Bestätigungseffekt, wenn gar kein Gespräch stattfindet (Tesser, 1978). Andererseits erzeugen auch Gruppendiskussionen Polarisierungseffekte, die als Verstärkung der Ausgangshypothese interpretiert werden können (Brauer, Judd, & Gliner, 1995). Diese Befunde haben offenkundige Implikationen für Entscheidungen in

Arbeitsgruppen und demokratischen Gremien. Noch stärkere Auswirkungen hat das Hypothesentesten, wenn dadurch tatsächlich der Urteilsgegenstand verändert wird, wie bei sogenannten selbsterfüllenden Prophezeihungen. Unter einer *selbsterfüllenden Prophezeihung* versteht man das Phänomen, daß die Erwartung eines Ereignisses zu solchen Handlungen führt, die gerade dieses Ereignis hervorrufen. Schüler, deren Lehrer sie für unbegabt hielten, zeigten tatsächlich auf längere Sicht hin schlechtere Leistungen als vermeintlich begabte Schüler (Rosenthal & Jacobson, 1968). Das Stereotyp, Männer eigneten sich eher als Führungspersönlichkeiten als Frauen, führt dazu, daß Gruppen und Individuen eher Männern als Frauen die Führung übertragen (Lord, de Vader & Alliger, 1986). Die Erwartung, Männer seien eher in der Lage, Führung zu übernehmen, bedingt also, daß in der Tat die meisten Führungsrollen von Männern eingenommen werden, was deren Führungsqualität untermauert. Bei Bewerbungsgesprächen mit Angehörigen von *Minderheiten*, verhielten sich die Interviewer reservierter, was zu unsicherem Verhalten auf seiten der Bewerber führte (Word, Zanna & Cooper, 1974). Selbsterfüllende Prophezeihungen sind jedoch nicht nur auf soziale Interaktion beschränkt. Beispielsweise können Gerüchte eines bevorstehenden Börsen-Crashs eine Verkaufswelle auslösen, die die Kurse tatsächlich nach unten treibt.

2.7 Emotion, Kognition und Handeln

Bisher mag der Eindruck entstanden sein, die Fokussierung auf die Prozesse der Informationsverarbeitung klammere emotionale und motivationale Aspekte aus. Dies ist nicht richtig. Es gibt vielfältige Ansätze, die die gegenseitige Beeinflussung von Affekt, Motivation und Kognition betrachten. So kann die momentane Stimmung, in der sich eine Person befindet, ihre Urteile direkt beeinflussen. Personen berichten höhere Zufriedenheit mit ihrem Leben (Schwarz & Clore, 1983) oder mit Konsumprodukten (Isen, Shalker, Clark, & Karp, 1978), wenn sie in guter als in schlechter Stimmung sind. Stimmung beeinflußt aber auch die Prozesse der Informationsverarbeitung. Gute Stimmung führt zu kreativeren Problemlösungen als schlechte Stimmung (Fiedler, 1988), aber auch zur Benutzung allgemeiner Wissenstrukturen, wie Heuristiken oder Schemata (Bless et al., 1996). Damit ist Stimmung neben der in 2.4 bereits erwähnten eigenen Betroffenheit und der zur Verfügung stehenden Kapazität eine Determinante der Tiefe der Informationsverarbeitung. So lassen sich Personen in fröhlicher Stimmung auch von weniger stichhaltigen Argumenten überzeugen, greifen bei der Beurteilung anderer Personen eher auf Stereotype zurück als Personen in neutraler oder trauriger Stimmung (Bodenhausen, 1993), oder sie beachten bei Leistungsbeurteilungen weniger Details, sondern verlassen sich auf einen Gesamteindruck (Sinclair, 1988).

Neben Stimmung ist eine ganze Reihe von Variablen bekannt, die die Tiefe der Informationsverarbeitung bestimmen (s.a. 2.3), beispielsweise ob sich die Urteiler eher auf ein Stereotyp (z.B. Frauen sind nicht durchsetzungsfähig) verlassen oder eher Einzelbeobachtungen über das tatsächliche Verhalten einer Person heranziehen. Konkrete Einzelinformation wird dann herangezogen, wenn es besonders wichtig ist, sich ein genaues Bild zu machen, wenn man die Entscheidung rechtfertigen muß (Tetlock, 1985). Allgemeine Wissensstrukturen, z.B. Stereotype oder Lösungsschemata, kommen dann vermehrt zum Tragen, wenn das Urteil unter Zeitdruck gefällt werden muß (zum Überblick, z.B. Kruglanski & Webster, 1996).

3 Schlußbemerkung

Dieses Kapitel konnte nur einen ersten Einblick in das riesige Gebiet der Sozialen Kognition vermitteln. Viele interessante Themen blieben unerwähnt, die ebenso bedeutsam sind wie die hier dargestellten Untersuchungen. Dafür wurden jedoch Literaturhinweise gegeben (Tabelle 1), die interessierten Lesern helfen sollen, dieses psychologische Forschungsgebiet weiter zu erschließen. In jedem Falle aber dürfte deutlich geworden sein: Die Befunde der Sozialen Kognition sind nicht nur für die Grundlagenforschung wichtig, sondern auch für zahlreiche Anwendungen in der Arbeitswelt, Werbung, Medien, Politik, Gesundheit, Organisationen und Rechtsprechung.

Literatur

Abelson, R.P., Aronson, E., McGuire, W.J., Newcomb, T.M., Rosenberg, M.J. & Tannenbaum, P.H. (1968). *Theories of cognitive consistency: A sourcebook.* Chicago: Rand-McNally.

Asch, S.E. (1946). Forming impressions of personality. *Journal of Abnormal and Social Psychology, 41*, 258-290.

Binning, J. F., Goldstein, M.A., Garcia, M.F. & Scatteregia, J..H. (1988). Effects of preinterview impressions on questioning strategiesin same-and opposite-sex employment interviews. *Journal of Applied Psychology, 73*, 30-37.

Bless, H., Bohner, G., Schwarz, N. & Strack, F. (1990). Mood and persuasion: A cognitive response analysis. *Personality and Social Psychology Bulletin, 16*, 331-345.

Bless. H., Clore, G. L., Schwarz, N., Golisano, V., Rabe, C. & Wölk, M. (1996). Mood and the use of scripts: Does a happy mood really lead to mindlessness. *Journal of Experimental Social Psychology, 71*, 665-679.

Bodenhausen, G. V. (1993). Emotion, arousal, and stereotype-based discrimination: A heuristic model of affect and stereotyping. In D. M. Mackie & and D.L. Hamilton (Eds.), *Affect, cognition, and stereotyping: Interactive processes in group perception* (pp. 13-35). San Diego: Academic Press.

Brauer, M., Judd, C.M. & Gliner, M.D. (1995). The effects of repeated expressions on attitude polarization during group discussions. *Journal of Personality and Social Psychology, 68*, 1014-1029.

Chaiken, S. (1987). The heuristic model of persuasion. In M.P. Zanna, J.M. Olson & C.P. Herman (Eds.), *Social influence: The Ontario Symposium* (Vol. 5, pp. 3-39). Hillsdale, NJ: Erlbaum.

Cialdini, R.B. (1993). *Influence: Science and practice.* New York: Harper Collins.

Clore, G. L., Schwarz, N. & Conway, M. A. (1994). Affective causes and consequences of social information processing. In R.S. Wyer & T. K. Srull, *Handbook of social cognition* (Vol. I; S. 323-417). Hillsdale, N. J.: Erlbaum.

Combs, B. & Slovic, P. (1979). Newspaper coverage of causes of death. *Journalism Quarterly, 56*, 837-843; 849.

DeSoto, C.B. (1960). Learning a social structure. *Journal of Abnormal and Social Psychology, 60*, 417-421.

Eagly, A.H. & Chaiken, S. (1993). *The psychology of attitudes.* Orlando, FL: Harcourt Brace Jovanovich.

Feldman, J.M. (1994). On the synergy between theory and application: Social Cognnition and Performance appraisal. In R.S. Wyer & T. K. Srull (Eds.), *Handbook of Social Cognition* (Vol. 2, pp. 339-397). Hillsdale, NJ: Erlbaum.

Festinger, L. (1957). *A theory of cognitive dissonance.* Evanston, IL: Row, Peterson.

Fiske, S.T. & Taylor, S.E. (1991). *Social cognition.* New York: McGraw-Hill.

Grice, H. (1975). Logic of conversation. In P. Cole & J.L. Morgan (Eds.), *Syntax and semantics* (Vol.3: Speech acts. pp. 41-58). New York: Academic Press.

Hamilton, D.L. (1981). Illusory correlations as a basis for stereotyping. In D.L. Hamilton (Ed.), *Cognitive processes in stereotyping and intergroup behavior.* Hillsdale, N.J.: Erlbaum.

Heider, F. (1958). *The psychology of interpersonal relations.* New York: Wiley.

Heilman, M. E. & Stopeck, M. H. (1985). Attractiveness and corporate success: Different causal attributions for males and females. *Journal of Applied Psychology, 72*, 62-68.

Herr, P. M., Sherman, S. J. & Fazio, R. H. (1983). On the consequences of priming: Assimilation and contrast effects. *Journal of Experimental Social Psychology, 19*, 323-340.

Hewstone, M. (1989). *Causal attributions: From cognitive processes to cognitive beliefs.* Oxford, England: Basil Blackwell.

Isen, A. M., Shalker, T. E., Clark, M. S. & Karp, L. (1978). Affect, accessibility of material in memory and behavior: A cognitive loop. *Journal of Personality and Social Psychology, 36*, 1-12.

Jones, E.E. & Davis, K.E. (1965) From acts to dispositions: The attribution process in social perception. In L. Berkowitz (Ed.), *Advances of Experimental Social Psychology* (Vol.2, pp. 220-266). New York: Academic Press

Jones, E.E. & Nisbett, R.E. (1972). The actor and the observer: Divergent perceptions of causes of behavior. In E.E. Jones, D.E. Kanouse, H.H. Kelley, R.E. Nisbett, S. Valins & B. Weiner (Eds.), *Attribution: Perceiving the causes of behavior* (pp. 121-136). Morristown, NJ: General Learning Press.

Kahneman, D., Slovic, P. & Tversky, A. (1982). *Judgment under uncertainty: Heuristics and biases.* Cambridge: Cambridge University Press.

Kelley, H.H. (1967). *Attribution theory in social psychology.* Nebraska Symposium on Motivation, 15, 192-238.

Klayman, J. & Ha, Y.W. (1987). Confirmation, disconfirmation, and information in hypothesis-testing. *Psychological Review, 94*, 211-228.

Kruglanski, A.W. & Webster, D. M. (1996). Motivated closing of the mind: „Seizing" and „Freezing". *Psychological Review, 103*, 263-283.

Kunda, Z. & Oleson, K.C. (1995). Maintaining stereotypes in the face of disconfirmation: Constructing grounds for subtyping. *Journal of Personality and Social Psychology, 68,* 565-579.

Lord, R. G., De Vader, C.L. & Alliger, G. M. (1986). A meta-analysis of the relation between personality traits and leadership perceptions: An application of validity generalization procedures. *Journal of Applied Psychology, 71,* 402-410.

Maass, A., Salvi, D., Arcuri, L. & Semin, G.R. (1989). Language use in intergroup contexts. *Journal of Personality and Social Psychology, 57,* 981-993.

Macrae, N. C., Stangor, C. & Hewstone, M. (1996). *Stereotypes and stereotyping.* New York: Guilford.

Martin, L.L. & Tesser, A. (1992). *The construction of social judgments.* Hillsdale, NJ: Erlbaum.

McGuire, W.J. (1968). Personality and attitude change: An information processing theory. In A.G. Greenwald, T.C. Brock & T.M. Ostrom (Eds.), *Psychological foundations of attitudes* (pp. 171-196). San Diego, CA: Academic Press.

Murphy, K. R., Balzer, W.K., Lockhart, M.C. & Eisenman, E.J. (1985). Effects of previous performance on evaluations of present performance. *Journal of Applied Psychology, 70,* 72-84.

Nisbett, R.E. & Ross, L. (1980). *Human inference: Strategies and shortcomings of social judgment.* Englewood Cliffs, NJ: Prentice-Hall.

Northcraft, G.B. & Neale, M.A. (1987). Experts, amateurs, and real estate: An anchoring-and-adjustment perspective on property pricing decisions. *Organizational Behaviour and Human Decision Processes, 39,* 84-97.

Perloff, R.M. (1993). *The dynamics of persuasion.* Hillsdale, NJ: Erlbaum.

Petty, R.E., & Cacioppo, J.T. (1986). *Communication and persuasion: Central and peripheral routes to attitude change.* New York: Springer.

Petty, R.E. & Cacioppo, J.T., & Goldman, R. (1981). Personal involvement as a determinant of argument-based persuasion. *Journal of Personality and Social Psychology, 41,* 847-855.

Plous, S. (1993). *The psychology of judgment of decision making.* Philadelphia: Temple University Press.

Rosenthal, R. & Jacobson, L. (1968). *Pygmalion in the classroom.* New York: Holt, Rinehart & Winston.

Schuman, H. & Presser, S. (1981). *Questions and answers in attitude survey: Experiments on question form, wording, and context.* San Diego, CA: Academic Press.

Schwarz, N. & Bless, H. (1992). Constructing reality and its alternatives: An inclusion-exclusion model of assimilation and contrast effects in social judgments. In L.L. Martin & A. Tesser (Eds.), *The construction of social judgment.* Hillsdale, NJ: Erlbaum.

Schwarz, N. & Clore, G. L. (1983). Mood, misattribution and judgments of well-being: Informative and directive functions of affective states. *Journal of Personality and Social Psychology, 45,* 513-523.

Semin, G.R. & Fiedler, K. (1988) The cognitive functions of linguistic categories in describing persons: Social cognition and language. *Journal of Personality and Social Psychology, 54,* 558-568.

Sinclair, R. C. (1988). Mood, categorization breadth, and performance appraisal: The effects of order of information acquisition and affective state on halo, accuracy, information retrieval, and evaluations. *Organizational Behavior and Human Decision Processes, 42,* 22-46.

Swann, W.B., Giuliano, T. & Wegner, D.M. (1982). Where leading questions can lead: The power of conjecture in social interaction. *Journal of Personality and Social Psychology, 42*, 1025-1035.

Tesser, A. (1978). Self-gerenated attitude change. In L. Berkowitz (Ed.), *Advances in experimental social psychology* (Vol. 11, pp. 289-338). New York: Academic Press.

Tetlock, P. E. (1985). Accountability: The neglected social context of judgment and choice. *Research in Organizational Behavior, 7*, 297-332.

Tversky, A. & Kahneman, D. (1973). Availability: A heuristic for judging frequency and probability. *Cognitive Psychology, 5*, 207-232.

Tversky, A. & Kahneman, D. (1981). The framing of decisions and the psychology of choice. *Science, 211*, 453-458.

Tversky, A. & Kahneman, D. (1982). Judgments of and by representativeness. In D. Kahneman, P. Slovic & A. Tversky (Eds.). *Judgment under uncertainty: Heuristics and biases*. Cambridge: Cambridge University Press.

Wänke, M., Bohner, G. & Jurkowitsch, A. (1997). There are many reasons to drive a BMW: Does imagined ease of information retrieval influence attitudes? *Journal of Consumer Research, 24*, 170-177.

Wänke, M., Schwarz, N. & Noelle-Neumann, E. (1995). Question wording in comparative judgments: Understanding and manipulating the dynamics of the direction of comparison. *Public Opinion Quarterly, 59*, 347-372.

Weiner, B. (1986). *An Attributional Theory of Motivation and Emotion.* New York: Springer.

Word, C. O., Zanna, M.P. & Cooper, J. (1974). The nonverbal mediation of self-fulfilling prophecies in interracial interaction. *Journal of Experimental Social Psychology, 10*, 109-120.

Wyer, R. S. & Srull, T. K. (1989). *Memory and cognition in its social context.* Hillsdale, NJ: Erlbaum.

Wyer, R. S. & Srull, T. K. (1994). *Handbook of social cognition.* (Vol. 1 und 2). Hillsdale, NJ: Erlbaum.

Zuckerman, M. (1979). Attribution of success and failure revisited, or: The motivational bias is alive and well in attribution theory. *Journal of Personality, 47*, 245-287.

Zuckerman, M., Knee, C.R., Hodgins, H.S. & Miyake, K. (1995). Hypothesis confirmation: The joint effect of positive test strategy and acquiescence response set. *Journal of Personality and Social Psychology, 68*, 52-60.

22 Mensch-Maschine-Systeme

Klaus-Peter Timpe und *Heinz-Jürgen Rothe*

1 Mensch-Maschine-Systeme als Gegenstand psychologischer Forschung

1.1 Begriffsbestimmung und Systemstruktur

Unter „Mensch-Maschine-System" (MMS) wird eine zweckmäßige Abstraktion des zielgerichteten Zusammenwirkens von Personen und technischen Systemen zur Erfüllung eines eigen- oder fremdbestimmten Auftrags verstanden. Der Begriff „Maschine" wird für technische Gebilde im weitesten Sinne verwendet. Wesentliche Komponenten sind Anzeige- und Bedieneinheiten, automatisierte Teileinheiten und Unterstützungssysteme. Häufig sind diese Komponenten in einer einheitlichen Bauform zusammengefaßt, z.B. in Leitwarten, Cockpits für Fahr- und Flugzeuge, Steuerpulten, Bedientafeln, Bildschirmen u.ä. Damit wird der Gegenstand des allgemeinen MMS von dem Spezialfall des sog. Mensch-Rechner-Systems unterscheidbar, bei dem der technologische Prozeß oder die Hardware der technischen Gebilde und Produkte nicht oder nur virtuell existieren (s.a. v. Benda in diesem Band).

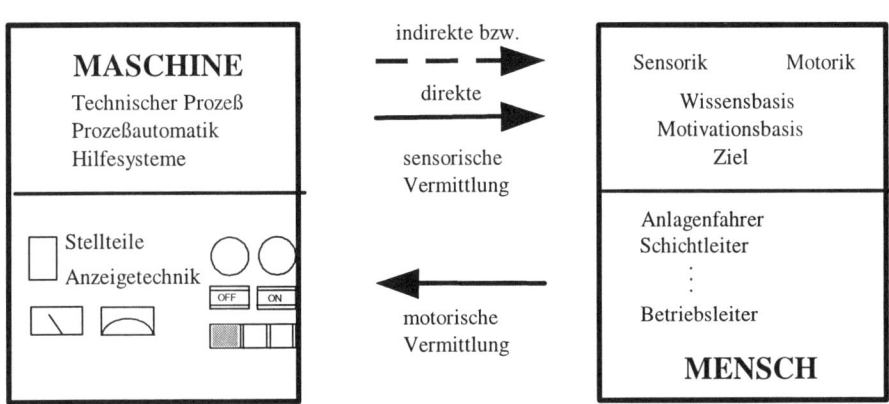

Abbildung 1
Allgemeine Struktur eines Mensch-Maschine-Systems

Das Verhalten eines MMS ist durch qualitativ verschiedene Prozesse bestimmt: durch die menschliche Informationsverarbeitung, der soziale und biologische Gesetzmäßigkeiten zugrunde liegen, und durch technische Prozesse, die physikalischen Gesetzen gehorchen (Klix, 1966). Die allgemeine Struktur eines MMS (Abb. 1) ist die eines rückgekoppelten Systems, in dem ein Mitarbeiter bzw. Team entsprechend seiner Zielstellung und der wahrgenommenen Rückmeldungen Entscheidungen fällt und das technische System steuert. Die Orte dieser Eingriffe bzw. die Lokalisation der Maschine können dabei räumlich nahezu beliebig getrennt liegen. Soll dieser Aspekt betont werden, spricht man auch von „verteilten MMS".

1.2 Typen von MMS und Anforderungen

In Abhängigkeit vom Anteil menschlicher Informationsverarbeitungsprozesse bei Tätigkeiten im MMS lassen sich unterschiedliche Typen von MMS charakterisieren, die mit dem Automatisierungsgrad verknüpft sind (Hollnagel, 1990). In der einfachsten Form des MMS steuern die Personen manuell mittels Rückmeldung über den Zustand des technischen Systems kontinuierlich oder diskontinuierlich die Prozeßparameter durch Vergleich mit den Vorgaben. Der Mensch übt hierbei die Funktion eines „Reglers" aus, wobei im Falle mechanisierter Systeme kraftverstärkende technische Teilsysteme eingesetzt werden. Ein Beispiel hierfür ist die Bedienung konventioneller Werkzeugmaschinen. In MMS höherer Stufen werden für die Ermittlung der optimalen Parameter zur Prozeßführung Unterstützungssysteme sowie automatisierte Teilsysteme bereitgestellt, die der Nutzer aufgabenabhängig bzw. situationsspezifisch wählen kann (z.B. Zu- und Abschalten des Autopiloten bei der Flugzeugführung oder Nutzung eines Hilfesystems zur Fehlerdiagnose).

Typisch für MMS ist die Trennung zwischen „technischem Gebilde" und seiner Steuerung und Überwachung im Echtzeitbetrieb durch entsprechend ausgebildetes Personal. Vor diesem Hintergrund lassen sich verschiedene Aufgabensituationen unterscheiden. Umfassend charakterisiert Johannsen (1993) die Fahrzeugführung, die Überwachung von Verkehrs- und Datenkommunikationssystemen, die industrielle Prozeßführung, die Bedienung von privater Haus- und Gesundheitstechnik u.v.a.

In jedem Fall resultieren die Anforderungen an den Menschen in diesen MMS einerseits aus der allgemeinen Funktionsverteilung und andererseits aus der konkreten Auslegung der Schnittstelle zwischen Mensch und Maschine. Das psychologische Gestaltungsziel besteht darin, für den Menschen ausführbare, seine Gesundheit nicht schädigende oder beeinträchtigende und seine Kompetenzen nutzende sowie fördernde Tätigkeitsanforderungen zu schaffen.

2 Ausgewählte psychologische Beiträge zur Gestaltung von MMS

2.1 Signaldarbietung

Möglichkeiten und Grenzen der Sinnessysteme bestimmen nicht nur Art und Umfang der vom Menschen aufnehmbaren Informationen, sondern setzen auch Bedingungen für die weitere Informationsverarbeitung. Insbesondere sinnes-physiologische und psychophysikalische Untersuchungen erbrachten Ergebnisse, die für die Gestaltung des Informationsaustausches in MMS von grundlegender Bedeutung sind. Tabelle 1 soll einen Überblick geben.

Tabelle 1
Leistungen menschlicher Sinnessysteme (modifiziert nach Muthig, 1990)

Sinnes-system	Visuelles System	Auditives System	Geschmacks- und Geruchs-system	Somato-viscorales System	Gleich-geichts-System
Orientierungsfunktion					
Orientierung über (ausge-wählte Beispiele)...	Helligkeit, Far-bigkeit, Größe, Form, Raum-lage, Bewe-gung, Entfer-nung, Richtung von Licht emit-tierenden re-flektierenden Objekten	Lautheit, Ton-höhe, Klang-farbe, Entfer-nung, Richtung, Bewegung von Schallquellen; Sprache	Luftbeschaffen-heit, Entfer-nung und Rich-tung von Ge-ruchsquellen	Temperatur, Druck, Ober-flächen- und Konsistenzi-genschaften von Objekten; Stellung, Ort und Bewegung der Glieder	Raumlage des eigenen Körpers
Umgebungs-energie, auf die ange-sprochen wird	elektromagne-tische Schwin-gungen von 380-780 nm	Schwingungen (Druckschwan-kungen) in elastischen Medien zwischen 20-20000 Hz	Vielzahl von gasförmigen chemischen Verbindungen	Temperaturab-weichungen, Veränderungen von Druckam-plituden u. -fre-quenzen, Rei-bung	Translations-beschleunigung, Drehbeschleu-nigung
Auflösungsvermögen					
räumliche Auflösung	1 Bogenminute für Fovea bei guter Hellig-keit und Kon-trast	einige Grad in mittlerer Ebene für binaurale Lokalisation		1-2 mm Zwei-punktschwelle für sensibelste Hautbereiche	
zeitliche Auflösung	20-50 ms, ab-hängig von Intensität	2-3 ms, ab-hängig von Intensität		10-50 ms, ab-hängig von Intensität	
minimal wahrnehm-bar	10E-6 cd/ m^2 (dunkeladap-tiertes Auge)	2 x10E-5 N/ m^2 (für 1000 Hz-Ton)	0,006 g/l Was-ser für bitter schmeckende Stoffe 2,4 x10 E 12 Moleküle / l Luft	3 x10 E-9 J (punktförmiger Druckreiz), 10 E-6 m Vibra-tionsamplitude bei 150-300 Hz	(1° /s^2 für Ny-stagmusauflö-sung)
Intensitätsabhängige Diskriminationsleistungen					
relative Un-terschieds-empfindlich-keit	570 unter-scheidbare In-tensitäten bei weißem Licht	325 unter-scheidbare In-tensitäten bei 2000 Hz	hoch (abhängig von Art, Lage und Größe des gereizten Are-als)	Vibration: 15 unterscheidba-re Amplituden zwischen 150-300 Hz; Sehnenrezep-toren: 0,005%	hoch (bei festem Kon-takt zu Erdbo-den)
Frequenzabhängige Diskriminationsleistungen					
relative Unterschieds-empfindlich-keit	128 unter-scheidbare Farbtöne bei mittlerer Be-leuchtungsin-tensität	1800 unter-scheidbare Töne bei 60 dB	(hoch)	abhängig von Haut -bzw. Körperbereich und Art der Stimulation	

Bei der konkreten Auslegung der Informationsdarbietung in MMS sind die Erkenntnisse über die Arbeitsweise der Sinnessysteme zugrunde zu legen. Drei Aufgabenbereiche können unterschieden werden:

– Die *Auswahl* der Signalart und der Signalmodalität hängt vor allem davon ab, welche Art von Informationen übertragen werden soll bzw. welche Funktion die Signalgeber haben.
– *Gestaltungsempfehlungen* beziehen sich vor allem auf die analoge und diskrete Informationsdarstellung (z.B. Zeigermeßgeräte, Ziffern, Symbole, Glocken, Sirenen, Summer, Klingeln u.ä.) sowie auf die Darbietung von Sprache. Detaillierte Ausführungen siehe z. B. bei Hoyos und Zimolong (1990) oder Cushman und Rosenberg (1991).
– Entscheidungen über die *Anordnung* von Signalgebern betreffen die Gestaltung von Informationsdisplays oder Bildschirmoberflächen. Psychologisch begründete Empfehlungen bzgl. der Anordnung von Signalgebern enthält Kasten 1.

Kasten 1
Gestaltungsempfehlungen für die Anordnung von Signalgebern (Displaygestaltung)

– Perzeptive Eigenschaften der Signalgeber bzw. des Informationsdisplays sollen Gruppenbildungen bei der Wahrnehmung induzieren. Besonders geeignet sind räumliche Gruppierungen aufgrund von Abstandsvariationen, farblichen Kennzeichnungen oder Variationen von Formmerkmalen der Signalgeber.
– Die Anordnung der Signalgeber soll das tätigkeitsspezifische Wissen berücksichtigen. Z.B. verfügt ein Anlagenfahrer über Erfahrungen hinsichtlich der gesetzmäßigen Zusammenhänge der Funktionselemente im technischen System bzw. der zu steuernden Prozesse. Hieraus leitet sich die Möglichkeit ab, nach Prozeßstufen, Prozeßabschnitten, Funktionen oder Bedeutsamkeit zu gruppieren.
– Die Art der Gruppierung, die Anzahl der Elemente in den Gruppen, die Anzahl der Gruppen sowie die Abstände von Elementen innerhalb und zwischen den Gruppen können sich gegenseitig in ihrer Wirkung auf den Augensuchprozeß beeinflussen. Um eine Gestaltungsvariante zu finden, kann der von den Augen im Durchschnitt pro Signalidentifikation abzutastende Weg abgeschätzt werden. Auch die „linkanalysis" ist als methodischer Ansatz zur Lösung von Anordnungsproblemen auf empirische Weise zu nennen.
– Bei semantischen und statistischen Signaleigenschaften, die in ihrer Wirkung auf den Augensuchprozeß miteinander konkurrieren (z.B. relativ seltenes Auftreten von bedeutsamen Signalen) kann durch Gestaltung perzeptiver Eigenschaften (z.B. räumliche Gruppierung) eine der konkurrierenden nichtperzeptiven Signaleigenschaften hervorgehoben und damit die Konkurrenz im Sinne der gewünschten verläßlichen Prozeßsteuerung aufgehoben werden (z.B. wenn Signalgeber mit bedeutsamen, aber selten auftretenden Signalen räumlich isoliert angeordnet werden).

2.2 Informationskodierung

Der psychologische Gehalt des Kodierungsproblems resultiert daraus, daß die von technischen Systemen ausgesendeten Signale Träger von Information sind. Der Kraftfahrer weiß z.b.: Die Zeigerstellung über einem markierten Bereich eines Temperaturanzeigegerätes im Armaturenbrett seines Autos zeigt eine unzulässige Erhitzung des Motor-Kühlwassers an. Es genügt also bei Tätigkeiten in MMS nicht, Signale zu entdecken und ihre Eigenschaften zu identifizieren (Ausmaß von Zeigerausschlägen, Helligkeitsintensitäten, Buchstabenart, Symbolkonfiguration usw.), sondern der Mensch muß auch ihre Bedeutung dekodieren (Abbildung 2).

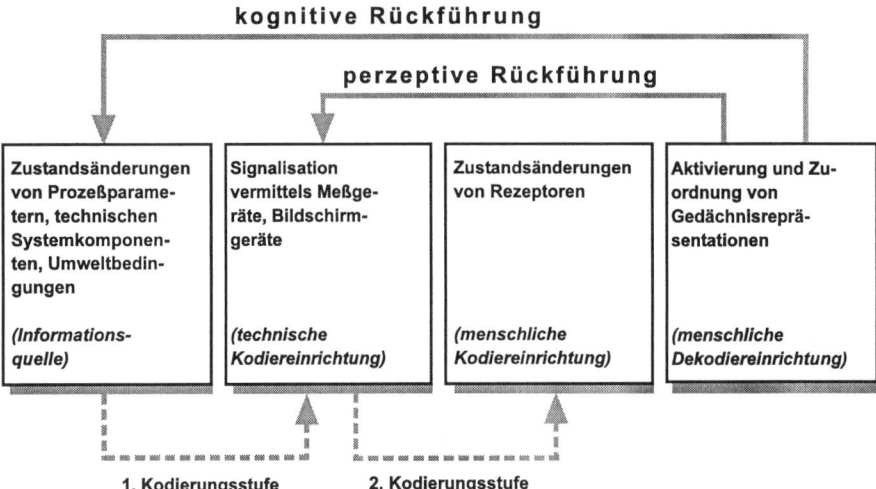

Abbildung 2
Grob-schematische Darstellung des Kodierungsprozesses: Das technische System kann unterschiedliche Zustände annehmen. Wenn diese durch die Sinnesorgane des Menschen nicht wahrgenommen werden können, müssen sie in wahrnehmbare Zustände kodiert werden (z.B. Transformation von Temperaturänderungen in Zeigerausschläge). Mit Hilfe des im Gedächtnis gespeicherten Wissens erfolgt dann die Bedeutungszuordnung, d.h. die eigentliche Dekodierung.

Es liegt auf der Hand, daß dieser Dekodierungsprozeß vor allem fehlerfrei und häufig auch möglichst schnell ausgeführt werden muß, weil das Resultat der Dekodierung die Handlungsgrundlage darstellt. Fehler können auf seiten des Menschen sowohl beim Einkodieren auftreten, wenn die Kodezeichen hohe Ähnlichkeit aufweisen und dadurch die Verwechslungsmöglichkeiten zunehmen, als auch beim Dekodieren, wenn keine oder inkonsistente Regeln den Zuordnungsprozeß erschweren und dadurch Zuordnungen vergessen oder wiederum verwechselt werden. Um Fehlerfreiheit zu garantieren, müssen also die Elemente von

Kodealphabeten so ausgewählt und gestaltet werden, daß die über den menschlichen Dekodierungsprozeß gewonnenen Erkenntnisse berücksichtigt sind. Aus diesen und zahlreichen weiteren Untersuchungen (s. zusf. Rothe, 1992) läßt sich für die Auswahl von Kodealphabeten bzw. für die Kodezeichengestaltung das in Kasten 2 beschriebene theoriegeleitete Vorgehen begründen.

Kasten 2
Empfohlenes Vorgehen bei der Kodezeichengestaltung

1. Schritt: Differenzierte Charakterisierung der zu kodierenden Objekte, Zustände oder Ereignisse nach wesentlichen, sie konstituierenden Merkmalen; dazu gehören sowohl die wahrnehmbaren als auch die funktionalen, der Wahrnehmung unmittelbar nicht zugänglichen Merkmale.
2. Schritt: Differenzierte Charakterisierung der mit den kodierten Informationen zu bewältigenden potentiellen Aufgaben, insbesondere unter dem Aspekt, welche Informationselemente tatsächlich benötigt werden und in welcher Kodierungsebene bzw. -modalität die geforderten kognitiven Operationen wahrscheinlich am effektivsten ausführbar sind.
3. Schritt: Bestimmung der Kodemodalität und Grobentwurf von Kodezeichen entsprechend der Ergebnisse nach Schritt 1 und 2.
Dabei kommt es vor allem darauf an, möglichst einfache Regeln konsequent anzuwenden, die die Zuordnung zwischen Kodezeichenmerkmalen und Bedeutungsmerkmalen vermitteln.
4. Schritt: Konkrete Kodezeichengestaltung entsprechend wahrnehmungspsychologischer Erkenntnisse, d.h. insbesondere die als Kode fungierenden Signale müssen auch bei störenden Umgebungsbedingungen (z.B. Lärm, hohe Signaldichte) eindeutig erkennbar und diskriminierbar sein.

2.3 Wissensbasierte Unterstützung

Ein Unterstützungssystem ist ein informationsverarbeitendes technisches Gebilde, das die Aufgabenerfüllung eines Operateurs in einem MMS (bzw. eines anderen technischen Systems) dadurch fördert, daß es bestimmte, für die Zielerreichung notwendige Teilaufgaben des Operateurs innerhalb seiner Gesamtaufgabe übernimmt und/oder ausführt. Synonym wird Unterstützungssystem auch mit solchen Begriffen wie Hilfesystem oder Assistenzsystem verwendet.

Die Funktion eines Unterstützungssystems vergleicht Reister (1997) mit der eines Stabes bei der Aufgabenerfüllung. In Abhängigkeit von der Gesamtzielstellung sind sehr unterschiedliche Anforderungsbereiche auszufüllen. Daten- bzw. Situationserfassung und -bewertung, Bestimmung der zielführenden Sollwerte und deren Vergleich mit den Handlungen (bei Transportsystemen z.B. mit Hilfe sog. Fahrermodelle) sowie Informationen über Abweichungen und Auslösung von korrigierenden Operationen kennzeichnen potentielle Leistungsbereiche heutiger Unterstützungssysteme. Wissen über Nutzer, zu erfüllende Aufgaben und den aktuellen Zustand müssen häufig im Unterstützungssystem implementiert sein.

Am Beispiel des Teilprozesses der Situations-, speziell der *Störungsdiagnose* bei technischen Systemkomponenten, sollen das prinzipielle Vorgehen und einige grundlegende Erkenntnisse skizziert werden (s.a. Zimolong & Majonica in diesem Band).

Typisch für eine Störungssituation ist:
– Störungsmerkmale oder -symptome können bei unterschiedlichen Störungsursachen teilweise übereinstimmen,
– sowohl Symptome als auch Störungsursachen sind partiell intransparent, d.h. nicht direkt wahrnehmbar,
– die Auftrittshäufigkeit eines Teiles der Störungsursachen ist so gering, daß sie als seltene Ereignisse erlebt werden,
– zur Störungsdiagnose müssen Meßgeräte und andere Hilfsmittel eingesetzt werden, was zusätzliche Fähigkeiten und Fertigkeiten erfordert.

Das zur Bewältigung dieser Anforderungen notwendige fachspezifische Wissen kann durch Wissensanalysen, die immer eine Kombination verschiedener psychologischer Einzelmethoden umfassen, erhoben und mit Hilfe von Ansätzen aus der Künstlichen Intelligenz systematisiert und modelliert werden. Tabelle 2 faßt die wichtigsten Aspekte des wissensanalytischen Vorgehens zusammen (s.a. Hacker, 1992).

Abstrahiert von konkreten Sachverhalten in den jeweils untersuchten MMS, lassen sich z.B. bei Diagnosetätigkeiten folgende Wissenskomponenten separieren:

Tabelle 2
Wissensanalytisches Vorgehen

Arbeitsschritte	Erfahrungsträger	Methode	Bemerkungen
Globale Wissenserfassung	Novizen Experten	Interview Schriftliche Befragung Gruppendiskussion	Prototypische Beispielaufgabe
Aufbau eines Wissensmodells	Themenbearbeiter	KI-Ansätze	Zusammenarbeit mit Informatikern
Differenzierte Wissenserfassung	Novizen und Experten (abhängig von Zielen bei Modellerweiterung)	Assoziieren Struktur Legen Analoges Schließen	
Wissensevaluation	Themenbearbeiter Experten		Revision des Wissensmodells
Wissensimplementierung		*Implementierung durch Software- Spezialisten*	

Faktenwissen, das sich inhaltlich auf zwei verschiedene Bereiche bezieht. Der erste Bereich umfaßt das Anlagenwissen über Ausbau und Funktion von Maschinen und Geräten einschließlich des Wissens über physikalisch-technische Zusammenhänge. Der zweite Bereich enthält das Diagnosewissen, d.h. vor allem Merkmalscharakteristiken von Störungsursachen und Symptomen, deren Auftrittshäufigkeiten und Bedeutsamkeit und insbesondere die Symptom-Ursache-Beziehungen. Dieses Wissen wird durch Belehrung (z.B. im Rahmen von Weiterbildungskursen) und durch eigene Beobachtung erworben.

Wissen über konkrete Vorgehensweisen zur Feststellung von Symptomen zur Prüfung von Hypothesen über Störungsursachen (z.B. Prüfschrittfolgen) und zum Einsatz von Meßgeräten und anderen Hilfsmitteln (z.B. Handhabungstechniken). Dieses Wissen kann nicht allein durch Belehrung und Beobachtung erworben werden, sondern es ist erst nach wiederholter Übung der Vorgehensweisen fehlerfrei verfügbar.

Wissen über Strategien zur Störungsursachenidentifikation und deren bedingungsabhängigen Einsatz. Auf Strategien kann durch Klassifizieren und Generalisieren aus den eingesetzten einzelnen Vorgehensweisen bei verschiedenen Störungen geschlossen werden (s. dazu z.B. Konradt, 1992; Patel & Groen, 1991;

Zimolong 1996). Der Erwerb dieses Wissens erfolgt im Ergebnis langfristiger wiederholter Tätigkeitsausführung im Sinne von Erfahrungsbildung.

Unter Berücksichtigung insbesondere der Unterschiede bzgl. dieser Wissenskomponenten bei Anfängern und Experten lassen sich auf der Basis der wissensanalytischen Daten Inhalte für Ausbildungs- und Trainingsprogramme (s. dazu z.B. Bergmann, 1996 und in diesem Band; Sonntag, 1996) ableiten und Unterstützungssysteme für Diagnosetätigkeiten entwickeln (Engel & Zimolong, 1997; Timpe, Rothe & Gaßner, 1997).

2.4 Zuverlässigkeit und Verläßlichkeit von MMS

Der Begriff „Verläßlichkeit" wird als ein qualitativer Begriff verstanden und charakterisiert die anforderungsgerechte Zielerreichung eines MMS. Verläßlichkeit bezieht sich dabei auf das Zusammenwirken aller beteiligten Systeme und läßt sich nicht durch isolierte Betrachtungen einzelner Subsysteme erfassen. Auf der Grundlage des *soziotechnischen Systemansatzes* (Emery & Trist, 1960) werden als relevante Komponenten und Bedingungen eines MMS Individuen, Gruppen, Organisation, Organisationsumwelt und Technik benannt (Wilpert, 1995), die stets in ihrem Zusammenwirken zu betrachten sind.

Mit dem Begriff „Verläßlichkeit" wird von den häufig verwendeten Begriffen „technische" und „menschliche Zuverlässigkeit" (Bubb, 1990) abgehoben, die jeweils für sich zwar Teilkomponenten quantifizieren, den qualitativen Abhängigkeiten im MMS aber nicht gerecht werden und damit der notwendigen soziotechnischen Sichtweise widersprechen.

Der Zugang zur Verläßlichkeitsbeurteilung über Fehlerhäufigkeiten oder technische Zuverlässigkeitskennzahlen – wie in der Zuverlässigkeitstechnik üblich – ist nur beschränkt möglich, wenn man diese nicht in ihrer Wechselwirkung mit anderen Bedingungen im System sieht (Giesa & Timpe, 1996; Hollnagel, 1991). Die isolierte Betrachtung einzelner Fehler zur Bestimmung von Zuverlässigkeitskennzahlen verführt vor allem den Ingenieur zu der gefährlichen Illusion, auch menschliches Handeln sei in jedem Fall berechenbar. Technische Fehler oder individuelle Handlungsfehler sind dabei nur einzelne Elemente eines multikausalen Beziehungsgeflechts und entstehen in der Interaktion zwischen Mensch und Maschine in Wechselwirkung mit der Umwelt. Diese situativen Bedingungen, sowohl auf sozialer Ebene als auch organisationaler Ebene sind entscheidende Einflußgrößen für die Verläßlichkeit des MMS.

Nach dem heutigen Erkenntnisstand ist es nicht möglich, für einen konkreten Systementwurf einen „Königsweg" zur Herstellung hoher Verläßlichkeit zu benennen. Zweckmäßig und gleichzeitig am erfolgversprechendsten dürfte es sein, die Möglichkeiten der Zuverlässigkeitsanalysen, der humanwissenschaftlichen Systemgestaltung und des Lernens gleichzeitig zu nutzen (Kasten 3).

Kasten 3
Methodische Zugänge zur Erhöhung der Verläßlichkeit von MMS

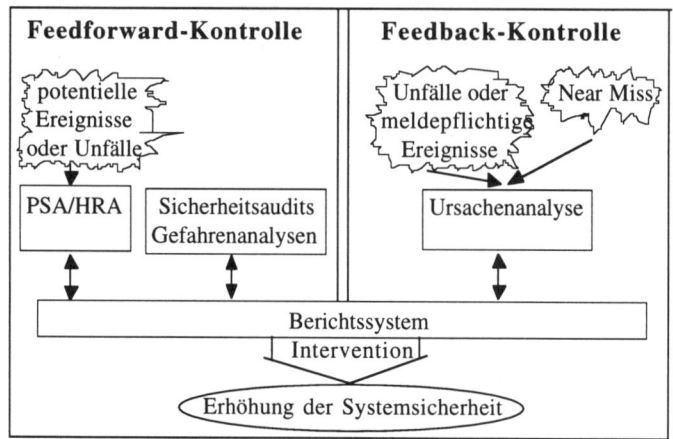

Abbildung 3
Wege zur Erhöhung der Verläßlichkeit

In der Abbildung 3 (nach Giesa & Timpe, 1998) sind verschiedene, gegenwärtig in der Praxis erprobte Ansätze miteinander verknüpft:

– Analyse eingetretener Störungen (Feedback-Kontrolle): Eingetretene Störungen, Havarien, Unfälle, aber auch sog. Beinahe-Unfälle werden hinsichtlich ihrer Verursachung analysiert. Methodisches Problem ist die Aufklärung der Ursachenkette. So wird z.B. „menschliches Versagen" als Ursache zunächst ermittelt, die Verfolgung der Ursache für dieses Versagen führt aber häufig auch zu Mängeln oder Fehlern auf seiten der technischen Systemkomponente. Die Aufdeckung der „eigentlichen Ursachen" ist für sicherheitserhöhende Maßnahmen entscheidend.

– Vorbeugende Störungsanalyse: Die vorbeugende Störungsanalyse bezieht sich einerseits auf regelmäßige Inspektionen technischer Systemkomponenten, die z.B. aufgrund von Verschleiß oder Alterung nicht mehr forderungsgerecht funktionieren. Andererseits geht es um die Abschätzung der menschlichen Handlungszuverlässigkeit. Dazu werden zumeist sog. Probabilistische Sicherheitsanalysen (PSA) mit Analysen der menschlichen Zuverlässigkeit verknüpft (Human Reliability Analysis – HRA). Sie bauen auf dem Kalkül der Wahrscheinlichkeitsrechnung auf. Die dafür entwickelten Methoden sind:

• Dekompositionsmethoden – typischer Vertreter: THERP (Swain & Guttmann, 1983);

• Zeit-Zuverlässigkeits-Korrelationen – typischer Vertreter HCR-Modell (Hannaman, Spurgin & Lukic, 1984);

• strukturierte Expertenschätzung – typischer Vertreter: SLIM

– Berichtssysteme: Hierbei handelt es sich um industriezweigspezifische, standardisierte Checklisten und Fragebögen, die bei eingetretenen Störungen, Havarien oder Unfällen auszufüllen sind. Inhaltlich beziehen sie sich nicht nur auf Ereignisse im betroffenen MMS, sondern auch auf Merkmale des gesamten organisationalen Umfeldes und ermöglichen so im Sinne einer lernenden Organisation die Ableitung übergreifender und langfristig wirkender Interventionsmaßnahmen (Wilpert, 1995).

2.5 Modellierung von MMS

Die Modellierung von Mensch-Maschine-Systemen ergibt sich aus der Notwendigkeit, die im Betrieb eines realen Produktionssystems, eines Fahrzeuges oder eines Kraftwerks usw. zu erwartenden *Systemeigenschaften* in möglichst frühen Phasen der Systementwicklung (insbesondere in der Konzeptphase) bewerten zu können, um sie gegebenenfalls zu verändern. Damit werden der außerordentlich aufwendige Weg über eine Prototypenerstellung und die oft notwendige kostenintensive Korrektur des Systems oder seiner Komponenten vermieden, eine Abschätzung des *Systemverhaltens* möglich, und es lassen sich Aussagen über notwendige individuelle Leistungsvoraussetzungen einschließlich einer Beanspruchungsprognose für das einzusetzende Personal gewinnen.

Entsprechend der Gegenstandsbestimmung des MMS werden bei seiner Modellierung im wesentlichen Teilbereiche des technischen Systems (einschließlich seiner Benutzungsoberfläche) und das Handeln der Nutzer im Kontext der zu erwartenden Anforderungen und Aufgaben berücksichtigt. Letztendlich wird also die *Interaktion von technischen, personalen und organisationalen Komponenten* innerhalb der jeweils zu Grunde gelegten Systemgrenzen nachgebildet. Hierfür liegen zahlreiche *rechnerunterstützte Methoden* vor, die sich allerdings im Unterschied zu vielen rechnerunterstützten Werkzeugen in den Ingenieurwissenschaften wegen ihrer schlechten Handhabbarkeit und des hohen Aufwandes noch wenig durchgesetzt haben (Kraiss, 1995). Bekannte Simulationssprachen in diesem Sinn zeigt Kasten 4.

Die Systematik für den Aufbau von MMS-Modellen ist gegenwärtig noch offen. Kraiss (1995) unterscheidet zwischen *Aufgabenmodell*, *Systemmodell* und *Benutzermodell*. Die Benutzermodelle sind als psychologische Beiträge von herausragender Bedeutung, da sie darauf hinweisen, wie der Benutzer bei der Aufgabenbewältigung vorgeht, also welche Teilaufgaben in welcher zeitlichen und logischen Abfolge gelöst werden sollen u.a. Damit ist der Anspruch zur Entwicklung von (formalen) Darstellungsformen verbunden, die sich durch einen expliziten Bezug auf Eigenschaften der organismischen Informationsverarbeitung in der

MMS-Interaktion auszeichnen. Dazu zählen u.a. Fahrermodelle (Jürgensohn, 1997), Modelle des Entscheidungs- und Problemlöseverhaltens (Kraiss, 1990), der mentalen Repräsentation komplexer Systeme (Kluwe, 1997) oder von Diagnoseprozessen in den unterschiedlichsten Anwendungsbereichen (Zimolong & Rohrmann, 1990).

Kasten 4
Rechnerunterstützte Methoden zur Modellierung von Mensch-Maschine-Systemen

Simulationsmethode	Gegenstand	Autor
SAINT	Modellierung von Aufgabennetzen	Chubb, 1981
CAPRA	Produktentwurf	Mankin u.a., 1984
ATC^R	Darstellung interner Repräsentationen	Anderson, 1993
SOAR	Darstellung kognitiver Komplexität	Laird u.a., 1987
Differentialgleichungen	Beschreibung fertigkeitsbasierten Verhaltens	zahlreiche Autoren s. z.B. Übersicht bei Johannsen, 1993)
Nutzensmodelle	rationales Entscheiden	zahlreiche Autoren (s. z.B. Übersicht bei Kraiss, 1990)

Die formalen Grundlagen für diese Modellierung werden in nahezu jeder erdenklichen Variationsbreite eingesetzt und ständig weiterentwickelt. Mit neuen formalen Möglichkeiten gingen und gehen daher auch Erweiterungen des Modellgegenstandes einher. Am auffälligsten kann dies am Gegenstandsbereich des Modells „Regler Mensch" verfolgt werden. Waren in den 50er Jahren lineare Differentialgleichungen das dominante Beschreibungsmittel, sind in den 60er und 70er Jahren vor allem nichtlineare Darstellungen zu finden, und ab den 80er Jahren wird der gleiche Gegenstandsbereich durch fuzzy-sets oder andere Logiken repräsentiert. Das bedeutet trivialerweise einerseits, daß psychologische Erkenntnisse über kognitive oder sensomotorische Prozesse nur so in rechnergestützten Modellierungsinstrumentarien berücksichtigt werden können, wie ihre formale Darstellung möglich geworden ist. Andererseits aber können die Resultate psychologischer Untersuchungen über Informationsverarbeitungsprozesse bei Tätigkeiten mit kognitiven Anforderungen an den Nutzer bereits im Systemkonzept von den entsprechenden Entwicklungsteams berücksichtigt werden, sofern ein kognitives

Nutzermodell vorliegt. Psychologische Beiträge gewinnen hierfür in dem Maße an Bedeutung, wie angestrebt wird, eine valide Modellierung der Interaktion zwischen Mensch und Maschine zu erreichen. Speziell die *prospektive Funktionsverteilung* in einem MMS mit dem Ziel der Überwindung von „Ironien der Automatisierung" (Bainbridge, 1983) setzt relevante kognitive Benutzermodelle voraus.

Damit ist für die Psychologie innerhalb der Ingenieurwissenschaften ein weites Einsatzpotential gegeben, um neben ihren Analyse- und Bewertungsanliegen auch als *Gestaltungs*disziplin noch wirksamer zu werden.

Beispielhafte Ansätze für derartige Modellierungen sind in Deutschland gerade in den letzten Jahren im Bereich der Luftfahrt, der Fahrzeugführung, der Produktionstechnik und vielen anderen Bereichen vorgelegt worden (siehe u.a. zusammenfassend Johannsen, 1993; Jürgenson, 1997). Sie belegen eindrucksvoll die qualitativ neuen Möglichkeiten psychologischer Beiträge zur Projektierung von Tätigkeiten, machen aber auch auf die Unabdingbarkeit interdisziplinärer Arbeitsweise für eine erfolgversprechende Modellierung von MMS aufmerksam.

2.6 Systemgestaltung als interdisziplinäre Aufgabe

Den Ausgangspunkt für den Systementwurf im Gestaltungsprozeß bildet die Festlegung der angestrebten Ziele eines MMS (Abbildung 4).

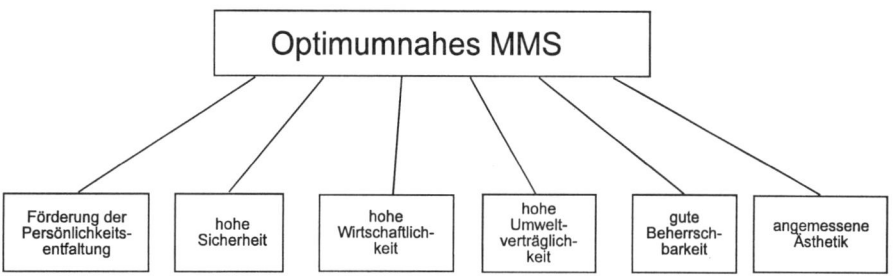

Abbildung 4
Zielsystem für MMS

Diese *humanwissenschaftlichen* und *technisch-ökonomischen Kriterien* sind stark vernetzt, häufig in ihren Auswirkungen auf den Menschen intransparent und noch wenig operationalisiert. Wesentlich ist, in der Systemplanung so weitgehend wie möglich die relevanten Wechselwirkungen zu berücksichtigen. Grundsätzlich sollte hierbei für alle Systemgestaltungen ein interdisziplinärer Zugang ausgewählt werden. Dies eröffnet die Möglichkeit, den Gestaltungsprozeß in der Ebene mit dem größten Gestaltungsspielraum zu beginnen und ihn schrittweise einzuschränken (Hacker, 1986; Ulich, 1994).

In diesem Betrachtungszusammenhang ist auch die Festlegung der Systemgrenzen von herausragender Bedeutung. Wird nur das konkrete technische System beachtet, so vernachlässigt man die zwingend zu berücksichtigende Interaktion des Menschen mit der Organisation und der Umwelt bzw. Umgebung. Konsequenz einer solchen selektiven Sicht wäre eine irreversible Zielbeschränkung und damit in den meisten Fällen eine unzureichende Systemgestaltung. Vermieden werden können solche Fehlentwürfe durch eine *sozio-technisch orientierte Entwurfskonzeption*. In allergröbster Vereinfachung heißt dies, die verschiedenen Lebensphasen eines MMS (Planung, Entwicklung, Betrieb und Abschaffung) bzgl. ihrer Konzeption, Analyse, Bewertung und Gestaltung auch mit psychologischer Methodik zu begleiten.

Die hierfür aus der technischen Systemgestaltung resultierenden Ansatzpunkte sind zahlreich: Zu beachten sind neben den DIN-Bestimmungen vor allem das IFIP-Schnittstellenmodell, die VDI 3780 (Technikbewertung), die VDI-Richtlinie 5005 sowie Teilbereiche der ISO 9001 und die EWG-Maschinenrichtlinie. Bedeutungsvoll für die Entwurfsarbeit im Rahmen der MMS-Gestaltung sind zukünftig die umfangreichen Standardisierungs-bestrebungen zur Erreichung der Zielkriterien, wie sie mit den Entwürfen der ISO 9241, der ISO 9000 und der EG-Richtlinie 90/270 begonnen wurden, sowie die rechtlichen Regelungen für die Produkthaftung und die Einbeziehung entsprechender Qualitätsmanagement - Festlegungen der DIN EN ISO 8402.

3 Ausgewählte Entwicklungstendenzen

Nachfolgend sollen einige Entwicklungstrends von MMS unter dem Gesichtspunkt ihrer psychologischen Relevanz herausgestellt werden.

Zunahme von verteilten MMS: Mit der Entwicklung und Ausbreitung von I&K-Technologien nimmt auch der Anteil *verteilter MMS* zu. Die informationelle Kopplung verschiedener unterschiedlich lokalisierter Maschinen und ihre Kontrolle oder Steuerung durch Operateure von verschiedenen Orten und zu verschiedenen Zeiten erhöht die Flexibilität, Effektivität und Kompetenz der Zielerreichung. *Ferndiagnose in der Fertigung, GPS im Verkehrswesen, simultaneus engineering, konferenzgeschaltete Operationen* oder die *Führung mobiler Roboter* sind Beispiele für Entwicklungen, die neuartige und ungelöste Fragen an die Psychologie herantragen. Wie können Multiagentensysteme zur Kompetenzförderung beitragen? Welche Ausbildungsinhalte unterstützen welche Phasen bei verteilten Konstruktionsprozessen? Derartige, hier exemplarisch gemeinte Globalprobleme mit hoher Praxisrelevanz werden die unterschiedlichen psychologischen Teildisziplinen im nächsten Jahrzehnt verstärkt zu Lösungsbeiträgen herausfordern.

Entwicklung von Kriterien für Automatisierungsstrategien: Teilfunktionen in einem MMS können sowohl durch den Operateur als auch das System „Maschine" erfüllt werden. Die Festlegung einer optimumnahen Funktionsverteilung setzt die Auslegung der Arbeitsaufgaben für den Operateur entsprechend der genannten Teilziele voraus. Ein optimaler Automatisierungsgrad ist danach nur bei Einbeziehung aller Systemziele (also qualitativ) zu bestimmen. Die Optimierung der Funktionsverteilung verlangt im Sinne Bailey's (1989) die Überwindung der „left-over-allocation" zugunsten einer „humanized task approach allocation" (Billings, 1997).

Unterstützungssysteme dienen dem Anliegen, den im MMS tätigen Personen bei der Erreichung der Systemziele bei Bedarf zu assistieren. Solche Unterstützungsmöglichkeiten werden z.B. als Hilfe bei Entscheidungen, Planungen, Diagnosen, Trainingsvorhaben, im Fehlermanagement usw. gegeben (Timpe, 1997). Was und wie jedoch anforderungsbezogen sinnvoll zu unterstützen ist, erfordert umfangreiche Detailanalysen. Läßt man den tayloristischen Ansatz der Unterstützung allein in Form von Anweisungen außer acht, so sind zahlreiche Möglichkeiten sinnvoll, z.B. Bereitstellung eines externen Gedächtnis für Faktenwissen, rechnerunterstützte Hilfe für Problemlösen und Entscheiden (z.B. bei der Störungsdiagnose oder Navigation) oder tutorielle Systeme im Lern- und Qualifizierungsprozeß.

Schnittstellentechnik und Oberflächengestaltung: Wesentliche Kriterien für die Schnittstellengestaltung sind u.a. technische Funktionalität, Aufgabenangemessenheit und Erlernbarkeit. In der ISO 9231 oder DIN 66234 (Teil 8) sind diese Merkmale teilweise untersetzt, ohne jedoch klar operationalisiert zu sein. Entsprechend der eingeführten Systembetrachtung sind die Fähigkeiten und Fertigkeiten der Nutzer bei der Informationszirkulation für eine optimumnahe Schnittstellengestaltung zu Grunde zu legen. In diesem Zusammenhang sind besonders für zukünftige Entwicklungen die Aspekte der „ökologischen Schnittstellengestaltung" (Flach, Hancook & Vicente, 1995) zu beachten. Ebenfalls ist auf eine verstärkte Einbeziehung akustischer Expertise in die Prozeßführung und -überwachung hinzuweisen. Schließlich ist dem Anliegen Rechnung zu tragen, in zunehmendem Maße Behinderten den Zugang zu den I&K-Technologien zu ermöglichen. Entsprechende Lösungen liegen bereits als Prototypen vor (Crispien, K., Fellbaum, K., Savidis, A. & Stephanidis,C. 1996). Weitere Entwicklungen der Schnittstellentechnik sind u.a. bei Kraiss (1994) skizziert.

Institutionalisierung: Mit dem Entwurf, der Bewertung und der Gestaltung von MMS beschäftigt sich das Fachgebiet MMS, das weltweit und in Deutschland sowohl in der Lehre als auch der Forschung in Universitäten und großen Unternehmen gut etabliert ist. Zyklisch stattfindende Fachtagungen, Konferenzen und Fachausschußsitzungen ermöglichen einen regelmäßigen und öffentlichen Informationsaustausch. Auch wird in zahlreichen Fachzeitschriften zum Gegenstand MMS publiziert.

Eine Orientierung ermöglichen die Übersichtsdarstellungen von Hoyos und Zimolong (1990), Gill (1996), Timpe und Kolrep (1998) sowie das Lehrbuch von Johannsen (1993).

Literatur

Anderson, J.R. (1993). *Rules of the mind.* Hillsdale, NJ: Erlbaum.
Bainbridge, L. (1983). Ironies of automation. *Automatica, 19*, 775-779.
Bailey, R.W. (1989). *Human performance engineering.* Englewood Cliffs, NJ: Prentice-Hall.
Billings, C. E. (1997). *Aviation automation: The search for a human-centered approach.* Mahwah, New Jersey: Lawrence Erlbaum.
Bergmann, B. (1996). Lernen im Prozeß der Arbeit. In Arbeitsgemeinschaft QUEM (Hrsg.), *Kompetenzentwicklung '96. Strukturwandel und Trends in der betrieblichen Weiterbildung.* Münster: Waxmann.
Bölke, L. 1995. Ein akustischer Interaktionsraum für blinde Rechnerbenutzer. *Ergonomie und Informatik. Heft 23*, 5-21.
Bubb, H. (1990). Bewertung und Vorhersage der Systemzuverlässigkeit. In C. Graf Hoyos & B. Zimolong (Hrsg.), *Ingenieurpsychologie* (Enzyklopädie der Psychologie, Bd. D-III-2, S. 285-312). Göttingen: Hogrefe.
Chubb, G. (1981): SAINT, a digital Simulation Language for the Study of Manned Systems. In J. Moraal & K.-F. Kraiss (Eds), *Manned Systems Design* (pp. 300-329). New York: Plenum Press.
Crispien, K., Fellbaum, K., Savidis, A., & Stephanidis, C. (1996) *A 3D-auditory enviroment for hierarchical navigation in non-visual interaction.* Proceedings of ICAD 96. Http://www.santafe.edu/~icad/CAD96/poc96/crispien.html

Cushman, W.H. & Rosenberg, D.J. (1991). *Human Factors in Product Design*. Amsterdam: Elsevier.

DIN 66234, (1990): Bildschirmarbeitsplätze Teil 8. Köln: Beuth

DIN EN ISO 8402 (1995): Qualitätsmanagement – Begriffe. Köln: Beuth

Emery, F. E. & Trist, E. L. (1960). Socio-technical Systems. In F. E. Emery (Ed.), *System Thinking*. Harmondsworth: Pinguin Books.

Engel, J. & Zimolong, B. (1997). Wissensbasierte Unterstützungssysteme zur Störungsdiagnose in der Flexiblen Fertigung. In Kh. Sonntag & N. Schaper (Hrsg.), *Störungsmanagement und Diagnosekompetenz. Leisungskritisches Denken und Handeln in komplexen technischen Systemen* (S. 255-278). Zürich: vdf Hochschulverlag.

Flach, J., Hancook, P. & Vicente, K. (Eds.).(1995) *Global Perspectives on the Ecology of Human-Machine Systems* (Bd.1). Hillsdale: Lawrence Erlbaum.

Giesa, H.-G. & Timpe, K.-P. (1996). Prospektive Analysemethoden im Rahmen systemtechnischer Sicherheitsbeurteilung. In B. Ludborzs, H. Nold & B. Rüttinger (Hrsg.), *Psychologie der Arbeitssicherheit. 8. Workshop 1995* (S. 94-106). Heidelberg: Asanger.

Giesa, H.-G. & Timpe, K. -P. (1998, im Druck) Technisches Versagen und menschliche Zuverlässigkeit: Verläßlichkeit in Mensch-Maschine-Systemen. In K. P. Timpe & H. Kolrep (Hrsg.), *Mensch-Maschine-Systemtechnik*. Berlin: Springer.

Gill, K.S. (Ed.).(1996) *Human machine symbiosis. The foundations of human-centred systems Design*. Berlin: Springer.

Hacker, W. (1986). *Arbeitspsychologie. Psychische Regulation von Arbeitstätigkeiten*. Bern: Huber.

Hacker, W. (1992). *Expertenkönnen. Erkennen und Vermitteln*. Göttingen: Verlag für Angewandte Psychologie.

Hannaman, Spurgin & Lukic (1984). *Human cognitive reliability model for PRA Analysis*. (NUS-report 4531). San Diego: NUS-corporation.

Hollnagel, E. (1990). Die Komplexität von Mensch-Maschine-Systemen. In C. Graf Hoyos & B. Zimolong (Hrsg.). *Ingenieurpsychologie*. (Enzyklopädie der Psychologie, Bd. D/III/2, S. 31-54). Göttingen: Hogrefe.

Hollnagel, E. (1991). What is a Man That He Can Be Expressed by a Number? In G. Apostolakis (Hrsg.), *Probabilistic Safety Assessment and Management* (Bd. 1, S. 501-506). New York: Elsevier.

Hollnagel, E. (1993). *Human Reliability Analysis*. London: Academic Press

Hoyos, C. Graf & Zimolong, B. (Hrsg). (1990). *Ingenieurpsychologie*. (Enzyklopädie der Psychologie, Bd. D/III/2). Göttingen: Hogrefe.

ISO 9241(1991). Ergonomic requirements for office work with visual display terminals (VDT).

Johannsen, G. (1993). *Mensch-Maschine-Systeme*. Berlin: Springer.

Jürgensohn, T. (1997). *Hybride Fahrermodelle*. ZMMS-Spektrum, Bd. 4.

Klix, F. (1966). Beziehungen zwischen Experimentalpsychologie und Entwicklungsrichtungen der Volkswirtschaft – zur psychologischen Grundlegung der Ingenieurpsychologie. In F. Klix, J. Siebenbrodt & K.-P. Timpe (Hrsg.), *Ingenieurpsychologie und Volkswirtschaft* (S. 9-34). Berlin: Deutscher Verlag der Wissenschaften.

Kluwe, R.H. (1997). Informationsverarbeitung, Wissen und mentale Modelle beim Umgang mit komplexen Systemen. In Kh. Sonntag & N. Schaper (Hrsg.), *Störungs-*

management und Diagnosekompetenz. Leisungskritisches Denken und Handeln in komplexen technischen Systemen (S. 13-37). Zürich: vdf Hochschulverlag.

Konradt, U. (1992). *Analyse von Strategien bei der Störungsdiagnose in der flexibel automatisierten Fertigung.* Bochum: Brockmeyer.

Kraiss, K.F. (1990). Entscheidungshilfen in hochautomatisierten Systemen. In C. Graf Hoyos & B. Zimolong (Hrsg.), *Ingenieurpsychologie.* (Enzyklopädie der Psychologie, Bd. D/III/2, S. 455-478). Göttingen: Hogrefe.

Kraiss, K.F. (1994). Entwicklungsperspektiven für Mensch-Maschine-Schnittstellen. In P. Dellafera (Hrsg.), *Herausforderung Informationstechnik* (ITG Fachbericht Nr. 129). Berlin: VDE-Verlag.

Kraiss, K.F. (1995). Modellierung von Mensch-Maschine-Systemen. In H.-P. Willumeit & H. Kolrep (Hrsg.), *Verläßlichkeit von Mensch-Maschine-Systemen* (S.15-35). Berlin: Verlag Technische Universität.

Laird, J. E., Newell, A. & Rosenbloom, P. S. (1987). SOAR: An Architecture for General Intelligence Systems. *Artifical Intelligence, 33,* 1-64.

Mankin, R., Rosenberg, D., & Reiner, R. (1984). Human performance simulation for office products. Proceedings of the 1884 International Conference on Occupational Ergonomics Vol. 1 (pp. 407-410). Human Factors Association of Canada,.

Muthig, K.-P. (1990). Informationsaufnahme und Informationsverarbeitung. In C. Graf Hoyos & B. Zimolong (Hrsg.). *Ingenieurpsychologie* (Enzyklopädie der Psychologie, Bd. D/III/2, S. 92-120). Göttingen: Hogrefe.

Patel, V.L. & Groen, G. J. (1991). The general and specific nature of medical expertise: A critical look. In K.A. Ericsson & J. Smith (Eds.), *Toward a general theory of expertise. Prospects and limits* (pp. 93-125). Cambridge: Cambridge University Press.

Rasmussen, J., Pejtersen, M. A. & Goodstein, L. P. (1994). *Cognitive Systems Engineering.* New York: Wiley.

Reister, D. (1997). Wird die Fahrzeugführung später an Automaten delegiert? *Informatik-Forum, Nr. 3,* S. 179-183.

Reymond, W. (o.J.). *The Acquisition and Use of Incident Data. Aviation Safety Reporting System Office.* Moffett Field: Ames Research Center.

Rothe, H.-J. (1992). Charakteristik menschlicher Dekodierungsleistungen zur Ermittlung von handlungsrelevanten Informationen. *Zeitschrift für Psychologie, 200,* 269-286.

Sonntag, Kh. (1996). *Lernen im Unternehmen. Effiziente Organisation durch Lernkultur.* München: Beck.

Swain, A. D. & Guttmann H. E. (1983). *Handbook of Human-Reliability Analysis with Emphasis on Nuclear Power Plant Applications. Final Report.* (NUREG/CR-1278). Washington D C: U.S. Nuclear Regulatory Commission.

Timpe, K.-P. (1998). Unterstützungssysteme als interdisziplinäre Herausforderung. In H.-P. Willumeit & H. Kolrep (Hrsg.), *Wohin führen Unterstützungssysteme,* S. 1-30 Baden-Baden: Pro Universitate Verlag.

Timpe, K.-P. & Kolrep, H. (1998). *Mensch-Maschine-Systemtechnik.* Berlin: Springer.

Timpe, K.-P., Rothe, H.-J. & Gaßner, K. (1997). Entwicklung eines wissensbasierten Entscheidungshilfesystems zu Störungsdiagnose bei CNC-Werkzeugmaschinen. In Kh. Sonntag & N. Schaper (Hrsg.), *Störungsmanagement und Diagnosekompetenz. Leisungskritisches Denken und Handeln in komplexen technischen Systemen* (S. 279-298). Zürich: vdf Hochschulverlag

Ulich, E. (1994). *Arbeitspsychologie.* Zürich: vdf Hochschulfachverlag.

VDI 4003 Blatt 6 (1985). *Allgemeine Forderungen an ein Sicherungsprogramm.* Klasse A – Ergonomische Aspekte. Düsseldorf: VDI-Verlag

VDI 5005 (1990). *Software-Ergonomie in der Bürokommunikation.* Düsseldorf: VDI-Verlag.

VDI 3780 (1988). *Technikbewertung – Begriffe und Grundlagen.* Düsseldorf: VDI-Verlag.

Wilpert, B. (1995). Psychologische Aspekte der Systemsicherheit In B. Ludborzs, H. Nold & B. Rüttinger (Hrsg.), *Psychologie der Arbeitssicherheit. 8. Workshop 1995.* (S. 69-73). Heidelberg: Asanger.

Zimolong, B. (1996). *Kooperationsnetze, flexible Fertigungsstrukturen und Gruppenarbeit.* Opladen: Leske und Budrich.

Zimolong, B. & Rohrmann,(1990). Entscheidungshilfetechnologie. In D. Frey, C. Graf Hoyos & D. Stahlberg (Hrsg.), *Angewandte Psychologie* (S. 624-646). München: Psychologie Verlags Union.

23 Personale Verhaltens- und Leistungsbedingungen

Karlheinz Sonntag und *Niclas Schaper*

1 Einführung

Das Interesse an personalen Verhaltens- und Leistungsbedingungen liegt in der Angewandten Psychologie traditionell im Felde der Diagnostik und Intervention. Konstrukte wie Fertigkeiten, Fähigkeiten, Einstellungen und weitere Persönlichkeitsmerkmale werden im organisationalen Kontext zur Auswahl, Beurteilung und Förderung von Mitarbeitern erhoben. Dadurch sollen Über- und Unterforderung von Mitarbeitern vermieden, Entwicklungsmöglichkeiten gesichert und gleichzeitig die Effizienz von Organisationen gesteigert werden.

Außerdem werden zunehmend Fragen der Arbeits- und Organisationsgestaltung bedeutsam, die das Verhältnis von Persönlichkeit und Arbeit thematisieren. Arbeitsinhalte und -strukturen sind so zu konzipieren, daß einerseits genügend Spielraum für die Persönlichkeitsentwicklung und Potentialentfaltung vorhanden ist und andererseits Möglichkeiten zur Anpassung der Arbeitsaufgaben und Ausführungsbedingungen an individuelle Leistungsvoraussetzungen bzw. Präferenzen gegeben sind.

Eine wissenschaftlich fundierte Personalauswahl und -entwicklung sowie Arbeits- und Organisationsgestaltung, die auch differentielle und persönlichkeitsförderliche Zielsetzungen mit einbezieht, muß ihre Konzepte und Instrumente vor dem Hintergrund folgender grundlegender Fragestellungen reflektieren:

- Anhand welcher psychologischen Merkmale, Konstrukte und Dimensionen lassen sich personale Verhaltens- und Leistungsbedingungen in der Arbeit bewerten und prognostizieren, und welche sind unter den genannten Anwendungsgesichtspunkten heranzuziehen?
- Wie stabil sind Persönlichkeitsmerkmale, und von welchem Ausmaß individueller Differenzen kann man ausgehen?
- Welche Zusammenhänge zwischen Arbeit und Persönlichkeitsentwicklung sind dabei im besonderen zu berücksichtigen?

Im ersten Teil des Beitrags wird auf diese grundlegenden Fragen eingegangen, um dann im zweiten Teil die Implikationen für die Personalauswahl und -entwicklung sowie Arbeits- und Organisationsgestaltung zu diskutieren.

2 Grundlegende Fragen

2.1 Personale Merkmale im Arbeits- und Organisationskontext

Die Vielfalt mit der personale Verhaltens- und Leistungsbedingungen im Kontext von Arbeit und Organisation beschrieben werden können, ist groß. Im Sinne einer eher pragmatischen Gliederung lassen sich verschiedene Merkmalsbereiche unterscheiden: Fähigkeiten und Kompetenzmerkmale, motivationspsychologische Konstrukte, Temperamentsmerkmale, Einstellungen und Werthaltungen.

Fähigkeitsmerkmale. – Individuen unterscheiden sich bei der Aufgaben- bzw. Tätigkeitsausführung in ihrem Wissen und ihren Fähigkeiten. Bezüglich des individuellen Wissens liegen Unterschiede hinsichtlich der Inhalte sowie der Repräsentation, Organisation und Nutzung von Wissen vor. Fähigkeiten stellen nach Hacker (1986) „verfestigte Systeme verallgemeinerter psychischer Prozesse dar, die den Tätigkeitsvollzug steuern." Sie betreffen hauptsächlich kognitive Vorgänge bei der Signalaufnahme und -verarbeitung, als Gedächtnisleistungen sowie gedanklich analysierende und synthetisierende Vorgänge. Diese geistigen Fähigkeiten beziehen sich auf alle anderen Merkmale der Qualifikation und lassen sich nach Hacker (1986) anhand von drei Ebenen unterscheiden. Auf der sensumotorischen Regulationsebene stehen Fertigkeiten, also die Beherrschung von eingeübten und automatisierten Bewegungsabläufen im Vordergrund. „Formen des Könnens", d.h. regelbasiertes Verhalten in vertrauten Situationen, sind Gegenstand der Handlungsregulation auf der perzeptiv-begrifflichen Ebene. Bei der Bewältigung komplexer Situationen und Aufgaben bedarf es hingegen „verallgemeinerter Verfahren" in Form von Plänen, Strategien oder Heuristiken, die auf der intellektuellen Ebene reguliert werden. Auf einer metakognitiven Ebene werden außerdem Handlungsstile als Regulationsinstanzen angenommen (Frese & Zapf, 1994). Hierunter sind generalisierte und routinisierte Heurismen zur metakognitiven Regulation von Planungs-, Zielsetzungs- und Rückmeldungsverarbeitungsprozessen zu verstehen.

Berufliche Handlungskompetenz. – Der Kompetenzbegriff im Kontext beruflichen Handelns bezieht neben den fachlich-funktionalen und kognitiven Fähigkeiten in höherem Maße auch die sozialen, motivationalen und emotionalen Aspekte menschlichen Arbeitshandelns mit ein (Sonntag & Schaper, 1992; Kasten 1). Das Kompetenzkonstrukt findet dabei in unterschiedlichen Zusammenhängen Verwendung:
– als globales Ausbildungsziel in handlungstheoretischen Instruktionsansätzen (Volpert, 1985):
– als Selbstkonzeptvariable in kognitionspsychologischen Modellen (Stäudel, 1987);

– als Strukturierungshilfe zur Klassifikation von beruflich relevanten Qualifikationen und ihren Elementen (insbesondere sog. Schlüsselqualifikationen) (Stangel-Meseke, 1995).

Zur Bestimmung und Beurteilung der beruflichen Handlungskompetenz werden vor allem Instrumente zur Selbsteinschätzung der vorhandenen Kompetenzen eingesetzt (Sonntag & Schäfer-Rauser, 1993). Darüber hinaus gibt es aber auch erste Versuche, Schlüsselqualifikationen anhand psychologischer Konstrukte zu bestimmen (Klieme, Blum, Haase, Hensgen, Kloft & Maichle, 1997).

Kasten 1
Bereiche beruflicher Handlungskompetenz

Berufliche Handlungskompetenz läßt sich gemäß den genannten Ansätzen in vier Kompetenzbereiche aufteilen: Fach-, Methoden-, Sozial- und Personalkompetenz. Unter *Fachkompetenz* werden vor allem die zur Bewältigung von Aufgaben einer beruflichen Tätigkeit erforderlichen spezifischen Kenntnisse, Fertigkeiten und Fähigkeiten verstanden. *Methodenkompetenz* bezieht sich auf situationsübergreifende flexibel einsetzbare kognitive Fähigkeiten (z.B. zur Problemlösung oder Entscheidungsfindung), die eine Person zur selbständigen Bewältigung komplexer und neuartiger Aufgaben befähigen. *Sozialkompetenz* umfaßt kommunikative und kooperative Verhaltensweisen oder Fähigkeiten, die das Realisieren von Zielen in sozialen Interaktionssituationen erlauben. *Selbst-* oder *Personalkompetenz* schließlich bezieht sich am deutlichsten auf persönlichkeitsbezogene Dispositionen, die sich in Einstellungen, Werthaltungen, Bedürfnissen und Motiven äußern und vor allem die motivationale und emotionale Steuerung des beruflichen Handelns betreffen.

Expertise und Erfahrung. – Expertise bezeichnet die bereichs- und aufgabenspezifische Problemlösefähigkeit einer Person in einem Sachgebiet, die diese in die Lage versetzt, dauerhaft Hervorragendes zu leisten. Um Expertise zu beschreiben und zu analysieren, werden Experten üblicherweise Novizen oder weniger leistungsstarken Personen gegenübergestellt in Form sog. Kontrast- bzw. Extremgruppenvergleiche, die auf besondere Merkmale der Informationsverarbeitung und des Vorgehens Bezug nehmen. Für die Charakterisierung von Expertenleistungen bei komplexen Arbeitstätigkeiten liegen vielfältige Einzelstudien (z.B. Schaper & Sonntag, 1997; Sonnentag, 1995) vor. Die Methodik der Kontrastgruppenvergleiche erlaubt allerdings keine Aussagen über die Entstehung von Expertise. Da Längsschnittstudien aus aufwandstechnischen Gründen nur selten durchgeführt werden können, behilft man sich mit retrospektiven Analysen, Interventionsstudien und Modellkonstruktionen. Untersucht und diskutiert wird in bezug auf die Entwicklung von Expertise der Einfluß von Begabung, Übung und Erfahrung, nicht-kognitiven Merkmalen sowie kulturellen Rahmenbedingungen (Gruber & Ziegler, 1996; Sonntag, 1997).

Intelligenz. – Neben diesen eher auf spezifische Tätigkeiten orientierten Fähigkeits- und Kompetenzaspekten spielen auch allgemeine kognitive Fähigkeiten wie Intelligenz oder Kreativität bei der Arbeitsausführung eine wichtige Rolle. Dies gilt insbesondere für die Intelligenz; es gibt nur wenige berufliche Tätigkeiten, deren Leistungen nicht mit Unterschieden in der generellen intellektuellen Leistungsfähigkeit zusammenhängen (Hunter & Hunter, 1984). Von der Bedeutung umfaßt dieses Konstrukt sowohl Basisfähigkeiten des Denkens (z.B. Beziehungen erfassen), kulturbezogene kognitive Fähigkeiten (vor allem verbale Fähigkeiten wie Sprachverständnis) und die Fähigkeit, (komplexe) Probleme zu lösen. In erweiterten Ansätzen werden darüber hinaus auch „soziale" und „praktische" Intelligenzleistungen mit einbezogen (Brocke, 1995).

Motivationspsychologische Konstrukte. – Neben individuellen Fähigkeiten ist auch die Art und Ausprägung der Arbeitsmotivation zentral für die Ausführung und das Erleben von Arbeit. Unter Arbeitsmotivation wird hier in Anlehnung an Kleinbeck (1996 und Brandstätter in diesem Band) die Bereitschaft verstanden, Fähigkeiten und Fertigkeiten zum Zweck produktiver und zielorientierter Arbeit einzusetzen. Sie ist das Ergebnis eines Wechselwirkungsprozesses zwischen den persönlichen Motiven eines Arbeitenden und dem Motivierungspotential der Arbeitsaufgabe. Zentrale Motive für die Arbeitsmotivation beziehen sich auf das leistungsthematische und das anschlußthematische Handeln. Bedeutung haben darüber hinaus das Machtmotiv, das Neugiermotiv, das Aggressionsmotiv und die Ängstlichkeit. So, wie man die Ausprägung eines Motivs bezüglich seiner Richtung und Intensität bei einer Person bestimmen kann, so können auch Arbeitstätigkeiten danach beurteilt werden, welches Motivierungspotential sie für ein spezifisches Motivsystem enthalten (z.B. mit dem „Job Diagnostic Survey"; Schmidt, Kleinbeck, Ottmann & Seidel, 1985).

Temperamentsmerkmale. – Der Begriff Temperament bezieht sich auf grundlegende, die verschiedenen Teilstrukturen übergreifende Strukturmerkmale der Persönlichkeit. Gemeint sind umfassende, voneinander unabhängige Beschreibungsdimensionen menschlichen Erlebens und Verhaltens, wie sie sich vor allem aus einer Analyse des Sprachgebrauchs bei Fremd- und Selbstbeurteilungen ergeben. Ob jemand impulsiv oder besonnen handelt, nach außen gewandt oder in sich gekehrt beschrieben wird, betrifft somit Temperamentsmerkmale einer Person. Die Beschreibung, Taxonomisierung und Erklärung von Temperamentsmerkmalen ist Gegenstand einer Reihe von Persönlichkeitstheorien (Amelang & Bartussek, 1985).

Einstellungen und Werthaltungen. – Einstellungen sind als Bereitschaft oder Disposition einer Person zu verstehen, Gegenstände ihrer Erfahrungswelt in bestimmter Weise aufzufassen, zu bewerten und zu behandeln. Im organisationalen Kontext werden relevante Einstellungen als Fragen zur Arbeitszufriedenheit, zur Identifikationsbereitschaft mit der Arbeit (job involvement; Brown 1996) oder mit der Organisation (organizational commitment; Moser, 1996) untersucht. Einstellungen der genannten Art spielen eine bedeutsame Rolle in Zusammenhang mit der Arbeitsmotivation und damit der Arbeitsleistung, dem Verbleib in Organisationen und dem körperlichen und psychischen Wohlbefinden von Arbeitenden. Werte können darüber hinaus als abstrakte Einstellungsgegenstände bzw. Zustände (z.B. Gesundheit, Freiheit) aufgefaßt werden, deren Erhaltung oder Realisierung für die Person ein besonderes Anliegen ist. In Organisationen kommen Wertvorstellungen in der Unternehmenskultur zum Ausdruck. Aber auch die Mitarbeiter selbst sind durch Werthaltungen geprägt (Brandstätter, 1993; s.a. Stahlberg & Frey in diesem Band).

2.2 Variabilität und Stabilität von Persönlichkeitsmerkmalen

Von grundlegender Bedeutung ist die Frage, in welchem Ausmaß berufsrelevante Verhaltens- und Leistungsdispositionen als stabil oder variabel anzunehmen sind. Dies kann sich auf die Streuung von interindividuellen Merkmalen und deren Stabilität bzw. Veränderbarkeit über längere Entwicklungsperioden beziehen.

Variabilität von Leistungen und Persönlichkeitsmerkmalen. – Durch genetische Determination und soziale Normierungsprozesse weisen menschliche Individuen in hohem Maße gemeinsame Merkmale auf und sind damit in vieler Hinsicht vergleichbar. Andererseits entwickeln sie in beträchtlichem Ausmaß inter- und intraindividuelle Unterschiede in bezug auf diese Merkmale, die Fragen nach Art und Ausmaß sowie Gründen dieser Unterschiedlichkeit aufwerfen (Amelang & Ahrens, 1996). Personen bezüglich ihrer Unterschiede in psychischen Merkmalen zu beschreiben, gehört zu den Kernaufgaben der Differentiellen Psychologie. Dadurch erhofft man sich z.B. Antworten auf die Frage, ob die Variabilität in der Intelligenz größer ist als die in der Motivation oder des Temperaments (Kasten 2).

Kasten 2
Zur Bestimmung des Ausmaßes von Merkmalsvariationen

Um das Ausmaß der Unterschiedlichkeit bei verschiedenen Persönlichkeitsmerkmalen zu bestimmen, hat Wechsler (1952) durch die Kontrastierung von Meßwerten, die drei Standardabweichungen über bzw. unter dem Mittelwert lagen (entspricht dem Vergleich von Prozenträngen mit den Werten 0,13 und 99,87) entsprechende Vergleiche angestellt. Zur Nutzenbestimmung bei Personalauswahlverfahren ist die Kenntnis derartiger Parameter ebenfalls von hohem Interesse (Schuler & Funke, 1993; Sonntag, 1980); denn schließlich würde es wenig Sinn machen, Eignungsmerkmale zu erheben, die nur wenig Leistungsvarianz aufweisen oder aufklären. In diesem Zusammenhang behilft man sich mit Schätzungen. McCormick und Tiffin (1974) geben bspw. das Verhältnis der Leistung des am wenigsten produktiven mit dem produktivsten Arbeiter bei industriellen Fertigungstätigkeiten mit 1:2 bis 1:3, bei Managern mit 1:3 bis 1:6 und für Versicherungsverkäufer mit 1:14 an. Insgesamt ist zu vermuten, daß der Umfang der Leistungsdifferenzen von der Autonomie und Komplexität der Tätigkeit abhängt (Schuler, 1996).

Stabilität von Persönlichkeitsmerkmalen. – Dieser Aspekt wurde sowohl in bezug auf einzelne Merkmale als auch die Struktur von Persönlichkeitseigenschaften über lange Entwicklungszeiträume, insbesondere im Erwachsenenalter, untersucht. Es geht also um Fragen der zeitlichen Stabilität und der strukturellen Invarianz von Persönlichkeitsmerkmalen. Hierzu liegen eine Reihe von Längsschnittstudien vor (zu einem Überblick siehe Filipp & Schmidt, 1995). Conley (1985) konnte z.b. für die Persönlichkeitsmerkmale Neurotizismus, Extraversion und Impulskontrolle über einen Zeitraum von 46 Jahren Retestkorrelationen von .32 bis .50 ermitteln.

2.3 Zusammenhang von Arbeit und Persönlichkeitsentwicklung

Bei der Untersuchung von Arbeit und Persönlichkeitsentwicklung hat sich mittlerweile eine interaktionistische Sicht durchgesetzt (Hoff, 1994). Darunter wird die wechselseitige Beeinflussung von Arbeit und Persönlichkeit im Arbeitshandeln bzw. Berufsverlauf verstanden. Dem liegt ein Entwicklungsverständnis von Personen als Selbstgestalter ihrer Entwicklung zugrunde; d.h. Personen gestalten als handelnde, realitätsverarbeitende Subjekte auch ihr berufliches Verhalten, ihre Arbeitsbiographien und ihre Arbeitsumwelten aktiv mit (vgl. Oerter, 1992). Sozialisation und Persönlichkeitsentwicklung werden bei einem solchen Verständnis weitgehend synonym verwandt, da neben beruflicher Fremdsozialisation auch immer Prozesse der Selbstsozialisation mit angenommen werden. In den Studien zu Arbeit und Persönlichkeit geht es neben der Frage, in welcher Form sich beide Bereiche beeinflussen, auch darum, welche Personmerkmale mit welchen Arbeitsmerkmalen korrelieren und wie diese Zusammenhänge inhaltlich zu interpretieren sind.

Merkmalsbereiche. – Korrelative Querschnittsstudien zum Zusammenhang von Person- und Arbeitsmerkmalen können nach der Art der betrachteten Personmerkmale eingeteilt werden (Hoff, 1994; Ulich & Baitsch 1987). Im Bereich sozioemotionaler Merkmale wurden neben einzelnen Konstrukten wie Depressivität, Angst, Selbstvertrauen etc. auch allgemeine Indikatoren erfaßt (z.B. psychische Gesundheit). Die Befunde weisen weitgehend in dieselbe Richtung, d.h. alle Arten negativ getönter emotionaler Zustände oder motivationaler Orientierungen finden sich häufiger bei Erwerbstätigkeiten mit restriktiver Arbeit, während hohe Werte in Merkmalen psychischer Gesundheit mit anspruchsvoller Arbeit bei ausreichenden Entscheidungs- und Handlungsspielräumen einhergehen. Darüber hinaus korrelieren auch kognitive (Intelligenz) und sozial-kognitive Merkmalsbereiche (Moralbewußtsein, soziale Kompetenz) sowie Kontrollüberzeugungen mit den vorhandenen Handlungsspielräumen der Arbeit.

Längsschnittstudien. – Antworten auf die Frage, wie diese Zusammenhänge zustandekommen, können nur Längsschnittstudien geben. Kohn und Schooler (1983) konnten in ihren längsschnittlichen Analysen u.a. folgenden Befund herausarbeiten: Die Entwicklung von „intellektueller Flexibilität" wird positiv durch ein als gering bzw. negativ durch ein als hoch erfahrenes Ausmaß an Arbeitsrestriktivität beeinflußt. In einer weiteren umfangreichen Längsschnittstudie untersuchten Häfeli, Kraft und Schallberger (1988) Lehrlinge beim Übergang von der vorberuflichen in die berufliche Sozialisation. Auch hier konnte ein reziproker Zusammenhang zwischen Intelligenz und Berufsausbildung ermittelt werden. Die gefundenen Selektions- und Sozialisationsprozesse im Rahmen der Berufsausbildung verstärken sich dabei gegenseitig, so daß es zu einer Scherenentwicklung zwischen höher und weniger befähigten Auszubildenden kommt.

Methodische und inhaltliche Probleme der o.g. Untersuchungen waren Anlaß, den Zusammenhang von Arbeit und Persönlichkeitsentwicklung darüber hinaus mit Hilfe qualitativ orientierter Studien zu analysieren (z.B. Hoff, Lempert & Lappe, 1991). Ein zentrales Ergebnis der letztgenannten Studie ist, daß es in erster Linie Diskrepanzen zwischen restriktiven und nicht restriktiven Lebensbedingungen in Form von Widersprüchen und Konflikten sind, die die psychische Entwicklung vorantreiben. Dies bezieht sich nicht nur auf Widersprüche innerhalb der Arbeit, sondern auch auf Diskrepanzen zwischen beruflichen und privaten Lebensbedingungen oder auf biographische Diskontinuitäten und Brüche im Lebensverlauf.

3 Anwendungen und Konsequenzen

3.1 Implikationen für die Personalauswahl

Für die Konzeption eignungsdiagnostischer Instrumente ist die Frage zentral, anhand welcher personellen Leistungsvoraussetzungen man den beruflichen Erfolg bzw. die Eignung für eine bestimmte Tätigkeit vorhersagen kann. Schuler und Funke (1993) halten vor allem folgende Aspekte beim Vergleich von Tätigkeit und Person im Kontext berufsbezogener Entscheidungen für wichtig: (1) Der Analyse von *Aufgaben und Anforderungen* einer Tätigkeit sind *Fähigkeiten, Fertigkeiten und Kenntnisse* auf seiten der Person gegenüberzustellen, um die Leistungsdeterminanten beruflichen Erfolgs zu kennzeichnen. (2) Aus einer stärker subjektorientierten Sicht ist die Passung von *Interessen und Bedürfnissen* eines Individuums mit dem *Befriedigungspotential* einer Arbeit (z.B. Art und Ausprägung der Freiheitsgrade) zu untersuchen, um Zufriedenheit, Gesundheit und die Persönlichkeitsförderung potentieller Mitarbeiter als Zielkriterien in die Auswahlentscheidung mit einzubeziehen. (3) Schließlich ist zu berücksichtigen, daß *Tätigkeiten sich verändern* bzw. Personen zwischen Tätigkeiten wechseln. Hier ist das entsprechende *Entwicklungs- und Anpassungspotential* bei Individuen zu erfassen. Im folgenden wird auf den ersten Aspekt dieser Gegenüberstellung vertiefend eingegangen.

Aufgaben- und Anforderungsanalyse. – Die Arbeitsanalyse spielt bei der Entwicklung und Präzisierung von eignungsdiagnostischen Vorhersagemodellen eine wichtige Rolle, um mit ihrer Hilfe sowohl die Prädiktoren als auch die vorherzusagenden Erfolgs- und Leistungskriterien zu identifizieren, die für eine bestimmte berufliche Tätigkeit von Bedeutung sind (Algera & Greuter, 1989). Ziel ist die Beschreibung von Personen und der Arbeitsumwelt in „kommensurablen" Größen (Maukisch, 1980), um einen Abgleich zwischen dem Anforderungsprofil von Tätigkeiten und dem Fähigkeits- und Persönlichkeitsprofil von Bewerbern zu ermöglichen. Bei der Anforderungsbeschreibung und/oder -ableitung sind somit die Arbeitsmerkmale in eigenschaftsbezogene Personenbegriffe zu übersetzen. Methodisch kann dies entweder mit Hilfe des Verfahrens der „synthetischen Validierung" (Kasten 3) oder durch die direkte Beschreibung bzw. Übersetzung des Kriteriumsverhaltens in Personenbegriffe wie beim „ability requirement approach" (Fleischman & Quaintance, 1984) erfolgen. Sowohl bei der synthetischen Validierung als auch bei der direkten eigenschaftsbezogenen Anforderungsanalyse sind Eignungsattribute heranzuziehen (entsprechende Taxonomien von Attributen liegen z.B. von Peterson & Bownas, 1982, oder Fleishman, 1992 vor).

Kasten 3
Synthetische Validierung

Bei der synthetischen Validierung wird eine Arbeitstätigkeit oder -leistung nicht als Ganzes prognostiziert, sondern das Kriteriumsverhalten wird in Elemente zerlegt, die dann einzeln vorhergesagt werden (Frieling, 1977). Wesentliche Merkmale dieses Verfahrens sind die molekulare Beschreibung des Kriterienbereichs durch eine Arbeitsanalyse, die Bewertung und Vorhersage der Anforderungselemente durch Eignungsattribute (Fähigkeiten, Fertigkeiten, Kenntnisse, Interessen, Persönlichkeitsmerkmale etc.) und die Aggregation der Anforderungsausprägungen für die Gesamttätigkeit. Ein Vorteil der synthetischen Validierung ist, daß die elementaren Beziehungen zwischen Prädiktoren und Kriterienelementen nur einmal bestimmt werden müssen. Hat man die personellen Leistungsvoraussetzungen für verschiedene Arbeitskomponenten ermittelt, dann können allein über die Kenntnis der Arbeitskomponenten, die eine Tätigkeit konstituieren, die personenbezogenen Gesamtanforderungen einer Arbeitstätigkeit synthetisiert und über die Operationalisierungen dieser Personenmerkmale eine valide Testbatterie für die Personalauswahl zusammengestellt werden (McCormick, Cunningham & Thornton, 1967). Das personenbezogene Anforderungsprofil für die Arbeitstätigkeit ergibt sich dabei aus der Bedeutung der einzelnen Arbeitselemente für die Gesamttätigkeit und der Bedeutung der Attribute für die einzelnen Arbeitselemente.

Im Rahmen der synthetischen Validierung des „Leitfadens zur qualitativen Personalplanung bei technisch-organisatorischen Innovationen (LPI)" von Sonntag, Schaper und Benz (in Druck) mit Hilfe eines Attributenratings wurden zur Charakterisierung der Personenseite die kognitiven und sozial-kommunikativen Fähigkeitsattribute des F-JAS von Fleishman (1992) ausgewählt. Abbildung 1 veranschaulicht am Beispiel einer Instandhaltertätigkeit das Grundprinzip der Synthetisierung von Anforderungsprofilen für Gesamttätigkeiten. Zu diesem Zweck müssen die arbeitsanalytischen Bewertungen der einzelnen Aufgaben mittels LPI mit den fähigkeitsanalytischen Bewertungen dieser Aufgaben über das Attributenrating zu einem Gesamtprofil verrechnet werden.

Über die Befragung von Stelleninhabern einer Instandhaltertätigkeit anhand des LPI wurde ermittelt, daß die Arbeitszeit zu 33 % aus Störungsdiagnoseaufgaben besteht, zu 65 % aus Störungsbehebung und zu 2 % aus Programmieraufgaben. Die Zahlen des LPI-Attributenrating verdeutlichen die Rangplätze von 6 der insgesamt 29 durch Experten eingestuften Attribute. Das Attribut, an das bei einer Aufgabe die höchsten Anforderungen gestellt werden, erhält den Rangplatz 1, während dem am wenigsten relevanten Attribut der Rangplatz 29 zugewiesen wird. Die Aufgabe Programmierung und Programmoptimierung wird nicht in die Berechnung des Gesamtanforderungsprofil mit einbezogen, da sie keinen essentiellen Anteil an der Gesamtarbeitszeit besitzt. Mittelt man die Rangplätze der beiden verbleibenden Aufgaben, dann resultiert ein Anforderungsprofil, das für diese Instandhaltertätigkeit die Eignungsattribute „Problemsensitivität", „Informationsanordnung und Ablaufwissen" sowie „Räumliches Vorstellungsvermögen" als besonders bedeutsam ausweist.

3.2 Implikationen für die Personalentwicklung

Im Hinblick auf die Veränderbarkeit personaler Merkmale besteht ein sehr großer, wenn auch nicht genau abschätzbarer Spielraum für Lernen in Organisationen. Auch fortgeschrittenes Alter schließt effizientes Lernen nicht aus, zumal dann nicht, wenn das nötige Vertrauen in die eigene Lernfähigkeit und die Bereitschaft für Veränderungen gefördert werden (Maciel et al., 1995). Nach Brandstätter (1992) ist eine bestmögliche Effizienz der Bildungsbemühungen in bedeutsamem Maße durch die Abstimmung der Lehr- und Trainingsmethoden auf die Persönlichkeitsmerkmale der Lernenden zu erreichen. Individuelle Unterschiede sind bei der

Auswahl und Gestaltung von Bildungsmaßnahmen vor allem dann zu berücksichtigen, wenn es um Aufgaben geht, die komplexe, bewußt gesteuerte Informationsverarbeitung verlangen. Dies impliziert Konsequenzen für die Planung von Bildungsmaßnahmen und die Berücksichtigung von Adaptationsmöglichkeiten im Lernverlauf.

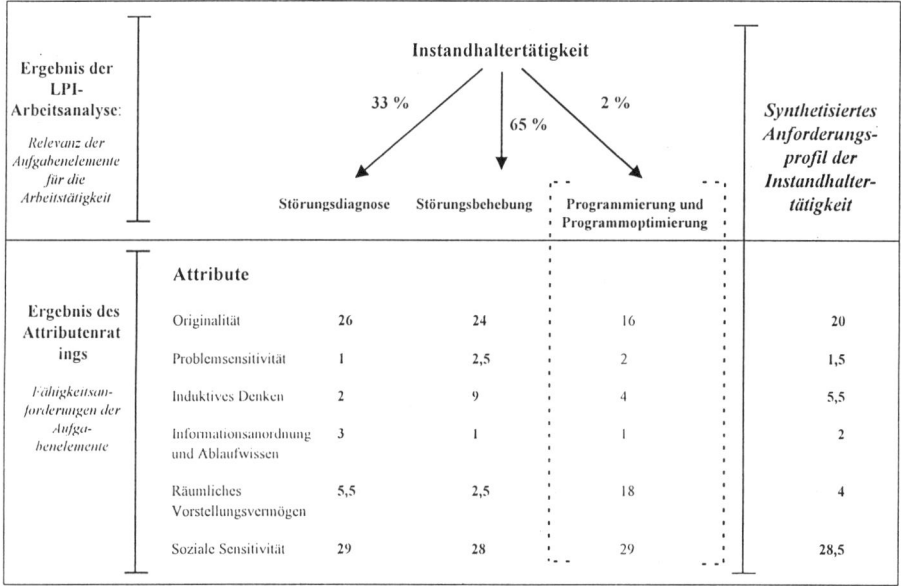

Abbildung 1
Synthetisierung eines Anforderungsprofils für eine Instandhaltertätigkeit

Person- und zielgruppenorientierte Bildungsbedarfsanalyse. – In Modellen zur Planung von Bildungsmaßnahmen wird grundsätzlich die Analyse der Lernervoraussetzungen berücksichtigt (Schott, 1991), d.h., die Bestimmung des Vorwissens und anderer Charakteristika der Lerner bzw. Zielgruppe einer Maßnahme. Methodisch kann dies durch Mitarbeiterbefragungen zum subjektiven Lernbedarf (Müller & Stürzl, 1992) und vielfältige Instrumente der Leistungs- und Potentialbeurteilung erfolgen (Schuler & Prochaska, 1992). Diese Daten sind dann Anforderungsanalysen gegenüberzustellen, um aus dem Vergleich im Sinne einer Ist (Voraussetzungen der Lerner) – Soll (Tätigkeitsanforderungen) Gegenüberstellung die Lerninhalte und -ziele abzuleiten.

Differentielle Gestaltung von Lernmaßnahmen. – Bei der Planung von Bildungsmaßnahmen ist außerdem zu erwägen, ob bei der Gestaltung des Lernverlaufs Adaptationsmöglichkeiten zu berücksichtigen sind, die eine Anpassung an individuelle Lernbedarfe und somit den Einsatz adaptiver tutorieller Strategien vorsehen. Wissenschaftlich fundierte Erkenntnisse zur Ableitung und Begründung entsprechender Lehrstrategien liefert die Aptitude-Treatment-Interaction(ATI)-Forschung (Snow & Swanson, 1992). Dieser Forschungsansatz hat eine Vielzahl von kognitiven, motivationalen, emotionalen und volitionalen Persönlichkeitsmerkmale identifiziert, die die differentielle Wirkung von Lernmaß-nahmen auslösen bzw. moderieren.

3.3 Implikationen für die Arbeits- und Organisationsgestaltung

Wie die oben beschriebenen Untersuchungen zum Zusammenhang von Arbeit und Persönlichkeit gezeigt haben, ist der Einfluß von Arbeitstätigkeiten und -bedingungen auf die Persönlichkeitsentwicklung bedeutsam. Die praktischen Konsequenzen zielen daher auf eine persönlichkeitsförderliche Gestaltung von Arbeits- und Organisationsstrukturen. Als Intervention betrifft dies die partizipative, differentielle und dynamische Arbeitsgestaltung (Ulich, 1997):

– *Partizipative Arbeitsgestaltung.* Wie verschiedene Studien (z.B. Baitsch, 1985) zeigen, genügt offenbar ein betriebliches Angebot neuer Arbeitsinhalte und -strukturen nicht, um die Bereitschaft zur Kompetenz- und Persönlichkeitsentwicklung in der Arbeit zu aktivieren. Als weitere Bedingung ist es erforderlich, die Beschäftigten durch aktive Mitwirkung in den Prozeß der Veränderung von Arbeits- und Organisationsstrukturen mit einzubeziehen, sie als „Betroffene zu Beteiligten zu machen" (v. Rosenstiel, 1987).
– *Differentielle Arbeitsgestaltung.* Für eine optimale Persönlichkeitsentwicklung in der Auseinandersetzung mit der Arbeitstätigkeit sind jedoch auch interindividuelle Differenzen der Arbeitenden zu berücksichtigen. Bei der Gestaltung von Arbeitsplätzen herrscht immer noch die Auffassung vor, Arbeitende seien gleich und es gäbe einen „one-best way" bei der Ausführung der Tätigkeit. Das Prinzip der differentiellen Arbeitsgestaltung sieht daher das gleichzeitige Angebot verschiedener Arbeitsstrukturen vor, zwischen denen die Beschäftigten wählen können (z.B. Arbeitsplätze mit mehr oder weniger Verantwortung, Einzelarbeitsplätze oder Arbeitssysteme mit Gruppenarbeit).
– *Dynamische Arbeitsgestaltung.* Um zusätzlich intraindividuellen Differenzen im Prozeß der Persönlichkeitsentwicklung Rechnung zu tragen, sollte das Prinzip der differentiellen Arbeitsgestaltung um das „Prinzip der dynamischen Arbeitsgestaltung" ergänzt werden. Damit ist die Möglichkeit zur Erweiterung bestehender oder zur Schaffung neuer Arbeitsstrukturen gemeint, die dem Lernfortschritt der Beschäftigten Rechnung tragen.

4 Zusammenhänge der betrachteten Variablen und Ausblick

Personale Verhaltens- und Leistungsbedingungen ist ein Themenbereich mit vielfältigen Bezügen zu Grundlagendisziplinen und Anwendungsfeldern in der Arbeits- und Organisationspsychologie. Abbildung 2 gibt die besprochenen Zusammenhänge im Überblick wieder.

Personale Merkmale interagieren sowohl mit Merkmalen der Arbeitsaufgabe und ihren Ausführungsmodalitäten als auch mit Variablen des organisationalen Kontextes, in denen die Arbeitstätigkeit verortet ist. Der Status, den sie dabei als Untersuchungs- oder Modellvariable einnehmen, kann in dreierlei Hinsicht unterschieden werden. Als *Antecedens* oder *Voraussetzung* werden personale Merkmale vor allem gesehen in Zusammenhang mit Kriterien beruflicher Leistung.

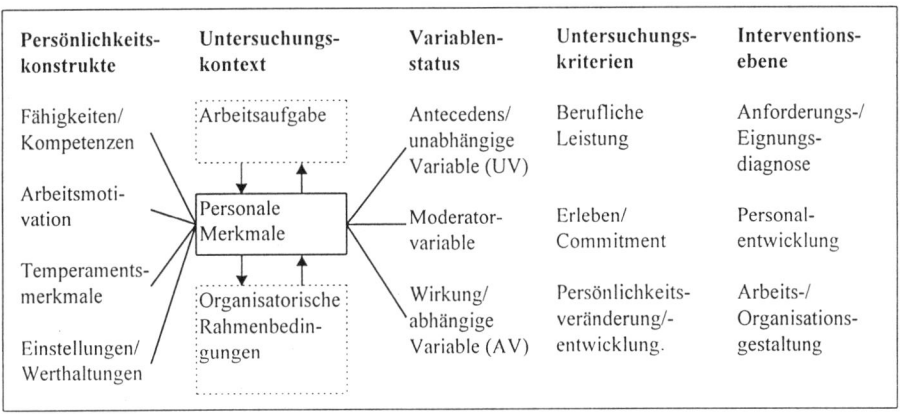

Abbildung 2
Zusammenhänge personaler Verhaltens- und Leistungsbedingungen

Sehr breit gefächert ist die Anwendung von personalen Merkmalen als Moderatorvariable. Moderierende Einflüsse von Persönlichkeitsvariablen werden nicht nur in bezug auf die berufliche Leistung, sondern auch hinsichtlich des Erlebens und der Einstellungsbildung gegenüber Arbeit und Organisation angenommen. Als Effektbzw. abhängige Variable werden personale Merkmale in Zusammenhang mit Fragen zur Wirkung von bestimmten Personalentwicklungs- oder Arbeitsgestaltungsmaßnahmen auf die Persönlichkeitsentwicklung herangezogen.

Die damit angedeuteten Forschungs- und Anwendungsfelder werden teilweise intensiv erforscht. Dies betrifft insbesondere eignungsdiagnostische Fragen zur

Prognose von beruflichem Erfolg. Teilweise steht die Forschung aber noch am Anfang, z.B. bei der Untersuchung des Einflusses personaler Merkmale auf die Expertiseentwicklung in komplexen Arbeitskontexten. Ungeklärt sind darüber hinaus Fragen zur Abbau- bzw. Verlustproblematik von Fähigkeiten im fortgeschrittenen Lebensalter, und wie sich dies auf Arbeitsleistungen auswirkt.

Wenn die Erhaltung und Förderung personaler Ressourcen zu einem zentralen Einflußbereich für den Unternehmenserfolg werden soll, müssen sich allerdings auch die verantwortlichen Manager und Personalfachleute mehr denn je mit Modellen und Erkenntnissen personaler Verhaltens- und Leistungsbedingungen im Arbeits- und Organisationskontext auseinandersetzen. Nur wenn das arbeitende Individuum entsprechend seinen persönlichen Voraussetzungen eingesetzt und gefördert wird sowie entsprechende Kontextbedingungen dafür erhält, kann es auch seine Qualifikations- und Persönlichkeitspotentiale im Sinne des Unternehmens voll entfalten. Diese Thematik wird somit eine zunehmend praktische Bedeutung erhalten.

Literatur

Algera, J.A. & Greuter, M.A. (1989). Job analysis for personnel selection. In M. Smith & I.T. Robertson (Eds.), *Advances in selection and assessment* (pp. 7-30). New York: Wiley.

Amelang, M. & Ahrens, H.-J. (1996). Ausmaß und Verteilung individueller Differenzen. In K. Pawlik (Hrsg.), *Grundlagen und Methoden der Differentiellen Psychologie* (Enzyklopädie der Psychologie C/VIII/1, S. 31-81). Göttingen: Hogrefe.

Amelang, M. & Bartussek, D. (1985). *Differentielle Psychologie und Persönlichkeitsforschung* (2.Aufl.). Stuttgart: Kohlhammer.

Baitsch, C. (1985). *Kompetenzentwicklung und partizipative Arbeitsgestaltung.* Frankfurt/ M.: Lang.

Brandstätter, H. (1992). Veränderbarkeit von Persönlichkeitsmerkmalen – Beiträge der Differentiellen Psychologie. In Kh. Sonntag (Hrsg.), *Personalentwicklung in Organisationen* (S. 39-62). Göttingen: Hogrefe.

Brandstätter, H. (1993). Persönliche Verhaltens- und Leistungsbedingungen. In H. Schuler (Hrsg.), *Lehrbuch Organisationspsychologie* (S. 213-234). Bern: Huber.

Brocke, B. (1995). Intelligenz: Struktur und Prozeß. In W. Sarges (Hrsg.), *Managementdiagnostik* (2. Aufl., S. 225-240). Göttingen: Hogrefe.

Brown, S. P. (1996). A meta-analysis and review of organizational research on job involvement. *Psychological Bulletin, 120,* 235-255.

Conley, J.J. (1985). Longitudinal stability of personnality traits: A multitrait-multimethod-multioccasion analysis. *Journal of Personnality and Social Psychology, 49,* 1266-1282.

Filipp, S.-H. & K. Schmidt (1995). Mittleres und höheres Erwachsenenalter. In R. Oerter & L. Montada (Hrsg.), *Entwicklungspsychologie. Ein Lehrbuch* (3. Aufl., S. 439-486). Weinheim: Beltz.

Fleishman, E. A. & Quaintance, M.K. (1984). *Taxonomies of human performance. The description of human tasks.* Orlando: Academic Press.

Fleishman, E.A. (1992). *Fleishman Job Analysis Survey (F-JAS). Rating scale booklet.* Palo Alto, CA.: Consulting Psychologists Press.

Frese, M. & Zapf, D. (1994). Action as the core of work psychology. In H.C. Triandis, M.D. Dunnette & L.M. Hough (Eds.), *Handbook of industrial and organizational psychology* (Vol. 4, pp. 271-340). Palo Alto, CA: Consulting Psychologists Press.

Frieling, E. (1977). Die Arbeitsplatzanalyse als Grundlage der Eignungsdiagnostik. In J.K. Triebe & E. Ulich (Hrsg.), *Beiträge zur Eignungsdiagnostik* (S. 20-90). Bern: Huber.

Gruber, H. & A. Ziegler (Hrsg.).(1996). *Expertiseforschung. Theoretische und methodische Grundlagen.* Opladen: Westdeutscher Verlag.

Hacker, W. (1986). *Arbeitspsychologie. Psychische Regulation von Arbeitstätigkeiten.* Bern: Huber.

Häfeli, K., Kraft, U. & Schallberger, U. (1988). *Berufsausbildung und Persönlichkeitsentwicklung.* Bern: Huber.

Hoff, E.-H. (1994). Arbeit und Sozialisation. In K. Schneewind (Hrsg.), *Psychologie der Erziehung und Sozialisation* (Enzyklopädie der Psychologie, S. 525-552). Göttingen: Hogrefe.

Hoff, E.-H., Lempert, W. & Lappe, L. (1991). *Persönlichkeitsentwicklung in Facharbeiterbiographien.* Bern. Huber.

Hunter, J.E. & Hunter R.F. (1984). Validity and utility of alternative predictors of job performance. *Psychological Bulletin, 96*, 72-98.

Kleinbeck, U. (1996). *Arbeitsmotivation: Entstehung, Wirkung und Förderung.* Weinheim: Juventa.

Kohn, M.L. & Schooler, C. (1983). *Work and personality. An inquiry into the impact of social stratification.* Norwood: Ablex.

Maciel, A.G., Heckhausen, J. & Baltes, P.B. (1994). A life-span perspective on the interface between personality and intelligence. In R. J. Sternberg & P. Ruzgis (Eds.), *Personality and intelligence* (pp. 61-103). Cambridge: Cambridge University Press.

Maukisch, H. (1980). Eignungsdiagnostik. In C. Graf Hoyos, W. Kroeber-Riel, L. v. Rosenstiel & B. Strümpel (Hrsg.), *Grundbegriffe der Wirtschaftspsychologie* (S. 258-269). München: Kösel.

McCormick, E.J., Cunningham, J.W. & Thornton, G.C. (1967). The prediction of job requirements by a structured job analysis procedure. *Personnel Psychology, 20*, 431-440.

McCormick, E.J. & Tiffin J. (1974). *Industrial psychology* (6. Aufl.). Englewood Cliffs: Prentice-Hall.

Moser, K. (1996). *Commitment.* Bern: Huber.

Müller, H.-J., Stürzl, W. (1992). Dialogische Bildungsbedarfsanalyse – eine zentrale Aufgabe des Weiterbildners. In H. Geissler (Hrsg.), *Neue Qualitäten betrieblichen Lernens* (S. 123-138). Frankfurt a.M.: Lang.

Oerter, R. (1992). Menschliche Entwicklung und ihre Gestaltbarkeit – Beiträge der Entwicklungspsychologie. In Kh. Sonntag (Hrsg.), *Personalentwicklung in Organisationen* (S. 19-38). Göttingen: Hogrefe.

Peterson, N.G. & Bownas, D.A. (1982). Skill, task structure, and performance acquisition. In M.D. Dunnette & E.A. Fleishman (Eds.), *Human performance and productivity: Human capability assessment* (pp. 49-105). Hillsdale, NJ: Erlbaum.

Rosenstiel, L. v. (1987). Partizipation: Betroffene zu Beteiligten machen. In L.v. Rosenstiel, H.E. Einsiedler, R.K. Streich & S. Rau (Hrsg.), *Motivation durch Mitwirkung* (S. 1-11). Stuttgart: Schäffer-Poeschel.

Schaper, N. & Sonntag, Kh. (1997). Diagnostisches Handeln von Instandhaltern unterschiedlicher Expertise. In Kh. Sonntag & N. Schaper (Hrsg.), *Störungsmanagement und Diagnosekompetenz* (S. 155-172). Zürich: Verein der Fachverlage.

Schmidt, K.H., Kleinbeck, U., Ottman, W. & Seidel, B. (1985). Ein Verfahren zur Diagnose von Arbeitsinhalten: Der Job Diagnostic Survey (JDS). *Zeitschrift für Arbeits- und Organisationspsychologie, 29*, 162-172.

Schott, F. (1991). Instruktionsdesign, Instruktionstheorie und Wissensdesign: Aufgabenstellung, gegenwärtiger Stand und zukünftige Herausforderungen. *Unterrichtswissenschaft, 19(3)*, 195-217.

Schuler, H. (1996). *Psychologische Personalauswahl. Einführung in die Berufseignungsdiagnostik.* Göttingen: Verlag für Angewandte Psychologie.

Schuler, H. & U. Funke (1993). Diagnose beruflicher Eignung und Leistung. In H. Schuler (Hrsg.), *Lehrbuch Organisationspsychologie* (S. 235-284). Bern: Huber.

Schuler, H. & M. Prochaska (1992). Leistungs- und Potentialbeurteilung von Mitarbeitern. In Kh. Sonntag (Hrsg.), *Personalentwicklung in Organisationen* (S. 157-186). Göttingen: Hogrefe.

Snow, R. E. & Swanson, J. (1992). Instructional Psychology: Aptitude, Adaptation and Assessment. *Annual Review of Psychology, 43*, 583-626.

Sonnentag, S. (1995). Excellent software professionals: experience, work activities and perception by peers. *Behaviour & Information Technology, 14(5)*, 289-299.

Sonntag, Kh. (1980). Die Quantifizierung des Nutzens psychologischer Eignungsverfahren – Anwendung und Diskussion eines entscheidungstheoretischen Modells bei der betrieblichen Eignungsauslese. *Zeitschrift für Arbeitswissenschaft, 3*, 158-160.

Sonntag. Kh. (1996). Lernen im Unternehmen. Effiziente Organisation durch Lernkultur. München: C.H. Beck.

Sonntag, Kh. (1997). Übung und Erfahrung. In H. Luczak & W. Volpert (Hrsg.), *Handbuch Arbeitswissenschaft* (S. 464-467). Stuttgart: Schäffer-Poeschel.

Sonntag, Kh. & Schäfer-Rauser, U. (1993). Selbsteinschätzung beruflicher Kompetenzen bei der Evaluation von Bildungsmaßnahmen. *Zeitschrift für Arbeits- und Organisationspsychologie, 37*, 163-171.

Sonntag, Kh. & Schaper, N. (1992). Förderung beruflicher Handlungskompetenz. In Kh. Sonntag (Hrsg.), *Personalentwicklung in Organisationen* (S. 187-210). Göttingen: Hogrefe.

Sonntag, Kh., Schaper, N. & Benz, D. (in Druck). Leitfaden zur Personalplanung bei technisch-organisatorischen Innovationen (LPI). In H. Dunckel (Hrsg.), *Handbuch psychologischer Arbeitsanalyse.* Zürich: Verein der Fachverlage.

Stangel-Meseke, M. (1994). *Schlüsselqualifikationen in der betrieblichen Praxis: ein Ansatz in der Psychologie.* Wiesbaden: Deutscher Universitäts-Verlag.

Stäudel, Th. (1987). *Problemlösen, Emotionen und Kompetenz. Die Überprüfung eines integrativen Konstrukts.* Regensburg: Roderer.

Ulich, E. (1997). Differentielle und dynamische Arbeitsgestaltung. In H. Luczak & W. Volpert (Hrsg.), *Handbuch Arbeitswissenschaft* (S. 796-800). Stuttgart: Schäffer-Poeschel.

Ulich, E. & Ch. Baitsch (1987). Arbeitsstrukturierung. In U. Kleinbeck & J. Rutenfranz (Hrsg.), *Arbeitspsychologie* (Enzyklopädie der Psychologie D/III/1, S. 493-531). Göttingen: Hogrefe.

Volpert, W. (1985). Pädagogische Aspekte der Handlungsregulationstheorie. In H. Passe-Tietjen & H. Stiehl (Hrsg.), *Betriebliches Handlungslernen und die Rolle des Ausbilders* (S. 109-123). Wetzlar: Werner von Siemens Schule.

Wechsler, D. (1952). *The range of human capacities.* Baltimore: Williams & Wilkins.

24 Fehlentscheidungen in Organisationen

Stefan Schulz-Hardt und *Dieter Frey*

1 Problemstellung

Fehlentscheidungen können Unternehmen in große Bedrängnis bringen, bis hin zum Konkurs und Verlust einer Vielzahl von Arbeitsplätzen. Daher kommt der (wirtschafts-)psychologischen Forschung die wichtige Funktion zu, Erklärungen für die Entstehung solcher Fehlentscheidungen zu finden, sie vorherzusagen und daraus Möglichkeiten zur Prävention und Intervention abzuleiten. Viele Fehlentscheidungen ergeben sich z.B. dadurch, daß Menschen eben nicht „perfekt" sind, sondern kognitiven Restriktionen unterliegen (Urteilsheuristiken, Schwierigkeiten im Umgang mit komplexen, dynamischen Systemen usw.) – dies werden wir nicht behandeln.

Weiterhin müssen wir hier ausblenden, daß Menschen mitunter andere Interessen verfolgen, als eine für die Organisation gute Entscheidung zu treffen. Die Frage, die wir stellen, lautet vielmehr: Welche Mechanismen lösen Fehlentscheidungen aus, obwohl die Entscheidungsträger es besser könnten und auch besser wollten?

2 Gelernte Sorglosigkeit

Die Theorie der gelernten Sorglosigkeit (Frey & Schulz-Hardt, 1997; Schulz-Hardt & Frey, 1997; Abbildung 1) besagt: Menschen erleben oft, wie sie ohne großen Aufwand Erfolge erzielen und angenehme Zustände erreichen, oder wie sie sich riskant verhalten, ohne negative Konsequenzen zu erfahren. Je öfter und je stärker Menschen solche Erfahrungen machen, desto stärker wird ihr Fühlen, Denken und Handeln von einer Monopolhypothese geleitet: „Alles ist gut und wird auch (von selbst) gut bleiben".

Aus den oben genannten Erfahrungen extrapoliert man auf die Zukunft. Hinzu kommt als motivationaler Mechanismus das „Hedonismusprinzip": Menschen streben danach, angenehme Zustände zu erreichen, zu bewahren und ggf. auszuweiten. Während *Sorglosigkeit* einen solchen angenehmen Zustand darstellt, würde *Sorgfalt* kurzfristig einen Aufwand erfordern und damit aus dem angenehmen Zustand herausführen. Dadurch wird Sorglosigkeit leichter gelernt als Sorgfalt.

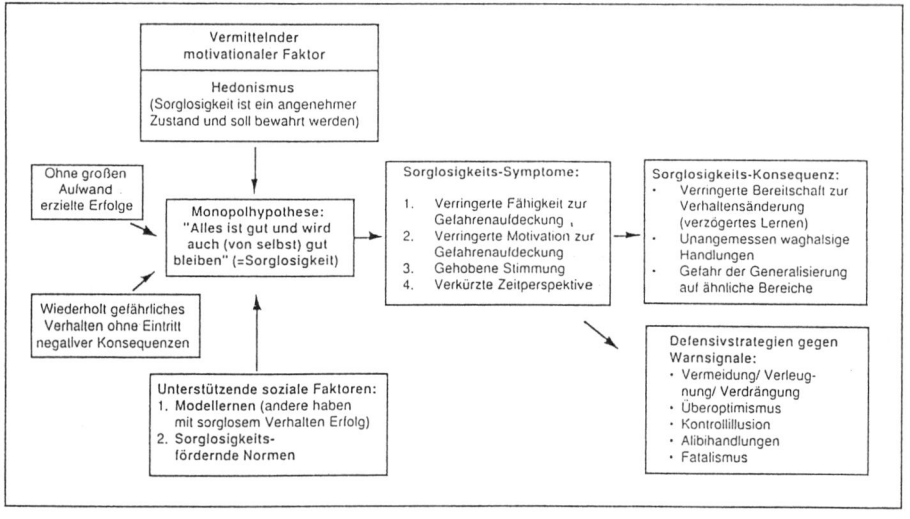

Abbildung 1
Die Theorie der gelernten Sorglosigkeit (nach Schulz-Hardt & Frey, 1997, S. 401)

Darüber hinaus wird Sorglosigkeit durch soziale Faktoren unterstützt, insbesondere Modellernen und sorglosigkeitsfördernde Normen („Wer wagt, gewinnt", „Vorsicht ist Feigheit" usw.).

Sorglosigkeit führt zu *Symptomen* wie verringerter Fähigkeit und verringerter Motivation, mögliche negative Konsequenzen eigenen Handelns zu erkennen. Es entsteht eine unangemessen gehobene Stimmung sowie eine verkürzte Zeitperspektive, man denkt nur an heute, nicht aber an morgen. Als wichtige Konsequenzen ergeben sich verzögertes Lernen (notwendige Verhaltensänderungen treten verspätet oder überhaupt nicht ein) sowie die Tendenz zu unangemessen waghalsigen Handlungen. Die Auswirkungen gelernter Sorglosigkeit auf Entscheidungsverhalten sind offensichtlich: Man geht von einer massiv geschönten Entscheidungssituation aus, greift daher zu unangemessen risikoreichen Alternativen oder ignoriert Probleme und versäumt somit notwendige Entscheidungen.

Gelernte Sorglosigkeit muß sich nicht auf einzelne Entscheider in einer Organisation beschränken. Ebenso, wie es im Fall der Barings Bank (Kasten 1) klare Anzeichen gibt, daß nicht allein der Trader Nick Leeson, sondern auch maßgebliche Kontrollorgane innerhalb der Bank sorglos wurden , können Unternehmen bis hin zu ganzen Volkswirtschaften sorglos werden.

Ein Beispiel hierfür ist die Strukturkrise der deutschen Wirtschaft Anfang und Mitte dieses Jahrzehnts (Frey, Schulz-Hardt, Lüthgens & Schmook, 1995; Schulz-Hardt & Lüthgens, 1996): Nach dem Krieg erlebte die deutsche Wirtschaft jahrzehntelang einen Boom, besaß

Kasten 1
Ein Beispiel für gelernte Sorglosigkeit im Entscheidungsverhalten

Besonders plakativ zeigten sich die Auswirkungen gelernter Sorglosigkeit auf Entscheidungen am Zusammenbruch der Londoner Barings Bank (Frey, 1995; Lüthgens, Frey & Schulz-Hardt, 1997): Der zu zweifelhaftem Ruhm gelangte Trader Nick Leeson erlebte bei Barings einen kometenhaften Aufstieg und verdiente infolge entsprechender Belohnungsmechanismen innerhalb kürzester Zeit immense Geldsummen. Von seinem Umfeld wurde er in dem Glauben bestärkt, ein „Mann mit der goldenen Nase" zu sein. Darüber hinaus lernte er, wie andere Personen mit riskanten Spekulationen Erfolg hatten, und wurde mit Normen konfrontiert, die den Vorsichtigen als Feigling erscheinen ließen. Leeson entwickelte hierdurch gelernte Sorglosigkeit, die ihn zu hochriskanten und unsoliden Spekulationen auf den japanischen Nikkei-Index verleitete – mit den hinlänglich bekannten Konsequenzen.

Ende der achtziger Jahre sogar den inoffiziellen Titel des „Exportweltmeisters" und wurde überall in der Welt qualitativ hochstilisiert. Die Wirkung dieser übermäßigen Erfolge wurde noch verstärkt: Bestimmte gefährliche Verhaltensweisen wie z.B. eine zu teure Produktion und eine im internationalen Vergleich niedrige Produktivität zeitigten zunächst keine negativen Konsequenzen; sie wurden durch glückliche Begleitumstände (z.B. den Höhenflug des Dollars Ende der achtziger Jahre und die Ankündigung des Europäischen Binnenmarktes) kompensiert. Infolgedessen wurde damals die Weichenstellung in Richtung auf Zukunftstechnologien (z.B. Biotechnologie) versäumt.

Ein Sorglosigkeitszustand wird nicht automatisch beendet, sobald Informationen über potentielle Gefährdungen vorliegen. Vielmehr werden oft Defensivstrategien eingesetzt, die es ermöglichen, den angenehmen Sorglosigkeitszustand aufrechtzuerhalten. Die warnenden Informationen können z.B. durch selektive Informationsaufnahme und -verarbeitung vermieden, verleugnet oder verdrängt werden (Frey, Schulz-Hardt & Stahlberg, 1996), oder der Entscheidungsträger verteidigt durch Überoptimismus („Mir wird es nicht passieren", Weinstein, 1984) bzw. Kontrollillusionen („Ich habe alles im Griff", Langer, 1975) sein geschöntes Bild von der Sachlage. Als Gegenmaßnahmen bieten sich z.B. die folgenden Optionen an:
– *Durchspielen von „worst case"-Szenarien:* Der Entscheider fragt sich und andere hierbei: Was kann unter ungünstigsten Umständen passieren, wenn man nichts tut bzw. die bevorzugte Entscheidungsalternative umsetzt?
– *Kontrafaktisches Denken* (Möller, Schulz-Hardt, Napiersky & Frey, 1998; Roese, 1997): Durch ständiges Hinterfragen, was hätte passieren müssen, damit es anders gekommen wäre, soll die unkritische Generalisierung erlebter Erfolge bzw. nicht „geahndeter" riskanter Verhaltensweisen verhindert werden.

– *Aufklärung über das Phänomen der gelernten Sorglosigkeit*: Hier ist insbesondere die Vermittlung von Signalen wichtig, an denen ein Entscheidungsträger Sorglosigkeit rechtzeitig bei sich selbst erkennen kann.

3 Informationsverluste und Defizite in der Informationsnutzung

Zu Fehlentscheidungen kommt es naheliegenderweise, wenn der Entscheider schlecht informiert ist (Porat & Haas, 1969). Je weitreichender Entscheidungen sind, die ein Entscheider in einer Organisation zu treffen hat – und das heißt zumeist: je weiter oben er in der Hierarchie steht –, desto besser sollte er also informiert sein. Dem stehen jedoch gravierende Informationsverluste in Organisationen gegenüber, die sich insbesondere beim Informationsfluß von der Basis zum Top-Management ergeben. Nach Schätzungen von Downs (1967) gehen in einer Sechs-Ebenen-Hierarchie im Extremfall bis zu 98 % der Informationen zwischen der untersten und der obersten Ebene verloren.

Natürlich müssen Informationen *gefiltert* werden, damit die Entscheidungsträger an der Spitze des Unternehmens nicht mit irrelevanten Informationen überladen werden. Die nach oben weitergereichten Informationen werden jedoch häufig nicht unter dem Gesichtspunkt ihrer Wichtigkeit ausgesucht, sondern vielmehr danach, wie vorteilhaft sie für den Sender der Information sind (Fandt & Ferris, 1990; O'Reilly, 1978; Rosen & Tesser, 1970). Den Entscheidungsträger erreichen dann bestimmte wichtige Informationen nicht, weil derjenige, der über diese Informationen verfügt, befürchtet, sie könnten ein schlechtes Licht auf ihn werfen. Ein Beispiel wären Daten, die auf eine korrekturbedürftige Verkaufsstrategie hinweisen und die zurückgehalten werden, weil der Halter der Information zugleich für diese Strategie mitverantwortlich ist.

Das Ausmaß dieser *defensiven Informationsweitergabe* hängt maßgeblich vom Vertrauen des Senders zum Empfänger ab (O'Reilly, 1978). In einem Klima gegenseitigen Vertrauens und einer Fehler- und Lernkultur (Frey, 1994) können Informationsverluste vermieden werden, die aus Angst vor Sanktionen und Gesichtsverlust entstehen. Auch dem Phänomen der „Informationshamsterei", also des absichtlichen Zurückhaltens von Informationen, um durch den Monopolbesitz dieses Wissens Macht zu erlangen, kann in einem solchen kooperativen Klima der gemeinsamen Suche nach Spitzenleistungen entgegengewirkt werden.

Selbst wenn *Informationsverluste* in der Hierarchie eingedämmt werden, werden die vorhandenen Informationen von den Entscheidungsträgern nicht unbedingt adäquat genutzt. Von Bedeutung ist hier insbesondere ein Phänomen, das in Entscheidungs*gremien* auftritt und unter dem Stichwort „information pooling" erforscht wird (zusammenfassend Stasser, 1992): Gremien diskutieren vor allem solche Informationen, die schon vorher allen Mitgliedern vorlagen. Dagegen werden Informationen, über die nur einzelne Mitglieder verfügen, oftmals vernachlässigt. Da die meisten wichtigen unternehmerischen Entscheidungen von Gremien getroffen werden, kann dieser Mechanismus für die Entscheidungsqualität in Organisationen sehr bedeutsam werden, z.B. bei *Innovationen*: Da Innovationen zu Beginn nur von wenigen Personen innerhalb eines Unternehmens vertreten werden, die über besondere Informationen verfügen und als Promotoren für den Wandel fungieren, kann die Fixierung auf allen bekannte Informationen diese „Vorausdenker" blockieren und Innovationen hemmen (Schulz-Hardt & Lüthgens, 1996).

Zur Erklärung dieser *Informationsfixierung* in Gruppen werden vorrangig zwei Mechanismen herangezogen: Zum einen haben Informationen, die allen bekannt sind, natürlich eine viel größere Chance, während einer Gruppendiskussion erinnert und dann eingebracht zu werden, als dies bei Informationen der Fall ist, über die nur ein Gruppenmitglied verfügt (Winquist & Larson, 1998). Zum anderen wirken die allen bekannten Informationen oftmals glaubwürdiger, da sie durch mehrere Personen validiert werden (Parks & Cowlin, 1996). Als Intervention gegen die Fixierung auf allen bekannte Informationen hat es sich daher als effektiv erwiesen, vor der Gruppendiskussion transparent zu machen, wer für welches Gebiet Experte ist (Stasser, Stewart & Wittenbaum, 1995). Darüber hinaus wird die Informationsfixierung geringer, wenn die Gruppe weiß, daß es eine objektiv richtige Lösung gibt, die es zu finden gilt (Stasser & Stewart, 1992).

4 Selbstbestätigungsmechanismen bei Entscheidungen: Entscheidungsautismus und Groupthink

4.1 Entscheidungsautismus

Beim Treffen von Entscheidungen muß man zwei divergierende Tendenzen vereinbaren: Auf der einen Seite muß man selbstkritisch sein, Dinge hinterfragen, sich ausgewogen informieren und immer wieder auf neue Entwicklungen achten; auf der anderen Seite muß man aber handlungsfähig bleiben und daher irgendwann Kritik an der favorisierten Alternative hintanstellen. Dominiert die erste der beiden Tendenzen, so kommt es zu exzessiven Selbstzweifeln und Handlungsunfähigkeit; dominiert die zweite, so ist gänzlich kritiklose Selbstbestätigung des Entscheiders die Folge. Letzteres bezeichnen wir als „Entscheidungsautismus" (Schulz-Hardt, 1997).

Der Entscheidungsautist läßt sich völlig von seinen anfänglichen Annahmen und Präferenzen leiten und versäumt es, kritische Informationen, Meinungen und Warnsignale in den Entscheidungsprozeß zu integrieren. Dies äußert sich in selbstbezogenen Symptomen wie dem Glauben an eigene Unfehlbarkeit, sozialen Symptomen wie einer selektiven Kommunikation mit Gleichgesinnten und Symptomen im Entscheidungsprozeß, die eine Abschirmung der präferierten Entscheidungsalternative bewirken: So werden z.B. Alternativen verzerrt bewertet und Informationen nur dann eingeholt, wenn sie die eigene Ansicht bestätigen (eine vollständige Symptomatik in Abbildung 2).

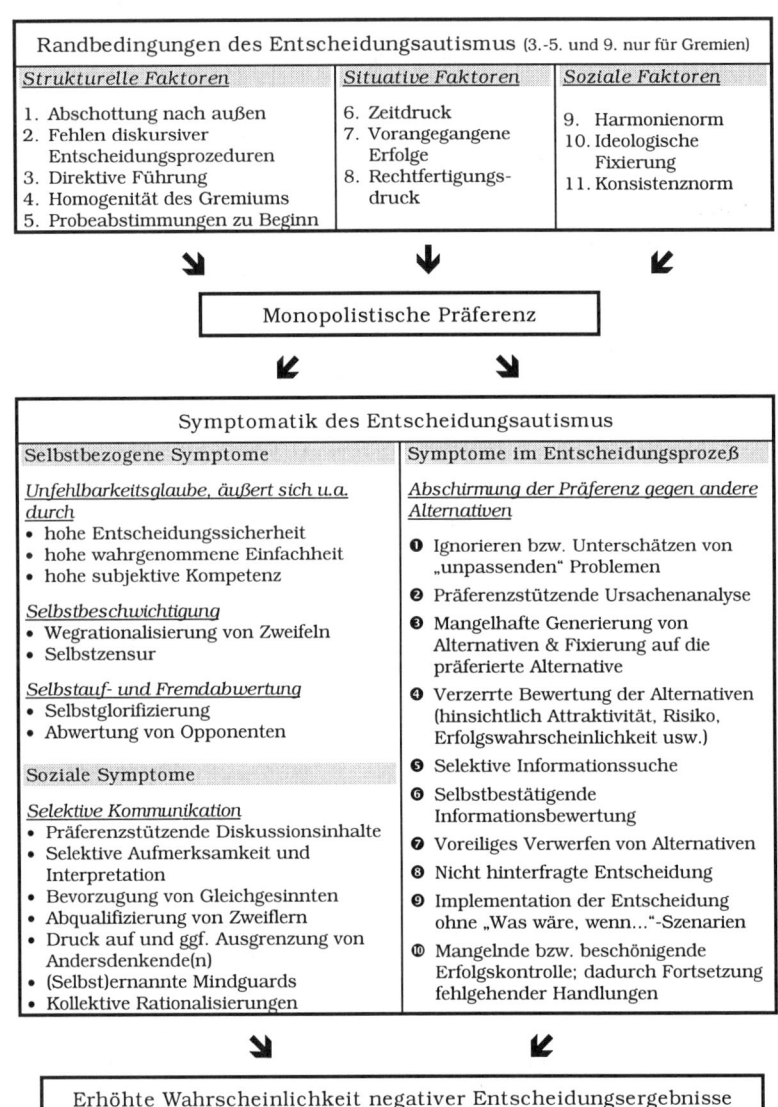

Abbildung 2
Das Modell des Entscheidungsautismus (nach Schulz-Hardt, 1997, S. 116)

Wie kann ein solches Denk- und Verhaltensmuster entstehen? Entscheider weisen meistens schon zu Beginn eines Entscheidungsprozesses bestimmte Präferenzen auf (Zajonc, 1980). Unter bestimmten strukturellen, situativen und sozialen Bedingungen, die in Abbildung 2 als Randbedingungen des Entscheidungsautismus dokumentiert sind, werden sich diese Präferenzen vorschnell verfestigen; sie nehmen gewissermaßen eine „Monopolstellung" ein, bevor sich der Entscheider umfassend mit der Situation auseinandergesetzt hat. Dies geschieht z.b., wenn der Entscheider nach außen abgeschottet ist, so daß er kaum mit konkurrierenden Entscheidungsalternativen konfrontiert wird, sich unter Zeitdruck befindet oder aber durch die starke Fixierung auf eine bestimmte Ideologie davon überzeugt ist, nur die durch diese Ideologie vorgegebene Entscheidungsalternative könne die richtige sein. Aufgrund einer so verfestigten Entscheidungspräferenz führen konträre Informationen und Meinungen nicht mehr zur Korrektur der Präferenz, sondern die subjektive Sachlage wird so konstruiert, daß sie mit der Präferenz übereinstimmt.

Entscheidungsautismus führt nicht *zwangsläufig* zu Fehlentscheidungen; ihre Auftretenswahrscheinlichkeit ist jedoch erhöht, da anfängliche Fehlannahmen und unvorteilhafte Präferenzen nicht mehr korrigiert werden können. Ein drastisches Beispiel hierfür liefert der Fast-Konkurs der Metallgesellschaft AG (Schulz-Hardt, 1997, Kap. 6).

4.2 Entscheidungsautismus in Gruppen: Groupthink

Man könnte meinen, Gruppen neigten weniger stark zu Entscheidungsautismus, da hier Mitglieder mit unterschiedlichen Präferenzen aufeinandertreffen, die einer vorschnellen Verfestigung einer (gemeinsamen) Präferenz entgegenwirken sollten. Unter bestimmten Bedingungen (den gruppenspezifischen Randbedingungen für Entscheidungsautismus) kann jedoch genau der gegenteilige Effekt eintreten: Wenn eine Gruppe nach den individuellen Präferenzen ihrer Mitglieder sehr homogen zusammengesetzt ist, wird aus dem sozialen Konsens oft die Richtigkeit der eigenen Ansicht geschlossen. Gleiches geschieht, wenn durch direktive Führung das Denken einer Gruppe in eine bestimmte Richtung kanalisiert oder in Folge einer in der Gruppe dominierenden *Harmonienorm* Widerspruch nicht artikuliert wird.

Dann verfestigt sich in der Gruppe vorschnell eine Präferenz, die durch Selbstüberschätzung, Engstirnigkeit, Druck auf Andersdenkende sowie einen auf Selbstbestätigung ausgerichteten Entscheidungsprozeß von den Gruppenmitgliedern „verteidigt" wird – in der Literatur ist dies als „Gruppendenken" („groupthink") bekannt (Kasten 2).

Kasten 2
Das Groupthink-Modell von Irving L. Janis (1982a)

Der amerikanische Psychologe Irving L. Janis analysierte die großen Fiaskos der amerikanischen Außenpolitik (Pearl Harbour, Eskalation des Korea-Kriegs, Schweinebucht-Invasion, Vietnam) sowie die Verstrickung der Nixon-Administration in die Watergate-Affäre. Seiner Meinung nach wurden diese Fehlentscheidungen durch ein dysfunktionales Denk- und Interaktionsmuster in den betreffenden Entscheidungsgremien verursacht wurden, das er als „Gruppendenken" („groupthink") bezeichnete. Hierunter versteht er ein übermäßiges Streben nach Einmütigkeit, das an die Stelle von realistischem, selbstkritischem Denken tritt, und das entsteht, wenn hoch-kohäsive Gruppen, die strukturelle Mängel (s.u.) aufweisen, in einen streßbeladenen situativen Kontext geraten. Das Streben nach Einmütigkeit führt zu Selbstüberschätzung, Engstirnigkeit sowie Druck auf Andersdenkende und zieht Fehler im Entscheidungsprozeß (z.B. Nichtberücksichtigung konträrer Informationen) nach sich (Janis, 1982a, s. auch den Beitrag von Brodbeck & Frey in diesem Band).

Die internationale Groupthink-Forschung hat zwar die Existenz des Phänomens „Gruppendenken" bestätigen können, zugleich aber starke Zweifel an einem Teil der von Janis genannten Randbedingungen geweckt (zusammenfassend z.B. Esser, 1998; Tetlock et al., 1992). So scheinen nur die strukturellen Mängel (nämlich Abschottung nach außen, direktive Führung, Fehlen von Entscheidungsprozeduren und homogene Zusammensetzung) zur Entstehung von Gruppendenken zu führen, während sowohl die Gruppenkohäsion als auch der streßbeladene situative Kontext hierfür bedeutungslos zu sein scheinen. Auch die Rolle des Einmütigkeitsstrebens als vermittelnder Mechanismus für die Symptomatik birgt Probleme (Longley & Pruitt, 1980). Die Probleme klären sich, wenn man, wie dargestellt, Gruppendenken als gruppenspezifische Manifestation von Entscheidungsautismus auffaßt (Schulz-Hardt, 1997).

4.3 Prävention und Intervention

Prävention von und Intervention gegen Entscheidungsautismus sollte folgerichtig an den Randbedingungen ansetzen. Denkbar wären hierzu z.B. folgende Maßnahmen (s. auch Frey, Schulz-Hardt & Stahlberg, 1996; Janis, 1982b):

– *Hinzuziehung externer Experten*: Dadurch sollen voreilige Festlegungen aufgebrochen und neue Perspektiven eingebracht werden.
– *Verwendung diskursiver Entscheidungsprozeduren wie z.B. die Methode des „advocatus diaboli"* (Herbert & Estes, 1977) *oder die dialektische Entscheidungsmethode* (Mason & Mitroff, 1981): Im Rahmen dieser Entscheidungshilfetechniken werden Widerspruch und Kritik institutionalisiert und somit zum notwendigen Bestandteil des Entscheidungsprozesses.
– *Kritisches Bewußtsein gegenüber Ideologien schärfen*: Dogmatische Überzeugungssysteme sind von besonderer Relevanz für Entscheidungsautismus, da sie zur Immunisierung gegen jeglichen Zweifel und Widerspruch neigen. Um so

wichtiger ist es, Entscheidungsträger zur kritischen Reflexion ihrer Überzeugungen zu ermuntern.

Darüber hinaus bieten sich insbesondere bei Gremien folgende Strategien an:
- *Führungspersonen als unparteiische Katalysatoren*: Der Gruppenführer sollte seine Ansicht zurückhalten, um unvoreingenommene Meinungsäußerungen seiner Mitarbeiter zu ermöglichen und zu fördern.
- *Heterogene Zusammensetzung von Entscheidungsgremien*: Vertreter unterschiedlicher Positionen sollten zu einem Gremium gehören. Dies gilt insbesondere für „Querköpfe", deren produktive Wirkung für die Gruppe oft unterschätzt wird.
- *Etablierung einer Streitkultur*: Konflikte sollten nicht als Bedrohung, sondern vielmehr als Chance angesehen werden. Hierzu ist eine Streitkultur notwendig, um diese Konflikte kontruktiv auszutragen.

5 Verlusteskalationen: Verspätete oder ausbleibende Korrektur von Fehlentscheidungen

5.1 Forschungsrichtungen

Viele Entscheidungen werden erst zu wirklich gravierenden Fehlentscheidungen, weil man den eingeschlagenen Kurs zu spät korrigiert. So wurden z.B. eine Reihe amerikanischer Unternehmen durch Verlusteskalationen, die sich aus nicht abgebrochenen, fehlgehenden Informationstechnologie-Projekten ergaben, in den Ruin gewirtschaftet (Kindel, 1992).

Mit der Frage, warum und unter welchen Bedingungen Einzelpersonen und Gruppen zu lange an Entscheidungen festhalten, die für sie verlustreich sind (in Form von Geld, Zeit, Anstrengung usw.), beschäftigen sich Forschungen zur zunehmenden „Bindung an eine fehlgehende Handlung" („escalation of commitment"-Phänomen, als Überblick Staw, 1997), zum „Sich-Verstricken" („entrapment", als Überblick Brockner & Rubin, 1985) sowie zum Einfluß bereits investierter Gelder auf Folgeentscheidungen („sunk cost"-Effekt, z.B. Arkes & Blumer, 1985).

Verlusteskalationen ließen sich experimentell auch bei Managern nachweisen (Boulding, Morgan & Staelin, 1997) und sind für verschiedene Praxiskontexte wie z.B. Kreditentscheidungen in Banken (Staw, Barsade & Koput, 1997), politische Entscheidungen (Ross & Staw, 1986) und Entscheidungen der öffentlichen Verwaltung (Drummond, 1994a,b) dokumentiert worden.

5.2 Erklärungsansätze

Zur Klärung der Frage, warum Einzelpersonen und Gruppen unter bestimmten Umständen zu Verlusteskalationen neigen, unterscheidet man
- Prozesse, die verhindern, daß ein Entscheidungsträger eine Verlustsituation als solche wahrnimmt, und
- Prozesse, die ihn selbst dann, wenn er die Lage erkannt hat, zum Festhalten an der Entscheidung verleiten.

Zum erstgenannten Punkt gehören diejenigen Mechanismen, die zu einer verzerrten, geschönten Wahrnehmung des Entscheiders führen; hier sind insbesondere die bereits behandelten Phänomene der gelernten Sorglosigkeit, der defensiven Informationsweitergabe und des Entscheidungsautismus zu nennen. Warum aber kommt es auch dann, wenn der Entscheider sich des Ernstes der Lage bewußt ist, nicht immer zu einer Entscheidungsrevision? Als „Haltekräfte", die den Entscheider an seine Entscheidung binden, wurden vor allem zwei psychologische Prozesse herausgearbeitet:

Selbstrechtfertigungsprozesse im Sinne der Dissonanztheorie (Festinger, 1957): Die Beendigung der verlustreichen Handlung würde zwar weitere Verluste stoppen, wäre jedoch zugleich das Eingeständnis eines Fehlers. Diesen Fehler will der Entscheider sich und anderen gegenüber nicht zugeben und korrigiert daher die Entscheidung nicht. Die Relevanz von Selbstrechtfertigungsprozessen zeigt sich an verschiedenen empirischen Befunden, die Brockner (1992) zusammenfaßt. So werden Verlusteskalationen z.B. verstärkt, wenn man für die anfängliche Entscheidung (z.B. das Projekt zu initiieren) verantwortlich ist, man keine „Sündenböcke" für den Mißerfolg verantwortlich machen kann, ein hoher externer Rechtfertigungsdruck besteht und das Mißerfolgsfeedback selbstwertrelevant ist.

Zunehmende Risikobereitschaft im Verlustbereich im Sinne der „Prospect Theory" (Kahneman & Tversky, 1979): Menschen sind zwar im Gewinnbereich risikoscheu, jedoch im Verlustbereich risikofreudig. Durch die Fehlentscheidung gerät man in den Verlustbereich, in dem man nun zwei Möglichkeiten hat: Entweder man beendet die Handlung, realisiert damit die bisherigen und verhindert weitere Verluste (sichere Alternative) oder man setzt die Handlung fort mit der Chance, die Verluste auszugleichen, aber auch der Gefahr, ein Fiasko zu erleben. Infolge der Risikofreudigkeit im Verlustbereich entscheidet man sich für die Fortsetzung (Whyte, 1986).

Jedoch sind nicht alle Haltekräfte genuin psychologischer Natur, sondern beim Entscheidungsverhalten in Organisationen sind auch spezifische *strukturelle* und *soziale Kräfte* des organisationalen Kontexts zu berücksichtigen (Staw & Ross, 1987). So entstehen Haltekräfte, wenn ein Projekt über die Zeit hinweg immer stärker in einer Organisation verankert wird – sei es in Form von dem Projekt zugeordneten Verteilungskanälen, Arbeitsplätzen und Nebenprojekten, sei es in

Form von Unterstützung durch politischen Einfluß (Drummond, 1994a) oder die Nähe zu zentralen Aspekten des Unternehmensimages, oder sei es einfach in Folge der *Trägheit von Organisationen* (Hannan & Freeman, 1984). Somit koppeln sich mit der Zeit eine Reihe von Sekundärinteressen an das Projekt, die auch dann, wenn das Primärinteresse (monetärer Gewinn) nicht erfüllt wird, ein Projekt am Leben erhalten.

5.3 Prävention und Intervention

Um Verlusteskalationen entgegenzuwirken, sollte man konsequenterweise an den bereits bekannten vermittelnden Mechanismen ansetzen. Für diejenigen Mechanismen, die zu einer geschönten Wahrnehmung der Situation und somit zur Täuschung über die tatsächlichen Verluste führen (Sorglosigkeit, defensive Informationsweitergabe, Entscheidungsautismus), wurden bereits Interventionsmöglichkeiten angesprochen. Wie aber wirkt man Bindungen an eine tatsächlich als verlustreich erkannte Entscheidung entgegen? Folgende Interventionen haben sich in der Forschung zu Entrapment als wirksam erwiesen (für einen Überblick siehe z.B. Boulding, Morgan & Staelin, 1997; Brockner & Rubin, 1985; Simonson & Staw, 1992; weitere, zum Teil noch nicht empirisch geprüfte Vorschläge auch bei Ross & Staw, 1991):
– Information des Entscheidungsträgers über das Phänomen des Sich-Verstrikkens,
– Regelmäßige Bilanzierung der Entscheidungsergebnisse,
– Explizite Verlustlimits setzen,
– Verlagerung des Rechtfertigungsdrucks vom Entscheidungs*ergebnis* auf den Entscheidungs*prozeß*,
– Wechsel des Entscheiders zwischen Initial- und Folgeentscheidung, um Selbstrechtfertigungsprozesse zu unterbinden,
– Opportunitätskosten und alternative Investitionsmöglichkeiten transparent machen.

6 Fazit: Realistische Perspektiven für die Verhinderung von Fehlentscheidungen

Wir haben zu den von uns behandelten Gefahrenquellen für Entscheidungen jeweils auch Möglichkeiten genannt, wie man ihnen entgegenwirken kann. Auch wenn man diese Erkenntnisse und Vorschläge berücksichtigt, kann man die Gefahr von Fehlentscheidungen nie völlig ausschalten. Einmal kann man die Mechanismen, die an der Entstehung und Aufrechterhaltung von Fehlentscheidungen beteiligt sind, nie völlig überblicken. Ferner handelt es sich bei vielen der hier angesprochenen Phänomene um Prozesse, deren Gegenteil ebenfalls nicht wünschenswert erscheint. Das andere Extrem von Sorglosigkeit wäre *Hysterie*, das Gegenteil von Entscheidungsautismus ist *Handlungsunfähigkeit*; der Fortsetzung verlustreicher Handlungen steht *fehlende Persistenz bei Schwierigkeiten* gegenüber. Dies hat Konsequenzen für Interventionen: Wenn man z.b. durch das Setzen von Grenzen die Gefahr von Verlusteskalationen eindämmt, so werden u.U. auch erfolgversprechende Projekte zu früh abgebrochen, weil das Kostenlimit erreicht ist (Heath, 1995). Von zentraler Bedeutung ist also, zwischen den Vor- und Nachteilen verschiedener Interventionen in der jeweiligen Entscheidungssituation abzuwägen.

Schließlich muß drittens die Wirkung einer Intervention nicht auf das beschränkt bleiben, was sie beeinflussen soll. Bisher war nur von der Entscheidungs*qualität* die Rede, die durch gezielte Maßnahmen verbessert werden soll. Jedoch sind auch Zufriedenheit und Motivation der Beteiligten wichtige Kriterien im Kontext organisationaler Entscheidungen (Hackman & Walton, 1985). Daher ist stets zu prüfen, ob einige der Interventionsvorschläge unerwünschte „Nebenwirkungen" besitzen. Beispielsweise können die Entscheidungshilfetechniken „advocatus diaboli" und „dialektische Entscheidungsmethode" die Entscheidungsqualität zwar erhöhen, aber auch die Zufriedenheit der Entscheider mit dem Ergebnis sowie ihre Bereitschaft, auch zukünftig zusammenzuarbeiten, herabsetzen (Schweiger, Sandberg & Ragan, 1986; Schwenk & Cosier, 1993). Interventionen, für die solche Wirkungen bekannt sind, sollten daher besonders wichtigen Entscheidungen vorbehalten bleiben.

Fehlentscheidungen sind menschlich – sie werden sich nie gänzlich verhindern lassen. Die Kenntnis der Mechanismen, die an ihrer Entstehung und Aufrechterhaltung beteiligt sind, sowie der Möglichkeiten der Einflußnahme auf diese Mechanismen versetzt die verantwortlichen Entscheidungsträger in Organisationen jedoch in die Lage, gezielt Selbstdiagnose zu betreiben und Veränderungen in die gewünschte Richtung anzustoßen. Bausteine für einen solchen Prozeß sollte dieser Beitrag liefern.

Literatur

Arkes, H. R. & Blumer, C. (1985). The psychology of sunk costs. *Organizational Behavior and Human Decision Processes, 35,* 124-140.

Boulding, W., Morgan, R. & Staelin, R. (1997). Pulling the plug to stop the new product drain. *Journal of Marketing Research, 34,* 164-176.

Brockner, J. (1992). The escalation of commitment to a failing course of action: Toward theoretical progress. *Academy of Management Review, 17,* 39-61.

Brockner, J. & Rubin, J. Z. (1985). *Entrapment in escalating conflicts.* New York: Springer.

Downs, A. (1967). *Inside bureaucracy.* Boston: Little-Brown.

Drummond, H. (1994a). Escalation in organizational decision making: A case of recruiting an incompetent employee. *Journal of Behavioral Decision Making, 7,* 43-55.

Drummond, H. (1994b). Too little too late: A case study of escalation in decision making. *Organization Studies, 15,* 591-607.

Esser, J. K. (1998). Alive and well after 25 years: A review of groupthink research. *Organizational Behavior and Human Decision Processes, 73,* 116-141. (Special issue: Theoretical perspectives on groupthink: A twenty-fifth anniversary appraisal).

Fandt, P. M. & Ferris, G. R. (1990). The management of information and impressions: When employees behave opportunistically. *Organizational Behavior and Human Decision Processes, 45,* 140-158.

Festinger, L. (1957). *A theory of cognitive dissonance.* Stanford: Stanford University Press.

Frey, D. (1994). Bedingungen für ein Center of Excellence. *IBM-Nachrichten, 44,* 50-57.

Frey, D. (1995). Die Sorglosen. *Manager Magazin, 25, April,* 243-245.

Frey, D. & Schulz-Hardt, S. (1997). Eine Theorie der gelernten Sorglosigkeit. In H. Mandl (Hrsg.), *Bericht über den 40. Kongreß der Deutschen Gesellschaft für Psychologie in München 1996* (S. 604-611). Göttingen: Hogrefe.

Frey, D., Schulz-Hardt, S., Lüthgens, C. & Schmook, R. (1995). Psychologische Aspekte der Strukturkrise der deutschen Wirtschaft. In K. Pawlik (Hrsg.), *Bericht über den 39. Kongreß der Deutschen Gesellschaft für Psychologie in Hamburg 1994* (S. 557-562). Göttingen: Hogrefe.

Frey, D., Schulz-Hardt, S. & Stahlberg, D. (1996). Information seeking among individuals and groups and possible consequences for decision-making in business and politics. In E. Witte & J. Davis (Eds.), *Understanding group behavior. Vol II: Small group processes and interpersonal relations* (pp. 211-225). Mahwah, NJ: Erlbaum.

Hannan, M. T. & Freeman, J. (1984). Structural inertia and organizational change. *American Sociological Review, 49,* 149-164.

Hackman, R. & Walton, R. E. (1985). *The leadership of groups in organizations.* New Haven, CT: Yale University Press.

Heath, C. (1995). Escalation and de-escalation of commitment in response to sunk costs: The role of budgeting in mental accounting. *Organizational Behavior and Human Decision Processes, 62,* 38-54.

Herbert, T. T. & Estes, R. W. (1977). Improving executive decisions by formalizing dissent: The corporate devil's advocate. *Academy of Management Review, 2,* 662-667.

Janis, I. L. (1982a). *Groupthink* (2., erweit. Auflage). Boston: Houghton Mifflin.

Janis, I. L. (1982b). Counteracting the adverse effects of concurrence-seeking in policy-planning groups: Theory and research perspectives. In H. Brandstätter, J. Davis & G. Stocker-Kreichgauer (Eds.), *Group decision making* (pp. 477-501). New York: Academic Press.

Kahneman, D. & Tversky, A. (1979). Prospect theory: An analysis of decision under risk. *Econometrica, 47,* 263-291.

Kindel, S. (1992). The computer that ate the company. *FW, March,* 96-98.

Langer, E. J. (1975). The illusion of control. *Journal of Personality and Social Psychology, 32,* 311-328.

Longley, J. & Pruitt, D. G. (1980). Groupthink – a critique of Janis's theory. In L. Wheeler (Ed.), *Review of Personality and Social Psychology* (Vol. 1, pp. 74-93). Beverly Hills: Sage.

Lüthgens, C., Frey, D. & Schulz-Hardt, S. (1997). Auf dem Weg zu einer Psychologie der Finanzmärkte. In H. Mandl (Hrsg.), *Bericht über den 40. Kongreß der Deutschen Gesellschaft für Psychologie in München 1996* (S. 467-474). Göttingen: Hogrefe.

Mason, R. O. & Mitroff, I. I. (1981). *Challenging strategic planning assumptions: Theory, cases, and techniques.* New York: Wiley.

Möller, J., Schulz-Hardt, S., Napiersky, U. & Frey, D. (1998). „Was hätte anders sein müssen, damit ..." – Kontrafaktisches Denken von Führungskräften. *Zeitschrift für Arbeits- und Organisationspsychologie, 42,* 125-133.

O'Reilly, C. A. III. (1978). The intentional distortion of information in organizational communication: A laboratory and field investigation. *Human Relations, 31,* 173-193.

Parks, C. D. & Cowlin, R. A. (1996). Acceptance of uncommon information into group discussion when that information is or is not demonstrable. *Organizational Behavior and Human Decision Processes, 66,* 307-315.

Porat, A. & Haas, J. (1969). Information effects on decision making. *Behavioral Science, 14,* 98-104.

Roese, N. J. (1997). Counterfactual thinking. *Psychological Bulletin, 121,* 133-148.

Rosen, S. & Tesser, A. (1970). On reluctance to communicate undesirable information: The mum effect. *Sociometry, 33,* 253-263.

Ross, J. & Staw, B. M. (1986). Expo 86: An escalation prototype. *Administrative Science Quarterly, 31,* 274-297.

Ross, J. & Staw, B. M. (1991). Managing escalation processes in organizations. *Journal of Managerial Issues, 3,* 15-30.

Schulz-Hardt, S. (1997). *Realitätsflucht in Entscheidungsprozessen: Von Groupthink zum Entscheidungsautismus.* Bern: Huber.

Schulz-Hardt, S. & Frey, D. (1997). Gelernte Sorglosigkeit und umweltbewußtes Verhalten am Beispiel Müllvermeidung. In R. Weitkunat, J. Haisch & M. Kessler (Hrsg.), *Public Health und Gesundheitspsychologie* (S. 399-410). Bern: Huber.

Schulz-Hardt, S. & Lüthgens, C. (1996). Sind die Deutschen risikoscheu? Psychologie des deutschen Zögerns. *Universitas, 51,* 803-815.

Schweiger, D. M., Sandberg, W. R. & Ragan, J. W. (1986). Group approaches for improving strategic decision making: A comparative analysis of dialectical inquiry, devil's advocacy, and consensus. *Academy of Management Journal, 29,* 51-71.

Schwenk, C. R. & Cosier, R. A. (1993). The effects of consensus and devil's advocacy on strategic decision making. *Journal of Applied Social Psychology, 23,* 126-139.

Simonson, I. & Staw, B. M. (1992). Deescalation strategies: A comparison of techniques for reducing commitment to losing courses of action. *Journal of Applied Psychology, 77,* 419-426.

Stasser, G. (1992). Pooling of unshared information during group discussion. In S. Worchel, W. Wood & J. A. Simpson (Eds.), *Group process and productivity* (pp. 48-67). Newbury Park, CA: Sage.

Stasser, G. & Stewart, D. D. (1992). Discovery of hidden profiles by decision-making groups: Solving a problem versus making a judgement. *Journal of Personality and Social Psychology, 63,* 426-434.

Stasser, G., Stewart, D. D. & Wittenbaum, G. M. (1995). Expert roles and information exchange during discussion: The importance of knowing who knows what. *Journal of Experimental Social Psychology, 31,* 244-265.

Staw, B. M. (1997). The escalation of commitment: An update and appraisal. In Z. Shapira (Ed.), *Organizational decision making* (pp. 191-215). Cambridge: University Press.

Staw, B. M., Barsade, S. G. & Koput, K. W. (1997). Escalation at the credit window: A longitudinal study of bank executives' recognition and write-off of problem loans. *Journal of Applied Psychology, 82,* 130-142.

Staw, B. M. & Ross, J. (1987). Behavior in escalation situations: Antecedents, prototypes, and solutions. In B. M. Staw & J. Cummings (Eds.), *Research in Organizational Behavior* (Vol. 9, pp. 39-78). Greenwich, CT: JAI Press.

Tetlock, P. E., Petersen, R. S., McGuire, C., Chang, S. & Feld, P. (1992). Assessing political group dynamics: A test of the groupthink model. *Journal of Personality and Social Psychology, 63,* 403-425.

Weinstein, N. D. (1984). Why it won't happen to me: Perceptions of risk factors and susceptibility. *Health Psychology, 3,* 431-457.

Winquist, J. R. & Larson, J. R. Jr. (1998). Information pooling: When it impacts group decision making. *Journal of Personality and Social Psychology, 74,* 371-377.

Whyte, G. (1986). Escalating commitment to a course of action: A reinterpretation. *Academy of Management Review, 11,* 311-321.

Zajonc, R. B. (1980). Feeling and thinking – preferences need no inferences. *American Psychologist, 35,* 151-175.

25 Lernen

H.-Peter Musahl

1 Konzeptuelle Einordnung: Was ist „Lernen"?

Wenn sich eine Person in einer Situation zunächst unangemessen verhält, bei einer späteren, ähnlichen Gelegenheit jedoch erfolgreich, dann *erklären* wir dies mit ihrer Fähigkeit zum „*Lernen*": Sie hat sich an eigener oder von anderen übernommener *Erfahrung* orientiert.

Eine klassische Definition von „Lernen" lautet: „*Veränderungen in der Wahrscheinlichkeit, mit der Verhaltensweisen in bestimmten Reizsituationen auftreten, bezeichnet man als Lernen, sofern diese ... auf frühere Begegnungen mit dieser oder einer ähnlichen Reizsituation zurückgehen.*" (Hofstätter, 1957, S. 195).

1.1 Lernen, ein explikatives Konstrukt

Aktuelles Verhalten wird als Ergebnis eines organismischen und kognitiven Prozesses der Informationsverarbeitung *erklärt*, Lernen ist also ein explikatives Konstrukt: Wir lernen die Verknüpfung von neuen mit bekannten Reizen („S" von lat. „stimulus"), von rotem Verkehrslicht und „Stop!", daß „ABS" eine technische Bremshilfe im Pkw ist („Assoziations-Lernen"). Die Folgen des Verhaltens („R" von neulat. „re-agere", auch engl. „response") befähigen uns im Kontakt mit anderen zu sozial angemessenem Verhalten („Erfolgs-Lernen") und wir übernehmen von Vorbildern deren Umgang mit Gesundheit und Umwelt („Modell-Lernen"). Mit Lernen ist aber auch zu erklären, daß wir in bestimmten Situationen ängstlich sind, Routinetätigkeiten unterschätzen oder Gesundheitsgefahren (Gefahrstoffe, Rauchen) und Umweltschäden übersehen, deren Folgen nicht unmittelbar wahrzunehmen sind (Ozon).

Lernen hat kein erkennbares Präsens. Erst im nachhinein zeigt sich eine Veränderung von Verhaltenswahrscheinlichkeiten. Daher ist es theoretisch unzulässig, einen Reiz vorab als „Verstärker" oder „Bestrafung" zu bezeichnen; ob die Annahme zu Recht besteht, ist erst anhand der resultierenden Verhaltenswahrscheinlichkeiten, also post-hoc ablesbar.

Kein Reiz *ist* Verstärker oder Bestrafung; selbst wenn wir von „aversiven" und „appetitiven" Reizen sprechen, bezieht sich diese Zuordnung nur auf plausible biologische Grundannahmen. Oder wir gehen von unserer eigenen Erfahrung mit der verstärkenden Wirkung eines Ereignisses aus und „assume the same effect upon others" (Skinner, 1953, p. 73); formal ist diese introspektiv (!) gewonnene Hypothese ein Vorgriff auf die angenommene Wirkung. Auch die Aussage, ein Proband „wird verstärkt" oder „bestraft", ist unzulässig und theoretisch gefährlich; sonst sind Mißverständnisse unvermeidlich. Ein Beispiel ist die unzutreffende Behauptung, der Verstärker der negativen Verstärkung sei ein „aversiver" Reiz. Diese Verwechslung von negativer Verstärkung und Bestrafung bezeichnen Leahey & Harris (1985, p. 78) als „...one of the two most common confusions in all psychology...".

1.2 Lernen als komplexer Prozeß der personalen und situativen Anpassung

Lernen ist ein komplexer Prozeß der individuellen Anpassung an aktuelle situative Gegebenheiten. Diese beeinflussen Wahrnehmen, Denken, emotionale Stellungnahme, motivationale Bewertung und resultierende Handlung – auf der Grundlage der subjektiven Repräsentation dieser Situation bei genau dieser Person. Reize müssen unter den gegebenen kontextuellen Bedingungen überschwellig, identifizier- und skalierbar sowie individuell bedeutsam sein, förderliche oder schädliche Eigenschaften aufweisen, so daß sie schließlich zur Handlungsinitiierung führen – oder sie verhindern.

Biologische Rahmenbedingungen, der *aktuelle Bedürfniszustand* (Heckhausen, 1989) und die bisherigen Erfahrungen in einer persönlichen („domainspecific") Lebenswelt sind entscheidende Bestimmungsgrößen für den individuellen Lernprozeß.

Die vereinfachende Vorstellung von Mensch und Tier als passiven „Reiz-Reaktions-Maschinen", die sich SR-Folgen ohne „innere Prozesse" mechanisch aneignen, mag für den Kontrast zwischen naivem Behaviorismus und naivem Kognitivismus als eine Art Gruselmärchen didaktisch tauglich gewesen sein – sie wurde und wird lernpsychologischer Modellbildung aber nicht gerecht. Skinners Einwände gegen kognitivistische Argumente waren methodologisch, nicht aber konzeptuell begründet: „No one doubts that behavior involves internal processes; the question is how well they can be known through introspection." (Skinner, 1968, p. 9f).

2 Die wichtigsten Lern-Theorien

Die folgenden Lern-Theorien sind einander ergänzende Erklärungen für unterschiedliche Lernformen, die Gemeinsamkeiten und Übergangsstellen aufweisen. Dabei bezieht sich die erste Gruppe auf Prozesse der *Veränderung in der Bedeutungszuweisung zu Reizen* (Assoziations-Lernen), bei der zweiten verändern die *„Konsequenzen" von Reaktionen* deren künftiges Auftreten (Erfolgs- und Modell-Lernen).

2.1 Assoziations-Lernen: Verknüpfungen von Reizen

Beim Assoziations-Lernen (AL) werden Reize miteinander verknüpft, so daß ein Reiz S1, zu dem bisher eine unspezifische Reaktion R1 gehörte, eine bestimmte, bisher mit dem Reiz S2 verbundene Reaktion auslöst. Für diese „Reiz-Substitution" ist vornehmlich das sog. *Kontiguitäts-Prinzip* bedeutsam (Guthrie, 1935), die zeitliche Nachbarschaft von S1 und S2. Drei Formen der *Veränderungen in der Bedeutungszuweisung zu Reizen* können unterschieden werden: biologische Grundformen, kognitive Verknüpfungen bisher nicht verbundener Ereignisse und das „klassische Konditionieren".

2.1.1 Biologische Grundformen
Bei den elementaren biologischen Grundformen des AL kommt es zu reizspezifischen Bedeutungszuweisungen, die zu Empfindlichkeitsänderungen für bestimmte Reize führen:

„Prägung": Ein bisher „neutraler Reiz" erfährt zu einem biologisch definierten Zeitpunkt (sog. sensible Phase) eine zumeist irreversibel festgelegte Bedeutungszuweisung als Auslöser bestimmten Verhaltens (z.B. Folgereaktion von Nestflüchtern).

„Habituation": Es entwickelt sich ein reizspezifischer Schwund der Reaktion auf eine Reizkonstellation („Adaptation"): Beständige Gefährdungen, Gerüche, Beschallung, Medikamenten- oder Drogenkonsum führen zu Reaktionsabschwächung.

„Sensitivierung": Aufgrund eines bestimmten Reizes erhöht der Organismus seine generelle Erregbarkeit und Reaktionsbereitschaft (synonym: „Sensibilisierung").

Habituation erschwert den Nachweis realer Veränderungen: Raucher registrieren ihren Husten nicht, bemerken also auch nicht dessen Nachlassen, nachdem sie Nichtraucher geworden sind. *Sensitivierung begünstigt* demgegenüber empirische Scheineffekte, die einer Intervention zugeschrieben werden, tatsächlich aber *reaktive Effekte* sind: Der Proband „entdeckt" bisher unbeachtete Zustände, die z.B. in (psycho)-pharmakologischen Studien als Nebenwirkung der Behandlung bezeichnet werden. Bei allgemein gesteigerter Aufmerksamkeit für mögliche Folgen neuer Technologien (Mikrowellen, Funktelephone, Kernkraftanlagen, Müllverbrennung) werden von besorgten Bürgern gesundheitliche Schäden registriert, die vorher nicht untersucht oder einfach vernachlässigt wurden. Bei Erfolgskontrollen von Interventionen sind derartige *Konfundierungen* zu beachten und versuchsplanerisch zu kontrollieren.

2.1.2 Kognitive Verknüpfungen
Abfolgen von Reizen (Ereignisse, Symbole, Begriffe) werden kognitiv zu intuitiven *„Wenn-dann"-Beziehungen* verknüpft: Zuvor neutrale Umweltsignale werden

mit bereits vorhandenen kognitiven, motorischen oder affektiven Signalen und bestimmten Reaktionen verbunden („Signal-Lernen"). Gedächtnisleistungen und „Eselsbrücken", Paarungen von Wortbedeutungen oder Abkürzungen, sprachliche, logische und andere assoziative Ketten oder Folgen von Signalen und motorischen Reaktionen (rotes Verkehrslicht – „Halt" – Bremsen) beruhen auf Prinzipien des AL. Auch *emotionale Stellungnahmen* werden auf diese Weise gelernt – und häufig zu Unrecht der „klassischen Konditionierung" zugeordnet: Wenn neutrale Reize wie der weiße Kittel der Kinderärztin nach der schmerzhaften Blutentnahme beim Kleinkind künftig spontanes Weinen auslöst, dann ist dies auf AL zurückzuführen.

Für diese Verknüpfung von Reizen gelten *Heurismen*, intuitive Regelwerke zum Erkennen von Ordnung und Redundanzen, die aber auch zu zahlreichen Fehlschlüssen führen (sog. „bias"-Forschung; s. Kahneman, Slovic & Tversky, 1982). Volksweisheiten und Slogans bedienen sich solcher Wenn-dann-Bilder: „Was Hänschen nicht lernt, lernt Hans nimmermehr" oder: „Gefahr erkannt, Gefahr gebannt". Wenn „wissenschaftlich" zugleich „wahr" heißt und „signifikant" auch „bedeutsam" ist, dann zeigt dies *zutreffende und falsche Verknüpfungen*, die zum subjektiven Überzeugungswissen gehören.

2.1.3 „Klassische Konditionierung"

Bei der Verknüpfung eines neutralen Reizes S1 mit einem reflexauslösenden Reiz S2 wird nach einigen Lerndurchgängen eine dem Reflex R2 *analoge* Reaktion durch S1 erreicht – diese Form des AL kann also nur dann stattfinden, wenn ein *biologisch vorgegebener Reflex* existiert; sie ist daher beim Menschen eher eine Ausnahme. Experimentelles Paradigma der „klassischen Konditionierung" ist Pawlows Experiment zum Speichelfluß-Reflex des Hundes (Pawlow, 1916): Darbietung von Futter ist u̲nconditionaler S̲timulus (UCS) zur Auslösung von Speichelfluß beim Hund – dieser Reflex ist an keine weitere Bedingung geknüpft und wird als die u̲nconditionale R̲eaktion (UCR) bezeichnet. Ertönt vor der Futterdarbietung eine Glocke, ein „neutraler Reiz", den der Hund zwar hört, jedoch mit keiner spezifischen Reaktion beantwortet, dann bewirkt nach einigen Wiederholungen der Folge „Glocke-Futter" der Ton als jetzt c̲onditionaler S̲timulus (CS) eine c̲onditionale R̲eaktion (CR): Speichelfluß.

Die gelernte, nur unter der Bedingung der Verknüpfung von Ton und Futter wirksame, also „konditionale" oder synonym: „konditionierte Reaktion" schwächt sich ab, wenn CS (Ton) über einen längeren Zeitraum ohne zumindest gelegentliche („intermittierende") Assoziation mit UCS (Futter) dargeboten wird. Dies ist der substantielle Unterschied zwischen den im übrigen identisch erscheinenden Reaktionen CR und UCR.

2.2 Erfolgs-Lernen: Reaktionen haben Folgen

Nach dem Effektgesetz (Thorndike, 1898) ist der *Erfolg des Verhaltens ein evolutionär bedeutsames Prinzip* bei Organismen, deren Verhaltensweisen nicht biologisch, z.B. durch Instinktprogramme festgelegt sind. Erfolg und Mißerfolg bestimmen die künftige Auftretenshäufigkeit (Erfolgs-Lernen; EL); erfolglose Verhaltensweisen sind nachteilig für das Überleben. Hier knüpft Skinners Theorie der „operanten Konditionierung" an (Skinner, 1953). Auf ein zum Zeitpunkt t1 spontan oder als Reaktion auf einen inneren oder äußeren Reiz (S1) auftretendes Verhalten („operant behavior"; R1.1) wird ein Folgereiz (SR1) wahrgenommen, der als „Konsequenz" dem voraufgegangenen Verhalten zugeordnet wird. Je nach Bewertung dieser „Kontingenz" von Verhalten (R1.1) und Folgeereignis (SR1) tritt das Verhalten künftig (Zeitpunkt t2, also R1.2) häufiger oder seltener auf.

2.2.1 Zur Kontingenz von Verhalten und Folgeereignis

Die zeitliche Nähe (Kontiguität) von Reaktion und Folgereiz begünstigt das Erkennen der Kontingenz von Verhalten und Konsequenz. Während für Kontiguität aber überwiegend physikalische (räumlich-zeitliche) Bedingungen bedeutsam sind, sind Kontingenzen subjektive kognitive Leistungen im Sinne des Erkennens oder der Annahme einer „Wenn-dann"-Beziehung: Kontingenzen mögen in der Außenwelt in bestimmter Weise objektiv gegeben sein; wir handeln jedoch nicht nach dem, was „ist", sondern nach dessen kognitiver Repräsentation, oder: Wenn nach einem kräftigen Ruck an der Bügeleisenschnur im gleichen Moment in der Stadt der Strom ausfällt, dann belegt der erschrockene Ruf „Das wollt' ich nicht!" keineswegs, daß Herr M. eine objektiv zutreffende Handlungs-Folgen-Kontingenz gebildet hat, aufgrund derer er künftig am Stecker statt an der Schnur zieht. Kontingenzen sind also *aktive kognitive Leistungen des Lernenden*, die mit den objektiven Bedingungen übereinstimmen können, aber keineswegs müssen.

2.2.2 „Verstärkung" und „Abschwächung"

Die Wirkgrößen in diesem durch die Kontingenzen hervorgerufenen Veränderungsprozeß sind die „*Verstärkung*" und die „*Abschwächung*"; der übliche Begriff der „Bestrafung" ist ein theoretisch unzulässiger Erklärungsbegriff, weil er der subjektiven Bewertung durch den Lernenden vorgreift. Aufgrund der situativen Bewertung der dem Verhalten durch den Handelnden zugeordneten Konsequenz (S_{R1}) als „Erfolg" oder „Mißerfolg" ergibt sich dessen künftige Wahrscheinlichkeit. Für diesen Veränderungsprozeß gilt:

(1) Die Bewertung erfolgt *nur durch den Empfänger*! Es kommt also nicht auf die Absicht des Senders – Vorgesetzter, Aufsicht, Erzieher, Eltern – an.

(2) Der relative Erfolg wird der voraufgegangenen Verhaltensweise als „*kontingent*" zugeordnet. Je größer der zeitliche Abstand von Verhalten ($R_{1.1}$) und

Konsequenz (S_{R1}) und je komplexer das Ereignisfeld, desto unsicherer wird die Zuordnung.

(3) Verhaltensweise und ihre Konsequenz führen zu einer „*Ergebnis-Erwartung*". Nur solange sie besteht – die Konsequenz zumindest gelegentlich eintritt – wird die entsprechende Verhaltenswahrscheinlichkeit ($p_{R1.2}$) erhöht oder reduziert.

(4) Die Angemessenheit einer Reaktion wird häufig von einem „diskriminativen Reiz" angezeigt. Er signalisiert dem Lernenden, daß dieses Verhalten jetzt erwartet wird, sein Fehlen, daß es unerwünscht ist.

Abschwächung. – Wird das Verhalten $R_{1.1}$, dem ein Ereignis S_{R1} folgt, *seltener* – formal also: $p_{R1.1} > p_{R1.2}$ – dann hat S_{R1} eine *Abschwächung* bewirkt. Diese „Mißerfolgs"-Bewertung erfolgt unter *zwei Bedingungen*:

(1) Die Konsequenz wird als „*Aversions*"-Reiz interpretiert, z.B. als „Bestrafung", Tadel, Mißerfolg oder ungünstige, negative Rückmeldung („Falsch!").

(2) Ein „*erwarteter Appetenz*"-*Reiz folgt* über einen längeren Zeitraum *nicht*; der resultierende Vorgang ist derjenige der „Extinktion" oder Löschung.

Verstärkung. – Wird das Verhalten $R_{1.1}$, dem ein Ereignis S_{R1} folgt, *häufiger* – formal also: $p_{R1.1} < p_{R1.2}$ – dann hat S_{R1} eine *Verstärkung* bewirkt. Diese „Erfolgs"-Bewertung erfolgt unter *zwei Bedingungen*, die als „positive" und „negative" Verstärkung unterschieden werden:

(1) Die Konsequenz wird als „*Appetenz*"-Reiz interpretiert, z.B. als Belohnung, Lob, Erfolg, günstige, positive Rückmeldung („Richtig!"). Sie bewirkt eine „*positive*" *Verstärkung*.

(2) Ein „*erwarteter Aversions*"-*Reiz folgt nicht*,

(a) weil *eigene Aktivität* nach anfänglicher Wirkung zur Flucht verhilft („Fluchtlernen") oder zur Vermeidung führt („Vermeidungslernen") oder

(b) *ohne eigenes Zutun* – das *erwartete Unangenehme tritt einfach nicht ein.* Diese beiden Fälle bewirken eine „*negative*" *Verstärkung*.

2.2.3 Zur Wirkung realer Kontingenzen

Diese Verstärkungs- und Abschwächungs-Kontingenzen wirken je nach ihrer Stärke, Häufigkeit und zeitlichen Verteilung; man unterscheidet kontinuierliche, fixierte und variable Quoten- oder Intervallverstärkungen. *Je variabler und/oder seltener eine Verstärkung eintritt, desto nachhaltiger ist der Lerneffekt*; dies erklärt die beeindruckend stabilen Lerneffekte unter realen Kontingenzen.

In Betrieben und Organisationen existieren üblicherweise unterschiedliche „Führungsstile" nebeneinander: Während einem Mitarbeiter „kein Tadel schon Lob genug!" sein könnte, bevorzugt dieser Vorgesetzte präzise Kritik und explizites Lob, dem anderen gilt Lob als „soft". Wenig aufeinander abgestimmte, inkonsistente Kontingenzen sind auch für viele Erziehungsprozesse charakteristisch: In der Schule werden dem Kunsterzieher und dem Mathematiker vermutlich unterschiedliche Reaktions- oder Rückmeldemuster zugebilligt; ebenso gelten für Eltern und Großeltern offenkundig verschiedene „Strenge"-Standards.

Negative Verstärkung, bei der man Verbotenes tut, die Strafe aber ausbleibt, hat für die Arbeits- und Organisationspsychologie eine besondere Bedeutung. Verharmloste Regelverstöße, Krankheitsursachen oder Umweltschäden behalten aufgrund aperiodischer, statistisch „seltener" oder verzögert auftretender Schäden ihren Verstärkungs-Charakter. Es kommt sogar zur Wirkungs-„Verdoppelung": Das *subjektiv erfolgreiche Vermeiden oder Bewältigen* von Bedrohung, Verletzung oder staatlicher Strafverfolgung (= negative Verstärkung) führt in sozialen Systemen, in denen die Bewältigung von Gefahr ein prestigeförderliches Kennzeichen von Stärke ist (Mutprobe) oder die Mißachtung von Regeln den *sozialen Status* mitbestimmt („Blaulicht"-Privileg), zum Zugewinn an sozialer Geltung (= positive Verstärkung).

2.3 Modell-Lernen: Von anderen lernen

Mit Hilfe des operanten Konditionierens erleben wir tatsächliche oder vermeintliche Konsequenzen eigenen Verhaltens, wir erwerben aber keine neuen Handlungsmöglichkeiten. Dies geschieht beim Imitations- oder Modell-Lernen (ML): Wenn es heißt „Ganz die Mutter!" oder „Genau wie sein Chef!", dann beschreibt dies einen Prozeß, bei dem aufgrund von Beobachtung vorhandene Reaktionsmuster anderen angeglichen („Modellierung") oder neue erworben werden („Aneignung"). Wir profitieren als Beobachter vom Erfolg und Mißerfolg des Modells, das *„stellvertretend" verstärkt, aber auch bestraft* wird (Bandura, 1976). ML ist also Lernen *von einem Modell*, also „aus 2. Hand"; aufgrund der sozialen Interaktion bewirkt ML zudem einen Zugewinn von Wissen (sozial-interaktive Kognition).

2.3.1 ML als „sozial-kognitives" Lernen

ML dient der modellierenden Veränderung vorhandener und dem Zugewinn *neuer* sowie *komplexer* sozialer, affektiver, kognitiver und psychomotorischer Verhaltensmuster, allgemeinem und fachspezifischem Spracherwerb, von Einstellungen, affektiven Vorlieben oder auch Phobien, Denk-, Urteils- und Sprechmustern – man denke an den Sprachverbrauch in der Werbung, bei Journalisten oder Politikern. ML wird begünstigt, wenn es sozial nützt; der Lernende wird dann *extern verstärkt*. Dies gilt z.B., wenn die soziale Anerkennung einer Gruppe mit bestimmten Formen des Umgangs mit Genußmitteln („Sektempfang"), gefährlichen Sportarten, Drogen oder aber umgekehrt mit umweltfreundlichem Konsumverzicht („voluntary simplicity lifestyle") verbunden ist.

Zur *Selbstregulation* kommt es, wenn wir uns aufgrund eines Vergleichs mit eigenen Standards *selbst belohnen oder bestrafen*; hierfür spielt die Selbstwirksamkeitserwartung und -einschätzung („self-efficacy") eine zentrale Rolle. ML ist also kein mechanisches Kopieren, sondern *aktives Anpassen und Aneignen*: Der Übernahme der Verhaltensweise eines Modells geht ein *Selektion*sprozeß voraus. Der Beobachter richtet seine *Aufmerksamkeit* auf das Modell, prägt sich ein gedankliches Abbild des Verhaltens ein, reproduziert es mental und entscheidet schließlich nach Maßgabe motivationaler Kriterien über dessen tatsächliche Übernahme; auf diesen Prinzipien beruht das „observative Training" in der beruflichen Ausbildung (Ulich, 1994).

2.3.2 Wer wird „Modell" – und wer ist „Vorbild"?

Eine für die „*Vorbild*"-Diskussion am Arbeitsplatz und in Organisationen wichtige Frage lautet: Wer wird oder ist „Modell" für einen anderen (s. hierzu Angermeier, Bednorz & Schuster, 1991; Reinecker, 1994)? Der Appell, Eltern, Lehrer oder Führungskräfte „*müssen Vorbild sein!*" steht in vielen betrieblichen Grundsatzerklärungen, Traktaten zur Arbeitssicherheit und Mitarbeiterführung. Aber: Diese Forderung ist deklamatorisch und irreführend. Denn wir haben nicht die Wahl, ob wir „Vorbild" sein wollen oder nicht:

(1) *Dies entscheidet der „Empfänger"*, der Lernende also und nicht derjenige, der das Modell ist oder gern „Vorbild" wäre.

(2) Wer die *Kontrolle über das Verhalten anderer* hat, über Macht und Kompetenz verfügt, Zuneigung geben und entziehen kann, wird als Modell bevorzugt.

(3) *Erfolgreiche Modelle*, also die „Arrivierten", in der sozialen Rangfolge bereits oben Angekommenen, attraktive Personen, aber auch die erfolgreichen Regelverletzer, (negative Verstärkung!) werden imitiert.

(4) Modelle mit größerer *Identifikations- und Realitätsnähe*, mit ähnlichen sozialen Rollen oder ähnlichem Verhaltensrepertoir werden nachgeahmt.

(5) *Bestrafte oder affektiv zurückgewiesene Personen*, unbeliebte Vorgesetzte werden wahrgenommen und als Modell *abgelehnt*, erregen aber die Aufmerksamkeit der Beobachter.

Beobachter, für die *wir* kompetent sind oder so, wie sie selbst gern wären, werden unsere Sprechweise, Einstellungen, Unarten und Phobien, unsere Art von Humor, Vorlieben und Abneigungen übernehmen und weitergeben. Modell oder Vorbild zu sein oder nicht können wir demnach weder beeinflussen noch verhindern. Wir müssen vielmehr *zur Kenntnis nehmen, daß wir Verhaltens-Modelle sind* – im Guten wie im Bösen! Es ist Teil unserer sozialen Verantwortung.

3 Anwendungsmöglichkeiten

„Anwendung von Lernen" geschah schon, bevor Menschen verstanden haben, daß ihr Verhalten variabel ist, nicht von der Biologie oder „höheren Mächten" vorgegeben. Diejenigen unserer Vorfahren hatten einen Überlebensvorteil, deren Verhalten sich den jeweiligen Umweltbedingungen optimal anpaßte, die mit naiven Heurismen ihre Welt ordnen konnten. Lerntheorien lassen uns die Funktionselemente dieses Prozesses besser verstehen.

In den letzten Jahren wird wieder verstärkt Lern-„Psychologie" thematisiert. In der Pädagogischen Psychologie ist diese Renaissance verbunden mit den Begriffen des „strukturalistischen", „konnektionistischen" oder „selbstregulierten" Lernens (Boekaerts, 1996; s. hierzu im Überblick Mietzel, in Druck). Auf die komplexe Interaktion von Prozessen des sozial-interaktiven Lernens im Verlauf der Lebensspanne weisen auch die Arbeiten der Berliner Forschungsgruppe um Paul B. Baltes zum Konstrukt der „Weisheit" hin (Baltes, 1997; Staudinger & Baltes, 1996). Bei der Bewältigung krisenhafter, existentieller Ereignisse oder der Beurteilung wichtiger Lebensfragen wirken persönliche Fähigkeiten und Erfahrungen mit dem Denken anderer zusammen mit der im Verlauf der Lebensspanne gewonnenen Relativierung des eigenen Wertesystems, mit der Klugheit im Umgang mit Unsicherheit und mit zwischenmenschlichen Bezügen und Lernprozessen.

3.1 Lernen als Erklärungskonzept für systemische Effekte

Bei der Betrachtung von Mensch-Maschine-Systemen tendiert eine vornehmlich ingenieurwissenschaftliche Position dazu, Lernen in komplexen Systemen auf seine Wirkung für Fehler und Zuverlässigkeit zu reduzieren. Daß der Mensch aber nicht nur „Regler" oder Überwacher, ein fehlerbehaftetes, begrenzt zuverlässiges „Informationsverarbeitungssystem" ist, sondern ein besonders schneller und leistungsfähiger „Lerner", betont die neuere Fehler-Diskussion (Wehner, 1992, 1997; Wehner & Stadler, 1995; Zimolong, 1990). Menschen lernen beständig, ihre Aufgaben subjektiv wissenskonsistent und situationsangemessen zu lösen. Diese Dynamik des Lern-Transfers von einer Handlung zur nächsten ist in dem klassischen 3-faktoriellen Mensch-Maschine-Organisations-System (McGrath, 1976, p. 1367 f.) nicht modelliert. Das versucht eine Modellerweiterung um einen vierten „Situations"-Faktor als Realisation der zeitkorrelierten Dynamik zu leisten (Musahl, 1997; Abbildung 1). Dabei wird zudem veranschaulicht, daß „systemische" Effekte immer Wechselwirkungseffekte höherer Ordnung sind.

Hierzu ein *Beispiel*: Wenn Mitbürger „A" in Situation 1 (S_1) in seine Wohnstraße einfährt (30 km/h-Zone) und sein Fahrtempo von etwa 50 km/h – wie fast alle anderen Fahrer auch – beibehält, verhält er sich entsprechend der implizit gültigen Norm, er fährt „angepaßt".

Das auch für ihn während seiner Fahrschulzeit verbindliche Regelwerk hat schon lange eine Neu- oder Umdefinition erfahren. Und es wird redefiniert, wenn er morgen (S_2) an dieser Stelle in eine Geschwindigkeitskontrolle gerät. Daß sich dann, in einer folgenden Situation (S_3) wiederum sein Verhalten geändert hat (PxOxMxS$_3$), ist zu hoffen.

Das aktuelle Verhalten resultiert demnach als Wechselwirkung 3. Ordnung (MxOxPxS): Zu einem bestimmten Zeitpunkt (Situation) wirken der technische Zustand (Maschine), die nach dem Regelwerk gültige organisatorische Bestimmtheit (Organisation) und die individuellen Personmerkmale und Informationsverarbeitungsprozesse (Person) zusammen. Der „Situations"-Faktor präzisiert die Einmaligkeit des aktuellen Zusammenwirkens und umfaßt die zeitkorrelierten Veränderungen der einzelnen Komponenten: Für die Maschine sind dies z.B. der Verschleiß und der aktuelle Wartungszustand, für die Systemkomponenten „Person" und „Organisation" sind es insbesondere die aus den bisherigen Interaktionen mit den anderen Komponenten durch „Lernen" entstandenen Veränderungen. (Kasten 1, Kasten 2)

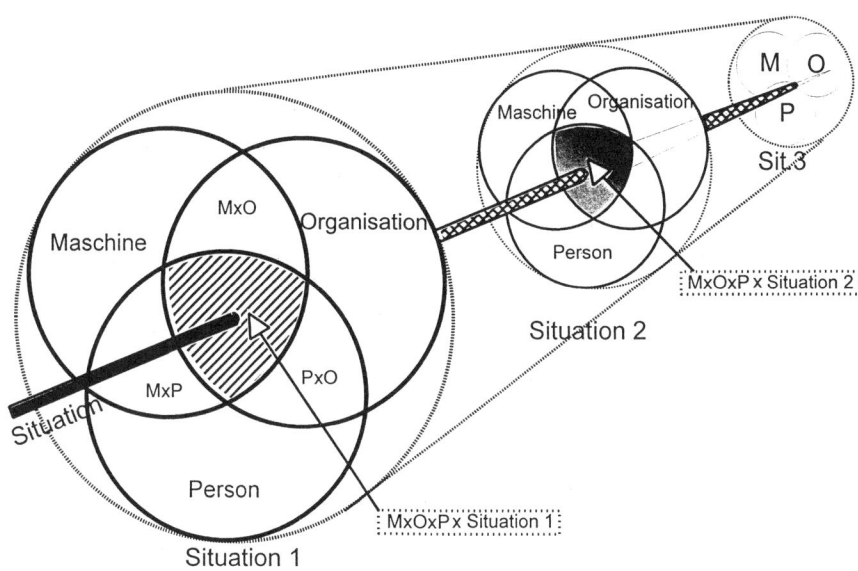

Abbildung 1
In einem dynamischen Maschine-Organisations-Person-Situations - System resultiert die aktuelle Handlung aus der Wechselwirkung zwischen den vier Komponenten (MxOxPxS); der Situationsfaktor modelliert dabei den kontinuierlichen Lern-Transfer der Systemkomponenten Person und Organisation (Musahl, 1997, S. 375).

Kasten 1
Der sog. ABS-Effekt und „Risiko-Kompensation"

Aschenbrenner, Biehl & Wurm (1989, S. 160) konnten zeigen, „...daß sich die Unfallbelastung der mit ABS ausgestatteten Fahrzeuge trotz technisch bedingter, besserer Kontrollierbarkeit nicht von derjenigen der Vergleichsfahrzeuge unterschieden hat", ein Befund, der den Ankündigungen der Hersteller und den Erwartungen der Nutzer widersprach. Tatsächlich zeigten sich nämlich *komplexe Effekte*, deren einfache Interpretation im Sinne von „Risiko-Homöostase" oder erhöhter „Risiko-Bereitschaft" von den Autoren zurückgewiesen wird.

Vermutlich ist eine lernpsychologische Interpretation der ABS-bedingten Verhaltensänderung theoretisch fruchtbarer: Das neue technische Mittel ABS (M), vom Autofahrer als Sicherheits-Element bewußt wahrgenommen (PxM), begünstigte offenbar die Bereitschaft zur Aufweichung von Regeln (PxO) und zu undisziplinierter Fahrweise (PxOxM; schwankendes Spurhalten, Kurvenschneiden). Zusätzlich förderte möglicherweise eine subjektive Fehlinterpretation physikalischer Gegebenheiten („Null-Risiko" dank ABS unter allen Straßenverhältnissen, also: PxMxO) und die kognitive Verarbeitung von Beinahe-Unfall-Situationen im Sinne von Kontroll-Kompetenz (PxS) unzuträgliche Lernprozesse, die dann zu einer von den Autoren als „riskanter" bezeichneten Fahrweise (MxPxOxS) führten.

Kasten 2
Sind „gute Wege gefährlich"?

Beim Vergleich der Häufigkeit von Wegeunfällen („Fahrungs"-Unfälle) dreier Bergwerke, die sich in der Qualität der Fahrwege untertage deutlich voneinander unterschieden, war die Gefahrenkenntnis der Bergleute auf der Anlage mit den technisch besten Fahrwegen (höchste Unfallzahl) am geringsten, auf demjenigen mit schlechter Qualität (niedrigste Unfallzahl) hingegen am besten – gemessen an der Anzahl unterschätzter sog. Fahrungs-Tätigkeiten (Musahl, 1997, S. 357 ff.).

Der Befund kann als Ergebnis „systemischer" Lerneffekte verstanden werden: Je nach Zugehörigkeit zu einem örtlich umgrenzbaren Maschine-Organisations-System (MxO) finden für den Bergmann (P) unterschiedliche Lernprozesse (PxMxOxS) statt – mit einer „wissenskonsistenten" Vernachlässigung von Fahrungs-Aufmerksamkeit bei guter und deren Schärfung bei schlechter „Qualität der Wege".

Wesentliches Vehikel dieses Lernvorgangs sind Beinahe-Unfälle (BU), die unerkannt bleiben: Ist die „anschauliche Gefährlichkeit" der Wege hoch („verfügbar"), wird ständige Aufmerksamkeit gefordert und *Beinahe-Unfälle* werden zumeist *erkannt*. Erfolgreiche Vermeidung „verstärkt" das intensive Vorsorgeverhalten und es kommt zu wenig Unfällen. Demgegenüber sind bei guter Wegequalität vermehrt *unerkannte Beinahe-Unfälle* zu erwarten: Unaufmerksamkeit wird, da zumeist folgenlos, negativ verstärkt, und es resultieren erwartungsgemäß eine allgemein reduzierte Gefahrenkognition, vernachlässigtes Vorsorgeverhalten und erhöhte Unfallzahlen.

3.2 Strafe als unkluges Führungsmittel

In Organisationen und Betrieben werden Regeln häufig durch Verträge gesichert oder mit Strafankündigung bewehrt. Doch angesichts der Fülle gesetzlicher Normen und ihrer kontinuierlichen Vermehrung wird gelegentlich deren „liberalere Handhabung" gefordert. Welche Lerneffekte sind aber zu erwarten, wenn Regeln zwar gelten, nur nicht mehr „so ernst" zu nehmen sind? „Aversive", subjektiv unangenehme Ereignisse reduzieren die Auftretenswahrscheinlichkeit von Handlungen. Bleibt die angekündigte oder erwartete Bestrafung jedoch aus, dann wird das regelwidrige Verhalten negativ verstärkt. Deshalb müßte *Strafankündigung ohne deren Exekution kontraproduktiv* sein: Sie verstärkt das Verhalten, das sie verhindern soll!

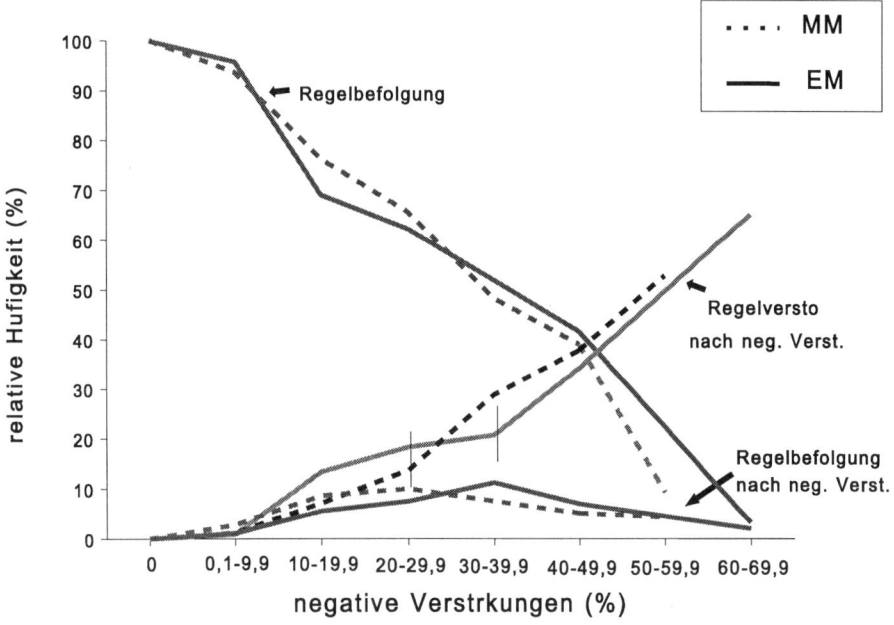

Abbildung 2
Die relative Häufigkeit (in %) von Regelbefolgung und Regelverstößen in Abhängigkeit von der Anzahl bisher erlebter negativer Verstärkungen bei mißerfolgsmeidenden (MM) und erfolgsmotivierten (EM) Personen. Bei MM nehmen Regelverstöße bereits ab ca. 30% bisher erfolgter negativer Verstärkungen überproportional zu, bei den EM erst ab 40%. Im weiteren Verlauf gleichen sich die Verhaltenstrends wieder an (Müller-Gethmann & Musahl, 1996, S. 768).

Das belegt das Ergebnis eines Simulationsexperiments (Musahl & Müller-Gethmann, 1994): Eine Sicherheitsregel sollte beachtet werden; Sanktionsstärke und -häufigkeit waren systematisch variiert. Wurde der Regelverstoß negativ verstärkt, erwies sich dies als sehr wirksam: Die Wahrscheinlichkeit, gegen die Regel zu verstoßen, wird umso größer, je häufiger dies bisher straflos möglich war. Diesen Befund replizierte ein Extensions-experiment, in dem zwischen sog. Mißerfolgsmeidern („MM") und Erfolgsmotivierten („EM") unterschieden wurde (Abbildung 2): Ab etwa 70 % „erfolgreicher" Regelverstöße wurde die Regel überhaupt nicht mehr eingehalten; der Regelverstoß war die neue Norm (Müller-Gethmann & Musahl, 1996).

Dies kann ebensowenig heißen, mehr Strafen zu exekutieren, wie der ABS-Effekt durch den Wegfall von ABS bewältigt wäre. Zu fordern ist vielmehr die Abschaffung von Regeln, deren Einhaltung nicht kontrollierbar ist. Der Befund verdeutlicht, in Übereinstimmung mit der Reaktanz-Forschung und dem Praktikerwissen („Was der Chef duldet, wird Gesetz!"): Strafe ist ein *unkluges Führungsmittel*, weil sie definitiv bindet. Sie zwingt zu beständiger Kontrolle und Strafexekution oder sie befördert mittels negativer Verstärkung ihr Gegenteil.

4 Ausblick

Was hat „Lernen" überhaupt mit Angewandter Psychologie zu tun? Als eine Technologie mit Evaluations- und Gestaltungsaufgabe muß sie die Frage nach den Zielen und Techniken der Veränderung stellen. Überragendes Veränderungs-paradigma der Psychologie ist „Lernen"; seine Richtung bestimmt der Lernende nach seinen Motiven im Rahmen der jeweiligen Intervention mit. Beide Themen sind verknüpft, sie haben gemeinsame Wurzeln in ihrer Ablehnung deterministischer Vorstellungen und in der Forderung nach theoretisch angemessener Konzeptualisierung situationsspezifischen individuellen Handelns.

Zwei Forschungsdesiderata erscheinen besonders dringlich: (1) Die Implikationen des experimentell reformulierten Konzepts der negativen Verstärkung für arbeits- und organisationspsychologische Sachverhalte und (2) die Bedeutung von „Fehlerfreundlichkeit" für das Störungsmanagement in komplexen organisationalen oder Mensch-Maschine-Systemen. Dabei sind nicht nur anwendungsorientierte Fragen zu untersuchen, sondern es ist der grundlagenwissenschaftliche Weg zurück ins Labor zu beschreiten.

Negative Verstärkung als Schlüsselkonzept: Lernen oder Motivation? – Verhalten wird im „normalen Leben", in Organisationen und am Arbeitsplatz von Regeln bestimmt, deren Einhaltung durch Sanktionsandrohung gesichert und auf motivationspsychologischem Weg gefördert werden soll. Dem pädagogischen Wert von Strafen, insbesondere deren „unerwünschten Nebeneffekten" sind zahlreiche Arbeiten gewidmet, von denen viele auf der fehlenden Unterscheidung von negativer Verstärkung und Strafe beruhen. Notwendig sind weitere experimentelle Arbeiten, die diesen Unterschied exemplifizieren und alternative Erklärungen prüfen.

Professionalisierung führt nicht nur zu beruflicher Kompetenz, sie begünstigt auch Lernprozesse, die als Kontroll-Illusion eine unzutreffende Selbsteinschätzung stützen. Agenten dieses heimlichen Lehrplans sind Störungen, die z.B. aufgrund fehlertoleranter Technik, als aktuell nicht registrierte Spätschäden oder als BU unerkannt bleiben; das voraufgegangene sicherheits- oder regelwidrige, gesundheits- oder umweltschädliche Verhalten wird daher positiv oder negativ verstärkt. Dies stützt das subjektive Streben nach Kontrolle, fördert die eigene Expertenschaft – und beeinträchtigt insbesondere bei „seltenen" Ereignissen die Störungs-Analyse und das Störungsmanagement. Die in diesem Prozeß relevanten Ereignisse sind zu identifizieren und in ihrem Effekt zu untersuchen, damit gezielte Interventionen erprobt werden können, die *der Kontroll-Illusion entgegenwirken, ohne die subjektive Kontroll-Kompetenz zu beschädigen* (s. a. Schulz-Hardt & Frey in diesem Band).

Darüber hinaus steht eine grundsätzliche Diskussion an: Wissenschaftshistorischer Hintergrund des Mißverständnisses der negativen Verstärkung war die überwiegende Zurückweisung der operanten Konditionierung als mechanistisch und unpsychologisch – da gab es wohl Mängel in der Skinner-Rezeption. Zur Veränderung störenden Verhaltens wurden überwiegend „Motivations"- (gemeint ist: Motivierungs-) Programme entwickelt. Aber die wenigen Evaluationen sind keineswegs ermutigend. In systematischen Studien ist daher zu untersuchen: Ist negative Verstärkung ein angewandt-psychologisches Schlüsselkonzept oder eine lernpsychologische Petitesse?

Fehlerfreundlichkeit – eine nonkonforme Haltung? – Fehlertoleranz darf nicht zur Vertuschung auftretender, vom technischen System kompensierter Störungen führen, da sie das Fehlurteil vollständiger Systemzuverlässigkeit begünstigt. Notwendig ist vielmehr die Analyse aller Fehler und Störungen als Hilfsmittel des *Fehlermanagements*. Darüber kann man sich mit Praktikern schnell einigen.

Die „Enttabuisierung" von Fehlern, wie sie neuere Fehlerforschung fordert (Wehner, 1992, 1997; Wehner & Stadler, 1995) postuliert den *Fehler als positiv konnotierte, zum Zeitpunkt des Handelns subjektiv richtige Lösung*. Doch dagegen steht zum einen der Umgang mit Fehlern in der Gesellschaft; sie zu verstecken ist zumeist sozial intelligenter. Zum anderen: Eine wesentliche Funktion von Heurismen besteht darin, Urteils-Unsicherheit zu beseitigen – das ist ihr „bias". Es entspricht unserer kognitiven Ergonomie, daß Fehler verdeckt werden; solange sie unerkannt bleiben, begünstigen sie die Verstärkung des bisher erfolgreichen Verhaltens – und behindern förderliche Lernprozesse.

Die Förderung von „Fehlerfreundlichkeit", Mitarbeiter für das Eingeständnis von Fehlern zu belohnen, ist für die meisten Führungskräfte eine (un-)ziemliche Zumutung. Aber: Störungsmanagement in sozio-technischen Systemen wird nur mit einer freundlichen Haltung gegenüber Fehlern zu erreichen sein – eine spannende Forschungs-, Entwicklungs- und Kommunikationsaufgabe.

Literatur

Angermeier, W.F., Bednorz, P. & Schuster, M. (1991). *Lernpsychologie*. München: Reinhardt.

Aschenbrenner, A., Biehl, B. & Wurm, G. (1989). Einfluß der Risikokompensation auf die Wirkung von Verkehrssicherheitsmaßnahmen am Beispiel ABS. In B. Ludborzs (Hrsg.), *Psychologie der Arbeitssicherheit. 4. Workshop 1988* (S. 150-160). Heidelberg: Asanger.

Bandura, A. (Hrsg.) (1976). *Lernen am Modell*. Stuttgart: Klett.

Baltes, P.B. (1997). Die unvollendete Architektur der menschlichen Ontogenese: Implikationen für die Zukunft des vierten Lebensalters. *Psychologische Rundschau, 48,* 191-210.

Boekaerts, M. (1996). Self-regulated learning at the junction of cognition and motivation. *European Psychologist, 1,* 100-112.

Guthrie, E.R. (1935). *The psychology of learning*. New York: Harper & Row.

Heckhausen, H. (1989). *Motivation und Handeln* (2. Aufl.). Berlin: Springer.

Hofstätter, P.R. (1957). *Psychologie*. Frankfurt am Main: Fischer.

Kahneman, D., Slovic, P. & Tversky, A. (1982). *Judgment under uncertainty: Heuristics and biases*. Cambridge: Cambridge University Press.

Leahey, T.H. & Harris, R.J. (1985). *Human Learning*. Englewood Cliffs, NJ: Prentice Hall.

McGrath, J.E. (1976). Stress and behavior in organizations. In M.D. Dunnette (Ed.), *Handbook of industrial and organizational psychology* (pp.1351-1395). Chicago: Rand McNally.

Mietzel, G. (in Druck). *Pädagogische Psychologie des Lernens und Lehrens* (5. Auflage). Göttingen: Hogrefe.

Müller-Gethmann, H. & Musahl, H.-P. (1996). Lernparadigmen oder Sicherheitsmotive? In B. Ludborzs, H. Nold & B. Rüttinger (Hrsg.), *Psychologie der Arbeitssicherheit. 8. Workshop 1995* (S. 757-771). Heidelberg: Asanger.

Musahl, H.-P. (1997). *Gefahrenkognition: Theoretische Annäherungen, empirische Befunde und Anwendungsbezüge zur subjektiven Gefahrenkenntnis*. Heidelberg: Asanger.

Musahl. H.-P. & Müller-Gethmann, H. (1994). Beinahe-Unfälle: Ein für die Theoriebildung und für die sicherheitspsychologische Anwendung „notwendiges" Konstrukt. In F. Burkardt & C. Winklmeier (Hrsg.), *Psychologie der Arbeitssicherheit. 7. Workshop 1993* (S. 431-446). Heidelberg: Asanger.

Oettingen, G. & Little, T.D. (1993). Intelligenz und Selbstwirksamkeitsurteile bei Ost- und Westberliner Schulkindern. *Zeitschrift für Sozialpsychologie, 24,* 186-197.

Pawlow, I.P. (1916). *Der Zielreflex. Sämtliche Werke Bd.3* (S. 222-227). Berlin: Akademie Verlag 1953.

Reinecker, H. (1994). *Grundlagen der Verhaltenstherapie* (2., überarbeitete Auflage). Weinheim: Psychologie Verlags Union.

Staudinger, U.M. & Baltes, P.B. (1996). Weisheit als Gegenstand psychologischer Forschung. *Psychologische Rundschau, 47*, 57-77.

Skinner, B.F. (1953). *Science and Human Behavior*. New York: Macmillan.

Skinner, B.F. (1968). Why I am not a cognitive psychologist. *Behaviorism, 5*, 1-10.

Thorndike, E.L. (1898). Animal intelligence: An experimental study of the associative processes in animals. *Psychological Review Monograph 2*, 1-109.

Ulich, E. (1994). *Arbeitspsychologie* (3. Aufl.). Zürich: vdf; Stuttgart: Schäffer-Poeschel.

Wehner, T. (Hrsg.).(1992). *Sicherheit als Fehlerfreundlichkeit. Arbeits- und sozialpsychologische Befunde für eine kritische Technikbewertung*. Opladen: Westdeutscher Verlag.

Wehner, T. (1997). Fehler und Fehlhandlungen. In H. Luczak & W. Volpert (Hrsg.), *Handbuch Arbeitswissenschaft* (S. 468-472). Stuttgart: Schäffer-Poeschel.

Wehner, T. & Stadler, M. (1995). Gestaltpsychologische Beiträge zur Struktur und Dynamik fehlerhafter Handlungsabläufe. In J. Kuhl & H. Heckhausen (Hrsg.), *Motivation, Volition und Handlung* (Enzyklopädie der Psychologie, Band C, IV, 4, S. 795-815). Göttingen: Hogrefe.

Zimolong, B. (1990). Fehler und Zuverlässigkeit. In C. Graf Hoyos & B. Zimolong (Hrsg.), *Ingenieurpsychologie* (Enzyklopädie der Psychologie, Band D, III, 2, S. 313-345). Göttingen: Hogrefe.

26 Arbeitsmotivation und Arbeitszufriedenheit

Veronika Brandstätter

1 Einleitung

Ausgangspunkt einer motivationspsychologischen Analyse zielgerichteten Handelns ist die Annahme, daß zum einen eine Person über die relevanten *Fähigkeiten* und *Fertigkeiten* (Können) verfügen muß, zum anderen sich in der Situation Gelegenheiten bieten müssen, die entsprechenden Verhaltensweisen ausführen zu können. Doch mit dem Können und dem Vorhandensein von Handlungsgelegenheiten allein ist es nicht getan, auch wenn sie die notwendige Voraussetzung für eine erfolgreiche Handlung darstellen. Die Person muß *bereit* sein, ihr Können auch einzusetzen (Wollen), um bestimmte Ziele zu erreichen. Die Prozesse, die dieser Bereitschaft zugrundeliegen, werden unter dem Begriff der *Motivation* gefaßt.

Wenn man sich im arbeits- und organisationspsychologischen Kontext mit Motivation befaßt, geht es in erster Linie um die Frage, unter welchen Bedingungen Mitarbeiter und Mitarbeiterinnen sich für die *Erreichung der Organisationsziele* einsetzen und sich gleichzeitig an ihrem Arbeitsplatz wohlfühlen. Neben dem reinen Erkenntnisinteresse der angewandten Motivationsforschung steht das Bedürfnis der Praxis, aus den verfügbaren Theorien Interventionsstrategien abzuleiten.

Im vorliegenden Beitrag soll ein Überblick über die wichtigsten motivationspsychologischen Ansätze gegeben werden, die zur Analyse von Arbeitsmotivation und Arbeitszufriedenheit herangezogen werden können (siehe auch Kanfer, 1990; Kleinbeck, Quast, Thierry & Häcker, 1990; Kleinbeck & Six, 1989). Die Vielzahl zum Teil recht heterogener Modelle macht eine Gruppierung erforderlich. Im weiteren sollen die Theorien unterteilt werden in *Inhaltstheorien, Kognitive Theorien der Zielwahl* sowie *Volitionale Theorien der Zielrealisierung.*

2 Inhaltstheorien

In diesen Theorien wird zur Verhaltenserklärung ein inhaltliches Ziel spezifiziert, auf dessen Erreichung das Handeln ausgerichtet ist (Campbell & Pritchard, 1976). Die Quelle für das jeweilige Handlungsziel wird in relativ überdauernden Bestrebungen der Person (Bedürfnissen, Motiven, Werten) gesehen.

2.1 Maslows Bedürfnistheorie

Maslow (1954) formulierte seine Motivationstheorie vor dem Hintergrund seiner klinisch-psychologischen Tätigkeit, in der er sich dem humanistischen Menschenbild verpflichtet fühlte. Folgerichtig ging es ihm darum aufzuzeigen, unter welchen Bedingungen Menschen nach Selbstverwirklichung streben und zu psychischer Gesundheit finden. Er postuliert fünf hierarchisch geordnete Bedürfnisklassen, die im Grunde die ganze Bandbreite menschlichen Verhaltens erklären sollen: (a) Physiologische Bedürfnisse, die Bedürfnisse nach (b) Angstfreiheit und Schutz, (c) Kontakt und Zugehörigkeit, (d) Anerkennung und Status sowie nach (e) Selbstverwirklichung. Eng verknüpft mit dem Postulat einer hierarchischen Anordnung dieser Bedürfnisse ist die sogenannte Befriedigungs-Progressions-Hypothese. Sie besagt: Eine Bedürfnisklasse wird erst dann handlungsleitend, wenn die untergeordneten Bedürfnisse befriedigt sind. Eine andauernde Frustration der vier unteren Bedürfniskategorien führe zu Krankheit und verhindere die Aktualisierung des Selbstverwirklichungsstrebens, das letztlich als oberstes Ziel des menschlichen Daseins gilt.

Obwohl Maslows Theorie keine direkten Bezüge zu Fragen der Arbeitsmotivation aufweist, so wurde sie doch vielfach darauf angewandt. Man müsse nur diagnostizieren, auf welchem Bedürfnisniveau sich ein Mitarbeiter befindet, um ihm dann in der Arbeit entsprechende Befriedigungsmöglichkeiten zu bieten. Dies sollte ihn nicht nur zur Leistung motivieren, sondern ihn auch zufriedenstellen. Maslows Theorie erfreut sich unter Praktikern großer Beliebtheit, was in krassem Gegensatz zum Stellenwert steht, den sie in der Motivationsforschung hat. Vor allem werden konzeptuelle Mängel bei der Theorieformulierung (z.B. Probleme bei der Operationalisierung des Selbstverwirklichungsstrebens) und methodische Schwächen bei ihrer empirischen Überprüfung (z.B. Querschnitt- statt Längsschnittstudien) kritisiert (Kanfer, 1990; Neuberger, 1985).

2.2 McClellands Motivtheorie

Ein Ansatz, in dem die affektive Komponente motivationaler Prozesse besonders betont wird, ist das Motivationsmodell von McClelland (1985). Motiviertes Handeln ist nach McClelland das Streben nach positiven Affekten, die sich einstellen, sobald man Zugang zu „natürlichen Anreizen" (natural incentives) hat. Es sind jene Situationen und Handlungen, die evolutionsgeschichtlich für das Überleben der Art funktional waren (z.B. sich gegen andere durchsetzen, für den eigenen Nachwuchs sorgen). Die individuelle Präferenz bestimmter Affektklassen bezeichnet McClelland als Motiv (für andere Motivdefinitionen siehe Heckhausen, 1989). Unterschieden werden bei McClelland (1985) das Leistungs-, Macht- und Anschlußmotiv, denen jeweils ein spezifischer Affekt zugeordnet ist. So wird das

Leistungsmotiv in Tätigkeitsbereichen wirksam, in denen ein Gütemaßstab für eigene Leistungen vorliegt und antizipierter Erfolg bzw. Mißerfolg mit seinen affektiven Reaktionen (Stolz bzw. Beschämung) handlungsleitend wird. Das Machtmotiv zielt auf jene Gefühlserfahrung, die sich einstellt, wenn man Einfluß auf andere hat, während das Anschlußmotiv auf das Vertrautwerden und Geselligsein mit anderen und die damit verbundenen Gefühle von Zugehörigkeit und Geborgenheit gerichtet ist. Grundsätzlich wird angenommen, jeder Mensch besitze die o.g. Motive, jedoch in unterschiedlicher Ausprägung, was sich am Spektrum der für ein bestimmtes Motiv relevanten Handlungssituationen ablesen läßt (zur Motivmessung siehe Heckhausen, 1989).

Die Motivtheorie von McClelland hat in zweierlei Hinsicht Eingang in den organisationspsychologischen Anwendungskontext gefunden – beim Training des Leistungsmotivs von Geschäftsleuten sowie bei der Vorhersage des Führungserfolgs von Managern. McClelland entwickelte Motivtrainingsprogramme, die darauf abzielten, über eine Stärkung des Leistungsmotivs von Inhabern kleinerer und mittlerer Geschäfte die Wirtschaftsentwicklung in Dritte-Welt-Ländern zu fördern (McClelland & Winter, 1969). Diese Motivtrainings waren nicht zuletzt deshalb erfolgreich, weil die Zielgruppe in Berufen tätig war, die in idealer Weise das Leistungsmotiv befriedigen konnten. Das Leistungsmotiv ist ja in erster Linie darauf gerichtet, sich die eigene Tüchtigkeit unter Beweis zu stellen. Das sollte besonders dann möglich sein, wenn man selbständig an kniffligen Aufgabenstellungen zu arbeiten hat. Dies unterscheidet sie aber deutlich von den typischen Führungsaufgaben, die Leistungen der Mitarbeiter zu koordinieren und auf andere Einfluß auszuüben. Folglich eignet sich zur Vorhersage des Führungserfolgs von Managern weniger ihr Leistungsmotiv allein, als vielmehr die Motivkonstellation aus hohem Leistungs-, hohem Macht- und niedrigem Anschlußmotiv (Kock, 1974; zitiert in Heckhausen, 1989).

2.3 Das Job-Characteristics-Modell von Hackman und Oldham

Hackman und Oldham (1980) analysieren, welche Merkmale die Arbeitstätigkeit selbst aufweisen muß, damit die intrinsische Motivation gefördert wird. Ausgangspunkt ihrer Überlegungen ist das Grundbedürfnis des Menschen nach optimaler Stimulation (vgl. das Konzept des Flow-Erlebens bei Csikszentmihalyi, 1975) sowie das Bedürfnis, sich als Verursacher von Änderungen in seiner Umwelt zu erleben (Deci, 1975). Eine Tätigkeit ist danach dann intrinsisch motivierend, wenn sie ein optimales Aktivationsniveau ermöglicht und ein Gefühl der Selbstbestimmung vermittelt.

Die Autoren spezifizieren in ihrem Modell fünf Kernmerkmale der Arbeit, die – über die genannten kritischen Erlebniszustände vermittelt – die intrinsische Motivation, und damit die Qualität der Arbeitsleistung und die Arbeitszufriedenheit erhöhen sollen (Abbildung 1). Den einzelnen Tätigkeitsmerkmalen kommt nach Hackman und Oldham für das „Motivationspotential" (MP) einer Arbeit unterschiedliche Bedeutung zu, was sie anhand einer algebraischen Formel verdeutlichen.

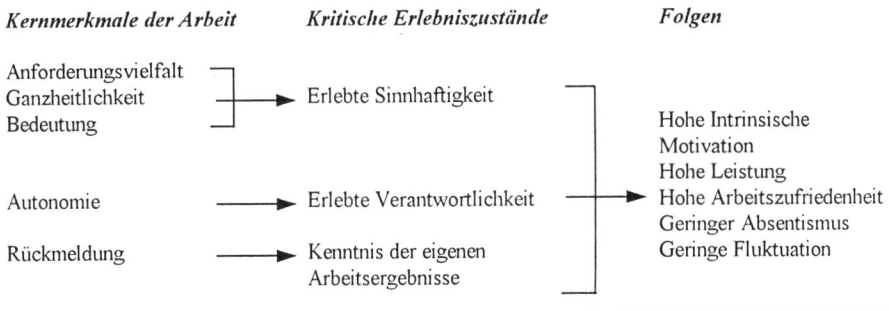

$$MP = \frac{\text{Anforderungsvielfalt} + \text{Ganzheitlichkeit} + \text{Bedeutung}}{3} \times \text{Autonomie} \times \text{Rückmeldung}$$

Abbildung 1
Das „Job-Characteristics-Modell" von Hackman und Oldham (1980)

Hinsichtlich des Einflusses der Arbeitsmerkmale auf die Arbeitszufriedenheit ist das Modell empirisch abgesichert; weniger klar sind die Zusammenhänge mit Leistungsdaten und den daran beteiligten motivationalen Prozessen (Kanfer, 1990) (Kasten 1).

Kasten 1
Differentielle und Dynamische Arbeitsgestaltung

Die Berücksichtigung der intrinsischen Motivation hat wesentlich dazu beigetragen, in der Arbeitsgestaltung den zentralen Weg zur Förderung von Motivation und Zufriedenheit zu sehen. In verschiedenen Arbeitsgestaltungsmaßnahmen (z.B. job rotation, job enlargement, job enrichment, teilautonomen Arbeitsgruppe) zielt man darauf, den eingeschränkten Handlungsspielraum stark spezialisierter Arbeitstätigkeiten zu überwinden. Die ursprüngliche Vorstellung jedoch, daß ein und dieselbe Arbeitsform für alle Beschäftigten gleichermaßen geeignet ist, muß nach Ulich (1994) revidiert werden. Interindividuellen Unterschieden und intraindividuellen Veränderungen im Hinblick auf die motivationalen und fähigkeitsbezogenen Grundbedingungen der Arbeitstätigkeit ist durch die Prinzipien der *Differentiellen* (Wahlmöglichkeiten zwischen verschiedenen Tätigkeiten) und der *Dynamischen* (Schaffung von Arbeitsstrukturen, die sich am Lernfortschritt der Beschäftigten orientieren) *Arbeitsgestaltung* zu begegnen.

2.4 Gerechtigkeit und Fairneß

Die bislang beschriebenen theoretischen Ansätze vermitteln den Eindruck, als handle der Mensch in einem sozialen Vakuum, als wären Einstellungen und Verhalten völlig unbeeinflußt vom sozialen Kontext. Tatsächlich spielen jedoch gerade am Arbeitsplatz soziale Vergleichsprozesse eine wichtige Rolle. So hängt beispielsweise die Zufriedenheit mit dem eigenen Gehalt nicht nur von dessen objektiver Höhe ab, sondern wesentlich von dem, was andere in ähnlicher Position verdienen. Ein Beispiel für einen theoretischen Ansatz, in dessen Mittelpunkt soziale Vergleichsprozesse stehen, ist die Gerechtigkeitstheorie (Equity-Theorie) von Adams (1965). Grundlegend ist die Annahme eines generellen Bedürfnisses nach Ausgeglichenheit sozialer Beziehungen; subjektive Unausgeglichenheit führe zu einem unangenehmen Spannungszustand und motiviere ein Verhalten, das diese Unausgewogenheit beseitigt. Ob Unausgeglichenheit entsteht, hängt ab vom wahrgenommenen Verhältnis zwischen eigenem Ertrag (outcome O_p) und eigenem Einsatz (input I_p) gegenüber dem anderer Personen (O_a/I_a) (Kasten 2).

Kasten 2
Zwei Formen von Unausgeglichenheit und Strategien zu ihrer Beseitigung

$O_p/I_p > O_a/I_a$ („Überbelohnung") oder $O_p/I_p < O_a/I_a$ („Unterbezahlung")

Strategien, durch die ein wahrgenommenes Ungleichgewicht beseitigt werden kann
(a) die Person verändert ihren Einsatz oder Ertrag, (b) sie verzerrt die Wahrnehmung des eigenen oder fremden Einsatzes oder Ertrags, (c) sie bringt die Vergleichsperson dazu, ihren Einsatz oder Ertrag zu verändern, (d) sie wechselt die Vergleichsperson oder (e) sie verläßt das Feld.

Was nun im einzelnen als Einsatz (z.B. Erfahrung, Anstrengung) und was als Ertrag (z.B. Geld, Anerkennung) wahrgenommen wird, hängt von der jeweiligen Vergleichssituation ab. Die theoretischen Annahmen über die Wirkung von Unterbezahlung konnten weitgehend bestätigt werden. Weniger klar sind die Befunde zur Wirkung von Überbezahlung; nicht immer führte sie zu Leistungssteigerungen. Möglicherweise werden „bequemere" Strategien gewählt, um die Unausgewogenheit zu beseitigen, wie beispielsweise eine Uminterpretation der eigenen Einsätze in der Weise, daß die höhere Bezahlung als durchaus verdient erschien (zusf. Greenberg, 1982). Selbst wenn sich aus der Equity-Theorie nur schwer direkte Handlungsanweisungen ableiten lassen, so haben die Überlegungen von Adams die Bedeutung sozialer Vergleichsprozesse als wesentliche Determinanten von Zufriedenheit und Leistung am Arbeitsplatz deutlich gemacht, was bei der Gestaltung von betrieblichen Anreiz- und Belohnungssytemen berücksichtigt wird (siehe Kleinbeck, in diesem Band).

2.5 Wertorientierungen

Das eben geschilderte Streben nach Gerechtigkeit und Fairneß ist *ein* Beispiel für eine individuelle Handlungstendenz, deren Ursprung in spezifischen gesellschaftlichen Wertvorstellungen liegt. Der Einfluß gängiger Werte auf die Einstellung zur Arbeit wurde in den letzten Jahren vor allem im Zusammenhang mit der Diskussion um den Wertewandel analysiert (z.b. Klages, 1984). Wie repräsentative Umfragen belegen, hat Mitte der 60er Jahre ein Wandel der Werte eingesetzt, der bis in die Gegenwart anhält (Klages, 1993). Er ist verbunden mit einer Akzentverschiebung von sog. Pflicht- und Akzeptanzwerten (z.B. Unterordnung, Fleiß) zu sog. Selbstentfaltungswerten (z.B. Autonomie, Abwechslung).

Mit diesem Wertewandel gehen veränderte Ansprüche an die Arbeit einher, was in verschiedener Hinsicht eine Herausforderung für die Unternehmen darstellt. Mitbestimmungs- und Mitgestaltungsmöglichkeiten werden ebenso wie eine inhaltlich interessante, abwechslungsreiche Tätigkeit oder Informations- und Kommunikationsmöglichkeiten von den Arbeitnehmern stärker eingefordert. Traditionelle Führungskonzepte, die auf den Gehorsam des einzelnen bauen, werden infolgedessen weniger erfolgreich sein als solche, bei denen *Mitarbeiter als mündige und eigenverantwortliche Partner* betrachtet werden (Frey, 1994).

Da sich die Anpassung organisationaler Praktiken an die gewandelten Werte der Mitarbeiter nur mit erheblicher zeitlicher Verzögerung vollzieht, entsteht vielfach eine Diskrepanz zwischen den Werten, die der einzelne für sich für verbindlich hält, und jenen, die im Unternehmen aktualisiert sind (v. Rosenstiel & Stengel, 1987). Dies ist insofern problematisch, als Handeln, das eigenen Wertorientierungen und Einstellungen widerspricht, in hohem Maße konflikthaft erlebt wird. Die Folge ist eine mangelnde Identifikation des Individuums mit dem Unternehmen, was sich negativ auf die Leistungsbereitschaft und Zufriedenheit am Arbeitsplatz auswirkt. Umso wichtiger scheinen Bemühungen von Unternehmen, sich aktiv mit gesellschaftlichen Veränderungsprozessen auseinanderzusetzen.

Ein Beispiel dafür sind Unternehmen, deren Personalpolitik auf einer kritischen Reflexion des Wertewandels gründet (z.B. die „Werteorientierte Personalpolitik" bei BMW, Bihl, 1993). Durch die verschiedensten Strategien und Maßnahmen auf allen Unternehmensebenen (z.B. Führungskonzepte, Arbeitsformen, Entgeltsysteme, Weiterbildungsangebote etc.) wird versucht, den veränderten Ansprüchen an die Arbeit gerecht zu werden, um damit die Identifikation der Mitarbeiter und Mitarbeiterinnen mit den Unternehmenszielen zu erhöhen.

Die bislang dargestellten theoretischen Ansätze eignen sich sehr gut zur Vorhersage, welche Ziele jemand für wertvoll erachtet. Ob er sich in einer konkreten Situation auch dafür entscheiden wird, läßt sich jedoch nicht sagen, da dies wesentlich von der Einschätzung der konkreten Realisierungsaussichten abhängt. Dieser Aspekt wird in den Theorien des folgenden Abschnitts aufgegriffen.

3 Kognitive Theorien der Zielwahl

Der Erklärungsanspruch dieser Gruppe von Theorien besteht darin, jene kognitiven Prozesse aufzudecken, die zur Entscheidung für ein Handlungsziel gleich welchen Inhalts führen (von Campbell & Pritchard, 1976, auch als „Prozeßtheorien der Motivation" bezeichnet). Diese Ansätze zählen zur Familie der *Erwartung-mal-Wert-Modelle*. Ihre Grundannahme ist: Das Individuum wählt seine Handlungsziele bewußt und geht dabei rational vor, indem es die Attraktivität des jeweiligen Ziels (Wert) mit der Wahrscheinlichkeit (Erwartung), es zu erreichen, verrechnet. Jene Alternative soll schließlich gewählt werden, die den höchsten subjektiv erwarteten Nutzen verspricht.

3.1 Das Risiko-Wahl-Modell von Atkinson

Ein herausragender Vertreter dieser Forschungsrichtung ist Atkinson (1957), der das sog. Risiko-Wahl-Modell leistungsmotivierten Verhaltens entwickelte. Vorhergesagt werden soll, für welches Aufgabenziel sich eine Person entscheiden wird, wenn ihr mehrere Aufgaben unterschiedlicher Schwierigkeit zur Auswahl stehen. Die wahrgenommene *Aufgabenschwierigkeit* repräsentiert die *subjektive Erfolgswahrscheinlichkeit*, während der *Wert des Leistungsziels* vermittelt ist über die antizipierten Gefühle bei Erreichen bzw. Nicht-Erreichen des Gütestandards (Stolz bei Erfolg, Betroffenheit bei Mißerfolg). Die Handlungsbereitschaft wird schließlich als eine multiplikative Verknüpfung von Wert und Erwartung berechnet, die mit der individuellen Ausprägung des Leistungsmotivs (Hoffnung auf Erfolg oder Furcht vor Mißerfolg) gewichtet wird.

Das Risiko-Wahl-Modell hat eine Fülle an empirischen Arbeiten angeregt, die im großen und ganzen die theoretischen Annahmen für die Aufgabenwahl in einem Leistungskontext bestätigen (zusammenfassend Heckhausen, Schmalt & Schneider, 1985). Die meisten Studien wurden allerdings unter Laborbedingungen durchgeführt; versucht man das Modell auf angewandte Fragestellungen der Arbeitsleistung zu übertragen, werden verschiedene Probleme deutlich. Leistung wird im Risiko-Wahl-Modell nur um ihrer selbst willen angestrebt; das Ziel besteht darin, seine Tüchtigkeit an einem Gütemaßstab zu messen und bei Erfolg den damit verbundenen Stolz über seinen Erfolg zu genießen. Daß man Leistung auch deshalb erbringt, um Belohnungen oder Anerkennung von anderen u.ä. – also extrinsische Anreize – zu erlangen, wird nicht thematisiert. Diese Beschränkungen sind im Erweiterten Kognitiven Motivationsmodell von Heckhausen (1977) oder in Vrooms (1964) Valenz-Instrumentalitäts-Erwartungs-Theorie behoben. Im weiteren soll ausschließlich Vrooms Modell näher dargestellt werden, da Heckhausens theoretische Weiterentwicklung in der grundlagenorientierten Motivationsforschung aufgegriffen wurde, Vrooms Ansatz dagegen angewandte Forschung zur Arbeitsmotivation angeregt hat.

3.2 Vrooms Valenz-Instrumentalitäts-Erwartungs-(VIE)-Theorie

Die Unterschiede zum Risiko-Wahl-Modell liegen zum einen darin, wie in Vrooms Ansatz (1964) der Anreiz (Valenz) eines Ziels konzeptuell gefaßt ist, und zum anderen in einer Differenzierung des Erwartungskonzeptes. War es bei Atkinson ausschließlich positive Selbstbewertung, die den Wert eines Handlungsziels ausmachte, sind es im VIE-Modell alle subjektiv bewerteten *Konsequenzen*, die das Erzielen eines Handlungsergebnisses nach sich ziehen kann. Damit wird es erst möglich, die vielfältigen positiven und negativen Anreize einer gegebenen Berufssituation zu berücksichtigen (z.B. höherer Verdienst, weniger Freizeit). Die Erweiterung um die antizipierten Ergebnis-Konsequenzen macht es notwendig, auch das Erwartungskonzept zu differenzieren. Ob eine Handlung ausgeführt wird, hängt nicht mehr allein davon ab, ob man es sich zutraut, sie zu einem erfolgreichen Abschluß zu bringen (Ergebniserwartung). Vielmehr spielt dabei auch die erwartete Enge des Zusammenhangs zwischen dem Handlungsergbenis und den weiteren Konsequenzen eine Rolle (Instrumentalitätserwartung), da deren Eintreten in der Regel nicht in der eigenen Verfügungsgewalt liegt (Abbildung 2).

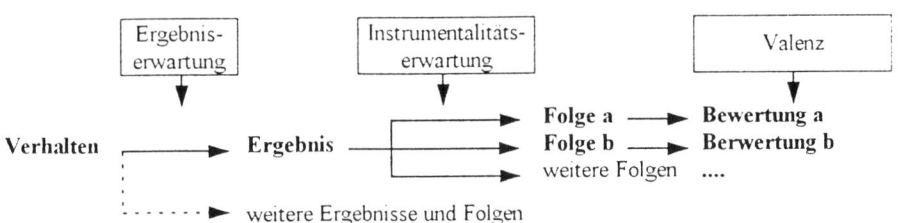

Abbildung 2
Das VIE-Modell von Vroom (1964)

Vrooms VIE-Modell hat sich bei der Erklärung unterschiedlichster Aspekte des Arbeitsverhaltens (z.B. Berufswahl, Arbeitszufriedenheit, Fluktuation) gut bewährt (für einen Überblick Mitchell, 1982). Es bietet zahlreiche Ansatzpunkte, um motivationale Probleme am Arbeitsplatz zu diagnostizieren und entsprechend gestaltend einzugreifen (z.B. bei fehlenden Instrumentalitäten für hohe Leistung). Kritik am Modell richtete sich zum einen auf einige seiner konstrukt- und meßtheoretische Annahmen (z.B. die postulierte Unabhängigkeit von Wert und Erwartung, das Skalenniveau der Modellvariablen), zum anderen auf das implizite Menschenbild, nach dem das Individuum kühl rechnend seine Handlungen nach dem Nutzenmaximierungskalkül auswählt (siehe Neuberger, 1985).

3.3 Weiners attributionale Theorie der Motivation und Emotion

Die für den Motivationsprozeß als zentral erachteten Variablen Erwartung und Wert stehen auch im Mittelpunkt des Ansatzes von Weiner (zusammenfassend 1986). Darin werden Erwartungen und die über antizipierte Affekte vermittelten Anreize in Abhängigkeit von *Ursachenzuschreibungen* für erzielte Handlungsergebnisse untersucht. Weiner befaßt sich also mit der Frage, aufgrund welcher Prozesse es zu bestimmten Erwartungs- und Werteinschätzungen kommt.

Die zentrale Annahme ist, Menschen seien bestrebt, die Ereignisse in ihrer Umwelt zu erklären, was ihnen erlaubt, eine Vorhersage über zukünftige Entwicklungen zu machen und ihr Verhalten darauf einzustellen. Die Vielzahl von möglichen konkreten Ursachen für ein bestimmtes Ereignis läßt sich nach Weiners Modell anhand von zwei Dimensionen ordnen. Die eine betrifft die Frage der Personabhängigkeit, also ob die Ursache in der Person selbst (internal) oder außerhalb dieser (external) liegt. Die zweite Dimension bezieht sich auf die Unterscheidung zwischen zeitlich stabilen und zeitlich variablen Ursachen. Nach den Formulierungen Weiners beeinflußt die Stabilitätsdimension das Bilden und Verändern von Erwartungen, während die Frage der Personabhängigkeit für die affektiven Prozesse verantwortlich sein soll (Kasten 3).

Kasten 3

Zur Wirkung von Belohnung und Bestrafung nach Weiner (1986)

Weiners Theorie liefert einen wichtigen Beitrag zur Frage der Wirkung von Belohnung und Bestrafung. Ein Mitarbeiter, der beispielsweise das Lob seines Vorgesetzten auf dessen augenblicklich gute Laune (externale und variable Ursache) und nicht auf das eigene Arbeitsergebnis zurückführt, wird sich weniger darüber freuen und auch weniger damit rechnen, daß gute Leistung in Zukunft bei seinem Chef zu Anerkennung führen wird. Insgesamt sind leistungsunabhängige Belohnungen (z.B. Dienstalterszulagen, Lob eines Vorgesetzten, der gar nicht über das Arbeitsergebnis informiert sein konnte) ungünstig. Sie schwächen die Leistungsbereitschaft und die Zufriedenheit mit der eigenen Leistung. Da die Leistung nicht als ursächlich für die Belohnung wahrgenommen wird, kann die betroffene Person nicht stolz auf ihre Leistung sein und wird zudem zu der Überzeugung gelangen, daß Anstrengung eigentlich gar nicht nötig ist.

Generell wird in Erwartung-mal-Wert-Theorien angenommen, eine attraktive Handlungsalternative mit guten Erfolgsaussichten werde gegenüber anderen weniger anziehenden oder unsichereren Handlungszielen nicht nur bevorzugt, sondern auch erfolgreich verfolgt. Diese in kontrollierten Laborexperimenten zwar recht gut bestätigte Annahme muß spezifiziert werden angesichts der im Alltag häufig beobachteten Tatsache, daß ein wichtiges Vorhaben auf die lange Bank geschoben wird und zielrealisierendes Handeln unterbleibt, obwohl die Aussichten insgesamt sehr günstig sind. Offensichtlich stellt die Realisierung eines Handlungsziels in vielen Fällen besondere Anforderungen an die handelnde Person, was in Erwartung-mal-Wert-Theorien ausgespart bleibt.

4 Volitionale Theorien der Zielrealisierung

In der Motivationspsychologie wird seit einiger Zeit wieder zwischen motivationalen (die Zielwahl betreffend) und volitionalen (die Zielrealisierung betreffend) Phänomenen unterschieden, für deren Erklärung jeweils eigene Theorien heranzuziehen sind (Heckhausen, 1989; Kuhl, 1984). Im Mittelpunkt volitionaler Theorien steht die Frage, welche Bedingungen, Strategien und Mechanismen die *Realisierung von gewählten Handlungszielen* fördern.

4.1 Das Handlungsphasenmodell

Das Handlungsphasenmodell von Heckhausen und Mitarbeitern (Gollwitzer, 1991; Heckhausen, 1989) nimmt insofern eine besondere Position ein, als es motivationale und volitionale Fragestellungen in einem theoretischen Rahmen integriert. Danach unterscheidet sich die einer Handlungsentscheidung vorgelagerte Phase (Abwägen) hinsichtlich ihrer kognitiven Merkmale von der Nachentscheidungsphase (Planen). Diese phasenspezifischen kognitiven Orientierungen (sog. Bewußtseinslagen) sollen für die jeweils anstehende Aufgabe funktional sein. Beim Abwägen werden positive und negative Aspekte des Handlungsziels ausgewogen betrachtet und die Erfolgsaussichten relativ akkurat eingeschätzt. Das unterstützt die Wahl von Handlungszielen, die attraktiv und dabei realisierbar sein sollen. Nach der Entscheidung für ein Handlungsziel muß seine Realisierung vorangetrieben werden. Hierbei hilft die Bewußtseinslage des *Planens*, die die Wahrnehmung der positiven Anreize des Ziels und eine optimistische Einschätzung der Erfolgschancen begünstigt (Gollwitzer, 1991). Das Planen fördert die Zielrealisierung nicht nur durch die dabei entstehende Bewußtseinslage; durch spezifische, beim Planen gefaßte sog. Durchführungsintentionen wird die Zielrealisierung selbst gegen Widerstände unterstützt (Gollwitzer, 1996).

Obwohl das grundlagentheoretisch ausgerichtete Handlungsphasenmodell bislang keinen Eingang in die angewandte Motivationsforschung gefunden hat, so bietet es doch vielversprechende Ansatzpunkte für die Entwicklung von Interventionsprogrammen zur Optimierung von Entscheidungsprozessen sowie zur effektiven Umsetzung von Zielvereinbarungen.

4.2 Kuhls Handlungskontrolltheorie

Zu einem bestimmten Zeitpunkt bestehen in der Regel viele Handlungstendenzen gleichzeitig, die um den Zugang zum Handeln konkurrieren. Um dabei einen geordneten Handlungsablauf zu ermöglichen, sind Handlungskontrollprozesse nötig, die eine augenblicklich dominante Handlungstendenz gegenüber anderen abschirmen. Kuhl (1984) unterscheidet verschiedene Handlungskontrollstrategien (z.B. Aufmerksamkeits- oder Emotionskontrolle), die über kognitive und emotionale Prozesse vermittelt sind. Inwieweit diese Kontrollstrategien tatsächlich zum Einsatz kommen, ist von der Kontrollorientierungabhängig. Während man im Zustand der *Handlungsorientierung* mittels der Kontrollstrategien flexibel auf die konkreten Handlungsanforderungen reagiert, verfängt man sich bei *Lageorientierung* in dysfunktionalen Gedankenabläufen, die um emotionale Zustände kreisen.

Empirische Untersuchungen konnten die zentralen Annahmen bestätigen: In handlungsorientiertem Zustand werden im Vergleich zur Lageorientierung Handlungsziele erfolgreicher umgesetzt und insgesamt bessere Leistungen erbracht, was gerade im Hinblick auf die Leistungsfähigkeit am Arbeitsplatz von Bedeutung ist (Kuhl & Beckmann, 1994).

4.3 Die Zielsetzungstheorie von Locke und Latham

Locke und Lathams Ansatz (zusammenfassend 1990a) konzentriert sich auf die Merkmale, die ein Handlungsziel haben muß, um erfolgreich in die Tat umgesetzt zu werden. Außerdem macht er Vorhersagen sowohl zu Leistungsparametern wie Quantität und Qualität und neuerdings auch zur Arbeitszufriedenheit, was ihn für die Anwendung in Unternehmen äußerst attraktiv macht. In zahlreichen Labor- und Feldstudien konnte die zentrale These belegt werden, nach der hohe, spezifische Ziele im Vergleich zu wenig konkreten Zielvorgaben („Tun Sie Ihr Bestes!") die Leistung fördern. Wichtig ist dabei, daß die Person das Ziel als verbindlich für sich erachtet und Rückmeldung über den Stand ihrer Zielverfolgung erhält. Die Wirkung von derartigen Zielsetzungen soll darüber vermittelt sein, daß sie (a) die Aufmerksamkeit ausrichten, (b) Anstrengung mobilisieren, (c) die Ausdauer erhöhen und (d) die Suche nach geeigneten Handlungsstrategien fördern (Kasten 4).

Die Modellerweiterung von Locke und Latham ist ein Beispiel für das mehr und mehr zu beobachtende Bestreben, verschiedene Ansätze zur Arbeitsmotivation und -zufriedenheit in einem theoretischen Rahmen zu integrieren (s. a. Katzell & Thompson, 1990b).

4.4 Zielstreben und Wohlbefinden

In der Modellerweiterung von Locke und Latham geht es nicht mehr nur um die Bedingungen für erfolgreiche Zielannäherung, sondern auch um deren Konsequenzen auf das emotionale Befinden. Diese Betrachtungsweise findet sich auch in einem relativ neuen Forschungsansatz innerhalb der Motivationspsychologie (Brunstein & Maier, 1996), der sich stärker am alltäglichen Lebensvollzug von

Kasten 4
Der Hochleistungszyklus nach Locke und Latham

In einer kürzlich vorgelegten Modellerweiterung, die Locke und Latham (1990b) als Hochleistungszyklus bezeichnen, machen sie, basierend auf der Integration verschiedener Arbeitsmotivationstheorien, auch Aussagen zur Wechselwirkung zwischen Leistung und Arbeitszufriedenheit. Demnach führen hohe Ziele zu hoher Leistung. Dies ist nicht nur in sich befriedigend, sondern wird auch extrinsisch belohnt. Die Arbeitszufriedenheit hängt davon ab, ob die Höhe der Belohnungen, die ein Arbeitnehmer für seine Leistung erhält, seinen Erwartungen entspricht, und ob ihm diese Art von Belohnung wichtig ist (vgl. das Arbeitszufriedenheitsmodell von Bruggemann, Gros-Groskurth und Ulich, 1975). Hohe Zufriedenheit soll im nächsten Schritt die Bindung an die Organisation und ihre Ziele erhöhen, was im Gegenzug wiederum die Übernahme hoher Leistungsziele fördert – und damit beginnt der Zyklus von neuem.

Menschen orientiert und unter anderem den Einfluß persönlicher Ziele auf das Wohlbefinden analysiert. Nach einer kürzlich vorgelegten Längsschnittstudie an Berufseinsteigern (Maier, 1996) machten Mitarbeiter, die zur Realisierung ihrer beruflichen Ziele fest entschlossen waren und denen sich am Arbeitsplatz zielrelevante günstige Realisierungsbedingungen (z.B. soziale Unterstützung) boten, Fortschritte bei der Zielverfolgung und waren infolgedessen mit ihrer Arbeit zufriedener.

5 Abschließende Bemerkung

Viele der dargestellten Theorien der Arbeitsmotivation und Arbeitszufriedenheit wurden vor mehr als zwanzig Jahren formuliert; danach fand das Thema bei Praktikern und Forschern nur noch wenig Aufmerksamkeit. Inzwischen wird jedoch wieder für eine intensive Beschäftigung mit den Bedingungen für Motivation und Zufriedenheit am Arbeitsplatz plädiert (Hoyos, 1993; Katzell & Thompson, 1990 a; Locke & Latham, 1990 a), da deutlich wurde, daß die Arbeitsproduktivität nicht allein durch technische Innovationen sichergestellt werden kann. Der Erfolg eines Unternehmens hängt vielmehr wesentlich von der Bereitschaft seiner Mitarbeiter und Mitarbeiterinnen ab, sich für die Organisationsziele einzusetzen.

Wie die verschiedenen Ansätze zur Arbeitsmotivation deutlich gemacht haben, vollzieht sich zielgerichtetes Handeln in einem komplexen Zusammenspiel von Person- und Situationsmerkmalen. Bedürfnisse, Werte und Ziele auf der Personseite, Anreize und Handlungsgelegenheiten auf der Situationseite spannen das Feld der Motivation (Wollen) auf, während Fähigkeiten und Fertigkeiten der Person und

Anforderungsmerkmale der Situation das Können bestimmen. Nach Perioden, in denen die eine oder andere Facette als Determinante für das Arbeitsverhalten akzentuiert worden war, setzt sich mehr und mehr die Überzeugung durch, daß nur die fortlaufend weiterzuentwickelnde Passung zwischen Motiv- und Fähigkeitsstruktur der Person und der Struktur der Arbeitsumgebung Leistung, Zufriedenheit und Persönlichkeitsentwicklung am Arbeitsplatz gewährleisten kann. Zukünftige Forschung sollte daher verstärkt die Bedingungen und Konsequenzen dieser Passung analysieren. Dabei stellt sich ein Problem, das in all den hier skizzierten Theorien ausgespart bleibt: Nicht nur verändert sich die Person im Laufe ihres Lebenszyklus und im Zuge eines globalen gesellschaftlichen Wertewandels und mit technologischen Neuerungen die Arbeitsstruktur; Person und Situation befinden sich auch in ständiger wechselseitiger Veränderung. Dieser dynamische Aspekt ist vor allem im Hinblick auf gestalterische Maßnahmen in der Organisation von großer Bedeutung.

Literatur

Adams, J. S. (1965). Inequity in social exchange. In L. Berkowitz (Ed.), *Advances in experimental social psychology* (Vol. 2, pp. 267-299). New York: Academic Press.

Atkinson, J. W. (1957). Motivational determinants of risk-taking behavior. *Psychological Review, 64*, 359-372.

Bihl, G. (1993). Unternehmen und Wertwandel: Wie lauten die Antworten für die Personalführung. In L. v. Rosenstiel, M. Djarrahzadeh, H. E. Einsiedler & R. K. Streich (Hrsg.), *Wertewandel: Herausforderung für die Unternehmenspolitik in den 90er Jahren* (2. Auflage, S. 83-94). Stuttgart: Schäffer-Poeschel.

Brunstein, J. B. & Maier, G. (1996). Persönliche Ziele: Ein Überblick zum Stand der Forschung. *Psychologische Rundschau, 47*, 146-160.

Bruggemann, A., Groskurth, P. & Ulich, E. (1975). *Arbeitszufriedenheit*. Bern: Huber.

Campbell, J. P. & Pritchard, R. D. (1976). Motivation theory in industrial and organizational psychology. In M. D. Dunnette (Ed.), *Handbook of industrial and organizational psychology* (pp. 63-130). Chicago: Rand McNally.

Csikszentmihalyi, M. (1975). *Beyond boredom and anxiety*. San Francisco: Jossey-Bass.

Deci, E. L. (1975). *Intrinsic motivation*. New York: Plenum.

Frey, D. (1994). Bedingungen für ein Center of Excellence. *IBM Nachrichten, 44* (319), 50-57.

Gollwitzer, P. M. (1991). *Abwägen und Planen*. Göttingen: Hogrefe.

Gollwitzer, P. M. (1996). The volitional benefits of planning. In P. M. Gollwitzer & J. A. Bargh (Eds.), *The psychology of action* (pp. 287-312). New York: Guilford.

Greenberg, J. (1982). Approaching equity and avoiding inequity in groups and organizations. In J. Greenberg & R. L. Cohen (Eds.), *Equity and justice in social behavior* (pp. 389-436). New York: Academic Press.

Hackman, J. R. & Oldham, G. R. (1980). *Work redesign*. Reading, MA: Addison-Wesley.

Heckhausen, H. (1977). Achievement motivation and its constructs: A cognitive model. *Motivation and Emotion, 1*, 283-329.

Heckhausen, H. (1989). *Motivation und Handeln*. Berlin: Springer.

Heckhausen, H., Schmalt, H. D. & Schneider, K. (1985). *Achievement motivation in perspective*. New York: Academic Press.

Hoyos, C. Graf (1993). Motivation. In H. Schmidtke (Hrsg.), *Ergonomie* (3. Auflage, S. 92-109). München: Hanser.

Kanfer, R. (1990). Motivation theory and industrial and organizational psychology. In M. D. Dunnette & L. M. Hough (Eds.), *Handbook of industrial and organizational psychology* (Vol. 1, pp. 75-170).

Katzell, R. A. & Thompson, D. E. (1990a). Work motivation: Theory and practice. *American Psychologist, 45*, 144-153.

Katzell, R. A. & Thompson, D. E. (1990b). An integrative model of work attitudes, motivation, and performance. *Human Performance, 3*, 63-85.

Klages, H. (1984). *Wertorientierungen im Wandel: Rückblick, Gegenwartsanalyse und Prognosen*. Frankfurt/Main: Campus.

Klages, H. (1993). Wertewandel in Deutschland in den 90er Jahren. In L. v. Rosenstiel, M. Djarrahzadeh, H. E. Einsiedler & R. K. Streich (Hrsg.), *Wertewandel: Herausforderung für die Unternehmenspolitik in den 90er Jahren* (2. Auflage, S. 1-15). Stuttgart: Schäffer-Poeschel.

Kleinbeck, U., Quast, H.-H., Thierry, H. & Häcker, H. (Eds.). (1990). *Work motivation*. Hillsdale, NJ: Erlbaum.

Kleinbeck, U. & Six, B. (1989). Arbeitsmotivation und Arbeitszufriedenheit. In E. Roth (Hrsg.), *Organisationspsychologie* (Enzyklopädie der Psychologie, D/III/3, S. 349-398). Göttingen: Hogrefe.

Kock, S. E. (1974). Företagsledning och motivation. *Nordisk Psykologi, 26*, 211-219.

Kuhl, J. (1984). Volitional aspects of achievement motivation and learned helplessness: Toward a comprehensive theory of action control. In B. A. Maher & W. B. Maher (Hrsg.), *Progress in experimental personality research* (Vol. 13, pp. 99-171). New York: Academic Press.

Kuhl, J. & Beckmann, J. (Eds.). (1994). *Volition and personality: Action and state orientation*. Göttingen: Hogrefe.

Locke, E. A. & Latham, G. P. (1990a). *A theory of goal setting and task performance*. Englewood Cliffs, NJ: Prentice Hall.

Locke, E. A. & Latham, G. P. (1990b). Work motivation and satisfaction: Light at the end of the tunnel. *Psychological Science, 1*, 240-246.

Maier, G. W. (1996). *Persönliche Ziele im Unternehmen: Ergebnisse einer Längsschnittstudie bei Berufseinsteigern*. Unveröffentlichte Dissertation, Universität München.

Maslow, A. H. (1954). *Motivation and personality*. New York: Harper.

McClelland, D. C. (1985). *Human motivation*. Glenview, IL: Scott, Foresman.

McClelland, D. C. & Winter, D. G. (1969). *Motivating economic achievement*. New York: Free Press.

Mitchell, T. R. (1982). Expectancy-value models in organizational psychology. In N. T. Feather (Ed.), *Expectations and actions: Expectancy-value models in psychology* (pp. 293-312). Hillsdale, NJ: Erlbaum.

Neuberger, O. (1985). *Arbeit*. Stuttgart: Enke.

Rosenstiel, L. v. & Stengel, M. (1987). *Identifikationskrise? Zum Engagement in betrieblichen Führungspositionen*. Bern: Huber.

Ulich, E. (1994). *Arbeitspsychologie* (3. Auflage). Stuttgart: Poeschel.

Vroom, V. H. (1964). *Work and motivation*. New York: Wiley.

Weiner, B. (1986). *An attributional theory of motivation and emotion*. New York: Springer.

27 Gruppenprozesse

Felix C. Brodbeck und *Dieter Frey*

1 Einleitung

Gruppen nehmen wesentliche Funktionen in unserer Gesellschaft wahr. Man denke etwa an Bereiche wie Familie, Wirtschaft, Verwaltung, Bildung, Forschung, Politik, Militär oder Sport. Die Lebensqualität eines jeden von uns, sei es als Mitglied in Gruppen oder als Nutznießer ihrer Leistungen, ist von den in Gruppen ablaufenden Prozessen abhängig. Sie beeinflussen beispielsweise individuelle Leistungsfähigkeit, Motivation und Arbeitszufriedenheit sowie Produktivität, Entscheidungsqualität, Lernen und Innovation in Arbeitsgruppen und Organisationen (Katzell, 1994; West, 1996).

Gruppenprozesse sind Gegenstand der Sozialpsychologie und der Arbeits- und Organisationspsychologie. In beiden Bereichen ist man bemüht, Theorien zu entwickeln, die einerseits durch Labor- und Feldforschung empirisch überprüfbar sind und andererseits in der alltäglichen Praxis Anwendung finden können. Diesen Brückenschlag zwischen Theorie und Praxis, der in Kurt Lewins Diktum „Nichts ist so praktisch wie eine gute Theorie" (Lewin, 1942) auf pointierte Art und Weise Ausdruck findet, versuchen wir für das Thema Gruppenprozesse herzustellen.

Wir beginnen mit Merkmalen der Gruppenstruktur, die einen Rahmen für die Analyse von Gruppenprozessen bieten. Danach wird der Einfluß von Konformität und Dissens auf die kollektive Informationsverarbeitung in Gruppen beschrieben. Weitere Gruppenprozesse, die die individuelle Leistungsfähigkeit und die Produktivität von Gruppen als Ganzes beeinflussen, werden ebenfalls diskutiert. Schließlich wird auf die dynamische Entwicklung von Gruppen und auf neuere Forschung über Gruppenlernen und Projektgruppenarbeit eingegangen.

2 Strukturmerkmale von Gruppen

Primärgruppen oder Kleingruppen sind kleine überschaubare Gemeinschaften, die in der Regel durch „face to face" Kommunikation charakterisiert sind (z.B. Familien, Arbeitsgruppen). *Sekundärgruppen* oder Großgruppen zeichnen sich durch ein formelles und unpersönliches Interaktionsumfeld aus (z.B. Organisationen, Berufsverbände). Gruppenprozesse finden sowohl in Kleingruppen als auch in Großgruppen statt. Wie die Untersuchung von Tajfel (1978) zeigt, können bereits in einem „minimalen" Gruppenkontext – dieser läßt sich durch eine mehr oder weniger willkürliche Zuordnung von Personen herstellen – Gruppenprozesse wirksam werden. Solcherart minimale Gruppen beeinflussen bereits individuelle Einstellungen, Empfindungen und Verhaltensweisen. So werden außenstehende Personen im Vergleich zu Personen aus der Eigengruppe eher diskriminiert, etwa bei der Bewertung ihrer Eigenschaften, bei Sympathieeinschätzungen und bei der Verteilung von Gütern.

Alle Gruppen, in denen die Möglichkeit zur sozialen Interaktion über eine gewisse Zeit besteht, weisen drei Strukturmerkmale auf: Kohäsion, Rollendifferenzierung und Normen.

2.1 Kohäsion

Eine notwendige Bedingung für das Bestehen von Gruppen ist ein gemeinsames Streben nach Zielerreichung und Bedürfnisbefriedigung (Lewin, 1948). Ist die Mitgliedschaft in einer Gruppe von hoher Attraktivität, etwa weil Zielerreichung und Bedürfnisbefriedigung im Kontext der Gruppe besser gelingen, dann ist man bestrebt, die Bindung an die Gruppe aufrechtzuerhalten. Die Summe aller Kräfte, die die Bindung an eine Gruppe bewirken, wird Kohäsion genannt. Seit Festinger (1950), der dieses Konzept einführte, werden drei Kohäsionskräfte unterschieden: Die *Attraktivität der Gruppe* für ihre Mitglieder (Stolz auf die Gruppe), die *Attraktivität zwischen einzelnen Gruppenmitgliedern* (Sympathiebeziehungen) und die *Attraktivität der Gruppenaufgabe* (Aufgabenmotivation). Kohäsion fördert die Gruppenleistung (Mullen & Copper, 1994), insbesondere dann, wenn in der Gruppe eine hohe Leistungsnorm vorliegt. Denn je kohäsiver eine Gruppe ist, desto stärker orientieren sich ihre Mitglieder an den jeweiligen Gruppennormen. Ist die Leistungsnorm hingegen niedrig ausgeprägt, dann verstärkt hohe Kohäsion die Wirkung dieser Norm, und niedrige Leistung ist die Folge. Die leistungsförderliche Wirkung von Kohäsion beruht im wesentlichen auf der Attraktivität der Gruppenaufgabe, was sich u.a. durch Techniken der Partizipation (s.a. Antoni in diesem Band) und der Zielvereinbarung (s.a. Kleinbeck und Kleinbeck in diesem Band) steigern läßt.

2.2 Rolle und Status

Eine *Rolle* ist definiert durch die Erwartungen der Gruppenmitglieder über angemessenes Verhalten in einer gegebenen Position, wobei rollenkonformes Verhalten in der Regel positiv und Abweichungen negativ sanktioniert werden. Dies gilt gleichermaßen für formale Rollen (z.B. Vorgesetzter, Untergebener) als auch für informelle Rollen, die man übernimmt, etwa aufgrund des eigenen Interesses, besonderer Fähigkeiten oder situationaler Gegebenheiten. Einer Person von der man sich erhofft, sie bringe die Gruppe ihrem Ziel effizienter näher als andere, wird ein höherer *Status* eingeräumt. Diese Person wird öfter angesprochen oder zu größerer Initiative ermutigt, und ihr wird mehr Einfluß auf das Gruppengeschehen gestattet. Anhand von Einflußunterschieden zwischen Gruppenmitgliedern läßt sich beispielsweise die Machtstruktur in Gruppen bestimmen.

Intra-Rollenkonflikte, die als sehr belastend erlebt werden, treten auf, wenn an ein und dieselbe Rolle schwer vereinbare oder widersprüchliche Erwartungen gestellt werden (z.B. Vertrauensperson im Betrieb). Von einem *Inter-Rollenkonflikt* spricht man, wenn von derselben Person zwei miteinander schwer vereinbare Rollen ausgeübt werden (z.B. alleinerziehender Vater und Manager). Verschiedene Rollen in Gruppen sind aufeinander bezogen, d.h. die eine kann ohne die andere nicht ausgeführt werden (z.B. Vorgesetzter und Untergebener). Rollendifferenzierung in Gruppen bietet eine sozialpsychologische Basis für Arbeitsteilung und Organisation. Deshalb werden rollentheoretische Ansätze zur Teamentwicklung vor allem zur Identifikation und Bewältigung von Koordinations- und Kooperationsmängeln eingesetzt (s. Abschnitt 5.3).

2.3 Normen

Normen kann man als Spielregeln auffassen, die das Interaktionsgeschehen unter den Gruppenmitgliedern ordnen. Sie machen das Verhalten anderer Gruppenmitglieder besser vorhersagbar und entlasten soziale Beziehungen von unnötigen Aushandlungsprozessen. Sie bilden sich vor allem in bezug auf jene Verhaltensbereiche, die für Gruppen von Bedeutung sind. Die Wirksamkeit von Normen ist an einer gewissen Einheitlichkeit des Denkens (z.B. über Erwartungen, Leistungsziele) und des Handelns (z.B. das Leistungsverhalten) der Mitglieder einer Gruppe erkennbar. So ist die Streuung der individuellen Leistungen innerhalb der Gruppe im Vergleich zur Streuung individueller Leistungen über verschiedene Gruppen hinweg meist geringer. Normabweichendes Verhalten wird negativ und normkonformes Verhalten positiv sanktioniert, wobei die Intensität der negativen *Sanktionen*, bis hin zum Ausschluß aus der Gruppe, mit der Stärke der Abweichung vom erwarteten Verhalten zunimmt. Das wechselseitige Sanktionieren normgebundenen Verhaltens in Gruppen ist ein Faktor, der die Aufrechterhaltung von Gruppennormen und *Konformitätsdruck* erklären kann.

3 Konformität und Dissens

Normkonformes Verhalten ist, wie schon erklärt, für die reibungslose Interaktion in Gruppen notwendig. Bei Gruppenentscheidungen kann normkonformes Verhalten allerdings auch dysfunktional sein. Beispielsweise artikuliert ein erheblicher Prozentsatz von Personen angesichts eines hohen Konformitätsdrucks Meinungen

Kasten 1
Symptome des Gruppendenkens (group think, Janis, 1982)

Illusion der Unanfechtbarkeit:
  Hohe Konformität in den Ansichten und im Denken von Gruppenmitgliedern führt
  zu optimistischen Sichtweisen, zur Bereitschaft ungewöhnliche Risiken einzugehen
  und Warnsignale zu ignorieren.
Rationalisierung:
  Warnungen und andere Formen negativen Feedbacks werden von vornherein
  abgewertet. Damit erspart man sich, Grundannahmen erneut zu überdenken.
Gruppeneigene Moral:
  Der Gruppencodex wird nicht in Frage gestellt, was tendenziell zu Ignoranz und
  ethisch-moralischen Nachlässigkeiten führt.
Stereotypisierung im Hinblick auf Meinungsgegner:
  Es besteht eine Tendenz, Meinungsgegner als unfähig zu bezeichnen und ihnen zu
  unterstellen, das Problem nicht zu verstehen. Damit erspart man sich, Grundan-
  nahmen erneut zu überdenken.
Konformitätsdruck:
  Konformitätsdruck soll Homogenität innerhalb der Gruppe herstellen und bei
  Kontakten mit Außenstehenden die unbedingte Unterstützung aus den eigenen
  Reihen sicherstellen. Zweifeln Personen die Validität von Gruppenpositionen an,
  werden sie negativ sanktioniert.
Entscheidungsdruck:
  Neben Stressoren wie Isolation und Zeitdruck führt auch hohe Kohäsion dazu, daß
  sich Gruppen zu schnell einigen. Oftmals wird einfach das unterstützt, was der
  Gruppenleiter oder die einfache Mehrheit anfangs bereits favorisierte.
Selbstzensur:
  Die Bedeutung eigener Zweifel und Gegenargumente wird gegenüber der
  Mehrheitsmeinung herabgesetzt, um mit der Gruppe konform zu gehen. Selbst-
  zensur verhindert, daß man gegen die Meinungsmehrheit antrat, aus Angst abge-
  lehnt zu werden oder die Zeit der Gruppe zu verschwenden.
Illusion von Einstimmigkeit:
  Im Gefolge der Selbstzensur kommt es schließlich zur falschen Annahme, daß
  Schweigen Zustimmung bedeutet. Das Schweigen wird auch dadurch provoziert,
  daß es Personen mit abweichenden Einstellungen angenehmer und leichter erscheint, sich einer Aussage zu enthalten als sich dem Konformitätsdruck auszuset-
  zen.
Selbsternannte „Mindguards":
  Derartige Personen „schützen" die Gruppe vor Informationen, die die Mehrheitsmeinung oder den Gruppencodex gefährden könnten. Sie sind vermutlich auch
  diejenigen, die den stärksten Konformitätsdruck ausüben und Kritiker einschüch-
  tern und entmutigen.

und Verhaltensweisen, die jeglicher Vernunft zu widersprechen scheinen (Asch, 1951). Unter dem Stichwort *Gruppendenken* oder „*group think*" sind Probleme der Konformität bei Gruppenentscheidungen eingehender untersucht worden (Janis, 1982). Unter welchen Bedingungen normabweichende Verhaltensweisen und Dissens toleriert werden und für Gruppenentscheidungen von Vorteil sind, wird unter dem Stichwort *Minoritätseinfluß* erforscht (zusammenfassend Nemeth & Owens, 1996).

3.1 Gruppendenken

Wenn aufgrund von Gruppenprozessen die vorliegende Information nicht systematisch und rational verarbeitet wird und es zu Fehlentscheidungen kommt, dann spricht man von Gruppendenken (s.a. Schulz-Hardt und Frey in diesem Band). Der amerikanische Psychologe Janis (1982) ermittelte durch die Analyse historischer Fehlentscheidungen in Gruppen, z.B. das Desaster der Schweinebucht-Invasion in Kuba, das Versäumnis, Pearl Harbor zu verteidigen, oder die Eskalation des Vietnam-Krieges, eine Reihe von Symptomen des Gruppendenkens (Kasten 1). Diese Symptome lassen sich auch in vielen Bereichen der Wirtschaft beobachten, z.B. in Vorstands- und Aufsichtsratgremien oder Projektgruppen (Schulz-Hardt, Frey & Lüthgens, 1995).

In einer Vielzahl von experimentellen Studien konnten wir Bedingungen spezifizieren, unter denen Gruppen und ihre Mitglieder bereits bei der Informationssuche, die der eigentlichen Gruppenentscheidung vorgelagert ist, unnötig selektiv vorgehen und dadurch dem Gruppendenken Vorschub leisten. So tritt eine verstärkte Selektivität bei der Informationssuche auf, wenn Gruppen sehr homogen oder hierarchisch strukturiert sind, wenn Minoritäten fehlen und wenn Entscheidungen von großer Bedeutung für die Gruppenmitglieder zu treffen sind (Frey, 1994; Frey, Schulz-Hardt & Stahlberg, 1996). Wie man *Fehlentscheidungen* in Gruppen vermeiden kann, ist bekannt (Kasten 2). Regeln zur Vermeidung von unnötig selektiver Informationssuche und Gruppendenken werden aber weder in der Politik noch in der Wirtschaft systematisch angewendet. Die Konsequenzen sind unter Umständen verheerend. Eine Vielzahl von Pleiten könnte vermieden werden, wenn Gruppen die Fähigkeit der Teamreflexion verstärken würden, etwa indem sie regelmäßig darüber nachdenken, wo sie sich bei der Kommunikation und der kollektiven Informationsverarbeitung suboptimal verhalten (West, 1996).

3.2 Einfluß von Minoritäten

Negativen Konsequenzen von Konformität und Gruppendenken kann durch Stärkung des Minoritätseinflusses in Gruppen entgegengewirkt werden. Nach Moscovici (1976) können Minoritätsmitglieder, entgegen dem Konformitätsdruck

Kasten 2
Vermeidung von Gruppendenken (Frey, Schulz-Hardt & Stahlberg, 1996)

Zurückhaltung des Führenden:
    Der formelle (oder informelle) Führer sollte Lösungswege nicht vorab favorisieren,
    da sich die anderen Mitglieder der Gruppe daran orientieren.
Offenheit für andere Meinungen:
    Führende sollten alle Mitglieder einer Gruppe aktiv ermutigen, Kritik zu üben, und durch
    ausführliche Alternativensuche selbst beispielhaft Gegenvorschläge entwickeln.
Minderheitenschutz:
    Ein Minderheitenschutz sollte garantieren, daß vor Abschluß des Entscheidungs-
    prozesses Minderheiten nochmals die Möglichkeit erhalten, ihre Sichtweise darzu-
    legen.
Heterogene Gruppen:
    Gruppen sollten möglichst heterogen zusammengesetzt sein.
Keine Teilung der Verantwortung:
    Verantwortungsdiffusion in der Gruppe sollte dadurch verhindert werden, daß alle
    Gruppenmitglieder das Ergebnis aktiv mitgestalten und die Konsequenzen der
    Gruppenentscheidung wirklich tragen.
Mehrere Gruppen:
    Mehrere Gruppen bzw. Untergruppen können den betreffenden Problemlösungs-
    oder Entscheidungsfall durchspielen. Danach kann eruiert werden, ob unterschied-
    liche Ergebnisse vorliegen.
Interne und externe Kontrollinstanzen:
    Innerhalb der Gruppe sollte eine Person den „advocatus diaboli" spielen, z.B.
    jeweils ein Szenario des schlechtesten Falles, der sich aus der bisher präferierten
    Lösung ergibt, entwickeln. Der advocatus diaboli hat aber auch die Aufgabe, Kritik
    konstruktiv zu üben, um so eine Atmosphäre zu schaffen, in der auch andere bereit
    sind, ihre Einwände zu formulieren.
Gruppendynamische Vorgänge nicht mißachten:
    Erscheint es aussichtslos, rational eindeutige Entscheidungen zu treffen, kann
    Gruppenpolarisierung zugrunde liegen, d.h. extreme Gegenpositionen oder Sicht-
    weisen werden unbegründet vertreten. Prestige-, Macht- und Konkurrenzangele-
    genheiten, sowie Angst vor Gesichtsverlust, interne Koalitionsbildung, Sympathie
    oder Antipathie bestimmen oftmals den Entscheidungsprozeß. Insofern dadurch
    rationales Argumentieren beeinträchtigt wird, sollten sie transparent gemacht werden.
Offenheit für Entscheidungsrevision:
    Weder Aufwandsrechtfertigung noch die Angst vor negativen Sanktionen sollten
    Gruppen daran hindern, Entscheidungen zu revidieren. Selbst wenn die beste
    Strategie gefunden scheint, sollte jedes Mitglied vor der endgültigen Entscheidung
    seine verbleibenden Zweifel vorbringen können.
Kontakt nach außen:
    Jedes Gruppenmitglied sollte sich regelmäßig mit anderen Personen innerhalb und
    außerhalb der Organisation über das Problem unterhalten und deren Reaktion der
    Gruppe vortragen. Dies ist eine weitere Möglichkeit, um neue Impulse von außen
    zu erhalten.

in Gruppen, Einstellungen und Verhaltensweisen von Majoritätsmitgliedern durchaus beeinflussen. Dabei sollten sie ihren Standpunkt konsequent vertreten. In Kleingruppen sollten mindestens zwei Personen für dieselbe Minderheitenposition stehen, und der Verhandlungsstil sollte gemäßigt sein und Kompromißbereitschaft signalisieren. Nach der Konversionstheorie von Moscovici (1980) bewirkt eine Minorität bei Majoritätsmitgliedern einen inneren *kognitiven Konflikt*, d.h. man stellt sich die Frage, „Was ist richtig?". Dies führt zu intensiver Informationsverarbeitung sowie zu divergentem und kreativem Denken. Majoritäten hingegen bewirken einen *sozialen Konflikt*, d.h. man stellt sich die Frage, „Wer hat recht?". Dies führt zu oberflächlicher Informationsverarbeitung, zu konventionellem Denken und zu Konformität. Wie viele Experimente belegen, regen adäquat vertretene Minoritätenpositionen die Suche nach Information an, führen zur Berücksichtigung einer größeren Vielzahl von Perspektiven, steigern die Kreativität und verbessern die Qualität von Einzel- und Gruppenentscheidungen (Nemeth & Owens, 1996). Allerdings, so Nemeth und Owens, wäre es eine Illusion anzunehmen, daß man die Vorteile von Minoritätenpositionen ohne *Konfliktbereitschaft* und echte Auseinandersetzung im Team nutzen kann.

4 Produktivität in Gruppen

Gruppenproduktivität ist auf zwei verschiedenen Analyseebenen zu betrachten, der Ebene individueller Leistung im Gruppenkontext und der kollektiven Leistungsebene. Bei Betrachtung der individuellen Leistungsfähigkeit stehen Fragen nach förderlichen bzw. hemmenden Einflüssen durch Gruppenprozesse im Vordergrund. Bei Betrachtung der kollektiven Leistung wird untersucht, wie individuelle Leistungen optimal zusammengeführt werden können, so daß prozeßbedingte Motivations- und Koordinationsverluste minimiert werden und Prozeßgewinne, z.B. durch gegenseitige Motivation, gegenseitiges Lernen und Innovation maximiert werden können.

4.1 Aktivierung und Hemmung individueller Leistung

In Anwesenheit anderer Personen werden schwierige bzw. ungeübte Tätigkeiten schlechter ausgeführt als allein, weil deren Ausführung mit Unsicherheit und Ängstlichkeit vor negativer Bewertung einher geht. Bei einfachen bzw. geübten Tätigkeiten führt die Anwesenheit anderer Personen zur Verbesserung der Leistung, weil eher Erfolg und eine positive Bewertung erwartet werden.

Treten durch die Anwesenheit anderer Personen bei einfachen oder geübten Tätigkeiten dennoch Leistungsverminderungen auf, sind in der Regel motivationale Prozesse die Ursache. Wenn individuelle Leistungsergebnisse im Gruppenkontext nicht eindeutig identifizierbar sind oder ihre Bedeutsamkeit für die Gruppenleistung fraglich ist, dann tritt *soziales Faulenzen* bzw. *Trittbrettfahren* auf. Wird angenommen, andere Gruppenmitglieder seien Trittbrettfahrer, erscheinen die eigenen Aufwendungen im Verhältnis zum Gruppenertrag zu hoch. Folglich wird Leistung zurückgehalten, weil man nicht „der Dumme" sein will (*Gimpel-Effekt*). Besteht Unsicherheit über Bewertungsmaßstäbe oder Furcht vor negativer Bewertung durch andere, wird Leistung ebenfalls zurückgehalten (*Bewertungsangst*). Motivationsbedingte Leistungshemmung läßt sich durch Transparenz von Leistungsrückmeldung, durch Vermittlung konkreter, individueller und kollektiver Leistungsstandards, durch Stärkung intrinsischer Motivation (z.B. interessante oder herausfordernde Aufgabenstellung), durch Stärkung der Gruppenkohäsion und durch das Erkennbarmachen der Wichtigkeit des individuellen Beitrags für die Bewältigung der Gruppenaufgabe verringern (zusammenfassend Paulus & Dzindolet, 1993; Sheppard, 1993).

Unter bestimmten Bedingungen ist auch eine motivationsbedingte Leistungsaktivierung in Gruppen möglich. Sind die Fähigkeiten der Gruppenmitglieder wenig unterschiedlich ausgeprägt und ist der Gruppenerfolg für alle wichtig, dann versuchen leistungsstarke Gruppenmitglieder die geringere Leistungsfähigkeit ihrer Gefährten zu kompensieren, indem sie sich noch stärker anstrengen. Die leistungsschwächeren Gruppenmitglieder erhöhen ebenfalls ihre Anstrengungsbereitschaft, um nicht für das Versagen der Gruppe verantwortlich zu sein. Motivationsgewinne sind bei hoher Kohäsion besonders wahrscheinlich, d.h. bei hoher Attraktivität der Gruppe (Brown, 1993), bei gegenseitiger Sympathie (Latané, 1986, S. 292) und bei bedeutsamen Gruppenaufgaben (Williams & Karau, 1991).

4.2 Zusammenführen individueller Leistungen

In Anlehnung an ein in der Sozialpsychologie sehr bekanntes Modell der Gruppenleistung (Steiner, 1972) ist die tatsächliche Gruppenleistung als Funktion der potentiellen Gruppenleistung minus Prozeßverlusten plus Prozeßgewinnen zu sehen. Zur Bestimmung der potentiellen Gruppenleistung müssen die individuelle Leistungsfähigkeit der Mitglieder und die Struktur der Aufgabe bekannt sein. Aufgaben können *additiv* strukturiert sein. Dann errechnet sich die potentielle Gruppenleistung aus der Summe aller Einzelleistungen (z.B. beim Brainstorming). Sie können auch *kompensatorisch* strukturiert sein. Dann errechnet sich die potentielle Gruppenleistung aus dem Durchschnittswert der Einzelleistungen (z.B. Schätzaufgaben, Mehrheitsbeschlüsse). Sind Aufgaben *disjunktiv* strukturiert, dann ist die potentielle Gruppenleistung durch die beste Einzelleistung determiniert (z.B. bei Problemlöse- oder Entscheidungsaufgaben). Will man die tatsächliche Gruppenleistung bestimmen, so sind Verluste und Gewinne, die durch Gruppenprozesse bedingt sind, einzubeziehen. Die oben beschriebenen Motivationsverluste verringern die tatsächliche Gruppenleistung in Relation zur potentiellen Gruppenleistung. Motivationsgewinne hingegen weisen darauf hin, daß durch Gruppenprozesse die Gesamtheit des Leistungspotentials einer Gruppe im Prinzip auch überschritten werden kann.

Das Modell von Steiner (1972) unterscheidet Motivationsverluste von Koordinationsverlusten. Letztere sind beim *Brainstorming* nachgewiesen worden. Für die in der Praxis vielfach auch heute noch geläufige Annahme, Brainstorming führe in „face to face" Gruppen zu besseren Ergebnissen als in nominalen Gruppen (d.i. jedes Gruppenmitglied produziert seine Ideen allein) gibt es kaum fundierte empirische Evidenz. Im Gegenteil, beim herkömmlichen Brainstorming werden individuelle Denkprozesse blockiert, etwa durch den gleichzeitigen Redefluß anderer Gruppenmitglieder (Diehl & Stroebe, 1991). So wird jeder einzelne durch den Gruppenkontext in seiner Leistungsfähigkeit beeinträchtigt. Für das Bearbeiten von Brainstorming- und Kreativitätsaufgaben wird in der Praxis eine Kombination von nominalen Gruppen und „face to face" Gruppen empfohlen (*„stepladder"*-Methode; Rogelberg, Barnes-Farrell & Lower, 1992; West, 1994).

Bei disjunktiven Aufgaben (z.B. Problemlöse- und Entscheidungsaufgaben) sind „face to face" Gruppen in der Regel besser als der Leistungsdurchschnitt ihrer Gruppenmitglieder. Allerdings erreicht die Gruppe meist nicht die Leistung ihres besten Gruppenmitglieds (Hill, 1982; Laughlin, Van der Stoep & Hollingshead, 1991). Bedenkenswert ist hier der Aspekt des sozialen Konsens. Häufig sind nicht die hundertprozentig richtigen Entscheidungen gefragt, sondern jene, die von möglichst vielen Personen getragen werden und dadurch politisch und praktisch auch umsetzbar sind. Manchmal allerdings muß man dabei gravierende Fehlentscheidungen in Kauf nehmen, wie die Forschung zum Gruppendenken illustriert (siehe oben). Zu fragen ist deshalb, unter welchen Bedingungen Gruppenprozesse zu besseren Problemlösungen und Entscheidungen führen können.

Forschungsarbeiten, die sich mit dem kollektiven Entwickeln und Überprüfen von Hypothesen, etwa in der medizinischen Diagnostik oder in der Forschung und Entwicklung, beschäftigen, weisen dabei in eine neue Richtung. So kann z.B. gegenseitige Fehlerkorrektur beim Entwickeln von Hypothesen einen Leistungsvorteil von Gruppen gegenüber dem leistungsstärksten Individuum erklären. Unter Verwendung sehr komplexer Entscheidungsaufgaben wurde auch nachgewiesen, daß Leistungsvorteile von Gruppen gegenüber ihrem besten Gruppenmitglied durch den kombinierten Einsatz verschiedener Gruppeninterventionsverfahren erzeugt werden können (Reagan-Cirincione, 1994). Darüber hinaus scheint die Wahrscheinlichkeit von Prozeßgewinnen mit der Menge der kollektiv zu verarbeitenden Informationen zu steigen (Laughlin, Van der Stoep & Hollingshead, 1991).

4.3 Gruppensynergie

In der Praxis wird sehr häufig Gruppensynergie propagiert. Danach kann eine Gruppe mehr als die Summe ihrer Mitglieder bzw. besseres als ihr bestes Mitglied leisten. Synergieeffekte sind in der sozialpsychologischen Gruppenforschung allerdings nur in sehr wenigen Ausnahmefällen nachgewiesen worden (zusammenfassend Hill, 1982; Brown, 1993). Stroebe, Diehl und Abakoumkin (1992) argumentieren, der Glaube an Gruppensynergie könne auf einer illusionären Einschätzung der eigenen Leistung, die im Kontext der Gruppe erbracht wird, beruhen. Beim Brainstorming ist man der Überzeugung, in Gruppen produktiver zu sein als allein, weil man durch die anderen Gruppenmitglieder zu neuen Ideen und Perspektiven angeregt worden ist. Nach Diehl et al. (1992) betrachtet man allerdings einen erheblichen Anteil von Ideen, die von anderen Gruppenmitgliedern stammen, fälschlicherweise als seine eigenen. Deshalb ist man auch davon überzeugt, etwa in Brainstorminggruppen, leistungsfähiger zu sein als allein. Extrapoliert man diese Illusion auf alle Gruppenmitglieder, d.h. wenn alle Personen, genauso wie ich selbst, in der Gruppe produktiver sind als allein, dann muß die gesamte Gruppe mehr Leistung erbringen als eine vergleichbare Anzahl einzelner Individuen; so kommt man zu der Auffassung, daß Gruppensynergie existiert.

5 Gruppendynamik

Dynamische Entwicklungen in Gruppen lassen sich aus drei verschiedenen Blickwinkeln betrachten. Die Entwicklung sozio-emotionaler Beziehungen, etwa in führerlosen Gruppen, in Trainingsgruppen und bei *sensitivity-training*, wird vor allem unter den Gesichtspunkten Kohäsion, Rollenbildung, offene Kommunikation, Vertrauensbildung und linearen Entwicklungsmodellen von Gruppen (Tuckman & Jensen, 1977) betrachtet. Die Entwicklung ziel- und leistungsorientierter Gruppen (z.B. Arbeitsgruppen in Organisationen) wird vor allem unter Aspekten der Zielbildung, Rollendifferenzierung, Führung, Entscheidungsqualität, Problembewältigung und Modellen der Gruppenentwicklung, die sich an Handlungsprozessen orientieren (vgl. Pinto & Prescott, 1988; Tschan & von Cranach, 1996), betrachtet. Die Entwicklung interpersonaler und aufgabenbezogener Gruppenstrukturen im Kontext von Qualitäts- und Kundenorientierung wird vor allem unter zwei Gesichtspunkten betrachtet, nämlich der Förderung von Kommunikationsbeziehungen zwischen Gruppen und externen Akteuren sowie der Leistungsevaluation von Gruppen durch Konsultation multipler Leistungsrezipienten innerhalb und außerhalb des organisationalen Kontextes (Brodbeck, 1996).

In allen genannten Bereichen sind wissenschaftliche Fortschritte erzielt worden (zusammenfassend Brodbeck, 1996; Hinsz, Tindale & Vollrath, 1997; Witte & Davis, 1996; Worchel, Wood & Simpson, 1992). Im folgenden greifen wir drei Bereiche heraus, die sich mit der Entwicklung von ziel- und leistungsorientierten Gruppen befassen, nämlich Forschung zum Thema Gruppenlernen und Projektgruppenarbeit sowie unterscheidbare Ansätze zur Teamentwicklung.

5.1 Gruppenlernen

Eine vergleichsweise gut erforschte Komponente des ansonsten empirisch wenig abgesicherten Phänomens des Gruppenlernens (Argote, 1993; Argote & Epple, 1990) sind *transaktive Wissenssysteme*, d.i. ein von einer Gruppe geteiltes System der Enkodierung, Speicherung und des Abrufs von Informationen. Durch transaktive Wissenssysteme sind einzelnen Gruppenmitgliedern Wissensbestände zugänglich, die nicht sie selbst, sondern andere Mitglieder physikalisch gespeichert haben (Wegner, 1987). Nach Liang, Moreland und Argote (1995) erbringen Arbeitsgruppen, die gemeinsam für die Ausführung einer komplexen Aufgabe trainiert werden, später bessere Leistungen als Arbeitsgruppen, deren Mitglieder einzeln für die Aufgabenausführung trainiert werden. Diesen Leistungsvorteil führen die Autoren darauf zurück, daß sich in gemeinsam trainierten Arbeitsgruppen transaktive Wissensstrukturen ausbilden. Diese verbessern die kooperative Aufgabenausführung, etwa durch Gruppenprozesse, wie das gegenseitige Korrigieren von Fehlern oder das gegenseitige Schließen individueller Wissenslücken.

5.2 Dynamische Prozesse in Projektarbeitsgruppen

Projektarbeitsgruppen in Forschung und Entwicklung zeichnen sich durch eine besondere Dynamik aus. Ihre Aufgabenanforderungen ändern sich in Abhängigkeit vom Entwicklungsstand des Projekts bzw. des zu erstellenden Produkts. Die Stärke des Zusammenhangs zwischen organisationalen Faktoren und Projektleistung ist beispielsweise davon abhängig, in welcher Phase (Konzeption, Planung, Ausführung, Übergabe) sich die Projektgruppen befinden (Pinto & Prescott, 1989). Über alle Phasen hinweg steht nur der Faktor Zielklarheit in engem positivem Zusammenhang mit der Projektleistung. Während in der Konzeptionsphase vor allem eine hohe Kundenorientierung leistungsförderlich ist, scheinen in der Ausführungsphase die Verfügbarkeit technischer Ausrüstung und technische Kompetenz die besten Prädiktoren für Projektleistung zu sein. Speziell in Software-Entwicklungsprojekten zeigt sich, daß eine hohe Intensität projektinterner Kommunikation vor allem in späten Projektphasen die Produktivität stark positiv beeinflußt. Möglicherweise können Software-Entwicklungsprojekte mit hoher Kommunikationsintensität am Ende ihres Bestehens die typischen Störfaktoren kollektiver Informationsverarbeitung, nämlich Fluktuation und Doppelbelastung von Projektmitgliedern, die bereits in neuen Projekten involviert sind, besser bewältigen (Brodbeck & Frese, 1994).

5.3 Teamentwicklung

Maßnahmen zur Teamentwicklung beschäftigen sich mit der Analyse und Gestaltung von Gruppenprozessen, um Arbeitsleistung, Persönlichkeitsentwicklung, Teamklima und abteilungsübergreifende Kooperation zu verbessern. Vier Ansätze der Teamentwicklung sind unterscheidbar. 1) Beim *interpersonalen Ansatz* sollen durch Selbsterfahrung in Gruppen soziale Kompetenzen und Kooperation gefördert und Mitarbeiterzufriedenheit gesteigert werden. 2) Beim *zielorientierten Ansatz* sollen Motivation, Leistung und persönliche Zufriedenheit erhöht werden, indem Zielbildung und Zielvereinbarungsprozesse optimiert werden, etwa durch Prinzipien der Partizipation, der Rückmeldung und verschiedener Entlohnungsmodelle (siehe auch Kleinbeck und Kleinbeck in diesem Band). 3) Beim *Rollenansatz* sollen durch Techniken der Rollenverhandlung und Rollenrekonstruktion Konflikte erkennbar gemacht und ein verbessertes Rollenverständnis entwickelt werden, mit dem Ziel Reibungsverluste durch Koordinations- und Kooperationsmängel zu reduzieren. 4) Beim *prozeßorientierten Ansatz* sollen durch Neustrukturierung kollektiver Arbeitsprozesse (z.B. Problemlösen und Entscheiden) mit Hilfe erprobter Verfahren (z.B. Delphi Technik), teilweise unter Nutzung moderner Computertechnologie (z.B. „group decision support systems", GDSS), qualitative und quantitative Leistungsverbesserungen erzielt werden.

In der Praxis werden häufig Mischformen aus den genannten Ansätzen verwendet. Beispielsweise ist es sinnvoll, in Verbindung mit neuen Zielvereinbarungen auch Rollenverhandlungen durchzuführen, damit ein entsprechend neues Erwartungs- und Normenverständnis etabliert werden kann. Über konkrete Techniken und Maßnahmen der Teamentwicklung informieren Antons (1996), Comelli (1994), Dyer (1987), Johnson und Johnson (1994) und West (1994, 1997).

6 Ausblick

Die grundlagenorientierte Gruppenforschung, die verallgemeinerbare Theorien mit kontrollierten Experimenten zu entwickeln und zu überprüfen sucht, blieb in den vergangenen Jahren hinter den Fortschritten der angewandten Gruppenforschung, die sich korrelativer Verfahren, quasi-experimenteller Designs und Einzelfallstudien bedient, zurück (Levine & Moreland, 1990). Erst in jüngster Zeit hat die Grundlagenforschung wieder an Boden gewinnen können. Dies ist möglicherweise einem Paradigmenwechsel zu verdanken, wonach die Gruppe als analytische Einheit in der Sozialpsychologie wieder hoffähig geworden ist (Ney & Brower, 1996). Insbesondere werden derzeit Theorien der menschlichen Informationsverarbeitung auf Gruppenebene übertragen und experimentell überprüft (Hinsz, Tindale & Vollrath, 1997). Noch ist es allerdings zu früh, um beurteilen zu können, ob sich diese und vergleichbare Forschungsanstrengungen in der Sozialpsychologie auch in Gruppentheorien ummünzen lassen, die in Ihrer Anwendbarkeit und Nützlichkeit den hohen Anspruch Kurt Lewins nach „praktischen Theorien" auch einlösen können.

Literatur

Antons, K. (1996). *Praxis der Gruppendynamik. Übungen und Techniken.* Göttingen: Hogrefe.

Argote, L. (1993). Group and organizational learning curves: Individual, system and environmental components. *British Journal of Social Psychology, 32,* 31-51.

Argote, L. & Epple, D. (1990). Learning curves in manufacturing. *Science, 247,* 920-923.

Asch, S. E. (1951). Effects of group pressure on the modification and distortion of judgements. In H. Guetzkow (Ed.), *Groups, leadership and men* (pp. 177-190). Pittsburg: Cernegie.

Brodbeck, F. C. (1996). Criteria for the study of work group functioning. In M. West (Ed.), *Handbook of work group psychology* (pp. 285-315). Chichester, England: Wiley & Sons.

Brodbeck, F. C. & Frese, M. (1994). *Produktivität und Qualität in Software-Projekten.* München: Oldenbourg.

Brown, R. (1993). *Group processes: Dynamics within and between groups* (4th Ed.). Oxford: Blackwell.

Comelli, G. (1994). Teamentwicklung – Training von „family groups". In L. M. Hofmann & E. Regnet (Hrsg.), *Innovative Weiterbildungskonzepte. Trends, Inhalte und Methoden der Personalentwicklung in Unternehmen* (S. 61-84). Göttingen: Verlag für Angewandte Psychologie.

Diehl, M. & Stroebe, W. (1991). Productivity loss in idea-generating groups: Tracking down the blocking effect. *Journal of Personality and Social Psychology, 61,* 392-403.

Dyer, W. G. (1987). *Team building* (2nd Edition). Reading, MA: Addison-Wesley.

Festinger, L. (1950). Informal social communication. *Psychological Review, 57,* 271-292.

Frey, D. (1994). Über die Ausblendung unerwünschter Informationen. Sozialpsychologische Befunde zum Entscheidungsverhalten. In F. Rösler & J. Florin (Hrsg.), *Psychologie und Gesellschaft* (S. 45-57). Stuttgart: S. Hirzel, Wissenschaftliche Verlagsgesellschaft.

Frey, D., Schulz-Hardt, S. & Stahlberg, D. (1996). Information seeking among individuals and groups and possible consequences for decision making in business and politics. In E. Witte & J. H. Davis (Eds.), *Understanding group behavior – small group processes and interpersonal relations* (pp. 211-225). Mahwah/NJ: Lawrence Erlbaum.

Hill, G. W. (1982). Group versus individual performance: Are N+1 heads better than one? *Psychological Bulletin, 91,* 517-539.

Hinsz, V. B., Tindale, R. S. & Vollrath, D. A. (1997). The emerging conceptualization of groups as information processors. *Psychological Bulletin, 121,* 43-64.

Janis, I. L. (1982).*Victims of groupthink, a psychological study of foreign-policy decisions and fiascoes* (2nd Ed.). Boston, Atlanta, Dallas: Houghton Mifflin Company.

Johnson, D. W. & Johnson, F. P. (1994). *Joining together. Group theory and group skills.* Boston: Allyn and Bacon.

Katzell, R. A. (1994). Contemporary meta-trends in industrial and organizational psychology. In H. C. Triandis, M. D. Dunette & L. M. Hough (Eds.), *Handbook of industrial and organizatinal psychology* (Vol. 4, pp. 1-89). Palo Alto, CA: Consulting Psychologists Press.

Latané, B. (1986). Responsibility and effort in organizations. In P. S. Goodmann & Associtates (Eds.), *Designing effective work groups* (pp. 277-304). San Fracisco: Jossey Bass.

Laughlin, P. R., Van der Stoep, S. W. & Hollingshead, A. B. (1991). Collective versus individual induction: Recognition of truth, rejection of error, and collective information processing. *Journal of Personality and Social Psychology, 61*, 50-67.

Levine, J. M. & Moreland, R. L. (1990). Progress in small group research. *Annual Review of Psychology, 41*, 585-634.

Lewin, K. (1942). Vortrag gehalten als Präsident der Society for the Psychological Study of Social Issues, am 5. September 1942 in Washington. In C. F. Graumann (1982), *Kurt Lewin Werkausgabe: Feldtheorie* (Band 4, S. 217). Bern/Stuttgart: Hans Huber/Klett Cotta.

Lewin, K. (1948). *Resolving social conflicts: Selected papers on group dynamics.* New York: Harper & Brothers.

Liang, D. W., Moreland, R. & Argote, L. (1995). Group versus individual Training and group performance: The mediating role of transactive memory. *Personality and Social Psychology Bulletin, 21*, 384-393.

Moscovici, S. (1976). *Social influance and social change.* London: Academic Press.

Moscovici, S. (1980). Towards a theory of conversion behavior. In L. Berkowitz (Ed.), *Advances in experimental social psychology* (Bd. 13, S. 208-39). New York: Academic Press.

Mullen, B. & Copper, C. (1994). The relation between group cohesiveness and performance: An integration. *Psychological Bulletin, 15*, 210-227.

Nemeth, C. & Owens, P. (1996). Making work groups more effective: The value of minority dissent. In M. West (Ed.), *Handbook of work group psychology* (pp. 125-141). Chichester, England: Wiley & Sons.

Ney, J. L. & Brower, A. M. (1996). *What's social about social cognition. Research on socially shared cognition in small groups.* London: Sage Publications.

Paulus, P. B. & Dzindolet, M. T. (1993). Social influence processes in group brainstorming. *Journal of Personality and Social Psychology, 64*, 575-586.

Pinto, J. K. & Prescott, J. E. (1988). Variations in critical success factors over the stages in the procect life cycle. *Journal of Management, 14*, 5-18.

Reagan-Cirincione, P. (1994). Improving the accuracy of group judgment: A process intervention combining group facilitation, social judgment analysis, and information technology. *Organizational Behavior and Human Decision Processes, 58*, 246-270.

Rogelberg, S. G., Barnes-Farrell, J. L. & Lower, C. A. (1992). The steppladder technique. An alternative group structure facilitating effective group decision-making. *Journal of Applied Psychology, 77*, 730-737.

Schulz-Hardt, S., Frey, D. & Lüthgens, C. (1995). Wege ins Desaster: Group think, Entrapment und dissonanztheoretische Ursachen für Fehlentscheidungsprozesse. In K. Pawlik (Hrsg.), *Bericht über den 39. Kongreß der Deutschen Gesellschaft für Psychologie in Hamburg 1994* (S. 409-414). Göttingen: Hogrefe.

Sheppard, J. A: (1993) Productivity loss in performance groups: A motivation analysis. *Psychological Bulletin, 113,* 67-81.

Steiner, I. D. (1972). *Group process and productivity.* New York: Academic Press.

Stroebe, W. & Diehl, M. (1994). Why groups are less effective than their members. On productivity loss in idea-generating groups. In W. Stroebe & M. Hewstone (Eds.), *European review of social psychology* (Bd. 5, S. 271-304). London: Wiley.

Stroebe, W., Diehl, M & Abakoumkin, G. (1992). The Illusion of Group Effectivity. *Personality and Social Psychology Bulletin, 18,* 643-650.

Tajfel, H. (1978). *Differentiation between social groups: Studies in the social psychology of intergroup relations.* London: Academic Press.

Tschan, F. & von Cranach, M. (1996). Group task structure, process and outcome. In M. West (Ed.), *Handbook of Work Group Psychology* (pp. 95-124). Chichester, England: Wiley & Sons.

Tuckman, B. & Jensen, M. (1977). Stages of small-group development. *Group and Organizational Studies, 2,* 419-427.

Wegner, D. M. (1987). Transactive memory: A contemporary analysis of the group mind. In B. Mullen & G. R. Goethals (Eds.), *Theories of group behavior* (pp. 185-208). New York: Springer.

West, M (1994). *Effective teamwork.* Leicester: BPS Books.

West, M. (1996). *Handbook of work group psychology.* Chichester, England: Wiley & Sons.

West, M. (1997). *Developing creativity in organizations.* Leicester: BPS Books.

Williams, K. & Karau, S. J. (1991). Social loafing and social compensation: The effects of expectatioins of co-worker performance. *Journal of Personality and Social Psychology, 61,* 570-581.

Witte, E. & Davis, J. H. (1996). *Understanding group behavior: Small group processes and interpersonal relations.* Mahwah, NJ: LEA Publishers.

Worchel, S., Wood, W. & Simpson, J. A. (1992). *Group process and productivity.* Newbury Park: Sage Publications.

28 Soziale Einstellungen

Gerd Bohner, Dagmar Stahlberg und *Dieter Frey*

1 Einführung

Einstellungen sind im täglichen Leben fast allgegenwärtig. Wenn ein Freund Sie fragt, was Sie von Ihrem neuen Arbeitsplatz oder von einer bestimmten Kollegin halten, erwartet er meist keine detaillierten Erklärungen, sondern eine knappe, summarische Bewertung (z.B. „Meine neue Arbeit gefällt mir nicht" oder „Ich mag sie"). Das Wissen um solche Einstellungen anderer erleichtert die Orientierung in unserer sozialen Umgebung. Wir versuchen, aus den Einstellungen anderer ihr zukünftiges Verhalten vorherzusagen oder es dadurch zu beeinflussen, daß wir ihre Einstellung ändern.

Auch in Organisationen und Betrieben bildet die Änderung von Einstellungen einen bedeutenden Ausgangspunkt für Verhaltensänderungen, und Wissen über die Einstellungen der Betroffenen kann als Planungsgrundlage für organisatorische Umgestaltungen dienen. So kann z.B. bei einer Umstellung der Arbeitsabläufe aufgrund technischer Innovationen die Betriebsleitung durch Schulungen und frühzeitige Information versuchen, die Einstellungen der Beschäftigten zu der neuen Technik positiv zu beeinflussen, um eine höhere Arbeitsleistung zu erreichen und negative Verhaltensfolgen wie Abwesenheit vom Arbeitsplatz (z.B. Volk, Schubert & Bohner, 1990) zu vermeiden.

2 Definition und Messung von Einstellungen

Einstellungen werden in der heutigen Sozialpsychologie übereinstimmend als kognitive Repräsentation verstanden, die in einer zusammenfassenden Bewertung eines Einstellungsobjekts (Person, Gruppe, Sache, Idee usw.) bestehen. Als hypothetische Konstrukte sind Einstellungen nicht direkt beobachtbar, sondern vermitteln zwischen bestimmten Kategorien von Reizen und bestimmten Kategorien von beobachtbaren Reaktionen. Entsprechend definieren Eagly und Chaiken (1993, S.1) Ein-stellung als „eine psychologische Tendenz, die sich in der Bewertung einer bestimmten Entität durch ein gewisses Maß an Wohlwollen oder Mißfallen ausdrückt ... Die Bewertung bezieht sich auf alle Klassen bewertender Reaktionen, sowohl offene als auch verdeckte, kognitive, affektive oder verhaltensbezogene" .

Wie lassen sich Einstellungen zu so unterschiedlichen Einstellungsobjekten wie einer bestimmten Politikerin, Atomkraftwerken oder dem eigenen Arbeitsplatz messen? Der am häufigsten beschrittene Weg besteht darin, Personen direkt nach ihrer Bewertung des Einstellungsobjekts zu fragen. Derartige Meßverfahren werden „Selbsteinschätzungsverfahren" oder „direkte Messungen" genannt.

Ein besonders ökonomisches Verfahren ist die *Ein-Item-Ratingskala*; sie wird z.B. häufig in repräsentativen Meinungsumfragen eingesetzt. Hierbei wird eine einzige Frage, die eine direkte Einschätzung der interessierenden Einstellung ermöglichen soll, mit einer mehrfach gestuften Antwortskala verknüpft (z.B. „Sind Sie mit Ihren Arbeitsbedingungen zufrieden?"; Skala von 1, „überhaupt nicht zufrieden", bis 7, „sehr zufrieden"). Der Hauptnachteil von „Ein-Item-Skalen" liegt in ihrer mangelnden Zuverlässigkeit oder Reliabilität.

Um das Problem der geringen Reliabilität zu lösen, lassen sich komplexere Einstellungsskalen konstruieren, die aus mehreren Items bestehen. Zu den gebräuchlichsten zählen die *Likert-Skala* und das *semantische Differential* (Kasten 1; zur ausführlicheren Konstruktion dieser Skalen s. Himmelfarb, 1993).

Kasten 1
Itembeispiele für die Likert-Skala und das Semantische Differential

Mögliche Items einer Likert-Skala, mit der die Einstellung gegenüber den eigenen Vorgesetzten gemessen werden kann:
(1) „Die Personalentscheidungen meiner Vorgesetzten sind oft ungerecht."
              1   2   3   4   5
(2) „Meine Vorgesetzten sind fachlich kompetent."
              1   2   3   4   5
...

1	Lehne völlig ab.
2	Lehne teilweise ab.
3	Stimme weder zu, noch lehne ich ab, unentschieden.
4	Stimme teilweise zu.
5	Stimme völlig zu.

Beispiel dafür, wie dieselbe Einstellung mit Ratings eines semantischen Differentials erfaßt werden könnte. Die Befragten werden gebeten, ihre Vorgesetzten nach verschiedenen Eigenschaften zu bewerten, z.B.:

gut	+3	+2	+1	0	-1	-2	-3	schlecht
angenehm	+3	+2	+1	0	-1	-2	-3	unangenehm
schwach	+3	+2	+1	0	-1	-2	-3	stark
unfreundlich	+3	+2	+1	0	-1	-2	-3	freundlich

Anm.: In beiden Fällen wird als Maß der Einstellung die Summe aus den angekreuzten Werten berechnet, nachdem negativ formulierte Items (das erste Likert-Item und die beiden letzten Items des semantischen Differentials) umgepolt wurden.

Bei Messungen, die auf Selbsteinschätzungen beruhen, wird unterstellt, die antwortende sei Person fähig und motiviert, ihre wahren Einstellungen aufzudecken. Personen sind jedoch zuweilen bestrebt, ihre Einstellung falsch darzustellen, indem sie z.B. sozial erwünschte Antworten geben (Rosenthal & Rosnow, 1984, Kap.9). Darüber hinaus werden Selbstberichte auch dadurch beeinflußt, daß die Befragten Regeln der Alltagskonversation befolgen, was bei einer standardisierten Befragung zu Verzerrungen führen kann (Schwarz, 1994). Als Alternativen zur direkten Einstellungsmessung wurden daher auch *indirekte* Verfahren eingesetzt, die nicht auf Selbsteinschätzung beruhen, sondern z.B. auf physiologischen Maßen, Reaktionslatenzen, Verhaltensbeobachtungen, der Analyse von Verhaltensspuren oder auf archivarischen Daten (Überblick bei Bohner, 1995; Stahlberg & Frey, 1996; Webb, Campbell, Schwartz, Sechrest & Grove, 1981).

3 Einstellungsbildung und Einstellungsänderung

Wie lassen sich Einstellungen zum eigenen Betrieb, zur Arbeit oder zu neuen Produkten verändern? In den vergangenen fünfzig Jahren wurde die Wirkung einstellungsrelevanter Information in Form von *persuasiven Botschaften* eingehend untersucht (Hovland, Janis & Kelley, 1953; Petty & Cacioppo, 1986) – dabei kann es sich um direkte interpersonelle Mitteilungen handeln, aber auch um Information, die durch Medien vermittelt wird, etwa Werbebotschaften oder politische Propaganda. Seit Mitte der siebziger Jahre geht der Trend der Persuasionsforschung hin zu integrativen Theorien, die Prozesse der Einstellungsänderung möglichst umfassend erklären und vorhersagen sollen (für einen historischen Überblick über theoretische Orientierungen s.McGuire, 1985). Besondere Bedeutung kommt dem „cognitive response approach" zu (Greenwald, 1968; Petty, Ostrom & Brock, 1981), da dieser Ansatz nicht nur eine Möglichkeit bietet, mit sparsamen theoretischen Annahmen viele Befunde der Persuasionsforschung zu integrieren, sondern auch ein methodisches Instrumentarium geschaffen hat, die kognitive Prozesse, welche die Einstellungsentstehung und -änderung vermitteln, zu erfassen bzw. zu erschließen. Dieser Ansatz und seine Fortführung in aktuellen Zwei-Prozeß-Theorien soll wegen seiner besonderen Bedeutung für die aktuelle Forschung näher erläutert werden.

3.1 Der „cognitive-response"-Ansatz der Einstellungsänderung

Als „cognitive-response"-Ansatz (CRA) wird eine theoretisch-methodische Orientierung bezeichnet, der sich mehrere Persuasionstheorien zuordnen lassen. Folgende Grundannahmen kennzeichnen den CRA (Petty et al., 1981): (1) Eine Person setzt die Inhalte einer persuasiven Botschaft aktiv mit ihrem themenrelevanten Wissen und ihrer vorherigen Einstellung in Beziehung und generiert dabei neue Kognitionen. (2) Jede Einstellungsänderung ist durch diese kognitiven Reaktionen vermittelt. (3) Ausmaß und Richtung einer Einstellungsänderung sind abhängig von der Beziehung der kognitiven Reaktionen zum Inhalt und zur Position der Kommunikation; zu unterscheiden sind dabei zustimmende, ablehnende und neutrale (irrelevante) Kognitionen. (4) Je höher der Anteil zustimmender und je geringer der Anteil ablehnender Kognitionen, desto größer ist die Einstellungsänderung in Richtung der in der Botschaft vertretenen Position.

Um zu erfassen, welche kognitiven Reaktionen von einer gegebenen persuasiven Botschaft hervorgerufen werden, wird vor allem die Technik der „Gedankenauflistung" (Greenwald, 1968) eingesetzt. Versuchspersonen listen innerhalb begrenzter Zeit alle Gedanken auf, die ihnen beim Hören oder Lesen einer persuasiven Botschaft in den Sinn gekommen sind. Jeder dieser Gedanken wird später von den Versuchspersonen selbst oder von externen Beurteilern als zustimmend, ablehnend oder neutral kategorisiert (Petty & Cacioppo, 1986, S. 38-40).

3.2 Aktuelle Zwei-Prozeß-Theorien

Eine Fortführung der Gedanken des CRA findet sich in aktuellen *Zwei-Prozeß-Theorien* der Einstellungsänderung, dem „elaboration likelihood model" (ELM) von Petty und Cacioppo (1986) und dem „heuristic-systematic model" (HSM) von Chaiken und Mitarbeitern (Bohner, Moskowitz & Chaiken, 1995; Chaiken, Liberman & Eagly, 1989). Diese Modelle gehen über die Annahmen des CRA insofern hinaus, als sie nicht jede Einstellungsänderung als Resultat einer inhaltlichen Auseinandersetzung mit den Thesen und Argumenten einer persuasiven Botschaft betrachten. Vielmehr werden zwei idealtypische Formen der Persuasion unterschieden.

Im ELM sind dies der *zentrale Weg*, auf dem eine Einstellungsänderung durch sorgfältige Berücksichtigung und kritische Bewertung der Argumente einer Botschaft zustandekommt, und der *periphere Weg*, auf dem einfache, inhaltsunabhängige Hinweisreize wie etwa die Attraktivität des Kommunikators, eine Einstellungsänderung hervorrufen. Die Annahmen des CRA gehen vollständig in den Überlegungen zum „zentralen Weg der Persuasion" des ELM auf. Da die Kapazität der Informationsverarbeitung jedoch begrenzt ist, müssen Personen bei der Vielzahl von (persuasiven) Botschaften, denen sie täglich ausgesetzt sind, jeweils entscheiden, wieviel kritische Aufmerksamkeit sie jeder einzelnen Botschaft widmen wollen oder können. *Motivation* und *Fähigkeit* zur Verarbeitung einer Botschaft bestimmen die Wahrscheinlichkeit der Elaboration. Je höher diese Wahrscheinlichkeit, so die Theorie, desto stärker werden Einstellungen durch die Reaktionen auf inhaltliche Argumente beeinflußt, und desto geringer ist der Einfluß peripherer Hinweisreize.

Aufgrund dieser Überlegungen führten Richard Petty und seine Kollegen eine methodische Neuerung ein, die in der Persuasionsforschung großen Erkenntnisfortschritt bewirkte: die systematische Variation der *Qualität der Argumente* einer persuasiven Botschaft. Einstellungsänderungen sollten nach dem ELM nämlich nur dann von der Qualität der Argumente abhängen, wenn die Vpn motiviert und fähig sind, die Botschaftsinhalte gründlich zu verarbeiten (zentraler Weg). Ist dies nicht der Fall, sollte das Ausmaß der Einstellungsänderung nicht in Abhängigkeit von der Argumentenqualität, sondern vielmehr als Funktion peripherer Hinweisreize variieren (peripherer Weg). Diese Annahmen ermöglichten es, viele der bis dato widersprüchlichen Befunde der Einstellungsforschung theoretisch zu integrieren.

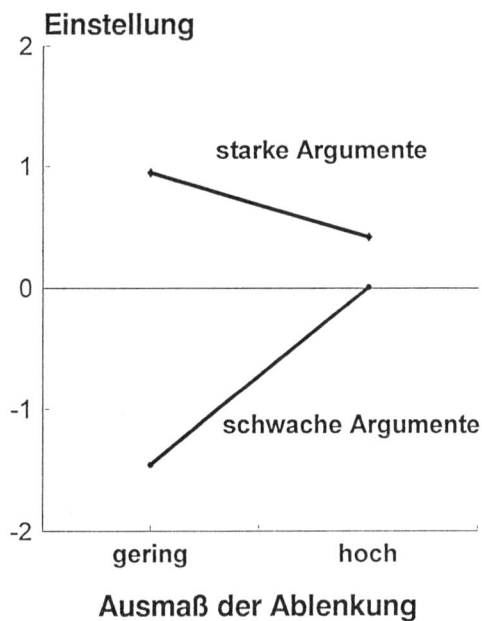

Abbildung 1
Einstellungen (standardisierte Werte) nach Präsentation einer Botschaft als Funktion der Qualität der Argumente und der Ablenkung (nach Petty, Wells & Brock, 1976).

Veranschaulichen wir uns dies anhand der Effekte von *Ablenkung*. Im täglichen Leben werden persuasive Botschaften häufig in einem Kontext dargeboten, in dem die Rezipienten gleichzeitig *abgelenkt* sind (z.B. durch Lärm oder die Bewältigung anderer Aufgaben). Wie wirkt sich etwa Ablenkung auf die Akzeptanz der Botschaft aus, wenn ein Angestellter seine Chefin von den Vorteilen einer betrieblichen Innovation überzeugen möchte? Nach dem ELM kann Ablenkung sowohl zu erhöhtem als auch zu reduziertem Einfluß führen. Da Ablenkung die Fähigkeit zur

Elaboration der Botschaftsinhalte reduziert, sollten bei guten Argumenten die ansonsten dominierenden zustimmenden Gedanken und bei schlechten Argumenten die ansonsten dominierenden ablehnenden Gedanken unterdrückt werden. Gleichzeitig wird sich die Chefin in ihrem Urteil eher auf periphere Hinweisreize verlassen (Ist der Mitarbeiter z.B. sympathisch? Hat er in der Vergangenheit kompetente Vorschläge unterbreitet?).

Abbildung 1 zeigt Ergebnisse eines Experiments von Petty, Wells und Brock (1976), in dem die Botschaftsqualität und das Ausmaß der Ablenkung variiert wurden. Wie man sieht, änderten tatsächlich diejenigen Personen, die von der Verarbeitung überzeugender Argumente durch eine schwierige Zusatzaufgabe abgelenkt wurden, ihre Einstellung weniger in Richtung der angesonnenen Position als Personen, die nur unwesentlich abgelenkt wurden. Umgekehrt zeigten Personen, die von der Verarbeitung schwacher Argumente in hohem Maße abgelenkt wurden, größere Einstellungsänderung als Personen in der Vergleichsbedingung mit geringfügiger Ablenkung.

Im heuristisch-systematischen Modell (HSM) werden ebenfalls zwei grundlegende Verarbeitungsmechanismen unterschieden, nämlich „systematische" und „heuristische" Informationsverarbeitung (z.B. Chaiken et al., 1989, S. 212). Während im ELM der zentrale Weg allein die Elaboration des Inhalts einer Botschaft umfaßt und die Verarbeitung aller nicht-inhaltlichen Aspekte dem peripheren Weg zugerechnet werden, schließt *systematische Verarbeitung* im Sinne des HSM die Beachtung nicht-inhaltlicher Merkmale mit ein, solange diese für den Rezipienten subjektiv relevant und nützlich sind. Die *heuristische Verarbeitung* des HSM ist hingegen enger definiert als der periphere Weg des ELM: Eine Rezipientin einer persuasiven Botschaft, die heuristisch verarbeitet, bildet oder ändert ihre Einstellung auf der Grundlage einfacher „Faustregeln" (Heuristiken), wie etwa: „Experten kann man vertrauen" oder „Die Mehrheit hat meistens recht". Sofern in der Persuasionssituation ein Hinweisreiz (heuristischer „cue") vorhanden ist, der eine im Gedächtnis gespeicherte und abrufbare Heuristik anwendbar macht (etwa der Hinweis, daß die Botschaft von einem Experten stammt), kann ein Einstellungsurteil ohne großen kognitiven Aufwand erfolgen.

Sowohl das ELM als auch zunächst das HSM postulierte, daß Personen im Sinne einer Grundmotivation ein *Korrektheitsziel*, d.h. zutreffende Einstellungen, anstreben. Neuerdings werden im Rahmen des HSM zwei weitere Grundmotivationen oder Verarbeitungsziele berücksichtigt (Bohner et al., 1995), nämlich das Ziel, eine selbstrelevante, wertbesetzte Position zu verteidigen (*Verteidigungsziel*), und das Ziel, sich in der sozialen Interaktion positiv zu präsentieren (*Eindrucksziel*). Während Informationsverarbeitung, die dem Korrektheitsziel dient, idealiter unvoreingenommen und ergebnisoffen erfolgt, führen die beiden anderen Verarbeitungsziele zu voreingenommener, selektiver Verarbeitung mit Blick auf die zu verteidigende bzw. von den jeweiligen Interaktionspartnern präferierte Einstellungsposition (z.B. Giner-Sorolla & Chaiken, 1997).

Wie die hier exemplarisch dargestellten Annahmen und Befunde deutlich machen, muß – auch im betrieblichen Alltag – beim Versuch, Einstellungen durch Kommunikation zu beeinflussen, ein komplexes Wechselspiel vieler Variablen berücksichtigt werden. Im einzelnen ist zu fragen:

– Welche Grundmotivation ist bei den Rezipientinnen zu erwarten? Werden sie primär bestrebt sein, korrekt zu urteilen, wertbesetzte Positionen zu verteidigen oder sich positiv darzustellen?
– Sind die Rezipienten willens und in der Lage, sich mit inhaltlichen Argumenten auseinanderzusetzen? Läßt sich die Bereitschaft oder Fähigkeit hierzu steigern?
– Wie überzeugend sind die Argumente, die zur Verfügung stehen?
– Über welche heuristischen Faustregeln verfügen die Rezipientinnen? Können zusätzliche Heuristiken implementiert werden?
– Können heuristische Hinweisreize eingesetzt werden, die diese Faustregeln anwendbar machen?

Je nachdem, wie die Antworten auf diese Fragen ausfallen, kann z.B. eine betriebliche Informationsmaßnahme sehr unterschiedlich gestaltet werden.

4 Beeinflussen Einstellungen Verhalten – und wenn ja, auf welche Weise?

Eine der meistzitierten Studien zur ersten dieser Fragen wurde 1934 von LaPiere veröffentlicht. Dieser bereiste in den frühen 30er Jahren mit einem chinesischen Ehepaar die Vereinigten Staaten. LaPiere war sich der damals weitverbreiteten Vorurteile gegenüber Chinesen bewußt und daher überrascht, daß er und seine Reisebegleiter nur in einem einzigen der über 200 besuchten Hotels und Gaststätten abgewiesen, sonst aber anstandslos bedient wurden. Sechs Monate nach diesen unerwartet positiven Erfahrungen erkundigte sich LaPiere schriftlich bei jeder der besuchten Einrichtungen, ob sie Angehörige der chinesischen „Rasse" als Kunden akzeptieren würde. Im Einklang mit dem bestehenden Vorurteil, aber in klarem Widerspruch zum zuvor gezeigten tatsächlichen Verhalten verneinten 92% der Befragten. In den folgenden Jahren wurde dieser Befund häufig als Beleg für die fehlende Konsistenz zwischen verbal berichteten Einstellungen und beobachtbarem Verhalten zitiert. Inzwischen ist jedoch über die Bedingungen, unter denen Einstellungen relativ gute oder nur unzureichende Prädiktoren des Verhaltens darstellen, relativ viel bekannt (Kasten 2).

Kasten 2
Faktoren, die die Enge des Einstellungs-Verhaltens-Zusammenhangs beeinflussen

Beispiel: Korrespondenz der Meßebenen
Für eine gute Verhaltensvorhersage ist es notwendig, Einstellungen und Verhalten mit dem gleichen Abstraktionsgrad zu erfassen (die Korrespondenz der Meßebenen muß gewährleistet sein, z.B. Ajzen & Fishbein, 1977). So wird z.B. das Ausmaß abgeleisteter Überstunden oder auch nur die Bereitschaft, Überstunden zu leisten, kaum durch eine generelle positive oder negative Einstellung zum eigenen Betrieb vorhergesagt werden können. Eine gute Vorhersage wäre dagegen möglich, wenn stattdessen die Einstellung zum Ableisten von Überstunden unter festgelegten Bedingungen erfaßt wird. Andererseits könnte sich die generelle Einstellung zum eigenen Betrieb aber dann als nützlicher Verhaltensprädiktor erweisen, wenn man ein Verhaltensmaß erfaßt, das sich aus ganz verschiedenen Verhaltensweisen zusammensetzt (wie z.B. die Bereitschaft, Überstunden zu leisten, Absentismusraten, Leistungsparameter usw.).

Beispiel: Direkte Erfahrungen mit dem Einstellungsobjekt
Einstellungen, die auf direkten Erfahrungen mit dem Einstellungsobjekt beruhen, erlauben bessere Verhaltensvorhersagen als Einstellungen, die ausschließliches Produkt indirekter Erfahrungen (z.B. Informationen über das Einstellungsobjekt durch Dritte) sind. In diesem Sinne wären geäußerte Einstellungen eines Bewerbers um eine ausgeschriebene Stelle zu bestimmten Arbeitätigkeiten bessere Prädiktoren des späteren tatsächlichen Verhaltens, wenn der Bewerber schon tatsächliche Erfahrungen mit diesen Tätigkeiten hat (Fazio & Zanna, 1981).

Offensichtlich sind Einstellungen immer dann unbefriedigende Prädiktoren des Verhaltens, wenn starke situative Zwänge individuelles Verhalten bestimmen. Hierzu zählen die in einer Situation dominanten *sozialen Normen*, unter denen einstellungsrelevantes Verhalten ausgeführt werden muß. Fishbein und Ajzen (1975) schlugen eine einflußreiche Theorie des Zusammenhangs zwischen Einstellungen und Verhalten vor, die der sozialen Norm einen zentralen Stellenwert verleiht. Diese „Theorie des überlegten Handelns" („theory of reasoned action", TRA) und ihre Folgetheorie, die „Theorie des geplanten Verhaltens" („theory of planned behavior", TPB; Ajzen, 1991; Ajzen & Madden, 1986), sind in Abbildung 2 dargestellt. Nach Ajzen und seinen Kollegen ist der unmittelbare Bestimmungsfaktor des Verhaltens die Intention einer Person, dieses Verhalten auszuführen (oder nicht auszuführen). Diese *Verhaltensintention* wird erstens durch die *Einstellung gegenüber diesem Verhalten* bestimmt. Die Einstellung einer Person gegenüber dem Verhalten (z.B. Energiesparen) ist wiederum eine Funktion ihrer Erwartung, daß dieses Verhalten zu einer bestimmten Konsequenz führen wird (z.B. „Energiesparen führt zu weniger Komfort" oder „Energiesparen trägt zum Umweltschutz bei"), und des Wertes, der diesen Konsequenzen beigemessen wird

(„Weniger Komfort ist schlecht" oder „Umweltschutz ist gut"). Eine Einstellung wird vorhergesagt, indem man die Wert- und Erwartungskomponenten, die mit jeder Verhaltenskonsequenz assoziiert werden, multipliziert und die erhaltenen Produkte addiert. Die TRA und die TPB werden daher auch als „ErwartungxWert-Modelle" bezeichnet.

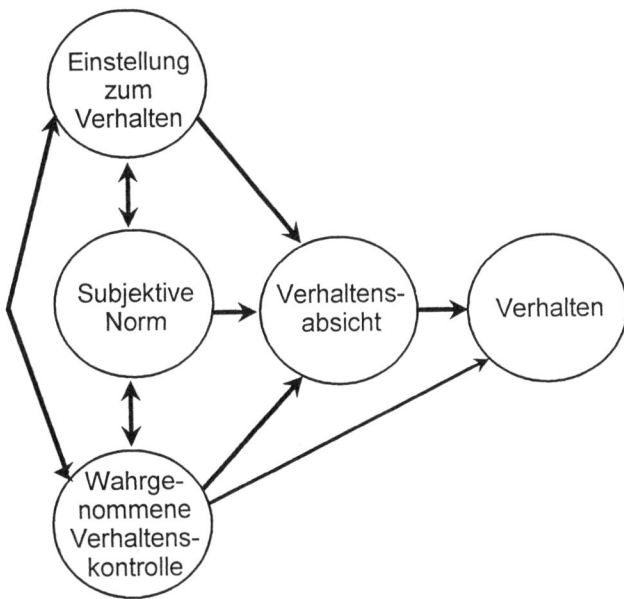

Abbildung 2
Theorie des geplanten Verhaltens (nach Ajzen, 1991). Diese Theorie bildet eine Erweiterung der Theorie des überlegten Handelns (Fishbein & Ajzen, 1975) um den Faktor der wahrgenommenen Verhaltenskontrolle.

Das zweite Bestimmungsmerkmal der Verhaltensabsicht ist die *subjektive Norm*, d.h. der wahrgenommene soziale Druck, das Verhalten auszuführen oder zu unterlassen. Diese Komponente wird ebenfalls durch zwei Faktoren bestimmt: die normativen Überzeugungen, d.h. Erwartungen relevanter Bezugspersonen, wie sich die handelnde Person verhalten soll (z.B. „Mein Sohn findet es gut, wenn ich Energie spare"), und die Motivation, sich diesen Erwartungen entsprechend zu verhalten. Beide Komponenten werden wieder multipliziert und ihre Produkte addiert.

In der TPB wurde den Verhaltensprädiktoren Einstellung und soziale Norm ein weiterer Faktor hinzugefügt, die *wahrgenommene Verhaltenskontrolle*. Diese Erweiterung wurde notwendig, da das ursprüngliche Modell nur dann zu einer guten Verhaltensvorhersage führte, wenn das Verhalten in hohem Maße unter willentlicher Kontrolle stand, nicht jedoch, wenn diese Kontrolle tatsächlich oder subjektiv unvollständig war (z.B. Ajzen & Madden, 1986). Die wahrgenommene Verhaltenskontrolle wird konzeptualisiert als die erwartete Leichtigkeit oder

Schwierigkeit, das beabsichtigte Verhalten tatsächlich ausführen zu können. Sie ist beispielsweise dann niedrig, wenn die Person mit Ereignissen rechnet, die mit dem Verhalten in Konflikt stehen (so würde z.B. die Intention, Fahrrad zu fahren, um Energie zu sparen, durch die Erwartung unterminiert, dadurch unter Zeitdruck zu geraten). Wahrgenommene Verhaltenskontrolle sollte einerseits die Verhaltensabsichten einer Person beeinflussen: Wenn Personen nicht glauben, daß sie ein bestimmtes Verhalten erfolgreich ausführen können, werden sie wahrscheinlich nicht sehr motiviert sein, dies überhaupt zu versuchen. Andererseits ist die wahrgenommene Verhaltenskontrolle ein Indikator der tatsächlichen Kontrolle, die das Verhalten direkt beeinflußt: Wenn eine Person nicht gut Tennis spielen kann, wird sie ein Match selbst dann nicht gewinnen, wenn ihre Absicht zu gewinnen stark ist.

Die Theorien des überlegten Handelns und des geplanten Verhaltens wurden durch viele empirische Untersuchungen gestützt (Überblick bei Ajzen, 1991; Eagly & Chaiken, 1993). Neben Einstellungen, sozialen Normen und wahrgenommener Verhaltenskontrolle beeinflussen jedoch auch noch weitere Faktoren das Verhalten, wie z.B. *Gewohnheiten*, die wahrgenommene *moralische Verpflichtung*, ein gewisses Verhalten zu zeigen, und die *Selbstrelevanz* des Verhaltens (Überblick bei Eagly & Chaiken, 1993, Kap.4).

Neben Ergänzungen der Einstellungs-Verhaltens-Modelle wurde auch auf grundsätzliche Grenzen der Erklärungskraft dieser Modelle hingewiesen. So betonen Frey, Stahlberg und Gollwitzer (1993), daß die Annahme einer intensiven Elaboration alternativer Verhaltensmöglichkeiten, wie sie für die genannten Modelle kennzeichnend ist, nur einen Teil menschlicher Verhaltensentscheidungen abdeckt. Alle Situationen, in denen Menschen nicht motiviert oder fähig sind, die Vor- und Nachteile spezifischer Verhaltensalternativen intensiv zu verarbeiten, werden ausgeschlossen. Menschen könnten sich z.B. weigern, ein potentielles Verhalten intensiv in all seinem Für und Wider abzuwägen, wenn sie Zweifel daran haben, daß sie unter zumutbaren Kosten (Zeitaufwand, kognitive oder emotionale Anstrengung) eine optimale Verhaltensentscheidung treffen können.

5 Ausblick

In diesem Kapitel wurden die Messung von Einstellungen, Prozesse der Einstellungsänderung sowie die Beziehung zwischen Einstellungen und Verhalten diskutiert. Nach einem Rückgang des Interesses an diesen Themen in den 60er und 70er Jahren, der mit der pessimistischen Einschätzung zusammenhing, aus Einstellungen Verhalten adäquat vorhersagen zu können, bildete sich maßgeblich durch die Arbeiten von Fishbein und Ajzen eine optimistischere Perspektive auf den Zusammenhang von Einstellung und Verhalten heraus. Viele Arbeiten aus der angewandten Sozialpsychologie basieren auf den verfeinerten Modellen der Verhaltensvorhersage (z.B. auf den Gebieten des Energiesparens, der Konsumenten- und der Gesundheitspsychologie). Nicht zuletzt in der Arbeits- und Organisationspsychologie ist auch zukünftig mit anhaltendem Interesse an der Anwendung theoretischer Konzeptionen aus der sozialpsychologischen Einstellungsforschung zu rechnen.

Literatur

Ajzen, I. (1991). The theory of planned behavior. *Organizational Behavior and Human Decision Processes, 50*, 179-211.

Ajzen, I. & Fishbein, M. (1977). Attitude-behavior relations: A theoretical analysis and review of empirical research. *Psychological Bulletin, 84*, 888-918.

Ajzen, I. & Madden, T.J. (1986). Prediction of goal-directed behavior: Attitudes, intentions, and perceived behavioral control. *Journal of Experimental Social Psychology, 22*, 453-474.

Bohner, G. (1995). Unobtrusive measures. In A. S. R. Manstead & M. Hewstone (Eds.), *The Blackwell encyclopedia of social psychology* (pp. 662-664). Oxford: Blackwell.

Bohner, G., Moskowitz, G. & Chaiken, S. (1995). The interplay of heuristic and systematic processing of social information. *European Review of Social Psychology, 6*, 33-68.

Chaiken, S., Liberman, A. & Eagly, A. H. (1989). Heuristic and systematic information processing within and beyond the persuasion context. In J. S. Uleman & J. A. Bargh (Eds.), *Unintended thought* (pp. 212-252). New York: Guilford.

Eagly, A. H. & Chaiken, S. (1993). *The psychology of attitudes*. Fort Worth, TX: Harcourt Brace Jovanovich.

Fazio, R.H. & Zanna, M.P. (1981). Direct experience and attitude-behavior consistency. *Advances in Experimental Social Psychology, 14*, 161-202.

Festinger, L. (1950). Informal social communication. *Psychological Review, 57*, 271-282.

Fishbein, M. & Ajzen, I. (1975). *Belief, attitude, intention, and behavior*. Reading, Mass.: Addison-Wesley.

Frey, D., Stahlberg, D. & Gollwitzer, P. (1993). Einstellung und Verhalten: Die Theorie des überlegten Handelns und die Theorie des geplanten Verhaltens. In D. Frey & M. Irle (Hrsg.), *Theorien der Sozialpsychologie, Band 1: Kognitive Theorien* (2. Aufl., S. 361-398). Bern: Huber.

Giner-Sorolla, R. & Chaiken, S. (1997). Selective use of heuristic and systematic processing under defense motivation. *Personality and Social Psychology Bulletin, 23*, 84-97.

Greenwald, A. G. (1968). Cognitive learning, cognitive response to persuasion, and attitude change. In A. Greenwald, T. Brock & T. Ostrom (Eds.), *Psychological foundations of attitudes* (pp. 148-170). New York: Academic Press.

Himmelfarb, S. (1993). The measurement of attitudes. In A. H. Eagly & S. Chaiken, *The psychology of attitudes* (pp. 23-87). Fort Worth, TX: Harcourt Brace Jovanovich.

Hovland, C. I., Janis, I. L. & Kelley, J. J. (1953). *Communication and persuasion*. New Haven, CT: Yale University Press.

LaPiere, R. (1934). Attitudes versus actions. *Social Forces, 13*, 230-237.

McGuire, W. J. (1985). Attitudes and attitude change. In G. Lindzey & E. Aronson (Eds.), *Handbook of social psychology* (3rd ed., Vol. 2, pp. 233-346). New York: Random House.

Petty, R. E. & Cacioppo, J. T. (1986). *Communication and persuasion: Central and peripheral routes to attitude change.* New York: Springer.

Petty, R. E., Ostrom, T. M. & Brock, T. C. (Eds.). (1981). *Cognitive responses in persuasion.* Hillsdale, N.J.: Erlbaum.

Petty, R. E., Wells, G. L. & Brock, T. C. (1976). Distraction can enhance or reduce yielding to propaganda: Thought disruption versus effort justification. *Journal of Personality and Social Psychology, 34,* 874-884.

Rosenthal, R. & Rosnow, R. L. (1984). *Essentials of behavioral research.* New York: McGraw-Hill.

Schwarz, N. (1994). Judgment in a social context: Biases, shortcomings, and the logic of conservation. *Advances in Experimental Social Psychology, 26,* 123-161.

Stahlberg, D. & Frey, D. (1996). Attitudes: Structure, measurement and functions. In M. Hewstone, W. Stroebe & G. M. Stephenson (Eds.), *Introduction to social psychology* (2nd ed., pp. 205-239). Oxford: Blackwell.

Volk, B., Schubert, P. & Bohner, G. (1990). Psychische Folgen des Computer-Einsatzes in der Fernsprechauskunft. In S. Höfling & W. Butollo (Hrsg.), *Psychologie für Menschenwürde und Lebensqualität: Bericht über den 15. Kongreß für Angewandte Psychologie des Berufsverbandes Deutscher Psychologen e.V., München, 1989* (Bd. 2, S. 338-346). Bonn: Deutscher Psychologen-Verlag.

Webb, E. J., Campbell, D. T., Schwartz, R. D., Sechrest, L. & Grove, J. B. (1981). *Nonreactive measures in the social sciences* (2nd ed.). Boston, MA: Houghton Mifflin.

29 Regulation und Struktur von Arbeitstätigkeiten

Winfried Hacker

1 Arbeitstätigkeiten – eine Unterklasse zielgerichtet-volitiver Tätigkeiten

Das Psychische orientiert und reguliert das Verhalten und seine Komponenten. Somit sind auch Arbeitstätigkeiten psychisch reguliert. Im Falle von Arbeitstätigkeiten handelt es sich aufgrund der gesellschaftlichen Arbeitsteilung um eine zielgerichtet-willensvermittelte (volitive) Regulation.

Die Kenntnis der psychischen Regulation von Arbeitstätigkeiten und deren Komponenten, der Handlungen sowie Teilhandlungen (Operationen) ist die unerläßliche Grundlage einer menschengerechten Arbeitsanalyse, Arbeitsbewertung und Arbeitsgestaltung – im Unterschied beispielsweise zum Bewegungsstudium und der Bewegungsoptimierung im Sinne der Systeme vorbestimmter Zeiten (die heute auch „mental motions" einschließen) oder zu Informationsverarbeitungskonzepten, die von der künstlichen Intelligenz hergeleitet sind.

Arbeitstätigkeiten haben Besonderheiten, die wesensbestimmend für ihre psychische Regulation sind: Sie sind eine Unterklasse der sogenannten antriebsmittelbaren, zielgerichtet-volitiv regulierten Tätigkeiten: Mit ihrer Ausführung wird in der Regel kein Bedürfnis befriedigt, sondern es werden finanzielle Mittel (Instrumente; vgl. die Instrumentalitätskonzeption der Arbeitsmotivation) für eine spätere Bedürfnisbefriedigung vermittelt: durch einen warenförmigen Austausch gewonnen. Zur Verdeutlichung: Werktäglich ab sechs Uhr Schrauben drehen oder Müll räumen befriedigt unmittelbar keine eigenen Bedürfnisse.

Antriebsmittelbar, durch Ziele mit der Qualität von „Quasibedürfnissen" (Lewin, 1926) – nicht durch aktuelle Bedürfnisse – und damit willentlich reguliert sind neben der Erwerbsarbeit auch andere Tätigkeiten, beispielsweise die sogenannte Eigenarbeit oder Lerntätigkeiten. Das Besondere in der psychischen Regulation von Erwerbstätigkeiten besteht gegenüber diesen Tätigkeiten darin, daß das Erfüllen des Arbeitsauftrags bzw. der selbstgestellten Arbeitsaufgabe zunächst im warenmäßigen Austausch Geld erbringen muß, mit dessen Hilfe dann bedürfnisbefriedigende Sachverhalte erworben werden können.

Die psychische Tätigkeitsregulation umfaßt die nach Art der Komponenten und deren Wechselbeziehungen zu kennzeichnende Struktur der tätigkeitsveranlassenden, tätigkeitsführenden und tätigkeitskontrollierenden psychischen Vorgänge (Prozesse), Repräsentationen (Wissens-/Gedächtnis„inhalte") und Eigenschaften („traits"). Diese sind bestimmt durch einen übernommenen und dabei zur Aufgabe redefinierten Auftrag oder selbst abgeleitete Aufgabenstellungen mit den jeweiligen Ausführungsbedingungen. Die redefinierte oder selbstgestellte Aufgabe führt zu Anforderungen an die psychische Regulation von Tätigkeiten zusammen mit den Ausführungs- oder Arbeitsbedingungen (Hackman, 1970).

Der Tätigkeits- und der untergeordnete Handlungsbegriff sind mehrstellige Relationen und heben in diesem Sinne wesentliche systemtheoretische (einschließlich organisationswissenschaftliche), ökologische und interaktionistische Anliegen in sich auf. Der Tätigkeitsbegriff als fünfstellige Relation setzt in Beziehung

– Veränderungsvorgänge informationeller oder energetischer Art an
– Gegenständen, die den Vorgängen ihre Gesetzmäßigkeiten aufzwingen
– gerichtet auf als Ziel vorweggenommene Resultate
– ausgeführt mit Mitteln und unter Ausführungsbedingungen durch
– Personen mit Könnensvoraussetzungen für und Stellungnahmen zu den Vorgängen, in denen sie sich auch selbst verändern.

Diese fünf Sachverhalte sind die Leerstellen des Tätigkeitsbegriffs als relationalem Konzept. Sie geben Beziehungen vor, die in jeder Tätigkeit mit konkreten Wissensinhalten gefüllt sein müssen, damit zielgerichtet gehandelt werden kann. Die sogenannten W-Fragen der Tätigkeitsanalyse (vgl. dazu Hacker, 1996a) helfen, die jeweilige konkrete Füllung zu finden: Wer (Person bzw. Subjekte der Tätigkeit) tut was (Veränderungsvorgang) wozu (Ziel als vorweggenommenes Resultat), woran (Arbeitsgegenstand), womit (Arbeitsmittel) unter welchen Bedingungen (Arbeitsbedingungen)? In Arbeitstätigkeiten kommen noch hinzu die Fragen woraufhin (Signale) und warum (zu berücksichtigende Ursachen der zu verändernden Sachlage).

2 Handlung als psychologische Einheit von Arbeitstätigkeiten: Tätigkeit – Handlung – Operation

Tätigkeiten (z.B. das Anfertigen von Drehteilen an CNC-Maschinen) sind übergeordnete Verhaltenseinheiten, die ganze Handlungsketten und deren Komponenten, die Teilhandlungen oder Operationen, umfassen. Sie verfolgen ein Oberziel, das im Arbeitsprozeß – wie eingangs begründet – als Quasibedürfnis ein Motiv vertritt. Die Tätigkeiten werden in Handlungen (z.B. Einspannen von Drehteilen) verwirklicht.

Handlung ist der wichtigste Begriff einer Psychologie der Tätigkeit. Handlung bezeichnet eine zeitlich in sich geschlossene, auf ein Ziel gerichtete sowie inhaltlich und zeitlich gegliederte Einheit der Tätigkeit, nämlich die kleinste psychologisch relevante Einheit willentlich gesteuerter Tätigkeiten von Individuen, Gruppen und Organisationen. Die Abgrenzung von Handlungen erfolgt durch das bewußte Ziel, das die mit der Absicht der Realisierung (Intention) verknüpfte Vorwegnahme des Ergebnisses (Antizipation) darstellt. Jede Handlung ist stets ein psychischer Vorgang, weil sie bewußt, d.h. zielgerichtet ist. Sie hat Ziele und erfüllt Aufgaben. Für Teilhandlungen (Operationen) und die in diesen enthaltenen Bewegungen gilt das nicht.

Jede Handlung schließt über die Ziele hinaus auch kognitive Prozesse ein. Sie ist wenigstens eine sensumotorische Einheit, in der Regel aber eine Einheit von Wahrnehmen, Urteilen, Behalten, Reproduzieren und motorischem Ausführen (Bewegen).

Der Begriff der zielgerichteten Handlung als Einheit der Tätigkeit hebt die strikt trennende Gegenüberstellung von motivationalen (einschließlich emotionalen) und kognitiven (und innerhalb dieser von perzeptiven, intellektuellen und mnestischen) Prozessen sowie von psychischen Prozessen und Repräsentationen sowie Eigenschaften auf: Ziele sind Verknüpfungen wenigstens der kognitiven Vorwegnahme und der motivationalen bzw. volitiven Vornahme (des Vorsatzes) und der Gedächtnisspeicherung der Vorwegnahmen als Grundlage rückkoppelnder Soll-Ist-Vergleiche. Generalisierte Ziele sind Persönlichkeitsmerkmale (Leontjew, 1979; von Cranach et al., 1980; Heckhausen & Kuhl, 1985; Volpert, 1984, 1987).

Die praktische Bedeutung einer Untersuchung der psychischen Regulation der Handlungen kann nicht überschätzt werden. Sie besteht darin, daß das Psychische die übergeordnete Kommandostelle darstellt. Ohne Berücksichtigung ihrer Befehle bleiben Handlungen und Tätigkeiten unverständliche, chaotisch erscheinende Vorgangsbündel. Das gilt von der elementarsten bis zur komplexesten Stufe psychisch regulierter Vollzüge: Wie Bewegungen ohne Bezug auf die übergeordnete Handlung nicht befriedigend kausal-konditional analysierbar sind, können im Falle geplanten Vorgehens Operationsketten und Handlungsabfolgen nicht ohne Bezug auf den Plan der Tätigkeit verständlich werden (Frese & Zapf, 1994).

3 Rahmenbedingungen der psychischen Regulation von Arbeitstätigkeiten als Regulationsangeboten bzw. -hindernissen

Die psychischen Regulationsmerkmale von Arbeitstätigkeiten sind in ausschlaggebendem Maße bedingt durch die Rahmenbedingungen der Tätigkeitsausführung. Die wichtigsten Rahmenbedingungen der psychischen Regulation von Arbeitstätigkeiten sind:

(a) Die Gesetzmäßigkeiten der *technologischen Prozesse*, denen sich die Arbeitstätigkeit unterordnen muß. Das können u. a. physikalische, chemische, biologische oder soziale Gesetzmäßigkeiten sein, deren Wirken zu erkennen, zu begreifen und in der Maßnahmenfindung zu beachten ist.

(b) Die Aufteilung der Arbeitstätigkeiten auf Ausführende als *Funktionsteilung* zwischen Mensch und Maschine bzw. automatisiertem technischem System sowie als *Arbeitsteilung* zwischen Menschen.

Damit hängt untrennbar eine dritte Rahmenbedingung zusammen:
c) Der *Tätigkeitsspielraum* als Möglichkeit eigenen Zielstellens und Entscheidens (auch Freiheitsgrade, Handlungsspielraum, Kontroll- oder Entscheidungsspielraum, Autonomie oder job discretion; vgl. Ulich, 1974, 1994). Wenn objektiv keine Möglichkeiten unterschiedlichen Vorgehens, d.h. verschiedenartiger auftragsgerechter Ziele, zwischen denen zu entscheiden ist, vorliegen, kann in der psychischen Struktur dieser Arbeitstätigkeit auch kein Entwickeln von eigenen Zielen, kein denkendes bzw. problemlösendes Abwägen von Vorgehensvarianten unter Aktivierung des dafür erforderlichen Vorwissens und kein Entscheiden erwartet werden. Selbstgesetzte Ziele entstehen vorzugsweise bei Entscheidungsmöglichkeiten. Selbstgesetzte Ziele wiederum sind die Kristallisationskerne psychischer Vorgänge beim Handeln. *Sollen Merkmale der psychischen Struktur und Regulation von Arbeitstätigkeiten verändert werden, so müssen diese Rahmenbedingungen arbeitsgestalterisch verändert werden.*

4 Sequentiell-heterarchische Regulation von Arbeitstätigkeiten

Die wichtigsten Kennzeichen der Handlungsregulation sind die Zielgerichtetheit und die gleichzeitig hierarchische bzw. heterarchische und zyklische Organisation der Handlungskomponenten nach den Erfordernissen des zu erfüllenden Auftrags. Bei der Regulation können Phasen und Ebenen unterschieden werden:

Im Hinblick auf die nacheinander (*sequentiell*) abzuwickelnden *Phasen* des Handelns beschreibt der Aspekt des *Richtens* das Stellen bzw. Übernehmen der Aufgabe, wobei auf der Grundlage der gleichzeitig zu entwickelnden Motivierung deren Ergebnis als Ziel vorweggenommen werden muß.

Im Aspekt des *Orientierens* wird über den Ausgangszustand und die Ausführungsbedingungen einschließlich der wirksamen objektiven Gesetzmäßigkeiten eine Orientierungsgrundlage geschaffen, die das Aufnehmen und Verarbeiten aktuell wirksamer Informationen und das Aktualisieren von Kenntnissen und Erfahrungen umfaßt. Dabei werden die Ziele sowie die Ausgangsbedingungen untersucht, Wege und Mittel, sie zu erreichen, aktualisiert und Hypothesen dazu aufgestellt. Kennzeichnungsmöglichkeiten bieten das Inventar der Signale, die Qualität der Beurteilung von Umweltzuständen und die Beschaffenheit der Kenntnisse.

Auf der Grundlage des Vergleiches von Ausgangszustand, Zielvorstellung und einsetzbaren Überführungsbedingungen wird das *Entwerfen* von Aktionsprogrammen möglich. „Aktionsprogramm" ist der Oberbegriff für Strategien, Pläne,

Handlungsschemata und Bewegungsentwürfe. Das Entwerfen ist wenigstens immer dann erforderlich, wenn das Erreichen des Ziels mehrere Zwischenschritte erfordert. Die deutlichste Form des Entwerfens sind die in der Vorstellung oder in Gedanken vorweggenommenen Verfahrensweisen und Mittel. Ausgehend von den zu durchlaufenden Teilzielen werden die Operationsabfolgen einschließlich der einzusetzenden Mittel abgeleitet und zeitlich geordnet. Bei zahlreichen Handlungen werden die Teilziel- und Operationsabfolgen in ihrer zeitlichen, phasenhaften Ordnung in rationellere größere Einheiten bis hin zu komplexen Handlungsplänen oder Strategien reorganisiert, die auf heterarchischen bzw. hierarchischen Ebenen geordnet sein können.

Miller, Galanter & Pribram (1960) definierten die Aktionsprogramme (von ihnen sämtlich als „Pläne" bezeichnet) als hierarchische Prozesse des Organismus, die die Ordnung für eine Folge von Operationen regulieren soll. Aktionsprogramme sind beschreibbar als Befehlslisten. Wahrscheinlich existiert eine begrenzte Zahl von Erzeugungsprogrammen, die die erforderlichen Aufbauregeln für die auszuführenden Aktionsprogramme enthalten und die Erzeugung von Hierarchieebene zu Hierarchieebene zunehmend feinerer Unterprogramme bewirken (Volpert, 1983). Vom jeweils übergeordneten Aktionsprogramm werden die Unterprogramme eingesetzt und überwacht.

Da gleiche Ziele zumeist auf unterschiedliche Weise erreicht werden können, muß zwischen den Vorgehensvarianten *entschieden* werden. Mit dem Vorsatz, den ausgewählten Weg zu gehen, wird von der Handlungsvorbereitung zum Handlungsvollzug (Aspekt des Entschließens) übergegangen. Der Handlungsvollzug wird durch wiederholte Vergleiche des erreichten Ist-Zustandes mit dem gespeicherten Ziel als Soll-Zustand *kontrolliert*. Wegen dieser rückkoppelnden Kontrolle haben die Handlungsphasen eine *Regelkreis- oder zyklische Struktur*.

Der zyklische Ablauf ist auf unterschiedlichen „Regulationsebenen" möglich. Handlungen lassen sich nämlich darstellen als Hierarchien ineinander enthaltener (verschachtelter) zyklischer Rückkoppelungseinheiten (Test-Operate-Test-Exit-, d.h. TOTE-Einheiten; Miller, Galanter & Pribram, 1960). In dieser Hierarchie sind wenigstens drei Ebenen der Ausführungsregulation von Handlungen zu unterscheiden, die intellektuelle, die wissensbasierte oder perzeptiv-begriffliche und die sensumotorische, die jeweils nochmals unterteilbar sind und daher relativ beliebig viele Beschreibungsebenen anbieten.

Da zyklische, also sequentielle Regulationseinheiten hierarchisch ineinander „geschachtelt" sind, wird von sequentiell-hierarchischer bzw. sequentiell-heterarchischer Regulation gesprochen. Die hierarchische bzw. heterarchische „Verschachtelung" bedeutet u.a.:
- Übergeordnete Regulationseinheiten höherer Bewußtheitserfordernis sind umfassender und *enthalten* (in abgekürzter Form kodiert) untergeordnete Einheiten

weniger umfassender Regulationsweite und niedriger Bewußtheitserfordernis (Carver & Scheier, 1982).
- Übergeordnete Regulationseinheiten *determinieren* untergeordnete.
- Indem sie Details an diese delegieren, werden sie selbst *entlastet*.
- Zugleich haben untergeordnete Einheiten *relative Autonomie* zur flexiblen Bildung von funktionellen Einheiten sowie *rückwirkende* Einflußmöglichkeiten auf übergeordnete Regulationseinheiten (daher „Heterarchie").

Die heterarchische Verschachtelung auf unterschiedlichen Ebenen ermöglicht zugleich, daß – bezogen auf größere Zeiteinheiten – mehrere Ziele gleichzeitig verfolgt werden können (Multi-goal-multi-level-Konzept) (Neves & Anderson, 1981; Broadbent, 1985; Schönpflug, 1985).

5 Ziele als zentrale Regulationsinstanz in Arbeitstätigkeiten

Arbeitsaufträge werden von den Arbeitenden bewertet und interpretiert, also nicht kurzerhand so, wie sie gemeint sind, übernommen und ausgeführt. An dieser „Redefinition" von Aufträgen mit Zielen, die man sich zu eigen gemacht hat, sind mehrere Sachverhalte beteiligt (Hackman, 1970): Der Auftrag und seine Einzelforderungen müssen verstanden werden; der Auftrag muß in bezug auf das *Anspruchsniveau* der Arbeitenden (d.h. ist der Auftrag den eigenen Leistungsmöglichkeiten angemessen, oder wird er als beleidigend unterfordernd oder als gefährdend überfordernd erfahren?), die *Bedürfnislage* sowie auf die *Wertvorstellungen* des Arbeitenden bewertet werden (beispielsweise: welche Rolle spielt die Erwerbsarbeit im eigenen Leben? Muß man Konkurrenz ausschalten oder sich solidarisch verhalten?).

Ziele erfüllen ihre handlungsorganisierende Funktion in der Form der Vornahme oder des Vorsatzes und wirken gleichzeitig
- als Triebkraft des Handelns (was zum Handeln veranlaßt, sind die „Anreizwerte" der vorweggenommenen Folgen der voraussichtlichen Ergebnisse eigener Handlungen; Heckhausen, 1983);
- als Vergleichsmuster (Aktionsakzeptor, Efferenzkopie) für die fortlaufende rückkoppelnde Kontrolle des Handelns (Anochin, 1967) und
- lenkt das Handeln insbesondere beim Auswählen von Mitteln und Wegen.

Eine Antizipation des zu erreichenden Ergebnisses in der Vorstellung oder in Gedanken wird durch einen Entschluß zur Vornahme oder zum Vorsatz. Die ausschlaggebende Rolle des Entschlusses – der Handelnde geht vom Wünschen zum Wollen über und hebt bis dahin eventuell bestehende Tätigkeitsspielräume des Handelns auf – wurde von Heckhausen (1983) metaphorisch als das Überschreiten des Rubikon bezeichnet (Rubikon-Modell). Das Sich-Vorstellen eines Ergebnisses oder das Denken an das Ergebnis allein wirkt weder handlungsveranlassend noch handlungsregulierend. Auch das Entscheiden im Sinne des Ausscheidens bestimmter Handlungswege ist noch nicht Entschließen. Das wesentlichste Kennzeichen des Entschlusses ist der praktische Vorsatz der im „Übergang vom Wünschen zum Wollen" entsteht (Straub, 1935); er setzt die Mittel-Weg-Festlegung und -Entscheidung bei gleichzeitiger Hemmung der übrigen Freiheitsgrade voraus.

6 Tätigkeitsleitende (Gedächtnis-)Repräsentationen (Systeme operativer Abbilder) als regulierende Invarianten

Wie die bisherigen Darlegungen erkennen lassen, haben Gedächtnisrepräsentationen (mentale Repräsentationen oder Systeme operativer Abbilder) die entscheidende Funktion für das forderungsgerechte Ausführen der Handlung: Mit den in ihnen enthaltenen *Soll-Werten*, z.B. Zielen und Teilzielen, werden die beim Kontrollieren des Ausführens (als reafferenter Form des Orientierens) erfaßten Zustände verglichen. Falls Soll- und Ist-Zustand nicht übereinstimmen, werden die erforderlichen weiteren Schritte dem *Aktionsprogramm* entnommen bzw. im Sinne des gedanklichen Operierens an einem *inneren (Gedächtnis-)Modell* der Arbeitssituation (System tätigkeitsleitender oder operativer Abbilder) abgeleitet. Die wichtigste, unerläßliche Gedächtnisrepräsentation ist dabei das Ziel als die „regulative Invariante" (Anochin, 1967; Frese & Sabini, 1985; Luria, 1973). *Ohne Ziel keine zielgerichtete Handlungsregulation!* Hierin besteht der unerläßliche Beitrag des Absichts- (prospektiven) Gedächtnisses zur Handlungsregulation (Dörner, 1983; Hacker, 1997).

Auch in der Handlungs*vorbereitung* haben Gedächtnisrepräsentationen eine unersetzliche Funktion: Wissen über Eigenschaften der (technologischen) Prozesse, der (Arbeits-)Mittel oder der Werkstoffe ermöglicht das Erproben von Handlungsprogrammen in der Vorstellung oder der begrifflichen Repräsentation *vor* ihrem praktischen Einsatz. Weiterhin sind sie die Grundlage für das Auswählen von Aktionsprogrammen, sofern Freiheitsgrade für ein unterschiedliches Vorgehen bestehen. Sie dienen der prognostischen Bewertung der Folgen möglicher Schritte und der Entscheidung für einen Weg. Sogar bereits das Orientieren wird durch die Beschaffenheit dieser Gedächtnisrepräsentationen beeinflußt: Verschiedene Repräsentationen führen zu unterschiedlichen *Hypothesen* über den Zustand eines (technologischen) Prozesses und veranlassen damit unterschiedliche Suchstrategien, die Auswahl verschiedener Informationsquellen und unterschiedliche Verarbeitungsweisen (Dörner, 1983).

7 Ebenen der psychischen Regulation von Arbeitstätigkeiten

Die mentalen Vorgänge und Repräsentationen, die Tätigkeiten regulieren, können, wie in den Abschnitten 1-5 abgeleitet wurde, zu verschiedenen hierarchischen Ebenen der psychischen Regulation gehören können. Diese Ebenen sind näher zu beschreiben: Einen Grenzfall der kognitiven Handlungsregulation bildet die *sensumotorische* Ebene. Die bewegungsorientierenden Abbilder und Bewegungsentwürfe sind nicht bewußtseinsfähig,, und sie lenken Bewegungen als unselbständige Handlungskomponenten. Handlungen dagegen können nur durch bewußtseinsfähige Abbilder reguliert werden. Begrifflich formulierbare Wahrnehmungen und Vorstellungen als Wissensbestände (*wissensbasierte, perzeptiv-begriffliche Ebene*) bereiten Handlungen vor und lösen wissensgestützte Handlungsentwürfe aus. Komplexe, bewußtseinspflichtige intellektuelle Prozesse sind zum Aufstellen individueller Handlungspläne und Strategien als Hauptbestandteilen der *intellektuellen Ebene* erforderlich.

„Unterhalb" der psychologisch relevanten Ebenen können weitere Ebenen nach physiologischen Gesichtspunkten unterschieden werden. „Oberhalb" der hier dargestellten psychischen Regulation individueller Handlungen kann von kollektiven Regulationsvorgängen gesprochen werden, die von Gruppen bzw. Organisationen als Handlungssubjekten realisiert werden.

Die jeweils übergeordneten Ebenen scheinen die Orientierungsvorgänge und Programme der untergeordneten in abgekürzter Form zu enthalten und sich ihrer als Unterprogramme zu bedienen (vgl. Abschnitt 4, „Verschachtelungsstruktur"). Die drei Hauptebenen der psychischen Tätigkeitsregulation bieten sich als Grundeinteilung in Anlehnung an nicht-bewußtseinsfähige, bewußtseinsfähige, wenn auch nicht bewußtseinspflichtige sowie bewußtseinspflichtige Regulationsgrundlagen an. Diese Grundeinteilung kann weiter unterteilt werden.

Die Regulationsgrundlagen umfassen jeweils *Situationsabbildungen verschiedenen Niveaus* (bewegungsorientierende kinästhetische Rezeptionen; Wahrnehmungen von Signalen; intellektuelle Situationsanalysen) und *Aktionsprogramme entsprechenden Niveaus* (Bewegungsentwürfe; Handlungsschemata; Pläne bzw. Strategien). Auf allen Regulationsebenen weisen die Regulationsgrundlagen eine Ziel- und Bedingungs-(WENN) sowie Maßnahmen(DANN)-Struktur, kurz eine ZBM-Struktur auf. Das Ziel als antriebsregulatorische Komponente dieser Strukturen ist stets bewußt. Bedingungen und Maßnahmen hingegen als ausführungsregulatorische Komponenten liegen auf den verschiedenen Ebenen der Bewußtheit vor (lediglich die sensumotorische Ebene macht hier eine Ausnahme, weil sie keine eigenen Ziele aufweist). Im hochgeübten Zustand und unter stabilen Ausführungsbedingungen wird die kognitive Handlungsvorbereitung, nicht aber die Motivierung und Zielbildung, verkürzt zum Abruf fertiger, zur Routine gewordener Programme aus dem Gedächtnis.

8 Vollständige Arbeitstätigkeiten als Leitkonzept der Bewertung und Gestaltung von Arbeitstätigkeiten

Die Bezeichnung „vollständige Arbeitstätigkeiten" ist eine abkürzende Umschreibung für Arbeitstätigkeiten mit beeinträchtigungsarmen und potentiell gesundheits- und persönlichkeitsförderlichen Wirkungen für anforderungsgerecht Ausgebildete. Eine vollständige Tätigkeit ist zum ersten in *sequentieller oder zyklischer Hinsicht vollständig*: Neben Ausführungsfunktionen umfaßt sie nämlich auch

– Vorbereitungsfunktionen (das Aufstellen von Zielen, das Entwickeln von Vorgehensweisen, das Auswählen zweckmäßiger Vorgehensvarianten),
– Organisationsfunktionen (Abstimmen der Aufgaben mit anderen Arbeitenden),
– Kontrollfunktionen, durch die der Arbeitende sich Rückmeldungen über das Erreichen seiner Ziele verschaffen kann.

Zum zweiten sind vollständige Tätigkeiten in *hierarchischer oder heterarchischer Hinsicht vollständig*, wenn sie Anforderungen auf verschiedenen, einander abwechselnden Ebenen der psychischen Tätigkeitsregulation stellen. Hierarchisch vollständige Tätigkeiten umfassen weder nur sensumotorisch regulierte Bewegungsvorgänge, noch nur intellektuelle Problemlösungsvorgänge, sondern abwechselnde Anforderungen unterschiedlicher Regulationsebenen. In der Regel liegen in den vorbereitenden, organisierenden und kontrollierenden (den sogenannten dispositiven) Tätigkeitsteilen auch abwechslungsreichere und mental anspruchsvollere Anforderungen vor als bei den ausführenden. Die ausführenden Anteile werden nämlich oftmals rascher zur Routine, d.h. zu psychisch automatisierten Tätigkeitsbestandteilen.

Unvollständige Tätigkeiten sind ein Ergebnis unzulänglicher Arbeitsgestaltung, das die möglichen Motivations- und Lernpotentiale von Arbeitsprozessen beeinträchtigt. Der Grad und die Art der Unvollständigkeit von Arbeitstätigkeiten ermöglichen grobe Abschätzungen der Auswirkungen der Tätigkeiten auf das Wohlbefinden und die psychische Gesundheit, auf die Arbeitszufriedenheit, auf die intrinsische Arbeitsmotivation sowie auf die Erhaltung und Weiterentwicklung insbesondere geistiger Fähigkeiten. Im Ausmaße des Fehlens der Merkmale sequentiell und hierarchisch vollständiger Tätigkeiten wächst die Wahrscheinlichkeit von Beeinträchtigungen der Effektivität der Arbeit und der psychischen Gesundheit arbeitender Persönlichkeiten. Daher bietet die Konzeption der vollständigen Tätigkeit Hinweise für das Gestalten der erwünschten Merkmale von Arbeitstätigkeiten mit nützlichen wirtschaftlichen und sozialen Auswirkungen.

Unvollständige Arbeitstätigkeiten werden erzeugt durch eine unangemessene Funktionsteilung (allocation) zwischen Mensch und Maschine bzw. Rechner und durch eine unangemessene Arbeitsteilung zwischen verschiedenen Menschen. Beispielsweise werden häufig datenverarbeitende Operationen vom Computer ausgeführt, während die anforderungsarmen und monotonen Dateneingabe-operationen, die nur Wahrnehmen und Behalten fordern, nicht aber Denken, beim Menschen verbleiben. Oder: Oft sind Arbeiten auszuführen, die bis in das letzte Detail von anderen Arbeitenden vorbereitet und organisiert sind und von anderen kontrolliert werden; das Durchdenken, Planen, Abstimmen und Entscheiden ist dem Ausführenden „abgenommen". Um unvollständige Tätigkeiten prospektiv zu vermeiden, sollten Arbeitssysteme ausgehend von den erwünschten Arbeitsaufgaben der Menschen projektiert werden. Dafür ist ein überschaubarer Satz von wünschenswerten objektiven Tätigkeitsmerkmalen erforderlich. Diese wünschenswerten objektiven Tätigkeitsmerkmale sind die Merkmale vollständiger Tätigkeiten.

Kasten 1
Möglichkeiten unvollständiger Tätigkeiten

Bei unvollständigen Tätigkeiten fehlen weitestgehend Möglichkeiten für ein eigenständiges Zielsetzen und Entscheiden, für das Entwickeln individueller Vorgehensweisen und für selbst ermittelte Rückmeldungen über die Arbeitsergebnisse. Im einzelnen können unzweckmäßig gestaltete Arbeitstätigkeiten unter einem oder mehreren der folgenden Aspekte unvollständig sein:
1. Fehlen ausreichender Aktivität: Die Möglichkeiten für ein ausreichend häufiges und selbst veranlaßtes Eingreifen in den automatisierten Prozeß sind zu gering. Ein Beispiel sind Tätigkeiten mit dem Vorherrschen passiver Überwachungszeiten, bei denen der Mensch zum Lückenbüßer gelegentlicher und kaum vorhersehbar auftretender Automatisierungslücken wird.
2. Fehlen von Zielsetzungs- und Entscheidungsmöglichkeiten und damit von Verantwortungsübernahme: Hierbei fehlen Möglichkeiten, eigenständig und dadurch intrinsisch motiviert Ziele aufzustellen und über die eigenen Vorgehensweisen zu entscheiden. In dem Maße, in dem solche Möglichkeiten fehlen, ist auch das Erleben der Verantwortlichkeit eingeschränkt: Was nicht beeinflußt werden kann, kann kaum verantwortet werden. Eine wesentliche Voraussetzung für das sachgerechte Zielsetzen und Entscheiden sind differenzierte Rückmeldungen über den eigenen Arbeitsprozeß.
3. Fehlen von Denkanforderungen: Es gibt keine oder nur ungenügende Denkanforderungen insbesondere beim Vorbereiten. Die erforderlichen Denkanforderungen sollten nicht-algorithmischer, problemlösender und gelegentlich sogar schöpferischer Art sein, um intellektuelle Leistungen einsatzbereit zu erhalten.
4. Fehlen von Kooperationsmöglichkeiten: Kooperation als abgestimmte Zusammenarbeit ist mehr als Kommunikation. Unvollständige Tätigkeiten bieten ungenügende Möglichkeiten für das Zusammenarbeiten als einer Grundlage der sozialen Unterstützung (social support) und der Entwicklung sozialer Kompetenz.
5. Fehlen von Disponibilitäts- und Lernanforderungen: Es fehlen Möglichkeiten, vorhandene Qualifikationen auszunutzen und dadurch zu erhalten sowie wenigstens gelegentlich hinzuzulernen. Das Hinzulernen sollte Fähigkeiten und Einstellungen betreffen, und diese sollten übertragbar auf wechselnde Aufgaben innerhalb und außerhalb der arbeitsvertraglich vereinbarten Funktionen sein.

Vollständige Tätigkeiten bleiben insbesondere in heterarchischer Hinsicht nicht in jedem Falle für immer vollständig. Hauptsächlich durch relativ gleichartiges Wiederholen von Aufträgen kommt es zu Routine, zu psychischer Automatisierung. Eingehendes Vorbereiten und Organisieren wird überflüssig: Bekannte Vorgehensweisen stehen als fertiges Wissen und Können abrufbar bereit. Damit sind Denkleistungen überflüssig, weil früher erdachte und bewährte Maßnahmen auf wahrgenommene Situationsmerkmale (Signale) hin als Fertigkeit, d.h. als psychisch automatisierte Ausführungskomponente der Tätigkeit, abgewickelt werden. Dieser Vorgang der *psychischen Automatisierung* hat Vorzüge: Er spart Zeit und mentalen Aufwand und macht mentale Kapazität für andere Anforderungen – sofern solche vorhanden sind – frei. Er hat aber auch Nachteile insofern, als die Gefahr der Verfestigung droht und früher erforderliche intellektuelle Prozesse ungefordert bleiben. Es ist aber nicht mit Sicherheit auszuschließen, daß intellektuelle Unterforderung zu unerwünschter Fluktuation oder – im Falle des Verbleibens am Arbeitsplatz – zur Beeinträchtigung wenigstens des Einsatzes intellektueller Fähigkeiten führt.

Evolvierend vollständige Tätigkeiten sind ein Ergebnis arbeitsorganisatorischer Bemühungen, der durch die unvermeidliche Routinisierung freiwerdenden mentalen Kapazität im Arbeitsprozeß selbst neue Gegenstände anzubieten. Ein Königsweg ist die *partizipative Weiterentwicklung* der Arbeitsorganisation, der Arbeitsmethoden und sogar der Produkte. Eine verbreitete Lösungsform sind solche Qualitätszirkel oder Maßnahmen der kontinuierlichen Verbesserung, die der partizipativen Organisations-, Prozeß-, Qualitäts- oder Produktentwicklung dienen. Bei geeigneter Auslegung vereinen sie Produktivitäts- einschließlich Qualitätsgewinne des Unternehmens mit einer *lern- und gesundheits(persönlichkeits-) fördernden Arbeitsgestaltung* für die Arbeitnehmer.

Literatur

Anochin, P. K. (1967). *Das funktionelle System als Grundlage der physiologischen Architektur des Verhaltensakts.* Jena: Fischer.

Broadbent, D. E. (1985). Multiple goals and flexible procedures in the design of work. In M. Frese & J. Sabini (Eds.), *Goal-directed behavior: The concept of action in Psychology* 285-296. Hillsdale: Erlbaum.

Carver, C. S. & Scheier, M. F. (1982). Control theory: A useful conceptual frame work for personality-, social, clinical, and health psychology. *Psychological Bulletin, 92,* 111-135.

Cranach, M. von, Kalbermatten, U., Indermühle, K. & Gugler, B. (1980). *Zielgerichtetes Handeln.* Bern: Huber.

Dörner, D. (1983). Kognitive Prozesse und die Organisation des Handelns. In W. Hacker, W. Volpert & M. Cranach von (Hrsg.), *Kognitive und motivationale Aspekte der Handlung,* 26-37. Bern: Huber.

Frese, M. & Sabini, J. (1985). Action theory – An introduction. In M. Frese & J. Sabini (Eds.), *Goal-directed behavior: The concept of action in psychology,* XVII-XXV. Hillsdale: Erlbaum.

Frese, M. & Zapf, D. (1994). Action as the core of Work Psychology; A German approach. In H. C. Triandis, M. D. Dunette & L. M. Hough, *Handbook of Industrial and Organizational Psychology, vol. 4,* 271-340. Palo Alto: Consulting Psychologists Press.

Hacker, W. (1996a). *Arbeitstätigkeitsanalyse.* Heidelberg: Asanger.

Hacker, W. (1997). *Allgemeine Arbeitspsychologie – Psychische Regulation von Arbeitstätigkeiten.* Bern: Huber.

Hackman, J. R. (1970). Task and task performance in the research of stress. In J. E. McGrath (Ed.), *Social and psychological factors in stress,* 202-237. New York: Holt, Rimehart & Winston.

Heckhausen, H. (1983). Motivationsmodelle: Fortschreitende Entfaltung und unbehobene Mängel. In W. Hacker, W. Volpert & M. Cranach von (Hrsg.), *Kognitive und motivationale Aspekte der Handlung,* 9-17. Bern: Huber.

Heckhausen, H. & Kuhl, J. (1985). The dead ends and short cuts on the long way to action. In M. Frese & J. Sabini (Eds.), *Goal-directed behavior: The concept of action in psychology,* 134-160. Hillsdale: Erlbaum.

Leontjew, A. N. (1979). *Tätigkeit, Bewußtsein, Persönlichkeit.* Berlin: Volk und Wissen.

Lewin, K. (1926). Untersuchungen zur Handlungs- und Affektpsychologie. Vorbemerkungen über die psychischen Kräfte und Energien und über die Struktur der menschlichen Seele. *Psychologische Forschung, 7.*

Luria, A. R. (1973). *The working brain.* London: The Penguin Press.

Miller, G. A., Galanter, E. & Pribram, K. H. (1960). *Plans and the structure of behavior.* New York: Holt.

Neves, D. M. & Anderson, J. R. (1981). Knowledge compilation: Mechanism for the automatization of cognitive skills. In J. R. Anderson (Ed.), *Cognitive skills and their Acquisition* 57-84. Hillsdale: Erlbaum.

Schönpflug, W. (1985). Goal directed behavior as a source of stress: Psychological origins and consequences of inefficiency. In M. Frese & J. Sabini (Eds.), *Goal-directed behavior: The concept of action in psychology,* 172-188. Hillsdale: Erlbaum.

Straub, W. (1935). Leitlinien einer Psychologie der Willensbildung. In *Psychologie des Gemeinschaftslebens: Bericht über den 14. Kongreß der Deutschen Gesellschaft für Psychologie*, 282-284. Jena.

Ulich, E. (1974). Die Erweiterung des Handlungsspielraums in der betrieblichen Praxis. *Industrielle Organisation, 43,* 6-8.

Ulich, E. (1994). *Arbeitspsychologie*. Zürich: Verlag der Fachvereine. Stuttgart: Poeschel.

Volpert, W. (1983). Das Modell der hierarchisch-sequentiellen Handlungsregulation. In W. Hacker, W. Volpert & M. Cranach von (Hrsg.), *Kognitive und motivationale Aspekte der Handlung,* 38-58. Bern: Huber.

Volpert, W. (1984). Maschinen - Handlungen und Handlungsmodelle - ein Plädoyer gegen die Normierung des Handelns. *Gestalt Theory, 6,* 70-100.

Volpert, W. (1987). Psychische Regulation von Arbeitstätigkeiten. In U. Kleinbeck & J. Rutenfranz (Hrsg.), *Arbeitspsychologie. Enzyklopädie der Psychologie*. Themenbereich D, Serie III, *Band 1,* 1-42. Göttingen: Hogrefe.

30 Fehler und Fehlermanagement

Dieter Zapf, Michael Frese und *Felix C. Brodbeck*

1 Grundlegende Konzepte

Die Untersuchung von Fehlern hat eine lange Tradition. Beispielsweise gibt es erste ausführliche Sammlungen von Sprech-, Lese-, Hör- und Schreibfehlern von Meringer und Mayer (1895) oder Weimer (1925). Alltagspsychologisch bekannt sind die „Freud'schen Fehlleistungen" (ungewollte, auf unbewußte Absichten hindeutende Versprecher), die Freud (1904/1941) zur methodischen Grundlage seiner Psychoanalyse gemacht hat.

Warum ist die Analyse von Fehlern im Kontext der *Arbeits- und Organisationspsychologie* interessant? Der Hauptgrund liegt sicherlich daran, daß Fehler dramatische, zum Teil tödliche Folgen haben können. Deswegen werden Fehler seit langem in der Unfallforschung untersucht (Hoyos, 1987; Wehner 1992), aber auch bei der Steuerung großtechnischer Anlagen (Rasmussen, 1988; Reason, 1987, 1990) sowie im Straßenverkehr (Groeger & Brown, 1990). Negative ökonomische Konsequenzen haben Fehler im Management (Hartley, 1991). Auch bei der alltäglichen Büroarbeit mit Computern kann man solche negativen Konsequenzen nachweisen (Brodbeck, Zapf, Prümper & Frese, 1993).

Aber auch für die Theoriebildung sind Fehler interessant. Denn in Fehlern kann man beispielsweise Grenzen kognitiver Verarbeitungsvorgänge erkennen. Von daher können interessante Rückschlüsse auf kognitive Prozesse gezogen werden.

1.1 Definition von Fehlern

Fehler ist ein intuitiv verständlicher Alltagsbegriff. Dennoch ist es nicht ganz einfach, eine wissenschaftliche Definition für einen Fehler zu geben. Eine große Übereinstimmung wird man bei Handlungs- und Kognitionspsychologen für folgende Bestimmungsstücke einer Definition von Fehlern finden (z.B. Frese & Zapf, 1991; Senders & Moray, 1991):

1. Fehler treten nur bei zielorientiertem Verhalten auf.
2. Ein Fehler bedeutet das Nichterreichen eines Ziels oder Teilziels.
3. Man spricht nur dann von einem Fehler, wenn er potentiell vermeidbar gewesen ist.

(1) Wenn Fehler nur bei zielorientiertem Verhalten auftreten, bedeutet dies: Bei nicht intentionalem Verhalten, z.B. bei unwillkürlichen Bewegungen, würde man

nicht von einem Fehler sprechen. (2) Fehler als (zumindest zeitweises) Nichterreichen eines Zieles wird vielen Definitionen zugrunde gelegt. Ein reines Herumprobieren beispielsweise beim Surfen im Internet – sofern es zielloses Herumprobieren überhaupt gibt – kann nicht zu einem Fehler führen, da ja alle erzielten Konsequenzen potentiell richtig sind. Nur wenn ein angestrebtes Ziel verfehlt wurde, spricht man von einem Fehler. In sogenannten phänomenologischen Ansätzen versucht man, den Zielbegriff zu umgehen und Fehler über die Nichteinhaltung von Toleranzgrenzen oder bestimmter Standards zu definieren. Dies würde aber außer acht lassen, daß jemand absichtlich, also zielgerichtet, von Standards abweicht und z.B. Sicherheitsvorschriften nicht einhält, um Zeit zu sparen (Sellen, 1994). Dies wäre eher eine Regelverletzung. (3) Nicht jedes Nichterreichen eines Ziels ist allerdings ein Fehler. Wenn etwa ein ungewöhnliches und unvermeidbares Ereignis, wie z.B. ein Blitzschlag, eine Computerdatei löscht, wird man in der Regel nicht von einem Fehler, sondern vielleicht von einem Unglück sprechen. Offensichtlich kann man nur dann von einem Fehler sprechen, wenn die Umstände, die zum Fehler führten, sowie die negativen Handlungskonsequenzen potentiell vorhersehbar, vermeidbar und damit zumindest teilweise beeinflußbar waren.

1.2 Abgrenzung von anderen Begriffen

Der Fehlerbegriff steht in engem Zusammenhang mit dem Begriff der *Zuverlässigkeit*, der sowohl auf Menschen als auch auf technische Systeme angewandt wird (Zimolong, 1990). Zuverlässigkeit kann als das Gegenteil von Fehlern verstanden werden. Je geringer die Auftretenshäufigkeit von Fehlern, desto größer ist die Zuverlässigkeit. Reason, Parker und Lawtom (1999) unterscheiden Fehler und (absichtliche) *Regelverletzungen* (violations). Regelverletzungen werden definiert als bewußte – jedoch nicht notwendigerweise zu verurteilende – Abweichungen von Vorgehensweisen, die für notwendig erachtet werden, um sichere Operationen in einem potentiell risikoreichen System zu gewährleisten. Es gibt aber nicht in allen Fällen überhaupt Regeln und es gibt Situationen, in denen existierende Regeln sogar falsch sind, so daß Regelüberschreitungen sogar geboten erscheinen. Fehler sind weiterhin von *ineffizientem Handeln* zu unterscheiden, bei dem man zwar das Ziel erreicht, aber nur auf Umwegen. Da die meisten Menschen aber Standards (Oberziele) haben, denen zufolge sie Umwege vermeiden wollen, können Ineffizienzen auch als Fehler charakterisiert werden.

Fehler wurden häufig an Arbeitsaufgaben statischer und diskreter Natur untersucht (z.B. im Bereich der Mensch-Computer Interaktion oder auch in der experimentell orientierten Grundlagenforschung). Die Feststellung des Vorliegens bzw. Nichtvorliegens eines Fehlers ist hier kein Problem. Es gibt jedoch auch viele Aufgaben, die in einem gewissen Sinne kontinuierlich sind. Kleinere Abweichungen können hier noch als korrekt angesehen werden, während größere Abweichungen Fehler darstellen. In vielen Situationen gibt es eher eine Dimension von „völlig richtig bis völlig falsch" (Senders & Moray, 1991). Dies trifft z.b. auf dynamische Situationen mit räumlich-zeitlichen Entscheidungen zu (Dörner, 1989). Ein Bereich wären etwa Fehler von Teilnehmern im *Straßenverkehr*, aber auch bei Entscheidungen in *komplexen Situationen*, in denen das Festlegen von Zielkriterien selbst und damit die Feststellung einer Zielabweichung bereits ein Problem darstellt.

1.3 Die positive Funktion von Fehlern

Fehler werden typischerweise als negative Ereignisse gesehen, als Hinweise auf menschliches Versagen. Dies ist aber eine sehr einseitige Perspektive. Fehler haben nämlich ihren Ursprung häufig in nützlichen und funktionalen Prozessen der menschlichen *Informationsverarbeitung*: Menschen bleiben auch in komplexen und unübersichtlichen Situationen handlungsfähig, in denen Maschinen häufig „ihren Geist aufgeben" würden. Menschen können auch bei unvollständiger und teils widersprüchlicher Informationslage handeln, aber eben mit einem Fehlerrisiko. Fehler haben positive Funktionen, insofern sie eine Herausforderung darstellen, sich mit der Fehlersituation auseinanderzusetzen. Die sind fast untrennbar mit *Lernprozessen* verbunden, am deutlichsten etwa in Formen explorativen Lernens (Greif, 1990). Fehler selbst sind eigentlich gar nicht so sehr das Problem. Probleme entstehen erst dann, wenn ein Fehler negative Folgen mit sich bringt. Dies wird unter dem Stichwort Fehlermanagement noch einmal aufgegriffen.

2 Taxonomien von Fehlern

Fehler können von sehr unterschiedlicher Natur sein, so daß sich für den Umgang mit Fehlern recht unterschiedliche Konsequenzen ergeben können. Deshalb wurden verschiedentlich Klassifikationen oder Taxonomien von Fehlern vorgeschlagen (z.B. Frese & Zapf, 1991; Heckhausen & Beckmann, 1990; Norman, 1981; Rasmussen, 1982; Reason, 1990). Dabei haben sich solche Taxonomien als hilfreich erwiesen, die auch etwas über die *psychologischen Entstehungsbedingungen* der Fehler aussagen. Denn daraus lassen sich konkretere Handlungsmöglichkeiten zum Umgang mit Fehlern ableiten. Wie differenziert man Fehler unterscheidet, ergibt sich meistens aus dem Verwendungszweck einer Fehlerklassifikation und ist eher pragmatisch begründet. Eine einfache Unterscheidung von Fehlern ist die zwischen „mistakes" (fehlerhaftem Plan) und „slips" (richtigem Plan, aber fehlerhafter Ausführung; Norman, 1981; Reason, 1979). Im folgenden wollen wir eine Fehlertaxonomie von Frese und Zapf (1991) darstellen, in die sich ohne große Probleme andere Fehlerklassifikationen von Dörner (1989), Norman (1981), Rasmussen (1982) oder Reason (1990) integrieren lassen. In dieser Taxonomie werden Fehler handlungstheoretisch (vgl. Frese & Zapf, 1994; Hacker, 1998 und in diesem Band) nach den Schritten im Handlungsprozeß, sowie nach Ebenen der *Handlungsregulation* unterschieden.

Eine Handlung kann folgendermaßen dargestellt werden: Bevor man handeln kann, müssen Ziele entwickelt werden. Nachdem ein Ziel bestimmt wurde, ist es notwendig, Informationen über die Zustände der Umwelt in Erfahrung zu bringen und zu integrieren. Dabei entstehen innere Modelle bezüglich der Zustände der Umwelt.

Zumindest in dynamischen Systemen müssen darüber hinaus bestimmte Prognosen gebildet werden, wie sich die Umwelt bzw. ein bestimmtes System in Zukunft verhält, auch wenn nicht gehandelt wird. Dann kann ein Plan entwickelt werden. Bei der Ausführung dieses Plans finden Überwachungsprozesse der eigenen Handlung statt (Monitoring). Besonders wichtig ist hier, Einsatzbedingungen für Subpläne zu erkennen. Schließlich erhält man Rückmeldungen über den Fortschritt der Handlung.

Innerhalb des Modells zur hierarchisch-sequentiellen *Handlungsregulation* (Hacker, 1998) werden verschiedene Ebenen unterschieden: Auf der untersten sensumotorischen Ebene werden weitgehend automatisierte Bewegungen gesteuert, auf der Ebene der flexiblen Handlungsmuster – Hacker nennt sie perzeptiv-begriffliche Ebene – werden gut beherrschte Handlungen gesteuert, indem auf im Gedächtnis gespeicherte flexible Handlungsgrundmuster zurückgegriffen wird. Auf der intellektuellen Ebene werden komplexe oder neuartige Handlungen gesteuert, für die Pläne erst konstruiert werden müssen.

Neben diesen Kategorien zur Handlungsregulation gibt es die Kategorie der Regulationsgrundlage. Hacker (1998) spricht hier vom Operativen Abbildsystem. Darunter werden alle Wissensvoraussetzungen verstanden, die notwendig sind, damit eine Person eine Handlung überhaupt ausführen kann.

In Abbildung 1 sind die Regulationsgrundlage, die Schritte im Handlungsprozeß sowie nach unten die Regulationsebenen aufgeführt, die im folgenden kurz beschrieben werden sollen.

(a) Wissensfehler. Fehler auf der Regulationsgrundlage oder Wissensfehler treten auf, wenn einer Person nicht die notwendigen Informationen aus dem Langzeitgedächtnis zur Verfügung stehen, um einen Handlungsplan zu erstellen oder auszuführen. Man kennt z.B. eine Funktion oder die Parameter eines Befehls in einem Computerprogramm nicht, etc. Wissensfehler hängen sehr stark mit dem Grad der Expertise zusammen (Prümper, Zapf, Frese & Brodbeck, 1992).

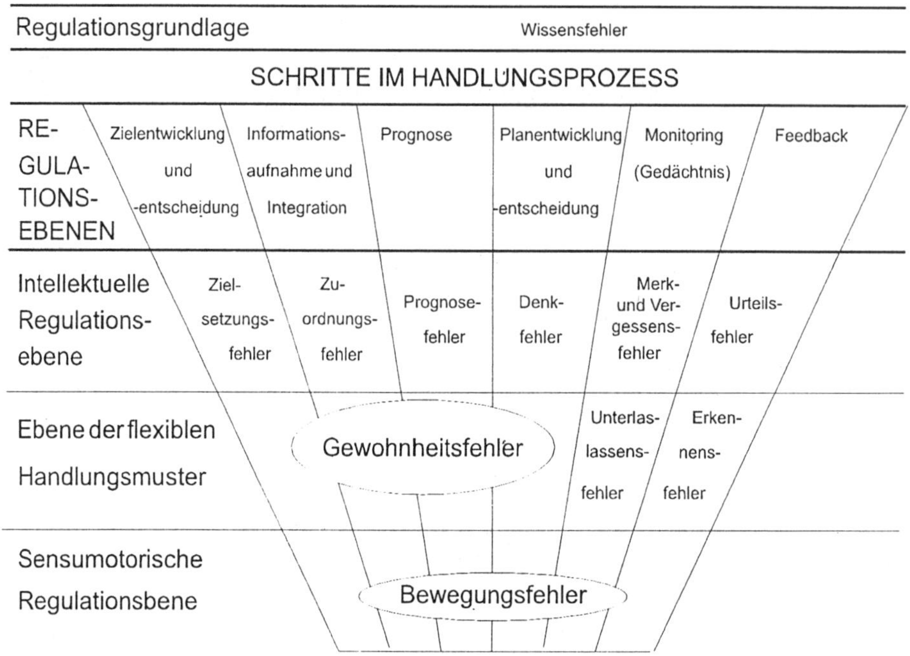

Regulationsgrundlage					Wissensfehler		
SCHRITTE IM HANDLUNGSPROZESS							
RE- GULA- TIONS- EBENEN	Zielentwicklung und -entscheidung	Informations- aufnahme und Integration	Prognose	Planentwicklung und -entscheidung	Monitoring (Gedächtnis)	Feedback	
Intellektuelle Regulations- ebene	Ziel- setzungs- fehler	Zu- ordnungs- fehler	Prognose- fehler	Denk- fehler	Merk- und Ver- gessens- fehler	Urteils- fehler	
Ebene der flexiblen Handlungsmuster		Gewohnheitsfehler			Unterlas- lassens- fehler	Erken- nens- fehler	
Sensumotorische Regulationsbene		Bewegungsfehler					

Abbildung 1
Beispiel einer Fehlertaxonomie (aus Frese und Zapf, 1991, S. 21, verändert)

(b) Fehler auf der intellektuellen Regulationsebene. Diesen Fehlern ist gemeinsam, daß sie während des bewußten Bearbeitens oder Abarbeitens von Handlungsplänen entstehen. Bei der Analyse von Fehlern in komplexen Systemen stehen diese Art von Fehlern typischerweise im Vordergrund. Bei *Zielsetzungsfehlern* werden beispielsweise Ziele (mit Bezug auf Oberziele) falsch aufgestellt oder nicht genügend konkretisiert. Abstrakte Ziele lassen sich viel leichter aufstellen lassen, denn Konkretisierung setzt harte analytische Arbeit voraus, die insbesondere bei Handeln unter Zeitdruck unterlassen wird. Stattdessen erfolgt die Zielkonkre-tisierung eher nach Sinnfälligkeit: Im Sinne eines Reparaturdienstverhaltens werden diejenigen Probleme am ehesten gelöst, die am lautesten schreien. Schließ-lich werden verschiedene Ziele oft nicht auf Spannungs- bzw. Konfliktverhältnisse abgeprüft (Dörner, 1989). Im Kontext von Organisationen muß berücksichtigt werden, daß Ziele oft absichtlich wenig konkret formuliert werden. Denn in jeder Organisation gibt es analog zur großen Politik unterschiedliche mikropolitische Interessen (Neuberger, 1995). Diese lassen sich leichter unter einen Hut bringen, wenn Ziele vage gehalten werden. *Zuordnungsfehler* tauchen dann auf, wenn man die falsche Theorie oder die falsche Metapher verwendet oder nicht auf angemes-sene Weise Informationen sammelt, um innere Modelle der Problemsituation

aufzubauen, auf deren Basis dann realisierbare Pläne entwickelt werden können. In einer Untersuchung zeichneten sich erfahrene Manager dadurch aus, daß sie besonders viel Zeit in die Bildung adäquater Modelle investierten und dadurch zu besseren Ergebnissen kamen (Schaub & Strohschneider, 1992). *Prognosefehler* können nur in dynamischen Systemen auftauchen, d.h. in Systemen, deren Zustände sich auch ohne Zutun der damit Arbeitenden verändern. Menschen tun sich schwer, nichtlineare Verläufe vorherzusagen und neigen dazu, exponentielle Verläufe wie beispielsweise die Häufigkeit von Aidsfällen zum Teil gravierend zu unterschätzen (Dörner & Schaub, 1994). Bei *Denkfehlern* steht einer Person zwar das nötige Wissen zur Verfügung, es werden jedoch fehlerhafte Pläne entwickelt. Bei der Planung werden häufig Fern- und Nebenwirkungen nicht berücksichtigt. Dies trug z.B. wesentlich zum Reaktorunglück von Tschernobyl bei (Reason, 1987; s.a. Kasten 1). Bei *Merk- und Vergessensfehlern* kann sich eine Person einen aufgestellten Handlungsplan nicht merken oder vergißt das Ergebnis einer bereits ausgeführten Handlung. Solche Fehler treten besonders dann häufig auf, wenn die Arbeitsaufgaben es erfordern, bestimmte Informationen über längere Zeit im Arbeitsgedächtnis zu halten. Bei *Urteilsfehlern* schließlich geht es um die Feedbackverarbeitung. Eine Person macht einen Fehler bei der Interpretation der Rückmeldung auf ihre eigene Handlung. Menschen unterlassen es nicht selten, überhaupt zu überprüfen, ob ihre Handlungen erfolgreich waren, insbesondere in Krisensituationen (Dörner & Schaub, 1994). Gute Manager zeichnen sich dagegen dadurch aus, daß sie aktiv Feedback von anderen einholen (Ashford & Tsui, 1991).

Kasten 1
Das Unglück von Tschernobyl

Nach der Meinung vieler Menschen war das Reaktorunglück von Tschernobyl im April 1986 eine Folge mangelhaften Materials und veralteter sowjetischer Reaktortechnik war. Dies ist jedoch nicht der Fall. Das Tschernobylunglück geht vielmehr auf eine unglückliche Verkettung menschlicher Fehlentscheidungen zurück. Was im Endeffekt passierte, war die Explosion des Reaktorblocks Nummer 4. Eine mehrere 1000 Tonnen schwere Betondecke wurde durch die Explosion zerstört, und durch die austretende Strahlung wurden große Teile Europas verseucht.

Die Geschichte begann damit, daß die Ingenieure von Tschernobly für Wissenschaftler aus Moskau ein Experiment durchführen sollten und dafür das Notkühlsystem des Reaktors abschalteten, aufgrund besonderer Umstände den Reaktor nicht nach Plan, sondern erst verspätet vom Netz nahmen, um schließlich den Reaktor auf 25% der Leistung herunterzufahren und ein Testprogramm für das Experiment durchzuführen.

Da man statt der angestrebten 25% jedoch eine Leistung von nur 1% erreichte, weil der Operateur die automatische Steuerung ausgeschaltet und versucht hatte, die 25%-Marke per Handsteuerung zu erreichen und dabei offensichtlich übersteuerte, kam man in eine sehr gefährliche Situation. Denn wenn der Reaktor mit sehr niedriger Leistung unter 20% läuft, dann ergeben sich lokale nicht genau kontrollierbare Kernspaltungs-vorgänge. Man schaffte es schließlich, den Reaktor bei 7% der ursprünglichen Leistung zu stabilisieren.

Danach schaltete man alle 8 Pumpen des primären Wasserkreislaufes ein. Auch das war verboten, man hätte höchsten 6 einschalten dürfen. Man glaubte wohl, durch diese Maßnahme die Stabilität des Reaktors absichern zu können. Man erreichte auf diese Weise eine zusätzliche Kühlung, zog aber wegen einer automatischen Rückkopplung (wenn es kühler wird muß die Kernspaltungsbremse etwas losgelassen werden), Graphitstäbe, die die Kernspaltungsprozesse im Reaktor bremsen können, aus den Reaktor. Diese Nebenwirkung wurde von der Operateuren offensichtlich nicht gese-hen. Sie achteten nur gebannt auf den erwarteten Haupteffekt.

Wegen des abfallenden Dampfdrucks erhöhte man daraufhin den Wasserdruck um das dreifache, um dadurch den Dampfdruck wieder zu stabilisieren. Das hatte aber nicht den angestrebten sondern den gegenteiligen Effekt und bewirkte, daß noch mehr Graphitstäbe aus dem Reaktor gezogen wurden. Zusätzlich wurde noch die automati-sche Abschaltvorrichtung des Reaktors bei fallendem Dampfdruck von den Operateu-ren außer Kraft gesetzt.

Einige Minuten später versuchte man eine Art Notbremsung und wollte alle Gra-phitstäbe wieder in den Reaktor schieben. Das war jedoch nicht mehr möglich, da sich die Rohre, durch die die Graphitstäbe in den Reaktor hätten gleiten können, durch die Hitze verbogen hatten. Im selben Moment ereigneten sich zwei Explosionen. Die Betondecke wurde weggesprengt und eine riesige radioaktive Wolke entwich.

Psychologisch interessant daran ist: Es wurden keine „Slips" gemacht. Es hat nicht einer versehentlich einen Hebel umgelegt. *Alles waren bewußt getroffene Entscheidun-gen von Experten.* Aber es traten typische Fehler dabei auf: die Unfähigkeit, in nichtlinearen kausalen Netzwerken zu denken; nicht auf Nebeneffekte zu achten; die Unfähigkeit, mit dynamischen Systemen umzugehen; Überdosierung unter Zeitdruck und schließlich die Unfähigkeit in exponentiellen Verläufen zu denken.

Nach Dörner (1989) und Reason (1987)

Eine allgemeine Ursache von Fehlern dieser Art liegt in der begrenzen Rationalität menschlichen Handelns (s.a. die Zusammenstellung von Fehlerursachen bei Zimolong, 1990). Ein Großteil des Handelns in Organisationen ist geprägt durch Komplexität und Unsicherheit. Deshalb ist es oft nicht möglich, alle notwendigen Informationen zu sammeln. Entscheidungen müssen deshalb unter Unsicherheit gefällt werden. Eine andere Ursache liegt in der Tendenz, in solchen Situationen eher nach bestätigenden Informationen Ausschau zu halten als nach solchen, die eine intendierte Entscheidung in Frage stellten könnten. Dies kann zum Beispiel durch die Theorie der kognitiven Dissonanz (zusammenfassend, Frey & Gaska, 1993) erklärt werden: den eigenen Vorstellungen widersprechende Informationen sind dissonant und werden verdrängt oder vermieden, um das Bedürfnis nach Konsonanz bzw. Einklang zu befriedigen. Auch die Selbstwertschutztheorie (zusammenfassend, Stahlberg, Osnabrügge & Frey, 1985) postuliert, daß bestimmte selbstwertbedrohende Informationen ignoriert werden, so daß es zu Fehlentscheidungen kommen kann.

(c) *Fehler auf der Ebene der flexiblen Handlungsmuster.* Fehler auf der Ebene der flexiblen Handlungsmuster treten bei gut beherrschten Handlungen auf. Dabei kann es sich um *Gewohnheitsfehler* (eine Person benutzt einen routinisierten Handlungsplan, der jedoch in dieser Situation nicht paßt), *Unterlassensfehler* (eine Person überspringt einen notwendigen Handlungsschritt oder führt diesen erst zu einem späteren Zeitpunkt aus) oder *Erkennensfehler* (eine Person übersieht oder verwechselt eine Rückmeldung aus der Umwelt) handeln.

(d) *Fehler auf der sensumotorischen Regulationsebene.* Bei Fehlern auf der sensumotorischen Regulationsebene handelt es sich um hochautomatisierte Handlungsabläufe, bei denen die Ausführung der einzelnen Handlungsschritte keiner bewußten Zuwendung bedürfen. Ein Beispiel wäre das Stolpern beim Gehen.

3 Fehlerprozeß und Fehlerbewältigung

Im Vergleich zur Klassifikation von Fehlern wurde dem Prozeß der Fehlerbewältigung noch wenig Aufmerksamkeit geschenkt. Im Prozeß der Fehlerbewältigung können mehrere Stufen unterschieden werden (Reason, 1990; Sellen, 1994; Zapf, Lang & Wittmann, 1991): (a) das Auftreten eines Fehlers; (b) die Diagnose des Fehlers; (c) die Behebung des Fehlers.

Der Prozeß vom Zeitpunkt des Erkennens bzw. der prophylaktischen Suche nach Fehlern bis zur Behebung soll als Fehlerbewältigung bezeichnet werden. Auf das Auftreten eines Fehlers folgt die *Fehlerdiagnose.* Sie läßt sich trennen in *Fehlerentdeckung* und *Fehlererklärung.* Unter *Fehlerentdeckung* wird allein die Tatsache verstanden, daß eine Person das Vorliegen eines Fehlers bemerkt, unabhängig davon, daß sie weiß, worin der Fehler besteht oder wie er zu beheben ist. *Fehlererklärung* beinhaltet das Wissen, worin der Fehler besteht, wie er entstanden ist und was im einzelnen falsch ist. Dies bedeutet nicht notwendigerweise, auch zu wissen, wie dieser Fehler zu beheben ist. Unter *Fehlerbehebung* werden jene Handlungen verstanden, durch die der Fehler beseitigt oder kompensiert wird. Die Fehlerbehebung kann eine Routineaufgabe sein, sie kann sich aber auch als ein komplexes, nicht auf Anhieb lösbares Problem erweisen. Zum Beispiel ist die Behebung von Routinefehlern wie z.B. Gewohnheitsfehlern, kein triviales Problem, sondern in einigen Fällen nur mit fremder Hilfe möglich (Brodbeck et al., 1993).

4 Maßnahmen beim Umgang mit Fehlern: Fehlervermeidung und Fehlermanagement

4.1 Strategien der Fehlervermeidung

Die klassische Antwort auf das Fehlerproblem ist die Vermeidung von Fehlern, um so die Zuverlässigkeit zu erhöhen. Entsprechende ergonomische Gestaltungsvorschläge werden zum Beispiel von Colin (1990) und Rühmann und Schmidtke (1990) gemacht. Einige allgemeine Strategien der Fehlervermeidung sind: (a) die Reduktion der Arbeitskomplexität und der Entscheidungsalternativen; (b) Qualifizierung der Personen; (c) Einrichtung von Sicherheitsvorrichtungen und Automatisierung (Frese, 1991).

Komplexität und Handlungsspielraum. – Eine typische Strategie, Fehler präventiv zu vermeiden ist die Reduktion von Aufgabenkomplexität und Handlungs- oder Entscheidungsspielräumen. Je einfacher Aufgaben sind und je weniger Entscheidungsmöglichkeiten man hat, desto weniger Fehler sollten auftreten. In der Tat kann man zeigen, daß bestimmte Fehler der intellektuellen Regulationsebene abnehmen, wenn man die Komplexität der Arbeit reduziert. Routinefehler lassen sich allerdings durch diese Strategie nicht beeinflussen (Zapf, Brodbeck, Frese, Peters & Prümper, 1992). Bei zunehmendem Handlungsspielraum nehmen bestimmte Fehlerarten sogar ab. Zudem treten bei niedrigem Handlungsspielraum unter belastenden Bedingungen vermehrt Handlungsfehler auf, bei hohem Handlungsspielraum ist das nicht der Fall. Offensichtlich richten sich die Arbeitenden, wenn sie über entsprechende Handlungsspielräume verfügen, ihren Arbeitsplatz selbst so ein, daß lästige Fehler möglichst auf die Dauer nicht auftreten (Zapf, 1993). D.h., auch in bezug auf Fehler kann Handlungsspielraum ähnlich positive Wirkung haben, wie in anderen Bereichen der Arbeitspsychologie (Ulich, 1994). Insgesamt also hat die Reduktion von Komplexität und Handlungsspielraum nur eine eingeschränkte Wirkung für die Fehlervermeidung. Zusätzlich gibt es aus der Sicht menschengerechter Arbeitsgestaltung ungünstige Nebeneffekte.

Qualifikation. – Eine andere Strategie der Fehlervermeidung ist es, die Personen zu qualifizieren. Wie Experten-Novizen-Studien in der Tat zeigen, werden mit zunehmender Qualifikation weniger Fehler gemacht (z.B. Chi, Glaser & Farr, 1988). Aus eine differenzierteren Fehleranalyse ergibt sich aber, daß dies nicht für alle Fehlerarten gilt. Experten machen üblicherweise wesentlich mehr Gewohnheitsfehler (Prümper et al., 1992). Somit sind bei der Fehlervermeidung auch durch Qualifizierung nur Teilerfolge zu erzielen.

Fehlervermeidung durch technische Prophylaxe und Automatisierung. – Eine weitere Möglichkeit der Fehlervermeidung besteht darin, durch technische Systeme den Menschen am Fehler machen zu hindern. Dies geschieht entweder durch Automatisierung bestimmter Prozesse, bei denen eine besondere Neigung zu Fehlern besteht, oder man führt zusätzliche Sicherheitseinrichtungen ein, um den Menschen am Fehler machen zu hindern. Hier ergibt sich allerdings ein Problem, das Bainbridge (1983) die „Ironie der Automatisierung" genannt hat. Die Technik übernimmt Aufgaben, damit der Mensch keine Fehler mehr macht. Versagt jedoch die Technik, dann soll gerade der „fehleranfällige" Mensch wieder einspringen. Da er jedoch bestimmte Tätigkeiten nicht mehr ausführen muß, beherrscht er sie im Notfall auch nicht mehr einwandfrei. Dadurch entstehen besonders gefährliche Situationen.

4.2 Die Strategie des Fehlermanagements

Selbstverständlich ist es trotz der aufgezeigten Probleme wichtig, Maßnahmen zur Fehlervermeidung zu ergreifen, beispielsweise durch Einhaltung ergonomischer Richtlinien. Bei der Fehlervermeidung geht es darum, das *Auftreten einer fehlerhaften Handlung* zu verhindern. Meist ist aber die fehlerhafte Handlung selber gar nicht das Problem. Das Problem sind vielmehr die negativen Konsequenzen der fehlerhaften Handlung. *Nicht der Fehler selbst, sondern die negativen Konsequenzen von Fehlern müssen vermieden werden.* Darauf zielt die Strategie des Fehlermanagements ab (Frese, 1991). Sie ist deshalb eine sinnvolle Strategie ergänzend zur Fehlervermeidung. Fehlermanagement heißt, Fehler möglichst (a) einfach, (b) schnell und (c) ohne Streß zu beheben und dabei negative Konsequenzen zu verhindern. Fehlermanagement kann auf verschiedene Weise umgesetzt werden.

Fehlermanagement durch Arbeits- und Technikgestaltung. – Ein technisches System stellt Hilfsmittel zur Verfügung, um mit Fehlern besser umzugehen. Das prägnanteste Beispiel dafür ist sicherlich die UNDO-Funktion, mit der in einer Reihe von Computerprogrammen fehlerhafte Handlungen rückgängig gemacht werden können (Zapf, Frese, Irmer & Brodbeck, 1991). Aber auch bewährte Mittel der Arbeitsgestaltung wie die Erhöhung von Handlungsspielräumen kann zur Fehlerbewältigung beitragen.

Fehlermanagement durch Gestaltung des sozialen Systems. – Bei der Bewältigung von Fehlern kann gegenseitige soziale Unterstützung sehr hilfreich sein (Brodbeck et al., 1993). Hochqualifizierte Expertenteams neigen z.B. aufgrund von „groupthink" (Janis, 1982) dazu, die Kompetenz der Gruppe zu überschätzen und damit Fehler zu übersehen. Hierzu haben Janis (1982) und Tjosvold und Field (1985) Gruppenregeln entwickelt, die dazu beitragen, Fehlentscheidungen vorzubeugen und mit Fehlern besser umzugehen.

Fehlermanagement durch Organisationsgestaltung. – Interessante Vorschläge stammen von Perrow (1987). Er spricht zwar nicht von Fehlermanagement, ihm geht es aber um eine sehr ähnliche Fragestellung: Gegeben, daß immer Fehler vorkommen, wie kann man durch Systemdesign Katastrophen als Fehlerfolge verhindern? Nach seinen Analysen von Schiffsunfällen, Unfällen in Kernkraftwerken, im Flugverkehr und bei petrochemischen Anlagen sind ihm zwei Dimensionen für die Überführung eines Fehlers in eine Katastrophe wesentlich: die *Kopplung* und die *Interaktionen*. Wenn ein System eng gekoppelt ist und komplexe Interaktionen zeigt, ergibt sich die höchste Gefahr der Katastrophe als Fehlerfolge. *Interaktionen* können entweder durch eine lineare Abfolge gekennzeichnet sein (z.b. das Fließband, bei dem ein Fehler leicht lokalisierbar ist) oder durch eine komplexe Interaktion; letzteres ist z.b. dann der Fall, wenn eine Einheit oder ein Subsystem mehreren Funktionen dient. Komplexere Interaktionen erhöhen die Wahrscheinlichkeit von Katastrophen. Die *Kopplung* kann entweder lose oder eng sein. Z.B. sind verschiedene Fakultäten einer Universität meist nur lose miteinander verknüpft. Störungen in der einen tangieren meist die anderen kaum. Bei engen Kopplungen besteht kein Puffer zwischen den Subsystemen, d.h. es kommt zu einer Destabilisierung des gesamten Systems, wenn ein Teilsystem tangiert ist. Dies ist z.b. bei Kettenreaktionen (etwa in einem Kernkraftwerk) der Fall. Die Botschaft von Perrow ist klar – Systeme sollten möglichst so organisiert werden, daß die Interaktionen linear und die Kopplungen lose sind.

Fehlermanagement und Qualifizierung. – Bereits im Training kann man lernen, mit Fehlersituationen umzugehen, beispielsweise in explorativen Trainings (Greif, 1990). Zudem kann man in speziellen Fehlertrainings das unvermeidliche Umgehen mit Fehlern üben. Die Überlegenheit solcher Fehlertrainings gegenüber herkömmlichen Trainings konnte mehrfach nachgewiesen werden (z.B. Frese, Brodbeck, Heinbokel, Mooser, Schleiffenbaum & Thiemann, 1991). Qualifizierung führt zwar nicht generell zu einer Reduktion von Fehlern. Aber es ist offensichtlich ein Zeichen von Expertise, daß man Fehler schneller bewältigen kann (Prümper et al., 1992).

Fehlermanagement und Organisationskultur. – Das Konzept des Fehlermanagements hat Konsequenzen für die Organisations- oder Unternehmenskultur. Eine Organisation kann Fehlern gegenüber eher feindlich oder eher aufgeschlossen gegenüberstehen, weil sie Fehler als unvermeidlich erachtet. Fehler führen häufig zu Schuldzuweisungen (Lewis & Norman, 1986). In erster Linie werden Menschen für Fehler verantwortlich gemacht und nicht etwa ein nicht direkt greifbares System. Entsprechend wird manchmal zuviel Energie für die Ursachensuche und Schuldzuweisung verwendet und zuwenig für eine effiziente Fehlerbewältigung. Wegen befürchteter Sanktionen werden Fehler deshalb oft zu spät bemerkt und von einzelnen eher vertuscht anstatt aufgedeckt. Auch gestehen Menschen Fehler vor sich selber nicht gerne ein, da sie dies als Zeichen von Inkompetenz betrachten und mit ihrem Selbstbild nicht vereinbaren können. Das Selbstwertschutzmotiv ist oft auch eine Fehlerursache (Dörner & Schaub, 1994). Qualifizierte Manager dagegen zeichnen sich durch eine hohe Selbstreflexion aus (Dörner, 1989). Sie zeigen die Bereitschaft, ihre Handlungen grundsätzlich in Frage zustellen. Dadurch können Fehler schnell behoben werden. Organisationen sollten solche Einstellungen und Verhaltensweisen unterstützen und eine entsprechende Unternehmenskultur pflegen. Bei manchen Firmen ist zum Beispiel ein offener Umgang mit Fehlern Bestandteil von Unternehmensleitsätzen und ein wichtiges Thema bei der Fortbildung von Führungskräften.

Für die zukünftige Forschung ist zu hoffen, daß die Fehlerkonzepte in den angesprochenen Feldern weiterentwickelt und auf andere Felder der angewandten Psychologie übertragen werden. Speziell bei der Fehlerursachenforschung dürfte eine stärkere Integration von kognitiven und handlungstheoretischen Ansätzen auf der einen und sozialpsychologischen und organisationspsychologsichen Ansätzen auf der anderen Seite eine interessante Perspektive sein.

Literatur

Ashford, S. J. & Tsui, A. S. (1991). Self-regulation for managerial effectiveness: The role of active feedback seeking, *Academy of Management Journal, 34*, 251-280.

Bainbridge, L. (1983). Ironies of automatization. *Automatica, 19*, 775-779.

Brodbeck. F. C., Zapf, D., Prümper, J. & Frese, M. (1993). Error handling in office work with computers: A field study. *Journal of Occupational and Organizational Psychology, 66*, 303-317.

Chi, M. T. H., Glaser, R. & Farr, M. J. (Hrsg.).(1988). *The nature of expertise*. Hillsdale, NJ: Lawrence Erlbaum.

Colin, I. (1990). Gestaltungsmaßnahmen zur Erhöhung von Sicherheit und Zuverlässigkeit. In C. Graf Hoyos & B. Zimolong (Hrsg.), *Ingenieurspsychologie* (Enzyklopädie der Psychologie, Band D, III, 2, S. 346-362). Göttingen: Hogrefe.

Dörner, D. (1989). *Die Logik des Mißlingens*. Hamburg: Rowohlt.

Dörner, D., & Schaub, H. (1994). Errors in planning and decision making and the nature of human information processing. *Applied Psychology: An International Review, 43*, 433-454.

Frese, M. (1991). Fehlermanagement: Konzeptionelle Überlegungen. In M. Frese & D. Zapf (Hrsg.), *Fehler bei der Arbeit mit dem Computer. Ergebnisse von Beobachtungen und Befragungen im Bürobereich* (S. 139-150). Bern: Huber.

Frese, M., Brodbeck, F. C., Heinbokel, T., Mooser, C., Schleiffenbaum, E., & Thiemann, P. (1991). Errors in training computer skills: On the positive function of errors. *Human Computer Interaction, 6*, 77-93.

Frese, M., & Zapf, D. (1991). Fehlersystematik und Fehlerentstehung: Ein theoretischer Überblick. In M. Frese & D. Zapf (Hrsg.), *Fehler bei der Arbeit mit dem Computer. Ergebnisse von Beobachtungen und Befragungen im Bürobereich* (S. 14-31). Bern: Huber.

Frese, M., & Zapf, D. (1994). Action as the core of work psychology; A German approach. In H. C. Triandis, M. D. Dunnette, & L. M. Hough (Eds.), *Handbook of Industrial and Organizational Psychology* (Vol. 4, pp. 271-340). Palo Alto: Consulting Psychologists Press.

Frey, D., & Gaska, A. (1993). Die Theorie der kognitiven Dissonanz. In D. Frey & M. Irle (Hrsg.), Theorien der Sozialpsychologie (Bd. I): Kognitive Theorien (S. 275-324). Bern: Hans Huber.

Freud, S. (1904/1941). Zur Psychopathologie des Alltagslebens. In *Gesammelte Werke* (Bd. 4). London: Imago Publishing Co.

Greif, S. (1990). Exploratorisches Lernen in der Mensch-Computer Interaktion. In F. Frei & I. Udris (Hrsg.), *Das Bild der Arbeit* (S. 143-157). Bern: Huber.

Groeger, J, & Brown, I. (Eds.).(1990). Errors in the operation of transport systems. [Special issue] *Ergonomics, 33, No 11 & 12*.

Hacker, W. (1998). *Allgemeine Arbeitspsychologie*. Bern: Huber.

Hartley, R. F. (1991). *Management mistakes and successes (3rd ed.)*. New York: Wiley.

Heckhausen, H., & Beckmann, J. (1990). Intentional action and action slips. *Psychological Review*, 97, 36-48.

Hoyos, C. Graf. (1987). Verhalten in gefährlichen Situationen. In U. Kleinbeck & J. Rutenfranz (Hrsg.), *Arbeitspsychologie* (Enzyklopädie der Psychologie, Band D, III, 1, S. 577-627). Göttingen: Hogrefe.

Janis, I. L. (1982). *Victims of groupthink*. Boston, Mass.: Houghton Mifflin.

Lewis, C. & Norman, D. A. (1986). Designing for error. In D. A. Norman & S. W. Draper (Eds.), *User centered system design* (pp. 411-432). Hillsdale: Lawrence Erlbaum.

Meringer, R. & Mayer, C. (1895). *Versprechen und Verlesen: Eine psycholinguistische Studie*. Stuttgart: Göschensche Verlagshandlung.

Neuberger, O. (1995). *Mikropolitik. Der alltägliche Aufbau und Einsatz von Macht in Organisationen*. Stuttgart: Enke.

Norman, D. A. (1981). Categorization of action slips. *Psychological Review*, 88, 1-15.

Prümper, J., Zapf, D., Brodbeck, F. C. & Frese, M. (1992). Some surprising differences between novice and expert errors in computerized office work. *Behaviour and Information Technology, 11*, 319-328.

Perrow, C. (1987). *Normale Katastrophen. Die unvermeidbaren Risiken der Großtechnik*. Frankfurt/M.: Campus.

Rasmussen, J. (1982). Human errors: a taxonomy for describing human malfunction in industrial installations. *Journal of Occupational Accidents, 4*, 311-335.

Rasmussen, J. (1988). Human error mechanisms in complex work environments. *Reliability Engineering and System Safety, 22*, 155-167.

Reason, J. T. (1979). Actions not as planned: The price of automation. In G. Underwood & R. Stevens (Eds.), *Aspects of conciousness* (Vol. 1, pp. 76-89). London: Academic Press.

Reason, J. T. (1987). The Chernobyl errors. *Bulletin of the British Psychological Society*, 40, 201-206.

Reason, J. T. (1990). *Human error*. New York: Cambridge University Press.

Reason, J. T., Parker, S., & Lawtom, R. (1999). Organisational control and safety: the varieties of rule-related behaviour. *Journal of Occupational and Organizational Psychology, 72*.

Rühmann, H., & Schmidtke, H. (1990). Gestaltung der Schnittstelle Mensch-Maschine. In C. Graf Hoyos & B. Zimolong (Hrsg.), *Ingenieurspsychologie* (Enzyklopädie der Psychologie, Band D, III, 2, S. 204-239). Göttingen: Hogrefe.

Schaub, H., & Strohschneider, S. (1992). Die Auswirkungen unterschiedlicher Problemerfahrung auf den Umgang mit einem unbekannten komplexen Problem. *Zeitschrift für Arbeits- und Organisationspsychogie, 36*, 117-126.

Sellen, A. J. (1994). Detection of everyday errors. *Applied Psychology: An International Review, 43*, 475-498.

Senders, J. W., & Moray, N. P. (Hrsg.).(1991). *Human errors. Their causes, prediction, and reduction.* Hillsdale: Erlbaum.

Stahlberg, D., Osnabrügge, G., & Frey, D. (1985). Die Theorie des Selbstwertschutzes und der Selbstwerterhöhung. In D. Frey & M- Irle (Hrsg.), *Theorien der Sozialpsychologie* (Bd. III): *Motivations- und Informationsverarbeitungstheorien* (S. 79-124). Bern: Hans Huber.

Tjosvold, D., & Field, R. H. (1985). Effects of concurrence, controversy and consensus on group decision making. *The Journal of Social Psychology, 125*, 355-363.

Ulich, E. (1994). *Arbeitspsychologie.* Stuttgart: Poeschel (3. Aufl.).

Weimer, H. (1925). *Psychologie der Fehler.* Leipzig: Klinkhardt.

Wehner, T. (Hrsg.).(1992). *Sicherheit als Fehlerfreundlichkeit.* Köln: Westdeutscher Verlag.

Zapf, D. (1991). Handlungsfehler, Streß und organisationaler Kontext. In M. Frese & D. Zapf (Hrsg.), *Fehler bei der Arbeit mit dem Computer: Ergebnisse von Beobachtungen und Befragungen im Bürobereich* (S. 106-117). Bern: Huber.

Zapf, D., Brodbeck, F. C., Frese, M., Peters, H., & Prümper, J. (1992). Errors in working with computers: A first validation of a taxonomy for observed errors in a field setting. *International Journal of Human-Computer Interaction, 4*, 311-339.

Zapf, D., Frese, M., Irmer, C. & Brodbeck, F. C. (1991). Konsequenzen von Fehleranalysen für die Softwaregestaltung. In M. Frese & D. Zapf (Hrsg.), *Fehler bei der Arbeit mit dem Computer: Ergebnisse von Beobachtungen und Befragungen im Bürobereich* (S. 177-191). Bern: Huber.

Zapf, D., Lang, T. & Wittmann, A. (1991). Der Fehlerbewältigungsprozeß. In M. Frese & D. Zapf (Hrsg.), *Fehler bei der Arbeit mit dem Computer. Ergebnisse von Beobachtungen und Befragungen im Bürobereich* (S. 60-79). Bern: Huber.

Zimolong, B. (1990). Fehler und Zuverlässigkeit. In C. Graf Hoyos & B. Zimolong (Hrsg.), *Ingenieurspsychologie* (Enzyklopädie der Psychologie, Band D, III, 2, S. 313-345). Göttingen: Hogrefe.

31 Führung und Macht

Lutz von Rosenstiel

1 Führung: Facetten eines vielschichtigen Begriffs

Meist wird man bei der Nennung des Wortes Führung an das Handeln von betrieblichen Vorgesetzten denken, die sich bemühen, die Arbeit der ihnen unterstellten Personen zielgerichtet zu aktivieren und zu steuern. Tatsächlich aber ist der Begriff der Führung so weit, daß er sich für eine interdisziplinär-vergleichende Analyse eignet und selbst als Einfluß in Organisationen ganz verschiedene Aspekte aufweist.

1.1 Aspekte von Führung in Organisationen

Betrachtet man die Organisation als ein ihrer Umwelt gegenüber offenes System, das zeitlich überdauernd existiert, spezifische Ziele verfolgt, sich aus Individuen bzw. Gruppen zusammensetzt, also ein soziales Gebilde ist, und eine bestimmte Struktur aufweist, die meist durch Arbeitsteilung und eine Hierarchie von Verantwortung gekennzeichnet ist (Gebert, 1978), so stellt sich die Frage nach der Koordination. Es gilt in Organisationen, die arbeitsteilig tätigen Personen oder sozialen Einheiten auf das Zielsystem der Gesamtorganisation hin auszurichten. Dabei lassen sich bei grober Klassifikation zwei verschiedene Aspekte voneinander abheben: die *Unternehmensführung* und die *Mitarbeiterführung*, d.h. die Führung von Menschen durch Menschen.

Das zentrale Feld organisationspsychologischer Führungsforschung und -praxis aber ist die personale Führung, die sich als eine unmittelbare, absichtliche und zielbezogene Einflußnahme von bestimmten Personen – in der Regel Vorgesetzte – auf andere Personen – in der Regel Untergebene – in Organisationen mit Hilfe der Kommunikationsmittel verstehen läßt (Baumgarten, 1977; v. Rosenstiel, Molt & Rüttinger, 1995). Diese Begriffsbestimmung wird noch zu differenzieren sein.

1.2 Führung in der organisationspsychologischen Forschung

Soziale Einflußprozesse werden selbstverständlich nicht nur in der Organisationspsychologie untersucht, sondern in vielen anderen Teildisziplinen der Psychologie, die sozialpsychologisch fundiert die Interaktion zwischen Menschen aus ganz spezifischer Perspektive analysieren. Man denke etwa an die politische, die forensische, die klinische, die Familienpsychologie u.a.m. Als Schwierigkeit vergleichender Analysen stellt sich heraus, daß dieser Einfluß nun keineswegs in allen Teildisziplinen als Führung bezeichnet wird, sondern gelegentlich als Macht, Kommunikation, Sozialisation, Erziehung usw. Sucht man trotz der unterschiedlichen Wortverwendungen Gemeinsamkeiten dieser Forschungen, so lassen sich mit Weinert (1989, S. 555) drei Punkte nennen:

„1) Führung ist ein Gruppenphänomen (das die Interaktion zwischen zwei oder mehreren Personen einschließt);

2) Führung ist intentionale soziale Einflußnahme (wobei es wiederum Differenzen darüber gibt, wer in einer Gruppe auf wen Einfluß ausübt und wie dieser ausgeübt wird, u.a.m.);

3) Führung zielt darauf ab, durch Kommunikationsprozesse Ziele zu erreichen."

Spezifisch in der Organisationspsychologie wird nun von einer starken Asymmetrie dieser sozialen Einflußnahme ausgegangen. Obwohl es gelegentlich Hinweise auf Führung durch die Kollegen (laterale Führung; Wunderer, 1995a) oder auf die Führung durch die Geführten (Wunderer, 1995b) gibt, gilt in nahezu allen organisationspsychologischen Theorien, empirischen Untersuchungen und daraus abgeleiteten Handlungsempfehlungen: Als Beeinflussender fungiert ein ernannter oder gewählter Vorgesetzter, als Beeinflußter dagegen ein diesem Unterstellter.

2 Akzentuierung in der angewandt psychologischen Führungsforschung: Der Führungserfolg

Es bereitet grundsätzlich einige Schwierigkeiten, den Führungserfolg zu definieren oder gar operational zu bestimmen (Neuberger, 1976), da dies letztlich eine implizite oder explizite Wertsetzung durch das Unternehmen ist und es – nach Münsterberg (1912) – den „wirtschaftstechnischen Psychologen" nichts angehe, welches Ziel das bessere sei. Wie auch immer im Unternehmen der Führungserfolg definiert wird, die aus der Praxis kommende Frage an den organisationspsychologischen Forscher lautet meist, was man tun könne, um den Erfolg zu stabilisieren oder zu steigern. Die Psychologie kennt auf diese Frage letztlich zwei Antworten: Die *richtige Person auswählen* oder die *einschlägigen Kompetenzen der Person entwickeln*, wobei selbstverständlich eine Kombination beider Strategien denkbar ist, nämlich die, jene Personen („Potentials") auszuwählen, die für die Förderung geeignet erscheinen.

2.1 Selektionsorientierte Betrachtungsweisen

Es entspricht tradierten Denkmustern außerhalb der Psychologie, den Erfolg von Führung – etwa von Religionsgründern, Königen, Kanzlern oder Vorstandsvorsitzenden – ihrer „Persönlichkeit" zu attribuieren. So finden wir in diesem Sinne in der Geschichtsschreibung differenzierte persönlichkeitspsychologische Überlegungen dazu, was z.b. Cäsar oder Wallenstein so erfolgreich machte.

Die praktische Bedeutung diese Ansatzes ist offensichtlich; sie führte schon früh zur Eignungsauslese künftiger Führungskräfte, wurde zunehmend weiterentwikkelt und findet ihren Ausdruck – wenn auch in relativierter Form – in modernen Selektionsverfahren wie dem Assessment Center. Die praktische Nutzung hängt freilich nicht nur vom Stand der wissenschaftlichen Entwicklung ab, sondern auch von einer Vielzahl außerwissenschaftlicher Kriterien, so u.a. von der impliziten Theorie vieler Entscheider, es komme auf die „Persönlichkeit" an, aber auch von der Lage auf dem Arbeitsmarkt. Wenn sich viele Personen auf eine vakante Position bewerben, wird der Ruf nach Selektionsverfahren laut; wenn es dagegen Mühe bereitet, Bewerber für vakante Stellen zu finden, wird man eher geneigt sein, nach solchen Verfahren Ausschau zu halten, die der Entwicklung führungsrelevanter Kompetenzen dienen.

2.2 Entwicklungsorientierte Betrachtungsweise

Führungskräfte der Wirtschaft und Verwaltung sind in Deutschland zunehmend Absolventen der Universitäten, Technischen Hochschulen und Fachhochschulen mit einem ingenieurs-, wirtschafts-, naturwissenschaftlichen oder juristischen Abschluß (Witte, Kallmann & Sachs, 1981). Sie haben in aller Regel aktuelles fachliches Wissen erworben, sind aber nicht darauf systematisch vorbereitet worden, mit Hilfe ihrer kommunikativen Kompetenzen andere Personen zielgerichtet zu beeinflussen. Entsprechend haben die Organisationen – meist nicht unterstützt durch fachpsychologische Kompetenz, doch gele-gentlich direkt oder indirekt darauf zurückgreifend – Verfahren der gezielten Förderung erwünscht erscheinender Persönlichkeitszüge oder Verhaltensweisen entwickelt (Sonntag, 1998) Die praxisorientierte Forschungsstrategie sieht dabei meist wie folgt aus:
a) Erkenne die Anforderungen der künftigen Position!
b) Ermittle die Kompetenzen und Kompetenzdefizite der für die Position vorgesehenen Personen!
c) Entwickle Verfahren, die geeignet erscheinen, bei der Person die gewünschten Kompetenzen aufzubauen!
d) Entwickle die vorgesehene Person entsprechend!

Derartige Ansätze spielen heute in der Praxis der Organisationspsychologie eine erhebliche Rolle; es gibt kaum ein Arbeitsgebiet, in das Organisationspsychologen soviel Zeit investieren, wie in die Entwicklung von Führungskräften – z.B. im Rahmen von Führungsseminaren oder Trainings zum Führungsverhalten. Allerdings entsprechen derartige Aktivitäten in der Praxis nur bedingt den wissenschaftlichen Anforderungen.

3 Normative und deskriptive Ansätze

3.1 Managementfunktionen

Normative Ansätze der Führung haben in der Wissenschaft und in der Praxis erhebliche Diskussionen ausgelöst. Sie spielen überall dort eine große Rolle, wo über Managementfunktionen nachgedacht wird (Fayol, 1929; Staehle, 1991). Die normativen Ansätze gehen implizit oder explizit von einem spezifischen Organisationskonzept aus, innerhalb dessen die Steuerung der Aktivitäten auf ein Ziel und die Koordination des arbeitsteiligen Tuns durch Führung zu erfolgen hat. Daraus lassen sich nun wiederum ganz bestimmte Funktionen ableiten, die von letztlich austauschbaren Rollenträgern wahrnehmbar sind.

Bereits Taylor (1911) legte in seinem Konzept der *wissenschaftlichen Betriebsführung* derartige Gedanken nahe. Durch die konsequente Arbeitsteilung in horizontaler und vertikaler Hinsicht wurde der Stelleninhaber in der Arbeitsausführung auf wenige maximal geübte Tätigkeiten reduziert, für deren Planung und Kontrolle nicht er, sondern Vorgesetzte verantwortlich waren – wiederum spezialisiert auf bestimmte Funktionen. Deshalb hatten die ausführenden Personen, soweit sie mehr als einer Tätigkeit nachgingen, auch mehrere „Funktionsmeister" über sich.

Sehr viel einflußreicher als Taylor aber war Fayol (1929) mit seinen allgemeinen Verwaltungsprinzipien auf die Ableitung von Managementfunktionen. Er forderte die Einheit der Führung und damit die Klarheit des Unterstellungsverhältnisses, so daß jedem Vorgesetzten mit Blick auf die ihm Unterstellten bestimmte notwendige Managementfunktionen zuwachsen. Als typische derartige Führungsaufgaben werden häufig *Planung, Innovation, Zielsetzung, Entscheidung, Organisation, Information, Motivation, Steuerung der Realisation* und *Kontrolle* genannt (Staehle, 1991). Diese Aufgaben lassen sich aus dem Organisationskonzept, das letztlich als eine unpersönliche Form der Handlungssteuerung zu verstehen ist, ableiten. Ergänzt wird systemimmanent diese Handlungssteuerung durch persönliche Weisungen im Sinne der genannten Funktionen, wie dies bei Weber (1924) beschrieben wird. Offensichtlich stellt sich bei derartig funktionalen Ansätzen, die spezifische Managementfunktionen normativ herausarbeiten, die Frage, ob sich denn Führung in der Praxis tatsächlich in dieser geforderten Weise vollzieht. Es ist ebenfalls offenkundig, daß derartige Konzepte ihre Grundlage verlieren, wenn ein Unternehmen sich zu anderen Organisationsprinzipien bekennt, wie z.B. der Projektorganisation, der Netzwerkorganisation, der Clanorganisation oder anderen Ansätzen, die in starkem Maße auf die Selbststeuerung des Systems abheben (Friedel-Howe, 1994).

Die organisationspsychologische Führungsforschung ist durch die normativen Führungskonzepte im Sinne der Managementfunktionen nur indirekt berührt worden. Für die organisationspsychologische Praxis dagegen waren sie prägend, weil z.B. Anforderungen an Führungskräfte immer wieder daraus abgeleitet wurden, um Kriterien für die Selektion von Führungskräften im Rahmen der Eignungs-diagnostik und Lernziele für Führungsschulungen zu gewinnen (Jeserich, 1981).

3.2 Analyse des Führungshandelns

Die soeben beschriebenen Managementfunktionen erscheinen plausibel, wenn man die weitverbreitete Metapher der Organisation als einer Maschine (Weick, 1985) als implizite Organisationstheorie im Kopf hat („Ein Zahnrad greift in das andere...“) und zugleich von einer klassischen Linienorganisation ausgeht. Ob allerdings tatsächlich Führungskräfte in Organisationen im Sinne dieses funktio-nalen Konzeptes handeln und – vor allem – wie sie es tun, ist eine Frage, die in der empirischen Forschung beantwortet werden muß. Tatsächlich gibt es nun seit nahezu einem halben Jahrhundert ein intensives Bemühen, den funktionalen Beschreibungen des *Managementprozesses*, „die als normativ vage und empirisch wenig gehaltvoll kritisiert werden“ (Schirmer, 1991, S. 210.), eine möglichst operationale Beschreibung dessen, was Manager in ihrem Arbeitsalltag tun, empirisch fundiert gegenüberzustellen.

Als Methoden kommen *Befragungs-* und *Beobachtungsverfahren* zum Einsatz, wobei zum einen strukturierte und standardisierte Protokollbögen den Führungs-kräften selbst ausgehändigt werden, in die sie ihre Selbstbeobachtungen eintragen, während bei Fremdbeobachtungen in der Regel die Führungskraft von einem Beobachter während eines gesamten Arbeitstages oder gar mehrere Tage lang begleitet wird und der geschulte Beobachter in einer vorstrukturierten oder un-strukturierten Weise aufzeichnet, was er beobachtet (Mintzberg, 1973). Die Pro-bleme derartiger Vorgehensweisen sind vielfach beschrieben worden (Stewart, 1979), wobei insbesondere auf die Selektivität der Wahrnehmung, die Unver-gleichbarkeit der verwendeten Kategorien und die geringe Objektivität bei der Datenerhebung und der Dateninterpretation verwiesen wird.

Aus forschungsökonomischen Gründen dominiert die Tagebuchmethode, da sie Informationen an einer großen Zahl von Führungskräften fortlaufend über einen längeren Zeitraum bei einem ökonomisch erträglichen Aufwand sicherstellt.

– Die Tätigkeit besteht in erster Linie und zu ca. 2/3 der Arbeitszeit in Kommuni-kation (Ramme, 1989). Klassifiziert man auch indirekte Kommunikation – etwa über Lesen und Schreiben – in diese Kategorie, so steigt der Prozentsatz noch deutlich an.

– Die Tätigkeiten sind extrem fragmentiert, so daß es zu einer sehr hohen Zahl einzelner Arbeitsepisoden kommt (1957; Mintzberg, 1973; Kotter, 1982).

– Die Arbeitsepisoden werden häufig durch Störungen von außen unterbrochen (Kotter, 1982).

– Viele der ausgeübten Tätigkeiten sind nicht geplant (Kotter, 1982).
– Es bleibt wenig Zeit für Reflexion (Horne & Lupton, 1965).
– Es wird häufiger mit Personen der gleichen Ebene und externen Partnern kommuniziert als innerhalb der Linie, d.h. mit Vorgesetzten und Untergebenen (Stewart, 1983).
– Viele Kontakte sind der Netzwerkbildung und der Mikropolitik gewidmet.
– Es wird häufiger auf informelle, spekulative, gerüchteartige Informationen zurückgegriffen, als auf offizielle oder gar schriftlich vorliegende.

Vergleicht man die Befunde der empirischen „work activity" Forschung mit den normativen Aussagen von Fayol, so findet man die von ihm beschriebenen Funktionen z.T. in den empirisch nachgewiesenen Aktivitäten wieder (Wren, 1990), doch entspricht das Wie der beobachtbaren Handlungen jenem geplanten und rationalen Verhaltensmodell des Fayol'schen Konzeptes nicht. Außerdem findet man das politische Handeln im Sinne der Netzwerkbildung, des Sich-wechselseitig-Verpflichtens – kurz der Mikropolitik – bei Fayol auch nicht ansatzweise, obwohl es tatsächlich einen nicht unerheblichen Anteil der Arbeitszeit von Führungskräften ausmacht.

Obwohl die „work activity" Forschung Wesentliches zum Verständnis der personalen Führung in Organisationen beigetragen hat, ist sie vielfach kritisiert worden. So wurde ihr vorgeworfen, sie arbeite empiristisch und ohne ein theoretisches Konzept, agiere weitgehend behavioristisch und übersehe daher Ziele und Zwecke des Handelns von Managern und bleibe schließlich in ihren Befunden rein beschreibend; so fehle ihr das Potential, Unterstützung bietende Sozialtechnologien für Führungskräfte zu entwickeln.

4 Ein psychologisches Modell der Führung

Psychologische Erklärungsversuche, die in einer monokausalen Betrachtungsweise den Führungserfolg ausschließlich zur Funktion überdauernder Persönlichkeitseigenschaften oder stabiler Verhaltensstile zu machen suchten, sind vor allem deshalb gescheitert, weil sie die Führungssituation in ihrer ganzen Komplexität nicht berücksichtigten. Deshalb wird heute in nahezu allen wissenschaftlich fundierten Darstellungen der Führung die *Situation* thematisiert (Gebert & v. Rosenstiel, 1996; Neuberger, 1976, 1990). (Abbildung 1)

Deutlich erkennbar ist das konkrete Führungsverhalten – wie anderes Verhalten auch eine Funktion der *Person* und der jeweiligen *Situation*. So dürfen ein Führungsstil bzw. spezifische Führungsverhaltensweisen nicht als Korrelat überdauernder Persönlichkeitsmerkmale interpretiert werden, die über unterschiedliche Situation hinweg gleich sind, sondern eine gleiche Führungskraft zeigt in ver-

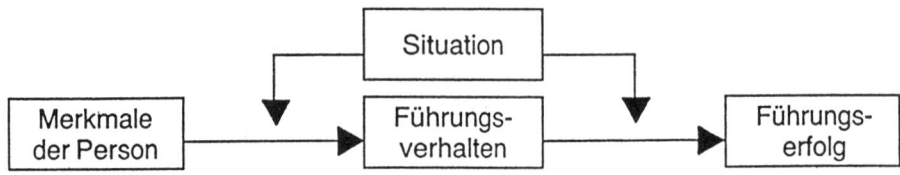

Abbildung 1
Bedingtheit des Führungserfolgs durch Person und Situation.

schiedenen Situationen auch verschiedene Verhaltensweisen. Andererseits führt ein gleiches Verhalten keineswegs in allen Situationen – z.B. in einem spezifischen Unternehmensbereich oder in einer bestimmten Kultur – zu einem gleichen Erfolg bzw. Mißerfolg.

4.1 Merkmale des Führenden

Fragt man einen Laien, warum Henry Ford, Konrad Adenauer oder Otto Rehagel erfolgreich waren bzw. sind, so wird in den meisten Fällen die Antwort im Hinweis auf überdauernde Persönlichkeitsmerkmale bestehen, die als zeitlich relativ stabil gelten, wie z.B. Entscheidungsstärke, Zähigkeit, Überzeugungskraft, Intelligenz o.ä.m. Die Führungsforschung nahm derartige monokausalen Erklärungsansätze zur Basis entsprechend simpler Forschungshypothesen und prüfte sie in der Regel auf eine der drei nachfolgend genannten Weisen (Neuberger, 1990, S. 62):

„a) man untersucht Inhaber von Führungspositionen und stellt fest, was sie von anderen Menschen (vor allem den Geführten) unterscheidet;

b) man prüft, ob und wie sich Inhaber von Führungspositionen untereinander unterscheiden: ob es also systematische Persönlichkeitsunterschiede zwischen „guten" (erfolgreichen) und „schlechten" (erfolglosen) Führern gibt;

c) man analysiert die Personen, die es „aus eigenen Kräften schaffen", in Führungspositionen aufzusteigen oder als Führer (an-)erkannt zu werden."

Es gibt eine kaum übersehbare Anzahle empirischer Studien, die einem dieser Konzepte verpflichtet sind und über die in zusammenfassenden Darstellungen oder Metaanalysen berichtet wird (Lord, DeVader & Alliger, 1986; Mann, 1959; Schuler & Funke, 1989). Meistens korrelieren eine Vielzahl von Eigenschaften mit dem Führungserfolg; die gemeinsame Varianzaufklärung ist aber gering und die

Streuung der Befunde von Studie zu Studie sehr viel größer, als es auf Grund der Zufallsstreuung zu erwarten gewesen wäre.

Die Bedeutung der Persönlichkeitsmerkmale für den späteren Führungserfolg ist indessen nachgewiesen. Die deutliche Beziehung zwischen intellektueller Kapazität und sozialer Kompetenz einerseits und dem Führungserfolg andererseits z.B. ist unstrittig. Auch das Argument, die Richtung der Kausalität sei ja offen und die Persönlichkeitsmerkmale könnten sich erst als Folge des Führungserfolg einstellen („wem Gott ein Amt gibt, dem gibt er auch Verstand"), sticht nicht, wenn man die Ergebnisse solcher Analysen berücksichtigt, die die Persönlichkeitsmerkmale zeitlich vor dem Eintreten des Führungserfolgs erfaßten. Dies wird auch in der Praxis ganz offensichtlich so gesehen. Die weitere Akzeptanz des Assessment-Centers ist ein Beleg dafür. Wie Metaanalysen nachweisen, sind derartige – verschiedene Persönlichkeitsmerkmale zu einem multiplen Indikator verdichtende – Verfahrenweisen in der Lage, den Führungserfolg mit knapp r = 0.40 zu prognostizieren (Thornton, Gaugler, Rosenthal & Bentson, 1987).

4.2 Verhalten des Führenden

Überdauernde Persönlichkeitsmerkmale lassen sich als Dispositionen interpretieren, die in bestimmten Anregungssituationen zu einem für die Person kennzeichnenden beobachtbaren Verhalten führen. Dies hat in der Forschung dazu geführt, Vorgesetzte danach zu differenzieren, wie sich ihr *Führungsverhalten* unterscheidet, ob sie z.B. zu einem *autoritären* oder *kooperativen Führungsstil* (Neuberger, 1972; Seidel, 1978) neigen.

Initiiert wurden derartige Untersuchungen durch das klassische Experiment von Lewin, Lippitt und White (1939) an amerikanischen Kindern. Besonders einflußreich waren dabei die Untersuchungen zu den Auswirkungen eines „autoritären" im Vergleich zu einem „demokratischen" Führungsstil, was im Experiment durch eine geringe bzw. eine hohe Möglichkeit der „Geführten" zur Partizipation operationalisiert wurde. Indessen wurde empirisch nicht überprüft, ob es derart definierte Führungsstile, die hier im Rollenspiel gezeigt werden sollten, in der Praxis überhaupt gibt. Das Ergebnis des Experiments jedoch, der demokratische Führungsstil führe zu höherer Zufriedenheit und positiveren Einstellungen als der autoritäre, während die Auswirkungen auf die Leistung nicht so eindeutig zu sein scheint, wurde vielfach rezipiert und das Experiment selbst in vielerlei Variationen wiederholt.

Verwandt mit den Führungsstilexperimenten bzw. -untersuchungen sind die Studien zum Führungsverhalten und dessen Auswirkungen von Fleishman (1973). Hier wurden die Geführten darum gebeten, mit Hilfe standardisierter Fragebögen mit geschlossenen Fragen das Verhalten ihrer unmittelbaren Vorgesetzten anonym zu beschreiben. Derartige Erhebungsinstrumente hatten zu Beginn ca. 1800 Items, wurden aber im Zuge der Entwicklung zu handlichen und praktikablen Instrumenten der Aufwärtsbeurteilung mit z.T. weniger als 100 Items (Fittkau-Garthe & Fittkau, 1971). Die große Resonanz, der Forschungsbefunde der Ohio-Gruppe beruht z.T. darauf, daß Faktorenanalysen relativ regelmäßig (zusammenfassend, Neuberger, 1976) auf zwei Dimensionen des Führungsverhaltens hinwiesen: „Consideration" (auch mit praktischer Besorgtheit oder Mitarbeiterorientierung übersetzt) sowie – statistisch davon unabhängig – „Initiating structure" (auch mit Aufgaben-, Leistungs- oder Zielorientierung übersetzt). Obwohl in vielen Untersuchungen auch weitere Faktoren gefunden wurden, fanden diese in der Praxis kaum Beachtung.

Die beiden Führungsverhaltensdimensionen „Consideration" und „Initiating structure" gewinnen erhebliche Schlüssigkeit, wenn man von einer sozialpsychologischen Theorie der Führung in Gruppen ausgeht (Lukasczyk, 1960). In einer zielorientierten Gruppe geht es ja um zweierlei: den Zusammenhalt der Gruppe zu sichern (Kohäsion) und die Gruppe auf das Ziel hinbewegen (Lokomotion).

Es spricht vieles dafür, daß Vorgesetzte durch ihre Mitarbeiterorientierung die Kohäsion fördern, durch ihre Aufgabenorientierung dagegen zur Lokomotion und damit zum Erreichen des Zieles beitragen.

Führungsverhaltensfragebögen, mit deren Hilfe die Ausprägung in „Consideration" und „Initiating structure" ermittelt werden, sind vielfach kritisiert worden, u.a. sie seien nicht objektiv. Tatsächlich wird *ein* Vorgesetzter von seinen verschiedenen Mitarbeiten oft unterschiedlich beurteilt. Dieser Befund kann aber auch als Hinweis auf ein bedeutsames Phänomen des Führungsgeschehens interpretiert werden, auf das vor allem Graen und Scandura (1987) in ihrer Theorie der Führungsdyaden hingewiesen haben. Demnach ist Führung ein Interaktionsprozeß, der sich zwischen dem Führenden und einem jeden der Geführten in unterschiedlicher Weise abspielt. Entsprechend läßt sich das Führungsverhalten des Vorgesetzten nicht generalisierend in dem Sinne beschreiben, es sei allen Geführten gegenüber gleich, sondern es kommt darauf an, die Interaktion in den jeweiligen Dyaden zu analysieren. Die geführte Gruppe ist entsprechend ein Aggregat aus einer Vielzahl derartiger Führungsdyaden.

4.3 Die Führungssituation

Es kommt, wie gesagt, auch auf die Situation – in dem soeben genannten Beispiel auf die Besonderheiten des jeweiligen Mitarbeiters – an. Dieses „es kommt darauf an" ist ein in der Praxis bekannter und häufig gehörter Satz. In der Wissenschaft gibt es nun vielfältige Bemühungen zu klären, auf was es ankommt. Daraus ist eine Vielzahl sog. *Situationstheorien* der Führung entstanden, auf die hier nicht im Detail eingegangen werden kann. Als Pionier darf Fiedler (1967) mit seiner Kontingenztheorie gelten, die er seit 30 Jahren fortentwickelt und verteidigt

(Fiedler & Mai-Dalton, 1995). Im Kernpunkt geht es in der Kontingenztheorie darum, einen optimalen Fit zwischen dem Führenden und seiner Situation zu sichern, um hohe Leistung der geführten Gruppe wahrscheinlich zu machen. Der Kontingenzansatz wurde dabei weitgehend empirisch ohne intensive theoretische Vorarbeiten entwickelt. Ermittelt wird ein bipolar konzipiertes Persönlichkeits-merkmal des Vorgesetzten, seine motivationale Orientierung.

Der Vorgesetzte wird gebeten, den schlechtesten Mitarbeiter, den er je hatte, auf einer 18 bipolare Adjektive umfassenden Skala zu beurteilen, der LPC(= least prefered coworker)-Skala. Vorgesetzte, die selbst den Schlechtesten noch relativ positiv bewerten, sind mitarbeiterorientiert, d.h. für sie ist die Führungsaufgabe ein Mittel, um mit Menschen zusammen zu sein. Wertet der Vorgesetzte dagegen den schlechtesten Mitarbeiter ausge-sprochen negativ, so ist er aufgabenorientiert, d.h. der Mitarbeiter ist für ihn ein Mittel zu dem Zweck, die Aufgaben erfolgreich zu bewältigen. Die Führungssituation kann für den Vorgesetzten – operationalisiert über 8 Stufen – sehr positiv oder sehr negativ sein, wobei das Maß sich aus Kombination dreier Variabler ergibt: der Führer-Geführten-Beziehung, der Aufgabenstruktur und der Positionsmacht. Als Führungserfolg wird die Leistung der geführten Gruppe definiert. In sehr günstigen und sehr ungünstigen Situationen korreliert Mitarbeiterorientierung des Führenden mit der Leistung der geführten Gruppe negativ, in mittleren Situationen aber positiv (Abbildung 2).

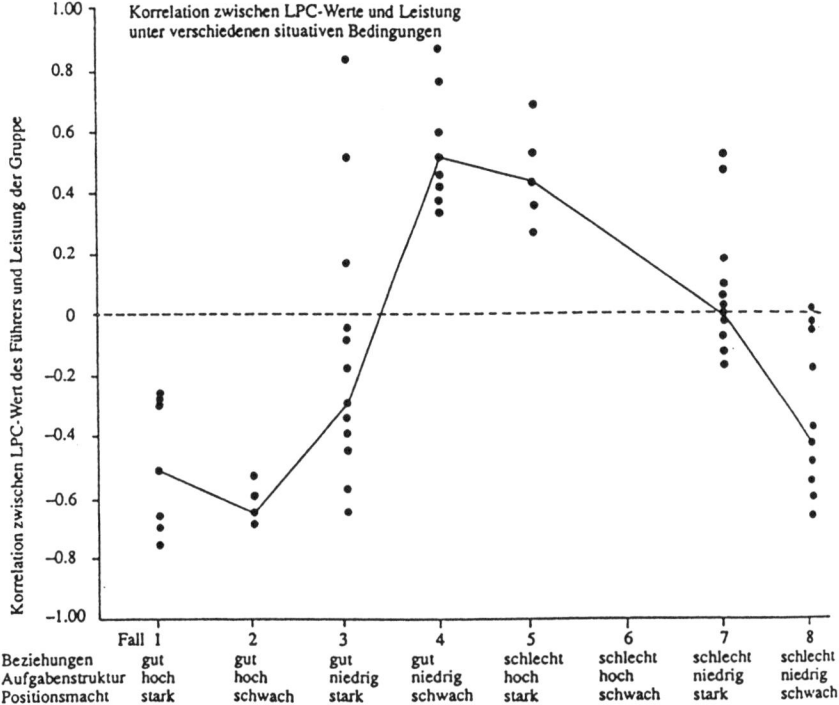

Abbildung 2
Korrelation zwischen LPC-Werten und Leistung unter verschiedenen situativen Bedingungen.

Fiedler empfiehlt nun für günstige oder ungünstige Situationen einen aufgabenorientierten, für mittlere Situationen einen mitarbeiterorientierten Vorgesetzten. Da diese motivationale Orientierung, als Persönlichkeitsmerkmal verstanden, nur schwer zu verändern sei, könne man das Ziel durch adäquate Personalselektion erreichen oder dadurch, daß man die Situation den Besonderheiten des Führenden angleicht. Die Kontingenztheorie von Fiedler ist vielfach kritisiert worden (Gebert & v. Rosenstiel, 1996). Dennoch bleibt Fiedler das historische Verdienst, die Wissenschaft auf die Suche nach Moderatoren der Beziehung zwischen dem Führungsverhalten und dem Führungserfolg gebracht zu haben (Neuberger, 1990).

Eine positivere Resonanz in Wissenschaft und Praxis hat das ursprünglich von Vroom und Yetton (1973) konzipierte und vielfach weiterentwickelte *normative Entscheidungsmodell* der Führung gefunden. Hier geht es nicht generell um Führungsverhalten oder Führungsstil, sondern um eine Dimension dieses Verhaltens: Wieviel Partizipation der Mitarbeiter sollte der Vorgesetzte bei Führungsentscheidungen zulassen bzw. fordern? Auf Grund seiner Antworten zu situationsdiagnostischen Fragen wird der Vorgesetzte durch einen sog. „Entscheidungsbaum" geführt, an dessen Astspitzen er die Empfehlung findet, je nach Situation eine Gruppenentscheidung zuzulassen, sich beraten zu lassen oder allein zu entscheiden. Wie Validierungsstudien zeigen, wurden erfolgreiche Führungsentscheidungen häufiger auf modellkonforme Weise getroffen als nicht erfolgreiche (Jago, 1995).

Das Vroom-Yetton-Modell wurde zur Grundlage eines inzwischen verbreiteten standardisierten Trainingskonzepts (Böhnisch, 1991), innerhalb dessen Führungskräfte – von Kurzfällen ausgehend – eigenes Entscheidungsverhalten den Vorgaben des Modells anpassen.

4.4 Führungserfolg

Organisationspsychologische Führungstheorien sind meist Theorien des Führungserfolgs. Eines ihrer vielen Probleme besteht darin, diese abhängige Variable nicht klar operationalisieren zu können, weil sie in der Praxis von Organisation zu Organisation, von Situation zu Situation anders und vielfach vage bestimmt wird. Lent, Aurbach und Levin (1971) fanden bei einer Analyse von 12 Jahrgängen der „Personal psychology" über 1500 Kriterien des Führungserfolgs, von denen sich nahezu 2/3 auf Rating-Daten, dagegen nur 17% auf Indikatoren wie Leistungsdaten, Arbeitsstichproben oder Produktionsziffern stützten. Neuberger (1976) hat verschiedene Möglichkeiten aufgezeigt, Kriterien des Führungserfolgs zu gewinnen. Welche schließlich gewählt werden, hängt von der Politik des jeweiligen Unternehmens ab. Die prognostizierten Kriterien werden in der Beurteilung durch Vorgesetzte im Rahmen der systematischen Personalbeurteilung oder Leistungsbewertung, häufig auch in der indirekten Beurteilung, die in Gehaltssteigerungen oder der Aufstiegsgeschwindigkeit des einzelnen deutlich wird, oder aber in den genannten objektiven Leistungsmaßen der geführten Gruppe ihren Ausdruck finden können. Führungskräfte werden aber keineswegs allein an Indikatoren der von ihnen geführten Gruppe, etwa der dort beobachtbaren Produktivität, der Arbeitszufriedenheit, der Fluktuations- und Fehlzeitenrate gemessen, sondern auch z.T. an individuellen Leistungen oder aber – und das zeigt die ganze Problematik – auch an dem am Ansehen, das sie im Unternehmen genießen (Kasten 1).

Kasten 1
Wer macht Karriere? Wer führt erfolgreich?

Luthans und Rosenkrantz(1987) klassifizierten das kommunikative Handeln von Führungskräften in Routinekommunikation, traditionelle Managementfunktionen, Beziehungspflege und Human Ressources Management. Luthans, Hodgetts und Rosenkrantz (1988) haben nun empirisch ermittelt, wie sich der prozentuale Anteil dieser Kommunikationsarten bei erfolgreichen im Gegensatz zu effektiven Managern verteilt. Erfolg wurde dabei an der Karrieregeschwindigkeit festgemacht, die Effektivität an einem kombinierten Maß aus quantitativen und qualitativen Erfolgskriterien der geführten Einheit, der Zufriedenheit der Untergebenen und dem erfragten Commitment der Untergebenen. Die Erfolgreichen machen Karriere, die Effektiven führen gut (Luthans et al., 1988, S.161).

	Alle Manager	Erfolgreiche Manager	Effektive Manager
Routinekommunikation	29	28	44
traditionelle Managem.-Fkt	32	13	19
Beziehungspflege	19	48	11
Human Resource Managem.	20	11	26
Summe	100	100	100

Jene Führungskräfte, die Karriere machen, investieren nahezu die Hälfte ihrer Kommunikationszeit in die Beziehungspflege, die Mikropolitik, investieren, während sich jene, die – vermutlich im Sinne der Unternehmensziele – effektiv sind, sich vor allem um die für die Alltagsarbeit erforderliche Routinekommunikation und um die Führung und Förderung ihrer Mitarbeiter kümmern.

Dieser exemplarische Befund entlarvt Ideologien wie „Leistung lohnt" oder „bei uns kommt der Tüchtige voran". Was sich in den Führungsgrundsätzen vieler Unternehmen findet, wird offensichtlich häufig nicht gelebt.

5 Grundlagen der Macht

Vorgesetzte üben – obwohl dieser Ausdruck in den Unternehmen nicht gern verwendet wird – Macht aus. Max Weber (1924) hat sie wie folgt definiert: „Macht bedeutet jede Chance innerhalb einer sozialen Beziehung, den eigenen Willen auch gegen Widerstand durchzusetzen...". Es stellt sich nun die Frage, worin diese Chancen bestehen. In einer klassischen, vielzitierten Differenzierung haben French und Raven (1959) fünf Grundlagen der Macht beschrieben.

1. *Belohnungsmacht* als Gewährung von Vorteilen,
2. *Bestrafungsmacht* als Verfügung negativer Verstärker oder Wegnahme von Vergünstigungen,
3. *Expertenmacht* als Verfügung über Informationen,
4. *Legitimierte Macht* als durch gesellschaftliche Strukturen gesicherte und akzeptierte Einflußnahme,
5. *Identifikationsmacht*: Der Führende wird zur Bezugsperson, zum Vorbild oder Modell, baut emotionale Beziehungen zu den Geführten auf, reißt durch sein Charisma mit und bewegt die Gefolgschaft dazu, ihm „freiwillig" zu folgen.

Ergänzen ließe sich diese Liste von French und Raven durch

6. *Situationskontrolle*, wobei durch Schaffen vollendeter Tatsachen bestimmte Verhaltensalternativen für die Geführten ausgeschlossen werden (Neuberger, 1995).

Welche der genannten Machtbasen in welchen Feldern sozialen Lebens ausgeübten Einfluß begründen, hängt von einer Vielzahl von Kontextfaktoren ab. Ganz offensichtlich unterscheidet sich die Einflußchance gewählter Politiker in einer Demokratie deutlich von jener eines Diktators, der sich auf eine andere Basis seine Macht beruft. Auch der Unternehmer in einem seit Generationen im Familienbesitz befindlichen Betrieb wird sich unter dem Aspekt der Machtbasis nachhaltig vom Vorstandsvorsitzenden einer Aktiengesellschaft unterscheiden.

Da die vier zuerst genannten Grundlagen der Macht in unserer Gesellschaft mehr oder weniger brüchig werden, überrascht es nicht, daß das Interesse sich vermehrt der Identifikationsmacht zuwendet und Theorien der charismatischen Führung (House, 1977) der transformationalen Führung (Bass, 1985) oder der visionären Führung (Sashkin, 1988) an Beachtung gewinnen, die als Basis der Macht letztlich die emotionale Beziehung zwischen dem Führenden und dem Geführten thematisieren.

Das zweckrationale Modell der Organisation legt den Gedanken nahe, Macht auf einer akzeptierten Basis von den Führenden im Interesse des *Zielsystems des Unternehmens* in durchschaubarer Weise einzusetzen. Die *soziale Realität* jedoch ist eine andere. Wie authentische Schilderungen aus Unternehmen zeigen, wird auch mit Einschüchterungen, Erpressungen, Manipulation, Schmeichelei, Täuschung, Irreführung, bewußter Gerüchtebildung, Versprechen von Vorteilen u.v.a. gearbeitet, was man als Mikropolitik bezeichnet. Dabei handelt es sich nicht nur um das Bemühen, wenig akzeptierte Sozialtechniken zur Durchsetzung der durch die Unternehmenspolitik legitimierten Ziele zu nutzen, sondern auch darum, persönliche Interessen zu befördern – ein Feld, das erst in jüngerer Zeit das Interesse der Organisationspsychologie findet (Neuberger, 1995; Wunderer & Weibler, 1992) (s.a. den Beitrag von Schuster, Scesny und Stahlberg in diesem Band).

6 Entwicklungstendenzen

Sowohl die Führung in Organisationen als auch die Forschung darüber befinden sich im Wandel. Zwar sind beide Veränderungstendenzen nicht unabhängig voneinander, doch soll hier eine Beschränkung auf die Perspektive der Forschung erfolgen. Zum einen verliert die Maschine als Metapher für die Organisation an Attraktivität bei den Forschern, zum anderen wendet sich der bisher von der Führungsforschung allein auf den Führenden und sein Verhalten gerichtete Blick vermehrt auch den Geführten zu. In der Maschinenmetapher der Organisation steckt das Kausal-Paradigma: „Ursachen erzeugen Wirkung". Dem wird zunehmend ein anderes gegenübergestellt, das sich formulieren läßt als „wahrgenommene/gedeutete Situationen sind (als soziale und damit veränderbare Tatsachen) Chancen, individuelle oder gemeinsame Pläne zu verwirklichen" (Neuberger, 1985, S. 3). Diese Analyse der gemeinsamen Deutungen bestimmt nicht nur die Diskussion um die Unternehmenskultur (Schein, 1985), sondern auch die um die Wirkungen der Führung. Der Führung kommt vermehrt die Aufgabe zu, trotz objektiver Widersprüche Akzeptanz für Führungsentscheidungen bei den Geführten zu sichern.

In den traditionellen Modellen der Führung steht die führende Person mit ihren Eigenschaften und ihrem Verhalten im Mittelpunkt; die Geführten werden zu Objekten des Führungshandelns. Führung aber ist ein sozialer Interaktionsprozeß, der seine Wirkung in der Regel nur dann bei den Geführten entfalten kann, wenn diese aktiv mitwirken, z.B. durch Deutungen des Führungshandelns.

Dieser Gewinn einer neuen Perspektive hat Neuberger dazu veranlaßt, sein klassisches Lehrbuch, das in der 1 und 2. Auflage „Führung" hieß, ab der 3. Auflage unter dem Titel „Führen und Geführtwerden" (1990) erscheinen zu lassen und einen eigenen Abschnitt „Theorien des Geführtwerdens" neu einzufügen, innerhalb dessen auch die symbolische Führung diskutiert wird.

Führung ist ein Konstrukt; der Gegenstand der Führungsforschung ist zum einen fließend, verändert sich mit der Perspektive der Wahrnehmung und unterliegt allein schon deshalb, selbst wenn das Phänomen „objektiv" unverändert bliebe, einer potentiellen hohen Veränderungsdynamik.

Es ist aber davon auszugehen, daß auch der Untersuchungsgegenstand sich verändert. Angesichts einer von Menschen gemachten Welt, in der sich die Veränderungsprozesse immer rascher vollziehen, sind die Führenden in Organisationen zugleich Täter und Opfer dieser Dynamik. Für die Führungserforschung ergeben sich daraus stets neue Fragen.

Das hat zur Folge, daß selbst methodisch gut gesicherte Befunde rasch veralten und von den Führungsforschern eine Flexibilität zu fordern ist, die in vielen Unternehmen auch den Führungskräften abverlangt wird.

Literatur

Bass, B. M. (1985). *Leadership and performance beyond expectations.* New York: Academic Press.

Baumgarten, R. (1977). *Führungsstile und Führungstechniken.* Berlin: de Gruyter.

Böhnisch, W. (1991). *Führung und Führhungskräftetraining nach dem Vroom/Yetton-Modell.* Stuttgart: Schäffer-Poeschel.

Cummings, T. D. & Huse, E. F. (1989). *Organizational development and change.* St. Paul MN:: West Publishing.

Dreyer, H. (1985). Vierdimensionale Führungs-Konzeption. Die Zukunftsorientierung in der Führungsaufgabe. *Personalführung, 3,* III-XVI.

Fayol, H. (1929). *Allgemeine industrielle Verwaltung.* München: Oldenbourg.

Fiedler, F. E. (1967). *A theory of leadership effectiveness.* New York: McGraw Hill.

Fiedler, F. E. & Mai-Dalton, R. (1995). Führungstheorien – Kontingenztheorie. In A. Kieser, G. Reber & R. Wunderer (Hrsg.), *Handwörterbuch der Führung* (S. 940-953). Stuttgart: Schäffer-Poeschel.

Fittkau-Garthe, H. & Fittkau, B. (1971). *Fragebogen zur Vorgesetzten-Verhaltens-Beschreibung (FVVB).* Göttingen: Hogrefe.

Fleishman, E. (1973). Twenty years of consideration and structure. In E. A. Fleishman & J. G. Hunt (Eds.), *Current developments in the study of leadership* (pp. 1-37). Carbondale: Southern Illinois University Press.

French J. R. & Raven, B. H. (1959). The basis of social power. In D., Cartwright (Ed.), *Studies of social power* (S. 150-167). Ann Arbor: University of Michigan Press.

Friedel-Howe, H. (1994). Neue Organisationskonzepte. In L.. Rosenstiel, M. Hockel & W. Molt (Hrsg.), *Handbuch der Angewandten Psychologie. Grundlagen – Methoden – Praxis* (S. VI-4.1 1-20). Landsberg: ecomed.

Gebert, D. (1978). *Organisation und Umwelt.* Stuttgart: Kohlhammer.

Gebert, D. & Rosenstiel, v. L. (1996). *Organisationspsychologie.* Stuttgart: Kohlhammer.

Graen, G. & Scandura, T (1987). Theorie der Führungsdyaden. In A. Kieser, G. Reber & R. Wunderer (Hrsg.), *Handwörterbuch der Führung* (S. 377-389). Stuttgart: Poeschel.

Hersey, P. & Blanchard, K. H. (1977) (deutsch 1979). *Management of organizational behavior: utilizing human resources.* Englewood Cliffs, N.J.: Prentice-Hall.

Holling, H. & Liepmann, D. (1993). Personalentwicklung. In H. Schuler (Hrsg.), *Lehrbuch Organisationspsychologie* (S. 285-316). Bern: Huber.

Horne, J. H. & Lupton, T. (1965). The work activities of „middle" managers – An exploratory study. *JMS, 2,* 14-33.

House, J. R. (1977). A 1976 Theory of Charismatic Leadership Theorie. In J. Hunt, J. G. Larson (Eds.), *The Cutting Edge* (S. 189-207). Carbondale: Southern Illinois University Press.

House, R. J. Shamir, B. (1993). Toward the Integration of Transformational, Charismatic and Visionary Theorie of Leadership. In A. Chemmers, & R. Ayman (Eds.), *Leadership: Persepctive and Research Directions* (pp. 81-107). San Diego: Academic Press.

House, R. J. & Shamir, B. (1995). Führungstheorien – Charismatische Führung. In A. Kieser, G. Reber & R. Wunderer (Hrsg.), *Handwörterbuch der Führung* (S. 878-897). Stuttgart: Schäffer-Poeschel.

Jago, A. (1995). Führungstheorien – Vroom/Yetton-Modell. In A. Kieser, G. Reber & R. Wunderer (Hrsg.), *Handwörterbuch der Führung* (S. 1058-1975). Stuttgart: Schäffer-Poeschel.

Jeserich, W. (1981). *Mitarbeiter auswählen und fördern – Assessment Center Verfahren.* München: Hanser.

Kotter, J. P. (1982). What effective general managers really do. *HBR, 60/(6),* 156-167.

Kummer, H. (1992). *Weiße Affen am roten Meer.* München: Piper.

Lent, R. H., Aurbach, H. A. & Levin, L. S. (1971). Predictors, criteria, and significant results. *Personnel Psychology, 24,* 519-533.

Lewin, K., Lippitt, R. & White, R. K. (1939). Patterns of aggressive behavior in experimentally created social climates. *Journal of Social Psychology, 10,* 271-299.

Locke, E. A. & Latham, G. P. (1984). *Goal setting: A motivational technique that works.* Englewood Cliffs, N.J.: Prentice Hall.

Lord, R. G., DeVader, C. L. & Alliger, D. M. (1986). A meta analysis of the relation between personality traits and leadership perceptions: An application of validity generalization procedures. *Journal of Applied Psychology, 71,* 402-410.

Lukasczyk, K. (1960). Zur Theorie der Führer-Rolle. *Psychologische Rundschau, 11,* 179-188.

Luthans, F., Hodgetts, R. M. & Rosenkrantz, S. A. (1988). *Real managers.* Cambridge MA: Ballinger.

Luthans, F. & Rosenkrantz, S. (1995). Führungstheorie Soziale Lerntheorie. In A, Kieser, G. Reber & R. Wunderer (Hrsg.), *Handwörterbuch der Führung* (S. 1005-1021). Stuttgart: Schäffer-Poeschel.

Mann, R. D. (1959). A review of the relationship between personality and performance in small groups. *Psychological Bulletin, 56,* 214-270.

Mintzberg, H. (1973). *The nature of managerial work.* New York.

Münsterberg, H. (1912). *Psychologie und Wirtschaftsleben. Ein Beitrag zur Angewandten Experimentalpsychologie.* Leipzig: Barth.

Neuberger, O. (1972). Experimentelle Untersuchungen von Führungsstilen. *Gruppendynamik, 3,* 191-219.

Neuberger, O. (1976). *Führungsverhalten und Führungserfolg.* Berlin: Duncker & Humblot.

Neuberger, O. (1985). *Unternehmenskultur und Führung.* Augsburg: Universität Augsburg

Neuberger, O. (1990). *Führen und geführt werden.* Stuttgart: Enke.

Neuberger, O. (1995). *Mikropolitik.* Stuttgart: Enke.

Pfeffer, J. (1981). *Power in Organizations.* Marshfield, Mass.: Pitman.

Ramme, I. (1989). *Die Arbeit von Führungskräften eines Forschungsinstituts,* Arbeitsbericht Nr. 22. Dortmund: Universität Dortmund.

Reddin, W. J. (1981). *Das 3-D-Programm. Zur Leistungssteigerung des Managements.* Landsberg: Moderne Industrie.

Rosenstiel, L. v., Molt, W. & Rüttinger, B. (1995). *Organisationspsychologie* (8. Aufl.). Stuttgart: Kohlhammer.

Sashkin, M. (1988). The visionary leader. In J. A. Conger & R. A. Kanungo (Eds.), *The Elusive factor in organizational effectivenes* (pp. 122-160). San Francisco, CA: Jossey-Bass.

Schein, E. H. (1985). *Organizational culture and leadership.* San Francisco: Jossey-Bass

Schirmer, (1991) Aktivitäten von Managern. Ein kritischer Review über 40 Jahre „Work Activityì Forschung. In: W. Staehle, K. Sydow (Hg.) *Managementforschung I* (S. 205-253). Berlin: DeGruyter .

Schuler, H. (1996). *Psychologische Personalauswahl.* Göttingen: Vlg. für Angewandte Psychologie.

Schuler, H. & Funke, U. (1989). Berufseignungsdiagnostik. In E. Roth (Hrsg.), *Organisationspsychologie* (Enzyklopädie der Psychologie; Bd. 3) (S. 281-320). Göttingen: Hogrefe.

Seidel, E. (1978). *Betriebliche Führungsformen.* Stuttgart: Poeschel.

Sonntag, K.H. (Hrsg.).(1998). *Personalentwicklung in Organisationen.* Göttingen: Hogrefe.

Staehle, W. (1991). *Management, Eine verhaltenswissenschaftliche Perspektive* (6. Auflage). München: Vahlen.

Stewart, R. (1979). Diary-keeping. In Th. D. Weinshall (Ed.), *Managerial communication* (pp. 33-54). London:

Taylor, F. W. (1911). *The principles of scientific management.* London: Harper and Brothers.

Thornton, G. C., Gaugler, B. B., Rosenthal, D. B., Bentson, C. (1987). Die prädiktive Validität des Assessment Centers als Methode der Personalentwicklung. In H. Schuler & W. Stehle (Hrsg.), *Assessment Center als Methode der Personalentwicklung* (S. 36-60). Stuttgart: Verlag für Angewandte Psychologie.

Vroom, V.H. & Yetton, P. (1973). *Leadership and decision-making.* Pittsburgh: University of Pittsburgh Press.

Weber, M. (1924) *Wirtschaft und Gesellschaft. Grundriß der verstehenden Soziologie* (2. Auflage). Köln: Kiepenheuer und Witsch.

Weick, K. E. (1985). *Der Prozeß des Organisierens.* Frankfurt: Suhrkamp.

Weinert, A. B. (1989). Führung und soziale Steuerung. In E. Roth (Hg.), *Organisationspsychologie* (Enzyklopädie der Psychologie; Bd. D, III, 3, S. 552-577). Göttingen: Hogrefe.

Wiswede, G. (1990). Führung und Macht. In G. Wiendick & G. Wiswede (Hrsg.), *Führung im Wandel* (S. 271-287). Stuttgart: Enke.

Witte, E., Kallmann, A. & Sachs, G. (1981). *Führungskräfte der Wirtschaft.* Stuttgart: Poeschel.

Wren, D. A. (1990). Was Henry Fayol a real manager? *Academy of Management Proceedings, 50,* 138-142

Wunderer. R. (1995). Führung von unten. In A. Kieser, W. Reber & R. Wunderer (Hrsg.) *Handwörterbuch der Führung* (S. 501-512). Poeschel: Stuttgart

Wunderer, R.. (1995). Laterale Kooperation als Führungsaufgabe (Schnittstellenmanagement). In A. Kieser, G. Kieser & R. Wunderer (Hrsg.), *Handwörterbuch der Führung* (S. 1407-1423). Stuttgart: Schäffer-Poeschel.

Wunderer, R. & Weibler, J. (1992). Vertikale Einflußstrategien. *Zeitschrift für Personalforschung,* 515-536.

32 Belastung und Beanspruchung

Ivars Udris und *Michael Frese*

1 Begriffe und Gegenstandsbestimmung

Im Leben eines jeden Menschen gibt es Situationen, die ihn stark fordern, ihn belasten und seine Fähigkeiten in Anspruch nehmen – manchmal über das „normale" Maß hinaus. Mit vielen Anforderungen kommt er gut zurecht, mit vielen anderen hat er Schwierigkeiten – der Mensch ist „überfordert", er ist „fehlbeansprucht", manches „streßt" ihn. Ausgehend von der alltagssprachlichen sowie wissenschaftlichen Verwendung von Begriffen sind grundlegende Fragen zu stellen und zu beantworten: Welche (Arbeits-) Bedingungen und Situationen stellen für das Individuum Belastungen dar und beanspruchen es über seine Kapazitäten hinaus? Wie wirken sich Belastungen („Stressoren") auf Gesundheit und Wohlbefinden aus? Mit welchen Mitteln („Ressourcen") lassen sich Belastungen bewältigen („Coping") und die Gesundheit schützen? Der folgende Beitrag beschäftigt sich mit dieser Thematik, die zu den zentralen Forschungsgegenständen der neueren Arbeits- und Organisationspsychologie gehört, wie eine große Anzahl von Gesamtdarstellungen und Übersichten belegt (Antoni & Bungard, 1989; Cooper & Payne, 1988; Greif, Bamberg & Semmer, 1991; Kahn & Byosiere, 1992; Mohr & Udris, 1997; Richter & Hacker, 1998; Schabracq, Winnubst & Cooper, 1996; Schönpflug, 1987; Udris & Frese, 1988).

Obwohl Belastungs- und Streßbegriffe in der Literatur nicht einheitlich verwendet werden, scheint sich in jüngerer Zeit ein Minimalkonsens zu entwickeln, der die angelsächsische „Streßtradition" und die deutschsprachige „Belastungs- und Beanspruchungstradition" zusammenführt. In Tabelle 1 sind die wichtigsten Begriffe aufgeführt. Wir verwenden die jeweiligen Begriffe innerhalb einer Spalte mehr oder weniger synonym.

Tabelle 1
Deutsche und englische Belastungs- und Streßbegriffe

Umwelt	Person (Folgen)
- Belastung	- Beanspruchung
- Belastungsfaktor	- Fehlbeanspruchung
- Load	- Beanspruchungsfolge
- Stressor	- Streß
- Streßfaktor	- Streßreaktion
	- Strain

2 Konzepte der Belastungs- und Streßforschung

Die vielen vorliegenden theoretischen Konzepte können im wesentlichen als Stimulus-, Reaktions- und transaktionale Konzepte charakterisiert werden. Zusammenhänge zwischen Belastungen und Gesundheit sowie kurz- und langfristige Folgen von nicht bewältigten Streßsituationen sind vielfältig, wie eine inzwischen fast unübersehbare Forschungsliteratur belegt.

2.1 Theoretische Konzepte

Stimuluskonzepte interpretieren Stressoren als Situationen, die Streß erzeugen (z.B. Verlust des Arbeitsplatzes, Tod eines nahestehenden Menschen). Das Problem der „stressful life event"-Forschung (Filipp, 1995) ist: Verschiedene Personen reagieren auf dieselben äußeren Bedingungen sehr unterschiedlich. Dennoch lassen sich bestimmte Stressorenklassen finden, die mit ziemlicher Regelmäßigkeit bei größeren Personengruppen als Stressoren wahrgenommen werden und entsprechende Reaktionen bewirken.

Reaktionskonzepte gehen umgekehrt vor: Sie bestimmen Streß über das Verhalten des Organismus, unabhängig davon, wie er ausgelöst wurde. Streß ist nach Selye, dem „Vater" der Streßforschung, die „unspezifische Reaktion des Organismus auf jegliche Anforderungen" (Selye, 1983). Das Hauptproblem dieses Ansatzes liegt in der Wahl des Kriteriums: Die verschiedenen Meßebenen korrelieren nur relativ gering miteinander. Zudem können, besonders im physiologischen Bereich, dieselben Reaktionen durch sehr verschiedene Ereignisse ausgelöst werden, die in ihrer psychologischen Bedeutung gegensätzlich sein können (z.B. Freude vs. Angst).

Transaktionale Konzepte versuchen, Schwächen der genannten Konzepte zu überwinden. Hauptbestandteil dieser Ansätze ist die Inkongruenz zwischen den Anforderungen der Umwelt und den Kapazitäten des Individuums, wobei nicht die objektiven Anforderungen diese Inkongruenz quasi „automatisch" bedingen. Vielmehr gehen nach dem weithin anerkannten Konzept von Lazarus (1995; Lazarus & Folkman, 1984; Lazarus & Launier, 1981) Wahrnehmungen, Interpretationen und Antizipationen von Mißerfolg sowie Hypothesen über eine Beeinträchtigung relevanter Ziele und Bedürfnisse und schließlich die Einschätzung der Bewältigungsmöglichkeiten und -fähigkeiten in den Streßprozeß ein (Kasten 1).

Nach Greif (1991, S. 13) kann Streß verstanden werden als ein *intensiver, unangenehmer Spannungszustand in einer stark aversiven, bedrohlichen, subjektiv lang andauernden Situation, deren Vermeidung subjektiv wichtig ist.*

Transaktionale Modelle haben trotz weitgehender Anerkennung als kognitive und handlungsorientierte Konzepte allerdings wenig zur eindeutigeren Bestim-

Kasten 1
Das transaktionale Stress-Modell von Lazarus

In dem dreistufigen kognitiven Modell sind Bewertungsprozesse und Bewältigungs-
handeln der Person zentral.

(1) Die *„primäre Bewertung"* (primary appraisal) einer Situation durch die Person
erfolgt unter der Frage, ob diese für sie „irrelevant", „günstig-positiv" oder
„schädlich" (stressful) ist. Diese letzte Kognition läßt sich weiter bewerten unter
dem Aspekt, ob die Anpassungsfähigkeiten der Person tangiert werden, d.h. ob die
Situation eine Schädigung bzw. einen Verlust (harm-lost), eine Bedrohung (threat)
oder eine Herausforderung (challenge) darstellt.

(2) Die „sekundäre Bewertung" (secondary appraisal) der „stressenden" Situation
bezieht sich auf die Einschätzung der persönlichen Bewältigungsfähigkeiten
(coping resources) und der situativen Bewältigungsmöglichkeiten (coping
options). Die Auswahl von Bewältigungsstrategien können sowohl „instrumentell"
(direkte, die Situation beeinflussende Handlungen) als auch „palliativ" (intra-
psychische Regulation von Emotionen, Beruhigung, Entspannung) sein.

(3) Der Copinghandlung folgt eine „Neubewertung" (reappraisal) der Situation, eine
Evaluation der Erfolge bzw. Mißerfolge des Coping.

Wichtig in diesem Rückkopplungsmodell ist der Zeitbezug des Copingprozesses: Der
Gegenwarts- und der Vergangenheitsbezug betreffen das Überwinden, Tolerieren,
Restituieren und Reinterpretieren der als „stressend" erkannten Bedingung (z.B. durch
Wahrnehmungsverzerrung, „Abwehrmechanismen"), während der Zukunftsbezug
präventive und Lernprozesse impliziert. Die Wahl der Copingstrategie selbst hängt
unter anderem ab vom Unsicherheitsgrad der Situation, von individuellen Wert-
mustern („commitments"), von Überzeugungen („beliefs"), vom Grad der Bedrohung
oder der Hilflosigkeit bzw. von der Kontrolle, die man über die Situation ausüben kann
(Lazarus & Folkman, 1984; Lazarus & Launier, 1981).

mung des Streßbegriffs selbst beigetragen. Deren Gewinn liegt vor allem in der
Abgrenzung zu positiven Erregungszuständen, zu Euphorie, zu Herausforderung
(Lazarus, 1995) oder zu „Eustreß" (Selye, 1983). Die Frage, unter welchen
konkreten Bedingungen welche Reaktion erfolgt, wird im Ansatz von Lazarus
nicht spezifiziert. In letzter Zeit werden zunehmend aber auch Gemeinsamkeiten
zwischen Belastungs- und Streßkonzepten verdeutlicht. Streß entsteht unter den
genannten Bedingungen, wenn zielbezogenes Handeln erschwert wird
(„Regulationshindernisse" und „Regulationsüberforderung" bei Leitner, Lüders,
Greiner, Ducki, Niedermeier & Volpert, 1993): durch Zusatzregulation,
Regulationsunsicherheit oder Zielunsicherheit (Richter & Hacker, 1998; Semmer,
1984).

Die bisher angesprochenen (Streß)Bedingungen beziehen sich nicht nur auf
„große", seltene Ereignisse, sondern vor allem auf kleinere, alltägliche Unannehm-
lichkeiten. Diese werden in der Literatur *Mikrostressoren* (Schönpflug, 1987) oder

„*daily hassles*" (Kanner, Coyne, Schaefer & Lazarus, 1981) genannt. Viele negative Ereignisse sind oft überhaupt nur deshalb als stressende Lebensereignisse zu interpretieren, weil sie zu sehr häufigen Mikrostressoren führen. Am Arbeitsplatz sind fast immer die täglichen Stressoren für die Streßgenese wichtiger als große und seltene negative Ereignisse. Entscheidend ist die Kumulation solcher Ereignisse, die für die Person zu einem Dauerzustand von kognitiv und emotional erfahrenem Streß führen kann („Mehrfachbelastungen", Dunckel, 1991).

2.2 Indikatoren für Beanspruchungsfolgen und Streßreaktionen

Die Folgen von Belastungen bzw. von nicht bewältigtem Streß sind vielfältig. Sie reichen von kurzfristigen, aktuellen, vorübergehenden Reaktionen bis zu langfristigen, chronischen Manifestationen mit körperlichem und/oder psychischem Krankheitscharakter, wie in Tabelle 2 beispielhaft gezeigt wird.

Tabelle 2
Beispiele für Beanspruchungsfolgen bzw. Stressreaktionen (nach Greif, 1991; Kaufmann, Pornschlegel & Udris, 1982; Kaluza, 1996)

	kurzfristige, aktuelle Reaktionen	mittel- bis langfristige, chronische Reaktionen
physiologisch, somatisch	- erhöhte Herzfrequenz - erhöhter Blutdruck - Ausschüttung von Cortisol und Adrenalin („Streßhormone")	- Psychosomatische Beschwerden und Erkrankungen - Unzufriedenheit - Resignation - Depressivität - Burnout
psychisch, kognitiv-emotional	- Anspannung, Nervosität, innere Unruhe - Frustration - Ärger - Ermüdungs-, Montonie-, Sättigungsgefühle	
Verhalten, individuell	- Leistungsschwankungen - Nachlassen der Konzentration - Fehlhandlungen - schlechte sensumotorische Koordination - Hastigkeit und Ungeduld	- vermehrter Nikotin-, Alkohol-, Tablettenkonsum - Fehlzeiten (Krankheitstage) - innere Kündigung
Verhalten, sozial	- erhöhte Reizbarkeit - Konflikte - Mobbing - Streit - Aggressionen gegen andere - Rückzug (Isolierung) innerhalb und außerhalb der Arbeit	

Forschungsarbeiten zur „industriellen Psychopathologie" (z.B. Caplan, Cobb, French, Harrison & Pinneau, 1982; Frese, Greif & Semmer, 1978; Greif, Bamberg & Semmer, 1991; Karasek & Theorell, 1990; Martin, Udris, Ackermann & Oegerli, 1980) erbrachten in der Mehrzahl häufig replizierte, erwartungsgemäße Zusammenhänge zwischen Belastungen und Streßsituationen und *Gesundheitsindikatoren* wie Angst, Depressivität, Gereiztheit, psychosomatischen Beschwerden usw. Diese Zusammenhänge sind inzwischen zunehmend auch durch Längsschnittuntersuchungen kausal belegt (Überblick bei Zapf, Dormann & Frese, 1996). Allerdings stehen methodisch begründeten Problemen der *Überschätzung* dieser Zusammenhänge bei „subjektiven" Befragungen ebenfalls methodische Probleme der *Unterschätzung* der Zusammenhänge bei „objektiven" Fremdratings gegenüber (Semmer, Zapf & Greif, 1996).

Persönlichkeitsmerkmale, wie beispielsweise die „negative affectivity", d.h. die indivuelle Bereitschaft, Dinge meistens negativ zu sehen und zu beurteilen, spielen in diesem Zusammenhang eine nicht zu unterschätzende Rolle. So vermindern sich nach Auspartialisierung dieses Merkmals die Korrelationen zwischen Stressoren und Streßauswirkungen stark. Solchen methodischen Fragen muß also in der Streßforschung vermehrte Aufmerksamkeit gewidmet werden (Spector, Zapf, Chen & Frese, 1998). Eine weitere Folge von Belastung ist das Phänomen des „*Burnout*" als „Ausbrennen und Ausgebranntsein" aufgrund psychisch belastender Arbeits- und Berufsbedingungen (s. Büssing in diesem Band; Kernen, 1997; Schaufeli, Maslach & Marek, 1993). Ebenfalls Beachtung findet auch das Phänomen der „*Inneren Kündigung*", des psychischen Rückzugs als Reaktion auf belastende Situationen, der mit einem abnehmenden Engagement, mit Leistungsverweigerung und mit der „Kündigung des psychologischen Vertrags" zusammenhängt (Faller, 1993; Krystek, Becherer & Deichelmann, 1995).

Insgesamt zeigen sich nach Kasl (1992) langfristige Auswirkungen von nicht bewältigten bzw. nicht bewältigbaren Streßsituationen unter folgenden Bedingungen: *Die Situation ist chronisch; eine erfolgreiche Anpassung „kostet" Kräfte (Aufmerksamkeit und Anstrengung); beeinträchtigende Konsequenzen ergeben sich aus der Einschätzung, den Anforderungen nicht genügen zu können; Probleme kumulieren und übertragen sich auf andere Lebensbereiche.*

3 Belastende Arbeitsbedingungen: Was macht krank?

Die folgende Auflistung von Belastungsfaktoren oder (potentiellen) Stressoren am Arbeitsplatz erhebt nicht den Anspruch, vollständig und erschöpfend zu sein, sie folgt aber der Überlegung, daß bei bekannten Zusammenhängen zwischen diesen Belastungsmerkmalen und gesundheitlichen Folgen Ansätze zur Krankheitsprävention, Gesundheitsförderung und zu Maßnahmen der Arbeitsgestaltung liegen können. Dabei soll die Aufmerksamkeit nicht auf die einzelnen Stressoren, sondern auf „Mehrfachbelastungen" (Dunckel, 1991) gerichtet werden. Offen ist jedoch immer noch die Frage, ob Belastungen und ihre Wirkungen sich addieren bzw. summieren, sich gegenseitig verstärken, sich gegenseitig aufheben oder sich maskieren bzw. überdecken.

3.1 Spezifische Belastungen bzw. Stressoren in der Arbeit

Stressoren in der Arbeitsaufgabe. – Sowohl Unterforderung als auch Überforderung stellen Stressoren der Arbeitsaufgabe dar. Beide Arten der „Fehlbeanspruchung" (Richter & Hacker, 1998) können sowohl quantitativer Art (unangemessenes Verhältnis von verfügbarer Zeit zur Arbeitsmenge) als auch qualitativer Art (Mißverhältnis zwischen inhaltlichen Anforderungen der Tätigkeit und Kompetenzen der Person) sein und lassen sich in vier Grundtypen charakterisieren (Udris, 1993):

– *Quantitative Unterforderung*: Zeitliche Gleichförmigkeit der Tätigkeit (z.B. sich ständig wiederholende, einförmige, monotonieerzeugende Arbeiten und Überwachungstätigkeiten mit seltenen Signalreizen).
– *Qualitative Unterforderung*: Mißverhältnis zwischen „Tun können" und „Tun müssen". Vorhandene Fähigkeiten und Fertigkeiten können nicht entsprechend eingesetzt werden. Dies führt vielfach zu vermehrten psychischen Sättigungs- und Frustrationserlebnissen.
– *Quantitative Überforderung*: Menge der geforderten Aufgaben pro Zeiteinheit sowie Zeitdruck, je nach Intensität, Dauer und Häufigkeit. Einförmige Tätigkeiten in Verbindung mit Zeitdruck finden sich z.B. an Montagearbeitsplätzen, an denen im Akkordlohn gearbeitet werden muß.
– *Qualitative Überforderung*: Merkmale der Arbeitsaufgabe, die die vorhandenen Fähigkeiten einer Person im Schwierigkeits- oder Kompliziertheitsgrad übersteigen sowie Mehrdeutigkeit und Unvereinbarkeit von Arbeitsaufträgen.

Physikalische Stressoren. – Äußere Umgebungsbedingungen wie Lärm, Staub, Hitze, Schmutz etc., aber auch chemische Stoffe sind gesundheitsschädigende oder befindensbeeinträchtigende Belastungsfaktoren (oder zumindest belästigende Bedingungen). Nach Untersuchungen im Büro-, Dienstleistungs- und Verwaltungsbereich sind diese physikalischen Stressoren keineswegs auf Produktionsbereiche beschränkt sind (Luczak, 1993).

Stressoren in der zeitlichen Dimension. – Darunter fallen vor allem Schicht- und Nachtarbeit, deren negative Auswirkungen als nachgewiesen gelten können. Von besonderer Bedeutung sind die Zeitregimes „lange Arbeitszeit", „Nachtarbeit gegen den physiologischen Tagesrhythmus", „soziale Desynchronisation" durch

Wechselschichtarbeit usw. in Kombination mit spezifischen Aufgabenbelastungen. Arbeitstätigkeiten mit adäquater Beanspruchung sind in „normaler" Tagarbeit weniger belastend als die gleichen Aufgaben während Spät- oder Nachtschichten (Baillod, Holenweger, Ley & Saxenhofer, 1989; Folkard, 1996). Aber auch spezielle Arbeitszeitformen wie die Arbeitszeit auf Abruf, die größtenteils von Frauen geleistet wird, gehören zu diesen Belastungsbedingungen (Garhammer, 1994). Mit diesem Arbeitszeitregime verbunden sind vor allem eine geringe Planbarkeit des eigenen Tagesablaufs und mangelnde Kontrolle über die eigene Zeitgestaltung.

Stressoren in der sozialen Situation. – Es werden vor allem zwei Formen unterschieden: *Rollenkonflikte* entstehen, wenn gegensätzliche Erwartungen und Anforderungen an eine Person herangetragen werden. *Rollenambiguität* entsteht, wenn die Erwartungen nicht eindeutig sind bzw. Unklarheit darüber herrscht, was zu den Aufgaben gehört oder Anweisungen von Vorgesetzten unklar sind (Caplan et al., 1982; Kahn & Byosiere, 1992). Soziale Stressoren durch das Verhalten von Vorgesetzten und Kolleginnen bzw. Kollegen werden in letzter Zeit zunehmend untersucht. Allerdings werden soziale Stressoren möglicherweise selbst durch die Tätigkeitsstressoren beeinflußt: So können Streitigkeiten am Arbeitsplatz aufgrund von Arbeitsdruck entstehen (Zapf & Frese, 1991). Eine besonders belastende Konfliktsituation ist „*Mobbing*", das als „Psychoterror am Arbeitsplatz" bezeichnet wird. Mobbing ist eine asymmetrische soziale Situation („Täter" und „Opfer"), in der eine Person durch eine oder mehrere andere Personen (Kolleginnen, Kollegen, Vorgesetzte) systematisch und während längerer Zeit psychisch „fertiggemacht" wird (s.a. Stahlberg, Schuster & Stessny in diesem Band).

Organisatorisch bedingte Stressoren. – Als weitere Belastungsfaktoren gelten Unterbrechungen durch Störungen des Arbeitsablaufs, z.B. durch unzureichende Materialzufuhr und Unterbrechungen durch andere, was besonders dann zum Streß wird, wenn zusätzlich unter Akkordbedingungen bzw. unter Bedingungen von Zeit- und Termindruck gearbeitet werden muß (Semmer, 1984).

Stressoren in der Berufskarriere. – Dazu zählen z.B. der „Realitätsschock" beim Eintritt in das Berufsleben oder Umstellungsprozesse in der Arbeit entweder durch die Einführung neuer Technologien oder innerbetriebliche Umsetzungen an Arbeitsplätze, auf denen bislang erworbene Fertigkeiten nicht eingesetzt werden können: Die alten Kompetenzen werden nicht mehr gebraucht, die gewohnten Routinen funktionieren nicht mehr, neue müssen in zu kurzer Zeit neu gelernt werden. Allerdings gibt es hierzu wenig empirische Forschung.

Antizipation von Arbeitslosigkeit und Arbeitsplatzunsicherheit. – Angst vor Arbeitsplatzverlust hat einen negativen Einfluß auf die psychische Gesundheit, möglicherweise sogar einen wichtigeren als andere Stressoren. Dies ist in der Arbeitslosigkeitsforschung mehrfach und eindeutig belegt worden (Büssing, 1987; Hartley, Jacobson, Klandermans & Van Vuuren, 1991; Mohr, 1997).

3.2 Neuartige Belastungen und Stressoren

Im Zusammenhang mit der technologischen Entwicklung durch Automatisierung und Computerisierung wird häufig von einer „Belastungsverschiebung", vom „Technostress", vom „informational overload" gesprochen, z.b. von der Abstraktheit der Arbeit, von Komplexität und Kompliziertheit und von Fehlerrisiken (Udris & Frese, 1988). Auch Gesundheitsrisiken des „lean management" werden genannt (Badura, 1993), doch ist hier die empirische Befundlage nicht eindeutig bzw. eher widersprüchlich. Jedoch macht nicht die gewählte Technologie per se die Belastungen aus, da sie prinzipiell gestaltbar ist („Technologie als Option"; Ulich, 1994). Daher sind die in den Arbeitsaufgaben und in den sozialen Organisationsbedingungen inhärenten Stressoren, d.h. Belastungen aufgrund betrieblicher Entscheidungen für eine potentiell gesundheitsbeeinträchtigende Arbeitsorganisation sowie die „falsch" gestalteten Arbeitstätigkeiten, verantwortlich (Hamborg & Greif, 1996; Korunka, Weiss & Karetta, 1993).

Im Zusammenhang mit der Zunahme des Dienstleistungsbereichs (z.B. Verkauf, Pflege, Verkehr, Tourismus, Beratung) nehmen auch interpersonale Belastungen und Konflikte durch „Emotionsarbeit", die permanente Freundlichkeit erzwingt, zu und damit auch Risiken wie Burnout, Mobbing oder innerer Rückzug (Pekrun & Frese, 1992; Temme & Tränkle, 1996).

4 Entlastende Arbeitsbedingungen: Was erhält gesund?

Die bisherige Diskussion um *belastende*, potentiell krankmachende Arbeitsbedingungen muß um die Diskussion von *entlastenden*, gesundheitsschützenden Bedingungen ergänzt werden. Die Auseinandersetzung mit dem von Antonovsky (1979, 1997) vorgelegten Konzept der „Salutogenese" führte zur Abkehr von pathogenetischen, d.h. krankheitsorientierten, Konzepten. Hier wird gefragt, wie Menschen trotz Belastungen und Streß gesund bleiben bzw. welche Mittel, „Ressourcen" genannt, einer Person zur Verfügung stehen bzw. sich aktivieren lassen, um mit Streß fertig zu werden, Belastungen zu ertragen und die eigene Gesundheit zu erhalten bzw. nicht krank zu werden (Adler & Matthews, 1994; Udris, Kraft, Mussmann & Rimann, 1992; Weiß, Schneewind & Olson, 1995).

4.1 Zum Ressourcenkonzept

Ressourcen können als das Insgesamt der einer Person zur Verfügung stehenden, von ihr genutzten oder beeinflußten gesundheitsschützenden und -fördernden Kompetenzen und äußeren Handlungsmöglichkeiten verstanden werden (Udris et al., 1992). Es können zwei Klassen von Ressourcen unterschieden werden:

- *innere* (interne, individuelle, subjektive, personale) physische und psychische Ressourcen;
- *äußere* (externe, objektive) physikalische, materielle, biologische, ökologische, soziale, institutionelle, kulturelle, organisationale etc. Ressourcen (Becker, 1992; Udris et al., 1992).

Theoretischen Modellen und empirischen Ergebnissen zufolge wird die gesundheitsbeeinträchtigende Wirkung von Stressoren durch die Verfügbarkeit und das Nutzen von personalen und situativen „Schutzfaktoren" gemildert oder „abgepuffert" und haben insofern Einfluß auf die Prozesse der primären und sekundären Bewertung gemäß dem Modell von Lazarus (Frese & Semmer, 1991; Hornung & Gutscher, 1994; Udris et al., 1992; Udris, Rimann & Thalmann, 1994). Wegen ihrer Bedeutung für Maßnahmen der Arbeitsgestaltung und der betrieblichen Gesundheitsförderung wird auf zwei situative Ressorcen besonders eingegangen: Situationskontrolle und soziale Unterstützung.

4.2 Situationskontrolle

In der Forschung hat sich dieses Konzept als eine in der Arbeitstätigkeit enthaltene Ressource als wesentlich erwiesen. Verwandte Konzepte sind Autonomie, Entscheidungsspielraum, (Situations-)Kontrolle, Freiheitsgrade oder Zeitspielraum (zur genaueren Abgrenzung Frese, 1989; Semmer, 1990; Ulich, 1994). Der Kontrollbegriff wird hier also – abweichend vom Alltagsverständnis – als in der Umwelt des Individuums liegende (prinzipielle) Beeinflußbarkeit belastender Bedingungen durch die Person verstanden. Wenn ich etwas kontrollieren kann, habe ich Einfluß darauf. Ich bin also nicht fremden „Mächten" ausgesetzt. Kontrolle ist meine Ressource, die mir zur Verfügung steht und die ich nutzen kann.

Situationskontrolle entspricht einem menschlichen „Grundbedürfnis" nach Durchschaubarkeit, Verstehbarkeit und Beherrschbarkeit von Ereignissen (Jahoda, 1995; vgl. zum Konstrukt des „Kohärenzerlebens" Antonovsky, 1997; Rimann & Udris, 1998). Unterschieden wird dabei zwischen *objektiver Kontrolle*, als Ausmaß tatsächlich vorhandener Beeinflußbarkeit der Situation, und *kognitiver Kontrolle*, als Grad an wahrgenommener, antizipierter oder vermeintlicher Beeinflussung der (potentiell belastenden) Umgebungsbedingungen durch die Person (Osnabrügge, Stahlberg & Frey, 1985). Wichtig in diesem Zusammenhang ist, daß die Kontrollwünsche der Person größer sind als die in einer Situation objektiv vorhandenen oder erkannten Kontrollmöglichkeiten (Frese & Semmer, 1991; Ganster & Fusilier, 1989; Jones & Fletcher, 1996; Sauter, Hurell & Cooper, 1989; Udris & Frese, 1988).

Es ist weit verbreitet, überfordernde Merkmale der Arbeit, wie z.b. Zeitdruck oder hektische Arbeit, im wesentlichen als „Streß" und somit als schädlich einzuschätzen. Arbeitsbedingungen führen trotz hohem Überforderungscharakter dann nicht oder in weitaus geringerem Maße zu psychischen Belastungswirkungen, wenn gleichzeitig in der Arbeit ein großer Kontrollspielraum mit den Merkmalen *Durchschaubarkeit, Vorhersehbarkeit* und *Beeinflußbarkeit* gegeben ist (Frese & Semmer, 1991; Karasek & Theorell, 1990; Udris, 1993).

4.3 Soziale Unterstützung

Die Suche nach psychologischen Vermittlungsmechanismen zwischen Belastungen in der sozialen bzw. organisationalen Umwelt und der individuellen Gesundheit führte zu der Entdeckung, daß das Vorhandensein stabiler sozio-emotionaler Netze und von Hilfeleistungen, *„soziale Unterstützung"* oder *„sozialer Rückhalt"* genannt, eine positive Funktion für die Streßbewältigung, für die Prävention von Krankheiten und Befindensstörungen sowie für die Aufrechterhaltung der Gesundheit besitzen kann (Frese, 1998; Frese & Semmer, 1991; House, Umberton & Landis, 1988; Röhrle, 1994; Schwarzer & Leppin, 1989; Udris, 1987).

Austauschtheoretisch kann soziale Unterstützung definiert werden als Transaktion von Ressourcen zwischen den Mitgliedern eines sozialen Netzwerks mit dem (impliziten oder expliziten) Ziel der gegenseitigen Aufrechterhaltung bzw. Verbesserung des Wohlbefindens (Udris, 1989). Austauschbeziehungen mit sozial unterstützendem Charakter finden sich sowohl in *formellen* (z.B. Familie, Arbeitsgruppen) als auch in *informellen* sozialen Netzen (z.B. Freundschaftsbeziehungen). Als *Quellen* für Hilfe kommen alle Personen in Frage, mit denen die „fokale" Person in einer Rollenbeziehung steht (z.B. Arbeitskolleg/innen, Vorgesetzte, Familienangehörige, Partner/innen). Da soziale Unterstützung die Existenz von sozialen Netzen, interpersonalen Beziehungen oder Interaktionen zwischen „Empfänger" und „Geber" voraussetzt, muß sich der individuelle Prozeß der Streßbewältigung auf soziale Handlungen der Partner beziehen. Das Wissen um das Eingebettetsein in soziale Netze und die Kognition von emotionaler Hilfe benötigen eine objektive Grundlage. Die Unterscheidung zwischen objektiver und subjektiver (wahrgenommener, erlebter) Unterstützung ist deshalb wesentlich.

Soziale Unterstützung wird jedoch vielfach immer noch statisch gesehen, d.h. als ein „Etwas", das der Person, die Hilfe braucht, „einfach zur Verfügung steht" (sozial unterstützendes Netz als *äußere* Ressource). Wirkmechanismen von Unterstützung müssen dagegen als dynamischer Prozeß gesehen werden, in dem eine Person Hilfeleistungen und darauf bezogene Kognitionen evozieren, mobilisieren, gewinnen, aufrechterhalten, annehmen, abweisen oder selbst anderen geben kann. Diese transaktionale Sichtweise verweist auf psychische Prozesse der (aktiven) Streßbewältigung und damit auf die Notwendigkeit, soziale Unterstützung auch als *innere* Ressource zu betrachten, die eine Person entwickeln bzw. verlernen kann. Allerdings dürfen auch potentielle negative Effekte von sozialer Unterstützung nicht vernachlässigt werden, auch wenn die direkten bzw. moderierenden positiven Effekte deutlich nachgewiesen sind. So spricht Pfaff (1989, S. 116 ff.) von den „Kosten" der sozialen Unterstützung („Pflicht zur Gegenleistung", „Kosten der Kontaktpflege" und „Anpassungkosten" im Sinne der sozialen Kontrolle in einer Arbeitsgruppe). Negative Effekte durch soziale Unterstützung können dann auftreten, wenn diese für den Empfänger der Hilfe Selbstwertzweifel erhöhen – nach dem Motto: Du hast es wirklich nötig, Hilfe zu erhalten, deshalb gebe ich sie dir jetzt (Peeters, 1994).

4.4 Wechselwirkungen von personalen und organisationalen Ressourcen

Wichtiges Bindeglied zwischen personalen und sozialen Ressourcen in der Arbeitsorganisation ist die Fähigkeit, hilfreiche und vertrauensvolle Beziehungen herzustellen, anzunehmen und aufrechtzuhalten. Der enge Bezug von sozialer Unterstützung zum Konzept der kognitiven Kontrolle wird in der Literatur jedoch selten thematisiert. So zeigt sich, daß „internal" attribuierende Personen eher als „externale" Personen in der Lage sind, Unterstützung zu evozieren und zu mobilisieren. Internale Kontrollerwartung hängt aber eng mit der objektiven Kontrollierbarkeit der sozialen Situation zusammen. Allerdings darf internale Kontrolle nicht lediglich als differentialpsychologisches Persönlichkeitsmerkmal mißinterpretiert werden. Vermutlich können – zumindest längerfristig – in Arbeitsstrukturen, in denen soziale Unterstützung quasi „eingebaut" ist (durch kooperative Arbeitsvollzüge mit gegenseitigen Unterstützungserfordernissen und -chancen, z.B. bei teilautonomen Arbeitsgruppen), die Situationskontrolle vergrößert, die kognitive Kontrolle verstärkt und die Bewältigung von Streßbedingungen erleichtert werden (Udris, 1987; Udris et al., 1992).

Zusammenfassend lassen sich folgende Situationen als Streßbedingungen angeben, die bei schwach ausgeprägten personalen und situativen Ressourcen zu negativen gesundheitlichen Folgen führen können (Udris, 1993):
– Kombination von quantitativer Überforderung durch leistungsverdichtete, Daueraufmerksamkeit erzwingende, unter Zeit- und Termindruck zu erbringende Arbeit mit geringem Handlungsspielraum.
– Kombination von quantitativer Überforderung mit qualitativer Unterforderung durch hochgradig eintönige, sich dauernd wiederholende, Fähigkeiten und Fertigkeiten nicht ausschöpfende Arbeit.

– Kombination von geringem Handlungsspielraum mit qualitativer bzw. quantitativer Unterforderung, die extrem monotonierfördernd und hochgradig psychisch beanspruchend ist.

5 Streßmanagement, Krankheitsprävention und Gesundheitsförderung

Ansatzpunkte der Belastungsreduktion und der Gesundheitsförderung lassen sich in zweierlei Hinsicht bestimmen: (1) Veränderung der Situation oder der Person, (2) korrektiver Abbau von Belastungen und Beeinflussung der Beanspruchungen oder präventiver bzw. prospektiver Aufbau von institutionellen und individuellen Ressourcen (Tabelle 3).

Tabelle 3
Ansatzpunkte zur Belastungsreduktion und Gesundheitsförderung (nach Udris & Frese, 1988; Mohr & Udris, 1997)

	institutionell (Situation, Betrieb)	individuell (Person)
Belastungen, Stressoren und Beanspruchungen	z.B. Abbau von Behinderungen, Reduktion von Ungewißheit, Arbeitsgestaltung, Pausen	z.B. Abbau von Risikoverhalten, Entspannung, Streßmanagement
Ressourcen zur Bewältigung von Belastungen und Stressoren	z.B. Erweiterung der Entscheidungsbefugnisse (Kontrollspielraum), Möglichkeiten der Mitbestimmung, soziale Unterstützung, Sozialklima	z.B. Qualifizierung durch die Arbeit, Schulung, Kompetenztraining

Gesundheitsförderung kann durch die direkte Veränderung von Belastungen erreicht werden, durch die Modifikation von Streßreaktionen und durch die Verbesserung von Bedingungen, die als Hilfsmittel zur Erreichung eigener Ziele und zur Reduzierung unangenehmer Zustände im Umgang mit Belastungen genutzt werden können. Im Sinne des Streßmodells von Lazarus wird der Prozeß der sekundären Bewertung durch Verbesserung der Copingpotentiale positiv beeinflußt. Gesundheitsförderung darf sich aber nicht auf solche Maßnahmen beschränken, die ausschließlich auf eine Veränderung des Verhaltens oder der

Kompetenz der Person gerichtet sind (Mohr & Udris, 1997). Dennoch zeigen Metaanalysen von Untersuchungen zu Streßmanagementtrainings nicht zu unterschätzende positive Effekte auch solcher individuumsorientierter Maßnahmen (Bamberg & Busch, 1996).

Insgesamt ist aber einem integrierten Ressourcenansatz der Vorzug zu geben, der sich auch in der Ottawa-Charta zur Gesundheitsförderung der Weltgesundheitsorganisation findet, in der die Aufhebung von Defiziten hinsichtlich der Selbstkontrolle über die gesundheitsbeeinflussenden Bedingungen gefordert wird (Bamberg, Ducki & Metz, 1998; Cooper & Williams, 1994; WHO, 1993). Wie aber beispielsweise Umfragen in Deutschland, Österreich und der Schweiz gezeigt haben, werden bei den betrieblichen Gesundheitsförderungsmaßnahmen zum größten Teil (wenn nicht ausschließlich) individuumsbezogene Maßnahmen durchgeführt. Die Verantwortung für Gesundheit wird von den Betrieben überwiegend der einzelnen Person angelastet. Die streßauslösenden Bedingungen werden seltener als veränderbar gesehen (Bamberg et al., 1998; Schwager & Udris, 1998a, b). Diese Tatsache ist umso erstaunlicher, als aus der Streß- und Ressourcenforschung, aus Erfahrungen mit betrieblicher Gesundheitsförderung, aber vor allem auch aus der langen Tradition der Arbeitsgestaltung die nachhaltigen, streßreduzierenden und ressourcenverstärkenden Wirkungen bekannt sind („Humanisierung der Arbeit", „Persönlichkeitsförderlichkeit der Arbeit"; Hacker, 1998; Ulich, 1994). Deswegen ist eine stärkere theoretische, methodisch-empirische und praktische Zusammenführung und Integration der bisher immer noch stark isoliert bearbeiteten Ansätze zu fordern.

Literatur

Adler, N. & Matthews, K. (1994). Health psychology: Why do some people get sick and some stay well? *Annual Review of Psychology, 45*, 229-259.

Antoni, C. & Bungard, W. (1989). Beanspruchung und Belastung. In E. Roth (Hrsg.), *Organisationspsychologie* (Enzyklopädie der Psychologie, D, III, 3, S. 431-458). Göttingen: Hogrefe.

Antonovsky, A. (1979). *Health, stress, and coping.* San Francisco: Jossey-Bass.

Antonovsky, A. (1997). *Salutogenese. Zur Entmystifizierung der Gesundheit* (deutsche Ausgabe von A. Franke). Tübingen: dgvt-Verlag.

Badura, B. (1993). Gesundheitsförderung in der Arbeitswelt. In K. Höchstetter (Hrsg.), *Gesundheitsförderung im Betrieb. Neue Antworten auf neue Herausforderungen* (S. 47-60). München: Fachhochschulschriften Sandmann.

Baillod, J., Holenweger, T., Ley, K. & Saxenhofer, P. (1989). *Handbuch Arbeitszeitgestaltung.* Stuttgart: Poeschel.

Bamberg, E. & Busch, C. (1996). Betriebliche Gesundheitsförderung durch Streßmanagementtraining – Eine Metaanalyse (quasi-)experimenteller Studien. *Zeitschrift für Arbeis- und Organisationspsychologie, 40*, 127-137.

Bamberg, E., Ducki, A. & Metz, A.-M. (Hrsg.).(1998). *Handbuch Betriebliche Gesund-heitsförderung.* Göttingen: Verlag für Angewandte Psychologie.

Becker, P. (1992). Die Bedeutung integrativer Modelle von Gesundheit und Krankheit für die Prävention und Gesundheitsförderung - Anforderungen an allgemeine Modelle von Gesundheit und Krankheit. In P. Paulus (Hrsg.), *Prävention und Gesundheitsförderung. Perspektiven für die psychosoziale Praxis* (S. 91-107). Köln: GwG-Verlag.

Büssing, A. (1987). Arbeitsplatzunsicherheit und Antizipation von Arbeitslosigkeit als Stadien des Arbeitslosigkeitsprozesses. *Soziale Welt, 38,* 310-329.

Caplan, R.D., Cobb, S., French, J.R.P., Van Harrison, R. & Pinneau, S.R. (1982). *Arbeit und Gesundheit. Streß und seine Auswirkungen bei verschiedenen Berufen.* Bern: Huber.

Cooper, C.L. & Payne, R. (Eds.).(1988). *Causes, coping and consequences of stress at work.* Chichester: Wiley.

Cooper, C.L. & Williams, S. (Eds.).(1994). *Creating healthy work organizations.* Chichester: Wiley.

Dunckel, H. (1991). Mehrfachbelastung und psychosoziale Gesundheit. In S. Greif, E. Bamberg & N. Semmer (Hrsg.), *Psychischer Streß am Arbeitsplatz* (S. 154-167). Göttingen: Hogrefe.

Faller, M. (1993). *Innere Kündigung. Ursachen und Folgen* (2. überarb. u. erw. Aufl.). München: Hampp.

Filipp, S.-H. (Hrsg.).(1995). *Kritische Lebensereignisse* (3. Aufl.). Weinheim: Psychologie Verlags Union.

Folkard, S. (1996). Body rhythms and shiftwork. In P. Warr (Ed.), *Psychology at work* (pp. 39-72). London: Penguin.

Frese, M. (1989). Theoretical models of control and health. In S.L. Sauter, J.J. Hurrel & C.L. Cooper (Eds .), *Job control and worker health* (pp. 108-128). New York: Wiley.

Frese, M. (1998). Social support as a moderator of the relationship between work stressors and psychological dysfunctioning: A longitudinal study with objective measures. Manuscript submitted. Amsterdam: University, Faculty of Psychology.

Frese, M., Greif, S. & Semmer, N. (Hrsg.).(1978). *Industrielle Psychopathologie.* Bern: Huber.

Frese, M. & Semmer, N. (1991). Streßfolgen in Abhängigkeit von Moderatorvariablen: Der Einfluß von Kontrolle und sozialer Unterstützung. In S. Greif, E. Bamberg & N. Semmer (Hrsg.), *Psychischer Streß am Arbeitsplatz* (S. 135-153). Göttingen: Hogrefe.

Ganster, D.C. & Fusilier, M.R. (1989). Control in the workplace. In C.L. Cooper & I. Robertson (Eds.), *International Review of Industrial and Organizational Psychology 1989* (pp. 235-280). Chichester: Wiley.

Garhammer, M. (1994). *Balanceakt Zeit. Auswirkungen flexibler Arbeitszeiten auf Alltag, Freizeit und Familie.* Berlin: Edition Sigma.

Greif, S. (1991). Streß in der Arbeit – Einführung und Grundbegriffe. In S. Greif, N. Semmer & E. Bamberg (Hrsg.), *Psychischer Streß am Arbeitsplatz* (S. 1-28). Göttingen: Hogrefe.

Greif, S., Bamberg, E. & Semmer, N. (Hrsg).(1991). *Psychischer Streß am Arbeitsplatz.* Göttingen: Hogrefe.

Hacker, W. (1998). *Allgemeine Arbeitspsychologie. Psychische Regulation von Arbeits-tätigkeiten.* Bern: Huber.

Hamborg, K.-C. & Greif, S. (1996). New technologies and stress. In M.J. Schabracq, J.A.M. Winnubst & C.L. Cooper (Eds.), *Handbook of Work and Health Psychology* (pp. 161-181). Chichester: Wiley.

Hartley, J., Jacobson, D., Klandermans, B. & Van Vuuren, T. (1991). *Job insecurity: Coping with jobs at risk.* London: Sage.

Hornung, R. & Gutscher, H. (1994). Gesundheitspychologie: Die sozialpsychologische Perspektive. In P. Schwenkmezger & L.R. Schmidt (Hrsg.), *Lehrbuch der Gesundheitspsychologie* (S. 65-87). Stuttgart: Enke.

House, J.S., Umberton, D. & Landis, K.R. (1988). Structures and processes of social support. *Annual Review of Psychology, 14,* 293-318.

Jahoda, M. (1995). *Wieviel Arbeit braucht der Mensch? Arbeit und Arbeitslosigkeit im 20. Jahrhundert.* Weinheim: Beltz.

Jones, F. & Fletcher, B. (1996). Job control and health. In M.J. Schabracq, J.A.M. Winnubst & C.L. Cooper (Eds.), *Handbook of Work and Health Psychology* (pp. 33-50). Chichester: Wiley.

Kahn, R.L. & Byosiere, P. (1992). Stress in organizations. In M.D. Dunnette & L.M. Hough (Eds.), *Handbook of Industrial and Organizational Psychology, Vol. 3* (pp. 571-650). Palo Alto CA: Consulting Psychologists Press.

Kaluza, G. (1996). *Gelassen und sicher im Streß. Psychologisches Programm zur Gesundheitsförderung* (2. Aufl.). Berlin: Springer.

Kanner, A.D., Coyne, J.C., Schaefer, C. & Lazarus, R.S. (1981). Comparisons of two modes of stress measurement: Daily hassles and uplifts versus major life events. *Journal of Behavior Medicine, 4,* 1-39.

Karasek, R.A. & Theorell, T. (1990). *Healthy work. Stress, productivity, and the reconstruction of working life.* New York: Basic Books.

Kasl, S.V. (1992). Surveillance of psychological disorders in the workplace. In G.P. Keita & S.L. Sauter (Eds.), *Work and well-being* (pp. 73-95). Washington, D.C.: American Psychological Association.

Kaufmann, I., Pornschlegel, H. & Udris, I. (1982). Arbeitsbelastung und Beanspruchung. In L. Zimmermann (Hrsg.), *Humane Arbeit – Leitfaden für Arbeitnehmer, Band 5: Belastungen und Streß bei der Arbeit* (S. 13-48). Reinbek: Rowohlt.

Kernen, H. (1997). *Burnout-Prophylaxe im Management. Erfolgreiches individuelles und institutionelles Ressourcenmanagement.* Bern: Haupt.

Knorz, C. & Zapf, D. (1996). Mobbing – eine extreme Form sozialer Stressoren am Arbeitsplatz. *Zeitschrift für Arbeits- und Organisationspsychologie, 40,* 12-21.

Korunka, C., Weiss, A. & Karetta, B. (1993). Die Bedeutung des Umstellungsprozesses bei der Einführung neuer Technologien. Eine interdisziplinäre Längsschnittstudie. *Zeitschrift für Arbeits- und Organisationspsychologie, 37,* 10-18.

Krystek, U., Becherer, D. & Deichelmann, K. (1995). *Innere Kündigung: Ursachen, Wirkungen und Lösungsansätze.* München: Hampp.

Lazarus, R.S. (1995). Streß und Streßbewältigung – Ein Paradigma. In S.-H. Filipp (Hrsg.), *Kritische Lebensereignisse* (3. Aufl., S. 198-229). Weinheim: Psychologie Verlags Union.

Lazarus, R.S. & Folkman, S. (1984). *Stress, appraisal and coping.* New York: Springer.

Lazarus, R.S. & Launier, R. (1981). Streßbezogene Transaktionen zwischen Person und Umwelt. In J.R. Nitsch (Hrsg.), *Streß. Theorien, Untersuchungen, Maßnahmen* (S. 213-259). Bern: Huber.

Leitner, K., Lüders, E., Greiner, B., Ducki, A., Niedermeier, R. & Volpert, W. (1993). *Analyse psychischer Anforderungen und Belastungen in der Büroarbeit. Das RHIA/ VERA-Büroverfahren. Handbuch – Manual und Arbeitsblätter.* Göttingen: Hogrefe.

Leymann, H. (1993). Ätiologie und Häufigkeit von Mobbing am Arbeitsplatz: Eine Übersicht über die bisherige Forschung. *Zeitschrift für Personalforschung, 7*, 271-284.

Luczak, H. (1993). *Arbeitswissenschaft*. Berlin: Springer.

Martin, E., Udris, I., Ackermann, U. & Oegerli, K. (1980). *Monotonie in der Industrie. Eine ergonomische, psychologische und medizinische Studie an Uhrenarbeitern*. Bern: Huber.

Mohr, G. (1997). *Erwerbslosigkeit, Arbeitsplatzunsicherheit und psychische Befindlichkeit*. Frankfurt: Lang.

Mohr, G. & Udris, I. (1997). Gesundheit und Gesundheitsförderung in der Arbeitswelt. In R. Schwarzer (Hrsg.), *Gesundheitspsychologie – Ein Lehrbuch* (2., überarb. u. erw. Aufl., S. 553-573). Göttingen: Hogrefe.

Niedl, K. (1994). *Mobbing/Bullying am Arbeitsplatz. Eine empirische Analyse zum Phänomen sowie zu personalwirtschaftlich relevanten Effekten von systematischen Feindseligkeiten*. München: Hampp.

Osnabrügge, G., Stahlberg, D. & Frey, D. (1985). Die Theorie der kognizierten Kontrolle. In D. Frey & M. Irle (Hrsg.), *Theorien der Sozialpsychologie, Band 3: Motivations- und Informationsverarbeitungstheorien* (S. 127-172). Bern: Huber.

Pekrun, R. & Frese, M. (1992). Emotions in work and achievement. In C.L. Cooper & I.T. Robertson (Eds.), *International Review of Industrial and Organizational Psychology 1992, Volume 7* (pp. 153-200). Chichester: Wiley.

Peeters, M. (1994). *Supportive interactions and stressful events at work: An event-recording approach*. Nijmegen: Druk Quickprint.

Pfaff, H. (1989). *Streßbewältigung und soziale Unterstützung. Zur sozialen Regulierung individuellen Wohlbefindens*. Weinheim: Deutscher Studien Verlag.

Richter, P. & Hacker, W. (1998). *Belastung und Beanspruchung. Streß, Ermüdung und Burnout im Arbeitsleben*. Heidelberg: Asanger.

Rimann, M. & Udris, I. (1998). „Kohärenzerleben" (Sense of Coherence): Zentraler Bestandteil von Gesundheit oder Gesundheitsressource? In W. Schüffel, U. Brucks, R. Johnen, V. Köllner, F. Lamprecht & U. Schnyder (Hrsg.), *Salutogenetischer Ansatz und Gesundheitsförderung: Ressourcenaktivierung*. Wiesbaden: Ullstein & Mosby.

Röhrle, B. (1994). *Soziale Netzwerke und soziale Unterstützung*. Weinheim: Psychologie Verlags Union.

Sauter, S.L., Hurrell, J.J. & Cooper, C.L. (Eds.).(1989). *Job control and worker health*. Chichester: Wiley.

Schabracq, M.J., Winnubst, J.A.M. & Cooper, C.L. (Eds.).(1996). *Handbook of Work and Health Psychology*. Chichester: Wiley.

Schaufeli, W.B., Maslach, C. & Marek, T. (1993). *Professional burnout. Recent developments in theory and research*. London: Taylor & Francis.

Schönpflug, W. (1987). Beanspruchung und Belastung bei der Arbeit – Konzepte und Theorien. In U. Kleinbeck & J. Rutenfranz (Hrsg.), *Arbeitspsychologie* (Enzyklopädie der Psychologie, Themenbereich D, Serie III, Band 1, S. 130-184). Göttingen: Hogrefe.

Schwager, T. & Udris, I. (1998a). Gesundheitsförderung in Schweizer Betrieben. In E. Bamberg, A. Ducki & A.-M. Metz (Hrsg.), *Handbuch Betriebliche Gesundheitsförderung* (S. 437-444). Göttingen: Verlag für Angewandte Psychologie.

Schwager, T. & Udris, I. (1988b). Verhaltens- vs. verhältnispräventive Massnahmen in der betrieblichen Gesundheitsförderung – Erfahrungen aus Schweizer Betrieben. In G. Amann & R. Wipplinger (Hrsg.), *Gesundheitsförderung – ein multidimensionales Tätigkeitsfeld* (S. 367-388). Tübingen: dgvt-Verlag.

Schwarzer, R. & Leppin, A. (1989). *Sozialer Rückhalt und Gesundheit: Eine Meta-Anlayse.* Göttingen: Hogrefe.

Selye, H. (1983). The stress concept today. Past, present, and future. In C.L. Cooper (Ed.), *Stress research – Issues for the eighties* (pp. 1-20). Chichester: Wiley.

Semmer, N. (1984). *Streßbezogene Tätigkeitsanalyse.* Weinheim: Beltz.

Semmer, N. (1990). Streß und Kontrollverlust. In F. Frei & I. Udris (Hrsg.), *Das Bild der Arbeit* (S. 190-207). Bern: Huber.

Semmer, N., Zapf, D. & Greif, S. (1996). 'Shared job strain': A new approach for assessing the validity of job stress measurements. *Journal of Occupational and Organizational Psychology, 69,* 293-310.

Spector, P.E., Zapf, D., Chen, P.Y., Frese, M. (1998). Why Negative Affectivity should not be controlled in job stress research: Don't throw out the baby with the bath water. *Journal of Organizational Behavior.*

Temme, G. & Tränkle, U. (1996). Arbeitsemotionen. Ein vernachlässigter Aspekt in der Arbeitszufriedenheitsforschung. *Arbeit, 5,* 275-297.

Udris, I. (1982). Psychische Belastung und Beanspruchung. In L. Zimmermann (Hrsg.), *Humane Arbeit – Leitfaden für Arbeitnehmer, Band 5: Belastungen und Streß bei der Arbeit* (S. 110-165). Reinbek: Rowohlt.

Udris, I. (1987). Soziale Unterstützung, Streß in der Arbeit und Gesundheit. In H. Keupp & B. Röhrle (Hrsg.), *Soziale Netzwerke* (S. 123-138). Frankfurt: Campus.

Udris, I. (1989). Soziale Unterstützung. In S. Greif, H. Holling & N. Nicholson (Hrsg.), *Arbeits- und Organisationspsychologie. Internationales Handbuch in Schlüsselbegriffen* (S. 421-425). München: Psychologie Verlags Union.

Udris, I. (1993). Psychosoziale Belastungen am Arbeitsplatz. In W. Weiss (Hrsg), *Gesundheit in der Schweiz* (S. 377-386). Zürich: Seismo Verlag.

Udris, I. & Frese, M. (1988). Belastung, Fehlbeanspruchung und ihre Folgen. In D. Frey, C. Graf Hoyos & D. Stahlberg (Hrsg.), *Angewandte Psychologie. Ein Lehrbuch* (S. 427-447). München: Psychologie Verlags Union.

Udris, I., Kraft, U., Mussmann, C. & Rimann, M. (1992). Arbeiten, gesund sein und gesund bleiben: Theoretische Überlegungen zu einem Ressourcenkonzept. In I. Udris (Hrsg.), Arbeit und Gesundheit. *Psychosozial, Band 52,* S. 9-22.

Udris, I., Rimann, M. & Thalmann, K. (1994). Gesundheit erhalten, Gesundheit herstellen: Zur Funktion salutogenetischer Ressourcen. In B. Bergmann & P. Richter (Hrsg.), *Die Handlungsregulationstheorie. Von der Praxis einer Theorie* (S. 198-215). Göttingen: Hogrefe.

Ulich, E. (1994). *Arbeitspsychologie* (3. Aufl.). Zürich: vdf Hochschulverlag/Stuttgart: Schäffer-Poeschel.

Weiß, J., Schneewind, K. A. & Olson, D. H. (1995). Die Bedeutung von Stressoren und Ressourcen für die psychische Gesundheit – ein multisystemischer Ansatz. *Zeitschrift für Gesundheitspsychologie, 3.*

World Health Organization WHO (1993). *Ottawa-Charta zur Gesundheitsförderung.* Gamburg: Verlag für Gesundheitsförderung (Nachdruck der autorisierten Fassung von 1986).

Zapf, D., Dormann, C. & Frese, M. (1996). Longitudinal studies in organizational stress research: A review of the literature with reference to methodological issues. *Journal of Occupational Health Psychology, 1,* 145-169.

Zapf, D. & Frese, M. (1991). Soziale Stressoren am Arbeitsplatz. In S. Greif, E. Bamberg & N. Semmer (Hrsg.), *Psychischer Streß am Arbeitsplatz* (S. 168-184). Bern: Hogrefe.

Interventionen

33 Organisationsentwicklung: Diagnose, Intervention und Evaluation

Gabriele Elke

1 Wandel als zentrale Herausforderung

Der seit Jahren anhaltende Trend zur Globalisierung der Wirtschaft, d.h. die Zunahme internationaler Wirtschaftsverflechtungen und das Zusammenwachsen von Märkten für Güter und Dienstleistungen, hat sich nach den neusten Statistiken merklich beschleunigt (Barratta, 1996). Diese wachsenden Abhängigkeiten stellen u.a. im Zusammenhang mit den informationstechnologischen, politischen und gesellschaftlichen Entwicklungen eine große Herausforderung für die Wettbewerbsfähigkeit vieler Unternehmen dar. Sie schlägt sich vor allem in einem zunehmenden Veränderungsdruck nieder, der von den Unternehmen zur Erfolgs- und Überlebenssicherung die Fähigkeit zur beständigen Anpassung an neue Bedingungen und langfristig die Verfügbarkeit über ein Entwicklungspotential erfordert.

Nach Larkin und Larkin (1996) sind die meisten Unternehmen, parallel zu den beständig geforderten Veränderungen im betrieblichen Alltag, alle fünf bis zehn Jahre mit der Notwendigkeit eines unternehmensweiten Wandels konfrontiert. So gehörte mehr als die Hälfte der Unternehmen, die sich in der klassischen Studie von Peters und Waterman (1986) zur Bedeutung der Unternehmenskultur für den Erfolg durch Spitzenleistungen auszeichneten, nach sechs Jahren nicht mehr zur Gruppe der „exzellenten" Unternehmen (Peters, 1988).Wie die Ergebnisse einer weltweiten Befragung von 12.000 Managern bestätigen, stellen die Initiierung und Sicherung kontinuierlicher Anpassungs- und Entwicklungsprozesse von Unternehmen im Geflecht komplexer Abhängigkeiten und veränderter Anforderungen heute zentrale Managementaufgaben dar. In den letzten zwei Jahren strukturierten 44 % der japanischen, 59 % der amerikanischen und 60 % der deutschen befragten Unternehmen ihre Organisationen grundlegend um (Kanter, 1991). Gestaltungsmerkmale moderner, flexibler und damit erfolgreicher Unternehmen bilden u.a. die Dezentralisierung von Entscheidungen, eine flache Hierarchie, Besinnung auf Kernkompetenzen, Prozeß- statt Funktionsorientierung und Teamarbeit. Kunden- und Mitarbeiterorientierung stellen neben der Qualitätsoptimierung und Kostenminimierung die entscheidenden Leitbilder dar (u.a. Becker & Langosch, 1995; Spiegel 11/94).

2 Organisationsentwicklung (OE) als Anpassungs- und Entwicklungsstrategie

2.1 Abgrenzung

Die systematische Planung und Implementierung von Veränderungen in Organisationen bilden den Kern von Organisationsentwicklung (OE), eines im Rahmen der angewandten Verhaltenswissenschaften entwickelten Beratungskonzeptes (siehe Kasten 1).

Kasten 1
Definition von Organisationsentwicklung

Organisationsentwicklung (OE) ist eine im Rahmen der angewandten Verhaltenswissenschaften entwickelte Beratungsstrategie, mit der Unternehmen und Manager angeleitet und unterstützt werden, systematisch einen organisationsumfassenden Veränderungsprozeß zu steuern und zu gestalten, der
– unter Einbeziehung und Einbindung der Betroffenen,
– durch aufeinander abgestimmte Interventionen, die sowohl bei den Strukturen, Systemen, Prozessen und der Kultur einer Organisation als auch bei dem individuellen Denken, Fühlen und Verhalten der Organisationsmitglieder ansetzen, und
– die Effektivität und Effizienz der Unternehmensleistungen erhöht und die organisationale sowie individuelle Lernfähigkeit fördert.
Den Kern des systematischen Vorgehens bildet die zyklische Abfolge der Phasen „Diagnose" und „Intervention". Langfristiges Ziel von OE-Maßnahmen ist die Generierung und Steigerung des individuellen Entwicklungspotentials und des unternehmerischen Erfolgspotentials.
(u.a. Becker, Langosch, 1995; Beer & Walton, 1987; French & Bell, 1995.)

In Abhängigkeit von der eher reaktiven versus präventiven Ausrichtung und Reichweite der angestrebten Veränderungen werden *zwei Hauptgruppen von OE-Maßnahmen* unterschieden (u.a. French & Bell, 1995; Porras & Silvers, 1991). Während die erste Gruppe vornehmlich auf eine verbesserte Anpassung an aktuell bestehende Umwelterfordernisse, d.h. Veränderungen erster Ordnung, abzielt, streben die OE-Maßnahmen der zweiten Gruppe, die auch als *Organisationstransformation* (OT) bezeichnet werden, einen langfristig wirksamen und tiefgreifenden Wandel an. Diese Veränderungen zweiter Ordnung betreffen zum einen den grundlegenden Wandel einer Organisation, einschließlich ihrer Tiefenstrukturen, d.h. der zugrundeliegenden Philosophie, des Weltbildes, des Wertesystems und der Handlungsnormen. Zum anderen soll das Unternehmen lernen zu lernen. OE forciert damit die Entwicklung und Förderung der Problemlösungs- und Lernfähigkeit einer Organisation. Ziel ist die *Lernende Organisation*, d.h. Unternehmen, für die der geplante Wandel zum Alltagshandeln geworden ist und die fähig sind, aus sich heraus ihre Strukturen und Prozesse kontinuierlich zu optimieren (u.a. Argyris & Schön, 1996; Reinhardt, 1995; Senge, 1990).

Es lassen sich interessante Parallelen zwischen OE als Strategie des geplanten Wandels und einer Vielzahl von Managementansätzen (Tabelle 1) beobachten, auf die nachfolgend exemplarisch eingegangen wird.

2.2 Anwendung

OE ist kein in sich geschlossener Ansatz, sondern eine *in der Praxis weit verbreitete Beratungsstrategie*, die zur Veränderung von Organisationen verhaltenswissenschaftliche Theorien, Methoden und Techniken anwendet. Eine Recherche ausgewählter deutscher wissenschaftlicher Zeitschriften für den Zeitraum der letzten vier Jahre liefert bereits Hinweise auf über 500 entsprechende Veröffentlichungen. Allerdings variieren die konkreten Vorgehensweisen und eingesetzten Maßnahmen zur Umsetzung der OE-Strategie sehr stark, so daß verallgemeinerbare Aussagen über die Wirkmechanismen von OE nicht möglich sind.

Die *Wirksamkeit von OE-Maßnahmen* gilt dagegen trotz aller forschungsmethodischer Bedenken als empirisch belegt. Während Guzzo, Jette und Katzell (1985) im Rahmen ihrer Metaanalyse von insgesamt 98 Studien einen positiven Zusammenhang zwischen OE-Maßnahmen und der Erhöhung von Produktivitätskennwerten aufzeigen, stützen die Ergebnisse der 126 Studien umfassenden Metaanalyse von Neuman, Edwards und Raju (1989) die Annahme, daß OE-Maßnahmen zur Einstellungsänderungen führen und die Zufriedenheit der Betroffenen erhöhen. Weitere Untersuchungsergebnisse u. a. bei French und Bell, 1995, S. 326 ff.; Porras und Silvers, 1991, S. 58 ff.; v. Rosenstiel 1989, S. 671 ff., und Beer und Walton, 1987, S. 341.

Auf den Wettbewerbsvorteil von Unternehmen mit einem hohen Anpassungspotential verweisen neben Fallberichten und Einzelfallanalysen (u.a. Beer, Eisenstat & Spector, 1991) die Ergebnisse der MIT-Studie zur Effizienzüberprüfung der Automobilproduktion in Japan, USA und Europa (Womack, Jones & Roos, 1992). Lean production, das vom Toyota-Chef Ohno entwickelte und in der japanischen Autobranche umgesetzte Konzept der Unternehmenssteuerung, weist nach den Ergebnissen dieser Studie „einen Leistungsvorteil von 2 zu 1 bei Produktivität, Qualität und Flexibilität auf, und zwar in Forschung & Entwicklung, Fertigung und Vertrieb und auch in der Koordination des Zuliefersystems" (Kieser 1995, S. 38). Kieser hält dieses Ergebnis allerdings für eine „Dramatisierung". Er kommt im Rahmen seiner kritischen Auseinandersetzung zu dem Schluß, daß aufgrund problematischer Operationalisierungen und der Vernachlässigung von unterschiedlichen rechtlichen, ökonomischen und kulturellen Rahmenbedingungen die

Produktivitäts- und Qualitätsunterschiede zwischen japanischen und deutschen Automobilunternehmen überschätzt werden.

3 Konzepte und Prinzipien

Die Gestaltung von Organisationen und ihrer Veränderung muß nicht nur die Anforderungen der jeweiligen Umwelten, sondern auch die konkreten Gegebenheiten in einem Unternehmen und seine Geschichte berücksichtigen. Das erklärt u.a. auch die große Variabilität in der Umsetzung von OE-Maßnahmen. Aber trotz der zu beobachtenden Gestaltungsvielfalt weist das allgemeine Vorgehen von OE-Maßnahmen durchgängig Gemeinsamkeiten auf, wie die *duale Zielorientierung*, die aufeinander abgestimmte und systembezogene *Organisationssteuerung*, das *systematische und partizipative Vorgehen* (Kasten 1).

Die Orientierung von OE-Maßnahmen ist immer dual. Die Steigerung der Effektivität und Effizienz betrieblicher Leistungen *und* die Verbesserung der Arbeitsqualität sind untrennbar miteinander verknüpfte Zielsetzungen. Das physische und psychische Wohlbefinden der Mitarbeiter und die Erhöhung ihrer Entwicklungschancen und der Erfolg eines Unternehmens bedingen sich wechselseitig. Wie z.B. im Rahmen einer Längsschnittstudie, an der ca. 400 Firmen beteiligt waren, gezeigt werden konnte, haben die gezielte Auswahl, Förderung und Entwicklung der Mitarbeiter und ihrer Ressourcen entscheidend zur Verbesserung der Exportleistungen beigetragen (Gomez-Mejia, 1988).

3.1 Steuerung in und von Organisationen

Die Anwendung der OE-Strategie setzt nicht nur ein Konzept für den Veränderungsprozeß (siehe 3.2), sondern auch für den Gegenstand der Veränderung, die Organisation, voraus. Entsprechend der Pluralität der eingesetzten OE-Methoden wird auch das Geschehen in Organisationen im Rahmen von OE nicht aus einer durchgängig einheitlichen Perspektive betrachtet. Zur Auseinandersetzung mit dem Spektrum der Perspektivität gängiger Organisationstheorien sei an dieser Stelle auf Türk (1989) verwiesen.

Wir gehen im vorliegenden Zusammenhang von der eher formalen und allgemeinen Annahme aus, die von vielen OE-Beratern zumindest implizit geteilt wird, daß Organisationen als offene soziotechnische Systeme aufzufassen sind. Aufgrund der Vielzahl der wechselseitigen Abhängigkeiten innerhalb einer Organisation und mit der Umwelt entsteht ein komplexes und vielschichtiges Wirkungsgefüge, dessen erfolgreiche Veränderung vor allem der Vernetzung und Gesamtdynamik Rechnung tragen muß (u.a. Dörner, 1992; Ulrich & Probst, 1991; Vester, 1994).

Konkret stellte sich z.B. bezogen auf eine OE-Maßnahme in einem Krankenhaus die Frage, wie das Handeln der verschiedenen Professionen, Mediziner, Pflegepersonal, Techniker und Kaufleute oder die Zusammenarbeit in und zwischen den einzelnen Abteilungen, wie Stationen, Labore, Ambulanz und Verwaltung, so gesteuert und aufeinander abgestimmt werden können, daß nicht nur eine optimale Versorgung der Patienten erreicht wird, sondern die Erbringung der Dienstleistung zugleich kostengünstig und gewinnbringend ist (Elke, Machleit & Zimolong, 1991).

Unabhängig von der Steuerungsebene (normatives, strategisches und operatives Management) und dem Ansatzpunkt der Intervention (Gesamtorganisation, einzelne Aspekte und Bereiche, wie Abteilungen, Gruppen oder einzelne Personen; siehe Tabelle 1) ist zwischen *expliziten und impliziten Formen der Prozeßsteuerung* zu unterscheiden (u.a. Bleicher, 1992).

Die direkte Koordinierung und *explizite Steuerung* erfolgt durch die Etablierung von Strukturen und Systemen, durch die z.B. Entscheidungsabläufe oder die An- und Zuordnung von Funktionen und Verantwortlichkeiten in Form von Ablauf- oder Aufbauorganisation explizit und verbindlich geregelt werden. Beispiele für direkte Steuerungsmittel im Bereich des Personalmanagements sind Führungskonzepte, Strategien zur Personalauswahl und -entwicklung, Beurteilungs-, Entlohnungs- oder Anreizsysteme. Die Einrichtung von offiziellen Gremien, Kommissionen und Besprechungen dient ebenso wie das betriebliche Dokumentations- und Berichtswesen dazu, die Inhalte und Form der Kommunikation und des Informationsaustausches in der Linie und zwischen den Funktionsbereichen verbindlich zu regeln. Allerdings läßt sich in komplexen sozialen Gebilden und im Hinblick auf eine notwendige Flexibilität der Abläufe nicht alles rational und im Detail durch Vorgaben steuern. Selbst die Steuerungswirkung der als „objektiv" angesehenen Organisationsstrukturen ist nach einer Studie von Wollnik (1988) von der Wahrnehmung und Interpretation der Organisationsmitglieder abhängig (auch Kieser & Kubicek, 1992).

In Organisationen entwickelt sich auf die Dauer ein gemeinsames Bewußtsein, das für die *implizite Steuerung* des Handeln grundlegend ist. Diese „kollektive Bewußtseinsprogrammierung" (Hofstede, 1980, S. 13) sorgt dafür, daß jedes Organisationsmitglied weiß, wie organisatorische Vorschriften zu verstehen oder Probleme anzugehen sind. Sie stellt die *Kultur eines Unternehmens* dar, d.h. die Grundgesamtheit gemeinsamer Wert- und Normvorstellungen sowie geteilter Denk-, Problemlösungs- und Verhaltensmuster, durch die das Handeln in Organisationen indirekt koordiniert und ausgerichtet wird (u. a. Dülfer, 1988; Heinen & Dill, 1986; Lattmann, 1990). Entscheidend für den Unternehmenserfolg ist die wechselseitige Stützung und Ergänzung expliziter und impliziter organisationaler Steuerung (Hoffmann, 1986; Hüchtermann & Lenske, 1991; Peters & Waterman, 1986).

Beispielsweise ist für die erfolgreiche Umsetzung der Kaizen-Strategie die rationale Steuerung durch statistische *Qualitäts- und Prozeßkontrollinstrumente* im Rahmen des PDCA-Zyklus (Plan-Do-Check-Action) ebenso notwendig wie eine Unternehmenskultur, die u.a. das Eingestehen von Fehlern und Lösen von Problemen forciert und deren durchgängige und oberste Handlungsnorm die Kundenzufriedenheit darstellt (Imai, 1994).

Die unter dem Etikett „Lean management" klassifizierbaren Ansätze sind ebenfalls charakterisierbar durch das Zusammenspiel von den strukturellen Gestaltungselementen, wie Dezentralisierung und Auslagerung, Gruppenarbeit, vernetzte Informationssysteme und kontinuierliche Verbesserungsprozesse, und der impliziten Steuerung z.B. in Form einer wertorientierten und auf Eigeninitiative ausgerichteten Personalführung, einem offenen Kommunikationsstil und einem Wertesystem mit den Präferenzen „Kunde, Konsens und Kooperation" (u.a. Kieser, 1995).

3.2 Systematischer Veränderungsprozeß

Eine OE-Maßnahme wird in den meisten Fällen von einem externen Beraterteam eingeleitet und begleitet. Den *Anlaß* bildet der Auftrag eines Unternehmens, es bei der Bewältigung spezifischer Problemlagen, wie zu hohe Produktions- und/oder Personalkosten, bedingt durch Störungen und Fehler in den Arbeitsabläufen, kritische Ausschußraten, hohe Ausfall- und Fehlzeiten etc., zu unterstützen. Ein Beispiel für eine OE-Maßnahme ist in Kasten 2 skizziert.

Die *Aufgabe der Berater* ist entsprechend der OE-Zielsetzung nicht die Lieferung von Expertenlösungen, sondern die Moderation eines Prozesses, in dem die Beteiligten modellhaft erfahren und lernen, wie sie Probleme effektiv selbst bewältigen können.

Den Kern der OE bildet die *Systematik der Problembearbeitung*, die auf den von Kurt Lewin begründeten Ansatz der Aktionsforschung zurückzuführen ist. Es handelt sich um einen fortwährenden Zyklus der Phasen *Diagnose*, die eine systematische Datensammlung, Analyse und Bewertung umfaßt, und *Intervention*, d.h. der Planung und Realisierung von Maßnahmen (siehe Kasten 2). Die Überprüfung und Bewertung der Maßnahmen im Hinblick auf ihre Wirksamkeit stellt wiederum eine Diagnose dar, für die üblicherweise allerdings der Begriff der *Evaluation* gewählt wird (Wottawa & Thierau, 1990 S. 14 ff.). Entscheidend für den erfolgreichen Prozeßverlauf und das Lernen in Organisationen sind Feedbackschleifen. Nach Argyris und Schön (1996) lassen sich in Abhängigkeit von den realisierten Regelkreisen *drei grundlegende Lernprozesse* unterscheiden:

- *„single-loop learning"*: Ein einfacher Regelkreis zielt auf die Optimierung des internen Beratungsprozesses ab. Beispielsweise kann die Beobachtung und Messung des Verhaltens von Führungskräften, die an einem Training teilgenommen haben, zeigen, daß noch Defizite bestehen. Diese Diagnose macht eine weitere Interventionsmaßnahme wie individuelles Coaching erforderlich.

– *„double-loop learning"*: Kristallisiert sich im Verlaufe des OE-Prozeß heraus, daß der Umsatz eines Produktes nicht nur von der Qualität, sondern auch von entsprechenden Serviceleistungen, wie Beratung und Wartung, abhängt, wird eine Überprüfung und Änderung der Ziele notwendig.

– *„deutero-learning"*: Zu einer Erhöhung des Lern- oder Problemlösungspotentials führt die Auseinandersetzung mit dem Lernprozeß selbst, d.h. seinen Bedingungen, Prozessen und Ergebnissen. Im Rahmen der OE-Maßnnahme zur Verbesserung des Arbeits- und Gesundheitsschutzes (siehe Kasten 2) lernten die Betroffenen, einen OE-Prozeß eigenverantwortlich und erfolgreich zu implementieren. Die OE-Maßnahme wurde zunächst in einem Werksbereich gestartet und für die Dauer eines Jahres durch ein externes Beratungsteam moderiert. Anschließend sollte sie auf das gesamte Unternehmen ausgedehnt werden. Um den Transfer des Konzeptes ohne externe Unterstützung realisieren zu können, unterzogen die Führungskräfte und Funktionsträger den OE-Prozeß einer kritischen Analyse und planten Veränderungen. Mittlerweile ist das modifizierte Konzept eines Integrativen Management des Arbeits- und Gesundheitsschutzes (AGS) in den anderen Werksbereichen mit Erfolg eingeführt.

Neben dem systematischen Vorgehen sind bezogen auf den gesamten Prozeßverlauf weitere „Gesetzmäßigkeiten" zu berücksichtigen, die den „Lern- und Entwicklungsprozeß begünstigen oder ihn sogar erst ermöglichen" (Becker & Langosch, 1995, S. 64 ff.). Im Rahmen von OE-Prozessen sind vor allem zwei Probleme zu beobachten: Erstens löst die Einführung von Änderungen z.T. massive emotionale Widerstände aus. Zweitens gelingt es oft nicht, das „neue" Verhalten auf Dauer in die betrieblichen Abläufe zu integrieren. In unserem Beispielunternehmen (Kasten 2) führten einzelne Aktivitäten, wie die Durchführung von Sicherheitswettbewerben, zunächst zu einer bedeutsamen Verbesserung des sicherheitsgerechten Verhaltens, die Anzahl der Unfälle sank deutlich. Wenige Wochen nach Abschluß der Maßnahme stiegen die Unfallzahlen jedoch drastisch an und lagen sogar über dem Niveau vor der Maßnahme. Nach dem *3-Phasen-Modell von Lewin* (1963), das als das wichtigste Modell für die Ablaufgestaltung von OE-Maßnahmen anzusehen ist und in immer neuen Varianten auftaucht, sollte in der ersten Phase („unfreezing") eines OE-Prozesses die Motivation für die angestrebten Änderungen geschaffen werden. Während die zweite Phase („moving") auf die Entwicklung von neuen Verhaltensweisen und Arbeitsabläufen abzielt, ist in der dritten Phase („refreezing") ihre Stabilisierung und Integration in den Arbeitsalltag zu leisten (Kasten 2; French & Bell, 1995, S. 80 ff.) .

Kasten 2 **OE-Maßnahme: Einführung eines Ganzheitlichen Sicherheitskonzeptes** (Zimolong & Giesel, 1995)
Ein Braunkohleunternehmen hatte sich zum Ziel gesetzt, seine bereits guten Leistungen im Arbeits- und Gesundheitsschutz (AGS) weiter zu verbessern und langfristig durch die Einführung eines übergreifenden Organisationskonzeptes zu stabilisieren. Nachfolgend ist das Vorgehen der einjährigen externen Beratungsmaßnahme skizziert.

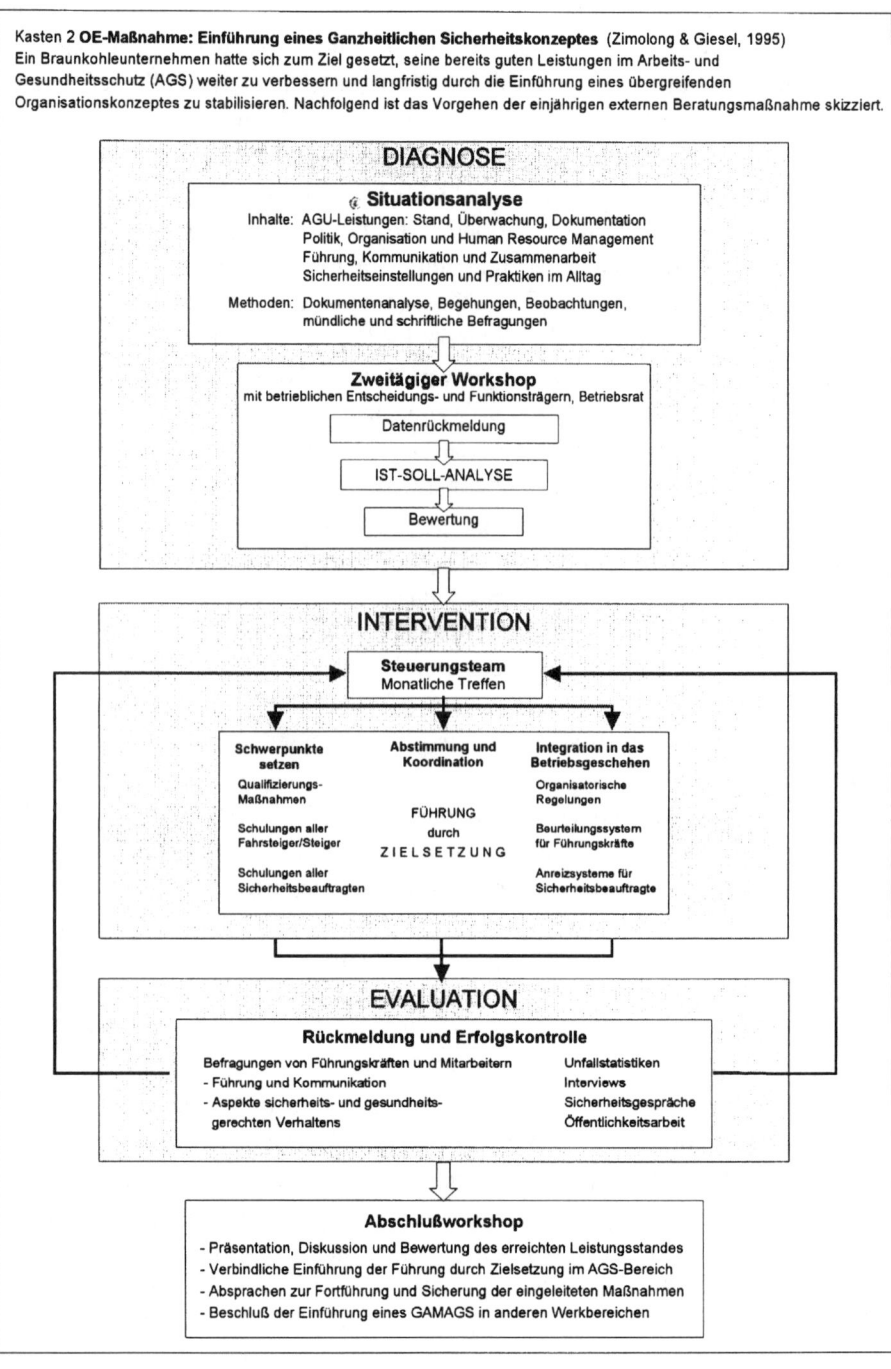

3.3 Partizipation und Verantwortlichkeit

Die ebenfalls mit dem Ansatz der Aktionsforschung eng verknüpfte Forderung, die Klienten einer Beratung als gleichwertige Partner in dem gemeinsamen Problemlösungsprozeß zu sehen, hat einerseits zur Konsequenz, daß OE eine Hilfe zur Selbsthilfe sein muß. Andererseits macht sie ein *partizipatives Vorgehen* notwendig. Diese Forderung wird durch eine Vielzahl von Untersuchungen empirisch untermauert: Der Erfolg eines OE-Prozesses wird entscheidend davon beeinflußt, ob sich die Führungskräfte den Zielen einer OE-Maßnahme verpflichtet fühlen, eine Unterstützung durch das Top-Management erfolgt und inwieweit es gelungen ist, die betroffenen Organisationsmitglieder zu beteiligen und in den Prozeß einzubinden (u.a. Beer et al. 1991; Gebert, 1993; Petersen & Hillkirk, 1991). Informationsaustausch und Einbeziehung reduzieren nicht nur die mit Umstrukturierungen einhergehende Verunsicherung und Widerstände, sondern fördern auch die Akzeptanz von und Identifikation mit Neuerungen (u.a. Schweiger & Denisi, 1991).

Eine Untersuchung von 531 US-Unternehmen, die ihre Struktur grundlegend verändert haben, verweist auf die bedeutende Rolle der Meister und Vorarbeiter für eine erfolgreiche OE. Sie verfügen nicht nur über die entscheidenden Informationen im Hinblick auf die Arbeitsabläufe vor Ort, sondern sie sind zugleich die „bevorzugte Informationsquelle der Arbeiter" (Larkin & Larkin, 1996).

Die Führungskräfte der unteren und mittleren Ebene steuern durch ihr Verhalten das Alltagsgeschehen. Sie stellen eine wichtige Zielgruppe für die Initiierung und Stabilisierung von Veränderungen dar.

In unserem Fallbeispiel (Kasten 2) war die mittlere Führungsebene zudem maßgeblich an der Gestaltung des gesamten Verbesserungsprozesses beteiligt. Sie bildete zusammen mit den Funktionsträgern des AGS und den Beratern das Steuerungsteam. Die Verantwortung für den Prozeß lag bei einer Führungskraft der oberen Ebene, dem Werksleiter, der die Leitung der einzelnen Sitzungen des Steuerungsteams an einen Hauptabteilungsleiter delegierte.

4 Organisationsdiagnose: Erfassung und Bündelung von Komplexität

Den ersten Schritt der Diagnose bildet die Analyse der Ausgangssituation. Im zweiten Schritt werden die Analyseergebnisse in einem Modell, das die zentralen Problemgrößen und ihr Zusammenwirken abbildet, zusammengefaßt. Der abschließende dritte Schritt umfaßt die Bewertung der Ergebnisse in Form eines Ist-Soll-Abgleichs (Kasten 2). Sie mündet in die Planung von Maßnahmen zur Erreichung der gesetzten Ziele.

Da die Handlungssteuerung in Organisationen sehr komplex ist, sollte die *Datenerhebung* für die Analyse systematisch geplant und relativ breit angelegt sein.

Neben strukturellen und kulturellen Aspekten (3.1) sind in Abhängigkeit von der Problemlage verschiedene Bereiche, Ebenen und Gruppen wie z.B. Gesamtorganisation, Abteilungen, Arbeitsgruppen, Mitarbeiter, Führungskräfte, Funktionsträger, Betriebsrat und Kontraktoren eines Unternehmens in die Analyse einzubeziehen. Einerseits ist ihr Beitrag zur Aufrechterhaltung und Lösung des Problems zu untersuchen. Andererseits ändert sich die Sichtweise der Situation und damit auch die Definition des Problems in Abhängigkeit von der Stellung in der Organisation, der auszufüllenden Funktion und Profession (u.a. Schein, 1993). Eine erfolgreiche Problembewältigung muß diese Vielschichtigkeit in allen Phasen des OE-Prozesses berücksichtigen.

Nicht zuletzt im Hinblick auf die angestrebte Implementierung eines Lernprozesses und einer organisationsumfassenden Veränderung ist die Untersuchung der dokumentierten und im Alltag umgesetzten *Austauschprozesse, Regelkreise* und *Schnittstellengestaltung* von zentraler Bedeutung. Beispielsweise ist die Frage zu klären, wie der Austausch von Informationen, die Rückmeldung wichtiger Ergebnisse und Ereignisse in der Linie und zwischen den Serviceabteilungen erfolgt. Nach unseren Erfahrungen tragen oft die fehlende oder mangelhafte Rückkopplung und Kommunikation maßgeblich zur Entstehung von Problemen bei und verhindern Lernen. In vielen Fällen fehlen nicht nur entsprechende Strukturen zur Steuerung der Information, wie offizielle Wege, festgelegte Anlässe und Formen, sondern auch ein von Mißtrauen geprägter Kommunikationsstil steht einem konstruktiven Austausch entgegen (Gebert, 1993; Larkin & Larkin, 1996).

In Abhängigkeit von der Problemlage kann es sinnvoll sein, auf der operativen Ebene an Arbeitsbesprechungen teilzunehmen, Arbeitsbedingungen und Abläufe in einzelnen Bereichen und das Arbeitsverhalten bestimmter Mitarbeitergruppen zu untersuchen.

Als *Verfahren zur Datengewinnung* können generell bei entsprechender Zielsetzung alle verhaltenswissenschaftlichen Erhebungsmethoden und Instrumente eingesetzt werden. Vorrangig in der Praxis benutzte Methoden sind: Dokumentenanalysen, Verhaltensbeobachtung, Audits, Interviews und schriftliche Befragungen.

Übersichtsartige Zusammenstellungen von Instrumenten und Vorgehensweisen zur Organisationsdiagnose sind u.a. bei Comelli (1985, S. 268 f.), Büssing (1993), French und Bell (1995, S.113-130), Becker und Langosch (1995, S. 79 ff.) und Elke (1996) zu finden.

Aus den Analyseergebnissen leitet zunächst das Beraterteam ein hypothetisches Modell der komplexen Problemlage ab, das sich am besten mit Hilfe von mehrdimensionalen Diagrammen oder Netzwerkgrafiken veranschaulichen läßt (u.a. Bleicher, 1992; Elke, Machleit & Zimolong, 1991; Ulrich & Probst, 1991; Vester,

1994). Das Modell fokussiert die Vernetzung der entscheidenden Einflußgrößen und ihre wechselseitigen Abhängigkeiten. Ein Analyseschwerpunkt sollte die Aufdeckung und Thematisierung von Abweichungen, Widersprüchen und Unvereinbarkeiten im Alltagsgeschehen bilden, da sie Indikatoren für potentielle Konfliktherde und Spannungsfelder darstellen.

Die gebündelten Analyseergebnisse werden den Betroffenen vom Beraterteam zurückgemeldet. Die Diskussion und gemeinsame Bewertung mündet in eine möglichst von allen Beteiligten getragene *Problemdefinition*, die Abklärung des Soll-Zustandes und der Ableitung des weiteren Vorgehens. Am Ende der Diagnosephase werden die Ziele der OE-Maßnahme verbindlich festgelegt und die Zuständigkeiten und Verantwortlichkeiten im Rahmen der Prozeßsteuerung geregelt. Als Forum für diese Prozeßphase haben sich *Workshops* mit betrieblichen Entscheidungsträgern aller Ebenen und Funktionsträgern, unter Einbeziehung von Vertretern des Betriebs-/Personalrates bewährt. Die notwendige Unterstützung durch das Top-Management kann z.B. durch die Anwesenheit eines Vorstandsmitglieds bei der Zielvereinbarung am Ende des Workshops explizit zum Ausdruck gebracht werden.

5 Interventionsmaßnahmen: Abstimmung und Integration

Die *Datenrückmeldung*, ein zentraler Schritt im Prozeß der Aktionsforschung (u.a. French & Bell, 1995, S. 138 ff.), stellt bereits eine erste wichtige Interventionsmaßnahme dar. In einer Längsschnittuntersuchung, die die Wirkung von verschiedenen Veränderungstechniken in 23 Organisationen überprüfte, erwies sich die Methode des *„Survey Feedback"* als effektivstes Vorgehen (Bowers, 1973). Durch die gemeinsame Auseinandersetzung mit den Analyseergebnissen und der Problemdefinition erfolgt entsprechend der Annahmen des „Sharing Mental Models"-Ansatzes eine Annäherung der kognitiven Konzepte der Organisationsmitglieder, was als notwendige Bedingung für organisationales Lernen angesehen wird (u.a. Reinhardt, 1995, S. 164 ff.).

In dem Fallbeispiel (Kasten 2) hatte ein Team die Gestaltung und Steuerung der Interventionsphase übernommen. Das Team setzte Schwerpunkte, koordinierte die Maßnahmen und sorgte dafür, daß die Veränderungen in den betrieblichen Alltag integriert wurden.

Um diese Ziele umzusetzen, bieten sich generell eine Fülle von konkreten Interventionen an. In Tabelle 1 sind einige Beispiele für Maßnahmen in Abhängigkeit von ihren Ansatzpunkten aufgelistet. Allgemein sind nach vorliegenden Ergebnissen OE-Maßnahmen erfolgreicher, wenn ihre Interventionen sowohl auf der *Person-, Gruppen- und Organisationsebene* ansetzen und zugleich Strukturen, Prozesse und Verhalten berücksichtigen (u.a. Beer & Walton, 1990; Neuman et al.,

Bezugssysteme und Beispiele für Interventionen

Bezugssystem für Veränderungen	Beispiele für Interventionskonzepte und Interventionsmaßnahmen
Gesamte Organisation	Grid Organization Development (Blake & Mouton, 1969) Integratives Management (Bleicher, 1992; Ulrich & Probst, 1991) Lean production/management (Monden, 1993; Womack, Jones & Roos, 1992; Bösenberg & Metzen, 1992) Lernende Organisation (Argyris & Schön, 1996; Senge, 1996) Management by Objectives (MBO) (Bleicher & Meyer, 1976) Soziotechnische Systemgestaltung (STS) (Emery & Thorsrud, 1969) Kaizen (Imai, 1994) Total Quality Management (TQM) (Oakland, 1993; Zink, 1994)
Spezielle Organisations-aspekte Arbeitssystem	Fertigungsinsel-Konzept (AWF, 1990) Fraktale Fabrik (Warnecke, 1992; 1995) Ganzheitlich-flexible Arbeitsgestaltung (Ulich, Conrad-Betschart & Baitsch, 1989) Modulare Fabrik (Wildemann, 1988) Teilautonome Flexible Fertigungsstrukturen (TFFS) (Zimolong, 1996) Vollständige Tätigkeit (Hacker, 1984; Hacker, Fritsche, Richter & Iwanowa, 1995)
Human Resource Management HRM	Anreizsysteme (Schanz, 1991) Kommunikationsmanagement (Bruhn, 1995) Personalentwicklung (Riekhof, 1992; Sattelberger, 1991)
Kultur	Kulturanalyse und Gestaltung (Kobi & Wüthrich, 1986)
Gruppen- und Interaktionsebene	Gruppendynamik (Antons, 1973) Konfliktmanagement (Glasl, 1990) Kooperationstraining (Gehm, 1994) Kooperative Arbeit: Teilautonome Arbeitsgruppen, Projektgruppen, Qualitätszirkel, KVP (Bungard, 1992; Antoni, 1994; Zink, 1995) Problemlösung (Scheitlin, 1993) Teamentwicklung (Dyer, 1978; Francis & Young, 1992)
Personebene	Arbeitsimmanente Qualifizierung (Duell & Frei, 1986) Aus-, Fort- und Weiterbildung (Jeserich, o.J.) Coaching / Supervision (Looss, 1991) Training (Goldstein, 1993; Gordon, 1993; Nork, 1989) Verhaltensprogramme (Komaki, Barwick & Scott, 1978; Chhokar, 1990)

1989; Porras & Silvers, 1991). Entscheidend ist allerdings nicht die Anzahl, sondern die Abstimmung und Passung der einzelnen Maßnahmen und ihre Integration in die Abläufe des Unternehmensalltags, d.h. das organisationsumfassende Zusammenspiel. Beispiele für übergreifende Gestaltungsansätze sind u.a. die soziotechnische Systemgestaltung und das Integrative Managementkonzept der St. Gallener Schule (Tabelle 1).

Im Rahmen der OE-Maßnahme (Kasten 2) erforderte die Umsetzung der zentralen Intervention, die Einführung eines neuen *Führungssystems,* zunächst auf der Personebene eine entsprechende Motivierung und Qualifizierung aller Führungskräfte. Der Transfer des gelernten Verhaltens in die Praxis wurde durch die Etablierung von Rückmeldungsschleifen in der Linie und zum Steuerungsteam unterstützt. Die beobachtbaren und erfahrenen Leistungsverbesserungen führten dann letztlich dazu, „Führen durch Zielsetzung" als verbindliche Führungsstrategie im Werk strukturell zu verankern. Diese Strategie impliziert neben der Abstimmung und Durchgängkeit der Zielumsetzung in der Linie die Integration der Standards in alle Unternehmensfunktionen, z.B. in die Prozeßkette von Entwicklung und Planung über Fertigung bis zum Vertrieb und zur Entsorgung eines Produktes. Zur Stützung der notwendigen Feedbackprozesse, die strukturell durch verbindliche Informationswege zu verankern sind, und zur Förderung von Lernprozessen bietet sich eine computergestützte und vernetzte Datenverarbeitung an, die sich durch eine nutzerorientierte Softwaregestaltung auszeichnet (u.a. Konradt, Engel, Majonica & Zimolong, 1996; Wiendieck, 1994, S. 254 f.).

Zur *langfristigen Stabilisierung* sind ebenfalls flankierende Maßnahmen von seiten des Personalmanagements erforderlich. In unserem Beispiel wurden u.a. die Leistungen der Führungskräfte im Arbeits- und Gesundheitsschutz als Kriterien in die regelmäßigen Beurteilungen aufgenommen. Des weiteren wurde ein Anreizsystem für Sicherheitsleistungen in Form von Auszeichnungen und Sachprämien eingeführt und die Qualifikationskonzepte an die neuen Standards angepaßt.

6 Evaluation: Rückkopplung und Erfolgskontrolle

Neben kontinuierlichen Rückkopplungsschleifen zur kurzfristigen Optimierung der Prozeßsteuerung ist eine langfristig angelegte Erfolgskontrolle durch die Überprüfung der Zielerreichung anhand von festgelegten Kriterien in bestimmten Zeitabständen notwendig. Als Indikatoren für eine *Verbesserung der Unternehmensleistungen* werden u.a. die Ausweitung des Marktanteils, Steigerung der Produktion und Qualität, Reduktion der Kundenbeschwerden und Fehlerkosten, weniger Störungen, Ausfallzeiten und Arbeitsunfälle oder die höhere Beteiligung der Mitarbeiter am Vorschlagswesen ausgewählt (Imai, 1994, S. 290 ff.). Als meßbare Auswirkungen einer *verbesserten Arbeitsqualität*, die sich in einer

Erhöhung der Gesundheit und Zufriedenheit der Arbeitnehmer niederschlägt, können u.a. neben der Senkung der Fluktuationsrate, der Fehlzeiten, des Krankenstands und der Lohnfortzahlungskosten die Ergebnisse von Einstellungsbefragungen, Verhaltensbeobachtungen und Audits herangezogen werden.

Den Schwerpunkt der Evaluation unserer OE-Maßnahme (Kasten 2) bildete, ausgehend von einem Kontrollgruppendesign mit jährlichen Meßwiederholungen, die Analyse der Unfallentwicklung, verschiedener Aspekte von Führung sowie von sicherheits- und gesundheitsgerechtem Verhalten.

Eine weitergehende Bewertung einer OE-Maßnahme stellt die Berechnung ihres Ertrags in Form von Kosten-Nutzen-Relationen dar. Dazu gibt es verschiedene Ansätze erweiterter *Wirtschaftlichkeitsberechnungen*. So konnte z.B. belegt werden, daß der Nutzen von Gesundheitsförderungsprogrammen im Laufe von sieben Jahren 2,5mal größer war als ihre Kosten (Kuhn, 1995). Butterbrodt (1996) entwickelte ein an den betrieblichen Zielen ausgerichtetes Prüfinstrument, um die Vorteile und den rechenbaren Nutzen für einen systematisch betriebenen Umweltschutz zu quantifizieren.

Einen möglichen Ansatz für die Untersuchung der Wirkweise von OE stellt die von Golembiewski, Billingsley und Yeager (1976) empirisch nachweisbare Unterscheidung zwischen drei Typen von Veränderungen dar. Während Veränderungen vom Typ „alpha" eine „reale" Einstellungsänderung darstellen, sind Veränderungen vom Typ „beta" auf veränderte Standards oder Erwartungen und Veränderungen vom Typ „gamma" auf einen Perspektivenwechsel bzw. Änderung des individuellen Bezugsrahmens zurückzuführen (Beer & Walton, 1987). Diese Differenzierung bietet die Chance, Aussagen über die spezifische Wirkweise und Tiefe einzelner OE-Maßnahmen machen zu können. Beobachtbare Veränderungen des Typs „gamma" können z.B. als Indikatoren für veränderte oder neue kognitive Bezugsysteme, d.h. veränderte Tiefenstrukturen, herangezogen werden (Randolph, 1982). Insgesamt wird aber im Rahmen der Literatur zur OE neben dem Fehlen übergreifender und überprüfbarer Modelle, abweichenden Operationalisierungen zentraler Konzepte und Erfolgsindikatoren ein Mangel an Studien zur Evaluation einer systematischen Gestaltung lernfähiger Organisationen beklagt (u.a. Porras & Silvers, 1991; Reinhardt, 1995).

7 Ausblick: „Eine Firma, die seit 4 Milliarden Jahren nicht Pleite gemacht hat"

Dieses Forschungsdefizit, vor allem im Hinblick auf das Lernen in und von Organisationen, ist zum einen im Zusammenhang mit den hohen *Anforderungen* zu sehen, die die Untersuchung von komplexen Systemen, von langfristigen Entwicklungsprozessen und von Potentialen umfassen. Zum anderen ist auf dem Hintergrund, daß in der derzeitigen Wirtschaftssituation ein flexibles und präventives Handeln von Unternehmen als ökonomisch notwendig angesehen wird, die kritische Frage nach der *Lernbereitschaft* unserer Unternehmen und Gesellschaft insgesamt zu stellen. Denn „die meisten großen Unternehmen leben kaum halb so lange wie ein Mensch", ihre durchschnittliche Lebenserwartung beträgt weniger als vierzig Jahre (Senge, 1996, S. 28).

Reinhardt kommt aufgrund der Analyse des Erwerbs von individuellen Lernkompetenzen und von der gängigen Managementpraxis bzw. den zugrundeliegenden Werten und Normen zu einer pessimistischen Einschätzung der Realisierungschance von lernfähigen Organisationen zum gegenwärtigen Zeitpunkt (1995, S. 391). Senge bringt die Lernbarrieren vor allem in Zusammenhang mit unserer Unfähigkeit, systemisch zu denken (1996; s. auch Dörner, 1992).

Grundlegend für *organisationales Lernen* und für die Entwicklung von Organisationen ist aber ein Denken, das das Wirkungsgefüge „Unternehmen" mit seiner Gesamtdynamik, dem Netz von Rückkopplungen und verschachtelten Regelkreisen fokussiert. Erfolgreich realisiert wird dieser Ansatz bzw. „Die Fünfte Disziplin" (Senge, 1996) von einer „Firma, die seit vier Milliarden Jahren nicht Pleite gemacht hat", dem biologischen System unserer Erde. Nicht nur die Überlebenszeit, sondern auch die Leistungen des Systems, wie ein Jahresumsatz von 200 Milliarden Tonnen Kohlenstoff, 8000 Milliarden Megawattstunden an Solarstrom, keine Arbeitslosen und ein Systemwirkungsgrad von 98 % sprechen dafür, daß für die Entwicklung von Organisationen diese „Firma", ihre Steuerung des komplexen Wirkungsgefüges, ein hilfreiches Lernmodell sein könnte (vgl. Vester, 1994, S. 35 ff.).

Literatur

Antoni, C. H. (Hrsg.). (1994). *Gruppenarbeit in Unternehmen – Konzepte, Erfahrungen, Perspektiven.* Weinheim: Beltz.

Antons, K. (1973). *Praxis der Gruppendynamik: Übungen und Techniken.* Göttingen: Hogrefe.

Argyris, C. & Schön, D. A. (1996). *Organizational learning II.* Reading: Addison-Wesley.

AWF (Ausschuß für wirtschaftliche Fertigung) (1990). *Integrierte Fertigung von Teilefamilien.* Köln: AWF.

Barratta, M. von (1996). *Der Fischer Weltalmanach. Zahlen Daten Fakten '97.* Frankfurt: Fischer Taschenbuch Verlag.

Becker, H. & Langosch, I. (1995). *Produktivität und Menschlichkeit. Organisationsentwicklung und ihre Anwendung in der Praxis.* Stuttgart: Enke.

Beer, M., Eisenstat, R. & Spector, B. (1991). Wie Verjüngungskampagnen ein sicherer Erfolg werden. *Harvard Manager, 13(4),* 34-48.

Beer, M. & Walton, E. (1987). Organizational change and development. *Annual Review of Psychology, 38,* 339-367.

Beer, M. & Walton, E. (1990). Developing the competitive organization: Intervention and strategies. *American Psychologist, 45,* 154-161.

Blake, R. R. & Mouton, J. S. (1969). *Building a dynamic corporation through grid organization development.* Reading: Addison-Wesley.

Bleicher, K. (1992). *Das Konzept Integriertes Management.* Frankfurt: Campus.

Bleicher, K. & Meyer, E. (1976). *Führung in der Unternehmung.* Reinbek: Rowohlt.

Bösenberg, D. & Metzen, H. (1992). *Lean Management: Vorsprung durch schlanke Konzepte.* Landsberg/ Lech: Verlag moderne industrie.

Bowers, D. G. (1973). OD techniques and their results in 23 organizations: The Michigan ICL study. *Journal of Applied Behavioral Science, 9,* 21-43.

Bruhn, M. (1995). *Integrierte Unternehmenskommunikation.* Stuttgart: Schäffer-Poeschel.

Büssing, A. (1993). Organisationsdiagnose. In H. Schuler (Hrsg.), *Lehrbuch Organisationspsychologie* (S. 445-480). Bern: Huber.

Bungard, W. (1992). *Qualitätszirkel in der Arbeitswelt: Ziele, Erfahrungen, Probleme.* Göttingen: Verlag für Angewandte Psychologie.

Butterbrodt, D. (1996). Umweltschutz – sein Nutzen ist berechenbar. *Harvard Business Manager, 18,* 118-126.

Chhokar, J.S. (1990). Behavioral safety science. *Vikalpa, 15,* 15-22.

Comelli, G. (1985). *Training als Beitrag zur Organisationsentwicklung.* München: Hanser.

Dörner, D. (1992). *Die Logik des Mißlingens: strategisches Denken in komplexen Situationen.* Reinbek: Rowohlt.

Duell, W. & Frei, F. (1986). *Leitfaden für qualifizierende Arbeitsgestaltung.* Köln: Verlag TÜV Rheinland.

Dülfer, E. (Hrsg.). (1988). *Organisationskultur. Phänomen-Philosophie-Technologie.* Stuttgart: Poeschel.

Dyer, W. G. (1978). Ein Organisationskonzept (Trainingsunterlagen). Travemünde.

Elke, G. (1996). Organisationsentwicklung. In G. Wenninger & C. G. Hoyos (Hrsg.), *Arbeits-, Gesundheits- und Umweltschutz. Handwörterbuch psychologischer Grundbegriffe* (S. 565-576). Heidelberg: Asanger.

Elke, G., Machleit, U. & Zimolong, B (1991). Erfahrungen, Ergebnisse und Probleme im Rahmen einer Interventionsmaßnahme auf einer Station eines Allgemeinkrankenhauses. In G. Elke & A. Schubert (Hrsg.), *Psychosoziale Praxis und Arbeitswelt* (S. 59-78). Tübingen: DGVT.

Elke, G. & Zimolong, B. (1996). Konzept, Durchführung und Evaluation eines Ganzheitlichen Sicherheits- und Gesundheitskonzeptes. In Institut für Arbeits-, Organisations- und Sozialpsychologie der Technischen Universität Dresden (Hrsg.), *Gesundheits- und sicherheitsgerechte Gestaltung von Arbeitstätigkeiten, Vorträge auf dem Workshop des BAU-Projektes „GESI" am 28.09.1995* (S. 43-60). Dresden: Technische Universität Dresden.

Emery, F. E. & Thorsrud, E. (1969). *Form and content in industrial democracy: some experiences from Norway and other European countries.* Einheitssacht: Van Gorsum.

Francis, D. & Young, D. (1992). *Mehr Erfolg im Team: ein Traningsprogramm mit 46 Übungen zur Verbesserung der Leistungsfähigkeit in Arbeitsgruppen.* Essen: Windmühle.

French, W. L. & Bell, C. H. (1995). *Organization Development: Behavioral science interventions for organization improvement.* Englewood Cliffs: Prentice Hall.

Gebert, D. (1993). Interventionen in Organisationen. In H. Schuler (Hrsg.), *Lehrbuch Organisationspsychologie* (S. 481-494). Bern: Huber.

Gehm, T. (1994). *Kommunikation im Beruf: Hintergründe, Hilfen, Strategien.* Weinheim: Beltz.

Glasl, F. (1990). *Konfliktmanagement: ein Handbuch zur Diagnose und Behandlung von Konflikten für Organisationen und ihre Berater.* Bern: Haupt.

Goldstein, Irwin L. (1993). *Training in organizations. needs assessment, development, evaluation.* Pacific Grove: Brooks / Cole Publishing Company.

Golembiewski, R. T., Billingsley, K. & Yeager, S. (1976). Measuring change and persistence in human affairs: Types of change generated by OD designs. *Journal of Applied Behavioral Science, 12,* 133-157.

Gomez-Mejia, L. R. (1988). The role of human resources strategy in export performance: a longitudinal study. *Strategic Management Journal, 9,* 493-505.

Gordon, Thomas (1993). *Managerkonferenz. Effektives Führungstraining.* München: Wilhelm Heyne.

Guzzo, R. A., Jette, R. D., Katzell, R. A. (1985). The effects of psychologically based intervention programs on worker productivity: A meta-analysis. *Personnel Psychology, 38,* 275-292.

Hacker, W. (1984). *Psychologische Bewertung von Arbeitsgestaltungsmaßnahmen – Ziele und Bewertungsmaßstäbe.* Berlin: Springer.

Hacker, W., Fritsche, B., Richter, P. & Iwanowa, A. (1995). Tätigkeitsbewertungssystem TBS. Verfahren zur Analyse, Bewertung und Gestaltung von Arbeitstätigkeiten. In Ulich, E. (Hrsg.), *Mensch – Technik – Organisation* (S. 7). Zürich: Hochschulverlag.

Heinen, E. & Dill, P. (1986). Unternehmenskultur. *Zeitschrift für Betriebswirtschaft, 56,* 202-218.

Hoffmann, F. (1986). Kritische Erfolgsfaktoren – Erfahrungen in großen und mittelständischen Unternehmungen. *Zeitschrift für betriebswirtschaftliche Forschung, 38,* 831-843.

Hofstede, G. (1980). *Culture's consequences. International differences in workrelated values.* Beverly Hills: Sage.

Hüchtermann, M. & Lenske, W. (1991). Wettbewerbsfaktor Unternehmenskultur. In Institut der deutschen Wirtschaft Köln (Hrsg.), *Beiträge zur Gesellschafts- und Bildungspolitik* (S. 168). Köln: Deutscher Instituts-Verlag.

Imai, M. (1994). *Kaizen: Der Schlüssel zum Erfolg der Japaner im Wettbewerb.* Berlin, Frankfurt/M: Ullstein.

Jeserich, W. (Hrsg.).(o.J.) *Handbuch der Weiterbildung für die Praxis in Wirtschaft und Verwaltung.* München: Hanser.

Kanter, R. M. (1991). Transcending business boundaries: 12 000 world managers view change. *Havard Business Review,* 151-164.

Kieser, A. (1995). Die MIT-Studie zur Automobilindustrie, oder: Wie man eine Revolution anzettelt. In W. Bungard (Hrsg.), *Lean Management auf dem Prüfstand* (S. 37-52). Beltz: Psychologie-Verlags-Union.

Kieser, A. & Kubicek, H. (1992). *Organisation* (3. Aufl.). Berlin: Walter de Gruyter.

Kobi, J.-M. & Wüthrich, H. A. (1986). *Unternehmenskultur verstehen, erfassen und gestalten.* Landsberg/Lech: Verlag moderne industrie.

Komaki, J., Barwick, K. D. & Scott, L. R. (1978). A behavioral approach to occupational safety: Pinpointing and reinforcing safe performance in a food manufacturing plant. *Journal of Applied Psychology, 63,* 434-445.

Konradt, U., Majonica, B., Engel, J. & Zimolong, B. (1996). Jetzt helfen wir uns selbst! Entwicklung eines flexiblen Diagnosesystems. In B. Zimolong (Hrsg.), *Kooperationsnetze, flexible Fertigungsstrukturen und Gruppenarbeit.* Opladen: Leske & Budrich.

Kuhn, (1995). Arbeitsschutz und Wirtschaftlichkeit. Erkenntnisse und Erfahrungen auf betrieblicher und überbetrieblicher Ebene. *WSI Mitteilungen, 48,* 89-98.

Larkin, T. J. & Larkin, S. (1996). Die Meister als Meinungsführer. *Harvard Business Manager, 18,* 61-69.

Lattmann, C. (Hrsg.). (1990). *Die Unternehmenskultur.* Heidelberg: Physica Verlag.

Lewin, K. (1963). *Feldtheorien in den Sozialwissenschaften: Ausgewählte theoretische Schriften.* Bern: Huber.

Looss, W. (1991). *Coaching für Manager: Problembewältigung unter vier Augen.* Landsberg/Lech: Verlag moderne industrie.

Monden, Y. (1993). *The Toyota Management System: Linking the Seven Key Functional Areas.* Cambridge: Productivity Press.

Neuman, G. A., Edwards, J. A. & Raju, N. S (1989). Organizational Development interventions: A meta-analysis of their effects on satisfaction and other attitudes. *Personnel Psychology, 42,* 461-489.

Nork, M. E. (1989). *Management Training: Evaluation, Probleme, Lösungsansätze.* München: Hampp.

Oakland, J. S. (1993). *Total Quality Management: The route to improving performance.* Oxford: Butterworth-Heinemann.

Peters, T. J. (1988). *Kreatives Chaos.* Reinbek: Rowohlt.

Peters, T. J. & Waterman, R. H (1986). *Auf der Suche nach Spitzenleistungen. Was man von den bestgeführten US-Unternehmen lernen kann.* Landsberg/Lech: Verlag moderne industrie.

Petersen, D. E. & Hillkirk, J. (1991). *A better idea: Redefining the way americans work.* Boston: Houghton Mifflin.

Porras, J. I. & Silvers, R. C. (1991). Organizational Development and transformation. *Annual Review of Psychology, 42,* 51-78.

Randolph, W. A. (1982). Planned Organizational Change and it's measurement. *Personnel Psychology, 35,* 117-139.

Reinhardt, R. (1995). *Das Modell organisationaler Lernfähigkeit und die Gestaltung lernfähiger Organisationen.* Frankfurt: Lang.

Revolution in den Betrieben (1994). *Spiegel, 11, 97.*

Riekhof, H. C. (Hrsg.). (1992). *Strategien der Personalentwicklung.* Wiesbaden: Gabler.

Rosenstiel, L. v. (1989). Innovation und Veränderung in Organisationen. In E. Roth (Hrsg.), *Organisationspsychologie* (Enzyklopädie der Psychologie D,III,3, S. 652-684). Göttingen: Hogrefe.

Sattelberger, T. (Hrsg.). (1991). *Innovative Personalentwicklung: Grundlagen, Konzepte, Erfahrungen.* Wiesbaden: Gabler.

Schanz, G. (Hrsg.). (1991). *Handbuch Anreizsysteme in Wirtschaft und Verwaltung.* Stuttgart: Poeschel.

Schein, E. H. (1993). Informationstechnologie und Management – passen sie zusammen ? In G. Fatzer (Hrsg.), *Organisationsentwicklung für die Zukunft* (S. 41-58). Köln: Edition Humanistische Psychologie.

Scheitlin, V. (1993). *Kreativität: das Handbuch für die Praxis.* Zürich: Orell Füssli.

Schweiger, D. M. & Denisi, A. S. (1991). Communication with employees following a merger: A longitudinal field experiment. *Academy of Management Journal, 34 (1),* 110-135.

Senge, P. (1990). The leader's New Work: Buildung Learning Organizations. *Sloan Management Review,* 7-23.

Senge, P. M. (1996). *Die fünfte Disziplin: Kunst und Praxis der lernenden Organisation.* Stuttgart: Klett-Cotta.

Türk, K. (Hrsg.). (1989). *Neuere Entwicklungen in der Organisationsforschung.* Stuttgart: Ferdinand Enke.

Ulich, E., Conrad-Betschart, H. & Baitsch, C. (1989). *Arbeitsform mit Zukunft: Ganzheitlich-flexibel statt arbeitsteilig. Grundlagen und 7 Fallstudien aus der Maschinenindustrie.* Bern: Lang.

Ulrich, H. & Probst, G. J. B. (1991). *Anleitung zum ganzheitlichen Denken und Handeln.* Stuttgart: Haupt.

Vester, F. (1994). *Ballungsgebiete in der Krise.* München: dtv.

Warnecke, H.-J. (1992). *Die fraktale Fabrik – Revolution der Unternehmenskultur.* Berlin: Edition Sigma.

Warnecke, H. J. (Hrsg.). (1995). *Aufbruch zum Fraktalen Unternehmen.* Berlin: Springer.

Wiendieck, G. (1994). *Arbeits- und Organisationspsychologie.* Berlin: Quintessenz.

Wildemann, H. (1988). *Die modulare Fabrik: Kundennahe Produktion der Fertigungssegmente.* München: Hampp.

Wollnik, M. (1988). Das Verhältnis von Organisationsstruktur und Organisationskultur. In E. Dülfer (Hrsg.), *Organisationskultur. Phänomen-Philosophie-Technologie* (S. 49-75). Stuttgart: Poeschel.

Womack, J. P., Jones, D. T., & Roos, D. (1992). *Die zweite Revolution in der Autoindustrie.* Frankfurt/M.: Campus.

Wottawa, H. & Thierau, H. (1990). *Lehrbuch Evaluation.* Bern: Huber.

Zimolong, B. (Hrsg.). (1996). *Kooperationsnetze, flexible Fertigungsstrukturen und Gruppenarbeit.* Opladen: Leske & Budrich.

Zimolong, B. & Giesel, R. (1995). Einführung eines Ganzheitlichen Sicherheitskonzeptes in einem Braunkohlebergwerk. In Ludborzs, H. Nold & B. Rüttinger (Hrsg), *Psychologie der Arbeitssicherheit. 8. Workshop 1995* (S. 612-621) Heidelberg: Asanger.

Zink, J. K. (1994). *Business excellence durch TQM: Erfahrungen europäischer Unternehmen.* München: Hanser.

Zink, J. K. (Hrsg.). (1995). *Erfolgreiche Konzepte zur Gruppenarbeit.* Neuwied: Luchterhand.

34 Arbeitsanalyse und Arbeitsgestaltung

Ekkehart Frieling

1 Zur Bedeutung psychologisch orientierter Arbeitsanalysen und Arbeitsgestaltung

Arbeitspsychologisch motiviertes Handeln in Betrieben und Organisationen orientiert sich an der Arbeitstätigkeit. Untersucht werden die Arbeitsanforderungen, die individuellen Leistungsvoraussetzungen, die subjektive Wahrnehmung des Arbeitsauftrages durch die arbeitende Person (d.h. die personbezogenen Arbeitsaufgaben), die damit verbundenen Arbeitsbeanspruchungen und das Arbeitsergebnis. Wie aus Abbildung 1 ersichtlich, können die Arbeitsanforderungen über die Arbeitsauftrags- und Ausführungsbedingungen unter Berücksichtigung der geforderten Leistungsvoraussetzungen erfaßt werden. Die Analyse der Aufgabendurchführung, des Arbeitsvollzuges (mittels Beobachtung und Befragung) erlaubt Rückschlüsse auf die Anforderungen, die die Arbeitsausführung bestimmen (Abbildung 1).

Die Arbeitstätigkeiten und die zu bestimmenden Arbeitshandlungen bzw. Arbeitsvollzüge sind zum einen Reaktionen auf die Arbeitsanforderungen und zum anderen Ergebnisse aktiver Auseinandersetzungen zwischen den Arbeitsbedingungen und individuellen Eigenschaften, Lebens- und Arbeitserfahrungen und aktuellen physischen und psychischen Befindlichkeiten. Die Arbeitstätigkeit verändert nicht nur den Arbeitsgegenstand, sondern auch die Bedingungen, unter denen sie selbst stattfindet. Diese Wechselbeziehungen zwischen Subjekt, Tätigkeit und objektiven Bedingungen, auf die Leontjew (1977) ausführlich hingewiesen hat, erschweren die zielgerichtete Analyse und Gestaltung von Arbeitstätigkeiten, da nicht alle Effekte dieser Maßnahmen in gleicher Form kontrolliert werden können. Die Analyse und Gestaltung dieser Wechselwirkungen mit dem Ziel gesundheitsförderlicher Arbeitstätigkeiten in einem ökonomisch effizienten Umfeld (Betrieb, Organisation), unter Einbeziehung geeigneter Arbeitstechniken (Werkzeuge, Maschinen, Anlagen, EDV-Systeme etc.), verlangen von dem Arbeitsanalytiker und -gestalter, sich auf das konkrete Arbeitsumfeld einzulassen. D.h., Analyse und Gestaltung beschränken sich nicht nur auf psychologische Kategorien, sie müssen sich auch auf die organisatorischen und technischen Rahmenbedingungen einlassen, unter denen die Arbeitstätigkeiten vollzogen werden (Kasten 1).

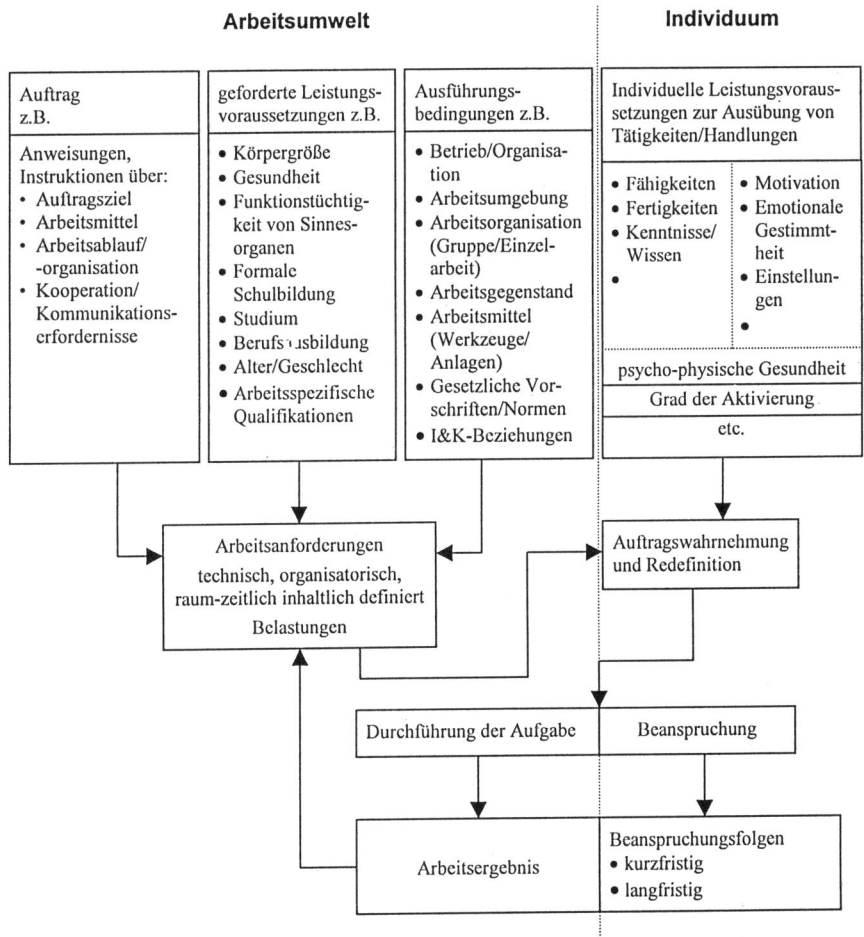

Abbildung 1
Modell zur Beschreibung der Beziehungen: Arbeitsanforderungen, Auftrag, Aufgabe, Belastung und Beanspruchung

Kasten 1
Beispiel einer Arbeitsanalyse

In einem mittelständischen Unternehmen werden Fässer, die Maschinenöle, Kühlschmiermittel und Lösungsmittel enthalten, in einem speziellen Lager in Regalen gestapelt. Mitarbeiter der Wareneingangsabteilung verwalten das Lager, der Sicherheitsingenieur ist für den Umweltschutz zuständig. Im Rahmen einer Arbeitsanalyse wird deutlich, daß bei der Einlagerung oder Entnahme zu wenig Manövrierraum für den Gabelstapler zur Verfügung steht und daher die herumstehenden Fässer leicht beschädigt werden. Die gebrauchten Fässer sind bezüglich ihrer Inhaltsstoffe nicht ausreichend deklariert und richtig verschlossen. Zusätzlich verdunstet Altöl aus leckgeschlagenen Fässern in Auffangwannen. Aufgrund der Analyse werden eine Reihe von Maßnahmen beschlossen:

a) Klärung der Zugangskontrolle zum Öllager und der Verantwortlichkeiten zwischen Sicherheitsingenieur und Wareneingang,

b) Neugestaltung der Regale, um die Fässer besser lagern zu können,

c) Schulung der verantwortlichen Gabelstaplerfahrer,

d) Gestaltung von Etiketten, um die Inhaltsstoffe besser zu deklarieren,

e) Erneuerung des Erstehilfe-Kasten und Komplettierung der Sicherheitsdatenblätter für die im Lager befindlichen Hilfs- und Betriebsstoffe.

Wie man dem Kasten entnehmen kann, fördert die Analyse der Tätigkeit eines Mitarbeiters (hier ein Gabelstaplerfahrer aus dem Bereich des Wareneingangs) eine Reihe von *Schwachstellen* zu Tage, die zu verschiedenen Gestaltungsmaßnahmen gebündelt werden können. Im vorliegenden Fall sind es technische und ergonomische (Regale, Formulare), organisatorische (Verantwortlichkeiten, Zugangsberechtigung, Formulare) und personale (Schulung). Die Ableitung der Gestaltungsmaßnahmen und deren Umsetzung hat nur Chancen, wenn die betroffenen Mitarbeiter bereits in den Analyseprozeß einbezogen werden und Ableitung und Umsetzung von Gestaltungsmaßnahmen möglichst gemeinsam (d. h. mit den Experten und Betroffenen zusammen) erfolgen.

Die psychologisch orientierte Arbeitsanalyse (AA) kann und wird in hohem Maße wissenschaftlich fundiert betrieben. Für die *Arbeitsgestaltung* gilt dies nicht in gleicher Weise, denn hier müssen unter Beachtung der spezifischen technischen, organisatorischen und ökonomischen Gegebenheiten des Betriebes (der Organisation) unter Beteiligung der Betroffenen kreative Kompromisse gefunden werden. Hierzu sind langjährige Erfahrungen ebenso erforderlich wie fundiertes ergonomisches Fachwissen. Die Ergebnisorientierung und Bewertbarkeit von Arbeitsgestaltungsmaßnahmen verlangen von den Beteiligten eine entsprechende Risikobereitschaft und Entscheidungsfreude. Da Arbeitsgestaltung die *Arbeitstätigkeit von Personen verändert*, muß man sich der Verantwortung bewußt sein, die mit dem arbeitspsychologischen Handeln verbunden ist. Arbeitnehmer sind keine Versuchspersonen und Betriebe keine Versuchslabore, daher sind systematische, vergleichende experimentelle Untersuchungen im Zusammenhang mit psychologischen Arbeitsgestaltungsmaßnahmen nur unter sehr spezifischen Fragestellungen möglich; z.B. bei der Erprobung unterschiedlicher Werkzeuge oder Arbeitsmittel (Dunckel, 1996).

Die schon angesprochenen Wechselwirkungen und die permanent stattfindenden Änderungen (personale, organisatorische und technische) in den Betrieben erschweren die Identifikation der Effekte durchgeführter Gestaltungsmaßnahmen. Methodisch ausgereifte Arbeitsanalyseverfahren tragen dazu bei, die tatsächlich stattgefundenen.Veränderungen durch systematische Vorher-/Nachher-Untersuchungen zu dokumentieren. Arbeitsanalysen schaffen somit die Voraussetzungen für Arbeitsgestaltungsmaßnahmen und nutzen der Dokumentation und Evaluation der stattgefundenen Veränderungen (Bungard, Holling & Schultz-Gambard, 1996; Frieling, 1975).

2 Arbeitsanalyseverfahren und Gestaltungsziele

2.1 Ziele psychologischer Arbeitsgestaltung

Durch die Verwendung von Arbeitsanalyseverfahren wird der Gegenstandsbereich „Arbeitstätigkeit" auf ausgewählte Analysemerkmale eingeengt, d.h., man sieht nur das, worauf der Blick gelenkt wird. Die Auswahl der Analysemerkmale bestimmt sich aus dem Anwendungszweck und dieser wiederum zentriert die Sicht auf die Arbeitstätigkeit. Es stellt sich daher die Frage, welche Ziele/Gegenstandsbereiche im Rahmen der psychologischen Arbeitsgestaltung von Bedeutung sind und welche Zielsetzungen mit Arbeitsanalyseverfahren verbunden sein können?

Arbeitstätigkeiten sind Elemente soziotechnischer Systeme (Emery & Thorsrud, 1982 oder Sydow, 1985), d.h. sie sind eingebunden in ein personales, organisatorisches und technisches Gesamtsystem. Für die Arbeitsgestaltung ergeben sich damit mehrere Eingriffspunkte, um die Effizienz des Gesamtsystems zu optimieren (Abbildung 2).

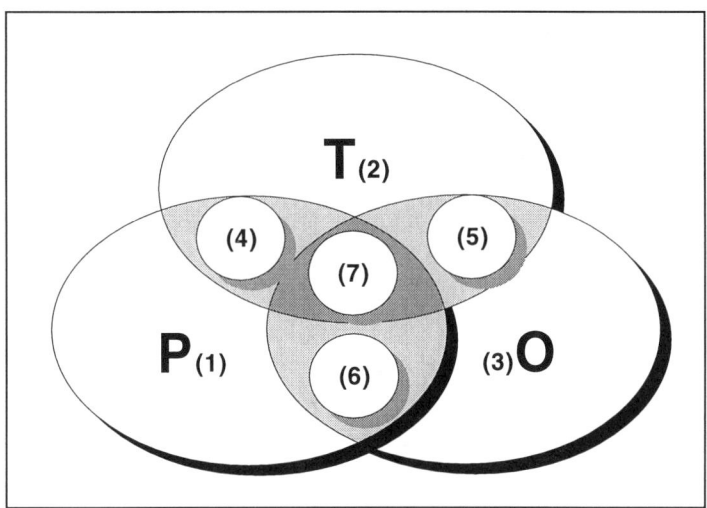

Abbildung 2
Das soziotechnische System und die Tätigkeit

Personales Teilsystem (1). – Bei der Betrachtung des personalen Teilsystems interessieren die individuellen Qualifikationen und berufsbiografischen Besonderheiten ebenso wie die aktuellen Befindlichkeiten, Einstellungen oder Zielstellungen der arbeitenden Person (Abbildung 1). Die Analyse bezieht sich auf die tätige Person, ihre individuellen Merkmale und Leistungsvoraussetzungen. Arbeitsgestaltung im partizipativen Sinne versucht, die Arbeitsbedingungen an die betroffenen Personen anzupassen. Dies gilt vor allem für Personen mit Leistungseinschränkungen oder Behinderungen, d.h., man gestaltet das technische und organisatorische Teilsystem unter Berücksichtigung der vorhandenen Mitarbeiter. Ulich (1990) bezeichnet dies als differentielle Arbeitsgestaltung. Trainings- und Unterweisungskonzepte als arbeits- und organisationspsychologische Interventionen müssen hier mit einbezogen werden (Swezey & Llaneras, 1997).

Technisches Teilsystem (2). – Durch die Art der eingesetzten Technologie bzw. der Arbeitsmittel, der Werkzeuge, der technischen Anlagen und durch die physikalisch-chemischen Prozesse können die Arbeitstätigkeiten sehr unterschiedlich ausgestaltet werden. So bestimmt z.b. die Wahl der Fügetechnik (Kleben, Schrauben, Pressen, Schweißen, Klipsen) ganz wesentlich die Art der Arbeitsausführung. Technische Spielräume können im Interesse der betroffenen Beschäftigten genutzt werden, um möglichst gesundheitliche Schädigungen zu vermeiden.

So werden z.b. durch den Einsatz von schadstoffarmen, temperaturabhängigen Schmelzklebern in der Automobilindustrie gesundheitsgefährdende, lösungsmittelhaltige Kleber ersetzt.

Für den Arbeitsgestalter ergibt sich die schwierige Aufgabe, die faktisch bestehenden, technologisch determinierten Entscheidungsspielräume unter dem Aspekt der *Human-* und *Sozialverträglichkeit* zu nutzen. Um diesen Anforderungen an arbeitspsychologisches Handeln gerecht zu werden, ist es unerläßlich, sich mit den konkreten Arbeitsbedingungen zu beschäftigen, die Technologie und Technik in mehr oder weniger groben Umrissen zu verstehen und den Arbeitsprozeß systematisch zu analysieren (Bullinger, 1994; Hettinger & Wobbe, 1993; Richter, 1996;).

Organisatorisches Teilsystem (3). – Da es erhebliche Freiheitsgrade gibt, Arbeit zu teilen und Personen zuzuordnen, ist der Arbeits- und Organisationspsychologe gezwungen, sich mit den bestehenden *Arbeitsorganisationen* und *Organisationsstrukturen* zu befassen. Mit dem Einsatz der Diskussion um Lean management (Bungard, 1995) oder die fraktale Fabrik (Warnecke, 1995) hat die Bedeutung der Arbeitsorganisation gegenüber der Technik erheblich zugenommen. Für den Arbeitsgestalter bedeutet dies beispielsweise, sich intensiver als bisher mit Fragen der *Zentralisierung/Dezentralisierung*, dem *In-* oder *Outsourcing*, den *Arbeitszeitsystemen* oder der *Gruppenarbeit* zu beschäftigen. Die vielfältigen Wirkungen derartiger organisatorischer Maßnahmen bereiten häufig Schwierigkeiten, die Konsequenzen einzelner Maßnahmen auf das Verhalten der Organisationsmitglieder präziser abzuschätzen (Frese, 1992).

Die systematische Analyse der Wechselwirkungen zwischen den in Abbildung 2 dargestellten Teilsystemen „personales und technisches" (4), „technisches und organisatorisches (5) und „organisatorisches und personales" (6) bietet Hinweise auf mögliche Auswirkungen einzelner Interventionen und enthält zugleich Anregungen für Gestaltungsansätze.

Personales und technisches Teilsystem (4). – Die systematische Beobachtung und Befragung von Personen, die mit Werkzeugen, technischen Anlagen, Fahrzeugen oder Maschinen umgehen, bieten vielfältige Ansatzpunkte zur Gestaltung der Arbeitsmittel und Arbeitsprozesse. Innerhalb der arbeitspsychologischen Forschung setzen sich eine Vielzahl von Autoren (z. B. Dunckel, 1996; Hacker, 1986; Hoyos, 1990; Ulich, 1991; Volpert, 1990) mit dem Problem auseinander, welche Aufgaben dem Menschen und welche der Technik übertragen werden sollten und können; Ergonomie (Schmidtke, 1993) und Ingenieurspsychologie (Hoyos & Zimolong, 1990) befassen sich im Rahmen der Analyse von Mensch-Maschine-Systemen besonders mit dieser Wechselwirkung von Person und Technik, um die Beanspruchungen der Beschäftigten zu verringern und Fehler zu vermeiden. Darüber hinaus sollte man das Innovationspotential derartiger Analysen für Zwecke der Produktentwicklung nicht unterschätzen.

Wie Saager (1997) auf der Basis von Arbeitsanalysen in der separaten Montage von Autotüren zeigte, führen konstruktive Mängel an den Türen (schlechte Zugänglichkeit beim Einbau des Tür-Kabelbaums und scharfe Kanten) zu Schnittverletzungen, Hand-/Armbeschwerden und hohen Nacharbeitskosten. Aufgrund dieser erkannten Mängel wurde ein neues Türenkonzept entwickelt, das durch die Modulbauweise die Montage für die Werker erleichtert und die Montagezeiten verkürzt.

Technisches und Organisationales Teilsystem (5). – Die Produktgestaltung beeinflußt nicht nur den Handlungsvollzug bei der Produktherstellung, sondern auch die Arbeitsorganisation. Dies wird deutlich, wenn die Frage zu klären ist, ob Produkte in der Vormontage oder Endmontage zusammengebaut werden sollen. Die Produktgestaltung bestimmt zum Teil die Art der Komplettmontage (z.B. parallele oder serielle Komponentenmontage), den Einsatz von Engpaßmaschinen (z.B. spezielle Klebemaschinen oder Mehrfachschrauber), die den Montageprozeß strukturieren oder die Art der Transportmittel, die als Montagehilfen (Vorrichtung) mitverwendet werden können. Beim Neuanlauf eines Automobils hat die systematische Betrachtung der Wechselwirkungen des technischen Teilsystems mit dem organisationalen strategische Bedeutung. Am Beispiel des Neuanlaufs der C-Klasse von Mercedes Benz verdeutlichen dies Bungard und Hoffmann (1995).

Personales und organisationales Teilsystem (6). – Die Analyse der Wechselwirkungen zwischen dem personalen und dem organisationalen Teilsystem hat in den letzten Jahren (Bungard, 1995; Ohno, 1993; Stürzl, 1993; Womack, Jones & Roos, 1990) erheblich an Bedeutung gewonnen. Im wesentlichen geht es um die Frage, wie das personale Teilsystem durch organisatorische Rahmenbedingungen effizienter zu gestalten ist. Diese Problemstellung wird auch unter dem Begriff „Human ressource management" abgehandelt. Wilkens und Pawlowsky (1997) geben einen guten Überblick über die verschiedenen Aspekte des Human ressource management in der Automobilindustrie (eine Auswahl in Abbildung 3).

Arbeitsorganisation	Anreizpolitik
Stellenbeschreibungen	Entlohnungssystem
Integration indirekter Funktionen	Lohndifferenzierung
Umfang von Gruppen-/Teamarbeit	Entlohnung von KVP
Frequenz von job rotation etc.	
Führung	Qualifikations- und Personaleinsatzstrategien
Entscheidungsspielraum von Teams	Qualifikationsniveau
Funktion des Teamleaders	Anlernzeiten
Informationspolitik etc.	Trainingsinhalte etc.

Abbildung 3
Auswahl verschiedener Aspekte des „Human ressource management"

Arbeitstätigkeit (7). – Die Wechselwirkungen der drei Teilsysteme konkretisieren sich in der Arbeitstätigkeit einer Person und werden durch sie für die Arbeits- und Organisationspsychologie empirisch faßbar. Im Prozeß der Arbeit verändern sich die Umwelt und die Arbeitsperson selbst; es ist die Aufgabe der Arbeits- und Organisationspsychologie, diese Veränderungen und ihre Auswirkungen auf die Person und ihre Umwelt zu untersuchen und im Sinne humaner Arbeit gestaltend zu verändern (etwa anhand der bei Hacker (1986) oder Rohmert (1972) genannten Kriterien *Ausführbarkeit, Schädigungsfreiheit* bzw. *Erträglichkeit, Beeinträchtigungsfreiheit* und *Persönlichkeitsförderlichkeit* bzw. *Wohlbefinden/Zufriedenheit*).

2.2 Anwendungsbereiche psychologischer Arbeitsanalyseverfahren

Seit den siebziger Jahren wird in Deutschland an verschiedenen Universitäten die Entwicklung von Arbeitsanalyseverfahren betrieben. Einen besonderen Anschub für diese Verfahrensentwicklung lieferte die Humanisierungsdebatte in der Bundesrepublik und die damit einhergehende Forschungsförderung durch die zuständigen Bundesministerien. In den USA entstand seit den fünfziger Jahren (Gael, 1988) eine große Anzahl von Analyseverfahren. Die verschiedenen Anwendungsbereiche von Arbeitsanalyseverfahren lassen sich unter Beachtung des soziotechnischen Systemansatzes in vier Gruppen zusammenfassen:

Schwachstellenermittlung im Bereich der Arbeitsgestaltung/-organisation. – Als Schwachstellen werden jene Merkmale des Arbeitsplatzes, des Arbeitsvollzuges und der Arbeitsorganisation betrachtet, die zu Beeinträchtigungen der Arbeitsperson oder der Arbeitsorganisation führen können. Die Schwachstellenerfassung kann sich auf die Arbeitsmittel (z.B. energiebetriebene Werkzeuge, Software und Hardware, Displays, Tische, Stühle), die Arbeitsumgebung (z.B. Beleuchtungs-, Klima, Lärmbedingungen), den Arbeitsablauf, den innerbetrieblichen Transport oder die Informations- und Kommunikationssysteme beziehen. Für diese Art der Analysen können spezifische Checklisten, z.B. zur Bildschirmarbeit (Martin, 1994; Urbanek, 1991), Beobachtungs- und Befragungsverfahren (s. Abschnitt 3, Tabelle 1 und 2), Selbstaufschreibungen oder Zeitbudgetanalysen (Hettinger & Wobbe, 1993; Kannheiser, 1990) genutzt werden.

Bestimmung von Qualifikationserfordernissen und -inhalten zum Aufbau von Trainings-, Schulungs- und Ausbildungseinheiten. – Qualifizierung – verstanden als Anpassung betrieblicher Mitarbeiter an sich ständig verändernde technisch-organisatorische Arbeitsbedingungen und als Beitrag zur Vermittlung beruflicher Kompetenzen – macht die empirische Ableitung von Qualifikationserfordernissen notwendig. Die sich ändernde Arbeitsteilung, der Einsatz gleichartiger Techniken in unterschiedlichen Berufen (z. B. ähnliche Steuerungstechniken bei verschiedenartigen Bearbeitungsmaschinen (Sonntag, 1996)) verlangt von Zeit zu Zeit nach empirischen Arbeitsanalysen, um den stattgefundenen Tätigkeitsveränderungen durch angemessene *Qualifikationsprogramme* zu entsprechen.

So erfordern rechnergestützte Bearbeitungszentren spezifische Fehlersuchstrategien, die den Maschinenbedienern vermittelt werden müssen (Sonntag, 1996), und beim Einsatz neuer Werkstoffe (z.B. Magnesium) müssen die Mitarbeiter über spezifische Materialkenntnisse verfügen.

Aufgabenangemessene Qualifizierungsprogramme tragen dazu bei, die psychische Beanspruchung, die beispielsweise beim Umgang mit neuer Rechnertechnik entstehen kann, zu mildern. Trainingsprogramme für Leistungsgewandelte, Rehabilitanten oder „umgesetzte" Mitarbeiter sind ohne differenzierte Anforderungsanalysen nicht erfolgreich aufzubauen.

Ermittlung von Eignungsanforderungen für die Personalauswahl und -plazierung. – Personalentwicklungsmaßnahmen im weitest verstandenen Sinne erfordern Kenntnisse über konkrete Arbeitstätigkeiten, für die Bewerber ausgewählt bzw. denen sie zugeordnet werden können. Wie die Diskussion über Assessment Center und ihre Validität (Kleinmann, 1996) zeigt, sind Arbeitsanalysen wichtig, um tätigkeitsrelevante Testaufgaben zu entwickeln. Diese Analysen haben im eignungsdiagnostischen Prozeß auch dann eine Funktion, wenn es darum geht, ohne psychologische Testverfahren systematisch Anforderungen abzuleiten, denen Stellenbewerber oder -inhaber entsprechen sollen. So ist z.B. die zunehmend schwieriger werdende Suche nach Arbeitsplätzen für *Mitarbeiter mit einer Behinderung* ohne entsprechende Arbeitsanalyseverfahren nicht möglich.

Systematischer Vergleich von Arbeitstätigkeiten zu Dokumentations- und Evaluationszwecken und zur Abschätzung von Technikfolgen. – Die empirische Berufsforschung (Berufsanalyse, Berufsklassifikation, berufliche Rehabilitation) ist auf Vergleichsuntersuchungen angewiesen, um im Sinne der jeweils bevorzugten theoretischen Vorstellungen bedeutsame Unterschiede oder Ähnlichkeiten zwischen Arbeitstätigkeiten herauszuarbeiten (Frieling, 1980; Gael, 1988). Umfassende und differenzierte Arbeitsanalyseverfahren sind hilfreich, um die Auswirkungen von Arbeitstätigkeiten in Abhängigkeit von spezifischen Techniken auf den Menschen abzuschätzen. Ähnliches gilt für Vorher-/Nachher-Vergleiche der Arbeitsanforderungen in Abhängigkeit von organisatorisch-technischen Veränderungen, um die Auswirkung von Maßnahmen auf die Mitarbeiter und die Arbeitsorganisation bewerten zu können (Wottawa & Thierau, 1990).

3 Klassifikation von Arbeitsanalyseverfahren

In den Tabellen 1 und 2 werden 12 psychologisch orientierte Arbeitsanalyseverfahren anhand folgender Kriterien verglichen: *Theoretische Fundierung, Geltungsbereich, Anwendungsfelder, Verfahrensanwender, Aufwand und Anzahl der Analysemerkmale (Items).* Allen Verfahren ist gemeinsam, daß es sich um mehr oder weniger standardisierte Beobachtungsinterviews handelt, d.h., der Arbeitsanalytiker benutzt einen Satz von Items, die er auf der Basis von Arbeitsplatzbeobachtungen und Befragungen der Stelleninhaber (und bei Bedarf der Vorgesetzten) einstuft. Darüber hinaus handelt es sich um personunspezifische Arbeitsanalyseverfahren, bei denen nicht das individuelle Arbeitsverhalten, die Qualität der Arbeitsausführung oder persönlichkeitsspezifische Besonderheiten (Einstellungen, Meinungen) untersucht werden, sondern die Arbeitsbedingungen im weitesten Sinne. Oesterreich und Volpert (1987, S. 54 ff.) sprechen in diesem Zusammenhang von *bedingungsbezogenen* objektiven Arbeitsanalysen und stellen diesen die personbezogenen (subjektiven) Arbeitsanalysen gegenüber (z.B. das Verfahren zur subjektiven Arbeitsanalyse SAA von Udris und Alioth (1980), den Job Diagnostic Survey JDS von Hackman und Oldham (1975) oder das Verfahren zur skalierten Erfassung erlebter Beanspruchungsfolgen BMS von Plath und Richter (1984)).

Subjektive Wertungen von erlebten Arbeitssituationen (z.B. mittels Arbeitszufriedenheitsbefragungen) verleiten beim Fehlen objektiver Arbeitsanalysedaten

zur Beibehaltung gestaltungsbedürftiger Arbeitsplätze. Wie Vergleichsuntersuchungen in der Automobilmontage zeigen, weisen eine Vielzahl von Arbeitsplätzen erhebliche Gestaltungsmängel auf, obgleich die betroffenen Mitarbeiter damit
„ganz zufrieden" sind. Diese Zufriedenheit ist im wesentlichen auf das Nicht-
vorhandensein von Vergleichsmaßstäben zurückzuführen (Frieling & Freiboth,
1997).

Um arbeits- und organisationspsychologische Interventionen im Sinne der
Betroffenen zu betreiben, ist daher eine Kombination von objektiven und subjektiven Analysedaten sinnvoll. Über entsprechende Kombinationsbeispiele berichten Hacker, Fritsche, Richter und Ivanova (1995) oder Kannheiser, Hormel und
Aichner (1997).

Zum besseren Verständnis der folgenden tabellarischen Übersichten werden die
einzelnen Bewertungskriterien kurz erläutert.

Die theoretische Fundierung von Arbeitsanalyseverfahren (Tabelle 1). – Sie
hat zwei zentrale Funktionen: erstens aus der Beliebigkeit möglicher Analysemerkmale diejenigen systematisch herauszufiltern, die für die Beschreibung des
Arbeitsverhaltens und dessen Bedingungen relevant sind, und zweitens Auswerte-
kategorien zu formulieren, nach denen die beobachtbaren und abfragbaren Analysemerkmale zu psychologisch interpretierbaren Kategorien zusammengefaßt
werden können. Arbeitsanalyseverfahren werden unterschiedliche theoretische
Konzepte zugrundegelegt, z.B. beim FAA Reiz-Organismus-Reaktionsmodelle
(McCormick, 1979), beim AET Belastungs- und Beanspruchungs-Modelle
(Rohmert & Rutenfranz, 1983), beim TBS, VERA oder RHIA Handlungstheorien
(Hacker, 1986; Oesterreich & Volpert, 1987), beim TAI Tätigkeitstheorien (Hakker, 1986; Leontjew, 1977) und Theorien zur Informationsaufnahme und Verarbei-
tung (s. hierzu die Übersicht bei Facaoaru & Frieling, 1985).

Je nach theoretischer Ausrichtung werden inhaltlich abweichende Aspekte der
Arbeitstätigkeit erfaßt und unterschiedliche Schwerpunkte bei der Dateninterpretation gesetzt. Ein großer Teil der in Tabelle 1 aufgeführten Verfahren
beruft sich auf *h*andlungs-*r*egulations-*t*heoretische (HRT) Modellvorstellungen.
Die übrigen Verfahren integrieren zum Teil unterschiedliche theoretische Konzepte (z.B. AET oder TAI), um möglichst viele Facetten der Arbeitstätigkeit in das
Analyseverfahren zu integrieren. Die Einengung der Itemauswahl auf eine theoretische Modellvorstellung (z.B. die Handlungs-Regulations-Theorien) hat zweifellos Vorteile bei der Dateninterpretation, da vorzugsweise auf einen Tätigkeits-
aspekt (z.B. bei VERA, RHIA oder KABA die kognitiven Planungs- bzw. Regu-
lationsanforderungen) fokussiert wird. Bei Verfahren mit sich ergänzenden theoretischen Modellvorstellungen ist dies schwieriger (z. B. beim TAI oder AET), da
die Arbeitsanalysedaten unter verschiedenen Aspekten interpretiert werden können (Leitner, 1994). Dafür werden unterschiedliche Tätigkeitsaspekte (z.B. im TAI

organisatorisch-technische Störungsarten, Unfallgefährdungen, Körperhaltungen oder Informationsverarbeitungsprozesse) angesprochen und somit Hinweise auf heterogene Gestaltungsfelder gegeben.

Geltungsbereich (Tabelle 1). – Die ausgewählten Analyseverfahren decken weite Teile des Produktions- und Dienstleistungssektors ab. Es gibt Verfahren, die aufgrund ihrer relativ abstrakten Itemformulierung sowohl im Dienstleistungs- als auch Produktionsbereich eingesetzt werden können (z.B. AET, FAA oder TAI) und andere, die speziell für einen Geltungsbereich (z.B. mechanische Fertigung – ATAA, Büroarbeitsplätze – KABA, RVBV oder TBS-GA oder industrielle Tätigkeiten ohne Leitungsfunktionen – TBS-O) entwickelt werden.

Anwendungsfelder (Tabelle 1). – Die Autoren der meisten Arbeitsanalyse-verfahren sehen den Hauptzweck ihres Verfahrens in der Verbesserung der Arbeitsbedingungen, d.h., die Arbeitsanalyse dient der Arbeitsgestaltung. Da die Verfahren aber nicht für spezifische Arbeitsplätze (z.B. Pressen oder Stanzen, CNC-gesteuerte Bearbeitungszentren, Schaltwarten, LKW etc.) entwickelt wurden, sondern für Branchen, Tätigkeitsgruppen oder beliebige Arbeitstätigkeiten, ist die Ableitung konkreter Gestaltungsmaßnahmen nicht direkt möglich. Das jeweilige Verfahren bietet Hinweise auf das Gestaltungsfeld (z.B. ungünstige Körperhaltungen wie Bücken oder Überkopfarbeit), enthält aber keine konkreten Maßnahmenkataloge (wie Einsatz von höhenverstellbaren Tischen, variablen Werkstückträgern oder Schwenkgehängen), da diese von der aktuellen Fertigungstechnik, den spezifischen Produktionsprozessen oder Arbeitsorganisationen abhängen.

Für wissenschaftliche Fragestellungen (z.B. Anforderungsvergleiche oder Ermittlung von Belastungsschwerpunkten) sind die meisten der aufgeführten Verfahren geeignet, da sie in weitgehend standardisierter Form die Erhebungsdaten kodieren.

Verfahrensanwender (Tabelle 2). – Da es sich im vorliegenden Fall um arbeitspsychologisch orientierte Verfahren handelt, überrascht es nicht, wenn als Verfahrensanwender in der Regel qualifizierte *Arbeitswissenschaftler* oder *Arbeits- und Organisationspsychologen* vorausgesetzt werden. Bei einigen Verfahren (z.B. ATAA, KABA, RHIA, RVBV oder VERA) werden *Betriebs- und Personalräte* als zusätzliche potentielle Anwendergruppe genannt. Dies erscheint aus zwei Gründen problematisch: Erstens verfügt dieses Personengruppe nur in Ausnahmefällen über die erforderlichen Fachqualifikationen, und zweitens besteht für Betriebs- und Personalräte kaum Anlaß, mit Hilfe der genannten Analyseverfahren aus eigenem Antrieb Tätigkeitsanalysen durchzuführen. Dies überläßt man den Fachstellen, Experten oder externen Beratern. Damit soll aber nicht gesagt werden, Betriebs- und Personalräte sollten sich nicht mit derartigen Analyseverfahren befassen, im

Gegenteil. Durch eine entsprechende Methoden- und Verfahrensschulung könnte der notwendige Blick für Gefährdungen, ergonomische Schwachstellen und arbeitsbedingte Belastungen geschärft werden. Bei allen Verfahren ist eine Schulung notwendig; diese kann im Rahmen des Studiums, der Fachausbildung zum Arbeits- und Organisationspsychologen oder bei den Autoren selbst erfolgen. Ohne Training unter Anleitung und eine Supervision sind reliable Daten nur mit Einschränkungen zu gewinnen.

Aufwand der Analyse, Umfang der Verfahren (Tabelle 2). – Die Zeitangaben für die Durchführung der Analysen schwanken zwischen einer Stunde und 16 Stunden. Die vorhandenen Angaben sind nur als Orientierungswerte zu verstehen, da die Zeiten für die Vorbereitung der Analyse, die Information der Vorgesetzten und betroffenen Mitarbeiter vom Zweck der Analyse abhängen. Je nach dem Arbeitsumfeld (Lärm, Hitze, Kälte, Schadstoffe, Reinräume etc.) können Erschwernisse auftreten, die die Analysen vor Ort beeinträchtigen. Häufig muß der Stelleninhaber seinen Arbeitsplatz für das Interview verlassen und eine ruhige Ecke (Pausenraum, Meisterbüro) aufsuchen, um sich dort den Fragen des Interviewers zu stellen.

Je einfacher und monotoner die Arbeitstätigkeiten sind (z.B. kurzgetaktete Montagearbeiten von 20-180 sec), um so schneller ist die Analyse durchzuführen. Bei umfangreicheren Arbeitsinhalten und variablen Arbeitsstellen wird die Analyse aufwendiger. Die Arbeitsplatzbeobachtung muß möglicherweise stichprobenweise an unterschiedlichen Tag oder in unterschiedlichen Schichten durchgeführt werden. Der Stelleninhaber ist ausführlich zu befragen. Bei bestehenden Sprachschwierigkeiten zwischen Stelleninhaber und Interviewer ergibt sich die Notwendigkeit, zusätzlich Kollegen und/oder Vorgesetzte zu befragen. Diese variablen Bedingungen ermöglichen nur sehr grobe Schätzwerte für die Analysezeiten. Die in der Tabelle aufgenommenen Werte gelten für den „Normal"fall, der in der Praxis kaum vorkommt; daher ist es im Anwenderinteresse, die benötigten Analysezeiten eher höher einzuschätzen.

Die unterschiedliche Itemanzahl (TAI - 2055, TBS-0 - 43 + 9) beeinflußt die Analysezeiten nur unwesentlich. Umfangreichere Verfahren benötigen jedoch längere Einstufungs- und Auswertezeiten.

4 Zum praktischen Einsatz von Arbeitsanalyseverfahren

In Übereinstimmung mit der von Matern (1983) vorgestellten Methodik psychologischer Arbeitsuntersuchungen (Abbildung 4) erscheint es zweckmäßig, zu Beginn einer geplanten Untersuchung die Gesamtorganisation (Betrieb, Unternehmen, Werk, Dienstleistungsorganisation) zu analysieren, in die der zu untersuchende Bereich (Arbeitsplatz) eingebettet ist. Die Erfassung betrieblicher Strukturdaten

Tabelle 1
Theoretische Fundierung, Geltungsbereich und Anwendungsfelder
pausgewählter objektiver Arbeitsbedingungen

Verfahren, Autoren, Publikationsjahr	Theoretische Fundierung (Auszüge)	Anwendungsfelder *Geltungsbereich*
AET Arbeitswiss. Erhebungsverfahren zur Tätigkeitsanalyse (Rohmert & Landau, 1979)	SOR-Modell Belastungs-/Beanspruchungskonzept	Anforderungsanalyse Arbeitsstudium *universell*
ATAA Verf. zur Analyse v. Tätigkeitsstrukturen und zur prospektiven Arbeitsgestaltung bei Automatisierung (Wächter et al., 1989)	Handl.-Reg.-Theorie Partialisierung der Arbeitshandlung	Arbeitsgestaltung Qualifikationsanford. *metallverarbeit. Ind. Fertigung*
FAA Fragebogen zur Tätigkeitsanalyse (Frieling & Hoyos, 1978)	SOR-Modell verhalternsorientiert	Berufsklassifikation Eignung *universell*
FSD Fragebogen zur Sicherheitsdiagnose (Hoyos & Ruppert, 1993)	Modelle sicheren Verh. Gefahr, Gefahrtypen	Gefährdungsanalyse *Industrie* *Dienstleistung*
ISTA Instrument zur stressbezogenen Tätigkeitsanalyse (Semmer, 1984)	Handl.-Reg.-Theorie Kognitive Stereotype	Belastungsschwerpunkte *Industrielle Tät.* *keine Leitungstätigkeiten*
KABA Kontrastive Aufgabenanalyse im Büro (Dunckel et al., 1993)	Handl.-Reg.-Theorie	Technik- /Organisationsbewertung, Arbeitsgest. *Büro-/Verwaltungsbereich*
RHIA Verf. z. Ermittlung von Regulationshindernissen in d. Arbeitstät. (Leitner et al., 1987)	Handl.-Reg.-Theorie Partialisierung des Arbeitshandelns	Belastungsanalyse techn-org. Umstellungen *Industrie, Fertigung*
RVB RHIA/VERA-Büro-Verfahren (Leitner et al., 1993)	Handl.-Reg.-Theorie Streßkonzepte	Arbeitsbedingungsanalyse Denk-/Planungsaufgaben *Bürobereich*
TAI Tätigkeits-Analyse-Inventar (Frieling et al., 1995)	Handl.-Reg.-Theorie Tätigkeitstheorie Informationsverarb.Th.	Belastungsanalyse Vergleichsuntersuchungen *universell*
TBS-O (Objektives) Tätigkeitsbewertungssystem (Hacker et al., 1995)	Handl.-Reg.-Theorie Tätigkeitstheorie	Persönlichkeitsförderlichkeit, Gestaltungsvorsch. **keine** *Leitungstätigkeiten*
TBS-GA Tätigkeitsbewertungssystem – Geistige Arbeit (Rudolph et al., 1987)	Handl.-Reg.-Theorie Tätigkeitstheorie	Persönlichkeitsförderlichkeit, Gestaltungsvorsch. *Prod., Dienstleistung*
VERA 2 Verf. zur Ermittlung von Regulationserfordernissen – Version 2 (Oesterreich & Volpert, 1991	Handl.-Reg.-Theorie Partialisierung des Arbeitshandelns	Anforderungsanalyse Vergleich v. Tät. **nicht** *Verw.,Handwerk*

Tabelle 2

Nutzer, Dauer und Umfang ausgewählter objektiver Arbeitsanalyseverfahren

Verfahren	Verfahrensanwender	Durschnittliche Dauer pro Analysefall	Anzahl der Items
AET	Arbeitswissenschaftler oder -psychologen, rbeitswissenschaftlich gebildete Fachkräfte	2 bis 4 Std.	216
ATAA	Betriebsräte, Meister, Techniker, Ingenieure, Personalplaner/-entwickler, Arbeitsvorbereiter, Fertigungsplaner, Manager, Betriebs/- Werksleiter	ungeübt: 4 bis 5 Std. geübt: 1 bis 2 Std.	zwei vorgelagerte Analyseebenen vor eigentlicher dritter Ebene mit 105 Items
FAA	Psychologen und psychologisch ausgebildete Arbeitsanalytiker	4 Std.	221
FSD	Fachkräfte für Arbeitssicherheit (Vorgesetzte, Sicherheitsexperten)	3 bis 4 Std.	149
ISTA	Arbeitswissenschaftler oder Psychologen	2 Std. für Fragebogen 50 min.	75 (Fragebogen) 50 (Beobachtung) ——— 125
KABA	Organisatoren, Systemgestalter, Psychologen, Sozialwissenschaftler, arbeitswissenschaftlich vorgebildete Betriebs- oder Personalräte und Arbeitsplaner	7,5 Std.	218
RHIA	Psychologen, Arbeitspädagogen, Sozialwissenschaftler, arbeitswissenschaftlich vorgebildete Betriebsräte, Arbeitsplaner, Techniker oder Betriebswirtschaftler	1 bis 3 Std.	durch Verfahrensaufbau keine eindeutige Festlegung möglich
RVBV	Psychologen, Arbeitspädagogen, Betriebsärzte, arbeitswissenschaftlich vorgebildete Betriebsräte, Arbeitsplaner und Betriebswirtschaftler	4 Std. + 3 Std. Ergebnisdokumentation	durch Verfahrensaufbau keine eindeutige Festlegung möglich
TAI	Arbeitswissenschaftler und Psychologen	Anwendung aller Module ist zeitaufwendig, abhängig von der Breite der Verfahrensanwendung mind. 4 Std. pro Arbeitsplatz + Einstufung	insgesamt 2.055 Items, modulare Anwendung möglich
TBS-O	Psychologen und Arbeitswissenschaftler	8 bis 16 Std.	43 + Teil 0: Vorsortierung mit 9 Items
TBS-GA	Psychologen und Arbeitswissenschaftler	abhängig vom Bekanntheitsgrad der analysierten Tätigkeit	60
VERA/2	Psychologen, Arbeitspädagogen, Sozialwissenschaftler, arbeitswissenschaftlich vorgebildete Betriebsräte, Arbeitsplaner, Techniker oder Betriebswirtschaftler	<5 Std.	3 Teile mit Frageweg, in Abhängigkeit vom Fragealgorithmus max. 15 Items

erleichtert in vielen Fällen das Verständnis für organisatorische Besonderheiten. Im Anschluß daran ist eine Auftrags- und Bedingungsanalyse sinnvoll, um die Anforderungen durch die Art der Arbeitsaufträge zu bestimmen. Nach diesen beiden Analyseebenen, die weitgehend personunabhängig und personunspezifisch betrachtet werden, erfolgt die Tätigkeitsanalyse im engeren Sinne, die in Kooperation mit dem Stelleninhaber durchgeführt wird.

Je nach Fragestellung/Zielsetzung der Untersuchung können die Arbeitsanalysen umfassender oder eingeschränkt durchgeführt werden. So kann es in einem Fall zweckmäßig sein, Licht-, Lärm-, Klima- und Schadstoffmessungen durchzuführen, *Auftragsanalysen* (im Sinne von Matern, 1983) zur Optimierung der Auftragssteuerung zu betreiben, *Materialflüsse* zu analysieren, Fehler an bestimmten technischen Anlagen mittels *Fehlerbaumanalysen* zu klassifizieren, Körperhaltungen und sonstige *physische Anforderungen* zu definieren oder *Regulationshemmnisse* durch den Einsatz des RHIA-Verfahrens (Leitner et al., 1987) herauszufinden. Im anderen Fall mag es genügen, den Betriebsklimabogen (v. Rosenstiel, Falkenberg, Hehn, Henschel & Warns, 1983) anzuwenden, um das Vorgesetztenverhalten vor und nach bestimmten Qualifizierungsmaßnahmen zu bewerten oder den Fragenbogen zur Sicherheitsdiagnose von Hoyos & Ruppert (1993), wenn es darum geht, Gefährdungen von spezifischen Arbeitsplätzen abzubauen.

Abbildung 4
Schematische Abfolge des Arbeitsanalyseprozesses

PROJEKTBAUSTEINE	Verantwortlich/ durchführende Stelle

PROJEKTBAUSTEINE	Verantwortlich/ durchführende Stelle
1 VISION	
z. B.: - Entwicklung einer fraktalen Fabrik - selbstbestimmtes Arbeiten - partizipatives Produktionsmanagement	Management
2 DEFINITION DER PROJEKTZIELE	
z. B.: - Gruppenarbeit - Reduzierung der Fehlzeiten - Verbesserung der Qualität - Steigerung der Produktiviät um X %	Management Betriebsrat (BR)/ Personalrat (PR)
3 DEFINITION DES PROJEKTES/BEREICHS	
z. B.: - Auswahl eines Pilotbereichs - Definition der Betroffenen - Festlegung des Budgets - Definition des Steuerungsteams	Management BR/PR
4 INFORMATION DER BETEILIGTEN	
z. B.: - Startbrief an alle betroffenen Mitarbeiter - Kick-off-Veranstaltung - Abteilungsbesprechung	Management BR/PR
5 BILDUNG EINER PROJEKTGRUPPE	
z. B.: - Definition des Kernteams/Projektteams - Auswahl von Experten (intern/extern)	Management Mitarbeiter
6 KONSTITUTION DER PROJEKTGRUPPE UND ORGANISATION DER PROJEKT-ARBEIT	
z. B.: - Bestimmung des Projektleiters - Stellvertreter-Regelung - Klärung der Protokollführung - Dokumentation des Projektfortschritts - Festlegung der Sitzungshäufigkeiten	Projektleiter BR/PR Mitarbeiter
7 FESTLEGUNG DER EVALUATIONSKRITERIEN	
z. B.: - **Auswahl eines geeigneten Analyseverfahrens** - Bestimmung von Kennzahlen	Management BR/PR
8 PROJEKTMASSNAHMEN	
z. B.: - Information der Mitarbeiter - **Durchführung der Ist-Analysen** - Arbeits- und Tätigkeitsanalysen - Technisch-, organisatorisch-, personell-orientierte Schwachstellenanalyse - physikalisch-chemische Messungen - Mitarbeiterbefragungen - schriftlich / mündlich - **Auswertung/Dokumentation d. Analyseergebnisse** - **Rückmeldung an Management und Mitarbeiter** - Ableitung von Gestaltungsmaßnahmen - technische / organisatorische / personelle - Umsetzung und Dokumentation der Maßnahmen	Projektleiter Experten (intern/extern) BR/PR Mitarbeiter
9 EVALUATION	
z. B.: - Dokumentation der Prozesse - **Arbeits- und Tätigkeitsanalysen** - Effizienzmessung durch Erfassung: - der Fehler pro Teil - der Qualität nach Auditsystem - Produktivität pro Mitarbeiter pro Schicht - Kosten pro Bauteil - Verbrauch der Hilfs-/Betriebsstoffe pro Monat - Kosten pro Bauteil etc. - Durchgeführte Trainingsmaßnahmen - Einstellungsmessung, z. B.: - Arbeitszufriedenheit - Betriebsklima - Vorgesetztenverhalten - Projektbewertung durch Vorgesetzte/Mitarbeiter	Projektleiter Experten (intern/extern) BR/PR Mitarbeiter

Abbildung 5
Einbindung der Arbeitsanalyse in den Arbeitsgestaltungsprozeß

Nach Abschluß der Arbeitsanalysen sind die Analyseergebnisse zu komprimieren, grafisch und textlich aufzubereiten und mit den Auftraggebern und den Betroffenen zu diskutieren. Die Ableitung von Gestaltungsmaßnahmen erfolgt in der Regel mit den zuständigen betrieblichen Fachstellen. Dieses abgestimmte Vorgehen ist wichtig, um die Kooperationsbereitschaft der Betroffenen und der betrieblichen Planer, Organisationsentwickler oder sonstiger Fachstellen zu erhalten und deren aktive Mithilfe bei der Umsetzung sicherzustellen. Nach Umsetzung der Gestaltungsmaßnahmen ist es zweckmäßig, mit dem Arbeitsanalyseverfahren nochmals die Tätigkeiten zu analysieren, um den Veränderungsprozeß zu dokumentieren und zu evaluieren. Häufig begnügt man sich mit subjektiven, personspezifisch orientierten Befragungen und erfaßt nicht die objektivierbaren Veränderungen. Zur Prozeßevaluation ist ein solches Vorgehen (personunspezifische und personspezifische Mehrpunktmessungen, Antoni, 1996) aber unbedingt erforderlich. Der Veränderungsprozeß wird kritisch beleuchtet, und aus den erkannten Fehlern können im Sinne der lernenden Organisation Handlungskonsequenzen abgeleitet werden.

Abschließend wird versucht, anhand eines grafischen Überblicks (Abbildung 5) die Einbindung des Arbeitsanalyseprozesses in ein Gestaltungsprojekt zur Veränderung von Arbeitsstrukturen darzustellen und zu diskutieren. Der in Abbildung 5 gezeigte Ablauf ist für sehr einfache Gestaltungsmaßnahmen (z.B. Austausch von Leuchten) verständlicherweise nicht sinnvoll, sobald aber die Handlungsvollzüge von mehreren Mitarbeitern im Interesse neuer Arbeitsstrukturen verändert werden sollen, ist ein projektartiges Vorgehen (Kannheiser, Hormel & Aichner, 1997) in der vorgeschlagenen oder ähnlicher Form erforderlich.

Wie aus Abbildung 5 ersichtlich, erlangt die Arbeitsanalyse ihren zentralen Stellenwert erst relativ spät im Ablauf der einzelnen Projektmaßnahmen (Baustein 7, 8 und 9). Die Konzeption der Methoden und die Auswahl der Instrumente/ Verfahren wird allerdings schon durch die ersten Projektbausteine mitbestimmt. Die Visionen des Managements, d.h. die diffusen Wunschvorstellungen über das, was mit Arbeitsgestaltungsprojekten beabsichtigt wird, strukturieren die Zielsetzungen unter Einbeziehung der Projektpartner und die Methoden, mit denen diese Ziel erreicht werden sollen. In den Ausführungen von Kannheiser et al. (1997) zum P-TAI oder in den Erläuterungen zum Projektmanagement bei Arbeitsstrukturierungsprojekten von Grinda, Pieper, Strina, Strötgen und Süthoff (1993) wird diese Problematik der Methoden- und Verfahrensauswahl ausführlich angesprochen.

Arbeitsanalyseverfahren sollten nicht nur für die Gestaltung, sondern auch zur *Evaluation* genutzt werden. Derzeit wird dies kaum gemacht, da die intendierten Veränderungen in den Tätigkeitsstrukturen und die tatsächlich erreichten meist nur unwesentliche Unterschiede aufweisen (Antoni, 1996, oder Frieling & Freiboth, 1997). Mit dem neuen Arbeitsschutzgesetz (ArbschG ß 5) vom September 1996 wird die Bedeutung der Analyseverfahren wachsen, da die Arbeitgeber dazu gezwungen werden, die Arbeitsplätze bezüglich ihrer Gefährdung einschließlich psychischer Belastungen zu analysieren und zu beurteilen.

Literatur

Antoni, C.H. (1996). *Teilautonome Arbeitsgruppen. Ein Königsweg zu mehr Produktivität und einer menschengerechten Arbeit?* Weinheim: Beltz.

Bullinger, H.-J. (1994). *Ergonomie – Produkt und Arbeitsplatzgestaltung.* Stuttgart: Teubner.

Bungard, W. (Hrsg.). (1995). *Lean Management auf dem Prüfstand.* Weinheim: Beltz.

Bungard, W. & Hoffmann, K. (1995). *Innovationsmanagement in der Automobilindustrie.* Weinheim: Beltz.

Bungard, W., Holling, H. & Schultz-Gambard, J. (1996). *Methoden der Arbeits- und Organisationspsychologie.* Weinheim: Beltz.

Dunckel, H. (1996). *Psychologisch orientierte Systemanalyse im Büro.* Bern: Huber.

Dunckel, H., Volpert, W., Zölch, M., Kreutner, U., Pleiss, C. & Hennes, K. (1993). *Kontrastive Aufgabenanalyse im Büro. Der KABA-Leitfaden. Grundlagen und Manual.* Arbeitsblätter (Mensch Technik Organisation, Band 5a und 5b). Stuttgart: Teubner.

Emery, F.F. & Thorsrud, E. (1982). *Industrielle Demokratie.* Bern: Huber.

Facaoaru, C. & Frieling, E. (1991). Zur Problematik der Erfassung informatorischer und sensumotorischer Anforderungen und Belastungen – dargestellt an der Entwicklung des Tätigkeitsanalyseinventars (TAI) Teil II. *Zeitschrift für Arbeitswissenschaft, 45,* 146-156.

Frese, E. (1992). *Organisationstheorie.* Wiesbaden: Gabler.

Frieling, E. (1975). *Psychologische Arbeitsanalyse.* Stuttgart: Kohlhammer.

Frieling, E. (1980). *Verfahren und Nutzen der Klassifikation von Berufen.* Stuttgart: Poeschel.

Frieling, E., Facaoaru, C., Benedix, J., Pfaus, H. & Sonntag, K. (1993). *Tätigkeits-Analyse-Inventar.* Landsberg: ecomed.

Frieling, E. & Freiboth, M. (1997). Klassifikation von Gruppenarbeit und Auswirkungen auf subjektive und objektive Merkmale der Arbeitstätigkeit. *Zeitschrift für Arbeits- und Organisationspsychologie, 41 (N.F. 15),* 120-130.

Frieling, E. & Hoyos, C. Graf (1978). *Fragebogen zur Arbeitsanalyse (FAA).* Bern: Huber.

Gael, S. (1988). *The Job Analysis Handbook for Business Industry and Government* (Vol. I und II). New York: Wiley.

Grinda, S., Pieper, G., Strina, G., Strötgen, J. & Süthoff, M. (1993). *Vom Mitarbeiter zum Mitdenker. Gestaltungsbausteine für die dezentrale Organisation.* Köln/Düsseldorf: Institut der Deutschen Wirtschaft/Verein Deutscher Ingenieure.

Hacker, W. (1986). *Arbeitspsychologie – Psychische Regulation von Arbeitstätigkeiten.* Bern: Huber.

Hacker, W., Fritsche, B., Richter, P. & Iwanowa, A. (1995). *Tätigkeitsbewertungssystem (TBS). Verfahren zur Analyse, Bewertung und Gestaltung von Arbeitstätigkeiten.* Stuttgart: Teubner.

Hacker, W., Iwanowa, A. & Richter, P. (1983). *Tätigkeitsbewertungssystem (TBS) – Verfahren zur objektiven Tätigkeitsanalyse.* Berlin: Psychodiagnostisches Zentrum.

Hackmann, J.R. & Oldham, G.R. (1975). Development of the Job Diagnostic Survey. *Journal of Applied Psychology, 60,* 159-170.

Hettinger, Th. & Wobbe, G. (Hrsg.). (1993). *Kompendium der Arbeitswissenschaft.* Ludwigshafen: Kiehl.

Hoyos, C. Graf (1990). Menschliches Handeln in technischen Systemen. In C. Graf Hoyos & B. Zimolong (Hrsg.), *Ingenieurspsychologie* (Enzyklopädie der Psychologie, Band D, III, 2, S. 1-30). Göttingen: Hogrefe.

Hoyos, C. Graf & Ruppert, F. (1993). *Der Fragebogen zur Sicherheitsdiagnose (FSD): Entwicklung und Erprobung eines verhaltensorientierten Verfahrens für die betriebliche Sicherheitsarbeit.* Bern: Huber.

Hoyos, C. Graf & Zimolong, B. (Hrsg.). (1990). *Ingenieurspsychologie* (Enzyklopädie der Psychologie, Band D, III, 2). Göttingen: Hogrefe.

Johannsen, G. (1993). *Mensch-Maschine-Systeme.* Berlin: Springer.

Kannheiser, W. (1990). Methoden der Ingenieurspsychologie. In C. Graf Hoyos & B. Zimolong (Hrsg.), *Ingenieurspsychologie* (Enzyklopädie der Psychologie, Band D, III, 2, S. 55-91). Göttingen: Hogrefe.

Kannheiser, W., Hormel, R. & Aichner, R. (1997). *Planung im Projektteam.* Bd. 1. *Handbuch zum Planungskonzept Technik, Arbeit, Innovation* (2. Auflage). München: Hampp.

Kleinmann, M. (1996). *Assessment Center. Stand der Forschung – Konsequenzen für die Praxis.* Göttingen: Verlag für Angewandte Psychologie.

Leitner, K. (1994). Das Tätigkeits-Analyse-Inventar (TAI). Eine kritische Bewertung. *Zeitschrift für Arbeitswissenschaft, 48,* 129-133.

Leitner, K., Volpert, W., Greiner, B., Weber, W.G., Hennef, K., Österreich, R., Resch, M. & Krogoll, T. (1987). *Analyse psychischer Belastung in der Arbeit. Das RHIA-Verfahren.* Köln: Verlag TÜV Rheinland.

Leitner, K., Lüders, E., Greiner, B., Ducki, A., Niedermeier, R. & Volpert, W. (1993). *Analyse psychischer Anforderungen und Belastungen in der Büroarbeit. Das RHIA-/VERA-Büro-Verfahren.* Göttingen: Hogrefe.

Leontjew, A.N. (1977). *Tätigkeit, Bewußtsein, Persönlichkeit.* Stuttgart: Klett.

Martin, H. (1994). *Grundlagen der menschengerechten Arbeitsgestaltung.* Köln: Bund Verlag.

Matern, B. (1983). *Psychologische Arbeitsanalyse, Lehrtext 3. Spezielle Arbeits- und Ingenieurpsychologie.* Berlin: VEB Deutscher Verlag der Wissenschaft.

McCormick, E. J. (1979). *Job analysis – methods and applications.* New York: Amacom.

Oesterreich, R. & Volpert, W. (1987). Handlungstheoretisch orientierte Arbeitsanalyse. In U. Kleinbeck & J. Rutenfranz (Hrsg.), *Arbeitspsychologie* (Enzyklopädie der Psychologie, Band D, III, 1, S. 43-73). Göttingen: Hogrefe.

Oesterreich, R. & Volpert, W. (1991). *VERA Version 2. Arbeitsanalyseverfahren zur Ermittlung von Planungs- und Denkanforderungen im Rahmen der RHIA-Abwendung. Teil I Handbuch. Teil II Manual* (Forschungen zum Handeln in Arbeit und Alltag Band 3). Berlin: Technische Universität.

Ohno, T. (1993). *Das Toyota-Produktionssystem.* Frankfurt: Campus.

Plath, M.E. & Richter, P. (1984). *Ermüdung, Monotonie, Sättigung, Streß – BMS: Das Verfahren zur skalierten Erfassung erlebter Beanspruchungsfolgen.* Berlin: Psychodiagnostisches Zentrum.

Richter, P.G. (1996). Aufgabe und Anforderungen. In G. Wenninger & C. Graf Hoyos (Hrsg.), *Arbeits-, Gesundheits- und Umweltschutz* (S. 368-386). Heidelberg: Asanger.

Rohmert, W. (1972). Aufgaben und Inhalt der Arbeitswissenschaft. *Die berufsbildende Schule, 24,* 3-14.

Rohmert, W. & Landau, K. (1979). *Das arbeitswissenschaftliche Erhebungsverfahren zur Tätigkeitsanalyse (AET).* Bern: Huber.

Rohmert, W. & Rutenfranz, J. (1983). *Praktische Arbeitspsychologie.* Stuttgart: Thieme.

Rosenstiel, L. v., Falkenberg, T., Hehn, W., Henschel, E. & Warns, I. (1983). *Betriebsklima heute.* Ludwigshafen: Kiehl.

Rudolph, E., Schoenfelder, H. & Hacker, W. (1987). *Tätigkeitsbewertungssystem – Geistige Arbeit.* Berlin: Humboldt Universität.

Saager, C. (1997). Technische Systemgestaltung als Randbedingung für die Organisation. In E. Frieling (Hrsg.), *Montage in Europa* (S. 159-190). Frankfurt: Campus.

Schmidtke, H. (Hrsg.). (1993). *Ergonomie.* München: Hanser.

Semmer, N. (1984). *Streßbezogene Tätigkeitsanalyse: Psychologische Untersuchungen zur Analyse von Streß am Arbeitsplatz.* Weinheim: Beltz.

Sonntag, Kh. (1996). *Lernen im Unternehmen. Effiziente Organisation durch Lernkultur.* München: Beck.

Stürzl, W. (1993). *Lean Production in der Praxis – Spitzenleistungen durch Gruppenarbeit.* Paderborn: Junfermann.

Swezey, R.W. & Llaneras, R.E. (1997). Models in Training and Instruction. In G. Salvendy (Ed.), *Handbook of Human Factors and Ergonomics* (S. 514-577). New York: Wiley.

Sydow, J. (1985). *Der soziotechnische Ansatz der Arbeits- und Organisationsgestaltung.* Frankfurt: Campus.

Udris, I. & Alioth, S. (1980). Fragebogen zur subjektiven Arbeitsanalyse (SAA). In E. Martin, U. Ackermaan, I. Udris & K. Ögerli (Hrsg.), *Monotonie in der Industrie* (S. 61-68). Bern: Huber.

Ulich, E. (1990). Individualisierung und differentielle Arbeitsgestaltung. In C. Graf Hoyos & B. Zimolong (Hrsg), *Ingenieurspsychologie* (Enzyklopädie der Psychologie, S. 511-529). Göttingen: Hogrefe.

Ulich, E. (1991). *Arbeitspsychologie.* Stuttgart: Poeschel.

Urbanek, W. (1991). *Softwareergonomie und benutzerangemessene Auswahl von Werkzeugen bei der Dialoggestaltung.* Berlin: de Gruyter.

Volpert, W. (1990). Welche Arbeit ist gut für den Menschen? Notizen zum Thema Menschenbild und Arbeitsgestaltung. In F. Frei & I. Udris (Hrsg.), *Das Bild der Arbeit* (S. 23-40). Bern: Huber.

Warnecke, H.J. (1995). *Aufbruch zum fraktalen Unternehmen.* Berlin: Springer.

Wächter, H., Modrow-Thiel, B. & Schmitz, G. (1989). *Analyse von Tätigkeitsstrukturen und prospektive Arbeitsgestaltung bei Automatisierung (ATAA).* Köln: Verlag TÜV Rheinland.

Wenninger, G. & Hoyos, C. Graf (Hrsg.). (1996). *Arbeits-, Gesundheits- und Umweltschutz. Handwörterbuch verhaltenswissenschaftlicher Grundbegriffe.* Heidelberg: Asanger.

Wilkens, U. & Pawlowsky, P. (1997). Human ressource management im Vergleich. In E. Frieling (Hrsg.), *Montage in Europa* (S. 55-90). Frankfurt: Campus.

Womack, J.P., Jones, D.T. & Roos, D. (1990). *The Machine that changed the world.* New York: Macmillan Publishing Company.

Wottawa, H. & Thierau, H. (1990). *Lehrbuch Evaluation.* Bern: Huber.

35 Personalauswahl

Thomas Staufenbiel und *Frank Rösler*

1 Einleitung

Organisationen kombinieren verschiedene Strategien, um eine optimale Passung zwischen den Anforderungen der Arbeitsplätze und den Fähigkeiten und Bedürfnissen ihrer Mitarbeiter zu erreichen. *Modifikationsstrategien* (Pawlik, 1982) verändern dazu die Arbeitsbedingungen (z.B. durch Arbeitsgestaltung) oder die Individuen (z.B. durch Training). *Selektionsstrategien* können ebenfalls bei den Bedingungen ansetzen (z.B. durch Karriereplanung). Die im folgenden dargestellte Personalauswahl beschäftigt sich hingegen mit der Selektion von Individuen, die in der Regel für vorgegebene Arbeitsplätze erfolgt.

Die einzelnen Aufgaben, die bei der Planung, Umsetzung und Evaluation einer Personalauswahlprozedur bewältigt werden müssen, sind in Abbildung 1 aufgeführt. Das Ablaufschema charakterisiert das Arbeitsprogramm, wenn beim Punkt „Null" begonnen werden muß, in einer Situation also, in der keinerlei Informationen über die Qualität von Auswahlinstrumenten verfügbar sind. In der Praxis gestaltet sich die Situation, wie in Kapitel 6 ausgeführt wird, häufig einfacher.

2 Arbeits- und Qualifikationsanalyse

Jeder Mitarbeiter in einer Organisation verfügt über einen *Arbeitsplatz* (eine Position, eine Arbeitsstelle), der durch die Gesamtheit aller auszuführenden Arbeitsaufgaben beschrieben werden kann. Unter dem Begriff *Job* faßt man solche Arbeitsplätze zusammen, die gleiche Arbeitsaufgaben zu bewältigen haben. Arbeitsplatzanalysen und darauf aufbauende Personalauswahlprogramme sind daher immer für die Analyseeinheit „Job" zu entwickeln. Jobs, die untereinander ähnlich sind, können nochmals in *Job-Familien* zusammengefaßt werden (zu diesen und weiteren konzeptuellen Abgrenzungen Cascio, 1991, S. 190 f. und Frieling in diesem Band).

Arbeitsanalysen können mit ganz unterschiedlichen Zielsetzungen durchgeführt werden (Frieling, 1975). Im Rahmen der Personalauswahl werden sie vornehmlich zur Konstruktion und Auswahl von Prädiktoren sowie Kriterien benötigt (Abbildung 1). Die erforderlichen Daten können durch vielfältige Methoden (z.B. Beobachtung, Interview, schriftliche Befragung, Dokumentenanalyse) und unter Heranziehung unterschiedlicher „Experten" (z.B. Vorgesetzte, Arbeitsplatzinhaber, Betriebspsychologen, Arbeitsanalytiker) erhoben werden. Ferner unter-

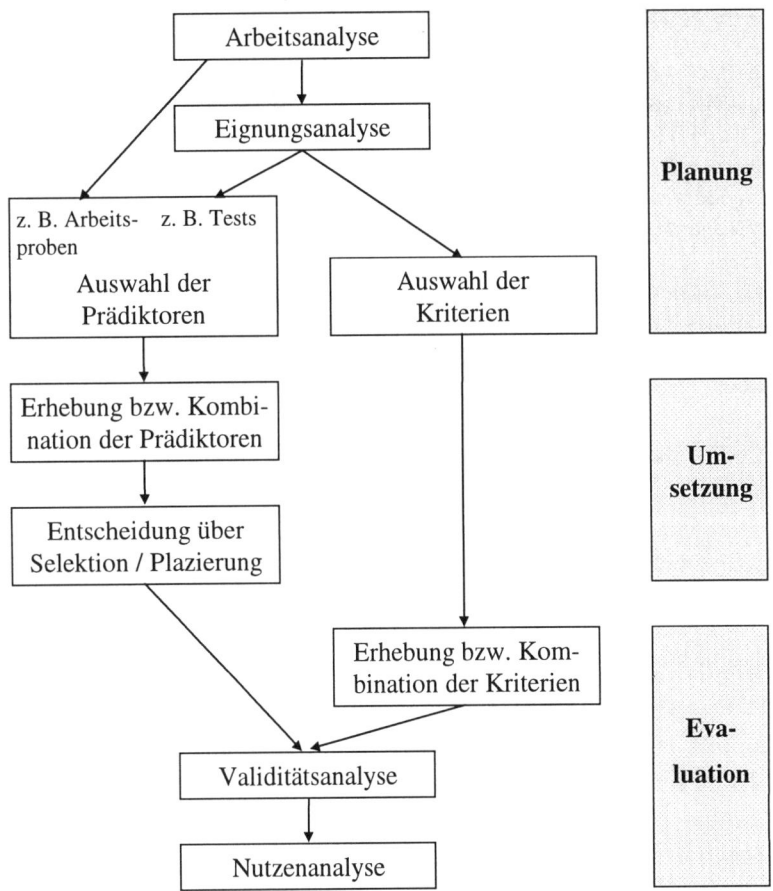

Abbildung 1
Prototypischer Ablauf bei der Planung, Umsetzung und Evaluation eines Personalauswahlprogramms

scheiden sich die Verfahren u.a. durch das Ausmaß ihres Strukturiertheitsgrades und die Bandbreite ihres Einsatzbereichs.

In der einfachsten Variante mit minimalem Strukturiertheitsgrad beurteilen Experten direkt die Anforderungen des Arbeitsplatzes oder die Qualifikationsmerkmale des Stelleninhabers (zum Begriff der Qualifikation vgl. auch den Beitrag von Staufenbiel zur Personalentwicklung, in diesem Band). Diese in der Praxis häufig anzutreffende Vorgehensweise, kann eine präzise und vollständige Arbeitsanalyse kaum sicherstellen.

Bei der teilstandardisierten Methode der kritischen Ereignisse (Bownas & Bernardin, 1988) werden Experten aufgefordert, möglichst konkret solche Verhaltensepisoden in dem betreffenden Job zu beschreiben, die zu einem Erfolg oder Mißerfolg führen. Durch weitere Fragen werden dann für jede Episode u.a. die situativen Bedingungen, unter denen das Verhalten auftritt, und dessen Konsequenzen erhoben. Eine anschließende Kategorisierung der Episoden in grundlegende tätigkeitsbeschreibende Dimensionen dient der Systematisierung der Verhaltensanforderungen im Job.

Zu den hoch standardisierten Verfahren zählt der Fragebogen zur Arbeitsanalyse (FAA; Frieling & Hoyos, 1978). Im FAA wird erhoben (1) wie und welche Informationen aufgenommen und verarbeitet werden, (2) welche Tätigkeiten mit welchen Hilfsmitteln ausgeführt werden, (3) welche sozialen Beziehungen am Arbeitsplatz auftreten und wie kommuniziert wird sowie (4) welche Umgebungseinflüße und besondere Arbeitsbedingungen von Bedeutung sind. Dies geschieht anhand von 221 Items (Arbeitselementen), die von Experten auf verschiedenen Antwortskalen (z.B. hinsichtlich der Auftretenshäufigkeit, der Wichtigkeit oder der zeitlichen Bedeutung) einzuschätzen sind. Es resultieren detaillierte Profile der Jobkomponenten, die aufgrund des breiten Einsatzbereichs des Verfahrens auch zur Bildung von Job-Familien herangezogen werden können.

Die beschriebenen (teil-)strukturierten Verfahren dienen der genauen Beschreibung der Aufgaben am Arbeitsplatz bzw. der Verhaltensanforderungen des betreffenden Jobs. In Abbildung 2 ist diese Zerlegung von Jobs in Komponenten in allgemeiner Form durch Matrix A verdeutlicht. Für einige Auswahlverfahren wie z.B. Arbeitsproben, die das Bearbeiten von Aufgaben verlangen, die den im Job auszuführenden sehr ähnlich sind, können die so gewonnen Jobkomponenten direkt zur Konstruktion der Prädiktoren verwendet werden (gestrichelte Linien in Abbildung 2). Die meisten anderen Auswahlverfahren diagnostizieren aber personale Qualifikationen. Darunter sind die Fähigkeiten, das Wissen, die Interessen usw. zu verstehen, über die der Stelleninhaber verfügen muß, um die in den Arbeitsanalysen ermittelten Anforderungen erfüllen zu können. Die Bestimmung dieser personalen Merkmale wird hier in Abgrenzung zur Arbeits- als *Qualifikationsanalyse* bezeichnet.

Es existiert eine Reihe von Taxonomien für solche Qualifikationen, z.B. die Ability Requirement Scales (Fleishman & Mumford, 1988), die sich aus 50 psychomotorischen und kognitiven Fähigkeitsskalen zusammensetzen (s.a. Sonntag in diesem Band). Die Verknüpfung von Arbeitsanforderungen und Qualifikationen kann in einem aufwendigen Verfahren über Expertenurteile geschehen. Beispiele für die Ermittlung der dabei resultierenden Zuordnungsgewichte (Matrix E in Abbildung 2) und die Erörterung der dabei auftretenden Schwierigkeiten finden sich bei Frieling (1977) oder Jeanneret (1992).

Alternativ zu der hier geschilderten arbeitsanalytischen Herangehensweisen kann man die erforderlichen Qualifikationen durch die Untersuchung von Stelleninhabern erheben. In der einfachsten Variante wird das mittlere Merkmalsprofil der Stelleninhaber als Anforderungsprofil verwendet. Spezifischere Informationen kann man z.B. durch den Vergleich von erfolgreichen und weniger erfolgreichen Stelleninhabern oder durch die Suche nach solchen Merkmalen gewinnen, die in einem engen Zusammenhang mit der Leistung oder Zufriedenheit der Stelleninhaber stehen. Dieses Vorgehen weist eine Reihe von Problemen auf (Schuler, 1996). So ist u.a. nicht auszuschließen, daß sich die Merkmale der Stelleninhaber erst im Laufe der beruflichen Sozialisation, z.B. durch Training, herausgebildet haben und daher für die Auswahl von Job-Einsteigern ungeeignet sind.

Schließlich werden auch Merkmale der Organisation wie z.B. die Organisationsstruktur, die Organisationsziele oder die Unternehmenskultur als relevant für die Personalauswahl erachtet (Schuler, 1996). Diese Perspektive erweitert das Ziel einer Maximierung des „person-job fits" um eine Optimierung des „person-organization fit" (Borman, Hanson & Hedge, 1997; Kristof, 1996).

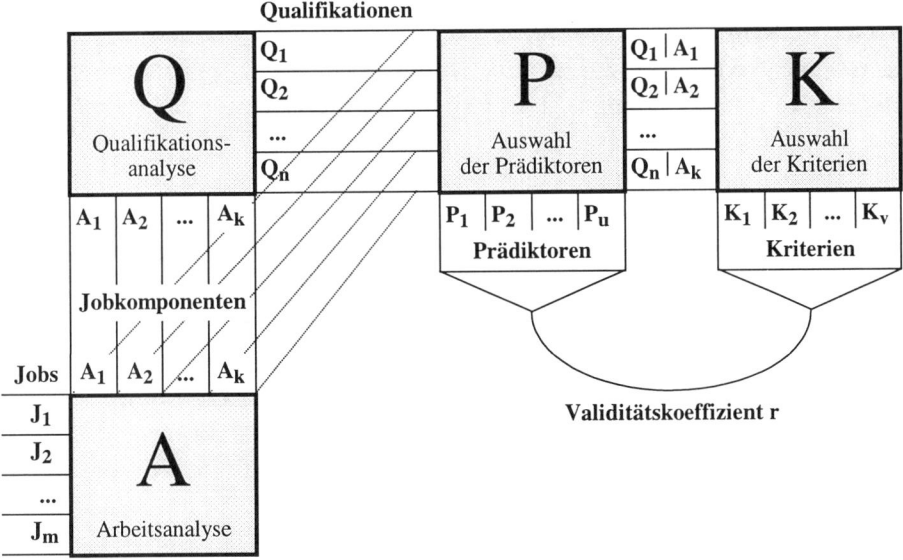

Abbildung 2
Übersetzungsschritte zwischen Jobs und Prädiktoren bzw. Kriterien. Die Matrizen A, Q, P und K enthalten je nach Kontext dichotome oder polychotome Expertenratings, Validitätskoeffizienten, missing data etc.

3 Prädiktoren

Im folgenden werden die gebräuchlichsten im Rahmen der Personalauswahl eingesetzten Verfahren dargestellt (s. dazu im Überblick Sarges, 1995; Schuler, 1996).

3.1 Interviews

Neben den Bewerbungsunterlagen (Weuster, 1994) zählen die *Einstellungsinterviews* (Eder & Ferris, 1989) zu den Prädiktoren, die in fast keinem Auswahlverfahren fehlen. Ihre große Beliebtheit, auch auf Seiten der Bewerber, hängt sicher damit zusammen, daß sie neben der Erhebung eignungsdiagnostischer Informationen eine Vielzahl weiterer Funktionen erfüllen: den Aufbau von persönlichem Kontakt, die Erkundung der Erwartungen des Bewerbers, das Informieren über den Arbeitsplatz und die Organisation, die Vereinbarung von Vertragsbedingungen usw. Wie frühe Übersichtsarbeiten zeigten, sind die Reliabilität und die prognostische Validität des Verfahrens im Mittel nur mäßig und streuen zudem weit (Hunter & Hunter, 1984; Wagner, 1949: Reliabilität: Median .57/Streubereich .29-.97; Validität: .27/.09-.94). Dies wurde unter anderem auf die vielfältigen Verfälschungstendenzen zurückgeführt, die bei der Urteilsbildung der Interviewer wirksam werden können, wie z.B. die Überlastung der Informationsverarbeitung oder die relative Überbewertung negativer Informationen, Primacy- und Halo-Effekte sowie die Sensitivität gegenüber Vorinformationen (Dougherty, Turban & Callender, 1994) oder Impression-Management Techniken der Bewerber (Stevens & Kristof, 1995). Eine intensive Erforschung solcher Prozesse (Dipboye & Gaugler, 1993) und die Untersuchungen von Moderatorvariablen in Metaanalysen machen deutlich, daß bei entsprechender Gestaltung der Interviews wesentliche Verbesserungen der psychometrischen Qualität erreicht werden können. So erreichen vor allem hoch strukturierte Interviews und solche, deren Fragen sich auf Anforderungen beziehen, die vorher in einer Arbeitsanalyse erhoben wurden, höhere Reliabilitäten (Conway, Jako & Goodman, 1995) und Validitäten (Tabelle 1). Darüber hinaus erweisen sich in strukturierten Interviews besonders situationale und biographische Fragetypen als besonders valide (Janz, 1989; Latham, 1989; Motowidlo et al., 1992).

Situationale Fragen konfrontieren den Bewerber mit hypothetischen Situationen, die durch die Analyse von kritischen Ereignissen in dem betreffenden Job ermittelt wurden. Ein Beispiel: „Stellen Sie sich vor, ihre Frau ist zu Besuch bei ihren Eltern und ihr 6-jähriger Sohn wird an einem Arbeitstag morgens plötzlich krank. Was würden Sie tun?". Die Antworten werden hinsichtlich ihrer Qualität auf verhaltensverankerten Skalen eingestuft.

Im Gegensatz zu den hypothetischen, situationalen Fragen wird bei den *biographischen* Fragen nach dem Verhalten in spezifischen beruflichen Situationen in der Vergangenheit gefragt. Entsprechend lautet die Frage beispielsweise: „Berichten Sie mir bitte, wann Sie in der letzten Zeit nicht zur Arbeit gehen konnten. Was war die Ursache? Was taten Sie?"

3.2 Tests

Tests sind standardisierte Meßinstrumente, die eine (meist durch die klassische Testtheorie; Kristof, 1983) psychometrisch fundierte Messung von Personenmerkmalen erlauben. Übersichten über Testverfahren und ihre psychometrischen Eigenschaften finden sich bei Amelang & Zielinski (1994), Brickenkamp (1997) und Sarges (1995) für den Managementbereich (Kasten 1).

Tabelle 1
Bewertungskriterien für verschiedene Personalauswahlverfahren (Alle Validitätskoeffizienten sind meßfehlerkorrigiert)

PRÄDIKTOR	QUELLE UND VALIDITÄT	V	U	WICHTIGE MODERATOREN	A	K	D
Interviews	Wiesner & Cronshaw (1988): r=0.47	+	K	Strukturiertheitsgrad (hoch: 0.62, niedrig: 0.31); Art der Arbeitsanalyse bei hoch strukturierten Interviews (formal: 0.87, „armchair": 0.59)	↑	↓	∅/↓
	McDaniel, Whetzel, Schmidt & Maurer (1994): r=0.37	+	K	Strukturiertheitsgrad (hoch: 0.44, niedrig: 0.33); Inhalt der Fragen (situational: 0.50, arbeits- & erfahrungsbezogen: 0.39, traitorientiert: 0.29)			
Biographische Fragebogen	Hunter & Hunter (1984): r=0.37	+	K		∅/↓	0	→
	Hunter & Hirsh (1987): r=0.41	–	K	Untersuchungsdesign (konkurrent: 0.35, prädiktiv: 0.29, prädiktiv mit Selektion dazwischen: 0.21)			
	Bliesener (1996): r=0.30	–	–				
Kognitive Tests	Hunter & Hunter (1984): r=0.53	+	K	Komplexität der Job-Familien (positiver Zusammenhang mit Validität)	∅	→	→
	Hunter & Hirsh (1987): r=0.41	+	K				
	Hunter & Hirsh (1987): r=0.27	–	K				
Persönlichkeitstests	Barrick & Mount (1991)	+	B	Persönlichkeitsdimension der „Big Five" (z. B. Gewissenhaftigkeit: 0.23, Extraversion: 0.10, Offenheit: -0.03). z.T. Wechselwirkungen mit Jobs	→	→	→
	Tett et al. (1994): r=0.17	+	B	Auswahl der Persönlichkeitsdimens. (explorativ: 0.04, theoriegeleitet: 0.24)			
Arbeitsproben	Hunter & Hunter (1984): r=0.54	+	K		↑	↑	∅/↑
	Hunter & Hirsh (1987): r=0.41	–	K				
Assessment Center	Hunter & Hunter (1984): r=0.43	+	K		↑	↑	↑
	Hunter & Hirsh (1987): r=0.55	–	K				
	Gaugler et al. (1987): r=0.37	+	K	Zahl an Übungen, Frauenanteil bei Teilnehmern, Beurteilung durch Kollegen und durch Psychologen, methodische Qualität der Studie (jeweils positive Zusammenhänge mit Validität)			

Legende: V: Korrektur für Varianzeinschränkung in der Metaanalyse. +: vorgenommen, –: nicht vorgenommen
U: Korrektur für Unreliabilität in der Metaanalyse. K: nur im Kriterium, B: im Prädiktor & Kriterium, –: keine Korrektur
A: Akzeptanz. K: Aufwand bei der Konstruktion. D: Aufwand bei der Durchführung. Jeweils ↑: hoch, ∅: mittel, ↓: gering

Kasten 1
Wichtige Kategorien von Testverfahren

Die für die Personalauswahl bedeutendsten Testverfahren sind die Intelligenztests, bei denen häufiger auch nur eine Zusammenstellung bestimmter Subskalen Anwendung findet [z.B. Intelligenz-Struktur-Test (IST), Leistungs-Prüf-System (LPS), Wilde-Intelligenz-Test (WIT)].

Aus der Kategorie der allgemeinen Leistungstests werden vor allem Konzentrationstests verwendet, die auch motivationale Aspekte, z.B. Ausdauer und allgemeine Leistungsbereitschaft, erfassen sollen [z.B. Aufmerksamkeits-Belastungstest (d2)].

Aus der von Brickenkamp als Schultests bezeichneten Gruppe sind vor allem Rechtschreib- und Fremdsprachentests von Bedeutung [z.B. Mannheimer Rechtschreib-Test (MRT)].

Die Kategorie Spezielle Funktionsprüfungs- und Eignungstests schließlich ist sehr breit. Sie umfaßt einerseits sensorische und motorische Funktionsprüfungen, die im Gegensatz zu den meisten übrigen Verfahren keine Papier-und-Bleistift Verfahren darstellen, sondern zu den apparativen Tests zählen [Übersicht in Brickenkamp (1986); z.B. Drahtbiegeprobe (DBP)].

Außerdem existiert eine Vielzahl von Testverfahren, die speziell für bestimmte eignungsdiagnostische Fragestellungen entwickelt wurden [z.B. Berufseignungstest (BET), Revidierter Allgemeiner Büroarbeitstest (ABAT-R), Mannheimer Test zur Erfassung des physikalisch-technischen Problemlösens (MTP)].

Neben diesen Verfahren, die alle den Leistungstests zuzuordnen sind, spielen – wenngleich in geringerem Ausmaß – auch Persönlichkeitstests für die Personalauswahl eine Rolle. Dabei lassen sich allgemeine Persönlichkeits-Struktur-Tests [z.B. Freiburger Persönlichkeitsinventar (FPI), Neo-Fünf-Faktoren Inventar (NEO-FFI)] von den Interessentests [z.B. Berufs-Interessen-Test (BIT II)] und den Motivationstests [Übersicht in Rosenstiel (1979)] abgrenzen.

Aufgrund der Standardisierung von Inhalt, Durchführung und Auswertung weisen Tests eine hohe *Objektivität* und *Reliabilität* auf. Was die *Validität* der Verfahren anbelangt, resultieren für Intelligenz- oder kognitive Tests in Metaanalysen hohe prädiktive Validitäten (Tabelle 1). Darüber hinaus leisten Intelligenztests für praktisch alle untersuchten Jobs einen bedeutsamen Beitrag zur Vorhersage des Berufserfolgs. Sie galten deshalb lange Zeit als der Standard, an dem sich die Validitäten anderer Verfahren zu messen hatten (Hunter & Hunter, 1984).

Die prognostische Validität von Persönlichkeitstests liegt deutlich niedriger (Tabelle 1). Als Ursachen dafür werden u.a. der geringe Bezug der allgemeinen Persönlichkeitsdimensionen zu den Arbeitsanforderungen und die Verfälschbarkeit der Ergebnisse in Richtung einer positiven Selbstdarstellung durch die Bewerber ins Feld geführt. In neuerer Zeit erfahren Persönlichkeitstest jedoch einen Aufschwung (Borman, Hanson & Hedge, 1997). Dies hängt unter anderem mit dem Nachweis zusammen, daß die Verfälschungstendenzen bei Bewerberstichproben, obwohl vorhanden, nicht sehr ausgeprägt sind und überdies die prognostische Validität nicht verringern (Barrick & Mount, 1996).

3.3 Biographische Fragebogen

Für biographische Fragebogen (Stokes, Mumford & Owens, 1994) sind sowohl die Items als auch die Art ihrer Konstruktion charakteristisch. Durch die Items werden vom Bewerber Informationen erhoben, die sich auf ein breites Spektrum von Ereignissen aus seiner beruflichen und privaten Lebensgeschichte beziehen. Die zugrunde liegende Idee dabei ist: Das zukünftige Arbeitsverhalten läßt sich am besten aus der Biographie und dem vergangenen Verhalten prognostizieren. Biographische Informationen können durch einfache soziodemographische Fragen (z.B. nach Ehestand, Zahl und Alter der Kinder, Ausbildung) erhoben werden; Items beziehen sich aber auch auf berufliche Erfahrungen (z.B. Anzahl vorheriger Arbeitsstellen, Höhe des letzten Einkommens, Umgang mit einem konkreten Problem), private Dinge (z.B. Krankheiten, finanzielle Verhältnisse), Einstellungen (z.B. gegenüber der Gleichstellung der Frau) oder Interessen (z.B. die Art der Freizeitaktivitäten).

Bei dem als „empirisch" bezeichneten Vorgehen bei der Konstruktion eines biographischen Fragebogens wird aus einer großen Zahl von Items (meist über 100) diejenigen ausgewählt, deren Antworten zwischen erfolgreichen und weniger erfolgreichen Stelleninhabern differenzieren. Als Ergebnis der Itemanalyse können den Itemantworten Gewichte zugewiesen werden, die global oder nach inhaltlichen Dimensionen getrennt aufsummiert werden, was eine objektive Auswertung sicherstellt und zu hohen Reliabilitäten führt (Mumford & Stokes, 1992).

Die *prädiktiven Validitäten* biographischer Erhebungsinstrumente erreichen in Metastudien die Größenordnungen von Intelligenztests (Tabelle 1) und sind bei entsprechender Konstruktion der Instrumente auch über Job-Familien generalisierbar (Rothstein, Schmidt, Erwin, Owens & Sparks, 1990). Neben der mangelnden theoretischen Fundierung von biographischen Daten (vgl. aber Mael, 1991) ist vor allem der invasive Charakter bestimmter Fragen problematisch. Der Verzicht auf Items, die die *Privatsphäre der Bewerber* verletzen, und eine stärkere Orientierung an arbeitsbezogenen Inhalten versprechen hier, die Akzeptanz des Verfahrens zu erhöhen. Darüber hinaus sind bei biographischen Dateninventaren – wie bei allen anderen Verfahren natürlich auch – rechtliche und ethische Grenzen zu beachten: Es dürfen keine Persönlichkeitsbereiche ausgeforscht werden, die, selbst wenn sie nachweislich prognostische Validität hätten, zu einer Diskriminierung einzelner Personengruppen oder zu einer Verletzung des allgemeinen Persönlichkeitsrechts führen würden (Beispiele für solche Fragen finden sich in Schuler, 1996; s. a. Uertz in diesem Band).

3.4 Arbeitsproben

Arbeitsproben bezeichnen standardisierte Aufgaben oder Tests, bei denen erfolgsrelevantes Arbeitsverhalten ausgeführt werden muß, das dem im Job möglichst ähnlich ist (Funke, 1993; Robertson & Kandola 1982). Zunächst wurden dabei vor allem psychomotorische Aufgaben und Tests betrachtet.

Beispiele für solche Arbeitsproben sind die Drahtbiegeprobe von Lienert (1967), das Anfertigen eines Werkstücks für Schlosser oder das Schreiben eines Briefs für Sekretärinnen.

Inzwischen hat sich ein erweitertes Verständnis des Begriffs durchgesetzt, das auch komplexere Aufgaben wie z.B. den Probevortrag eines Lehrers oder die Vielzahl der im Rahmen des Assessment-Center zum Einsatz kommenden Übungen einschließt (s.u.). Arbeitsproben können also direkt an dem konkreten Arbeitsplatz durchgeführt werden, oder aber konstruierte, mehr oder weniger ähnliche Simulationen dieser Arbeitsbedingungen darstellen (Downs, 1989), deren Konstruktion einen beträchtlichen Aufwand darstellen kann. Häufig wird die Leistung der Teilnehmer durch Experten global oder anhand von Checklisten beurteilt. Die prognostischen Validitäten von Arbeitsproben sind hoch (Tabelle 1). Darüber hinaus weisen die augenscheinvaliden und informativen Aufgaben eine hohe Akzeptanz bei den Teilnehmern auf, sowie eine hohe Fairneß, d.h. sie benachteiligen z.B. Frauen oder Ausländer weniger als Tests zur Allgemeinbegabung (Robertson & Kandola, 1982).

Eine interessante Variante der Arbeitsprobe, die *Traininierbarkeits-* oder *Lernfähigkeitstests* (Guthke & Wiedl, 1996), sind besonders in Situationen geeignet, in der Bewerber noch nicht über die im Job erforderlichen Fertigkeiten verfügen. Bei diesen Tests muß in einer Lernphase ein bestimmtes Arbeitsverhalten erworben werden. Als eignungsdiagnostisch relevante Daten können die Ergebnisse des Lernprozesses oder während des Trainings die Zahl der Fehler registriert oder das Verhalten global durch Experten beurteilt werden. Robertson und Downs (1989) finden in ihrer Metastudie für die Prozeßdaten Validitätskoeffizienten von .26 (Fehlerzahl) bzw. .31 (Ratings; Validitäten jeweils korrigiert nach Tett, Meyer & Roese, 1994).

3.5 Assessment Center

Assessment Center (AC; Thornton & Byham, 1982) ist die Bezeichnung für eine bestimmte Verfahrenstechnik, bei der verschiedene eignungsdiagnostische Verfahren kombiniert werden. Zielgruppe eines AC sind häufig Führungskräfte, die in Gruppen von (meist 6 bis 12) Teilnehmern das ein oder mehrere Tage dauernde AC-Seminar durchlaufen. Obwohl prinzipiell alle dargestellten Auswahlverfahren im Rahmen von AC zum Einsatz kommen können, werden vor allem Arbeitsproben eingesetzt. Besonders häufig finden sich die folgenden, im Kontext des AC meist als Übungen bezeichneten, Verfahrensgruppen (Jeserich, 1981, Obermann, 1992; Sarges, 1995, Kasten 2).

Kasten 2
Verfahren im Assessment Center

Gruppendiskussionen, die von einer Gruppe von Teilnehmern frei oder mit zugewiesenen Rollen zu einem vorgegebenen Thema geführt werden müssen.
Rollenspiele, in der der Teilnehmer z.B. mit einem unzufriedenen Kunden verhandeln oder mit einem Mitarbeiter ein Kritikgespräch bzgl. dessen nachlassender Leistung führen muß.
Postkorb-Übungen, in der der Teilnehmer innerhalb eines vorgegebenen Zeitraums eine größere Menge an Schriftstücken (Memos, Berichte etc.) sichten, strukturieren und dann entscheiden muß, was jeweils damit zu geschehen hat.
Präsentationen, in der der Teilnehmer nach einer bestimmten Vorbereitungszeit zu einem gestellten Thema referieren muß.
Fallstudien, in denen der Teilnehmer eine schriftlich vorgegebene Problemsituation zu analysieren hat, um anschließend allein oder in Gruppen Problemlösungen zu erarbeiten, die anschließend dargestellt und vertreten werden müssen.
Planspiele, in denen der Teilnehmer eine bestimmte Position innerhalb eines heute meist rechnergestützt simulierten Unternehmens zu übernehmen und entsprechend Entscheidungen zu treffen hat.

Ausgangsbasis für die Konstruktion eines AC sind die Arbeits- bzw. Qualifikationsanalyse. Bei der Kombination der Übungen wird sichergestellt, daß jedes der in der Qualifikationsanalyse festgestellten Personenmerkmale (im AC meist als *Anforderungsdimensionen* bezeichnet) in mehr als einer Übung zu beobachten ist. Die Arbeitsanalyse kann zur tätigkeitsnahen inhaltlichen Ausgestaltung der Übungen herangezogen werden.

Die Beobachtung und anschließende Bewertung des Verhaltens der Teilnehmer erfolgt anhand der Anforderungsdimensionen auf vorgegebenen Skalen. Dazu wird vorher ein Gremium von Beurteilern geschult, das sich meist aus Führungskräften höherer Ebenen und (internen oder/und externen) Personalfachleuten, häufig Psychologen, zusammensetzt. Im Anschluß an das AC werden in einer *Beurteilerkonferenz* die Beobachtungen zusammengetragen und für die Gesamtbeurteilung jedes Teilnehmers meist ein Gruppenkonsens der Experten herbeigeführt (Thornton, 1992). Das Ausmaß, in dem dabei die erhobenen Informationen „verdichtet" werden, hängt vom Zweck des ACs ab. Wird es zur Personalauswahl eingesetzt, so kann dies bis zur Dichotomisierung der Teilnehmer in „Geeignete" und „Ungeeignete" gehen. ACs werden aber häufig auch zur Bestimmung des individuellen Entwicklungspotentials und Förderungsbedarfs bereits eingestellter Mitarbeiter im Rahmen der Personalentwicklung eingesetzt. In diesem Fall steht vor allem der Feedback-Aspekt im Vordergrund, d.h. die Teilnehmer erhalten im Anschluß eine individuelle, spezifische Rückmeldung über ihre Stärken und Schwächen (*Feedback-Gespräch*).

Im Hinblick auf die *Validität* von Assessment Centern ergibt sich ein widersprüchliches Bild. Einerseits belegen Metaanalysen eine hohe prädiktive Validität, die durch die Beachtung einer Reihe von Moderatoren noch gesteigert werden kann (Tabelle 1). Anders sieht es bei der Konstruktvalidität aus. Im dominanten Forschungsparadigma wird dabei untersucht, ob die Ergebnisse bzgl. einer Anforderungsdimension in verschiedenen Übungen hoch korrelieren (*konvergente* Validität) und außerdem die korrelative Übereinstimmung verschiedener Anforderungsdimensionen in einer Übung gering ist (*diskriminante* Validität). Eine Vielzahl von Studien kommt übereinstimmend zu dem Ergebnis, daß die so operationalisierte Konstruktvalididät nicht gegeben ist, es also nicht gelingt, die Anforderungsdimensionen unabhängig und differenziert zu erfassen (Schneider & Schmitt, 1992; Thornton, 1992, S. 123). So betragen z. B. in der klassischen Untersuchung von Sackett und Dreher (1982) die Korrelationen zwischen verschiedenen Dimensionen in einer Übung durchschnittlich r=0.64 und bei einer Dimension in verschiedenen Übungen nur r=0.07. Wenngleich inzwischen eine Reihe von Bedingungen bekannt sind, die vor allem die konvergente Validität erhöhen (z.B. die Zahl der Anforderungsdimensionen, die Verwendung von Checklisten bei der Beurteilung, die Bekanntgabe der Beurteilungsdimensionen für die Teilnehmer usw.; Kleinmann, 1997), so ist doch die Frage, warum ACs prognostisch valide sind, wenn sie die Konstrukte nicht adäquat erfassen, bisher unbefriedigend geklärt (Klimoski & Brickner, 1987).

3.6 Computergestützte Verfahren

Computer spielen in der Eignungsdiagnostik eine zunehmend wichtigere Rolle. Sie können in allen Phasen des eignungsdiagnostischen Prozesses von der Konstruktion des Meßinstruments, dessen Vorgabe an den Probanden, bis hin zur Auswertung und Rückmeldung der Ergebnisse eingesetzt werden (Bartram, 1994). Von *computergestützte Verfahren* wird im engeren Sinne gesprochen, wenn der Bewerber direkten Kontakt mit dem Rechner hat. Als Hauptvorteile des Rechnereinsatzes sind die hohe Objektivität bei der Durchführung und die schnelle und fehlerfreie Auswertung hervorzuheben. Diese Vorteile sind sicher ein Grund für vielfältige Bemühungen, bewährte Papier-und-Bleistift Tests auf den Rechner zu portieren. Nachzuweisen ist dabei, daß die Gütekriterien sowie die Normen übertragbar sind, was insbesondere für Test mit einer starken Speed-Komponente problematisch sein kann (Mead & Drasgow, 1993).

In einer Weiterentwicklung, dem computergestützten *adaptiven Testen* (Hornke & Rettig, 1995), wird nicht mehr allen Probanden der gleiche, fixe Test vorgegeben. Vielmehr steuert der Rechner die sequentielle Vorgabe der Items in Abhängigkeit von der Leistung, die der Proband in den vorangegangenen Items erbracht hat. Diese ökonomische Vorgehensweise, die auch eine Reihe psychometrischer Vorzüge besitzt, hat aber bisher, wohl auch wegen des großen Konstruktionsaufwands, in der eignungsdiagnostischen Praxis kaum Anwendung gefunden.

Ohne Rechnereinsatz nicht mehr durchführbar sind computersimulierte komplexe Szenarien (Strauß & Kleinmann, 1995). Dabei hat der Proband ein komplexes Szenario (z.B. einen elektrotechnischen Betrieb) während einer bestimmten Zahl von Durchgängen zu steuern, indem er jeweils Entscheidungen über Eingriffsvariablen trifft, deren Konsequenzen ihm vom Rechner zurückgemeldet werden. Als Leistungsmaße können sowohl Ergebnisvariablen (z.B. der erzielte Umsatz) als auch bestimmte Verhaltensweisen während des Steuerns des Systems (z.B. die Stärke der Eingriffe) gemessen werden.

4 Auswahl von Prädiktoren und Validitätsgeneralisierung

Über die Auswahl der Prädiktoren kann anhand der Arbeits- bzw. Qualifikationsanalyse entschieden werden. In diesem Fall muß sichergestellt werden, daß diagnostische Informationen für alle relevanten Qualifikationen bzw. die Erfüllung der Arbeitsanforderungen erhoben werden (Matrix K in Abbildung 2).

Bei der Entscheidung darüber, welche Verfahrensgruppen zum Einsatz kommen sollen, werden in der Regel neben den Validitätsinformationen weitere Beurteilungskriterien herangezogen. Drei bedeutende *Beurteilungsstandards* sind exemplarisch in Tabelle 1 in einer vereinfachenden Grobrasterung eingeschätzt: Die Akzeptanz der Verfahren durch Bewerber (Steiner & Gilliland, 1996; Spalte „A") sowie der Aufwand der Verfahren, unterteilt in den Aufwand bei der Konstruktion bzw. Anpassung der Verfahren (Spalte „K"; bei Tests wird davon ausgegangen, daß diese vorliegen) und der Durchführung und Auswertung auf seiten des Diagnostikers (Spalte „D"). Über die Verbreitung eignungsdiagnostischer Verfahren in der Praxis informieren Schuler, Frier & Kauffmann (1993).

Das bedeutendste Entscheidungskriterium ist aber sicherlich die Validität der Verfahren. Tabelle 1 enthält dazu die bereits mehrfach angesprochenen Ergebnisse aktueller Metastudien[1]. Bei den über viele Studien gemittelten Validitäten stellt sich die Frage, ob sie auch für ein konkret durchzuführendes Personalauswahlverfahren herangezogen werden können. Aus der Beobachtung, daß die Validitätskoeffizienten zwischen vergleichbaren Studien erheblich streuen (Guion, 1976), wurde zunächst geschlossen, daß die Validität von Prädiktoren nicht generalisierbar und daher immer wieder neu zu bestimmen ist (*Situationsspezifität*). Nach Schmidt und Hunter (1977) können die Validitätsunterschiede außer durch Situationsunterschiede auch durch eine Reihe von *statistischen Artefakten* verursacht sein, z.B. durch Stichprobenfehler, die Unreliabilität von Prädiktor und Kriterium und die Varianzeinschränkung in der Validierungsstichprobe. Tatsächlich konnte in Metastudien zur *Validitätsgeneralisierung* nachgewiesen werden, daß im Durchschnitt etwa 80% der Varianz der Validitätskoeffizienten von kognitiven Tests auf korrigierbare Artefakte, vor allem Stichprobenfehler, zurückgeht. Diese hohe Generalisierbarkeit der Validität kognitiver Tests konnte für verschiedenste Job-Familien demonstriert werden. Für andere Prädiktoren ist die empirische Basis in dieser Hinsicht allerdings schmaler (Hunter & Hirsh, 1987). Darüber hinaus gibt es eine intensive Diskussion über methodische Aspekte des Schmidt-Hunter Verfahrens (Schuler & Guldin, 1991), z.B. über dessen Fähigkeit zur Entdeckung von Moderatoren (Erez, Bloom & Wells, 1996). Greift man auf generalisierbare Validitäten aus Metastudien zurück, so reduziert sich die Aufgabe in der Arbeitsanalyse darauf, die adäquate Job-Familie festzustellen (Colihan & Burger, 1995).

5 Kriterien

Eine Auswahlprozedur verfolgt wie jede Intervention in einer Organisation bestimmte Ziele. Um die Zielerreichung zu überprüfen, müssen meßbare Kriterien erhoben werden. Bei der Validierung von eignungsdiagnostischen Verfahren stehen dabei in der Regel leistungsbezogene Kriterien im Vordergrund. Die für den betreffenden Job relevanten Leistungskriterien werden aus der Arbeits- bzw. Qualifikationsanalyse abgeleitet (Matrix K in Abbildung 2). Dazu stehen eine Vielzahl von Erhebungsverfahren zur Verfügung. Überwiegend werden *subjektive Leistungsbeurteilungen* der Vorgesetzten verwendet, da diese auch für andere Funktionen benötigt werden (Schuler, 1991). Zusätzlich können Beurteilungen anderer Quellen herangezogen werden (z.B. von Kollegen oder Kunden, seltener auch Selbst- oder Aufwärtsbeurteilungen durch unterstellte Mitarbeiter). *Objektive Maße* wie der Umsatz für einen Verkäufer oder Produktionszahlen und Fehlerquoten in der Produktion sind weitgehend ohne Beteiligung eines subjektiven Beurteilers „zählbar". Obschon diese Maße auf den ersten Blick attraktiv erscheinen, indizieren sie doch wichtige betriebswirtschaftlichen Organisationsziele, so besteht das Problem, daß sich für komplexere Jobs nur selten derartige Indizes finden lassen. Darüber hinaus sind objektive Maße häufig unreliabel, kontaminiert, d.h. ihre Höhe hängt von Einflußgrößen ab, die nichts mit der Leistung des Individuums zu tun haben (z.B. die Qualität des Produktes, die Konjunktur usw. beim Umsatz eines Verkäufers) und defizient, d.h. sie messen nur sehr spezifische Teilaspekte des Berufserfolgs (Landy & Farr, 1983; Borman, 1991). Ebenfalls zu den objektiven Kriterien zählen Variablen wie die *Dauer des Verbleibs in der Organisation, Fehlzeiten, Unfallhäufigkeiten* etc., die nicht unmittelbar Leistungsmaße sind, dennoch aber die Effektivität der Organisation stark beeinflussen. Schließlich werden auch Arbeitsproben sowie Kenntnistests als Kriterien eingesetzt (Landy & Rastegary, 1989; Borman, 1991).

Um bei der subjektiven Leistungsbeurteilung möglichst reliable und valide Urteile sicherzustellen, wurden verschiedene Meßinstrumente entwickelt (Bernardin & Beatty, 1984). In Vergleichsstudien erwies sich bisher aber keine dieser elaborierteren Instrumente einer einfachen, sorgfältig konstruierten, verhaltensverankerten Ratingskala mit 3 bis 9 Kategorien als überlegen (Landy & Rastegary, 1989). Subjektive Leistungsbeurteilungen erfordern einen komplexen Informationsverarbeitungsprozeß durch den Urteiler, der die Beobachtung, Kategorisierung, Speicherung und den Abruf des leistungsrelevanten Verhaltens sowie die Urteilsbildung und deren öffentliche Äußerung umfaßt (Murphy & Cleveland, 1995). In diesem Prozeß können beabsichtigte (z.B. eine zu milde Beurteilung) und nicht intendierten Verzerrungen und Fehler (z.B. Halo- oder Kontrasteffekte) auftreten (Landy & Farr, 1983). Um Verzerrungen zu reduzieren, wurden neben den Versuchen zur Optimierung der Meßinstrumente Beurteilertrainings entwickelt und überprüft (Woehr & Huffcutt, 1994).

6 Validierung

Von den drei Hauptstrategien zur Validierung von Meßinstrumenten (Michel & Conrad, 1982) wird im Kontext der Personalauswahl vorwiegend die *Kriteriumsvalidierung* herangezogen. Zur Bestimmung der *Inhaltsvalidität*, die nicht mit der Augenscheinvalidität zu verwechseln ist, muß ein Universum der für den Erfolg in einem Job relevanten Verhaltensweisen abgegrenzt und dann nachgewiesen werden, daß durch das Auswahlverfahren repräsentative Stichproben aus diesem Universum erhoben werden (Cascio, 1991). Die Inhaltsvalidierung wurde vor allem bei Arbeitsproben und bei Kriterien herangezogen (Schmitt & Ostroff, 1986). Die *Konstruktvalidierung* spielt allgemein eine dominierende Rolle bei der Entwicklung psychometrischer Tests.

Bei der Kriteriumsvalidierung wird in Abhängigkeit vom zeitlichem Abstand der Erhebung von Prädiktor und Kriterium zwischen *konkurrenter* und *prädiktiver* (prognostischer) Validität unterschieden. Das ideale Vorgehen bei der prädiktiven Validierung sieht wie folgt aus: An einer großen Gruppe von Bewerbern für den betreffenden Job werden die zu validierenden Prädiktoren erhoben, alle Bewerber werden eingestellt und nach Abschluß der Einarbeitszeit wiederum bei allen Bewerbern das Kriterium gemessen. Anhand statistischer Verfahren wird eine optimal gewichtete Prädiktorkombination bestimmt und an einer zweiten, unabhängigen Bewerberstichprobe kreuzvalidiert. Wie man schnell erkennt, wird ein solches Vorgehen in der Praxis auf vielfältige Probleme stoßen: mangelnde

Stichprobengröße; drop-outs; mangelnde Bereitschaft des Arbeitgebers, alle Bewerber einzustellen; zu hohe Kosten usw. Einige dieser Probleme lassen sich durch ein konkurrentes Validierungsdesign umgehen, bei der Prädiktoren und Kriterium zeitgleich an einer Gruppe bereits eingestellter Mitarbeiter in dem betreffenden Job erhoben werden. Allerdings können sich die bereits in dem Job tätigen Mitarbeiter in verschiedener Weise von den Bewerbern unterscheiden. Die Varianz sowohl in den Prädiktoren als auch im Kriterium wird in der Regel stärker eingeschränkt sein, denn Ungeeignete wurden bisher (hoffentlich) seltener eingestellt und häufiger gekündigt. Weiterhin können sich bereits Eingestellte aufgrund ihrer Lernerfahrung und ihrer Motivation (Arvey, Strickland, Drauden & Clessen, 1990) von Bewerbern unterscheiden.

Das Hauptproblem bei beiden Varianten der Kriteriumsvalidierung besteht aber in dem erforderlichen Stichprobenumfang. Um Zusammenhänge zwischen Prädiktoren und Kriterium bei vorliegender Varianzeinschränkung mit einer zufriedenstellenden Power aufdecken zu können, sind häufig Stichprobenumfänge von mehreren Hundert erforderlich (Alexander, Carson, Alliger & Barrett, 1985). Empirische Validierungsstudien kommen damit nur für größere Organisationen in Frage oder müssen über die Zeit oder verschiedene Organisationen kumuliert werden (Sackett & Arvey, 1993). Drei Alternativen, die allerdings auch jeweils spezifische Probleme aufweisen, stehen zur Verfügung. Zunächst kann auf die oben beschriebenen metaanalytisch aggregierten, generalisierbaren Validitäten zurückgegriffen werden. Bei der *synthetischen Validierung* werden, ausgehend von einer allgemeinen Taxonomie von Jobkomponenten, in großen Studien die Validitäten von Prädiktoren für diese Komponenten bestimmt. Sind diese bekannt, so läßt sich die Validität eines neuen Jobs aus den Einzelvaliditäten der für ihn relevanten Jobkomponenten synthetisieren (Hollenbeck & Whitener, 1988; Jeanneret, 1992). Ein letzter als *rationale Validierung* bezeichneter Ansatz schließlich läßt die Validitäten von Prädiktoren für einen Job direkt durch erfahrene Experten einschätzen (Hirsh, Schmidt & Hunter, 1986).

7 Entscheidung

Nach der Erhebung der Prädiktoren ist für jeden Bewerber eine Entscheidung zu treffen, die im einfachsten Fall darin besteht, ihn einzustellen oder abzulehnen. Bei diesen Entscheidungen können neben den eignungsdiagnostischen Informationen weitere Kriterien eine Rolle spielen: der Arbeitsmarkt, die Bevorzugung von Kandidaten bestimmter Gruppen, z.B. Frauen oder interne Bewerber, usw.

Der Entscheidung voraus geht die Aufgabe, die verschiedenen Informationen, die über einen Bewerber erhoben wurden, zu gewichten und zu integrieren. Dies geschieht in der Praxis meist ohne eine explizite Regel auf der Basis der Intuition

und Erfahrung der Diagnostiker. Diese als *klinisch* bezeichnete Form der Urteilsbildung hat sich – nicht nur in der Eignungsdiagnostik – der *statistischen* Vorhersage als unterlegen erwiesen (Jäger, 1982; Kleinmuntz, 1990). Bei der statistischen
Urteilsbildung wird in der Regel per multipler Regression eine Linearkombination
der Prädiktoren bestimmt, die das Kriterium optimal vorhersagt. Linearkombination erlaubt eine wechselweitige Kompensation der Prädiktoren: Das Weniger in
einem Prädiktor kann durch ein Mehr in einem anderen ausgeglichen werden. Für
Prädiktoren, bei denen das nicht sinnvoll ist (z.B. die Sehtüchtigkeit bei Piloten),
können minimale cutoff-Werte festgelegt werden, deren Nicht-Erreichung direkt
zur Zurückweisung führt.

Ferner sind fast immer *sequentielle Strategien* (Cronbach & Gleser, 1965)
sinnvoll. Z.B. werden in einem ersten Screening bereits Kandidaten zurückgewiesen, die bestimmte Minimalanforderungen nicht erfüllen, und nur die Verbleibenden mit aufwendigeren Verfahren weiter untersucht. In der Praxis erfolgt
ein erstes Screening fast immer anhand der Bewerbungsunterlagen (Weuster,
1994).

Übersteigt die Zahl der geeigneten Bewerber die Zahl der verfügbaren Stellen,
so werden in der Regel die Bewerber mit den höchsten Werten im zusammengesetzten Prädiktormaß akzeptiert. Eine erweiterte, komplexere Fragestellung resultiert, wenn nicht nur für einen Job selegiert, sondern verschiedene Arbeitsplätze mit
unterschiedlichen Anforderungsprofilen vorliegen und die Bewerber diesen Stellen optimal zugeordnet werden sollen (*Plazierung*; vgl. Cascio, 1991).

8 Nutzen

Bisher haben wir als entscheidendes Qualitätskriterium eines Auswahlverfahrens
dessen Validität hervorgehoben. Der *Nutzen* der mit dem Verfahren getroffenen
Entscheidungen hängt aber von weiteren Einflußgrößen ab. Operationalisiert man
den Nutzen als *Erfolgsquote* (der Anteil der Geeigneten unter den Selegierten), so
sind zusätzlich die *Basisrate* (der Anteil der Geeigneten unter den Bewerbern) und
die *Selektionsrate* (der Anteil der Selegierten an den Bewerbern) zu beachten. Ist
die Basisrate (*BR*) extrem, z.B. *BR*=0.80, so würde man auch mit einer zufälligen
Auswahl schon 80% Geeignete erhalten, und eine merkliche höhere Erfolgsquote
ist nur mit einem sehr validen Verfahren zu erreichen (für zusätzliche 10% muß
r=0.45 betragen). Während also Auswahlverfahren am nützlichsten sind, wenn die
BR um 0.5 liegt, sollte die Selektionsrate (SR) möglichst gering sein. Je geringer
der Prozentsatz der Selegierten unter den Bewerbern ist, desto höher die Erfolgsquote (allerdings auch die Zahl der fälschlicherweise als ungeeignet Zurückgewie-
senen, die meist nicht betrachtet werden). Tabellen von Taylor und Russell (1939)
läßt sich entnehmen, daß z.B. bei *BR*=0.60 und *SR*=0.1 mit einem Prädiktor, der

eine Validität von $r=0.30$ aufweist, immerhin 79% Geeignete ausgewählt werden (gegenüber 60% beim Münzwurf).

Eine noch attraktivere Operationalisierung der Qualität eines Auswahlverfahrens besteht in einer betriebswirtschaftlichen Kosten-Nutzen Analyse, bei der der mögliche Gewinn oder Verlust in Währungseinheiten ausgedrückt werden kann. Geht man von der Standardsituation aus, bei der aus einer Stichprobe von n_B Bewerbern die n_S Bewerber mit den höchsten Prädiktorwerten ausgewählt werden, so läßt sich der Nettonutzen ΔU des Prädiktors x gegenüber einer zufälligen Auswahl der Bewerber wie folgt bestimmen (Cronbach & Gleser, 1965):

$$\Delta U = \underbrace{t \cdot n_S \cdot r \cdot SD_y \cdot \bar{z}_x}_{Nutzen} - \underbrace{n_B \cdot C}_{Kosten}$$

Der Nettonutzen ist also direkt proportional zu der mittleren Verweildauer der Selegierten t, der Kriteriumsvalidität r, der Standardabweichung der Leistung der Bewerber SD_y, dem mittleren über alle Bewerber z-standardisierten Prädiktorwert der Selegierten $\bar{z}_x$ und den Kosten der Testung pro Bewerber C. Das Modell läßt sich um weitere Parameter erweitern, indem z.B. mehrere Anwendungsperioden berücksichtigt werden, ΔU relativ zu einer anderen Auswahlprozedur bestimmt wird, die Kosten der Rekrutierung von Bewerbern oder betriebswirtschaftliche Einflußgrößen wie die Verzinsung und Versteuerung der Gewinne einbezogen werden (Boudreau, 1991).

Der Nettonutzen wird in Währungseinheiten DM oder $ berechnet und erfordert die Bestimmung der Standardabweichung der Bewerberleistung in der gleichen Metrik (Verfahren dazu bei Cascio, 1991). Der Nutzen von Auswahlverfahren übersteigt im allgemeinen deren Kosten deutlich; bei der Kumulation über viele Eingestellte und längere Zeiträume resultieren oft beträchtliche Gewinne. So bestimmen Schuler, Funke, Moser und Donat (1995) den Nutzenzuwachs einer neuen Auswahlprozedur mit einer inkrementellen Validität von .20 für die Einstellung von jährlich 25 Mitarbeiter im Bereich F&E nach zehn Jahren mit über 7,5 Mio. DM nach Steuern. Andererseits gibt es bisher nur wenige Studien, die die Gültigkeit dieser Modellrechnungen empirisch überprüft haben, und Verletzungen der Annahmen, z.B. die Zurückweisung der Einstellungsangebote durch die besten Bewerber, können den Nutzen erheblich schmälern (Murphy, 1986).

9 Schlußbemerkung

Vor allem in größeren Unternehmen ist der Prozeß der Personalauswahl ein Baustein in einer übergeordneten Planung der Humanressourcen, die zusätzlich u.a. Interventionen zur Gewinnung von Mitarbeitern, Karriereplanung, Leistungsbeurteilung und dessen Management einschließt und ihrerseits idealerweise wiederum mit der strategischen Unternehmensplanung verzahnt ist (Cascio, 1991). Gleichzeitig ist die Personalauswahl auch von allgemeineren wirtschaftlichen, rechtlichen und ethischen Kontextbedingungen beeinflußt. Übergeordnete gesellschaftspolitische Vorstellungen über die Ziele der Eignungsdiagnostik (z.B. Leistungsprinzip, Fairneß, Geschlechterproporz) sind dabei untereinander und mit dem oben geschildertem Vorgehen bei der Personalauswahl nicht immer zu vereinbaren.

Literatur

Alexander, R. A., Carson, K. P., Alliger, G. M. & Barrett, G. V. (1985). Further consideration of the power to detect nonzero validity coefficients under range restriction. *Journal of Applied Psychology, 70*, 451-460.

Amelang, M. & Zielinski, W. (1994). *Psychologische Diagnostik und Intervention.* Berlin: Springer.

Arvey, R. D., Strickland, W., Drauden, G. & Clessen, M. (1990). Motivational components of test taking. *Personnel Psychology, 43*, 695-716.

Barrick, M. R. & Mount, M. K. (1991). The big five personality dimensions and job performance: A meta-analysis. *Personnel Psychology, 44*, 1-26.

Barrick, M. R. & Mount, M. K. (1996). Effects of impression management and self-deception on the predictive validity of personality constructs. *Journal of Applied Psychology, 81*, 261-272.

Bartram, D. (1994). Computer-based assessment. In C. L. Cooper & I. T. Robertson (Eds.), *International Review of Industrial and Organizational Psychology, Vol. 9,* pp. 31-69. Chichester: Wiley.

Bernardin, H. J. & Beatty, R. W. (1984). *Performance appraisal: Assessing human behavior at work.* Boston: Kent.

Bliesener, T. (1996). Methodological moderators in validating biographical data in personnel selection. *Journal of Organizational and Occupational Psychology, 69*, 107-120.

Borman, W. C. (1991). Job behavior, performance, and effectiveness. In M. D. Dunnette & L. M. Hough (Eds.), *Handbook of industrial and organizational psychology* (Vol. 2, pp. 271-326). Palo Alto, CA: Consulting Psychologists Press.

Borman, W. C., Hanson, M. A. & Hedge, J. W. (1997). Personnel selection. *Annual Review of Psychology, 48*, 299-337.

Boudreau, J. W. (1991). Utility analysis for decisions in human resource management. In M. D. Dunnette & L. M. Hough (Eds.), *Handbook of industrial and organizational psychology* (Vol. 2, pp. 621-745). Palo Alto, CA: Consulting Psychologists Press.

Bownas, D. A. & Bernardin, H. J. (1988). Critical incident technique. In S. Gael (Ed.), *The job analysis handbook for business, industry, and government* (Vol. 2, pp. 1120-1137). New York: Wiley.

Brickenkamp, R. (Hrsg.). (1986). *Handbuch apparativer Verfahren in der Psychologie.* Göttingen: Hogrefe.

Brickenkamp, R. (Hrsg.). (1997). *Handbuch psychologischer und pädagogischer Tests* (2. Aufl.). Göttingen: Hogrefe.

Cascio, W. F. (1991). *Applied psychology in personnel management* (4th ed.). Englewood Cliffs: Prentice Hall.

Colihan, J. & Burger, G. K. (1995). Constructing job families: An analysis of quantitative techniques used for grouping jobs. *Personnel Psychology, 48*, 563-586.

Conway, J. M., Jako, R. A. & Goodman, D. F. (1995). A meta-analysis of interrater and internal consistency reliability of selection interviews. *Journal of Applied Psychology, 80*, 565-579.

Cronbach, L. J. & Gleser, G. C. (1965). *Psychological tests and personnel decisions* (2nd ed.). Urbana, IL: University of Illinois Press.

Dipboye, R. D. & Gaugler, B. B. (1993). Cognitive and behavioral processes in the selection interview. In N. Schmitt, W. C. Borman & Associates (Eds.), *Personnel selection in organizations* (pp. 135-170). San Francisco: Jossey-Bass.

Dougherty, T. W., Turban, D. B. & Callender, J. C. (1994). Confirming first impressions in the employment interview: A field study of interviewer behavior. *Journal of Applied Psychology, 79*, 659-665.

Downs, S. (1989). Job sample and trainability tests. In P. Herriot (Ed.), *Assessment and selection in organizations* (pp. 391-399). Chichester: Wiley.

Eder, R. W. & Ferris, G. R. (Eds.). (1989). *The employment interview: Theory, research, and practice.* Newbury Park: Sage.

Erez, A., Bloom, M. C. & Wells, M. T. (1996). Using random rather than fixed effects models in meta-analysis: Implications for situational specifity and validity generalization. *Personnel Psychology, 49*, 275-306.

Fleishman, E. A. & Mumford, M. D. (1988). Ability requirement scales. In S. Gael (Ed.), *The job analysis handbook for business, industry, and government* (Vol. 2, pp. 917-935). New York: Wiley.

Frieling, E. (1975). *Psychologische Arbeitsanalyse.* Stuttgart: Kohlhammer.

Frieling, E. (1977). Die Arbeitsplatzanalyse als Grundlage der Eignungsdiagnostik. In J. K. Triebe & E. Ulich (Hrsg.), *Beiträge zur Eignungsdiagnostik* (S. 20-90). Bern: Huber.

Frieling, E. & Graf Hoyos, C. (Hrsg.). (1978). *Fragebogen zur Arbeitsanalyse (FAA): Deutsche Bearbeitung des „Position Analysis Questionaire" (PAQ).* Bern: Huber.

Funke, J. (1993). Computergestützte Arbeitsproben: Begriffsklärung, Beispiele sowie Entwicklungspotentiale. *Zeitschrift für Arbeits- und Organisationspsychologie, 37*, 119-129.

Gaugler, B. B., Rosenthal, D. B., Thornton, G. C. & Bentson, C. (1987). Meta-analysis of assessment center validity. *Journal of Applied Psychology, 72*, 493-511.

Guion, R. M. (1976). Recruiting, selection, and job placement. In M. D. Dunnette (Ed.), *Handbook of industrial and organizational psychology* (pp. 777-828). Chicago: Rand McNally.

Guthke, J. & Wiedl, K. H. (1996). *Dynamisches Testen. Zur Psychodiagnostik der intraindividuellen Variabilität.* Göttingen: Hogrefe.

Hirsh, H. R., Schmidt, F. L. & Hunter, J. E. (1986). Estimation of employment validities by less experienced judges. *Personnel Psychology, 39*, 337-344.

Hollenbeck, J. R. & Whitener, E. M. (1988). Criterion-related validation for small sample contexts: An integrated approach to synthetic validity. *Journal of Applied Psychology, 73*, 536-544.

Hornke, L. F. & Rettig, K. (1995). Adaptives Testen. In W. Sarges (Hrsg.), *Managementdiagnostik* (2. Aufl., S. 557-564). Göttingen: Hogrefe.

Hunter, J. E. & Hirsh, H. R. (1987). Applications of meta-analysis. In C. L. Cooper & I. T. Robertson (Eds.), *International Review of Industrial and Organizational Psychology* (Vol. 2, pp. 321-357). Chichester: Wiley.

Hunter, J. E. & Hunter, R. F. (1984). Validity and utility of alternative predictors of job performance. *Psychological Bulletin, 96*, 72-98.

Jäger, R. S. (1982). Diagnostische Urteilsbildung. In K.-J. Groffmann & L. Michel (Hrsg.), *Enzyklopädie der Psychologie: Grundlagen psychologischer Diagnostik* (Band B, II, 1, S. 295-375). Göttingen: Hogrefe.

Janz, T. (1989). The patterned behavior description interview: The best prophet of the future is the past. In R. Eder & G. R. Ferris (Eds.), *The employment interview: Theory, research, and practice* (pp. 158-168). Newbury Park: Sage.

Jeanneret, P. R. (1992). Applications of job component/synthetic validity to construct validity. *Human Performance, 5*, 81-96.

Jeserich, W. (1981). *Mitarbeiter auswählen und fördern. Assessment-Center-Verfahren.* München: Hanser.

Kleinmann, M. (1997). *Assessment Center. Stand der Forschung – Konsequenzen für die Praxis.* Göttingen: Verlag für Angewandte Psychologie.

Kleinmuntz, B. (1990). Why we still use our heads instead of formulas: Toward an integrative approach. *Psychological Bulletin, 107*, 296-310.

Klimoski, R. & Brickner, M. (1987). Why do assessment centers work? The puzzle of assessment center validity. *Personnel Psychology, 40*, 243-260.

Kristof, A. L. (1996). Person-organization fit: An integrative review of its conceptualizations, measurement, and implications. *Personnel Psychology, 49*, 1-49.

Kristof, W. (1983). Klassische Testtheorie und Testkonstruktion. In H. Feger & J. Bredenkamp (Hrsg.), *Enzyklopädie der Psychologie: Messen und Testen* (Band B, I, 3, S. 544-603). Göttingen: Hogrefe.

Landy, F. J. & Farr, J. L. (1983). *The measurement of work performance: Methods, theory, and applications.* New York: Academic Press.

Landy, F. J. & Rastegary, H. (1989). Criteria for selection. In M. Smith & I. Robertson (Eds.), *Advances in selection and assessment* (pp. 47-65). Chichester: Wiley.

Latham, G. P. (1989). The reliability, validity, and practicality of the situational interview. In R. Eder & G. R. Ferris (Eds.), *The employment interview: Theory, research, and practice* (pp. 169-182). Newbury Park: Sage.

Lienert, G. A. (1967). *D-B-P. Die Drahtbiegeprobe als standardisierter Test* (2. Aufl.). Göttingen: Hogrefe.

Mael, F. A. (1991). A conceptual rationale for the domain and attributes of biodata items. *Personnel Psychology, 44*, 763-792.

McDaniel, M. A., Whetzel, D. L., Schmidt, F. L. & Maurer, S. D. (1994). The validity of employment interviews: A comprehensive review and meta-analysis. *Journal of Applied Psychology, 79*, 599-616.

Mead, A. D. & Drasgow, F. (1993). Equivalence of computerized and paper-and-pencil cognitive ability tests: A meta-analysis. *Psychological Bulletin, 114*, 449-458.

Michel, L. & Conrad, W. (1982). Theoretische Grundlagen psychometrischer Tests. In K. J. Groffmann & L. Michel (Hrsg.), *Enzyklopädie der Psychologie: Grundlagen psychologischer Diagnostik* (Band B, II, 1, S. 1-129). Göttingen: Hogrefe.

Motowidlo, S. J., Carter, G. W., Dunnette, M. D., Tippins, N., Werner, S., Burnett, J. R. & Vaughan, M. J. (1992). Studies of the structured behavioral interview. *Journal of Applied Psychology, 77*, 571-587.

Mumford, M. D. & Stokes, G. S. (1992). Developmental determinants of individual action: Theory and practice in applying background measures. In M. D. Dunnette & L. M. Hough (Eds.), *Handbook of industrial and organizational psychology* (Vol. 3, pp. 61-138). Palo Alto, CA: Consulting Psychologists Press.

Murphy, K. R. & Cleveland, J. N. (1995). *Understanding performance appraisal.* Thousand Oaks, CA: Sage.

Murphy, K. R. (1986). When your top choice turns you down: Effect of rejected offers on the utility of selection tests. *Psychological Bulletin, 99,* 133-138.

Naylor, J. C. & Shine, L. C. (1965). A table for determining the increase in mean criterion score obtained by using a selection device. *Journal of Industrial Psychology, 3,* 33-42.

Obermann, Ch. (1992). *Assessment Center: Entwicklung, Durchführung, Trends.* Wiesbaden: Gabler.

Pawlik, K. (1982). Modell- und Praxisdimensionen psychologischer Diagnostik. In K. Pawlik (Hrsg.), *Diagnose der Diagnostik* (2. Aufl., S. 13-43). Stuttgart: Klett.

Robertson, I. T. & Downs, S. (1989). Work-sample tests of trainability: A meta-analysis. *Journal of Applied Psychology, 74,* 402-410.

Robertson, I. T. & Kandola, R. S. (1982). Work sample tests: Validity, adverse impact and applicant reaction. *Journal of Occupational Psychology, 55,* 171-183.

Rosenstiel, L. von (1979). Die Ermittlung personaler Eigenschaften motivationaler Art. In G. Reber (Hrsg.), *Personalinformationssysteme* (S. 51-73). Stuttgart: Poeschel.

Rothstein, H. R., Schmidt, F. L., Erwin, F. W., Owens, W. A. & Sparks, C. P. (1990). Biographical data in employment selection: Can validities be made generalizable? *Journal of Applied Psychology, 75,* 175-184.

Sackett, P. R. & Arvey, R. D. (1993). Selection in small N settings. In N. Schmitt, W. C. Borman & Associates (Eds.), *Personnel selection in organizations* (pp. 418-447). San Francisco: Jossey Bass.

Sackett, P. R. & Dreher, G. F. (1982). Constructs and assessment center dimensions: Some troubling empirical findings. *Journal of Applied Psychology, 67,* 401-410.

Sarges, W. (Hrsg.) (1995). *Managementdiagnostik* (2. Aufl.). Göttingen: Hogrefe.

Schmidt, F. L. & Hunter, J. E. (1977). Development of a general solution to the problem of validity generalization. *Journal of Applied Psychology, 62,* 529-540.

Schmitt, N., Gooding, R. Z., Noe, R. A. & Kirsch, M. (1984). Metaanalyses of validity studies published between 1964 and 1982 and the investigation of study characteristics. *Personnel Psychology, 37,* 407-422.

Schmitt, N. & Ostroff, C. (1986). Operationalizing the „behavioral consistency" approach: Selection test development based on a content-oriented strategy. *Personnel Psychology, 39,* 91-108.

Schneider, J. R. & Schmitt, N. (1992). An exercise design approach to understanding assessment center dimension and exercise constructs. *Journal of Applied Psychology, 77,* 32-41.

Schuler, H. (Hrsg.). (1991). *Beurteilung und Förderung von Arbeitsleistung.* Stuttgart: Verlag für Angewandte Psychologie.

Schuler, H. (1996). *Psychologische Personalauswahl: Einführung in die Berufseignungsdiagnostik.* Göttingen: Verlag für Angewandte Psychologie.

Schuler, H., Frier, D. & Kauffmann, M. (1993). *Personalauswahl im europäischen Vergleich.* Göttingen: Verlag für Angewandte Psychologie.

Schuler, H., Funke, U., Moser, K. & Donat, M. (1995). *Personalauswahl in Forschung und Entwicklung.* Göttingen: Hogrefe.

Schuler, H. & Guldin, A. (1991). Methodological issues in personnel selection research. In C. L. Cooper & I. T. Robertson (Eds.), *International review of industrial and organizational psychology* (Vol. 6, pp. 213-264). Chichester: Wiley.

Steiner, D. D. & Gilliland, St. W. (1996). Fairness reactions to personnel selection techniques in France and the United States. *Journal of Applied Psychology, 81*, 134-141.

Stevens, C. K. & Kristof, A. L. (1995). Making the right impression: A field study of applicant impression management during job interviews. *Journal of Applied Psychology, 80*, 587-606.

Stokes, G. S., Mumford, M. D. & Owens, W. A. (Eds.). (1994). *Biodata handbook: Theory, research, and use of biographical information in selection and performance prediction.* Palo Alto, CA: Consulting Psychologists Press.

Strauß, B. & Kleinmann, M. (Hrsg). (1995). *Computersimulierte Szenarien in der Personalarbeit.* Göttingen: Verlag für Angewandte Psychologie.

Taylor, H. C. & Russel, J. T. (1939). The relationship of validity coefficients to the practical effectiveness of tests in selection: Discussion and tables. *Journal of Applied Psychology, 23*, 565-578.

Tett, R. P., Jackson, D. N. & Rothstein, M. (1991). Personality measures as predictors of job performance: A meta-analytic review. *Personnel Psychology, 44*, 703-742.

Tett, R. P., Jackson, D. N., Rothstein, M. & Reddon, J. R. (1994). Meta-analysis of personality-job performance relations: A reply to Ones, Mount, Barrick, & Hunter (1994). *Personnel Psychology, 47*, 157-172.

Tett, R. P., Meyer, J. P. & Roese, N. J. (1994). Applications of meta-analysis: 1987-1992. In C. L. Cooper & I. T. Robertson (Eds.), *International Review of Industrial and Organizational Psychology* (Vol. 9, pp. 71-112). Chichester: Wiley.

Thornton, G. C. (1992). *Assessment centers in human resource management.* Reading: Addison Wesley.

Thornton, G. C. & Byham, W. C. (1982). *Assessment centers and managerial performance.* New York: Academic Press.

Wagner, R. (1949). The employment interview: A critical review. *Personnel Psychology, 2*, 17-46.

Weuster, A. (1994). *Personalauswahl und Personalbeurteilung mit Arbeitszeugnissen.* Göttingen: Verlag für Angewandte Psychologie.

Wiesner, W. H. & Cronshaw, S. (1988). The moderating impact of interview format and degree of structure on interview validity. *Journal of Occupational Psychology, 61*, 275-290.

Woehr, D. J. & Huffcutt, A. I. (1994). Rater training for performance appraisal: A quantitative review. *Journal of Organizational and Occupational Psychology, 67*, 189-205.

Anmerkung

[1] Bei der Metaanalyse von Hunter und Hirsh (1987) handelt es sich um eine reanalysierte Metaanalyse von Schmitt, Gooding, Noe & Kirsch (1984); bei der von Tett, Jackson, Rothstein & Reddon (1994) um eine Korrektur der Originalarbeit von Tett, Jackson & Rothstein (1991).

36 Personalentwicklung

Thomas Staufenbiel

1 Abgrenzung des Begriffs Personalentwicklung

Personalentwicklung (PE) wird meist als Oberbegriff für alle systematischen Aktivitäten einer Organisation verstanden, die darauf abzielen, die beruflichen Qualifikationen ihrer Mitarbeiter zu fördern (Schuler, 1989). Der Begriff der Qualifikation wird dabei sehr weit gefaßt und schließt neben Fähigkeiten, Fertigkeiten und Kenntnissen der Beschäftigten auch deren Motivation, Einstellungen, Bindung an das Unternehmen usw. ein (Holling & Liepmann, 1993). PE stellt damit eine Komponente des *Human Resource Management* (Cascio, 1992) einer Organisation dar, deren Bedeutung in einer Zeit beschleunigten technologischen und ökonomischen Wandels und der damit erforderlichen ständigen Anpassung der Qualifikationen zunimmt.

Eine Systematisierung des Konzepts Personalentwicklung wird hier in Form eines facettierten Definitionssatzes (Borg, 1992) vorgenommen. Diese Darstellung ermöglicht einerseits eine Abgrenzung von PE gegenüber anderen Konzepten sowie andererseits die Verdeutlichung deren varianter Bestimmungsstücke. Der Definitionssatz in Abbildung 1 läßt sich auf viele verschiedene Weisen lesen, indem jeweils aus jeder der Facetten A bis F ein Element ausgewählt wird.

PE bezeichnet planmäßige, *beim Individuum* ansetzende Maßnahmen der *Intervention zur Verbesserung/Förderung/Steigerung* von *überfachlichen kognitiven Kompetenzen* für die Zielgruppe (z) *Job begleitend* unter Einsatz der Methoden (m), durchgeführt *innerhalb der Organisation* mit dem durch (die Organisation) formulierten Ziel der *Qualifikationsanpassung an konkrete zukünftige Anforderungen* (Elemente $a_1, b_4, c_4, d_2, e_2, f_2$).

Danach werden unter PE – wie von den meisten Autoren – nur systematisch geplante und durchgeführte Aktivitäten verstanden, nicht aber ungeplantes Lernen und Prozesse der beruflichen Sozialisation (im Gegensatz dazu Neuberger, 1991). PE dient der Erreichung bestimmter Ziele, die stark variieren können und (sicher unvollständig) in Facette F in einem mittleren Komplexitätsniveau formuliert sind. Diese Ziele sollen durch eine Modifikation von Merkmalen der Mitarbeiter, hier als *Qualifikationen* bezeichnet (Facette C), erreicht werden. Im Gegensatz dazu stehen Ansätze, die darauf abzielen, die Ziele z.B. durch Personalselektion oder reine Veränderungen der Technologie oder der Organisationsstruktur zu erreichen. PE umfaßt die drei Phasen [1] Analyse des *PE-Bedarfs*, [2] die Durchführung von *PE-Interventionen* (Facette B) und [3] deren *Evaluation*. Alle drei Phasen können auf verschiedenen „Ebenen" ansetzen: den Mitarbeitern, den Teams usw. (Facette A).

PE bezeichnet planmäßige | ansetzende Maßnahmen der | für die Zielgruppe (z) | mit dem durch (die Organisation) verfolgten Ziel der | unter Einsatz der Methoden (m), durchgeführt

A: EBENE
- a_1 = beim Individuum
- a_2 = bei der Arbeitsgruppe/dem Team
- a_3 = bei der Organisation(seinheit)
- a_4 = am Arbeitsplatz/an der Aufgabe
- a_5 = bei einer Kombination von Ebenen

B: AKTIVITÄT
- b_1 = Bedarfsanalyse.
- b_2 = Intervention zur Schaffung/Ausbildung
- b_3 = Wiedererlangung
- b_4 = Verbesserung/Förderung/Steigerung
- b_5 = Erhaltung/Sicherung
- b_6 = Anpassung/Veränderung
- b_7 = Evaluation der Intervention.

(von)

C: QUALIFIKATION
- c_1 = sensumotorischen Kompetenzen
- c_2 = Kenntnissen, Wissen, Informationen
- c_3 = fachlichen kognitiven Kompetenzen
- c_4 = überfachlichen kognitiven Kompetenzen
- c_5 = sozialen Kompetenzen
- c_6 = Motivation und Emotionen
- c_7 = Einstellungen/Werten/Interessen/Commitment
- c_8 = Gesundheit
- c_9 = einer Kombination von Qualifikationen

D: ZEITPUNKT
- d_1 = zur Vorbereitung auf den Job (into-the-job)
- d_2 = Job begleitend (along-the-job)
- d_3 = zur Beendigung des Jobs (out-of-the-job)

E: ORT
- e_1 = am Arbeitsplatz (on-the-job)
- e_2 = innerhalb der Org. (near-the-job)
- e_3 = außerhalb der Org. (off-the-job)
- e_4 = an einer Kombination der Orte

F: ZIEL
- f_1 = Qualifikationsanpassung an bestehende/neue Anforderungen
- f_2 = Umsetzung einer bestimmten Unternehmensstrategie
- f_3 = Unterstützung der Einführung neuer Technologien
- f_4 = Vorbereitung auf beruflichen Aufstieg, Führungsaufgaben
- f_5 = Steigerung der Arbeitsmotivation, Leistung, Produktivität
- f_6 = Steigerung der Qualität, Kundenorientierung, Flexibilität
- f_7 = Senkung von Fluktuation, Fehlzeiten
- f_8 = Förderung der persönlichen Entwicklung der Mitarbeiter
- f_9 = Verbesserung der Kommunikation, Kooperation
- f_{10} = Reduktion von Beanspruchung, Streß, Konflikten
- f_{11} ... usw.
- f_{12} = eine Kombination von Zielen

Abbildung 1
Definitorische Abgrenzung des Konzepts „Personalentwicklung" in einem facettentheoretischen Definitionssatz

Häufig werden Programme, die die gesamte Organisation oder größere Einheiten einschließen, unter dem Begriff Organisationsentwicklung (OE) von der PE abgegrenzt (Schuler, 1989; s.a. Elke in diesem Band).

2 Bedarfsanalyse

Die Analyse des bestehenden Bedarfs (Goldstein, 1993; Wexley & Latham, 1991) läßt sich – in Anlehnung an McGehee & Thayer (1961) – unterteilen in (1) die *Organisationsanalyse*, die vor allem die Grobziele und die Zielgruppe der PE-Intervention sowie deren Rahmenbedingungen bestimmt, (2) die *Analyse des Soll-Zustandes*, die genauer feststellt, welche Qualifikationen benötigt werden und (3) die *Analyse des Ist-Zustandes*, bei der ermittelt wird, welche Mitarbeiter der Zielgruppe bisher nicht in ausreichendem Maße über diese Qualifikationen verfügen.

Diagnostische Vorgehensweisen, die im Rahmen dieser Analysen zum Einsatz kommen, sind in Tabelle 1 getrennt nach verschiedenen Verfahrensgruppen aufgeführt.

2.1 Organisationsanalyse

In der Organisationsanalyse werden die Grobziele der Intervention festgelegt. Dabei ist auch zu prüfen, ob PE-Maßnahmen überhaupt indiziert sind, oder die Ziele eventuell besser anders, z.B. durch die Einstellung neuer Mitarbeiter, zu lösen sind. Die Formulierung der Grobziele schließt auch eine Festlegung der Zielgruppe der Intervention ein. Die Zielgruppe kann alle Mitarbeiter der Organisation beinhalten oder z.B. definiert sein durch soziodemographische Variablen (z.B. Frauen, ältere Mitarbeiter, Berufseinsteiger), bestimmte Jobs oder Job-Familien (z.B. Sicherheitsbeauftragte, Führungskräfte der untersten Ebene) oder bestimmte organisatorische Einheiten (z.B. Bereich Verkauf, Werk x).

2.2 Analyse des Soll-Zustandes

Die Analyse des Soll-Zustandes dient der näheren Spezifizierung der Grobziele. Die Festlegung der Feinziele bildet die Basis für die spätere Auswahl und Gestaltung der Intervention, aber auch für die Entwicklung von Evaluations-kriterien. Die Grundlage für deren Formulierung besteht in der Regel in der Ermittlung der erforderlichen Qualifikationen der Zielgruppe.

Ein Zugang zur Diagnose der Qualifikationen besteht darin, die Aufgaben und Verhaltensanforderungen an den Arbeitsplätzen der Zielgruppe genauer zu analysieren. Dazu stehen eine Vielzahl von arbeitsanalytischen Verfahren zur Verfügung (Sonntag, 1992). Bei *aufgabenanalytischen Verfahren* werden alle in dem

Tabelle 1
Diagnostische Vorgehensweisen und Informationsquellen bei der PE-Bedarfsanalyse

	Organisationsanalyse	Analyse des Soll-Zustands	Analyse des Ist-Zustands
Dokumente	‹ Analyse von Unternehmensstrategien, Planungsdaten, Investitionsprogrammen, gesetzlichen Vorgaben ‹ Personalplanung (Liebel & Oechsler, 1994)	‹ Arbeitsplatzbeschreibungen	‹ Lebenslauf, Zeugnisse von Mitarbeitern ‹ Personalfragebogen/ Personalstammdaten (Schuler, 1996)
Objektive Kennziffern	‹ Produktivitäts- & Effizienzkennwerte der Organisation(seinheiten)	‹ Fehlzeiten-, Fluktuations-, Unfallstatistiken	‹ Objektive Leistungsmaße, z.B. Anzahl abgeschlossener Verträge
Standardisierte Verfahren	‹ Umfassende organisationsdiagnostische Verfahren (Elke, Kap. 33)	‹ Arbeitsanalytische Verfahren ‹ Methode der kritischen Ereignisse (Bownas & Bernardin, 1988)	‹ Eignungsdiagnostik (Staufenbiel & Rösler, Kap. 35), u.a. Tests, Biodaten ‹ Wissensdiagnostik (Kluwe, 1995)
Befragungen (Fragebogen oder Interviews)	‹ Mitarbeiterbefragungen allg. oder zu speziellen Themen (Borg, 1995) ‹ Strukturierte Interviews mit Management zu Unternehmensstrategien ‹ Kunden-Umfragen (Johnson, 1996)	‹ Interviews mit Experten, z.B. Vorgesetzten ‹ Fragebogen zur Selbsteinschätzung des Trainingsbedarfs (Goldstein, 1993; McEnery & McEnery, 1987)	‹ Leistungs- & Potentialbeurteilung durch Vorgesetzte (Schuler & Prochaska, 1992) ‹ Selbsteinschätzung beruflicher Kompetenzen (Sonntag & Schäfer-Rauser, 1993) ‹ Bedarfsermittlung in Fördergesprächen
Beobachtung		‹ Beobachtungen am Arbeitsplatz ‹ Analyse der Interaktionen in Organisationen (Frey, Bente & Frenz, 1993) ‹ Experten-Novizen Vergleiche	‹ Assessment Center (Obermann, 1992) ‹ Arbeitsproben, z.B. computergestützte Planspiele (Geilhardt & Mühlbradt, 1995)
Gruppendiskussionen		‹ Moderierte Kleingruppen mit Experten oder Mitarbeitern (Leiter et al., 1982), auch: Qualitätszirkel	

betreffenden Job bedeutsamen Aufgaben aufgelistet und von Experten auf verschiedenen Ratingskalen eingestuft, z.b. dahingehend, wie wichtig sie sind, wie schwierig sie zu erlernen sind und wie kritisch ihre fehlerhafte Ausführung ist (Goldstein, 1993). Aufgabenanalysen können direkt nützliche Informationen für bestimmte PE-Interventionen bereitstellen, z.B. Ausbildungsinhalte für Fachtrainings. Sie machen aber keine Aussage darüber, welche Qualifikationen Mitarbeiter brauchen, um die Aufgaben erfolgreich bewältigen zu können. Andere arbeitsanalytische Verfahren versuchen, die Analyse der *Qualifikationsanforderungen* bereits zu integrieren oder die erforderlichen Qualifikationen direkt durch Experten einschätzen zu lassen. Differenziertere Analysen des benötigten Wissens und der erforderlichen kognitiven Kompetenzen ermöglichen neuere kognitionspsychologische Ansätze, in denen z.b. die Bearbeitung komplexerer Aufgaben durch Novizen und Experten (Ford & Kraiger, 1995) oder Könnern und Durchschnittsarbeitskräften (Schaper & Sonntag, 1995) verglichen werden. Weniger strukturiert lassen sich die Qualifikationen durch *Befragungen, Interviews* oder *Fokusgruppen* mit Vorgesetzten, Kollegen, Experten oder den Mitarbeiter selbst erheben. Besonders schwierig ist die Bestimmung der in der Zukunft benötigten Qualifikationen der Mitarbeiter (Arvey, Salas & Giallucca, 1992).

2.3 Analyse des Ist-Zustandes

In der Ist-Analyse schließlich wird festgestellt, inwieweit die Mitarbeiter der Zielgruppe über die erforderlichen Qualifikationen verfügen. Aus der Divergenz von Soll- und Ist-Zustand können dann konkrete PE-Interventionen abgeleitet werden. Zur Ermittlung der bestehenden Qualifikationen kommen vor allem *eignungsdiagnostische* Instrumente (s. Staufenbiel und Rösler in diesem Band) und Verfahren der *Leistungsbeurteilung* (Murphy & Cleveland, 1995) zum Einsatz. Von den eignungsdiagnostischen Verfahren werden, vor allem bei Führungskräften, besonders häufig *Assessment Center* eingesetzt (Obermann, 1992). Die Leistungsbeurteilung kann grundsätzlich durch den Vorgesetzten, Kollegen, Kunden, den Mitarbeiter selbst und anhand objektiver Indizes geschehen. Die Urteile aus verschiedenen Quellen – vor allem von Mitarbeitern und ihren Vorgesetzten – stimmen allerdings oft nur mäßig bis gering überein (Harris & Schaubroeck, 1988; McEnery & McEnery, 1987). Dies spricht dafür, bei der Ist-Analyse verschiedene Erhebungsquellen heranzuziehen.

Dies geschieht in systematischer Weise bei einem als *360° Feedback* (Tornow & London, 1998) bezeichneten Ansatz, der vor allem in größeren Unternehmen zunehmend Einsatz findet. Dabei werden Führungskräfte simultan aus verschiedenen Perspektiven beurteilt, z.B. aus der Sicht ihrer direkten Vorgesetzten (die „klassische" Leistungsbeurteilung), ihrer unterstellten Mitarbeiter (Aufwärtsbeurteilung), ihrer Kollegen sowie durch interne und externe Kunden. Die Beurteilungen erfolgen meist mittels Fragebogen. Die Ergebnisse werden den beurteilten Führungskräften in Form von individuellen Feedback-Berichten zurückgemeldet, in denen die Selbsteinschätzungen der Führungskräfte den anonymisierten Urteilen der anderen Urteilergruppen gegenübergestellt werden. Durch Aggregierungen dieser Berichte ergeben sich Hinweise für den PE-Bedarf von Zielgruppen.

Das 360° Feedback stellt aber nicht nur eine diagnostische Maßnahme, sondern auch eine Intervention dar, bei der durch die spezifische Rückmeldung der Stärken und Schwächen aus verschiedenen Perspektiven eine Verhaltensänderung der Führungskräfte bewirkt werden soll. Oftmals schließen sich an das Feedback weitere PE-Maßnahmenan, wie z.b. Karriereplanungs- oder Coaching-Aktivitäten oder Teamentwicklungsmaßnahmen. Durch wiederholte Durchführungen können 360° Umfragen auch zur Evaluation dieser PE-Maßnahmen beitragen.

3 Interventionen

Tabelle 2 zeigt eine Auswahl aus der Vielzahl existierender PE-Interventionen, die hier nicht im Detail dargestellt werden können. Kasten 1 zeigt ein konkretes Beispiel. Die Spannbreite der Interventionen reicht von einem externen Fachtraining, in dem ein einzelner Mitarbeiter sein Wissen in einem spezifischen Bereich aktualisiert, bis zu umfassenden Programmen, wie z.B. flankierend zur Einführung von Gruppenarbeit, bei denen auf individueller (z.B. über Fach- und Problemlösetrainings, job rotation) und Gruppenebene (z.B. durch Teamentwicklungs-Workshops) ansetzend eine Vielzahl fachlicher, überfachlicher und sozialer Kompetenzen der Betroffenen erweitert werden.

Bei der konkreten Gestaltung der Intervention sind Rückgriffe auf Grundlagenwissen aus der Lern- und Motivationspsychologie (bzgl. der Darbietung und Verteilung von Lernmaterial, des Einsatzes von Feedback, Modellernen) und der Kognitionspsychologie (bzgl. der Automatisierung von Handlungen, mentalen Modellen, Experten-Novizen-Vergleichen) sowie auf angewandte Nachbardisziplinen wie die pädagogische Psychologie (bzgl. massiertem vs. verteiltem Lernen, programmierter Unterweisung, Overlearning) und die klinische Psychologie (bzgl. Methoden der Verhaltensmodifikation, Rollenspiel) sinnvoll. Diese Disziplinen stellen Theorien (z.B. Andersons ACT* Modell), abstrakte Prinzipien (z.B. Lernprinzipien) und konkrete Methoden (z.B. advanced organizers) bereit, die auf den spezifischen Interventionskontext hin angepaßt werden müssen (Goldstein, 1993; Patrick, 1992).

Zur Bewertung der Wirksamkeit einzelner Maßnahmen können neben Einzelstudien Metaanalysen herangezogen werden (z.B. Burke & Day, 1986, für Managementtrainings). Sehr breit angelegt ist eine von Guzzo, Jette & Katzell (1985) durchgeführte Metastudie, in der 98 Feldexperimente in 11 breite Interventionskategorien eingeteilt wurden.

Tabelle 2

Ausgewählte PE-Maßnahmen und ihre Klassifikationen hinsichtlich der Facetten A bis E aus Abbildung 1

PE-Maßnahme	Facette					Literatur
	A	B	C	D	E	
Realistische Tätigkeitsvorschau	1	2	2	1	2	Wanous & Colella (1990)
Orientierung neuer Mitarbeiter	1	2	2	1	2	Kieser (1995)
Trainee-Programme	1	2	2,3	1	1	Neuberger (1991)
Betriebliche Ausbildung	1	2	9	1	4	Sonntag (1989)
Training: Fitness~	1	4	8	2	2,3	Gebhardt & Crump (1990)
Training: Führungs ~	1	4	4,5	2	2,3	Goldstein (1993)
Training: Interkulturelles ~	1	4	5	2	2,3	Landis & Bhagat (1996)
Training: Kreativitäts~	1	4	4	2	2,3	Kabanoff & Rossiter (1994)
Training: Leistungsbeurteilungs~	1	4	4,5	2	2,3	Woehr & Huffcutt (1994)
Training: Streßmanagement~	1	4	8,9	2	2,3	Murphy et al. (1995)
Coaching	1	4	9	2	2,3	Böning (1994)
Karriereplanung/beratung	1	4	2	2	2,3	Savickas & Walsh (1996)
Laufbahn-/Nachfolgeplanung	3	2	2	2	2	Berthel (1992)
Mentorenprogramme	3	4	9	2	2	Murray (1991)
Familien; Unterstützung von ~	3	4	6	2	2	Frone & Yardley (1996)
Dual career couples-Programme	3	4	6	2	2	Domsch & Ladwig (1997)
Assessment Center	1	1,4,7	9	2	2,3	Obermann (1992)
Planspiele	1	1,4	4	2	2,3	Geilhardt & Mühlbradt (1995)
Leistungsbeurteilung	3	1,4	9	2	2	Zander & Knebel (1993)
Zielsetzungsprogramme	3	4	2,6	2	2	Locke & Latham (1990)
Feedbackprogramme	1,3	4	2,6	2	2	Pritchard (1995)
360º Feedback	1	1,4,7	9	2	2	Tornow & London (1998)
Arbeitszeitgestaltung	3	4	6	2	2	Wagner (1995)
Arbeitsgestaltung: Job rotation	2	4	9	2	1	Campion, Cheraskin & Stevens (1994)
Arbeitsgestaltung: Gruppenarbeit	2	4	9	2	4	Bungard (1994)
Arbeitssicherheit; Förderung der ~	5	5	8	2	4	Hoyos & Wenninger (1995)
Ruhestandsvorbereitung	1	6	7	3	2,3	Talaga & Beehr (1989)
Outplacement	1	6	9	3,1	3	Mayrhofer (1992)
Umschulung	1	2	9	1	2,3	Becker (1992)
Berufliche Rehabilitation	1	3,6	9	1	3	Seifert (1990)
Teamentwicklung	2	4	5	2	2	Salas & Cannon-Bowers (1997)
Mitarbeiterbefragungen	3	1,4,7	9	2	2	Borg (1995)
Qualitätszirkel	5	3	9	2	2	Bungard (1992)

Kasten 1
Personalentwicklung bei Microsoft

Microsoft ist der größte Hersteller von Computersoftware mit weltweit über 28.000 Beschäftigten und über 14 Milliarden Umsatz im Geschäftsjahr 1997/98. Personalentwicklung bei Microsoft ist stark geprägt von der Unternehmenskultur und dem Umfeld der Industrie. Der Softwaremarkt ist extrem dynamisch, innovativ, flexibel und geprägt von ständigen Veränderungen und somit neuen Herausforderungen. Das Durchschnittsalter der Mitarbeiter im Unternehmen ist niedrig, die Einsatzbereitschaft sehr hoch, die Zusammenarbeit geprägt von hoher Offenheit und viel Teamgeist. Leistungs- und Ergebnisorientierung sind wesentliche Elemente der Unternehmenskultur. Daran richtet sich auch die Personalentwicklung aus. Sie orientiert sich streng an den Geschäftserfordernissen und muß schnell und flexibel reagieren. Strategisch ist sie auf die nächsten 3 Jahre orientiert, fokussiert wird aber auf die nächsten 12 Monate.

Wichtigstes Element der Philosophie von PE bei Microsoft ist das Prinzip der Selbstverantwortung. Jeder Mitarbeiter ist für sein Lernen und seine Entwicklung selbst verantwortlich. Der Vorgesetzte steht dem Mitarbeiter als Berater und Coach begleitend zur Verfügung, aktiv vorantreiben muß das Thema jedoch der Mitarbeiter.

Dabei unterstützt die Personalabteilung und insbesondere der Bereich PE Mitarbeiter und Vorgesetzte durch Bedarfserfassung, Hilfsmittel, Werkzeuge und Interventionen. Für die Bedarfserfassung geht man dabei mehrere Wege. Microsoft hat ein Management by Objectives (MbO)-System implementiert, in dessen Rahmen mit jedem Mitarbeiter zweimal pro Jahr individuell Ziele vereinbart werden und die Zielerreichung überprüft wird. Elementare Bestandteile dieser „Performance Reviews" sind ein Gespräch und eine Vereinbarung zum Thema Weiterentwicklung. In dem Gespräch geht es sowohl um zu „Lernendes" als auch um die Ausrichtung der Karriere. Ferner geht die PE-Abteilung aktiv auf Vorgesetzte zu und erfaßt Lernbedarfe. Darüber hinaus finden Bedarfserfassungen mit Teams häufig auch in kurzen Workshops statt. Deren Ergebnisse können Maßnahmen on-the-job sein (wie die Übernahme bestimmter Aufgaben oder Projekte) oder auch klassische Trainingsmaßnahmen, die die Mitarbeiter über das Intranet buchen können. Lernen und Entwicklung finden überwiegend in der täglichen Arbeit statt. Man ist der Ansicht, daß 70% des Lernens im Job, 20% von Kollegen und 10% in Trainings geschehen sollten. Entsprechend sind die Maßnahmen gestaltet. Eine Reihe von Standardmaßnahmen wird angeboten: von Präsentationstechniken über Zeitmanagement bis zu Projektleiterschulungen. Es wird jedoch versucht, das Maß an „Standardtrainings" gering zu halten. Selbstverantwortung, Lernen durch Herausforderungen und klare Ziele im Job stehen im Vordergrund. Maßnahmen werden möglichst teambezogen entwickelt und durchgeführt. Darüber hinaus werden das Lernen von Kollegen und das Coaching durch Kollegen ausgebaut. Zu diesem Zweck wurden selbststeuernde Lerngruppen implementiert, die sich zu aktuellen Tagesprobleme beraten und austauschen. Diese „Learning Networks" setzen sich aus Mitarbeitern verschiedener Geschäftsbereiche zusammen und bestimmen völlig eigenständig, wie oft und wann sie sich treffen und welche Themen sie bearbeiten. Evaluationen, in denen die Teilnehmer nach Erfolg und Effektivität dieses Ansatzes befragt wurden, zeigten sehr positive Resultate. Im Bereich Managemententwicklung bietet Microsoft den Führungskräften eine Reihe von Trainings an (Kommunikation, Umgang mit Konflikten, Teamgestaltung, MbO-Training, Führen von Einstellungsgesprächen, Performance Review Trainings etc.) Darüber hinaus kommen Maßnahmen wie 360 Grad-Feedback, Management Feedback (Mitarbeiter-Vorgesetzten-Beurteilung) und die Learning Networks zum Einsatz.

(Dipl.-Psych. Andreas Benkowitz, Director Human Resources, Microsoft Deutschland)

Neuere Studien – die allerdings fast ausschließlich im Trainingskontext durchgeführt wurden – beschäftigen sich weniger mit dem Nachweis, *daß* eine bestimmte Intervention wirksam ist, sondern stärker mit den Fragen, *unter welchen Bedingungen* und *warum* (Tannenbaum & Yukl, 1992). Dabei erweisen sich neben der Gestaltung der Maßnahme selbst auch Einflußgrößen vor ihrer Durchführung (z.B. Vorinformationen: Webster & Martocchio, 1995; die Freiwilligkeit der Teilnahme: Baldwin, Magjuka & Loher, 1991; oder die Begründung für die Teilnahme: Quiñones, 1995) und nach der Intervention (Unterstützung durch Vorgesetzte: Baldwin & Ford, 1988; oder das Transferklima: Tracey, Tannenbaum & Kavanagh, 1995) als bedeutsam für den Erfolg. Darüber hinaus wurden Merkmale der Teilnehmer wie Intelligenz und Vorwissen (Ree, Carretta & Teachout, 1995), Selbstwirksamkeitsüberzeugungen (Saks, 1995) oder die Teilnahmemotivation (Mathieu, Tannenbaum & Salas, 1992) als Prädiktoren des Trainingserfolgs identifiziert.

4 Evaluation

Im Rahmen der Evaluation wird geprüft, ob die Ziele der PE-Intervention erreicht wurden. Obwohl solche Wirksamkeitsüberprüfungen als Grundlage für rationale Entscheidungen über die Beibehaltung, Modifikation oder Terminierung von PE-Maßnahmen offensichtlich unabdingbar sind, werden sie in der Praxis nur selten in systematischer Weise durchgeführt (Thierau, Stangel-Meseke & Wottawa, 1992). Bei der Durchführung von Evaluationsmaßnahmen sind zwei Fragen zentral: (1) Woran läßt sich der Erfolg der Intervention messen? bzw. genauer: Anhand welcher Kriterien läßt sich feststellen, ob die in der Bedarfsanalyse formulierten Ziele erreicht wurden? und (2) Wie gehe ich (versuchs-) planerisch bei der Erhebung der Kriterien vor und mit welchen Methoden werte ich die Daten aus? Mit Kirkpatrick (1959, 1960) lassen sich die folgenden vier Kriterien-„Ebenen" unterscheiden:

Reaktionskriterien: Hiermit sind subjektive Bewertungen der Intervention durch deren Teilnehmer gemeint. Zu diesem Zweck werden oft Fragebogen eingesetzt, mit denen im Anschluß an das Training erhoben wird, wie zufrieden die Teilnehmer mit bestimmten Teilen oder dem Training insgesamt waren, wie sie den Trainer beurteilen, welche Verbesserungsvorschläge sie haben usw.

Lernkriterien: Diese Kriterien dienen der Feststellung, ob im Training gelernt wurde, die Vermittlung von Prinzipien, Fakten, Techniken, Einstellungen usw. also erfolgreich war. Dies kann z.B. durch den Vergleich der Ergebnisse der Teilnehmer in einem Wissenstest vor und nach einem Fachtraining festgestellt werden.

Verhaltenskriterien: Hier wird erhoben, ob das Gelernte nach dem Training am Arbeitsplatz umgesetzt wird und die Teilnehmer dort die erwünschten Verhaltensänderungen zeigen. Dies kann z.b. durch die Befragung von Kollegen, Vorgesetzten oder Kunden festgestellt werden.

Ergebniskriterien: Sie messen, inwieweit für die Organisation relevante Ergebnisse und Resultate erzielt wurden, womit vor allem solche gemeint sind, die objektiv meßbar sind, wie z.b. Reduktion von Kosten, Fehlzeiten oder Fluktuation, Steigerung der Qualität, usw.

Tabelle 3 modifiziert und erweitert dieses Klassifikationssystem, wobei zwischen der Kriterienart und dem Zeitpunkt der Erhebung unterschieden wird. „Reaktionen" werden dort umfassender als „direkte subjektive Bewertungen" der Intervention gefaßt, die nicht nur durch die Teilnehmer erfolgen können. Ferner werden die Kriterienarten „Wissen" und „Verhalten" allgemeiner als „Qualifikationen" konzeptualisiert, die sich darin unterscheiden, ob sie am oder außerhalb des Arbeitsplatzes erhoben werden. Diese Unterscheidung ist deshalb wichtig, weil oftmals Qualifikationen (z.B. bestimmte soziale Kompetenzen), die im Rahmen einer Intervention near- oder off-the-job erworben wurden, anschließend am Arbeitsplatz zu keiner Verhaltensänderung führen. Die Ursachen können mannigfaltig sein und werden im Trainingskontext unter dem Stichwort „Lerntransfer" thematisiert (s.a. Kokavecz und Holling in diesem Band).

Das zweite Unterscheidungsmerkmal, die zeitliche Dimension, ist in vier Abschnitte unterteilt, die ihrerseits aber wieder mehrere Meßzeitpunkte enthalten können (z.B. Mehrfachmessungen während der Intervention). Die Prä-Messungen können mit den in der Analyse des Ist-Zustandes erhobenen Messungen identisch sein und dienen als Referenzwerte, um Veränderungen während oder nach der Intervention quantifizieren zu können. Anhand von follow-up Messungen schließlich kann u.a. die zeitliche Stabilität der Interventionseffekte bestimmt werden.

Zur Feststellung, ob alle in der Bedarfsanalyse festgelegten (Teil-) Ziele durch die Intervention erreicht wurden, wird man sinnvollerweise multiple Kriterien heranziehen. Die in der Praxis häufig anzutreffende standardmäßige Beschränkung auf relativ einfach zu erhebende Reaktionskriterien („happy sheets") führt jedenfalls fast immer zu einer *defizienten* Messung der Zielerreichung, d.h. relevante Wirkungen der Intervention werden nicht erfaßt. Umgekehrt können Kriterien auch *kontaminiert* sein, wenn sie nicht nur durch die Intervention beeinflußt werden, sondern zusätzlich von weiteren ebenfalls variierenden Einflußgrößen abhängen. So ist beispielsweise der Anstieg der verkauften Policen von Versicherungsagenten als Kriterium für den Erfolg einer vorangegangenen Verkaufsschulung kontaminiert, wenn während des Trainings die Konditionen der Policen verbessert wurden.

Tabelle 3
Beispiele für potentielle Kriterien bei der Evaluation von PE-Maßnahmen, differenziert nach Kriteriumsart und Zeitpunkt der Erhebung

Kriteriumsart	Zeitpunkt der Erhebung des Kriteriums relativ zur Intervention			
	vorher (Prä)	**während**	**direkt danach (Post)**	**später (follow-up)**
direkte subjektive Bewertungen	Erwartungen an ein geplantes Mentorenprogramm durch potentielle Teilnehmer	Einschätzung des Erfolgs einzelner Schritte eines Teamentwicklungsprogramms durch die Trainer	Bewertung der Gerechtigkeit eines neuen Leistungsbeurteilungssystems durch Betroffene	Bewertung einer Mitarbeiterbefragung ein Jahr nach der Durchführung durch die Unternehmensleitung
Qualifikationen außerhalb des Arbeitsplatzes	Test zur Messung vorhandener fachlicher Kompetenzen vor einem EDV-Training	Laufende Messung des Lernfortschritts durch ein intelligentes tutorielles Lehrsystem	Selbsteinschätzung des Wissens über ein Unternehmen nach einem Trainee-Programm	Organisations-Commitment von Dual Career Couples nach unterstützenden PE-Maßnahmen
Qualifikationen am Arbeitsplatz	Beobachtung der Häufigkeit von Verstößen gegen Sicherheitsvorschriften vor einem Sicherheitstraining	Selbstbewertung eines schwierigen Mitarbeitergesprächs als „Hausaufgabe" zwischen zwei Trainingssitzungen	Zurückweisung eines Stellenangebots durch einen Bewerber nach einer realistischen Tätigkeitsvorschau	Rückfallquote nach einem Alkoholismusprogramm mit Rückfallprävention
objektiv meßbare Ergebnisse	Erhebung der Fluktuationsrate vor der Einführung von Gruppenarbeit	Veränderung der Produktivität während eines Feedbackprogramms	Messung der Absentismus-Quote nach der Einführung eines neuen Arbeitszeitsystems	Geschwindigkeit der Wiedererlangung einer Stelle nach einem Outplacement-Programm

Zur Erhebung der Kriterien stehen eine Reihe von *Untersuchungsplänen* und *Techniken* zur Verfügung (Bortz & Döring, 1995). Deren Funktion ist es, Störeinflüsse so zu minimieren, daß sich Veränderungen in den Kriterien auch tatsächlich (kausal) auf die Intervention zurückführen lassen (interne Validität) und außerdem über die konkrete Untersuchung hinaus auf andere Situationen, Zeitpunkte und Teilnehmer generalisiert werden können (externe Validität). Eine Bedrohung der internen Validität liegt etwa vor, wenn Kriteriumsunterschiede zwischen zwei Meßzeitpunkten auch auf Faktoren wie parallel zur Intervention stattfindende andere Veränderungen im Unternehmen oder besondere Merkmale der Teilnehmer zurückgehen könnten. Ein Versuchsplan, der die Kontrolle der beiden genannten Störeinflüsse ermöglicht, sieht wie folgt aus:

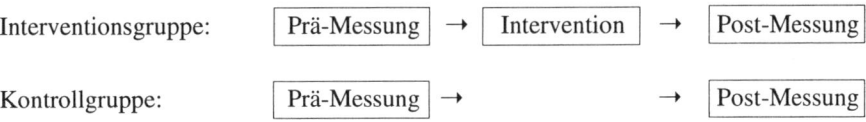

Interventionsgruppe: Prä-Messung   →   Intervention   →   Post-Messung

Kontrollgruppe: Prä-Messung   →   →   Post-Messung

Hier werden die Teilnehmer per Zufall auf eine Interventions- und eine Kontrollgruppe verteilt (Randomisierung) und dann in beiden Gruppen vor und nach der Intervention die Kriterien erhoben. (Die Kontrollgruppe kann zeitversetzt nach der Post-Messung ebenfalls an der Maßnahme teilnehmen.) Neben komplexeren Plänen, die z.B. alternative Interventionen vergleichen, finden in der Praxis häufig weniger aussagekräftige Designs Anwendung, bei denen keine Randomisierung stattfindet (quasi-experimentelle Pläne, vgl. Cook, Campbell & Peracchio, 1990), keine Prä-Messung erhoben wird oder gar keine Kontrollgruppe existiert. Tatsächlich gibt es Fragestellungen, in denen auch solche einfacheren Versuchspläne nützlich sind (Sacket & Mullen, 1993); meist wird empfohlen, unter den gegebenen Bedingungen den Versuchsplan mit der höchsten Kontrolle auszuwählen.

5 Schlußbemerkung

Das hier dargestellte Vorgehen der PE hat besonders die Notwendigkeit betont, eine systematische vorangehende Bedarfsplanung und eine nachfolgende Evaluation der Maßnahmen durchzuführen. In der Praxis der PE sollten aber stärkere Anstrengungen unternommen werden, diese beiden „Stiefkinder" zu integrieren. Dazu können vor allem auch Psychologinnen und Psychologen beitragen, die neben dem Wissen über konkrete Interventionen auch über das (weniger modischen Strömungen unterworfene) methodische know-how verfügen.

Literatur

Arvey, R. D., Salas, E. & Giallucca, K. A. (1992). Using task inventories to forecast skills and abilities. *Human Performance, 5*, 171-190.

Baldwin, T. T., Magjuka, R. J. & Loher, B. T. (1991). The perils of participation: Effects of choice of training on trainee motivation and learning. *Personnel Psychology, 44*, 51-65.

Becker, M. (1992). Umschulung. In E. Gaugler & W. Weber (Hrsg.), *Handwörterbuch des Personalwesens* (2. Aufl., S. 2221-2231). Stuttgart: Poeschel.

Berthel, J. (1992). Laufbahn und Nachfolgeplanung. In E. Gaugler & W. Weber (Hrsg.), *Handwörterbuch des Personalwesens* (2. Aufl., S. 1203-1213). Stuttgart: Poeschel.

Böning, U. (1994). Ist Coaching eine Modeerscheinung? In L. M. Hofmann & E. Regnet (Hrsg.), *Innovative Weiterbildungskonzepte* (S. 171-185). Göttingen: Verlag für Angewandte Psychologie.

Borg, I. (1992). *Grundlagen und Ergebnisse der Facettentheorie.* Bern: Huber.

Bortz, J. & Döring, N. (1995). *Forschungsmethoden und Evaluation für Sozialwissenschaftler* (2. Aufl.). Berlin: Springer.

Bownas, D. A. & Bernardin, H. J. (1988). Critical incident technique. In S. Gael (Ed.), *The job analysis handbook for business, industry, and government* (Vol. 2, pp. 1120-1137). New York: Wiley.

Bungard, W. (Hrsg.). (1992). *Qualitätszirkel in der Arbeitswelt. Ziel, Erfahrungen, Probleme.* Göttingen: Verlag für Angewandte Psychologie.

Bungard, W. (1994). Gruppenarbeit: Konsequenzen für die Personalentwicklung. In C. H. Antoni (Hrsg.), *Gruppenarbeit in Unternehmen: Konzepte, Erfahrungen, Perspektiven* (S. 333-343). Weinheim: Beltz.

Burke, M. J. & Day, R. R. (1986). A cumulative study of the effectiveness of managerial training. *Journal of Applied Psychology, 71*, 232-245.

Campion, M. A., Cheraskin, L. & Stevens, M. J. (1994). Career related antecedents and outcomes of job rotation. *Academy of Management Journal, 37*, 1518-1542.

Cascio, W. F. (1992). *Managing human resources: Productivity, quality of work life, profits* (3rd ed.). New York: McGraw-Hill.

Cook, T. D., Campbell, D. T. & Peracchio, L. (1990). Quasi experimentation. In M. D. Dunnette & L. M. Hough (Eds.), *Handbook of industrial and organizational psychology* (Vol. 1, pp. 491-576). Palo Alto, CA: Consulting Psychologists Press.

Domsch, M. E. & Ladwig, A. (1997). Dual career couples (DCC). Einsichten und Aussichten für Karrierepaare und Unternehmen. *Report Psychologie, 22,* 310-315.

Ford, J. K. & Kraiger, K. (1995). The application of cognitive constructs and principles to the instructional systems model of training: Implications for needs assessment, design, and transfer. In C. L. Cooper & I. T. Robertson (Eds.), *International review of industrial and organizational psychology* (Vol. 10, pp. 1-48). Chichester: Wiley.

Frey, S., Bente, G. & Frenz, H.-G. (1993). Analyse von Interaktionen. In H. Schuler (Hrsg.), *Lehrbuch Organisationspsychologie* (S. 353-375). Bern: Huber.

Frieling, E., Facaoaru, C., Benedix, J., Pfaus, H. & Sonntag, Kh. (1993). *Das Tätigkeits-Analyse-Inventar (TAI). Theorie-Auswertung-Praxis. Handbuch und Verfahren.* Landsberg: Ecomed.

Gebhardt, D. L. & Crump, C. E. (1990). Employee fitness and wellness programs in the workplace. *American Psychologist, 45*, 262-272.

Gist, M. E., Schwoerer, C. & Rosen, B. (1989). Effects of alternative training methods on self-efficacy and performance in computer software training. *Journal of Applied Psychology, 74*, 884-891.

Goldstein, I. L. (1993). *Training in organizations: Needs assessment, development and evaluation* (3rd ed.). Pacific Grove, CA: Brooks/Cole.

Guzzo, R. A., Jette, R. D. & Katzell, R. A. (1985). The effects of psychologically based intervention programs on worker productivity: A meta-analysis. *Personnel Psychology, 38*, 275-291.

Harris, M. M. & Schaubroeck, J. (1988). A meta-analysis of self-supervisor, self-peer, and peer-supervisor ratings. *Personnel Psychology, 41*, 43-62.

Holling, H. & Liepmann, D. (1993). Personalentwicklung. In H. Schuler (Hrsg.), *Lehrbuch Organisationspsychologie* (S. 285-316). Bern: Huber.

Hoyos, C. Graf & Wenninger, G. (Hrsg.). (1995). *Arbeitssicherheit und Gesundheitsschutz in Organisationen*. Göttingen: Verlag für Angewandte Psychologie.

Johnson, J. W. (1996). Linking employee perceptions of service climate to customer satisfaction. *Personnel Psychology, 49*, 831-851.

Kabanoff, B. & Rossiter, J. R. (1994). Recent developments in applied creativity. In C. L. Cooper & I. T. Robertson (Eds.), *International review of industrial and organizational psychology* (Vol. 9, pp. 283-324). Chichester: Wiley.

Kieser, A. (1995). Einarbeitung neuer Mitarbeiter. In L. von Rosenstiel, E. Regnet & M. Domsch (Hrsg.), *Führung von Mitarbeitern: Handbuch für erfolgreiches Personalmanagement* (3. Aufl., S. 149-159). Stuttgart: Schäffer-Poeschel.

Kirkpatrick, D. L. (1959). Techniques for evaluating training programs: Part 1-Reactions, Part 2-Learning. *Journal of the American Society of Training Directors, 13*, 3-9 & 21-26.

Kirkpatrick, D. L. (1960). Techniques for evaluating training programs: Part 3-Behavior, Part 4-Results. *Journal of the American Society of Training Directors, 14*, 13-18 & 28-32.

Kluwe, R. H. (1995). Wissen. In W. Sarges (Hrsg.), *Managementdiagnostik* (2. Aufl., S. 218-225). Göttingen: Hogrefe.

Landis, D. & Bhagat, R. S. (Eds.). (1996). *Handbook of intercultural training* (2nd ed.). Thousand Oaks, CA: Sage.

Leiter, R., Runge, T., Burschik, R. & Grausam, G. (1982). *Der Weiterbildungsbedarf im Unternehmen: Methoden der Ermittlung*. München: Carl Hanser Verlag.

Liebel, H. J. & Oechsler, W. A. (1994). *Handbuch Human Resource Management*. Wiesbaden: Gabler.

Locke, E. A. & Latham, G. P. (1990). *A theory of goal setting and task performance*. Englewood Cliffs, NJ: Prentice Hall.

Mathieu, J. E., Tannenbaum, S. I. & Salas, E. (1992). Influences of individual and situational characteristics on measures of training effectiveness. *Academy of Management Journal, 35*, 828-847.

Mayrhofer, W. (1992). Outplacement. In E. Gaugler & W. Weber (Hrsg.), *Handwörterbuch des Personalwesens* (2. Aufl., S. 1523-1534). Stuttgart: Poeschel.

McEnery, J. & McEnery, J. M. (1987). Self-rating in management training needs assessment: A neglected opportunity. *Journal of Occupational Psychology, 60*, 49-60.

McGehee, W. & Thayer, P. W. (1961). *Training in business and industry*. New York: Wiley.

Murphy, K. R. & Cleveland, J. N. (1995). *Understanding performance appraisal: Social, organizational and goal-based perspectives*. Thousand Oaks: Sage.

Murphy, L. R., Hurrell, J. J., Sauter, St. L. & Keita, C. P. (Eds.). (1995). *Job stress interventions*. Washington, DC: American Psychological Association.

Murray, M. (1991). *Beyond the myths and magic of mentoring: How to facilitate an effective mentoring program*. San Francisco: Jossey Bass.

Neuberger, O. (1991). *Personalentwicklung*. Stuttgart: Enke.

Obermann, C. (1992). *Assessment Center: Entwicklung, Durchführung, Trends*. Wiesbaden: Gabler.

Patrick, J. (1992). *Training: Research and practice*. London: Academic Press.

Pritchard, R. D. (Ed.). (1995). *Productivity measurement and improvement: Organizational case studies*. Westport, CT: Praeger.

Quiñones, M. A. (1995). Pretraining context effects: Training assignment as feedback. *Journal of Applied Psychology, 80*, 226-238.

Ree, M. J., Carretta, T. R. & Teachout, M. S. (1995). Role of ability and prior job knowledge in complex training performance. *Journal of Applied Psychology, 80*, 721-730.

Sackett, P. R. & Mullen, E. J. (1993). Beyond formal experimental design: Towards an expanded view of the training evaluation process. *Personnel Psychology, 46*, 613-627.

Saks, A. M. (1995). Longitudinal field investigation of the moderating and mediating effects of self-efficacy in the relationship between training and newcomer adjustment. *Journal of Applied Psychology, 80*, 211-225.

Salas, E. & Cannon-Bowers, J. A. (1997). Methods, tools, and strategies for team training. In M. A. Quiñones & A. Ehrenstein (Eds.), *Training for a rapidly changing workplace: Applications of psychological research* (pp. 249-279). Washington, DC: American Psychological Association.

Savickas, M. L. & Walsh, W. B. (1996). (Eds). *Handbook of career counseling theory and practice*. Palo Alto, CA: Davies Black Publishing.

Schaper, N. & Sonntag, Kh. (1995). Lernbedarfsanalyse bei komplexen Aufgabenstellungen - eine inhaltsbezogene und methodenkritische Studie. *Zeitschrift für Arbeits- und Organisationspsychologie, 39*, 168-178.

Schuler, H. (1989). Fragmente psychologischer Forschung zur Personalentwicklung. *Zeitschrift für Arbeits- und Organisationspsychologie, 33*, 3-11.

Schuler, H. (1996). *Psychologische Personalauswahl: Einführung in die Berufseignungsdiagnostik*. Göttingen: Verlag für Angewandte Psychologie.

Schuler, H. & Prochaska, M. (1992). Ermittlung personaler Merkmale: Leistungs- und Potentialbeurteilung von Mitarbeitern. In Kh. Sonntag (Hrsg.), *Personalentwicklung in Organisationen: Psychologische Grundlagen, Methoden und Strategien* (S. 157-186). Göttingen: Hogrefe.

Sonntag, Kh. (1989). *Trainingsforschung in der Arbeitspsychologie*. Bern: Huber.

Sonntag, Kh. (1992). Ermittlung tätigkeitsbezogener Merkmale: Qualifikationsanforderungen und Voraussetzungen menschlicher Aufgabenbewältigung. In Kh. Sonntag (Hrsg.), *Personalentwicklung in Organisationen: Psychologische Grundlagen, Methoden und Strategien* (S. 135-155). Göttingen: Hogrefe.

Sonntag, Kh. & Schäfer-Rauser, U. (1993). Selbsteinschätzung beruflicher Kompetenzen bei der Evaluation von Bildungsmaßnahmen. *Zeitschrift für Arbeits- und Organisationspsychologie, 37*, 163-171.

Tannenbaum, S. I. & Yukl, G. (1992). Training and development in work organizations. *Annual Review of Psychology, 43*, 399-441.

Thierau, H., Stangel-Meseke, M. & Wottawa, H. (1992). Evaluation von Personalentwicklungsmaßnahmen. In Kh. Sonntag (Hrsg.), *Personalentwicklung in Organisationen: Psychologische Grundlagen, Methoden und Strategien* (S. 229-249). Göttingen: Hogrefe.

Tracey, J. B., Tannenbaum, S. I. & Kavanagh, M. J. (1995). Applying trained skills on the job: The importance of the work environment. *Journal of Applied Psychology, 80*, 239-252.

Wanous, J. P. & Colella, A. (1990). Organizational entry research: Current status and future directions. In G. R. Ferris & K. M. Rowland (Eds.), *Organizational entry* (pp. 253-314). Greenwich, CT: JAI Press.

Webster, J. & Martocchio, J. J. (1995). The differential effects of software training previews on training outcomes. *Journal of Management, 21*, 757-787.

Wexley, K. N. & Latham, G. P. (1991). *Developing and training human resources in organizations* (2nd ed.). New York: HarperCollins.

Woehr, D. J. & Huffcutt, A. I. (1994). Rater training for performance appraisal: A quantitative review. *Journal of Organizational and Occupational Psychology, 67*, 189-205.

526

37 Anreiz- und Zielsetzungssysteme

Uwe Kleinbeck und *Trudi Kleinbeck*

1 Förderung von Mitarbeitermotivation und Produktivität

Anreiz- und Zielsetzungssysteme dienen Unternehmen dazu, die Arbeitsmotivation ihrer Mitarbeiter und Mitarbeiterinnen zu erhöhen, um auf diese Weise ein im Konkurrenzkampf unentbehrliches Ausmaß an Produktivität zu erreichen. Produktivitätsverbesserungen dürfen dabei nicht mit Fehlbeanspruchungen einhergehen; sie sollten durch Verbesserungen der Arbeitsstrategien und nicht durch Überforderung beim Anstrengungseinsatz der Mitarbeiter und Mitarbeiterinnen zu erreichen sein.

In Forschungsberichten zur Psychologie der Arbeitsmotivation konnte immer wieder nachgewiesen werden, wie sinnvoll es im Zusammenhang mit der Gestaltung von Arbeitsabläufen ist, zur Bearbeitung möglichst solche Aufgaben anzubieten, die vollständig sind und Handlungsspielräume und Motivierungspotentiale für die Ausführenden enthalten (Hacker, in diesem Band; Hackman & Oldham, 1975; Kleinbeck, 1987, 1996; Ulich, 1991)

Die Berücksichtigung und Umsetzung dieser Erkenntnisse ist eine wesentliche Voraussetzung für die Förderung von Arbeitsmotivation. Solche Maßnahmen zur Schaffung von Anreizen bzw. Motivierungspotentialen am Arbeitsplatz reichen allein aber noch nicht aus, den gewünschten Erfolg (Produktivitätssteigerung) sicherzustellen, denn bei den Mitarbeitern und Mitarbeiterinnen finden sich unterschiedliche Motive (wie z.B. Leistungs-, Anschluß- oder Machtmotive), die zudem noch in unterschiedlichen Ausprägungsformen vorkommen können (wie z.B. Hoffnung auf Erfolg – Furcht vor Mißerfolg; Hoffnung auf sozialen Anschluß – Furcht vor sozialer Zurückweisung; Hoffnung auf Machtausübung – Furcht vor Machterleidung). Mit ihnen müssen die durch die Motivierungspotentiale der Arbeitssituation geschaffenen Anreize in Wechselwirkung treten, um Motivationssteigerungen zu bewirken. Das können sie aber nur, wenn die Motivierungspotentiale den Motiven der Mitarbeiter und Mitarbeiterinnen thematisch entsprechen.

Eine solche Situation innerhalb eines Unternehmens zu schaffen, wird nicht immer möglich sein, selbst dann nicht, wenn man die Arbeit in Gruppen organisiert, dadurch ein breiteres Spektrum von Motivierungspotentialen zur Verfügung stellt und den Beteiligten die Möglichkeit bietet, ihren Neigungen und Vorlieben (Motiven) entsprechend eine Zuordnung von Aufgaben zu Personen selbständig und eigenverantwortlich vorzunehmen. Auch wenn sich bei der Zuordnung eine fast ideale Konstellation ergibt, weil die Motivierungspotentiale der Arbeitsaufgaben mit der persönlichen Motivlage der Arbeitenden weitestgehend übereinstimmen, ist damit allein keine Garantie für eine auf die Ziele des Unternehmens ausgerichtete Arbeitsmotivation und in ihrer Folge für eine hohe Produktivität der am Arbeitsprozeß Beteiligten gegeben.

Die gesteigerte Arbeitsmotivation der Mitarbeiter und Mitarbeiterinnen ist zwar für den Erfolg von Unternehmen hinsichtlich Produktivität und Wettbewerbsfähigkeit auf den nationalen und internationalen Märkten unabdingbar, sie bietet aber noch nicht gleichzeitig auch die Gewähr dafür, daß die von Einzelpersonen und Gruppen im Rahmen der erweiterten Handlungsspielräume gesetzten Ziele mit den Gesamtzielen des Unternehmens übereinstimmen. Erst wenn eine solche Kongruenz gegeben ist und aus der erreichten *hohen* Arbeitsmotivation eine *zielgerichtete* wird, führt das zu einer Produktivitätssteigerung und -sicherung. In diesem Zusammenhang sind *Zielsetzungsprogramme* unverzichtbar, denn mit ihnen gelingt es, persönliche Ziele und Gruppen- bzw. Organisationsziele in Übereinstimmung zu bringen. Die Akzeptanz und das Erreichen organisationsbezogener Zielsetzungen kann durch leistungsorientierte Anreizsysteme (als wesentliche Komponenten von Entgeltsystemen) belohnt werden (Eyer & Stockhausen, 1997).

Persönlich akzeptierte Ziele beeinflussen nach Hacker (1983) die Auswahl von Handlungsalternativen, bestimmen das persönliche Engagement, die Konzentration und Aufmerksamkeit und beeinflussen die Ausdauer bei unerwartet auftauchenden Hindernissen auf dem Weg der Umsetzung von Zielen in Handlungen, die zur Zielerreichung führen sollen. Nach Locke & Latham (1990) steht die Leistung bei der Aufgabenbewältigung in direkter Abhängigkeit zu den aufgabenbezogenen Zielen. Je höher die Zielsetzung ist – je schwieriger es also wird, das Ziel zu erreichen –, um so besser sind die Leistungsergebnisse. Wie ihre Untersuchungen weiter belegen, wird die Wirkung von Zielsetzungen auf die aktuelle Leistung sehr stark durch Rückmeldungen beeinflußt. Nicht nur *spezifische Zielsetzungen*, sondern auch *spezifische Rückmeldungen* wirken stärker leistungsfördernd als unspezifische (Kleinbeck, 1996) – offenbar, weil eine spezifische Rückmeldung präzisere Aussagen über den aktuellen Leistungsstand macht und deshalb eine effektivere Kontrolle des Leistungsfortschritts auf dem Weg zu dem durch die Zielsetzung angestrebten Handlungsergebnis ermöglicht. Die Resistenz gegenüber einer Bedrohung der Zielbindung durch mögliche Störfaktoren wird dadurch gestärkt.

Auf der Grundlage dieser Erkenntnisse wird verständlich, warum Unternehmen auf *psychologische Hilfsmittel* angewiesen sind, um einen auf ihre Ziele hin ausgerichteten Erfolgskurs sicher zu steuern. Aber auch Zielsetzungssysteme allein (wie z.B. bei Carroll & Tosi 1973 beschrieben) – ohne Leistungsmessung und -rückmeldung – können auf Dauer nicht zu dem gewünschten Erfolg führen. Und auch Anreizsysteme als Komponenten des Entgelts zeigen nur eine begrenzt positive Wirkung auf die Produktivität, wenn sie nicht auf Leistungsmessung, Zielsetzung und Rückmeldung basieren. Denn ein Entgeltsystem fördert nur dann die Arbeitsmotivation, wenn solche Kriterien wie Leistungsangemessenheit, Gerechtigkeit, Beeinflußbarkeit, Transparenz und Beteiligung am Prozeß der Leistungsbeurteilung bei seiner Gestaltung Berücksichtigung finden.

Damit Motivierungspotentiale an Arbeitsplätzen produktivitätsfördernd wirksam werden können, bedarf es vor allem auch bei Gruppenarbeit einer *begleitenden Unterstützung* durch wissenschaftlich fundierte Systeme mit *Zielsetzungsprogrammen.* Ausgehend von den in Arbeitsaufgaben enthaltenen Handlungsspielräumen sollten sie die Aufgaben selbst nicht nur analysieren und erfassen, sondern auch die erbrachten Leistungsergebnisse in einer solchen Form meßbar machen, daß sie auf die gesetzten Ziele bezogen werden können. Weiterhin müßten sie auch

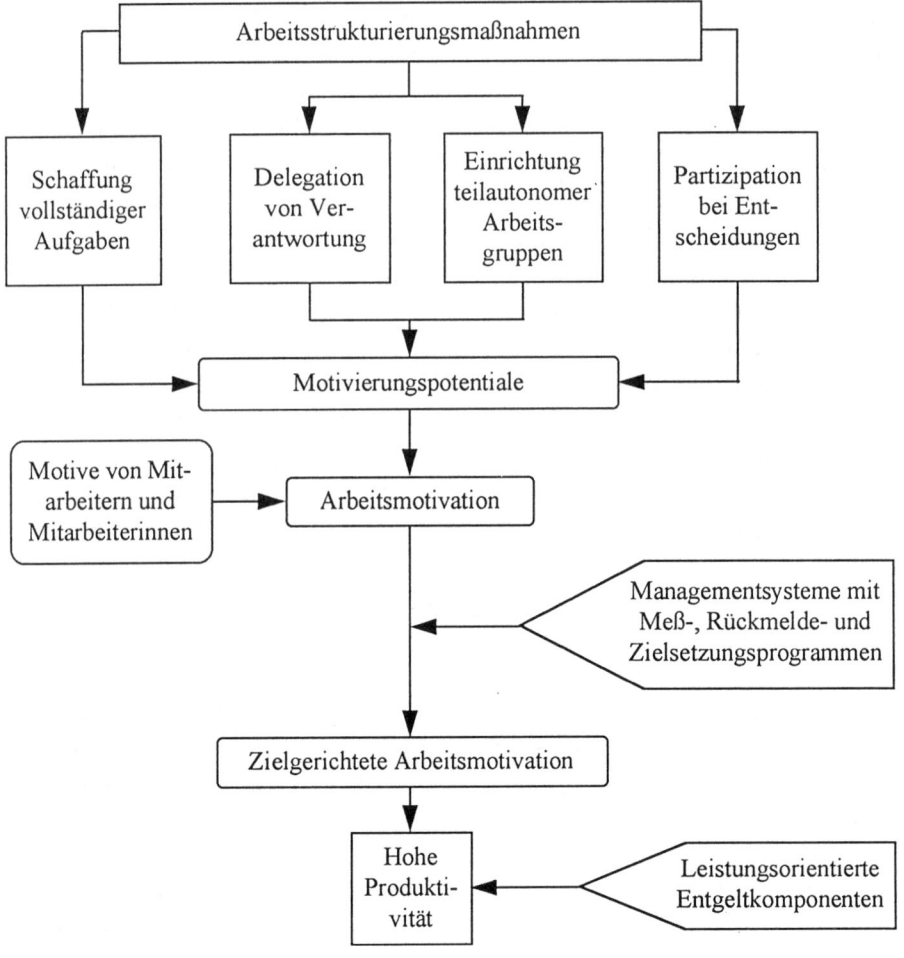

Abbildung 1
Durch Arbeitsstrukturierungsmaßnahmen (Schaffung von Anreizen) bewirkte Arbeitsmotivation kann durch Meß-, Rückmelde- und Zielsetzungsprogramme auf die gewünschte Produktivitätssteigerung ausgerichtet werden.

Möglichkeiten schaffen, diese erzielte Leistung im Hinblick auf ihre Bedeutung für die Gruppen-, Abteilungs- und Unternehmensziele insgesamt zu bewerten. Regelmäßig erfolgende Rückmeldungen von Ergebnissen und eine sich anschließende gemeinsame Bewertung garantieren eine zielorientierte Förderung und Unterstützung der Arbeitsmotivation und in ihrer Folge eine Produktivitätssteigerung. Sie wird bedingt durch einen optimierten Einsatz persönlicher (Fähigkeiten und Fertigkeiten) und betrieblicher Leistungsvoraussetzungen (Maschinen usw.), durch den es zu größerer Arbeitszufriedenheit und entsprechend auch zu einer geringeren Fehlzeitenrate kommt (Kleinbeck & Wegge, 1996; Schmidt & Daume, 1996). Abbildung 1 stellt das geschilderte Zusammenwirken der einzelnen Komponenten noch einmal in einer Übersicht dar.

2 Zielvereinbarungen und leistungsbezogene Anreize durch Managementsysteme unterstützt

Exemplarisch für ein Instrumentarium, das den zuvor beschriebenen Anforderungen an ein effektives Managementsystem entspricht, soll das *Partizipative Produktivitätsmanagement* (PPM; Kleinbeck, 1997; Pritchard, 1995; Pritchard, Kleinbeck & Schmidt, 1993) vorgestellt werden, das man als eine wissenschaftlich begründete Technik zur Anwendung in der praktischen Arbeitsorganisation bezeichnen kann. Mit seiner Hilfe lassen sich Produktivitätssteigerungen durch Beteiligung von Mitarbeitern und Mitarbeiterinnen bei der Gestaltung, Durchführung und Bewertung von Arbeitsaufgaben erreichen, weil es die erforderlichen Voraussetzungen für eine Auswahl von realistischen Zielen und für eine zielbezogene Aufgabenerledigung schafft. Beides gelingt nur, wenn die Beteiligten alle für sie notwendigen Informationen bekommen, die es ihnen ermöglichen, den aktuellen Stand ihrer Arbeit zu erkennen und eventuell notwendige Korrekturen auf dem Weg zum Ziel (hohe Einzel-, Gruppen- und Gesamtproduktivität) vorzunehmen. Diese Informationen erhalten sie durch in weitgehender Selbstorganisation erstellte Rückmeldeberichte, die ihren aktuellen Leistungsstand widerspiegeln und Einsichten darüber vermitteln, ob die Arbeitsbedingungen und -abläufe beibehalten werden können oder umgestaltet werden müssen, um die angestrebten Ziele zu erreichen. Wie solche Berichte anzufertigen sind und worauf sie basieren müssen, lernen sie bei der Systemeinführung.

Das *Managementsystems PPM* basiert auf einer Theorie der Arbeitsmotivation (Naylor, Pritchard & Ilgen, 1981). Es trägt dazu bei, die Festlegung produktivitätsorientierter Ziele und ihre Umsetzung in Leistungshandeln zu steuern und zu bewerten. Mit ihm lassen sich gut *Anreizsysteme* kombinieren, weil sie auf leistungsbezogenen Komponenten basieren und weil der Leistungsbeitrag *einzelner* oder von *Gruppen* zur Gesamtleistung, zum Beispiel bei der *Entgeltgestaltung*,

ausschlaggebend für die Höhe der Geldzuweisung oder anderer Belohnungs-
formen wie beispielsweise Urlaubstage, öffentliches Lob und Beförderung ist.
Längst steht das Kriterium Quantität nicht mehr im Mittelpunkt der Leistungsbewertung. Beurteilt werden zunehmend selbständiges und verantwortungsbe-
wußtes Arbeitshandeln mit dem Ziel höherer Qualität und stärkerer Kundenorientierung. Diesem veränderten und komplexer gewordenen Leistungsbild müssen sich die Kriterien zur Erfassung und Bewertung erbrachter Arbeitsleistungen
anpassen. Um den Leistungsbeitrag von Einzelpersonen oder Arbeitsgruppen zur
Gesamtleistung messen und bewerten zu können, bedarf es methodischer Instrumente (Kleinbeck & Kleinbeck). Weil mit Hilfe von PPM Verantwortungsbereiche
definiert und Leistungsindices erstellt werden, die durch den Einsatz und die
Anstrengungsbereitschaft der Mitarbeiter und Mitarbeiterinnen beeinflußt werden
können, läßt sich mit seiner Unterstützung eine gerechte, objektive und für die
Beteiligten nachvollziehbare *Leistungsbewertung* vornehmen.

Die Arbeit mit diesem System vollzieht sich in vier Schritten und beginnt in der
Einführungsphase damit, für eine Arbeitsgruppe die Aufgabenbereiche mit ihren
Anforderungen, Funktionen und Pflichten für den einzelnen und die gesamte
Arbeitsgruppe zu identifizieren und die sich daraus ergebenden zentralen Aufga-
ben und Ziele gemeinsam mit dem Vorgesetzten und einem oder mehreren
Moderatoren (PPM-Fachleute) zu nennen und festzulegen.

Erster Schritt: Identifikation der Aufgabenbereiche

Beispiel: die Aufgabenbereiche einer Arbeitsgruppe aus einer Studie von Fuhrmann,
Kleinbeck & Boeck (in Druck):
– hohen Qualitätsansprüchen genügen;
– Fertigungstermine einhalten;
– Flexibilität in der Einsetzbarkeit der Mitarbeiter und Mitarbeiterinnen gewährleisten.

Danach schließt sich die gemeinsame Herausarbeitung von Leistungsindikatoren
an. Das sind solche Meßgrößen, die Auskunft über Quantität und Qualität der
Arbeitsergebnisse in den einzelnen Aufgabenbereichen geben und einer direkten
Beeinflussung durch die Gruppenmitglieder unterliegen. Auf diesen Indikatoren
läßt sich dann ein mehr oder weniger breites Spektrum an Indikatorwerten
abtragen.

Zweiter Schritt: Entwicklung von Indikatoren für die Leistungsmessung

Besagte Arbeitsgruppe nannte zum Beispiel für den ersten Aufgabenbereich die Indikatoren „interne Reklamationen" und „Kundenreklamationen" und für den zweiten die
„Termintreue bei den Kundenaufträgen".

Sobald die Aufgabenbereiche und Indikatoren unter Zustimmung aller Beteiligten
festgelegt sind, werden Bewertungsfunktionen erarbeitet, die eine Beziehung

zwischen den Indikatorwerten und dem Ausmaß der Gruppenproduktivität stiften. Dazu setzt man die die Werte der möglichen Indikatorausprägungen (die in der Regel auf der Abszisse abgetragen werden) in Beziehung zu einer Produktivitätsskala (auf der Ordinate), die einen Wertebereich von -100 bis +100 umfaßt. Ausgehend vom Indikatorwert der erwarteten Normalleistung legt man den Produktivitätswert von Null auf der Ordinate fest und bestimmt danach die maximal bzw. minimal zu erreichenden Indikatorwerte mit den entsprechenden Produktivitätswerten.

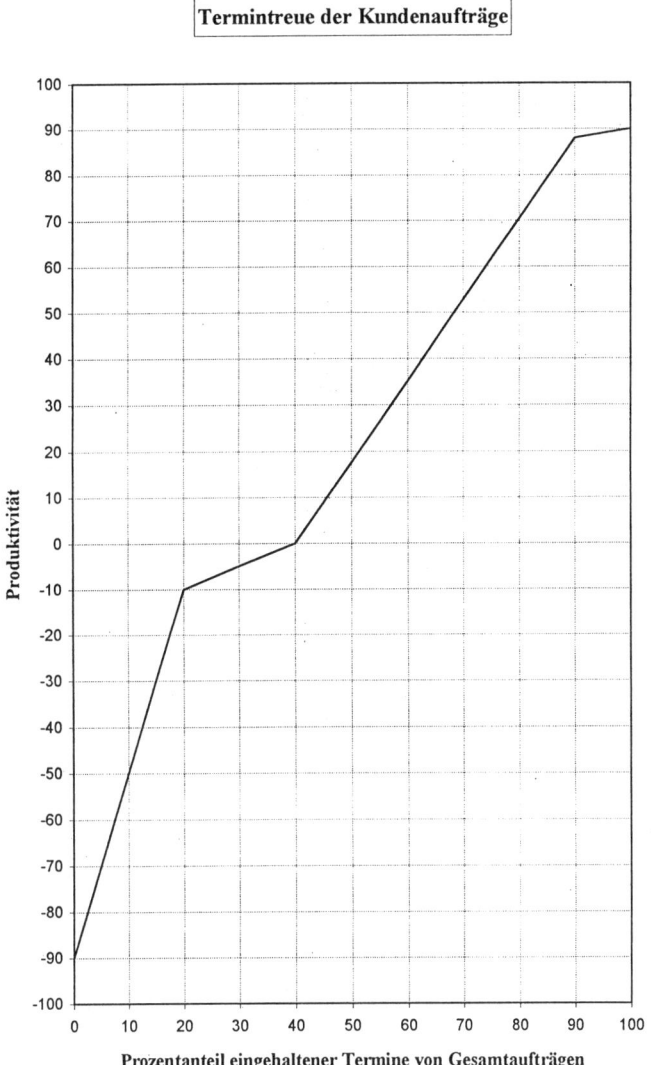

Abbildung 2
Beispiel für eine Bewertungsfunktion

Dritter Schritt: Festlegung von Bewertungskurven

Die Arbeitsgruppe hat unter Anleitung eines Moderators nach den bei Pritchard, Kleinbeck & Schmidt (1993) vorgegebenen Regeln eine Bewertungskurve für Termintreue der Kundenaufträge entwickelt.

Für jeden Indikator läßt sich auf diese Weise eine Bewertungskurve anfertigen, die mehr oder weniger steil und in der Regel nicht linear verläuft (Abbildung 2).

Bemerkenswert ist, daß sich die Produktivitätswerte der einzelnen Indikatoren, die zur Beschreibung und Bewertung von Teilaufgaben der Gruppe entwickelt werden, auch zu einem Gesamtindex der Gruppenproduktivität zusammenfassen lassen. Das geschieht durch eine einfache Addition der einzelnen Produktivitätswerte, aus der sich dann der Wert für die Gesamtproduktivität ergibt. Dieser Wert läßt sich dazu nutzen, Leistungsveränderungen in der Gruppe selbst zu beschreiben und einen direkten Vergleich zwischen der Produktivität verschiedener Arbeitsgruppen vorzunehmen.

Die berechneten Produktivitätswerte werden den einzelnen Gruppenmitgliedern in festgelegten Zeitabständen durch einen speziellen Bericht zurückgemeldet, anschließend gemeinsam besprochen und einer einschätzenden Bewertung unterzogen. Dabei kommt es dann – den erzielten Ergebnissen entsprechend – zur Beibehaltung vorhandener oder zur Festlegung neuer Vorgehens- bzw. Arbeitsweisen und eventuell auch zur Vereinbarung veränderter Gruppenziele.

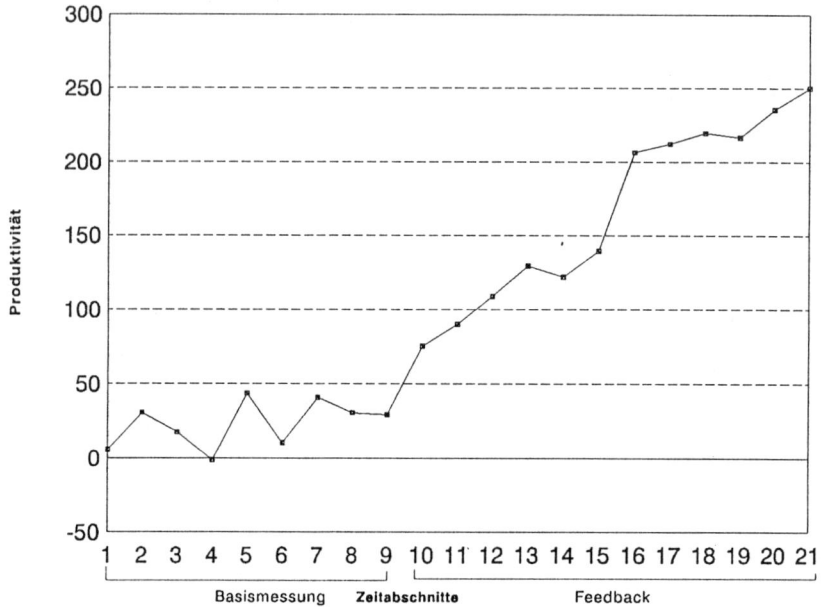

Abbildung 3
Die Wirkung des Managementsystems PPM auf die Produktivität (nach Pritchard, 1995; die Zahlenwerte der Abszisse geben die jeweiligen Zeitabschnitte der Untersuchungen wider)

Vierter Schritt: Rückmeldeberichte

Rückmeldeberichte werden durch einen von allen Beteiligten dafür ausgewählten Mitarbeiter angefertigt und enthalten alle wichtigen Informationen aus dem Berichtszeitraum.

Wie sich die Unterstützung der Selbstorganisation von Gruppen durch das *Managementsystem PPM* bewährt hat, belegt die Ergebniszusammenfassung aus 24 Feldstudien, die vornehmlich in den USA, den Niederlanden und Deutschland durchgeführt wurden (Pritchard, 1995). Der Einsatz dieses Systems in Unternehmen hat ausnahmslos zu Produktivitätsverbesserungen geführt (Abbildung 3).

Sobald die Einführung des Managementsystems in den Arbeitsgruppen abgeschlossen wurde und die Phase der systematischen Rückmeldeberichte erreicht war, stieg die Produktivität erheblich an. Nach Untersuchungen von Przygodda (1994) gehen solche nach dem Einsatz von PPM erzielten Produktivitätssteigerungen nicht mit einer Zunahme des Beanspruchungserlebens bei den Mitarbeitern und Mitarbeiterinnen einher.

3 PPM als Grundlage für Zielsetzungsprogramme und leistungsbezogene Anreizsysteme

Der beobachtete Erfolg von PPM läßt sich leicht erklären. Während des Verlaufs der Systemeinführung und in den sich anschließenden regelmäßigen gemeinsamen Diskussionen der Rückmeldeberichte erhalten die Gruppenmitglieder Schritt für Schritt mehr Informationen über ihre eigenen Handlungsmöglichkeiten und über ihren Einfluß als Gruppe auf Produktivitätsveränderungen positiver und negativer Art. Sie lernen, ihr eigenes Handeln in der Gruppe und ihre Gruppenziele immer mehr auf die Unternehmensziele hin auszurichten. Die Informationen aus den Rückmeldeberichten regen als Zielsetzungsprozesse für realistische Produktivitätsziele an, die man durch ein formales Trainingsprogramm unterstützen kann. Es erklärt den Beteiligten die Wirksamkeit von Zielsetzungen und läßt sie das Vereinbaren von Zielen innerhalb der Gruppe und zusammen mit dem Vorgesetzten üben (Kleinbeck, 1991). Das ist wichtig, weil die Gruppenmitglieder auf diese Weise lernen, sich selbst und ihrer Gruppe solche spezifischen Ziele zu setzen, die sie zwar herausfordern, der drohenden Gefahr einer Über- oder Unterforderung aber entgegenwirken und die von allen Beteiligten akzeptiert werden.

Sobald der Leistungsbeitrag einzelner Mitarbeiter und Mitarbeiterinnen oder ganzer Arbeitsgruppen zur Gesamtleistung des Unternehmens auch als Maß für die Höhe des leistungsbezogenen Entgeltanteils angesehen wird, bedarf es geeigneter methodischer Instrumente zur Leistungsmessung, wie sie das bereits vorgestellte Managementsystem PPM enthält.

Entgeltabrechnung

Name: | Muster, Irene | **Monat:** | August 1995 |
Funktionsbereich: | Gerätemontage |

[DM]

. . . . ☐ **Entgelt:** 14,97 DM/h		2.500,00
Arbeitsmarktbedingte Zulage 500,00 DM		500,00
Summe Grundentgelt		3.000,00

Grundentgelt

1. Indikator: *Interne Reklamationen*
Indikatorwert 5 Produktivitätswert 23

2. Indikator: *Externe Reklamationen*
Indikatorwert 1600 Produktivitätswert 27

3. Indikator: *Eingehaltene Fertigungs-Termine*
Indikatorwert 90 Produktivitätswert 18

4. Indikator: *Nicht akzeptierte Kundenwünsche*
Indikatorwert 17 Produktivitätswert -5

5. Indikator: *Verhältnis Auftragslage zu Arbeitszeit*
Indikatorwert 200 Produktivitätswert 20

6. Indikator: *Einsetzbarkeit der Mitarbeiter*
Indikatorwert 4700 Produktivitätswert 40

Gesamtproduktivitätswert 123

Auf die Gruppe bezogenes, leistungsabhängiges Zusatzentgelt (LZE)

| **Summe LZE:** | 123 • 5,00 DM | **615,00** |

Zulage für Mehrarbeit (125 %): 4,0 h • 18,71 DM/h		
Zulage für Mehrarbeit (150 %): --- h • --- DM/h		
Summe Zulagen		**74,84**

Zulagen

| **Summe Entgelt** | | **3689,84** |

Abbildung 4
Beispiel für eine auf der Grundlage von PPM erstellte Entgeltabrechnung

In der Abbildung 4 mit einer fiktiven Entgeltabrechnung für Irene Muster setzt sich das Grundgehalt aus dem tariflich festgelegten Stundenlohn und einer arbeitsmarktbedingten Zulage zusammen und erreicht dadurch die Höhe von DM 3.000.-. Dazu kommt für den Monat August noch das auf die Gruppenleistung bezogene Zusatzentgelt (LZE), das sich aus den Produktivitätswerten der erreichten Indikatorwerte errechnet, deren positive Werte addiert und deren negative Werte von diesem Betrag abgezogen werden. Pro Produktivitätswertpunkt gibt es dafür in unserem Beispiel einen Betrag von DM 5.-, der sich aus dem Produktivitätszuwachs pro Punkt ergibt, so daß in diesem Fall eine LZE von DM 615.- gezahlt wird. Als Zulage für Mehrarbeit werden noch 4 Stunden (125 % des Stundenlohns) extra erstattet, so daß Irene Muster für ihre Arbeit in der Gerätemontage im Monat August DM 3.689,84 bekommt.

Auf der Grundlage von PPM gewonnene leistungsbezogene Entgeltkomponenten sind dazu geeignet, die Gestaltung leistungsthematischer Motivierungspotentiale von Arbeitsplätzen zu unterstützen. Sie stärken die Bindung der Mitarbeiter und Mitarbeiterinnen an die Unternehmensziele, tragen zu einer erhöhten Arbeitsmotivation und größerer Zufriedenheit bei und gewährleisten ein Ansteigen der Produktivität (Fuhrmann, Kleinbeck & Boeck, in Druck). Die Befunde zeigen, wie sinnvoll es ist, wenn man bei der Gestaltung von leistungsbezogenen Entgeltsystemen auf ein partizipativ gestaltetes Rückmeldungs- und Zielvereinbarungsverfahren zurückgreifen kann, das für alle transparent – und in Übereinstimmung mit den Betroffenen – klare Erfolgskriterien vereinbart hat, mit deren Hilfe die erbrachte Leistung dann gemessen und bewertet wird.

Für die Einführung verschiedener Verfahren und Systeme zur Motivationsförderung und Produktivitätssteigerung bietet sich im Rahmen einer Organisationsentwicklung folgende Reihenfolge an:
1. Arbeitsstrukturierungsmaßnahmen zur Schaffung motivationaler Anreize (Motivierungspotentiale) am Arbeitsplatz,
2. Einführung eines Managementsystems, wie zum Beispiel PPM,
3. Einübung von Zielvereinbarungsstrategien,
4. Gestaltung eines leistungsbezogenen Entgeltsystems (zur Schaffung leistungsthematischer Anreize).

Wenn die zuvor beschriebenen motivationspsychologisch begründeten Verfahren und Techniken in sinnvoller Weise zum Einsatz kommen und wirksam werden, steigen die Chancen von Unternehmen, die Arbeitszufriedenheit und Gesundheit ihrer Mitarbeiter und Mitarbeiterinnen zu fördern und ihre Produktivität zu steigern.

Literatur

Carroll, S.J. Jr. & Tosi, H.L. Jr. (1993). *Management by Objectives: Applications and research.* New York: MacMillan.

Eyer, E. & Stockhausen, A. (1997). Entgeltsysteme bei Gruppenarbeit – Ergebnisse einer aktuellen Studie. *Angewandte Arbeitswissenschaft, 152,* 18-27.

Fuhrmann, H., Kleinbeck, U. & Boeck, L. (in Druck). Die Vereinbarkeit des Partizipativen Produktivitätsmanagements (PPM) mit leistungsbezogenen Komponenten von Entgeltsystemen. In H. Holling (Hrsg.), *Neuere Entwicklungen im Partizipativen Produktivitätsmanagement.* Weinheim: Beltz PVU.

Hacker, W. (1983). Ziele – eine vergessene Schlüsselvariable? Zur antriebsregulatorischen Tendenz von Tätigkeitsmerkmalen. *Psychologie für die Praxis, 2,* 5-26.

Hackman, J.R. (1987). The design of work teams. In J.W. Lorsch (Ed.), *Handbook of organizational behavior* (pp. 315-342). Englewood Cliffs, N.J.: Prentice Hall.

Hackman, J.R. & Oldham, G.R. (1975). Development of the job diagnostic survey. *Journal of Applied Psychology, 60,* 159-170.

Kleinbeck, U. (1987). Gestaltung von Motivationsbedingungen der Arbeit. In U. Kleinbeck & J. Rutenfranz (Hrsg.), *Arbeitspsychologie* (Enzyklopädie der Psychologie, Band D, III, 1, S. 440-492). Göttingen: Hogrefe.

Kleinbeck, U. (1991). Die Wirkung von Zielsetzungen auf die Leistung. In H. Schuler (Hrsg.), *Beurteilung und Förderung beruflicher Leistung* (Beiträge zur Organisationspsychologie, 4, S. 41-56). Göttingen: Verlag für Angewandte Psychologie.

Kleinbeck, U. (1996). *Arbeitsmotivation.* Weinheim und München: Juventa.

Kleinbeck, U. (1997; unter Mitarbeit von Trudi Kleinbeck). Prinzipien moderner Betriebsführung: Das Managementsystem PPM – ein Konzept zur Förderung von Motivation in Arbeitsgruppen. *REFA-Nachrichten, Heft 3.*

Kleinbeck, U. & Kleinbeck, T. (1995). Die Vereinbarkeit von Arbeitsorganisation und Entgeltsystem fördert Arbeitsmotivation und Produktivität von Mitarbeitern. *Angewandte Arbeitswissenschaft, 146,* 36-56.

Kleinbeck, U. & Wegge, J. (1996). Fehlzeiten in Organisationen: Motivationspsychologische Ansätze zur Ursachenanalyse und Vorschläge für die Gesundheitsförderung am Arbeitsplatz. *Zeitschrift für Arbeits- und Organisationspsychologie, 40,* 161-172.

Locke, E.A. & Latham, G.P. (1990). *A theory of goal setting and task performance.* Englewood Cliffs, N.J.: Prentice Hall.

Naylor, J.C., Pritchard, R.D. & Ilgen, D.R. (1980). *A theory of behavior in organizations.* New York: Academic Press.

Pritchard, R.D. (Ed.).(1995). *Productivity measurement and improvement – Organizational case studies.* Westport, London: Praeger.

Pritchard, R.D., Kleinbeck, U. & Schmidt, K.H. (1993). *Das Managementsystem PPM – Durch Mitarbeiterbeteiligung zu höherer Produktivität.* München: C.H. Beck.

Przygodda, M. (1994). *Die Förderung der Effektivität in Arbeitsgruppen. Eine Evaluation des Managementsystems PPM.* Aachen: Verlag Shaker.

Schmidt, K.-H. & Daume, B. (1996). Beziehungen zwischen Aufgabenmerkmalen, Fehlzeiten und Fluktuation. *Zeitschrift für Arbeits- und Organisationspsychologie, 4,* 181-189.

Ulich, E. (1991). *Arbeitspsychologie.* Stuttgart: Poeschel.

38 Kommunikation, Kooperation und Gesprächsführung in Arbeitsbeziehungen

Franz Ruppert

1 Kommunikation und Kooperation als Anforderungen im Arbeitsleben

Arbeitstätigkeiten bestehen darin, *Arbeitsaufgaben* zu erledigen. Arbeitsaufgaben wiederum stellen *Leistungsanforderungen* an die arbeitende Person. Dies sind Grundannahmen der Arbeitspsychologie und Grundlagen für die psychologische Arbeitsanalyse (Frieling & Hoyos, 1978; Hackman, 1969; Richter, 1996).

Da komplexe Aufgaben in der Regel nicht von einer Person alleine erledigt werden können, ist Zusammenarbeit – *Kooperation* – in vielfältiger Form unabdingbar. Ein wesent-liches Mittel, Kooperationsbeziehungen zu gestalten, ist die *Kommunikation.*

Kommunikation und Kooperation sind Begriffe, die in der Praxis des heutigen Arbeitslebens von zentraler Bedeutung sind. Die tayloristische Vorstellung, nach der Einzelindividuen, nur durch Lohnanreize motiviert, in einem durch technologische Faktoren zusammengeschmiedeten (Fließ)Band das erwünschte Endprodukt am effektivsten erzeugen, gehört der Vergangenheit an. Nach Tjosvold und Tsao (1989) weisen Unternehmen, in denen besser kooperiert wird, auch eine höhere Produktivität auf.

Eine umfassende Betrachtung der Arbeitsbeziehungen wird daher zu einer wesentlichen Voraussetzung für die Arbeitsgestaltung der Zukunft.

Gruppenarbeitskonzepte (Antoni, 1994) stellen erhebliche Anforderungen an die Kommunikations- und Kooperationsfähigkeiten der beteiligten Mitarbeiter. Die Mitglieder einer Arbeitsgruppe müssen die notwendigen Tätigkeiten in eigener Regie aufteilen, An- und Abwesenheitszeiten selbst regulieren, Beziehungen zu vor- und nachgelagerten Arbeitsgruppen eigenständig aufbauen. Gruppensprecher sollen die Interessen der Gruppe nach außen vertreten.

Die ehemaligen Meister, sofern sie nicht völlig aus der betrieblichen Hierarchie verschwinden, haben nun keine Vorgesetztenfunktionen mehr. Sie sollen jetzt als „Coaches" in den Gruppen präsent sein (Horndasch, 1994; Brinkmann, 1994). Damit die Sachaufgaben erledigt werden können, sind hohe Anforderungen an die Team- und Konfliktfähigkeit der Arbeitsgruppenmitglieder gestellt. Anstelle der gewohnten Konfliktregelungsmechanismen müssen neue Formen der Lösung von Arbeitsbeziehungsproblemen gefunden und eingeübt werden.

2 Kommunikation und Kommunikationsprobleme

2.1 Sprache, nonverbale und verbale Kommunikation

Sprache ist das bevorzugte Mittel der Kommunikation. Versteht man unter *Sprache* im Alltag eher die *gesprochene* Sprache, so besteht unter Kommunikationstheoretikern Konsens, verbale und nonverbale Sprachformen zu unterscheiden. Sprache ist nicht nur akustisch hörbares Sprechen, sondern jede Art der *Übermittlung von Zeichen*. Zeichen sind die *Bedeutungsträger für Informationen*. Eine sprachliche Verständigung findet statt, wenn die von einem Menschen produzierten Zeichen von einem anderen Menschen als strukturiert und sinnvoll wahrgenommen und erkannt werden.

Nonverbal übermittelte Informationen sind die Basis für die Kommunikation, da diese in den phylogenetisch älteren Gehirnarealen verarbeitet werden. Sie führen schneller zu einer Situationsbewertung als verbale Zeichen, die von ihrer Wahrnehmung bis zu ihrer Bewußtwerdung im entsprechenden Gehirnareal wesentlich mehr neuronale Umschaltstationen durchlaufen. Viele Menschen wissen nach einem Vortrag oft nicht mehr, *was* der Redner gesagt hat. Sie erinnern sich jedoch gut daran, *wie* er es zum Ausdruck gebracht hat, ob er z.B. einen selbstbewußten oder unsicheren Eindruck hinterlassen hat. Zu den nonverbalen Zeichensystemen gehören insbesondere:
– die Mimik, d.h. alles, was durch Muskulaturbewegungen im Gesicht ausgedrückt werden kann;
– Gestik, d.h. alle Bewegungen von Armen, Händen, Fingern, Beinen oder Füßen;
– Ganzkörperausdrücke (z.B. die Art der Bekleidung);
– körperliche Berührungen (Nähe und Distanz zum Kommunikationspartner).

Das Übermitteln nonverbaler Zeichen können Menschen weniger bewußt steuern als ihren sprachlicher Ausdruck. Auf dem nonverbalen „Kanal" kommen folglich mehr unbewußte Inhalte zum Vorschein („Der Körper lügt nicht!").

Die Qualität einer Beziehung zwischen zwei Personen kommt durch die nonverbale Kommunikation daher meist deutlicher zum Ausdruck als durch das, was gesagt wird. Blickkontakte, Berührungen, Körper- und Handhaltungen sind zwischen Personen, die gut kooperieren können, deutlich anders als zwischen Menschen, die eher gegen- als miteinander arbeiten. Der Austausch nonverbaler Informationen definiert Beziehungen und bringt auch im Arbeitsleben Statusunterschiede zum Ausdruck.

Ein schlaffer Händedruck, ein verlegenes Wegsehen, wenn andere Blickkontakt aufnehmen, gelten als Zeichen von Unsicherheit und stellen gewöhnlich Ausschlußkriterien für die Besetzung von Führungspositionen dar.

Die Uneindeutigkeit nonverbaler Signale ist andererseits jedoch hoch. Dies kann leicht zu Mißverständnissen führen. Das Verstehen und der richtige Umgang mit den nonverbalen Aspekten der Kommunikation ist ein zentraler Bestandteil kommunikativer Kompetenz.

2.2 Das einkanalige Sender-Empfänger-Modell

Gesprochene Sprache gilt demgegenüber als eindeutiger. In den einfachsten Modellen der Kommunikation, den sog. Nachrichtenübertragungsmodellen, vermutete man die Ursachen für gestörte Kommunikationen vor allem im Übertragungskanal (Abbildung 1): Wenn eine von einem Sender in den Übertragungskanal geschickte Botschaft beim Empfänger nicht ankommt, so ist mit dieser Verbindung etwas nicht in Ordnung.

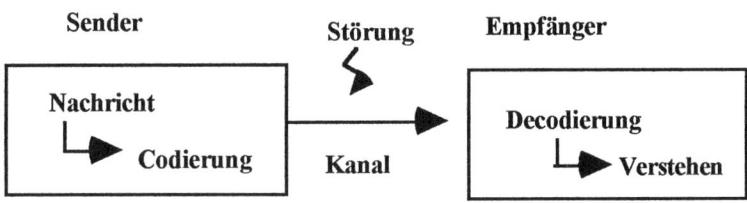

Abbildung 1
Das einfache Sender-Empfänger-Modell

Dieses Modell bietet einige Möglichkeiten, Kommunikationsvorgänge zu analysieren und Kommunikationsprobleme zu identifizieren (Kasten 1).

Kasten 1
Informationsverluste bei der Nachrichtenübermittlung kann es aus verschiedenen Gründen geben:

- durch technische Probleme im Übertragungskanal: z.B. weil die Funkverbindung gestört ist, es „rauscht", weil also das Verhältnis zwischen den Signalen, die Informationen übertragen, und denen, die keine Information enthalten, sehr ungünstig ist;
- weil der Sender zu leise spricht;
- weil der Empfänger nicht mehr gut hört;
- weil Verständnisbarrieren durch Verwendung verschiedener Sprachcodes bestehen: z.B. ein Baustellenleiter, der nur deutsch spricht, während die Subkontraktoren

auf der Baustelle nur mit fremdsprachigem Personal arbeiten;
- weil Mißverständnisse entstehen durch nicht eindeutig definierte Zeichen im Code: z.B. der Einweiser gibt Handzeichen, die der Kranführer nicht richtig deuten kann;
- weil Sender und Empfänger jeweils in ihrer fachspezifischen Sprache codieren und decodieren und vom jeweiligen Kommunikationspartner fälschlicherweise erwarten, er verfüge über das gleiche Repertoire (z.B. an Ausdrücken oder Fachbegriffen), wie sie selbst.

Ein aufschlußreiches Beispiel für mißlungene Kommunikation berichtet der französische Sicherheitsforscher Davillerd (1988): Auf einem Plakat sollte die Botschaft vermittelt werden, Mülleimerdeckel zu schließen, *nachdem* etwas hineingeworfen wurde. Dazu wurde die Methode gewählt, vom Betrachter aus gesehen *links* ein Bild darzustellen, auf dem eine stilisierte Hand ein stilisiertes Abfallteil in den Mülleimer wirft, *rechts* davon dann ein Bild, in dem diese Hand den Deckel des Mülleimers schließt. Wie sich herausstellte, wurden von einem hohen Prozentsatz der Befragten unwesentliche Details als wesentlich angesehen (Hand trägt Schutzhandschuh, Rollen des Müllcontainers) und erzeugten damit mißverständliche Interpretationen über die Intention des Plakates. D.h. im Sender-Empfänger-Modell gesprochen: Das „Rauschen" überdeckt die eigentliche Information! Personen mit arabischer Sprache lasen sogar, man müsse einen Hebel zumachen, bevor man etwas in den Mülleimer werfe. Diese auf den ersten Blick für die Untersucher völlig unverständliche Interpretation wurde nachvollziehbar, als sie berücksichtigten, daß die Leserichtung im Arabischen nicht wie bei europäischen Sprachen von links nach rechts, sondern von rechts nach links geht. Selbst in bezug auf die scheinbar eindeutigere Bildersprache gibt es also unterschiedliche, da kulturell geprägte Codes zu ihrer Entschlüsselung.

Aus dem Sender-Empfänder-Modell lassen sich praktische Ableitungen machen, was Sender und Empfänger dafür tun können, um Kommunikationsstörungen zu vermeiden oder zu minimieren (Kasten 2).

Kasten 2
Hinweise zur Optimierung der Kommunikation

- einfache Aussagen machen und kurze Mitteilungen senden (z.B. im Gefahrenfalle einfache Kommandos geben);
- langsam, artikuliert und laut genug sprechen;
- deutlich schreiben, z.B. auf Folien eine genügend große Schrift wählen, damit auch die Anwesenden in den hinteren Reihen komfortabel mitlesen können;
- Botschaften nicht überfrachten und den Empfänger nicht überfordern;
- wichtige Botschaften mehrfach codieren (mündlich, bildlich, schriftlich);
- zur Unterstützung abstrakter Sachverhalte anschauliche Beispiele einsetzen;
- „redundant" kommunizieren, d.h. die besonders wichtigen Nachrichten, das Wesentliche einer „Botschaft" wiederholt und auf verschiedene Art und Weise darbieten;
- Rückmeldung („feedback") einfordern und geben, d.h. durch Rückfragen kontrollieren, ob Mitteilungen tatsächlich angekommen sind und verstanden wurden (Gutmark, 1994).

Einfachheit, Ordnung und Gliederung, Kürze und Prägnanz, sowie zusätzliche Stimulanz sind nach Schulz von Thun (1992) wesentliche Qualitätskriterien optimaler Kommunikationsgestaltung. Würden allein diese Hinweise in Kommunikationssituationen stärker beachtet, könnte vermutlich die Hälfte aller Kommunikationsprozesse besser und zur größeren Zufriedenheit von Sendern und Empfängern ablaufen. Die Gestaltung von Informationsgebern an Arbeitsgeräten und Maschinen würde sich allein durch eine durchdachtere Codierung erheblich verbessern lassen und damit auch zu einer höheren Arbeitssicherheit beitragen (Colin, 1994).

2.3 Das Zwei-Aspekte-Kommunikationsmodell von P. Watzlawick

Das eindimensionale Sender-Empfänger-Modell kann nicht alle Probleme erfassen, die sich in Kommunikationsvorgängen ergeben und damit auch die Kooperationen im Arbeitsleben erschweren. Im einfachen Sender-Empfänger-Modell besteht der Austausch zwischen Sender und Empfänger im wesentlichen aus der Übermittlung von „Nachrichten", d.h. Sachinformationen. Sender und Empfänger haben nach dieser Modellvorstellung die Absicht, eindeutige Botschaften zu übermitteln und zu verstehen. Dies sind jedoch Annahmen, die der Komplexität des Kommunikationsgeschehen nicht gerecht werden. Zusätzliche Modellannahmen müssen daher getroffen werden, denkt man z.B. daran, wie häufig der eine Kommunikationspartner die Absicht verfolgt, den anderen über seine wahren Absichten im Unklaren zu lassen. Botschaften uneindeutig auszudrücken, um sich nicht eindeutig festlegen zu müssen, kann eine besondere Kommunikationsstrategie in bestimmten Arbeitsfeldern sein (z.B. in der Diplomatie).

Watzlawick hat durch seine Veröffentlichung über „menschliche Kommunikation" (Watzlawick, Beavin & Jackson, 1975) die Diskussionen wesentlich bereichert. Die in diesem Buch entwickelten Axiome – *„Wir können nicht nicht kommunizieren"* und *„Jede menschliche Kommunikation trägt einen Inhalts- und einen Beziehungsaspekt gleichzeitig in sich"* (Abbildung 2) – haben neue Einsichten in das Wesen der Kommunikation ermöglicht:
– Selbst wenn ein Sender gar nicht zu kommunizieren beabsichtigt, hat jede seiner Verhaltensweisen eine kommunikative Wirkung, die abhängig davon ist, wie der Empfänger diese Verhaltensweisen interpretiert. Wenn jemand auf eine Frage hin nichts antwortet, so erscheint gerade sein Schweigen „beredt" und „spricht Bände".
– Kommunikation ist mehr als die Übermittlung einer „Nachricht", mehr als „Tatsachendarstellung" und „Informationsweitergabe", sie ist immer auch die Herstellung einer Beziehung zwischen Menschen.
– Kommunikation kann nie „ganz neutral" sein, weil auch eine bewußt gesuchte „Sachlichkeit" und „neutrale Kälte" ihre Wirkung auf den Kommunikationspartner nicht verfehlt.

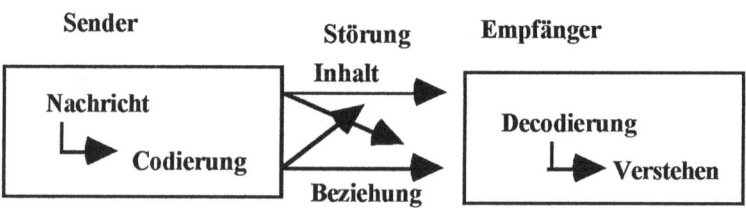

Abbildung 2
Das erweiterte Sender-Empfänger-Modell in Anlehnung an Watzlawick

Die Frage: „Haben Sie mich verstanden?" kann einerseits die Erkundigung sein, ob die angesprochene Person gehört hat, was man sagte, als eine reine Sachfrage gemeint sein. Sie kann andererseits aber auch vielfältige Beziehungsaspekte thematisieren:
– Befehl: Es wird keine Widerrede mehr geduldet!
– Skepsis: Die Auffassungsgabe des Empfängers wird angezweifelt.
– Verzweiflung: Der Angesprochene wird als besonders unsensibel für das Anliegen des Senders empfunden.

Es sind insbesondere die eingangs erwähnten nonverbalen Zeichen, die die unterschiedlichen Beziehungsaspekte zum Ausdruck bringen (der Gesichtsausdruck, die Körperhaltung) und eine größere Klarheit über die Kommunikationsabsicht vermitteln. Hinzu kommt in diesem Kommunikationsmodell die Erkenntnis, daß auch die verbale Sprache zweierlei Informationen transportiert: einen *expliziten Bedeutungsinhalt* – das, was gesagt wird – und einen *impliziten Beziehungsgehalt* – das, wie etwas gesagt wird. Die Lautstärke, die Artikulation, die Modulation der Stimme, kurzum der „Tonfall" sind Ausdrucksmittel für die Definition von zwischenmenschlichen Beziehungen.

Nach dem Modell von Watzlawick ist jede Kommunikation zweikanalig. Im Idealfall unterstützen sich die Botschaften auf der Inhalts- und Beziehungsebene.

Freut sich z.B. jemand, einen Kollegen nach langer Zeit wiederzusehen, sagt er fröhlich „Hallo!", läuft auf ihn zu, klopft ihm auf die Schultern, umarmt ihn vielleicht sogar etc.

Kehrt hingegen der wenig beliebte Arbeitskollege aus dem Urlaub zurück, wird er nur aus Höflichkeit eher unterkühlt begrüßt und pro forma nach seinem Befinden befragt.

Kasten 3
Aus dem Modell von Watzlawick abgeleitete Kommunikationsstörungen

- Sender und/oder Empfänger übermitteln auf beiden Kanälen *inkongruente Botschaften*, z.B. verbal freundlich, nonverbal unfreundlich;
  Jemand antwortet z.B. auf die Frage „Wie geht es Ihnen?" mit wenig Euphorie im Ausdruck „Es ist alles in Ordnung." Die nonverbalen Signale können eine Aufforderung darstellen: „Kümmere dich um mich.", die verbale Botschaft lautet dagegen: „Laß mich in Ruhe!" Der Empfänger muß in der Fortsetzung der Kommunikation eine der Botschaften übergehen.
- Sender und Empfänger verstecken ihre wahren Absichten hinter *impliziten Botschaften*;
  Da Arbeitszeugnisse einerseits wahrheitsgemäß sein müssen, andererseits aber Arbeitnehmer wohlwollend zu beurteilen sind, um ihr berufliches Fortkommen nicht zu erschweren, werden in Arbeitszeugnissen implizit Hinweise auf Negatives gegeben durch bewußtes Weglassen wichtiger Informationen oder übertriebenes Darstellen von Selbstverständlichkeiten (Hesse & Schrader, 1995).
- Das Gespräch wird durch *Pseudosachlichkeit* bestimmt, d.h. es wird scheinbar über Tatsachen gesprochen, tatsächlich aber wird auf diesem Wege die Beziehung der Gesprächspartner zueinander definiert bzw. ein Gesprächspartner versucht durch das Betonen der Fakten einem Gespräch über den Stand der Beziehung zu entgehen. „Wir reden hier nicht über Bewertungen, sondern über Fakten!" Tatsächlich ist aber schon die Auswahl der Fakten in der Regel eine Bewertung.
- *Psychologisierung* ist die zur Pseudosachlichkeit komplementäre Taktik, indem die Sachargumente eines Gesprächspartners bewußt unterlaufen und statt dessen die Beziehungsaspekte herausgestellt werden;
  Teilnehmer: „Ich finde das Seminar sehr trocken. Mir fehlen die Beispiele."
  Referent: „Ich kann verstehen, daß Sie hier noch etwas überfordert sind."
- *Double Bind* wird jene Kommunikationsstrategie bezeichnet (Bateson, Jackson, Haley & Weakland, 1956), die einen Kommunikationspartner heftig verwirren kann.
  Eine Mitarbeiterin zieht sich nach einem Streit mit ihrer Kollegin gekränkt zurück. Versucht diese Kollegin nun, sie anzusprechen, kann dies von der Mitarbeiterin als Schuldeingeständnis gewertet werden: „Lassen Sie mich bitte in Ruhe. Sie sind doch schuld" Macht die Kollegin nichts, kann sie sich den Vorwurf einfangen: „Der ist es völlig egal, wie es mir geht!" Bewußtes Mißverstehen und interessiertes Umdeuten von Verhaltensweisen ist eine verbreitete Technik des Mobbings (Leymann, 1993).

Auch aus dem von Watzlawick vorgeschlagenen Kommunikationsmodell lassen sich Kommunikationsstörungen (Kasten 3) sowie praktische Hinweise zur Verbesserung der Kommunikation ableiten (Kasten 4).

Kasten 4
Hinweise zur Verbesserung gegenseitigen Verstehens

– Sender und Empfänger lernen, ihre Fähigkeit zu steigern, auf der Inhalts- und Beziehungsebene *kongruente* Botschaften zu senden und an *Authentiztität* zu gewinnen.
– Sie setzen nicht nur Feedback, sondern auch *Metakommunikation* ein, sprechen über die Art ihrer momentanen Kommunikation und werden sich ihrer Kommunikationsabsichten bewußt, wenn sich Kommunikationsstörungen anbahnen. Sie klären z.B., warum immer wieder Mißverständnisse aufgetreten sind. Liegen diese nur auf der Inhalts- oder auch auf der Beziehungsebene?

2.4 Das 4-Ebenenmodell von Schulz von Thun

Ein noch differenzierteres Modell der Kommunikation hat Schulz von Thun (1992) vorgelegt. Schulz von Thun hat dem Inhalts- und Beziehungsaspekt der Kommunikation zwei weitere Analyseebenen hinzugefügt. Demnach enthält jede kommunikative Einheit vier Botschaften (Abbildung 3):
– eine thematische („so ist es"), d.h. die *Inhalte*, über die kommuniziert wird,
– die *Selbstdarstellung* und *Selbstoffenbarung* der Kommunikationspartner („ich bin"), das, was Sender und Empfänger jeweils über sich preisgeben, als einen Ausdruck ihrer Persönlichkeit in der Kommunikation,
– die Definition der *Beziehung* („so sind wir"), so, wie Sender und Empfänger ihre aktuelle Beziehung sehen (von gleich zu gleich, von oben nach unten, von unten nach oben),
– die Art der Beeinflussung („ich will von dir/von euch"), die durch die Kommunikation erreicht werden soll, den *Verhaltensappell*.

Das Modell wird nicht nur dadurch komplex, daß der Sender stets auf vier Ebenen gleichzeitig etwas sendet. Auch der Empfänger hat nach Schulz von Thun quasi vier „Ohren" (Sach-, Beziehungs-, Selbstoffenbarungs- und Appellohr) und die Wahl, welchen Aspekt der Botschaft er bevorzugt hören möchte.

Bsp.: Ein Meister sagt zu einem Mitarbeiter: „Sie haben Ihre Schutzbrille nicht auf." Es kann folgendes bedeuten:
– „Ich möchte Sie auf einen Sachverhalt aufmerksam machen, den Sie gerade nicht bemerken." (Sachebene)
– „Immer muß ich darauf aufpassen, was Sie machen." (Beziehungsebene)
– „Ich dulde in meinem Zuständigkeitsbereich kein sicherheitswidriges Verhalten." (Selbstoffenbarungsebene)
– „Setzen Sie unverzüglich Ihre Schutzbrille auf." (Appellebene)

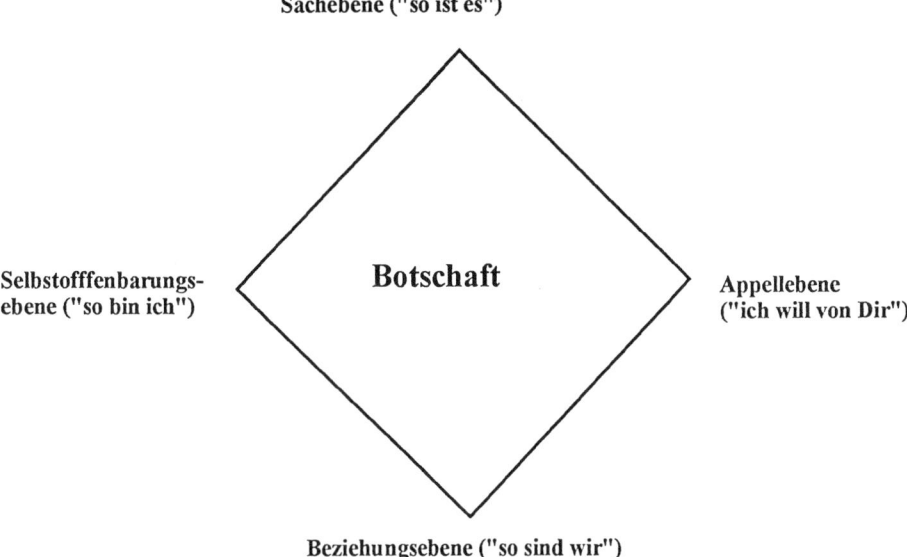

Abbildung 3
Das 4-Ebenenmodell der Kommunikation in Anlehnung an Schulz von Thun

Die Reaktionen des Empfängers dieser Botschaft können (in Gedanken) unterschiedlich ausfallen:
– „Das stimmt! Das habe ich völlig vergessen." (Sachohr)
– „Das weiß ich auch. Aber muß der immer wie ein Aufpasser hier herumgehen!" (Beziehungsohr)
– „Wenn der sonst auch so genau wäre!" (Selbstoffenbarungsohr)
– „Ja, ich setze sie gleich auf." (Appellohr)

Greifen wir das weiter oben bereits bemühte Beispiel der Gestaltung von Arbeitssicherheitsplakaten noch einmal auf. Das Kommunikationsmodell von Schulz von Thun ermöglicht hier neue Einsichten. Ein schlecht gestaltetes Plakat wird es nicht nur verfehlen, Mitarbeitern seine *sachliche* Botschaft zu vermitteln und dadurch keinen eindeutigen *Verhaltensappell* bewirken. Der Betrachter kann aber auch Schlüsse auf den Urheber der Plakate ziehen, der sich durch die Gestaltung solcher Plakate *selbstoffenbart*. Man kann auch weitergehen und fragen: Wie wird ein Mitarbeiter seine *Beziehung* zu den Sicherheitsexperten definieren, die er hinter der Herstellung solcher Plakate vermutet? Fühlt er sich von ihnen in seinem Problem tatsächlich verstanden?

2.5 Hinweise zur Gesprächsführung

Mit Hilfe des Kommunikationsmodells von Schulz von Thun lassen sich nicht nur Kommunikationsstörungen besser verstehen; es sind daraus auch Hinweise zur Bewältigung schwieriger Gesprächssituationen ableitbar (Thomann & Schulz von

Thun, 1994). Es gibt zahlreiche wissenschaftliche (v. Rosenstiel, 1994; Voß, 1995) wie populärwissenschaftliche Darstellungen, wie man eine effektivere Gesprächsführung erlernen und trainieren kann (exemplarisch: Weisbach, 1992). Als besonders schwierige Gesprächssituationen in Betrieben gelten: einen Kunden angemessen beraten, Kritik an Mitarbeitern üben, Mitarbeiter beurteilen, Konflikte mit Mitarbeitern und Vorgesetzten austragen.

Gesprächsvorbereitung. – Auf kritische Gesprächssituationen kann man sich in der betrieblichen Realität häufig vorbereiten und es ist sinnvoll, als Vorgesetzter durch das Setzen eines Termines einem Mitarbeiter Gelegenheit zu geben, sich für eine schwierige Gesprächssituation zu wappnen. Zur optimalen Gesprächsvorbereitung gehört v.a.: sich ein Gesprächsziel setzen, Spielräume für Verhandlungen abstecken (Minimal-, Maximalerfolg), auf Argumente des Gesprächspartners vorbereitet sein, überlegen, unter welchen Umständen auch der Gesprächspartner mit dem Abschluß des Gespräches zufrieden sein wird (Rischar, 1991). Fragetechniken aus der lösungsorientierten Kurzzeittherapie (de Shazer, 1995) können eine erfolgreiche Gesprächsvorbereitung unterstützen (z.B. „Angenommen, es wäre schon der nächste Tag nach meinem kritischen Gespräch: Woran würden ich jetzt merken, daß dieses Gespräch für mich erfolgreich verlaufen ist?")

Gesprächsrahmen definieren. – In Gesprächsführung wenig geübte Menschen begehen häufig den Fehler, sofort mit dem eigentlichen Gesprächsthema zu beginnen. Es ist jedoch zu Anfang eines Gesprächs hilfreich, nach einer freundlichen Begrüßung zunächst den Gesprächsrahmen zu definieren: Warum kommt es zu diesem Gespräch? Wer hat es veranlaßt/gewünscht? Wie lange soll es dauern? Was wäre ein für beide Gesprächspartner befriedigendes Ergebnis? Durch die Beantwortung solcher Fragen schließen beide Gesprächspartner innerlich einen Kontrakt, der jedem in gleicher Weise die Verantwortung überträgt, auf einen möglichst erfolgreichen Verlauf des Gesprächs zu achten. Damit wird weniger wahrscheinlich, daß ein Gesprächspartner einseitig dem anderen die Verantwortung für ein unbefriedigendes Gesprächsergebnis zuweist.

Aktives Wahrnehmen und Zuhören. – Eine gute Gesprächsvorbereitung macht flexibel. Sie ermöglicht, sich in der aktuellen Situation für die Bedürfnisse des Gesprächspartners zu öffen, ohne eigene Ziele aus den Augen zu verlieren. Es bleibt dadurch Zeit, auch die nonverbalen Signale des Gegenübers zu erfassen, nicht nur das zu hören, was er sagt, sondern auch wie er es sagt. Wer seine eigenen Ziele kennt, kann auch die Ziele des Gesprächspartners zu Kenntnis nehmen, ohne diese übernehmen zu müssen. Ein zustimmendes Kopfnicken oder „Hhm" bedeutet: Ich habe es gehört und verstanden. Es bedeutet nicht: Ich teile diese Ansicht/ dieses Argument. Gesprächsfördernd wirkt die explizite Nachfrage, die sich um ein

Verständnis der Ansichten des Gesprächspartners bemüht: „Was meinen Sie mit...?", „Was bedeutet für Sie ...?" „Könnte Sie mir bitte ein Beispiel geben für ...?" Nachfragen aber sollte nicht mit Ausfragen verwechselt werden, das mehr der eigenen Neugier dient, als dem Gesprächspartner die Gelegenheit bietet, seine Anliegen auf den Punkt zu bringen. Die von Carl Rogers (1994) entwickelte Technik der nondirektiven Gesprächsführung erweist sich nicht nur im therapeutischen Setting als nützlich.

Eigene Positionen verdeutlichen. – In kritischen Gesprächssituationen muß der nondirektive Part der Gesprächsführung aber durch den direktiven ergänzt werden. Viele Menschen gehen unzufrieden aus kritischen Gesprächssituationen und haben den Eindruck, ihre Ziele nicht erreicht zu haben. Fragt man sie danach, ob sie ihre Wünsche und Bedürfnisse klar formuliert hätten, so zeigt sich häufig, dies ist nicht der Fall (Paula, 1992). Wer seinem Gesprächspartner nichts abverlangt, wird von diesem auch nicht das Erwünschte erhalten – außer durch glückliche Umstände oder Zufall. Es ist wichtig, eigene Forderungen und Positionen in einem Gespräch deutlich wahrnehmbar für andere darzulegen. Die Reaktion des Gesprächspartners wird zeigen, welchen Spielraum für Gemeinsamkeiten und Kompromisse es gibt.

Emotionen zulassen. – Kritische Gesprächssituationen stimulieren viele und intensive Gefühle: Hoffnung auf einen Vertragsabschluß, Furcht vor Tadel, Angst vor Zurückweisung oder gar Entlassung. Frustrierte Bedürfnisse wecken Aggressionen oder rufen Depressionen hervor. Je höher der Einsatz ist und je mehr auf dem Spiel steht, desto stärker werden die Gefühlsreaktionen sein. Der Appell, sachlich zu bleiben, fruchtet in in einer solchen Situation nicht. Besser ist es, eigene Emotionen dem Gesprächspartner gegenüber angemessen zum Ausdruck zu bringen und es dem Gesprächspartner zu erlauben, seinerseits Emotionen einzubringen. Emotionen, die offen zum Ausdruck kommen, sind leichter im Fortgang des Gespräches zu bearbeiten, als unterdrückte. Der Ausdruck von Emotionen darf den Gesprächspartner allerdings nicht kränken und in seiner Würde verletzen oder zu einem Gesichtsverlust vor anderen führen. Wer diese Grenze nicht erkennt, läuft Gefahr, seinem Gesprächspartner für die Zukunft kaum zu heilende seelische Wunden zuzufügen und das Gesprächsklima zu vergiften.

Bedürfnisse des Gesprächspartners befriedigen. – Hinter menschlichen Zielen stecken menschliche Bedürfnisse. Maslow (hier zitiert nach Zimbardo, 1992) hat z.B. die Vielfalt menschlicher Bedürfnisse in folgende acht Klassen eingeteilt (biologische Bedürfnisse, Sicherheitsbedürfnisse, Bindungsbedürfnisse, Selbstwertbedürfnisse, kognitive Bedürfnisse, Ästhetische Bedürfnisse, Selbstverwirklichungsbedürfnisse und Transzendenzbedürfnisse). Mit einem Ziel sind in den meisten Fällen mehrere Bedürfnisse verknüpft. Wer dies erkennt, hat in schwierigen Gesprächs- und Konfliktsituationen meist mehrere Optionen (Jandt, 1994). So kann man überlegen, welche verschiedenen Bedürfnisse mit den eigenen Zielen verknüpft sind und welche mit den Zielen des Gesprächspartners. Auf dieser Basis lassen sich leichter Kompromisse erzielen als wenn beide Gesprächspartner ihre Positionen als unidimensional und unumstößlich erleben. Wer sich in der Lage zeigt, Bedürfnisse seines Gesprächspartners zu befriedigen, wird es leichter haben, auch die eigenen Bedürfnisse vom Gesprächspartner befriedigt zu bekommen.

Umgang mit Widerständen. – Manche Gesprächssituationen verlaufen nach diesem Muster: A macht einen Vorschlag. B sagt: Das geht nicht! A versucht daraufhin B mit vielfältigen Argumenten zu überzeugen. B sagt: Das überzeugt mich nicht. A versucht weiter. B sagt: Mich überzeugt das nicht! usw. Im Grunde ist B in einer bequemen Position. Er kann warten, was A vorbringt, um sich dann dazu etwas Widersprechendes einfallen zu lassen. Erst wenn A dieses Muster durchschaut, kann er anders reagieren. Es ist dann besser, B zu fragen: „Und was schlagen Sie vor? Was ist Ihre Alternative?" B wird dadurch gezwungen, selbst Farbe zu bekennen, und seine unproduktive Widerstandshaltung zugunsten konstruktiver Ideen aufzugeben. Allerdings darf A dann nicht seinerseits in die Rolle von B schlüpfen.

Widerstände bei einem Gesprächspartner entstehen nach Weisbach (1992) insbesondere dann, wenn durch Äußerungen wie „Sie müssen ...", „Sie dürfen nicht ...", „Sie sollen ..." dessen Entscheidungs- und Wahlfreiheit eingeschränkt wird. Dies führe zu Trotz und Reaktanz, zur intensiven Zuwendung zur verwehrten Alternative, zu Versuchen der „indirekten Freiheitswiederherstellung" (verdeckte Sabotage) oder zu offenen Aggressionen. Er empfiehlt daher anstelle von müssen, dürfen nicht, sollen möglichst häufig die Modalverben können (könnten), wollen (wollten) oder möchten zu verwenden.

Gesprächsergebnisse sichern. – Schon häufig sind Gesprächspartner zufrieden und mit guten Gefühlen auseinandergegangen und stellen nach einiger Zeit fest: Das Gespräch hat faktisch nichts verändert. Die Ursache dafür ist: Es wurden keine konkreten Vereinbarungen getroffen, was durch das Gespräch erreicht wurde und wie es in der Realität des (Betriebs-)Alltags umgesetzt werden soll. Die Sicherung von Gesprächsergebnissen durch eine Gesprächsnotiz oder eine ausführliche Zusammenfassung der gefundenen Ergebnisse, ist eine zentrale Anforderung an eine erfolgreiche Gesprächsführung.

Einen Gesprächsabschluß finden. – Kritische Gesprächssituationen brauchen ein deutliches Ende. Es ist daher hilfreich, zu Gesprächsbeginn ein Zeitlimit vorzugeben. Sich bei seinem Gesprächspartner für das offene und trotz aller Emotionen ruhig geführte Gespräch zu bedanken, führt zu einem guten Abschluß.

Gesprächsnachbereitung. – Jedes kritische Gespräch ist eine wichtige Quelle für die Erfahrungsbildung und das Lernen von Gesprächsführung. Das Feedback neutraler Dritter, die ein Gespräch mitverfolgten, kann eine wertvolle Hilfe für Reflexionen und Verbesserungen der eigenen Gesprächsführung sein.

Bei den meisten Menschen sind die „blinden Flecken" in bezug auf die eigene Gesprächsführung sehr groß. Viele sind überrascht, sich in einem Trainingsseminar auf Video zu erleben, wie sie in einer kritischen Gesprächssituation agieren und in der Regel völlig unnötig Widerstände bei ihren Gesprächspartnern provozieren. Da bei erwachsenen Menschen Kommunikations- und Gesprächsstile bereits sehr eingefahren sind, dürfen Erwartungen an positive Traningseffekte nicht zu kurzfristig angesetzt werden. Nur das aktive Bemühen um eine Reflexion des eigenen Kommunikations- und Gesprächsverhaltens, das ein Nachdenken über eigene Persönlichkeitsanteile einschließt, bringt langfristig Veränderungen und Verbesserungen.

3 Kooperation und Kooperationsprobleme

3.1 Kooperation am Beispiel der Gefahrenkontrolle

Von welcher Art Kooperationsanforderungen konkret sein können, läßt sich exemplarisch am Beispiel „Umgang mit Gefahren" darstellen. In einem Betrieb arbeitende Menschen gefährden sich gegenseitig und müssen in vielfältiger Weise kooperieren, um die Kontrolle über Gefahrenpotentiale zu behalten. Wie wir in einer Studie feststellen konnten, betreffen über 50% aller Gefahren, die bei Arbeitstätigkeiten auftreten, nicht nur die Person, die unmittelbar mit einer Gefahr zu tun hat, sondern weitere Personen in ihrem Aktionsfeld. Tabelle 1 zeigt, welche Arten von Kooperationsanforderungen bei der Gefahrenkontrolle entstehen können und in welcher Häufigkeit sie bei einer Untersuchung von 2.273 Gefahren bei über 400 Arbeitstätigkeiten in Industrie- und Dienstleistungsbetrieben vorkamen (Hoyos & Ruppert, 1993).

Die aufgelisteten Kategorien verweisen einerseits auf unterschiedliche *Leistungsvoraussetzungen*, die den Kooperationsanforderungen sachlich zugrunde liegen (eine Gefahr rechtzeitig identifizieren, das Risiko richtig einschätzen, Handlungen kontrolliert ausführen usw.). Andererseits lassen sich unschwer die zwischen-menschlichen Aspekte identifizieren, die mit Kooperationsanforderungen im Gefährdungsfalle verbunden sind.

Tabelle 1
*Kooperationsanforderungen in bezug auf die Gefahrenkontrolle (n = 2.373 Gefahren bei
403 verschiedenen Arbeitstätigkeiten)*

	Einstufungen insgesamt in %
1. Andere warnen	42.1
2. Sicherheitswidriges Verhalten anderer unterbinden	33.6
3. Aufträge/Weisungen erteilen	24.0
4. Arbeitsaufträge aufteilen	20.6
5. Verdachtsmomente mitteilen	18.0
6. Handlungen anderer abwarten	16.4
7. Arbeitshandlungen bekanntgeben	16.3
8. Arbeitstempo abstimmen	16.0
9. Verdachtsmomente erfragen	12.6
10. Rückmeldung geben	12.2
11. Körperbewegungen abstimmen	10.5
12. Informationen bereitstellen	10.0
13. Arbeitsmittelbenutzung koordinieren	9.4

Nimmt ein Kollege, der vor einer Gefahr gewarnt wird, diese Information nicht nur wahr, nimmt er sie auch ernst? Handelt er dann entsprechend? Was macht der, der warnt, falls der andere nicht reagiert? Wie zuverlässig gelingt der Versuch, das sicherheitswidrige Verhalten anderer zu unterbinden? Welche Konsequenzen hat es, wenn man seinen Kollegen dazu auffordert, z.B. nicht ohne Schutzbrille zu schleifen, dieser es dennoch weiterhin macht? Was dann, wenn der Kollege die ihm erteilten Arbeitsaufträge nur unzureichend erfüllt und bewußt Risiken für sich in Kauf nimmt und ohne es zu beabsichtigen, auch andere mitgefährdet?

In Anlehnung an das Watzlawicksche Axiom könnte man also sagen: Jede Kooperation hat einen Inhalts- und einen Beziehungsaspekt. Kooperationsanforderungen sind nicht nur die Folge *sachlich-technologischer* Problemstellungen (z.B. Wie transportiert man am besten eine schwere Last von A nach B?). Sie ergeben sich auch aus den *zwischenmenschlich-sozialen* Schwierigkeiten, die mit der Kooperation verbunden sind (einfaches Beispiel: Welche Verständigungsprozesse sind notwendig, um z.B. eine schwere Last *gemeinsam* eine Treppe hinaufzutragen?).

Häufig sind es mehr die zwischenmenschlichen als die sachlichen Probleme, die Kooperationen erschweren oder gar unterbinden. Es stellt sich daher die Frage, unter welchen Bedingungen Kooperationen erfolgreich sind und unter welchen sie mißlingen.

3.2 Arbeitsbeziehungen als die Basis der Kooperation

Kooperationen basieren auf zwischenmenschlichen Beziehungen. Man kann diese als Arbeitsbeziehungen bezeichnen, insofern die beteiligten Personen über ihre Arbeitstätigkeit miteinander verbunden sind. Arbeitsbeziehungen waren bislang kaum Gegenstand wissenschaftlicher Untersuchungen. Mit dem Thema Kooperation und Arbeitsbeziehungen haben sich im deutschsprachigen Raum nur wenige Forscher beschäftigt (u.a. Grunwald & Lilge, 1982; Schuler, 1993).

Zwischenmenschliche Beziehungen werden nicht nur von bewußten und rationalen Überlegungen gesteuert. Dies merken wir immer dann, wenn wir in Streit mit einer anderen Person geraten. Heftige Emotionen treten zu Tage. Was aber nährt diese Emotionen? Was kann sie wieder beruhigen? Wie Hellinger (in Weber, 1995) vermutet, werden Beziehungen weniger vom Wissen als von einem Gewissen geprägt. Er nennt dieses Gewissen einen „inneren Sinn". Hellinger grenzt den von ihm verwendeten Begriff des Gewissens ab von moralischen oder ethischen Vorstellungen. Dieser „wissende Sinn" (Hellinger, 1994, S. 195) sei weder gut noch böse. Er habe die Aufgabe, Menschen in Beziehung zu halten zu den für sie wichtigen Personen und Gruppen.

Hellinger hat seine Annahmen in erster Linie für familiäre Beziehungssysteme getroffen. Doch stellen Menschen, mit denen wir im Arbeitsleben zusammen sind, zweifelsohne auch Personen und Personengruppen dar, zu denen wir in Beziehung gehalten werden müssen. Für die meisten Menschen dient ihre Arbeit dazu, ihre Existenz und die ihrer Familie zu sichern. Viele seiner Erkenntnisse über das Wirken eines *Beziehungssinnes* konnte Hellinger aus seiner Arbeit mit der Methode der Familienaufstellungen gewinnen. Überträgt man diese Methode auf die Aufstellung von Arbeitsbeziehungssystemen (Ruppert, 1997), so lassen sich daraus Annahmen treffen, wie der Beziehungssinn in diesem Kontext funktioniert (s.a. Weber & Gross, 1998).

Es sind nach meiner Ansicht vor allem drei Dimensionen, die in Arbeitsbeziehungen besonders wirksam sind und das Beziehungssystem ordnen:
– die Position,
– die Leistung und
– die Dauer der Systemzugehörigkeit eines Mitglieds.

Der Faktor der Position. – In jedem Arbeitssystem gibt es eine Hierarchie, ein Oben und Unten, gibt es Führungskräfte und einfache Mitarbeiter, Personen, die Weisungen erteilen, und Personen, die Weisungen empfangen.

Grundsätzlich lassen sich innerhalb des Arbeitssystems vier Positionen unterscheiden:
– die Führungsposition,
– die Mitarbeiterposition,

– die Interessensvertreterposition (z.B. Betriebsrat),
– die Beraterposition (z.B. Fachkraft für Arbeitssicherheit).

Unterschiedliche Positionen definieren den *sozialen Rang*, den jemand innerhalb des Beziehungssystems einnimmt. Personen mit einem höheren sozialen Rang verfügen über ein größeres *soziales Gewicht* innerhalb des Beziehungssystems und können z.B. Entscheidungen herbeiführen, von denen andere betroffen sind. Mit der höheren Position ist ein höheres Maß an Verantwortung für den Erhalt des Systems und der Sicherung seiner Außengrenze (Siefer, 1998) verknüpft. In der Regel nehmen jene, die wichtig für den Bestand des Arbeitssystems sind, eine höhere Position und damit einen höheren Rang ein als jene, bei deren Fortgang aus dem System dessen Funktionsfähigkeit wenig oder gar nicht gefährden würde, die also nur wenig zum Erhalt und Funktionieren des Systems beitragen. Ohne hohen Rang kann in einem Arbeitsbeziehungssystem niemand etwas Entscheidendes bewirken und verändern. Im Rang weiter unten Stehende können ihren Einfluß nur dadurch entfalten, daß durch sie hindurch das soziale Gewicht der nächsthöheren Positionen wirkt.

Der Faktor der Leistung. – Zu arbeiten heißt etwas zu leisten. Unter jenen, die von ihrer Position her annähernd gleich sind, hat der auf Dauer das größere soziale Gewicht, der für andere deutlich wahrnehmbar mehr im Sinne der gestellten Aufgaben leistet und einen größeren Arbeitseinsatz zeigt. Ein höherer Arbeitseinsatz kann aber die Position innerhalb eines Beziehungssystems nicht grundsätzlich verändern. Z.B. kann ein als Aushilfskraft eingestellter Student seine nachrangige Position nicht durch überdurchschnittlichen Arbeitseinsatz verändern.

Der Faktor der Dauer der Systemzugehörigkeit. – Je länger jemand einem Arbeitsbeziehungssystem angehört, desto mehr Kenntnisse und Erfahrungen über die Arbeitsabläufe kann er sammeln und desto mehr hat er bereits für den Erhalt des Arbeitssystems geleistet. Demjenigen, der dem Arbeitsbeziehungssystem schon länger angehört, gebührt meist ein höherer sozialer Rang als dem, der später dazukommt. Ältere Mitarbeiter haben normalerweise mehr Einfluß im System als Neulinge. Unter jenen, die eine gleiche Position im System innehaben und annähernd gleiches leisten, haben die, die bereits länger dem System zugehören, den höheren sozialen Rang.

Personenaufstellungen. – Durch die Methode der Personenaufstellung lassen sich Arbeitsbeziehungen sicht- und spürbar machen. Man geht dabei folgendermaßen vor: Eine Person wählt aus einer Gruppe anderer Personen Stellvertreter für die in ihrem Arbeitsbeziehungssystem wichtigen Kollegen/-innen, Vorgesetzten und sonstige Kooperationspartner aus (z.B. Sicherheitsfachkraft) und plaziert sie ihrem inneren Bild entsprechend im Raum. Auch für sich selbst wählt sie einen Repräsentanten aus. Durch Befragung der Stellvertreter bekommt man dann ein Bild der Beziehungsrealität, das von den aufstellenden Personen in den meisten Fällen als stimmig und valide erlebt wird (vgl. Abbildung 5).

Nach meiner Erfahrung in der Praxis der Teamsupervision und in Einzelcoachings lassen sich mit dieser Methode viele Kooperationsprobleme in Arbeitsbeziehungssystemen besser verstehen (Kasten 6). In Abbildung 5 z.B. steht der Sicherheitsbeauftragte deutlich in einer Zwischenposition, er wird von 4 seiner Kollegen eindeutig nicht beachtet und unterstützt. Daß er von seinem Systemalter her der Jüngste ist, begünstigt vermutlich diese Konstellation. Wenn man die Wirkungsweisen der drei oben genannten, die Arbeitsbeziehungen ordnenden Faktoren entsprechend berücksichtigt, findet man auf dieser Basis häufig von allen akzeptierte Lösungswege für Kooperationsprobleme.

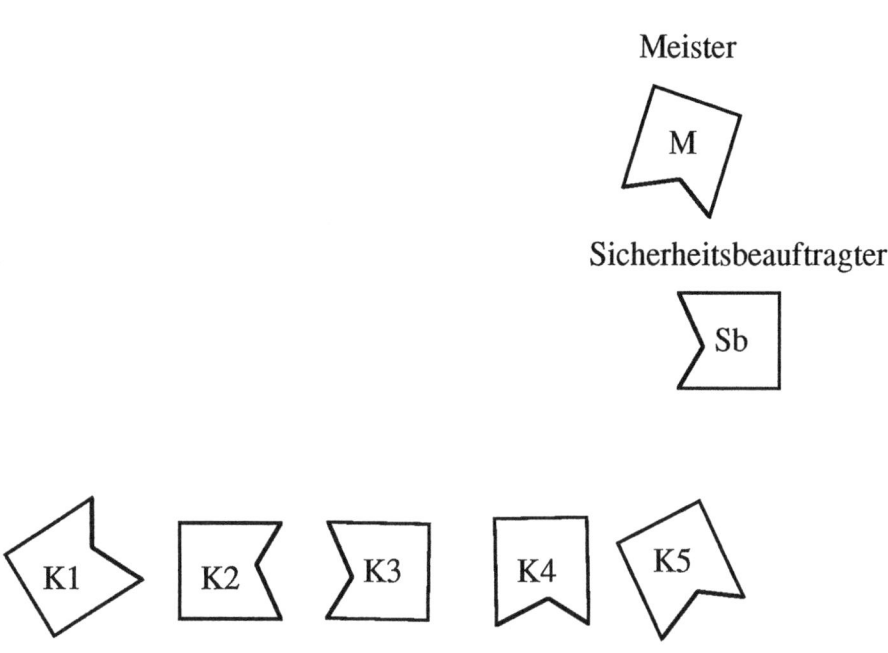

Abbildung 5
Aufstellung eines Arbeitsbeziehungssystems aus der Sicht eines Sicherheitsbeauftragten

Befunde in der Literatur können eine Reihe dieser praktischen Erfahrungen bestätigen. Wie Smith und Harrington (1994) zeigen, steigen die Konflikte zwischen Vorgesetzten und Mitarbeitern an, je jünger die Vorgesetzten im Verhältnis zu ihren Mitarbeitern sind. Nach Weibler (1994) werden Vorgesetzte von ihren Mitarbeitern umso besser akzeptiert, je besser ihr Kontakt zum nächsthöheren Vorgesetzten ist. Kooperationsprobleme im Zusammenhang mit Lean Management-Prozessen werden häufig konstatiert (Bungard, 1995). Erhebliche Probleme ergeben sich, wenn private Beziehungen (z.b. familiäre und Paarbeziehungen) zu sehr in Arbeitsbeziehungen hineinwirken (Neuberger, 1993; Saar, 1995). Durch die Methode der Personenaufstellung ließen sich auch in einem jüngst abgeschlossenen Forschungsprojekt signifikante Zusammenhänge zwischen betriebsbezogenen Unfallquoten und der Integration der Sicherheitsexperten in die betrieblichen Arbeitsbeziehungssysteme ermitteln (Ruppert & Gerstberger, 1998).

Kasten 6
Kooperationsprobleme als Verletzung von Grundprinzipien der Beziehungsordnung

Probleme im Zusammenhang mit dem Faktor „Position"
– Ein Vorgesetzter übernimmt keine Führungsverantwortung.
– Ein Mitarbeiter akzeptiert seinen Vorgesetzten nicht, hat keine Achtung vor ihm.
– Ein höherer Vorgesetzter macht einen weiter unten in der Hierarchie stehenden Vorgesetzten vor dessen Mitarbeitern schlecht; er bringt diese Mitarbeiter damit in ein Loyalitätsdilemma.
– Ein designierter Nachfolger versucht, bereits Vorgesetzter zu sein, obwohl der alte Vorgesetzte noch da ist.
– Zwei Abteilungen streiten um den Vorrang im Unternehmen.
– Inhaber von Beraterpositionen treten wie Vorgesetzte auf.
– Interessensvertreter treten wie Vorgesetzte auf.
– Durch unklare Regelungen entstehen Zwischenpositionen: weder nur Mitarbeiter, aber auch kein Berater (z.B. Sicherheitsbeauftragte); weder nur Mitarbeiter, aber auch kein Vorgesetzter (z.B. Gruppensprecher); kein Vorgesetzter, aber auch kein „einfacher" Mitarbeiter (z.B. Teamcoaches).
– Personen ohne klare Position im Arbeitszusammenhang haben zu großen Einfluß (z.B. ehrenamtliche Mitarbeiter in sozialen Organisationen) (Graeff, 1997).
Probleme im Zusammenhang mit dem Faktor „Leistung"
– Jemand erbringt nicht die von seiner Position her zu erwartenden Leistungen.
– Minderleistungen eines Mitarbeiters haben Auswirkungen auf die Entlohnung der gesamten Gruppe.
– Formale Qualifikationen zählen mehr als tatsächlich erbrachte Leistungen.
– Ein Mitarbeiter leistet erheblich mehr als sein Vorgesetzter.
Probleme im Zusammenhang mit dem Faktor „Dauer der Systemzugehörigkeit"
– Ein dem Systemalter nach Jüngerer wird Vorgesetzter von Systemälteren.
– Ein dem Systemalter nach Jüngerer wird vom Vorgesetzten Systemälteren vorgezogen.
– Ein dem Systemalter nach Jüngerer drängt Systemältere in den Hintergrund.
– Formale Qualifikationen zählen mehr als das Systemalter.

Mißachtungen der die Arbeitsbeziehungen stabilisierenden Ordnungen rufen in der Regel bei den Systemangehörigen Gefühle des Unbehagens bis hin zu schweren

Verletztheitsgefühlen hervor. Nicht immer können einmal „vergiftete" Arbeitsbeziehungen wieder kooperativ gemacht werden. Häufig kehrt erst wieder Ruhe in das System ein, wenn bestimmte Personen das System verlassen. Nicht selten bringt aber auch ein Austausch von Mitarbeitern keine besseren Ergebnisse. In solchen Fällen liegen in der Regel Systemanomalien zugrunde, d.h. die Ordnungsprinzipien für ein Arbeitsbeziehungssystem werden zu massiv verletzt. Solche Systeme zerfallen über kurz oder lang. Jedoch kann die Kooperation auch wieder gefördert werden. Eine Klärung alter Schuldfragen und offener Rechnungen ist dafür häufig notwendig (Kasten 7).

Kasten 7
Hinweise zur Förderung der Kooperationsbereitschaft

- Den Kooperationspartner achten: seine Position, seine bisherigen Leistungen, seine Arbeitserfahrungen.
- Die eigene Situation klarstellen: die eigene Position, die eigenen Leistungen, das eigene Systemalter.
- Anmaßende Haltungen unterlassen.
- Schuldfragen klären und bereinigen: Übernehmen, was man zu verantworten hat.
- Das gemeinsame Ziel benennen und gemeinsam in die Zukunft blicken.

Die Bedingungen für erfolgreiche Kooperationen sind vielfältig. Nach Piepenburg (1991) sind Zielidentität, Plankompatibilität, Ressourcenaustausch, Regelbarkeit und Kontrolle zentrale Bedingungen von Kooperation. Kooperationsbeziehungen laufen auch in gewissen Phasen ab. Art und Umfang des Austausches festzulegen, ist die Hauptaufgabe der Beteiligten am Beginn einer Kooperationsbeziehung. Aber auch in deren Verlauf kann es immer wieder Phasen geben, in denen das von beiden Seiten als angemessen empfundene Verhältnis von Geben und Nehmen von Arbeitsleistungen neu verhandelt und vereinbart werden muß. Nicht nur die Wahrnehmung gemeinsamer Ziele muß dabei von Zeit zu Zeit erneuert werden, auch gemeinsame Belohnungen für eine Zielerreichung spielen eine wichtige Rolle für die Bereitschaft, Kooperationen fortzusetzen (Tjosvold & Andrews, 1983). Zudem: Ohne ein Mindestmaß an *gegenseitigem Vertrauen* hat keine Kooperation lange Bestand.

Fazit: Menschen, die kooperieren, müssen *viel* miteinander reden und dabei die *richtigen* Worte und *Gesprächsstrategien* finden. Dies gelingt ihnen umso leichter, wenn sie die *Prizipien, die Arbeitsbeziehungen ordnen*, beachten.

Literatur

Antoni, C. (1994). *Gruppenarbeit im Unternehmen.* Weinheim: Psychologie Verlags Union.

Bateson, G., Jackson, D. D., Haley, J. & Weakland, J. (1956). Toward a theory of schizophrenia. *Behavioral Science, 1,* 251-264.

Brinkmann, R. D. (1994). *Mitarbeiter-Coaching. Der Vorgesetzte als Coach seiner Mitarbeiter.* Heidelberg: Sauer.

Bungard, W. (1995). *Lean Management auf dem Prüfstand.* Weinheim: Psychologie Verlags Union.

Colin, I. (1994). Zur optischen Codierung sicherheitsrelevanter Information. In F. Burkardt und C. Winklmeier (Hrsg.), *Psychologie der Arbeitssicherheit. 7. Workshop 1993* (S. 459-467). Heidelberg: Asanger.

Davillerd, C. (1988). Verständlichkeit und Wirksamkeit von Sicherheitsplakaten. In H. Erke (Hrsg.), *Arbeitssicherheit als betriebliche, psychologische und kommunikative Aufgabe. 3. Workshop Psychologie der Arbeitssicherheit 1987* (S. 83-96). Braunschweig: Institut für Psychologie.

de Shazer, S. (1995). *Der Dreh. Überraschende Wendungen und Lösungen in der Kurztherapie.* Heidelberg: Carl-Auer Verlag.

Frieling, E. & Hoyos, C. Graf (1978). *Der Fragebogen zur Arbeitsanalyse (FAA).* Bern: Huber.

Fröhlich, W. D. (1987). *Wörterbuch zur Psychologie.* München: dtv.

Graeff, P. (1997). Kommunikation und Kooperation in sozialen Organisationen. In Boskamp, P. und Knapp, R. (Hrsg.), *Führung und Leitung in sozialen Organisationen* (S. 109-140). Neuwied: Luchterhand.

Grunwald, W. & Lilge, H. G. (Hrsg.). (1982). *Kooperation und Konkurrenz in Unternehmen.* Bern: Haupt.

Gutmark, J. (1994). Zwischenmenschliche Kommunikation. In E. Gros (Hrsg.), *Anwendungsbezogene Arbeits-, Betriebs- und Organisationspsychologie* (S. 29-56). Göttingen: Hogrefe.

Hackman, I. R. (1969). Toward understanding the role of task in behavioral research. *Acta Psychologica, 31,* 97-128.

Hesse, J. & Schrader, H. C. (1995). *Arbeitszeugnisse.* Frankfurt/M.: Eichborn.

Hellinger, B. (1994). *Ordnungen der Liebe.* Heidelberg: Carl Auer.

Horndasch, P. (1994). Arbeitssicherheit in neuen Formen der Arbeitsorganisation. In F. Burkardt & C. Winklmeier (Hrsg.), *Psychologie der Arbeitssicherheit. 7. Workshop 1993* (S. 505-518). Heidelberg: Asanger.

Hoyos, C. Graf & Ruppert, F. (1993). *Der Fragebogen zur Sicherheitsdiagnose (FSD).* Bern: Huber.

Jandt, F. (1994). *Konfliktmanagement.* Reinbek bei Hamburg: Rowohlt.

Leymann, H. (1993). *Mobbing.* Reinbek bei Hamburg: Rowohlt.

Maslow, A.H. (1977). *Motivation und Persönlichkeit.* Olten: Walter.

Neuberger, O. (1993). Beziehungen zwischen Kolleg(inn)en. In A. E. Auhagen & M. v. Salisch (Hrsg.), *Zwischenmenschliche Beziehungen* (S. 257-278). Göttingen: Hogrefe.

Paula, M. (Hrsg.). (1992). *Sage, was Du meinst!* München: Moderne Verlagsgesellschaft.

Piepenburg, U. (1991). Ein Konzept von Kooperation und die technische Unterstützung kooperativer Prozesse. In H. Oberquelle (Hrsg.), *Kooperative Arbeit und Computerunterstützung* (S. 79-98). Göttingen: Verlag für Angewandte Psychologie.

Richter, P. G. (1996). Aufgabe und Anforderungen. In G. Wenninger und C. Graf Hoyos (Hrsg.), *Arbeits-, Gesundheits- und Umweltschutz* (S. 368-376). Heidelberg: Asanger.

Rischar, K. (1991). *Schwierige Mitarbeitergespräche*. Landsberg am Lech: mvg Verlag.

Rogers, C. (1994). *Die klientenzentrierte Gesprächspsychotherapie*. Frankfurt/Main: Fischer.

Rosenstiel, L. v. (1994). Training der kommunikativen Kompetenz. In L. M. Hofmann und E. Regnet (Hrsg.), *Innovative Weiterbildungskonzepte*. Göttingen: Hogrefe.

Ruppert, F. (1997). „Stellen von Arbeitsbeziehungen" – eine neuer Zugang zur Unfall-analyse und zur Lösung arbeitssicherheitsbezogener Konflikte. In Bundesinstitut für Berufsbildung (Hrsg.), *Berufliche Bildung – Kontinuität und Innovation* (S. 1012-1015). Bielefeld: Bertelsmann.

Ruppert, F. & Gerstberger, C. (1998). Sicherheits- und Gesundheitskultur – Faktoren eines ganzheitlichen Verständnisses von Sicherheit und Gesundheit im Betrieb. Forschungs-bericht. Katholische Stiftungsfachhochschule München. München: o.V.

Saar, G. W. (1995). Von Familien und größeren Unternehmen - Parallelen und Grenzen einer gemeinsamen systemischen Betrachtung. In R. H. Wagner (Hrsg.), *Praxis der Veränderung in Organisationen* (S. 89-124). Göttingen: Verlag für Angewandte Psychologie.

Schuler, H. (Hrsg.). (1993). *Lehrbuch Organisationspsychologie*. Bern: Huber.

Schulz von Thun, F. (1992). *Miteinander reden. Band 1: Störungen und Klärungen und Band 2: Stile, Werte und Persönlichkeitsentwicklungen*. Reinbek bei Hamburg: rowohlt.

Siefer, T. (1998). Anerkennung und Würdigung. Organisationsaufstellungen in Unterneh-men, Familie und Beruf. In G. Weber (Hrsg.), *Praxis des Familien-Stellens* (S. 421-427). Heidelberg: Carl Auer-Systeme.

Smith, W. J. & Harrington, K. V. (1994). Younger supervisor-older subordinate dyads: A relationship of cooperation of resistance? *Psychological Reports, 3*, 803-812.

Thomann, C. & Schulz von Thun, F. (1994). *Klärungshilfe*. Reinbek bei Hamburg: rowohlt.

Tjosvold, D. & Andrews, I. R. (1983). Cooperative and competitive relationsships between leaders and subordinates. *Human Relations, 12*, 1111-1124.

Tjosvold, D. & Tsao, Y. (1989). Produktive organizational collaboration: The role of values and cooperation. *Journal of Organizational Behavior, 2*, 189-195.

Voß, B. (1995). *Kommunikations- und Verhaltenstrainings*. Göttingen: Verlag für Ange-wandte Psychologie.

Watzlawick, P., Beavin, J. H. & Jackson, D. (1975). *Menschliche Kommunikation. Formen, Störungen, Paradoxien*. Bern: Huber.

Weber, G. (Hrsg.). (1995). *Zweierlei Glück. Die systemische Psychotherapie Bert Hellingers*. Heidelberg: Carl Auer.

Weber, G. & Gross, B. (1998). Organisationsaufstellungen. In G. Weber (Hrsg.), *Praxis des Familien-Stellens* (S. 405-420). Heidelberg: Carl Auer-Systeme.

Weibler, J. (1994). *Führen durch den nächsthöheren Vorgesetzten*. Wiesbaden: Deutscher Universitäts-Verlag.

Weisbach, C. (1992). *Professionelle Gesprächsführung*. München: dtv.

Zimbardo, P. G. (1992). *Psychologie*. Heidelberg: Springer.

39 Konfliktmanagement

Gerd Wenninger

1 Stellenwert von Konflikten

Konflikte sind zwangsläufige Begleiterscheinungen des menschlichen Zusammenlebens wie auch der betrieblichen Zusammenarbeit. Sie zählen zu den grundlegenden Problemen, die in Organisationen gelöst werden müssen. Was ein Konflikt (lat. confligere = zusammenschlagen) ist, läßt sich von jedem von uns nachvollziehen: Wir verbinden damit Zwiespalt, Auseinandersetzung, Konkurrenz, Mißtrauen, Streit, inneren Widerstreit von Wünschen, Angst, Unsicherheit, Streß u.a.m. Wir empfinden Konflikte als belastend und sind in Konfliktsituationen in der Regel nicht heiter und gelöst. Die Spannungssituation resultiert aus unterschiedlichen Interessen, wobei die Konfliktparteien schließlich mit mehr oder weniger starkem Nachdruck versuchen, ihre mit den Plänen anderer unvereinbaren Handlungspläne zu verwirklichen und die jeweils andere Konfliktpartei zu behindern, zu blockieren oder gar zu bedrohen.

Auf die Differenzierung nach indirekten, direkten, strategischen, offenen, verdeckten, latenten, objektiven, subjektiven etc. Konflikten kann an dieser Stelle nicht eingegangen werden (s. dazu z.B. Berkel, 1993, S.335 ff.; Grunwald & Redel, 1989, S. 533 ff.; v. Rosenstiel, 1992, 151 f.). Nicht weiter verfolgt werden in diesem Beitrag auch die „inneren", intraindividuellen Konflikte bzw. Entscheidungskonflikte (z.B. Appetenz-Aversions-Konflikt), wenngleich zwischen inneren und sozialen Konflikten vielfältige Wechselbeziehungen bestehen. Ausgeklammert bleiben außerdem die spezifischen Konflikte spezieller Berufsgruppen und deren Bewältigung, wie z.B. der Polizei im Einzeldienst, bei Massenversammlungen oder erpresserischem Menschenraub (s. dazu Lösel & Mai, 1988, S. 366 ff.).

Betriebliche Konflikte können auch zu einer grundsätzlich negativen Einstellung zum Arbeitsverhältnis und Betrieb führen – mit der Folge von Leistungseinbußen oder Auseinanderfallen einer Arbeitsgruppe. Konflikte innerhalb von Gruppen und zwischen Personen bzw. Gruppen sowie die Analyse von Ursachen und Bedingungsfaktoren für den Konfliktverlauf und die Entwicklung von konfliktregulierenden Maßnahmen sind somit seit geraumer Zeit klassische Themen der Sozial- und Organisationspsychologie (Grunwald & Redel, 1989). Ganz allgemein war und ist die Zielsetzung von Konfliktmanagement, durch Konfliktsituationen bedingte betriebliche Reibungsverluste zu minimieren und durch geschicktes Verhandlungverhalten zu optimieren. Als Folge von Konflikten zwischen konkurrierenden Gruppen kann es zwar zum einen zu starken Integrationseffekten, erhöhter Loyalität und Konformität, verstärkter Koalitionsbildung innerhalb der Gruppen kommen, zum anderen aber durch die Überbetonung der eigenen Ziele zum Verschweigen der unterschiedlichen Interessen, wodurch Feindseligkeiten und Mißtrauen in der Gruppe auch zunehmen können. (Berkel, 1993; Dorow & Grunwald, 1980; Regnet, 1992; Zuschlag & Thielke, 1989)

2 Konfliktmanagement und Konfliktprävention

2.1 Konfliktmanagement als Führungsaufgabe

Konflikte in Gruppen und zwischen Personen bzw. Gruppen – um die es im folgenden geht – dürften in Zukunft kaum seltener, sondern eher wahrscheinlicher werden. Konfliktträchtige Problemfelder sind die *effiziente Verteilung der Arbeit*, die *Verantwortung für Fehler*, die *gerechte Verteilung von Ressourcen* (Geld, Material, Raum, Arbeitskräfte, Informationen, Aufmerksamkeit, Prestige, Macht, Autorität) für die gemeinsame Arbeit und den adäquaten Umgang mit dem Mitarbeiter. Die sensibilisierten Vorstellungen über Selbstverwirklichung auch im Arbeitsprozeß, erhöhte Sensibilität gegenüber Machtansprüchen oder normativen Regelungen tragen zu emotionalen Spannungen innerhalb jeder Gruppe und gegenüber Vorgesetzten bei (Berkel, 1993, S. 332; Morgan, 1986, S.155 ff.; Thomas, 1992; Tjosvold, 1991, S. 53; Vliert, 1984, S. 528 f.).

Die Kunst des Konfliktmangements macht den Kern moderner Führung aus. Der „Führungskraft der Zukunft" wird neben Flexibilität, Teamarbeit, Motivation, Kreativität, systemisches Denken auch kommunikativer Kompetenz als wichtige Hauptaufgabe zugeschrieben. Mit Hilfe *kommunikativer Kompetenz* und Verhandlungsführung soll es ihr gelingen, schwierige Situationen zu „entstören" sowie „Spannungen auszugleichen und ein Konfliktoptimum für Innovation und Wandel auszunützen" (Regnet & Schackmann, 1993, S. 55).

Das heißt also: Konflikte müssen nicht unbedingt nur *negative Folgen* nach sich ziehen, wie z.B. ständige Ablenkung von der eigentlichen Arbeitsaufgabe, persönliche Kränkungen und Beleidigungen, psychische Belastungen, schlechtes Betriebsklima und Mobbing, psychosomatische Beschwerden, ja: körperliche Verletzungen, Mord und Totschlag. Manche Konflikte können durchaus auch *Motor für Veränderungen*, Verbesserungen und Weiterentwicklungen der sozialen Beziehungen sein – freilich nur dann, wenn konkurrierende Sichtweisen, Bewertungen und Meinungen der Mitarbeiter konstruktiv organisiert und nicht aus falsch verstandenem Harmoniebedürfnis unterdrückt werden.

2.2 Konfliktprävention versus Konfliktmanagement

Wenn wir uns die meist negativen Folgen von Konflikten vor Augen halten, ist es sicherlich angebracht, immer zuerst *Konfliktprävention* zu betreiben, um Konfliktpotentiale durch geeignete Strategien schon im Vorfeld einzugrenzen: Einführung von Koordinationsstellen, Offenlegen der Entscheidungsstrukturen und -wege; Dezentralisierung von Arbeitsprozessen in Form von job enlargement oder job enrichment; Einstellen von zusätzlichem Personal, um Engpässe zu überwinden (s. Kasten 1; im einzelnen: de Vliert, 1984, S. 532-537). Erst dann, wenn Konfliktprävention mißglückt, ist Konfliktmanagement angesagt, also der „zielgerichtete Umgang mit Konflikten". Auch gutes Konfliktmanagement garantiert freilich keine rasche Lösung; lediglich die Chancen der *Konfliktbewältigung* steigen. Zunächst müssen die Anzeichen erkannt werden, um dann eine Lösung zu finden, die den Konfliktparteien gerecht wird und zu einer guten, dauerhaften Beziehung beiträgt. *Anzeichen von Konflikten* sind feindseliges Verhalten, Beschränkung der Kommunikation auf das Nötigste, Resignation und Rückzug, Sabotage von Maßnahmen, Intrigen, kein Honorieren von Entgegenkommen oder hartnäckige Wiederaufnahme eines erledigten Streitpunktes. Konflikte sind Störungen, die den Handlungsstrom unterbrechen und zumindest vorübergehend Belastungen und Desorientierung mit sich bringen. Aufgrund der Vielschichtigkeit betrieblicher Abläufe ist eine grundsätzliche Vermeidung von Interessengegensätzen und Konflikten allerdings ein utopisches Ziel (Regnet, 1992, S, 57 ff.).

Kasten 1
Maßnahmen der Konfliktprävention durch vorausschauende Sicherheitsarbeit
(Referat Ausbildung der BG Chemie, 1995, S. 3 f.; Nold, 1996)

Die betrieblichen Führungskräfte müssen wichtige Unternehmensziele, v.a. Qualität der Produkte, termingenaue Produktion und Kosteneinsparung, unter sicheren, umweltschonenden und gesundheitsförderlichen Bedingungen erreichen. Hieraus können sich widerstreitende Interessen und Zielsetzungen mit beträchtlichem *Konfliktpotential* zwischen einzelnen Führungskräften und Mitarbeitern ergeben. Zu einer präventiven Strategie, dieses Konfliktpotential einzugrenzen, zählen z.B.:
– Arbeits- und Gesundheitsschutz frühzeitig in die Planung einbringen;
– Zuständigkeiten und Verantwortlichkeiten klären, um den Interpretationsspielraum bei strittigen Problemen zu verringern;
– Klare Regeln vor Ort schaffen (Sicherheitsregeln, Behandlung von Fremdfirmenunfällen, Ablauf des Informationsfluß);
– Sinnvolle, realistische Zielsetzungen vornehmen (Zerlegen von Problemen in Teilprobleme);
– Konfliktstoff bewerten und „Ablehnen" von Konfliktangeboten;
– Zusammenarbeit und Kontakt intensivieren;
– Imageverbesserung der Sicherheitsarbeit anstreben (durch Einbinden der Führungskräfte in die Sicherheitsaktivitäten).

3 Konfliktpotentiale und Konfliktdynamik

Ein *Konfliktmanager* zielt bei seinen Interventionen darauf ab, individuelle Wahrnehmungen, Verhaltensweisen und betriebliche Strukturen so zu ändern, daß sich Konflikte konstruktiv wenden lassen (Morgan, 1986, S. 1993 f.). Sollen Konflikte zu Innovationen und erwünschten Änderungen führen, sind die Kenntnis des Konfliktpotentials und der vielfältigen Ursachen, die zur Entstehung von Konflikten beitragen und deren Verlauf beeinflussen, genauso unumgänglich wie Wissen um die Merkmale der Konfliktdynamik, die dafür verantwortlich sind, ob ein Konflikt eskaliert oder deeskaliert, ob er latent bleibt oder offen zutage tritt, welchen Verlauf er nimmt („heiß" oder „kalt") und wie er endet.

3.1 Verteilungs-, Bewertungs- oder Beurteilungskonflikte

Zu den unterschiedlichen Interessen und der daraus resultierenden Spannungssituation können (objektive) situations- und (subjektive) personspezifische Eigenheiten beitragen. Objektive Dimensionen sind z.B. betriebliche Rahmenbedingungen wie Führungsphilosophie, Organisationsaufbau und Arbeitsabläufe, Gruppengröße und -zusammensetzung, Partizipationsmöglichkeiten. Subjektive Dimensionen umfassen Persönlichkeitsmerkmale (Sturheit, Unbeherrschtheit), Einstellungen (Vertrauen, Leistungsmotivation), Wahrnehmungen und Kenntnisse sowie Verhaltensweisen und Beziehungen (Berkel, 1993, S. 335-339). Je nachdem, wie diese Eigenheiten zu den Gegensätzlichkeiten beitragen, handelt es sich – vorrangig – um Verteilungs-, Bewertungs- oder Beurteilungskonflikte, die unterschiedlich zu bewältigen sind (Kasten 2).

Kasten 2
Verteilungs-, Bewertungs-, Beurteilungskonflikte (nach Rüttinger, 1977)

Verteilungskonflikte sind Interessenkonflikte über die Verteilung von Gütern und sind vorrangig situationsbedingt, weil sich häufig eine begrenzte Menge materieller oder immaterieller Güter (Geld, Macht, Prestige, Statussymbole) nicht zur Zufriedenheit aller verteilen läßt. Gewinne der einen Partei führen notwendigerweise zu Verlusten der anderen Partei (Nullsummenspiel). Verteilungskonflikte sind prinzipiell zwar durchaus – in der Praxis aber dennoch meist dann aber schwer lösbar, wenn die Verteilungsmenge klein ist. Ein Beispiel: Mehrere Mitarbeiter an einem universitären Lehrstuhl trachten nach einer freiwerdenden Dauerstelle, doch nur einer kann sie bekommen. Die Spannung zwischen den Mitarbeitern ließe sich ganz einfach beheben, indem mehr Dauerstellen geschaffen werden – was bei der jetzigen Stellenpolitik freilich recht unwahrscheinlich ist.
Bewertungskonflikte hängen vorrangig mit unterschiedlichen Wertvorstellungen einzelner Personen zusammen. Anzustrebende Ziele werden unterschiedlich „wertvoll" betrachtet, wie z. B. die Sicherheit am Arbeitsplatz, das Einhalten von Vorschrif-

ten für energiesparendes Arbeiten. Der Konflikt bezieht sich also auf das, was „sein sollte". Ein Beispiel: Wenn Mitarbeiter A sich strikt an die Helmtragepflicht in der Halle X hält, Mitarbeiter B hingegen dies schon mal „vergißt", so entsteht dann leicht ein Konflikt, wenn Mitarbeiter A, der gleichzeitig auch Sicherheitsbeauftragter ist, Mitarbeiter B auf die Tragepflicht hinweist und ihn unbedingt zum ständigen Tragen motivieren möchte. Auch hier gibt letztlich auch die Situation mit den Ausschlag, ob es überhaupt zu einem Konflikt kommt und wie er endet. In einem Unternehmen mit einer ausgeprägten Sicherheitskultur (Sicherheit und Gesundheit sind neben Leistung und Qualität gleichrangige Ziele bzw. Werte) gibt es differenzierte Vorschriften und Anweisungen „von oben", die individuelle Spielräume – Helm tragen oder nicht tragen – weitgehend ausschließen.

Beurteilungskonflikte hängen ebenfalls weitgehend von der Person ab. Es kommt zu Konflikten, weil Einzelpersonen oder auch Gruppen, die einen Sachverhalt zu beurteilen haben, aufgrund unterschiedlicher Informationen, Qualifikation und Erfahrung nicht zu den gleichen Ergebnissen kommen (können). Der Konflikt entsteht somit über das, „was ist" bzw. „war." Es gelingt beispielsweise nicht immer, ein gemeinsames Urteil über die Ursachen einer fehlerbehafteten Produktion zu fällen. Je nach Kenntnis der Produktionsabläufe, z.B. auf der einen Seite die der Planungsabteilung, auf der anderen Seite die der Produktionsabteilung, werden unterschiedliche technisch-organisatorische Ursachen ins Auge gefaßt. Auch hier aber sind situationsbezogene Variablen mitentscheidend für den Konflikt, wie in diesem Beispiel möglicherweise zu wenig geförderte und geforderte Zusammenarbeit zwischen einzelnen Unternehmensabteilungen, wodurch Fehler in der Produktion erst entstanden

3.2 Eskalation und Deeskalation von Konflikten

Konfliktbegünstigende oder -hemmende Einflußgrößen können mit den *betrieblichen Rahmenbedingungen* einerseits und mit den *persönlichen Voraussetzungen* der Konfliktpersonen sowie den Interaktionsmerkmalen der Konfliktpersonen andererseits zusammenhängen. Der Schlüssel zum Konfliktmanagement ist die Kenntnis von Konfliktursachen und -dynamik (Regnet, 1992, S.39 f.; v. Rosenstiel, 1992, 153 ff.; de Vliert, 1984, S. 523-528, 537 ff.). Zu betrieblichen Rahmenbedingungen und Einflußgrößen, die je nach Stärke und Ausprägung das Auftreten von zwischenmenschlichen Konflikten im Betrieb begünstigen, zählen:

– betrieblicher Koordinations- und Abstimmungszwang zwischen Abteilungen (z. B. Verkauf und Produktion);
– Überbetonung des Rationalitätsprinzips und Mißachtung der individuellen Eigenheiten (z. B. des Bedürfnisses nach informellen Kontakten beim Kaffeetrinken);
– Kontrollzwang einer Führungskraft (dokumentiert z.B. durch viele Vorschriften und Hierarchisierung der Mitarbeiter) mit der Folge von Einengung des Handlungsspielraums und Aufbau von Widerstand bei den einzelnen Mitarbeitern;

- unklare Machtverhältnisse (z.B. Unklarheiten über „das letzte Wort" bei Preis-
  festsetzungen oder Entscheidungen über Urlaubspläne);
- Leistungs- und Anreizstruktur (Belohnungssystem und geförderte Konkurrenz,
  z.B. durch Hitlisten);
- Unterschiedliche Auffassungen von Entscheidungsträgern über Ziele und Wege
  im Arbeitsprozeß (z.B. Erreichen von Pünktlichkeit durch Anschaffen von
  Stechuhren oder Gespräche mit unpünktlichen Mitarbeitern?).

Eher mit der Konfliktfähigkeit und -möglichkeit einer Person bzw. Gruppe zu tun
haben Einflußgrößen wie z.B.
- die Situationswahrnehmung der Beteiligten: Wettbewerb oder kooperative
  Situation?
- Einstellungen und Werthaltungen der beteiligten Parteien;
- Anwesenheit und Verhalten von Zuhörern/Zuschauern;
- Machtbeziehungen und Einflußmöglichkeiten;
- Frühere Beziehungen der Konfliktparteien zueinander;
- Stellenwert des konfliktauslösenden Problems für die Konfliktparteien.

Aber auch die Interaktionen der Konfliktparteien selbst können eskalierend bzw.
deeskalierend wirken. Konflikteskalierend wirkt meist, spontan zu reagieren, das
Konfliktthema zu personalisieren, die andere Partei zu attackieren bzw. die
Beziehungen abzubrechen, Strukturen und Abläufe intransparent zu machen,
Streitpunkte auszuweiten und Verbündete zu suchen. Eher deeskalierend wirkt,
Konflikte direkt anzusprechen, Konflikt als gemeinsames Problem anzugehen und
versöhnlich und humorvoll zu reagieren.

4 Strategien zum Konfliktmanagement

Unter Konfliktmanagment sind allgemein „alle Ansätze und Konzeptionen zu
verstehen, die von den Konfliktpartienen selbst oder dritten Parteien bewußt und
planvoll eingesetzt werden, um die Störung eines Handlungsvollzugs, den Konflikt
im engeren Sinne, zu vermindern, aufzuheben oder zu überwinden. Konfliktmanagement läßt sich danach unterscheiden, (a) wer es betreibt ... und (b) welches
Ziel dahinter steht (den Konflikt zu mindern, zu bewältigen oder zu steigern)."
(Berkel, 1992, S. 1090). Konflikte zu mindern kann im Sinne von Konfliktprävention (s.o.) bedeuten, die betrieblichen Rahmenbedingungen (z.B. Koordi-
nationszwänge) zu verändern, die konfliktauslösend waren und sind. Oft lassen
sich Konflikte auch dadurch aus dem Weg schaffen, daß man einen Blick auf andere
Betriebe wirft und sich an deren Konfliktmanagement orientiert.

4.1 Direkte Auseinandersetzung und Verhandeln

Dennoch sind Konflikte zwischen Abteilungen und einzelnen Mitarbeitern auch durch eine Optimierung der Organisationsgestaltung und -entwicklung grundsätzlich nicht zu vermeiden. Konflikte rücken immer wieder in das Verantwortungsfeld der Vorgesetzten Nach amerikanischen Studien verwenden Manager gut 20 % ihrer Arbeitszeit auf Konflikte (Tjosvold, 1991, S. 52). Jeder Vorgesetzter (wie Mitarbeiter) bevorzugt dabei seinen eigenen *Konfliktlösungsstil*, der sich in den Ebenen „Durchsetzung" (assertive) und „Kooperation" (cooperative) lokalisieren läßt (Thomas, 1976; 1992, S. 689).

Zu grundsätzlich „kooperativen" und „konstruktiven" Konflikthandhabungsstilen, die auch nach den Aussagen von Führungskräften deutlich favorisiert werden, zählen (Berkel, 1993; Deutsch & Krauss, 1962; Morgan, 1986, S.191 ff.):
– Aushandeln von Kompromissen („Verhandeln", „bargaining") bei Streitfragen wie z.b. der Verteilung von Ressourcen, die einen Kompromiß zulassen, freilich abhängig sind v.a. vom Vertrauen der Konfliktparteien: Jede Konfliktpartei muß von ihren Maximalforderungen und Zielsetzungen etwas abgehen.
– Finden einer neuen, kreativen Problemlösung durch gemeinsame, kooperative Konfliktbewältigung („Integration"), u. U. auch durch Hinzuziehen einer dritten Partei: Die eigenen gegensätzlichen Zielsetzungen bleiben durch diese „Gewinner-Gewinner-Strategie" erhalten.

In Anlehnung an das Grid-Modell von Blake, Shepard und Mouton (1964; s. dazu Grunwald & Redel, 1989, S. 541 ff.; Thomas, 1976, 1992) gibt es weitere Konflikthandhabungsstile: die *Durchsetzungs- oder Machtstrategie* und damit zusammenhängend das Besiegen der Konfliktpartei, also das Verfolgen der eigenen Interessen um jeden Preis mit Sieg der einen Partei und Niederlage, Flucht, Nachgeben und Kapitulation der anderen Partei (z.B. nach Einsatz von Machtmitteln und Druck). Wie sich leicht einsehen läßt, ist im Sinne von „konstruktivem" Konfliktmanagement vor allem die gemeinsame Konfliktbewältigung in und zwischen Gruppen von Bedeutung, also das Aushandeln eines Kompromisses und Finden von neuen Lösungen. Eine Partei wird nur dann eine Lösung akzeptieren, wenn sie ihr selbst auch Vorteile bringt. Auch werden gemeinsam gefundene Lösungen grundsätzlich hinterher weniger in Frage gestellt als oktroyierte, Gemeinsamkeiten erhöhen das gegenseitige Vertrauen und stärken die Zusammenarbeit (Berkel, 1993, 341). In der Verlierergruppe hingegen wird die Niederlage wenn irgendmöglich verleugnet oder wegrationalisiert; auch Schuldzuweisungen auf einzelne Mitglieder und als Folge davon geringere Kooperation oder Gruppenspaltungen sind denkbar. Der Konfliktaufschub kann in der Folgezeit zu verdeckten Konflikten kommen (Regnet, 1992, S. 37 ff.).

Gleichwohl dürfte für Konflikte zutreffen, was allgemein für Kommunikation bestimmend ist: Der Ausgang eines Gesprächs (oder Konflikts) ist immer vom Wohlwollen des Gesprächs- (Konflikt-) partners abhängig. Nicht immer sind Kompromisse möglich (z. B. bei Verteilungskonflikten). Auch kann die Konfliktsituation so verfahren sein, daß es sinnvoll ist, zuerst mit jedem am Konflikt Beteiligten allein zu reden, bevor man sie an den gemeinsame Tisch holt. Wo liegen der Kern des Konflikts und die unbegründeten Unterstellungen? Ziel z. B. des Vorgesetzten sollte es sein, Übertreibungen und schiefe Sichtweisen zu relativieren. Falls in einem nachfolgenden gemeinsamen Gespräch keine gemeinsame Lösung oder gar eine neue kreative Lösung gefunden wird, ist die Entscheidung des Vorgesetzten gefordert, u.U. mit der Konsequenz, daß ihm die eine oder andere Partei oder beide Parteien gleichzeitig böse gesinnt sind.

4.2 Institutionalisierte Vermittlung bei Konflikten durch Drittpersonen bzw. -parteien

Wenn die Konfliktparteien den Konflikt nicht aus eigener Kraft lösen können, sind *Dritt-* oder *Mittlerpersonen* nötig, die eine Einigung herbeiführen sollen. Solche Personen müssen von beiden Konfliktparteien akzeptiert werden, bestimmte Eigenschaften haben (Expertenwissen, Neutralität, Autorität, Reputation) und diplomatisches Geschick im Vermitteln entfalten können. Aufgabe der Vermittler ist es, den Konflikt auf das konkrete Streitobjekt zu konzentrieren und nicht auf andere Themen ausweiten zu lassen, Regeln für den Verhandlungsprozeß zu vereinbaren, die Konfliktdynamik zu erläutern, einen offenen Meinungs- und Informationsaustausch zu moderieren, die gemeinsamen Ziele aufzuzeigen und das wechselseitige Feindbild abzubauen (z. B. Mediationsmethode bei Umweltkonflikten). Je nach der Rolle, die ein Vermittler einnimmt, handelt es sich nach Glasl (1980, S. 419) um

- Moderation (z.B. begrenzte Intervention eines Vorgesetzten bei Uneinigkeiten über die Arbeitsaufteilung zwischen zwei Mitarbeitern);
- Vermittlung (z.B. Intervention eines Alkoholexperten bei Konflikten zwischen Vorgesetzten und Alkoholgefährdeten);
- Schiedsverfahren (z.B. Intervention eines Richters unter Bezug auf geltende Rechtsnormen und Spielregeln – z.B. des Präsidenten einer Universität bei ungerechtfertigten Personalbeurteilungen eines Lehrstuhlinhabers);
- Machteingriffe (z.B. Intervention eines Vorgesetzten, der sich mit seiner Sichtweise gegen beide Konfliktparteien durchsetzt und eine Entscheidung fällt).

Weitere spezifische Maßnahmen des Konfliktmanagements, die mehr oder weniger mit den eben genannten Verfahren übereinstimmen, sind: „Interaktionsforum", das Beschwerdewesen, das Konfrontationstreffen (mit einem neutralen Vermittler), Problemlösungsgespräche (z.B. über Zusammenarbeit und Führung)

4.3 Konfliktsteigerung und Mobbing

Inzwischen gibt es eine Fülle von sozial- wie auch populärwissenschaftlicher Literatur zu einer Spezialform von fehlgeschlagenem Konfliktmanagement, zu „Mobbing", „Bossing" oder „Bullying" (Leymann, 1993; Niedl, 1995; Zuschlag, 1994; Schuster, Sczesny und Stahlberg in diesem Band) – schlicht ausgedrückt: zum *Schikanieren* und *Psychoterror am Arbeitsplatz.* Mobbing ist ein Modebegriff für eine altbekannte Strategie, bei der es Mobbern, vor allem Führungskräften, darum geht, bei Interessensgegensätzen und Konflikten, die sie als unüberwindbar einschätzen, eine Entscheidung herbeizuführen, indem sie Konflikte absichtsvoll verstärken. Notfalls werden auch unlautere Mittel eingesetzt, um die eigenen egoistischen Ziele durchzusetzen und die – für sie – unerträgliche Zusammenarbeit zu unterbinden. Negative Folgen für den betroffenen Mitarbeiter werden bewußt in Kauf genommen, ja gewollt, um ihn zum Verlassen von Abteilung und Betrieb zu bewegen.

Dazu zählen z.B. persönliche Angriffe im Rahmen der Kommunikation (Anschreien, ständiges Kritisieren, wie Luft behandeln), Zerstören des Ansehens der anderen Person (Klatsch, öffentliches Verhöhnen von z.B. körperlichen Behinderungen, negative Personalbeurteilungen) und Manipulation des Arbeitseinsatzes (im universitären Bereich z.B. sinnlose Arbeitsaufgaben, Erschweren der Arbeit durch Vorenthalten von Informationen, Beschränkung auf inneruniversitäres Telefon ohne Außenverbindung, Verweigern der Teilnahme des Mitarbeiters an Kongressen).

5 Regeln und Fertigkeiten beim Konfliktmanagement

Um beim Konfliktmanagement – ob nun beim Moderieren, Vermitteln, Schiedsrichtern oder Entscheiden – beiden Parteien möglichst gerecht zu werden, sind einige Punkte und Regeln der Verhandlungsführung im besonderen zu beachten, wie z.B. gemeinsame Interessen in den Mittelpunkt zu stellen, Wahlmöglichkeiten zu entwickeln und Entscheidungen nach objektiven Kriterien zu fällen. Differenzen auf der Sachebene sollten nicht mit Differenzen auf der Beziehungsebene vermischt werden – was natürlich leichter gesagt als getan ist. Denn natürlich berührt jeder Konflikt, da Emotionen im Spiel sind, nicht nur die Sach-, sondern gleichzeitig auch die Beziehungsebene (s. Ruppert in diesem Band). Weitere Regeln zur kooperativen Konfliktbewältigung finden sich in Kasten 3.

Etwas anders gelagert sind problembezogene Besprechungen zum Bewältigen von gemeinsamen Aufgaben – und natürlich auch von Konflikten, an denen mehrere Mitarbeiter unter Leitung einer Führungskraft zusammentreffen. Hier sind andere Regeln zu beachten und Fertigkeiten nötig, um effektive Ausgänge solcher Treffen wahrscheinlich zu machen, die zum Teil schon die Planung betref-

Kasten 3
*Regeln zum kooperativen Konfliktlösen und Verhandeln
(Berkel, 1993, S. 341 f.; Caplan, 1995; Thomas, 1992, S. 677 ff.; Zuschlag & Thielke, 1989, S. 85 ff.)*

- für eine entspannte Atmosphäre sorgen (z. B. einladende Umgebung,)
- wenn möglich – Aktivitäten der „Härte" und „Kooperation" auf verschiedene Personen verteilen;
- mit leichten Punkten beginnen, um möglichst rasch einen ersten Fortschritt oder Durchbruch zu erreichen;
- sich nicht sofort in Detailfragen verbeißen, sondern zunächst einige zu erreichende Ziele benennen;
- alle Konfliktthemen möglichst breit andiskutieren, um Konzessions- und Kompensationsmöglichkeiten zu erkennen;
- Regeln über die Verhandlungsabfolge festlegen, um keine Konfliktpunkte zu unterdrücken;
- die Betroffenheit durch gefühlsgeladenen Konfliktausdruck betonen;
- Techniken des aktiven Zuhörens, Paraphrasieren, Fragenstellens und Rollentausch einsetzen, um Mißverständnisse zu vermeiden.

fen (zeitliche Gestaltung: natürliche Eckpunkte, Pausen; schriftliche Einladung mit Tagesordnungspunkten), vor allem aber für die Durchführung (Einhalten von Kommu-nikationsregeln, Einsatz von Moderationsmethoden) wie auch für die Nachbereitung (Controlling) entscheidend sind (Comelli, 1993; Hofmann, 1993).

Literatur

Berkel, K. (1992). Interpersonelle Konflikte. In E. Gaugler (Hrsg.), *Handwörterbuch des Personalwesens* (2., neubearb. u. ergänzte Aufl., S.1085-1094). Stuttgart: Poeschel.

Berkel, K. (1993). Konflikte in und zwischen Gruppen. In L. v. Rosenstiel, E. Regnet & M. Domsch (Hrsg.), *Führung von Mitarbeitern* (S. 331-343). Stuttgart: Schäffer-Poeschel.

Blake, R. R., Shepard, H. A. & Mouton, J. S. (1964). *Managing intergroup conflict in industry*. Houston: Gult Publishing Company.

Caplan, P. (Ed.).(1995). *Understanding disputes: the politics of argument*. Oxford: Berg Publishers.

Comelli, G. (1993). Qualifikation für Gruppenarbeit: Teamentwicklungstraining. In L v. Rosenstiel, E. Regnet & M. Domsch (Hrsg.), *Führung von Mitarbeitern* (S. 355-377). Stuttgart: Schäffer-Poeschel.

Deutsch,M. & Krauss, R.M. (1962). Studies of interpersonal bargaining. *Journal of Conflict Resolution, 6*, 52-76. (aus Feger)

Dorow, W. & Grunwald, W. (1980). Konflikte in Organisationen. In R. Neubauer & L. v. Rosenstiel (Hrsg.), *Handbuch der Angewandten Psychologie. Band I: Arbeit und Organisation* (S.509-530). München: Verlag Moderne Industrie.

Glasl, F. (1980). *Konfliktmanagement*. Bern: Haupt.

Grunwald, W. & Redel, W. (1989). Soziale Konflikte. In E. Roth (Hrsg.), *Organisations-psychologie* (Enzyklopädie der Psychologie, D, III, 3, S. 529-551). Göttingen: Hogrefe.

Grzelak, J. (1990). Konflikt und Kooperation. In W. Stroebe, M. Hewstone, J.-P. Codol & G. M. Stephenson (Hrsg.), *Sozialpsychologie. Eine Einführung* (S. 305-332). Berlin: Springer.

Hofmann, L. M. (1993). Besprechungsmanagement. In L v. Rosenstiel, E. Regnet & M. Domsch (Hrsg.), *Führung von Mitarbeitern* (S. 345-354). Stuttgart: Schäffer-Poeschel.

Leymann, H. (1993). *Mobbing. Psychoterror am Arbeitsplatz und wie man sich dagegen wehren kann.* Reinbek: Rowohlt.

Lösel, F. & Mai, K. (1988). Polizei. In D. Frey, C. Graf Hoyos & D. Stahlberg (Hrsg.), *Angewandte Psychologie. Ein Lehrbuch* (S. 363-385). Weinheim: Psychologie Verlags Union.

Manz, W. (1980). Gefangen im Gefangenendilemma? Zur Sozialpsychologie der experimentellen Spiele. In W. Bungard (Hrsg.), *Die „gute" Versuchsperson denkt nicht. Artefakte in der Sozialpsychologie* (S. 145-166). München: U&S Psychologie.

Morgan, G. (1986). *Images of organization.* London: Sage Publications.

Neuberger, O. (1994). *Übel mitspielen in Organisationen.* München: Hampp.

Niedl, K. (1995). *Mobbing/Bullying am Arbeitsplatz.* München: Hampp.

Nold, H. (1996). Konfliktmanagement. In G. Wenninger & C. Graf Hoyos (Hrsg.), *Arbeits-, Gesundheits- und Umweltschutz* (S. 545-552). Heidelberg: Asanger.

Pruitt, D. G. (1967). Reward structure and cooperation: the decomposed prisoner's dilemma gate. *Journal of Personality and Social Psychology, 24,* 81-90.

Referat Ausbildung der Berufsgenossenschaften der chemischen Industrie (1995). *Einführung in das Konfliktmanagement.* Heidelberg: BG Chemie.

Regnet, E. (1992). *Konflikte in Organisationen.* Göttingen: Hogrefe.

Regnet, E. & Schackmann, V. (1993). Überlegungen zur Führungskraft der Zukunft. In L. v. Rosenstiel, E. Regnet & M. Domsch (Hrsg.), *Führung von Mitarbeitern* (S. 49-58). Stuttgart: Schäffer-Poeschel.

Rosenstiel, L. v. (1992). *Mitarbeiterführung in Wirtschaft und Verwaltung. Anstöße zur Ermutigung.* München: Bayerisches Staatsministerium für Arbeit, Familie und Sozialordnung

Rüttinger, B. (1977). *Konflikt und Konfliktlösen.* München: Goldmann.

Thomas, K. W. (1976). Conflict and conflict managament. In M. D. Dunnette (Ed.), *Handbook of industrial and organizational psychology* (Vol. 3, pp 889-935). Chicago: Rand McNally.

Thomas, K. W. (1992). Conflict and negotiation processes in organisations. In M. D. Dunnette & L. M. Hough (Eds.), *Handbook of industrial and organizational psychology* (Vol. 3, pp.651-718). Palo Alto: Consulting Psychologists Press.

Tjosvold, D. (1991). *Team organization. An enduring competitive advantage.* Chichester: Wiley.

Vliert, E. van de (1984). Conflict-prevention and escalation. In P. J. D. Drenth, H. Thierry, P. J. Willems & C. J. de Wolff (Eds.), *Handbook of work and organizational psychology* (Vol. 1, pp. 521-552). Chichester: Wiley.

Zuschlag, B. (1994). *Mobbing – Schikane am Arbeitsplatz.* Göttingen: Hogrefe.

Zuschlag, B. & Thielke, W. (1992). *Konfliktsituationen im Alltag.* Göttingen: Hogrefe.

40 Konzepte der Mitarbeiterbeteiligung: Delegation und Partizipation

Conny H. Antoni

1 Mitarbeiterbeteiligung zwischen zweckrationalem Handeln und moralischer Verpflichtung?

Konzepte der Mitarbeiterbeteiligung, sei es Partizipation oder Delegation, haben in der Arbeits- und Organisationspsychologie weite Verbreitung gefunden: In der Führungsforschung werden die Voraussetzungen und Auswirkungen partizipativer oder delegativer Führung analysiert (Vroom & Jago, 1988; Wunderer, 1993), die Beteiligung der Betroffenen gilt als ein wesentliches Prinzip qualifizierender Arbeitsgestaltung (Duell & Frei, 1986) und der Organisationsentwicklung (Doppler & Lauterburg, 1994), im Bereich der Arbeitsmotivation und Handlungsregulation werden die Auswirkungen von Delegation und Partizipation auf die intrinsische Motivation und Effektivität der Handlungsplanung untersucht (Hakker, 1986; Hackman & Oldham, 1976), durch partizipative Konzepte der Gruppenarbeit sollen humane und wirtschaftliche Arbeitsstrukturen geschaffen werden (Antoni, 1994), und schließlich soll durch eine verstärkte Mitarbeiterbeteiligung die Akzeptanz und Ausgestaltung neuer Technologien verbessert werden (Ulich, 1994). In diesen verschiedenen Forschungsfeldern finden sich vielfältige Verbindungen zu verwandten Konzepten wie (Teil-) *Autonomie, Handlungsspielraum, Kontrolle* oder *Selbstregulation* bzw. *-steuerung.*

Gleichzeitig gibt es kaum ein Konzept in der Arbeits- und Organisationspsychologie, das ähnlich mit normativen, moralischen und ideologischen Ansprüchen belastet ist. So wird Mitarbeiterbeteiligung als Kriterium humaner Arbeit herangezogen (Ulich, 1994) und ist gesetzlich in Form von Mitbestimmungsrechten des Betriebsrates im Rahmen des Betriebsverfassungsgesetzes (z.B. BetrVG §§ 87 und 91) bzw. der Arbeitnehmer im Rahmen des Mitbestimmungsgesetzes von 1976 verankert. Mitarbeiterbeteiligung war in den siebziger Jahren programmatische Forderung von Politikern und Gewerkschaftlern zur „Demokratisierung der Arbeitswelt" und Ziel öffentlicher Forschungsprogramme, wie z.B. des norwegischen Programms „industrielle Demokratie" (Emery & Thorsrud, 1982). Anfang der neunziger Jahre wurde Mitarbeiterbeteiligung als eines der „Geheimnisse" des japanischen Wirtschaftserfolgs entdeckt und die Paradigmawende vom Taylorismus zum Lean Management gefordert (Bungard, 1995; Womack, Jones & Roos, 1991). Nicht mehr die Trennung von Kopf- und Handarbeit wurde propagiert, sondern die Übertragung von Aufgaben und Verantwortlichkeiten auf jene Arbeiter, die die Wertschöpfung am Produkt erbringen und die zum vorausschauenden Denken ermuntert werden sollen.

Angesichts der Bedeutung des Konzeptes der Mitarbeiterbeteiligung sollen im folgenden, ausgehend von einer Begriffsklärung, die Auswirkungen und Wirkungsmechanismen einer solchen Beteiligung analysiert und verschiedene Anwendungsmöglichkeiten dargestellt werden. Dabei werden Formen der Mitarbeiterbeteiligung im Sinne einer Delegation von Befugnissen und Partizipation an betrieblichen Entscheidungs- und Problemlöseprozessen im Vordergrund stehen. Auf gesetzlich verankerte Formen der Mitbestimmung oder der Gewinnbeteiligung wird dagegen nicht näher eingegangen.

2 Begriffsklärung

Wie so oft, wenn ein Begriff in vielen Bereichen der Wissenschaft, der Politik und der Wirtschaft gebraucht wird, existiert kein einheitliches Begriffsverständnis. In der Regel wird unter *Delegation* die Übertragung von Zuständigkeiten, Leistungen, Befugnissen und Entscheidungskompetenzen verstanden, während *Partizipation* als Teilhabe, Teilnahme oder Beteiligung an Problemlösungs- und Entscheidungsprozessen definiert wird. Partizipation impliziert nach diesem Verständnis eine Einfluß- bzw. Machtteilung, während Delegation eine einseitige Einflußnahme und Machtausübung vorsieht (Leana, 1987).

Wenn Problemlösungen gemeinsam erarbeitet oder Entscheidungen gemeinsam getroffen werden, stellt sich die Frage, wie der Einfluß bzw. die *Macht* zwischen den Beteiligten verteilt ist. Zur Beschreibung dieser Machtverteilung wird häufig die Konzeption von Tannenbaum und Schmidt (1958) herangezogen, die Führungsverhalten anhand eines Einfluß- bzw. Machtkontinuums differenzieren, an dessen Endpunkten entweder der Vorgesetzte oder die Mitarbeitergruppe allein die Entscheidung trifft. Eine andere weitverbreitete Einteilung des Partizipationskontinuums spezifiziert sechs prägnante Abstufungen der Mitwirkungsmöglichkeiten der Mitarbeiter, die aufgrund ihrer Anschaulichkeit hier übernommen werden soll (Dachler & Wilpert, 1978): *Keine Mitsprachemöglichkeiten, Informationsrechte, Vorschlagsrechte, Mitbestimmungsrechte, Vetorechte, völlige Autonomie.*

Eine klare Abgrenzung der Begriffe ist auch insofern schwierig, als der Vorgesetzte per se die Grenzen und übergeordneten Zielsetzungen der Aufgaben festlegt. Je nachdem, wie eng bzw. konkret diese sind und wie stark sie Abstimmungsprozesse erforderlich machen, kann nur bedingt von einer völligen Entscheidungsautonomie bzw. -delegation gesprochen werden. Dies wird besonders deutlich, wenn das Ausmaß, in dem Abstimmungsprozesse mit Vorgesetzten bei Entscheidungen erforderlich sind, als Delegationsmaß herangezogen wird (z.b. Kieser & Kubicek, 1992). Die enge Verbindung zwischen Delegation und Partizipation wird besonders deutlich, wenn Entscheidungsbefugnisse an eine Gruppe delegiert werden und die einzelnen Gruppenmitglieder diese Entscheidungen gemeinsam und gleichberechtigt fällen. *Bezugspunkt der Delegation ist die Gruppe, Subjekt der Partizipation das Gruppenmitglied.*

Die *Art der Partizipation* bzw. Delegation wird häufig anhand der beteiligten Personen, der Inhalte, des Partizipationsgrads bzw. Delegationsumfangs, der Partizipations- bzw. Delegationsmethoden und -grundlagen beschrieben (Domsch & Reinecke, 1982) (Kasten 1).

Kasten 1
Arten der Partizipation

Die *beteiligten Personen* können beispielsweise nach ihrer hierarchischen Stellung, ihrem Arbeitsbereich oder danach unterschieden werden, ob sie direkt oder indirekt von dem Problem betroffen sind. Ferner können einzelne Personen oder ganze Gruppen einbezogen werden.

Als Inhalt bzw. *Gegenstand der Mitarbeiterbeteiligung* im Rahmen von Entscheidungs- und Problemlösungsprozessen können unterschiedliche Entscheidungstypen (z. B. Entscheidungen innerhalb des vorgesehenen Arbeitssystems oder hinsichtlich von Personalfragen, des Arbeitssystems, der Produkte oder gesamtbetrieblicher Belange) differenziert werden (Rohmert & Weg, 1976) oder einzelne Phasen des Entscheidungs- bzw. Problemlösungsprozesses (z.B. Zielsetzung, Planung, Organisation, Entscheidung, Umsetzung und Kontrolle) an denen Mitarbeiter beteiligt sind.

Mit dem *Partizipationsgrad* ist das Ausmaß der Beteiligung von Mitarbeitern am Problemlösungsprozeß angesprochen. Mit Hilfe eines Partizipationskontinuums lassen sich die Mitsprachemöglichkeiten sowohl global als auch differenziert nach verschiedenen Entscheidungskategorien und einzelnen Phasen eines Entscheidungsprozesses beschreiben. Entsprechend kann der *Delegationsumfang* durch das Ausmaß an erforderlichen Abstimmungen, durch die Anzahl der Entscheidungen, die getroffen werden dürfen, sowie durch die Wichtigkeit (z.B. Budgethöhe) und Reichweite dieser Entscheidungen für andere Stellen definiert werden.

Die Methode oder *Form der Partizipation* charakterisiert, wie die Arbeitnehmer an den Entscheidungsprozessen beteiligt werden. Während bei einer direkten Partizipation die Arbeitnehmer persönlich an den Entscheidungsprozessen teilnehmen, werden bei der indirekten, repräsentativen Partizipation die einzelnen Arbeitnehmer durch Repräsentanten (z.B. Vertrauensmänner, Betriebsräte) vertreten. Bei den integrierten Formen der Partizipation ist die Mitsprache im regulären Arbeitsablauf vorgesehen. Bei den nicht-integrierten Methoden wird ein paralleler Ablauf außerhalb der regulären Arbeitsorganisation wie z.B. im Rahmen von Qualitätszirkeln oder Projektgruppen geschaffen. Kontinuierliche Partizipationsmöglichkeiten sehen ständige Mitsprachemöglichkeiten vor, während diskontinuierliche Methoden diese auf besondere Treffen bzw. Zeitpunkte, wie z.B. Projektteamsitzungen, beschränken.

In bezug auf die *Grundlagen der Partizipation* bzw. Delegation lassen sich formelle (z.B. Mitbestimmungsgesetz, Tarif- oder Betriebsvereinbarungen, Führungsleitlinien) und informelle Legitimationsgrundlagen unterscheiden.

Die im Rahmen des Betriebsverfassungsgesetzes formell geregelten indirekten Partizipationsmöglichkeiten und -rechte der Arbeitnehmer werden in der Bundesrepublik als Mitbestimmungsrechte bezeichnet (Zimmermann, 1982). Der Begriff der Mitbestimmung wird daher in der Bundesrepublik meist in dieser eingeschränkten Bedeutung und nicht synonym mit dem Partizipationsbegriff verwandt.

3 Effekte und Wirkungsmechanismen

Es finden sich mehr Arbeiten zu den Auswirkungen und Wirkungsmechanismen der Mitarbeiterpartizipation als zu denen der Delegation (Leana, 1987). Die Partizipationsforschung konzentrierte sich in der Vergangenheit mehr auf die Überprüfung potentieller Partizipationseffekte als auf die sie vermittelnden Prozesse. Locke und Schweiger (1979) kritisieren dieses Vorgehen und skizzieren auf der Basis einer umfassenden Literaturanalyse ein Rahmenmodell zu Wirkungsmechanismen und Auswirkungen partizipativer Entscheidungsfindung mit zwei Kategorien potentieller positiver Partizipationseffekte:

- größere Wirtschaftlichkeit, d.h. höhere Produktivität, größere Entscheidungs- und Produktqualität, verminderte Kosten und weniger Konflikte;
- verbesserte Arbeitsmoral und höhere Arbeitszufriedenheit sowie, damit einhergehend, weniger Fluktuation, Abwesenheit und Konflikte.

Allerdings kann Mitarbeiterbeteiligung auch zu Prozeßverlusten und negativen Effekten in bezug auf diese Kriterien führen, z.B. aufgrund von Entscheidungsverzögerungen, Verantwortungsdiffusion oder einer Überforderung der Mitarbeiter (Hackman, 1987).

Die potentiell positiven Auswirkungen partizipativer Entscheidungsfindung werden auf vermittelnde kognitive und motivationale Faktoren zurückgeführt. In bezug auf die *ökonomischen Auswirkungen* partizipativer Entscheidungsfindung werden drei Gruppen vermittelnder *kognitiver Variablen* diskutiert:

- ein verbesserter Informationsfluß von unten nach oben;
- eine bei Gruppenarbeit bessere Ausnutzung und Integration von Wissen; beide Faktoren sollen zu mehr Informationen, größerem Wissen und Kreativität führen;
- ein größeres Problem- bzw. Arbeitsverständnis seitens der Mitarbeiter, d.h. bessere Kenntnis der Zielsetzungen, Arbeitsmethoden und der Hintergründe von Entscheidungen.

Zu den *motivationalen Wirkungsmechanismen* werden in erster Linie der geringere Widerstand gegenüber Veränderungen bzw., positiv formuliert, deren größere Akzeptanz gerechnet. Dieser Effekt sei wiederum auf verstärktes Vertrauen und größere wahrgenommene Kontrolle der Mitarbeiter zurückzuführen. Darüber hinaus könnte durch eine partizipative Zielvereinbarung auch eine größere persönliche Beteiligung der Mitarbeiter, eine höhere Identifikation mit der Organisation, ein größerer Gruppendruck und/oder eine stärkere soziale Unterstützung der Mitarbeiter resultieren, die zu der höheren Akzeptanz von Veränderungen sowie von Entscheidungen und Zielen beitragen. Schließlich könnte die partizipative Vereinbarung von Zielen zu anspruchsvolleren Zielsetzungen und damit direkt zu höheren Leistungen führen als vorgegebene Zielsetzungen.

Partizipative Entscheidungsfindung *verbessere Arbeitsmoral und Arbeitszufriedenheit*, weil sich die Wahrscheinlichkeit für Mitarbeiter erhöht, wertgeschätzte Handlungsergebnisse zu erreichen. Dies entspräche letztlich einer Erwartungs-Valenz-theoretischen Erklärung der Partizipationseffekte.

Die meisten Literaturzusammenfassungen differenzieren nicht zwischen kognitiven und motivationalen Wirkungsmechanismen und berichten pauschal positive Partizipationseffekte auf Arbeitszufriedenheit und Leistung (Cotton et al., 1988; Dachler & Wilpert, 1978).

Wagner, Leana, Locke und Schweiger (1997) gingen der Frage differenzieller kognitiver und motivationaler Effekte nach. In einer Metaanalyse von 124 in den USA durchgeführten Studien fanden sie zwar eine niedrigere durchschnittliche Korrelation zwischen Partizipation und Leistung (r=.21) als zwischen Partizipation und Zufriedenheit (r=.30), doch war dieser Effekt nicht signifikant. Allerdings war auch keine zuverlässige Kategorisierung der Studien nach kognitiven und motivationalen Wirkungsmechanismen möglich.

Erste Hinweise dafür, daß Partizipationseffekte eher auf *kognitiven* als auf *motivationalen* Wirkungsmechanismen beruhen, ergaben sich aus einem Vergleich unterschiedlicher Formen der Zielsetzung. Wie Locke und Latham (1990) bei einer ganzen Reihe von Experimenten fanden, führen partizipative Zielvereinbarungen nicht zu einer höheren Zielbindung oder Leistung als vorgegebene Zielsetzungen, die plausibel begründet werden. Sie waren lediglich kurzen Zielvorgaben überlegen, die ohne nähere Erläuterung gegeben wurden, so daß es in diesem Fall auch zu keinem Informationsaustausch und damit Wissenszugewinn kam. Dies spricht eher für kognitive als für motivationale Effekte. Diese Ergebnisse werden auch durch die Metaanalyse von Sagie (1994) gestützt. Erläuternde Zielsetzungen zeigten sich hier ähnlich wirksam wie partizipative Zielvereinbarungen. Partizipative Zielvereinbarung könnten auch dazu führen, dem Vorgesetzten weniger Kontrolle zu attribuieren. Möglich wäre aber auch, daß Führungskräften und Mitarbeitern gleichzeitig mehr Einfluß zugeschrieben wird. Dies konnte von Parker und Price (1994) empirisch bestätigt werden. Mitarbeiterbeteiligung scheint damit kein Nullsummenspiel zu sein.

Kognitive Effekte zeigten sich insbesondere bei *komplexen Aufgaben*, wenn Mitarbeiter bei der Entwicklung von Problemlösungsstrategien beteiligt wurden (Locke & Latham, 1990). Die Beteiligung von Mitarbeitern bei der Entwicklung von Aufgabenbearbeitungsstrategien führte zu besseren Lösungsstrategien und zu einer höheren Leistung, während eine Beteiligung in der Phase der Zielsetzung keinen Effekt hatte (Latham, Winters & Locke, 1994). Die Wirksamkeit der besseren Lösungsstrategien wurde noch dadurch verstärkt, daß ihre Anwendung zur Wahrnehmung einer größeren Selbstwirksamkeit bei den Mitarbeitern beitrug. Entscheidend für kognitive Wirkungsmechanismen scheint ferner, ob Mitarbeiter tatsächlich neue nützliche Informationen in die Entscheidungssituation einbringen können (Scully, Kirkpatrick & Locke, 1995).

Als Fazit läßt sich somit festhalten: höhere Arbeitsleistung und Mitarbeiterzufriedenheit durch Mitarbeiterbeteiligung sind insbesondere bei komplexen Arbeitsaufgaben zu erwarten, wenn sich die Mitarbeiter an der Entwicklung der Bearbeitungsstrategien beteiligen und eigene Informationen einbringen können. Dies wird mit einem verbesserten vertikalen Informationsfluß, einer besseren Ausnutzung, Integration und letztlich einer Weiterentwicklung von Wissen sowie einem größeren Problem- bzw. Arbeitsverständnis seitens der Mitarbeiter erklärt (Locke & Schweiger, 1979). Diese Argumentation kann durch handlungspsychologische Überlegungen untermauert werden (Hacker, 1986). Die Einbindung von Mitarbeitern in Planungsprozesse erleichtert die Entwicklung aufgabenangemessener Bearbeitungsstrategien und Handlungsschemata. Diese ermöglichen es den Mitarbeitern, auf unerwartete Störungen oder eine Veränderung der Rahmenbedingungen frühzeitig (antizipativ) und adäquat zu reagieren und gegebenenfalls alternative Bearbeitungswege zu entwickeln und einzuschlagen, ohne ständig Rücksprache mit dem Vorgesetzten nehmen zu müssen. Damit sind auch wesentliche Voraussetzungen für die effektive Delegation von Aufgaben mit Planungs-, Entscheidungs- und Kontrollkompetenzen gegeben.

Den Einfluß der Entscheidungsdelegation auf die Effektivität von Arbeitsgruppen und Unternehmen betonen insbesondere Vertreter des *sozio-technischen Systemansatzes* (Trist, 1990; Ulich, 1994). Ihre zentrale These lautet: Selbstregulierende Systeme, wie z.B. teilautonome Arbeitsgruppen, können sich internen oder externen Veränderungen schneller und besser anpassen als zentral gesteuerte; sie sind dadurch in dynamischen Umwelten effektiver. Dies setzt natürlich voraus, daß die notwendigen Handlungskompetenzen und Informationen in den selbstregulierenden Arbeitsgruppen vorhanden sind. Denn in den Gruppen vor Ort können anforderungsspezifischere Informationen schneller gewonnen werden und ermöglichen damit eine effektivere Handlungsplanung und -steuerung. Durch die Übertragung vollständiger Aufgaben und die damit verbundene objektive und subjektive Kontrolle entstehe aber auch Aufgabenorientierung und intrinsische Motivation.

Die empirischen Befunde zu den Auswirkungen von Entscheidungsdelegation und autonomieorientierter Arbeitsgestaltung sind allerdings keineswegs so einheitlich, wie es bisweilen propagiert wird. So berichten beispielsweise vor allem Fallstudien positive Auswirkungen teilautonomer Arbeitsgruppen auf Mitarbeiterzufriedenheit und Produktivität, während quasi-experimentelle Arbeiten und Meta-Analysen widersprüchliche Befunde aufweisen (Antoni, 1997). Dies ist sicherlich zum Teil darauf zurückzuführen, daß es sich dabei in der Regel um sehr komplexe Interventionen handelt, die zudem von einer Vielzahl nicht kontrollierbarer Umfeldfaktoren beeinflußt werden. Unterschiedliche Untersuchungsergebnisse können daher durch Treatmentunterschiede und/oder durch Drittvariablen verursacht sein.

4 Ansätze der Mitarbeiterbeteiligung

Das Konzept der Mitarbeiterbeteiligung hat, wie eingangs erwähnt, in eine Vielzahl von Ansätzen der Arbeits- und Organisationspsychologie Eingang gefunden. Da sich andere Kapitel detailliert mit Fragen der Führung, Arbeitsgestaltung und Organisationsentwicklung beschäftigen, sollen im folgenden Möglichkeiten der Mitarbeiterbeteiligung im Rahmen von Konzepten der Gruppenarbeit im Vordergrund stehen. Hierbei soll auf *Qualitätszirkel, Projektgruppen* und *teilautonome Arbeitsgruppen* eingegangen werden, die zu den verbreitetsten Formen partizipativer Gruppenarbeit gerechnet werden können und bei denen jeweils unterschiedliche Aspekte der Mitarbeiterbeteiligung im Vordergrund stehen.

4.1 Qualitätszirkel und Kaizen

Qualitätszirkel sind kleine moderierte Gruppen von ca. 6-8 Mitarbeitern der unteren Hierarchieebene, die sich regelmäßig auf freiwilliger Grundlage treffen, um selbstgewählte Probleme aus ihrem Arbeitsbereich zu bearbeiten. Sie sollen Probleme identifizieren, auswählen, analysieren und Lösungsvorschläge entwickeln sowie genehmigte Problemlösungen möglichst auch selbst umsetzen und deren Erfolg kontrollieren (Antoni, 1990; Bungard, 1992). Bezüglich der Annahme und Umsetzung der Verbesserungsvorschläge besitzen Mitglieder von Qualitätszirkeln somit keine eigenen Entscheidungskompetenzen. Ihre Mitwirkungsmöglichkeiten im Problemlösungsprozeß beschränken sich lediglich auf die Erarbeitung und Umsetzung von Verbesserungsvorschlägen. Entscheiden können sie in der Regel nur, welchen Moderator sie wählen, welche Themen sie bearbeiten und auf welche Art und Weise sie diese bearbeiten.

Qualitätszirkel sind nicht in den regulären Arbeitsablauf integriert. In größeren Betrieben findet sich eine regelrechte *Parallelorganisation*, bestehend aus Qualitätszirkeln, den Koordinatoren und einem Steuerungskomitee. Die Koordinatoren sollen die Aktivitäten der Zirkel, deren Mitglieder aus einem oder mehreren

Arbeitsbereichen kommen können, unterstützen und koordinieren. Das Steuerungskomitee setzt sich aus Führungskräften und Betriebsräten zusammen und kontrolliert den Erfolg der Zirkelarbeit, die Einhaltung der vereinbarten Rahmenbedingungen und entscheidet bei Streitfragen. Der Ablauf und die Rahmenbedingungen der Zirkelarbeit sind häufig in Betriebsvereinbarungen formal geregelt. Die gemeinsame Aufgabenbearbeitung der Mitarbeiter beschränkt sich auf die Zirkelsitzungen. Hier kommen die Teilnehmer i.d.R. einmal im Monat für ein bis zwei Stunden im Rahmen ihrer Arbeitszeit zusammen. Bei Qualitätszirkeln handelt es sich somit um eine nicht in die reguläre Arbeitsstruktur integrierte, diskontinuierliche Form direkter Partizipation, die häufig in Betriebsvereinbarungen formal geregelt ist. Allerdings beteiligte sich in der Vergangenheit nur ein kleiner Teil der Mitarbeiter an Qualitätszirkeln, z.T. weil viele kein Interesse hatten, z.T. weil die Zahl der Qualitätszirkel begrenzt wurde, etwa um Kosten zu sparen oder den Produktionsablauf nicht zu beeinträchtigen.

In den letzten Jahren wurden in vielen Unternehmen Qualitätszirkel im Rahmen des japanischen „*Kaizen*"-Konzepts (Imai, 1992) auf eine breitere Basis gestellt oder neu eingeführt bzw. „eingeschlafene" Gruppen in z.T. modifizierter Form reanimiert. Dieses Konzept versucht einen *Kontinuierlichen Verbesserungs-Prozeß* (KVP) durch Mitarbeiterbeteiligung auf allen Unternehmensebenen anzustoßen. Als Möglichkeiten zur Mitarbeiterbeteiligung beschreibt Imai (1992) in seinem Buch „Kaizen", neben individuellen Ansätzen, zwei Arten von Gruppen, nämlich *Qualitätszirkel* auf der Ebene der Mitarbeiter und *Projektgruppen* zur Bearbeitung vorgegebener, funktionsübergreifender Ziele primär auf Managementebene. In Kaizen-Programmen deutscher Unternehmen werden beide Arten zum Teil als KVP-Gruppen bezeichnet bzw. tragen firmenspezifische Namen. Ferner finden sich häufig auch Mischformen, wie beispielsweise hierarchisch heterogene *KVP*- oder „*KVP²-Gruppen*". Durch Beteiligung von Führungskräften, Fachexperten und insbesondere betroffenen Mitarbeitern sollen „KVP²-Gruppen" in mehrtägigen Workshops vor Ort im Betrieb besonders schnell, besonders einschneidende Verbesserungen entwickeln und sofort umsetzen (daher die Bezeichnung KVP-Quadrat). Die Grenze zwischen Qualitätszirkeln und Projektgruppen verwischt somit zunehmends und es finden sich immer mehr Mischformen unterschiedlicher Gruppenkonzepte (s. a. Kasten 2).

Kasten 2
Das betriebliche Vorschlagswesen

Neben gruppenorientierten Formen der Mitarbeiterbeteiligung wird in vielen Unternehmen im Rahmen von Kaizen-Programmen auch das *betriebliche Vorschlagswesen* als individueller und kollektiver Ansatz der Mitarbeiterbeteiligung reformiert. Diese in Deutschland bereits seit dem Ende des letzten Jahrhunderts bestehende Einrichtung eröffnet einzelnen Mitarbeitern oder Mitarbeitergruppen die Möglichkeit, Verbesserungsvorschläge einzureichen. Das betriebliche Vorschlagswesen ist formal in Betriebsvereinbarungen geregelt, die Mitbestimmungsrechte des Betriebsrates sind in § 87 Abs. I Ziff. 12 BetrVG verankert (Brinkmann & Heidack, 1982; Heidack & Brinkmann, 1984).

Traditionell ist es den Mitarbeitern überlassen, ob sie sich Gedanken zur Verbesserung von Abläufen machen, solange die Ausarbeitung eines Vorschlags nicht in der Arbeitszeit geschieht und er nicht in das genuine Aufgabengebiet der Mitarbeiter fällt. Der fertig ausgearbeitete Vorschlag wird anonymisiert in die entsprechenden betrieblichen Gremien eingereicht und dort auf seine Realisierbarkeit und Prämienwürdigkeit beurteilt. Die Vorgesetzten sind i.d.R. zwar gehalten, ihre Mitarbeiter bei der Präzisierung und Ausformulierung ihrer Vorschläge zu unterstützen, doch sind diese dabei zumeist auf sich selbst und auf ihre Freizeit angewiesen. Entsprechend gering sind in vielen Unternehmen die Beteiligungs-, Annahme- und Umsetzungsquoten und die resultierenden Verbesserungen und Einsparungen. Im Rahmen der Kaizen-Programme werden in vielen Unternehmen bürokratische Hemmnisse abgebaut und zusätzliche Anreize für Einreicher, Führungskräfte und Beurteiler geschaffen. So können heute beispielsweise Vorschläge auch das eigene Arbeitsgebiet betreffen, man kann sie mündlich oder schriftlich beim Vorgesetzten einreichen, dieser kann sie sofort mit einem kleineren Betrag prämieren und z.T. auch sofort umsetzen, sofern nur sein Aufgabenbereich tangiert ist. In dieser Hinsicht werden somit die Möglichkeiten zur individuellen und kollektiven Mitarbeiterbeteiligung am betrieblichen Verbesserungsprozeß deutlich erweitert und mehr Entscheidungskompetenzen an die unteren Hierarchieebenen delegiert.

4.2 Projektgruppen

Projektgruppen, Projektteams oder *Task Forces* werden seit langem genutzt, um neuartige und komplexe Probleme, die mehrere Unternehmensbereiche tangieren und zeitlich begrenzt sind, an ein Expertenteam zu delegieren, das zu diesem Zweck eigens zusammengesetzt wird (Kieser & Kubicek, 1992). Inwieweit diese fachkundigen Mitarbeiter für die Bearbeitung dieser Projektaufgabe freigestellt oder ob sie sogar einer neuen Organisationseinheit zugeordnet werden, ist von der Art des Projektes und der gewählten Projektorganisation abhängig. Es gibt Projektgruppen, die bis zum Abschluß ihrer Aufgaben kontinuierlich zusammenarbeiten und damit integraler, wenn auch temporärer Bestandteil der Organisationsstruktur werden. In der Mehrzahl der Fälle verbleiben die Projektmitglieder jedoch in ihrer Linienfunktion und werden allenfalls für einen bestimmten Teil ihrer Arbeitszeit zur Bearbeitung der zusätzlichen Projektaufgabe freigestellt.

Die Mitwirkungsmöglichkeit der Projektmitglieder beschränkt sich meist auf die Bearbeitung der delegierten Aufgabe. Die Entscheidungskompetenzen liegen i.d.R. bei den Auftraggebern in den Linienfunktionen. Eine Ausnahme stellen auch hier die bereits angesprochenen KVP²-Gruppen dar, die ihre Vorschläge zumindest in dem von ihnen analysierten Arbeitsbereich sofort umsetzen und erproben sollen, um durch Fakten mögliche Widerstände gegen Veränderungen sofort zu entkräften bzw. zu verhindern. Widerstände im Linienmanagement erschweren häufig die Arbeit der Projektgruppen und führen dazu, daß Verbesserungsvorschläge und deren Umsetzung blockiert werden. Deshalb wird insbesondere in Lean Management Ansätzen eine stärkere Verlagerung von Entscheidungskompetenzen in die Projektgruppen und die Erweiterung ihres Zuständigkeitsbereichs bis in die Umsetzungsphase der von ihnen erarbeiteten Konzepte gefordert. Als Begründung wird auf entsprechende Erfolge japanischer Unternehmen verwiesen (Womack, Jones & Roos, 1991).

4.3 Teilautonome Arbeitsgruppen

Unter einer *teilautonomen* oder *selbstregulierenden Arbeitsgruppe* (TAG) versteht man eine kleine Gruppe von Mitarbeitern, denen die Erstellung eines kompletten (Teil-) Produktes oder einer Dienstleistung mehr oder weniger verantwortlich übertragen wurde (Lattmann, 1972). Das Konzept teilautonomer Arbeitsgruppen verknüpft die Gedanken der *Arbeitserweiterung*, der *Arbeitsbereicherung* und des *Arbeitswechsels* und überträgt sie auf eine Gruppensituation. Zielsetzung dieses Konzeptes der Mitarbeiterbeteiligung ist es, durch die Delegation einer vollständigen Arbeitsaufgabe an eine Gruppe die Voraussetzungen sowohl für menschengerechtere Tätigkeiten als auch für eine höhere Produktivität, Qualität und Flexibilität zu schaffen. Im Unterschied zu Projekt- und KVP-Gruppen sind teilautonome Arbeitsgruppen Bestandteil der regulären Arbeitsorganisation und bearbeiten im Rahmen eines Produktlebenszyklus kontinuierlich die ihnen übertragenen Aufgaben. (Bei häufig wechselnden Produkten oder Dienstleistungen verwischt allerdings der Unterschied zwischen Projekt- und teilautonomen Arbeitsgruppen; dies gilt insbesondere für den Dienstleistungsbereich.)

Die Delegation einer vollständigen Aufgabe impliziert die selbständige *Planung, Ausführung, Steuerung* und *Kontrolle* der übertragenen Aufgaben. Dies kann durch eine Funktionsintegration und durch die Selbstregulation der Gruppe erreicht werden. Im Rahmen der Integration indirekter Tätigkeiten können beispielsweise die Qualitätskontrolle, kleinere Wartungs- und Reparaturarbeiten, die Materialdisposition, aber auch Reinigungs- und Transportarbeiten in die Gruppe verlagert werden. Als Möglichkeiten zur Selbstregulation der Gruppe können die interne Arbeitsverteilung, die Planung der Arbeitszeiten, die Feinsteuerung von Fertigungsaufträgen oder die Optimierung von Arbeitsbedingungen und -abläufen angesehen werden (Kasten 3).

Kasten 3

Teilautonome Arbeitsgruppen in der Automobilindustrie

Ein idealtypisches Beispiel einer teilautonomen Arbeitsgruppe aus dem Produktionsbereich ist eine Gruppe von ca. 15 Mitarbeitern, die eine PKW-Rammschutzleiste fertigt. Aufgabe der Gruppe ist es, anhand der Kundenaufträge, die sie von einem Kundenteam erhält, die Fertigung im Detail zu planen, Kunststoffteile zu spritzen, das Metall für die Zierleiste zu rollen, Kunststoff- und Metallteile zu montieren und zu verschweißen, die Qualität der Teil- und Endprodukte sowie den Fertigungsprozeß zu kontrollieren, die Teilprodukte innerhalb der Gruppe zu transportieren und das Endprodukt versandfertig ins Lager bzw. zur Auslieferung zu bringen. Die Gruppe steuert dabei selbst, wer an welchen Arbeitsplätzen, an welchen Tagen, wie lange arbeitet, Pause oder Urlaub macht. Sie überwacht die Erreichung der Produktions- bzw. Gruppenziele, analysiert auftretende Probleme und entwickelt Verbesserungsvorschläge insbesondere im Rahmen ihrer wöchentlichen Sitzungen, die von dem gewählten Sprecher moderiert werden. Die Gruppe analysiert und entwickelt mit Unterstützung ihres Vorgesetzten die dazu notwendigen Qualifikationen und vereinbart mit ihm die Gruppenziele und die dazu notwendigen personellen, technischen, finanziellen und sonstigen Ressourcen. Die Gruppe arbeitet in einem räumlich zusammengehörigen Bereich, in dem alle notwendigen Mitarbeiter und Maschinen zusammengefaßt sind.

In dem Kundenteam, das der Produktionsgruppe die Aufträge weiterleitet, betreuen Mitarbeiter aus den früheren Bereichen Vertrieb, Konstruktion, Versuch, Arbeitsvorbereitung und Fertigungssteuerung bestimmte Kundengruppen. Sie akquirieren Aufträge, erstellen die Programmplanung, entwickeln kundenspezifische Produktvarianten, planen die notwendigen Produktionsprozesse in Zusammenarbeit mit der Produktionsgruppe, betreuen die technische Serieneinführung und -fertigung.

Der Delegationsumfang bzw. Autonomiegrad teilautonomer Arbeitsgruppen kann sich beträchtlich unterscheiden (Gulowsen, 1972). In den meisten Betrieben ist es den Gruppen überlassen, wen sie als Gruppensprecher wählen, wer welche Arbeit ausführt, ob zusätzliche Aufgaben übernommen werden; auch die Planung der Gruppenbesprechungen, der Arbeitspausen und des Urlaubs ist meist an die Gruppen delegiert. Die Gruppen müssen selbstverständlich dabei betriebliche Erfordernisse berücksichtigen. Ferner werden den Gruppen in der Regel Aufgaben der Qualitätssicherung (Selbst- statt Fremdprüfung), anfallende Nacharbeiten, Prozeßverbesserungen und Einrichtarbeiten übertragen. Hinzu kommen häufig noch in beschränktem Umfang Aufgaben des Materialtransports, der Werkzeugbereitstellung, der Arbeitsvorbereitung und Feinsteuerung. Dagegen besitzen die Gruppen bei der Aufnahme neuer Mitglieder, bei Verleihungen und Versetzungen, bei der Festlegung von Arbeitstempo und -zeit allenfalls Mitsprachemöglichkeiten, zumeist werden sie über die betreffenden Entscheidungen lediglich informiert (Antoni, 1996; Rohmert & Weg, 1976).

Die *Selbstregulation* der Gruppe setzt voraus, daß auch tatsächlich entsprechende Freiheitsgrade bei der Auftragsausführung bestehen und nicht durch technische Restriktionen, knappe Personalressourcen oder Kundenanforderungen aufgezehrt werden. Insbesondere die technische Verkopplung der Gruppen mit vor- und nachgelagerten Bereichen und der Auftragsvorlauf zum Kunden bestimmen, inwieweit sie sich selbst regulieren können. Dies ist leichter zu realisieren, wenn der kollektive Arbeitsumfang einer Gruppe ein Produkt oder eine Dienstleistung komplett umfaßt. Inwieweit sich jedes Gruppenmitglied in gleichem Ausmaß an der Bearbeitung der Aufgaben und den Entscheidungsprozessen beteiligen kann, wird wesentlich beeinflußt von der Heterogenität und Komplexität der Aufgaben, den Fähigkeiten und der Bereitschaft der Mitarbeiter sowie entsprechenden Qualifizierungs- und Unterstützungsangeboten. Daneben beeinflussen die Art der Rollendifferenzierung, die Spielregeln und die Machtverteilung innerhalb der teilautonomen Arbeitsgruppen inwieweit jedes Mitglied in gleichem Ausmaß Entscheidungen beeinflussen kann. Besondere Bedeutung kommt hierbei dem Gruppensprecher zu und dabei insbesondere der Frage, inwieweit er sich zu einer Führungsperson innerhalb der Gruppe entwickelt und wie er diese Rolle ausfüllt.

Je mehr indirekte Aufgaben in die Gruppe integriert und je mehr Möglichkeiten zur Selbstregulation eingeräumt werden, desto stärker verändert sich die *horizontale und vertikale Funktions- und Arbeitsteilung* im Unternehmen. Durch diese Funktionsintegration werden jedoch nicht nur Aufgaben und Strukturen indirekter Abteilungen, wie der Qualitätssicherung und der Arbeitsvorbereitung, tangiert, sondern es verändern sich auch die Führungsaufgaben, die Führungsstruktur und Führungskultur. Die eigenverantwortliche Aufgabenausführung und Selbstregulation der Gruppe verlangt eine *zielorientierte* und *partizipative* bzw. *delegative Führung* nicht nur bei den unmittelbaren Vorgesetzten, sondern im gesamten Management (Manz & Sims, 1987) (Kasten 4).

Kasten 4

Teilautonome Arbeitsgruppen versus Teamarbeit in Japan

Teilautonome Arbeitsgruppen dürfen nicht mit dem Konzept japanischer Teamarbeit verwechselt werden, wie es insbesondere von Toyota praktiziert wird (Berggren, 1991; Jürgens, Malsch & Dohse, 1989). In deren Fertigungsteams bleibt die tayloristische Arbeitsteilung mit kurzen Arbeitszyklen (in der Regel deutlich unter zwei Minuten) weiter bestehen. Die technische Abhängigkeit der einzelnen Arbeitsstationen, verursacht durch die taktgebundene Fließfertigung, wird durch das just-in-time Prinzip, d.h. die weitgehende Beseitigung jeglicher Puffer, sogar noch weiter gesteigert. Die Fertigungsteams umfassen jeweils ca. zehn Mitglieder und werden von einem Meister oder einem von ihm ernannten Teamleiter geführt. Von den Mitgliedern wird erwartet, daß sie die Arbeit an mindestens drei Stationen in ihrem Team beherrschen, d.h. alle Operationen genau in der vorgeschriebenen Weise ausführen, ihre Arbeit selbst prüfen und etwaige Fehler sofort beheben. Möglichkeiten zur Mitarbeiterbeteiligung beschränken sich vorwiegend auf die Erarbeitung von Verbesserungsvorschlägen zur Optimierung der Arbeitsstandards, sei es auf individueller Basis oder im Rahmen von Qualitätszirkeln und KVP-Gruppen. In dieser Hinsicht werden sie als „Experten ihrer Arbeit" allerdings sehr ernst genommen, während dies in klassisch tayloristisch geprägten Unternehmen eher nicht der Fall ist.

5 Perspektiven

Was die praktische Relevanz der oben dargestellten gruppenorientierten Ansätze der Mitarbeiterbeteiligung betrifft, so scheinen in den letzten Jahren immer mehr Firmen diese Konzepte in immer größerem Maßstab und mit großem Nachdruck umzusetzen (Antoni, 1995). Dies wird primär damit begründet, daß mit Hilfe dieser Konzepte am ehesten die ständig steigenden Produktivitäts-, Qualitäts- und Flexibilitätsanforderungen bewältigt werden können, die sich durch die Internationalisierung des Wettbewerbs ergeben, und damit auch der wachsende Wunsch nach selbständigen und sinnvollen Tätigkeiten befriedigt werden kann. Teamorientierte wie individuelle Konzepte der Mitarbeiterbeteiligung erfordern eine partizipative bzw. delegative Führung, die sich strukturell auf Aufgabendelegation, Zielvereinbarungen bzw. -setzungen und Visionen und verhaltensorientiert auf eine entsprechende autonomieorientierte Führungskultur gründet (Manz & Sims, 1987; Wunderer, 1993).

All dies sind anspruchsvolle Konzepte, die in scharfem Kontrast zu dem tayloristischen Managementparadigma stehen, das zumindest bis in die neunziger Jahre in deutschen bzw. westlichen Unternehmen dominierte und deren Machtstrukturen prägte. Damit verbunden war bislang ferner ein eher technizistisches Verständnis von Führung und von organisatorischen Veränderungen. Es darf aber bezweifelt werden, ob die Verordnung von Mitsprache und Verantwortung gelingt, wenn sie überhaupt gewollt ist. Vielmehr scheint es sinnvoll, Konzepte der Mitarbeiterbeteiligung auch partizipativ zu entwickeln und umzusetzen.

Auch für die Forschung bleibt noch viel zu tun, um die bislang widersprüchlichen Forschungsbefunde zu den Auswirkungen von Konzepten der Mitarbeiterbeteiligung besser erklären zu können. Dazu wird es notwendig sein, detailliertere und empirisch abgesicherte Kenntnisse über die Wirkungsmechanismen partizipativer Entscheidungsfindung und autonomieorientierter Gestaltungskonzepte zu erhalten.

Literatur

Antoni, C. H. (1990). *Qualitätszirkel als Modell partizipativer Gruppenarbeit. Analyse der Möglichkeiten und Grenzen aus der Sicht betroffener Mitarbeiter.* Bern: Huber.

Antoni, C. H. (Hrsg.). (1994). *Gruppenarbeit in Unternehmen – Konzepte, Erfahrungen, Perspektiven.* Weinheim: Psychologie Verlags Union.

Antoni, C. H. (1995). Gruppenarbeit in Deutschland – eine Bestandsaufnahme. In K. J. Zink (Hrsg.), *Erfolgreiche Konzepte der Gruppenarbeit* (S. 23-37). Neuwied: Luchterhand.

Antoni, C. H. (1996). *Teilautonome Arbeitsgruppen. Ein Königsweg zu mehr Produktivität und einer menschengerechten Arbeit?* Weinheim: Psychologie Verlags Union.

Antoni, C. H. (1997). Soziale und ökonomische Effekte der Einführung teilautonomer Arbeitsgruppen - Eine quasi-experimentelle Längsschnittstudie. *Zeitschrift für Arbeits- und Organisationspsychologie, 41,* 131-142.

Berggren, C. (1991). *Von Ford zu Volvo. Automobilherstellung in Schweden.* Berlin: Springer.

Brinkmann, E. P. & Heidack, C. (1982). *Betriebliches Vorschlagswesen. Band 1.* Freiburg: Haufe.

Bungard, W. (Hrsg.). (1992). *Qualitätszirkel in der Arbeitswelt. Ziele, Erfahrungen, Probleme.* Stuttgart: Verlag für Angewandte Psychologie.

Bungard, W. (1995). Lean Management als Gegenstand der Organisationspsychologie. In W. Bungard (Hrsg.), *Lean Management* (S. 7-22). Weinheim: Psychologie Verlags Union.

Cotton, J. L., Vellrath, D. A., Froggatt, K.L., Lengnick-Hall, M. L. & Jennings, K. R. (1988). Employee participation: Diverse forms and different outcomes. *Academy of Management Review, 13,* 8-22.

Dachler, P. & Wilpert, B. (1978). Conceptual dimensions and boundaries of participation in organizations: A critical evaluation. *Administrative Science Quarterly, 23,* 1-39.

Domsch, M. & Reinecke, P. (1982). Partizipative Personalentwicklung. *Zeitschrift für Betriebswirtschaftliche Forschung, Sonderheft 14,* 64-81.

Doppler, K. & Lauterburg, L. (1994). *Change Management. Den Unternehmenswandel gestalten.* Frankfurt: Campus.

Duell, W. & Frei, F. (1986). *Arbeit gestalten - Mitarbeiter beteiligen. Eine Heuristik qualifizierender Arbeitsgestaltung.* Frankfurt/M., New York: Campus.

Emery, F. & Thorsrud, E. (1982). *Industrielle Demokratie - Bericht über das norwegische Programm der industriellen Demokratie.* Bern: Huber.

Gulowsen, J. (1972). A measure of work-group autonomy. In L. E. Davis & J. C. Taylor (Eds.), *Design of jobs. Selected readings* (pp. 374-390). Harmondsworth: Penguin Books.

Hacker, W. (1986). *Arbeitspsychologie. Psychische Regulation von Arbeitstätigkeiten.* Bern: Huber.

Hackman, J. R. (1987). The design of work teams. In J. W. Lorsch (Ed.), *Handbook of organizational behavior* (pp. 315-342). Englewood Cliffs, NJ: Prentice-Hall.

Hackman, J. R. & Oldham, G. R. (1976). Motivation through the design of work: Test of a theory. *Organizational Behavior and Human Performance, 16,* 250-279.

Heidack, C. & Brinkmann, E. P. (1984). *Betriebliches Vorschlagswesen. Bd. 2: Fortentwicklung zum Ideenmanagement durch Motivation und Gruppen.* Freiburg: Haufe.

Imai, M. (1992). *Kaizen.* München: Langen-Müller.

Jürgens, U., Malsch, T. & Dohse, K. (1989). *Moderne Zeiten in der Automobilfabrik.* Berlin: Springer.

Kieser, A. & Kubicek, H. (1992). *Organisation* (3. Auflage). Berlin: De Gruyter.

Latham, G. P., Winters, D. W. & Locke, E. A. (1994). Cognitive and motivational effects of participation: A mediator study. *Journal of Organizational Behavior, 15,* 49-63.

Lattmann, C. (1972). *Das norwegische Modell der selbstgesteuerten Arbeitsgruppe.* Bern: Haupt.

Leana, C. R. (1987). Power relinquishment versus power sharing: Theoretical clarification and empirical comparison of delegation and participation. *Journal of Applied Psychology, 72,* 228-233.

Locke, E. A. & Latham, G. P. (1990). *A theory of goal setting and task performance.* Englewood Cliffs, NJ: Prentice Hall.

Locke, E. A. & Schweiger, D. M. (1979). Participation in decision-making: One more look. In B. M. Staw (Ed.), *Research in organizational behavior* (Vol. I, pp. 265-339). Greenwich: JAI Press.

Manz, C. C. & Sims, P. R. (1987). Führung in selbssteuernden Gruppen. In A. Kieser, G. Reber & G. Wunderer (Hrsg.), *Handwörterbuch der Führung* (S. 1805-1823). Stuttgart: Poeschel.

Parker, L. E. & Price, R. H. (1994). Empowered managers and empowered workers: The effects of managerial support and managerial perceived control on workers' sense of control over decision making. *Human Relations, 47,* 911-927.

Rohmert, W. & Weg, F. J. (1976). Organisation teilautonomer Gruppenarbeit: Betriebliche Projekte – Leitregeln zur Gestaltung, Bd. 1. In Rationalisierungskuratorium der Deutschen Wirtschaft (RKW) (Hrsg.), *Beiträge zur Arbeitswissenschaft* (Reihe I, Bd. 1, S. 12-13). München: Hanser.

Sagie, A. (1994). Participative decision making and performance: A moderator analysis. *Journal of Applied Behavioral Science, 30,* 227-246.

Scully, J. A., Kirkpatrick, S. A. & Locke, E. A. (1995). Locus of knowledge as a determinant of the effects of partizipation on performance, affect and perception. *Organizational Behavior and Human Decision Processes, 61,* 276-288.

Tannenbaum, R. & Schmidt, W. H. (1958). How to choose a leadership pattern. *Harvard Business Review, 36,* 95-101.

Trist, E. L. (1990). Sozio-technische Systeme: Ursprünge und Konzepte. *Organisationsentwicklung, 8,* 10-26.

Ulich, E. (1994). *Arbeitspsychologie.* Stuttgart: Poeschel.

Vroom, V.H. & Jago, A.S. (1988). *The new leadership – managing participation in organizations.* New Jersey: Englewood Cliffs.

Wagner, J. A., Leana, C. R., Locke, E. A. & Schweiger, D. M. (1997). Cognitive and motivational frameworks in U.S. research on participation: A meta-analysis of primary effects. *Journal of Organizational Behavior, 18,* 49-65.

Womack, J. P., Jones, D. T. & Roos, D. (1991). *Die zweite Revolution in der Automobilindustrie.* Frankfurt: Campus.

Wunderer, R. (1993). *Führung und Zusammenarbeit: Beiträge zu einer Führungslehre.* Stuttgart: Schäffer-Poeschel.

Zimmermann, L. (Hrsg.). (1982). *Arbeitsgestaltung und Mitbestimmung. Arbeitsbedingungen, Humanisierung, Interessenvertretung.* Reinbek: Rowohlt.

41 Unterweisung und Training

Bärbel Bergmann

1 Erwerbsarbeit und Lernen

Erwerbsarbeit befindet sich in ständiger Entwicklung. Innovationen finden bezüglich der technischen Ausrüstung der Arbeitsplätze, hinsichtlich ihrer organisatorischen Strukturierung und Vernetzung und für zu erzeugende Produkte und Dienstleistungen statt. Das hat zur Folge, daß im Arbeitsprozeß ständig gelernt werden muß. Berufliches Lernen ist keinesfalls auf die Ausbildungsphase beschränkt. Es findet auch danach statt und nicht nur im Rahmen institutioneller Weiterbildungsveranstaltungen in Form von Seminaren, Kursen oder Lehrgängen. Auch im Arbeitsprozeß selbst wird durch die wiederholte Tätigkeitsausführung gelernt. Menschliche Kompetenzen werden durch ihren Gebrauch erhalten und trainiert. Durch Unterweisungen, durch das Bereitstellen von Unterlagen im Zusammenhang mit der Einführung neuer Arbeitsmittel oder mit der Übernahme neuer Aufträge kann dieses Lernen unterstützt werden.

Lernen im Arbeitsprozeß wird wichtiger. Dafür gibt es mehrere Gründe: Die kürzer werdende Halbwertszeit von Wissen und die zunehmende Geschwindigkeit von Innovationen (Backhaus & Gruner, 1994) sind ein Grund. Technischer Fortschritt führt auch zu einer Veränderung der Struktur des gesamten Berufsangebots. Nicht alle Berufe können ein Leben lang ausgeführt werden. Manche werden überflüssig. Ihre Angehörigen müssen neue Tätigkeiten erlernen, wenn sie im Arbeitsprozeß bleiben wollen. Bezahlte Erwerbsarbeit ist ein knappes Gut geworden. Berufswechsel sowie Quereinstiege in andere Tätigkeiten und Berufe kommen in größerer Zahl vor. All dies ist mit umfangreichem Lernen verbunden, das zum großen Teil am Lernort Arbeitsplatz stattfindet. Die Begriffe Unterweisung und Training beziehen sich auf Lernprozesse am Arbeitsplatz bzw. auf arbeitsplatznahes Lernen.

Nach den Ergebnissen einer Vorstudie einer EG-weiten Erhebung zu betrieblichem Weiterbildungsverhalten setzen 56 % der Unternehmen arbeitsplatznahe Weiterbildung ein, bei der die Unterweisung durch Vorgesetzte und die betriebliche Einarbeitung die größte Rolle spielen (nach Severing, 1995).

Ein Lernen am Arbeitsplatz ist zusätzlich zu einer Berufsausbildung nötig. Eine Berufsausbildung vermittelt Grundlagen. Arbeitsplatzspezifische Spezialkenntnisse und Fertigkeiten können hierbei nur exemplarisch vermittelt werden. Der Berufsstart setzt deshalb nach der Ausbildung noch eine Einarbeitungsphase voraus. In dieser und bei Änderungen der Arbeitsanforderungen spielen Unterweisungs- und Trainingsmethoden eine Rolle. Sie werden im folgenden erläutert.

2 Unterweisung

2.1 Begriffsbestimmung

Die Unterweisung bezeichnet ein planmäßiges Anleiten zum berufspraktischen Tun, bei dem eine in einer Tätigkeit erfahrene Person die nötigen Kenntnisse und Erfahrungen vermittelt. Der Begriff der Unterweisung stammt aus der Arbeitspädagogik. Schelten (1987) betont, Unterweisung sei wie Unterricht ein *nachdrückliches Lehren*, bei dem auf die Verarbeitung des Lehrgutes und dessen bleibende Aneignung durch die Lernenden Wert gelegt wird. Eine einführende Unterweisung, die zu einer neuen Aufgabe anleitet, eine begleitende Unterweisung, die während der Arbeit Rückmeldungen gibt, Korrekturen vornimmt und Lernfortschritte bewußt macht, und eine abschließende Unterweisung mit dem Inhalt der Kontrolle und Bewertung der Arbeit werden unterschieden. Dabei kann die einführende Unterweisung sowohl für einzelne Personen als auch für Gruppen durchgeführt werden. Die begleitende und die abschließende Unterweisung erfolgen in der Regel individuell.

Als eine Vorform der Unterweisung kann das sogenannte *Beistellverfahren* angesehen werden. Ein neuer Mitarbeiter wird einem Erfahrenen beigestellt und kann durch Absehen sowie durch die Erläuterungen des Erfahrenen die neue Tätigkeit erlernen. Diese Methode funktioniert bei einfachen Tätigkeiten mit hohem Wiederholungscharakter, deren wesentliche Eigenschaften durch Beobachtung zugänglich werden. Bei vorwiegend manuellen Arbeiten, also Bedien- und Montagetätigkeiten werden Unterweisungen durchgeführt. Die als Unterweisungsverfahren bekannten Methoden gehen über das Lernen durch Absehen und Lernen am Modell hinaus, das immer von der Beobachtungsfähigkeit abhängig ist. Sie streben Planmäßigkeit und Systematik in den Lernportionen an.

Einen Anlaß für die Entwicklung von Unterweisungsverfahren lieferte der 2. Weltkrieg. In den USA entstand, ausgelöst durch den Einzug unzähliger Fachkräfte zum Militär, ein Bedarf nach einem pragmatischen und eingängigen Qualifizierungskonzept. Amerikanische Arbeitspädagogen entwickelten das *TWI-System* (Training within Industry). Es wurde nach dem Krieg auch in der Bundesrepublik Deutschland verbreitet und hat mit seinem Kern, dem *Vier-Stufen-Ansatz*, 1951 Eingang in die Methodenlehre der Betriebsorganisation gefunden (REFA Methodenlehre der Betriebsorganisation, Teil Arbeitspädagogik, 1989) und den Ausgangspunkt für die Entwicklung der traditionellen Unterweisungsverfahren geliefert. Zu diesen gehören die Vier-Stufen-Methode und die analytische Unterweisung.

2.2 Vier-Stufen-Methode der Arbeitsunterweisung

Die Vier-Stufen-Methode der Arbeitsunterweisung orientiert sich an den Formal-
stufen des Unterrichts und adaptiert diese für das Erlernen einfacher Arbeitstätigkeiten. Die Stufen sind:

a) Vorbereitung

Ein Ausbilder/eine Ausbilderin bereitet Mitarbeiter auf eine neue Tätigkeit vor,
indem nach Bekanntmachen mit der neuen Situation und der neuen Arbeitsaufgabe
die Lernziele erklärt, die mitgebrachten Vorkenntnisse feststellt werden und darauf
aufbauend für die neue Aufgabe motiviert wird. Dies geschieht durch Verdeutlichen des Stellenwertes der neuen Aufgabe für die Abteilung, für die Gesamtaufgabe des Unternehmens und durch die Ermutigung der neuen Mitarbeiter für die
anstehenden Lernaufgaben.

b) Vorführung

Der Unterweiser/die Unterweiserin macht die Aufgabe vor, und dies geschieht
dreimal mit jeweils abgewandelten Zielen. Die erste Vorführungsart dient dem
Kennenlernen der neuen Aufgabe. Ihr Inhalt steht im Vordergrund. Der Unter-
weiser/die Unterweiserin demonstriert und erläutert, WAS geschieht. Bei der
zweiten Vorführungsart werden der Vermittlung der Abfolge der Arbeitshandlungen Erläuterungen hinzugefügt. Sie besteht im Vormachen und der Erklärung,
WAS und WIE und WARUM es so geschieht. Das Ziel dieses Schrittes besteht im
Vermitteln der Einsicht in die innere Logik der Arbeitshandlungen. Eine sich
anschließende dritte Vorführungsart zielt auf das Vertrautmachen mit dem Ge-
samtzusammenhang der neuen Aufgabe. Deshalb wird diese noch einmalig zügig
vorgeführt und nur noch stichpunktartig auf Kernpunkte hingewiesen. Durch die
Vorführung werden neue Mitarbeiter vorbereitet auf die

c) Ausführung

Jetzt werden die Lernenden aktiv. Auch in dieser Stufe ist eine mehrfache
Bearbeitung mit modifizierter Zielstellung vorgesehen. Im ersten Ausführungs-
versuch sollen die Lernenden frei sein und möglichst wenig durch Korrekturen
unterbrochen werden. In einer zweiten Ausführung sind die Lernenden angehalten,
die Abfolge der Arbeitshandlungen zu begründen, also zu erklären, WARUM sie
so aufeinanderfolgen. Sprechen und Tun finden gleichzeitig statt. Eine dritte
Ausführungsart zielt bereits auf eine gewisse Zügigkeit der Durchführung.

d) Abschluß

In dieser Stufe werden die Lernenden aus der Führung des Unterweisers entlassen.
Die bisherigen Leistungen werden anerkannt und das selbständige Weiterarbeiten
bis zum Beherrschen vorbereitet. Die Lernenden haben nun die Möglichkeit, allein
ihren Rhythmus zu finden. Sie können sich selbst zeitliche Ziele setzen. Allerdings
bietet der Unterweiser/die Unterweiserin Hilfen an, die von den Lernenden
abgefordert werden können oder die nach stichprobenweisen Kontrollen der

Übungsfortschritte je nach Bedarf gewährt werden. Die Unterweisung wird beendet, wenn die Lernziele, d. h. die Qualität aber auch die Quantität der Tätigkeitsausführung, d. h. das Einhalten einer Zeitvorgabe erreicht sind.

Diese vier Stufen sind kein starres Dogma, sondern können entsprechend der Tätigkeitsanforderungen modifiziert werden, z. B. in Form einer abschnittsweisen Realisierung der zweiten und dritten Stufe, d. h. als Teillernen oder durch Einführen zusätzlicher Vorführungen und die Ausführungen bei komplexeren Aufgaben. Sie können als Einzel- und als Gruppenunterweisung realisiert werden.

Die Vier-Stufen-Methode der Arbeitsunterweisung setzt eine vorherige Analyse der Arbeitsaufgabe voraus, die sogenannte Arbeitsgliederung. Sie bedeutet eine Zerlegung der Arbeitsaufgabe in Lernabschnitte und deren Beschreibung nach drei Merkmalen, nämlich

– WAS? Gliederung in Lernabschnitte durch die Angabe der Arbeitsschritte
– WIE? Kennzeichnung des Ablaufs der Arbeitsschritte
– WARUM SO? Angabe der Begründungen für die einzelnen Arbeitsschritte und Erläuterung ihrer Folgen.

2.3 Analytische Unterweisung

Die Vier-Stufen-Methode hat durch die analytische Unterweisung eine Weiterentwicklung erlangt. Diese basiert auf der Beobachtung Seymours (1960, 1968), daß die innere Verarbeitung der Anforderungen, d. h. ihr Durchdenken und die damit vorbereitete Antizipation und Koordination eine wichtige Voraussetzung für hohe Lernleistungen sind. Die analytische Arbeitsunterweisung setzt eine *Tätigkeitsanalyse* voraus, die in einen Fertigkeits- und in einen Kenntnisteil gegliedert ist. Die Fertigkeitsanalyse besteht in einer differenzierten *Arbeitsbeschreibung*. Wahrnehmungssignale für das Auslösen und Beenden von Arbeitsbewegungen werden erfaßt und den Bewegungen zugeordnet. So entsteht eine differenzierte Beschreibung der Arbeitstätigkeit, die eine Gliederung in Lernabschnitte und auch eine Durchführung des Lernens in Form eines progressiven Teillernens vorbereitet. Im Kenntnisteil werden Hintergrundwissen in Form von Arbeits- und Arbeitsplatzkenntnissen sowie Qualitätskriterien der Arbeit, Wissen um Fehler und Entstehungsmöglichkeiten erfaßt und aufbereitet. Diese Unterweisungsverfahren sind gut anwendbar und verbreitet in Arbeitsaufgaben mit hohen manuellen Anteilen, bei denen die Fertigkeitsentwicklung eine wesentliche Komponente ist. Die Dauer der Unterweisung ist abhängig vom Umfang der zu erlernenden Tätigkeit. Sie reicht von wenigen Tagen bei sehr überschaubaren Tätigkeiten bis zu einigen Wochen bei umfangreichen Tätigkeiten, die in Lernabschnitte gegliedert sind. Unterweisungsverfahren können bei Facharbeitern für die Einarbeitung in einen speziellen Arbeitsplatz genutzt werden. Sie sind auch für An- und Ungelernte nutzbar. In diesem Fall wird die Unterweisung ausführlicher erfolgen müssen. Die

Unterweisungsmethoden sind hinsichtlich ihrer didaktischen Kennzeichnung den Führungsmethoden zuzuordnen. Der *Unterweiser*, zu dessen Lehrvoraussetzungen neben fachlichem Wissen auch methodisches Können und partnerschaftliches Verhalten gehören, lenkt die Lernenden stark. Lernende sind in der Rolle der Konsumenten einer von Experten gestalteten Methode. Erst in der vierten Stufe werden sie aus der Lenkung des Unterweisers entlassen. Aus dieser Eigenschaft ergeben sich die Grenzen dieser Methode. Sie bestehen in mangelnden Gelegenheiten für ein selbstgesteuertes, explorierendes Lernen, das durch Freiräume für Selbständigkeit motiviert.

3 Training

3.1 Begriffsbestimmung

Trainingsmethoden sind komplexer als Unterweisungsmethoden. Veränderungen in den Arbeitsanforderungen haben die Entwicklung von Trainingsmethoden veranlaßt. Heute kommt es nicht mehr so sehr auf Geschicklichkeit und kurze Ausführungszeiten an, sondern die Qualität ist wichtiger.

Auch erhöhte Sicherheitsanforderungen, die u. a. durch das in der Bundesrepublik 1973 in Kraft getretene Arbeitssicherheitsgesetz ausgelöst werden, verlangten umfangreichere Vorbereitungen der Arbeitenden und das Aufrechterhalten eines Standards für verantwortliches Handeln durch *Sicherheitstraining* (Hoyos & Wenninger, 1995).

Durch Veränderungen in der Arbeitsorganisation in die Richtung schlanker Strukturen entstehen integrierte, Lernen und Verantwortung erfordernde Aufgaben. Auch dies erklärt die Verlagerung zu mehr kognitiven Arbeitsanforderungen. Diesen Veränderungen entsprechen Entwicklungen für Lernunterstützungen, die den Hebel an der psychischen Regulation von Tätigkeiten ansetzen. Über eine Vervollständigung von handlungsleitendem Wissen bzw. durch Anregung zum Selbsterwerb werden Lernunterstützungen angestrebt. Dieser Ansatz wird als Training beschrieben und enthält eine Vielzahl von Methoden. Unter Training versteht man im allgemeinen die planmäßige Durchführung eines Programms von Übungen zur Vermittlung von Kenntnissen, Fähigkeiten, Fertigkeiten und Verhaltensweisen. Man unterscheidet zwischen einem Fachtraining als Aneignung fachlicher arbeitsbezogener Inhalte und einem Verhaltenstraining, das auf den Erwerb von Fertigkeiten und Fähigkeiten im Verhaltensbereich gerichtet ist (Harramach, 1995). Die Anforderungsveränderungen bedingen einen Wechsel in den *Lernzielen*. Bei den traditionellen Unterweisungen betreffen Lernziele das Erreichen von Zeitvorgaben. Bei Trainingsmaßnahmen werden hingegen qualitative Lernziele wie das Befähigen zum Transferieren, zum selbständigen Weiterentwickeln von Arbeitsverfahren bis zum Ziel, das Lernen zu lernen betont. Diese Lernziele erfordern eine denkende Auseinandersetzung mit der Tätigkeit.

3.2 Psychoregulatives Training

Wie die Bezeichnung „psychoregulatives Training" zum Ausdruck bringt, wird der Ansatzpunkt für eine Trainingsintervention bei der psychischen Steuerzentrale der Tätigkeit gesehen. Zu den psychoregulativen Trainingsverfahren zählen das *observative Training* als die planmäßig wiederholte, gezielte Beobachtung der zu erlernenden Tätigkeit, die als Sollwerteingabe fungiert, das *mentale Training* als planmäßig wiederholtes gezieltes Einbeziehen der Denk- und Vorstellungstätigkeit, mit der eine denkende Strukturierung der Arbeitsaufgabe und das Bewußtmachen von Entscheidungspunkten und -regeln angestrebt wird, sowie das *verbale Training* oder die *Kommentarmethode* mit dem Verbalisieren und Kommentieren von Arbeitsschritten und dem Verhalten an Entscheidungspunkten (Matern, 1980; Triebe, 1980; Triebe & Wunderli, 1976; Ulich, 1974). Diese Methoden werden in der Regel mit dem aktiven Training als der planmäßig wiederholten Ausführung der Tätigkeit kombiniert und auch als kombinierte Unterweisung beschrieben (Kohl, 1982; Warnecke & Kohl, 1979).

3.3 Kognitive Trainingsmethoden

Kognitive Trainingsmethoden unterstützen die *denkende Tätigkeitsregulation*. Dies geschieht, indem sie ein regelgeleitetes Vorgehen empfehlen, zur selbständigen problemlösenden Auseinandersetzung mit der Aufgabe anregen und tätigkeitsleitendes Wissen bereitstellen (Bergmann, 1996). Es gibt unterschiedliche Methoden. Sie können in der Bereitstellung von heuristischen Regeln und im exemplarischen Üben ihrer Anwendung bestehen. (Höpfner & Skell, 1983; Volpert, Fromman & Munzert, 1984; Hacker & Skell, 1993). *Heuristische Regeln* sind Anweisungen für die Lernenden, die dessen Denken in eine bestimmte Richtung lenken sollen. Sie haben die Form allgemeiner Regeln, mit denen zu einer präziseren Situationsanalyse angeregt, der Problemraum mitgestaltet und zu einer Reflexion über und zu einer Bewertung bereits vollzogener Denkschritte aufgefordert wird.

Heuristische Regeln legen das Vorgehen nicht in der strengen Weise fest wie algorithmische Regeln, und sie bieten damit auch keine Lösungsgarantie. Aber sie können die Wahrscheinlichkeit der Lösungsfindung erhöhen, indem sie Fehler bei Lösungsversuchen aufdecken und helfen, Denkbemühungen über tote Punkte hinwegzubringen. Einige Beispiele für heuristische Regeln sind:

– Machen Sie sich mit der Ausgangssituation vertraut und beachten Sie die gegebene Zielstellung!
– Welche Schritte müssen Sie gehen, um die geforderte Zielstellung zu erreichen?
– Gibt es weitere, bisher nicht beachtete Lösungsmöglichkeiten?
– Welche Vorgehensweisen kennen Sie von ähnlichen Aufgaben?

Heuristische Regeln können in ausführlicher Form oder auch verkürzt in Form von Stichworten dargeboten werden (Bergmann & Skell, 1996).

Eine direkte Unterstützung zur Aneignung des tätigkeitssteuernden Wissens gibt die *Leittextmethode* (Koch, 1984). Sie enthält entsprechend der Phasenstruktur der Tätigkeit gegliederte schriftliche Unterlagen, d. h. für die Phasen der Information, der Planung, der Entscheidung, der Ausführung, der Kontrolle und der Bewertung von Handlungen sind jeweils Kriterien und Regeln angegeben. Um das selbständige Erlernen dieser Wissensgrundlagen zu unterstützen, werden zusätzlich Leitfragen vorgegeben, deren Beantwortung die Erarbeitung dieses Wissens zum Inhalt hat.

Die durch kognitive Trainingsmethoden angestrebte Befähigung zur selbständigen Entwicklung effektiver Arbeitsmethoden wird auch mit dem Begriff „kognitive Selbstbelehrungsmethoden" bezeichnet (Bergmann, 1993; Hacker & Skell, 1993; Rühle, 1988). Die Unterstützung der Selbsterarbeitung des tätigkeitsregulatorischen Wissens ist das spezifische an dieser Methode. Das kann erreicht werden durch Aufträge zur Fremd- oder Selbstprotokollierung von Arbeitsverfahren bei leistungsbestimmenden Tätigkeitsabschnitten (Rühle, 1988). Das mit dem Aufschreiben geforderte begriffliche Kodieren unterstützt das Denken. Eine denkende Auseinandersetzung mit schwierigen Tätigkeitsabschnitten kann auch gefördert werden durch die Simulation von ausgewählten Tätigkeitsanforderungen mit Hilfe von Zuordnungs- und Strukturlegeaufgaben (Bergmann, 1996; Bergmann, Wiedemann & Zehrt, 1997). Diese Art der Simulation ist beispielsweise zum Erlernen von Fehlerdiagnosen gut einsetzbar. Arbeitende müssen Fehlersymptomen Fehlerursachen und Behebungsmaßnahmen zuordnen können. Das Erlernen dieser Zuordnungsstruktur kann unterstützt werden, indem Fehlersymptome, -ursachen und Maßnahmen, die vorher durch Arbeitsanalyse- und Befragungsmethoden ermittelt wurden, zur begrifflichen Simulation von Fehlersituationen genutzt werden. Dazu werden die Fehlersymptome, Ursachen und Maßnahmen einzeln auf Karten geschrieben. Fehlersituationen sind durch eine oder mehrere Karten abbildbar (pro Karte ein Fehlersymptom); Lernaufgaben entstehen, indem Zuordnungen zu Ursachen- und Maßnahmekarten verlangt werden. Ein Experte oder Trainer oder eine Arbeitsgruppe kann gelegte Strukturen bewerten. Solche Rückmeldungen ermöglichen Lernen.

Auch komplexere Simulationen von Arbeitsaufgaben werden zu Trainingszwecken genutzt, denn der normale Arbeitsprozeß bietet nicht immer ausreichend Gelegenheit, die Bewältigung schwieriger Aufgaben oder Situationen zu üben. Das Training von Piloten am Flugsimulator oder das Antihavarietraining für Meßwartenfahrer in der chemischen Industrie (Dietrich & Globig, 1987) sind Beispiele dafür. Auch die Lernunterstützung computerbasierter Trainingsprogramme beruht zum großen Teil auf der durch die Simulation von Arbeitsaufgaben und deren Bedingungen gegebenen Möglichkeiten zur Exploration von Bearbeitungswegen.

Diese Exploration kann in computersimulierten Umgebungen ohne Furcht vor unerwünschten Konsequenzen von Fehlhandlungen erfolgen. Rückmeldungen über Erfolg oder Mißerfolg kommen rasch; dadurch erfährt der Lernende Bestätigung, Sicherheit und das Gefühl, Kontrolle über die Aufgaben zu erhalten bzw. im Fall von Mißerfolg, daß der Umgang mit bestimmten Anforderungen noch geübt werden muß.

3.4 Dialogisches Lernen in Problemlösegruppen

Ein Training kann als dialogisches Lernen in Problemlösegruppen durchgeführt werden. Sie sind besonders geeignet, arbeitsplatznah ein Erfahrungslernen zu organisieren. Dazu zählen *Qualitätszirkel,* die *Lernstattarbeit,* der *aufgabenorientierte Informationsaustausch* oder *Gruppenarbeit* als kontinuierlicher Verbesserungsprozeß (KVP). Ursprünglich befaßten sich solche Kleingruppen mit Fragen der Qualitätsverbesserung der erstellten Produkte. Heute stehen Qualitätsfragen nicht mehr allein im Vordergrund. Gegenstand sind alle innerhalb der Arbeitsgruppen anstehende Probleme, wie z.B. *Produktionsstörungen,* die *Koordination der Arbeit innerhalb der eigenen Abteilung* und mit anderen Abteilungen, die *Handhabung von Arbeitsanweisungen,* die *Verringerung des Ausschusses,* die *Sicherheit* usw. In dieser Gruppenarbeit geht es nicht vordergründig darum, Wissen zu vermitteln, sondern diese Gruppenaktivitäten werden als Instrument begriffen, Arbeitende in ihrer Rolle als *Experten ihrer Arbeit* anzuerkennen und so zu motivieren. Die Grundidee besteht darin, die Ideen und Erfahrungen der Arbeitenden zu nutzen, um Schwachstellen vor Ort zu beseitigen, so daß die Arbeitenden motiviert und befähigt werden, von Anbeginn Qualität in die Produkte hineinzuproduzieren. Das Grundkonzept der Arbeit in Problemlösegruppen hat ein zweifaches Ziel:

– Durch die Anerkennung ihres Expertenstatus für konkrete Bedingungen und Probleme am Arbeitsplatz werden Arbeitende für ihre Tätigkeit motiviert.
– Durch die Organisation des Austausches der Erfahrungen wird ein Lernen nach dem Prinzip der Gegenseitigkeit angeregt, das zum Wissensgewinn bei jeder Person führen kann.

Leistungspotentiale der Mitarbeiter werden aktiviert (Bungard & Wiendieck, 1986; Engel, 1981; Neubert, 1987; Neubert & Tomczyk, 1986). Diese so realisierte Verzahnung von *Motivation* und *Wissenszunahme* entspricht dem, was Kompetenzentwicklung meint, sehr gut, denn Kompetenzentwicklung funktioniert in Wechselwirkung von Motivation und der Zunahme von Wissen und Können. Ein dialogisches Lernen vermag Anregungen und Unterstützungen für beide Komponenten zu geben.

3.5 Verhaltenstraining

Die große Gruppe von Verhaltenstrainings wendet sich hauptsächlich der Entwicklung *sozialer Kompetenzen* und des *Selbstkonzepts*, hier insbesondere von Eigenverantwortung und Selbständigkeit, zu. V. Rosenstiel (1992) schätzt ein, der Anforderungswandel werde den stärksten Handlungsbedarf auf dem Feld der Entwicklung sozialer Kompetenzen auslösen, und argumentiert, 50 % der industriellen Führungspositionen seien mit Ingenieuren besetzt, die durch ihr Studium auf diese Aufgaben nicht vorbereitet sind. Ziele wie Teamfähigkeit, Kommunikationsfähigkeit, Konfliktbearbeitung, Führungsverhalten, soziale Kreativität, sind deshalb durch Trainingsmaßnahmen zusätzlich zu erwerben.

Die Abflachung der Hierarchien bedeutet auch eine Erhöhung der Freiheitsgrade für Mitarbeiter. Das ist eine wichtige Voraussetzung für die *Selbstorganisationsfähigkeit*, die lernende Organisationen benötigen. Aber das bedingt auch eine weitere Erhöhung der Komplexität der Anforderungen, so daß sich Führungskräfte vor die Aufgabe gestellt sehen, mit einem neuen Paradoxon umzugehen, nämlich kraftvoller zu führen und zugleich immer weniger zu dirigieren (Erpenbeck, Heyse, Schulze & Pieper, 1995). Verhaltenstrainings sind in besonderem Maße dem Ziel der Entwicklung der Gesamtpersönlichkeit des in der Organisation tätigen Menschen verpflichtet (Sonntag, 1992).

3.6 Trainingsbedarf und Trainingsevaluation

Trainingsmaßnahmen werden in der Regel an Zielgruppen angepaßt. Um das zu gewährleisten, folgt ihre Realisierung einer Phasenstruktur, die den Nachweis des Trainingsbedarfs, die Durchführung des Trainings und die Evaluation enthält. Der generelle Ansatz für die Ermittlung von Trainings- bzw. Lernbedarf besteht im Ausweisen von Soll-Ist-Diskrepanzen. Dabei wird unter dem „Soll" die zu erreichende Zielqualifikation verstanden und unter dem „Ist" die bei einer Personengruppe vorhandene Qualifikation. Generell gebräuchliche Methoden der Bedarfsanalyse sind

– Dokumentenanalysen, die sich auf Leistungsbeurteilungen und Personalakten beziehen oder auf betriebliche Dokumente über Fehler, Reklamationen, Störungen, die Verfügbarkeit von Anlagen, d. h. die Zeitdauer pro Arbeitstag, zu der Maschinensysteme störungsfrei funktionieren, denn das Ziel oder Soll besteht in qualitätsgerechten Produkten;
– Mitarbeiterbefragungen, die mit Hilfe von Interviews oder Fragebogenerhebungen durchgeführt werden, und seltener
– arbeitsanalytische Methoden.

Das Ausweisen von Soll-Ist-Diskrepanzen kann mit dem Ziel einer Personenauswahl (wer hat großen, wer hat geringen Trainingsbedarf?), mit dem Ziel der

Auswahl der zu trainierenden Aufgaben (für welche Aufgaben existiert ein Trainingsbedarf, für welche Aufgaben existiert er nicht?) und mit dem Ziel der Präzisierung der Trainingsziele erfolgen. Sorgfältige Bedarfsanalysen sind aber eher die Ausnahme.

Für die Durchführung von Trainingsmaßnahmen existiert eine große Methodenvielfalt; unterschiedliche Trainingsmethoden werden oft bedarfs- und zielgruppenspezifisch kombiniert. Die Entwicklung von Lern- und Trainingsmaterialien wie *Printmaterialien, Computerprogramme, Teachware, Videosysteme* oder die *Simulation von Arbeitsaufgaben* für Trainingszwecke unterstützen den Lernprozeß.

Die Evaluation von Trainingsmaßnahmen oder die Trainings-Erfolgs-Kontrolle sind verbesserungsbedürftig. Zufriedenheitseinschätzungen sind verbreitet. Sie erfüllen aber nicht die methodischen Forderungen nach einer Mehr-Ebenen-Evaluation wie sie z. B. im CIPP-Modell von Stufflebeam et al. (1971, nach Wöltje, 1995) erhoben sind. Die vier Evaluationsfelder sind die Kontext- und Zielevaluation (Context), die Inputevaluation (Input), die Prozeßevaluation (Process) und die Produktevaluation (Product). Die Kontext- und Zielevaluation konzentriert sich auf die Bedarfsanalyse und die Zielfestlegung. Die Inputevaluation erfolgt während der Gestaltungs- und Entwicklungsphase von Trainingsmaßnahmen und hat Abstimmungen von Trainingsmaßnahmen auf die Ziele, die Personen und die Randbedingungen zum Inhalt. Die Prozeßevaluation betrifft die ständige Überprüfung der Trainingsprozesse und die Produktevaluation konzentriert sich auf die Erfolgskontrolle im Lernfeld und im Funktionsfeld. Die Evaluationsfelder sind nicht immer eindeutig getrennt. Theoretisch und praktisch gut begründete Forderungen beinhalten eine transferorientierte Erfolgskontrolle. Der Nachweis von Transfereffekten ist im Funktionsfeld, d. h. in den Fachabteilungen zu beurteilen. Evaluationsinstrumente bestehen oft nur in Mitarbeitergesprächen, die durch einen Gesprächsleitfaden oder eine Checkliste strukturiert sein können. Das Problem der Zurechenbarkeit von Erfolgen zur Intervention ist bei Erhebungen von Kriterien in einem großen zeitlichem Abstand von der Intervention schwierig und Befragungsdaten sind für diesen Rückschluß allein nicht ausreichend. Harramach (1995) resümiert, daß es eine ausreichende Trainings-Erfolgs-Kontrolle nicht gibt, daß Methoden und Instrumente sich eher mit der Kostenseite auseinandersetzen, Vorschläge für die Ermittlung von Trainingserfolgen aber meist nicht praktikabel sind. Mit der Einführung der Zertifizierung für berufliche Weiterbildungen, zu denen Trainingsmaßnahmen gehören, nach den Normen DIN / EN / ISO 9000 ff. wird ein Beitrag zur Qualitätssicherung auch auf diesem Gebiet erwartet (Feuchthofen & Svering, 1995).

Literatur

Backhaus, K. & Gruner, K. (1994). Epidemie des Zeitwettbewerbs. In K. Backhaus & H. Bonus (Hrsg.), *Die Beschleunigungsfalle oder der Triumph der Schildkröte* (S. 19-46) Stuttgart: Schäffer-Poeschel.

Bergmann, B. (1993). Selbstbelehrungstechniken als Module zum Erlernen selbständiger Bewältigungsstrategien von Arbeitsaufgaben. In A. Gebert & W. Hacker (Hrsg.), *Arbeits- und Organisationspsychologie* (123-129). Bonn: Deutscher Psychologen Verlag.

Bergmann, B. (1996). Lernen im Prozeß der Arbeit. In Arbeitsgemeinschaft Qualifikations-Entwicklungs-Management Berlin (Hrsg.), *Kompetenzentwicklung 96, Strukturwandel und Trends in der betrieblichen Weiterbildung, Reihe Kompetenzentwicklung* (S. 153-262). Münster: Waxmann.

Bergmann, B. & Skell, W. (1996) Lernen im Prozeß der Arbeit. Forschungsergebnisse. In Arbeitsgemeinschaft Qualifikations-Entwicklungs-Management Berlin (Hrsg.), *Aspekte der beruflichen Bildung in der ehemaligen DDR: Anregungen, Chancen und Widersprüche einer gesamtdeutschen Weiterbildungsdiskussion* (Band 9, edition QUEM, Studien zur beruflichen Weiterbildung im Transformationsprozeß, S. 201-244). Münster: Waxmann.

Bergmann, B., Wiedemann, J. & Zehrt, P. (1997). Konzipierung und Erprobung eines multiplen Störungsdiagnosetrainings. In Kh. Sonntag & N. Schaper (Hrsg.), *Störungsmanagement und Diagnosekompetenz* (S. 235-254). Zürich: vdf Hochschulverlag.

Bungard, W. & Wiendieck, G. (Hrsg.) (1986). *Qualitätszirkel als Instrument zeitgemäßer Betriebsführung*. Landsberg: Verlag moderne industrie.

Dietrich, R. & Globig, W. (1987). Die Gestaltung des Antihavarietrainings im Rahmen der obligatorischen Weiterbildung der Werktätigen. *Berufsbildung, 41*, 11, 491-494.

Engel, P. (1981). *Japanische Organisationsprinzipien – Verbesserung der Produktivität durch Qualitätszirkel*. Landsberg: Verlag moderne industrie.

Erpenbeck, J., Heyse, V., Schulze, A. & Pieper, R. (1995). Training zur Verbesserung des Selbstkonzeptmanagements. In V. Heyse, & H. Metzler (Hrsg.), *Die Veränderung managen, das Management verändern* (edition QUEM, S. 73-143). Münster: Waxmann.

Feuchthofen, J. E. & Severing, E. (1995). Qualitätsmanagement und Qualitätssicherung in der Weiterbildung. In J. E. Feuchthofen & E. Severing (Hrsg.), *Grundlagen der Weiterbildung – Qualitätsmanagement und Qualitätssicherung in der Weiterbildung*. (S. IX-XXII). Neuwied: Luchterhand.

Hacker, W. & Skell, W. (1993). *Lernen in der Arbeit*. Berlin: Bundesinstitut für Berufsbildung.

Harramach, N. (1995). *Trainings-Erfolgs-Kontrolle*. München: Verlag Neuer Merkur.

Höpfner, H.-D. & Skell, W. (1983). Zur Systematisierung von Formen der Übung kognitiver Prozesse – Klassifikationsgesichtspunkte und Darstellung entscheidender Variabler. *Forschung der sozialistischen Berufsbildung, 17*, 4, 161-165.

Hoyos, C. Graf. & Wenninger, G. (Hrsg.). (1995). *Arbeitssicherheit und Gesundheitsschutz in Organisationen* (Beiträge zur Organisationspsychologie, Bd. 11). Göttingen: Hogrefe.

Koch, J. (1984). Leittextmethode in der betrieblichen Berufsausbildung. *Betriebliche Ausbildungspraxis, 30*, 25-27.

Kohl, W. (1982). Die kombinierte Unterweisung. In H.-J. von Warnecke & H. Bullinger, (Hrsg.) *Beiträge zur Arbeitspädagogik, Arbeitspsychologie, Arbeitssoziologie, Manuskriptdruck*. Stuttgart: Frauenhofer Gesellschaft, Institut für Arbeitswirtschaft und Organisation.

Matern, B. (1980). Lern- und arbeitspsychologische Voraussetzungen einer Trainings- methodengestaltung. *Berufsbildung, 5,* 236-238.

Neubert, J. (1987). Arbeitsgestaltung in, mit und für Gruppen. *Zeitschrift für Sozialwissen- schaftsforschung und Erziehungssoziologie, 7,* 269-289.

Neubert, J. & Tomczyk, R. (1986). *Gruppenverfahren der Arbeitsanalyse und Arbeitsge- staltung* (Spezielle Arbeits- und Ingenieurpsychologie in Einzeldarstellungen, Ergän- zungsband 1). Berlin: Deutscher Verlag der Wissenschaften.

REFA Methodenlehre der Betriebsorganisation, Teil Arbeitspädagogik (1989). München: Carl Hanser.

Rosenstiel, L. v. (1992). Entwicklung von Werthaltungen und interpersonaler Kompetenz – Beiträge der Sozialpsychologie. In Kh. Sonntag (Hrsg.), *Personalentwicklung in Organisationen* (S. 83-105). Göttingen: Hogrefe.

Rühle, R. (1988). *Kognitives Training in der Industrie. Aufdeckung und Vermittlung psychischer Regulationsgrundlagen von Arbeitstätigkeiten, insbesondere der Mehr- stellenarbeit.* (Spezielle Arbeits- und Ingenieurpsychologie in Einzeldarstellungen, Ergänzungsband 1). Berlin: Deutscher Verlag der Wissenschaften.

Schelten, A. (1987). *Grundlagen der Arbeitspädagogik.* Stuttgart: Franz Steiner.

Severing, E. (1995). Qualitätssicherung arbeitsplatznaher Weiterbildung. In J. E. Feuchthofen & E. Severing (Hrsg.), *Grundlagen der Weiterbildung – Qualitäts- management und Qualitätssicherung in der Weiterbildung* (S. 74-87). Neuwied: Luchterhand.

Seymour, W. D. (1960). Verkürzung der Anlernzeit. In Kurt Hegner (Hrsg.), *Sonderheft der Fortschrittlichen Betriebsführung.* Berlin: Institut für Arbeitswissenschaft des Verban- des für Arbeitsstudien REFA e. V.

Seymour, W. D. (1968). *Skills analysis training: Handbook for managers, supervisors and instructors.* London: Pitman Publishing.

Sonntag, Kh. (1992). Personalentwicklung – ein (noch) unterrepräsentiertes Feld psycho- logischer Forschung und Gestaltung. In Kh. Sonntag (Hrsg.), *Personalentwicklung in organisationen* (S. 3-16). Göttingen: Hogrefe.

Triebe, J. (1980). Psychoregulativ akzentuierte Trainingsverfahren: Ein Versuch zur Erfassung mental vergegenwärtigter Leistungen. In W. Hacker & H. Raum (Hrsg.), *Optimierung von kognitiven Arbeitsanforderungen* (Schriften zur Arbeitspsychologie 32, S. 242-247). Bern: Huber.

Triebe, J. & Wunderli, R. (1976). Die Bedeutung verschiedener Trainingsmethoden für industrielle Anlernverfahren. *Zeitschrift für Arbeitswissenschaft, 30,* 2, 114-118.

Ulich, E. (1974). Über verschiedene Formen des Trainings für das Erlernen und Wieder- erlernen psychomotorischer Fertigkeiten. *Rehabilitation, 13,* 105-110.

Volpert, W., Fromman, R. & Munzert, J. (1984). Die Wirkung allgemeiner heuristischer Regeln im Lernpozeß – eine experimentelle Studie. *Zeitschrift für Arbeitswissenschaft, 38,* 235-240.

Warnecke, H. J. & Kohl, W. (1979). Höherqualifizierung in neuen Arbeitsstrukturen: Entwicklung und Erprobung eines kombinierten Unterweisungskonzepts. *Zeitschrift für Arbeitswissenschaft, 33,* 69-75.

Wöltje, J. (1995). Weiterbildung für neue Technologien – eine arbeitswissenschaftliche Erhebung in Industriebetrieben. In P. Knauth (Hrsg.), *Arbeitswissenschaft in der betrieblichen Praxis* (Band 4). Frankfurt/Main: Peter Lang.

42 Fort- und Weiterbildung

Ira Kokavecz und *Heinz Holling*

1 Einleitung

In der öffentlichen Diskussion um die kommenden Veränderungen am Arbeitsmarkt und die daraus folgenden Veränderungen gesellschaftlicher Strukturen von Qualifikation wird allgemein ein drastischer Anstieg des Weiterbildungsbedarfs vorausgesagt. Zur Begründung für diese Entwicklung werden Argumente angeführt wie die stete Beschleunigung der technischen Innovation in Betrieben, tiefgreifende Umstrukturierungs- und Rationalisierungsmaßnahmen sowie die Internationalisierung des Wettbewerbs. Im vorliegenden Beitrag werden zunächst einige definitorische und organisatorische Grundlagen zum Thema Weiterbildung erörtert, anschließend wird der bisherige Stand der Forschung zum Thema Weiterbildung mit dem Schwerpunkt Transferforschung dargelegt.

Das Bildungssystem. – Das deutsche Bildungssystem läßt sich in vier Bereiche untergliedern. Der Primärbereich umfaßt die Grundschulbildung, der Sekundärbereich umfaßt die weiterführenden Schulbildungen bis zur (Fach-)Hochschulreife und die im dualen System geregelte Berufsausbildung, die zur Aufnahme einer Berufstätigkeit qualifiziert. Der tertiäre Bereich wird durch die Hochschulen abgedeckt. Die *Weiterbildung* bildet den Quartärbereich, den „jüngsten" Teilbereich des Bildungssystems (Alt, Sauter & Tillmann, 1994).

Definition. – Das Bundesinstitut für Berufsbildung definiert Weiterbildung als „die Fortsetzung oder die Wiederaufnahme organisierten Lernens nach Abschluß einer ersten Bildungsphase und zwischenzeitlicher Berufstätigkeit". Es wird differenziert zwischen beruflicher und allgemeiner (politischer und persönlicher) Weiterbildung. Die berufliche Weiterbildung läßt sich i.S. des 1969 in Kraft getretenen Berufsbildungsgesetzes (BBiG) weiter untergliedern in (1) die berufliche Fortbildung und (2) die berufliche Umschulung in anerkannte Ausbildungsberufe oder in eine Erwerbstätigkeit" (Alt et al., 1994).

Der wichtigste Teilbereich der beruflichen Fortbildung ist die *Anpassungsfortbildung*, die Teilnehmer befähigt, berufliche Kenntnisse und Fertigkeiten zu erhalten, zu erweitern oder der technischen Entwicklung anzupassen. Der zweite Teilbereich ist die Aufstiegsfortbildung, über die es Teilnehmern ermöglicht werden soll, durch eine Erweiterung ihrer Kenntnisse und Fertigkeiten im Beruf weiterzukommen. Zudem differenziert Weiss (1990) zwischen betrieblicher, individueller und durch das Arbeitsförderungsgesetz (AFG) geförderter Weiterbildung. Betrieblich veranlaßte und finanzierte Weiterbildungsmaßnahmen sind Instrument der Personal- und Organisationsentwicklung und sollen - oft kurzfristig eingesetzt - dazu dienen, „beruflich relevante Kompetenzen der Mitarbeiter oder des Unternehmens zu erhalten, anzupassen, zu erweitern oder zu verbessern" (Weiss, 1990, S. 15 f.). *Weiterbildung als Personalentwicklung* findet meist in Form von Trainings statt; in neuerer Zeit wird häufiger mit Computersimulationen gearbeitet, aber auch Personalentwicklungsmaßnahmen wie z.B. die Lernstatt fallen unter die betriebliche Weiterbildung. Die Inhalte beruflicher Weiterbildung sind vielfältig, so können Weiterbildungsmaßnahmen sich auf die Vermittlung neuer Arbeitstechniken beziehen, für den Einsatz neuer Technologien schulen, aber auch die Vermittlung interpersonaler Kompetenzen umfassen (Tabellen 1 und 2). Individuelle Weiterbildung ist abschlußbezogen und soll dem beruflichen Aufstieg dienen. Sie wird von betriebsexternen Bildungsträgern typischerweise in Form systematischer Lehrgänge von längerer Dauer angeboten. AFG-geförderte Weiterbildung wird durch die Nachfrage der Bundesanstalt für Arbeit bzw. die Arbeitsämter bestimmt und soll überwiegend helfen, Arbeitslosigkeit zu vermeiden oder Arbeitslose zu reintegrieren.

Bei der Weiterbildung spielt die *Anbietervielfalt* eine wesentliche Rolle. Hauptanbieter sind mit ca. 44 % die Betriebe der Privatwirtschaft und der öffentliche Dienst, daneben gibt es jedoch auch staatliche, kommunale und öffentlich-rechtliche Träger (z.B. Hochschulen, Volkshochschulen, Kammern), private Träger, Berufs- und Fachverbände und Bildungswerke der Gesellschaften und der Arbeitgeberverbände. Der marktwirtschaftliche Charakter wird durch den offenen Weiterbildungsmarkt und die Konkurrenz dieser verschiedenen Anbieter gewährleistet; jedoch sind die Wettbewerbsverhältnisse auf einigen Teilmärkten durch Subventionierung einzelner Bildungsträger verzerrt. Des weiteren wird häufig die Intransparenz und mangelnde Qualitätssicherung der Angebote kritisiert (Alt et al., 1994). Zum Teil sollen diese Defizite durch gesetzliche Regelungen für Weiterbildungsangebote, Prüfungen (AFG, BBiG) und tarifvertragliche Regelungen aufgefangen werden.

Kosten der Weiterbildung. – Die Angaben zu den Kosten der Weiterbildung variieren erheblich; absolut zuverlässige Daten sind nicht verfügbar. So werden etwa in den veröffentlichten (Haushalts-) Statistiken lediglich die Ausgaben der Bundesanstalt für Arbeit und die der öffentlichen Hand (Bund, Länder, Gemeinden, allerdings ohne öffentliche Betriebe und Verwaltungen) dokumentiert; darüber hinaus legen Wirtschaftsverbände häufig andere Daten und Rechenmodelle zugrunde. Dessen ungeachtet können als Richtwerte die Angaben des Bundesministeriums für Bildung, Wissenschaft, Forschung und Technologie herangezogen werden: die Gesamtaufwendungen für das Jahr 1995 beliefen sich auf die Summe von 69,7 Milliarden DM, wobei über die Hälfte der Kosten (36,5 Mrd. DM im Jahre 1992) auf die Betriebe der privaten Wirtschaft entfielen (Weiss, 1994).

Ein Beispiel aus der Privatwirtschaft soll helfen, die dortigen finanziellen Dimensionen zu verdeutlichen: So haben z.B. 25.887 der insgesamt 43.092 Mitarbeiter der Viag Aktiengesellschaft, die u.a. zuständig ist für die Bereiche Energie (Bayern Werk AG), Chemie (SKW Trostberg AG), Metallverpackung und Glas, im Jahre 1996 an Weiterbildungsveranstaltungen teilgenommen. Laut Personal- und Sozialbericht wurden dafür 18.026 TDM aufgewendet (Viag, 1996).

Teilnehmer an Weiterbildungsmaßnahmen. – Die Faktoren, die eine *Teilnahme an Weiterbildungsmaßnahmen* bestimmen, sind nach Alt et al. (1994) Alter, Geschlecht, Bildungsstand, Beruf und die berufliche Situation. Danach bildet ein höheres Alter eine Weiterbildungsbarriere; ab dem 40. Lebensjahr nimmt das Weiterbildungsbedürfnis kontinuierlich ab; in den neuen Bundesländern setzt diese Entwicklung etwa 10 Jahre später ein. Differenziert man noch zwischen der Aufstiegs- und der Anpassungsfortbildung, so nimmt das Interesse an ersterer ab 35 Jahren stark ab, während die Anpassungsfortbildung gerade von den 35- bis 49jährigen besonders häufig wahrgenommen wird. Umschulungen sind schon ab einem Alter von 35 Jahren selten.

2 Gebiete der Fort- und Weiterbildung

Die Tabellen 1 und 2 informieren über Inhalte und Methoden der Weiterbildung in Anlehnung an Holling und Liepmann (1993). Die in Tabelle 1 enthaltenen Literaturangaben beziehen sich zum überwiegenden Teil auf Trainings- oder Personalentwicklungsmaßnahmen.

Tabelle 1
Wesentliche Inhaltsbereiche von Fort- und Weiterbildungsmaßnahmen
(modifiziert nach Holling & Liepmann, 1993)

- Sensumotorik (Rohmert, Rutenfranz & Ulich, 1971)
- Kognition:
  berufliche Kenntnisse (Sonntag, 1989)
  Entscheidung (Bazerman, 1986; Einhorn & Hogarth, 1981)
  Problemlösung (Dörner, 1987; Strauß & Kleinmann, 1995)
  Kreativität (Bollinger & Greif, 1983)
  Beurteilung (Pryor, 1989; Smith, 1986)
  Selbsterfahrung (Smith, 1975; Goldstein, 1986)
- Motivation, Werthaltung, Einstellung (Gebert & v. Rosenstiel, 1989)

– Soziale Interaktion:
  Führung (Latham, 1988)
  Konflikte (Berkel, 1990)
  Kommunikation (Fittkau, Müller-Wolf & Schulz von Thun, 1989)
  Rhetorik (Lemmermann, 1988)
  Moderation (Klebert, Schrader & Straub, 1989)
– Allgemeine Arbeitstechniken:
  Umgang mit EDV (Bösser, 1987)
  Multimediales Lernen (Hasebrook, 1995)
  Fremdsprachen
  Arbeits- und Zeitplanung (Rühle, 1991)
  Arbeitssicherheit (Hoyos, 1987)
  Streßbewältigung (Ivancevich, Matteson, Freedman & Philips, 1990)

Tabelle 2
Methoden der Personalentwicklung (nach Holling & Liepmann, 1993)

– traditionelle Unterrichtsformen (Frontalunterricht, Vortrag)
– Gruppendiskussionen und -übungen
– Übungen in Form von Einzel- und Kleingruppenarbeit
– Individuelles Lernen (z.B. Studium von Fachliteratur)
– Computergestütztes Training
– Operante Konditionierung
– Lernen am Modell
– Vier-Stufen-Methode
– Lernen anhand heuristischer Regeln
– Rollenspiele
– Fallstudien
– Planspiele
– Gruppendynamik
– Teambildung
– Zielsetzungsmethoden

3 Lerntransfer

Verläßlichen Schätzungen zufolge gibt die amerikanische Industrie jährlich bis zu 100 Milliarden Dollar für Weiterbildungsmaßnahmen aus. Nach einer Studie Georgensons (1982) sollen sich jedoch nur 10 % dieser maßnahmegebundenen Kosten als effektiv im Hinblick auf eine Umsetzung des Gelernten in den beruflichen Kontext erwiesen haben. Auch im deutschen Raum gibt es ähnliche Schätzungen (Lemke, 1995). Die Lerntransferforschung setzt sich mit dieser unbefriedigenden Situation auseinander und versucht die für eine effiziente Umsetzung des Gelernten in den berufliche Kontext relevanten Faktoren zu eruieren. Unter

Lerntransfer versteht Lemke einen psychosozialen Prozeß, der zum einen die Aufnahme und Übertragung von in einer Seminar- oder (allgemeiner) Lernsituation Gelerntem auf eine Anwendungssituation umfaßt, wobei diese nicht notwendigerweise mit der Lernsituation identisch sein muß (Generalisierung), zum anderen umfaßt er alle Interventionen vor, während und nach der Weiterbildungsmaßnahme, die zur Einübung von Veränderungen und zur wirksamen innerbetrieblichen Umsetzung notwendig sind (1995, S.7).

Von Baldwin und Ford (1988) stammt die wohl umfassendste systematische Bestandsaufnahme zur Lerntransferforschung. Die insgesamt 64 von ihnen herangezogenen Transferstudien werden auf dem Hintergrund eines Rahmenmodells zum Transferprozeß (Abbildung 1) analysiert.

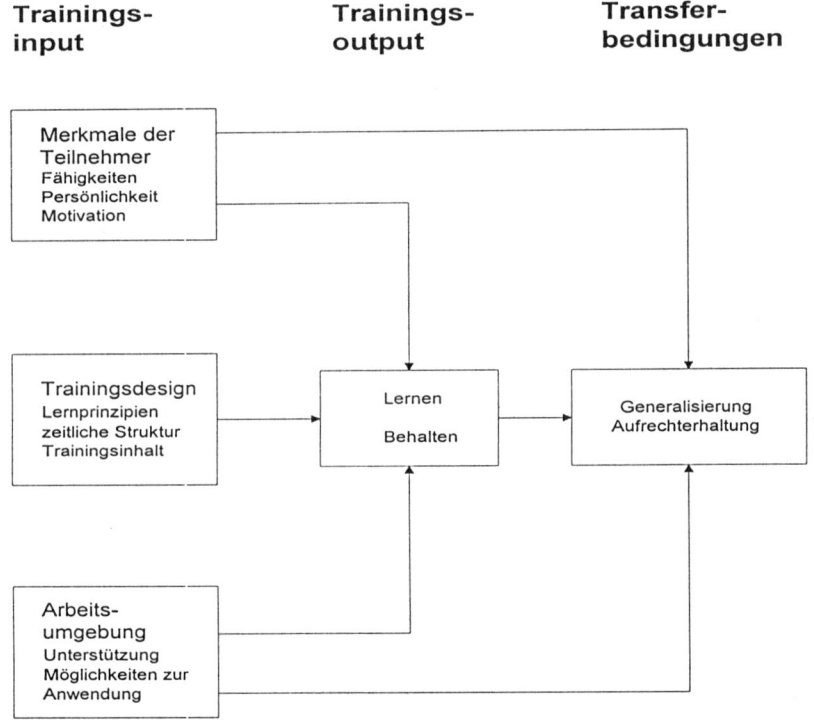

Abbildung 1
Modell zur Analyse des Transfers von Trainingsmaßnahmen (nach Baldwin & Ford, 1988)

Das Rahmenmodell differenziert zwischen Trainingsinputkomponenten wie den Merkmalen der Teilnehmer, dem Trainingsdesign und der Arbeitsumgebung, den Trainingsresultaten und den Transferbedingungen. Die Variablen des Trainingsinputs wirken zum einen direkt auf die Transferbedingungen, zum anderen werden sie indirekt über die Trainingsergebnisse wirksam.

3.1 Teilnehmermerkmale

Es gibt eine Reihe von Untersuchungen zum Einfluß von Persönlichkeitsmerkmalen auf den Transfer, doch ist die Forschung in diesem Bereich insgesamt noch relativ unsystematisch; zudem wurden fast ausschließlich Maße wie z.B. Leistungen zu Ende des Trainings oder Behaltensmaße als Kriterien herangezogen, nicht aber Maße, die eine Umsetzung des Gelernten im Arbeitsalltag einige Zeit nach Abschluß des Trainings widerspiegeln. Es ergaben sich jedoch Hinweise auf einige Zusammenhänge zwischen *Persönlichkeitsmerkmalen und Transfer*. Nach Baumgartel, Reynolds und Pathan (1984) sind eine hohe *Leistungsmotivation* und *interne Kontrollüberzeugungen* bei Managern förderlich für den Lerntransfer. Auch *Intelligenz* (Neel & Dunn, 1960), ein hohes *Jobinvolvement* (Noe & Schmitt, 1986) und das *Vertrauen* in den Erfolg der Trainingsmaßnahmen (Ryman & Biersner, 1975) sowie hohe *Selbsterwartungen* (Eden & Ravid, 1982) fördern den positiven Transfer. In einer Metaanalyse zu den „Big Five"-Persönlichkeitsdimensionen konnten Barrick und Mount (1991) für zwei dieser Variablen, nämlich für Offenheit für Erfahrungen und Extraversion, einen positiven Zusammenhang mit Trainingsleistungen feststellen.

3.2 Trainingsdesign

Ein Großteil der empirischen Forschung zum Trainingsdesign kommt aus der behavioristischen Tradition. Diese Studien zu Lerntheorien konzentrieren sich auf vier Grundprinzipien: 1. identische Elemente, 2. das Lehren allgemeiner Prinzipien, 3. Stimulusvariabilität und 4. Vielfältigkeit der Übungsbedingungen.

Baldwin und Ford (1988) merken hinsichtlich der von ihnen vorgestellten Forschungsergebnisse zu Trainingsdesigns an: ein Großteil der Forschung zu Lernprinzipien hat vor 1970 stattgefunden; Versuchspersonen waren in der Regel Collegestudenten und nicht Weiterbildungsteilnehmer; als Erfolgskriterien wurden meist Trainingsergebnisse und nicht konkrete Lerntransfermaße herangezogen und die meisten Studien lassen nur Rückschlüsse auf Ergebnisse in bezug auf einfache motorische Aufgaben und Gedächtnisleistungen zu.

Obwohl die bisherigen Forschungsergebnisse stabil sind, ist eine Generalisierung auf den organisationalen Kontext (noch) problematisch. Seit einiger Zeit setzen sich jedoch besonders Vertreter kognitiver Ansätze mit der Lerntransferproblematik auseinander. Aus diesem Grunde werden wir jeweils im Anschluß an die Darstellung der vier lerntheoretischen Grundprinzipien auf neuere kognitiv orientierte Forschungsansätze und -kritiken eingehen.

Thorndike und Woodworth entwickelten 1901 die Theorie der *identischen Elemente*. Nach dieser Theorie steigt die Transferleistung mit einer zunehmenden Anzahl identischer Stimulus- und Responseelemente in Trainings- und Transfersituationen. Später wurde die Theorie dahingehend ausgeweitet, daß nicht allein die physikalische Ähnlichkeit der beiden Situationen, sondern die subjektive Wahrnehmung der Ähnlichkeit zwischen Transfer- und Trainingssituation den Transfer beeinflußt (Berkowitz & Donnerstein, 1982). Empirische Untersuchungen stützen diese Theorie z.B. im Hinblick auf das Lernen motorischer und verbaler Fertigkeiten.

In ihrem Forschungsüberblick fanden Mandl, Prenzel und Gräsel (1992) die Theorie der identischen Elemente von Thorndike und Woodworth auch durch die neuere kognitiv orientierte Transferforschung allgemein bestätigt. Für einen optimalen Transfer fordern sie jedoch ein von der Arbeitsumgebung klar unterschiedenes Lernfeld, in dem Lernprozesse anregende und steuernde Elemente unabdingbar seien. Jedoch liefere die Theorie keinerlei Strategien zur Auswahl der für einen Transfer relevanten, identisch zu gestaltenden Merkmale und gebe auch keinen Aufschluß darüber, welche Elemente der Lernsituation von der Transfersituation abweichen müssen, um effizientes Lernen zu ermöglichen.

Das Lehren allgemeiner Prinzipien. – Ein zweiter, von Judd (1908) initiierter Ansatz betont die Relevanz *allgemeiner Prinzipien und Strategien* für den Transfer. Danach wird Transfer verbessert, wenn statt spezifischer Fertigkeiten bereichsunabhängige allgemeine Regeln und theoretische Prinzipien und Qualifikationen gelehrt werden. Beispiele hierfür sind das Lernen anhand heuristischer Prinzipien und Lösungsalgorithmen.

Als Beispiel für kognitive Prinzipien, die das Lernen leiten, seien hier (in Anlehnung an Mandl et al., 1992, S. 133) zwei der von Mertens (1974) beschriebenen Schlüsselqualifikationen, die *Basisqualifikationen* und die *Horizontalqualifikationen*, genannt. *Basisqualifikationen* sind nach Mertens z.B. kritisches, strukturierendes, konzeptionelles Denken und kooperatives, kreatives Vorgehen. *Horizontalqualifikationen* ermöglichen die Gewinnung, Verarbeitung, Strukturierung und das Verständnis von Informationen; sie enthalten somit allgemeines Wissen über das Wesen von Informationen. Letztere werden von anderen Autoren auch als Metakognitionen bezeichnet (Brown, 1978; Flavell, 1976) und haben sich als lern- und transferförderlich erwiesen. Nach Gage und Berliner (1996) sollten diese Fertigkeiten zur Selbstüberwachung explizit während des Trainings gelehrt werden. Hilfreich ist auch, wenn Trainer ihre eigenen Metakognitionen zu Aufgaben im Training erläutern, um so allgemeine Strategien für die Lösung von Aufgaben zu vermitteln und Lernen zu erleichtern. Es bietet sich auch an, eine *Strukturierung der Lerninhalte* vorzunehmen, indem man Lernenden konzeptionelle Modelle z.B. in Form von Diagrammen vorgibt, mit deren Hilfe mentale Modelle der Trainingsinhalte ausgebildet werden können. Nach Mayer (1989) erweist sich diese Form des Lehrens bzw. Lernens als besonders transferwirksam - dort auch genauere Hinweise zur Entwicklung konzeptioneller Modelle.

Stimulusvariabilität. – Forscher wie z.B. Ellis (1965) meinen, durch eine Vielzahl von relevanten Trainingsstimuli den positiven Transfer erhöhen zu können. Deshalb sollen Konzepte anhand vieler verschiedener Beispiele gelernt werden; so werden sie besser verstanden, und auch ein Transfer in neuen Situationen wird wahrscheinlicher. Nach Baldwin und Ford (1988) ist eine Generalisierung von Trainingsinhalten besonders dann zu erwarten, wenn im Rahmen des Modellernens unterschiedlich kompetente Modelle in verschiedensten Situationen beobachtet werden können.

Vielfalt der Übungsbedingungen. – Übungsbedingungen spezifizieren die Art der Darbietung der Lerninhalte. So konnte bei einem Vergleich von Trainings mit *verteiltem und massiertem Lernen* gezeigt werden, daß Inhalte bei verteiltem Lernen eher behalten werden (Naylor & Briggs, 1963). Bei komplexen Aufgaben wird geraten, mit massiertem Lernen zu beginnen und dann auf kürzere Sitzungen mit verteiltem Lernen umzusteigen. Generell wird ein *Überlernen* empfohlen, d.h. auch über die erfolgreiche Aufgabenbewältigung hinaus weiter zu trainieren, um eine gewisse Routine zu erzielen. Auch das *Timing* und die *Spezifität eines trainingsbegleitenden Feedbacks* zu den jeweiligen Lernergebnissen haben Einfluß auf die Transferleistung (Wexley & Thornton, 1972). Auch aus kognitiver Sicht wird das Lernen an Beispielen unter verschiedensten Übungsbedingungen als transferbegünstigend eingestuft. Kognitive Forscher betonen vor allem die Bedeutung der Variation von Lehr-Lernmethoden beim Training und empfehlen besonders den Einsatz von Rollenspielen, Feedback und das Modellernen nach Bandura (1977).

3.3 Arbeitsumgebung

Wie Praktiker immer wieder betonen, sind gerade die Arbeitsumgebung und unterstützende organisationale Bedingungen für eine Umsetzung des Gelernten am Arbeitsplatz entscheidend. Empirische Untersuchungen in diesem Bereich sind jedoch eher rar und beziehen sich meist auf die Vermittlung interpersonaler Kompetenzen. Da diese schwer zu operationalisieren sind, werden häufig selbstberichtete Angaben über eigene Anstrengungen als Erfolgskriterium bemüht. Wie Baumgartel mit verschiedenen Arbeitsgruppen (Baumgartel & Jeanpierre, 1972, Baumgartel, Reynolds & Pathan, 1984, Baumgartel, Sullivan & Dunn, 1978) in einer Reihe von Studien zeigen konnte, erleichtert ein angenehmes *Organisationsklima* Managern, Trainingsinhalte am Arbeitsplatz umzusetzen; allerdings ist noch unklar, welches die entscheidenden zu beeinflussenden Komponenten des Organisationsklimas sind. Auch Vandenput (1973) und Beaudin (1986) betonen in ihren Lerntransfermodellen die Relevanz der im Anschluß an das Training gegebenen Arbeitsbedingungen und fordern verstärkt den Einsatz von Organisationsentwicklungsprogrammen besonders im Hinblick auf die Förderung interpersonaler Beziehungen. Nach Studien von Huczynski und Lewis (1980), Robinson (1984) und Georgenson (1986) ist besonders die Unterstützung der Maßnahmen durch den Vorgesetzten transferbestimmend. Auch eine Verstärkung von Transferleistungen durch Gehaltserhöhungen oder Beförderungen scheint effektvoll zu sein (Hand, Richards & Slocum, 1973) (Kasten 1).

Kasten 1
Ein Beispiel aus der Praxis

Zur Illustration soll eine Studie aus der Praxis vorgestellt werden.

Bell und Brüning (1986) berichten über eine Qualifizierungsmaßnahme zur Anpassung im Industrieroboterbereich. Sie bemängeln, die meisten Qualifizierungsmaßnahmen in der Industrie seien von zu kurzer Dauer, es lägen keine pädagogisch erprobten Kon-zepte für solche Maßnahmen vor und die Unterrichtsinhalte würden auf einem viel zu komplizierten theoretischen Abstraktionsniveau vermittelt. Zur Bewältigung dieses Dilemmas entwickelten sie im Industrieroboterqualifizierungs-Projekt eine Fortbildung für An- und Ungelernte. Zentrale Merkmale dieser Fortbildung sind zum einen der Aufgabenbezug des Trainings, d.h., in einem integrierten und ganzheitlichen Ansatz werden verschiedenste am Arbeitsplatz benötigte Techniken verfahrensbezogen gelernt.

Die einzelnen Lektionen bauen aufeinander auf; so wird ein ganzheitlich-problemlösender Umgang mit Industrierobotern ermöglicht.

Ein weiteres Kennzeichen ist der Zielgruppenbezug. Im Vordergrund steht ein häufiger Wechsel zwischen Theorie- und Praxiselementen, der eine sofortige Umsetzung bzw. Erprobung des theoretischen Wissens in der Praxis und frühzeitige Erfolgserlebnisse und -kontrollen ermöglicht. Das dritte Kennzeichen dieser Maßnahme ist der Praxisbezug, durch den Transferwissen zum flexiblen Einsatz und Lernen im Betrieb vermittelt wird. Über heuristische Regeln, Selbstinstruktions- und Kooperationstrainings werden die Teilnehmer in der Herausbildung eines systematischen Lern- und Arbeitsstils geschult, der auch die dringend notwendige Umsetzung des Gelernten an anderen im Industrieroboterbereich existierenden Fabrikaten ermöglicht. Ähnlich wie in der REFA-Methodenlehre sind die Lektionen nach einem 4-Etappen-Modell des Lernens gestaltet, dessen Kennzeichen die Lernproblemorientierung, eine praktische Realisierung des Gelernten, die darauf folgende verbal-mentale Nachbereitung und eine praktische Verfestigung (Überlernen) mit Lernzielkontrolle sind. Zwei QIR-Pilotkurse belegen den Erfolg dieser Maßnahmenkonzeption.

An diesem Beispiel ist vor allem interessant, daß sich die Teilnehmergruppe aus an- und ungelernten Arbeitern zusammensetzt, einer Personengruppe, bei der sich die Durchführung von Weiterbildungsmaßnahmen nicht selten als schwierig gestaltet.

Literatur

Alt, C., Sauter, E. & Tillmann, H. (1994). *Berufliche Weiterbildung in Deutschland. Strukturen und Entwicklungen.* In Bundesinstitut für Berufsbildung, Der Generalsekretär (Hrsg.), Bericht nach Artikel 11 (2) des EG-Ratsbeschlusses von 29. Mai 1990 über das FORCE-Aktionsprogramm. Bielefeld: Bertelsmann Verlag.

Baldwin, T.T. & Ford, J.K. (1988). Transfer of training: A review and directions for future research. *Personnel Psychology, 41*, 63-105.

Bandura, A. (1977). *Social learning theory.* Englewood Cliffs, NJ: Prenctice-Hall.

Barrick, M.R. & Mount, M. K. (1991). The big five personality dimensions and job performance: a meta-analysis. *Personnel Psychology, 44*, 1-27.

Baumgartel, H. & Jeanpierre, F. (1972). Applying new knowledge in the back-home setting: A study of Indian managers' adoptive efforts. *Journal of Applied Behavioral Science, 8*, 674-694.

Baumgartel, H., Reynolds, M. & Pathan, R. (1984). How personality and organizational-climate – variables moderate the effectiveness of management development programmes: A review and some recent research findings. *Management and Labour Studies, 9*, 1-16.

Baumgartel, H., Sullivan, G.J. & Dunn, L.E. (1978). How organizational climate and personality affect the pay-off from advanced management training sessions. *Kansas Business Review 5*, 1-10.

Bazerman, M.H. (1986). *Judgement in managerial decision making.* New York: Wiley.

Beaudin, B.P. (1986). *Facilitating transfer of learning to the workplace.* Paper presented at the Annual Meeting of the American Association for Adult and Continuing Education, Hollywood.

Bell, H. & Brüning, R. (1986). Betriebliche Weiterbildung im Umbruch. Fraunhofer-Institut für Arbeitswissenschaft und Organisation, Stuttgart. *Personal, 6*, 240-244.

Berkel, K. (1990). *Konflikttraining* (2. Aufl.). Heidelberg: Sauer.

Berkowitz, L. & Donnerstein, E. (1982). External validity is more than skin deep: Some answers to criticisms of laboratory experiments. *American Psychologist, 37*, 245-257.

Bösser, T. (1987). *Learning in man-computer interaction.* Berlin: Springer.

Bollinger, G. & Greif, S. (1983). Innovationsprozesse. Fördernde und hemmende Einflüsse auf kreatives Verhalten. In M. Irle (Hrsg.), *Methoden und Anwendungen in der Marktpsychologie* (Enzyklopädie der Psychologie D/III/5, S. 396-482). Göttingen: Hogrefe.

Brown, L.A. (1978). Knowing when, where, and how to remember: A problem of metacognition. In R. Glaser (Ed.), *Advances in instructional psychology* (pp. 77-165). Hillsdale, NJ: Erlbaum.

Dörner, D. (1987). *Problemlösen als Informationsverarbeitung* (3. Aufl.). Stuttgart: Kohlhammer.

Eden, D. & Ravid, G. (1982). Pygmalion versus self-expectancy: Effects of instructor and self expectancy on trainee performance. *Organizational Behavior and Human Performance, 30*, 351-364.

Einhorn, H.J. & Hogarth, R.M. (1981). Behavioral decision theory: Processes of judgment and choice. *Annual Review of Psychology, 32*, 53-88.

Ellis, H.C. (1965). *The transfer of learning.* New York: Macmillan.

Fittkau, B., Müller-Wolf, H.M. & Schulz von Thun, F. (1989). *Kommunizieren lernen (und umlernen)* (6. Aufl.). Aachen: Hahner.

Flavell J.H. (1976). Megacognitive aspects of problem solving. In L. B. Resnick (Ed.), *The nature of intelligence*. Hillsdale, NJ: Erlbaum.

Gage, N. L. & Berliner, D. C. (1996). *Pädagogische Psychologie* (5. Aufl.). Weinheim: Psychologie Verlags Union.

Gebert, D. & Rosenstiel, L.v. (1989). *Organisationspsychologie* (3. Aufl.). Stuttgart: Kohlhammer.

Georgenson, D.L. (1982). The problem of transfer calls for partnership. *Training and Development Journal, 36*, 75-78.

Goldstein, I.L. (1986). *Training in organizations. Needs assessment, development and evaluation* (2nd ed.). Monterey: Brooks/Cole.

Hand, H.H., Richards, M.D. & Slocum, J.M. (1973). Organization climate and the effectiveness of a human relations programm. *Academy of Management Journal, 16*, 185-195.

Hasebrook, J. (1995). *Multimedia-Psychologie: eine neue Perspektive menschlicher Kommunikation*. Heidelberg: Spektrum Akademischer Verlag.

Holling, H. & Liepmann, D. (1993). Personalentwicklung. In H. Schuler (Hrsg.), *Lehrbuch Organisationspsychologie* (S. 285-316). Bern: Huber.

Hoyos, C. Graf (1987). Verhalten in gefährlichen Arbeitssituationen. In U. Kleinbeck & J. Rutenfranz (Hrsg.), *Arbeitspsychologie* (Enzyklopädie der Psychologie D/III/1, S. 577-627). Göttingen: Hogrefe.

Huczynski, A. A. & Lewis, J.W. (1980). An empirical study into the learning transfer process in management training. *Journal of Management Studies, 17*, 227-240.

Ivancevich, J.M., Matteson, M.T., Freedman, S.M. & Phillips, J.S. (1990). Worksite stress management interventions. *American Psychologist, 45*, 252-261.

Judd, C. H. (1908). The relation of special training to general intelligence. *Educational Review, 36*, 28-43.

Klebert, K., Schrader, E. & Straub, W.G. (1987). *Kurzmoderation* (2. Aufl.). Hamburg: Windmühle.

Latham, G.P. (1988). Human resource training and development. *Annual Review of Psychology, 39*, 545-582.

Lemke, S. G. (1995). *Transfermanagement*. Göttingen: Verlag für Angewandte Psychologie.

Lemmermann, H. (1988). *Lehrbuch der Rhetorik*. München: Olzog.

Mandl, H., Prenzel, M. & Gräsel, C. (1992). Das Problem des Lerntransfers in der betrieblichen Weiterbildung. *Unterrichtswissenschaft, 20*, 126-143.

Mayer, R.E. (1989). Models for understanding. *Review of Educational Research, 58*, 43-64.

Mertens, D. (1974). Schlüsselqualifikationen. Thesen zur Schulung für eine moderne Gesellschaft. *Mitteilungen aus der Arbeitsmarkt- und Berufsforschung, 7*, 36-43.

Naylor, J.C. & Briggs, G.E. (1963). The effect of task complexity and task organization of part and whole training methods. *Journal of Experimental Psychology, 65*, 217-224.

Neel, R.G. & Dunn, R.E. (1960). Predicting success in supervisory training programs by the use of psychological tests. *Journal of Applied Psychology, 44*, 358-340.

Noe, R. A. & Schmitt, N (1986). The influence of training attitudes on training effectiveness: Test of a model. *Personnel Psychology, 39*, 497-523.

Pryor, R. (1989). Training for performance appraisal. In P. Herriot (Ed.), *Assessment and selection in organizations* (pp. 737-744). Chicester: Wiley.

Robinson, J.C. (1984). You should have sent my boss. *Training, 21*, 45-47.

Rohmert, W., Rutenfranz, J. & Ulich, E. (1971). *Das Anlernen sensumotorischer Fertigkeiten.* Frankfurt/M.: Europäische Verlagsanstalt.

Rühle, H. (1991). Zeitmanagement. In L.V. Rosenstiel, E.Regnet & M. Domsch (Hrsg.), *Führung von Mitarbeitern* (S. 85-96). Stuttgart: Schäffer.

Ryman, D.H. & Biersner, R.J. (1975). Attitudes predictive of diving training success. *Personnel Psychology, 28,* 181-188.

Smith, D.E. (1986). Training programs for performance appraisal: A review. *Academy of Management Review, 1,* 22-40.

Smith, P.B. (1975). Controlled studies of the outcome of sensitivity training. *Psychological Bulletin, 82,* 597-622.

Sonntag, K. (1989). *Trainingsforschung in der Arbeitspsychologie.* Bern: Huber.

Strauß, B. & Kleinmann, M. (Hrsg.). (1995). *Computersimulierte Szenarien in der Personalentwicklung.* Göttingen: Verlag für Angewandte Psychologie.

Thorndike, E.L. & Woodworth, R.S. (1901). The influence of improvement in one mental function upon the efficiency of other functions. *Psychological Review, 8,* 247-261.

Vandenput, M. (1973). The transfer of training - some organizational variables. *Journal of European Training, 2,* 251-263.

Viag Aktiengesellschaft (1996). *Personal- und Sozialbericht 1996.* München.

Weiss, R. (1990). *Die 26-Mrd.-Investition - Kosten und Strukturen betrieblicher Weiterbildung.* Köln: Deutscher Instituts-Verlag.

Weiss, R. (1994). *Betriebliche Weiterbildung. Ergebnisse der Weiterbildungserhebung der Wirtschaft. Kölner Texte & Thesen, 21.* Köln: Deutscher Instituts-Verlag.

Wexley, K.N. & Thornton, C. L. (1982). Effects of verbal feedback of test results upon learning. *Journal of Educational Research, 66,* 119-121.

Allgemeine Themen

43 Zur Methodik der Arbeits- und Organisationspsychologie

Walter Bungard und *Jürgen Schultz-Gambard*

1 Einführung in die Thematik

Die Psychologie kann aufgrund ihrer vielfältigen Anwendungsmöglichkeiten in nahezu jedem Lebensbereich zur Lösung von Problemen herangezogen werden. Gerade diese vielfältige praktische Relevanz verschafft ihr die gesellschaftliche Legitimation für ihre Förderung und weiteren Ausbau. Die einzelnen Bereiche „Angewandter Psychologien" divergieren dabei nicht nur in den jeweils untersuchten Fragestellungen und Inhalten, sondern weichen auch je nach Forschungstradition des Feldes in ihren wissenschaftstheoretischen und methodischen Vorstellungen und Leitideen erheblich voneinander ab. Dies gilt auch für den gesamten Bereich der Arbeits- und Organisationspsychologie (A.O.-Psychologie) als einem der wichtigsten Anwendungsfelder.

Wir wollen die Thematik aus folgender, bewußt pragmatisch begrenzter Perspektive erörtern: Welche typischen Probleme entstehen, wenn der Untersuchungsort nicht das (vertraute) Labor ist, sondern wenn die *Datenerfassung* im Anwendungsfeld selbst (also z.B. in einem Betrieb, Krankenhaus oder Gefängnis) stattfindet? Zwar ist die Erhebungssituation „Feld" kein konstitutives Merkmal Angewandter Psychologie, dennoch aber dürften die dort entstehenden methodischen Probleme typisch für viele Bereiche angewandter Forschung sein.

Ein wesentlicher Unterschied zwischen traditioneller *Laborforschung* und angewandter Forschung ist darin zu sehen, daß die klassischen Bedingungen des *psychologischen Experiments*, speziell die kontrollierte Manipulation der unabhängigen Variablen, die Herstellung von Experimental- und Kontrollgruppen und die Absicherung der Äquivalenz dieser Gruppen per Randomisierung im Anwendungsfeld nicht oder nur schwer zu realisieren sind. Eingriffe in das zu analysierende Bedingungsgefüge bestehen bei angewandter Forschung im Vergleich zu experimentellen Manipulationen in der Regel aus weniger streng kontrollierbaren Maßnahmen. Zur Überprüfung der Effizienz derartiger Eingriffe im Sinne der Suche nach Ursache-Wirkungs-Beziehungen kann die angewandte Forschung jedoch auf eine Reihe *quasi-experimenteller Versuchspläne* zurückgreifen, deren Systematisierung in Anlehnung an Cook und Campbell (1979) im darauffolgenden Abschnitt dargestellt wird.

Eine Reihe von Themen kann somit aufgrund des vorgegebenen Rahmens hier nicht oder nur am Rande berücksichtigt werden. Dazu gehören u.a. meßtheoretische Überlegungen, Fragen der Datenerhebung, die Problematik quantitativer vs. qualitativer Forschung und der Bereich der Aktionsforschung. Der Schwerpunkt der Darstellung wird vielmehr auf den Möglichkeiten und Problemen der Untersuchungsplanung in der Angewandten A.O.-Psychologie liegen.

2 Zur „Geschichte" psychologischer Methoden

Die Psychologie entstand nicht als Akademisierung einer vorgelagerten praktischpsychologischen Tätigkeit, sondern, wie andere Kultur- und Sozialwissenschaften auch, quasi als „Spaltprodukt" einer sich im 19. Jahrhundert diversifizierenden Philosophie. Erleichtert wurde die Loslösung von der Philosophie sicherlich durch die Verknüpfung der Fragestellungen der psychologischen Forschung mit der dominierenden naturwissenschaftlichen Denkweise. Die Psychologie entwickelte sich damals vorwiegend in der Adaptation naturwissenschaftlicher Methodologie an vormals philosophische Fragestellungen. Damit wurde die experimentelle Methode zur vorherrschenden Untersuchungstechnik psychologischer Fragestellungen. Idealer Ort experimenteller Forschung war das Labor, in dem der Psychologe unter Zuhilfenahme von „neuartigen" Instrumenten und Protokollierungstechniken sein Untersuchungsobjekt „Mensch" unter möglichst „störungsfreien Bedingungen" analog zum Vorgehen in der physikalischen Forschung beobachten konnte.

Akademische Reputation genoß dabei in erster Linie diejenige Forschung, die den Kriterien strenger *Theoriegeleitetheit* und *experimenteller Methodik* am stärksten entsprach, nämlich die Grundlagenforschung. „Praxis" wurde so lange Zeit für „obsolet", da minderwertig gegenüber der „Theorie" gehalten; am ehesten fand noch jene angewandte Forschung Anerkennung, die sich an (Grundlagen-)Forschung anlehnen konnte und in ihrer empirischen Vorgehensweise auch den Standards der Grundlagenforschung entsprach.

In der rasch expandierenden Psychologie wurde mit der experimentellen Methodik folgerichtig auch die *hypothetisch-deduktive Vorgehensweise* wissenschaftlicher Analyse favorisiert: Im Rahmen deduktiver Aussagensysteme glaubte man, aus allgemeingültigen Gesetzen der Grundlagenforschung für unterschiedliche Anwendungsgebiete Prognosesysteme und daraus wiederum (nach Meinung vieler Forscher) Sozialtechnologien entwickeln zu können. Dahinter steht, ausgedrückt in der Begrifflichkeit des kritischen Rationalismus, die Auffassung, nomologische Theorien könnten (auf tautologischem Wege) in anwendungsbezogene Aussagensysteme umgewandelt werden, da theoretische *Erklärung, Prognose* und *Sozialtechnologie* die gleiche logische Struktur aufweisen. Auf der Basis dieser wissenschaftlichen Position wurden unter dem Einfluß der Leipziger Schule, die Skepsis von Wundt außer acht lassend, zahlreiche experimentell orientierte Anwendungsdisziplinen begründet, wie z.b. die „experimentelle Pädagogik" von Meumann, die „experimentelle Psychiatrie" von Kraepelin oder die „Psychotechnik" von Münsterberg als Vorläufer der heutigen A.O.-Psychologie. Alle diese und andere Anwendungsdisziplinen bezogen ihre theoretischen Rahmenvorstellungen und ihre methodischen Standards aus der psychologischen Grundlagenforschung. Aufgrund der daraus folgenden theoretischen und methodischen Abhängigkeit der angewandten Forschung von der psychologischen Grundlagenforschung schien für die Entwicklung neuer Untersuchungsmethoden, Techniken und Instrumente, die eher auf die Anforderungen der Praxis zugeschnitten waren, nicht nur wenig Anlaß zu bestehen, sondern für Ansätze in dieser Richtung gab es zunächst gar keine Realisierungschancen im tradierten Wissenschaftsbetrieb.

Nicht immer müssen sich allerdings durch eine experimentelle Forschungs-konzeption Probleme im Anwendungsbereich ergeben. Das experimentelle Vorge-hen bleibt solange unproblematisch, als Anwendungsfragestellungen untersucht werden, bei denen die Isolierung der maßgeblichen Bedingungen bzw. Variablen bereits real gegeben oder per Simulation im Forschungslabor möglich ist. Schwie-rigkeiten ergeben sich in dem Moment, in dem *nicht isolierbare Phänomene* analysiert werden sollen. Der Grundgedanke einer Angewandten Psychologie, nämlich spezifische Phänomene in konkreten natürlichen Situationen zu analysie-ren, wird dann oft einem fadenscheinigen Gewinn methodischer Rigorosität geopfert, indem komplexe Sachverhalte auf wenige, u.U. triviale Variablen und Beziehungsmuster reduziert werden. Schließlich wird der individuelle Bezug zur Erhebungssituation, d. h. die Art und Weise, wie die Person sie sieht, qua Methodik ausgeblendet: Es sollen ja situations- und personunabhängige Aussagen gewonnen werden. Derartige Kognitionen können aber bei den Vpn während der Datenerhe-bung auch im Labor keineswegs ausgeschlossen werden.

In der methodologischen Literatur spricht man in diesem Zusammenhang von der „Reaktivität" (Esser, 1975) des Meßvorgangs und von der damit zusammen-hängenden Artefaktproblematik. Bei diesen „Störfaktoren" – die Vpn *reagieren* auf die Tatsache, daß eine Untersuchung stattfindet – handelt es sich aber oft um die eigentlichen zentralen Determinanten des Untersuchungsgegenstandes. Eine a.o.-psychologische Forschung sollte deshalb die Normen- und Wertesysteme der von ihr untersuchten Menschen nicht zu ignorieren oder zu negieren versuchen, sondern die erfaßten Erlebens- und Verhaltensreaktionen auf dem Hintergrund solcher kognitiven Strukturen analysieren. Hierzu kann die bisherige Grundlagen-forschung allerdings nur hypothesen-generierend einen Beitrag leisten. Es müßten eigene Theorien und damit zusammenhängend neue Erhebungs- und Analysetech-niken entwickelt werden.

Sicherlich hat die Psychologie gesellschaftlich in den letzten Jahrzehnten sehr stark an Bedeutung gewonnen, aber gerade die methodenbedingte Ausklamme-rung der (Alltags-)Realität hat nach anfänglicher Euphorie immer deutlicher werden lassen, daß die Psychologie für viele Lebensbereiche den in sie von „Praktikern" gesetzten Hoffnungen auf einen Zuwachs an verläßlichem Wissen und praktikablen Interventionsmethoden lange Zeit nicht gerecht wurde und teilweise auch heute noch nicht gerecht wird. Sie läuft damit aber als Wissenschaft Gefahr, innerhalb der Universitäten, aber auch in bezug auf andere „gesellschaftliche" Bereiche, wie z.b. die Arbeitswelt, isoliert zu werden und den Kontakt zu zukunftsbezogenen Problemfeldern zu verlieren. Konsequenterweise wurde in den letzten Jahrzehnten aus der selbstdiagnostizierten „Krise der Psychologie" die (eigentlich alte) Forderung nach stärkerem *Realitätsbezug* der Forschung und nach empirischen Untersuchungen in den verschiedenen Anwendungsbereichen insbesondere auch im A.O.-Bereich mit wachsender Vehemenz erhoben. Diese methodische Neuorientierung führte zur Gründung neuer psychologischer Teildisziplinen (wie z.B. Umweltpsychologie, Medienpsychologie usw.) und zu einem neuen Selbstbewußtsein bestehender Angewandter Psychologien, die sich jetzt ihrerseits die Erarbeitung und Diffusion methodischer Innovationen zum Ziel setzten.

Wir brauchen an dieser Stelle nicht auf die immanente Logik *feldexperimenteller Untersuchungsanordnungen* einzugehen (Bredenkamp, 1969), die sich ja nicht grundsätzlich von der Logik der Laborforschung unterscheidet, und wir wollen auch nicht diskutieren, inwieweit mit Feld-Experimenten tatsächlich profundere Forschung betrieben werden kann. Nur ein Hinweis: Wie sich schnell zeigte, ist bei Feldexperimenten z.B. in der A.O.-Psychologie weder die Frage der Reaktivität gelöst, noch kann die soziale Relevanz der Fragestellungen wegen der nach wie vor wirksamen „fun and games"-Einstellung der Forscher per se höher eingestuft werden, noch ist die externe Validität quasi automatisch sichergestellt. Schließlich stellen sich erhebliche zusätzliche forschungsethische Probleme, die man im Labor noch nicht gekannt hat (Irle, 1978).

3 Untersuchungsplanung in der Arbeits- und Organisationspsychologie

Bei aller vorab diskutierten Unterschiedlichkeit von psychologischer Grundlagenforschung und Forschung in der A.O.-Psychologie, so ist beiden doch gemeinsam: Es wird in der Regel versucht, *kausale Zusammenhänge* zu überprüfen. Auch in der A.O.-Psychologie wollen wir wissen, ob z.B. die Entscheidung für eine bestimmte Interventionsmaßnahme richtig gewesen ist oder nicht, d.h. wir wollen wissen, ob die Interventionsmaßnahme tatsächlich dazu beigetragen hat, die vorgegebenen Ziele zu erreichen. Formal betrachtet fragen wir uns, ob ein Ereignis A (Interventionsmaßnahme) ein Ereignis B (Erreichung des Zielkriteriums bzw. Annäherung an das Zielkriterium) bewirkt hat; dies ist die Frage nach einem kausalen

Zusammenhang, und jetzt werden Fragen der Untersuchungsplanung im klassischen Sinne wichtig.

Die Frage, ob ein Ereignis A ein Ereignis B bewirkt hat, ist spätestens immer dann von Bedeutung, wenn eine Entscheidung bezüglich der Angemessenheit bestimmter Interventionsmaßnahmen zur Erreichung vorgegebener Ziele getroffen werden soll (Lösel & Nowack, 1987). Cook und Campbell (1979) sehen in Anlehnung an die Konzeptionen von John Stuart Mill und von Popper (1935) drei notwendige Bedingungen für die Ableitung eines kausalen Zusammenhangs:

1. die Ursache muß der Wirkung zeitlich vorausgehen,
2. Ursache und Wirkung müssen einen erkennbaren Zusammenhang aufweisen (kovariieren), und
3. alternative Erklärungen des beobachteten Ursache-Wirkungszusammenhanges müssen ausgeschlossen werden können.

Die letzte Forderung bedeutet auch, daß nicht schon die bloße Demonstration eines bestimmten Effekts nach einer vorhergehenden „Ursache" als ein eindeutiger Beleg für einen zugrundeliegenden Ursache-Wirkungszusammenhang angenommen werden kann.

Wir wollen im folgenden die Fragen der Untersuchungsplanung in der Reihenfolge behandeln, in der sie sich auch bei der Durchführung einer Untersuchung ergeben würden.

3.1 Bestimmung der Analyseebene

Eine der Fragen, die als erste zu klären wäre, ist die Frage nach dem *Auflösungsgrad der kausalen Analyse.* Öfter als in der Grundlagenpsychologie sind in der A.O.-Psychologie kausale Analysen auf eher molarem Niveau angelegt. Die Feststellung einer kausalen Beziehung auf molarem Niveau kann auch dann sinnvoll und nützlich sein, wenn die eigentlichen Verursachungsprozesse auf niedrigerem Analyseniveau nicht bekannt sind. So ist es für den Controller in einem Unternehmen durchaus wichtig festzustellen, ob und inwieweit z.B. die Einführung von Gruppenarbeit, die das Unternehmen viel Geld gekostet hat, tatsächlich von meßbarem Nutzen ist, kurzum zur Reduktion von Ausschußproduktion oder Fehlzeiten beiträgt, ohne daß dabei analysiert werden muß, durch welche spezifischen Gruppenprozesse dieser Effekt im einzelnen zustandekommt. Was dem Controller genügt, kann z.B. für den Leiter eines OE-Projektes „Einführung von Gruppenarbeit" natürlich nicht ausreichend sein, denn Kausalanalysen auf molarem Niveau bringen verschiedene methodische Probleme mit sich (Kasten 1).

Kasten 1
Methodische Probleme bei Kausalanalysen auf molarem Niveau

- Ergebnisse auf molarem Niveau eröffnen keine neuen Gestaltungsmöglichkeiten hinsichtlich der Intervention; als Konsequenz der Ergebnisse kann ich die Intervention nur fortführen oder beenden, aber ich erhalte keine Hinweise für möglicherweise sinnvolle Modifikationen meines Vorgehens.
- Oftmals stellen Interventionen in der A.O.-Psychologie ganze Maßnahmenbündel dar. Da ist es natürlich von Interesse zu erfahren, welche Teilmaßnahmen sich bewährt haben und ausgebaut werden sollten und welche nicht. Um dieses zu erfahren, müßten die Teilprozesse aber auch einzeln analysiert werden, d.h. die Analyse auf molekularem Niveau durchgeführt werden.
- Effekte auf molarem Niveau können an sich positive Effekte im Sinne der Erwartung durch den nicht einkalkulierten Einfluß von Drittvariablen maskiert werden. Derartige Wechselwirkungen bleiben unerkannt, solange nicht auf molekularem Niveau analysiert wird.
- Kausale Zusammenhänge auf molarem Niveau können sich im zeitlichen Verlauf umkehren. So kann Gruppenarbeit im Anfangsstadium nicht zu einer Kostenreduktion, sondern im Gegenteil zu erhöhten Kosten führen, obwohl die Intervention durchaus auf dem richtigen Wege sein kann und die Auswirkungen der Maßnahme längerfristig durchaus zu einer Kostenreduktion führen würden. Auf diese Weise ist einerseits schon manche Intervention verfrüht beendet worden, weil man die gemachten Fortschritte nicht erkannt hat, andererseits kann auch ein zu langes Festhalten an unerkannt erfolglosen Vorgehensweisen zu erhöhten Kosten führen.

3.2 Wahl des geeigneten Untersuchungsplans

Zur Überprüfung eines kausalen Zusammenhangs zwischen zwei Variablen wird in der Grundlagenforschung die experimentelle Methodik favorisiert. Es handelt sich dabei um eine spezifische Methodik der Datenerhebung, wobei die Ermittlung der Merkmale unter zwei Voraussetzungen erfolgt (Herrmann, 1979):

1. Die Bedingungen, unter denen die Erhebung erfolgt, werden z.B. durch die Verwendung von Experimental- und Kontrollgruppen partiell konstant gehalten und partiell planmäßig variiert. Dies ist das Prinzip der *Bedingungskontrolle*.
2. Die Merkmalsträger werden den variablen Bedingungen per Zufall zugeteilt. Das ist das Prinzip der *Randomisierung*.

Die so konzipierte Experimentiermethodik ist in der Psychologie immer wieder grundsätzlich diskutiert und kritisiert worden (Bungard, 1984; Herrmann, 1979; Holzkamp, 1986; Mertens, 1975). Wir beschränken uns auf die Frage, inwieweit die beiden zentralen Bedingungen der Experimentalmethodik in a.o.-psychologischen Untersuchungen überhaupt sinnvoll realisierbar sind.

Was die *Bedingungskontrolle* betrifft, so ist die Variation einer (unabhängigen) Variable unter günstigen Bedingungen durchaus möglich. Die Zustimmung zu einer Untersuchung erfolgt betrieblicherseits oft gerade im Hinblick darauf, daß die Auswirkungen einer speziellen Maßnahme (z.B. einer Arbeitsstrukturierungsmaßnahme) überprüft werden sollen. Problematisch ist jedoch fast immer, wie im übrigen auch bei Laborstudien, die partielle Konstanthaltung sonstiger Faktoren. Denn ein Eingriff in den Arbeitsablauf löst notgedrungen eine Fülle weiterer Veränderungen aus. In den meisten Organisationen ist es außerdem kaum möglich, mindestens zwei wirklich in jeder Hinsicht vergleichbare Stichproben zu definieren, um dann in der Experimentalgruppe eine Variation X herbeizuführen und in der Kontrollgruppe entsprechend keine Veränderung vorzunehmen. Durch die Offenlegung der Fragestellung und des Untersuchungsdesigns im Vorfeld des Genehmigungsverfahrens ist die Bildung einer echten Kontrollgruppe ebenfalls gefährdet. Die Mitglieder der Kontrollgruppe wissen nämlich notgedrungen, daß bei ihnen ein Faktor X nicht verändert wurde, wodurch mit *Reaktivitätseffekten* gerechnet werden muß. Die Geschäftsleitung und der Betriebsrat werden im übrigen in vielen Fällen intervenieren, wenn eine derartige Differenzierung nur aus experimental-logischen Gesichtspunkten vorgenommen wird, da dadurch die Kontrollgruppe nicht in den Genuß der zu überprüfenden Maßnahmen kommt.

Was die Kontrolle von *Drittvariablen* angeht, ist ja schon angeführt worden, daß es sich bei a.o.-psychologischen Interventionen nicht um distinkte Einzelmaßnahmen handelt, sondern um Maßnahmenbündel, bei denen es auch eine Vielzahl von unkontrollierbaren Wechselwirkungen zwischen den Einzelmaßnahmen gibt. Zudem ist das Unternehmen, um das es geht, ein offenes System, das einer Vielzahl von unkontrollierbaren *externen Einflüssen* ausgesetzt ist; d.h. die Betriebskosten und die Produktqualität, die z.B. von der Einführung von Gruppenarbeit beeinflußt werden sollen, werden sicherlich auch von übergreifenden Veränderungen der Markt- und Wettbewerbsbedingungen, der sozialpolitischen Bedingungen insbesondere dem Arbeitgeber-Arbeitnehmer-Verhältnis oder Veränderungen des Arbeitsmarktes beeinflußt – um nur einige zu nennen.

Das zweite zentrale Prinzip der experimentellen Methodik, nämlich die *Randomisierung* ist bei a.o.-psychologischen Studien nur selten realisierbar. Oft sind Randomisierungen von vornherein nicht möglich, weil z.B. gegen Zufallszuweisungen von begünstigenden Bedingungen sich die Betriebsräte oder die Leiter der nicht bedachten Abteilungen aussprechen, weil Zufallszuweisungen allzu einschneidende organisationale Veränderungen nach sich ziehen würden oder auch einfach, weil sie zu teuer und zu zeitaufwendig sind. Zufallszuweisungen sind darüber hinaus nicht möglich, wenn ein Ereignis nur zu einem bestimmten Zeitpunkt oder nur bei einer bestimmten Personenkreis, der vorher aus organisationalen, technischen oder anderen Gründen feststeht, auftritt. Randomisierungen im Feld können aber auch „zusammenbrechen", wenn es z.B. eine mit den Maßnahmen systematisch zusammenhängende Veränderung der Stichprobe gibt. U.U. sind Randomisierungen auf individueller Ebene auch gar nicht sinnvoll. Wenn z.B.

die Wirksamkeit einer Trainingsmaßnahme getestet werden soll, wäre es nicht sinnvoll, Experimental- und Kontrollgruppe per Randomisierung aus einem Arbeitsbereich zu bilden. Es besteht dann nämlich die Gefahr, daß im normalen Arbeitsalltag Erfahrungen aus dem Training von der Experimental- an die Kontrollgruppe weitergegeben werden (diffusion of treatment) und so die Effekte verwischt werden. Bei diesem Fall wäre es sinnvoller, die Vergleichs- oder Kontrollgruppe aus einem möglichst ähnlichen, aber räumlich und funktional deutlich getrennten Arbeitsbereich zu wählen.

Damit wären die Stichproben in den verschiedenen Bedingungen nicht mehr „äquivalent", d.h. sie weisen kaum gleiche Grundgesamtheitsmerkmale auf. Für derartige Fälle gibt es Versuchsanordnungen, die auch unter suboptimalen Bedingungen kausale Schlußfolgerungen mit einer dem echten Experiment zumindest angenäherten Gültigkeit erlauben: die sogenannten quasi-experimentellen Pläne (Campbell, 1969; Campbell & Stanley, 1963, Cook & Campbell, 1976, 1979). Die Grundidee des Quasi-Experiments ist sehr einfach: Immer wenn eine Randomisierung nicht erreicht werden kann, versucht man zumindest, die sich daraus ergebenden Validitätsgefährdungen durch besondere Konstruktionen des Untersuchungsplans auszuschließen. Der Forscher gleicht dabei häufig einem Detektiv, der bemüht ist, die unterschiedlichsten, oft subtilen Validitätsgefährdungen aufzuspüren und ihnen mit verschiedenen methodischen Mitteln (z.B. der Einführung zusätzlicher Kontrollgruppen, Variablen oder Meßzeitpunkte) zu begegnen. Vor der Designkonstruktion steht damit die Analyse möglicher Validitätsgefährdungen, die zu einer Differenzierung des Validitätskonzeptes geführt haben.

3.3 Zum Verhältnis der verschiedenen Validitätstypen

Das Konzept *Validität* bezieht sich auf „die beste verfügbare Abschätzung bezüglich des Zutreffens oder Nichtzutreffens von Annahmen, eingeschlossen Annahmen über Kausalitäten" (Cook & Campbell, 1979, S. 37). Cook und Campbell unterscheiden vier verschiedene Validitätstypen: *Statistische, Interne, Externe* und *Konstrukt-Validität*. Sie beziehen sich auf vier Grundfragen, die jeder Forscher bei der Analyse von Kausalbeziehungen stellen und beantworten muß. Alle vier Validitätsaspekte unterliegen Gefährdungen oder Beeinträchtigungen, durch die alternative Erklärungen der experimentellen Befunde ermöglicht werden und damit die Aussagekraft des Experiments reduziert wird. Hier können nur einzelne Validitätsbeeinträchtigungen beispielhaft behandelt werden. Für eine ausführliche Darstellung dieser Problematik siehe Bungard, Holling & Schultz-Gambard (1996).

Statistische Validität: Besteht ein Zusammenhang zwischen zwei beobachteten Ereignissen, d. h. kovariieren unabhängige und abhängige Variable im Experiment tatsächlich? Die statistische Validität kann beeinträchtigt werden u.a. durch zu kleine Stichproben, mangelnde Teststärken, fehlerhafte Anwendung statistischer

Verfahren, mangelnde Reliabilität von Meßinstrument oder Maßnahme oder zufällige, störende Einflüsse im experimentellen Setting.

Interne Validität: Einen Zusammenhang vorausgesetzt, schließt sich die Frage an, ob tatsächlich eine eindeutige Wirkung von der unabhängigen Variablen (Ursache) auf die abhängige Variable (Effekt) ausgeht oder ob die Richtung unklar ist, bzw. ob der Effekt auch ohne Veränderung der unabhängigen Variablen, z.B. durch die Einwirkung irgendwelcher anderen (alternativen) Bedingungen, zustande gekommen sein könnte. Ihr kommt für die Annahme von Kausalität ein besonderes Gewicht zu. Beeinträchtigungen der internen Validität können sich u.a. durch störende Einflüsse zwischen Meßwiederholungen, Reifung, Probandenausfälle, Vorerfahrungen mit der Maßnahme oder spezielle Reaktionen bei Kenntnisnahme der Maßnahme (z.B. Maßnahmentransfer oder Maßnahmenimitation) ergeben (Kasten 2). Allgemein ist die interne Validität umso höher, je genauer der Untersucher die auf die untersuchten einwirkenden Bedingungen kontrollieren kann. Allerdings kann durch eine rigorose Kontrolle, die der internen Validität zugute kommt, u.U. die externe Validität, d.h. die Übertragbarkeit der Ergebnisse auf andere Konstrukte eingeschränkt werden. Die verschiedenen Validitätstypen stehen insofern z.T. durchaus in einem Konkurrenzverhältnis, und es ergibt sich erst aus dem jeweiligen Untersuchungsanliegen, welche Validität bevorzugt werden soll.

Konstruktvalidität: Ist ein Zusammenhang gefunden und eine Kausalbeziehung auf der operationalen Ebene festgestellt worden, stellt sich die Frage nach den zugrundeliegenden, die Ursache mit der Wirkung verknüpfenden Prozessen, d.h. wie läßt sich der gefundene Zusammenhang theoretisch erklären? Die Konstruktvalidität kann z.B. durch unzureichende voroperationale Explikation der verwendeten Konstrukte, die Verwendung nur einer einzigen Operationalisierung oder Meßmethode oder verfälschende Erwartungen von Versuchspersonen oder Versuchsleitern gefährdet werden. Die Konstruktvalidität kann also durch multiple Operationalisierungen erhöht werden.

Externe Validität: Hat man die untersuchten Variablenbeziehungen auch theoretisch aufgeklärt, interessiert natürlich, ob bei anderer Operationalisierung der unabhängigen Variable oder der abhängigen Variable, an einem anderen Untersuchungsort, mit anderen Probanden oder zu einem anderen Zeitpunkt die gefundene Beziehung weiterhin Bestand hat. Solche Verallgemeinerungen der Befunde sind allerdings nicht möglich, wenn z.B. nur Personen mit bestimmten Merkmalen, die möglicherweise mit der Maßnahme interagieren, an der Untersuchung teilnahmen oder wenn für die Untersuchung nur bestimmte Settings verfügbar waren. (So sind z.B. Firmen, die Untersuchungen überhaupt zulassen, in der Regel progressiver und dynamischer als der Durchschnitt.)

Diese z.T. gegenläufigen Wirkungen deuten an, wie entscheidend es ist, die Prioritäten für bestimmte Validitäten bei der Planung einer Untersuchung explizit festzulegen. Allgemein werden in der a.o.-psychologischen Forschung den verschiedenen Validitäten andere Prioritäten zugeordnet als in der Grundlagenforschung. Bei beiden ist die interne Validität am wichtigsten, da erst dann, wenn relativ eindeutige Ursache-Wirkungs-Beziehungen festgestellt sind, Fragen der Konstrukt- und externen Validität relevant werden. Während dem Grundlagenforscher später vor allem die Konstruktvalidität wichtig ist, besitzt für den angewandt orientierten Forscher die externe Validität u.u. größere Bedeutung als die Konstruktvalidität: Der angewandt orientierte Forscher ist stärker als der Grundlagenforscher daran interessiert, wieweit die gefundenen Ergebnisse verallgemeinerbar sind.

Kasten 2
Die wichtigsten Gefährdungen der internen Validität an Beispielen

Zwischenzeitliches Geschehen: Die interne Validität ist beeinträchtigt, wenn die Veränderungen der abhängigen Variablen, außer durch die Intervention, durch andere Ereignisse bewirkt worden sein könnten, die zwischen Vorher- und Nachhermessung eingetreten sind. Dies könnte der Fall sein, wenn z.B. parallel zur Einführung von Gruppenarbeit in einem Unternehmen eine unternehmensweite Kampagne „Erhalt der Arbeitsplätze durch bessere Qualität" durchgeführt worden wäre. Dann könnten bei der Nachhermessung festgestellte Qualitätsverbesserungen u.U. nicht auf die Gruppenarbeit zurückzuführen, sondern durch die aus Angst um die Arbeitsplätze erhöhte Qualitätsverantwortung der Mitarbeiter bedingt sein.

Reifung: Die Validität ist beeinträchtigt, wenn Veränderungen der abhängigen Variablen durch Entwicklungsprozesse der Untersuchungsteilnehmer bewirkt werden. Dies könnte der Fall sein, wenn die Gruppenarbeit in einer Abteilung durchgeführt wird, die auch ansonsten sehr innovativ ist und in der vorwiegend junge, berufsunerfahrene, aber – wie man glaubt – gut motivierbare und lernfähige Mitarbeiter beschäftigt werden. Bei der Nachmessung festgestellte Produktivitätszuwächse könnte dann einfach dadurch bewirkt worden sein, daß diese Mitarbeiter nach einer Zeit bessere, effizientere Arbeitsroutinen entwickelt haben.

Selektion: Die interne Validität kann beeinträchtigt werden, wenn sich in den Untersuchungsgruppen Personen mit unterschiedlichen Merkmalen befinden. Dies könnte der Fall sein, wenn Untersuchungs- und Kontrollgruppe aus unterschiedlichen Unternehmenseinheiten gewählt werden, weil man in einem bestimmten Bereich mit der Intervention beginnen möchte.

Maßnahmentransfer oder Maßnahmenimitation: Mitglieder von Untersuchungs- und Kontrollgruppen tauschen Informationen aus und verändern sich dadurch ähnlich im Verlauf der Intervention. Dies könnte gegeben sein, wenn z.B. in der anerkennenswerten Absicht die Einführung einer Trainingsmaßnahme auf die möglichst solide Grundlage zu stellen, Erfahrungsaustauschworkshops für die Meister eingerichtet werden, zu der alle Meister, auch die der Kontrollgruppe, teilnehmen und in denen im Training gewonnene Erfahrungen weitergegeben werden können.

Selektive Mortabilität: In den Untersuchungsgruppen gibt es unterschiedliche Ausfälle von Teilnehmern. Dies könnte bei Gruppenarbeit der Fall sein, wenn die Gruppen besonders leistungsschwache Mitglieder nach einiger Zeit per Gruppenbeschluß ausgliedern würden.

3.4 Zur Konstruktion der wichtigsten quasi-experimentellen Untersuchungsanordnungen

Bei der Konstruktion quasi-experimenteller Versuchsanordnungen geht es wie erwähnt darum, auf der Grundlage der Analyse der möglichen Validitätsgefährdungen einzelne Gefährdungen durch entsprechende Designs auszuschließen, um dennoch kausale Schlußfolgerungen zu ermöglichen. Gerade in der A.O.-Psychologie wird es häufig Situationen geben, in denen z.b. bereits organisatorisch vorgegeben ist, welche Personen einer Maßnahme unterworfen werden (also die Experimentalgruppe bilden) und welche Personen nicht (aus denen dann eine nicht-äquivalente Kontrollgruppe gebildet werden könnte). Es können sich sogar Situationen ergeben, in denen eine Maßnahme der gesamten Untersuchungspopulation appliziert werden muß (z.b. die Einführung neuer Gruppenarbeitsmodelle im gesamten Fertigungsbereich eines Betriebes), so daß überhaupt keine Vergleichsgruppen zur Verfügung stehen. In solchen Fällen wird versucht, durch besondere Formen der Anwendung (z.b. gestufte Einführung) Vergleichsbedingungen zu schaffen, die die Überprüfung einer eindeutigen Verursachung der gefundenen Effekte ermöglichen; d.h. die Experimentalgruppe wird z.b. für die Messung zu bestimmten Meßzeitpunkten zu ihrer eigenen Kontrollgruppe. Grundsätzlich können sich die Untersuchungspläne in der Verwendung einer Kontrollgruppe, der Art der Intervention (z.b. gestuft oder ausgesetzt) und der Anzahl der Meßzeitpunkte (Einfachmessung bis Zeitreihenmessung) unterscheiden. Aus den verschiedenen Variationen und Kombinationen dieser drei Größen ergibt sich eine Vielzahl möglicher unterschiedlicher Untersuchungspläne.

3.4.1 Untersuchungspläne ohne Kontrollgruppe

Die einfachste Datenerhebung besteht aus einer Vorabmessung der abhängigen Variablen bei einer Gruppe, die anschließend einer Maßnahme (bei gleichzeitiger größtmöglicher Kontrolle aller anderen Variablen) ausgesetzt wird, mit einer nachfolgenden zweiten Messung zur Beurteilung der Maßnahmenwirkungen. Obwohl derartige Versuchspläne in der Praxis häufig benutzt werden, dürfen die Ergebnisse dieses *„Ein-Gruppen-Vortest-Nachtest-Designs"* nicht kausal interpretiert werden, da seine Aussagegültigkeit besonders durch Gefährdungen der internen Validität durch z.b. zwischenzeitliche Einflüsse, Reifung oder Meß-, Instrumenten- und Regressionseffekte beeinträchtigt ist. Trotz der Schwächen wird dieser Untersuchungsplan aus ökonomischen Gründen in der angewandten Forschung, besonders zur Generierung von Hypothesen, häufig verwendet.

3.4.2 Untersuchungspläne mit Kontrollgruppen

Will man die Validität erhöhen, kann man die Experimentalgruppe zusätzlich mit einer Kontrollgruppe vergleichen, die ohne Maßnahme beobachtet wurde. Dieses

„Vortest-Nachtest-Design mit Kontrollgruppe ohne Maßnahme" schützt gegen die meisten Beeinträchtigungen der internen Validität.

Vortest-Nachtest-Pläne lassen sich entweder mit unterschiedlichen Gruppen (s.o.) oder auch als Wiederholungsexperiment mit der gleichen Gruppe durchführen, wobei die Maßnahme einmal gegeben wird und einmal nicht. Dieser *„Vortest-Nachtest-Plan mit ausgesetzter Maßnahme"* ähnelt dem Vergleich mit einer Kontrollgruppe, nur daß im zweiten Durchgang die vormalige Experimentalgruppe ihre eigene Kontrollgruppe darstellt.

Nach derselben Logik ist der etwas komplexere *„Maßnahmewiederholungsplan"* aufgebaut, dessen Ablauf der empirischen Überprüfung von behavioristisch orientierten Experimenten entspricht. Dieser Untersuchungsplan besteht aus einer Reihe von Messungen der gleichen Variablen, zwischen denen abwechselnd die Maßnahme verabreicht bzw. ausgesetzt wird. Ein Beispiel für diesen Plan ist eine Studie der Hawthorne Experimente von Roethlisberger und Dickson (1939), in der zu verschiedenen Zeitpunkten unterschiedliche Ruhepausen angesetzt und die Auswirkungen dieser Maßnahme auf die Produktivität der betroffenen Arbeiterinnen untersucht wurden. Allerdings ist dieser Untersuchungsplan nur bei Interventionen anwendbar, für die direkte, kurzfristige und reversible Konsequenzen angenommen werden können, wie z.B. Pausen- oder Beleuchtungsregelungen. Bei Interventionen mit komplexen, langfristigen Auswirkungen, wie z.B. der Einführung von Gruppenarbeit, können derartige Untersuchungspläne natürlich nicht eingesetzt werden.

Wenn man genaue theoretisch gut begründete Vorstellungen über die vermuteten Auswirkungen hat, kann man, statt die Experimentalgruppe mit einer Kontrollgruppe zu vergleichen, die keiner Maßnahmen unterworfen wurde, die Kontrollgruppe auch in der genau entgegengesetzten Weise wie die Experimentalgruppe behandeln und beobachten, ob es entsprechende Veränderungen der abhängigen Variablen (d.h. ebenfalls entgegengesetzt zur Experimentalgruppe) gegeben hat (*„Vortest-Nachtest-Plan mit Kontrollgruppe und umgekehrter Maßnahme"*).

Regressionsdiskontinuitäts-Untersuchungsplan: Oft werden bestimmte Maßnahmen nur Gruppen zuteil, die aufgrund eines zentralen Merkmals vorselegiert sind. So könnte z.B. den hundert jahrgangsbesten Auszubildenden eines Betriebes aufgrund ihrer Leistung noch eine bestimmte Zusatzausbildung angeboten werden. Bezüglich ihrer zukünftigen Leistungen wäre nun interessant zu wissen, ob mögliche Unterschiede zu den übrigen Auszubildenden nur dadurch bedingt sind, daß die erstgenannte Gruppe schon vorab besser war oder ob die Zusatzausbildung ebenfalls zu den beobachteten Gruppenunterschieden beigetragen hat.

Können die Probanden bezüglich ihrer Leistung auf einem quantitativen Kontinuum (z.B. einem Leistungspunktesystem) angeordnet werden und gibt es einen festen Wert (cutting-point), der erreicht werden muß, um zur Zusatzausbildung zugelassen zu werden, so kann die Frage mit dem Regressionsdiskontinuitätsdesign beantwortet werden. Die zugrundeliegende Logik ist folgende: Wenn bei einer Regression von später erhobenen Nachtestwerten auf die zur Aufteilung benutzten Vortestwerte die Regressionsgeraden der beiden Gruppen am Kriteriumswert kontinuierlich ineinander übergehen, hatte die Maßnahme keinen Effekt; gehen die Regressionsgeraden der verschiedenen experimentellen Gruppen jedoch nicht ineinander über, sondern sind sie zueinander versetzt, so stellt der Sprung der Regressionsgeraden ein Anzeichen für die Auswirkungen der Maßnahme dar.

Der Vorteil des Regressionsdiskontinuitätsplans liegt in der kontrollierten Selektion der Gruppen. Allerdings sind Beeinträchtigungen der internen Validität durch Selektions- und Reifungsinteraktionen nicht auszuschließen. Der Kriteriumswert muß sehr genau definiert sein. Ist dies nicht der Fall, können systematische Abweichungen um den Kriteriumspunkt fälschlich für Maßnahmeneffekte gehalten werden. Ein wichtiger Nachteil des Designs ist: Verlangt werden große Stichproben; dagegen kommen gerade solche Maßnahmen, die aufgrund einer derart strengen Selektion vergeben werden, oft nur kleinen Gruppen zugute.

Versuchspläne mit unterbrochenen Zeitreihen: Eine Zeitreihe liegt vor, wenn vielfache Messungen über die Zeit hinweg vorgenommen werden. Dabei ist zu beachten: Für ein Zeitreihendesign reichen – anders als bei einem Längsschnitt – mehrere Messungen nicht aus, allein aus Gründen der statistischen Auswertung ist eine Vielzahl von Messungen (ca. 50, Petermann, 1978) erforderlich. Die Messungen können sich dabei sowohl auf die gleiche Stichprobe beziehen (z.B. wöchentliche Leistungsbewertungen einer Gruppe von Auszubildenden über ein Jahr), als auch auf strukturell ähnliche, aber unterschiedliche Gruppen (z.B. jährliche Leistungsbeurteilungen von aufeinander folgenden Gruppen von Auszubildenden über mehrere Jahrzehnte). Zeitreihenpläne entsprechen der schon vorab erwähnten Logik von Mehrfachmessungen. Sie bieten Verbesserungen der internen Validität hauptsächlich durch die Erfassung möglicher Reifungseffekte und saisonaler Trends. Gefährdet werden können sie durch zwischenzeitliche Ereignisse oder Veränderungen des Meßinstruments, z.B. wenn sich im Personalwesen die Beurteilungskriterien oder die Routinen der Mitarbeiterbeurteilung ändern.

Nicht weiter behandelt werden an dieser Stelle einfache, regressionsstatistische, pfadanalytische oder korrelationsstatische Untersuchungspläne, hier sei der interessierte Leser auf Cook und Campbell (1979) und Bungard, Holling und Schultz-Gambard (1996) verwiesen.

3.5 Wahl der Stichprobe

Mit welcher Stichprobe soll die Untersuchung durchgeführt werden, und wie ist sie zu bestimmen? Zum einen ist die Frage, ob überhaupt eine Untersuchungsstichprobe gezogen werden soll, oder ob eine Totalerhebung geplant ist, von der Größe des Unternehmens abhängig.

Meistens werden aus der Grundgesamtheit eine Stichprobe, bei zwei Stichproben je für Experimental- und Kontrollgruppe gezogen. Wie groß sollte die Stichprobe sinnvollerweise sein? Wie kann man aus der Grundgesamtheit eine repräsentative Stichprobe auswählen? Für die Stichprobengröße können keine allgemeinverbindlichen Vorgaben gemacht werden. Ein Bestimmungsmoment für die Stichprobengröße ist, die für die anschließend geplanten statistischen Auswertungsverfahren benötigte Versuchspersonenzahl, die in der Regel aber nicht allzu groß sein muß. Meist bestimmt sich die Stichprobengröße ganz pragmatisch danach, welche Stichprobengröße dem Unternehmen finanziell überhaupt vertretbar erscheint. Der interessierte Leser wird auf Bortz (1984) und Kromrey (1980) verwiesen, die diese Problematik anschaulich kompakt und übersichtlich dargestellt haben.

Mit der Auswahl der Stichprobe enden die Überlegungen und Vorbereitungen zur Untersuchungsplanung. Wie und mit welchem Verfahren die abhängigen Variablen gemessen werden sollen, kann hier nicht i.e. ausgeführt werden. Verschiedene Verfahren werden in Teil III dieses Bandes dargestellt, im übrigen kann auf die umfassende Darstellung von Bungard, Holling und Schultz-Gambard (1996) verwiesen werden. Wir wollen uns stattdessen noch einigen quasi-methodischen Problemen zuwenden, die gerade für die a.o.-psychologische Forschung von Bedeutung sind, denn mit den geschilderten Methoden der Untersuchungsplanung können noch längst nicht alle Probleme im A.O.-Bereich als zufriedenstellend behandelt betrachtet werden.

4 Grundlegende Probleme prozeßorientierter Forschung im Arbeits- und Organisationsbereich

Im historischen Rückblick wurde bereits dargelegt, daß in dem dominierenden Paradigma der A.O.-Psychologie aus der Entstehungsgeschichte heraus erklärbar eine bestimmte Einschätzung der Funktion methodischer Erhebungsinstrumente vorgezeichnet war. Aufgrund der Probleme bei der Realisierung von „klassischen" experimentellen Designs wurden deshalb im Laufe der Zeit spezifische Versuchsplanungen präferiert, die im letzten Kapitel erörtert werden.

In diesem Kapitel wollen wir uns mit der Frage beschäftigen, welche weiteren grundlegenden Probleme bei der a.o.-psychologischen Forschung im Anwendungsfeld entstehen. Zur Beantwortung dieser Frage sollen in diesem Abschnitt zwei verschiedene Aspekte näher beleuchtet werden (Bungard, 1993):

1. Wie sehen die rechtlichen Rahmenbedingungen bei Felduntersuchungen im Unterschied zur Situation im Labor aus?
2. Wie wird a.o.-psychologische Forschung in Organisationen finanziert? In diesem Abschnitt sollen insbesondere die Drittmittelforschung auf öffentlich-

rechtlicher und privatwirtschaftlicher Basis und die daraus resultierenden Konsequenzen verglichen werden.

3. Welche Rolle spielt der kulturelle Rahmen innerhalb einer Organisation, wenn dort eine a.o.-psychologische Studie durchgeführt wird?
4. Wie wirken sich grundsätzlich motivationale Prozesse im Feld aus?

ad 1: Innerbetriebliche Barrieren

Im Prinzip muß jede Untersuchung von Arbeitgeberseite und vom Betriebsrat genehmigt werden (s.a. Uertz in diesem Band). Deshalb müssen zu Beginn einer Studie die Zielsetzung, der Untersuchungsplan und die konkrete Durchführung offengelegt werden, so können diese Informationen über Vertrauensleute oder Führungskräfte in Windeseile im Betrieb „durchsickern". Überdies können bei relevanten Fragestellungen die Forscher mit ihrem Anliegen mitten in innerbetriebliche Konflikte hineingezogen werden, im Falle einer eindeutigen Parteinahme können sie nicht mit einer Genehmigung durch die entsprechende „Gegenseite" rechnen. Eine „neutrale" Position läßt sich in vielen Fällen aber auch nicht aufrechterhalten. So kann häufig eine Studie aufgrund betriebsinterner Querelen nicht realisiert werden, denn das Genehmigungsverfahren wird zum Schauplatz für andere Konfliktfelder umfunktioniert. Oder aber eine Studie muß derartig modifiziert werden, z.B. durch Aussonderung potentiell „gefährlicher" Fragen in einem Fragebogen, daß vom ursprünglichen Vorhaben nicht mehr allzuviel übrig bleibt.

Angesichts der potentiellen Möglichkeit, a.o.-psychologische Forschungsergebnisse zur Durchsetzung bestimmter innerbetrieblicher Positionen zu mißbrauchen, und aufgrund der Skepsis hinsichtlich der negativen Auswirkungen solcher Studien für die Betroffenen ist die konsequente Kontrolle der wissenschaftlichen Aktivitäten von Forschern durch die Tarifpartner oder sonstige innerbetriebliche Instanzen auch wieder verständlich. Die Kehrseite der Medaille muß aber auch gesehen werden: Der oft mühselige und strapaziöse Gang durch die Bürokratie und die verschiedenen Entscheidungsinstanzen läßt so manches interessante Projekt scheitern, weil der „Anwendungs-Forscher" entmutigt seine (methodischen) Waffen streckt und entweder auf Felder mit minimaler tarifpolitischer Brisanz ausweicht oder in eine sterile Simulations- und Laborwelt „zurückkehrt", wo er sich im Zweifelsfalle ohnehin besser auskennt, wissenschaftlich „sauberer" arbeiten kann und von „lästigen" Paragraphen nicht weiter verfolgt wird.

ad 2: Barrieren der Drittmittelforschung: öffentlich-rechtliche versus privatwirtschaftliche Förderung

A.O.-psychologische Forschung im Anwendungsfeld setzt nicht nur voraus, daß die Betroffenen eine derartige Studie genehmigen, sie muß auch auf der Basis ausreichender finanzieller Mittel durchgeführt werden können. Die zur Verfügung stehenden Konten der Universitätseinrichtungen reichen in der Regel nur zur

Abdeckung der „berühmten" Portokosten: Die nicht-materiellen Ressourcen in Form von Diplomanden und Doktoranden sind ebenfalls begrenzt. Zur Finanzierung von Projekten ergeben sich grundsätzlich zwei Wege, nämlich einmal die Beantragung von Projekten bei öffentlich-rechtlichen Institutionen, wie z.B. bei der Deutschen Forschungsgemeinschaft (DFG) oder beim Bundesministerium für Forschung und Technologie (BMFT), und zum anderen die Durchführung von Auftragsforschung in direkter Absprache mit Organisationen, also privatwirtschaftliche Förderung.

Was die öffentlich-rechtliche Förderung betrifft, so ist die Anwerbung von Drittmittelgeldern bislang häufig auf einige spezifische Schwierigkeiten gestoßen. Bei der Bewilligung von Mitteln sollten die Zielsetzung der beantragten Studie klar definiert und die Operationalisierung der Variablen sowie das Untersuchungsdesign im vorhinein mehr oder weniger festgelegt sein. Primär explorativ ausgerichtete Projekte können daher nur schwerlich die Bewilligungshürden nehmen. Das vorhandene a.o.-psychologische Wissen wird in diesen Fällen in einem enggesteckten Rahmen tendenziell eher reproduziert und bestenfalls auf „neue" Fragestellungen angewendet.

Genau die Kriterien, die die Wahrscheinlichkeit einer positiven Bewertung durch das Gutachtergremium der öffentlich-rechtlichen Institutionen erhöhen, sind aber jene, die die Zustimmung einer Organisation zur Durchführung einer Studie in ihrem Bereich in Frage stellen. Unternehmen sind eher daran interessiert, ein Projekt zu ermöglichen, bei dem neuartige Phänomene analysiert werden, um daraus u.U. konkrete Handlungsanweisungen ableiten zu können. Die genauen Ziele einer Untersuchung sind dabei zu Beginn eher unklar, sie erfahren erst im Laufe der Studie ihre Präzisierung. Nicht allgemeine, gerade von ihrem eigenen Unternehmen abstrahierende, sondern spezifische, auf konkrete Situationen sich beziehende Studien werden präferiert. Die methodische und damit wissenschaftliche Kompetenz wird weniger hinterfragt, aber die Relevanz der Untersuchungsthematik und die praktischen Konsequenzen müssen unmittelbar erkennbar sein. Wie immer man diese Vor- und Nachteile der verschiedenen Finanzierungsmöglichkeiten werten mag, fest steht, daß gerade die A.O.-Psychologie aufgrund der forschungspolitischen Rahmenbedingungen und wegen der Notwendigkeit enger Kooperationen mit Organisationen auf direkte Auftragsforschung nicht verzichten kann. Die Ausschaltung der verschiedenen Gefahrenquellen wird dabei mit institutionalisierten Kontrollen und Regelungen nur zum Teil gelingen, demgegenüber sind hier in erster Linie das Verantwortungsbewußtsein und die ethisch-moralische Einstellung des Forschers gefordert.

ad 3: Kultureller Rahmen
Geht man als Forscher in ein Anwendungsfeld, so tritt man in den meisten Fällen in einen „neuen" sozialen Kontext ein, der durch eigene Normen, Werte, Sichtwei-

sen und durch seine eigene Sprache gekennzeichnet ist. Diese soziologische „Selbstverständlichkeit" ist unter dem Stichwort „Organisationskultur" auch für den Bereich der A.O.-Psychologie entdeckt worden (Neuberger & Kompa, 1987). Unter dieser Perspektive lassen sich für die in diesem Beitrag zu diskutierenden methodischen Probleme einige wichtige Konsequenzen nennen.

A.O.-psychologische Untersuchungen verfolgen häufig das Ziel, das Verhalten und/oder die Einstellungen von Organisationsmitgliedern zu analysieren, dazu aber müssen Forscher und zu untersuchende Personen in einen Dialog eintreten, um mit Hilfe entsprechender verbaler Äußerungen die Situationswahrnehmungen und -strukturierungen, die subjektiv empfundenen Belastungen usw. erfassen zu können. Bei diesen Kommunikationsprozessen können sich jedoch, wie wir aus der Interviewforschung wissen, erhebliche Schwierigkeiten ergeben, weil man eine generelle semantische Äquivalenz der Begriffe bei den Gesprächspartnern nicht unterstellen kann.

Der Forscher bzw. Interviewer muß also die Organisation, insbesondere die organisationsspezifische Terminologie bzw. kognitiven Schemata, „Sprachspiele", Bezugssysteme usw. kennen, wenn er seine Forschung sinnvoll durchführen will. Gruppenspezifische oder organisationsspezifische Skalen oder Befragungsinstrumente, die unter diesem Gesichtspunkt eigentlich eingesetzt werden müßten, sind nur sehr selten entwickelt worden. Der Vergleich verschiedener Gruppen von Betroffenen wäre im übrigen bei einem solchen Vorgehen nicht unproblematisch, weil die verwendeten Instrumente dann nicht identisch und damit nicht vergleichbar wären. Die bisherige Strategie, das gleiche Instrument in verschiedenen Organisationen und bei völlig verschiedenen Arbeitsplätzen einzusetzen, ist aber fragwürdig: Empirisch nachgewiesene Differenzen bezüglich bestimmter Phänomene, z.B. zwischen Lohnempfängern und Angestellten, zwischen verschiedenen Hierarchieebenen oder zwischen verschiedenen Organisationstypen könnten sich als Manifestationen unterschiedlicher semantischer Konnotationen entpuppen.

Interpretationsprobleme ergeben sich aber nicht nur bei direkten Kommunikationsprozessen, wie z.B. bei Interviews, sondern in Analogie zur ethnologischen Forschung muß auch bei „nicht-interaktiven" Beobachtungsstudien mit Verzerrungen gerechnet werden. Bekanntlich werden die beobachteten Phänomene vor dem Hintergrund der eigenen kulturellen Selbstverständlichkeiten selektiv verarbeitet. Bei interkulturellen Vergleichen ist dieses Problem evident. Diese Schwierigkeiten sind aber bei intrakulturellen und damit auch bei organisationsspezifischen Studien nicht so offensichtlich. Der aus dem universitären Milieu kommende Forscher könnte z.B. bei der Wahrnehmung und Klassifikation des Führungsverhaltens eines Vorgesetzten in einer anderen Organisation ebenfalls in Abhängigkeit von seinem Bewertungsmuster ausgehen und somit möglicherweise, ebenso wie ein unerfahrener Ethnologe, die Situation falsch interpretieren. Bleibt also festzuhalten: Bei heterogenen Zielgruppen im Rahmen verschiedener kultureller Kontexte ist die Anwendung standardisierter „situationsunabhängiger" Befragungs- und Beobachtungsinstrumente problematisch.

ad 4: Motivationale Prozesse

Forschung im Anwendungsfeld der A.O.-Psychologie setzt – abgesehen von der Adäquatheit des Instruments – weiterhin voraus, daß die potentiellen Untersuchungspersonen tatsächlich auch bereit sind, die ihnen zugedachte Rolle zu übernehmen. D.h. sie müssen motiviert sein, aktiv an einer wissenschaftlichen Befragung oder Beobachtungsstudie teilzunehmen. Die in der Grundlagenforschung in der Regel verwendete Studentenpopulation ist auch unter diesem Gesichtspunkt eher unproblematisch. Studierende müssen z.B. im Rahmen ihres Psychologiestudiums die vorgeschriebenen „Versuchspersonen-Stunden" absolvieren, und außerdem sind sie häufig auch neugierig, was in einem Experiment auf sie zukommt (mit all den methodischen Schwierigkeiten, die sich aus dieser spezifischen Motivationslage im Hinblick auf die Validität der Befunde ergeben). Warum aber sollte in der Arbeitswelt jemand an einer a.o.-psychologischen Studie teilnehmen? Abgesehen von der durch organisatorische Bedingungen bewirkten hohen Ausfallquote (Schichtwechsel, Kurzarbeit, Urlaub u.v.m.) sehen viele Betroffene den Sinn mancher Untersuchungen nicht ein und verweigern ihre Teilnahme. Sie wissen vor allem nicht, welche „Datenträger-Rolle" ihnen zugedacht ist. Das ganze Unterfangen hat aus ihrer Sicht nur dann einen nachvollziehbaren Sinn, wenn die jeweiligen Arbeitsplätze mit ihren spezifischen Eigenarten analysiert werden, um konkrete Schlußfolgerungen und vor allem Konsequenzen zu ziehen. Untersuchungen mit dem Ziel, gerade situationsunabhängige Aussagen aufzustellen, bei denen also auf die Besonderheiten der Situation des Befragten keine Rücksicht genommen werden kann, sind für die Betroffenen praxisfern, „akademisch" und nicht motivierend, den Forschern bereitwillig Auskunft zu erteilen. Entsprechend oft trifft man bei der Suche nach Freiwilligen auf solche Personen, die irgendwann einmal bereits Versuchsperson bei einer Studie gewesen sind und sich aufgrund dieser Erfahrungen weigern, noch einmal bei einem solchen Unterfangen mitzumachen. Die Skepsis ist weitverbreitet, Verweigerungsquoten von über 50 % sind keine Seltenheit.

Im Zusammenhang mit diesen Überlegungen stellt sich ein weiteres typisches „Anwendungsproblem": Die den Studenten zur Erhöhung der Teilnahmemotivation in der Regel zugesicherte Anonymität der Untersuchung ist bei Studien innerhalb von Organisationen oft unmöglich und im übrigen auch unglaubwürdig. Der Forscher bzw. Interviewer findet also wenig Verständnis bei den Probanden, wenn die genaue Fragestellung der Untersuchung nicht offen vor Beginn dargelegt wird. Das in der Grundlagenforschung mit Studenten gelegentlich praktizierte Ritual, mit Hilfe theaterreifer Inszenierungen die wahre Absicht des Versuchsleiters zu verbergen, greift in der Praxis nicht. Täuschungsmanöver reduzieren nicht die Reaktivitätseffekte, im Gegenteil, sie erhöhen sie und führen oft zur Teilnahmeverweigerung.

Erschwerend kommt noch hinzu, daß geplante Untersuchungen meistens mit ähnlichen Bemühungen von Arbeitsplatzbewertern, Refa-Spezialisten, industrial engineers oder Erhebungen seitens der Personalabteilung in Verbindung gebracht werden. Langjährige Erfahrungen mit diesen Instanzen haben die Betroffenen gelehrt, sich besonders vorsichtig und zurückhaltend zu verhalten, da voreilige Offenbarungen sich häufig in unerwünschten administrativen Regelungen und Rationalisierungsmaßnahmen ausgewirkt haben. Werden z.B. belastungsreduzierende Veränderungen am Arbeitsplatz preisgegeben, können in der Lohntüte postwendend die Erschwerniszulagen wegfallen.

Hinter einer a.o.-psychologischen Untersuchung wird weiterhin fast immer ein Interesse der Geschäftsleitung vermutet, die ja der Untersuchung zugestimmt haben muß. Die spezifische Reaktivität im Sinne eines „Auftraggebereffekts" ist dadurch vorprogrammiert. Aus der Perspektive der Probanden wird in diesem Kontext nicht zwischen Geschäftsleitung, Personalabteilung und Forschern aus einer Universität differenziert, sie alle repräsentieren zusammen die „Bürokratie".

Welche Konsequenzen können aus diesen Überlegungen gezogen werden?

Der Einfluß des kulturellen Rahmens kann bei entsprechendem Aufwand prinzipiell berücksichtigt werden, obwohl die Grundpfeiler des klassischen Paradigmas gerade diesen Aspekt eher ausklammern. Eine Einstellungsskala wird ja gerade als ein situationsunabhängiges, item- und faktorenanalytisch konstruiertes Instrument konzipiert.

Schwerer auszuklammern bzw. zu kontrollieren sind aber die zuvor beschriebenen kognitiven bzw. motivationalen Effekte. Sie sind nicht als Störfaktoren eliminierbar, sondern müßten eigentlich als zentrale Variablen mit in die theoretischen und methodischen Überlegungen einbezogen werden. Nun wurde in der bisherigen Darstellung vielleicht der Eindruck erweckt, als wenn diese motivationalen Auswirkungen lediglich in der Feldsituation virulent wären. Zahlreiche Forschungsergebnisse im Zuge der Reaktivitätsforschung haben seit einigen Jahrzehnten eindeutig belegt, daß analog die gleichen Prozesse sehr wohl auch im Labor wirksam sind. Gleichwohl wird der Mythos immer wieder aufrechterhalten, daß im Labor besser geforscht werden könnte, weil lästige Störgrößen kontrollierbar seien. Das Gegenteil ist in vielen Laborstudien der Fall. Die Lösung des Problems muß also offensichtlich grundsätzlicher angegangen werden.

Literatur

Bortz, J. (1984). *Lehrbuch der empirischen Forschung*. Berlin: Springer.

Bredenkamp, J. (1969). Experiment und Feldexperiment. In C. F. Graumann (Hrsg.), *Sozialpsychologie* (Handbuch der Psychologie, Band 7, S. 332-364). Göttingen: Hogrefe.

Bungard, W. (1984). *Sozialpsychologische Forschung im Labor: Ergebnisse, Konzeptualisierungen und Konsequenzen der sogenannten Artefaktforschung*. Göttingen: Hogrefe.

Bungard, W. (1993). Probleme anwendungsbezogener organisationspsychologischer Forschung. In H. Schuler (Hrsg.), *Lehrbuch der Organisationspsychologie* (S. 107-128). Bern: Huber.

Bungard, W., Holling, H. & Schultz-Gambard, J. (1996). *Methoden der Arbeits- und Organisationspsychologie*. Weinheim: Psychologie Verlags Union.

Campbell, D. T. (1969). Reforms as experiments. *American Psychologist, 24* , 409-429.

Campbell, D. T. & Stanley, J. C. (1963). Experimental and quasi-experimental designs for research on teaching. In L. A. Gage (Ed.), *Handbook of research on teaching* (pp. 71-246). Chicago: Rand McNally.

Cook, T. D. & Campbell, D. T. (1976). The design and conduct of quasi-experiments and true experiments in field settings. In M. Dunette (Ed.), *Handbook of industrial and organisational psychology* (pp. 223-623). Chicago: Rand McNally.

Cook, T. D. & Campbell, D. T. (1979). *Quasi-Experimentation. Design and analysis issues for field settings*. Chicago: Rand McNally.

Esser, H. (1975). Zum Problem der Reaktivität bei Forschungskontakten. *Kölner Zeitschrift für Soziologie und Sozialpsychologie, 27*, 257-272.

Esser, H. (1975). *Soziale Regelmäßigkeiten des Befragtenverhaltens*. Meisenheim: Hain.

Herrmann, Th. (1979). *Psychologie als Problem*. Stuttgart: Klett-Cotta.

Holzkamp, K. (1986). Die Verkennung von Handlungsbegründungen als empirische Zusammenhangsannahmen in sozialpsychologischen Theorien: Methodologische Fehlorientierung infolge von Begriffsverwirrung. *Zeitschrift für Sozialpsychologie, 17*, 216-283.

Irle, M. (1978). Ethische Probleme der Anwendung sozialpsychologischer Theorien in empirischer Forschung und in der Praxis. In M. Irle (Hrsg.), *Kursus der Sozialpsychologie, Teil 3* (S. 583-593). Darmstadt: Luchterhand.

Kromrey, H. (1980). *Empirische Sozialforschung. Modelle und Methoden der Datenerhebung und Datenauswertung*. Opladen: Leske und Budrich.

Lösel, F. & Nowack, W. (1987). Evaluationsforschung. In J. Schultz-Gambard (Hrsg.), *Angewandte Sozialpsychologie. Konzepte, Ergebnisse, Perspektiven* (S. 57-87). Weinheim: Psychologie Verlags Union.

Mertens, W. (1975). *Sozialpsychologie des Experiments. Das Experiment als soziale Interaktion*. München: Ehrenfried.

Petermann, F. (1978). *Veränderungsmessung*. Stuttgart: Kohlhammer.

Popper, K. R. (1935). *Die Logik der Forschung*. Tübingen: Mohr.

Roethlisberger, F. S. & Dickson, W. J. (1939). *Management and the worker*. Cambridge, Mass.: Harvard University Press.

44 Die Rolle der Arbeits- und Organisationspsychologen

Ulrich Winterfeld

1 Einleitung

Derzeit gibt es in der Bundesrepublik Deutschland ca. 4.500 Diplom-Psychologinnen und Psychologen, die im Bereich der Arbeits-, Betriebs- und Organisationspsychologie (ABO-Psychologie) tätig sind. Da es rund 35.000 berufstätige Diplom-Psychologinnen und -Psychologen gibt, so geht es im folgenden um 13 % des gesamten psychologischen Tätigkeitsbereichs. Nach einer Untersuchung der Sektion ABO im Berufsverband Deutscher Psychologen/BDP (Methner, 1988) auf der Basis von N = 622 Befragungen mit Hilfe eines Fragebogens gibt es in diesem Bereich die in Tabelle 1 angegebenen Tätigkeitsfelder. Nach einer neueren Untersuchung sind 30 % aller ABO-Psychologen freiberuflich tätig, 56 % angestellt/beamtet und 11 % teilweise freiberuflich und teilweise angestellt tätig (Schorr, 1991). Bei den Angestellten und Beamten verteilen sich die Arbeitgeber wie in Tabelle 2 angegeben.

Tabelle 1
Tätigkeitsfelder der Arbeits- Betriebs- und Organisationspsychologen (Angaben in Prozent, Mehrfachnennungen möglich)

Tätigkeitsfeld	
Aus-, Fort-, Weiterbildung/Training	52
Personalauswahl	45
Organisationsentwicklung	38
Personalentwicklung	31
Klinische Betriebspsychologie	18
Forschung und Lehre	15
Arbeitsgestaltung	13
Berufliche Rehabilitation	12
Berufsausbildung	9
Arbeits- und Gesundheitsschutz	5

Im ABO-Bereich sind zu 71 % Männer tätig, zu 29 % Frauen. Der monatliche Bruttoverdienst liegt im ABO-Bereich 43 % über dem im klinischen Bereich und 79 % über dem im Bereich der pädagogischen und Schulpsychologie (Schorr, a.a.O.). Derzeit haben rund 10 % aller Psychologiestudentinnen und -studenten ABO-Psychologie im zweiten Studienabschnitt als Vertiefungsfach gewählt. Die Arbeitslosenrate von Diplom-Psychologinnen und -Psychologen mit dem Arbeitsschwerpunkt ABO dürfte deutlich niedriger sein als in anderen psychologischen Bereichen.

Tabelle 2
Arbeitgeber der Arbeits- Betriebs- und Organisationspsychologen (Angaben in Prozent)

Arbeitgeber	
Unternehmens- und Personalberatungen	31
Industrie, Banken, Versicherungen	27
Bildungswesen und Forschung	20
Öffentlicher Dienst	11
Sonstige	11

2 Tätigkeitsfelder und Aufgaben

Eine systematische Analyse der Tätigkeiten von ABO-Psychologen gibt es noch nicht. Wenn man die Programme der Fachtagungen der Sektion ABO im BDP seit 1980 und die Praxisbeiträge in der Zeitschrift für Arbeits- und Organisationspsychologie seit 1990 analysiert, ergeben sich die im Anhang genannten konkreten Aufgaben in verschiedenen Tätigkeitsfeldern. Die Auflistung zeigt die Vielfältigkeit ABO-psychologischer Arbeitsgebiete. Rein quantitativ dürften *Personalauslese* und *Personalförderung* sowie Bildungsarbeit weiterhin die Hauptaufgabengebiete sein, aber andere Bereiche wie *Arbeitsgestaltung, Gesundheitsförderung* usw. treten immer stärker in den Vordergrund, was insbesondere an Kongreßbeiträgen ablesbar ist.

2.1 ABO-Psychologen in der gewerblichen Wirtschaft

Rund die Hälfte aller ABO-Psychologen sind in Unternehmen der gewerblichen Wirtschaft als Angestellte tätig. Früher gab es den „klassischen Betriebspsychologen" bzw. die „Betriebspsychologische Abteilung" als Stabsstelle im Geschäftsbereich des Personalvorstandes bzw. des Arbeitsdirektors, die für alle psychologischen Fragen im Betrieb zuständig war. Heute sind ABO-Psychologen in die einzelnen Unternehmensbereiche integriert – und zwar vor allem in die Bereiche
– Personalwesen, Bildungswesen und Personalentwicklung,
– Arbeitsgestaltung und Organisationsentwicklung,
– Sozialberatung.

Darüber hinaus sind ABO-Psychologen noch in den Bereichen *Arbeits- und Gesundheitsschutz, Umweltschutz, Qualitätskontrolle* tätig – allerdings in weitaus geringerem Maße. In einigen Unternehmen haben inzwischen Psychologen die *Leitung* des Personalwesens, der Personalentwicklung, der betrieblichen Bildung sowie der Organisationsentwicklung übernommen. Einige Psychologen sind insbesondere über den Personalbereich in *Führungspositionen* bis zur Vorstandsebene aufgestiegen. In Beratungsunternehmen (Personalberatungen bzw. allgemeine Unternehmensberatungen) sind Psychologen in zumeist interdisziplinären Beratungsteams mit Wirtschaftswissenschaftlern, Technikern, Juristen usw. tätig – sowohl national als auch vermehrt international. Psychologen sind hier als Leiter der Beratungsteams tätig bzw. als Niederlassungsleiter, aber auch in die Geschäftsleitungen aufgestiegen.

2.2 ABO-Psychologen im Öffentlichen Dienst

Der größte Arbeitgeber im ABO-Bereich ist die Bundesanstalt für Arbeit. Dort sind derzeit über 430 Diplom-Psychologen tätig. Das heißt: In jedem Arbeitsamt gibt es mindestens einen Diplom-Psychologen. Die Aufgaben bestehen in der Mitwirkung bei der *Berufsberatung*, der *Beratung bei Aus-, Fort- und Weiterbildungsmaßnahmen* sowie bei *Rehabilitationsmaßnahmen* und *Umschulungen*. Der zweitgrößte Arbeitgeber ist die Bundeswehr mit derzeit rund 170 Diplom-Psychologen. Sie arbeiten in den Zentren für *Nachwuchsgewinnung* (früher Freiwilligenannahmestellen), in der *Eignungsdiagnostik* (z.B. bei Piloten), in den Bereichen *Ergonomie*, in der *Flug-* und *Schiffahrtspsychologie* sowie in den Bundeswehrkrankenhäusern. In den Städten, Ländern, in Bundesbehörden und Ministerien gibt es kaum ABO-Psychologen mit Ausnahme von Forschungsanstalten des Bundes (z.B. Bundesanstalt für Arbeitsschutz und Arbeitsmedizin). Kommunale und staatliche Institutionen lassen sich bei Personaleinstellungen, Organisationsentwicklungsmaßnahmen usw. in aller Regel von freiberuflichen ABO-Psychologen beraten. Darüber hinaus gibt es noch Psychologenstellen bei den Berufsgenossenschaften und anderen Trägern der gesetzlichen Arbeitsunfallversicherung. Dort sind ABO-Psychologen im Bereich der *Prävention von Arbeitsunfällen* und *Berufskrankheiten* tätig. Nur in einigen wenigen Großstädten gibt es ABO-Psychologen in der Personalverwaltung.

2.3 Freiberufliche ABO-Psychologen

Derzeit dürfte es in Deutschland rund 1.500 freiberufliche ABO-Psychologen geben. Sie arbeiten entweder als Einzelpersonen freiberuflich, haben sich zu mehr oder weniger engen Arbeitsteams und Netzwerken zusammengeschlossen oder eigene Firmen mit angestellten Mitarbeitern gegründet. Sofern ABO-Psychologen eigene Arbeitsorganisationen (z.B. Firmen) gegründet haben, sind drei Formen zu unterscheiden:

– *Gesellschaften mit beschränkter Haftung (GmbH)*: Hier mußte von den Gesellschaftern ein Eigenkapital von mindestens DM 50.000,- erbracht werden. ABO-Psychologen sind Beschäftigte der GmbH bzw. Geschäftsführer. Die Anteilseigner/Gesellschafter haften nur bis zur Höhe des Einlagekapitals.

– *Gesellschaften nach dem Bürgerlichen Gesetzbuch (BGB)*: In diesen Gesellschaften sind alle Mitarbeiter weiterhin freiberuflich Tätige; die BGB-Gesellschaft ist also vergleichbar mit einer Praxisgemeinschaft, bei der die Angehörigen z.B. für allgemeine Bürokosten gemeinsam aufkommen. Die Mitglieder der BGB-Gesellschaft müssen kein gemeinsames Grundkapital aufbringen, sie haften dafür mit ihrem gesamten Privatvermögen.

– *Eingetragene Vereine*: Hier handelt es sich in der Regel um gemeinnützige Vereine, die ABO-Leistungen (z.B. Gesundheitsberatung) anbieten, aber nur in begrenztem Maße wirtschaftlichen Tätigkeiten nachgehen dürfen. Sie sind laut Satzung primär für ihre Mitglieder tätig; hier sind ABO-Psychologen Angestellte des Vereins.

Alle dem Autor bekannten Vereinigungen der o.g. drei Formen im ABO-Bereich haben durchschnittlich zwei bis drei ABO-Psychologen als Mitarbeiter. Bei besonderen oder größeren Aufträgen werden weitere Freiberufler für einen begrenzten Zeitraum zur Mitarbeit engagiert. Größere Firmen im ABO-Bereich gibt es kaum, es sei denn Personalberatungsgesellschaften oder Unternehmensberatungen, die in der Regel interdisziplinär arbeiten.

Soweit es sich um kleinere ABO-Arbeitsorganisationen oder um einzelne freiberuflich Tätige handelt, stehen folgende Aufgaben im Vordergrund:

– Aus-, Fort- und Weiterbildung,
– Personalentwicklung,
– Organisationsentwicklung.

Größere Firmen befassen sich darüber hinaus mit Personalrekrutierung oder Organisationsentwicklungsmaßnahmen in größeren Unternehmensbereichen. Ein erheblicher Teil aller freiberuflich tätigen ABO-Psychologen (schätzungsweise mindestens ein Drittel) sind neben ihrer freiberuflichen Tätigkeit entweder bei einer Firma, einer Organisation, einer staatlichen oder kommunalen Einrichtung noch zeitweise (z.B. halbtags) angestellt. Viele ABO-Psychologen sind in mehreren Bereichen freiberuflich tätig. Hier ist insbesondere der klinische Bereich zu nennen. Es gibt z.B. niedergelassene psychologische Therapeuten, die auch ABO-Leistungen (z.B. Coaching von Führungskräften) anbieten.

3 Berufliche Stellung von ABO-Psychologen

Sowohl in der gewerblichen Wirtschaft als auch im Öffentlichen Dienst gibt es viele Firmen/Dienststellen, in denen es nur einen Psychologen gibt. Diese sind in der Regel – sofern es sich nicht um eine klassische betriebspsychologische Stabsstelle handelt – der jeweiligen Abteilungsleitung unterstellt. Im Personalbereich sind dies überwiegend Juristen und Wirtschaftswissenschaftler, im Bereich der Arbeitsgestaltung aber auch Diplomingenieure und Naturwissenschaftler. In den Bereichen Personal und Bildung haben ABO-Psychologen durchaus die Möglichkeit, Leitungsfunktionen zu übernehmen, insbesondere dann, wenn sie sich in *Arbeitsrecht, Personalwesen* usw. weitergebildet haben. Prinzipiell besteht für ABO-Psychologen keine Karrierebeschränkung, wenn auch in den Augen der Vorgesetzten oft andere akademische Ausbildungen (z.B. ein Jurastudium) dazu eher prädestinieren. In Anbetracht der geringen Zahl von ABO-Psychologen gibt es hier jedoch beachtliche Karrieren bis hin in Firmenvorstände oder im Öffentlichen Dienst bis hin zu Behördenleitungen. Weitaus seltener sind rein oder überwiegend psychologische Abteilungen, die dann wiederum von einem ABO-Psychologen geleitet werden. Solche Abteilungen gibt es nur in größeren Firmen, z.B. im Bereich der Personalentwicklung, Organisationsentwicklung, aber auch der Führungskräftebetreuung. Sofern sich ein ABO-Psychologe nicht weiterbildet und neue, auch nicht-psychologische Arbeitsfelder übernimmt, besteht die Gefahr, daß er als Spezialist in einer „Nische" verharrt, die seinen beruflichen Aufstieg erschwert.

4 Perspektiven

Es gibt sowohl im gewerblichen Bereich als auch im Öffentlichen Dienst drei Tendenzen, die den Arbeitsmarkt im ABO-Bereich stark tangieren:
– Umstrukturierung von Unternehmen mit dem Ziel größerer wirtschaftlicher Effizienz.
– Stärkere Qualifizierung und Betreuung von Mitarbeitern.
– Verstärkte Bemühungen um mehr Gesundheit am Arbeitsplatz.

Umstrukturierungsmaßnahmen in Unternehmen insbesondere unter dem Gesichtspunkt höherer Produktivität und Qualität enthalten zahlreiche arbeits- und organisationspsychologische Fragestellungen. Daher ist es nicht verwunderlich, daß gerade in der heutigen Zeit der Bedarf an psychologischer Beratung und Unterstützung zunimmt. Das gilt besonders, wenn die betroffenen Mitarbeiterinnen und Mitarbeiter selbst in Planung und Realisierung der Maßnahmen einbezogen werden. Auch die Übernahme neuer Tätigkeiten, höherer Verantwortung (Lean-management), größere persönliche und berufliche Flexibilität (z.b. hinsichtlich des Einsatzortes) bedürfen permanenter fachpsychologischer Begleitung.

Wenn immer weniger Mitarbeiterinnen und Mitarbeiter immer mehr leisten sollen, dann ergeben sich zunächst für die Betroffenen höhere Anforderungen und damit auch höhere Belastungen. Hier wird psychologische Unterstützung immer stärker nachgefragt in bezug auf spezifische Qualifikationsmaßnahmen und auf die Verbesserung der Motivation zur lebenslangen Fort- und Weiterbildung. Auch die psychologische Betreuung von „Leistungsträgern" (z.B. Coaching von Führungskräften) erlangt immer größere Bedeutung. Unter diesen Entwicklungen sind Mitarbeiterinnen und Mitarbeiter in verantwortungsvollen Stellungen auf allen Ebenen (d.h. vom Facharbeiter bis hin zum Vorstandsmitglied) für den Betrieb wesentliche Ressourcen. Diese gilt es zu erhalten und zu pflegen. Psychologische Ansätze zur Gesundheitsförderung im Betrieb sowie zum Abbau arbeitsbedingter Gesundheitsgefahren (z.B. Streß) finden immer größere Beachtung. Gesundheit wird inzwischen auch in der Industrie nicht mehr als eine rein medizinische Fragestellung angesehen. Fehlzeiten, Alkoholmißbrauch, Burnout, aber auch Workoholiks sind Phänomene, deren Lösung man zunehmend der Psychologie zutraut.

Fazit: Derzeit bekommt noch jeder Studienabgänger mit Studienschwerpunkt ABO und qualifizierter universitärer Ausbildung mit praxisrelevanter Diplomarbeit eine Stelle. Die Aufstiegschancen waren in den vergangenen zehn Jahren in diesem Bereich relativ gut. Wenn in den nächsten Jahren wahrscheinlich jährlich ca. 250 Diplom-Psychologen mit dem Studienschwerpunkt ABO ihr Studium beenden, wird es jedoch ohne die Erschließung neuer Arbeitsfelder Schwierigkeiten auf dem Arbeitsmarkt geben.

Um die Arbeitsmarktchancen der Berufsanfänger und insgesamt den Qualitätsstandard ABO-psychologischer Leistungen zu verbessern, hat die Föderation Deutscher Pschologen-Vereinigungen (ein Zusammenschluß von Deutscher Gesellschaft für Psychologie und Berufsverband) 1996 eine *Weiterbildungsordnung* für Arbeits- und Organisationspsychologie beschlossen. Voraussichtlich ab 1998 werden von einigen Universitäten in Zusammenarbeit mit Praxiseinrichtungen zweijährige Weiterbildungsgänge angeboten, die berufsbegleitend absolviert werden können und mit einer *Zertifizierung* enden.

Literatur

Methner, H. (1988). Arbeitssituation und Tätigkeitsfelder von Arbeits- und Betriebspsychologen. In H. Methner & A. Gebert (Hrsg.), *Arbeits- und Betriebspsychologie – Verantwortung und Leistung*, S. 293 ff. Bonn: Deutscher Psychologen-Verlag.

Schorr, A. (1991). Psychologen im Beruf. Bonn: Deutscher Psychologen-Verlag.

Anhang: Aufgaben in Tätigkeitsfeldern von ABO-Psychologen

Aus-, Fort- und Weiterbildung / Training

- Leitung des Bildungsbereichs
- Bildungsbedarfsplanung
- Bildungsmarketing
- Bewerbertraining
- Planspiele
- Medien, Videokonferenzen
- Führungskräfte
- Meister
- Sekretärinnen
- Azubis

Personalauswahl

- Anforderungsanalysen, Anforderungsprofile (z.B. Manager)
- Personalmarketing, Anzeigen
- Analyse von Personalentscheidungen
- Eignungstests, Computersimulation, Testdatenbanken
- ACs
- Einstellungsinterviews
- Test-Training von Nicht-Psychologen
- Führungskräfteauswahl
- Berufswahl, Berufserfolg
- Kreativität
- Mobilität
- Internationaler Führungskräftevergleich
- Auslandseinsatz

Organisationsentwicklung

- Unternehmenskultur, Unternehmensphilosophie, Corporate Identity
- Leanmanagement, Leanproduction
- Qualitätssicherung, Qualitätsmanagement, ISO 9000
- Qualitätszirkel
- Führungsverhalten, Vorgesetztenbeurteilung
- Betriebsklima, Mitarbeiterbefragungen
- Organisationsberatung, Unternehmensberatung
- Teamentwicklung
- Mitarbeiterbeteiligung bei OE-Prozessen
- Prozeßbegleitung
- Outsourcing
- Outplacement

Personalentwicklung

- Personalbedarfsanalyse
- Personalressourcen
- Personalbeurteilungen
- Nachwuchsförderung
- Laufbahnberatung
- Arbeitszufriedenheit, Fehlzeiten, Fluktuation
- Mitarbeitergespräche
- Entlohnung, Vergütungssysteme
- Führungsstil und Führungsverhalten
- Coaching
- Interkulturelles Management
- Management, Führungskräfte
- Frauenförderung
- Neue Mitarbeiter

Klinische Betriebspsychologie

- Sozialberatung
- Alkohol
- Drogen und Aidsprävention
- Burnout

Arbeitsgestaltung

- Neue Technologien, Zukunft der Arbeit, Innovation
- Tätigkeitsanalyse, Arbeitsbelastung, Streß
- Ergonomie (Geräte, Software)
- Arbeitsorganisation
- Neustrukturierung von Fertigungen, Gruppenarbeit, flexible Fertigungssysteme
- Arbeitszeitgestaltung
- Büroarbeitsplätze

Berufliche Rehabilitation

- Rehabilitation Unfallverletzter
- Behinderte
- Umschulung Arbeitsloser

Arbeits- und Gesundheitsschutz

– Unfallanalysen
– Sicherheitsdiagnose, Audits
– Analyse von Belastungen, Beanspruchungen, Gefährdungen
– Risikoverhalten
– Motivation, Einstellungen zum Arbeitsschutz
– Sicherheitsmanagement
– Arbeitsschutzregelungen
– Betriebliche Arbeitsschutzmaßnahmen
– Gesundheitsförderungsprogramme
– Ausbildung (z.B. Sicherheitsfachkräfte)
– Umweltschutz
– Umweltzirkel

Sonstiges

– Arbeitslosigkeit
– Arbeit und Freizeit, Familie
– ABO-Berufspolitik (Marketing, Anforderungen, Auftragsvergabe)

45 Zur Ethik arbeits- und organisationspsychologischen Handelns

Carl Graf Hoyos

Während sich die Psychologen verschiedener, besonders klinischer Praxisfelder intensiv darum bemüht haben, für ihren Umgang mit Klienten ethische Grundsätze zu erarbeiten (American Psychological Association, 1992; Berufsverband Deutscher Psychologen, 1986; Lindsay, 1996), hat sich die Arbeits- und Organisationspsychologie um ethische Begründungen für die Folgen ihres Handelns bislang nicht sonderlich bemüht. Münsterberg (1912, S. 18) hatte sogar Askese in ethischen Belangen empfohlen. Freilich wurden Arbeits- und Organisationspsychologen nicht erst in den 68er Jahren in eine Debatte um ihre moralischen Grundsätze verwickelt. Im eigenen Selbstverständnis auf das Wohl arbeitender Menschen bedacht, hat man ihr jedoch vorgeworfen, in ihrer Personalarbeit und mit ihren Gestaltungsvorschlägen auf eine „ausbeuterische" Praxis von Unternehmensleitungen festgelegt zu sein.

Wenn wir uns in diesem Beitrag mit der Verantwortung für die Folgen arbeitsgestalterischer Maßnahmen (die indessen nicht zu eng gesehen werden dürfen; organisationale Gestaltung und Personalentwicklung sollten hier nicht ausgeschlossen sein) beschäftigen, so geht hier weniger um die Ethik des Forschers und Wissenschaftlers, über die Bubb (1990) gesprochen hat und die Schuler (1980) für die psychologische Forschung ausgiebig erörterte, sondern eher um die Verantwortung des Forschers für die Praxisfolgen seiner Forschung, d.h. um eine *Anwendung von Erkenntnissen*. Freilich stoßen Arbeits- und Organisationspsychologen in in der Praxis oft auch auf moralische Probleme, etwa im Verhalten von Führungskräften oder in den Pflichten eines Beraters.

Davon soll aber hier nicht die Rede sein. Wir gehen hier auf folgende Fragen in der gebotenen Kürze ein:
- Wie lassen sich ethische Grundsätze begründen, die arbeits- und organisationspsychologisches Handeln leiten sollen?
- Welche Zielvorstellungen haben Arbeits- und Organisationspsychologen für ihr Handeln entwickelt und wie sollten diese Vorstellungen weiterentwickelt werden?
- Wer trägt die Verantwortung für eine menschengerechte Arbeitsgestaltung?

1 Begründungen ethischer Grundsätze

„Ethik fragt nach dem sittlich Guten. Gut ist das, was ein Seiendes vervollkommnen kann und deshalb für dieses Seiende erstrebens- oder wünschenswert ist. Das Ziel der Arbeitswissenschaft, mehr Menschsein zu ermöglichen, hat also schon unter diesem Blickwinkel an sich eine ethische Komponente, ... " (Fischer, 1990, S. 65)
„Als ... umfassende *Lehre vom glückenden Leben* ist Ethik dreifacher Art: Sie ist *Güterlehre*, indem sie fragt und bestimmt, welche Werte und Güter (beziehungsweise welche Unwerte und Schäden) aktuell auf dem Spiele stehen. Sie ist *Normen- und Pflichtenlehre,* indem sie anzeigt, welche Werte im Konflikt-fall normalerweise vorzuziehen sind. ... Sie ist *Tugendlehre,* indem sie fragt und bestimmt, welche Gewohnheiten aufgebaut und gepflegt werden müssen , damit man – entsprechend den herausgefundenen Normen und Pflichten – die als verbindlich entdeckten Werte und Güter verwirklichen kann." (Ziegler, 1990, S.67)

Gibt es eine allgemein verpflichtende Normenlehre? Gibt es eine verbindliche Tugendlehre? Durch die umfänglichen Diskussionen, wie sich moralisches Han-deln begründen lasse, zieht sich die Überzeugung, es könne heute nicht mehr darum gehen, ethische Grundsätze aus einem „existierenden obersten Wert" (Löhr, 1996, S. 56) abzuleiten – aus einem Wert, der außerhalb menschlicher Individuen existiert – oder auf eine normative philosophische Anthropologie zurückzugreifen (Gerum, 1981, S. 91). Löhr (1996) schlägt vor, ethische Grundsätze als eine „menschliche Konstruktionsleistung" darzustellen. U.a. müsse man „lebens-praktisch" von den verfügbaren Erfahrungen verantwortlichen Handelns ausge-hen, auf sie zurückgreifen, ihre Umstände und ihren sprachlichen Ausdruck erfassen, um schließlich zu einer „theoriegestützten Praxis" zu kommen.
Auch wenn die Arbeits- und Organisationspsychologie selbst ihre ethischen Grundlagen nicht gründlich reflektiert hat, so kann sie sich doch als Teil einer breiten, von den Sozialwissenschaften und von den Ingenieurwissenschaften getragenen Bewegung zur *Humansierung des Arbeitslebens* verstehen, die das bis in unsere Tage herrschende „Arbeitsleid" arbeitender Menschen erleichtern woll-ten (Wachtler, 1979). Seitdem wird von *menschengerechter* Arbeitsgestaltung gesprochen. „Menschengerechte Arbeitsgestaltung" ist als Forderung mehrdeutig, wie die langjährige Diskussion um die „Humanisierung des Arbeitslebens" gezeigt hat (v. Rosenstiel, 1980, 1991; v. Rosenstiel & Weinkamm, 1980). „Menschenge-recht" bedeutet zunächst, eine Arbeit funktionell an die Leistungsmöglichkeiten des Menschen anzupassen oder diese gar zu steigern und damit Vorteile für ein Betriebsziel zu erreichen. Arbeit „menschengerecht" zu gestalten, heißt aber auch, ein *Menschenrecht* zu verwirklichen. Menschenrechte, insbesondere die „Würde der Person", zu begründen und zu verankern, ist eine umfassende Aufgabe mit einer

langen Geschichte, aber auch mit leidvollen Erfahrungen (Birke, 1994). So hat Neuberger (1980) in einem Vorschlag von Humanisierungszielen die „Würde der Person" auf den ersten Platz seiner Liste gesetzt – mit Recht, denn auf die „Würde der Person" zu achten, ist eine ganz grundsätzliche moralische Forderung. Die Würde des Menschen ist allerdings „ein unbestimmter, wenngleich keineswegs leerer Begriff: er bedarf der inhaltlichen Konkretisierung." (Neuberger, 1985, S. 28) Dazu dienen u.a. die Versuche, Kriterien menschengerechter Gestaltung aufzustellen, auf die wir weiter unten exemplarisch eingehen werden.

Für Löhr (1996) sollte der freie Konsens aller Wirtschaftssubjekte zu *gesell-schaftlichem Frieden* führen. Nach diesem Ansatz geht es darum, im *Dialog* Konflikte und Konfliktpotentiale aufzudecken und aufzuarbeiten. Der Wirtschaftsethiker Hengsbach (1991, 1996) sieht in der *Gerechtigkeit* ein leitendes ethisches Prinzip. So präzisiert er Gerechtigkeit als *Beteiligungsgerechtigkeit*, ja sogar *Beteiligung* als einen Namen für Gerechtigkeit als „Antwort auf die Frage nach der Gerechtigkeit in der Marktwirtschaft ..., wie der faktische Interessenausgleich eine ethische Qualität gewinnen und an welchem Ort bzw. durch welchen Akteur dies geschehen kann." (Hengsbach, 1996, S. 38)

Lenk und Maring (1996, S. 8) bevorzugen einen pluralistischen Ansatz: „Wirtschaftsethik ist ... angewandte Ethik auf der Grundlage einer gemischten pluralistischen Ethik, welche die Maßstäbe des guten Handelns nicht aus einem einzigen Prizip begründet, sondern verschiedene ethische Grundansätze wie Allgemeingültigkeit, Gleichberechtigung, Fairneß, Gerechtigkeit, Anerkennung der Menschenwürde, Leistungsangemessenheit, soziale Partnerschaft und Solidarität sowie ein gewisses quasi-caritatives Wohlwollens- und Wohltunsprinzip vereint."

2 Kriterien menschengerechter Arbeitsgestaltung

Die klassischen Listen. – Nach welchen Kriterien lasen sich nun die *Folgen*, die arbeitswissenschaftlich (hier arbeits- und organisationspsychologisch) begründetes Handeln nach sich zieht, beurteilen, *wenn* sie denn beurteilt werden? Eine erste Kriterienliste stammt von Rohmert (1972), wonach eine Arbeit ausführbar sein solle, den Arbeitenden nicht schädigen dürfe, zumutbar sein und die Zufriedenheit der Arbeitenden mehren solle, wobei ein Zielkriterium erst angestrebt werden könne, wenn vorausgehende Kriterien erfüllt seien. Hacker (1986, S. 511) stellte ebenfalls ein hierarchisches System zur „ergonomischen Bewertung von Arbeitsgestaltungsmaßnahmen" vor. In aufsteigender Reihenfolge will Hacker die Ausführbarkeit, die Schädigungslosigkeit, die Beeinträchtigungslosigkeit und die Persönlichkeitsförderlichkeit einer arbeitswissenschaftlichen Lösung gewährleistet sehen. Eine ähnliche Liste hat Ulich (1992, S. 122) vorgeschlagen (eine vergleichende Übersicht bei Wiendieck, 1994, S. 106).

Die im Laufe der Zeit vorgeschlagenen Kriterien wurden von Luczak, Volpert, Raeithel und Schwier (1987) in einer Liste „vereinigt" und als Kriterien *menschengerechter* Arbeitsgestaltung bezeichnet. Auch hier gilt: Kriterien „unterer" Ebenen müßten erfüllt sein, ehe man auf die Erfüllung von Kriterien „höherer" Ebene hinarbeiten könne (Tabelle 1).

Tabelle 1
Kriterien menschengerechter Arbeitsgestaltung (nach Luczak et al., 1987, S. 58)

1. Schädigungslosigkeit und Erträglichkeit der Arbeit, bezogen auf die physiologisch-ökologische Ebene;
2. Ausführbarkeit der Arbeit, bezogen auf die Ebene der Operationen mit Werkzeugen und an Maschinen;
3. Zumutbarkeit, Beeinträchtigungsfreiheit, Handlungs- und Tätigkeitsspielraum der Arbeit, bezogen auf die Gestaltung der Arbeitsaufgaben und Arbeitsumgebungen;
4. Zufriedenheit der Arbeitenden, Persönlichkeitsförderlichkeit der Arbeit, bezogen auf das Netzwerk produktiver Funktionen;
5. Sozialverträglichkeit der Arbeit, Beteiligung der Arbeitenden an der Gestaltung, bezogen auf die kooperative Organisation der Produktion oder Dienstleistung.

Die klassischen Listen haben in den Jahren seit Beginn ihrer Verbreitung eine wichtige Leitfunktion ausgeübt, werden aber auch z.T. unkritisch wiederholt. Einige Überlegungen in dieser Richtung müssen hier genügen (ausführlicher: Hoyos, 1994, 1996, 1998).

Schädigungslosigkeit und Zumutbarkeit. – Schädigungslosigkeit gilt als elementares, auch ethisch vorrangiges Ziel von Maßnahmen zur Gestaltung von Arbeit (z.B. Hacker & Richter, 1984, S. 39). Schmidtke (1993/94) hat allerdings die Schadens*freiheit* für Mensch und Natur als ethische Maxime naturwissenschaftlich-technischen Handelns als ungeeignet bezeichnet und geltend gemacht, die Inkaufnahme eines Restrisikos sei für die meisten Menschen eine Begleiterscheinung des Lebens. Sie ist insofern eine Begleiterscheinung des Lebens, als die Gesellschaft, eine Institution oder auch einzelne Personen die hohen Kosten nicht aufwenden können und wollen, die notwendig wären, um Risiken weitgehend zu vermeiden (Schuler, 1980, S. 134). Es ist aber auch das Wissen begrenzt, das notwendig wäre, um die verschiedenen Umstände zu durchschauen, die zu Schädigungen führen können, und schließlich ist es die *Ungewißheit,* die jegliches Handeln in gefährlichen Situationen bestimmt und die ja gerade die Verantwortung der Akteure konstituiert.

Für die Arbeits- und Organisationspsychologie heißt dies: Ihre Interventionen oder Vorschläge für Interventionen werden in der Mehrzahl aller Fälle *auch* Risiken verändern, die einem Arbeitnehmer zugemutet werden sollen und müssen.

Das Postulat der Schädigungslosigkeit erweist sich somit als eine Frage der Zumutbarkeit, die wir aus der Kriterienliste von Rohmert kennen und über die in einer Arbeitsorganisation entschieden werden muß.

Die Förderung der Persönlichkeit. – Hacker (1978, S. 374) forderte, Arbeit solle „Wirkungs- und *Entwicklungsmöglichkeiten* für wesentliche Fähigkeiten und Einstellungen im Arbeitsprozeß" sichern, eine Forderung, die er selbst und nach ihm verschiedene Autoren als *Persönlichkeitsförderlichkeit* bezeichneten. Die Entwicklung der Persönlichkeit ist eine – auch in der Arbeitswisssenschaft oder Arbeits- und Organisationspsychologie mehrfach formulierte – Zielvorstellung. Nun wird das Postulat der Persönlichkeitsförderlichkeit eine allgemeine, kaum nachprüfbare Maxime bleiben. So dürfte es für die ethische Betrachtung von Gestaltungsmaßnahmen ergiebiger sein, konkrete Ziele in den Vordergrund zu stellen: Sind nicht die für die Förderung der Persönlichkeit als nützlich erkannten Bedingungen, wie Handlungsspielraum, vollständige Handlungen, Zeitautonomie, Aus- und Weiterbildung usw. ethisch relevante Kategorien im Sinne der Menschengerechtigkeit?

Sollte der Katalog von Kriterien menschengerechter Arbeitsgestaltung erweitert werden? – In den klassischen Listen fehlt die soziale Dimension aller Gestaltungsmaßnahmen. Diesen Aspekt haben aber Luczak et al. (1987) (s. Tabelle 1) aufgenommen und *Sozialverträglichkeit* sowie *Beteiligung* als Kriterien für die Bewertung von Gestaltungsmaßnahmen genannt und damit ein ethisches Postulat ersten Ranges gewürdigt. In dieser Richtung haben neuerdings Büssing und Aumann (1996) im Zusammenhang mit Telearbeit argumentiert und die Erweiterung der üblichen Kriterienliste gefordert. Die Akteure in den Arbeitsorganisationen, seien es Führungskräfte oder weisungsgebundene Beschäftigte, und eben auch Telearbeiter, sind in den Dialog über Zumutbarkeit und Akzeptanz von Arbeitsverhältnissen einzubeziehen. Bei Beteiligung oder Partizipation geht es aber nicht nur um effiziente Sozialtechniken, sondern um eine universelle ethische Dimension (Hengsbach, 1991, S. 85), die sich aus der Würde der Person herleitet.

Es fehlt nicht an Vorschlägen, die klassischen Listen der Kriterien menschengerechter Arbeitsgestaltung über das Gesagte hinaus zu erweitern. Bereits 1980 hat Neuberger einen Vorschlag zur Diskussion gestellt. Auf Hackman und Oldham (1976) geht das „job characteristics model" zurück, das die motivierenden Momente von Arbeitsinhalten systematisieren will. Wie die Autoren zeigen konnten, werden solche Arbeiten als motivierend erlebt, die in folgenden „Kerndimensionen" positiv ausgeprägt sind: Abwechslungsreichtum, Ganzheitlichkeit, Bedeutung, Selbständigkeit und Rückmeldung. Vergleichbare Dimensionen finden wir auch bei Neuberger (1985, S. 70), der dann fünf Zielkriterien als essentiell bezeichnet hat. „Eine menschengerechte Arbeit muß ermöglichen: 1. Einsicht in Zusammenhänge, 2. Autonomie, 3. Identität der Person, 4. Qualifikation, 5. Soziale Integration."

Überlegungen zu den Kriterien menschengerechter Arbeitsgestaltung legen zumindest die folgenden Schlußfolgerungen nahe: 1. Kriterien der Arbeitsgestaltung sind in ihrem wechselseitigen Bezug zu sehen, wie schon Neuberger (1980) gefordert hat. 2. Die Anwendung von Kriterien führt nicht selten zu Zieldiskrepanzen und nötigt die Akteure zu Entscheidungen, für die – auf jeden Fall unter moralischen Prämissen – unter *Beteiligung* aller Akteure ein Konsens zu finden ist.

3 Wer trägt die Verantwortung?

Arbeits- und Organisationspsychologen, soweit sie sich als Gestalter von Arbeitsverhältnissen verstehen, haben die Aufgabe, nach bestimmten Zielstellungen, die wir erörtert haben, und unter Anwendung von Erkenntnissen, Veränderungen in Bereichen herbeizuführen, in denen Arbeit verrichtet wird, d.h. sie haben *Verantwortung*. In der Tat hat die Ethik-Diskussion einen Schwerpunkt in dem Begriff der *Verantwortung* oder des *verantwortlichen Handelns* gefunden – nicht zuletzt gefördert und bereichert durch H. Jonas' umfassende Abhandlung „Das Prinzip Verantwortung" (1984). Wie Hoff (1996) feststellt, habe der Begriff der Verantwortung neuerdings eine größere Verbreitung erfahren als der der Moral.

„Verantwortung ist immer Verantwortung für etwas und Verantwortung vor jemandem" (Spaemann, 1991, S. 114). Dabei geht es stets um den Menschen als Träger von Verantwortung, um Verantwortung in einem moralischen Sinne, d.h. um ein an Normen und Werte gebundenes Wesen (Kaufmann, 1992, S. 40; Lenk, 1992, S. 27 f.). Die Verantwortung von Arbeits- und Organisationspsychologen kann als *Aufgabenverantwortung* (Kaufmann) bzw. als *Handlungs(ergebnis)verantwortung* und *Aufgaben- und Rollenverantwortung* (Lenk) spezifiziert werden. Arbeits- und Organisationspsychologen übernehmen Aufgaben, die sie sich selbst stellen oder die ihnen übertragen werden, Aufgaben, die u.U. vertraglich – etwa in einem Beratungsvertrag – fixiert sind. Verantwortung in diesem Sinne bedeutet für Arbeits- und Organisationspsychologen, sofern sie in einem Betrieb tätig sind, dort, wo gemobbt wird, wo Konflikte Menschen zerstören, zu intervenieren, auch wenn ihn das seine Stellung kosten könnte. Da hier die Betonung auf wissenschaftlich begründeten Maßnahmen liegt, sollte sich der Psychologe zu einer Intervention verpflichtet fühlen, wenn er auf menschenunwürdige Arbeitsverhältnisse stößt.

Wie Kaufmann weiter ausführt, gehe es bei verantwortlichem Handeln nicht allein um bloße Pflichterfüllung. Er sieht hier einen breiten Handlungsspielraum, denn für Aufgaben der Arbeitsgestaltung, Personalentwicklung usw. stehe selten im voraus fest, wo die Lösung liegt. Diesen *Handlungsspielraum* muß der Arbeits- und Organisationspsychologe mit spezifischen Qualitäten „ausfüllen". – Verantwortung ist auch ein psychologisches Konstrukt, das meistens unter dem Begriff des „Veranwortungsbewußtseins" behandelt wird (s.a. Hoff, 1995).

Verantwortung für wen und vor wem? – Für wen muß der Arbeits- und Organisationspsychologe Verantwortung übernehmen? Wie schon gesagt, haben Generationen von Arbeitswissenschaftlern in der Absicht, das *Arbeitsleid* arbeitender Menschen zu verringern, ihre Legitimation gesehen. Diese *Fürsorge- und Vorsorgeverantwortung* gilt nach Lenk (1992, S. 34) „... grundsätzlich universell, gleich für jedermann in vergleichbarer Situation; sie gestattet keine Aufschiebung, keine Delegierung, keine Abschiebung, sie ist im ursprünglichen Sinne stets persönlich." Für den Mitmenschen oder – um mit Spaemann (1991) zu sprechen – „vor dem Mitmenschen" Verantwortung zu übernehmen, ist eine wichtige Facette von Humanität. Religiös gebundene Menschen werden eher dazu neigen, die Verantwortung vor Gott zu übernehmen, der ihnen Aufgaben etwa in den „Zehn Geboten" übertragen hat, oder doch sich zumindest ihrem Gewissen verantwortlich zu fühlen.

Wie man indessen nicht besonders betonen muß, sind auch Arbeits- und Organisationspsychologen, wie viele andere Akteure im Betrieb, in sächlich-ökonomischer Sicht, also für Produkte, Prozesse und Dienstleistungen, verantwortlich, soweit das, etwa bei der Gestaltung von Arbeit, für sie relevant ist. Es gilt auch hier, beharrlich zu betonen: Die *Optimierung der wirtschaftlichen Prozesse* steht der Fürsorge- und Vorsorgeverantwortung nicht entgegen; beide Zielstellungen ergänzen sich, was sich nicht zuletzt in der Motivation der Mitarbeiter „auszahlen" wird.

Verantwortung und Organisation. – Wenn Verantwortungsethik u.a. bedeutet, bestimmte Personen für die Folgen einer Maßnahme verantwortlich zu machen, ergeben sich für die ethische Relevanz arbeitsgestalterischer Maßnahmen besondere Schwierigkeiten, denn wie eine Arbeit in ihrer Aufgabenstruktur, in ihren Anforderungen und in ihrem Vollzug schließlich aussieht, dürfte i.allg. das Ergebnis des Zusammenwirkens mehrerer Personen und Instanzen sein. So verteilt sich Verantwortung im Sinne eines verantwortungsethischen Ansatzes zumeist auf mehrere Personen. „Personen, die Rahmen solcher Organisationen entscheiden und handeln, sind durch ihre in der Regel beschränkte Zuständigkeit (im doppelten Sinne von Befugnis und Fähigkeit) nicht mehr in der Lage und auch nicht gefordert, die Verantwortung für den gegenüber Dritten eigentlich interessierenden Gesamtablauf zu übernehmen. Die Individualität scheint demzufolge im gesellschaftlichen Leben mehr und mehr an den Rand gedrängt und tendenziell bedeutungslos zu werden" (Kaufmann, 1992, S. 64). Arbeits- und Organisationspsychologen bilden bei *kollektiven Entscheidungen* meistens das schwächste Glied und haben nur begrenzte Möglichkeiten, sich im Sinne ihrer Handlungsmaximen durchzusetzen, zumal es häufig um finanzielle Erwägungen geht, die einer Humanisierungsmaßnahme (vermeintlich?) entgegenstehen. Es geht letztlich dabei auch darum, Zivilcourage zu zeigen, dort, wo Spielregeln von Menschenwürde verletzt werden.

Gerade wenn es um „Verantwortung und Organisation" geht, müssen Arbeits- und Organisationspsychologen menschengerechte Unternehmensführung und menschengerechte Mitarbeiterführung einfordern – sowohl aus kaufmännischen wie auch aus humanitären Gründen.

In dieser Situation sind die Psychologen auch wieder als Moderatoren gefragt, die aufgrund ihrer Ausbildung und Erfahrung besonders qualifiziert erscheinen, den notwendigen Konsens zu fördern.

Literatur

American Psychological Association (1992). Ethical principles for psychologists and code of conduct. *American Psychologist, 47,* 1597-1611.

Berufsverband Deutscher Psychologen (1986). *Berufsordnung für Psychologinnen und Psychologen.* Bonn: Deutscher Psychologen Verlag.

Birke, A.M. (1994). Das Problem der Menschenrechte. In W. Odersky (Hrsg.), *Die Menschenrechte* (Schriften der Katholischen Akademie in Bayern, Bd. 151, S. 9-22). Düsseldorf: Patmos.

Bubb, H. (1990). Ethik – eine Herausforderung an den Wissenschaftler. *Zeitschrift für Arbeitswissenschaft, 44* (16NF), 71-74.

Büssing, A. & Aumann, S. (1996). Telearbeit aus arbeitspsychologischer Perspektive. *Arbeit, 5,* 133-153.

Fischer, R. (1990). Arbeitswissenschaft und Ethik. *Zeitschrift für Arbeitswissenschaft, 44* (16NF), 65-66.

Gerum, E. (1981). *Grundfragen der Arbeitsgestaltungspolitik.* Stuttgart: Poeschel.

Hacker, W. (1978). *Allgemeine Arbeits- und Ingenieurpsychologie* (2. Auflage). Bern: Huber.

Hacker, W. (1986). *Arbeitspsychologie. Psychische Regulation von Arbeitstätigkeiten.* Berlin: VEB Deutscher Verlag der Wissenschaften.

Hacker, W. & Richter, P. (1984). *Psychologische Bewertung von Arbeitsgestaltungsmaßnahmen. Spezielle Arbeits- und Ingenieurpsychologie in Einzeldarstellungen* (Band 1, 2. Auflage). Berlin: Springer.

Hackman, J.R. & Oldham, G.R. (1976). Motivation through the design of work: Test of a theory. *Organizational Behavior and and Human Performance, 16,* 250-279.

Hengsbach, F. (1991). *Wirtschaftsethik. Aufbruch – Konflikte – Perspektiven.* Freiburg: Herder.

Hengsbach, F. (1996). Gerechtigkeit in der Marktwirtschaft. In J. Becker, G. Bol, Th. Christ & J. Wallacher (Hrsg.), *Ethik in der Wirtschaft* (S. 23-47). Stuttgart: Kohlhammer.

Hoff, E.-H. (1995). Berufliche Verantwortung. In E.-H. Hoff & L. Lappe (Hrsg.), *Verantwortung im Arbeitsleben* (S. 46-63). Heidelberg: Asanger.

Hoyos, C. Graf (1994). Arbeits- und Organisationspsychologie: Anwendung wovon, wofür und nach welchen Normen? *Zeitschrift für Arbeits- und Organisationspsychologie, 38* (N.F. 12), 169-174.

Hoyos, C. Graf (1996). Ethische Fragen der Arbeitswissenschaft. *Psychologische Beiträge, 38,* 164-185.

Hoyos, C. Graf (1998). Verantwortung im arbeitspsychologischen Handeln. In G. Blickle (Hrsg.), *Ethik in Organisationen* (S. 137-147). Göttingen: Verlag für Angewandte Psychologie.

Jonas, H. (1984). *Das Prinzip Verantwortung. Versuch einer Ethik für die technische Zivilisation.* Frankfurt a.M.: Suhrkamp.

Kaufmann, F.-X. (1992). *Der Ruf nach Verantwortung. Risiko und Ethik in einer unüberschaubaren Welt.* Freiburg: Herder.

Lenk, H. (1992). *Zwischen Wissenschaft und Ethik.* Frankfurt a.M.: Suhrkamp.

Lenk, H. & Maring, M. (1996). Wirtschaftsethik – ein Widerspruch in sich selbst? In J. Becker, G. Bol, Th. Christ & J. Wallacher (Hrsg.), *Ethik in der Wirtschaft* (S. 1-22). Stuttgart: Kohlhammer.

Lindsay, G. (1996). Psychology as an ethical discipline and profession. *European Psychologist, 1,* 79-88.

Löhr, A. (1996). Die Marktwirtschaft braucht Unternehmensethik. In J. Becker, G. Bol, Th. Christ & J. Wallacher (Hrsg.), *Ethik in der Wirtschaft* (S. 48-83). Stuttgart: Kohlhammer.

Luczak, H., Volpert, W., Raeithel, A. & Schwier, W. (1987). *Arbeitswissenschaft. Kerndefinition – Gegenstandskatalog – Forschungsgebiete.* Eschborn: Rationalisierungs-Kuratorium der Deutschen Wirtschaft.

Münsterberg, H. (1912). *Psychologie und Wirtschaftsleben.* Leipzig: J.A.Barth.

Neuberger, O. (1980). Woran wird Humanisierung gemessen – Wann gilt sie als eingelöst? In L.v.Rosenstiel & M. Weinkamm (Hrsg.), *Humanisierung der Arbeitswelt – Vergessene Verpflichtung?* (S. 81-94). Stuttgart: Poeschel.

Neuberger, O. (1985). *Arbeit. Begriff – Gestaltung – Motivation – Zufriedenheit.* Stuttgart: Enke.

Rohmert, W. (1972). Aufgaben und Inhalt der Arbeitswissenschaft. *Die berufsbildende Schule, 24,* 3-14.

Rosenstiel, L.v. (1980). Humanisierung der Arbeit – Schlagwort, Alibi, Programm? In L. v.Rosenstiel & M. Weinkamm (Hrsg.), *Humanisierung der Arbeitswelt – Vergessene Verpflichtung?* (S. 11-22). Stuttgart: Poeschel.

Rosenstiel, L.v. (1991). Unternehmensethik – Eine verhaltenswissenschaftliche Perspektive. In M. Dierkes & K. Zimmermann (Hrsg.), *Ethik und Geschäft* (S. 128-155). Frankfurt a.M./Wiesbaden: Frankfurter Allgemeine Zeitung/Gabler.

Rosenstiel, L.v. & Weinkamm, M. (Hrsg.). (1980). *Humanisierung der Arbeitswelt – Vergessene Verpflichtung?* Stuttgart: Poeschel.

Schmidtke, H. (1993/94). Ethische Aspekte des technischen Fortschritts. *TUM – Mitteilungen der Technischen Universität München für Studierende, Mitarbeiter, Freunde,* Heft 1, 15-21.

Schuler, H. (1980). *Ethische Probleme psychologischer Forschung.* Göttingen: Hogrefe.

Spaemann, R. (1991). Christliche Verantwortungsethik. In J. Gründel (Hrsg.), *Leben aus christlicher Verantwortung. Ein Grundkurs der Moral* (S. 113-134). Düsseldorf: Patmos

Ulich, E. (1992). *Arbeitspsychologie* (2. Aufl.). Zürich/Stuttgart: Verlag der Fachvereine/ Poeschel.

Wachtler, G. (1979). *Humanisierung der Arbeit und Industriesoziologie.* Stuttgart: Kohlhammer.

Wiendieck, G. (1994). *Arbeits- und Organisationspsychologie.* München: Quintessenz.

Ziegler, A. (1990). Wirtschafts- und Unternehmensethik – mehr als nur eine Modeerscheinung. Ethik und Arbeitswissenschaft. *Zeitschrift für Arbeitswissenschaft, 44* (16 NF), 67-70.

46 Rechtliche Grundlagen

Petra Uertz

1 Einführung

Psychologie und ihre Anwendung finden nur leises Echo in Gesetzen und Rechtsprechung. Die wenigen Normen, die Psychologen einbeziehen, gelten entweder
für den gesamten Berufsstand (z.b. Schweigepflicht nach § 203 StGB) oder für
bestimmte Berufsfelder, deren Umfeld ohnehin staatlich geregelt ist (z.B. Schul-
psychologen, Psychologen im Strafvollzug, demnächst evtl. Psychologische Psy-
chotherapeuten).

Rechtliche Grundlagen für *Arbeits- und Organisationspsychologen* sind daher
vor allem in allgemeinen Gesetzen zu suchen, insbesondere im *Privatrecht*
(Vertragsrecht, Haftung, Wettbewerbsrecht), im *Arbeitsrecht* (Dienstleistungs-
recht; Arbeitsschutz nach Arbeitsschutzgesetz [ArbSchG], Arbeitssicherheitsgesetz [ASiG] und verschiedenen EG-Richtlinien; Betriebsverfassungsgesetz
[BetrVG]), aber etwa auch im *Datenschutzrecht* und *Strafrecht*. Psychologische
Tätigkeiten sind nur selten formuliert und überdies nicht automatisch Diplompsychologen übertragen. So werden solche Aufgaben etwa im ASiG dem Betriebsarzt
zugewiesen.[1] Dies ist ebenso bei anderen Rechtsgrundlagen, wie z.B. bei einschlägigen EG-Richtlinien zu beobachten.[2] Hinsichtlich des psychologischen Anteils an
Aufgaben wie *Arbeitsplatzanalyse, Unfallverhütung* und generell der *menschengerechten Gestaltung von Arbeit* (vgl. §§ 2 Abs. 1, 5 ArbSchG) ist es – unbeschadet
der Organisationspflicht des Unternehmers – an den Arbeits- und Organisationspsychologen, ihre Leistung darzustellen und anzubieten.

Im folgenden soll die Rechtslage unter zwei Aspekten abgehandelt werden:
zunächst allgemeine Rechte und Pflichten des Psychologen, einschließlich der
Problematik psychologischer Eignungsuntersuchungen, sodann Arbeits- und
Organisationspsychologie im Betrieb.

2 Allgemeine Rechte und Pflichten des Psychologen

Nur wer ein Hochschulstudium im Hauptfach Psychologie absolviert und mit der
Diplomprüfung oder Promotion erfolgreich abgeschlossen hat, darf sich Diplompsychologe bzw. Psychologe nennen. Beide Varianten der Berufsbezeichnung sind
strafrechtlich geschützt, erstere als akademischer Grad (§ 132 a Abs. 1 Nr. 1 StGB),
letztere als ein Begriff, der dem akademischen Grad zum Verwechseln ähnlich ist

(§ 132 a Abs. 2 StGB). Damit wird klargestellt, daß das umgangssprachliche Verkürzen nichts an der Vorstellung der Allgemeinheit ändert, nämlich daß der Psychologe akademisch ausgebildet ist.[3] Neben diesem strafrechtlichen *Titelschutz*, der nur den vorsätzlichen Mißbrauch sanktioniert, kann sich jeder Diplompsychologe auch gegen Mißbrauch durch gutgläubige Unberechtigte zur Wehr setzen, indem er wettbewerbsrechtlich vorgeht. Gemäß §§ 1 u. 3 des Gesetzes gegen den unlauteren Wettbewerb (UWG) ist es untersagt, im geschäftlichen Verkehr irreführende Angaben über Leistungsangebot wie über die Qualifikation des Leistungsanbieters zu machen.[4]

Sonstige besonderen Voraussetzungen für die berufliche Tätigkeit sind gesetzlicherseits nicht zu erfüllen; insbesondere werden keine speziellen Qualifikationen verlangt. Gleichwohl empfiehlt sich aus fachlichen wie aus haftungsrechtlichen Gründen eine berufsbegleitende Fort- und Weiterbildung.

Eine der wenigen Normen, in der auch Psychologen ausdrücklich genannt sind, betrifft die *Schweigepflicht* des § 203 Abs. 1 Nr. 2 StGB. Danach ist es jedem Berufspsychologen[5] untersagt, unbefugt ein fremdes Geheimnis zu offenbaren, das ihm in Ausübung seines Berufs anvertraut oder sonst bekannt geworden ist. „Geheimnis" ist jede Tatsache, die nur einem begrenzten und überschaubaren Personenkreis bekannt ist und an deren Geheimhaltung der Betroffene ein aus seiner Sicht sachlich begründetes Interesse hat oder hätte, wenn er die Tatsache kennen würde. Auch eine Meinung, die im Schutz der Verschwiegenheit geäußert wird, z.B. im Rahmen eines psychologischen Tests, gilt als geheimzuhaltende Tatsache.[6] „Anvertrauen" bedeutet: Der Diplompsychologe wird in einen Sachverhalt eingeweiht, wobei aus den Umständen ersichtlich ist, daß der Beratene oder Proband auf unbedingte Diskretion vertraut. „Bekannt werden" umfaßt jede Art und Weise der Information über den Betroffenen, sei es durch Beobachtung, Auswertung psychologischer Tests oder durch Auskünfte Dritter. Nur das unbefugte Offenbaren von Geheimnissen ist strafbar. Liegt das Einverständnis des Betroffenen vor (z.B. bei einer Begutachtung hinsichtlich der Eignung für einen bestimmten Arbeitsplatz) oder besteht sonst ein Recht zur Weitergabe (z.B. nach § 138 StGB: Anzeigepflicht bei geplanten schweren Verbrechen, §§ 32, 34 StGB: Notwehr oder Nothilfe; Wahrnehmung berechtigter Interessen wie bei gerichtlicher Abwehr schwerwiegender Rufschädigung durch den Klienten), ist die Verschwiegenheitspflicht insoweit aufgehoben, als die erforderliche Information offenbart wird. Tatsachen, die für eine Entscheidung oder die Abwendung einer gegenwärtigen Gefahr usw. nicht zu wissen erforderlich sind, dürfen hingegen nicht mitgeteilt werden.[7] Ohne Entbindung durch den Betroffenen ist das Verschwiegenheitsgebot grundsätzlich auch innerbetrieblich gegenüber dem Arbeitgeber, sonstigen Vorgesetzten und dem Betriebsrat zu wahren, ebenso gegenüber gleichfalls Schweigepflichtigen.[8] Daher ist auch vor einer Weitergabe von Ergebnissen eines psychologischen Eignungstests eine ausdrückliche Schweigepflichtentbindung einzuholen, über deren Umfang, d.h. über deren inhaltlichen Umfang wie hinsichtlich des Adressatenkreises, der Betroffene vor der Testierung aufzuklären ist[9] (zur Aufklärung und Einwilligung in solche Untersuchungen siehe unten).

Der Schweigepflicht folgt nicht stets auch ein *Zeugnisverweigerungsrecht*. Wohl kann und muß ein Psychologe die Aussage vor Zivil- und Arbeitsgerichten, ebenso vor Verwaltungs- und Sozialgerichten nach § 383 Abs. 1 Nr. 6 ZPO in Verbindung mit § 203 Abs. 1 Nr. 2 StGB verweigern, wenn er nicht vom Betroffenen, d.h. dem Geheimnisträger, von seiner Verschwiegenheitspflicht entbunden ist.[10] Ist er entbunden, muß er hingegen seiner Pflicht als Zeuge nachkommen.[11] Vor dem Strafgericht steht ihm kein Zeugnisverweigerungsrecht zu, da § 53 StPO verschiedene Berufsgruppen und auch bestimmte Tätigkeiten abschließend aufzählt, ohne den Psychologen zu nennen. Hier muß er also auch gegen den Willen des Klienten aussagen und auf Verlangen Aufzeichnungen vorlegen.

Eine *Dokumentationspflicht* ist zwar nicht gesetzlich verankert, aber häufig ist sie vertraglich geschuldet, entweder als Pflicht gegenüber dem Arbeitgeber (wenn der Psychologe als Angestellter arbeitet) oder gegenüber dem Auftraggeber (wenn der Psychologe als selbständiger Unternehmer bzw. als freier Mitarbeiter tätig wird), zumal etwa im Bereich des *Arbeitsschutzes* und der *Arbeitssicherheit* dem Unternehmer die Erstellung entsprechender Berichte auferliegt (§ 6 Abs. 1 ArbSchG: Ergebnis der Gefährdungsüberprüfung, festgelegte Maßnahmen und deren Kontrolle, Abs. 2: Arbeitsunfälle, die eine mehr als 3-tägige Arbeitsunfähigkeit oder den Tod zur Folge haben; § 3 ASiG: Dokumentationspflichten des Betriebsarztes). Darüber hinaus empfiehlt sich eine nachvollziehbare, die wesentlichen Daten und Unterlagen enthaltende schriftliche Aufzeichnung, um – neben der eigenen Übersicht – in eventuellen späteren Haftungsstreitigkeiten Nachweis führen zu können. Da deliktische Ansprüche, d.h. Ansprüche wegen Schädigung durch unerlaubte Handlung, nach drei Jahren verjähren, gerechnet vom Zeitpunkt der Kenntnis des Geschädigten, ist eine Aufbewahrung von fünf Jahren zu empfehlen.[12]

Ein *Einsichtsrecht* in Aufzeichnungen psychologischer Beratung und Untersuchung ist gesetzlich ebenfalls nicht geregelt. Doch hat der Auftraggeber einer solchen Begutachtung aufgrund des Schweigegebots, dem der Psychologe unterliegt, generell nur soweit ein Recht auf Information, wie es seinem „berechtigten Interesse" entspricht und vom Einverständnis des Betroffenen gedeckt ist. Aus Gründen des Persönlichkeitsschutzes beschränkt sich dies auf ein zusammenfassendes Gutachten, etwa über Befähigung und Eignung eines Bewerbers für eine bestimmte Tätigkeit. In die Testunterlagen darf der Auftraggeber nicht einsehen.[13] Ein Einsichtsrecht des Probanden ist – im Gegensatz zum Patienten einer Psychotherapie, der in die objektiven Daten einsehen kann – umstritten.[14] Einsichtsrecht nicht nur in das Gutachten, sondern in sämtliche objektive Daten, einschließlich der Testunterlagen, besteht natürlich, wenn es ausdrücklich vor der Begutachtung vereinbart wurde, aber auch, wenn ein rechtliches Interesse im Sinne des § 810 BGB dargelegt wird (Einsichtnahme in Urkunden zur Förderung, Erhaltung oder Verteidigung eines Rechtsguts[15]). Aber auch ohne entsprechende Vereinbarung dürfte einer Tendenz der Rechtsprechung zufolge unter Berufung auf das informationelle Selbstbestimmungsrecht jedenfalls ein Recht auf Einblick in das Gutachten bestehen.[16] Soweit ein Einsichtsrecht anzunehmen ist, umfaßt dies gleichzeitig den Anspruch auf Anfertigung von Kopien auf Kosten des Probanden (§ 811 Abs. 1 BGB).[17] Verbleiben psychologische Gutachten beim Arbeitgeber, werden sie Bestandteil der Personalakte, in die der Arbeitnehmer nach § 83 Abs. 1 BetrVG einsehen kann.[18]

Das informationelle Selbstbestimmungsrecht ist im öffentlichen Recht entwickelt worden[19] und dient vor allem als Korrektur der technischen Entwicklung der Datenerfassung und -verarbeitung. Dies hat sich in den *Datenschutzgesetzen* des Bundes und der Länder niedergeschlagen.[20] Bei einer Datenverarbeitung, etwa auch bei EDV-gestützter Auswertung personenbezogener Daten im Rahmen von psychologischen Tests, hat der Proband ein Auskunftsrecht[21] und insbesondere ein Recht auf Berichtigung, Sperrung oder Löschung falscher, unzulässig erhobener oder nicht mehr erforderlicher Daten (§§ 20 Abs. 3 u. 4, 35 Abs. 3 u. 4 BDSG). Bei rechtswidrigen Eingriffen kann der Betroffene Beseitigung bzw. Unterlassung und gegebenenfalls Schadensersatz geltend machen (§§ 823 Abs. 1, 1004 BGB). So hat das Bundesarbeitsgericht einer Klage auf Vernichtung eines Personalfragebogens stattgegeben, da die dauerhafte Aufbewahrung persönlicher Daten eines erfolglosen Bewerbers ein rechtswidriger Eingriff in dessen Persönlichkeitsrecht sei. Der Arbeitgeber müsse ein berechtigtes Interesse an der Aufbewahrung darlegen, eine „Vorratshaltung", um eventuell den jetzt abgelehnten Bewerber später nochmals ansprechen zu können, genüge dem jedenfalls nicht. Ausdrücklich führt das Gericht aus, daß das Recht auf Achtung der Würde und der freien Entfaltung der Persönlichkeit auch im privaten Rechtsverkehr von jedermann zu achten sei[22].

Der Psychologe haftet natürlich nicht nur für Verstöße gegen den Datenschutz, sondern für jeden Schaden, den er in zurechenbarer Weise verursacht hat. Zivilrechtliche *Haftung* knüpft entweder an der vertraglichen Beziehung an, etwa bei Schlechtleistung mangels erforderlicher Sorgfalt. Daneben kann die deliktische Haftung nach §§ 823 ff. BGB greifen. Vorausgesetzt wird ein Verschulden in dem Sinne, daß der Psychologe durch eine vorsätzliche oder fahrlässige Handlung ein Rechtsgut wie Leben, Gesundheit, Ehre, Selbstbestimmungs- und Persönlichkeitsrecht beeinträchtigt hat. Schaden kann etwa durch fehlerhafte Gutachten entstehen und zwar sowohl für den Auftraggeber als auch für den Begutachteten. In solch einem Fall muß der Psychologe gegebenenfalls nachweisen, daß er die erforderliche Sachkunde besitzt und die übliche Sorgfalt hat walten lassen. Hierbei ist neben der Ausbildung auch die ständige Fort- und Weiterbildung von Gewicht sowie natürlich das Vorgehen im Einzelfall, das mittels Dokumentation belegt werden kann. Neben Schadensersatz kann auch ein Schmerzensgeld nach §§ 823, 847 BGB fällig werden, so z.B. bei einem Verstoß gegen die Schweigepflicht oder sonstigen schwerwiegenden Verletzungen des allgemeinen Persönlichkeitsrechts.[23]

Eine allgemeine und gerade hinsichtlich der Tätigkeit des Psychologen immer wiederkehrende Pflicht ist die *Aufklärungspflicht*. Vor jedem Vertragsabschluß, vor jeder Aufforderung, in eine Begutachtung einzuwilligen oder in bestimmtem Umfang auf die Verschwiegenheit zu verzichten, ist der Betroffene von Inhalt, Zweck und allen für seine Entscheidung wesentlichen Umstände zu unterrichten. Bei Verstößen gegen die Aufklärungspflicht und hieraus erfolgenden Schäden haftet der Psychologe gegenüber dem Auftraggeber aus Vertrag[24], gegenüber dem Probanden, der nicht gleichzeitig Auftraggeber ist, aus Delikt.

Aufklärung und Einwilligung sind – neben anderen Kriterien – wesentliche Zulässigkeitsvoraussetzungen für *psychologische Eignungs- und Begutachtungsverfahren*, die im Rahmen von Personalplanung und -auslese sowie innerbetrieblicher Karriereförderung durchgeführt werden.[25] In Grundzügen zu erläutern ist das Ziel der Untersuchung, ihre Bedeutung und Tragweite.[26] Dazu gehören die Fragen, welche Eignungsmerkmale geprüft, welche Verfahren zu diesem Zweck angewendet und welche Beurteilungskriterien angelegt werden, der Umfang der Untersuchung, das Gewicht der Ergebnisse bei der Personalentscheidung, in welchem Umfang und welchem Adressatenkreis die Ergebnisse zugänglich gemacht werden sollen[27], schließlich ob und gegebenenfalls für welchen Zeitraum die Unterlagen aufbewahrt werden sollen. Die Information über eine psychologische Testierung sowie die Aufforderung zur Abgabe einer Einwilligungserklärung ist frei von Druck, auch von zeitlichem Druck, vorzunehmen.[28] Nur eine diese Kriterien erfüllende Einwilligung ist rechtlich wirksam.

Das Problem, ob eine konkludente Einwilligung genügt[29], also etwa das Erscheinen des Probanden zum Test nach korrekter Aufklärung, oder ob eine ausdrückliche Erklärung einzuholen ist[30], wurde durch die Rechtsprechung zugunsten letzterer Auffassung entschieden.[31] Eine ausdrückliche Erklärung kann zwar auch mündlich abgegeben werden, doch empfiehlt sich aus Gründen der Klarheit und Rechtssicherheit eine schriftliche Einwilligung in die Untersuchung selbst wie hinsichtlich der Schweigepflichtsentbindung. Ein entsprechendes Erklärungsformular kann darüber hinaus mit einer Zusammenfassung der wesentlichen Aufklärungsinhalte verknüpft werden.[32]

Neben Aufklärung und Einwilligung des Probanden sind für den Einsatz psychologischer Testverfahren noch weitere Voraussetzungen zu erfüllen, die dem Schutz des einzelnen vor unverhältnismäßiger und willkürlicher Ausforschung, d.h. vor seiner Degradierung als Objekt[33], dienen. Denn die Einwilligung bietet trotz der erforderlichen rechtlichen Freiwilligkeit (keine rechtswidrige Drohung, arglistige Täuschung o.ä.) insbesondere deshalb keinen ausreichenden Schutz, da zumeist eine faktische Zwangslage vorliegt: Ohne Teilnahme am Eignungstest oder Assessment-Center hat der Bewerber keine Chance, die Arbeitsstelle zu erhalten.[34] Zunächst muß daher ein *sachlicher Anlaß* für den Einsatz psychologischer Tests vorliegen. Die Maßnahme muß geeignet und erforderlich sein, um den angestrebten Zweck erreichen zu können, vor allem muß der Eingriff in die Persönlichkeitssphäre in Relation zu den konkreten Arbeitsanforderungen stehen. Als sachlicher Anlaß kommt die Besetzung eines Arbeitsplatzes in Frage, auf dem bestimmte, nicht anders feststellbare Eigenschaften und Fähigkeiten erforderlich sind. Des weiteren können potentielle Teilnehmer betrieblich geförderter oder veranstalteter Fortbildungsprogramme zu entsprechenden Tests aufgefordert werden. Ebenso können Arbeitnehmer – auch routinemäßig – geprüft werden, deren Tätigkeit mit hohen Sicherheitsrisiken für Dritte, sich selbst oder erhebliche Sachwerte behaftet ist.[35] Unter Umständen kann der Arbeitgeber hierzu sogar verpflichtet sein.[36]

Weitere Zulässigkeitsvoraussetzung ist die *Analyse des Arbeitsplatzes*. Es muß stets eine erkennbare Beziehung zwischen dem konkreten Arbeitsbereich und den zu diagnostizierenden Persönlichkeitsmerkmalen vorliegen. Nur unter dieser Voraussetzung sind Tests der Intelligenz, der Flexibilität, der Leistungsmotivation und der Streßstabilität, etc. rechtmäßig.[37]

Da der psychologische Test eine *geeignete Maßnahme*, um das Ziel, sachgerechte Erkenntnis über die Fähigkeiten des Probanden zu erlangen, sein muß, hat das jeweilige Verfahren den Kriterien der Objektivität, Validität und Reliabilität zu genügen.[38] Sogenannte projektive Tests sind – auch wenn sie diesen Kriterien entsprechen sollten – grundsätzlich nicht zulässig, da hier die Persönlichkeitsstruktur in einer Weise durchleuchtet wird, die den direkten Zusammenhang mit dem anvisierten Arbeitsplatz oder Einsatzbereich sprengt.[39]

Schließlich muß der Testleiter die notwendige *Qualifikation* besitzen. Die juristische Literatur verlangt in der Regel, daß psychologische Verfahren von einem Diplompsychologen durchgeführt und ausgewertet werden, der einschlägige Kenntnisse in diesem Bereich erworben hat.[40] Insbesondere wird der Proband – wenn auch nur stillschweigend – erwarten, daß die Untersuchungen fachgerecht durchgeführt werden und nur insoweit seine Einwilligung geben. Sicher kann der Psychologe als Testleiter Hilfspersonen schulen und einsetzen, doch muß er die Kontrolle über den Verlauf und die abschließende Begutachtung wahrnehmen. Sowohl der Testleiter als auch der Arbeitgeber haften für Schäden aus mangelhafter Sachkunde (Übernahme- bzw. Organisationsverschulden).

3 Arbeits- und Organisationspsychologie im Betrieb

Arbeits- und Organisationspsychologen widmen sich der Aufgabe, das Arbeitsleben selbst, näherhin die Kommunikation unter den Betriebsangehörigen und die

Beziehung des arbeitenden Menschen zur Sache, d.h. zu seiner jeweiligen Tätigkeit sowie zum Einsatz von technischen Hilfsmitteln usw., zu analysieren und zu gestalten. Aus dieser Aufgabenstellung in bezug auf betriebliche Abläufe ergibt sich notwendigerweise die Zusammenarbeit mit Angehörigen unterschiedlicher Interessengruppen wie mit dem Unternehmer, mit leitenden Angestellten, Arbeitnehmern und dem Betriebsrat, gegebenenfalls mit Gewerkschaftsvertretern.

Im Arbeitsschutzrecht ist keine explizite Nennung von Diplompsychologen zu finden[41], doch werden dem Arbeitgeber im Bereich der Arbeitsumwelt Pflichten auferlegt, zu deren Erfüllung er auf psychologische Fachkunde zurückgreifen muß (§§ 3 Abs. 2, 13 Abs. 2 ArbSchG; nach Art. 7 Abs. 5 der Richtlinie 89/391 EWG hat der Arbeitgeber dafür zu sorgen, daß diejenigen Arbeitnehmer oder außerbetrieblichen Fachleute, die er in Erfüllung der Aufgaben „Schutz" und „Gefahrenverhütung" beauftragt, über die erforderlichen Fähigkeiten und berufsspezifischen Mittel verfügen[42]).

So legt das *Arbeitsschutzgesetz* (vom 7.8.1996) nahe, Arbeits- und Organisationspsychologen einzusetzen, um Maßnahmen für Sicherheit und Gesundheitsschutz der Beschäftigten zu entwickeln (§ 1 Abs. 1 ArbSchG). Zu den Maßnahmen zählen alle, die der Verhütung von Unfällen bei der Arbeit und arbeitsbedingten Gesundheitsgefahren einschließlich der menschengerechten Gestaltung der Arbeit dienen (§ 2 Abs. 1 ArbSchG). Vor jeder Maßnahme steht die Analyse der Arbeitsbedingungen, angefangen von der Gestaltung und Einrichtung der Arbeitsstätte und der Arbeitsplätze über die einzusetzenden sächlichen Mittel und anzuwendenden Verfahren bis hin zur Qualifikation der Beschäftigten (§ 5 ArbSchG).

Im *Arbeitsicherheitsgesetz* (vom 12.12.1973), nach dem der Unternehmer ab einer bestimmten Betriebsgröße und je nach Gefährdungsgrad gehalten ist, beim Arbeitsschutz, bei der Unfallverhütung, in allen Fragen des Gesundheitsschutzes – wozu die psychische Gesundheit selbstredend gehört – und der Arbeitssicherheit einschließlich der menschengerechten Gestaltung der Arbeit einen Betriebsarzt und Fachkräfte für Arbeitssicherheit hinzuzuziehen, wird der Psychologe nicht eigens genannt. Unter den Fachkräften in diesem Sinne sind Sicherheitsingenieure, -techniker und -meister zu verstehen. Doch im Aufgabenkatalog des Betriebsarztes findet sich u.a. ausdrücklich die Aufgabe, in Fragen der Arbeitspsychologie zu beraten (§ 3 Abs. 1 Nr. 1 lit. d ArbSiG). Nicht nur in dieser, sondern ebenso in weiterreichenden Aufgaben wie Untersuchung und Beratung der Arbeitnehmer, Einwirkung auf das Verhalten bezüglich Unfallverhütung und Gesundheitsschutz können – wenn nicht aufgrund der einschlägigen Qualifikation sogar besser – auch Diplompsychologen ihre Kenntnisse und Fähigkeiten einsetzen.[43] In ihrer Facharbeit sind Betriebsärzte weisungsfrei, nur ihrem ärztlichen Gewissen verpflichtet und an die Schweigepflicht gebunden. Insofern ähnelt der Berufsstand der Psychologen durchaus dem der Ärzte, unbeachtet der Tatsache, daß ein Psychologe den

Betriebsarzt wegen dessen spezifischer medizinischer Tätigkeiten nicht ersetzen könnte.[44]

Schließlich sind auch in den Fachausschüssen für Arbeitssicherheit und Unfallverhütung der Berufsgenossenschaften, die als Träger der gesetzlichen Unfallversicherung nach § 708 RVO bindende Unfallverhütungsvorschriften erlassen können, Psychologen keineswegs zwingend vorgesehen, aber auch nicht ausgeschlossen.

Im Zuge der Technisierung haben sich neue Aufgaben für Psychologen herausgebildet, die über europäische Richtlinien Eingang in das nationale Recht gefunden haben:

(1) § 4 Nr. 4 ArbSchG i.V.m. Art. 6 Abs. 2 lit. d) und g) der Richtlinie 89/391 EWG, wonach allgemein die „Berücksichtigung des Faktors 'Mensch' bei der Arbeit" gefordert wird, insbesondere bei Gestaltung von Arbeitsplätzen, Auswahl von Arbeitsmitteln sowie Arbeits- und Fertigungsverfahren; es sollen Erleichterungen bei eintöniger Arbeit und maschinenbestimmtem Arbeitsrhythmus geschaffen und Gesundheitsprävention betrieben werden (lit. d); im Rahmen der Gefahrenverhütung sollen Technik, Arbeitsorganisation und -bedingungen sowie die sozialen Beziehungen und der Einfluß der Umwelt auf den Arbeitsplatz in Ausgleich gebracht werden (lit. g).[45]

(2) § 5 ArbSchG i.V.m. § 3 BildscharbV, wonach die Arbeitsplatzanalyse bei Bildschirmarbeitsplätzen die Sicherheits- und Gesundheitsbedingungen zu eruieren hat; neben möglicher Gefährdung des Sehvermögens und sonstiger körperlicher Beeinträchtigungen sind ausdrücklich die psychischen Belastungen zu ermitteln und zu beurteilen. Hierunter sind alle gesundheitlichen Beeinträchtigungen der Psyche zu fassen, insbesondere psychische Ermüdung, Monotoniezustände, herabgesetzte Wachsamkeit und psychische Sättigung.[46]

(3) § 2 der 9. GSGSV i.V.m. Anhang I 1.1.2. d) der Richtlinie 89/392 EWG, hier sind Grundsätze für die Integration der Sicherheit bei Konzipierung und Bau von Maschinen niedergelegt, wobei u.a. gefordert wird, daß bei bestimmungsgemäßer Verwendung Belästigungen, Ermüdung und psychische Belastung (Streß) des Bedienungspersonals unter Berücksichtigung ergonomischer Prinzipien soweit wie möglich reduziert werden.[47]

Bei seiner Tätigkeit im Betrieb hat der Psychologe die Rechte und Pflichten des Auftraggebers/Arbeitgebers, der einzelnen Arbeitnehmer wie des Betriebsrats zu beachten. Die Rechte des einzelnen berühren vor allem die oben unter Ziffer 2 allgemein dargestellten Sachverhalte, insbesondere ist der Persönlichkeitsschutz des Arbeitnehmers bei der Personalplanung und -förderung zu berücksichtigen. Der Betriebsrat hat gegenüber dem Arbeitgeber vielfältige Informations- und Vorschlagsrechte bis hin zu Mitbestimmungsrechten. So kann er im Rahmen des *betrieblichen Arbeitsschutzes* u.a. ein allgemeines Informationsrecht geltend machen (§ 80 Abs. 2 BetrVG), ist beim Arbeitsschutz beteiligt (§ 89 BetrVG), bzw.

hat Mitbestimmungsrechte hinsichtlich der Regelungen zur Unfallverhütung und zum Gesundheitsschutz (§ 87 Abs. 1 Nr. 7 BetrVG); er hat Beratungsrechte bezüglich der Arbeitsplatzgestaltung (§§ 90 Abs. 2, 111 BetrVG) und ein sog. korrigierendes Mitbestimmungsrecht nach § 91 BetrVG für den Fall, daß der Arbeitgeber Änderungen vornimmt, die arbeitswissenschaftlichen Erkenntnissen über die menschengerechte Arbeitsgestaltung offensichtlich widersprechen.[48] Außerdem ist er nach § 11 ASiG im Arbeitsschutzausschuß vertreten, der immer zu bilden ist, wenn im Unternehmen Betriebsärzte und Fachkräfte für Arbeitssicherheit bestellt sind. Wesentliche Rechte stehen ihm im Bereich Personalplanung (§ 92 BetrVG) zu, einschließlich der Gestaltung bestimmter Instrumente wie Personalfragebogen (§ 94 BetrVG), Beurteilungsgrundsätze und Auswahlrichtlinien (§ 95 BetrVG). Diese Mitwirkungsmöglichkeiten spielen u.a. beim Einsatz von psychologischen Eignungsuntersuchungen oder Assessment-Center-Verfahren eine Rolle.[49]

Der Arbeitgeber hat dafür zu sorgen, daß die Rechte des Betriebsrats gewahrt werden und dieser seinen Aufgaben nachkommen kann; insofern ist auch der Arbeits- und Organisationspsychologe anzuweisen bzw. zu verpflichten, die notwendigen Informationen weiterzugeben und den Mitwirkungsmöglichkeiten des Betriebsrats Rechnung zu tragen.

4 Schlußbemerkung

Obwohl die Gesetzgebung den Einsatz von Psychologen nirgends explizit festschreibt, läßt sich in der Praxis die Tendenz beobachten, diese Berufsgruppe zunehmend in Bereichen wie Arbeitsschutz, Personalentwicklung, Organisationsreform etc. mit analytischen und beratenden Aufgaben zu betrauen. Dies liegt sicher nicht zuletzt an der Darstellung des Leistungsangebots durch die Psychologen selbst sowie an der Leistungsfähigkeit psychologischer Methoden und am Erfolg der psychologischen Arbeit – Erfahrungen, die im europäischen und nationalen Recht mehr und mehr aufgegriffen werden. Da Arbeits- und Organisationspsychologen in einem Geflecht divergierender Interessen und Bedürfnisse tätig sind, die sich in Normen und Rechtsprechung niederschlagen, sollten rechtliche Grundkenntnisse und darüber hinaus berufsethische Prinzipien[50] selbstverständlich den Hintergrund für den Einsatz psychologischer Maßnahmen und Methoden bilden. Auf diese Weise kann die Dienstleistung der Psychologen für alle Beteiligten überzeugend präsentiert werden.

Literatur

Baumbach/Hefermehl (1996). *Wettbewerbsrecht. Kommentar* (19. Aufl.). München: C.H. Beck.

Baumbach/Lauterbach/Albers/Hartmann (1996). *Zivilprozeßordnung. Kommentar* (54. Aufl.). München: C.H. Beck.

Berger, M. (1993). *Rechtliche Aspekte des Assessment-Center-Verfahrens.* Baden-Baden: Nomos.

Bücker/Feldhoff/Kohte (1994). *Vom Arbeitsschutz zur Arbeitsumwelt. Europäische Herausforderungen für das deutsche Arbeitsrecht.* Neuwied, Kriftel, Berlin: Luchterhand.

Dingerkus, R. (1990). Rechtsprobleme psychologischer Eignungsdiagnostik. *Report Psychologie (RP), Heft: 11/12,* 18-24.

Dreher/Tröndle (1995). *Strafgesetzbuch. Kommentar* (47. Aufl.). München: C.H. Beck.

Fitting/Kaiser/Heither/Engels (1996). *Betriebsverfassungsgesetz. Kommentar* (18. Aufl.). München: Vahlen.

Gaul, D. (1990). *Rechtsprobleme psychologischer Eignungsdiagnostik.* Bonn: Deutscher Psychologen Verlag.

Hoyningen-Huene, G. v.(1991). Der psychologische Test im Betrieb. *Der Betrieb (DB), Beilage Nr. 10 zu Heft: 33,* S. 1-8.

Hunold, W. (1993). Aktuelle Rechtsprobleme der Personalauswahl. *Der Betrieb (DB), Heft: 4,* S. 224-229.

Jeserich, W. (1991). *Mitarbeiter auswählen und fördern. Assessment-Center-Verfahren* (6. Aufl., unveränderter Nachdruck von 1981). München: Hanser.

Kilian/Heussen (Hrsg.).(1994). *Computerrechts-Handbuch. Teil 13: Datenschutz.* bearb. von Th. Weichert (Loseblattsammlung). München: C.H. Beck.

Kühne, H. (Hrsg.) (1987). *Berufsrecht für Psychologen.* Baden-Baden: Nomos.

Michel/Wiese (1986). Zur rechtlichen und psychologischen Problematik graphologischer Gutachten. *Neue Zeitschrift für Arbeits- und Sozialrecht (NZA), Heft: 16,* S. 505-510.

Mohr, W. (1996). Rechtliche Grundlagen. In G. Wenninger & C. Graf Hoyos (Hrsg.), Arbeits-, Gesundheits- und Umweltschutz (S. 57-65). Heidelberg: Asanger.

Palandt (1998). *Bürgerliches Gesetzbuch. Kommentar* (57. Aufl.). München: C.H. Beck.

Pulverich, G., unter Mitarbeit von P. Uertz (1996). *Rechts-ABC für Psychologinnen und Psychologen* (Loseblattsammlung). Bonn: Deutscher Psychologen Verlag.

Richenhagen/Prümper/Wagner (1997). *Handbuch der Bildschirmarbeit.* Neuwied, Kriftel, Berlin: Luchterhand.

Schaub, G. (1996). *Arbeitsrechts-Handbuch* (8. Aufl.). München: C.H. Beck.

Schmid, K. (1971). Die rechtliche Zulässigkeit psychologischer Testverfahren im Personalbereich. *Neue Juristische Wochenschrift (NJW), Heft: 42,* 1863-1868.

Schmid, K. (1981). Rechtsprobleme bei der Anwendung psychologischer Testverfahren zur Personalauslese. *Betriebsberater (BB), Heft: 27,* 1646-1651.

Schönke/Schröder u.a. (1991). *Strafgesetzbuch. Kommentar* (24. Aufl.). München: C.H. Beck.

Scholz, Th. (1981). Schweigepflicht der Berufspsychologen und Mitbestimmung des Betriebsrates bei psychologischen Einstellungsuntersuchungen. *Neue Juristische Wochenschrift (NJW), Heft: 37,* S. 1987-1991.

Spiegelhalter, H.-J. (Hrsg.).(1996). *Arbeitsrechtslexikon. Kommentar* (Loseblattsammlung), München: C.H. Beck.

Sproll, H.-D. (1984). Rechtliche Grenzen der Erhebung und Speicherung von Arbeitnehmerdaten. *Zeitschrift für Wirtschaftsrecht (ZIP), Heft: 1,* 23-32.

Anmerkungen

1 Die genaue Bezeichnung des Gesetzes lautet: Gesetz über Betriebsärzte, Sicherheitsingenieure und andere Fachkräfte für Arbeitssicherheit.

2 Immerhin wird über EG-Richtlinien die nationale Gesetzgebung dahingehend beeinflußt, ihr Augenmerk auf die vielfältigen Risiken der technisierten Arbeit zu lenken und entsprechende Vorgaben in das Konzept von Sicherheits- und Gesundheitsschutz einzubeziehen: Schaub, Arbeitsrechts-Handbuch, § 154 I.

3 Cramer in Schönke/Schröder, Strafgesetzbuch, Kommentar, Rz. 13 zu § 132 a StGB.

4 BGH Urteil vom 4.7.1985 – ZR 147/83, in GRUR 1985, S. 1064; Baumbach/Hefermehl, Wettbewerbsrecht, Kommentar, Rz. 10 zu § 1 UWG; zur Anerkennung im Ausland erworbener Qualifikation siehe: Pulverich, Rechts-ABC „Ausländische Diplome", S. 48-51.

5 Dreher/Tröndle, Strafgesetzbuch, Kommentar, Rz. 15 zu § 203 StGB.

6 Pulverich, a.a.O., „Schweigepflicht", S. 270, 271.

7 Vgl. Scholz, Schweigepflicht der Berufspsychologen und Mitbestimmung des Betriebsrates bei psychologischen Einstellungsuntersuchungen, in NJW 1981, S. 1987, 1989; Dreher/Tröndle, a.a.O., Rz. 1 zu § 203 StGB: geschützt wird nicht die ungestörte Ausübung des Berufs des Schweigepflichtigen, sondern das allgemeine Persönlichkeitsrecht, einschließlich das „Recht auf informationelle Selbstbestimmung", wonach grundsätzlich der Betroffene selbst entscheiden kann, wann und innerhalb welcher Grenzen persönliche Lebenssachverhalte offenbart werden dürfen.

8 Pulverich, a.a.O., „Schweigepflicht", S. 270, 275 f.; Lenckner in Schönke /Schröder, a.a.O., Rz. 53 e zu § 203 StGB; BayObLG Urteil vom 8.11.1994 – 2 St RR 157/94, in NJW 1995, S. 1623 f.

9 Sproll, Rechtliche Grenzen der Erhebung und Speicherung von Arbeitnehmerdaten, in ZIP 1984, S. 23, 26.

10 Hartmann in Baumbach/Lauterbach, Zivilprozeßordnung, Kommentar, Rz. 8, 15 zu § 383 ZPO; Dreher/Tröndle, a.a.O., Rz. 30 zu § 203 StGB.

11 Hartmann in Baumbach/Lauterbach, a.a.O., Rz. 11 zu § 383 und Rz. 6, 7 zu § 385 ZPO.

12 Vgl. Ziffer VII 2 der Berufsordnung für Psychologen des BDP e.V.

13 Fitting/Kaiser/Heither/Engels, Betriebsverfassungsgesetz, Kommentar, Rz. 23 zu § 94 BetrVG; Scholz, a.a.O., S. 1987, 1989 = FN 6.

14 Pulverich, a.a.O., „Einsichtsrecht", S. 112 ff.

15 Thomas in Palandt, a.a.O., Rz. 2 zu § 810 BGB.

16 Pulverich, a.a.O., „Einsichtsrecht", S. 112, 114.

17 Pulverich, a.a.O., „Einsichtsrecht", S. 112, 115 mit weiteren Nachweisen.

18 Fitting/Kaiser/Heither/Engels, a.a.O., Rz. 23 zu § 94; Schaub, a.a.O., §†148 II.

19 BVerfG Urteil vom 15.12.1983 – 1 BvR 209/83 u.a., in NJW 1984, S. 419 ff., sog. Volkszählungsurteil.

20 Im einzelnen siehe: Weichert in Kilian/Heussen, Computerrechts-Handbuch, Rz. 150 ff. zu §†132 und Uertz in Pulverich, a.a.O., „Datenschutz", S. 84-88.

21 BVerwG Urteil vom 27.4.1989 – 3 C 4/86, in NJW 1989, S.2960.

22 BAG Urteil vom 6.6.1984 – 5 AZR 286/81, in NJW 1984, S. 2910 f.

23 BVerfGE 34, S. 269, 282 ff, Beschluß vom 14.2.1973 – 1 BvR 112/65; Thomas in Palandt, a.a.O., Rz. 200 zu § 823 BGB.

24 Heinrichs in Palandt, a.a.O., Rz. 37 zu § 242 BGB.

25 Zur arbeitsrechtlichen Grundlage (Fragerecht des Arbeitgebers) und zur Reglementierung siehe Uertz in Pulverich, a.a.O., „Assessment-Center", S. 25-29.

26 K. Schmid, Rechtsprobleme bei der Anwendung psychologischer Verfahren zur Personalauslese, in BB 1981, S. 1646, 1648; v. Hoyningen-Huene, Der psychologische Test im Betrieb, in DB 1991, Beilage 10, S. 1, 5.

27 Kühne, Berufsrecht für Psychologen, S. 286.

28 K. Schmid, in BB 1981, S. 1646, 1648.

29 Dingerkus, Rechtsprobleme psychologischer Eignungsdiagnostik, in Report Psychologie, Heft 11/12 1990, S 18, 19; Berger, Rechtliche Aspekte des Assessment-Center-Verfahrens, S. 73 f.

30 Sproll, a.a.O., S. 23, 26; Michel/Wiese, Zur rechtlichen und psychologischen Problematik graphologischer Gutachten, in NZA 1986, S. 505 f.

31 BAG Urteil vom 16.9.1982 – 2 AZR 228/80, in DB 1983, S. 2780, zu graphologischem Gutachten anhand eines zu diesem Zweck angeforderten handschriftlichen Lebenslaufs.

32 Gaul, Rechtsprobleme psychologischer Eignungsdiagnostik, S. 61; Dingerkus, a.a.O., S. 18, 19. Dieses Vorgehen entspricht im Grunde der ärztlichen Aufklärungspflicht vor einem Eingriff in die körperliche oder auch seelische Integrität des Betroffenen, v. Hoyningen-Huene, a.a.O., S. 1, 4.

33 BVerwG Urteil vom 30.9.1955 – IV C 015/55, in NJW 1956, S. 393; zum informationellen Selbstbestimmungsrecht, das mit dem Persönlichkeitsrecht am Charakterbild korrespondiert siehe auch FN 6 und Uertz in Pulverich, a.a.O., „Datenschutz", S. 84, 86.

34 v. Hoyningen-Huene, a.a.O., S. 1, 5; Berger, a.a.O., S.73 f.; deutlich: K. Schmid in BB 1981, S. 1646, 1647.

35 K. Schmid, Die rechtliche Zulässigkeit psychologischer Testverfahren im Personalbereich, in NJW 1971, S. 1863, 1864 f.; BAG Urteil vom 13.2.1964, in DB 1964, S. 472.

36 v. Hoyningen-Huene, a.a.O., S. 1, 5 ff.

37 K. Schmid in BB 1981, S. 1646, 1648 f.; v. Hoyningen-Huene, a.a.O., S.1, 3.

38 v. Hoyningen-Huene, a.a.O., S. 1, 3 f.

39 Schmid in BB 1981, S.1646, 1649; ders. in NJW 1971, S. 1863, 1867; siehe Kritik verschiedener Verfahren bei Jeserich, Mitarbeiter auswählen und fördern, S.41-46.

40 BAG Urteil vom 13.2.1964, in BB 1964, S. 472; K. Schmid in BB 1981, S. 1646, 1649; Kühne, a.a.O., S. 288; Spiegelhalter, Arbeitsrechtslexikon: „Testverfahren"; a.A.: v. Hoyningen-Huene, a.a.O., S. 1, 5, hält eine technische Einarbeitung für ausreichend, da ohnehin nur solche psychischen Meßverfahren zulässig seien, die neben Validität und Reliabilität das Gütekriterium der Objektivität erfüllen, das bedeute, die Durchführung, Auswertung und Interpretation des Tests gelange immer zum gleichen Ergebnis. Diese mechanistische Sichtweise dürfte schon nicht für jeden schriftlichen Test zutreffen, erst recht aber nicht für Testformen wie Streßinterview, Rollenspiele und Diskussionen im Rahmen eines Assessment-Centers, hier ist eine subjektive Auffassung und ein Bewertungsspielraum nicht zu umgehen. Fundierte psychologische Kenntnisse – auch über den Standpunkt des Beobachters – dürften prinzipiell unerläßlich sein; zur praktischen Unmöglichkeit absoluter Validität siehe Jeserich, a.a.O., S. 344.

41 Zur Problematik der mangelhaften Einbindung von Diplompsychologen in den Arbeits- und Gesundheitsschutz: Mohr, Rechtliche Grundlagen, S. 57 in Wenninger/Hoyos, Arbeits-, Gesundheits- und Umweltschutz.

42 Bücker/Feldhoff/Kohte, Vom Arbeitsschutz zur Arbeitsumwelt, 1994, Anhang zu RL 89/391 EWG.

43 Mohr, a.a.O., S. 57, 63 f.

44 Ausführlicher zum Betriebsarzt: Schaub, a.a.O., § 154 II 1.

45 Bücker/Feldhoff/Kohte, a.a.O., Rz. 252, 287 und Anhang zu RL 89/391 EWG.

46 Richenhagen/Prümper/Wagner, Handbuch der Bildschirmarbeit, 1997, S. 120 f.

47 Bücker/Feldhoff/Kohte, a.a.O., Rz. 456 und Anhang zu RL 89/392 EWG – Anhang I.

48 Übersicht in Fitting/Kaiser/Heither/Engels, a.a.O., Rz. 90 vor § 89 BetrVG.

49 Fitting/Kaiser/Heither/Engels, a.a.O., Rz. 6, 21 und 28 zu § 94 BetrVG, Rz. 4 zu § 95 BetrVG; zur Problematik der Mitbestimmung bei psychologischen Eignungs-untersuchungen vgl. Schaub, a.a.O., § 238 II 1; Gaul, a.a.O., S. 141; Scholz, a.a.O., S. 1987, 1990; Hunold, Aktuelle Rechtsprobleme der Personalauswahl in DB 1993, S.224, 227 f.; v. Hoyningen-Huene, a.a.O., S. 1, 7.

50 Siehe Sektion Arbeits-, Betriebs- und Organisationspsychologie im Berufsverband Deutscher Psychologen und Psychologinnen e.V., Grundsätze für die Anwendung psychologischer Eignungsuntersuchungen in Wirtschaft und Verwaltung, 1988; Berufsverband Deutscher Psychologen und Psychologinnen e.V., Berufsordnung für Psychologen, 1986.

Ausblicke

47 Nachwort oder: Brauchen wir einen weiteren Sammelband zur Arbeits- und Organisationspsychologie?

Eva Bamberg

Noch vor einigen Jahren gab es für die Arbeits- und Organisationspsychologie (A&O) nur wenig Überblicksliteratur in Form von Sammelbänden, Handbüchern oder Lehrbüchern. In jüngerer Zeit hat sich dies verändert. Auf dem Markt findet sich gegenwärtig eine Vielzahl einschlägiger Veröffentlichungen, vorausgesetzt, die Literatur zur A&O entspricht den üblichen Qualitätsstandards. Benötigen wir als in der Praxis oder in der Wissenschaft tätige Psychologinnen und Psychologen angesichts dieser Fülle von Publikationen, angesichts umfangreicher Informationsmöglichkeiten durch Datenbanken und Internet, einen weiteren Sammelband zur A&O?

Wir benötigen ihn besonders dann, wenn über eine Aufbereitung von bereits Bekanntem hinausgehend ein Beitrag zur Reduktion von Lücken, zur Reduktion von alten und neuen Defiziten des Fachgebietes, geleistet wird. Der Nutzen des vorliegenden Buches läßt sich somit danach bewerten, inwieweit die Beiträge des Bandes zur Verringerung von Defiziten der A&O geeignet sind.

Die Diskussion über Selbstverständnis, Verdienste und Lücken der A&O wurde in der Vergangenheit immer wieder geführt (z.B. von Greif, 1990; Kühlmann, 1995; Müller, 1989; v. Rosenstiel, 1990). Vor allem von der „Arbeitsgruppe Frauen- und Geschlechterforschung in der Arbeitspsychologie" werden seit ca. zehn Jahren kontinuierlich Kritikpunkte formuliert und Entwicklungsperspektiven aufgezeigt. In jüngerer Zeit wird diese Argumentation, die sich keineswegs auf Frauenarbeit begrenzt, von Fachvertretern zunehmend aufgegriffen. Die folgenden Überlegungen basieren zum Teil auf dieser Debatte.

1 Betriebspsychologie statt Arbeits- und Organisationspsychologie

In nahezu jedem Lehrbuch der A&O findet sich eine Diskussion des Arbeits- und Organisationsbegriffs. Ohne diese hier aufzugreifen, läßt sich festhalten, in Forschung und Berufspraxis der A&O erfolgt eine mehrfache Begrenzung des Verständnisses von Arbeit und Organisation: Arbeit wird meist mit abhängiger Erwerbsarbeit, Organisationen werden überwiegend mit Produktionsbetrieben gleichgesetzt. Verwaltungs- und vor allem Dienstleistungstätigkeiten sind gegenüber Tätigkeiten in der Produktion seltener Gegenstand der A&O.

Für ein solches Verständnis des Fachs scheint der Begriff Betriebspsychologie angemessener als Arbeits- und Organisationspsychologie. Es finden sich aber noch weitere Be- und Ausgrenzungen. Die Themenbereiche der A&O betreffen vorwiegend eine bestimmte Gruppe der Erwerbstätigen: das qualifizierte Stammpersonal. Die A&O beschäftigt sich nahezu ausschließlich mit dem Individuum als abhängig Beschäftigtem mit relativ stabiler Stellung oder prognostizierbarer Laufbahn innerhalb der betrieblichen Hierarchie, stabilen sozialen Bezügen, mit konkretem Arbeitsauftrag – mit dem Erwerbstätigen also, der an technischen Entwicklungen partizipiert. Durch diese Eingrenzung kann lediglich ein Ausschnitt menschlicher Arbeit und der Bezüge, innerhalb derer menschliche Arbeit geleistet wird, berücksichtigt werden – bezahlte Arbeit qualifizierter Stammbelegschaften.

Ausgeklammert bleibt unbezahlte gegenüber bezahlter Arbeit, obwohl erstere quantitativ gesehen überwiegt. Weitgehend ausgeschlossen sind aber auch zahlreiche Personengruppen. Dazu gehören Beschäftigte mit diskontinuierlichen und ungeschützten Beschäftigungsverhältnissen, mit mehreren („geringfügigen") Beschäftigungsverhältnissen und Personen auf sogenannten Restarbeitsplätzen. Was geschieht z.B. bei der Einführung von Bildschirmarbeitsplätzen, Fertigungsinseln oder Gruppenarbeit mit den Beschäftigten, die an solchen Arbeitsplätzen aus unterschiedlichen Gründen nicht arbeiten? Wird diese Beschäftigtengruppe allenfalls in den Stichproben der Erwerbslosigkeitsforschung berücksichtigt?

Die Ignorierung von Personengruppen und Tätigkeiten betrifft aber nicht nur potentielle Verlierer des Wirtschaftssystems. Auch qualifizierte Tätigkeit wird nur in Ausschnitten einbezogen. So ist z.B. das Thema Führung in Forschung und Praxis der A&O sehr beliebt. Nicht weniger wichtige Themenbereiche wie beispielsweise Kreativität, Innovation oder Selbstorganisation finden dagegen kaum Berücksichtigung.

Die A&O berücksichtigt somit nur einen kleinen Ausschnitt der Erwerbsarbeit. Sie klammert wichtige Fragestellungen, Tätigkeitsbereiche und Personengruppen aus, wie z.B.: Welche Faktoren und welche Prozesse beeinflussen die Zuordnung zu bezahlter und unbezahlter Arbeit, zu ungeschützten Beschäftigungsverhältnissen, zu Arbeitsgruppen und zu Restarbeitsplätzen? Die bestehende Arbeitsteilung und damit verbundene Hierarchien werden als gegeben hingenommen; die Frage, durch welche psychologischen Prozesse die Arbeitsteilung und damit auch Hierarchien entstehen und aufrecht erhalten werden, bleibt unberücksichtigt. Durch diese Schwerpunktsetzung wird die Arbeit eines wesentlichen Teiles der Bevölkerung vernachlässigt.

2 Mangelnde Berücksichtigung frauentypischer Arbeitsbedingungen

Frauen leisten bedeutend mehr unbezahlte Arbeit als Männer; ihr Anteil an ungeschützten Beschäftigungsverhältnissen ist besonders hoch (Schätzungen liegen zwischen 60 und 75%); sie befinden sich nach wie vor auf den unteren Ebenen betrieblicher Hierarchien. Die Ausrichtung der A&O auf einen Ausschnitt der Erwerbsarbeit bedeutet somit vor allem eine Vernachlässigung der Frauenarbeit. Von der „Arbeitsgruppe Frauen- und Geschlechterforschung in der Arbeitspsychologie" wurde in der Vergangenheit als wesentlicher Kritikpunkt die oben genannte Begrenzung der Arbeitspsychologie und die damit verbundene Konzentration auf männliche Erwerbsarbeit hervorgehoben (Resch, Bamberg & Mohr, 1994; 1997). So wird die geschlechtsspezifische Arbeitsteilung doppelt vernachlässigt:

1. Frauentypische Arbeitsbedingungen sind vor allem dann Gegenstand von Untersuchungen, oder von praktischen Maßnahmen, wenn sie mit populären Themen wie z.B. Telearbeit verbunden sind, in allen anderen Fällen bleiben sie weitgehend unberücksichtigt.
2. Psychologische Prozesse, die die geschlechtsspezifische Arbeitsteilung begünstigen und/oder aufrecht erhalten, bleiben ausgeklammert. Ebenso werden mit der geschlechtstypischen Arbeitsteilung verbundene Abhängigkeiten, Hierarchien und Diskriminierungen kaum untersucht.

Gegen die hier und im ersten Abschnitt angeführte Kritik gibt es mehrere Einwände, die die Schwerpunkte der A&O rechtfertigen könnten:
– Arbeitspsychologisches Wissen sei nicht geschlechtsspezifisch, von einer Generalisierbarkeit auf beide Geschlechtsgruppen sei auszugehen.
– Die Schwerpunktsetzung in der A&O, die Orientierung an einer männlichen Erwerbsbiographie sei zwar bedauerlich, aber pragmatisch gerechtfertigt: Die Entwicklung eines Faches ist von wirtschaftlichen und öffentlichen Interessen abhängig. Geforscht wird vor allem zu Themen, die finanziert werden – und wo liegt ein (finanzkräftiges) Interesse für Problembereiche wie Restarbeitsplätze, unbezahlte Arbeit, geschlechtsspezifische Hierarchien?
– Eine Orientierung der A&O am Markt bzw. an Fördermöglichkeiten könnte bedeuten, daß die innerhalb des Fachgebietes verfügbaren Kapazitäten auf die Bearbeitung von Fragestellungen konzentriert werden, bei denen Handlungsbedarf besteht. Dadurch wird die Entwicklung von für die Berufspraxis nützlichen Wissens möglich.
– Auch können dadurch inhaltliche Lücken durchaus gefüllt werden. So kann etwa die Auseinandersetzung um Telearbeit dazu führen, daß die oben an der A&O kritisierte Konzentration auf Vollzeitarbeitsverhältnisse korrigiert wird.

Eine Orientierung der A&O an – zumeist kurzfristigen – Verwertungsinteressen hat jedoch keineswegs die angeführten positiven Effekte – ganz im Gegenteil: Für wesentliche Fragestellungen fehlt uns psychologisches Wissen.

3 Mangelnde Berücksichtigung von Entwicklungsperspektiven

In jüngerer Zeit wird auch von Fachvertretern der begrenzte Gegenstandsbereich der A&O kritisiert (Hacker, 1997). In diesem Zusammenhang wird hervorgehoben, dadurch könnten wesentliche Entwicklungen in der Arbeitswelt nicht oder nur verzögert aufgegriffen werden.

Übereinstimmend wird in Prognosen über die Entwicklung der Arbeit darauf verwiesen, daß die Bedeutung von (vor allem qualifizierten) Dienstleistungs-tätigkeiten gegenüber Tätigkeiten in der Produktion zunehmen werde, daß mit veränderten Formen der Arbeitsorganisation zu rechnen sei, etwa durch eine zunehmende Bedeutung diskontinuierlicher gegenüber kontinuierlichen Beschäf-tigungsverhältnissen, durch die „neue Selbständigkeit", durch Telearbeit, virtuelle Organisationen etc.

Somit werden gerade diejenigen Themenbereiche, die in der A&O in der Vergangenheit häufig ausgeklammert wurden, in der Zukunft von besonderer Bedeutung sein. Notwendig ist somit, sich diesen Themen verstärkt zuzuwenden.

4 Mangel an nützlichem Wissen

Wenn die A&O eine angewandte Wissenschaft ist, so setzt das die Verfügbarkeit psychologischen Wissens über den Arbeitsprozeß, über die Bedingungen, Voraus-setzungen und Folgen menschlicher Arbeit, sowie über Analyse- und Inter-ventionsmethoden voraus. Die Theorien eines Anwendungsfaches sind nicht nur nach klassischen wissenschaftlichen Gütekriterien zu beurteilen, sondern auch hinsichtlich ihrer Anwendbarkeit und Nützlichkeit. Sie sollen etwa effizient, verläßlich, wirtschaftlich sein.

Von beruflichen Praktikern wird immer wieder hervorgehoben, daß für die Praxis nur partiell brauchbare Theorien zur Verfügung stehen. Praktisch tätige Psychologen sind auf Erfahrungen und Handlungswissen angewiesen. Das damit angesprochene Defizit wird auf verschiedene Gründe zurückgeführt (s. z.B. die Beiträge in Bungard & Herrmann, 1993).

Eine erste wesentliche Ursache ist, daß in der Psychologie grundlagen-wissenschaftliche, mit idealisierenden Bedingungen verbundene Theorien über-wiegen, deren Anwendbarkeit sich auf solche Kontexte beschränkt, in denen sich diese Bedingungen annähernd realisieren lassen. Eine Umsetzung psychologischer

Theorien auf praktische Probleme der A&O ist allenfalls in Ansätzen möglich. Das weiter oben genannte Kriterium der Anwendbarkeit und Nützlichkeit wird somit nur zum Teil erfüllt.

Ein weiterer Grund besteht darin, daß wissenschaftliche Auseinandersetzungen über Gestaltungs- und Interventionsmethoden weitgehend fehlen. Auf der Basis der oben genannten grundlagenwissenschaftlichen Theorien lassen sich durchaus Schlußfolgerungen für Interventionsschwerpunkte ableiten; so ergeben sich z.B. aus streßtheoretischen Ansätzen durchaus Konsequenzen für Ansatzpunkte betrieblicher Gesundheitsförderung. Auch verfügen wir über sorgfältig entwickelte Analysemethoden. Wie aber Interventionen der A&O konzipiert und durchgeführt werden, dazu gibt es kaum wissenschaftliche Auseinandersetzungen. Vergleichende Untersuchungen über die Wirksamkeit verschiedener Interventionsmethoden fehlen weitgehend. Während in der klinischen oder der pädagogischen Psychologie den Interventionsmethoden nicht nur in der Praxis, sondern auch in der wissenschaftlichen Diskussion ein sehr hoher Stellenwert eingeräumt wird (ein Indiz dafür ist z.B., daß sich in den meisten psychologischen Studiengängen die Lehrveranstaltungen zu Interventionsmethoden auf den klinisch-pädagogischen Bereich beschränken) werden in der A&O entsprechende Auseinandersetzungen kaum geführt.

Obwohl Arbeitsgestaltung ein wesentlicher Schwerpunkt des Fachgebietes ist, wird das Fehlen einer Gestaltungswissenschaft immer wieder bemängelt. Es gibt auf dem Markt unzählige Abhandlungen über Personal- und Organisationsentwicklung; eine wissenschaftliche Auseinandersetzung über die verschiedenen Methoden, ja selbst eine Diskussion über praktische Erfahrungen, über Vor- und Nachteile, über Anwendungsmöglichkeiten und -grenzen steht nach wie vor weitgehend aus.

In diesem Zusammenhang sei auf eine weitere Lücke verwiesen: Problemlösung in der Arbeits- und Organisationspsychologie erfordert interdisziplinäre Zusammenarbeit. Interdisziplinäre Arbeit setzt interdisziplinäres Wissen voraus. Dieser Notwendigkeit wird aber nur selten Rechnung getragen – weder in der Ausbildung, noch in der Weiterbildung noch in Publikationen.

Nicht zuletzt aufgrund der genannten Defizite sind Praktiker der A&O immer wieder mit aktuellen Problemen konfrontiert, für deren Lösung kaum geeignete theoretische Konzepte und/oder Methoden zur Verfügung stehen. Maßnahmen, wie etwa Qualitätszirkel, entstehen nicht in Aufarbeitung von Theorien, sondern auf der Grundlage des Handlungswissens der Beteiligten und werden erst dann beforscht, wenn sie popularisiert und verbreitet sind.

Es besteht somit eine Diskrepanz zwischen Wissensangebot und Wissensnachfrage: Auf der einen Seite grundlagenorientierte Theorien, die für eine Umsetzung nur begrenzt geeignet sind, auf der anderen Seite Gestaltungs- und Interventionsaufgaben, für die nützliche Theorien nur eingeschränkt zur Verfügung stehen.

5 Fragen an den Leser und die Leserin

Selbst unverbesserliche Optimisten werden nicht erwarten, so unterschiedliche Defizite wie die oben genannten könnten durch ein Buch behoben werden. Auch zeigt der Untertitel des vorliegenden Bandes, *Betriebsbezogene Zielbereiche, Grundlagen und Interventionen*, daß keineswegs der Anspruch besteht, den Gegenstand der A&O umfassend abzuhandeln. Bei einer kritischen Reflexion dieses Buches durch die Leserinnen und Leser sollte es deshalb weniger darum gehen, zu prüfen, ob die weiter oben angeführten kritische Themenbereiche durch entsprechende Beiträge einbezogen wurden – einige einschlägige Themen sind durchaus vertreten (z.B.: „Belästigung am Arbeitsplatz", „Telearbeit", „Ideenfindung und Innovation"). Zu prüfen ist vor allem, inwieweit sich aus den verschiedenen Beiträgen Konsequenzen für die oben genannten Lücken ergeben – sei es, daß sie geschlossen werden können, sei es, daß Fragestellungen neu oder modifiziert formuliert werden. Die folgenden Fragen mögen nicht nur für eine Bewertung der Beiträge des Buches, sondern auch für weiterführende Überlegungen nützlich sein:
- Inwieweit wird bei der Erörterung von Themen Arbeit, nicht nur die Erwerbsarbeit, berücksichtigt? Inwieweit sind Aussagen zu Erwerbsarbeit übertragbar auf andere Formen der Arbeit, welche Grenzen der Generalisierbarkeit bestehen? Bei den Themen „Arbeitszeitmanagement" oder „Mensch-Computer-Interaktion" scheint ein Blick über betriebliche Grenzen hinaus unbedingt erforderlich.
- Inwieweit werden „betriebsbezogene Zielbereiche" auch dann aufgegriffen, wenn sie nicht unmittelbarem Verwertungsinteresse entsprechen? Inwieweit ergeben sich durch die angeführten Themen Konsequenzen für die Positionen von Minderheiten? Erlauben z.B. die Ausführungen zum Thema „Eintritt, Verbleib und Aufstieg in Organisationen" Aussagen über Personengruppen, die in der Regel am Aufstieg nicht partizipieren?
- Werden – etwa bei dem Thema „Führung und Macht" – die besonderen Bedingungen der Lebens- und Arbeitssituation von Männern *und* Frauen berücksichtigt? Ergeben sich aus den Ausführungen spezifische Konsequenzen für die Arbeit von Männern und Frauen?
- Werden bei der Behandlung von Themen zukünftige Entwicklungen berücksichtigt? Werden etwa beim Thema „Mensch-Computer-Interaktion" zukünftige Möglichkeiten von Informationstechnologien berücksichtigt?
- Wird nützliches Wissen aufgearbeitet? Welche praktischen Konsequenzen lassen sich aus den Beiträgen ableiten?
- Und schließlich: Wird Wissen nützlich aufgearbeitet? Ist es brauchbar für die Alltagsarbeit von praktisch und wissenschaftlich tätigen Psychologinnen und Psychologen?

Literatur

Bungard, W. & Herrmann, T. (1993). *Arbeits- und Organisationspsychologie im Spannungsfeld zwischen Grundlagenorientierung und Anwendung.* Bern: Huber.

Greif, S. (1990). Kommentar zu „Identitätsprobleme organisationspsychologischer Forschung von Günter F. Müller". *Zeitschrift für Arbeits- und Organisationspsychologie, 34* (N.F.8), 94-97.

Hacker, W. (1997). *Zukunft der Arbeit – Arbeitspsychologie der Zukunft?* Universität Dresden: Unveröffentlichtes Manuskript.

Kühlmann, T. (1995). Arbeits- und Organisationspsychologie: Gedanken zu Ihrer Lage und zu Ihren Zukunftschancen. *Report Psychologie, 20,* 10-19.

Müller, G.F. (1989). Identitätsprobleme organisationspsychologischer Forschung. *Zeitschrift für Arbeits- und Organisationspsychologie, 33,* 197-200.

Resch, M., Bamberg, E. & Mohr, G. (1994). Frauenpsychologische Arbeitsbedingungen: Ein blinder Fleck in der Arbeits- und Organisationspsychologie. In S. Greif & E. Bamberg (Hrsg.). *Die Arbeits- und Organisationspsychologie* (S. 113-118). Göttingen: Hogrefe.

Resch, M., Bamberg, E. & Mohr, G. (1997). Von der Erwerbsarbeitspsychologie zur Arbeitspsychologie. In: Udris, I. (Hrsg.), *Arbeitspsychologie für morgen* (S. 37-52). Heidelberg: Asanger.

v. Rosenstiel, L. (1990). Kommentar zu „Identitätsprobleme organisationspsychologischer Forschung" von Günter F. Müller. *Zeitschrift für Arbeits- und Organisationspsychologie, 34* (N.F.8), 96-98.

48 Zukunftsaufgaben der Arbeits- und Organisationspsychologie zwischen Theorie und Praxis

Siegfried Greif

1 Wissenschaft und Praxis

1.1 Wozu wird die Psychologie in der Industrie gebraucht?

Das erste wegweisende Programm zur Anwendung der „beschreibenden und erklärenden psychologischen Wissenschaft" für die Wirtschaft hat Hugo Münsterberg entwickelt. Geprägt vom utilitaristischen Denken seiner Zeit, sah Münsterberg viele Möglichkeiten, die wissenschaftliche Psychologie in den Dienst wirtschaftlicher Ziele zu stellen. „Gesteigerte Leistungsfähigkeit durch bessere Angepaßtheit und durch Verbesserung der psychophysischen Bedingungen, wirksamere Werbemittel und weniger ermüdendes Tagewerk sind ein wirtschaftliches Ziel auch dort, wo die Arbeitskräfte billig scheinen." Gleichzeitig betont er das humanistische Ziel, „das übervolle Maß seelischer Unbefriedigung in der Arbeit, seelischer Verkümmerung und Bedrücktheit und Entmutigung aus der Welt zu schaffen." (Münsterberg, 1912, S. 181).

In den interdisziplinären Forschungs- und Anwendungsfeldern der *Arbeitswissenschaft* und *Ergonomie* hat sich die Psychologie seither als eine der grundlegenden Teildisziplinen fest etabliert. Auch im Kontext der internationalen Managementwissenschaften gilt sie als anerkannte wissenschaftlich und praktisch bedeutsame Disziplin. Aber ist ihre Nützlichkeit in der Industrie ebenso unumstritten? Wer in diesem Gebiet praktisch arbeitet, kennt die typische Frage, wozu eigentlich die Psychologie in der Industrie gebraucht wird. Bei jedem neuen Kontakt in diesem Praxisfeld müssen die Psychologinnen und Psychologen darauf vorbereitet sein, überzeugende Antworten auf diese Frage geben zu können. Daß Psychologie „wichtig" ist, wird zwar zunehmend betont, gemeint ist dabei aber eher eine Art „Common-Sense-Psychologie", wie sie jeder braucht.

Fachwissenschaftliche Erkenntnisse und professionelle praktische Leistungen der Psychologie werden dagegen wenig gesehen. Kaum jemand scheint zu wissen, daß die Grundlagen für die heute aktuellen *Führungskonzepte und -techniken, Assessment Center, Konzepte zur Gruppenarbeit, moderne Lernmethoden* oder *Kreativitätstechniken* und die Instrumente der *Unternehmensberatungen zur Organisationsanalyse und -entwicklung* von Wissenschaftlern aus der Psychologie gelegt wurden.

Genaugenommen ist die Frage nach der praktischen Nützlichkeit für keine Wissenschaft und Anwendungsdisziplin einfach und generell zu beantworten. Je nach Wissenschaftsauffassung wird die Antwort anders ausfallen. Aus der Sicht der vorherrschenden analytisch-empirischen Wissenschaftstheorie ist es nicht möglich, die Nützlichkeit einer Fachdisziplin insgesamt zu bestimmen. Bewertet werden können aber einzelne Theorien und Methoden in eingegrenzten praktischen Anwendungskontexten. Oft kann der wissenschaftliche und praktische Wert von Theorien erst rückblickend nach vergleichenden historischen Analysen erschlossen werden (Chalmers, 1989).

1.2 Die Kluft zwischen Wissenschaft und Praxis

Thomas (1982) hat Betriebspsychologen zum Verhältnis von Wissenschaft und Praxis am Ende der sechziger/Anfang der siebziger Jahre und zehn Jahre danach befragt. Beim Vergleich der Ergebnisse zeigt sich, daß zu beiden Zeitpunkten sehr ähnliche Probleme genannt werden, insbesondere:
– Praxisferne Erkenntnisse der Wissenschaft,
– zu wenig gefestigte Beziehung von Praktikern und Wissenschaftlern,
– Überheblichkeit der Wissenschaftler,
– Praxisfernes Psychologiestudium.

Es wäre interessant, diese Befragung heute zu wiederholen. Vermutlich würden wir im allgemeinen ähnlich skeptische Einschätzungen finden.

Zapf und Ruch (1991), ein Wissenschaftler und ein Praktiker, haben miteinander über die Zukunftsaufgaben der *Arbeitspsychologie* diskutiert. Als Quintessenz konstatieren beide: Nach wie vor besteht zwischen den psychologischen Grundlagenfächern und der Arbeitspsychologie auf der einen und der praktischen Anwendung auf der anderen Seite ein breite Kluft. Wissenschaftler und Praktiker leben in verschiedenen kulturellen Welten. Praxisferne Fragestellungen der Wissenschaft und theorieloses Vorgehen in der Praxis, Zeitmangel und Arbeitsdruck hemmen die Annäherung. Um die Kluft zu überbrücken, wären auf beiden Seiten besondere Anstrengungen und Maßnahmen erforderlich. Weder für die Karriere der Wissenschaftler noch für die der Praktiker lohnt sich nach ihrer Einschätzung bisher dieser zusätzliche Aufwand.

Folgen wir den wiedergegebenen skeptischen Einschätzungen, ist es der wissenschaftlichen Psychologie bis heute im allgemeinen noch nicht hinreichend gelungen, die eigenen Studienabgänger von der praktischen Nützlichkeit ihrer angewandten Forschung, Theorien und Methoden zu überzeugen. Es gibt aber natürlich auch Praktiker, die weniger skeptisch sind. Es wäre eine interessante, empirisch zu untersuchende Frage, ob es Studiengenerationen, Studienorte oder Arbeitsgebiete gibt, in denen diese Bewertungen positiver ausfallen. Die negative Meinung kann teilweise auch auf unzureichende Informiertheit zurückgeführt werden.

1.3 Die Psychologie als Vorreiter grundlegender Veränderungen

Informationen über den Stand der Forschung der universitären Arbeits- und Organisationspsychologie sind leicht zugänglich. Zwischen 1990 und 1992 hat die Fachgruppe Arbeits- und Organisationspsychologie Erhebungen über Personal und Drittmittelprojekte an allen deutschsprachigen Instituten und Forschungsgruppen durchgeführt (Bamberg & Greif, 1994). Eine neuere Zusammenstellung ist in einer Informationsbroschüre der Fachgruppe zu finden (Wieland-Eckelmann, 1998). Danach wurde und wird an den Universitäten ein sehr breites Themenspektrum aktueller praktischer Probleme bearbeitet.

In den letzten Jahren hat sich in der Industrie ein praktischer Paradigmenwechsel abgezeichnet. Das traditionelle hierarchische Organisationsmodell der Massenfertigung wird durch flexible, dezentrale Arbeitsgruppenorganisationen und kooperative, Eigenverantwortung fördernde Managementkonzepte abgelöst. In den paradigmatischen praktischen Lösungsansätzen, wie sie von den Wirtschaftswissenschaften und insbesondere den großen Unternehmensberatungen verbreitet werden, steht der qualifizierte Mensch als Ressource im Mittelpunkt der Aufmerksamkeit. *Selbstorganisierte Gruppenarbeit* wird gewissermaßen als das Standardmodul moderner Organisationsmodelle angesehen.

Die wissenschaftliche Psychologie ist diesem Paradigmenwechsel keineswegs nur hinterhergelaufen, sondern sieht sich als *Vorreiter* dieser grundlegenden Veränderungen. Modellhaft hat sie in Großbritannien beispielsweise bereits seit den 50er Jahren, in Deutschland verstärkt im Rahmen des Programms des deutschen Bundesforschungsministeriums zur Humanisierung des Arbeitslebens, an der Entwicklung und Untersuchung der heute aktuellen Konzepte der Gruppenarbeit mitgewirkt (Antoni, 1994; Ulich, 1994). Auch zu den Themenfeldern Führung und Management, Konflikt und Entscheidungen, Wandel und Innovation in Organisationen, Personalentwicklung und Qualifizierung sowie Arbeit und Gesundheit kann die wissenschaftliche Psychologie auf neuere Forschungsarbeiten, Theorien, Methoden und Techniken verweisen, die wichtige Beiträge für zukunftsbezogene praktische Gestaltungskonzepte liefern können. Psychologen in der Industrie interessieren sich anscheinend nicht übermäßig für Informationen über diese Übersichtsdarstellungen und Forschungsarbeiten. Unterschätzen sie die Bedeutung der Beiträge ihrer eigenen Disziplin?

Psychologische Methoden und Erkenntnisse können sowohl zur Verbesserung der Effizienz und Effektivität menschlicher Arbeit, als auch zur menschengerechten Gestaltung nützlich sein. Beide Gestaltungsziele schließen einander keineswegs aus und können zur Wirtschaftlichkeit in positiver Beziehung stehen (Kirchner, 1997; Reichwald & Hesch, 1997). Aber es ist noch nicht viel gewonnen, wenn wir die Vereinbarkeit dieser Gestaltungsziele lediglich postulieren. Es genügt auch nicht, das in der Psychologie oft gebrauchte allgemeine Hilfsargument zu verwenden, daß grundlegende Veränderungen nur unter Beteiligung der Mitarbeiterinnen und Mitarbeiter oder mit psychologischem Verständnis für deren Probleme möglich sind, so berechtigt das Argument auch ist. Skeptische Auftraggeber sind nicht einfach zu überzeugen. Um die Akzeptanz und Anwendung arbeits- und organisationspsychologischer Erkenntnisse und Methoden nachhaltig zu fördern, genügt es auch nicht, daß führende Fachvertreter positive Statements zur Nützlichkeit des eigenen Fachs abgeben. Unser Fach ist ohnehin zu sehr auf sich selbst bezogen. Die fachlichen Kooperationsnetzwerke in Deutschland sind immer noch zu sehr durch regionale oder persönliche Beziehungen geprägt. Die Arbeits- und Organisationspsychologie befindet sich nicht mehr in einer Aufbauphase, sondern hat sich unter den Wissenschaftsdisziplinen an den Universitäten mittlerweile auch in den deutschsprachigen Ländern als Fach fest etabliert. Um aber ihr Image in der Industrie zu verbessern, muß sich die Psychologie in diesem Feld für interdisziplinäre, überregionale und internationale Kooperationen in Wissenschaft und Praxis wesentlich mehr öffnen als bisher. Dies ist eine ihrer wichtigsten zukünftigen Entwicklungsaufgaben.

Warum gibt es beispielsweise keine internationalen Untersuchungen und Metaanalysen über die postulierten Zusammenhänge zwischen Humankriterien, Effizienzverbesserung und Wirtschaftlichkeit? Wenn derartige Projekte in Kooperation mit anerkannten Wirtschaftswissenschaftlern durchgeführt werden, würden sie sicher eine sehr große Beachtung und Anerkennung in der internationalen Fachwelt erzielen.

Ein außerordentlich interessanter Bereich wäre die Evaluation von Interventionsprogrammen zur betrieblichen Gesundheitsförderung, in denen psychologische Erkenntnisse berücksichtigt werden (vgl. Bamberg, Ducki & Metz, 1998). Arbeits- und Gesundheitsschutz dient zunächst einmal humanitären Zielen. In den letzten Jahren wurde aber nach wirtschaftlichen Evaluationsstudien festgestellt, daß betriebliche Gesundheitsförderung gleichzeitig auch erhebliche Kostensenkungen ermöglicht. Manche Unternehmen erkennen, daß derartige Maßnahmen betriebswirtschaftlich als Investition mit nachweisbar hoher Rentabilität angesehen werden können (Thiehoff, 1998). Vor dem Hintergrund der aktuellen Debatte über die Reduktion der Gesundheitskosten gewinnt die Untersuchung der Zusammenhänge zwischen humanitären und wirtschaftlichen Folgen enorm an Bedeutung (Amelang, 1998). Die Kernfrage ist, ob Interventionsmethoden, die spezifisches psychologisches Know-how erfordern, wirtschaftlich nützlicher sind, als konventionelle Methoden.

1.4 Haben Betriebswirte die Verbreitung der Psychologie übernommen?

Mit der Einführung von selbstorganisierter Gruppenarbeit oder aktuellen Managementtechniken, die in Anlehnung an Erkenntnisse aus der Psychologie gestaltet werden (wie z.B. Zielvereinbarungsgespräche nach Locke & Latham, 1984), werden in der Regel nicht Arbeits- und Organisationspsychologen beauftragt, sondern Betriebswirte. Wie läßt es sich erklären, daß die Psychologen in ihren originären Forschungs- und Anwendungsfeldern eine so geringe Bedeutung haben?

Die Antwort ist einfach. Das öffentliche Image der Psychologen wird von der Klinischen Psychologie und von der Behandlung psychisch kranker Menschen geprägt. Wie eine repräsentative Haushaltsbefragung zum Image der Arbeits- und Organisationspsychologie zeigt (Sander, 1998), halten nur 28% die Mitarbeit von Diplom-Psychologen in Projekten zur Organisationsentwicklung für sehr/ziemlich wichtig. Im Gebiet Personalwesen sind dies immerhin 50% und bei der Anwendung von Berufs-/Eignungstests 55%. Beim direkten Vergleich mit anderen Disziplinen liegt das Ansehen der Psychologie relativ am niedrigsten.

Haushaltsbefragungen können Hintergrundinformationen zur Bedeutung einer wissenschaftlichen Disziplin liefern. Von besonderem Interesse wären jedoch Befragungen an Geschäftsführern oder Führungskräften, die über Projektaufträge oder Kooperationen mit Universitäten zu entscheiden haben. Sehr oft haben Betriebswirte diese Entscheidungspositionen inne. Naheliegenderweise bevorzugen sie als Kooperationspartner wiederum Betriebswirte mit ähnlichem Wissen und Denken, vor allem bei grundlegenden und ungewissen Veränderungen. Fachwissen ist für Nicht-Fachleute leichter zu verarbeiten, wenn es zuvor auf deren Common-Sense-Niveau reduziert wurde. Betriebswirte sind anscheinend besser in der Lage, Nicht-Psychologen psychologische Erkenntnisse und Methoden allgemeinverständlich nahezubringen oder kundengerecht vereinfacht zu vermitteln. Es ist daher nicht verwunderlich, wenn die Psychologie mit ihrem schwierigen Image sogar in der Anwendung originär psychologischer Methoden (z.B. Assessment Center) Terrain an Betriebswirte verliert. Genauso werden in der einschlägigen wirtschaftswissenschaftlichen Bestsellerliteratur, psychologische Themen nahezu ausschließlich auf Common-Sense-Niveau abgehandelt, fast ohne jede Berücksichtigung psychologischer Fachliteratur (exemplarisch der Weltbestseller von Womack, Jones & Roos, 1992). Generell scheinen nur wenige Psychologen in der Lage zu sein, ihre Erkenntnisse so allgemeinverständlich und erfolgreich zu vermitteln, wie die wirtschaftswissenschaftlichen Autoren internationaler Bestseller.

1.5 Trivialisierung der Psychologie

Dem Trend zur Trivial-Psychologie in diesem Anwendungsgebiet haben wir als Psychologen selbst Vorschub geleistet, wenn wir sehr einfache Gestaltungskonzepte propagiert haben, die auf Erkenntnissen beruhen, die keine besondere psychologische Expertise erfordern.

Für jeden nachdenklichen Nicht-Psychologen ist es beispielsweise eine im Grunde triviale Erkenntnis, daß die Ausführung untergeordneter Teilaufgaben demotivierende und dequalifizierende Auswirkungen haben kann und daß dagegen ganzheitliche oder vollständige Aufgaben, die selbst geplant, ausgeführt und kontrolliert werden, die Arbeitsmotivation fördern können. Bereits Adam Smith ist in seiner klassischen Untersuchung zum Volkswohlstand von 1776, in der er das Prinzip der Arbeitsteilung und seine darauf gegründete Nationalökonomie propagiert, sehr genau auf diese demotivierenden und dequalifizierenden Folgen für die Industriearbeiter eingegangen.

Es ist durchaus als wissenschaftliche Leistung zu werten, wenn Common-Sense-Annahmen durch methodisch sorgfältige Untersuchungen bestätigt werden. Im Gebiet der Arbeitsgestaltung gibt es aber bisher zu wenig psychologische Forschungen, die mit alltagspsychologischen Beobachtungen im Kontrast stehen und Neugier auf neuere wissenschaftlich-psychologische Erkenntnisse fördern. Das allgemeine Interesse (auch in der Industrie) an Dörners (1989) provokantem Buch zur „Logik des Mißlingens" und an Golemans (1995) internationalem Bestseller über neuropsychologische Forschungsergebnisse und „emotionale Intelligenz" zeigt, daß nicht-triviale Erkenntnisse aus der Psychologie durchaus rezipiert werden. Es ist keine leichte Aufgabe, Erkenntnisse aus komplizierten Theorien, die auf experimentalpsychologischer Grundlagenforschung beruhen, allgemeinverständlich und anregend zu vermitteln (z.B. die Handlungsregulationstheorie und Forschungsarbeiten von Hacker, 1998). Aber wenn wir vor dieser Aufgabe resignieren, leisten wir selber einer Trivialisierung der Psychologie Vorschub, die schließlich dazu führen kann, daß Psychologie als Fachdisziplin entbehrlich wird.

2 Als Hochschullehrer in der Praxis

2.1 Kooperationsprojekte müssen praktisch nützlich sein

Kooperationsprojekte mit Universitäten werden von Industrieunternehmen und Unternehmensberatungen immer sorgfältig im Hinblick auf ihren Nutzen, Aufwand und mögliche Risiken überprüft. Dies gilt heute auch für die kleinste wissenschaftliche Erhebung und jede Diplomarbeit. Insofern belegt jedes einzelne der zahlreichen wissenschaftlichen Kooperationsprojekte, das von Wissenschaftlern in diesem Feld durchgeführt wird, daß sie – entgegen dem Vorurteil vieler Praktiker – aus unternehmerischer Sicht durchaus in der Lage sind, die Kluft zwischen Wissenschaft und Praxis zu überwinden.

Diese praxisbezogene wissenschaftliche Projektarbeit unterscheidet sich jedoch von der Tätigkeit innerhalb eines Unternehmens, wie Praktiker mit recht einwenden. Der Zeitdruck, konkrete Ergebnisse zu erzielen, ist oft größer. Ständig ändern sich die Prioritäten, unvorhergesehene Probleme treten auf, und neue Aufgaben müssen zusätzlich übernommen werden. Die Frage ist, ob unter derartigen „Streßbedingungen" das Postulat von der Einheit oder Vereinbarkeit von Analyse, Bewertung und Gestaltung auf psychologisch-theoretischer Grundlage (Ulich, 1994) aufrechterhalten werden kann.

2.2 Als Hochschullehrer in einem Unternehmen

Ich bekam die Chance, in einer Art Selbstversuch zu testen, ob ich als Hochschullehrer in der Lage bin, diese Anforderung zu bewältigen, und konnte konkret lernen, ob und wie sich wissenschaftliche Theorien und Methoden in der täglichen praktischen Arbeit umsetzen lassen. Der geschäftsführende Gesellschafter und Vorsitzende der Geschäftsführung der Felix Schoeller Gruppe (FSG), Hans-Michael Gallenkamp, bot mir an, für zwei Jahre als Berater in seinem Unternehmen zu arbeiten. Ich nahm das Angebot an und ließ mich von der Universität von Oktober 1994 bis Ende September 1996 beurlauben. Ich denke, die Auswertung dieser Erfahrungen kann zur Überwindung der Kluft zwischen Wissenschaft und Praxis beitragen.

Die Felix Schoeller Gruppe (FSG) gehört zur Papierindustrie. An damals sechs Produktionsstandorten (Deutschland, Großbritannien und USA) mit ca. 2.000 Mitarbeitern wurden pro Jahr etwa 260.000 Tonnen Papier abgesetzt. Schwerpunkte sind Fotobasispapiere (ca. 60% Weltmarktanteil), Dekorpapiere (Nummer zwei auf dem Weltmarkt), Papiere für digitale/elektronische Bebilderungsverfahren (z.B. Inkjet-Papiere) und Spezialpapiere.

Das Kerngeschäft der FSG sind die Fotobasispapiere. Das Unternehmen liefert Fotopapier an Firmen wie Kodak und Fuji, die selber ebenfalls Fotobasispapiere herstellen. Um in diesem Segment die Führungsposition zu erhalten und eventuell sogar ausbauen zu können, muß Schoeller möglichst bessere Papierqualität, kostengünstiger und schneller liefern, als die eigenen Kunden als Mitbewerber. Dies erklärt eine besondere Veränderungsbereitschaft des Unternehmens vor allem in technologischer und arbeitsorganisatorischer Hinsicht. Dem Betriebsrat und den meisten Mitarbeitern war bewußt, daß der Erhalt ihrer Arbeitsplätze an den deutschen Standorten vom Erfolg technologischer und organisationaler Innovationen, verbunden mit Qualitätsverbesserungen und Kostensenkungen abhing.

Das Unternehmen hat mich nicht als Wissenschaftler oder gar als „Psychologen", sondern als Unternehmensberater und praktischen Problemlöser eingestellt. Die wichtigsten der insgesamt 14 Projekte, an denen ich in dieser Zeit beratend mitgewirkt habe, waren neben der Einführung und Ausbildung von Schichtleitern, die Reorganisation der Instandhaltung, Verbesserungsprozesse in der Produktion, Reengineering der Auftragsabwicklung sowie die Entwicklung und Einführung von Statusanalysen für ein umfassendes Qualitäts- und Umweltmanagement.

Ausgangspunkt meiner Kooperation mit der FSG war ein Lean-Management-Projekt, das von einer bekannten Unternehmensberatung begonnen worden war. In allen Bereichen waren Projektvorhaben zur Kosteneinsparung und Produktivitätsverbesserung geplant. Der Betriebsrat war mit der Arbeitsweise und den Ergebnissen der Unternehmensberatung nicht zufrieden. Er forderte, daß möglichst keine Mitarbeiter entlassen werden. Der erforderliche Personalabbau sollte durch natürliche Fluktuation erfolgen. Kosteneinsparungen und Produktivitätssteigerungen sollten durch Verbesserungsvorschläge und Veränderung der Arbeitsorganisation unter Beteiligung der Mitarbeiter erzielt werden. Die Geschäftsführung der FSG folgte einer Empfehlung des örtlichen Geschäftsführers der IG Chemie-

Papier-Keramik und holte mich und ein kleines Team von Projektmitarbeitern, zunächst zur Verbesserung der Ausbildung der Leiter der Untersuchungseinheiten im Rahmen des Lean-Management-Projekts und zur Unterstützung der Personalentwicklung. Speziell an den Produktionslinien sollte nach den Ergebnissen der Analyse der Unternehmensberatung eine schlankere Führung eingeführt werden. Anstelle der bisherigen Obermeister und Meister sollten „Schichtleiter" mit einem veränderten Anforderungsprofil als Leiter selbstorganisierter Arbeitsgruppen ausgewählt und für die neuen Aufgaben ausgebildet werden. Aus den positiven Erfahrungen mit dem „Schichtleiterprojekt" (Greif & Scheidewig, 1996) folgte schließlich die Idee, mich für zwei Jahre als Berater einzustellen.

Im ersten Jahr meiner Tätigkeit mußte ich immer wieder neu und überall offene und versteckte skeptische Fragen über den Nutzen der Psychologie für das Unternehmen und speziell eines Hochschullehrers beantworten. „Warum wird in einer Situation, in der in unserem Unternehmen Personal abgebaut werden muß, ausgerechnet ein Psychologieprofessor eingestellt?" stand unausgesprochen hinter allen Fragen zu meiner Tätigkeit oder wurde offen und direkt gefragt. Meine Tätigkeit und alle Projekte, an denen ich als Berater beteiligt war, wurden von allen Seiten sehr kritisch beobachtet. Ich war mir immer bewußt, daß Mißerfolge sofort starke negative Auswirkungen auf meine zukünftigen Projekte in und außerhalb des Unternehmens und das Image der Psychologie haben würden. Nicht nur aus der Sicht der Mitarbeiter sondern auch mancher Führungskräfte und Technologen wurde ich anfangs nur als ein „unnützer Kostenfaktor" gesehen. Ich mußte deshalb zeigen, daß sich die Investition auch wirtschaftlich lohnte, einen Psychologieprofessor mit seinem theoretischen und methodischen Hintergrundwissen einzustellen. Erst als sich sichtbare kleine und größere, auch nach wirtschaftlichen Kriterien meßbare Erfolge einstellten, die von den Beteiligten selber auf unsere Beratung oder auf die Anwendung der von uns eingeführten Lösungen und neuen Methoden zurückgeführt wurden, änderte sich die Einschätzung allmählich.

Ein gutes Beispiel war eine Serie sehr erfolgreicher Verbesserungsprojekte. Von 20 Projekten in drei Produktionslinien wurden 17 (85%) umgesetzt. Zwei Projekte erzielten besonders eindrucksvolle Ergebnisse. So wurden in einer Produktionslinie die Papierabrisse um über 60% verringert. In einem anderen Produktionsbereich konnte die Zahl der Papierrollen, die nach Kundenanforderungen zu kurz waren („Kurzrollen"), erheblich reduziert werden. Wie Nachbefragungen – auch noch nach mehreren Monaten – zeigten, wurden die Verbesserungsprojekte von allem beteiligten Mitarbeitern und den Produktionslinienleitern sehr positiv eingeschätzt. Die Mitarbeiter waren stolz, daß sie derartige Ergebnisse erzielen konnten. Sie betonten selber, daß die Ergebnisse durch die Anwendung der durch uns in der Ausbildung vermittelten Methoden erreicht wurden. Der wirtschaftliche Nutzen der Verbesserungsprojekte war bei sehr geringen Investitionen insgesamt so groß und eindeutig, daß selbst Skeptiker im Unternehmen vom praktischen Nutzen der „psychologischen Methoden" überzeugt werden konnten.

Die Anforderung, wirtschaftlich nützliche Resultate zu erzielen, wurde mir keineswegs nur von der Geschäftsführung gestellt. Auch für den Betriebsrat und die Beschäftigten, mit denen ich zusammenarbeitete, war sie vorrangig, weil sie sich dadurch eine größere Sicherheit ihrer Arbeitsplätze versprachen. Die Verbesserung der Arbeitsbedingungen nach Kriterien humaner Arbeitsgestaltung wurde – einzelne Geschäftsführer und Betriebsratsmitglieder ausgenommen – in dieser Situation von niemanden für möglich gehalten. Besonders die Beschäftigten hielten mich für „naiv", wenn ich das Ziel thematisierte, neben der Wirtschaftlichkeit auch die „Arbeitsqualität" nach Humanisierungskriterien zu verbessern.

In einem Projekt zur Reorganisation der Instandhaltung wurden zusammen mit den betroffenen Handwerkern, Ingenieuren und Schichten Problemanalysen durchgeführt und Lösungsideen entwickelt. Im Kern bestand die Lösung in einer Umsetzung von Handwerkern aus der zentralen Werkstatt in die Tagschicht an den Produktionslinien, verbunden mit einer Erweiterung ihrer Aufgaben, Handlungsspielräume und Verantwortung sowie einer Delegation einfacher Instandhaltungsaufgaben an die Schichten. – In einer mehrmonatiger Pilotphase wurden alle Betei-ligten in kleinen Gruppen regelmäßig über die Auswertung der täglich nach allen Schichten von ihnen ausgefüllten Aufgabenanalysebögen informiert und diskutierten alle Maßnahmen intensiv. Trotzdem konnten nur wenige nachvollziehen, wieso es durch die Veränderungen ohne Entlassungen in einer Produktionslinie möglich war, über 40% der Personalkosten einzusparen und die Erledigungstermine der Arbeitsaufträge von vorher zum Teil mehreren Wochen auf maximal zwei Tage zu verkürzen. Die Beschäftigten können sehr beharrlich in ihrer Überzeugung sein, daß Kostensenkungen und Produktivitätssteigerungen nur durch Personalabbau oder Mehrarbeit möglich sind. Nur die unmittelbar beteiligten Handwerker verstanden die Vorzüge dieser Lösung, waren stolz auf ihre neue Verantwortung und auf die auch von den Schichten anerkannten Leistungsverbesserungen.

Wie das Beispiel zeigt, ist es möglich, die Wirtschaftlichkeit und die Humanisierung der Arbeit gleichzeitig zu verbessern, dies ist aber den Beschäftigten nur sehr schwer zu vermitteln. Weil die Lösung mit verunsichernden Veränderungen von Aufgaben und Verantwortung verbunden war, hat sie zeitweilig erhebliche Konflikte und Veränderungswiderstände ausgelöst. In solchen Konfliktsituationen sind nicht nur kommunikative Fähigkeiten und Moderationsfertigkeiten gefordert, sondern auch Problemlöse- und Konfliktmanagementkompetenzen sowie intensives Coaching des Projektleiters, um ihm zu helfen, mit diesen Konflikte angemessen umzugehen.

2.3 Das eigentliche Theorie-Praxis-Problem

In den zwei Jahren meiner Tätigkeit habe ich oft darüber nachgedacht, was ich für mich selbst, zur Verbesserung der Ausbildung der Studierenden und zur Entwicklung praxistauglicher wissenschaftlicher Theorien und Methoden mit zurück an die Universität nehmen kann. Ich habe meine Identität als Wissenschaftler nicht aufgegeben, sondern sah mich als „Hochschullehrer vor Ort". Mein Ideal war, mit allen Ebenen, von der Geschäftsführung bis zu den Produktionslinien nicht nur zu reden, sondern intensiv zusammenzuarbeiten – mit Schlips und Kragen in Sitzungen mit der Geschäftsführung und im Blaumann in der Anlage – und dabei lernend zu helfen, praktische Probleme zu lösen. Unter dem industrietypischen Zeit- und Veränderungsdruck begann ich mehr und mehr wie ein Praktiker zu denken und

fing an, die Vorbehalte besser zu verstehen, die Wissenschaftlern entgegenge-
bracht werden. Zeit zum Lesen hatte ich wenig. Wichtige Publikationen blieben
liegen oder konnten nur im Urlaub fertiggestellt werden. Mit allen Ebenen und in
allen Bereichen konnte ich sehr offene Gespräche führen. Zunehmend als
„Schoelleraner" akzeptiert, lernte ich, die Welt der Wissenschaft, aber auch externe
Unternehmensberatungen mit den Augen der Menschen im Unternehmen zu sehen.

Überraschend war für mich, mit welchem Interesse und welcher Intensität sich
Führungskräfte und Technologen trotz Zeitdruck mit aktueller populärwissenschaftlicher Fachliteratur und den von Unternehmensberatungen vermittelten
Veränderungskonzepten auseinandersetzen. Um mitdiskutieren zu können, mußte
ich populäre Zeitschriften lesen und vor allem die Bücher der *internationalen
Bestsellerliste* in diesem Feld kennen. Immer ging es dabei um die Frage, ob die in
der Literatur oder von einer Unternehmensberatung angepriesene Lösungen in
diesem Unternehmen oder in einem bestimmten Arbeitsbereich anwendbar sind.
Ich begann zu begreifen, daß heute das eigentliche Theorie-Praxis-Problem in der
Industrie im Konflikt zwischen den durch Unternehmensberatungen und populärwissenschaftliche Bücher vermittelten theoretischen Lösungen der Führungskräfte
und Ingenieure und ihrer praktischen Umsetzung durch die Mitarbeiter besteht. In
diesem innovativen Feld ist nicht nur die Bedeutung der angewandten wissenschaftlichen Psychologie gering, sondern im Grunde auch die aller anderen
Wissenschaftsdisziplinen.

Offensichtlich gibt es eine Art „Hitliste" aktueller Veränderungsthemen und
-konzepte, die weltweit in der Industrie diskutiert und in vielen Unternehmen
erprobt werden, „um im internationalen Wettbewerb nicht den Anschluß zu
verlieren". In den meisten international operierenden Unternehmen laufen oft
gleichzeitig mehr als zehn grundlegende Veränderungsprojekte mit sich ständig
ändernden Prioritäten. Wer in der Industrie arbeitet oder intensiven Kontakt zu
verschiedenen Unternehmen pflegt, erfährt sehr schnell, was gerade in der Industrie allgemein aktuell ist.

Wissenschaftler kritisieren oft die kurzfristigen „Modetrends" in der Industrie.
Das Argument, das sie „nicht jedem Trend hinterherlaufen" wollen, wird oft zur
Rechtfertigung der eigenen Inaktivität bei aktuellen Themen verwendet. Es wäre
aber zumindest nützlich, regelmäßig systematische Erhebungen zur aktuellen
„Themenhitliste" durchzuführen und sie zusammen mit der Rezeption der Bestsellerliteratur in diesem Feld als Gegenstand wissenschaftlicher Analysen zu erforschen. Eine interessante und untersuchenswerte Frage wäre dabei, wodurch und
wie Trendthemen in der Industrie entstehen. Unternehmensberatungen spielen
vermutlich eine große Rolle, aber auch wenn sie von ständigen Themenverän-
derungen besonders profitieren, wäre es zu einfach, sie allein als „Trendmacher"
zu sehen. So groß ist ihr Einfluß wiederum nicht, daß sie der Industrie beliebige
Veränderungsprojekte verkaufen könnten, die keine praktische Bedeutung haben.

Offensichtlich verstehen sie die Probleme der Industrieklientel zumindest so gut, daß ihre Kunden bereit sind, für die dazu angebotenen Dienstleistungen viel Geld einzusetzen.

Die großen *internationalen Unternehmensberatungen* verfügen aus ihren Untersuchungen über einen so großen Fundus von Untersuchungsmethoden und Vergleichsdaten, daß damit Forschungsinstitute kaum noch konkurrieren können. Das innovative Zentrum der Entwicklung und Anwendung von Untersuchungsmethoden und Veränderungskonzepten in der Industrie liegt deshalb heute nicht mehr allein in der Wissenschaft, sondern in den Unternehmensberatungen. Nicht nur die Angewandte Psychologie, alle wissenschaftlichen Anwendungsdisziplinen sind dabei, in der Industrie zumindest in der Entwicklung und Anwendung von Untersuchungsmethoden den Anschluß zu verlieren.

Unternehmensberatungen und Unternehmen betreiben Forschung und Entwicklung nach anderen Regeln als die Wissenschaft mit ihren Veröffentlichungen, Pflichten zur Angabe von Quellen und öffentlichen Fachdiskursen. Unternehmensberatungen oder Unternehmen geben bei Veröffentlichungen selten fremde Quellen an, sondern adaptieren sie, um sich selbst als Innovator zu positionieren. Veröffentlichungen dienen nicht zur fachlichen Auseinandersetzung, sondern zur Werbung. Konzepte, Methoden, professionelles Knowhow und Vergleichsdaten, deren Nutzung für Konkurrenten von Vorteil wäre, werden von Unternehmensberatungen streng geheim gehalten. Die Gefahren sind groß, daß die praxisbezogene Forschung und Entwicklung in diesem Feld zu einer Art unkontrollierbarer Geheimwissenschaft denaturiert. Ohne Transparenz und unabhängige Überprüfung gibt es kein Mittel gegen Scharlatanerie. Zweifel an der Glaubwürdigkeit der Behauptungen und Versprechungen von Unternehmensberatungen haben in der Industrie sehr zugenommen.

3 Herausforderungen der Zukunft

3.1 Standardlösungen sind unangemessen

In Organisationen mit aktiv handelnden Menschen finden wir keine „Standardbedingungen" vor, in denen es erfolgversprechend erscheint, ein Problem mit einer vorgefertigten Standardlösungen anzugehen. In wissenschaftlichen Veröffentlichungen, insbesondere aber in der populärwissenschaftlichen Managementliteratur und von Unternehmensberatungen werden solche Standardlösungen jedoch oft propagiert. Wissenschaftler favorisieren Analysen und Problemlösungen oder Methoden und Maßnahmen, die strikt aus einer anerkannten wissenschaftlichen Theorie abgeleitet wurden. Auf die Unterschiede von Menschen oder auf andere Besonderheiten nehmen die Theorien und Wissenschaftler in diesem Feld dabei im allgemeinen wenig Rücksicht, weil sie die Eindeutigkeit der Hypothesen zu vermindern scheinen.

Praktisch arbeitende Organisationsberater brauchen als *Denkwerkzeuge* Theorien, Methoden und Änderungsstrategien, die ihnen helfen, praktisch durchführbare und erfolgversprechende Analysen, Ziele, Strategien, Pläne, Instrumente und Maßnahmen für das „ganz spezielle Problem" zu generieren, das sie gerade zu lösen versuchen. Bereits in der Kontaktaufnahme und Vorbereitung des Projekts müssen sie auf die besonderen Rahmenbedingungen und Personenkonstellationen Rücksicht nehmen. Insiderwissen ist wichtig, um die Machtposition des Auftraggebers, latente Konflikte und positive Beziehungen zwischen den Schlüsselpersonen berücksichtigen zu können, die Einfluß auf die Veränderungsbereitschaft der Beteiligten haben. Je nach Konstellation ist der Möglichkeitsraum für Veränderungen größer oder kleiner und sind unterschiedliche Strategien erforderlich.

Standardlösungen sind insbesondere für Unternehmen ungeeignet, deren Markterfolg von ihrer Innovativität abhängt. Theorien und Methoden sind deshalb in diesem Anwendungsfeld auch danach zu bewerten, ob sie zur Generierung kreativer Lösungen beitragen. Anders als nach der herkömmlichen nomothetischen Wissenschaftsauffassung besteht die *praktische Funktion von Theorien* in diesem Feld darin, die Besonderheiten der Kontextbedingungen zu analysieren, um auf einer möglichst sicheren Erfahrungsbasis über strategische Zwischenziele und erfolgversprechende Maßnahmenpakete situationsangemessene Auswahlentscheidungen oder innovative Problemlösungen zu *generieren*.

Wichtig für die Beratung von Menschen in Veränderungsprozessen sind immer soziale Kompetenzen und psychologisches Know-how. In keinem mir bekannten Einführungs- oder Lehrbuch zur Arbeits- und Organisationspsychologie wird dargestellt, wie die in der Praxis benötigten Projektmanagementtechniken, Gesprächstechniken, Problemlöse-, Konfliktmanagement-, Beratungs- oder Coachingkompetenzen erworben werden können. Speziell an die Coaching-Ausbildung von Studierenden und Praktikern sollten hohe Anforderungen gestellt werden (Rauen, 1999). Praxisbezogene Darstellungen über Gesprächstechniken, Beratungs- und Coachingkompetenzen, die über Common-Sense-Psychologie hinausgehen, finden wir eher in Lehrbüchern zur systemischen Psychotherapie (Schlippe & Schweitzer, 1996). Die Kritik unserer Studierenden, unsere Lehr- und Einführungsliteratur sei nicht genügend praxisnah, erscheint zumindest in diesen wichtigen Aufgabenfeldern berechtigt.

3.2 Dialoge zwischen Wissenschaft und Praxis

Werden Praktiker die erforderliche Zeit investieren und sich mit den komplexen Analysen der Zukunftsaufgaben und Lösungsversuchen der Wissenschaft auseinandersetzen? Für die Mehrzahl der Praktiker ist das vermutlich nicht zu erwarten. Es lohnt sich dennoch, den Informationsaustausch zwischen Wissenschaft und Praxis zu verbessern, solange dadurch für beide Seiten interessante Projekte entstehen. Ich fürchte aber, daß gerade die sehr gut informierten Praktiker, die sich mit den aktuellen psychologischen Theorien auseinandersetzen, auch in Zukunft weiter die Praxisferne wissenschaftlicher Lösungen kritisieren werden. Ohne grundlegende Veränderung des wissenschaftlichen Selbstverständnisses und ohne Veränderung der Kooperationsverhältnisse zwischen Wissenschaft und Praxis werden wir skeptische Praktiker kaum überzeugen können, daß sie Beiträge aus der wissenschaftlichen Psychologie wirklich brauchen. In ihrem Arbeitsalltag kommen sie anscheinend auch ohne unsere Theorien und Methoden aus.

Nach dem traditionellen Grundverständnis ist die Arbeitsteilung zwischen Wissenschaft und Praxis einfach. Die Wissenschaft entwickelt und überprüft Theorien und Methoden und stellt sie der Anwendung zur Verfügung. Die Anwender wählen geeignete, nützlich erscheinende Lösungen aus, adaptieren sie und wenden sie an. In der Konsequenz dieses traditionellen Modells wäre die Wissenschaft gewissermaßen der Zulieferer und die Praxis lediglich der Abnehmer wissenschaftlicher Dienstleistungen. Die Anwender sind heute aber keine „Schüler" mehr, die noch im Beruf der Autorität ihrer wissenschaftlichen Lehrer unterliegen, wie dies in der Vergangenheit häufig der Fall war. In der Terminologie der Psychologie der Dienstleistung sind sie Kunden und „Koproduzenten" (Schneider & Bowen, 1995) bei der Entwicklung und Verwendung der Theorien- und Methoden. Es ist im Grunde nur konsequent, wenn die Anwender heute auch gegenüber der Wissenschaft selbstbewußt als souveräne Kunden auftreten und angemessenere Dienstleistungen einfordern. Allerdings sollte niemand erwarten, das die Wissenschaft „Full-Service-Ansprüche" erfüllen kann.

Notwendig wäre eine Überwindung des traditionellen Arbeitsteilungsmodells durch ein *dialogisches Kooperationsverhältnis* von Anfang an (Raeithel & Velichkovsky, 1996). Praktiker können als Experten über die Voraussetzungen für Erfolge und Mißerfolge von Veränderungen befragt werden und mit ihrem Insiderwissen zur Entwicklung realistischer Theorien über organisationale Veränderungen beitragen (s. die Erhebungen von Greif et al., 1998). Fragestellungen, Gestaltungsziele, theoretische Interpretationen und Methodeninnovationen können im Dialog gemeinsam erarbeitet und veröffentlicht werden. Erkenntnisse, Theorien und Methoden der psychologischen Grundlagenforschung sind dabei als Anregungsquellen durchaus von Bedeutung. Bei der dialogischen (Weiter-)Entwicklung anwendungsbezogener wissenschaftlicher Theorien und Methoden stellen sich aber Fragen aus der Praxis früher, und der gesamte Entwicklungsprozeß wird durch sie geprägt. Wo immer es gelingt, Probleme und Lösungen in einer gemeinsamen wissenschaftlichen Sprache zu untersuchen und dabei über triviale Common-Sense-Psychologie hinauszugehen, ist eine Brücke zwischen Wissenschaft und Praxis entstanden.

Die (Weiter-)Entwicklung von Theorien und Methoden im Dialog zwischen Wissenschaft und Praxis ist nicht immer, aber öfter realisierbar als traditionelle Wissenschaftler meinen. Eine wichtige Aufgabe der Lehre an den Universitäten ist es, diesen Dialog bereits mit den Studierenden zu beginnen und selbständiges strategisches, theoretisches und kreatives Durchdenken praktischer Probleme zu fördern. Wo immer es gelingt, gemeinsam neue Erkenntnisse zu gewinnen, ist die Kluft zwischen Wissenschaft und Praxis überwunden.

Literatur

Amelang, M. (1998). Bericht des Präsidenten der Deutschen Gesellschaft für Psychologie. *41. Kongreß der Deutschen Gesellschaft für Psychologie in Dresden vom 27.9.-1.10.98.*

Antoni, C. H. (1994). *Gruppenarbeit in Unternehmen. Konzepte, Erfahrungen, Perspektiven.* Weinheim: Psychologie Verlags Union.

Bamberg, E., Ducki, A. & Metz, A.-M. (Hrsg.).(1998), *Handbuch betriebliche Gesundheitsförderung.* Göttingen: Verlag für Angewandte Psychologie.

Bamberg, E. & Greif, S. (1994). Forschungsaktivitäten und Publikationen. In S. Greif & E. Bamberg (Hrsg.), *Die Arbeits- und Organisationspsychologie* (S. 98-112). Göttingen: Hogrefe.

Chalmers, A. F. (1989). *Wege der Wissenschaft* (2., durchgesehene Auflage). Berlin: Springer.

Cherns, A. (1989). Die Tavistock-Untersuchungen und ihre Auswirkungen. In S. Greif, H. Holling & N. Nicholson (Hrsg.), *Arbeits- und Organisationspsychologie. Internationales Handbuch in Schlüsselbegriffen* (3. Aufl. 1997, S. 483-488). München/Weinheim: Psychologie Verlags Union.

Dörner, D. (1989). *Die Logik des Mißlingens.* Reinbek bei Hamburg: Rowohlt.

Goleman, D. (1995). *Emotionale Intelligenz.* München: Hanser.

Greif, S., Krone, Th., Schiffer, P., Bemmann, P., Offermanns, M., Kluge, S. & Domcke, J. (1998). *Erfolg und Mißerfolg von Veränderungen nach Erfahrungen von Insidern.* Bericht eines Studienprojekts, Universität Osnabrück, Fachbereich Psychologie (Langfassung 11-98).

Greif, S. & Scheidewig, V. (1996). Selbstorganisiertes Lernen von Schichtleitern. In S. Greif & H.-J. Kurtz (Hrsg.), *Handbuch Selbstorganisiertes Lernen* (S. 347-362). Göttingen: Verlag für Angewandte Psychologie.

Hacker, W. (1998). *Allgemeine Arbeitspsychologie. Psychische Regulation von Arbeitstätigkeiten.* Bern: Huber.

Kirchner, J.-H. (1997). Integrative Arbeitssystemgestaltung. In. H. Luczak & W. Volpert (Hrsg.), *Handbuch Arbeitswissenschaft* (S. 805-810). Stuttgart: Poeschel.

Locke, E. A. & Latham, G.P. (1984). *Goal setting: A motivational technique that works.* Englewood Cliffs: Prentice-Hall.

Münsterberg, H. (1912). *Psychologie und Wirtschaftsleben.* Leipzig: Barth.

Raeithel, A. & Velichkovsky, B.-M. (1996). Joint attention and co-construction: New ways to foster user-designer collaboration. In: A. Nardi Bonnie (Ed.), *Context and consciousness. Activity theory and human-computer interaction* (pp. 199-233)., Cambridge: MIT Press.

Rauen, Chr. (1999). *Coaching. Bestandsaufnahme eines neuen Personalentwicklungskonzepts.* Göttingen: Verlag für Angewandte Psychologie (in Druck).

Reichwald, R. & Hesch, G. (1997). Betriebswirtschaftslehre. In. H. Luczak & W. Volpert (Hrsg.), *Handbuch Arbeitswissenschaft* (S. 208-213). Stuttgart: Poeschel.

Sander, D.M. (1998). Das Image der Diplom-Psychologinnen und Diplom-Psychologen in der Bundesrepublik. Ergebnisse einer Repräsentativuntersuchung. *Report Psychologie, 23*, 437-442.

Schlippe, A. von & Schweitzer, J. (1996). *Lehrbuch der systemischen Therapie und Beratung* (2. Aufl.). Göttingen: Vandenhoeck & Ruprecht.

Schneider, B.& Bowen, D.E. (1995). *Winning the Service Game*. Boston/MA: Harvard Business School Press.

Thiehoff, R. (1998). Betriebswirtschaftliche Evaluation. In E. Bamberg, A. Ducki & A.-M. Metz (Hrsg.), *Handbuch betriebliche Gesundheitsförderung* (S 209-220). Göttingen: Verlag für Angewandte Psychologie.

Thomas, A. (1982). Probleme der Anwendung wissenschaftlicher Ergebnisse der Psychologie in der arbeits- und organisationspsychologischen Praxis. In Sektion Arbeits- und Betriebspsychologie in BDP (Hrsg.), *Bericht über die Referate und Arbeitsgruppen der 24. Fachtagung zur arbeits- und betriebspsychologischen Fortbildung in der BRD, München 1982* (S. 545-558). Duisburg: Berufsverband Deutscher Psychologen.

Ulich, E. (1994). *Arbeitspsychologie*. Stuttgart: Schäffer-Poeschel Verlag. (3. Aufl.).

Wieland-Eckelmann, R. (1998). *Wissenschaft und Praxis der Arbeits- und Organisationspsychologie*. Informationsbroschüre der Fachgruppe Arbeits- und Organisationspsychologie in der Deutschen Gesellschaft für Psychologie (DGPs). Wuppertal: Bergische Universität Gesamthochschule Wuppertal.

Womack, J.P., Jones, D.T. & Roos, D. (1992). *Die zweite Revolution in der Autoindustrie. Konsequenzen aus der weltweiten Studie aus dem Massachusetts Institute of Technology*. Frankfurt: Campus.

Zapf, D. & Ruch, L. (1991). Wie weiter mit der Arbeitspsychologie? Gedanken eines Wissenschaftlers und eines Praktikers. In I. Udris & G. Grote (Hrsg.), *Psychologie und Arbeit – Arbeitspsychologie im Dialog* (S. 172-185). Göttingen: Psychologie Verlags Union.

49 Selbstorganisation und andere Perspektiven der Arbeits- und Organisationspsychologie

Günter F. Müller

1 Vorbemerkung

Als ich vor fast zehn Jahren dafür plädiert habe, das bis dahin in der Arbeits- und Organisationspsychologie vorherrschende Menschenbild des *complex man* zu revidieren (Müller, 1988/89, 1989a), sind die Reaktionen bei einschlägigen Fachvertretern eher zurückhaltend ausgefallen (Neuberger, 1990). Oberflächlich betrachtet schien Arbeit zu dieser Zeit noch ausreichend vorhanden und in bewährter Weise organisiert zu sein, so daß es für die meisten Arbeits- und Organisationspsychologinnen und -psychologen offensichtlich wenig Anlaß gab, konzeptuelle Grundorientierungen zu überdenken. Obwohl bereits absehbar war, daß es keine Rückkehr zur Vollbeschäftigung geben würde, schienen mit tatsächlichen Arbeitsplatzverlusten allenfalls kurzfristige Übergangsrisiken verbunden zu sein, bevor Betroffene wiederum eine „geregelte" Arbeit finden konnten. Als Regelfall galt und gilt bis heute ein dauerhaft angelegtes und lohn- bzw. gehaltsabhängiges Beschäftigungsverhältnis, das aus überwiegend fremd organisierten Tätigkeitsanforderungen besteht. Dieser Regelfall prägt auch den Gegenstandsbereich der Arbeits- und Organisationspsychologie. Die in Lehrbüchern behandelten Themen orientieren sich immer noch bevorzugt an solchen Arbeitsformen, die für industrielle Produktionsweisen oder bürokratisch organisierte Zusammenarbeit typisch sind (Baron & Greenberg, 1986; Furnham, 1997; Roth, 1989; Schuler, 1993). Das seit den 60er Jahren favorisierte Menschenbild des komplexen, mit zahlreichen Bedürfnissen, Kompetenzen, Einstellungen und Werthaltungen ausgestatteten Erwerbstätigen wurde und wird konsequent an den Entfaltungsmöglichkeiten hierarchisch und arbeitsteilig aufgebauter Organisationen entwickelt. Der Antagonismus zwischen Zwängen und Anforderungen formal organisierter Zusammenarbeit einerseits und Entfaltungsbedürfnissen des arbeitenden Menschen andererseits war lange Zeit sogar Paradigma schlechthin, das der Arbeits- und Organisationspsychologie fachliche Identität verlieh und ihren Anspruch unterstrich, Arbeit menschengerechter gestalten zu wollen. Zu erodieren begann dieses Paradigma, als sich in den 70er und 80er Jahren aufgrund struktureller Schwächen des Arbeitsmarktes abzuzeichnen begann, daß immer mehr Personen nach Arbeitsplatzverlusten ohne feste Anstellung blieben und auch Berufsanfänger zunehmend mehr Mühe hatten, einen ausbildungsadäquaten Einstieg in das Erwerbsleben zu finden.

Gleichzeitig begannen sich die Tätigkeitsanforderungen in traditionellen Berufs-
feldern zu verändern. Ein sich beschleunigender technologischer Wandel zwang
immer mehr Betriebe und Unternehmen dazu, von starren und unbeweglichen
Organisationsformen Abschied zu nehmen. Entsprechend häufiger wurde auch
von den Beschäftigten erwartet, neuen Aufgaben gegenüber aufgeschlossen zu sein
und Verantwortung für das Wohl des Betriebes zu übernehmen. Mein Vorschlag,
den arbeitenden Menschen als *self-organizing (wo)man* zu definieren, resultierte
aus den sich andeutenden Umbrüchen des Arbeitslebens, die „alternative", selbstinitiierte, multiple und wechselhafte Erwerbskarrieren zu begünstigen schienen.
Hat es sich bei solchen Erwerbsformen zunächst nur um „Nischen"-Phänomene
gehandelt, so sind diese durch die politischen und wirtschaftlichen Verwerfungen
der letzten Jahre auf dem besten Weg dazu, Massenphänomene zu werden. Auf
„neuen Selbständigen" (Vonderach, 1980) und kreativen Unternehmensgründern
ruhen heute große Hoffnungen. Von ihnen werden entscheidende Entlastungs-
effekte für die schrumpfenden Aufnahmekapazitäten klassischer Erwerbsbran-
chen erwartet (Müller & Blickle, 1993). Arbeits- und Organisationspsychologen
haben Begleiterscheinungen dieses Trends bislang allenfalls ansatzweise aufgegriffen (Frese, 1993; Hisrich, 1990; Müller, Dauenhauer & Schöne, 1997). Das
Fach riskiert damit aber, die Gelegenheit zu verpassen, anerkannte Lehr- und
Forschungsinhalte um solche Themen zu erweitern, die in Zeiten des raschen
ökonomischen Wandels an Bedeutung gewinnen. Einige inhaltliche und methodische Erweiterungen seien im folgenden skizziert.

2 Umgang mit beruflichen Risiken und multiplen Erwerbskarrieren

Obwohl psychische Begleiterscheinungen beruflicher Veränderungen auch in
klassischen Themen der Arbeits- und Organisationspsychologie repräsentiert sind,
werden sie dort bislang eher implizit (Training, Weiterbildung, Organisationsentwicklung) oder relativ einseitig abgehandelt (*Negativ*folgen veränderungs-
bedingter Belastungen oder Arbeitsplatzverluste). Daß wechselnde Arbeitsverhältnisse oder kritische Phasen im Berufsleben nicht nur psychische Risiken
bergen, sondern auch Chancen für selbstbestimmte und abwechslungsreiche
Erwerbskarrieren bieten, wird bislang weit weniger stark beachtet. Dies erweist
sich insbesondere dann als Defizit, wenn in Auswahl- oder Beratungssituationen
psychologische Erkenntnisse und Methoden benötigt werden, die den Erfolg
unternehmerischen Verhaltens zu prognostizieren erlauben, oder wenn es begrün-
deter Hinweise bedarf, wie Selbstmanagement-Potentiale von Individuen und
Arbeitsgruppen am besten entwickelt und gefördert werden können. Eigeninitiative und Selbstorganisation dürften im Erwerbsleben einer wachsenden Anzahl von

Personen an Bedeutung gewinnen. Viele Organisationen bauen Arbeitsplätze ab und konfrontieren die in ihnen tätigen Menschen mit dem Problem, sich auf weniger gesicherte und dauerhafte Arbeitsverhältnisse einstellen zu müssen. Die wenigen noch expansiven Erwerbszweige zeichnen sich durch ausgesprochen markt- und kundenorientierte Produktions- und Arbeitsweisen aus, auf die schulische und universitäre Bildungsgänge wie auch viele rein wissensorientierte Weiterbildungsprogramme nicht hinreichend vorzubereiten vermögen. Tätigkeitsfelder in Betrieben und Unternehmen verändern sich zum Teil dramatisch schnell. Die Einführung schlanker Organisationsformen in Produktion und Management hat für Mitarbeiter und Führungskräfte unvermittelt beträchtliche Leistungsverdichtungen zur Folge gehabt. Aufgabendomänen und Entscheidungsspielräume sind größer geworden, die Selbstverantwortung bei vielen Aufgaben hat zugenommen, Netzwerkstrukturen haben neue Leitungsfunktionen geschaffen. Die Arbeits- und Organisationspsychologie kann viel zur human und sozial verträglichen Bewältigung dieser Anforderungen beitragen, indem sie zum Beispiel untersucht, welche dispositionellen und biographischen Voraussetzungen für die Bewältigung neuartiger Berufssituationen günstig sind (Müller, 1997) oder wie (anders) Personen qualifiziert werden müßten, damit sie lernen, produktiv(er) mit Krisen oder Umbrüche des Arbeitslebens fertig zu werden (Müller, 1995a).

3 Fokussierung auf komplexe Anpassungserfordernisse

Fortschritte der Computertechnologie werden das Arbeitsleben auch weiterhin stark beeinflussen, wobei die Arbeits- und Organisationspsychologie bisher schon viel dazu hat beitragen können, Übergänge zur Informationsgesellschaft menschengerecht(er) zu gestalten (Greif, 1993). Gleichwohl adressieren vorliegende Untersuchungsansätze die hiermit verbundenen Anpassungsprozesse oft nur ausschnittsweise oder unterlassen es aus forschungspragmatischen Gründen, die Vielschichtigkeit des psychischen, sozialen und kommunikativen Geschehens zu durchdringen. Die Arbeits- und Organisationspsychologie könnte an konzeptueller Vielfalt gewinnen, wenn sie die komplexen Anpassungsleistungen erwerbstätiger Menschen umfassender als bisher ausloten würde, selbst wenn dies zur Folge hätte, vorübergehend weiße Flecken oder Leerstellen empirischer Forschung akzeptieren zu müssen. So verdienstvoll es einerseits sein mag, neue Erwerbsformen wie Telearbeit unter arbeitspsychologischer Perspektive zu analysieren (Büssing, 1996), so notwendig wäre es aufgrund umfassenderer Auswirkungen von *home-based-businesses* andererseits gewesen, auch differential- und sozialpsychologische Aspekte zu berücksichtigen (Fischer, 1995). Ähnlich begrenzt in ihrer Reichweite müssen Untersuchungen zur Gruppenarbeit im Unternehmen bleiben, wenn psychologisch relevante Auswirkungen flacher Führungsstrukturen ignoriert werden oder die Dynamik kommunikativer Prozesse unbeachtet bleiben, ohne die kein wirklich umfassendes Verständnis gut oder weniger gut funktionierender Gruppenarbeit möglich ist (Antoni, 1994; Müller, 1995b). Viele Anpassungserfordernisse künftiger Berufstätigkeiten reichen zudem über die Grenzen von Einzelorganisationen hinaus; daher wären psychologische Analysen auch durch sozialwissenschaftliche Untersuchungsansätze zu ergänzen (Nicholson, 1990).

4 Affektive Potentiale

Berufliche Veränderungen bringen Belastungen mit sich, die ohne Aktivierung zusätzlicher psychischer und physischer Ressourcen zumeist nicht produktiv bewältigt werden können. Die Arbeits- und Organisationspsychologie hat bislang vorwiegend untersucht, welche kognitiven, motivationalen oder dispositionellen Potentiale den Umgang mit neuen Arbeitsaufgaben begünstigen. Über energetisierende Wirkungen von Stimmungen, Gefühlen und emotionalen Reaktionen liegen jedoch, von eher unspezifischen Implikationen der Arbeitszufriedenheits- und Organisationsklimaforschung einmal abgesehen, relativ wenige gesicherte Erkenntnisse vor. Daß affektive Potentiale die Anpassungsleistungen von Personen verbessern können, beginnt sich neueren Forschungsbefunden zufolge immer deutlicher abzuzeichnen (George & Brief, 1992; George, 1996; Müller & Bierhoff, 1995). Diese so lange vernachlässigte Erlebensfacette des arbeitenden Menschen würde nicht zuletzt auch deshalb mehr Beachtung verdienen, weil sie – wie bei Gefühlen proceduraler Gerechtigkeit etwa – ebenfalls neue Verständnisperspektiven für klassische Themen der Arbeits- und Organisationspsychologie eröffnet (Müller, 1998).

5 Wahl eines adäquaten Forschungsansatzes

Relativ stabile Strukturen, in denen Arbeit und Erwerb bisher organisiert gewesen sind, haben in der Arbeits- und Organisationspsychologie ein Denken in einseitigen Wirkungszusammenhängen begünstigt. Organisatorische Gegebenheiten stellen für Beschäftigte zunehmend jedoch keine unveränderbaren Kontextbedingungen mehr dar. Größere *Entscheidungsspielräume, umfassendere Verantwortungsbereiche* oder *wechselnde Arbeitsrollen* machen Erwerbstätige stattdessen zu Mitgestaltern ihres Arbeitsumfelds oder zu Personen, die sich und ihre Tätigkeit in größerem Umfang selbst organisieren müssen. Ein angemessener Forschungsansatz hätte daher auch *wechselseitige* Wirkungszusammenhänge zu berücksichtigen. Obwohl verschiedentlich bereits auf Vorzüge eines „systemischen" Forschungsansatzes hingewiesen worden ist (Müller, 1989b; Weick, 1985; Wagner,

Beenken & Gräser, 1995), läßt dessen Umsetzung in konkrete Untersuchungsvorhaben und Anwendungsprojekte der Arbeits- und Organisationspsychologie nachwievor zu wünschen übrig. Psychische und kommunikative Begleiterscheinungen selbstorganisierter Tätigkeiten können nicht adäquat im Rahmen eines bedingungsanalytischen S-O-R-Paradigmas erforscht werden. Entsprechend begrenzt sind Reichweite und Erkenntniswert von Experimenten oder Studien, die lediglich Einzelfacetten komplexer Leistungsphänomene erhellen oder Momentaufnahmen sich verändernder Arbeitszusammenhänge liefern. Die Arbeits- und Organisationspsychologie würde sich wissenschaftlich zweifellos weiterentwickeln, wenn sie mehr als bisher auch rückgekoppelte Prozesse organisierter Zusammenarbeit thematisieren und analysieren würde. Hierfür müßte die Forschung allerdings dazu übergehen, mehr prozeßbegleitende Studien durchzuführen, häufiger mit realitätsnahen Laborszenarien experimentieren oder bei Interventionen an Personen und Arbeitsplätzen öfter untersuchen, welche psychologisch relevanten Wirkungen in der gesamten Organisation nachweisbar sind.

6 Fachübergreifende Vernetzungen

Viele Besonderheiten neuer Arbeits- und Erwerbsformen könnten der Arbeits- und Organisationspsychologie Möglichkeiten eröffnen, sich stärker mit *anderen Fachdisziplinen* innerhalb und außerhalb der Psychologie zu vernetzen. So ergeben sich über Anforderungen, die Vitalität und Belastbarkeit von Belegschaften zu erhöhen, interessante Berührungspunkte mit gesundheitspsychologischen Erkenntnissen und Programmen (Gundlach & Müller, 1997). Da es im globalen Wettbewerb für Betriebe immer notwendiger wird, kundenorientiert zu produzieren, greift das Fach zwangsläufig auch marktpsychologische Themen auf (Kundenzufriedenheit, Festigung von Kunden-Lieferanten-Beziehungen). Weitere Optionen ergeben sich aus Appellen nach ökologisch verträglichen Produktionsweisen (Umweltwissenschaft), ganzheitlichen Qualitätskonzepten (Ingenieurwissenschaft), lebenslangem Lernen (Bildungswissenschaft) und gesamtwirtschaftlich verantwortlichen Bedingungen betrieblicher Zusammenarbeit (Wirtschaftswissenschaft).

7 Anpassung von Ausbildungskonzepten

Neben den skizzierten Erweiterungen wäre auch eine Neuorientierung bei der *Ausbildung* von Arbeits- und Organisationspsychologen wünschenswert. Trotz des Professionalisierungsschubs, den das Fach durch seine Verankerung in den Prüfungsordnungen des Diplomstudiengangs erfahren hat, sind Studium und Lehre überwiegend noch additiv, wissenszentriert und forschungslastig ausgerichtet. Solch eine Akzentuierung erschwert nicht nur den Lerntransfer in prospektive

Berufsfelder, sie verhindert oftmals auch, daß Erfahrungen aus halbjährigen Betriebspraktika systematisch aufgearbeitet werden können. Eine bessere Vorbereitung auf mögliche Berufsaufgaben bieten integrative, handlungszentrierte und anwendungsorientierte Ausbildungskonzepte. Solch ein Konzept ist mit vielversprechenden Ergebnissen zum Beispiel an der Universität in Landau entwickelt und umgesetzt worden. Es ist dort Bestandteil des Vertiefungsstudiums im Fach Arbeits- und Organisationspsychologie und hat unter anderem bewirkt, daß die Chancen von Absolventen, ein attraktives Beschäftigungsangebot zu erhalten, seither erkennbar zugenommen haben. Klassische Ausbildungskonzepte, die unter einem Vertiefungsstudium die intensivere Auseinandersetzung mit *Forschungsfragen* der Arbeits- und Organisationspsychologie verstehen, mögen dem wissenschaftlichen Nachwuchs Vorteile bringen. Angehende Praktiker profitieren jedoch mehr davon, wenn sie bereits während des Studiums an berufsrelevante Schlüsselkompetenzen wie *Präsentieren, Moderieren, Trainieren, Beraten* und *Selbstcoaching* herangeführt werden. Da die Vermittlung von Forschungswissen allenfalls kurzfristig zu qualifizieren vermag, könnte und sollte sie in einen dritten, weiterbildenden Studienabschnitt verlagert werden. Dieser würde es praktisch tätigen Arbeits- und Organisationspsychologen ermöglichen, über die für ihr Berufsfeld relevanten Forschungsergebnisse informiert zu bleiben. Ein denkbares Angebot der Universität könnte aus regelmäßigen Workshops oder Blockseminaren bestehen. Es würde das in der Praxis benötigte Forschungswissen lebendig erhalten und auch dafür sorgen, die oft beklagte Kluft zwischen Wissenschaft und Berufspraxis zu überbrücken.

8 Fazit

Ein Fachkollege, der kürzlich ebenfalls über Zukunftsperspektiven der Arbeits- und Organisationspsychologie geschrieben hat (Bungard, 1996), prognostiziert, daß folgende Themen an Bedeutung gewinnen werden: Die Analyse und Steuerung von Prozessen der Personal- und Organisationsentwicklung, die Evaluation von Innovationsvorgängen und -strategien, die Planung und Realisierung von Implementierungsprojekten und die Gestaltung humaner Arbeits- und Organisationsstrukturen. Diese Themen finden sich teils explizit, teils implizit auch in den hier präsentierten Überlegungen wieder. Ob sie alleine ausreichen werden, zukunftsfähige Lehr-, Forschungs- und Anwendungsaufgaben des Faches zu definieren, wird sich zeigen müssen. Daß die hier entworfene Perspektive breiter angelegt ist und auch andere, mutmaßlich wichtige Themen enthält, kann den Chancen der Arbeits- und Organisationspsychologie, eine bislang so erfolgreiche Entwicklung fortzusetzen, nur zuträglich sein.

Literatur

Antoni, C. H. (1994). *Gruppenarbeit im Unternehmen*. Weinheim: Beltz.

Baron, & Greenberg, J. (1986). *Behavior in Organizations*. London: Allyn and Bacon.

Büssing, A. (1996). Telearbeit aus arbeitspsychologischer Sicht. *Zeitschrift für Arbeitsforschung, Arbeitsgestaltung und Arbeitspolitik, 5*, 133-153.

Bungard, W. (1996). Perspektiven: Eine Standortbestimmung der Arbeits- und Organisationspsychologie. In PVU (Hrsg.), *Perspektiven der Psychologie* (S. 119-128). Weinheim: Beltz.

Fischer, P. (1995). *Die Selbständigen von morgen*. Frankfurt: Campus.

Frese, M. (1993). Das Rezept für den Osten: Eigeninitiative. *Psychologie heute, Heft 3*, 53-59.

Furnham, A. (1997). *The psychology of behaviour at work*. Hove East Sussex: Psychology Press.

George, J.M. (1996). Group affective tone. In M.A. West (Ed.), *Handbook of Work Group Psychology* (pp. 77-93). London: Wiley.

George, J.M. & Brief, A.P. (1992). Feeling good - doing good: A conceptual analysis of the mood at work-organzational spontaneity relationship. *Psychological Bulletin, 112*, 310-329.

Greif, S, (1993). Mensch-Computer-Interaktion, psychologische Theorien und innovatives problemlösen. In T. Herrmann & W. Bungard (Hrsg.), *Anwendungs- und Grundlagenforschung* (S. 145-166). Bern: Huber.

Gundlach, G. & Müller, G.F. (1997). Arbeits-, Betriebs- und Organisationspsychologie der Gesundheit. In R. Weitkunat, J. Haisch & M. Kessler (Hrsg.), *Public Health und Gesundheitspsychologie* (S. 158-164). Bern: Huber.

Hisrich, R.D. (1990). Entrepreneursip/Intrapreneurship. *American Psychologist, 45*, 209-222.

Müller, G.F. (1988/89). Psychogramme des arbeitenden Menschen. *Angewandte Sozialforschung, 15*, 29-33.

Müller, G.F. (1989a). Menschenbilder in der Organisationspsychologie. *Psychologie und Gesellschaftskritik, 13*, 61-71.

Müller, G.F. (1989b). Ansätze organisationspsychologischer Forschung: Kritik und Versuch einer Integration. *Zeitschrift für Sozialpsychologie, 20*, 2-13.

Müller, G.F. (1995a). Führung und Personalmanagement im Zeichen schlanker Organisation. *Gruppendynamik, 26*, 319-329.

Müller, G.F. (1995b). Qualitätsbewußtsein: Komponenten, Prozesse und Maßnahmen. *Zeitschrift für Personalforschung, 9*, 361-379.

Müller, G.F., Dauenhauer, E. & Schöne, K. (1997). Selbständigkeit im Berufsleben. *ABOaktuell, 4*, 2-7.

Müller, G.F. (1998). Prozedurale Gerechtigkeit in Organisationen. In G. Blickle (Hrsg.), *Ethik in Organisationen* (S. 57-70). Göttingen: Verlag für Angewandte Psychologie.

Müller, G.F. (1997). *Berufliche Selbständigkeit – unselbständig, teilselbständig und vollselbständig tätige Personen im Vergleich* (Forschungsbericht). Landau: Universität Koblenz-Landau, Abt. Landau, FB 8: Psychologie, Arbeits-, Betriebs- und Organisationspsychologie.

Müller, G.F. & Bierhoff, H.W. (1994). Arbeitsengagement aus freien Stücken – psychologische Aspekte eines sensiblen Phänomens. *Zeitschrift für Personalforschung, 10*, 367-379.

Müller, G.F. & Blickle, G. (1993). Das Arbeitsleben im Umbruch. *Uniprisma – Zeitschrift der Universität Koblenz-Landau, November*, 3-5.

Neuberger, O. (1990). *Führen und geführt werden*. Stuttgart: Enke.

Nicholson, N. (1990). The transition cycle: causes, outcomes, processes, and forms. In S. Fisher & C.L. Cooper (Eds.), *On the move: The psychology of change and transition* (pp. 85-107). London: Wiley.

Roth, E. (Hrsg.). (1989). *Organisationspsychologie* (Enzyklopädie der Psychologie, D, III, Bd. 3). Göttingen: Hogrefe.

Schuler, H. (1993). *Lehrbuch der Organisationspsychologie*. Bern: Huber.

Vonderach, G. (1980). Die „neuen Selbständigen". *Mitteilungen aus der Arbeitsmarkt- und Berufsforschung, 10*, 153-169.

Wagner, R.H., Beenken, D.H. & Gräser, W. (1995). Konstruktivismus und Systemtheorie – und ihre Wirkung auf unsere Vorstellung von Unternehmen. In R.H. Wagner (Hrsg.), *Praxis der Veränderung in Organisationen* (S. 13-38). Göttingen: Verlag für Angewandte Psychologie.

Weick, K. (1985). *Der Prozeß des Organisierens*. Frankfurt: Suhrkamp.

50 Quo vadis – Arbeitspsychologie? – 10 Jahre danach

Peter Richter

Quo vadis – diese Frage des Petrus vor Rom stellte Eberhard Ulich 1988, als die 1. Auflage dieses Buches publiziert wurde. Aus der von ihm skizzierten Entwicklung der Automatisierung im Produktions- und Bürobereich leitete er die Befürchtung weiterer Arbeitsplatzverluste, nun auch des mittleren Managements, ab. Die Verkürzung der Arbeitszeit und die Aufwertung von Arbeitstätigkeiten außerhalb der Lohnerwerbsarbeit würden an Bedeutung gewinnen, der Arbeitsbegriff müsse neu überdacht werden.

Was hat die Arbeitspsychologie in den seit dem verstrichenen 10 Jahren getan, um diesen realistischen Befürchtungen zu begegnen? Hat sie der unaufhaltsam dahinziehenden Karawane technisch-ökonomischer Entwicklungen nur nachgekläfft oder doch ein Stück Führer in der unwegsamen Wüste gespielt? 1988 betrug die Zahl der Erwerbsarbeitslosen in (West-)Deutschland 2,24 Mill. Für 1998 werden für (Gesamt-)Deutschland 4,28 Millionen Arbeitslose geschätzt; 1999 geht man von 4,08 Millionen aus. Dadurch entstanden 1997 Kosten in Höhe von 180 Milliarden DM.

Diese erschreckende Anzahl von Menschen, die in eine „strukturelle Passivität" (Ulrich, 1997) gezwungen sind, wird noch verstärkt, wenn man ihnen die 1,8 Milliarden Überstunden gegenüberstellt, die 1997 bezahlt wurden. Weshalb auch sollte ein wirtschaftlich denkender Unternehmer des Jahres 1998 neue Arbeitskräfte einstellen oder durch Teilzeitarbeit eine größere Beteiligung am Arbeitsvolumen ermöglichen, wenn er durch die Entwicklung der Lohnnebenkosten dadurch wirtschaftlich bestraft wird? Ist es doch eine klare wirtschaftliche Entscheidung, wenn für ein Entgeld von 100 DM für geleistete Arbeit in der Industrie 80,70 DM Lohnzusatzkosten hinzukommen, die der Unternehmer zu entrichten hat, für die gleiche Überstundenzeit aber nur 59,38 DM, sich für eine Erhöhung des Überstundenanteils zu entscheiden (Wetzker, Strüven & Bilms, 1998).

Der deutsche Staat treibt bis heute rund 62% seiner Einnahmen aus der Besteuerung der lebendigen Arbeit ein (1970: 45%). Die Besteuerung des Naturverbrauches trägt dagegen nur 8% bei und ist zudem noch gesunken (1970: 12%). Der grundsätzlich dokumentierte Wille der neuen Regierung, dem durch eine aufkommensneutrale Ökosteuerreform gegenzusteuern, ist sicherlich ein entscheidender Schritt in eine nachhaltige Entwicklung der Volkswirtschaft. Als politisches Steuerinstrument muß er aber ergänzt werden mit einer grundlegenden Neuverteilung und Neudefinition moralisch und finanziell anerkannten lebendiger Arbeit in der Gesellschaft. Und hier sind die Beiträge der Psychologie zur

Entwicklung konkreter Utopien erschreckend dürftig und bestenfalls methodisch technizistisch!

1 Der Erhalt von Einfacharbeit als Aufgabe?

Die Kulturgeschichte der Rationalisierung lebendiger Arbeit ist zugleich neben der Erleichterung von schwerer körperlicher und gefährdender Arbeit auch immer die Vergegenständlichung von lebendiger Arbeit gewesen. Die Möglichkeit der Beschreibung sensumotorischer und kognitiver Prozesse durch Algorithmen, Heuristiken und neuerdings auch unscharfe Begriffe führt heute zu einer explodierenden Freisetzung von Arbeitskräften. Die die Psychologen faszinierenden Möglichkeiten, an den kognitiven Entwurfsprozessen neuer Produkte (rapid prototyping) teilzunehmen, Telepräsenz- und Telemanipulationssysteme zu entwickkeln, autonome Agenten mit Emotionskomponenten in virtuellen Welten agieren zu lassen, eröffnet großartige Anwendungsfelder (kognitions-)psychologischer Erkenntnisse – aber sicherlich für immer weniger hochqualifizierte Spezialisten! Was haben wir eigentlich für Modelle und Entwicklungsszenarien für die verbleibende „Einfacharbeit", die durch den Wegfall unterer Lohngruppen in Deutschland auf dem Wege der Verlagerung in arbeitsintensivere und lohnkostenbilligere Länder „ausgelagert" wird? Dabei stehen wir hier offensichtlich erst am Beginn einer dramatischen Entwicklung, die wohl eher durch Hemmschwellen der Großindustrie noch nicht stärker beschleunigt wird. Schätzungen aus den USA zufolge sind 35% aller Arbeitsplätze in der Wirtschaft mit einfachen, repetitiven Arbeiten verbunden. Aber nur 5% aller Unternehmen haben konsequent damit begonnen, die Möglichkeiten der Automatisierungstechnik voll zu nutzen, um derartige lebendige Arbeit zu beseitigen (Rifkin, 1998).

Die Bereitstellung von (Einfach-)Arbeit für Personen mit geringer Qualifikation stellt besonders für unsere deutsche Gesellschaft eine Herausforderung dar. Geeignete Arbeiten für solche Personen haben sich in den letzten 20 Jahren um ein Drittel vermindert. Ihr Anteil wird heute noch auf 20% der Arbeitsplätze geschätzt. Nach Prognosen des IAB der Bundesanstalt für Arbeit wird dieser Anteil bis zum Jahre 2010 auf 10% sinken.

Der Erhalt und die Gestaltung derartiger Einfacharbeit werden schon allein ein Gebot ethischer Verpflichtung bleiben, wenn man an die ständig wachsende Anzahl von Leistungsgewandelten, von Lernschwachen und geistig Behinderten denkt. Die Erweiterung der Ausgrenzung dieser Erwerbsfähigen in Einrichtungen der beruflichen Rehabilitation ist weder wirtschaftlich noch moralisch vertretbar, zumal die Arbeitspsychologie überzeugende Beispiele geliefert hat, wie durch *theoriegeleitete handlungspsychologische Ansätze* auch gerade die Schwächeren in der Gesellschaft in entwicklungsförderliche Arbeitsprozesse eingebunden werden können. Ansätze, die auf die Erreichung der „Zone der nächsten Entwicklung" durch genetische Vorformen ganzheitlicher, vollständiger Tätigkeitsstrukturen gerichtet sind, bewähren sich sowohl im Lernprozeß komplexer Tätigkeiten wie bei der Stabilisierung von Lernschwachen in durchaus wirtschaftlichen Arbeitsformen (Bergmann, 1998; Plath, 1997).

Die *arbeitspsychologische Begleitung* beim Erhalt von Einfacharbeit und die Integration von Sozialhilfeempfängern und Langzeitarbeitslosen in derartige Strukturen, die vor allem von den kommunalen Einrichtungen angeboten werden müssen, werden künftig eine wichtige Aufgabe der Gestaltung von Arbeitsstrukturen und zugehörigen Einarbeitungs- und Lernprogrammen darstellen. Elementare Vollständigkeit durch die Gewährleistung von Dispositions- und Qualitätssicherungskompetenzen sowie die Planung von Entwicklungspfaden „evolvierender" Tätigkeitsstrukturen sind Möglichkeiten, bereits überwunden geglaubte tayloristische Konzeptionen zu vermeiden.

Vieles spricht dafür, daß nicht die intellektuell angereicherten Tätigkeiten den gegenwärtigen Schwerpunkt der Gesundheitsprävention bilden, sondern daß es vielmehr die einseitigen Tätigkeiten (Überforderung durch Unterforderung) sind, die das Risiko arbeitsbedingter Erkrankungen erhöhen. Dazu zählen vor allem Einfachaufgaben, wenn sie unter Zeitdruck, eingeengten Handlungsspielraum und sozialer Isolation ausgeführt werden. Dieses Risikopotential ist weltweit den Krankenstand- und Mortalitätsstatistiken zu entnehmen (Bindzius, 1998; Marmot & Feeney, 1996).

Die Entwicklung von Arbeitsplätzen mit „Einfacharbeit" wird z.B. von der bayrisch-sächsischen Zukunftkommission als ein Ausweg aus der Arbeitslosigkeit vorgeschlagen (Kommission für Zukunftsfragen der Freistaaten Bayern und Sachsen, 1997). Kritisch an diesen Vorschlägen ist anzumerken: Gerade bei den personalen Dienstleistungen handelt es sich durchaus nicht um Einfacharbeit, wenn man an die notwendigen Sozialkompetenzen in diesem Bereich denkt. Psychologische Bewertungen dieser Tätigkeiten sind dringend angezeigt.

2 Wirtschaftlichkeit und Humanität

Arbeitspsychologen müssen sich sicherlich die Kritik gefallen lassen, Wirtschaftlichkeitskriterien ihrer Humanisierungsbemühungen von Arbeitssystemen zu selten erfaßt zu haben, um damit das unternehmerischer Mißtrauen zu entkräften, Gesundheits- und Persönlichkeitsentwicklung am Arbeitsplatz kosteten nur Geld, aber brächten keinen Gewinn.

In jüngster Zeit ist mit komplexen multivariaten Verfahren gezeigt worden, welchen Einfluß Faktoren der „Humanressourcen" auf die Ökonomie haben. Wie Patterson und West (1998) mit hierarchischen multiplen linearen Regressionen zeigten, konnten Unterschiede im Umsatz von Firmen zu 16,4% und Unterschiede in den Gewinnraten zu 16,1% auf Unterschiede in den Maßnahmen zur Arbeitsgestaltung, Training und Selektion in den Unternehmen zurückgeführt werden. Wie in den USA Cascio (1998) mit LISREL-Analysen umfangreicher Stichproben nachweisen konnte, waren bei downsizing-Maßnahmen keinerlei signifikante Pfade zu finden, die dafür gesprochen hätten, daß die vorgenommen Personalentlassungen zur Gewinnentwicklung der Firmen beigetragen haben.

Es gehört zur politischen Verantwortung der Arbeitspsychologie, im Spannungsfeld zwischen einer neo-liberalen Individualisierung und dem Bemühen nach sozialer Gerechtigkeit in der Gesellschaft, Bewertungen des Vorzufindenden und Vorschläge für die Entwicklung von Humanressourcen zu machen. Doch dieser Aufgabe sind viel eher Sozialwissenschaftler wie Beck, F. Bergmann, Gorz, Offe und Rifikin nachgekommen. Den Vertretern eines bedingungslosen Marktfundamentalismus, die für eine allseitige Deregulierung plädieren, um die Wirtschaft für die Globalisierung des internationalen Wettbewerbs zu rüsten, treten die klassischen Reformkräfte des linken Flügels vielfach mit einer Sozialstaatorthodoxie des starren Festhaltens errungener sozialer Positionen und Werte entgegen, die einen produktiven Diskurs erstarren läßt (Dettling, 1998). Die Frage nach dem menschlichen Maß der Arbeit ist letztlich die Frage nach dem Sinn des Wirtschaftens für die Sicherung von Lebensqualität. Dieser Aspekt läßt sich nicht auf ein rein betriebswirtschaftliches Aufwands- und Kostenproblem reduzieren.

3 Erwerbsarbeit als Teil umfassenderer Lebenstätigkeiten

Will die Arbeitspsychologie auf diese Herausforderungen eine Antwort finden, müssen die Diskussionen um einen modernen Begriff von Arbeit fortgesetzt werden, die den deutlichen Auflösungserscheinungen räumlich umgrenzter Orte von Erwerbsarbeit in Richtung virtueller Agentennetze mit dezentraler Telepräsenz gerecht wird. Was der Gesellschaft durch die kulturelle Schaffung technischer Artefakte ausgeht, ist die klassische Lohnarbeit, was in unerschöpflicher Vielfalt vorhanden bleibt, sind die durch die kapitalistische Produktionsweise mißachteten Formen autonomer Formen von Eigenarbeit, gemeinnützlicher Arbeit und familiärer Tätigkeiten, denen sich bislang der Blick der auf die Erwerbsarbeit fixierten Arbeitspsychologen bis auf wenige Ausnahmen (Baitsch & Katz, 1996; Helfmann, 1998; Költzsch Ruch, 1997; Resch, 1998) weitgehend verschlossen hat.

Es ist höchste Zeit, daß sich die *Arbeitspsychologie* an dem in der Soziologie laufenden kritischen Dialog über die Entstehung neuer Arbeitsformen beteiligt, die Tätigkeiten im primären Sektor (Privatwirtschaft), sekundären Sektor (Transferleistungen im kommunalen Bereich) und dem Tertiärbereich (gemeinnützige Tätigkeiten) über die Lebensabschnitte in unterschiedlichen Mischverhältnissen miteinander kombinieren (Beck, 1997; F. Bergmann, 1998; Giarini & Liedtke, 1998; Gorz, 1994; Notz, 1998). Die drohende Gefahr einer „jobless future" (Aronowitz & DiFazio, 1995) beantworten die gleichen Autoren in jüngster Zeit mit einem „Post-Work Manifesto", das ein garantiertes Grundeinkommen mit kreativen Mischformen von Erwerbs- und gemeinnütziger Arbeit in einer partizipativen Demokratie zu verbinden versucht (Aronowitz & DiFazio, 1998). Die bislang nur skizzierten Ansätze in der Handlungsregulationstheorie, evolvierende Tätigkeitsstrukturen unter dem Gesichtspunkt ihrer Vollständigkeit auch auf Nichterwerbsbereiche auszuweiten, gehören zu den dringlichen weiteren Arbeiten der Theorieentwicklung (Hacker, 1998; Hacker & Richter, 1990).

Nicht zuletzt werden solche Erweiterungen für den modernen Arbeitsschutz von Bedeutung sein. Gibt es doch zunehmend Belege dafür, daß die arbeitsbedingten Gefährdungen mangelhaft gestalteter psychischer Belastungen sich in besonderem Maße in gestörten Erholungsprozesse außerhalb der rechtlich zu schützenden Erwerbsarbeit abbilden (Rau, Triemer, Schulze & Pötzsch, 1998). Es werden also künftig die gesamte Spanne erwerbsfähigen Lebens und der volle 24-Stunden-Tageszyklus Gegenstand arbeitspsychologischer Bewertung und Gestaltung sein müssen. Beiträge zur Gestaltung des menschlichen Maßes zwischen homo faber einerseits und vita activa und otium andererseits dürfen nicht nur der Expansion globaler Wirtschaftsentwicklungen unreflektiert und fatalistisch überlassen bleiben. Zu unserer Verantwortung gehört es, den Dialog mit den in „Vorleistung" gegangenen Soziologen und den Konzepten der Nachhaltigkeit der Ökologie aufzunehmen (Weizsäcker, 1994).

4 Die Notwendigkeit eines neuen Gesellschaftsvertrags in der Arbeitswelt

Die Diskussion um einen neuen Gesellschaftsvertrag ist erforderlich, nachdem der seit Jahrhundertbeginn bestehende „Fordistische Vertrag" mit seiner Koppelung der Akzeptanz entfremdeter (dauerhafter) Arbeit an ausreichende Einkommen an sein Ende gekommen ist. Die politischen Signale der künftigen Berliner Republik greifen die von Scherhorn (1997) vorgeschlagenen Rahmenbedingungen eines neuen Gesellschaftsvertrags auf:
(1) Entlastung der lebendigen Arbeit von Nebenkosten durch eine Ressourcenbesteuerung der Produkte;
(2) Neue Arbeitszeitstrukturen, die sich vom längst unrealistisch gewordenen „Normalarbeitsverhältnis" (45 Jahre in Vollzeitarbeit) lösen und durch die Verkürzung der Arbeitszeiten dem Zusammenschrumpfen des verfügbaren Arbeitsvolumens gerecht werden; fragmentierte, „flockige" Arbeitsstrukturen mit „nomadisierendem" Ortwechsel werden auch in Deutschland künftig die Arbeitswelt bestimmen;

(3) Neue intrapersonale Arbeitsverteilungen zwischen den drei o.g. Sektoren werden über die Lebensspanne hinweg in unterschiedlichen Mischformen die künftigen Arbeitsbiographien kennzeichnen.

In dem Maße, wie nun auch zunehmend Männer Tätigkeiten im Bereich der Eigenarbeit und Familienarbeit übernehmen, wird es auch zu einer neuen ideellen und monetären Wertigkeit dieses bislang weitgehend unbezahlten informellen Wirtschaftstätigkeiten kommen. Nach Angaben des Bundesamtes für Statistik überstieg 1992 das Jahresvolumen unbezahlter Arbeit mit 95,5 Mrd. Stunden bei weitem die bezahlte Erwerbsarbeit mit 60 Mrd. Stunden (nach Schäfer & Schwarz, 1996; bei Resch, 1998). Die ökonomischen Probleme im 21. Jahrhundert werden wohl weniger die der Produktion als vielmehr der Verteilungsgerechtigkeit der Ergebnisse von Arbeit und der Anteile an lebendiger Arbeit selbst sein.

5 Wege sozialgerechter Arbeitsneuverteilung

Alle hier zusammengestellten Maßnahmen sind nicht neu, vielfach in Einzelfällen erprobt und insbesondere in der Schweiz, den Niederlanden, Dänemark und Schweden systematisch auch arbeitsrechtlich verankert (Baillod et al., 1997; Kempe, 1998). Grob lassen sich die Ansätze unterteilen in solche, die die Arbeitsorganisation und damit Verteilung der Arbeit verändern und solche, die primäre über die Dynamisierung der Arbeitszeit das vorhandene Arbeitsvolumen auf mehr Menschen zu verteilen versuchen.

Neugestaltung von Produkten, Arbeitsprozessen und Veränderungen der Organisationsformen. – Neue Formen *innerbetrieblicher Arbeitsteilung* (Arbeitsbereicherung, Gruppenarbeit) sind vielfach seitens der Unternehmensleitung von der Absicht getragen, durch die inhaltliche Neuverteilung nicht nur größere Flexibilität der Arbeitssysteme zu erreichen, sondern auch Arbeitsplätze einzusparen. Psychologen sind daher gut beraten, für die Erarbeitung von Vereinbarungen zumindestens für eine Übergangszeit zwischen Betriebsrat und Unternehmensleitung zu sorgen, um sich vor einem Mißbrauch der beratenden Fachkompetenz zu bewahren.

Der Königsweg ist sicherlich die Beteiligung an der *Schaffung neuer Produkte*, die Einbindung psychologischen Wissens in die Produktentwicklung (z.B. rapid prototyping) bereits im konstruktiven Prozeß und bei der teambasierten Integration bislang separater Abteilungen im F/E-Bereich. Die Entlastung des Faktor Arbeit von den gegenwärtig extremen Nebenkosten läßt hierbei eine verstärkte Einbeziehung arbeits- und organisationspsychologischen Gestaltungswissens erwarten.

Insbesondere wird es hier um die Schaffung neuer Produkte im Dienstleistungsbereich gehen, wo Deutschland eher noch als „schlafender Riese" angesehen wird.

Die Motivation von Menschen, den Schritt in die *Selbständigkeit* zu gehen, und die Analyse der Bedingungen erfolgreichen unternehmerischen Handelns werden künftig ein Kernarbeitsfeld von A/O-Psychologen darstellen. Konsistente Merkmale erfolgreicher Handlungsstrategien und deren personalen Voraussetzungen (aktive Bewältigungsstile, Handlungsorientiertheit, Selbstwirksamkeit, seelische Gesundheit) sowie organisationale Rahmenbedingungen (umfassende Informationssuche bei der Gründung, aktive Werbungs- und Controlling-Strategien, Verfügen über Alternativszenarien in Krisensituationen) ermöglichen bereits heute eine zielgerichtete Beratung und Unterstützung auf dem Weg in die Selbständigkeit (Frese, 1998; Kemter & Ben Sassi, 1998; P.G. Richter & Pichl, 1998).

Zunehmend treten *selbstverwaltete Firmen*, die Gemeinschaftseigentum der gesamten Belegschaft sind, aus ihrem skeptisch betrachteten Nischendasein heraus. Eine Vielzahl von soziologischen und ökonomischen Studien, darunter auch eine 10jährige Längsschnittstudie, belegen die wirtschaftliche Überlebensfähigkeit derartiger Rechtsformen. Nicht ein Kapitaleigner sucht sich hierbei Arbeitskräfte, sondern Arbeitskräfte suchen sich Kapital, z.B. mit Hilfe von Landesbürgschaften.

Hoffnungsvoll ist auch die Einführung von *Rotationsprogrammen* zwischen Beschäftigten in Kleinunternehmen mit arbeitslosen Fachkräften, die vorübergehend von der Bundesanstalt für Arbeit finanziert werden, zu betrachten (Kempe, 1998). Jedoch stoßen diese neuen Mischformen zwischen Erwerbs- und Transfereinkommen, die sich in Dänemark hervorragend bewähren, in Deutschland noch auf bürokratische Grenzen des gegenwärtigen Arbeitslosenrechts, die lediglich aus EU-Mitteln unterstützte Modellprojekte zugelassen haben.

Die volle gesellschaftliche Akzeptanz von *Tätigkeiten in der Familie* (z.B. Erziehungsgeld) bzw. *gemeinnütziger Arbeit* in volkswirtschaftlich relevanten Bereichen (mehr als 1 Millionen Menschen waren 1995 beteiligt, die ca. 3% des BSP damit erwirtschafteten) wird erst erreichbar sein, wenn *arbeitspsychologische Taxonomie- und Bewertungsverfahren* auch für diesen Bereich routinemäßig zur Verfügung stehen. Die heute noch utopisch anmutenden Modelle einer ökonomischen Lebensgrundsicherung werden in Zukunft die notwendige Durchlässigkeit der drei Sektoren von Arbeit erleichtern.

Modelle der Arbeitszeitflexibilisierung und -verkürzung. – Eine Vielzahl kreativer und wirtschaftlich tragfähiger Flexibilisierungs-Modelle (Lebens-, bzw. Jahresarbeitsarbeitskonten, Staffeten-Modelle) sind in den letzten Jahren diskutiert und in Unternehmen erprobt worden, die Marktanpassung und Zeitsouveränität zu sichern vermögen (Baillod et al., 1997; Büssing & Seifert, 1996; Hertz, 1996; Wagner, 1995). Nachhaltige Umverteilungen eines knapper werdenden

Arbeitsvolumens auf mehr Beschäftigte durch Arbeitszeitverkürzungen bei gleichzeitiger Reduzierung von Überstunden mit der Möglichkeit von frei wählbaren Qualifikationszeiträumen (Sabbat-Konto: Offe, 1997), sind ohne eine konsequente Veränderung des Rechtssystems, insbesondere des Rentenrechts (bedarfsorientierter Grundrente), des Beamtenrechts, der Besteuerungssysteme von Erwerbstätigkeit, der Einführung von Erziehungsgeldern nicht durchzusetzen und auch nicht zumutbar. Die hierfür notwendige politische Willensbildung bedarf jedoch in stärkerem Maße als es bislang geschehen ist, wissenschaftlich überzeugender Evaluation der neu entstehenden Arbeitszeitstrukturen.

Hypothetisch beschreibbare Grundtypen von künftigen Mischformen aus Erwerbs- und gemeinnütziger Arbeit, Qualifikations- und Eigenarbeits-/Familienarbeitsanteilen und schließlich deren Verhältnis zu Erholungsprozessen bedürfen neuer methodischer Ansätze der übergreifender Beschreibung von Arbeitstätigkeit.

6 Fazit

In diesem Beitrag ist versucht worden, den vor 10 Jahren sich abzeichnenden Entwicklungstrends der Veränderung der Arbeitswelt zu folgen. Die Prognosen sind eingetreten, die Arbeitslosigkeit hat sich als eine strukturelle auf doppeltem Niveau eingependelt, die Segmentierung zwischen kognitiv höchst anspruchsvoller und Einfacharbeit ist größer geworden, die Fragmentierung persönlicher Arbeitsbiographien angewachsen. Der Zuwachs arbeitspsychologischen Wissens hat ohne Zweifel viel zur gesundheits- und persönlichkeitsförderlichen Gestaltung komplexer wirtschaftlicher Arbeitssysteme beigetragen. Die Herausforderung der Zukunft werden aber die theoretisch und methodisch neu zu bewältigenden Formen von Arbeitstätigkeiten sein, die immer weniger durch bezahlte Erwerbsarbeit gekennzeichnet sein werden. Die Bewältigung dieser neuen Aufgaben erlaubt keine wertneutrale Position, um die offensichtlichen Risiken der neuen Arbeitsformen zu vermeiden und ihr Humanisierungspotential zu entfalten.

„Alle Versuche, gegen die alles durchdringende Kälte anzugehen, sind zum Scheitern verurteilt, die nicht direkt an die gesellschaftlichen Wurzeln rühren, das heißt, an die gesellschaftliche Ordnung, die die Kälte produziert und reproduziert. Wenn irgend etwas helfen kann gegen die Kälte als Bedingung des Unheils, dann die Einsicht in ihre eigenen Bedingungen und der Versuch, vorwegnehmend im individuellen Bereich diesen ihren Bedingungen entgegenzuarbeiten."(T.W. Adorno).

Literatur

Aronowitz, S. & DiFazio, W. (1995). *The jobless future*. Minneapolis: University Press.

Aronowitz, S., Esposito, D., DiFazio, W. & Yard, M. (1998). *Post-work: the wages of cybernation*. New York & London: Routledge.

Baillod, J., Davatz, F., Luchsinger, C., Stamatiadis, M. & Ulich, E. (1997). *Zeitenwende Arbeitszeit. Wie Unternehmen die Arbeitszeit flexibilisieren*. Zürich: vdf.

Beck, U. (1997). Erwerbsarbeit durch Bürgerarbeit ergänzen. In Kommission für Zukunftsfragen des Freistaaten Bayern und Sachsen (Hrsg.), Band III. Bonn: IWG.

Bergmann, B. (1998). *Training für den Arbeitsprozeß*. Zürich: vdf.

Bindzius, F. (Hrsg.). (1998). *Erkennen und Verhüten arbeitsbedingter Gesundheitsgefahren*. Sank Augustin: BKK und HVBG.

Büssing, A. & Seifert, H. (1995). *Sozialverträgliche Arbeitszeitgestaltung*. München und Mehring: Hampp.

Cascio, W.F. (1998). Learning from outcomes: financial experiences of 311 firms that have downsized. In M.K. Gowing, J.d. Kraft & J.C. Quick (Eds.), *The new organizational reality. Downsizing, restructuring, and revitalization* (pp. 55-70). Washington, DC: American Psychological Association.

Dettling, W. (1998). „Wenn alles so bleiben soll, wie es ist, muß sich vieles verändern". In O. Lafontaine & G. Schröder (Hrsg.), *Innovationen für Deutschland*. Göttingen: Steidl.

Frese, M. (Hrsg.). (1998). *Erfolgreiche Unternehmensgründer*. Göttingen: Hogrefe.

Giarini, O. & Liedtke, P. (1998). *Wie wir arbeiten werden. Der neue Bericht an den Club of Rome*. Hamburg: Hoffmann & Campe.

Gorz, A. (1994). *Kritik der ökonomischen Vernunft*. Hamburg: Rotbuch.

Hacker, W. (1998). *Allgemeine Arbeitspsychologie*. Bern: Huber.

Hacker, W. & Richter, P. (1990). Psychische Regulation von Arbeitstätigkeiten – Ein Konzept in Entwicklung. In F. Frey & I. Udris (Hrsg.), *Das Bild der Arbeit* (S. 125-142). Bern: Huber.

Helfmann, B. & Richter, P.G. (1998). Wechselwirkungen zwischen bezahlter und unbezahlter Arbeit in Haushaltssystemen und ihre Bedeutung für die Beanspruchung. *41. Kongreß der Deutschen Gesellschaft für Psychologie*, Dresden (Abstraktband).

Hertz, P. (1996). *Das atmende Unternehmen. Jeder Arbeitsplatz hat einen Kunden*. Frankfurt/M.: Campus.

Katz, C. & Baitsch, C. (1996). *Lohngleichheit für die Praxis*. Zürich: vdf.

Kempe, M. (1998). *Die Jobwende. Wie man Arbeit schafft*. Frankfurt/M.: Fischer.

Kemter, P. & Klose, H.-E. (1998). Faktoren erfolgreicher Gründer kleiner und mittelständiger Unternehmen. *41. Kongreß der Deutschen Gesellschaft für Psychologie*, Dresden (Abstraktband).

Költzsch Ruch. K. (1997). *Familienkompetenzen – Rüstzeug für den Arbeitsmarkt*. Bern: Edition Soziothek.

Kommission für Zukunftsfragen des Freistaaten Bayern und Sachsen (Hrsg.).(1997). *Erwerbstätigkeit und Arbeitslosigkeit in Deutschland. Entwicklung, Ursachen und Maßnahmen (Band I-III)*. Bonn: IWG

Marmot, M. & Feeny, A. (1996). Work and health: implications for individuals and society. In D. Blane, E. Brunner & R. Wilkinson (Eds.), *Health and social organization* (pp. 235-254). London & New York: Routledge.

Notz, G. (1998). *Die neuen Freiwilligen. Das Ehrenamt – Eine Antwort auf die Krise?* Neu-Ulm: AG SPAK.

Offe, C. (1997). Was tun mit dem „Überangebot" an Arbeitskraft? *Gewerkschaftliche Monatshefte, 48,* 239-243.

Patterson, M.G. & West, M. (1998). Human resource management practices, employee attitudes and company performance. *Proceedings of the 1th Work Psychology Conference.* Sheffield: University Press.

Plath, H.E. (1997). Behinderung und das Problem der Einfacharbeit. *Mitteilungen aus der Arbeitsmarkt- und Berufsforschung, 30,* 424-431.

Rau, R., Triemer, A., Schulze, F. & Pötzsch, M. (1998). Beanspruchungsbewertung in Abhängigkeit von objekiver Arbeitsanalyse und computergestützter Tätigkeitserfassung im Feld. *41. Kongreß der Deutschen Gesellschaft für Psychologie,* Dresden (Abstraktband).

Resch, M. (1998). *Arbeitsanalyse im Haushalt. Erhebung und Bewertung von Tätigkeiten außerhalb der Erwerbsarbeit mit dem AVAH-Verfahren.* Zürich: vdf.

Richter, P.G. & Pichl, T. (1998). Faktoren für den Erfolg in kleinen und mittelständigen Unternehmen. *41. Kongreß der Deutschen Gesellschaft für Psychologie,* Dresden (Abstraktband).

Rifkin, J. (1998). Arbeit in Gemeinschaft und Markt. In K.E. Becker & H.P. Schreiner (Hrsg.), *Geht uns die Arbeit aus? Beschäftigungsperspektiven in der Gesellschaft von morgen* (S. 227-245). Frankfurt/M: Campus.

Scherhorn, G. (1997). Wird der fordistische Gesellschaftsvertrag aufgekündigt? In E.U. v. Weizsäcker (Hrsg.), *Grenzenlos? Jedes System braucht Grenzen – aber wie durchlässig müssen diese sein?* (S.160-178). Berlin, Basel, Boston: Birkhäuser.

Ulich, E. (1988). Quo vadis – Arbeitspsychologie? In D. Frey, C. Graf Hoyos & D. Stahlberg (Hrsg.), *Angewandte Psychologie. Ein Lehrbuch* (S. 668-669). München-Weinheim: PVU.

Ulich, E. (1997). Flexibilisierung und Verkürzung von Arbeitszeiten – ein Beitrag zur Beschäftigungssicherung? In J. Baillod, F. Davatz, C. Luchsinger, M. Stamatiadis & E. Ulich, *Zeitenwende Arbeitszeit* (S. 13-27). Zürich: vdf.

Ulrich, P. (1997). *Integrative Wirtschaftsethik. Grundlagen einer lebensdienlichen Ökonomie.* Bern: Haupt.

Wagner, D. (1995). *Arbeitszeitmodelle.* Göttingen: Hogrefe.

Weizsäcker, E.U. v. (1994). *Erdpolitik. Ökologische Realpolitik an der Schwelle zum Jahrhundert der Umwelt* (4. akt. Aufl). Darmstadt: Wissenschaftliche Buchgesellschaft.

Wetzker, K., Strüven, P. & Bilms, L.J. (1998). *Gebt uns das Risiko zurück.* München: Hanser.

51 Glaubenssätze zu Hypothesen. Anmerkungen zur Schwierigkeit, eine gute und zugleich nützliche Wissenschaft abzugeben

Heinz Schuler

Die Arbeits- und Organisationspsychologie steht einer Vielfalt von Aufgaben gegenüber, selbstgestellten wie vorgegebenen, und sie verfügt über ein breites Methodenarsenal, vielen dieser Aufgaben besser gerecht zu werden, als dies auf anderen Wegen erreichbar wäre. Das vorliegende Lehrbuch stellt geradezu eine Sammlung par excellence dar, diese Behauptung zu unterstützen – auf aktuellem Stand, von kompetenten Autoren verfaßt, zeigt es die Vielfalt der Probleme auf, mit denen sich A&O-Psychologen beschäftigen, sowie eine eindrucksvolle Breite an Lösungsansätzen in Forschung und Praxis. Wie oft in den anwendungsnahen Disziplinen, ist die Praxis der Theorie in manchen Fällen sogar ein Stück voraus. Wir haben also keine Veranlassung, darüber erstaunt zu sein, daß die Psychologie in den USA von allen Studiengängen das beliebteste Nebenfach ist und speziell die A&O-Psychologie dort wie hierzulande bessere Beschäftigungsmöglichkeiten bietet als die meisten anderen akademischen Fächer. Wo ist also das Problem?

Was Wissenschaft überhaupt oder gar gute Wissenschaft ausmacht, ist umstritten. Aber einige Bestimmungsmerkmale lassen sich doch nennen, denen die wenigsten von uns widersprechen würden – hierzu gehören eine grundsätzlich *erkenntniskritische Haltung* (also Prüfung und Falsifikation), die *Nutzung der besten verfügbaren Methoden* und das *Bemühen um zunehmende Einsicht*, in gewissem Maße also um kumulative Erkenntnis. An diesen Kriterien gemessen, ist der Wissenschaftscharakter der A&O-Psychologie beständig gefährdet. Die Konsolidierung ihres Methodenbewußtseins kann mit der rapiden Entwicklung in die Breite nicht immer Schritt halten. Manche Themen werden deshalb auf einem Niveau bearbeitet, das den Alltagsbemühungen um das Verständnis menschlichen Verhaltens in komplexen Strukturen nicht viel voraushat. Dies mag zwar geeignet sein, Psychologie als Kulturtechnik in den Alltag zu integrieren (ähnlich wie man heute die Psychoanalyse als Allgemeingut unserer Kultur ansieht, nachdem ihr Wissenschaftsanspruch weitgehend aufgegeben werden mußte), wir verzichten aber auf diesem Wege auf die Möglichkeit, das wissenschaftliche Profil der A&O-Psychologie zu schärfen. Wir leisten auch dadurch einer Aufweichung des Wissenschaftscharakters unserer Disziplin Vorschub, wenn wir uns nicht nachdrücklich bemühen, das *Wünschenswerte vom Faktischen zu unterscheiden*. Auch diese Gefahr resultiert, so wird im folgenden argumentiert, aus einem der besonderen Vorzüge der A&O-Psychologie, nämlich ihrer ausgeprägten Anwendungs-orientierung.

Ich beginne mit einem abschreckenden Beispiel, von dem wir uns scheinbar nicht betroffen zu fühlen brauchen. Vor gut 20 Jahren war ich zu einem internationalen sozialpsychologischen Symposium in der damaligen DDR eingeladen. Ein renommierter einheimischer Wissenschaftler trug sein Forschungsergebnis vor, demzufolge FDJ-Mitglieder durchschnittlich bessere Schulnoten erzielten als Nichtmitglieder. Ungeschickterweise versäumte er nicht hinzuzufügen, damit sei der Beweis der geistigen, motivationalen und sozialen Förderlichkeit dieser Jugendorganisation erbracht. Seine handverlesenen Landsleute stimmten dem Referenten eifrig zu. Die auswärtigen Teilnehmer fühlten sich an des Kaisers neue Kleider erinnert. Als die erste höfliche Anfrage, ob ein solcher Zusammenhang nicht auch anders interpretiert werden könne, rigoros abgebügelt wurde, mußte ernster insistiert und unhöflicherweise die Unzulänglichkeit der Beweisführung herausgearbeitet werden. Die Sitzung endete im Eklat.

Wir könnten uns gegenüber diesem Vorfall erhaben fühlen, sollten es aber nicht, illustriert er doch zwei Rahmenbedingungen wissenschaftlicher Tätigkeit, die auch auf A&O-psychologische Arbeit in hohem Maße zutreffen – die starke Orientierung an anwendungsbezogenen Fragestellungen, also ihre offensichtliche Nützlichkeit für außerwissenschaftliche Zusammenhänge (damals sagte man „gesellschaftliche Relevanz"), und die Gebundenheit an Werthaltungen, die im öffentlichen Glaubensgefüge fest verankert sind. Dies vermindert die Chance auf kritische Prüfung, auf unabhängige Interpretation, auf Falsifikation.

Wir sollten uns deshalb nicht erhaben fühlen, weil dieses Muster in allen Geisteswissenschaften große Tradition hat und sich täglich mit neuem Leben füllt. Natürlich ist diese Form des kategorischen Imperativs in einer Diktatur kräftiger armiert als in offeneren Gesellschaften, läßt sich dort leichter zu einer hegemonialen Macht über das Denken und Reden ihrer Mitglieder ausbauen, aber *cargo cult island* ist überall. Ein Beispiel für die moralpolitische Funktionalisierung der Erkenntnis ist die *Führungsforschung* über all die Jahrzehnte ihrer Existenz. Schon der weithin verehrte Kurt Lewin verstand sich prächtig darauf, mit unzulänglichen Experimenten politische Überzeugungen zu untermauern. Immerhin war sein schwach fundiertes Credo für die kooperative Führung wenigstens noch eine innovative Leistung, trug es doch zur *Formung* eines Zeitgeistes bei, während die Schar heutiger Führungsforscher (die größtenteils keine Psychologen sind) vor allem als dessen Exekutoren auftritt.

Wie dringlich würden Führungstheorien gebraucht, die das psychologische Wissen über Interaktion und Einflußprozesse wirklich nutzen, anstatt das aufzugreifen, was uns bücherschreibende Unternehmensberater an kleingeistiger Münze vorprägen. Wie wenig wurden beispielsweise die geistreichen Ausführungen Neubergers zur Mikropolitik in der Führungsforschung genutzt, wie überwältigend ist dagegen die augenblickliche Resonanz auf die *Emotionale Intelligenz* als angebliches Geheimrezept für Führungskräfte – sogar die *American Psychological Association*, der große Standesbruder, dem die europäischen Psychologenverbände nacheifern, scheut sich nicht (im Mitteilungsblatt Monitor, Juli 1998), diesen unglücklichen Begriff, der alles zusammenramscht, was an Differenzierungen über berufliche Anforderungen, über Fähigkeiten, Fertigkeiten und Kenntnisse je aufgebaut wurde, zur neuesten Erkenntnis zu stilisieren. Daß ein so schlichtes Konzept wie das der „Emotionalen Intelligenz" so viele Freunde findet (womöglich sogar besonders unter jenen, denen schon der bisherige Intelligenzbegriff zu vage war), zeigt, daß Fortschritte in der Rhetorik mit Rückschlägen in der Sache verbunden sein können. Es zeigt des weiteren: Selbst Institutionen, deren Auftrag darin besteht, die Psychologie als Wissenschaft zu verkaufen, können der Versuchung manchmal nicht widerstehen, Banalitäten der Trainerfolklore, die Resonanz bei den Abnehmern (Weiterverwertern) und in der Öffentlichkeit findet, etwas wie sekundäre wissenschaftliche Würden zu verleihen. Und es zeigt schließlich, daß der Primat des Verwertungsinteresses der Abnehmer ein schlechter Motivator guter Forschung ist. Läge demgegenüber deren Haupttriebfeder im Erkenntnisinteresse der Wissenschaftler begründet, hätten wir gute Aussicht, in unseren Lehrbüchern nicht alte Führungstheorien immer wieder kolportieren zu müssen, sondern von aufregenden Forschungsarbeiten berichten zu können, die dieses wichtige Gebiet voranbringen, von anspruchsvollen Modellen, mit deren Hilfe sich die wirklich wirksamen Einflußfaktoren auseinanderlösen – oder auch zusammenfügen –, jedenfalls errechnen lassen.

Zu einem guten Teil wird gute Wissenschaft dadurch verhindert, daß wir unsere *ideologischen Barrieren* nicht überspringen können. Bleiben wir bei der Führungsforschung: Einer der wenigen originellen Artikel zur Frage, weshalb Frauen in Führungspositionen unterrepräsentiert seien, wurde 1990 von einer Biologin veröffentlicht. Sie setzte dem üblichen Sozialisations-Unterdrückungs-Sermon die These entgegen, das Phänomen gehe auf angeborene geschlechtstypische Verhaltensunterschiede zurück, die ihrerseits wieder durch unterschiedliche parentale Investition bedingt seien. Das mag richtig sein oder nicht, aber: Durch ihr eigenes Geschlecht zwar vor dem Schlimmsten bewahrt, war die Kollegin doch in einem Maße spontanen Attacken wie anhaltender Anfeindung ausgesetzt, daß sie nach einiger Zeit nicht mehr bereit war, sich öffentlich zu dieser Frage zu äußern, jedenfalls nicht vor Geisteswissenschaftlern. Oder sollten wir *Bekenntniswissenschaftlern* sagen? Galilei läßt jedenfalls grüßen. Die Wirkung dieser säkularen Religiosität ist mangelhafte Forschung, wie sie die Domäne „Führung" so reichlich zu bieten hat.

Wie sieht es mit dem Anspruch auf *kumulative Erkenntnis* aus, der eine Wissenschaft auszeichnen soll? Manche Wissenschaftstheorien wollen uns zwar glauben machen, vermeintlicher wissenschaftlicher Fortschritt bestehe nur in einer gestalthaften, sprunghaften Uminterpretation der alten Beobachtungen und nicht in der Kumulation von Erkenntnis, aber bei nüchternem Besehen wissen wir: Die biochemische Aufklärung der Mukoviszidose ist ebenso von Erkenntniskumulation abhängig wie die Erklärung des Phänomens, daß sich der Andromedanebel trotz eines expandierenden Universums nicht von der Milchstraße entfernt, sondern sich ihr mit großer Geschwindigkeit nähert. Auch wenn man in der Eignungsdiagnostik heute weiß: es gibt weniger differentielle Validität, als man früher geglaubt hat; kognitive Fähigkeiten und nichtkognitive Persönlichkeitsmerkmale sind additive, aber nicht multiplikative Prädiktoren des Berufserfolgs – auch das war nur durch kumulative Wirkung der Forschungsbemühungen erreichbar.

Kumulation allerdings heißt sammeln und aufbauen. Man muß die bisherige Forschung kennen, bewerten können und auf ihren Ergebnissen weiterarbeiten. Ein betrübliches Gegenbeispiel, wiederum aus der Eignungsdiagnostik: Eine der einstmals originelleren Ideen in der *Assessment Center-Forschung* war der Gedanke, die errechnete prognostische Validität des Verfahrens könne in Wahrheit auf die Bekanntheit der Ergebnisse zurückgehen, die zur Grundlage von Entscheidungen werden und damit jenes Kriterium beeinflussen, an dem später die Erfolge gemessen werden. Eine solche Konfundierung von Prädiktor und Kriterium läßt sich experimentell recht gut prüfen. Aber nicht nur, daß die notorischen Kritiker der Berufseignungsdiagnostik keine solche Prüfung durchführen, sondern sich lieber an dieser kritischen Variante der überstrapazierten Denkfigur „self-fulfilling prophecy" erfreuen – sie nehmen auch nicht zur Kenntnis, daß solche Prüfungen schon vor über einem Jahrzehnt in ausreichender Menge vorlagen, um metaanalytisch verwertet zu werden – mit klar negativem Ergebnis. Statt dessen ziehen es die Kritiker aus dem kontemplativen Lager aber vor, mit hübschen überholten Ideen vor denen zu brillieren, die noch weniger lesen, statt kumulationsfähige Forschung zu betreiben. Dies dürfte ein Grund dafür sein, daß Assessment Center heute nicht wesentlich besser sind als zur Zeit ihrer Inauguration – also viel Kritik verdienen, aber an anderer Stelle und in produktiver Form.

Kausalitätsfragen sind der Brennpunkt aller wissenschaftlichen Neugier. Leider schießen die methodischen Stärken der Psychologie nicht gerade dort ins Kraut, wo wir es mit Fragen nach der Kausalität von Entwicklungen zu tun haben, von Veränderungen des Verhaltens, der Begabungen und anderer Eigenschaften. Fördern anspruchsvolle Arbeitsbedingungen die Intelligenz, oder entsteht dieser Eindruck nur dadurch, daß intelligenten Mitarbeitern komplexere Aufgaben gestellt werden? „Gelingt" der Ruhestand dadurch besser, daß jemand im Arbeitsleben befriedigendere Bedingungen vorfand, oder ist die Wurzel der Korrelation die, daß Zufriedenheit ein relativ stabiles Persönlichkeitsmerkmal ist? Wirkt Arbeitslosigkeit neurotisierend, oder sind psychisch wenig stabile Menschen stärker gefährdet, ihren Arbeitsplatz zu verlieren? In all diesen Fragen ist rigoroses Experimentieren keine methodische Option, hier unterliegen wir moralischen und pragmatischen Grenzen des Forschens. Umso weniger gehemmt sind wir allerdings, diejenigen Interpretationen vorzunehmen, die im allgemeinen Konsens den größten gemeinsamen Nenner finden.

Dabei hilft die Allianz der *gesellschaftlichen Nachfrage* mit der *sozialpolitischen Opportunität des Interpretationsansatzes*, heilige Kühe zu mästen. Zum Dank liefern sie reichlich von der Milch der frommen Denkungsart, die Scharen von Psychologen ernährt (daß es noch mehr Angehörige der XY-Disziplin sein mögen, auf die diese Aussage zutrifft, soll uns nicht trösten!). Allein die Einsicht wächst nicht, wenn sich die Forschung darauf beschränkt, Bestätigungen für das zu liefern, was ohnehin schon zum kulturellen Gemeingut gehört. Je tiefer der Kotau vor den hegemonialen Überzeugungen, desto trivialer werden die Ergebnisse, die man der Öffentlichkeit anzubieten hat. Der Kalauer: „Psychologen sagen einem das, was man ohnehin schon weiß, allerdings in Worten, die man nicht versteht", sollte uns als Warnung dienen.

Dies ist kein Plädoyer, nicht hilfreich zu sein – ganz im Gegenteil, gerade wirksame Hilfe bedarf der Einsicht in Wirkungszusammenhänge. Je heißer das Herz, desto kühler muß der Kopf bleiben. Das ist schwer, es erfordert Spaltungsfähigkeit, das Wünschenswerte vom Faktischen zu unterscheiden. Vor allem erfordert es die Anwendung kritischer Prüfmethoden besonders dort, wo der Konsens zu schwachen Prüfungen verführt. In den obengenannten Fragen wären das statistische Kausalmodelle, wie sie sich in den letzten Jahren gut entwickelt haben. Die erforderlichen Daten liegen in Hülle und Fülle vor.

Nach meinem Eindruck kann die vielgescholtene „Schulmedizin" als Modell für die erforderliche Spaltungsfähigkeit dienen: Die erklärte Parteinahme für die Patienten, die extreme Anwendungsorientierung, ist dort kein Hinderungsgrund für kritische und kumulative Forschung. Sicher helfen dabei die (was die Methoden betrifft) grundsätzlich naturwissenschaftliche Orientierung, starke institutionelle Kontrollen, vielleicht die weitgehende personelle Trennung von Forschern und Anwendern. An der besseren Prüfbarkeit von Resultaten liegt es wohl nicht, beispielsweise sind metaanalytische Techniken erst in den letzten Jahren – u.a. aus der Psychologie – in die Medizin gewandert. Starke Kontrolle findet sich in der heutigen Medizin gepaart mit hohem Innovationspotential – eine Verknüpfung, die von der antinaturwissenschaftlichen Fraktion in der Psychologie zu den natürlich gegebenen Unmöglichkeiten gezählt wird. Freilich ist medizinische Forschung ungleich besser finanziert als psychologische; aber Finanzierung bekommt man nicht nachgetragen, sondern muß sie sich erarbeiten und durch laufend vorzeigbare Erfolge aufrechterhalten. Die den Naturwissenschaftlern häufig unterstellten „objektiveren" Gegebenheiten sind übrigens eine Schimäre: Selbst in der Physik (Teilchenphysik) sind die Effektstärken nicht größer als bei psychologischen Experimenten.

Was hilft gegen die Gefahren? Gibt es ein Programm zur Festigung der A&O-Psychologie als Wissenschaft, das sowohl ihren Anwendungsnutzen fördert als auch ihrer Trivialisierung vorbeugt? Hier kann nach kursorischer Analyse keine umfassende Kur ausgearbeitet werden, aber ein paar Orientierungspunkte mögen genannt werden. Helfen könnten:

- *Eine nachhaltige empirische Orientierung*: Jede neue, kreative Idee ist willkommen, aber ihr wirklicher Wert bestimmt sich erst in der rigorosen empirischen Prüfung. Behauptungen, irgend etwas werde man niemals wissen oder nie genau messen können, haben sich in der Wissenschaftsgeschichte noch immer als falsch erwiesen.
- *Ein hoher Anspruch*: Wie uns die Zielsetzungstheorie lehrt, fördern hohe Ziele hohe Leistung. Damit es nicht beim guten Vorsatz bleibt, muß dieser Anspruch von allen Fachzeitschriften und Reviewern, auch von Buchverlagen, aufrechterhalten werden; andere Mechanismen der Qualitätssicherung psychologischer Produkte und Dienstleistungen sind ergänzend einzurichten.
- *Das Ertragen der hierdurch verursachten Frustrationen*: Forschung ist niemals gut genug, am wenigsten die eigene; deshalb erfordert sie Offenheit gegenüber der Kritik anderer und beständige Bereitschaft, die eigenen Ergebnisse in Frage zu stellen.
- *Die Wahl der Vorbilder in den Reihen der anspruchsvollsten Wissenschaftsdisziplinen*: „Benchmarking" nennen die Ökonomen das Prinzip, die eigenen Methoden und Prozesse an denen der besten Wettbewerber zu messen.
- *Die Spezialisierung in der Forschung*: Breites Wissen ist (aus-)bildungsnotwendig, aber hochwertige Forschungsarbeit setzt enge Spezialisierung voraus.
- *Internationalisierung der Forschung und der wissenschaftlichen Kommunikation*: So betrüblich es für jeden ist, der seine Muttersprache liebt – wissenschaftliche Arbeit wird künftig auch in unserem Fach in englischer Sprache stattfinden und unsere Arbeit internationaler Konkurrenz aussetzen. Die Förderung des Nachwuchses ist, etwa durch Auslandsaufenthalte, darauf abzustellen. Der Weg in die Praxis erfährt dadurch ein Hemmnis und bedarf der kompetenten Vermittlung.
- *Die Bemühung um ein liberales Forschungsklima auf allen gesellschaftlichen Ebenen*: Jeder Anflug von Inquisition erschwert die notwendige Trennung von Erkenntnis und Ideologie;
- *Widerstandskraft gegen voreilige Vermarktung*: Die offenen Arme der Öffentlichkeit sind verführerisch, auch die Verzahnung von Forschung und Praxis ist zu begrüßen – nicht aber die Verwaschung von Forschung durch Praxis. Wissenschaft bezieht ihre Dignität daraus, daß ihre Produkte höhere Qualität haben und strengerer Prüfung standhalten als die common sense-Aussagen anderer, die denselben Markt bedienen.

Selbstverständlich ist die Qualität der Wissenschaft A&O-Psychologie durchschnittlich nicht schlechter als die anderer Geistes- und Sozialwissenschaften, aber ... (siehe oben: Benchmarking!). Das Bemühen, aus ihr wegen und trotz der hohen Nachfrage nach ihren Produkten eine noch bessere, solidere, anspruchsvollere Wissenschaft zu machen, setzt hohes Engagement und ausgeprägte Ambiguitätstoleranz voraus – Begeisterung wie Skepsis. Studierenden dieser Disziplin kann man deshalb nur raten, geben Sie Ihr Bestes und seien Sie kritisch – gemeint ist natürlich nicht sozialkritisch (das können Sie auch sein, aber es hat mit der Qualität der Wissenschaft, die Sie studieren, nichts zu tun); seien Sie erkenntniskritisch!

52 Zukunft der Arbeit – Zukunft der Arbeitspsychologie

Eberhard Ulich

In seinem Buch über „Die Zukunft der Arbeit" hat der französische Soziologe George Friedmann vor mehr als vier Jahrzehnten konstatiert: „In einem rationell geplanten, den technischen Möglichkeiten entsprechenden Produktions- und Verarbeitungssystem ... wird der Anteil des Menschen im Produktionsprozeß fortschreitend bis auf einige Stunden am Tag vermindert werden können" (Friedmann, 1953, S. 300 f.). Einige Jahre später stellt der gleiche Autor „eine ernste Frage, auf die Freud als erster hingewiesen hat und die mit dem Fortschritt der Automation, schon heute und vor allem in den nächsten fünfzig Jahren, immer dringlicher wird". Ausgehend davon, daß der Arbeit – verstanden als Berufs- bzw. Erwerbsarbeit – eine entscheidende Rolle für das psychische Gleichgewicht des Menschen, für seine Integration in die Gesellschaft und seine physische und psychische Gesundheit zukommt, fragt Friedmann (1959, S. 176): „Werden nicht unter diesem Gesichtspunkt die Verringerung des Anteils am menschlichen Leben und das fortschreitende Verschwinden der ausführenden Arbeit im Zuge der Automation sehr gefährliche Auswirkungen haben? Können die Tätigkeiten außerhalb der Arbeit und vor allem während der eigentlichen Freizeit die Arbeit ablösen und ihre psychologische Funktion übernehmen? Verbürgt die Verlagerung des Schwerpunktes von Aktivität und persönlichem Einsatz den gleichen Gewinn, nämlich psychologische Kräfte, die denen aus der beruflichen Arbeit vergleichbar wären? Was wird sich ereignen, wenn eine zunehmende Anzahl von Menschen nach und nach keine 'Arbeit' im traditionellen Sinne mehr zu verrichten hat? Kann man von einer aktiven Freizeit dieselbe ausgleichende Rolle im menschlichen Leben und dieselbe Bedeutung für persönliche Entwicklung und Bildung erwarten?"

Etwa zur gleichen Zeit stellt die international renommierte Gesellschaftswissenschaftlerin Hannah Arendt (1958, dtsch. Übers. 1967, S. 11 f.) fest: „Was uns bevorsteht, ist die Aussicht auf eine Arbeitsgesellschaft, der die Arbeit ausgegangen ist, also die einzige Tätigkeit, auf die sie sich noch versteht". Daran anschließend stellt sie die – rhetorische – Frage: „Was könnte verhängnisvoller sein?" Rund zwanzig Jahre später konstatiert der französische Philosoph André Gorz (1978, Dtsch. Übers. 1980, 126) „das Ende einer Epoche, in der die Arbeit Quelle allen Reichtums war". Die Frage, die er anschließend stellt, lautet indes anders als die Fragen von Georges Friedmann oder Hannah Arendt: „Wären nicht alle besser dran, wenn jeder nicht mehr Geld, sondern mehr Zeit hätte, um sich mehr um sein eigenes Leben und das der Gemeinschaft und seiner Kommune kümmern zu können?"

In die gleiche Richtung argumentiert zur gleichen Zeit der Philosoph Herbert Marcuse (1979, 190): „Von den Erfordernissen der Herrschaft befreit, führt die quantitative Abnahme der Arbeitszeit und Arbeitsenergie zu einer qualitativen Wandlung im menschlichen Dasein: Die Freizeit und nicht die Arbeitszeit bestimmt seinen Gehalt."

Kurz darauf äußert der Direktor des New Yorker Instituts für Wirtschaftsanalysen und Nobelpreisträger für Wirtschaftswissenschaften, Wassily Leontief die Überzeugung, „daß wir bald vor der Wahl stehen werden zwischen einer Situation, in der ein Teil der Arbeitskräfte voll beschäftigt ist, während die übrigen ganz ohne Arbeit sein werden, oder einer Situation, in der die Beschäftigungsmöglichkeiten gleichmäßig auf alle Angehörigen der erwerbstätigen Bevölkerung verteilt sind – was natürlich bedeutet, daß im Verlauf der Zeit die für die 'notwendige' Arbeit aufgewendete Zeit immer kürzer wird" (Leontief, 1983, S. 10). In diesem Zusammenhang ist die Rede von einer Verkürzung der Arbeitszeit „auf drei oder vier Stunden täglich und drei oder vier Tage in der Woche ... neben längerem Urlaub und früherem Ruhestand".

Im gleichen Jahr heißt es in der Einführung zum Bericht an den Club of Rome „Der Weg ins 21. Jahrhundert": „Wir werden bald über soviel Freizeit verfügen, daß daraus entweder ernsthafte Probleme für unsere Lebensgestaltung erwachsen oder aber ungeheure Chancen für die Entfaltung unserer Persönlichkeit und unserer Lebensqualität ... Mit anderen Worten: Arbeit wird zwar auch weiterhin unerläßlich bleiben, ... jedoch ihren Charakter als zentrale Lebensäußerung und Grundbedürfnis des Menschen verlieren und gleichberechtigt neben anderen kulturellen Aktivitäten stehen, die sich erst noch herausbilden müssen" (Peccei, 1983, 13 f.). Im gleichen Band fordert deshalb der polnische Philosoph Adam Schaff (1983, 170 f.), „daß für eine nicht allzu ferne Zukunft alternative Lösungsvorschläge ausgearbeitet werden, wie wir Arbeit im herkömmlichen Sinn durch Beschäftigungen anderer Art ersetzen können, die geeignet sind, die sinngebende Funktion der Arbeit für das Leben des einzelnen zu übernehmen."

Im gleichen Jahr war schließlich auch die Enquete-Kommission „Jugendprotest im demokratischen Staat" des Deutschen Bundestages (1983, 114) zu dem Ergebnis gekommen, daß „in Zukunft eigenbestimmte Aktivitäten, die nicht unmittelbar dem Erwerb dienen, neben der reglementierten Erwerbsarbeit an Bedeutung zunehmen. Dazu gehört, daß besonders die Bedingungen für Eigenarbeit, für freie soziale Dienste auf Gegenseitigkeit und für den Austausch von Dienstleistungen in unseren Wohnquartieren verbessert werden".

Mit der relativ ausführlichen Wiedergabe dieser Fest- und Fragestellungen soll darauf aufmerksam gemacht werden, daß über die „Zukunft der Arbeit" von Vertreterinnen und Vertretern anderer Disziplinen offenbar viel früher nachgedacht wurde als von Vertreterinnen und Vertretern der Arbeitswissenschaft oder der Arbeitspsychologie. Zwar hat es auch hier vereinzelte Versuche gegeben, mögliche Entwicklungen gedanklich vorwegzunehmen (z.B. Ulich, 1984), aber eine ernsthafte Diskussion darüber hat bis vor kurzem nicht stattgefunden. Dies überrascht umso mehr, als in der Arbeitspsychologie weitgehend Übereinstimmung darüber besteht, daß die Persönlichkeitsentwicklung des erwachsenen Menschen sich weitgehend in der Auseinandersetzung mit der Arbeitstätigkeit vollzieht. Gemeint war damit vor allem die Berufsarbeit, von der übrigens Sigmund Freud in seinem Essay über das Unbehagen in der Kultur (1930; 1992, 78) gesagt hat: „Keine andere Technik der Lebensführung bindet den einzelnen so fest an die Realität als die Betonung der Arbeit, die ihn wenigstens in ein Stück der Realität, in die menschliche Gemeinschaft sicher einfügt".

Immerhin finden sich in neueren Publikationen wichtige und arbeitspsychologisch gut begründete Hinweise auf die Notwendigkeit, sich mit derartigen Entwicklungen grundlegend auseinanderzusetzen. So haben Resch, Bamberg und Mohr (1997) mit dem so provozierenden wie gerechtfertigten Titel ihres Beitrags „Von der Erwerbsarbeitspsychologie zur Arbeitspsychologie" die notwendige Erweiterung des Gegenstandes ebenso gekennzeichnet wie Richter (1997) mit seinem Beitrag „Arbeit und Nicht-Arbeit: eine notwendige Perspektivenerweiterung in der Arbeitspsychologie". Auch bei Hacker (1998, 19) findet sich nun der Hinweis auf die Notwendigkeit einer Neuorientierung „von der Psychologie der Erwerbsarbeit zur Psychologie der Arbeit im weiteren Sinne". In anderen Publikationen (z.B. Ulich, 1998) werden Möglichkeiten einer Umverteilung von Arbeit durch beschäftigungsorientierte Arbeitszeitmodelle ausführlicher besprochen.

Manchmal kann man in Diskussionen über beschäftigungsorientierte Arbeitszeitmodelle allerdings den Eindruck gewinnen, daß einige Kolleginnen oder Kollegen fürchten, den Gegenstand ihrer Arbeit zu verlieren, wenn die Berufstätigkeit – wie Lübbe (1997) dies kürzlich formuliert hat – in Konkurrenz zu vielen anderen sinnvollen und sinnstiftenden Lebenstätigkeiten treten könnte.

Tatsächlich erleben wir den Beginn eines tiefgreifenden kulturellen Wandels, der nicht nur durch Technisierung und Globalisierung und die damit verbundenen – arbeitspsychologisch höchst bedeutsamen – Optionen für die Gestaltung von Arbeitstätigkeiten und Organisationsstrukturen gekennzeichnet ist, sondern in dessen Verlauf sich auch der Stellenwert der Erwerbstätigkeit im menschlichen Lebenszusammenhang vermutlich gundlegend ändert und die von Georges Friedmann vor bald einem halben Jahrhundert aufgeworfenen Fragen dringend einer Antwort bedürfen. Schließlich ist auch die von Marie Jahoda (1983) zwar sehr allgemein formulierte, aber deshalb nicht weniger bedeutsame Frage „Wieviel Arbeit braucht der Mensch?" bisher weder beantwortet noch auch nur bearbeitet worden. Mit solchen Fragen stellen sich aber der Arbeitspsychologie grundlegend neue Aufgaben. Deren Bewältigung setzt nicht nur hohe professionelle Kompetenz voraus, sondern auch gesellschaftliches Engagement und die Bereitschaft, an den Veränderungen durch relevante Forschung, arbeitspsychologisch begründbare Gestaltungsvorschläge oder gegebenenfalls auch Einmischung in die Politik aktiv mitzuwirken.

Insofern stimmt es bedenklich, wenn immer wieder einmal der Versuch gemacht wird, für Forschung und Lehre in der Arbeits- und Organisationspsychologie bedeutsame Professuren mit Kollegen zu besetzen, die im Fach praktisch unbekannt sind, weil sie dazu bisher keine – oder keine irgendwie bemerkenswerten – Beiträge geleistet haben

Schließlich heißt Arbeiten – und das gilt nicht nur für die traditionelle Erwerbsarbeit – „sich in seinen Arbeitsprodukten objektivieren, sein eigenes Dasein bereichern und erweitern, Schöpfer und Gestalter sein" (Rubinstein, 1977, S. 709). Und wenn es richtig ist, daß Arbeiten eine grundlegende menschliche Lebensäußerung und – zumindest in unserer Kultur – eine Grundform der Lebenstätigkeit des Menschen darstellt, dann muß jede grundlegende Veränderung menschlicher Arbeit zur Veränderung des menschlichen Lebens überhaupt führen. Dies gilt vor allem dort, wo die tradtionelle Erwerbsarbeit als über weite Bereiche des Lebens dominierende Tätigkeitsform abgelöst wird.

Eine Arbeitspsychologie, die Überlegungen wie die hier skizzierten aus ihrem Forschungs- und Lehrgebäude fernhält, läuft Gefahr sich selbst zu marginalisieren. Ist sie aber bereit, die ihrer Arbeit zugrundeliegenden Werte zu explizieren und in der Lage, professionell kompetent Stellung zu nehmen und an den Veränderungen mitzuwirken, wird sie zur Bewältigung der anstehenden Aufgaben bedeutsame Beiträge leisten können.

Literatur

Arendt. H. (1958). *The human condition.* Chicago: University of Chicago Press. Dtsch. Übers. (1967). Vita activa oder vom Tätigen Leben. München: Piper.

Deutscher Bundestag (1983). *Schlußbericht der Enquete-Kommission <Jugendprotest im demokratischen Staat>* (Hrsg. M. Wissmann & R. Hauck). Bonn: Deutscher Bundestag.

Freud, S. (1930). *Das Unbehagen in der Kultur.* Abgedruckt in: Abriß der Psychoanalyse – Das Unbehagen in der Kultur. Frankfurt/M.: Fischer, 1992.

Friedmann, G. (1953). *Zukunft der Arbeit.* Köln: Bund-Verlag.

Friedmann, G. (1959). *Grenzen der Arbeitsteilung.* Frankfurt: Europäische Verlagsanstalt.

Fromm, E. (1966). The psychological aspects of the guaranteed income. In R. Theobald (Ed.). *The guaranteed income* (pp. 183-193). New York: Doubleday.

Giarini, O. & Liedtke, P.M. (1998). *Wie wir arbeiten werden. Der neue Bericht an den Club of Rome.* Hamburg: Hoffmann & Campe.

Gorz, A. (1980). *Das goldene Zeitalter der Arbeitslosigkeit.* (Französisches Original 1978). Anhang zu: Abschied vom Proletariat. Frankfurt: Europäische Verlagsanstalt.

Hacker, W. (1998). *Allgemeine Arbeitspsychologie.* Bern: Huber.

Jahoda, M. (1983).*Wieviel Arbeit braucht der Mensch? Arbeit und Arbeitslosigkeit im 20. Jahrhundert.* Weinheim: Beltz.

Leontief, W. (1983). Den technologischen Schock dämpfen. Interview der *IAO-Nachrichten 1983, 19,* No. 4.

Lübbe, H. (1997). *Europäische Arbeitsphilosophie.* Vortrag am 43. Kongreß der Gesellschaft für Arbeitswissenschaft, Dortmund, 12.-14.3.1997.

Peccei, A. (1983). Einführung. In *Berichte an den Club of Rome, Der Weg ins 21. Jahrhundert* (S. 7-20). München: Molden/Seewald.

Resch, M., Bamberg, E. & Mohr, E. (1997). Von der Erwerbsarbeitspsychologie zur Arbeitspsychologie. In I. Udris (Hrsg.), *Arbeitspsychologie für morgen – Herausforderungen und Perspektiven* (S. 37-52). Heidelberg: Asanger.

Richter, P. (1997). Arbeit und Nicht-Arbeit: Eine notwendige Perspektivenerweiterung in der Arbeitspsychologie. In I. Udris (Hrsg.), *Arbeitspsychologie für morgen – Herausforderungen und Perspektiven* (S. 17-36). Heidelberg: Asanger.

Rubinstein, S. (1977). *Grundlagen der Allgemeinen Psychologie.* Berlin: Volk und Wissen.

Schaff, A. (1983). Die Auswirkungen der mikroelektronischen Revolution auf die Gesellschaft. In *Berichte an den Club of Rome, Der Weg ins 21. Jahrhundert* (S. 163-171). München: Molden/Seewald.

Ulich, E. (1984). Arbeit in der Zukunft – Szenario 21. *Psychosozial, 22,* 98-107.

Ulich, E. (1998). *Arbeitspsychologie* (4. Auflage). Zürich: vdf Hochschulverlag, Stuttgart: Schäffer-Poeschel.

Sachregister

Personenregister

Autorenverzeichnis

Aichner, Rudolf, geb. 1958, Dipl.Psych., Projektmitarbeit am Lehrstuhl für Wirtschafts- und Organisationspsychologie, Projektleiter in einer arbeits- und organisationspsychologischen Beratungsgesellschaft, Geschäftsführer der ago, Gesellschaft für Arbeitsgestaltung und Organisationsentwicklung. Arbeitsschwerpunkte: Planung im Projektteam, Innovationsmanagement, lernende Organisation. Wichtige Veröffentlichungen: Planung im Projektteam (1997 zusammen mit Hormel und Kannheiser). Adresse: Rudolf Aichner, ago GmbH, Paul-Heyse-Str. 6, 80336 München.

Antoni, Conny Herbert, geb. 1956, Dipl. Psych., Dr. Phil. habil., seit 1997 Professor für Arbeits-, Betriebs- und Organisations-psychologie an der Universität Trier, zuvor Studium der Sozialwissenschaften und der Psychologie an den Universitäten Erlangen-Nürnberg, Kalamazoo College (MI, USA), Universität Mannheim, wissenschaftlicher Mitarbeiter an der Universität Mannheim 1984 bis 1994, von 1994 bis 1997 Leiter der Arbeitseinheit Arbeits-, Betriebs- und Organisationspsychologie der Universität Bielefeld. Arbeitsschwerpunkte: Gruppenarbeit, Führung, Organisationsentwicklung. Wichtige Veröffentlichungen: Qualitätszirkel als Modell partizipativer Gruppenarbeit (1990), Gruppenarbeit in Unternehmen (1994), Teilautonome Arbeitsgruppen (1996), Das flexible Unternehmen (mit Eyer und Kutscher 1996). Adresse: ABO-Psychologie, FB I, Universität Trier, 54286 Trier.

Bamberg, Eva. Geb. 1951. Ab 1978 Tätigkeit als wissenschaftliche Mitarbeiterin und später Hochschulassistentin im Projekt Streß am Arbeitsplatz (ETH Zürich und FU Berlin), an der TU Berlin und an der Universität Osnabrück. Promotion 1985; Habilitation 1992. 1993 Gastprofessur an der Universität Jena. 1994 Professur an der Universität Flensburg (Deutsch-Dänischer Studiengang Betriebliche Bildung und

Management), 1995 Professur für Angewandte Psychologie an der Universität Innsbruck. Seit 1997 Leiterin des Arbeitsbereichs Arbeits- Betriebs- und Umweltpsychologie im Fachbereich Psychologie der Universität Hamburg. Arbeitsschwerpunkte: Arbeit und Gesundheit, betriebliche Gesundheitsförderung, Personal- und Organisationsentwicklung, Geschlechterforschung in der Arbeitspsychologie.

v. Benda, Helmut, geb. 1935, Dipl. Psych., Dr. rer. nat., Dr. phil. habil., Professor für Psychologie an der Friedrich-Alexander-Universität Erlangen-Nürnberg. Arbeitsschwerpunkte: Mensch-Computer-Interaktion, Arbeitspsychologie, ökologische Psychologie, kognitive Psychologie. Adresse: Institut für Psychologie der Universität Erlangen-Nürnberg, Kochstr. 5, 91054 Erlangen.

Bergmann, Bärbel, geb. 1943. Studium der Psychologie an der Technischen Universität Dresden, Promotion 1971, Habilitation 1977, seit 1992 Professor für Methoden der Psychologie an der TU Dresden. Forschungsschwerpunkte: Arbeitsanalyse, Lernen im Arbeitsprozeß, Kognitive Trainingsmethoden, Training für den Arbeitsprozeß, Evaluation von Trainingsmaßnahmen, Störungsdiagnose, Arbeitslosigkeit, Kompetenzentwicklung. Adresse: Institut für Allgemeine Psychologie und Methoden der Psychologie der TU Dresden, 01062 Dresden.

Bohner, Gerd, geb. 1959. 1980–86 Studium der Psychologie und Psychopathologie an der Universität Heidelberg; Dipl.-Psych. Heidelberg 1986, Dr. phil. Heidelberg 1990, Habilitation Mannheim 1997. 1991/92 Feodor-Lynen Research Fellow an der der New York University; 1993–98 Wissenschaftlicher Assistent an der Universität Mannheim; 1997 und 1998 Professurvertretungen an den Universitäten Mannheim und Würzburg; seit 1998 Senior Lecturer in Psychology, University of Kent at Canterbury, Großbritannien. Consulting Editor der Zeitschriften British Journal of Social Psychology; European Journal of Social Psychology; Group Processes and Intergroup Relations. Forschungsinteressen: Persuasive Kommunikation und Einstellungsänderung; Einstellungen zu sexueller Gewalt; Subjektive Erfahrungen und soziale Informationsverarbeitung; Sozialer Einfluß durch Minderheiten und Mehrheiten; Forschungsmethoden der Sozialpsychologie. Neuere Publikationen: Bohner, G. (1998). Vergewaltigungsmythen: Sozialpsychologische Untersuchungen über täterentlastende und opferfeindliche Überzeugungen im Bereich sexueller Gewalt. Landau: VEP. Bohner, G., Rank, S., Reinhard, M.-A., Einwiller, S. & Erb, H.-P. (1998). Motivational determinants of systematic processing: Expectancy moderates effects of desired confidence on processing effort. European Journal of Social Psychology, 28, 185–206. Adresse: University of Kent at Canterbury, Department of Psychology, Kent CT2 7NP, UK. Email: G.Bohner@ukc.ac.uk

Brandstätter, Veronika, geb. 1963, Dipl. Psych. Dr. phil., wissenschaftliche Assistentin am Lehrstuhl für Sozialpsychologie der LMU München. Arbeitsschwerpunkte: Psychologie des Zielstrebens, Soziale Wahrnehmung, Implizite Persönlichkeitstheorien und Führungsverhalten. Adresse: Lehrstuhl für Sozialpsychologie, Universität München, Leopoldstr. 13, 80802 München. E-Mail: brandstaetter@psy.uni-muechen.de

Brodbeck, Felix, geb. 1960, Studium der Psychologie, Universität München, City University, NY, USA. Dipl.Psych. 1987, Dr. phil. 1993 (Universität Gießen) im Bereich Arbeits- und Organisationspsychologie. Seit 1994 wissenschaftlicher Assistent im Bereich Sozialpsychologie. Arbeitsschwerpunkte: Methoden, experimentelle und angewandte Gruppenforschung, kulturvergleichende Psychologie, Führung, Neue Technologien und Innovation. Wichtige Veröffentlichungen: Computer in Büro und Verwaltung (1989 mit Frese), Produktivität und Qualität in Software-Entwicklungsprojekten (1994 mit Frese), Criteria for the study of work group functioning (in M. West, 1996; Handbook of Work Group Psychology). Adresse: Lehrstuhl für Sozialpsychologie, Universität München, Leopoldstr. 13, 80802 München. Email: Brodbeck@psy.uni-muenchen.de

Büssing, André, geb. 1950, Dipl.-Mathematiker (1974, RWTH Aachen), Dipl. Psychologe (1978, RWTH Aachen), Dr. phil. (1982, Universität Kassel), Dr. rer. nat. habil. und Privat-Dozent (1987, Universität Osnabrück), Leitender Angestellter in der Privatwirtschaft (1987–88), Univ.-Professor für Arbeits- und Organisationspsychologie (1988–1993, Universität Konstanz), Univ.-Professor für Psychologie (seit 1993, Technische Universität München). Arbeitsschwerpunkte: Arbeits- und Organisationsanalyse; Organizational Behavior (vor allem Arbeitszufriedenheit, Psychischer Streß und Burnout); Arbeitszeitgestaltung; Arbeit, Familie und Freizeit; Telearbeit; Wissen und Handeln in Organisationen. Adresse: Lehrstuhl für Psychologie, TU München, Lothstr. 17, 80335 München. E-Mail:buessing@ ws.tum.de

Bungard, Walter, geb. 1945. Studium der Volkswirtschaftslehre, Soziologie und Wirtschaftspsychologie an der Universität Köln, Dr. rer. pol. 1975, Habilitation 1981 in Köln mit einer wirtschafts- und sozialpsychologischen Arbeit. Seit 1983 Professor für Wirtschafts- und Organisationspsychologie an der Universität Mannheim. Arbeitsschwerpunkte: Neue Technologien in der Arbeitswelt, Gruppenarbeit, Organisationsdiagnosen, Methodologie der Sozialwissenschaften. Adresse: Universität Mannheim, Lehrstuhl Psychologie I, 68131 Mannheim. E-mail: walter.bungard@psychologie. uni-mannheim.de

Clases, Christoph, geb. 1964, Studium der Psychologie, Philosophie und Linguistik, Dipl.-Psychologe. Wissenschaftlicher Assistent am Institut für Arbeitspsychologie der ETH Zürich. Forschungsschwerpunkte: Kooperation und Koordination in Tätigkeitssystemen, Situiertes Lernen, Rechnerunterstützung kooperativer Arbeit, Telearbeit, arbeitspsychologische Aspekte betrieblichen Umweltschutzes. Adresse: Institut für Arbeitspsychologie, Nelkenstr. 11, CH-8092 Zürich. E-Mail: clases@ifap.bepr. ethz.ch

Elke, Gabriele, geb. 1948. Päd., Dipl.-Psych. Dr. phil., Mitarbeiterin am Lehrstuhl für Arbeits- und Organisationspsychologie der Ruhr-Universität Bochum; Arbeitsschwerpunkte: Führung und Management des betrieblichen Arbeits- und Gesundheitsschutzes. Adresse: Fakultät für Psychologie – Arbeits- und Organisationspsychologie – der Ruhr-Universität Bochum, Universitätsstraße 150, 44780 Bochum.

Frese, Michael geb. 1949, Professor für Arbeits- und Organisationspsychologie an den Universitäten Amsterdam und Gießen. Forschungsschwerpunkte: Eigeninitiative, Erfolgsfaktoren bei Kleinunternehmern, Stress in der Arbeit, Trainingsforschung, Fehlern bei der Arbeit, Managementfehler und Fehlerkultur, sowie Optimierung von Forschungs- und Entwicklungprozessen besonders in der Software-Entwicklung. Er ist einer der international bekanntesten Organisationspsychologen und Herausgeber und Mitherausgeber verschiedener Fachzeitschriften. Prof. Frese hat mehr als 10 Bücher und 150 Artikel geschrieben, sowie national sowie international sehr viele Vorträge gehalten. Er berät das Management von vielen Unternehmen, u.a. in den Branchen Telekommunikation, Banken, Automobilindustrie und Computer- und Software-Industrie. Adresse: Fach bereich Psychologie der Justus-Liebig-Universität Gießen, Abt. Arbeits- und Organisationspsychologie, Otto Behaghel Str. 10 F, Tel.: 0641/99 26220. E-mail: michael.frese@ psychol.uni-giessen.de

Fiedler, Klaus, geb. 1951 in Wetzlar. Studium der Psychologie in Gießen. Promotion 1979 und Habilitation 1984. Seit 1992 Professor für das Fach Sozialpsychologie an der Universität Heidelberg. Forschungsinteressen: verschiedene Bereich der Sozialen Kognition, Sprache, Emotion und Kognition, Lügendetektion, Computersimulation und induktive Informationsverarbeitung.

engänge an der Universität Gesamthochschule Kassel. Geschäftsführender Direktor des Institutes für Arbeitswissenschaft im FB 15 Maschinenbau. Arbeitsschwerpunkte: Arbeitsanalyse, Arbeitsgestaltung, Kompetenzentwicklung, Unternehmensflexibilität, Fehlermanagement, Gruppenarbeit. Adresse: Institut für Arbeitswissenschaft, Universität Gesamthochschule Kassel, 34109 Kassel. E-mail: frieling@aw-pc1.uni-kassel.de

Frey, Dieter. Geboren am 27. Juni 1946 in Röt/Freudenstadt. Studium der Soziologie und Psychologie in Mannheim und Hamburg. Diplom 1970. Promotion 1973. Wissenschaftlicher Angestellter am SFB 24 der Universität Mannheim (sozialwissenschaftliche Entscheidungsforschung). Habilitation 1978. Von 1978 bis 1993 Professor für Sozial- und Organisationspsychologie an der Universität Kiel. 1988/89 Theodor-Heuss-Professor an der Graduate Faculty der New School for Social Research in New York. Seit 1993 Professor für Sozialpsychologie an der Universität München. Mitglied der Bayerischen Akademie der Wissenschaften. Deutscher Psychologie Preisträger 1998. Adresse: Institut für Psychologie, Ludwig-Maximilians-Universität, Leopoldstr. 13, 80802 München.

Greif, Siegfried, geb. 1943, Prof. Dr. phil., Prof. für Arbeits- und Organisationspsychologie, Univ. Osnabrück; Studium der Psychologie, Dipl.-Psych. 1969 Justus-Liebig-Universität Gießen, Mitarbeiter bei der Deutschen Gesellschaft für Personalwesen e.V. Göttingen 1968, Wiss. Assistent am Psychologischen Institut, später am Institut für Psychologie des Fachbereichs Erziehungswissenschaften der Freien Universität Berlin (FUB), Promotion 1972, Habilitation 1976 (Lehrbefugnis für Psychologie), FUB. 1968–1973; Assistenzprofessor 1973–1977; Professor (C3) 1977–1982, Leiter der Abteilung Sozial- und Organisationspsychologie; o. Prof. für Psychologie an der Universität Osnabrück am Fachbereich Psychologie von 1982 bis heute (Leiter des Fachgebiets Arbeits- und Organisationspsychologie). Arbeitsschwerpunkte: selbstorganisiertes Lernen, , soziale und interkulturelle Kompetenzen, Gruppenarbeit und Organisationsentwicklung, Total Quality Management (TQM), Innovationen und kontinuierliche

Frieling, Ekkehart, geb. 1942, Dipl.-Psych., Dr. phil. habil., seit 1981 Inhaber der Professur Arbeitswissenschaft für Technikstudi-

Verbesserungsprozesse in Unternehmen, Streß am Arbeitsplatz, Software-Design. Berufliche Biographien und Erwerbslosigkeit von MigrantInnen, Entwicklung neuer Methoden (u.a. streßbezogene Tätigkeitsanalyse, Aufgaben- und Organisationsanalyse, TQM-Selbstbewertung, Kundenbefragung, Produktivitätsmessung). Adresse: Fachgebiet Arbeits- und Organisationspsychologie, Universität Osnabrück, Seminarstr. 20, 49069 Osnabrück, Email: sgreif@luce.psycho.uni-osnabrueck.de.

ne Arbeitspsychologie – Psychische Regulation von Tätigkeiten", Bern, 19863. Neufassung 1998; „Expertenkönnen", Göttingen, 1992; „Psychologische Arbeitstätigkeitsanalyse", Heidelberg 1995; „Psychische Fehlbeanspruchung" (mit P. Richter), Heidelberg 1998. (© Foto: S. Handrick, TU Dresden)

Holling, Heinz, geb. 1950, Dipl. Psych. 1974 Würzburg, Dipl.-Soz. und Dr. phil. 1980 Berlin, Dr. rer. nat. habil. 1987 in Osnabrück. Professor für Psychologie an der Westfälischen Wilhelms-Universität, Münster. Arbeitsschwerpunkte: Multivariate Statistik, Personalauswahl, Marktfoschung. Adresse: Universität Münster, Fliednerstr. 21, 48149 Münster/Westf.

Hacker, Winfried, geb. 1934, Dipl.-Psych., Dr. rer. nat. habil. Studium der Psychologie an der TH Dresden, externes Studium der Pädagogik mit Abschluß als Unterstufenlehrer 1966 an der Pädagogischen Hochschule Dresden; Dissertation 1961; neben Teilstelle als Assistent bzw. Oberassistent an der TH/TU Dresden Arbeit in der Wirtschaft (Leiter einer Abteilung für Arbeitspsychologie/-hygiene in der chemischen Industrie) 1961–65; Habilitation 1965; derzeit Professur für Allgemeine Psychologie am Fachbereich Psychologie der TU Dresden. Aktuelle Forschungsinteressen betreffen den Schwerpunkt „Kognition und Alltagshandeln": Zielverfolgen und Planen; Arbeitsgedächtnis- und prospektive Gedächtnisleistungen in Handlungsvorbereitung und -planung; Psychologische Aufgabenanalyse und -bewertung; Entwurfsdenken (design problem solving). Neuere monographische Veröffentlichungen u.a.: „Allgemei-

Hoyos, Carl Graf, Dr. phil., geboren 1923 in Baumgarten/Schlesien; Studium der Psychologie 1947–51 in Berlin und Hamburg;

1954 Promotion zum Dr. phil.; 1952–1967 Assistententätigkeiten am Psychologischen Institut der Universität Hamburg, am Medizinisch-Psychologischen Institut des TÜV Hannover, am Max-Planck-Institut für Arbeitsphysiologie, Dortmund, am Institut für Ergonomie der Technischen Hochschule (Universität) München; 1967 Habilitation im Fach Psychologie; 1968–72 Professor für Psychologie an der Universität Regensburg, seit 1972 an der Technischen Universität München, 1989 emeritiert. Arbeitsschwerpunkte: Arbeitspsychologie, besonders Psychologie im Arbeitsschutz, Verkehrspsychologie, Mensch-Computer-Interaktion.

Kannheiser, Werner, geb. 1948, Dipl.-Psych., Dr. rer. pol, Dr. phil. habil., apl. Professor am Institut für Psychologie der Universität München. Arbeitsschwerpunkte: Arbeits- und Verkehrspsychologie. Wichtige Veröffentlichungen: Theorie der Tätigkeit als Grundlage eines Modells von Arbeitsstreß (1983); Arbeit und Emotion (1992); Planung im Projektteam (1997 zusammen mit Hormel & Aichner); Verkehrs-psychologie im Kontext von Verkehrspraxis und Verkehrswissenschaften (1998). Adresse: Institut für Psychologie, Ludwig-Maximilians-Universität München, Leopoldstr. 13, 80802 München.

Hron, Jeanette, geb. 1969, Licenciée en psychologie, Studium der Psychologie an den Universitäten von Lausanne, Neuchatel und Genf/Schweiz, z.Zt. wissenschaftliche Mitarbeiterin am Institut für Psychologie der Ludwig-Maximilians-Universität München. Interessenschwerpunkte: Arbeits- und Organisationspsychologie, speziell Personalentwicklung, Trainingsforschung, Qualitätsmanagement, Expertiseforschung. Adresse: Lehrstuhl für Organisations- und Wirtschaftspsychologie, Universität München, Leopoldstr. 13, 80802 München.

Kastner, Michael, geb. 1946, studierte Psychologie (Dipl. Psych.), Philosophie (Dr. phil.) und Medizin (Dr. med.). 1972 bis 1983 wissenschaftlicher Mitarbeiter an der RWTH Aachen, Habilitation in Psychologie, 1983 Professur für Organisationspsychologie an der Universität BW München,

1990 Professor für Organisationspsychologie an der Universität Dortmund. Seit 1987 zusätzlich Leiter des Institutes für Arbeitspsychologie und Arbeitsmedizin (IAPAM) in Herdecke. Arbeitsschwerpunkte im wissenschaftlichen Bereich: Psychologische Diagnostik (z.B. Fragebögen und Assessment-Center), Streß- und Depressionsforschung, systemische Ansätze der Organisationsentwicklung, Personalentwicklung und Personalpflege. Im angewandten Bereich: Führung und Mitarbeitermotivation, Kommunikation und Teamentwicklung, Beanspruchung und Gesundheit in Organisationen von Wirtschaft und Verwaltung. Michael Kastner berät zahlreiche Unternehmen. Adresse: IAPAM-Zentrale, Oberer Ahlenbergweg 15a, 58313 Herdecke.

Kleinbeck, Uwe, geb. 1942, Dipl.-Psych., Dr. phil., Professor für Organisationspsychologie an der Universität Dortmund; Pormotion 1972, Habilitation für Psychologie 1984 an der Universität Bochum. Arbeitsschwerpunkte: Arbeitsmotivation, Zielsetzungen und Zielvereinbarungen, Gruppenarbeit, Organisationsentwicklung. Adresse: Organisationspsychologie im Fachbereich 14, Universität Dortmund, Emil-Figge-Str. 50, 44227 Dortmund.

Kleinbeck, Trudi, geb. 1942 in Essen, 1961–1964 Besuch der Pädagogischen Hochschule Essen, erste und zweite Staatsprüfung für das Lehramt an Volksschulen; Mitautorin motivationspsychologischer Texte im Bereich Schule und Organisation.

Kleinmann, Martin, geb. 1960, Studium der Psychologie und Informatik an den Universitäten Kiel und Konstanz. Betriebspsychologe bei der Henkel KgaA. Dr. phil. (1991) und Habilitation (1995) an der Universität Kiel. Seit 1997 Professor für Arbeits- und Organisationspsychologie an der Universität Marburg. Arbeitsschwerpunkte: Arbeitszeitmanagement, Eignungsdiagnostik, Beurteilerfehler, Selbstmanagement. Adresse: Fachbereich Psychologie, Universität Marburg, 35052 Marburg.

Kokavecz, Ira, geb. 1966, Dipl.-Psych., wissenschaftliche Mitarbeiterin am Lehrstuhl für Organisationspsychologie an der Universität Dortmund. Arbeitsschwerpunkte: Leistungsbeurteilung, Assessment-Center, partizipatives Produktivitätsmanagement. Adresse: Institut für Psychologie der Universität Dortmund, Emil-Figge-Str. 50, 44227 Dortmund.

Kreissel, Sunniva. geboren 1967. Diplom-Psychologin 1996 in Osnbrück. 1996–1997 Assistentin am Lehrstuhl für Grundlagen und Theorien der Organisationspsychologie bei Prof. Dr. Dr. M. Kastner an der Universität Dortmund. Danach Arbeit als freie Beraterin für unterschiedliche Industrieunternehmen. Seit Anfang 1999 Festanstellung bei der Deutschen Unilever in Hamburg mit begleitender Arbeit an der Promotion zum Thema „Humor in Organisationen". Sonstige Arbeitsschwerpunkte: Selbstorganisation in Teams, Lernen in Organisationen, Ge-

sundheitsförderung in der Arbeit, Entwicklung von Personal- und Organisationsentwicklungskonzepten für Organisationen. Adresse: Martinistraße 30, 20251 Hamburg.

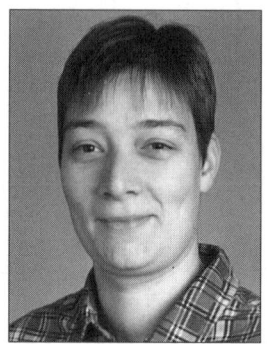

Lauche, Kristina, Dipl.-Psych., Jahrgang 1969, Assistentin am Institut für Arbeitspsychologie, ETH Zürich. Studium der Psychologie in Kiel, Dublin und Berlin. 1995–97 wissenschaftliche Mitarbeiterin an der Universität München in angewandtem Projekt zu Mitarbeiterschulungen im Qualitätsmanagement und zur Rolle von Selbstwirksamkeitserwartung bei der Umsetzung von Qualitätswissen in Handeln. Im Rahmen der Dissertation Analyse von arbeitspsychologischen Voraussetzungen für Qualitätshandeln in Produktion und Entwicklung. Weitere Arbeitsschwerpunkte: Kooperation und Kommunikation in Produktentwicklungsteams und arbeitspsychologische Beurteilung von Unterstützungstools für den Planungsprozess. Anschrift: Institut für Arbeitspsychologie, ETH Zürich, CH – 8092 Zürich. Email: lauche@ifap.bepr.ethz.ch

Maier, Günter W., geb. 1962, Dipl.-Psych., Dr. phil., wissenschaftlicher Assistent am Lehrstuhl für Organisations- und Wirtschaftspsychologie der Universität München. Studium der Psychologie, Pädagogik und Soziologie in Gießen und München. Seit 1992 wissenschaftlicher Mitarbeiter im Forschungsprojekt „Selektion und Sozialisation des Führungsnachwuchses" der Universität München, seit 1998 wissenschaftlicher Assistent. Arbeitsschwerpunkte: angewandte Motivationspsychologie, organisationale Sozialisation, Eignungsdiagnostik, Mitarbeitermeinungsumfragen sowie Methoden der Arbeits- und Organisationspsychologie. Anschrift: Institut für Psychologie der Universität München, Leopoldstr. 13, 80802 München.

Majonica, Barbara, geb. 1966, Studium der Psychologie an der Universität Bochum, Diplom 1992, von 1992 bis 1997 wissenschaftliche Mitarbeiterin am Lehrstuhl für Arbeits- und Organisationspsychologie der Ruhr-Universität Bochum, seit 1997 wissenschaftliche Teamleiterin für den Bereich „Usability Services and Solutions" des C-LAB, gemeinsames Forschungsinstitut der Siemens AG und der Universität GH Paderborn. Arbeitsschwerpunkte: Software-Ergonomie, Usability-Engineering, Arbeits- und Organisationsgestaltung, computergestützte Gruppenarbeit, Arbeitsmotivation und Arbeitszufriedenheit. Wichtige Publikation: Evaluation eines Informations-Systems für die Unterstützung von Instandhaltungsaufgaben. Waxmann, 1996, New York, Münster. Adresse: Siemens IC C-LAB, Fürstenallee 11, 33094 Paderborn.

Möslein, Kathrin, geb. 1966, Studium der Informatik und Wirtschaftswissenschaften in München und Zürich, Dipl.-Inform., Wissenschaftliche Mitarbeiterin am Lehrstuhl für Allgemeine und Industrielle Betriebswirtschaftslehre der Technischen Universität München. Arbeitsschwerpunkte: Neue Organisations- und Leistungsformen in verteilten Strukturen, Dienstleistungsmanagement, Informationsvisualisierung im Unternehmen. Adresse: Technische Universität München, Leopoldstr. 139, 80804 München, Internet: http://www.aib.wiso.tu-muenchen. de/moeslein/, Email: moeslein@aib.wiso. tu-muenchen.de.

Müller, Günter F., 52 Jahre, Dipl.-Psych., Dr.phil., Univ.-Prof. und Fachvertreter für Sozial- und ABO-Psychologie am Fachbereich Psychologie der Universität in Landau. Derzeitiger Forschungsschwerpunkt: Untersuchung psychologischer Bedingungen von Selbstständigkeit, unternehmerischem Handeln und Selbstmanagement bei der Berufsausübung innerhalb und außerhalb abhängiger Beschäftigungsverhältnisse. Universität Landau, Fachbereich 8 Psychologie, Institit für Arbeits- und Organisationspsychologie, Im Fort 7, 76829 Landau, Email: mueller@uni-landau.de

gen: Differentielle Wahrnehmungspsychologie (1976, 1980–1985) und experimentelle Methodologie (1985), seit 1988 Forschungs- und Entwicklungsvorhaben zur Arbeitssicherheit im Bergbau (Psychologie der Arbeitssicherheit, 1989ff), Experimentelle Sicherheitspsychologie (1996) und ihre allgemeinpsychologischen Grundlagen (insbesondere Lernen, 1994, 1996), Implementation und Evaluation komplexer Programme im Arbeits- und Gesundheitsschutz (1997), Störungs-Management (1995), Gefahrenkognition, deren Dimensionalität und Entwicklung (1996, 1998) experimentelle Studien und Entwicklungsvorhaben zur Mitarbeiterbeteiligung (1997). Adresse: Fachbereich 2: Psychologie, FG: Methodologie und Arbeitspsychologie, Bismarckstr. 90, 47048 Duisburg.

Muthig, Klaus-Peter, geb. 1949, Dipl. Psych., Dr. phil. habil., Privatdozent an der Universität Bremen; Freiberuflicher Unternehmensberater (PHAIDROS Management Beratung, München); Arbeitsschwerpunkte: Managementsysteme (Qualitätsmanagement, Umweltmanagement, Sicherheitsmanagement), Total Quality Management, Projektmanagement, Statistische Methoden, Mensch-Maschine-Systeme; Mensch-Computer-Interaktion; Lehre und Forschung in den Bereichen: Allgemeine Psychologie, Methodenlehre und Evaluation, Angewandte Psychologie. Adresse: Hiltenspergerstraße 4, 80798 München.

Musahl, H.-Peter, geb. 1940, Studium der Psychologie in Hamburg, Diplom 1970, Dr. rer. nat. (Düsseldorf) 1975, Habilitation (Duisburg) 1996, PD an der Gerhard-Mercator-Universität -GH- Duisburg (Akad. Oberrat), seit 1997 Leiter des Fachgebiets Methodologie und Arbeitspsychologie. Forschungsschwerpunkte und Veröffentlichun-

Nerdinger, Friedemann W., geb. 1950, Dipl.-Psych., Dr. phil. habil., Professor für Wirtschafts- und Organisationspsychologie an der Universität Rostock. Arbeitsschwerpunkte: Psychologie der Dienstleistung, Arbeitsmotivation, Extra-Rollenverhalten in Organisationen, Werbepsychologie.

Rappensperger, Gabriele, Dr. phil. 1985–1991 Studium der Psychologie. 1991–1997 Wissenschaftliche Mitarbeiterin am Institut für Psychologie der Universität München im Forschungsprojekt „Selektion und Sozialisation des Führungsnachwuchses". Seit 1997 Personalreferentin im Bereich Personal- und Organisationsentwicklung der AUDI AG, Ingolstadt. Veröffentlichungen auf dem Gebiet der organisationalen Sozialisation, der geschlechtsspezifischen Karriereforschung. Weitere Schwerpunkte: Vergleichende Forschung zu Berufsverläufen in den alten und neuen Bundesländern, Personalentwicklung, Potentialanalyseverfahren.

Prose, Friedemann, Dr., Dipl.-Psych.; Privatdozent am Institut für Psychologie der Universität Kiel; Fachgebiet Sozial- und Umweltpsychologie; Empirische Forschung zu den Bedingungen und Methoden der erfolgreichen Umsetzung klimaschützender Maßnahmen in Kommunen, kleinen und mittleren Betrieben sowie privaten Haushalten. Soziales Marketing für Umweltschutz. Adresse: Institut für Psychologie, Christian-Albrechts-Universität zu Kiel, Olshausenstr. 40, 24098 Kiel.

Reichwald, Ralf, geb. 1943, Dr. rer. pol., Dr. oec. h.c., Professor für Allgemeine und Industrielle Betriebswirtschaftslehre an der Technischen Universität München. Arbeitsschwerpunkte: Empirische Grundlagenforschung; Anwendungsorientierte Technikentwicklung und Technikimplementierung in Organisationen von Wirtschaft und Verwaltung; Anwendung neuer Informations- und Kommunikationstechnik in Pilotfeldern der Telearbeit, Telekooperation und virtuellen Unternehmen; Organisationsentwicklung und Personalentwicklung in Verbindung mit dem Einsatz neuer Technologien; Innovationen im Dienstleistungsbereich. Adresse: Technische Universität München, Leopoldstr. 139, 80804 München, Internet: http://www.aib.wiso.tu-muenchen.de, Email: reichwald@aib.wiso.tu-muechen.de.

Richter, Peter, geb. 1943, Dipl.-Psych., Dr. rer. nat. habil., Professor für Arbeits- und Organisationspsychologie an der Fachrichtung für Psychologie der Technischen Universität Dresden. Arbeitsschwerpunkte: Belastung- und Beanspruchungsforschung, Betriebliche Gesundheitsförderung, angewandte Psychophysiologie, Berufliche Rehabilitation, Psychologische Arbeitsgestaltung. Wichtige Veröffentlichungen: Psychische Fehlbeanspruchung (1984, mit Hacker), Handlungsregulationstheorie (1994, mit Bergmann), Belastung und Beanspruchung (1998, mit Hacker). Adresse: Fachrichtung Psychologie der Technischen Universität Dresden, Zellescher Weg 17, 01062 Dresden. E-mail: Richter@psych1.tu-dresden.de

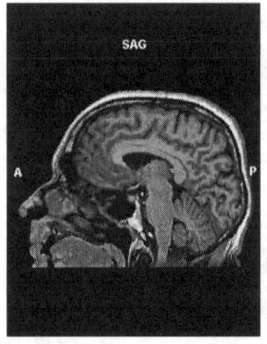

Rösler, Frank, geb. 1945, Dipl.-Psych., Dr. phil. habil., seit 1986 Univ.-Professor für Allgemeine und Biologische Psychologie am Fachbereich Psychologie der Philipps- Universität Marburg; Mitglied der Berlin-Brandenburgischen Akademie der Wissenschaften. Arbeitsschwerpunkte: Kognitionspsychologie und Kognitive Neurowissenschaften; Untersuchungen mit bildgebenden Verfahren (funktioneller Kernspin) und hirnelektronischen Potentialen zu den Themen Gedächtnis, Sprache und neuronale Plastizität. Wichtige Veröffentlichungen: Hirnelektrische Korrelate Kognitiver Prozesse (1982), Ergebnisse und Anwendungen der Psychophysiologie (Enzyklopädie der Psychologie) (1997); ca. 100 Zeitschriftenbeiträge u.a. in Psychophysiology, Journal of Experimental Psychology, Journal of Memory and Language. Adresse: FB Psychologie, 35032 Marburg. E-mail: roesler@mailer.uni-marburg.de

v. Rosenstiel, Lutz, geb. 1938, Studium der Psychologie, Betriebswirtschaftslehre und Philosophie in Freiburg/Breisgau und München. Diplom in Psychologie 1963, Promotion zum Dr. phil. 1968 in München, Habilitation 1974 an der wirtschafts- und sozialwissenschaftlichen Fakultät in Augsburg. 1963 bis 1974 wissenschaftlicher Mitarbeiter an den Universitäten München und Augsburg. 1974 bis 1977 wissenschaftlicher Rat und Professor für Wirtschaftspsychologie an der Universität Augsburg. Seit 1977 Leiter des Institutsbereichs Organisations- u. Wirtschaftspsychologie an der Universität München. Seit 1992 Prorektor dieser Universität. Mitglied verschiedener wissenschaftl. Beiräte von Ministerien, forschungsfördernden Institutionen u. Fachzeitschriften. (Mit-)Autor bzw. (Mit-)Herausgeber v. 34 Fachbüchern, (Mit-)Autor von ca. 320 Beiträgen in Sammelwerken oder Fachzeitschriften. Adresse: Institut für Psychologie, Universität München, Leopoldstr. 13. 80802 München.

Rothe, Heinz-Jürgen, geb. 1946, Dipl.-Psych. 1970 und Dr. rer. nat. 1977 Humboldt-Universität Berlin, Habilitation 1991 Universität Kassel, z.Zt. wissenschaftlicher Mitarbeiter am Institut für Psychologie der Universität Potsdam. Arbeitsschwerpunkte: Analyse und Gestaltung von Tätigkeiten in Mensch-Maschine-Systemen, Methoden der Wissensakquisition, Analyse berufsspezifischer Expertise, komplexe Arbeits- und Belastungsanalysen. Adresse: Institut für Psychologie, Universität Potsdam, Campus II, Karl-Liebknecht-Str. 24–25, Haus 24, 14476 Potsdam-Golm.

Ruppert, Prof. Dr. Franz, geb. 1957, seit 1992 Professor für Psychologie an der Katholischen Stiftungsfachhochschule München, zuvor Forschungsassistent und Akademischer Rat an der Technischen Universität München. Forschungsschwerpunkte sind Arbeitssicherheit und Gesundheitsförderung. Theorieschwerpunkt ist die Systemische Psychotherapie. Kath. Stiftungsfach-hochschule München, Preysingstraße 83, 81667 München. email: ruppert-vonKrause @t-online.de

Schaper, Niclas, Dipl.-Psych., Dr. rer. pol., geb. 1961, wissenschaftlicher Assistent am Psychologischen Institut der Ruprecht-Karls-Universität Heidelberg. Arbeits- und Forschungsschwerpunkte: Methoden der Arbeits- und Aufgabenanalyse, Gestaltung und Evaluation arbeitsbezogener Lernpro-zesse, Methoden der Personalentwicklung, Auswahl und Beurteilung von Mitarbeitern, Entwicklung computergestützter Lernum-gebungen für komplexe berufliche Auf-gaben. Adresse: Psychologisches Institut, Ruprecht-Karls-Universität, Hauptstraße 47–51, 69117 Heidelberg. E-Mail: schaper@ psi-sv1.psi.uni-heidelberg.de

Schuler, Heinz, geb. 1945, Dipl.-Psych., Dr. rer. pol., Studium der Psychologie und Phi-

losophie in München, Promotion und Habi-litation an der Universität Augsburg, ab 1979 Professor für Psychologie an der Uni-versität Erlangen, seit 1982 Lehrstuhl für Psychologie an der Universität Hohenheim. Arbeitsschwerpunkte: Personalpsycholo-gie, Berufseignungsdiagnostik, Leistungs-forschung. Wichtige Veröffentlichungen: Psychologische Personalauswahl, Lehrbuch Organisationspsychologie, Lehrbuch der Personalpsychologie, Beurteilung und För-derung beruflicher Leistung. Adresse: Prof. Dr. Heinz Schuler, Lehrstuhl für Psycholo-gie (540F), Universität Hohenheim, 70593 Stuttgart, Email: schuler@unihohenheim.de

Schultz-Gambard, Jürgen, geb. 1945, Dipl.-Psych. 1972 an der Heinrich-Heine-Univer-sität Düsseldorf, Promotion 1977 Univer-sität Bielefeld, Habilitation 1989 Univer-sität Mannheim; Lehrtätigkeiten als Profes-sor in Sozialpsychologie und Organisations- und Wirtschaftspsychologie in Bielefeld, Mannheim, Landau und seit 1992 Mün-chen Arbeitsschwerpunkte: Qualitätsma-nagement, geschlechts- und länderverglei-chende Führungsforschung, Training und Trainingstransfer, Mitarbeiterbefragungen und Organisationsentwicklung. Adresse: Institut für Psychologie, Universität Mün-chen, Leopoldstr. 13, 80802 München.

chen. Arbeitsschwerpunkte: Mobbing/Bullying, Soziometrie, Attributionstheorie. Wichtige Veröffentlichungen u.a. in Child Development, Personality and Social Psychology Bulletin und European Psychologist. Adresse: LMU, Institut für Psychologie, Leopoldstr. 13, 80802 München, schuster@mip.paed.uni-muenchen.de

Schulz-Hardt, Stefan, geb. 1967. Dipl.-Psych., Dr. phil., Studium der Psychologie an der Christian-Albrechts-Universität Kiel, Diplom 1993, Promotion 1996; z.Zt. Hochschulassistent am Institut für Psychologie der Ludwigs-Maximilians-Universität München. Arbeitsschwerpunkte: Sozial- und Wirtschaftspsychologie. Veröffentlichung: Realitätsflucht in Entscheidungsprozessen. Huber Verlag, 1997. Adresse: Institut für Psychologie der Ludwigs-Maximilians-Universität, Lehrstuhl Sozialpsychologie, Leopoldstraße 13, 80802 München.

Sczesny, Sabine, geb. 1961, Dipl.-Psych., Dr. phil., wissenschaftliche Mitarbeiterin am Lehrstuhl für Sozialpsychologie an der Universität Mannheim. Arbeitsschwerpunkte: Geschlechtsstereotype und Führung, soziale Wahrnehmung von Gesundheit/Krankheit, sexuelle Aggression und Gewalt. Adresse: Lehrstuhl für Sozialpsychologie, Universität Mannheim, 68131 Mannheim.

Schuster, Beate, geb. 1962, Dipl.-Psych. (1987 Universität Bielefeld), Dr. phil. (1991 Universität Heidelberg). 1987–1991 Max-Planck-Institut für psychologische Forschung; 1988–1989 New York University, NY, USA. Seit 1992 Wissenschaftliche Assistentin an der Arbeitseinhcit Sozialpsychologie (Professor Frey) der Universität Kiel und Ludwig-Maximilians-Universität Mün-

Sonntag, Karlheinz, geb. 1950, Professor für Arbeits-, Betriebs- und Organisationspsychologie an der Universität Heidelberg.

Studium der Betriebswirtschaftslehre und Psychologie an den Universitäten Augsburg und München, Promotion an der Universität München, Habilitation an der Universität Kassel. Forschungsschwerpunkte umfassen die Bereiche Personalentwicklung, Arbeitsanalyse sowie Arbeits- und Gesundheitsschutz. Geschäftsführender Herausgeber der Zeitschrift für Arbeits- und Organisationspsychologie. Adresse: Psychologisches Institut, Ruprecht-Karls-Universität, Hauptstraße 47-51, 69117 Heidelberg.

Staufenbiel, Thomas, geb. 1958, Studium der Psychologie in Aachen, Düsseldorf und Gießen, Dipl. Psych. 1986, Dr. rer. nat. 1992, Wissenschaftlicher Assistent an der Philipps Universität Marburg. Arbeitsschwerpunkte: Beurteilung und Förderung von Leistung; Umfragen in Organisationen; Personalauswahl; Skalierungsverfahren. Adresse: Philipps Universität Marburg, Fachbereich Psychologie, AG Arbeits- und Organisationspsychologie, 35032 Marburg. Email: staufenb@mailer.uni-marburg.de.

Stahlberg, Dagmar, geb. 1956, Dipl.-Psych., Dr. rer. nat. habil., Professorin für das Fach Sozialpsychologie an der Universität Mannheim. Arbeitsschwerpunkte: Kognitive Täuschungen, insbesondere der Hindsight-Bias, Selbstkonzept und Verarbeitung von Informationen, Geschlechtsrollenstereotype und Führung, geschlechtergerechte Sprache. Adresse: Lehrstuhl für Sozialpsychologie, Universität Mannheim, 68131 Mannheim.

Thiel, Barbara, geb. 1955. Dipl.-Psych., Dipl. Sozialpädagogin (FH), Studium der Sozialpädagogik an der Kath. Stiftungsfachhochschule München, Diplom 1982, Studium der Psychologie an der LMU München, Diplom 1989, Lehrbeauftragte der Kath. Stiftungsfachhochschule München und der TU München, 1984 Sozialreferentin im Personalbereich des ADAC e.V. München, seit 1986 Leiterin des Bereiches Personalservice und

Gesundheitsprävention beim ADAC e.V. München. Arbeitsschwerpunkte: Arbeits- und Organisationspsychologie, Personalmanagement, Führungskräftetrainings, Teamentwicklung, Konfliktmanagement im Betrieb, Fehlzeitenvermeidung u. Reduzierung, Gesundheits- und Arbeitsschutz, Arbeitsplatzanalysen, Suchtprävention im Betrieb. Veröffentlichung: Alkohol und Drogen in der Arbeitswelt (1996). Adresse: ADAC e.V. München, Am Westpark 8, 81373 München.

Timpe, Klaus-Peter, geb. 1938, Univ.-Prof. Dr. rer. nat. habil. Arbeitsschwerpunkte: Wissensbasierte Systeme, Verläßlichkeit von Mensch-Maschine-Systemen, Arbeitsmittelgestaltung, methodologische Probleme der Fachdisziplin sowie Mitarbeit im fachbereichsübergreifenden Forschungsschwerpunkt der TU Berlin „Zentrum Mensch-Maschine-Systeme". Adresse: Institut für Arbeitswissenschaften, TU Berlin, Steinplatz 1, 10623 Berlin.

Thomas, Alexander, geb. 1939, Dipl.-Psych., Dr. phil., Professor für Sozialpsychologie und Angewandte Psychologie. Studium der Psychologie, Soziologie und Politikwissenschaft an den Universitäten Köln, Bonn, Münster. Diplom in Psychologie 1968 und Promotion in Psychologie zum Dr. phil. 1970 an der Universität Münster; Professor für Psychologie an der Freien Universität Berlin 1974–79; seit 1979 Professor für Psychologie an der Universität Regensburg. Schwerpunkt: Organisations-psychologie. Adresse: Institut für Psychologie der Universität Regensburg, Universitätsstr. 31, 93040 Regensburg. E-mail: alexander. thomas@psychologie.uni-regensburg.de

Udris, Ivars, geb. 1941, Dipl.-Psych., Dr. phil. habil., wissenschaftlicher Adjunkt und Privatdozent an der ETH Zürich und apl. Professor an der Universität Konstanz. Arbeitsschwerpunkte: Belastung, Streß, Gesundheit, Gesundheitsförderung; Berufsorientierungen; Wertewandel; Zukunft der Arbeit. Wichtige Veröffentlichungen: Das Bild der Arbeit (1190 mit F. Frei), Psychologie und Arbeit (1991 mit G. Grothe), Arbeitspsychologie für morgen (1997). Adresse: Institut für Arbeitspsychologie, ETH Zürich, Nelkenstr. 11, CJ-8092 Zürich.

Uertz, Petra, geb. 1960, Studium der Rechtswissenschaften in Regensburg und Bonn, 1. Staatsexamen 1985, 2. Staatsexamen 1989; mehrjährige rechtsberatende Tätigkeit im Berufsverband Deutscher Psychologen e.V., danach freiberuflich. Arbeitsschwerpunkte: Arbeits- und Sozialrecht, Berufsrecht für Psychologen. Adresse: Wehrstr. 1 A, 85132 Schernfeld.

Ulich, Eberhard, geb. 1929, Prof. Dr. phil. habil., Dr. rer. nat. h.c. Studium der Psychologie mit Diplom 1954 und Promotion 1955 an der Universität München. 1955 bis 1957 Assistent am Max-Planck-Institut für Arbeitsphysiologie Dortmund. Bis 1965 Assistent und Lehrbeauftragter, Universität München. Bis 1967 Privatdozent TH München, bis 1969 wiss. Rat und Professor

TU Berlin. Bis 1972 Ordinarius für Psychologie, Deutsche Sporthochschule Köln und Honorarprofessor Universität Heidelberg. Von 1972 bis 1997 Ordinarius für Arbeits- und Organisationspsychologie, ETH Zürich. Seit Oktober 1997 Seniorpartner des Instituts für Arbeitsforschung und Organisationsberatung. Forschungsprojekte über alternative Arbeitsformen in Industrie und Verwaltung, computerunterstützte Büroarbeit und rechnerunterstützte Produktion, Arbeitszufriedenheit, persönlichkeitsförderliche Arbeitsgestaltung, Zeitstrukturen und Schichtarbeit, beschäftigungswirksame Arbeitszeitmodelle, teamorientierte Entlohnungskonzepte. Mitglied der Eidgenössischen Arbeitskommission, der Gesellschaft für Arbeitswissenschaft, der International Federation of Automatic Control (IFAC), der International Commission on Human Aspects in Computing etc. Ehrenpräsident der Schweizerischen Gesellschaft für Arbeits- und Organisationspsychologie. Ca. 400 Publikationen – Hauptwerk: Arbeitspsychologie (4. Aufl. 1998), Zürich: Hochschulverlag der Fachvereine/Stuttgart: Schäffer-Poeschel. Herausgeber der Schriften zur Arbeitspsychologie und der Schriftenreihe Mensch, Technik, Organisation sowie Editorial board in diversen internationalen Fachzeitschriften.

Waenke, Michaela, geb. 1959, Studium der Psychologie in Mainz und Mannheim

(Diplom 1987), mehrere Jahre Tätigkeit in der Marktforschung eines internationalen Unternehmens, Promotion 1993 in Mannheim (Zweitfach BWL), Habilitation 1996 in Heidelberg. Studien- und Forschungsaufenthalte an der Universität Haifa, University of Illinois Urbana-Champaign und der University of New South Wales. Derzeit Heisenberg-Stipendiatin. Forschungsinteressen: Kognitive Grundlagen von Einstellungs- und Urteilsbildung sowie deren Anwendung in der Konsumentenpsychologie und Umfrageforschung. E-mail: socpsy@unsw.edu.au

Wenninger, Gerd, geb. 1946, Dipl.-Psych., Dr. phil.; Privatdozent an der TU München; Unternehmensberatung mit den Schwerpunkten Kommunikations- und Führungstraining im Bereich Arbeits-, Gesundheits- und Umweltschutz; Publikationsberatung, Redaktion und Producing für Psychologie und Sozialwissenschaften; Veröffentlichungen: Hrsg. von „Handbuch der Psychotherapie", „Handwörterbuch der Psychologie", „Handwörterbuch Arbeits-, Gesundheits- und Umweltschutz"; von 1998–2002 Leitung des Projekts „Lexikon der Psychologie" für Spektrum Akademischer Verlag.

Wettberg, Wieland, geb. 1948, Dipl.-Sozialwirt, Studium der Betriebswirtschaft und Sozialwissenschaften in Hamburg und Göttingen, Dipl.-Sozialwirt 1975. Seit 1975 Mitarbeiter der Bundesanstalt für Arbeitsschutz und Arbeitsmedizin; Tätigkeitsbereiche: Aus- und Fortbildung, Forschungsplanung und -koordinierung, Sozialwissenschaften, Forschungsanwendung. Zur Zeit Leiter der Gruppe „Forschungsanwendung, Organisation und Qualität des betrieblichen Arbeitsschutzes". Adresse: Bundesanstalt für Arbeitsschutz und Arbeitsmedizin, Friedrich-Henkel-Weg 1–25, 44149 Dortmund.

Winterfeld, Ulrich, Dipl.-Psych., Dr. phil., geb. 1948, stellv. Leiter des Geschäftsbereichs Prävention und Arbeitsmedizin des Bundesverbandes der Unfallkassen, München, dort zuständig für Aus- und Fortbildung sowie Prävention in Schulen und Hochschulen, seit 1993 Vizepräsident des

Berufsverbandes Deutscher Psychologin-
nen und Psychologen(BDP), zuvor zehn
Jahre Mitglied des Vorstandes der Sektion
ABO-Psychologie des BDP. Adresse: Bun-
desverband der Unfallkassen (BUK),
Fockensteinstr. 1, 81539 München.

Zapf, Dieter. Jahrgang 1955. Studierte
Psychologie und Evangelische Theologie
in Neuendettelsau, Erlangen, Marburg
und Berlin. Diplom in Psychologie und
Promotion an der Freien Universität Berlin.
Habilitation an der Universität Gießen. Seit
1997 Professor für Arbeits- und Organisationspsychologie an der Johann-Wolf-
gang-Goethe-Universität Frankfurt. Arbeitsschwerpunkte: Streß am Arbeitsplatz, Psychologische Arbeitsplatzanalyse,
Mensch-Computer-Interaktion, Psychologische Fehlerforschung, Soziale Kompetenzen, Mobbing, Emotionsarbeit in Dienstleistungsberufen. Adresse: Prof. Dr. Dieter
Zapf. Institut für Psychologie. Johann-Wolf-
gang-Goethe-Universität Frankfurt. Mer-
tonstraße 17. 60054 Frankfurt. Email: D.
Zapf@psych.uni-Frankfurt.de bzw. Dieter.
Zapf@t-online.de

Zimolong, Bernhard, geb. 1944, Studium der
Psychologie in Münster, Diplom 1970,
Dr.rer.nat. 1974 an der TU Braunschweig,
Habilitation 1981. Seit 1984 Professor für
Arbeits- und Organisationspsychologie an
der Ruhr-Universität Bochum. Arbeitsschwerpunkte: Entwurf und Gestaltung von
Softwaresystemen, Management des Ar-
beits- und Gesundheitsschutzes in Betrieben, Analyse und Gestaltung von Arbeitsorganisationen. Wichtige Publikationen:
Occupational Safety and Accident Prevention (1988 mit Hoyos), Ingenieurpsychologie
(1990 mit Hoyos), Kooperationsnetze,
flexible Fertigungsstrukturen und Gruppenarbeit (1996), Risk Management (1997).
Adresse: Ruhr Universität Bochum, Fakultät für Psychologie, 44780 Bochum.